BECK'SCHE RECHTS- UND WIRTSCHAFTSWÖRTERBÜCHER

MICHEL DOUCET / KLAUS E. W. FLECK

II

allemand-français

deutsch-französisch

DICTIONNAIRE

JURIDIQUE ET ECONOMIQUE

Par

MICHEL DOUCET

5ième édition

revue et augmentée par

KLAUS E. W. FLECK

Licencié en droit

TOME II

ALLEMAND-FRANÇAIS

1994

LITEC

LIBRAIRE DE LA COUR DE CASSATION

27, PLACE DAUPHINE – 75001 PARIS

WÖRTERBUCH

DER RECHTS- UND WIRTSCHAFTSSPRACHE

Begründet von
DR. MICHEL DOUCET

5., erweiterte Auflage

Fortgeführt von
KLAUS E. W. FLECK
Licencié en droit

TEIL II

DEUTSCH-FRANZÖSISCH

1994

C. H. BECK'SCHE VERLAGSBUCHHANDLUNG
MÜNCHEN

Die Deutsche Bibliothek – CIP-Einheitsaufnahme

Doucet, Michel:
Wörterbuch der Rechts- und Wirtschaftssprache / begr. von Michel Doucet. Fortgef. von Klaus E. W. Fleck. – München : Beck ; Paris : Litec.
(Beck'sche Rechts- und Wirtschaftswörterbücher)
Teilw. mit Parallelsacht.: Dictionnaire juridique et économique
Bis 2. Aufl. u. d. T.: Doucet, Michel: Wörterbuch der deutschen und französischen Rechtssprache
NE: Fleck, Klaus E. W. [Bearb.]; HST
Teil 2. Deutsch-Französisch. – 5., erw. Aufl. – 1994
ISBN 3-406-35995-7

ISBN 3 406 35995 7

Druck: C. H. Beck'sche Buchdruckerei Nördlingen

Vorwort der 5. überarbeiteten und erweiterten Auflage

Der deutsch-französische Teil liegt nunmehr in einer grundlegend neubearbeiteten Fassung vor. Die einzelnen Sachgebiete wurden noch feiner differenziert. Besonders die Bereiche des Wirtschaftsrechts und speziell des gewerblichen Rechtsschutzes wurden einer Revision unterzogen. Viele feststehende Wendungen wurden hinzugefügt, wobei die NJW-Leitsatz-Kartei auf CD-ROM des C. H. Beck-Verlages gute Dienste leistete. Das aktualisierte Abkürzungsverzeichnis enthält weitgehend ergänzende und manchmal zusätzliche Übersetzungsvorschläge zu den Haupteinträgen.

Natürlich ist der Verfasser auch weiterhin auf die Mitarbeit der Wörterbuchbenutzer nicht nur deshalb angewiesen, eventuelle Irrtümer und Fehldeutungen zu beseitigen, sondern auch um dieses Wörterbuch zu aktualisieren und der sich ständig wandelnden Sprachwirklichkeit anzupassen. Allen bisherigen Einsendern sei gedankt, und zukünftige seien hiermit ermuntert.

Fürstenfeldbruck, im Mai 1994. *Klaus E. W. Fleck*

Préface pour la cinquième édition remaniée et complétée

Le lecteur, ne devrait-on pas plutôt dire ‹le consultant›?, se trouve en présence d'une édition amplifiée de la partie allemand – français du DOUCET-FLECK. La distinction entre les différents domaines a été affiné. Surtout le droit économique et en particulier le droit de la protection industrielle ont été remaniés. Les expressions idiomatiques sont encore plus nombreuses et cela surtout grâce à la consultation assidue du fichier des dispositifs des décisions judiciaires allemandes de la NJW – Nouvelle revue hebdomadaire juridique – sur CD-ROM, édité par la Maison d'édition Beck. La liste actualisée des abréviations complète et varie les traductions fournies dans les entrées principales.

Comme par le passé, l'auteur du présent dictionnaire espère que ses ‹consultants› continueront à l'aider en vue d'éliminer des erreurs et fausses interprétations toujours possibles. Toute suggestion ainsi que toute liste de mots manquants sera la bienvenue, pour adapter cet instrument commun de travail à la réalité toujours changeante du langage. Mes remerciements vont aux lecteurs fidèles comme aux nouveaux arrivants.

Fürstenfeldbruck, le 2 mai 1994 *Klaus E. W. Fleck*

Hinweise für den Benutzer

1. Es wurden für die deutschen Stichwörter zumeist die in Creifelds Rechtswörterbuch enthaltenen Definitionen zugrundegelegt, so daß der Kontext an Hand dieses einsprachigen Wörterbuchs rekonstruiert werden kann. Durch die Beifügung deutscher erklärender Zusätze – zumeist in abgekürzter Form (siehe Abkürzungsverzeichnis am Ende dieser Hinweise, S. XII) – soll dem Benutzer eine genauere Unterscheidung und damit die Wahl des richtigen Ausdrucks erleichtert werden. Bei verschiedenen, auf deutsche Institutionen bezogene Begriffe, für die ein entsprechendes Äquivalent in Frankreich fehlt, wurde eine definitorisch-umschreibende Übersetzung angegeben. Bei besonders schwierigen Begriffen (z. B. *Fahrlässigkeit*) enthält eine Fußnote zusätzliche Erklärungen.

2. Die einzelnen Stichwörter sind alphabetisch geordnet, wobei Umlaute als einfache Buchstaben gelten. Bei den in der deutschen Rechtssprache gebräuchlichen Fremdwörtern findet man in Klammern mit einem Gleichheitszeichen die Eindeutschung angegeben:

z. B.: **Eviktion** (= Rechtsentziehung)
Exklusivität (= Ausschließlichkeit)

In einigen Fällen wird unter dem Stichwort auf ein weiteres – zumeist Hauptstichwort – hingewiesen:

z. B.: **Effekten (s. Wertpapiere)**
Expropriation (s. Enteignung)

3. Sämtliche Stichwörter erscheinen im Text in halbfetter Schrift, die französischen Äquivalente in der Grundschrift und die erklärenden in deutscher Sprache kursiv und in Klammern:

z. B.: **leiten** (1) *(führen)* mener, conduire, (2) *(anleiten)* guider, diriger, (3) *(Geschäft)* gérer, (4) *(Versammlung)* présider à.

4. Aus Gründen der Platzersparnis werden Stichwörter des gleichen Stammes oft in Wortgruppen zusammengefaßt, wobei der gemeinsame Bestandteil durch einen feinen senkrechten Strich abgetrennt

z. B.: **Kranken|abteilung**

und in den folgenden Unterteilungen durch eine einfache Tilde ersetzt wird. Zwei Tilden hintereinander besagen, daß zwei Stichwörter oder Stichwortbestandteile an der entsprechenden Stelle einzusetzen sind.

5. Die Angabe der Wortart erfolgt jeweils durch die entsprechende nachgestellte Abkürzung. Auf die Genusbezeichnung bei Substanti-

ven *m (= Maskulinum), f (= Femininum)* und *n (= Neutrum)* wird dann verzichtet, wenn sie wie bei *droit m* als allgemein bekannt vorausgesetzt werden kann. Des weiteren erfolgt oft keine besondere Kennzeichnung des Genus bei häufig wiederkehrenden Substantiven mit der Endung *-tion, -sion, -ssion, -ation, -ition, -fication, -faction* und *-isation* – allesamt Feminina. Dasselbe gilt auch für die maskuline Endung *-ment*. Wenn sich darüberhinaus eindeutig aus dem beigefügten Adjektiv der Genus des Substantivs bestimmen läßt, wird ebenfalls kein weiterer diesbezüglicher Hinweis gegeben. Adjektive sind mit *adj*, Adverbien mit *adv* gekennzeichnet; bei Verben wird auf besondere Angaben verzichtet.

6. Französische Äquivalenzen mit nahezu gleicher Bedeutung werden durch Kommata voneinander getrennt, bei unterschiedlicher Bedeutung wird eine arabische Zahl verwendet:

z. B.: **erlassen** (1) *(verkünden)* edicter, promulguer, (2) *(befreien)* dispenser, exonérer, remettre, exempter

oder, in kleineren Artikeln, ein Semikolon bzw. ein Komma:

z. B.: **Behelf** *m* moyen *m* subsidiaire; expédient *m*, moyen de fortune.

7. In der Regel wird nur die juristische Standard- oder Hochsprache verwendet. In Einzelfällen jedoch wird auch auf umgangssprachliche Äquivalente *(= umg, familier = fam)* hingewiesen; und es werden Wortwendungen im übertragenen oder figurativen Sinn *(= fig)* sowie abwertende oder pejorative Begriffe *(= pej)* angezeigt. Bei Substantiven können in manchen Fällen verbale Entsprechungen angegeben sein, und zwar immer dann, wenn diese im Französischen üblicher sind als die substantivische Form.

8. Historische und veraltete Begriffe der deutschen Rechtssprache werden im allgemeinen nicht berücksichtigt. Nur einige wenige rechtsgeschichtlich bedeutsame und nationalsozialistische Wörter *(= hist)* wurden noch beibehalten. In Bezug auf die regionale Zuordnung wird stets auf österreichische (= Aut), belgische (= B), schweizerische (= S) und luxemburgische (= L) sprachliche Partikularismen aufmerksam gemacht. Besonderheiten des Sprachgebrauchs der Europäischen Union (= EU) werden ebenfalls berücksichtigt.

Der Neubearbeiter ist sich im klaren darüber, daß es nur kontextgebundene Äquivalente gibt, jede lexikographische Erfassung der juristischen und Wirtschaftsterminologie bruchstückhaft ist und Irrtümer und Fehldeutungen aus diesem Grunde nie ganz ausgeschlossen werden können. Daher sind zusätzliche Hinweise, Ergänzungen und Verbesserungsvorschläge stets willkommen.

Klaus E. W. Fleck

Aux Utilisateurs

1. Dans la plupart des cas, le définitions se trouvant dans le dictionnaire de la langue juridique allemande de Carl Creifelds ont servi de base à la traduction de la nomenclature allemande. Ainsi il est possible de reconstituer le contexte de la langue de départ grâce à ce dictionnaire monolingue. Les explications allemandes complémentaires, fournies pour les entrées particulièrement importantes et polysémiques, permettent à tous ceux qui consultent ce dictionnaire, d'établir des distinctions plus précises et de choisir plus facilement l'équivalent adéquat dans la langue cible (voir à ce sujet la liste des abréviations à la fin de la présente introduction, page XII). L'auteur s'est contenté d'une définition française chaque fois qu'une institution n'avait pas de correspondant direct en France. Pour certaines notions particulièrement difficiles – *Fahrlässigkeit,* par exemple – des renseignements complémentaires sont fournis dans une petite note au bas de la page.

2. La nomenclature est classée strictement dans l'ordre alphabétique, les voyelles infléchies étant considérées comme de simples voyelles. Pour les mots étrangers employés dans la langue juridique allemande, le terme allemand adéquat a été parfois indiqué entre parenthèses avecun signe d'égalisation:

Exemples: **Eviktion** (= Rechtsentziehung)
Exklusivität (= Ausschließlichkeit).

Dans certains cas particuliers, il est renvoyé d'une entrée à une autre, plus importante, permettant de trouver des renseignements complémentaires:

Exemples: **Effekten (s. Wertpapiere)**
Expropriation (s. Enteignung).

3. Toutes les entrées sont imprimées en caractères gras, le équivalents français en caractères romains maigres et les explications complémentaires allemandes, entre parenthèses, en caractères italiques.

Exemple: **leiten** (1) *(führen)* mener, conduire, (2) *(anleiten)* guider, diriger, (3) *(Geschäft)* gérer, (4) *(Versammlung)* présider à.

4. Pour économiser de la place, les mots composés présentant un élément commun ont été souvent regroupés sous une seule entrée, l'élément commun étant séparé du second élément par un trait vertical mince:

Exemple: **Kranken|abteilung**

Dans le corps de l'article, le premier élément est ensuite remplacé par un petit trait horizontal. Deux de ces traits remplacent les éléments correspondants de la composition.

5. La catégorie du mot est indiquée sous forme d'une abréviation. Pour les substantifs, le genre masculin est mentionné par un *m*, le genre féminin par un *f* et le genre neutre par un *n* italique. Pour les équivalents français, ces indications ont été parfois omises. Tout le monde sait que *droit* est du genre masculin. Les très nombreux suffixes en *-tion, -sion, -ission, -ation, -ition, -fication, -faction, -isation,* étant des suffixes féminins, nous n'avons pas jugé nécessaire d'indiquer chaque fois le genre en question. Il en va de même pour le suffixe masculin *-ment*. En outre, chaque fois que le genre du substantif ressort clairement de la terminaison de l'adjectif, l'indication du genre a été également souvent supprimée. La catégorie de l'adjectif est signalée très souvent par *adj*, celle de l'adverbe par *adv*. Les verbes n'ont pas été marqués plus spécialement.

6. Les équivalents français sont séparés entre eux par une virgule lorsque leur signification est analogue, par un chiffre arabe, s'il s'agit de sens différents:

Exemple: **erlassen** (1) *(verkünden)* édicter, promulguer, (2) *(befreien)* dispenser, exonérer, remettre, exempter.

Dans les articles moins importants, cette différence de sens est signalée par un point virgule:

Exemple: **Behelf** *m* moyen *m* subsidiaire; expédient *m*, moyen de fortune.

7. Les mots mentionnés dans ce dictionnaire appartiennent, en règle générale, à la langue juridique courante. Dans certains cas particuliers, une marque d'usage attire l'attention sur le fait que l'équivalent en question appartient à la langue familière *(= umg)* ou qu'elle a une nuance péjorative *(= pej)*, le sens figuré étant signalé par *(= fig)* dans certains cas particuliers importants. Pour certains substantifs allemands, nous avons indiqué, comme équivalent, des tournures verbales françaises lorsque celles-ci sont plus fréquemment employées que les substantifs correspondants.

8. En règle générale, les mots vieillis et les termes historiques allemands n'ont pas été retenus dans la nomenclature. Il nous a paru cependant utile de mentionner encore certains termes importants du point de vue de l'histoire du droit ou relatifs à l'époque national-socialiste *(= hist)*. Les termes régionaux autrichiens (= Aut), belges (= B), suisses (= S) et luxembourgeois (= L) ont été enregistrés avec une attention toute particulière. La terminologie de l'Union européenne est également signalée (= EU).

Nous sommes conscients du fait que tous les équivalents sont fonction de contextes bien déterminés. Tout travail lexicographique bilingue concernant la terminologie juridique et économique comporte donc nécessairement des lacunes et il n'est pas non plus possible d'éliminer tout à fait les erreurs et fausses interprétations. Nous prions donc tous ceux qui consultent ce dictionnaire de nous faire connaître leurs suggestions et corrections éventuelles.

Klaus E. W. Fleck

Verzeichnis der in den Wörterbuchartikeln verwendeten Abkürzungen: Liste des abréviations utilisées dans ce dictionnaire:

a.	auch	également
adj	Adjektiv	adjectif
adv	Adverb	adverbe
AllgSpr	Allgemeinsprache	langage courant
ArbR	Arbeitsrecht	droit du travail
AtomR	Atomrecht	droit de l'atome
Außh	Außenhandel	commerce extérieur
Aut	Austria	terme du droit autrichien
AWR	Außenwirtschaftsrecht	droit relatif aux échanges internationaux
B	Belgien	terme du droit belge
BankR	Bankrecht	droit bancaire
BauR	Baurecht	droit de la construction
BeamR	Beamtenrecht	statut des fonctionnaires
BörR	Börsenrecht	régime des bourses
BR	bürgerliches Recht	droit civil
BRD	Bundesrepublik Deutschland	République fédérale d'Allemagne
BW	Betriebswirtschaft	organisation des entreprises
Buchf	Buchführung	comptabilité
CIM	Internationales Übereinkommen über den Eisenbahnfrachtverkehr	Convention internationale sur le transport des marchandises par chemin de fer
DiszR	Disziplinarrecht	droit disciplinaire
(E)DV	(Elektronische) Datenverarbeitung	informatique
EG	Europäische Gemeinschaft(en)	Communauté(s) européenne(s)
EheR	Ehe- u. Ehescheidungsrecht	droit relatif au mariage et au divorce
EnergW	Energiewirtschaft	régime économique concernant les ressources énergétiques et leur exploitation

ErbR	Erbrecht	droit relatif aux successions
EU	Europäische Union	Union européenne
EuR	Europarecht	droit européen
f	weiblich	féminin
FamR	Familienrecht	droit familial
FG	freiwillige Gerichtsbarkeit	droit relatif à la procédure gracieuse
fig	bildlich	sens figuré
FinanzW	Finanzwirtschaft	économie financière
GB	Grundbuch	livre foncier
GemR	Gemeinderecht	droit des communes
GesR	Gesellschaftsrecht	droit des sociétés
GewR	Gewerberecht	droit des professions industrielles et commerciales
GG	Grundgesetz	Loi fondamentale allemande
GRUR	Gewerblicher Rechtsschutz u. Urheberrecht	droit de la propriété industrielle
GVR	Gerichtsverfassungsrecht	droit relatif à l'organisation judiciaire
HaushR	Haushaltsrecht	droit budgétaire
hist	historisch	mot historique
HochschulR	Hochschulrecht	droit relatif à l'enseignement supérieur
HR	Handelsrecht	droit commercial
i. e. S.	im engeren Sinne	au sens strict du terme
IPR	Internationales Privatrecht	droit international privé
IuH	Industrie und Handel	industrie et commerce
i. w. S.	im weiteren Sinne	au sens large du terme
Kfz	Kraftfahrzeug	véhicule automobile
KirchR	Kirchenrecht	droit concernant les associations cultuelles
KonkursR	Konkurs- und Vergleichsrecht	droit des faillites
Konj	Konjunktion	conjonction
KreditW	Kreditwesen	banques et crédit
L	Luxemburg	terme luxembourgeois
LandwR	Landwirtschaftsrecht	droit rural
lat	lateinisch	latin

m	männlich	masculin
MedienR	Medienrecht	droit de l'audiovisuel
MilR	Militärrecht	droit relatif à la défense nationale et au service national
MRK	Menschenrechtskonvention	convention des droits de l'homme
MuW	Markenschutz und Wettbewerb	dessins et modèles et concurrence
n	sächlich	neutre
od	oder	ou
ÖfR	öffentliches Recht	droit public
PatR	Patentrecht	droit des brevets
pej	abwertend	péjoratif
pl	nur Plural	seulement au pluriel
Pol	Politik	politique
präp	Präposition	préposition
PrzR	Prozeßrecht	droit procédural
qqch	etwas	quelque chose
qqn	jemand	quelqu'un
RA	Rechtsanwalt	avocat
RGes	Rechtsgeschichte	histoire du droit
RömR	römisches Recht	droit romain
S	Schweiz	terme du droit suisse
SachR	Sachenrecht	droits réels
SchuldR	Schuldrecht	obligations
SchulR	Schulrecht	droit relatif à l'enseignement
SeeHR	Seehandelsrecht	droit du commerce maritime
SozR	Sozialrecht	droit social
SozVers	Sozialversicherung	sécurité sociale
SteuerR	Steuerrecht	droit fiscal
StR	Strafrecht	droit pénal
StPR	Strafprozeßrecht	droit judiciaire pénal
StVR	Straßenverkehrsrecht	droit de la circulation routière
StVZ	Strafvollzug	régime pénitentiaire
TVR	Tarifvertragsrecht	droit relatif aux conventions collectives

umg	umgangssprachlich	familier
UmweltR	Umweltschutzrecht	droit relatif à la protection de l'environnement
UPU	Weltpostverein	union postale universelle
UrhR	Urheberrecht	droit de la propriété littéraire et artistique
VerfR	Verfassungsrecht	droit constitutionnel
VerlR	Verlagsrecht	droit relatif aux maisons d'éditions
VersR	Versicherungsrecht	droit des assurances
VR	Völkerrecht	droit international public
Vwirt	Volkswirtschaft	économie politique
VwPR	Verwaltungsprozeßrecht	droit procédural administratif
VwR	Verwaltungsrecht	droit administratif
VwVerfR	Verwaltungsverfassungsrecht	droit de l'organisation des institutions administratives
WechselR	Wechselrecht	droit cambiaire
WertpR	Wertpapierrecht	droit des valeurs mobilières
WirtR	Wirtschaftsrecht	droit des affaires
Wz	Warenzeichen	marques déposées
ZollR	Zollrecht	droit douanier
ZPR	Zivilprozeßrecht	droit procédural privé
ZR	Zivilrecht	droit civil
ZwangsVR	Zwangsvollstreckungsrecht	droit de l'exécution forcée

A

abänderbar modifiable, perfectible; *(Urteil)* infirmable.

abändern (1) *(verändern)* modifier, changer, réformer, (2) *(Gesetz, Urkunde)* amender (un texte), réviser, (3) *(richtigstellen)* rectifier; **ein Urteil** – infirmer un jugement; **unerlaubterweise** – altérer (un document).

Abänderung *f* (1) modification *f*, changement *m*, (2) amendement *m*, révision *f*; **berichtigende** – correction, rectification; **ergänzende** – complément; **in – von** par dérogation à . . .; **unzulässige** – modification inadmissible; – **eines Urteils** infirmation *ou* réformation d'un jugement; **– des Vertrages** modification du contrat.

Abänderungs|antrag *m* (1) *(VerfR)* proposition d'amendement, (2) *(ZPR)* requête modificative; **–bedürftig** *adj* qui doit être modifié *ou* infirmé; **–befugnis** *f (VerfR)* pouvoir d'amendement; **–entwurf** *m* projet d'amendement; **–gesetz** *n* loi modificative, loi portant amendement à . . .; **–klage** *(FamR)* action en réformation *ou* en modification (de la pension alimentaire); **–kündigung** résiliation d'un contrat à durée indéterminée en vue de modifier ses modalités *ou* conditions; **–recht** *n* droit d'amendement, droit de réformation; **–urkunde** *f* modificatif *m*; **–urteil** *n* jugement réformatoire; **–vertrag** *m* avenant *m*; additif *m*, acte additionnel; **–vorschlag** *m* proposition de modification.

Abandon *n* (1) *(ZwangsVR)* délaissement, déguerpissement, abandonnement, (2) *(SeeHR)* abandon *m*; **–erklärung** *f* déclaration de délaissement; **–frist** *f* délai *m* d'abandon; **–recht** *n* droit d'abandon, faculté *f* de délaissement; **–revers** *m* acte authentique constatant la transmission des droits au profit de l'assureur.

Abart *f* variante *f*.

Abbau *m* (1) *(Bodenschätze)* extraction *f*, abattage *m*, exploitation *f*, (2) *(Stellen)* compression du personnel, renvoi *m*, mise *f* à pied, dégraissage *m*, (3) *(Preise, Gehälter)* réduction *f*, diminution *f* (graduelle), (4) *(völlige Aufhebung)* abolition *f*, abrogation *f*, annulation *f*, suppression *f*, (5) *(Zerstörung)* démolition *f*, destruction *f*; **Ämter–** compression des effectifs; **Maschinen–** démontage *m*; **Preis–** réduction *f* des prix; **Rüstungs–** désarmement *m*; **Zoll–** abaissement *m* des droits de douane; **–genehmigung** *f* permis d'extraction; **–recht** *n od.* **–gerechtigkeit** *f* droit d'exploitation d'une mine.

abbaubar: biologisch – biodégradable.

abbauen (1) réduire, diminuer, comprimer, (2) extraire, exploiter, (3) démonter.

abbedingen modifier (par stipulation contractuelle).

abbefördern transporter (dans un autre lieu).

abberufen (1) *(ArbR)* congédier, renvoyer, (2) *(ÖfR)* mettre fin aux fonctions de qn, révoquer, relever de ses fonctions.

Abberufung *f* révocation *f*, destitution *f*.

Abberufungs|recht *n (VR)* droit de révocation *ou* de rappel; **–schreiben** *n* lettre de révocation.

abbestellen décommander, donner contre-ordre; se désabonner, supprimer.

Abbestellung *f* (1) *(Waren)* annulation *f* (d'une commande), contre-ordre, (2) *(Zeitungen)* désabonnement *m*.

abbezahlen payer par mensualités *ou* par fractions.
abbiegen *(StVR)* changer de direction, bifurquer; **nach rechts –** virer à droite; **scharf –** tourner brusquement.
Abbildung *f* reproduction *f*, image *m*; illustration; **beleidigende –** reproduction outrageuse; **geschützte –** reproduction protégée.
abblenden *(StVR)* mettre les phares en code.
Abblendlicht *(StVR)* phares *mpl* en code, éclairage code, feux *mpl* de croisement.
abbrechen (1) interrompre, (2) rompre, mettre fin à . . .
abbremsen freiner, ralentir.
abbröckeln *(Kurse)* s'effriter.
Abbruch *m* (1) rupture *f*, interruption *f*, (2) *(BauR)* démolition *f*; **– der diplomatischen Beziehungen** rupture des relations diplomatiques; **– der Schwangerschaft** interruption volontaire de la grossesse (= I.V.G.); **– der Verhandlungen** rupture des négociations.
Abbruch(s)|anordnung *f od.* **–gebot** *n (BauR)* arrêté ordonnant la démolition; **–bewilligung** *f od.* **–erlaubnis** *f* permis *m* de démolir.
abbuchen porter au débit (d'un compte), débiter.
Abbuchung *f* (inscription au) débit *m*, montant *m* débité; **–sauftrag** *m* autorisation de règlement direct; **–sverfahren** *(BankR)* procédé *m* du prélèvement automatique.
Abbüßen *n* expiation *f* (d'un crime); rachat *m*, répentir *m*; **nach – der Strafe** après avoir subi *ou* purgé la peine.
abdanken abdiquer.
Abdankung *f* abdication *f*; **–surkunde** *f* acte *m* d'abdication.
abdecken (1) *(Risiko)* couvrir, garantir, (2) *(Schuld)* acquitter (une dette), payer, régler, rembourser.
Abdeckerei *f* service *m* d'équarrissage.
abdingbar *adj* supplétif; dispositif, indicatif, s'appliquant à défaut d'autres dispositions; non substantiel, non obligatoire.
Abdruck *m* reproduction, copie *f*, épreuve *f*, tirage *m*; **unberechtigter –** reproduction non autorisée; **–recht** *(UrhR)* droit de reproduction, copyright *m*; **unbefugter –** copie non-autorisée.
Aberdepot *n (BankR)* dépôt *m* régulier de titres.
aberkennen (1) désavouer, refuser (de reconnaître), dénier, (2) déchoir.
Aberkennung *f* (1) désaveu *m*, refus *m* (de reconnaître), (2) déchéance *f*; **– der bürgerlichen Ehrenrechte** déchéance des droits civiques, privation des droits civiques; **– des Patentes** déchéance du brevet; **– des Ruhegehalts** déchéance de la pension de retraite; **– der Staatsangehörigkeit** déchéance de la nationalité.
Abfall *m* (1) *(Lossagung)* défection *f*, dissidence *f*, (2) *(Rückgang)* baisse *f*, chute *f*, (3) *(Überrest)* déchet *m*, résidu *m*, ordures *fpl*; **–beseitigung** élimination et récupération des déchets; **–entsorgung** *f* gestion *f* des déchets; **–entsorgungsanlage** *f* centre *m* de traitement des déchets; **–gesetz** *m* Loi sur l'évitement et l'élimination des déchets; **–produkt** *n* sous-produit *m*, déchet *m*, rebut *m*; **–verwertung** *f* recyclage *m*; **–wirtschaft** industries *fpl* de la dépollution *ou* du traitement des déchets, industrie de l'antipollution.
Abfangen *n* interception *f*.
abfassen rédiger, formuler; **schriftlich –** mettre par écrit.
Abfassung *f* formulation, rédaction; **– eines Urteils** élaboration de la minute (du jugement), rédaction de la décision; présentation matérielle du jugement, libellé *m*; **mangelhafte –** défaut *m* de rédaction, vice *m* de forme.
abfertigen (1) dédouaner, (2) expédier, (3) (en Aut. aussi:) payer une indemnité de congédiement.
Abfertigung *f* (1) *(Zoll)* dédouanement *m*, (2) *(Versendung)* expédition *f*, (3) (en Aut. aussi:) soulte *f* successorale, (4) (en Aut. aussi:) indemnité de licenciement; (5) *(Reisegepäck)* enregistrement *m*; **– zur Wiederein-**

fuhr dédouanement à la réimportation.

Abfertigungs|antrag *m* demande de dédouanement; **-bescheinigung** *f* certificat de prise en charge; **-frist** *f* délai d'expédition; **-gebühr** *f* taxe de base (pour les colis), taxe d'expédition; **-schein** *m* certificat *m* de dédouanement; **-spediteur** *m* commissionnaire de transport qui prend en charge les formalités relatives à l'expédition des marchandises; **-stelle** *f* bureau d'expédition; **-verwaltung** *f* (Aut) (UPU) administration expéditrice.

abfinden indemniser; verser une indemnité de congédiement, désintéresser.

Abfindung *f* (1) *(von Gläubigern)* indemnité *f* (forfaitaire), compensation, dédommagement, (2) *(ArbR)* indemnité de congédiement *ou* de licenciement, pécule *m*, (3) *(EuR)* somme *f* en capital.

Abfindungs|betrag *m* indemnité de congédiement *ou* de renvoi; **-erklärung** *f (ArbR)* déclaration de règlement forfaitaire et définitif, quittance *f* d'indemnisation; **-guthaben** *n (GesR)* indemnité due à l'associé (qui se retire d'une société); **-grundstück** *n* terrain remis en échange lors d'un remembrement; **-summe** *f* (1) indemnité de congédiement, (2) règlement forfaitaire, (3) montant *m* de l'indemnité; **-vertrag** contrat d'indemnisation; **-zahlung** versement à titre d'indemnité; **-zahlung an weichende Erben** indemnité accordée au renonçant.

abflauen *(Konjunktur)* baisser, se tasser, fléchir.

Abflug *m* décollage *m*, départ *n*.

Abfluß *m* écoulement, débit *m*; sortie *f*.

Abflußwasser *n* eaux *fpl* usées.

Abforderung *f* demande *f*, réquisition *f*.

Abfrage *f (DV)* interrogation.

abführen acquitter, payer; *(Steuern)* verser.

Abführung *f* (1) *(Steuern, Gelder)* paiement, transfert, versement *m*, (2) *(StR: Personen)* le fait d'amener; **-sbefehl** *m* mandat *m* d'amener, mandat de justice.

1. **Abgabe** *f* (1) remise *f*, livraison *f*, (2) contribution *f*, taxe *f*, impôt *m*, redevance *f*, redevance fiscale; **abgestufte -** droit *m* gradué; **feste -** droit fixe; **freiwillige soziale -** cotisation volontaire; **gewerbsmäßige -** (S) vente *f* commerciale; **steuerähnliche -** taxe parafiscale; **verhältnismäßige -** droit proportionnel; **- einer Erklärung** manifestation de volonté, déclaration; **- von Freiexemplaren** *(VerlR)* dépôt *m* légal; **- der Sache** (an ein anderes Gericht) dessaisissement *m* au profit d'une autre juridiction; **-frist** *f* délai accordé pour faire une déclaration.

2. **Abgaben** *fpl (SteuerR: öffentliche -)* contributions *f pl*, prélèvements (opérés par la puissance publique); **soziale -** cotisations forcées (au profit des organismes de la sécurité sociale; **steuerähnliche -** taxes *fpl* parafiscales; **-beitreibung** recouvrement *m*; **-einhebung** *f* (Aut) perception *f*; **-eintreibung** *f* recouvrement des taxes; **-erhöhung** *f* relèvement des contributions; **- erheben** imposer des contributions; **-ermäßigung** *f* réduction des taxes; **-freiheit** *f* immunité fiscale, exemption d'impôts *ou* de taxes, exonération *f* fiscale; **-hinterziehung** *f* fraude fiscale; **-ordnung** *f* Code fiscal allemand, Code général des impôts; **-pflichtig** *adj* assujetti à l'impôt, taxé, imposé; soumis à l'obligation de payer des impôts; **-recht** *n* législation fiscale; **-schuld** *f* dette *f* d'impôt; **-senkung** *f* réduction *f* des taxes; **-strafverfahren** *n* procédure répressive en matière fiscale; **-überhebung** *f* concussion *f*; **-umgehung** *f* évasion *f* fiscale.

Abgabenverkürzung *f* (Aut) non-déclaration *ou* fausse déclaration par négligence; **vorsätzliche -** (Aut) fraude *f* fiscale.

Abgabepflicht *f* obligation *f* fiscale; sujétion à l'impôt.

Abgabe|preis *m* (1) prix de vente, (2)

(BörR) prix *m* d'émission; **–schuldigkeit** *f* (Aut) dette d'impôt; **–termin** date *f* de dépôt; délai *m* de remise.

Abgang *m* (1) *(Abfahrt)* départ *m*, appareillage *m*, partance *f*, (2) *(Verlust, Schwund)* perte *f*, déficit *m*, déperdition *f*, freinte *f*, (3) *(Aufgeben, Verlassen)* annulation *f*, résiliation *f*, sortie *f*, (4) *(Sterben)* décès *m*, (5) *(Verkauf)* débit *m*, vente *f*.

Abgangs|bahnhof *m* gare *f* de départ; **–datum** date *f* de départ; **–entschädigung** *f* (1) indemnité versée lors de la mise à la retraite, (2) indemnité *f* de résiliation; **–hafen** port *m* de départ; **–prüfung** *f (Zoll)* examen de sortie; **–zeugnis** *n* (1) *(SchulR)* certificat de fin d'études, (2) *(Zoll)* certificat de sortie; **–zollstelle** *f* bureau de douane de départ.

Abgasuntersuchung *f* *(StVR)* contrôle *m* des gaz d'échappement, test *m* de la teneur en CO.

abgeändert *adj* modifié, rectifié, révisé, remanié.

abgeben (1) remettre, (2) déposer, (3) céder, vendre, (4) *(Stimme)* voter.

Abgehen *n* **(von einem Vertrag)** fait de s'écarter de ce qui avait été convenu dans un contrat.

abgeholt *adj*: **nicht –** (lettre, colis) en souffrance.

abgekürzt *adj* abrégé, résumé, condensé.

abgelaufen expiré, arrivé à son terme, périmé; **noch nicht –** toujours en vigueur.

Abgeld *n* remise *f*.

abgelten régler, indemiser.

Abgeltung *f* indemnité compensatrice; indemnisation, dédommagement.

abgeltungsfähig *adj (VersR)* susceptible d'être pris en considération pour le règlement de l'indemnisation.

Abgeordnete(r) *m* député *m*, parlementaire *m*, représentant *m* du peuple; **ausscheidender –** député sortant.

abgeordneter Richter juge délégué.

Abgeordneten|haus *n*, **–kammer** *f* chambre *f* des députés; **–immunität** immunité *f* parlementaire; **–mandat** *n* mandat *m* parlementaire; **–sitz** *m* siège de député, mandat parlementaire.

abgerechnet *adj* décompté.

Abgesandte(r) délégué, émissaire *m*.

abgeschlossen: formgerecht – conclu en bonne et due forme.

abgesehen von *adv* excepté, hormis, sauf, à l'exclusion de; **– davon, daß** abstraction faire de ce que.

abgesondert *adj* individualisé.

abgezeichnet *adj* signé, paraphé; contresigné.

Abgleichung *f* égalisation *f*.

Abgleiten der Währung glissement *m ou* dépréciation *f* monétaire.

Abgrenzung *f* délimitation, limite *f*, bornage *m*; réduction de la portée; **– der Befugnisse** fixation précise des attributions; **– einer Erfindung** réduction de la portée d'une invention.

Abgrenzungs|ausschuß *m* commission de délimitation; **–merkmal** *n* critère *m* de distinction; **–posten** *m* article *m*, poste *m* de régularisation; **–protokoll** *n* protocole de délimitation; **–vertrag** *m* traité de délimitation, traité *m* de limite; **–wand** mur *m* mitoyen.

abgruppieren *(ArbR)* déclasser.

abhaken cocher, marquer (d'une coche).

Abhalten (e–r Versammlung) tenue *f* d'une assemblée, organisation d'une conférence.

abhandeln traiter (un sujet).

abhanden gekommen perdu, volé.

Abhandenkommen *n* perte *f*; disparition (d'un bien).

Abhandlung *f* (1) exposé *m*, dissertation *f*, article de fond, (2) (en Aut. aussi:) procédure de liquidation d'une succession; **– des Standes der Technik** *(PatentR)* exposé des antériorités *ou* de l'état actuel de la technique.

Abhandlungs|gericht *n* (Aut) tribunal compétent en matière successorale; **–protokoll** *n* (Aut) procès-verbal *m* de liquidation d'une succession.

abhängen (von) dépendre de, relever de; être subordonné à; être tributaire de.

abhängig *adj* dépendant; **gegenseitig** – interdépendant; **–es Unternehmen** entreprise contrôlée.

Abhängige(r) *m* (1) *(ZR u. StR)* mineur *m* protégé, personne *f* soumise au droit de garde, de surveillance et d'éducation, (2) *(ArbR)* salarié *m*.

Abhängigkeit *f* dépendance *f*, obédience *f*, subordination *f*; **gegenseitige** – interdépendance *f*.

Abhängigkeitsverhältnis *n* *(ArbR)* lien de subordination, rapport *m* de dépendance, de sujétion *ou* d'assujétissement.

abheben *(Geld)* retirer de l'argent (d'un compte), prélever.

Abhebung *f* retrait *m* (d'un compte), prélèvement *m*.

abhelfen rémédier à, pallier.

Abhilfe *f* remède *m*, palliatif *m*; dépannage *m*; – **schaffen** remédier à une situation (compromise), pallier, obvier à.

Abholdienst *m* service *m* d'enlèvement.

Abholung *f* enlèvement *m* (des marchandises), retrait *m* (des envois postaux).

Abholzungsrecht *n* *(LandwR)* droit d'affouage.

abhören écouter, procéder à une écoute téléphonique, intercepter une correspondance émise par la voie des télécommunications.

Abhören *n* (von Telefongesprächen) écoute *f*, branchement sur table d'écoute; interception *f*

Abhör|anlage, –gerät *n* écoute *f* téléphonique, table *f* d'écoute, micro *m* clandestin; **–gesetz** loi sur les écoutes téléphoniques; **–protokoll** procès-verbal *m* consignant une conversation téléphonique; **–verbot** interdiction de procéder à des écoutes téléphoniques.

abklären: einen Sachverhalt – élucider les faits.

abklingen *(Konjunktur)* baisser, ralentir; *(Symptome)* s'estomper (graduellement).

Abkommen *n* (1) *(VR)* pacte *m*, accord *m*, convention *f*, (2) *(PrivR)* contrat *m*, arrangement *m*; **allgemeines** – convention générale; **diplomatisches** – convention *ou* accord diplomatique; **einheitliches** – convention uniforme; **geschlossenes** – convention fermée; **gütliches** – arrangement *m* à l'amiable; **internationales** – accord international, convention internationale; **mehrseitiges** – accord multilatéral, convention multilatérale; **offenes** – convention ouverte; **vertragliches** – accord contractuel; **vorläufiges** – accord intérimaire; **zweiseitiges** – accord bilatéral.

Abkommen über die europäische wirtschaftliche Zusammenarbeit Convention de coopération économique européenne; – **über den Gefangenenaustausch** *(VR)* Convention d'échange de prisonniers; – **über die gegenseitige Gewährung des Armenrechts** accord d'aide judiciaire; – **über gegenseitige Hilfeleistung** accord d'assistance mutuelle; – **über die internationale Ordnung der Seehäfen** Convention sur le régime international des ports maritimes; – **über die internationale Zivilluftfahrt** Convention relative à l'aviation civile internationale; – **über kulturelle Zusammenarbeit** accord de coopération culturelle; – **über den Luftverkehr** accord sur le trafic aérien; – **über den Reiseverkehr** accord sur le tourisme; – **über die soziale Sicherheit** Convention de sécurité sociale; – **in vereinfachter Form** accord en forme simplifiée; – **zur Zusammenarbeit** accord de coopération.

Abkömmling *m* descendant *m*; enfant *m*, postérité *f*; – **in gerader Linie** descendant en ligne directe; fils; petit fils.

Abkunft *f* origine *f*, extraction, ascendance *f*, souche *f*.

abkürzen abréger, écourter; condenser; réduire.

Abkürzung *f* abréviation *f*; **– e-r Frist** raccourcissement *m* d'un délai; **– e-s Vertrages** résiliation anticipée d'un contrat.

Abladekonnossement *n* connaissement *m* embarqué.

Abladen *n* déchargement *m*, débarquement.

Ablader *m (SeeHR)* déchargeur *m*, entreprise *f* responsable du déchargement.

Abladungstermin *m* date *f* prévue pour le déchargement.

Ablage *f* classement *m*; archives *fpl*; **zur –** pour classement.

Ablauf *m* (1) *(Zeitdauer, Frist)* échéance *f*, écoulement *m*, expiration *f*, (2) *(Verlauf einer Verhandlung)* déroulement *m*; **bei –** à l'expiration de, à terme échu; **nach – von zwei Monaten** après l'écoulement d'un délai de deux mois; **– der Ersitzungsfrist** expiration de la prescription; **– der Frist** terme *m*, expiration *f* du délai; **den – der Frist hemmen** suspendre la prescription, emporter la suspension du délai; **– der Konzession** expiration de la concession; **– eines Verfahrens** déroulement de la procédure; **– der Verjährungsfrist** expiration de la prescription; **– des Vertrages** échéance du contrat.

ablaufen expirer, arriver à son terme; **abgelaufene Frist** délai de validité périmé *ou* expiré.

Ablaufs|frist *f* délai *m* jusqu' à l'expiration; **–tag** *m* date *f* d'expiration.

Ablebensversicherung *f* assurance-décès *f*, assurance en cas de décès.

ablegen classer, ranger; archiver.

Ablegung *f* **des Eids** prestation de serment; **– eines Geständnisses** aveu *m*, passer aux aveux.

ablehnbar *adj* récusable; **nicht –** irrécusable.

Ablehnbarkeit *f* récusabilité *f*.

ablehnen (1) *(Angebot)* refuser, décliner, rejeter, répudier, (2) *(Person)* récuser (un juge), reprocher (un témoin); **jede Verantwortung –** décliner toute responsabilité.

ablehnend *adj (PrzR)* infirmatif.

Ablehnung *f* (1) refus *m*, rejet *m*, répudiation *f*, (2) *(PrzR)* récusation *f* (d'un témoin); infirmation (d'un jugement); **bei –** en cas de rejet, si la demande est repoussée; **– e-s Antrags** non-acceptation, rejet *m* d'une requête; **– von Gerichtspersonen** récusation d'un magistrat; **– des Sichtvermerks** refus de visa; **– wegen Besorgnis der Befangenheit** récusation pour cause de suspicion; **– der Verantwortung** le fait de décliner toute responsabilité.

Ablehnungs|antrag *m* acte de récusation; **–anzeige** *f (SchuldR)* communication du refus de l'offre; **–gesuch** *n* requête en récusation, acte de récusation, demande en récusation; **–grund** *m* cause de récusation, motif de la récusation; **–recht** *n* droit de récusation.

ableiten déduire, induire, (en) conclure, inférer.

ablenken détourner à l'attention de qn.

Ablenkung *f* (1) *(Pol)* faux-fuyant *m*, diversion *f*; **– des Verkehrs** détournement de trafic; **–smanöver** tergiversation, atermoiement.

ableugnen nier, contester, s'inscrire en faux contre.

Ableugnen *n* dénégation *f*.

Ablichtung *f* photocopie *f*, tirage *m*, reproduction.

abliefern remettre à qn.

Ablieferung *f* (1) *(HR)* livraison *f*; (2) *(Aushändigung)* délivrance *f*, remise *f*.

Ablieferungs|bescheinigung *f* certificat de livraison; **–hindernis** *n* empêchement *m* à la livraison; **–pflicht** *f* obligation imposée par les pouvoirs publics de fournir une quantité déterminée de denrées; **–schein** *m* certificat de livraison, reçu *m*, récépissé *m*; **–soll** *n* quantité à livrer; **–termin** date *f* de remise; **–verpflichtung** *f* obligation *f* de remettre qch à qn; **–vertrag** *m* contrat *m* de livraison.

ablösbar *(WertpR)* amortissable; remboursable.

Ablöse *f* (1) (Aut) forfait *m* (pour une

renonciation), droit de reprise, prime d'éviction, (2) pas-de-porte *m*; **–betrag** *m* forfait *m*.

ablösen (1) *(im Amt)* relever qn de ses fonctions; remplacer, prendre la place de qn., (2) *(Schuld)* amortir, rembourser, se libérer, (3) *(Pfand)* racheter; verser un forfait.

Ablösung *f* (1) *(VersR)* forfait *m*, (2) *(MilR)* relève *f*, (3) *(ZR)* purge *f*, rachat *m*; **– einer Dienstbarkeit** rachat *m* d'une servitude.

Ablösungs|anleihe *f* emprunt de revalidation; **–recht** *n* droit de rachat, droit de purge; **–schuld** *f* dette *f* convertie; **–schuldverschreibung** obligation *f* convertie; **–vertrag** *m* (1) traité *m* de rachat forfaitaire, (2) contrat *m* de rachat (d'une charge foncière); **–wert** *m* valeur de rachat.

abmachen: gütlich – régler à l'amiable *ou* d'un commun accord; **schriftlich –** convenir par écrit; **vertraglich –** stipuler par contrat.

Abmachung *f* (1) convention *f*, arrangement *m*, stipulation, accord *m*, (2) *(SeeHR)* détermination exacte de la perte; **besondere –** arrangement spécial; **örtliche –** arrangement local; **vertragliche –** accord contractuel; **– für die Übergangszeit** arrangement *m* transitoire.

abmahnen avertir, mettre en garde; **auf Unterlassung –** avertir de cesser.

Abmahnung *f* (1) avertissement *m*, avis *m* préalable (de remplir ses obligations), (2) *(ArbR)* menace *f* de sanction, observation *f*, admonestation.

Abmarkung *f* bornage *m*, délimitation *f*.

Abmeldebescheinigung *f* attestation de changement de domicile.

Abmeldung *f* déclaration de départ, déclaration *f* de sortie; **– von Kraftfahrzeugen** déclaration en cas de vente, de destruction *ou* d'immobilisation d'un véhicule.

abmessen prendre les mesures, mesurer.

abmustern (1) désarmer, débarquer, (2) *(MilR)* démobiliser.

Abmusterung *f* (1) *(SeeHR)* revue *f* de désarmement, dérôlement *m* (B), (2) *(MilR)* démobilisation *f*.

Abnahme *f* (1) *(Wegnehmen)* enlèvement *m*, (2) *(Verringerung)* décroissance *f*, affaiblissement *m*, déclin *m*, baisse *f*, perte *f*, (3) *(von Waren)* prise en charge, réception (des marchandises); retirement; prendre livraison, (4) *(Bau)* réception *f*; **– der Arbeiten** réception des travaux; **– des Eides** faire prêter serment.

Abnahme|bedingungen (1) *(SchuldR)* conditions d'achat, (2) *(ÖfR)* cahier *m* des charges; **–frist** *f* délai d'enlèvement; **–pflicht** obligation de retirement; obligation de prendre livraison; **–pflichtig** soumis au réceptionnement; **–prüfung** essai *m* à la réception; **–verhandlung** *f* réceptionnement *m*; **–verweigerung** *f* refus de prendre livraison; **–verzug** *m* inexécution du retirement, (marchandise) qui n'a pas été retirée à l'échéance.

abnehmen (1) enlever, prendre, dessaisir, (2) baisser, perdre, (3) recevoir, réceptionner.

Abnehmer *m* client *m*, preneur *m*; **späterer –** preneur subséquent; **–land** *n* pays *m* acheteur.

Abneigung *f*, **unüberwindliche –** *(EheR)* incompatibilité d'humeur.

Abnötigung *f* (S = Erpressung) extorsion, chantage *m*.

Abnutzung *f*, usure *f*, dépréciation *f*.

Abnutzungsentschädigung *f* indemnité de dépréciation.

Abolition *f* (1) *(StPR)* amnistie au cours du déroulement du procès pénal, (2) abolition *f*, suppression *f*.

Abonnement *n* abbonnement *m*; **Kündigung des –s** désabonnement *m* (d'un journal).

Abonnements|dauer *f* période *f* d'abonnement; **–tarif** tarif d'abonnement; **–vertrag** *m* contrat *m* d'abonnement.

Abonnent abonné *m*; souscripteur *m*.

Abonnentenversicherung *f* assurance couvrant les abonnés d'une publication, assurance *f* pour abonnement à un périodique.

abordnen déléguer, députer; désigner, détacher.

Abordnung *f* (1) délégation *f*, députation *f*, (2) *(BeamR)* détachement *m*.

abpacken empaqueter, conditionner, emballer.

abraten déconseiller, dissuader de.

abrechnen rendre les comptes, décompter, régler; déduire.

Abrechnung *f* décompte *m*, liquidation *f*, facturation, comptabilisation; note *f*; **in – bringen** décompter, régler un compte.

Abrechnungs|bank banque *f* de compensation; **–blatt** *n* bordereau des opérations de compensation; **–buch** *n* livre de comptes; **–papier** *n* titre présenté à la compensation; **–periode** *f* période *f* comptable; **–saldo** solde *m* net restant à payer; **–stelle** *f* chambre *f* *ou* office *m* de compensation; **–verkehr** *m* opérations de compensation, clearing *m*; **–währung** *f* monnaie *f* de décompte; **–zettel** *m* bordereau de compensation.

Abrede *f* (1) *(Vereinbarung)* accord *m*, entente *f*, convention *f*, (2) *(Verneinung)* dénégation, contestation; **in – stellen** contester, infirmer; **eine – treffen** convenir; **mündliche –** accord *m* oral.

abredegemäß comme convenu.

Abriß *m* (1) talon *m*, souche *f*, (2) résumé *m*, aperçu *m*, (3) (en Aut aussi:) arrachement de terrains par une crue; (4) *(BauR)* démolition.

Abruf *m* (1) *(Sache)* levée de l'option, (2) *(Zahlung)* rappel *m*, (3) *(EDV)* prélèvement *m*; **auf –** sur demande *f*, à (notre) convenance.

abrunden arrondir par le bas *ou* au chiffre inférieur.

abrüsten (1) *(VR)* désarmer, (2) *(MilR)* démobiliser.

Abrüstung *f* (1) désarmement *m*, (2) démobilisation *f*.

Abrüstungs|abkommen accord sur le désarmement; **–konferenz** *f* conférence *f* de désarmement; **–schein** *m* certificat de démobilisation.

Absage *f* réponse *f* négative; refus *m*.

absagen décommander, déclarer forfait, refuser, rejeter.

Absatz *m* (1) *(BW)* marché *m*, débouché *m*, écoulement *m*, vente *f*, débit *m*, (2) *(Gesetz, Vertrag)* alinéa *m*; paragraphe *m*; **schlechter –** mévente *f*; **–aussichten** *fpl* perspectives de vente; **–beschränkungen** *pl* contingentement; **–fachmann** mercaticien *m*; **– finden** s'écouler, se vendre; **–fähigkeit** *f* facilité de vente; **–förderung** *f* promotion des ventes; **–garantie** *f* garantie d'écoulement *ou* de débouchés; **–gebiet** *n* territoire *m*, domaine *m* *ou* secteur *m* de vente; débouché *m*, marché *m*; **–genossenschaft** *f* coopérative de vente *ou* de distribution; **–kontingentierung** *f* contingentement de la vente; **–krise** *f* mévente *f*; **–mangel** *m* manque de débouchés; **ausländischer –markt** débouché *m* extérieur; **–menge** *f* volume *m* des ventes; **–möglichkeit** *f* possibilité de vente, débouché possible; **–organisation** *f* organisation de vente, réseau *m* commercial; **–politik** *f* politique de vente, marchandisage *m*; **–schwierigkeit** *f* mévente, difficulté d'écoulement; **–stockung** *f* recul *m* des ventes; **–vereinbarung** *f* convention *f* sur l'écoulement des marchandises; **–weg** circuit *m* commercial de distribution.

abschaffen (1) supprimer, abolir, éliminer, (2) (Aut) bannir, exiler.

Abschaffung *f* (1) suppression *f*, abolition *f*, élimination *f*, (2) (Aut) bannissement *m*, exil *m*; **– der Todesstrafe** abolition de la peine capitale.

Abschaffungserkenntnis *n* (Aut) décision d'expulsion.

abschalten couper, débrancher, arrêter.

abschätzen apprécier, évaluer, estimer (en fin d'usage).

Abschätzung *f* (1) estimation *f*, évaluation *f*, taxation *f*, (2) ventilation; **– in Anwesenheit der Interessen** évaluation contradictoire.

Abschätzungs|gebühr *f* *(SeeHR)*

droit de prisée; **-kommission** *f* commission d'évaluation.

abschicken expédier.

abschieben refouler (à la frontière).

Abschiebung *f* (von Ausländern) refoulement *m*.

Abschiebungs|erkenntnis *n* décision d'expulsion; **-haft** *f* détention *f* aux fins de refoulement.

Abschied *m*: **den – nehmen** *(BeamR)* résigner ses fonctions, se démettre.

Abschiedsbesuch *m* visite *f* d'adieux.

abschirmen protéger, couvrir, assurer la couverture.

Abschlag *m* (1) *(Preis)* baisse *f*; rabais *m*, réduction *f*, (2) *(Anzahlung)* acompte *m*, (3) *(WertpR)* perte *f* résultant de la vente *ou* de l'achat en dessous du pair.

abschlagen décliner, refuser.

abschlägig négatif; **-e Antwort, -er Bescheid** réponse négative, refus *m*, rejet *m*.

Abschlags|dividende *f* dividende *m* provisoire, premier dividende, dividende intérimaire; **-verteilung** *f* *(KonkursR)* distribution des répartitions à venir, partage *m* provisionnel.

Abschlagszahlung *f* acompte *m*, paiement partiel; **jährliche –** annuité *f*.

Abschleppen *n* *(StVR)* remorquage *m*; mise *f* en fourrière.

abschließen (1) *(Verfahren)* clore; achever, mettre fin à, (2) *(Vertrag)* contracter, signer, conclure, (3) *(Konto)* arrêter, clore, (4) *(Vergleich)* transiger.

abschließend *adj* limitatif *adj*; limitativement *adv*.

Abschluß *m* (1) dénouement *m*, fin *f*, (2) *(Geschäft)* marché *m*, (3) *(Vertrag)* conclusion *f*, passation *f*, (4) *(Bücher)* arrêté *m*, clôture *f*, (5) *(Konto)* apurement *m*; **einen – tätigen** conclure un marché; **– der Ermittlungen** *(StPR)* clôture *f* de l'information; **– des Inventars** clôture de l'inventaire; **– eines Konzerns** comptes consolidés; **– der Liquidation** clôture de la liquidation de l'actif; **– des Verfahrens** clôture de la procédure; **– des Vertrages** conclusion du contrat.

Abschluß|agent *m* apporteur *m*, producteur *m*, souscripteur *m*, agent *m* stipulateur; **-agentur** *f* agence qualifiée pour conclure des contrats; **-bericht** *m* rapport final; **-bilanz** *f* bilan de clôture; **-buchung** écriture *f* de clôture; **-dekret** *n* décret de clôture; **-freiheit** *f* liberté contractuelle; liberté des transactions; **-gebühr** *f* taxe versée à l'occasion de la conclusion d'un contrat, taxe d'établissement (S); **-ort** lieu *m* de conclusion (du contrat); **-provision** *f* commission d'apport, commission de l'agent; **-prüfer** *m* *(GesR)* expert-comptable chargé de dresser le bilan de clôture, vérificateur *m* des comptes, commissaire *m* vérificateur; **-prüfung** (1) *(SchulR)* examen *m* de fin d'études, (2) *(Buchf)* vérification *f* des comptes; **-quittung** (1) quittance *f* finale, (2) *(ArbR)* reçu *m* pour solde de tout compte, quittance pour solde de tout compte; **-saldo** *m* solde final; **-stichtag** *m* jour de clôture du bilan; **-tag** *m* date *f* d'arrêté de compte, terme *m* de liquidation; **-vergütung** *f* commission *f* (accordée pour la conclusion d'une affaire); bonification *f* *ou* allocation *f* spéciale de production; **-vollmacht** *f* procuration pour conclure un contrat; **-zahlung** *f* paiement pour solde de tout compte; **-zeugnis** *n* certificat de fin d'études, diplôme de fin d'études; **-zwang** obligation de contracter.

Abschnitt *m* (1) *(Teilstück)* section *f*, secteur *m*, (2) *(Entwicklung)* palier *m*, stade *m*, étape *f*, (3) *(Schein)* coupure *f*, tranche *f*, coupon *m*; **abtrennbarer –** volet *m* détachable.

abschöpfen écrêter; **Kaufkraft** *f* **–** éponger le pouvoir d'achat.

Abschöpfung *f*, **-sbetrag** prélèvement *m*; **abgeleiteter –** *(EuR)* prélèvement dérivé; **innergemeinschaftlicher –** prélèvement intracommunautaire.

Abschreckung *f* dissuasion *f*.

abschreibbar *adj*: **–e Güter** biens *mpl* susceptibles d'être amortis.

abschreiben (1) copier, reproduire, (2) *(Kosten)* amortir, (3) déduire, décompter, (4) imputer, (5) *(UrhR)* plagier, imiter; **vollständig –** ramener la valeur comptable à zéro.

Abschreibeversicherung *f* assurance calculée par déduction sur la somme assurée maximum.

Abschreibfehler *m* erreur de transcription.

Abschreibung *f* (1) *(SteuerR)* amortissement *m* (pour dépréciation subie par les éléments de l'actif), (2) *(SchuldR)* remboursement (d'un emprunt), amortissement financier; **beschleunigte –** amortissement accéléré; **degressive –** amortissement dégressif; **erhöhte steuerliche –** amortissement accéléré *ou* exceptionnel; **lineare –** amortissement linéaire; **vorzeitige –** amortissement anticipé.

Abschreibungs|erleichterungen *pl* facilités d'amortissement; **–gesellschaft** société d'investissement opérant sur amortissements fiscaux; **–konto** *n* compte d'amortissement; **–quote** *f* pourcentage *ou* prorata *m* d'amortissement; **–rückstellung** *f* provision d'amortissement, réserve pour amortissements; **–satz** *m* taux *m ou* valeur *f* d'amortissement; **–zeitraum** *m* durée de l'amortissement.

Abschrift *f* copie *f*, double *m*, duplicata *m*; **beglaubigte –** copie certifiée conforme, copie certifiée, copie authentique, ampliation *f*; **für die Richtigkeit der –** pour copie conforme; **gehörig beglaubigte –** copie dûment certifiée; **kollationierte –** (Aut) copie collationnée; **mit der Urschrift übereinstimmende –** copie conforme; **verglichene –** copie collationnée; **vollständige –** copie intégrale; **wortgetreue –, wörtliche –** copie littérale; **formgetreue – des Beglaubigungsschreibens** copie figurée des lettres de créance.

abschriftlich *adj* en copie, en double.

Abschwächung *f* baisse *f*, affaiblissement, ralentissement.

Abschwemmung *f (SachR)* avulsion.

Abschweifung *f* (vom Thema) digression (hors sujet).

Abschwören *n* abjuration *f*.

Abschwung *m* récession *f*, dépression *f*, recul *m*; crise *f*.

absehbar *adj* prévisible; **in –er Zeit** dans un proche avenir, dans un délai raisonnable.

Absehen *n* renonciation *f*, dispense *f*; **– von der Anklage** *(StPR)* classement *m* (sans suite); **– von Strafe** dispense de peine.

absehen (von) s'abstenir de, renoncer à.

Absendeamt *n* (UPU) bureau d'origine, bureau *m* expéditeur.

Absender *m* expéditeur *m*; **– -Freistempel** *m* empreinte *f* d'affranchissement, cachet *m* (d'oblitération) de la poste.

Absendung *f*: **Rechtzeitigkeit der –** envoi *m* dans les délais.

absetzbar *adj* (1) amovible *adj* (fonctionnaire, magistrat), révocable *adj*, (2) *(von der Steuer)* à déduire, déductible *adj*; (3) *(Waren)* pouvant être écoulé; **–e Ausgaben** dépenses déductibles.

Absetzbarkeit *f* (1) amovibilité *f*, révocabilité *f*, (2) déductibilité *f*, (3) possibilités *fpl* d'écoulement.

absetzen (1) *(Personen)* destituer, révoquer, (2) *(Waren)* écouler *ou* placer, (3) *(SteuerR)* défalquer, déduire, décompter, (4) *(ZPR)* ne pas mentionner; **sich –** *(StR)* partir à l'étranger.

Absetzung *f* (1) destitution *f*, déposition *f* (d'un monarque), révocation *f*, (2) déduction *f*, défalcation *f*, retranchement *m*, soustraction *f*; **– für Abnutzung** *f (SteuerR: AfA)* déduction pour dépréciation.

absichern se protéger; **ein Risiko –** couvrir un risque.

Absicherung *f* couverture *f* (d'un risque).

Absicht *f* intention *f*, mobile *m*, préméditation *f*, volonté *f* consciente; **betrügerische –** intention frauduleuse; **böse** *od.* **böswillige –** intention dolosive; **ohne böswillige –** sans intention malveillante; **feindselige –** malveillance *f*; **verbrecherische –** intention criminelle *ou* délictueuse.

absichtlich *adj* intentionnel *adj*, intentionellement *adv*, de propos délibéré, exprès *adv*.

Absichts|anfechtung *f (KonkursR)* action *f* en annulation d'un acte destiné à nuire aux intérêts du créancier; **–erklärung** *f (VR)* déclaration d'intention; **–urkunde** *f* document *m* rédigé dans l'intention de servir de preuve, preuve *f* préconstituée.

Absinken *n* abaissement *m*; décroissance *f*; **– der Preise** baisse *ou* tassement *m* des prix.

absolut *adj* absolu; inconditionnel.

absondern séparer; détacher; isoler; revendiquer.

Absonderung *f* (1) séparation *f*, séparation de biens; (2) *(KonkursR)* revendication *f*; **– des Vermögens** séparation de biens.

Absonderungs|berechtigte(r) *m (KonkursR)* créancier *m* privilégié; **–gläubiger** créancier titulaire d'une sûreté, créancier privilégié; **–recht** *n* privilège *m* spécial sur certains biens du failli.

Absorptionsprinzip *n (StR)* principe de l'absorption de la peine la plus faible par la peine la plus forte.

Abspaltung *f* (1) *(StaatsR)* dissidence *f*, scission *f*, sécession *f*; (2) démembrement *m*.

Abspenstigmachen *n* (der Arbeitskräfte) débauchage *m*; **– der Kunden** détournement *m* de clientèle.

Absperrung *f* cordon *m* (d'agents de police), barrage *m* (de police).

Absprache *f* (1) accord *m*, convention *f*, engagement *m*, marché *m*, (2) arrangement *m*, compromis *m*, entente *f*, (3) stipulation *f*, (4) *(Kartell)* entente *f*, cartel *m*; **– im Strafprozeß** transaction procureur-juge-défenseur.

absprachegemäß comme convenu.

absprechen (1) *(abstreiten)* contester, dénier, retirer, supprimer, (2) *(sich –)* se concerter, convenir (de qch).

abstammen descendre de, être né de.

Abstammung *f* filiation *f*, lien *m* de parenté, descendance *f*, lignée *f*, origine *f*; **außereheliche –** filiation naturelle; **blutschänderische –** filiation incestueuse; **ehebrecherische –** filiation adultérine; **eheliche –** filiation légitime, descendance légitime; **nichteheliche –** filiation naturelle.

Abstammungs- und Gesundheitszeugnis *n (ZollR)* certificat *f* phytosanitaire d'origine.

Abstammungs|feststellung *f (FamR)* établissement (judiciaire) de la filiation; **–gutachten** *n* expertise héré, do-biologique *ou* par examen comparatif des sangs du père prétendu et de l'enfant; **–klage** *f* action en recherche de paternité naturelle; **–nachweis** *m* preuve de l'origine; certificat d'ascendance; **–prozeß** *m* procès relatif à la filiation, action d'état; **–recht** *n (IPR)* jus *m* sanguinis, (droit d'attribution de la) nationalité d'origine en considération de la filiation; **–urteil** *n* jugement *m* déclaratif de filiation.

Abstand *m* (1) écartement *m*, espacement *m*, distance *f*, (2) *(StVR)* écart *m*, espace *m*, intervalle *m*, créneau *m*; **– halten** garder, respecter la distance, *(fig)* observer les distances; **– nehmen** renoncer, se désister.

Abstands|erklärung (S) désistement *m*; **–geld** *n*, **–summe** *f*, **–zahlung** (1) arrhes *fpl*, dédit *m*; levée *f* d'option, (2) *(MietR)* pas-de-porte *m*; **–vertrag** *m (LandwR)* contrat de bail à nourriture.

abstellen (1) *(Mißbrauch)* mettre fin à, pallier, supprimer, réformer, (2) *(Maschine)* arrêter; **– auf** viser qch, baser sur, lier à; **auf etwas –** souligner spécialement quelque chose.

Abstellen *n* (von Fahrzeugen) stationnement d'un véhicule.

Abstell|gleis *n (auch fig)* voie *f* de garage; **–platz** parking *m*, aire de stationnement.

Abstellung *f* (1) cessation *f*, arrêt *m*, (2) (auf etwas) fait de se baser sur quelque chose, (3) *(ArbR)* affectation *f*.

Abstempeln *n* estampillage *m*, estampille *f*, timbrage *m*, oblitération.

absterben dépérir.

Absterbeordnung *f (VersR)* table *f* de mortalité.

Abstiftung *f* (Aut) déclaration de déchéance du droit de propriété en cas de non-entretien.

abstimmen (1) voter, exprimer son suffrage; (2) *(Ansichten)* coordonner, harmoniser, rapprocher; (3) *(Buchführung)* ajuster (un compte), balancer des soldes, faire concorder.

Abstimmende *pl* votants *mpl,* participants *mpl* (au scrutin).

Abstimmung *f* (1) scrutin *m*, consultation électorale, vote *m*, votation, (2) *(informell)* concertation *f*; coordination *f*; **artikelweise –** vote par articles; **eidgenössische –** (S) votation *f* fédérale (S); **geheime –** scrutin *m* secret, vote à bulletins secrets; **namentliche –** vote nominal *ou* par appel nominal, scrutin par appel nominal; **offene –** scrutin indécis; **öffentliche –** scrutin public; **schriftliche –** vote par correspondance; **sich an der – beteiligen** prendre part au vote; **zur – bringen** mettre aux voix; **– durch Handzeichen** vote par main levée; **– mit Namensaufruf** vote par appel nominal; **– auf schriftlichem Wege** vote par correspondance; **– durch Sitzenbleiben und Aufstehen** vote par assis et debout; **– durch Vertreter** vote par procuration **– durch Zuruf** *m* vote par acclamation.

Abstimmungs|antrag *m* demande de scrutin; **–bezirk** *m* circonscription *f* électorale; **–ergebnis** *n* résultat du scrutin; **–freiheit** *f* liberté de vote; **–gebiet** *n* territoire soumis à plébiscite, territoire *m* plébiscité; **–handlung** *f* opérations *fpl* électorales; **–leiter** *m* président du bureau de vote; **–modus** *m* mode de scrutin; **–niederschrift** *f* procès-verbal constatant les résultats du vote; **–verfahren** *n* mode de scrutin *ou* de votation, procédure de vote; **–verzeichnis** *n* liste *f* électorale; **–vorschriften** *pl* règles de vote; **–zettel** *m* bulletin *m* de vote.

abstrakt *adj* abstrait, conceptuel; cérébral, intellectuel; **–e Normenkontrolle** *(VerfR)* contrôle *m* de la constitutionnalité en dehors de tout litige concret.

Abstraktionsprinzip *n* *(ZivR)* principe *m* de l'ensaisinement, principe de la dissociation entre l'effet obligatoire de la vente et le transfert de propriété.

abstoßen (1) *(Waren)* se défaire de, écouler, (2) *(Schulden)* amortir, rembourser.

abstreiten contester, s'opposer à; désavouer; dénier, nier, rétracter.

Abstreiten *n* dénégation *f*, désaveu *m*, déni *m*.

abstufen (1) échelonner, (2) hiérarchiser.

Abstufung *f* échelonnement *m*; gradation *f*; **– der Strafen** échelle des peines; **– einer Straße** déclassement.

Abteilung *f* (1) *(Verwaltung)* service *m*, section *f*, bureau *m*, (2) *(Ministerium)* direction *f*, (3) *(Armee)* détachement *m*.

Abteilungsleiter *m* (1) chef de service, chef de section, (2) *(Ministerium)* directeur général.

Abtötung *f* **(der Leibesfrucht)** avortement *m*.

abtragen, eine Schuld – acquitter *ou* rembourser *ou* amortir une dette.

abträglich *adj* portant atteinte à (la réputation); **–e Auswirkung** effet *m* dommageable.

Abtragung *f* **einer Schuld** paiement *m* (par fractions *ou* échelonné), remboursement *m*, amortissement *m*, règlement *m*, acquittement *m* d'une dette.

Abtransport *(Ware)* enlèvement *m*.

abtreiben (1) *(Leibesfrucht)* avorter,

(2) *(Frau)* faire subir un avortement.

Abtreibung *f* (1) *(legal)* interruption *f* volontaire de la grossesse (IVG); *(StR)* avortement *m* criminel; **Aufforderung zur –** provocation à l'avortement; **– der eigenen Leibesfrucht** *od.* **Eigen–** avortement sur soi-même; **– fremder Leibesfrucht** *od.* **Fremd–** avortement sur la personne d'autrui, avortement par autrui.

Abtreibungs|handlungen *pl* manœuvres *fpl* abortives; **–mittel** *n* moyens *mpl* abortifs; **–verbot** *n* interdiction d'avorter.

Abtrennung *f* séparation *f*; démembrement; scission.

Abtrennungsbestrebungen *pl* tendances *fpl* séparatistes.

abtretbar *adj* cessible, négociable, transférable; **nicht –** incessible, inaliénable.

Abtretbarkeit *f* cessibilité *f*.

abtreten (1) *(Rechte, Sachen)* céder, se dessaisir, livrer, rétrocéder, transférer, vendre, aliéner, (2) *(Ämter)* se démettre, démissionner.

Abtretende(r) *m* cédant *m*.

Abtretung *f* cession *f*, transfert *m*, vente *f*; **gütliche –** cession amiable; **nochmalige –** rétrocession; **zwangsweise –** (Aut) cession forcée, cession sous contrainte; **– eines Anspruchs** cession d'un droit; **– einer Forderung** cession de créance; **– von Rechten** cession de droits; **– zahlungshalber** cession de créance à titre de paiement, sous réserve de recours contre le cédant, cession à titre de dation en paiement; **– an Zahlungs Statt** cession de créance à titre de paiement avec effet libératoire.

Abtretungs|anzeige *f* avis *m* de cession; **–erklärung** *f* déclaration de cession; **–urkunde** *f* acte de cession; **–verbot** *n* interdiction de céder un bien; **–vertrag** *m* (1) contrat de cession, contrat de cession de biens, (2) *(VR)* traité de cession.

Abtrünnigkeit *f (Pol)* dissidence *f*, défection *f*.

aburteilen juger; condamner.

Aburteilung *f* jugement *m*; condamnation *f*.

abverlangen prier de rendre qch., redemander.

Abvermietung *f* sous-location *f*.

Abwägen *n* examen *m*, considération (du pour et du contre); **– der Stimmen** (Aut) pondération *f* des voix.

Abwägung *f* **der Interessen** *(VwR)* la prise en considération de tous les aspects *ou* des intérêts juridiques contradictoires.

Abwahl *f* non-réélection *f*.

abwählen renverser par un vote négatif; contraindre à la démission.

abwälzen (1) *(Kosten)* répercuter; (2) *(Verantwortung)* rejeter, décliner, repousser.

Abwand(e)lung *f* modification partielle, remaniement d'un point particulier.

Abwanderung *f* émigration *f*.

Abwärtsbewegung *f* tendance à la baisse, mouvement de baisse.

Abwässer *pl* eaux *fpl* usées *ou* résiduaires.

abwechselnd *adv* à tour de rôle, alternativement.

Abwechslung *f* alternance *f*.

Abwehr *f* (1) défense *f*, (2) *(MilR)* contre-espionnage *m*; **–anspruch, –klage** *(SachR)* demande *f* tendant à faire cesser un trouble apporté à la possession *ou* à la propriété; **–handlung** (S) acte de légitime défense; **–maßnahme** *f* mesure *f* de défense.

abwegig *adj* erroné; fallacieux, spécieux.

abweichen (1) *(von der Regel)* faire exception, déroger, (2) *(von der Richtung)* dévier; dérouter, (3) *(nicht gleichen)* diverger, différer.

Abweichen *n* (1) divergence *f*, désaccord *m*, différence *f*, (2) dérogation, exception.

abweichend *adj* dérogatoire *adj*, divergent *adj*; **–e Darstellung** version différente; autre point de vue.

Abweichung *f* (1) *(von der Regel)* dérogation *f*, (2) *(Transport)* déroutement *m*, déviation *f*, (3) *(Meinung)* divergence *f*; **zulässige –** tolérance

f; – **gerichtlicher Entscheidungen** contrariété *f* de jugements.
Abweichungsrecht *n* droit de dérogation.
abweisen (1) *(Antrag, Anspruch)* rejeter, refuser, (2) *(ZPR)* débouter, repousser.
Abweisung *f* rejet *m*, refus *m*, débouté *m*; **formelle** – rejet pour raisons de forme, éconduction d'instance (S); – **eines Anspruchs** non- reconnaissance *f* d'un droit; – **aus meritorischen Gründen** (Aut) rejet au fond; **–sbeschluß** *m* décision de rejet.
abwendbar *adj* prévisible et évitable.
Abwendung *f* évitement, fait de parer à qch.
Abwendungs- und Minderungspflicht *f* *(SchuldR)* obligation de prendre des mesures préventives et conservatoires.
Abwerbung *f* **von Arbeitskräften** débauchage *m*; – **von Kunden** détournement *m* de clientèle.
ab-Werk-Preis prix départ usine.
abwerten dévaluer, dévaloriser.
Abwertung *f* dévaluation *f*; dévalorisation *f*.
Abwertungsgewinn *m* bénéfice *m* de dévaluation.
Abwesende(r) *m* (1) *(ZR)* absent *m*, (2) *(ProzR)* défaillant *m*.
Abwesenheit *f* (1) absence *f*, (2) défaut *m* de comparution, contumace; **in** – par défaut (jugement).
Abwesenheits|erklärung *f* déclaration d'absence; **–geld** *n* indemnité d'absence; **–kuratel** *f* (Aut) curatelle *f* des absents, curatelle de l'absence; **–kurator** *m* (Aut), – **pfleger** *m* curateur de l'absent; **–pflegschaft** *f* curatelle de la personne déclarée absente; **–protest** *m* *(WechselR)* protêt dressé en cas d'absence du débiteur; **–urteil** *n* (1) *(StPR)* jugement par contumace, (2) *(ZPR)* jugement par défaut; **–verfahren** *n* *(StPR)* procédure par contumace; **–vermutung** *f* *(ZR)* présomption d'absence.
abwickeln *(GesR)* liquider l'actif.
Abwickler *m* liquidateur *m*, syndic *m* de la liquidation.
Abwicklung *f* (1) *(Schaden)* règlement *m*, (2) *(Geschäft)* suivi *m*, exécution *f*, (3) *(KonkursR)* opérations *fpl* de liquidation de l'actif, liquidation *f* des éléments d'actif; **gerichtliche** – liquidation judiciaire.
Abwicklungs|gesellschaft *f* société en voie de liquidation; **–konto** *n* compte de liquidation; **–stelle** *f* bureau *m* liquidateur, organe *m* liquidateur, service de liquidation.
abzahlen rembourser (par mensualités); payer à tempérament.
Abzahlung *f* (= Ratenzahlung) règlement *m* en plusieurs paiements partiels *ou* par mensualités; remboursement échelonné; paiement *m* par fractions.
Abzahlungs|darlehen *n* prêt remboursable par échéances successives; **–geschäft** *n* (contrat de) vente à tempérament, achat à crédit; vente par acompte (S); **–hypothek** hypothèque *f* garantissant le remboursement échelonné d'un emprunt; **–kauf** *m* achat *m* à crédit, vente *f* à tempérament; **–käufer** *m* acheteur à crédit *ou* à tempérament; **–schuld** *f* dette par échéances successives.
Abzeichen *n* insigne *m*; badge *m*.
abzeichnen signer; émarger; parapher, marquer *ou* signer d'un paraphe.
abziehen (1) se retirer, partir, (2) déduire, défalquer, (3) retenir, prélever sur; **Gelder** – retirer des fonds.
Abzinsung *f* déduction des intérêts non courus.
Abzug *m* (1) *(vom Preis)* remise *f*, réduction *f*, rabais *m*, (2) *(Steuern)* prélèvement *m*, abattement *m*, retenue *f*, déduction à la base, (3) retrait *m*; **in – bringen** déduire, porter en déduction; – **neu für alt** déduction du vieux au neuf; – **an der Quelle** retenue *f* *ou* prélèvement à la source.
abzüglich *präp* à déduire de; – **der Kosten** déduction faite des frais.
abzugsfähig *adj* déductible.
Abzugs|fähigkeit *f* déductibilité *f*; **–posten** *m* charge *f* déductible;

–steuer impôt perçu par prélèvement à la source; **–tabelle** *f* barème *m* de retenue.

abzweigen affecter à une autre destination.

Achslast *f (Kfz)* charge *f* (maximum) de l'essieu.

Achtsamkeit *f* prudence *f*, précaution, circonspection.

Achtung *f* (1) *(Vorsicht)* attention, (2) *(Wertschätzung)* respect *m*; **– der Menschenwürde** respect de la dignité humaine.

Ackerland *n* terre cultivable.

actio *f* (= Klage) action *f*; **– paulina** action paulienne *ou* révocatoire.

Adäquanztheorie *f (ZR)* théorie *f* de la causalité adéquate.

adäquat *adj* adéquat; approprié, convenable, juste.

Additionalakte *f* acte *m* additionnel.

Adelsprädikat *n* titre *m* nobilière.

Adhäsions|klausel *f* clause d'adhésion; **–partei** *f* (S) partie civile; **–verfahren** *n* procédure *f* relative aux demandes d'indemnisation de la victime devant le tribunal répressif; **–vertrag** *m (ZR)* contrat d'adhésion.

Ad hoc-Versammlung *f* assemblée ad hoc.

Administrativ|behörde *f* (Aut) autorité *f* administrative; **–justiz** *f* (Aut) juridiction *f* administrative; **–strafe** *f* (Aut) pénalité administrative; **–verfahren** *n* (S) procédure administrative.

Administrator *m* (1) *(KirchR)* coadjuteur *m*, (2) gestionnaire *m*, administrateur *m*.

adoptieren adopter.

Adoptierende(r) *m* adoptant *m*.

Adoptierte(r) *m* adopté *m*.

Adoption *f* (= Annahme als Kind) adoption *f*.

Adoptions|vermittlung service *m* de placement en vue de l'adoption; **–vertrag** *m* contrat d'adoption.

Adoptiv|eltern *pl* parents *mpl* adoptifs; **–familie** *f* famille *f* adoptive; **–kind** *n* enfant *m* adoptif; **–mutter** *f* mère *f* adoptive; **–sohn** *m* fils adoptif; **–tochter** *f* fille adoptive; **–vater** *m* père *m* adoptif; **–verwandtschaft** *f* parenté adoptive.

Adressat *m* (1) destinataire *m*, (2) *(WechselR)* tiré *m*.

Adreßbuch *n* annuaire *m*, recueil *m* d'adresses.

Adresse *f* (= Anschrift) adresse *f*, suscription, indication du domicile; **vollständige –** adresse complète; **–nänderung** changement *m* d'adresse; **–nverzeichnis** répertoire d'adresses.

Advokat *m* (S) avocat *m*.

Advokatenkammer *f* (Aut) barreau *m*.

Advokatur *f* profession *f* d'avocat.

Aequivalenz *f (SchulR: Gleichwertigkeit)* équivalence (des diplômes).

Affekt *m* émotion *f* violente, trouble compulsif, émoi, excitation immotivée; **–tat** *f (StR)* crime *m* passionnel; **im –zustand** sous l'emprise d'un trouble compulsif.

Affektions|interesse *n (SchuldR: Liebhaberinteresse)* (réparation du *ou* atteinte à un) sentiment d'attachement à une chose (sans valeur économique); **–wert** *m* préjudice d'affection, prix de la douleur (résultant de la perte d'une chose sans valeur économique).

Affidavit *n (WertpR)* affidavit *m*.

After|bürge *m* sous-caution *f*, certificateur de caution; **–miete** *f* sous-location *f*; **–mieter** *m* sous-locataire *m*; **–pfand** *n* (Aut) sous-gage *m*; **–unternehmung** *f* (Aut) sous-entreprise *f*.

Agent *m* (1) *(HR: Handelsvertreter)* agent *m* commercial; employé *m*, mandataire *m*, représentant *m*, commis *m*, courtier *m*; (2) émissaire *m*, (3) *(StR)* espion *m*.

Agententätigkeit *f (StR)* intelligences *fpl* avec une puissance étrangère; *(Ausländer)* activités d'espionnage.

Agentie *f* (Aut) agence *f*.

Agentur *f* agence *f*, établissement *m* commercial, bureau *m*, succursale *f*; **–leiter** *m* directeur *m* d'agence; **–vertrag** *m* contrat *m* d'agence.

Aggression *f (VR, StR)* agression *f*;

attaque violente; **offenkundige –** agression *f* flagrante; **–skrieg** *m* guerre *f* d'agression.

Aggressor *m (VR)* agresseur *m.*

Agio *n* (*BankR* = Aufgeld) commission *f* de banque, agio *m*, prime *f*; **–notierung** *f* mode de cotation dans lequel on indique seulement l'agio *ou* le disagio.

Agiotage *f (BörR)* agiotage *m*, spéculation *f*; **– betreiben** agioter, spéculer; **–geschäft** *n* opération *f* spéculative.

Agioteur *m* spéculateur *m.*

Agitationslokal *n* (Aut) permanence *f* électorale.

Agitator *m* agitateur *m*, factieux *m*, meneur *m.*

Agrar|abkommen *n* accord *m* agricole; **–abschöpfung** *f (EU)* prélèvement *m* agricole; **–bank** *f* banque agraire; **–behörden** *pl* administration chargée des questions agricoles; **–erzeugnis** *n* produit *m* agricole; **–fonds** *m* fonds *m* agraire; **–gemeinschaft** *f* communauté *f* agraire; **–gesetzgebung** *f* législation *f* agraire, législation rurale; **–güter** *npl* produits *mpl* agricoles; **–land** pays *m* agricole; **–politik** *f* politique (commune) (*EU:* P.A.C.) agricole; **–preise** *pl* prix *mpl* agricoles; **–produktion** production *f* agricole; **–recht** *n* droit *m* agraire; **–reform** *f* réforme *f* agraire; **oberster –senat** *m* (Aut) organisme suprême statuant en matière de réforme agraire; **–überschuß** excédent *m* agricole; **–verfassung** *f* organisation *ou* constitution agraire, régime *m* agraire; **–zölle** *pl* droits de douane sur les produits agricoles; **–zuschuß** *m* subvention agricole.

Agrément *n (VR = Zustimmung)* agrément *m*; **das – erhalten** recevoir l'agrément; **das – erteilen** donner son agrément; **–gesuch** *n* demande d'agréation, demande d'agrément.

Agreement *m (VR = formlose Übereinkunft)* accord *m* amiable.

Ahndbarkeit *f* caractère *m* répressible.

ahnden sanctionner, punir, réprimer.

Ahndung *f* répression *f*, punition *f*; **strafrechtliche –** sanction pénale; **zivilrechtliche –** (S) sanction civile.

Ähnlichkeit *f* ressemblance *f*, similitude *f*, analogie *f.*

Ähnlichkeitsschluß *m* raisonnement *m* par analogie.

AIDS *n* (= erworbenes Immunschwäche Syndrom) SIDA *m*, syndrome immuno-déficitaire acquis; **–ansteckung, –infizierung, –übertragung** contamination *ou* infection par l'agent du SIDA; **–blutprobe** *f* prise de sang; **–meldepflicht** obligation de déclarer les séropositifs; **–test** *m*, **–untersuchung** dépistage *m* du SIDA.

Akademie *f* école *f* professionnelle supérieure (publique *ou* privée).

akademisch|er Grad grade *m* universitaire; **–er Senat** organe *m* délibérant suprême (d'une université allemande).

Akkord *m* accommodement *m*, compromis *m*, transaction *f*, accord *m* à l'amiable.

Akkord|arbeit *f* travail *m* aux pièces; travail à la tâche; **–lohn** *m* salaire aux pièces, salaire à la tâche; **–vereinbarung** *f* convention de salaire à la tâche; **–vergütung** *f* rémunération à la tâche; **–vertrag** *m* contrat de travail aux pièces; **–zulage** *f* prime *f* de rendement.

akkreditieren *(VR)* accréditer.

Akkreditierte(r) *m* personne *f* accréditée, bénéficiaire *m* (crédit documentaire).

Akkreditierung *f* fait d'accréditer.

Akkreditiv *n* (1) *(BankR)* lettre *m* de crédit, accréditif, (2) *(VR)* lettres *fpl* de créance; **bestätigtes –** lettre de crédit confirmé; **unbestätigtes –** lettre de crédit non confirmé; **unwiderrufliches –** lettre de crédit confirmé; **widerrufliches –** lettre de crédit non confirmé; **das – verbindlich bestätigen** confirmer le crédit; **–steller** *m* donneur d'ordre.

Akkreszenz *f (GesR, ErbR = Anwachsung)* accroissement *m.*

Akkusationsprinzip *n (StPR)* principe *m* de la procédure accusatoire.

Akquisiteur *m (HR = Kundenwerber, Werbevertreter)* sous-agent *m*, démarcheur *m*.

Akt *m* (1) pièce *f*, acte *m*, (en Aut. aussi:) dossier *m* (2) action *f* humaine, (3) coït *m*, copulation *f*.

Akte *f* dossier *m*; **eine – anlegen** constituer *ou* établir un dossier.

Akten *pl* dossier *m*, documents *mpl*, pièces *fpl* (du dossier); **in die – Einsicht nehmen** examiner *ou* étudier un dossier; **etwas zu den – geben, – legen** verser (une pièce) au dossier; **– vorlegen** produire des pièces; **–deckel** *m* chemise *f* cartonnée, classeur; **–durchsicht** *f* dépouillement *m* (d'un dossier); **–edition** *f* (S) établissement d'actes; **–einsicht** *f* examen du dossier, communication *ou* consultation du dossier; **–hefter** *m* chemise *f*, reliure *f* mobile.

aktenkundig sein figurer au dossier; (être) avéré, établi, prouvable sur la base d'un procès-verbal, vérifié, reconnu vrai.

Aktenlage: nach – entscheiden statuer sur pièces *ou* en fonction de l'état du dossier.

Akten|material *n* documentation *f*; **–notiz** *f* note *f*, mémorandum *m*, notice *f*.

Akten|ordner classeur *m*; **–stück** *n* dossier *m*; **–übermittlung** *f* transmission *f* de dossier; **–überreichung** *f* communication du dossier; **–übersendung** *f* transmission de dossier; **–umlauf** *m* circulation du dossier; **–vermerk** *m* mention *f* portée sur un document; annotation *f*; **–verwaltung** *f* gestion des archives; **–vorlage** *f*, **–vorlegung** présentation *ou* production du dossier, production de pièces *ou* d'actes; **–widrigkeit** *f* moyen tiré de ce que la décision attaquée est contraire au contenu d'un acte; **–zeichen** *n* cote *f* (d'une pièce), numéro de référence, numéro *ou* référence du dossier.

Aktie *f* action *f*; **alte –** action ancienne; **börsengängige –** action cotée en bourse; **hinterlegte –** action déposée, action de garantie; **junge –** action nouvelle; **nennwertlose –** action sans valeur nominale; **neue –** action nouvelle; **übernommene –** action souscrite; **vinkulierte –** action dont la cession est soumise à l'agrément de la société; **volleinbezahlte –, vollgezahlte –** action entièrement libérée, action libérée.

Aktien|agio *n* prime *f* d'émission; **-anteil** *m* coupure d'action; **–ausgabe** *f* émission d'actions; **–austausch** *m* échange d'actions; **–besitzer** *m* actionnaire; **–bezugschein** *m* promesse d'action; **–brief** *m* action *f*; **–buch** *n* registre des actionnaires; **–erwerb** achat *m* d'actions; **–gattung** *f* catégorie d'actions.

Aktien|gesellschaft *f* (1) *(HR = A.G.)* Société *f* anonyme de droit allemand, (2) *(i.w.S.)* société par actions, société de capitaux; **–gesetz** *n* loi sur les sociétés anonymes; **–index** *m* indice du cours des actions; **–inhaber** *m* porteur *m* d'actions; **–kapital** *n* capital social; **–konsortium** *n* consortium pour l'achat d'un paquet d'actions; **–kupon** *m* coupon d'action; **–kurs** *m* cote *f*; **–liste** *f* registre des actionnaires; **–markt** *m* marché des actions; **–mehrheit** *f* majorité des actions; **–nennbetrag** valeur nominale; **–paket** *n* paquet d'actions; **–promesse** *f* promesse d'action; **–stimmrecht** *m* droit de vote (de l'actionnaire), **–übertragung** *f* transmission des titres; **–umtausch** *m* échange d'actions; **–unternehmung** *f* (Aut) société anonyme, entreprise par actions; **–urkunde** *f* action; **–verein** *m* société anonyme; **–zeichner** *m* souscripteur *m* d'actions; **–zeichnung** *f* souscription *f* d'actions; **–zertifikat** *n* certificat *m* d'action; **–zusammenlegung** *f* regroupement *m* d'actions.

Aktionär *m* actionnaire *m*, porteur de parts; **konzernfreier –** actionnaire extérieur au groupe; **–stimmrecht** *n* droit de vote des actionnaires.

Aktion *f* action *f*, opération *f*; activité *f*; **–sbereich** champ *m* d'action; **–seinheit** unité *f* d'action; **–sfreiheit** marge *m* de manœuvre; **–sprogramm** programme *m* d'activité.

aktiv *adj* actif; *(pol)* militant; **–er Offizier** officier *m* d'active; **–e Sterbehilfe** *(StR)* euthanasie *f*, meurtre *m* par pitié.

Aktiva, Aktiven *pl* actif *m*; **festliegende –** actif immobilisé; **freie –** actif disponible; **gebundene –** actifs *mpl* engagés; **greifbare –** actif réalisable *ou* mobilisable; **reine –** actif net; **verfügbare –** actif disponible; **verwertbare –** actif réalisable *ou* mobilisable.

Aktiv|bestände *pl* actifs *mpl*, postes *mpl* de l'actif; **–bürger** *m* (S) citoyen actif; **–handel** *m* commerce d'exportation.

aktivieren *(Buchf)* porter à l'actif.

Aktivierung *f* fait de porter à l'actif, comptabilisation *ou* inscription à l'actif du bilan.

aktivierungs|fähig *adj* susceptible d'être porté à l'actif; **–pflichtig** *adj* qui doit être porté à l'actif.

Aktivist *m* militant *m*, activiste *m*; **– sein** militer.

Aktiv|legitimation *f (ZPR)* qualité pour agir en justice, légitimation *f* active (S); **–mitglied** *n* membre *m* actif; **–posten** *m* élément d'actif, poste *m* actif; **–saldo** *m* solde *m* créditeur, solde actif, solde positif; **–seite** avoir *m*, actif *m*; **–vollmacht** *f* compétence *f* pour agir; **–zinsen** *pl* intérêts *mpl* créditeurs.

Aktuar *m* (S) secrétaire *m* greffier.

aktuell *adj* actuel, d'actualité, à l'ordre du jour.

Akzept *n* (= Wechselannahme) acceptation *f*.

Akzeptant *m* (1) *(Vertrag)* acceptant *m*; (2) *(Wechsel)* tiré *m*.

Akzept|bank *f* banque d'acceptation; **–erklärung** *f* déclaration d'acceptation; **–forderung** *f* créance constituée par une traite acceptée.

Akzeptkredit *m* crédit bancaire par acceptation (d'une traite); **bestätigter –** crédit documentaire confirmé; **unbestätigter –** crédit documentaire simple, crédit documentaire non confirmé.

Akzept|provision commission d'acceptation; **–verweigerung** *f* refus d'acceptation; **–vorlage** *f* présentation à l'acceptation.

Akzeß *m* (1) *(Zutritt)* accès *m*; (2) (Aut: *Zulassung*) admission *f*.

Akzession *f* *(VR = Beitritt)* accession, adhésion.

Akzessions|klausel *f* clause *f* d'accession; **–urkunde** *f* acte d'accession; **–vertrag** *m* traité d'accession.

Akzessorietät *f* (1) *(ZR)* droit accessoire; (2) *(StR)* emprunt *m* de la criminalité du fait principal, nécessité *f* d'un crime ou d'un délit principal; **beschränkte –, limitierte –** théorie selon laquelle la peine infligée à un complice ne dépend pas du fait que l'auteur principal est punissable ou non; **strenge –** théorie selon laquelle la peine infligée à un complice dépend du fait que l'auteur principal est punissable ou non; **– der Haftung des Bürgen** (principe de la) subsidiarité de la responsabilité de la caution.

akzessorisch *adj* accessoire.

Alarmbereitschaft *f* état d'alarme; **die Truppe in – halten** consigner la troupe.

aleatorisch *adj*: **–er Vertrag** contrat aléatoire.

Alibi *n* alibi *m*; **ein – beibringen** fournir un alibi.

Alimentations|klage *f* action *f* alimentaire; **–pflicht** *f* obligation à payer une pension alimentaire.

Alimente *pl* *(ZR = Unterhalt)* aliments *mpl*; pension *f* alimentaire.

Alimenten|beiträge *pl* (S), **–rente** *f* (L) pension alimentaire.

Alkohol|ausschank *m* débit *m* de boissons; **–delikt** *n* délit *m* commis sous l'empire *m* d'un état alcoolique; **–genuß** *m* consommation *f* de boissons alcooliques; **–mißbrauch** *m* alcoolisme *m*, abus *m* de boissons alcooliques; **–süchtige(r)** *m* alcoolique *m*; **–test** *(StVR)* alcootest *m*, épreuve *f* de dépistage de l'imprégnation alcoolique; **–verbot** *n* interdiction *f* de vendre des boissons alcooliques; **–verwaltung** *f* (S) régie *f* des alcools.

Allbeitrittsklausel *f* clause d'accession générale.

Allbeteiligungsklausel *f* clause d'accession générale.

Alle für einen, einer für alle (Aut) solidairement *adv*.

Allein|auftrag *m (HR)* mandat exclusif; **–berechtigung** exclusivité *f*, droit exclusif; **–besitz** *m (SachR)* possession exclusive; **–eigentum** *n* propriété exclusive; **–eigentümer** *m* propriétaire *m* unique; **–erbe** *m* héritier *m* unique; **–erfinder** unique inventeur; **–erziehende** *(FamR)* père *ou* mère assurant seul l'éducation (de l'enfant), famille monoparentale; **–gebrauch** *m* usage *m* privatif, usage exclusif; **–geschäftsführer** *m* gérant d'affaires unique; **–gesellschafter** associé unique, société ne comprenant plus qu'un seul associé; **–handel** *m* commerce *m* exclusif; **–importeur** *m* importateur *m* exclusif; **–hersteller** fabriquant exclusif; **–inhaber** *m* détenteur *m* *ou* possesseur unique; **–lizenz** licence exclusive; **–recht** *n* droit exclusif **–stehend** *adj* non marié, vivant seul; **–steuer** *f* impôt *m* unique; **–verkauf** *m* vente exclusive; **–verkaufsrecht** *n* monopole *m* de vente; **–verdiener** famille, où seul le père (*ou* la mère) travaille; **–verschulden** *n* faute *f* d'une seule personne *ou* exclusive; **–vertreter** *m* agent *ou* représentant *m* exclusif; **–vertretervertrag** *m* contrat de représentation exclusive; **–vertretung** *f* representation *f* exclusive; **–vertrieb** *m* vente *f* exclusive; **–vertriebshändler** *m* distributeur *m* exclusif; **–vertriebsklausel** *f* clause d'exclusivité de vente; **–vertriebsvereinbarung** *f* contrat de distribution exclusive; **–vertriebsvertrag** *m* contrat de concession *ou* de distribution exclusive; **–verwertungsrecht** *n (PatentR)* monopole d'exploitation.

allgemein anerkannt généralement reconnu; **– gebräuchlich** généralement utilisé.

Allgemein|e Geschäftsbedingungen *fpl* (A.G.B.) conditions *fpl* générales; **–e Rechtsgrundsätze** *mpl* principes *mpl* généraux du droit; **–e Rechtslehre** *f* fondements *mpl* du droit *ou* de l'ordre juridique; **–e Wehrpflicht** service national obligatoire; **–er Teil** dispositions générales; **–es Recht** droit commun.

Allgemeingültigkeit *f* validité *f* générale, universalisme *m*.

Allgemeinheit *f* universalité *f*, communauté *f*, généralité *f*; public *m* en général; **der – zufallen** tomber dans le domaine public.

Allgemein|interesse *n* intérêt *m* général; **–verbindlich** *adj* obligatoire erga omnes; **–verbindlichkeit** *f* caractère obligatoire; règle s'imposant à tous (sans distinction); **–verbindlicherklärung** *f*, **–verbindlichkeitserklärung** *f (ArbR)* déclaration conférant force obligatoire générale, extension d'une convention collective; arrêté d'extension; **–verfügung** *f (VerwR)* décision *f* de l'administration allemande prise à la suite d'un cas concret individuel et s'adressant à une catégorie déterminée d'individus; **–vollmacht** *f* procuration *f* générale; **–wissen** culture générale; **–wohl** *n* intérêt *m* général, bien *m* public.

Allianz *f (VR = Bündnis)* alliance *f*.

Alliierte Mächte *(VR)* les Alliés

alljährlich *adj* annuel.

Allmende *f* biens *mpl* communaux, communaux *mpl*; **–recht** *n* droit de pâture sur les biens communaux.

Allonge *f (WechselR)* allonge *f*.

Allzuständigkeit *f* plénitude *f* de compétence.

also *konj* par conséquent, ainsi, donc.

alt *adj* vieux; ancien; usé, altéré; **–er Brauch** coutume ancienne.

Altbau *m* immeuble *m* ancien, logement *m* vétuste; **–modernisie-**

rung, **–sanierung** réhabilitation des immeubles anciens; **–wohnung** logement *m* dans un immeuble ancien.

Altbesitzer *m* détenteur *m* de titres (actions, obligations, etc. ...) depuis une certaine date.

Altenteil *m* prestations convenues en faveur d'un paysan âgé qui cède son exploitation; **–vertrag** *m* contrat de bail à nourriture.

Alten(wohn)heim *n* maison *f* de retraite, hospice *m*.

Alter *n* (1) âge *m*, (2) troisième âge, vieillesse *f*, sénescence *f*; (3) *(BeamR)* ancienneté *f*.

Alternat *n (VR)* alternat *m*.

Alternativ|antrag *m* demandes *fpl* alternatives introductives d'instance; **–lösung** *f* solution de rechange; **–obligation** *f* obligation alternative; **–vermächtnis** *n* legs *m* (à titre particulier) alternatif; **–vorschlag** *m* proposition *f* alternative; **–währung** *f* l'une ou l'autre monnaie.

Alters|aufbau *m* pyramide des âges; **–beihilfe** *f* allocation de vieillesse; **–erfordernis** *n* condition d'âge; **–freibetrag** *m* abattement *m* fiscal accordé aux contribuables âgés; **–fürsorge** *f* aide aux personnes âgées; **–geld** *n* allocation-vieillesse; **–grenze** *f* limite d'âge, âge-limite *m*; **flexible –grenze** retraite *f* modulée; **untere –grenze** limite d'âge inférieure; **–gruppe** *f* classe *ou* tranche *f* d'âge.

Alters|heim *n* maison *f* de retraite, hospice *m*; **–kasse** caisse *f* de retraite; **–klasse** tranche *f* d'âge; **–klassenverteilung** *f* pyramide *f* des âges, composition par groupes d'âge; **–nachsicht** *f* (Aut) dispense d'âge; **–pension** *f* pension d'ancienneté *ou* de retraite, pension pour ancienneté de service; **–präsident** *m* président d'honneur, doyen *m*; **–pyramide** *f* pyramide des âges; **–rang** *m* anciennté *f*; **–rente** *f* pension de vieillesse *ou* de retraite, pension *f*, retraite de vieillesse, pension d'ancienneté; **–rentner** *m* bénéficiaire d'une pension de vieillesse, retraité *m*; **–risiko** *n* risque-vieillesse *m*.

Altersruhe|gehalt *n*, **–geld** *n* pension de retraite *ou* de vieillesse; **–geldversicherung** *f* assurance-vieillesse *f*.

Alters|stufe échelon *m* d'âge; **–unterstützung** *f* allocation supplémentaire de vieillesse, allocation *f* aux vieux; **–versicherung** *f* assurance-vieillesse *f*; **–versorgung** *f* régime *m* de retraite; **–vorsorge** *f* prévoyance vieillesse; **–zulage** *od.* **–zuschlag** prime *f* d'ancienneté.

Alterung *f* (l) *(Bevölkerung)* vieillissement *m*, (2) *(Material)* usure *f*.

Älteste(r) *m* doyen *m* d'âge.

Ältestenrat *m* conférence des représentants des groupes parlementaires (correspond à la conférence des présidents à l'Assemblée nationale française).

Alt|geld *n* monnaie retirée de la circulation par une réforme monétaire; **–gläubiger** *m* ancien créancier *m*, cédant *m*; **–lasten** *fpl (UmweltR)* secteurs pollués de longue date (nécessitant une dépollution coûteuse); **–metall** *n* ferraille *f*; **–öl** *n* huiles usées; **–papiersammlung** *f* collecte et récupération de papier.

Altsparer *m* épargnant d'avant la réforme monétaire; **–entschädigung** indemnité en faveur des anciens épargnants.

Amateur *m* amateur *m*; **–funker** sans-filiste *m* amateur; **–statut** *n* règles *fpl* d'amateurisme.

Amnestie *f* amnistie *f*; **–gesetz** *n* loi *f* d'amnistie; **–maßnahme** *f* mesure d'amnistie, grâce *f* amnistiante.

amnestieren amnistier.

Amokläufer *m* forcené *f*.

Amortisation *f* (= Tilgung) amortissement *m*, extinction *f* graduelle d'une dette.

Amortisations|anleihe *f* emprunt *m* (amortissable); **–darlehen** *n* prêt *m* amortissable; **–hypothek** *f* hypothèque *f* amortissable; **–pfandtitel** *m* (S) titre de gage amortissable;

–quote *f* taux *ou* cote d'amortissement.

amortisieren amortir.

Amortisierung *f* amortissement *m.*

Ampel *f* feux *mpl* (tricolores).

Amt *n* (1) *(Behörde)* service *m*, bureau *m*, office *m*, fonction *f*, ministère *m*, administration *f*, (2) *(Dienst, Tätigkeit)* charge *f*, emploi *m*, poste *m*, (3) *(Tätigkeit)* mission *f* occupation *f*, activité *f*, tâche *f*; **im –** en fonction, en exercice; **Auswärtiges –** Ministère (allemand) des affaires étrangères; **öffentliches –** emploi *m* public, fonction publique; **politisches –** fonction politique; **statistisches –** office de statistique; **unbesetztes –** siège vacant; **zugewiesenes –** service d'affectation; **ein – antreten** entrer en fonctions; **ein öffentliches – bekleiden** occuper un emploi public, remplir une fonction officielle; **in ein – eintreten** entrer en fonctions; **– für gegenseitige Sicherheit** office de sécurité mutuelle; **Eidgenössisches – für geistiges Eigentum** (S) bureau fédéral de la propriété intellectuelle; **sein – niederlegen** résigner ses fonctions, donner sa démission, se démettre de ses fonctions; **– für Schiffahrt** service de la navigation; **das – übergeben** passer les pouvoirs; **in – und Würden** en fonction; **sein – uneigennützig und nach bestem Wissen u. Gewissen verwalten** remplir ses fonctions de façon désintéressée et en son âme et conscience; **ein – verleihen** conférer une fonction; **von –s wegen** d'office.

Ämter|häufung *f* cumul de fonctions; **–klassifikation** *f* classification des fonctions; **–kumulierung** cumul de fonctions; **System des –verkaufs** vénalité des charges; **–verzeichnis** *n* (S) état des fonctions (S).

amtieren exercer une fonction.

amtlich *adj* officiel, public; **halb–** officieux; **–e Beglaubigung** authentification *f*, certification; **–e Bekanntmachung** avis *m* officiel; **–e Stelle** autorité officielle; **–e Verwahrung** consignation.

Amtmann *m* fonctionnaire administratif (catégorie B).

Amts|ablösung *f* (1) changement de personnel administratif, (2) rachat d'une charge foncière sur intervention administrative; **–abzeichen** insigne *m* officiel; **–anmaßung** *f* *(StR)* usurpation de fonctions; abus d'autorité; **–antritt** *m* entrée en fonctions, prise de fonctions; **–anwalt** *m* procureur (auprès d'un tribunal cantonal, n'appartient pas au corps de la magistrature); **–anwaltschaft** *f* Parquet (auprès d'un tribunal cantonal allemand); **–arzt** *m* médecin fonctionnaire auprès du service de la santé publique; **–ausschuß** *m* commission administrative (locale); **–ausübung** *f* exercice des fonctions; **–befugnis** *f* pouvoirs *mpl*; **–beleidigung** *f (StR)* outrage à fonctionnaire.

Amtsbereich *m* étendue *f* de compétence, ressort *m*; **– eines Gerichts** ressort d'un tribunal, arrondissement *m* judiciaire.

Amts|bescheinigung *f* certificat administratif, attestation officielle; **–bestätigung** *f* certificat officiel; **–betrieb** *m* (1) activité administrative, (2) période d'ouverture des bureaux; **–bezeichnung** *f* grade *m* de la hiérarchie, titre *m* des fonctions **–bezirk** *m* arrondissement *m* administratif; **–bezüge** *pl* solde *f*, traitement *m* attribué en Allemagne au Président de la République fédérale, aux membres du Gouvernement et aux magistrats de la Cour constitutionnelle; **–blatt** *n* journal *m* officiel, gazette *f* officielle; moniteur *m* (B); **–bürgermeister** *m* maire d'une union de communes; **–bürgschaft** *f* cautionnement d'officier public.

Amts|dauer *f* durée des fonctions, durée du mandat, période *f* administrative (S); **–delikt** *n* délit commis dans l'exercice de fonctions publiques; **–deutsch** *n* langue administrative allemande; **–diener** *m* huissier; **–ehrenkränkung** *f* (Aut); **–ehrverletzung** (S) outrage *m* à fonctionnaire; **–eid** *n* prestation du serment d'entrée en fonctions; **–einführung** *f* entrée *f* en fonctions, installation (d'un fonctionnaire); **–einkommen** *n* (Aut) traitement *m*; **–einnehmer** *m* percepteur *m* municipal; **–enthebung** *f* destitution *f*, mise *f* en disponibilité, relèvement de fonctions, démission d'office; **–entlassung** *f* révocation *f*; **–entsetzung** *f* destitution *f*, relèvement de fonctions; **–ermittlung** *f* enquête diligentée d'office; **–etat** *m* budget *m* municipal; **–fähigkeit** *f* capacité *f* d'exercice d'une fonction publique; **–fehler** *m* faute *f* administrative; **–führung** *f* gestion *ou* direction d'un service administratif; **–gebäude** *n* édifice public, hôtel; **–geheimnis** *n* secret de service *ou* professionel *ou* de fonction; **–gehilfe** agent *m* de service; *(EU)* agent non-qualifié; **–gelder** *pl* deniers publics *mpl*.

Amts|gericht *n* tribunal cantonal (allemand), tribunal correspondant approximativement au tribunal d'instance; **–gerichtspräsident** *m* président *m* de Tribunal cantonal; **–gewalt**: **mit – –** par voie d'autorité; **–grenze** *f* limite territoriale d'une union administrative de communes; **–grundsatz** *m* principe *m* de l'action d'office, pouvoir de l'administration d'agir indépendamment de la partie lésée.

Amts|haftung *f (VwR)* responsabilité *f* de l'administration, responsabilité publique *ou* de la puissance publique *ou* des collectivités publiques; **–handlung** *f* acte *ou* action accomplie dans le cadre de la vie administrative, acte administratif *ou* judiciaire; activité de puissance publique *ou* d'autorité; **–hilfe** *f* assistance (administrative), entraide *f* administrative, aide prêtée par une administration à un autre service; **–hilfeersuchen** *n* demande *f* d'assistance administrative; **–immunität** *f* immunité de fonctions; **–kläger** *m (StPR)* accusateur public; **–kleidung** *f (PrzR)* costume d'audience; **–lokal** *n* local *m* administratif; **–löschung** *f* radiation d'office; **–mißbrauch** *m* excès *m* de pouvoir, prévarication; **–niederlegung** *f* résignation des fonctions, démission *f*; **–person** *f* personne agissant en sa qualité de représentant du service public; **–pflegschaft** *(FamR)* curatelle *f* exercée par le juge des tutelles (sur les enfants naturels).

Amtspflicht *f (VwR)* obligation de service, devoirs *mpl* inhérents à une charge publique; **–verletzung** *f* faute de service, violation par un agent public d'une obligation envers un citoyen (lui incombant en raison de ses fonctions).

Amts|rat *m* grade supérieur des fonctionnaires de la catégorie B; **–räumlichkeit** *f* local *m* administratif; **–richter** *m* juge *m* auprès du tribunal cantonal allemand (correspond au juge d'instance); **–sachverständige(r)** *m* expert *m* agréé; **–schimmel** *m* bureaucratie routinière, tatillonne et abusive; **–schreiber** greffier *m*; **–siegel** *n* sceau *m* officiel, scellés *mpl*; **–sitz** *m* siège *m* officiel, résidence *f*; **–sprache** *f* langue officielle; **–stelle** *f* bureau *m* officiel; **–stunden** heures *fpl* de bureau; **–suspension** *f (DiszR)* exclusion temporaire de fonctions; **–tafel** *f* panneau d'affichage officiel; **–tag** *m* jour d'ouverture au public; **–talar** *m* robe des avocats *ou* magistrats, costume d'audience; **–tätigkeit** activité *f* administrative; **–titel** *m* titre *m* officiel, grade *m* (dans la hiérarchie); **–tracht** *f* uniforme *m*, robe *f*; **–träger** *m* fonctionnaire *m* public, titulaire d'une fonction publique; **–übergabe** *f* passation *ou* transmission des pouvoirs; **–übernahme** *f* prise de fonctions, entrée en fonctions; **–unterschlagung** *f (StR)* soustraction commise par un fonctionnaire *ou* par un dépositaire public; **–urkunde** *f* acte *m* officiel; **–verfassung** *f* organisation *f* municipale.

Amts|vergehen *n* forfaiture *f*, delit commis dans l'exercice des fonctions; **–verlust** *m* mise *f* à la retraite d'office; **–vermerk** *m* mention *f* officielle; **–verordnete(r)** *m* représentant élu d'une assemblée administrative locale; **–versammlung** *f* assemblée *f* administrative locale; **–verschwiegenheit** *f* (obligation de) discrétion *f* professionelle des fonctionnaires *ou* des officiers publics; **–verteidiger** *m* avocat (commis) d'office; **–vertretung** *f* assemblée administrative locale; **–veruntreuung** *f* (Aut) abus de confiance commis par un fonctionnaire; **–verwalter** *m* fonctionnaire *m*; **–vorgänger** *m* prédécesseur; **–vormundschaft** *f* *(FamR)* tutelle exercée par un office *ou* d'un établissement public; **–vorstand** *od.* **–vorsteher** *m* (1) chef de service, (2) chef *m* des administrations d'une union de communes; **–vortrag** *m* rapport *m* (officiel); **–weg: auf dem** – par la voie officielle; **–widerspruch** *m* opposition soulevée d'office; **–wohnung** *f* résidence *f*; **–zeichen** *n* insigne *m* de fonctions; **–zeit** *f* durée du mandat *ou* des fonctions; *(EuR)* temps de service; **–zulage** *f* indemnité hiérarchique; **–zustellung** *f* signification d'office, notification par exploi d'huissier.

Amüsierbetrieb *m* établissement de distractions *ou* de spectacle.

Analogie *f* analogie *f*; **–schluß** *m* raisonnement par analogie.

Anatomievertrag *m* contrat *m* sur la mise à disposition du cadavre à un centre hospitalier universitaire à des fins scientifiques.

Anatozismus *m* anatocisme *m*, capitalisation *f* des intérêts échus d'une dette.

anbahnen (1) *(Geschäfte)* amorcer (des transactions); (2) *(Kontakte)* établir (des contacts).

Anbau *m* (1) *(Gebäude)* annexe *f*, (2) *(Landwirtschaft)* culture *f* *ou* exploitation *f* des terres, emblavure *f*.

Anbau|beschränkung *f* *(LandwR)* pratique de la jachère, restrictions de cultiver, gel *m* des terres; **–fläche** *f* surface *f* cultivable, emblavure *f*; **–gebiet** *n* zone de production (agricole); **–prämie** *f* prime de culture; **–teil** *n* *(BauR)* (bâtiment)-annexe *f*; **–vertrag** *m* contrat de culture; **–zwang** *m* obligation de mettre en culture.

anbei *adv* en annexe, ci-joint.

anbelan|gen: was diese Sache –gt en ce qui concerne . . .

anberaumen: einen Termin – *(ZPR)* fixer la date de l'audience.

Anberaumung eines Termins *(ZPR)* fixation de la date (et du lieu) de l'audience; **– einer Verhandlung** fixation de la date des négociations.

Anbetracht: in – vu, attendu que, considérant.

anbieten (1) proposer, offrir, (2) *(Versteigerung)* enchérir.

Anbieten *n* offre *f*; **– von Geschenken** *(StR)* offre d'un dessous de table; pot-de-vin; **– von Waren auf Straßen** offre de marchandises sur la voie publique.

Anbieter *m* auteur de l'offre, offrant *m*; soumissionnaire.

Anbietungszwang *m* obligation de mettre en vente.

Anbots|ausschreibung *f* (Aut) appel d'offres; **–schreiben** *n* (Aut) offre écrite.

anbringen apposer, fixer, monter.

andauern *(Zustand)* perdurer.

Andenken *n* souvenir *m*; **Verunglimpfung des –s Verstorbener** diffamation *ou* injure dirigée contre la mémoire des morts.

Ander|depot *n* *(HR)* dépôt en mains tierces; **–konto** *n* compte de consignation, compte séparé, compte dont le titulaire dispose pour une tierce personne.

ändern modifier, amender, changer; **ergänzend –** compléter.

andernfalls faute de quoi, à défaut, sinon.

anderslautende | Bestimmungen dispositions contraires; **– Fassung** version différente.

Anderslieferung *f* *(SchuldR)* livraison d'une marchandise autre que celle qui fait l'objet du contrat.

Änderung *f* (1) modification *f*, amendement *m*, changement *m*, remaniement *m*, révision *f*, dérogation *f*, restriction *f*, (2) *(Wertpapiere)* altération *f*; **grundlegende –** modification de fond; **– der Anschrift** changement d'adresse; **– des Firmenwortlauts** (Aut) modification de la raison sociale; **– der Gesellschaftsform** transformation de la forme juridique de la société; **– des Klageantrags** modification de la demande; former une demande nouvelle; **– des Vertrags** révision *ou* modification du contrat; **– vorbehalten** sous réserve d'une modification ultérieure.

Änderungs|antrag demande *f* nouvelle *ou* modificative; **–befugnis** *f* pouvoir de réformation; **–beschluß** ordonnance *f* modificative; **–eintragung** *f* inscription modificative; **–gebühr** *f* émolument de modification (S); **–klage** *f* action en modification *ou* en réformation; **–kündigung** *(MietR)* résiliation d'un contrat avec proposition modificative, résolution en vue de modifier le contrat; **–protokoll** *n* protocole portant amendement, protocole de modification; **–recht** *n (StaatsR)* droit *m* d'amendement, droit de modification; **–vorschlag** *m* proposition de modification.

andeuten faire allusion à qch., proposer.

Andeutung *f* allusion, sous-entendu; *pej* insinuation.

Andienung *f (Waren)* offre *f*; **– des Seeschadens** *(SeeHR)* déclaration de l'avarie.

Andrang *m* affluence *f*.

androhen menacer, avertir.

Androhung *f* menace *f*, avertissement *m*, intimidation *f*; **unter – von Strafe** sous peine de.

aneignen: sich – s'approprier qch.; **sich widerrechtlich –** s'approprier illégalement *ou* au mépris de la loi.

Aneignung *f* appropriation *f*, occupation *f*, prise *f*, saisie *f*; **–srecht** *n* droit d'appropriation.

aneinandergrenzen jouxter.

Anerbe *m* héritier auquel est attribué le bien de famille.

Anerben|gut *n* bien de famille paysan, bien *m* paysan; **–recht** *n* droit relatif aux biens de famille.

anerbieten offrir.

Anerbieten *n* offre *f*.

anerkennen reconnaître, admettre, convenir de.

Anerkenntnis *n (ZPR)* acte *m* récognitif; reconnaissance *f*, déclaration de reconnaissance; **– der Echtheit einer Urkunde** reconnaissance d'écriture, reconnaissance de l'authenticité d'un acte; **– der Haftung** reconnaissance de la responsabilité (pour un dommage); **– der Vaterschaft** reconnaissance de paternité; **– im Wege eines Urteils** reconnaissance forcée *ou* par voie judiciaire; **–richter** *(IPR)* juge de l'exequatur; **–schreiben** *n* acte récognitif.

Anerkenntnisurteil *n (ZPR)* jugement *m* récognitif, jugement d'accord *ou* convenu, jugement d'expédient.

Anerkennung *f* (1) approbation, (2) reconnaissance *f*; **einseitige –** reconnaissance unilatérale; **de facto –** reconnaissance de facto, reconnaissance de fait; **förmliche –** reconnaissance formelle; **freiwillige –** reconnaissance volontaire; **gegenseitige –** reconnaissance mutuelle; **gerichtliche –** reconnaissance judiciaire; **de jure –** reconnaissance de droit, reconnaissance de jure; **nachträgliche –** acte *m* récognitif, titre *m* nouvel; **– als Aufständische** *(VR)* reconnaissance comme insurgés; **– ausländischer Entscheidungen** *od.* **Urteile** *(IPR)* exequatur *m*; reconnaissance de jugements étrangers; **gegenseitige – der Diplome** reconnaissance mutuelle des diplômes; **– der Haftung** reconnaissance de responsabilité; **– als kriegführende Partei** *od.* **– als Kriegführender** reconnaissance de belligérance.

Anerkennung | der nichtehelichen Vaterschaft reconnaissance d'enfant naturel; – **eines Rechtsgrundsatzes** reconnaissance d'une règle de droit; – **von Regierungen** *(VR)* reconnaissance de gouvernement; – **richterlicher Entscheidungen** *(IPR)* exequatur *m*; reconnaissance de décisions de juges étrangers; – **als Staat** reconnaissance en tant qu'État; – **der Vaterschaft** reconnaissance *ou* aveu *m* de paternité.

Anerkennungs|akt *m* acte *m* de reconnaissance; **–bescheinigung** *f* bulletin de confirmation; **–erklärung** *f* déclaration de reconnaissance, reconnaissance *f*; **–gebühr** *f* droit *m* récognitif, rémunération *f* récognitive; **nachträgliche –urkunde** acte *m* récognitif, titre *m* nouvel; **–verfahren** procédure de reconnaissance; **–vertrag** *m* convention de reconnaissance.

Anfall *m* **der Erbschaft** ouverture *f* de la succession.

anfallen (1) assaillir qqn, attaquer brusquement, (2) *(Kosten)* découler, résulter.

Anfallstag *m* jour *m* d'échéance.

Anfang *m* début *m*, commencement *m*, départ *m*; **von – an** dès le début; – **der Ausführung** commencement d'exécution; – **einer Frist** départ d'un délai; – **der Verjährung** départ du délai de prescription.

anfangen commencer, débuter, entamer, aborder, s'engager (dans une affaire).

Anfänger *m* débutant; personne sans expérience (professionnelle).

Anfangs|bedingungen *pl* conditions *fpl* initiales; **–beitrag** *m* contribution *f* initiale; **–bilanz** *f* bilan d'ouverture; **–gehalt** *n* salaire à l'embauche (au cours de la période probatoire), salaire initial; **–kapital** *n* capital *m* initial; **–kurs** *m* cours *m* d'ouverture; **–schuld** *f* dette *f* initiale; **–termin** *m* date de départ, terme *m* initial; **–vermögen** *n* patrimoine *m* initial; **–verzug** *m* retard dans le paiement (lors du premier versement); **–wert** *m* valeur *f* initiale; **–zeitpunkt** *m* date *f* de départ.

anfechtbar *adj* annulable; **mit Rechtsmitteln –** susceptible d'un recours en justice; **–es Rechtsgeschäft** acte juridique dont la nullité peut-être invoquée, contrat annulable *ou* attaquable.

Anfechtbarkeit *f* (1) *(ZR)* annulabilité *f*, fait pour une déclaration de volonté (faite par erreur, contrainte *ou* dol) de pouvoir être révoquée par son auteur, (2) *(KonkursR)* fait pour un acte du failli commis en fraude de ses débiteurs de pouvoir être attaqué en justice, (3) *(VwR)* possibilité pour un acte administratif de pouvoir faire l'objet d'une demande d'annulation devant un tribunal administratif, (4) *(VwR)* fait pour un acte administratif d'être entaché d'un vice susceptible d'entraîner son annulation; – **der Ehe** nullité du mariage.

anfechten (1) attaquer, contester, (2) *(ZR)* révoquer une déclaration de volonté faite par erreur, contrainte *ou* dol, (3) *(KonkursR)* recourir en justice contre les actes commis par un failli en fraude de ses débiteurs, (4) *(VwR)* agir en annulation d'un acte administratif; **ein Testament** – demander l'annulation *f* d'un testament; **ein Urteil** – exercer une voie de recours.

Anfechtung *f* (1) contestation *f*; fait d'attaquer un acte, (2) *(ZR)* révocation d'une déclaration de volonté faite par erreur, contrainte *ou* dol, (3) *(ZPR)* fait de recourir en justice contre les actes commis par un failli en fraude de ses débiteurs, (4) *(VwR)* fait de recourir en annulation d'un acte administratif; – **der ehelichen Geburt** (Aut) désaveu de paternité; – **der Ehelichkeit** (eines Kindes) *(FamR)* désaveu *m* de paternité; – **des Vaterschaftsanerkenntnisses** contestation de la reconnaissance (de paternité); – **der Versicherung** *f* contestation *f* de la validité du contrat d'assurance; – **von Verwaltungsakten** recours en annulation de décisions administratives particulières individuelles;

– **von Willenserklärungen** action en nullité de manifestations de volonté.

Anfechtungs|berechtigte(r) *m* personne *f* qualifiée pour agir (en nullité); **–erklärung** *f (SchuldR)* déclaration par laquelle l'auteur d'une déclaration de volonté faite par erreur, contrainte *ou* dol en révoque la validité; **–frist** délai *m* prévu pour l'annulation; délai de l'action en nullité; **–gesetz** *n* loi relative à l'annulation judiciaire des actes d'un failli, hors de la procédure de liquidation des biens; **–interesse** *n* intérêt à agir, intérêt à attaquer une mesure; **–klage** *f* (1) *(SchuldR)* action en nullité relative *ou* absolue (d'un contrat), (2) *(KonkursR)* recours judiciaire en annulation des actes d'un failli accomplis en fraude de ses débiteurs, (3) *(VwR)* action en annulation d'un acte administratif, recours *m* pour excès de pouvoir; **–streitigkeiten** *pl* contentieux *m* d'annulation; **–verfahren** *n* procédure de recours en annulation.

anfertigen (1) *(Urkunde)* dresser *ou* établir (un acte), (2) *(Produkt)* fabriquer, manufacturer.

Anfertigung *f* (1) établissement *m*, (2) fabrication *f*, confection.

anfordern (1) *(Unterlagen)* réclamer, demander, (2) *(PrzR)* requérir, réquisitionner

Anforderung *f* demande *f*, réquisition *f*; requête *f*; **den –en genügen** satisfaire aux exigences.

Anforderungs|behörde *f (VwR)* autorité *f* requérante; **–bescheid** *m* ordre de réquisition; **–verkehr** *m (HR)* transport à la demande.

Anfrage *f* demande *f* (de renseignements); **auf –** sur demande; **eine – erledigen** donner suite à une demande; **große –** *(Bundestag)* interpellation *f*; **kleine –** *(Bundestag)* question posée par un groupe parlementaire et donnant lieu à une réponse écrite du gouvernement; **mündliche –** *(Bundestag)* question orale présentée par un député et non suivie de débats.

Anführer *m* meneur *m*, agitateur *m*.

Angabe *f* indication *f*, déclaration *f*, dires *mpl; (Buchführung)* élément *m* comptable; **betrügerische –** déclaration frauduleuse; **falsche –** déclaration mensongère, fausse déclaration, déclaration inexacte; **– der Aufgabe** énoncé *m* du problème; **– der Gründe** (1) énumération des arguments *ou* des raisons, (2) *(PrzR)* indication des motifs; **ohne – von Gründen** sans indication de motifs; **– des Inhalts** déclaration du contenu.

Angaben *pl* données *fpl;* **nähere –** spécifications *fpl;* **sonstige –** renseignements *mpl* complémentaires; **statistische –** données *fpl* statistiques, informations *fpl* statistiques, renseignements *mpl* statistiques; **unwahre –** faux renseignements.

angeben (1) indiquer, déclarer, (2) *(StR)* dénoncer qn, (3) prétendre.

angeblich *adj* prétendu, soi-disant, censé.

Angebot *n* (1) offre *f*, proposition *f*, (2) *(öffentliche Aufträge)* soumission; **besonderes –** offre spéciale; **bindendes** *od.* **festes –** offre ferme; **freibleibendes –** offre sans engagement; **inländisches –** offre intérieure; **irreführendes –** offre induisant en erreur; **unverbindliches –** offre sans engagement; **versiegeltes –** soumission cachetée; **– von Arbeitskräften** offre de main d'œuvre; **ein – einreichen** *(öf. Aufträge)* soumissionner; **– und Nachfrage** offre et demande; **– von Verkehrsleistungen** offre *f* de transport.

Angebotsabgabe *f* présentation de l'offre; **zur – heranziehen** inviter à présenter des offres.

Angebots|ausschreibung *f* appel *m* d'offres, offre *f* d'adjudication; **–elastizität** *f* élasticité de l'offre; **–frist** *f* (1) *(ZR)* délai *m* de remise de l'offre, (2) *(ÖfR)* délai accordé pour la soumission de l'offre; **–kalkulation** calcul du prix des marchandises *ou* prestations offertes; **–kartell** entente entre les of-

freurs; **–menge** *f* quantité *f* offerte; **–preis** prix d'offre; **–überhang** *m* suroffre, excédent *m* d'offres.
angebracht *adj* approprié, adéquat, indiqué.
angehören appartenir à.
Angehörige(r) *m* (1) *(GesR)* membre *m*, adhérent *m*, (2) *(StaatsR)* ressortissant *m*, (3) *(FamR)* proche parent *m*, membre de l'entourage; **– eines Mitgliedstaates** ressortissant *m* d'un Etat membre; **– des öffentlichen Dienstes** agent *m* public.
angeklagt sein *(StPR)* être en état d'accusation, être appelé à comparaître devant une juridiction répressive, tomber sous le coup d'une ordonnance de renvoi.
Angeklagtenbank *f* (Aut) banc des inculpés.
Angeklagte(r) *m* accusé *m*; dénomination légale du *prévenu* en RFA à partir du moment où le tribunal a décidé d'ouvrir la procédure pénale sur saisine du parquet; **– in Abwesenheit** accusé contumax.
Angeld *n* arrhes *fpl*, acompte *m*.
Angelegenheit *f* affaire *f*, cas *m*, litige *m*; objet *m* (à régler); **diplomatische –** affaire diplomatique; **Erledigung einer –** (le fait de) traiter une affaire et la mener à bonne fin, donner suite à (une demande), répondre (positivement *ou* négativement) à une requête; **streitige –** affaire litigieuse *ou* contentieuse; **– der freiwilligen Gerichtsbarkeit** affaire *ou* matière gracieuse.
Angelegenheiten *pl:* **auswärtige –** affaires *fpl* étrangères; **innere –** affaires intérieures.
angeloben (Aut) prêter serment.
Angelobung *f* (Aut) serment *m*, prestation de serment.
angemessen *adj* équitable, convenable, approprié, juste, raisonnable; **–er Preis** prix *m* raisonnable; **–er Unterhalt** *(FamR)* contribution à l'entretien à proportion des besoins.
Angemessenheit *f* adéquation, proportionnalité, caractère approprié (aux circonstances); **– des Preises** *(SchuldR)* juste prix.
Angeschuldigte(r) *m* inculpé *m*; dénomination légale du prévenu en RFA au cours de l'enquête et de l'instruction préparatoire.
Angestellte(r) *m* (1) *(ArbR)* employé *m*, (2) *(HR)* commis *m*, (3) *(Behörde)* agent *m* contractuel; **kaufmännischer –** employé de commerce; **leitender –** cadre *m* supérieur; **öffentlicher –** agent public contractuel; **– des öffentlichen Dienstes** employé de l'État *ou* des collectivités publiques.
Angestellte *pl:* **leitende –** cadres *mpl* supérieurs.
Angestellten|vergütung rémunération *f* des employés; **–verhältnis** statut *m* d'employé; **–versicherung** *f* assurance Invalidité-Vieillesse des employés; **–verzeichnis** *n* registre du personnel.
angleichen égaliser, assimiler, harmoniser, ajuster, aligner sur, adapter à.
Angleichung *f* (1) *(Lasten)* péréquation *f*, (2) *(Löhne)* rajustement *m*, rapprochement *m*, (3) *(SozR)* diminution des inégalités, égalisation *f*, assimilation *f*, (4) *(Vorschriften)* actualisation; **– der Preise** alignement *m* des prix; **– der Rechtsvorschriften** harmonisation des législations.
Angleichungs|geschäft *n* opération de vente dans laquelle les prix sont alignés sur le barème d'un concurrent; **–recht** *n* droit d'alignement.
angliedern annexer, rattacher.
Angliederung *f* (1) annexion *f*, rattachement *m*, (2) affiliation *f*; **–svertrag** *(GesR)* contrat *m* d'affiliation.
Angreifer *m* agresseur *m*, attaquant *m*; **–staat** *m* État *m* agresseur.
angrenzen *(SachR)* jouxter.
angrenzend *adj* limitrophe *adj*; **– an** attenant à; **–es Risiko** *(VersR)* risque *m* contigu.
Angrenzer *m* riverain *m*.
Angriff *m* attaque *f*, action offensive;

atteinte *f* (à); **bewaffneter –** agression *ou* attaque à main armée; **gegenwärtiger –** *(StR: Notwehr)* agression présente; **– auf die geschlechtliche Ehre und Freiheit** (S) atteinte à la liberté et à l'honneur sexuels; **in – nehmen** commencer.

Angriffsdrohung *f* menace d'agression (armée).

Angriffshandlung *f* acte d'agression; **offenkundige –** agression *f* flagrante.

Angriffskrieg *m* guerre d'agression, guerre *f* offensive.

Angriffsmittel *n (ZPR)* demande *f* en justice, demandes *fpl* introductives d'instance et additionnelles.

Angstklausel *f (HR)* clause *f* «sans garantie».

anhalten *(StVR: Stopschild)* marquer un temps d'arrêt.

Anhalten *n (StVR)* immobilisation (du véhicule).

Anhalteweg *m (StVR)* distance *f* de freinage.

Anhalter *m* auto-stoppeur.

Anhaltspunkt (1) *(StPR)* élément *m* d'information, (2) point de repère, référence; **es gibt –e** il ya tout lieu de croire que ...

Anhaltung *f* (Aut) (1) arrestation *f*, (2) internement (d'un dément).

Anhaltungs|befehl *m* (Aut) mandat de dépôt; **–beschluß** *m* (Aut) décision *ou* ordre d'internement dans un asile d'aliénés; **–verfahren** *n* (Aut) procédure d'internement dans un asile d'aliénés.

Anhang *m* annexe *f* (d'un dossier); *(Vertrag)* avenant *m*; **– zum Versicherungsvertrag** avenant *m* au contrat d'assurance; **–zettel** *m* (S) allonge *f*.

Anhänger *m* (1) sympathisant *m*, partisan *m*, (2) *(Kfz)* remorque *f*.

Anhängerschaft *f* clientèle *f* politique, électorale, religieuse, etc.

anhängig *adj* pendant *adj*, en instance; **– machen** introduire une action, engager une procédure.

Anhängigkeit *f (PrzR)* litispendance *f*, procès *m* en instance.

Anhangsbudget *n* budget *m* annexe.

Anhebung *f* augmentation, relèvement.

Anheftung *f* (1) *(Bekanntmachung)* affichage *m*, (2) agrafage.

Anheimfallen *n (ErbR)* déshérence *f*, dévolution à l'Etat.

anheimstellen s'en remettre à qn. pour qch.

Anheuerung *f* engagement *m* (d'un marin), recrutement *m*.

anhören entendre, ouïr.

Anhörung *f* audition *f*; **nach – von** après consultation de, après avoir pris avis de; **nach – der Parteien** après avoir entendu les parties (au procès); **öffentliche –** audition publique; **– der Parteien** audition des parties.

Anhörungsrecht *n* droit *m* d'être entendu (par le juge).

Anhörverfahren *n* procédure *f* de consultation.

animus auctoris *(StR)* intention *f* de l'auteur, intention de coactivité; **– socii** intention de complice, intention de complicité.

Ankauf *m* achat *m*, acquisition *f*; **bedenklicher –** (Aut) fait pour un brocanteur ou un colporteur d'acheter à un enfant mineur; **– gestohlener Sachen** achat de choses volées *ou* détournées.

Ankaufs|kurs *m* cours *m* acheteur; **–monopol** *n* monopole d'achat; **–preis** *m* prix d'achat; **–recht** option *f* d'achat.

Ankergebühr *f* droits *mpl* d'estarie.

Anklage *f (StPR)* accusation *f*, acte *m* d'accusation; inculpation; poursuite *f*; **– erheben** accuser, inculper; **unter – stehen** être en état d'accusation; **– wegen ...** sous l'inculpation de ...

Anklage|akte *f* acte d'accusation; **–bank** *f* banc *m* des accusés; **–behörde** *f* parquet *m*, ministère *m* public, magistrature *f* debout; **–erhebung** *f* saisine de la juridiction de jugement; mise en accusation; citation directe; ordonnance de renvoi; fait *m* de retenir un (*ou* plusieurs) chef(s) d'accusation contre quelqu'un; **–erzwingung** *f* recours en vue du déclenchement obligatoire de l'action publique; **–grund** *m* chef d'accusation, motif *ou* sujet d'accusation; **–kammer** *f* chambre d'accusation, chambre des mises en accusation; **–monopol** *n* monopole *m* de l'action publique.

anklagen accuser, mettre en accusation, inculper; **vor Gericht –** citer *ou* renvoyer (devant une juridiction), poursuivre en justice.

Anklagepunkt *m* chef d'accusation.

Ankläger *m* accusateur *m*, ministère *m* public; **kantonaler –** (S) accusateur cantonal (S).

Anklage|rede *f* réquisitoire *m* (du procureur de la République); **–satz** en-tête *m* de l'acte d'accusation; **–schrift** *f* acte *m* d'accusation *ou* de mise en accusation.

Anklagestand *m* (Aut) état *m* d'accusation; **sich im – befinden** être en état d'accusation; **in den – versetzen** (Aut) mettre en accusation.

Anklage|verfahren *n* action *f* publique; **–zulassung** renvoi *m* de l'affaire devant le tribunal (compétant); **–zustand** *m* état *m* d'accusation.

Anknüpfung *f (IPR)* rattachement *m* (à); **alternative –** rattachement *m* alternatif; **gesetzliche –** rattachement légal.

Anknüpfungs|begriff *m* critère de rattachement; **–moment** *n* circonstance *ou* élément de rattachement; **–norm** *f* règle de rattachement; **–punkt** *m* circonstance de rattachement.

ankündigen annoncer, porter qch à la connaissance de qn, communiquer, dire, déclarer, avertir.

Ankündigung *f* déclaration *f*, annonce *f*, avertissement *m*; **– der Zwangsvollstreckung** sommation préalable.

Ankunft *f* arrivée *f*; **für behaltene –** (clause) sur bonne arrivée.

Ankunfts|anzeige *f* déclaration d'arrivée, avis d'arrivée; **–tag** date *f* d'arrivée; **–vertrag** *m* contrat de vente à destination; **–wert** *m* valeur à l'arrivée.

Ankurbelung *f* relance *f* (de l'économie).

Anlage *f* (1) *(BW)* placement *m*, investissement *m*, (2) *(Einrichtung)* installation *f*, équipement *m ou* dispositif (technique), (3) *(Beilage)* annexe *f*, pièce jointe; **gefährliche –** *(UmweltR)* installation *ou* établissement classé, établissement rangé dans la première classe (soumis à autorisation préalable); **langfristige –** immobilisation à longue durée; **(mündel)sichere –** placement de père de famille, bon placement; **prämienbegünstigte –** placement à prime; **zinstragende –** placement à intérêt; **in Rentenpapieren** placement en rentes; **–berater** conseiller *m* en matière d'investissements; **–gesellschaft** *f* société d'investissements, société à portefeuille (B); **–güter** *pl* biens d'investissements; **–kapital** *n* capital d'investissement *ou* de premier établissement, capitaux *mpl* fixes; **–konto** *n* compte d'immobilisation *ou* d'établissement; **–kosten** frais *mpl* d'installation *ou* de premier établissement; **–kredit** *m* crédit d'investissement.

Anlagen *pl* (1) installations *fpl*, (2) immobilisations, investissements *mpl*; **–abschreibung** *f (SteuerR)* amortissement des installations; **–export** exportation d'installations complètes; **–haftung** *(UmweltR)* responsabilité pour (les) installations (industrielles) polluantes; **–vermittler** *(BankR)* courtier *m* en placements.

Anlage|papier *n* (1) titre de placement, (2) valeur sure; **–plan** plan *m* de situation; **–vermögen** *n* immobilisations *fpl*, capital *m* fixe, capital immobilisé, investissements *mpl*; **–wert** *m* valeur de placement *ou* de rapport.

Anlandung *f (SachR)* accessions *fpl* naturelles.

Anlaß *m* (1) *(Grund)* raison *f*, origine *f*, source *f*, (2) *(Gelegenheit)* occasion, circonstance *f*; **aus –** à l'occasion de; **es besteht kein – zu** il n'y a acune raison de; **– geben zu** être à l'origine de, appeler (une remarque); – **zur Erhebung einer Klage** cause *f* d'une action en justice.

anlasten reprocher, incriminer.

Anlauf|hafen *m* port d'escale; **–kosten** *pl (HR)* frais de premier établissement.

anlegen investir, placer; **eine Akte –** constituer un dossier.

Anleger *m (Kapital)* investisseur *m*.

Anlegerecht *n (SachR)* droit d'appui.

Anlegung *f* (1) *(Gebäude)* construction, installation *f*, (2) *(Kapital)* placement; – **von Listen** établissement de listes; – **von Siegeln** (1) apposition des scellés, (2) apposition des sceaux.

Anleihe *f* emprunt *m*; **ewige –** emprunt perpétuel; **garantierte –** emprunt garantie; **hypothekarisch sichergestellte –, hypothekarische –** emprunt hypothécaire; **indizierte –** (Aut) emprunt indexé; **internationale –** emprunt international; **konsolidierte –** emprunt consolidé; **Kündigung einer –** dénonciation *f* d'un emprunt; **kurzfristige –** emprunt à court terme; **langfristige –** emprunt à long terme; **öffentliche –** emprunt public; **private –** emprunt privé; **tilgungspflichtige –** emprunt amortissable; **wertbeständige –** emprunt à valeur stable; **eine – auflegen** lancer *ou* émettre *ou* ouvrir un emprunt; **eine – aufnehmen** contracter un emprunt; **die – bedienen** servir des intérêts; **eine – begeben** lancer *ou* émettre un emprunt; – **auf Schuldverschreibung** emprunt obligataire; **eine – unterbringen** placer un emprunt; **eine – zeichnen** souscrire à un emprunt.

Anleihe|ablösung *f* amortissement d'un emprunt; **–ablösungsschuld** *f* dette amortissable; **–bedingungen** *pl* conditions d'emprunt; **–begebung** *f* émission d'un emprunt; **–dienst** *m* service de l'emprunt; **–ermächtigung** *f* autorisation d'emprunter; **–ertrag** *m* produit de l'emprunt; **–forderung** *f* créance provenant d'un emprunt; **–garantie** *f* garantie attachée à un emprunt; **–gebarung** *f* gestion de l'emprunt; **–gläubiger** *m* créancier de l'emprunt, obligataire *m*; **–kapital** *n* fonds *ou* capital emprunté(s); **–konsortium** *n* consortium d'emprunt; **–schuld** *f* capital emprunté, dette *f* d'emprunt; **–schuldverschreibung** *f* obligation *f*; **–soll** *n* montant *m* théorique d'un emprunt; **–tilgung** *f* amortissement *m* d'un emprunt; **–vereinbarung** *f* convention *f* d'emprunt; **auf dem –weg** par voie d'emprunt; **–zeichner** *m* souscripteur d'un emprunt; **–zeichnung** *f* souscription d'un emprunt.

Anleitung *f* instruction, mémento *m*;– **zu Straftaten** incitation à une infraction, provocation au crime par voie écrite *ou* verbale.

Anlernling *m (ArbR)* débutant *m* formé sur le tas; ouvrier *m* stagiaire.

Anlernverhältnis *n* contrat d'apprentissage pour certaines tâches ou fonctions (et non pas en vue d'une formation professionnelle complète) (**s. Lehrverhältnis**).

Anlieferung *f* acheminement *ou* transport (de la marchandise), livraison.

Anliegen *n* préoccupation *f*; souhait *m*, vœu *m*.

Anlieger *m* riverain *m*, propriétaire *m* riverain; **–beitrag** *m* contribution *f* des riverains, taxe *f* de voirie, taxe de prestations; **–last** *f* charge de riveraineté, servitude de riveraineté; **–recht** *n* droit de riveraineté; **–rechte** *pl* aisances de voirie; **–staat** *m* État *m* riverain; **–verkehr** voie *f* publique réservée aux propriétaires des immeubles riverains; **–verpflichtung** *f* servitude *f* de riveraineté.

Anmahnung *f* (1) *(Zahlung)* rappel *m* de paiement, (2) *(Leistung)* avertissement, demande instante de livrer *ou* de s'exécuter.

Anmarkung *f* abornement *m*.

anmaßen: sich – s'attribuer, s'approprier sans titre, usurper.

Anmaßung *f* usurpation *f*; **– eines Amtes** usurpation de fonctions; **– von Befehlsbefugnissen** usurpation de la fonction de commandement; – **eines Rechtes** usurpation d'un droit.

Anmelde|bescheinigung *f* certificat de déclaration; **–formular** bulletin *m* d'inscription, demande de participation; *(Wohnsitz)* bulletin de déclaration de domicile; **–frist** délai *m* d'inscription, date *f* limite; **–gebühr** *f* taxe de dépôt, taxe de déclaration.

anmelden déclarer, annoncer; **eine Forderung** – produire une créance; **ein Gewerbe** – faire enregistrer un fonds de commerce *ou* une société; **ein Patent** – déposer un brevet; **ein Warenzeichen zur Eintragung** – demander l'enregistrement d'une marque.

Anmeldepflicht *f* obligation de déclarer; *(Wohnsitz)* déclaration obligatoire du domicile.

anmeldepflichtig *adj* assujetti à la déclaration obligatoire; tenu à déclarer.

Anmelder *m* (1) déclarant *m*, (2) *(PatentR)* déposant.

Anmelde|schein *m* certificat *ou* bordereau *m ou* bulletin de déclaration; fiche d'inscription; **–stelle** *f* (1) *(PatentR)* office *m* de dépôt, (2) bureau où les déclarations sont enregistrées; **–system** *n* régime de la déclaration; **–termin** (1) *(PatentR)* date limite de dépôt, (2) date *f* d'inscription; **–verfahren** *n* procédure de déclaration *ou* de dépôt.

Anmeldung *f* (1) déclaration *f* (préalable); annonce *f*, (2) déclaration d'arrivée, (3) *(PatentR)* demande *f* de brevet; **ältere** – demande antérieure; **eingereichte** – demande déposée; **jüngere** – demande postérieure; **polizeiliche** – déclaration de domicile *ou* de séjour; **prioritätsbegründende** – demande qui sert de base au droit de priorité; **schwebende** – demande pendante; – **des Erbfalles** (S) déclaration de succession; – **einer Forderung** production *f* d'une créance; – **von gewerblichen Schutzrechten** demande de brevet *ou* de modèle, demande d'inscription de droits relatifs à la propriété industrielle; – **zum Handelsregister** demande d'inscription au registre du commerce; – **von Kartellverträgen** notification d'entente(s); – **von Rechten** *(KonkursR)* déclaration de créances; – **der Schwangerschaft** déclaration de grossesse; – **eines Todesfalles** déclaration de décès; – **eines Warenzeichens** déclaration de marque de fabrique; – **eines Wohnungswechsels** déclaration de changement de domicile.

Anmeldungs|buch *n* registre de déclaration; **–frist** *f* délai de déclaration *ou* de production; délai pour déposer une demande; **–gebühr** *f* droit d'inscription, taxe de déclaration; **–gegenstand** *m* objet de la demande; **–system** *n* régime de la déclaration; **–termin** *m* date fixée pour déposer une demande; **–unterlagen** pièces constituant la demande; **–verzeichnis** *n* (Aut) tableau des déclarations.

anmerken annoter.

Anmerkung *f* note *f*, annotation *f*, apostille *f*, observation, remarque *f*, commentaire *m* en note; **mit –en versehen** annoter.

Anmietung *f* prise *f* en location.

anmustern *(SeeHR)* armer, équiper (un navire).

Anmusterung *f* *(Seemann)* embarquement *m*.

Annäherungswert *m* valeur *f* approximative *ou* d'approximation.

Annahme *f* (1) *(Erklärung)* acceptation *f*, agrément (de l'offre), consentement *m* formel, (2) *(Gesetz)* adoption *f*, (3) *(Ansicht)* hypothèse *f*, (4) *(Gelder)* encaissement *m*, recouvrement; **ausdrückliche** – acceptation expresse; **bedingte** – acceptation conditionnelle; **irrtümliche** – (1) acceptation par erreur *ou* par inadvertance, (2) supposition erronée; **mangels** – faute d'acceptation; **stillschweigende** – acceptation tacite *ou* implicite; **unbedingte** – acceptation pure et simple; **Verweigerung der** – refus d'accepter; **vorbehaltlose** – acceptation sans réserves *ou* pure et simple; **Vorlegung zur –** présentation à l'acceptation; **– zur Beförderung** acceptation au transport; **– mit Bindungswillen** acceptation éclairée; **– einer Entscheidung** acquiescement *m*; **– des Gutes** acceptation de la marchandise; **– an Kindes Statt** adoption; **– unter öffentlichem Inventar** (S) acceptation sous bénéfice d'inventaire; **zur – vorlegen** présenter à l'acceptation; **– an Zahlungs Statt** dation en paiement.

Annahme|bedingung *f* (1) *(Personen)* condition d'admission *ou* d'acceptation, (2) *(Waren)* condition de réception; **–bestätigung** *f* récépissé *m*; **–erklärung** *f* déclaration d'acceptation; **–frist** *f* délai *m* prévu pour l'acceptation (d'une offre); **–pflicht** *f* obligation *ou* contrainte pour accepter (une offre); **–stelle** *(Lotto)* bureau *m* de validation; **–urkunde** *f* instrument d'acceptation; **–verhinderung** *(ZR)* impossibilité *f* passagère de recevoir le paiement; **–vermerk** *m* mention d'acceptation; **–vertrag** contrat d'adoption; **–verweigerung** *f* refus d'accepter (une offre); refus de prendre livraison; **–verzug** *m* (1) *(Erklärung)* retard dans l'acceptation, (2) *(Leistung)* retard *m* dans la réception du paiement *ou* de la livraison.

annehmbar *adj* acceptable, admissible, recevable; pertinent; agréable.

annehmen (1) *(Angebot)* accepter, donner son consentement *ou* accord à, (2) admettre, (3) adopter; **an Kindes Statt –** adopter; **unter Vorbehalt –** accepter sous réserves.

Annehmende(r) *m* adoptant *m*.

Annehmer *m* (1) *(Vertrag)* acceptant *m*, (2) *(Wechsel)* accepteur *m*.

annektieren *(VR)* annexer.

Annexion *f* annexion *f*; **–sbestrebungen** *pl* visées *fpl* annexionnistes.

Annuität *f* annuité *f*.

Annuitäten|betrag *m* annuité *f*; **–zahlung** *f* paiement par annuités.

annullierbar *adj* annulable *adj*, résiliable *adj*.

Annullierbarkeit *f* annulabilité *f*.

annullieren annuler, invalider; réformer.

Annullierung *f* *(= Ungültigerklärung)* annulation *f*; invalidation *f*.

Anonymität *f*: **die – wahren** garder l'anonymat.

anordnen (1) *(befehlen)* enjoindre, décréter, édicter, ordonner, prendre un arrêté, prescrire, (2) *(ordnen)* disposer, ranger, (3) *(ErbR)* énoncer ses dernières volontés, tester.

Anordnung *f* (1) arrêté *m*, règlement *m*, injonction *f*, ordre *m*, instruction *f*, (2) *(Aufstellung)* arrangement *m*, disposition, (3) *(Ausgaben)* ordonnancement, (4) *(letztwillige)* dernières volontés *fpl*; **allgemeine –** acte règle *m*; **einstweilige –** mesure *f* provisoire; **– des Erscheinens** ordonnance de comparution; **– der Landesverweisung** ordre *m* d'expulsion.

anpassen adapter, assimiler, approprier, mettre en harmonie avec, ajuster.

Anpassung *f* (1) *(Angleichen)* adaptation *f*, assimilation *f*, rapprochement *m*, ajustement *m*, (2) *(Erhöhen)* revalorisation *f*; **wirtschaftliche –** aménagement *m* économique.

Anpassungs|abkommen *n* accord de réadaptation; **–beihilfe** *f* aide à la réadaptation; **–fähigkeit** faculté *f* d'adaptation; **–fonds** *m* fonds de réadaptation; **–hilfe** *f* aide à la restructuration; **–klausel** *f* clause *f* d'indexation; **–maßnahme** *f* mesure de réadaptation *ou* d'adaptation; **–schwierigkeiten** *pl* difficultés pour s'intégrer (dans un groupe).

anpreisen faire de la réclame, faire de la publicité; préconiser.

Anpreisung *f* réclame *f*, recommandation *f*, éloge *m*.

Anrainer *m* riverain *m*, propriétaire *m* voisin; **–staat** *m* État *m* riverain.

anrechenbar *adj* imputable, rapportable, compensable.

Anrechenbarkeit *f* imputabilité *f*.

anrechnen imputer (sur), compenser.

Anrechnung *f* (1) facturation; mise en compte; (2) compensation *f*, affectation *f*, (3) *(ErbR)* rapport *m*, imputation (sur la part réservataire); **etwas in – bringen** imputer (sur le prix); **– auf den Pflichtteil** rapport *m* successoral; **– der Untersuchungshaft** *(StPR)* imputation de la détention provisoire.

anrechnungs|fähig *adj* imputable; rapportable; **–fähige Versicherungsjahre** années d'assurance comptant pour le calcul de la pension; **–pflichtig** *adj* imputable.

Anrecht *n* droit *m*, faculté *f*, habilité *f*, prérogative *f*; **ein – begründen** ouvrir un droit; **ein – haben auf** avoir droit à.

Anrede *f (Bezeichnung in Wort u. Schrift)* appellation, appel; traitement.

Anregung *f* suggestion.

Anreisetag *m* jour *m* du voyage aller.

Anreiz *m* attrait *m*, stimulation, encouragement; effet incitatif.

anreizen inciter à.

Anreizung *f* incitation *f*; excitation *f*, provocation *f*.

anrüchig *adj* (personne) à la moralité douteuse, (individu) douteux.

Anruf *m* (1) *(Telefon)* coup *m* de téléphone, appel *m ou* communication téléphonique, (2) *(durch Posten)* sommation; **–beantworter** répondeur *m* automatique.

anrufen (1) *(Gericht)* saisir (un tribunal); faire appel, (2) *(Person)* interpeller, appeler, sommer, (3) *(Telefon)* donner un coup de fil à qn.

Anrufer *m* correspondant *m*.

Anrufung *f* (des Gerichts) saisine *f* (d'un tribunal).

Ansage *f* annonce *f*, communiqué *m*.

Ansammlung *f*: **unerlaubte –** *(StR)* réunion illicite.

ansässig *adj* domicilié, résident.

Ansässige(r) *m* résident *m*.

Ansässigkeit *f* (Aut) résidence *f*.

Ansatz *m* (1) évaluation *f*, estimation *f*, hypothèse *f* de calcul, prévision *f*, (2) *(Haushalt)* montant *m* d'un crédit, poste *m*, ligne *f* budgétaire, (3) *(Buchf)* article *m*, poste; **– der Einnahmen** imputation *f* des recettes.

Anschaffung *f* acquisition *f*, achat *m*, fait de se procurer; **–s und Herstellungskosten** (= AHK) prix de revient complet, coût complet *ou* d'absorption.

Anschaffungs|kosten *pl* frais *mpl* d'acquisition; **–kredit** crédit *m* d'équipement; **–preis** *m* prix *m* d'acquisition *ou* coûtant; **–wert** *m* valeur à l'achat.

Anschauung *f* opinion *f*, conception, idée *f*, vue *f*; **politische –** opinion politique; **religiöse –** conception religieuse.

Anschein *m* apparence *f*; **dem ersten – nach** de prime abord; **den – erwecken** donner l'impression (de).

Anscheins|beweis *m* preuve *f* par présomptions, présomption *f* du fait de l'homme; **–vollmacht** *f* mandat apparent.

Anschlag *m* (1) affichage *m*; affiche *f*, (2) *(StR)* attentat *m*, (3) devis *m*; **öffentlicher –** affichage *m* public, affiche *f* administrative; **in – bringen** prendre en considération; **– bei Gericht** *od.* **an der Gerichtstafel** affichage au tribunal; **einen – verüben** attenter à (la vie de qn); **– von Wahlplakaten** affichage *m* électoral.

Anschlagtafel *f* panneau *m ou* tableau d'affichage.

anschließen rattacher; raccorder, relier.

Anschließung *(StR: als Nebenkläger)* constitution de partie civile (émanant de la victime).

Anschluß *m* (1) rattachement *m*, annexion *f*, (2) *(Telefon)* abonnement; **angezapfter –** téléphone mis sur table d'écoute; **– und Benutzungszwang** *(VwR)* obligation de raccordement à la canalisation municipale et de participation à l'enlèvement des ordures ménagères par la commune; **–appellation** *f* (S) appel *m* incident, appel joint (S); **–berufung** *f* appel incident, appel joint

(S); **–beschwerde** recours *m* devant l'autorité agissante; **–gebühr** *f* taxe *f* de raccordement; **–konkurs** *m* liquidation des biens (après échec du règlement judiciaire); **–kredit** crédit *m* relais; **–pfändung** *f* seconde saisie; **–pflicht** *(Energieversorgung)* raccordement *ou* abonnement *m* obligatoire; **–revision** recours *m* en cassation incident; **–stelle** *(Autobahn)* bretelle *f* de raccordement; **–verfahren** *n* procédure relative aux demandes d'indemnisation de la victime devant le tribunal répressif; **–vertrag** *m* (ZR) contrat d'enchaînement; **–zone** *f* zone *f* contiguë; **–zwang** *m* obligation de se raccorder aux canalisations d'eau ou de distribution de courant, servitudes de voirie.

Anschreiben *n* lettre *f ou* bordereau *m* d'envoi; fiche *f* de transmission.

Anschrift *f* adresse *f*; **–enänderung** changement *m* d'adresse.

anschuldigen accuser, inculper, impliquer, incriminer, charger, dénoncer.

Anschuldigung *f* accusation *f*, inculpation *f*; **falsche –** dénonciation *f* calomnieuse.

Anschuldigungs|punkt *m* chef *m* d'accusation; **–schrift** *f* acte *m* d'accusation.

anschwärzen dénigrer, attaquer, décrier, diffamer, noircir.

Anschwärzung *f (HR)* dénigrement *m* (d'un concurrent).

Anschwemmung *f (SachR)* accessions *fpl* naturelles.

ansetzen: einen Termin – fixer *ou* déterminer un délai *ou* une date *ou* une audience.

Ansehen *n* réputation *f*, renom *m*, considération; **berufliches –** réputation professionnelle; **geschäftliches –** réputation commerciale.

ansehnlich *adj* important, considérable.

ansetzen (1) *(veranschlagen)* faire une estimation *ou* un calcul, (2) *(Termin festsetzen)* fixer une date.

Ansicht *f* avis *m*, vue *f*; aspect *m*, opinion *f*; **abweichende –** opinion différente; **nach allgemeiner –** de l'avis général; **nach meiner –** selon mon point de vue, à mon avis; **umstrittene –** point de vue controversé ou contestable; **vertretbare –** opinion défendable *ou* soutenable; **zur –** avec prière de prendre connaissance.

Ansichtssache: das ist – c'est une question d'appréciation personnelle.

Ansichtssendung *f* (marchandise *f* d'une) vente à l'agréage.

ansiedeln établir; s'établir, s'implanter.

Ansiedlung *f* (1) *(Urbanismus)* agglomération *f*, (2) *(BW)* établissement *m*, implantation *f*.

ansparen épargner en vue d'un achat.

Ansiedlungs|genehmigung *f* permis de bâtir en dehors d'une agglomération; **–kolonie** *f* colonie de peuplement.

Ansprache *f* allocution *f*, intervention *f*.

Anspruch *m* (1) *(BR)* droit *m* (subjectif), prérogative (individuelle), droit d'exiger *ou* de faire, (2) *(ZPR)* prétention *f*, demande *f*, réclamation *f*, (3) *(verbrieft)* titre, (4) *(ArbR, PatentR)* revendication; **begründeter** *od.* **gerechtfertigter –** prétention fondée *ou* justifiée; **gesetzlicher –** droit découlant directement de la loi; **klagbarer –** droit que l'on peut faire valoir en justice; **lebenslänglicher –** droit viager; **rechtmäßiger –** droit légalement fondé; **verjährter –** droit prescrit; **zivilrechtlicher –** intérêt civil; **den – begründen auf** ouvrir droit à; **den – bestreiten** contester un droit; **– erheben** demander, faire valoir *ou* revendiquer son droit; **einen – auf etwas erheben** prétendre à quelque chose; **– auf den Gegenwert** droit à contre-partie; **einen – geltend machen** se prévaloir d'un droit, faire valoir un droit; **einen – haben auf** avoir droit à, pouvoir prétendre à; **einen – herleiten aus** fonder un droit sur; **in – nehmen** (1) revendiquer, réclamer, exiger, (2) requérir, réquisitionner; (3) faire appel à, avoir recours à, (4) se retourner contre qn; **für sich in – nehmen** se prévaloir de . . .; **– auf Rückerstattung** droit à restitution; **– auf Unterlassung der Benutzung** action en cessation de pratique; **– auf Zahlung** droit à paiement.

Anspruchs|änderung (1) *(ZRP)* modification des prétentions originaires, (2) *(PatentR)* modification de la revendication; **–begründung** *f* (1) ouverture d'un droit, justification *f* des prétentions, (2) exposé *m* du fondement des prétentions; **–berechtigte(r)** *m* ayant cause, ayant droit *m*; **–grundlage** *f* fondement du droit *ou* de la demande; **–konkurrenz** *f* *(BR)* droits (à réparation) se fondant sur des bases légales multiples; **–übergang** *m* subrogation; **–verjährung** *f* forclusion *f*, prescription du droit; **–verwirkung** *f* perte *ou* déchéance du droit; **–voraussetzung** *f* condition d'existence du droit; **–werber** *m* (Aut) demandeur *m*.

Anspülung *f* *(SachR)* atterrissements *mpl*, alluvion *f*.

Anstalt *f* (1) *(ÖfR)* établissement *m* public, organisme *m*, office *m*, (2) *(PrivR)* établissement privé; **öffentliche –, öffentlich-rechtliche –, – des öffentlichen Rechts** établissement public de droit allemand; ensemble de moyens matériels et personnels, placé sous direction administrative pour la mise en œuvre permanente dans un but d'intérêt général dans un domaine spécial.

Anstalts|arzt *m* médecin fonctionnaire exerçant sa profession dans un établissement pénitentiaire etc.; **–bedürftigkeit** *f* nécessité d'interner *ou* de placer dans un établissement habilité; **–beobachtung** *f* mise en observation dans un hôpital psychiatrique; **–erziehung** *f* éducation surveillée; **–gewalt** *f* pouvoir réglementaire d'un établissement public; **–internierung** *f*; internement (dans un hôpital psychiatrique); **–leiter** *m* directeur (d'un établissement pénitentiaire); **–polizei** *f* police administrative des établissements publics; **–unterbringung** *f* internement *m ou* placement dans un établissement habilité; **–vormundschaft** *f* tutelle d'un office *ou* d'un établissement public.

Anstand *m* morale *f*, convenances *f pl* bonnes mœurs *fpl*.

Anstands|pflicht *f* obligation fondée sur les usages sociaux, obligation coutumière; **–schenkung** *f* donation d'usage.

ansteigen augmenter; progresser; **stark –** monter en flèche.

anstellen employer, engager.

Anstellung *f* (1) *(Einstellung)* engagement *m*, embauche *f*, embauchage *m*, recrutement *m*, (2) *(Stellung)* emploi *m*, poste *m*, place *f*, situation; **probeweise –, – auf Probe** engagement à l'essai.

Anstellungs|bedingung *f* conditions d'emploi; **–behörde** *f* autorité investie du pouvoir de nomination; **–bescheinigung** *f* certificat d'embauchage; **–dekret** *n* (Aut) décret *ou* arrêté de nomination; **–sperre** *f* arrêt du recrutement; **–urkunde** *f* acte de nomination, arrêté *ou* décret de nomination; **–verfügung** *f* décision de nomination; **–vertrag** *m* contrat de travail *ou* d'embauchage.

anstiften *(StR)* inciter qn à (faire qch), provoquer.

Anstifter *m* instigateur *m*, incitateur *m*; provocateur *m*.

Anstiftung *f* *(StR)* instigation *f*, incitation *f*, provocation *f*; **– zum unsittlichen Lebenswandel** excitation à la débauche; **– zu einem Verbrechen** incitation au crime.

Anstieg augmentation *f*, croissance *f*, montée *f*.

anstößig *adj* contraire aux bonnes mœurs; contraire aux usages.

anstrengen: einen Prozeß – intenter une action en justice, agir contre qn, actionner, recourir aux voies de droit.

Ansturm *m* ruée *f*; **– auf eine Bank** course au guichet.

ansuchen demander.

Ansuchen *n* requête *f*, demande *f*.

Anteil *m* part *f*, quotité *f*; *(Personengesellschaften)* intérêt *m*; **prozentmäßiger –** pourcentage *m*; **steuerpflichtiger –** quotité imposable.

anteilig, anteilmäßig au prorata, proportionnel.

Anteilschein *m* titre *m* de participation, coupon *m*; action *f*.

Anteils|eigner *m* propriétaire *ou* porteur de parts; **–gesellschaft** *f* société en participation; **–recht** *n* droit de participation; **–satz** *m* quote-part *f*; **–summe** *f* participation; commandite.

Antichrese *f*, **Antichresis** *f (= Nutzungspfandrecht)* antichrèse *f*, nantissement *m* d'une chose immobilière.

Antidumpinggesetz *n* loi anti-dumping.

Antikartellgesetzgebung *f* législation relative à la repression des ententes illicites.

Antinomie *f* antinomie *f*, contradiction *f*; contrariété *f*.

Antitrustgesetz *n* loi relative au contrôle de la concentration économique *ou* anti-trust.

1\. **Antrag** *m* (1) *(ZR)* offre *f* (de contrat), pollicitation, proposition *f*, demande *f*, (2) *(ZPR)* réquisition *f*, requête *f* (à un tribunal), demande incidente à l'audience, (3) *(Parlament)* motion *f*; **auf –** à la diligence de, sur la demande, sur l'initiative, à la requête de; **formloser –** *(VwR)* simple demande; **– auf Ablehnung des Richters wegen Befangenheit** requête en suspicion légitime; **– auf Aufhebung** *(ZwangsVR)* demande en mainlevée; **– auf Aufhebung der Immunität** *(VerfR)* demande d'autorisation de poursuites; **– auf Aufnahme in die Tagesordnung** demande d'inscription à l'ordre du jour; **– auf Aufschiebung der Veröffentlichung** *(Wz)* requête de publication différée; **– auf Auskunfterteilung** demande d'information; **– auf Aussetzung des Verfahrens** demande de suspension de la procédure; **– auf Bestimmung des zuständigen Gerichts** requête *ou* demande en règlement de juges; **– auf Eintragung** demande à fin d'inscription; **– auf Eröffnung des Konkurses** (1) *(Schuldner)* déclaration en vue de l'ouverture d'une procédure de liquidation de biens; (2) *(Gläubiger)* assignation du débiteur par le créancier; **– auf Erteilung der Baubewilligung** (Aut) demande de permis de bâtir; **– auf Gebührenermäßigung, – auf Gebührenherabsetzung** action en détaxe; **– auf Genehmigung** demande d'autorisation *ou* en autorisation, requête en approbation *ou* aux fins d'approbation; **– auf Grenzerneuerung** (Aut) action en bornage; **– auf gütliche Beilegung** requête à fin de règlement amiable; **– auf Konkurseröffnung** demande d'ouverture de la procédure de liquidation des biens; **– auf Kostenbestimmung** (Aut) requête en liquidation des dépens; **– um Nachsicht** (Aut) demande en remise; **– auf Pensionierung** demande de mise à la retraite; **– auf Schadensersatz** demande de dommages-intérêts; **– auf Verfolgung** *(StaatsR)* motion d'accusation; **– auf Versetzung in den Ruhestand** demande de mise à la retraite; **– auf vordringliche Behandlung** demande d'examen prioritaire; **– auf Zulassung** demande d'agrément; **– auf Zuteilung** *f* demande d'attribution.

Antrag: den – abweisen repousser la demande, rejeter la demande; **nach dem – erkennen** adjuger les conclusions; **dem – nicht stattgeben** rejeter *ou* repousser la demande; **einem – stattgeben** faire droit à une demande; **einen – stellen** formuler une demande; **einen – untersuchen** instruire une demande; **einen – zurücknehmen**

retirer une demande; **den – zurückweisen** rejeter *ou* repousser la demande; **einen – zurückziehen** retirer une demande.

2. **Anträge** *pl* conclusions *fpl;* **– stellen** déposer des conclusions, prendre des conclusions *ou* des réquisitions.

Antrags|ablösung *f* rachat sur demande; **–berechtigte(r)** *m* personne pouvant requérir; **–berechtigung** droit de formuler une requête; **–delikt** *n* délit dont la répression n'a lieu que sur plainte de la victime; **–formular** *n* formule *ou* formulaire de demande *ou* de requête; **–gegner** *m* partie adverse, adversaire *m*; **–mündigkeit** majorité requise pour pouvoir présenter une demande; **–punkt** *m* chef de la demande; **–recht** *n* (S) droit de plainte (S); **–schein** *m* bulletin de demande; **–schrift** requête (formulée par écrit); **–straftat** *f* infraction qui n'est réprimée que sur plainte de la victime.

Antrag|steller *m* demandeur *m* (en justice), requérant *m*, exposant *m*; **–stellung** *f* dépôt *ou* introduction d'une demande.

Antransport *m* acheminement *m* (des marchandises).

Antreten *n od* **Antretung der Erbschaft** acceptation de la succession, adition d'hérédité.

Antrieb *m* motif déterminant, impulsion.

Antritts|besuch *m* première visite après l'entrée en fonctions; **–rede** *f* cérémonie *f ou* discours *m* d'investiture.

Antwort *f* réponse *f*, réplique *f*, riposte *f*; **abschlägige –** réponse négative; **vorausbezahlte –** réponse *f* payée; **–karte** *f* carte-réponse; **–schein** *m* coupon-réponse *m*; **–spflicht** *f* (des Angemahnten) obligation de donner une réponse.

anvertrauen confier, remettre aux soins d'un tiers, communiquer sous le sceau du secret.

anverwandt *adj* parent, membre de la famille.

anwachsen accroître.

Anwachsung *f (SachR)* accroissement *m*, accession naturelle, atterrissement.

Anwalt *m* (1) *(ZPR)* mandataire *m* au procès, avocat *m*, (2) *(StPR)* défense *f*, défenseur *m*, (3) *(WirtR)* conseil *m*, avocat-conseil *m*; **zugelassener –** avocat inscrit au barreau, avocat du barreau; **einen – bestellen** (1) *(durch die Partei)* constituer avocat, (2) *(vom Richter)* commettre un avocat (d'office).

Anwalts|assessor *m* avocat stagiaire, assistant d'un avocat; **–büro** étude *f ou* bureau *ou* cabinet *m* de l'avocat.

Anwaltschaft *f* barreau *m*.

Anwalts|gebühren *fpl*, **– honorar** *n* honoraires *mpl* de consultation et de plaidoirie (d'un avocat); **–geheimnis** *n* secret *m* professionnel (des avocats).

Anwaltskammer *f* barreau *m*, ordre des avocats; **Präsident der –** bâtonnier *m*.

Anwalts|kanzlei *f* bureau *m* d'un avocat, cabinet *m*; **–kosten** *pl* frais exposés *ou* occasionnés par l'avocat, frais d'avocat; **–notar** *m* avocat exerçant en outre les fonctions de notaire; **–pflichten** obligations *fpl* de l'avocat; **–prozeß** *m* procès où les parties sont obligatoirement représentées par des avocats; **–sozietät** *f* groupe *ou* association d'avocats; société civile professionnelle d'avocats; **–stand** *m* barreau *m*, profession d'avocat; **–vollmacht** *f* pouvoir *ou* mandat de procédure; **–zustellung** *f* communication d'avocat à avocat; **–zwang** *m* obligation de constituer avocat *ou* de se faire représenter par un avocat.

Anwärter *m* aspirant *m*, candidat *m*; **–bezüge** *mpl* rémunération d'un fonctionnaire non-titularisé *ou* d'un stagiaire; **–dienst** *m* stage *m*.

Anwartschaft *f* expectative *f*, droit en cours d'acquisition, droit en cours de formation, droit en germe, ‹espérance› de droit.

Anwartschaftsrecht *n* germe *m* de droit *ou* de créance, droit *m* éventuel, droit futur *ou* en formation (dont l'application est juridiquement organisée), expectative d'un droit.

anweisen (1) assigner, (2) affecter (une somme) à un emploi, à un paiement; (3) attribuer; donner des directives, (4) *(Haushaltsmittel)* ordonnancer des dépenses.

Anweisende(r) *m* assignant *m*.

Anweisung *f* (1) *(ZR)* assignation *f*, (2) *(VwR)* directive *f*, instruction *f*, (3) *(HR)* ordre *m*, (4) *(Geld)* virement *m*; (5) *(BankR)* bon *m*, titre représentatif d'une créance; **nicht ausgezahlte –** mandat *m* impayé; **telegraphische –** *(Post)* mandat télégraphique; **– des Aufenthaltsortes** *(StR)* assignation à résidence *ou* de résidence; **unbedingte – zu zahlen** *(WertpR)* mandat pur et simple de payer.

Anweisungen einholen *(VwR)* prendre des instructions; **– entgegennehmen** recevoir des instructions; **– erteilen** donner des directives.

Anweisungs|empfänger *m* assignataire *m*; **–recht** *n* droit de donner des instructions.

anwendbar *adj* applicable *adj*, susceptible d'être mis en pratique; **–e Vorschrift** texte *m* *ou* disposition applicable.

Anwendbarkeit *f* applicabilité *f*.

anwenden appliquer; employer, utiliser, mettre en œuvre.

Anwendung *f* application *f*; **analoge –, entsprechende –** application par voie d'analogie; **gebietliche –, räumliche –** application territoriale; **rückwirkende –** application rétroactive; **sinngemäße –** application par analogie; **zur – bringen** mettre en application; **zur – kommen** *od* **gelangen** entrer en application; **– von Gewalt** usage de la force.

Anwendungs|abkommen *n* accord d'application; **–bedingung** *f* modalité d'application.

Anwendungsbereich *m* domaine *ou* champ d'application; sphère d'utilisation; **örtlicher –** domaine d'application dans l'espace; **zeitlicher –** domaine *m* d'application dans le temps.

Anwendungs|bestimmung *f* modalité *ou* disposition d'application; **–fall** *m* cas d'application; **–frist** *f* délai d'application; **–gebiet** *n* domaine *m* *ou* champ *m* d'application; **–maßnahme** *f* mesure *f* d'application; **–modalitäten** *pl* modalités d'application; **–möglichkeit** possibilité d'utilisation; **–patent** *n* brevet *m* d'application; **–vorschrift** prescription d'utilisation.

Anwerb|en *n*, **–ung** *f* engagement *m*, embauchage *m*; enrôlement *m*.

Anwesen *n*: **landwirtschaftliches –** exploitation *f* agricole.

Anwesende(r) *m* personne *f* présente *ou* comparante; **Vertag unter –n** contrat conclu entre présents.

Anwesenheits|bewilligung *f* (S) autorisation de résidence; **–geld** *n* jeton *m* de présence; **–kontrolle** *f* contrôle d'effectif; **–liste** *f* registre de présence, liste *ou* feuille de présence; **–pflicht** *f* *(StVR)* obligation de ne pas s'éloigner du lieu de l'accident (de la circulation).

Anwohner *m* voisin *m*, riverain *m*.

Anzahl *f* nombre *m*, quantité *f*.

anzahlen verser un acompte.

Anzahlung *f* (1) acompte *m*, provision *f*, (2) *(bei Abzahlungsgeschäften)* apport *m* initial *ou* de départ, premier versement; **eine – leisten** verser un acompte.

Anzeichenbeweis *m* preuve *f* par indices.

Anzeige *f* (1) *(ZR)* déclaration *f*, (2) *(StR)* dénonciation (par un tiers), plainte *f* (de la victime de l'infraction), (3) *(Zeitung)* annonce *f*, insertion *f*, (4) *(StVR)* signalisation; affichage; **– erstatten** porter plainte; **– gefahrerheblicher Umstände** déclaration du risque; **– der Pfändung an den Drittbesitzer** (S) contre-dénonciation au tiers saisi; **– gegen Unbekannte, – gegen unbekannte Täter** plainte contre inconnu, plainte contre X; **eine – zu-**

rückziehen retirer une plainte; **–erstatter** *m* dénonciateur *m*; délateur *m*; **–frist** *f* délai de déclaration.

anzeigen (1) déclarer, (2) dénoncer, porter plainte.

Anzeigende(r) *m* délateur *m*, dénonciateur.

Anzeigen|preise *mpl* tarif *m* de publicité, prix *m* des annonces; **–werbung** publicité *f* par annonces.

Anzeigepflicht *f* obligation de déclarer; déclaration obligatoire; **gewerberechtliche –** obligation de déclarer la création d'une entreprise commerciale *ou* industrielle; **strafrechtliche –** obligation d'informer les autorités de la commission d'un acte délictueux.

anzeigepflichtig *adj* déclarable *adj*, soumis à déclaration; **–e Entlassungen** licenciement collectif soumis à la formalité de la déclaration; **–e Krankheit** maladie *f* à déclaration obligatoire.

Anzeiger *m* (1) déclarant *m*, (2) *(StR)* dénonciateur *m*, délateur *m*.

anzweifeln: die Glaubwürdigkeit – avoir des doutes sur la crédibilité (de qn).

Apokryph *n (UrhR)* apocryphe *m*, œuvre *f* falsifiée *ou* à l'authenticité douteuse.

Apostille *f* certification de signature (en forme simplifiée, apostille *f* (tenant lieu de légalisation).

Apotheker *m* pharmacien *m*; **–beruf** profession *f* de pharmacien.

Appellant *m* (S) appelant *m*.

Appellation *f* (S) appel *m*; **trölerische –** (S) fol appel.

Appellations|erklärung *f* (S) acte d'appel; **–gericht** *n*, **–hof** *m* Cour d'appel.

appellieren faire appel, interjeter appel.

Approbation *f* autorisation d'exercer la médecine *ou* la pharmacie.

Äquivalenz|prinzip *n (SteuerR)* principe de la contrepartie et de la rémunération adéquate des services rendus; **–theorie** *f (SchuldR, StR)* principe de l'équivalence des conditions.

Ärar *n* (Aut: Staatsvermögen) domaine public; forêt *f* domaniale.

Ärarial|forderung *f* (Aut) créance du Trésor *ou* de l'État; **–gut** *n* (Aut) bien *m* domanial.

Arbeit *f* travail *m*, activité (professionnelle); étude *f*; ouvrage *m*; **anfallende –** travail à exécuter; **geistige –** travail intellectuel; **körperliche –** travail physique; **schöpferische –** travail créatif; **schwere –** travail pénible; **die – niederlegen** cesser le travail, débrayer.

Arbeiten *pl:* **öffentliche –** travaux *mpl* publics; **vorbereitende –** travaux préparatoires.

Arbeiter *m* travailleur *m*, ouvrier *m*; **angelernter –** ouvrier spécialisé, agent *m* de fabrication; **gelernter –** ouvrier professionnel; **landwirtschaftlicher –** ouvrier *ou* travailleur agricole; **selbständiger –** travailleur indépendant; **ungelernter –** ouvrier non spécialisé, manœuvre *m*; **voll beschäftigter –** travailleur à temps complet *ou* à plein temps.

Arbeiter|ausschuß *m* comité d'entreprise; **–bewegung** *f* mouvement *m* ouvrier, travaillisme *m*; **–förderung** *f* promotion ouvrière; **–führer** leader *m* syndical.

Arbeiter|genossenschaft *f* coopérative *f* ouvrière; **–gewerkschaft** *f* syndicat ouvrier; **–kammer** *f* (Aut) chambre du travail; **–rat** *m* conseil *m* ouvrier.

Arbeiterrentenversicherung *f* assurance *f* retraite (obligatoire) des travailleurs.

Arbeiterschaft *f* salariat *m*, monde ouvrier *ou* du travail, classe *f* ouvrière.

Arbeiter|schutzgesetz *n* loi sur la protection de la santé des travailleurs; **–gesetzgebung** *f* législation en matière de droit du travail; **–ordnung** *f* réglementation du travail.

Arbeiter|selbstverwaltung *f* autogestion *f*; **–siedlung** cité *f* ouvrière; **–stand** *m* salariat *m*, classe *f* ouvrière; **–unfallversicherung** *f* assurance sur les accidents du travail;

–versicherung *f* assurances *fpl* sociales (des travailleurs); **–wohlfahrt** association de solidarité ouvrière; **–wohnung** *f* logement *m* ouvrier, habitation *f* ouvrière.

Arbeitgeber *m* (1) chef *m* d'entreprise, employeur *m*, patron *m*, donneur d'ouvrage, (2) *mpl*: patronat *m*, (3) *(Code civil:)* maître *m*; **–anteil** *m* part *f* patronale, cotisation *f* patronale; **–beiträge** *mpl (SozVers)* cotisation des employeurs; **–bescheinigung** *f* certificat *m* patronal.

Arbeitgeberschaft *f* patronat *m*.

Arbeitgeber|verband *m* association *ou* organisation patronale, chambre patronale, groupement *ou* syndicat patronal, organisation syndicale d'employeurs; **–vereinigung** *f* groupement patronal; **–vertreter** *m (int. ArbOrg)* membre employeur; **–wechsel** changement de propriétaire de l'entreprise; **–zuschuß** *m* complément *m* patronal.

Arbeitnehmer *m* (1) *(ArbR)* salarié *m*, travailleur *m*, (2) *(Angestellter)* employé *m*, (3) *(Code civil:)* gens *pl* de travail; **–ähnliche Personen** personnes assimilées aux salariés; **–anteil** *m* cotisation du salarié à la sécurité sociale; quote-part *f* des salariés; **–erfindung** *f* invention de salarié (faite dans le service); **–freibetrag** *m* déduction *f* forfaitaire sur les traitements et salaires.

Arbeitnehmer|freizügigkeit *f (EuR)* libre circulation des travailleurs; **–kammer** *f* chambre professionnelle de soutien et de conseil aux travailleurs; **–pauschbetrag** *(SteuerR)* déduction forfaitaire (de 2000 DM annuellement) du salaire du salarié.

Arbeitnehmerschaft *f* travailleurs *mpl*, salariés *mpl*; salariat *m*.

Arbeitnehmer|überlassung *(ArbR)* marchandage *m*, prêt *m* de main-d'œuvre; louage *m* de personnel intérimaire; **–verband** *m* organisation syndicale de travailleurs, syndicat ouvrier; **–vereinigung** *f* syndicat de travailleurs, confédération; **–vertreter** *m* (OIT) membre *m* travailleur.

Arbeitsamt *n* office du travail, agence *f* pour l'emploi, bureau *m* de placement, service de la main-d'œuvre; **Internationales –** (IAA) Bureau International du Travail (BIT).

Arbeits|anfall *m* travail *m* à effectuer; **–angebot** *n* offre sur le marché du travail; **–antritt** entrée *f* en fonction; **–auflagen** *fpl* conditions d'emploi (des jeunes); **–aufsicht** *f* inspection du travail; **–aufwandsentschädigung** *f* indemnité de frais professionnels; **–ausfall** *m* heures de travail perdues *ou* non effectuées; **–ausführung** *f* exécution des travaux; **–ausgleich** *m* récupération d'heures; repos *m* compensateur; **–ausweis** *m* carte de travail; **–bedingungen** *pl* conditions de travail; **–behörde** (S) service *m* public de l'emploi; **–beschaffung** *f* création *f* d'emplois; **–bescheinigung, –bestätigung** *f* certificat de travail; **–buch** *n* livret *ou* carnet *m* de travailleur; **–dauer** durée *f* du travail.

Arbeitsdienst *m* service du travail obligatoire; **–pflicht** *f* (S) service *m* obligatoire du travail.

Arbeitsdirektor *(GesR)* membre *m* du directoire, responsable des questions sociales et des problèmes relatifs au personnel.

Arbeits|dokument *n* document de travail; **–einkommen** *n* revenu du travail, salaire *m*; **–einkünfte** *fpl (SteuerR)* revenus *mpl* imposables perçus en vertu d'un contrat de travail (caractérisé par un lien de subordination); **–einheit** *f* unité de travail; **–einsatz** *m* emploi de la main-d'œuvre; **–einstellung** *f* suspension du travail, cessation *ou* arrêt du travail, grève *f*; **–einteilung** *f* division du travail; **–entgelt** *n* rémunération *f*, salaire *m*; **–erlaubnis** *f* carte *f* *ou* autorisation de travail.

Arbeitsertrag *m* rendement de la main-d'œuvre, produit du travail.

arbeitsfähig *adj* apte au travail; *(nach Krankheit)* apte à reprendre le travail.

Arbeits|fähigkeit *f* (1) capacité *f* de

travail, (2) aptitude au travail; **–förderung** promotion *f* ouvrière; **–förderungsgesetz** (AFG) loi *f* sur l'incitation à l'emploi; **–frei** chômé; **–freiheit** *f* liberté du travail; **–frieden** *m* paix *f* sociale; **–gang** *m* séquence *f* de travail; manœuvre *f*, opération; **–gebiet** *n* domaine d'activité; **–gemeinschaft** *f* groupement *m* d'études, groupe de travail; **–genehmigung** *f* autorisation de travail; **–genossenschaft** *f* coopérative de travailleurs; **–gerätschaft** *f* outillage.

Arbeits|gericht *n* Tribunal allemand du travail (composé de juges professionnels); **–gerichtsbarkeit** *f* juridiction du travail, contentieux *m* du travail; **–gerichtsgesetz** Loi allemande portant sur les juridictions de travail; **–gerichtsverfahren** procédure *f* devant un tribunal du travail; **–gesetzgebung** *f* législation du travail; **–gliederung** *f* division du travail; **–gruppe** *f* groupe de travail; **–haus** *n (StVZ)* maison de redressement; **–hilfe** *f* matériel *ou* documentation de formation professionnelle; **–hygiene** *f* hygiène et sécurité du travail; **–inspektion** *f* (Aut) inspection du travail; **–inspektor** *m* (Aut) inspecteur du travail; **–invalide** *m* mutilé du travail; **–kammer** *f* chambre du travail; **–kampf** *m* conflit *m* collectif du travail; **–kampfrecht** législation relative aux conflits collectifs de travail; **–kapital** *n* fonds de roulement.

Arbeitskonflikt *m* conflit du travail, conflits *mpl* sociaux, conflit collectif du travail.

Arbeitskraft *f* (1) travailleur, salarié, (2) force de travail.

Arbeitskräfte *pl* travailleurs *mpl*, main-d'œuvre *f*, personnel *m*; **gelernte –, geschulte –** main-d'œuvre qualifiée; **landwirtschaftliche –** main-d'œuvre agricole; **ungelernte –** main-d'œuvre non qualifiée; **–bedarf** *m* besoin de main-d'œuvre; **–einsparung** *f* compression des effectifs, dégraissage; **–mangel** *m* pénurie *f* de main-d'œuvre.

Arbeits|kreis *m* groupe *m* de travail; **–lager** *n* camp *m* de travail; **–leben** *n* vie *f* active; **–leistung** *f* (1) *(Arbeiter)* prestation de travail, (2) *(Maschine)* puissance *f*, rendement *m*; **–lohn** *m* salaire *m*.

arbeitslos sein être au chômage.

Arbeitslose(r) *m* chômeur *m*, travailleur *m* sans emploi, demandeur *m* d'emploi; **unfreiwilliger –** chômeur involontaire; **unterstützter –** chômeur *m* secouru.

Arbeitslosenfürsorge *f* aide *f* aux chômeurs, assistance *f* chômage.

Arbeitslosen|geld *n* allocation *f* de chômage; **–hilfe** *f* assistance aux chômeurs, assistance-chômage *f*; **–quote** *f* taux de chômage; **–unterstützung** *f* (1) allocation de chômage, aide aux chômeurs, indemnité *f* de chômage, (2) assistance aux chômeurs; **–versicherung** *f* assurance *f* chômage; **–versicherungskasse** *f* caisse d'assurance chômage.

Arbeitslosigkeit *f* chômage *m*; **dauernde –** chômage permanent, chômage chronique; **konjunkturelle –** chômage conjoncturel; **saisonbedingte –** chômage saisonnier; **strukturelle –** chômage structurel; **technisch bedingte –** chômage technique; **teilweise –** chômage partiel; **die – beseitigen** résorber le chômage.

Arbeitslosigkeits|bescheinigung *f* attestation *ou* certificat de chômage; **meldung** *f* inscription en tant que chômeur.

Arbeitsmängel *mpl* manquements *mpl* dans l'exécution du travail, insuffisance *f* professionnelle, faute *f*.

Arbeitsmarkt *m* marché du travail, marché de l'emploi, marché de la main-d'œuvre; **–behörde** *f* (S) service public de l'emploi; **–verwaltung** *f* service *m* de l'emploi.

Arbeits|medizin *f* médecine du travail; **–minister** ministre du travail (et des affaires sociales); **–mittel** *mpl* (1) matériaux, (2) mobilier, matériel et outillage pour les besoins de la profession; ouvrages *mpl* servant à la formation professionnelle *ou* aux études; **–mündigkeit** *f* âge *m* d'accès au travail, âge minimum requis pour conclure un contrat de travail *ou* de formation *ou* d'apprentissage.

Arbeitsnachweis *m* (1) certificat de travail *ou* d'emploi, attestation d'emploi, (2) office *m* de placement; **öffentlicher –** (S) service public de placement.

Arbeitsniederlegung *f* cessation concertée du travail, débrayage *m*, grève *f*; **allgemeine –** cessation collective *ou* concertée du travail.

Arbeits|normen *pl* règles de travail; cadences *fpl*; **–ordnung** *f* règlement interne.

Arbeitsorganisation *f*: **internationale –** Organisation internationale du travail (OIT).

Arbeits|pflicht *f* travail obligatoire, obligation au travail; **–planung** *f* organisation *f* du travail; **–platz** *m* (poste de) travail; **–platzbeschaffung** *f* création *f* d'emplois; **–platzdarlehen** *n* prêt aux entreprises pour la création d'emplois; **–platzschutz** *m*, **–platzsicherung** sauvegarde *f* de l'emploi, lutte *f* contre la précarité de l'emploi; **–platzteilung** *f* partage *m* d'un poste de travail, job-sharing, modalité du travail à temps partiel; **–platzwechsel** *m* changement d'emploi; **–raum** *m* local *m* de travail; **–recht** *n* droit social, législation du travail; **–rente** *f* retraite *f* ouvrière; **–richter** juge *m* (professionnel) du tribunal du travail (allemand); **–ruhe** *f* repos *m* hebdomadaire.

Arbeitssachen *fpl* contentieux *m* du travail, litiges *mpl* individuels nés du contrat de travail.

arbeitsscheu *adj* réfractaire au travail; qui se refuse à travailler.

Arbeits|schicht *f* poste *m* (de travail); **–schutz** *m* protection de la santé des travailleurs; hygiène *f* et sécurité du travail; **–sprache** *f* langue de travail; **–stätte** *f* lieu de travail; **–stelle** *f* emploi *m*; **–stoff** matières *fpl* de travail, substance *f*.

Arbeitsstreitigkeit *f* conflit du travail; différend du travail.

Arbeits|studie *f* étude *f* des tâches; **–stunden** heures *fpl* de travail; **–suche** recherche *f* d'un emploi; **–suchender** demandeur *m* d'emploi.

Arbeits|tag *m* jour *m* ouvrable, journée de travail; **–tagung** *f* réunion *f* *ou* séance de travail; **–takt** cadence *f*; **–teilung** *f* division du travail.

arbeitsunfähig *adj* être incapable d'exercer son métier, incapacité d'assurer son travail.

Arbeitsunfähige(r) *m* personne se trouvant dans l'incapacité *f* (provisoire ou permanente) de travailler.

Arbeitsunfähigkeit *f* incapacité de travail; **dauernde –** incapacité permanente; **dauernde teilweise –** incapacité permanente partielle (= I.P.P.); **längere –** incapacité prolongée; **völlige –** incapacité totale; **zeitweilige –** incapacité temporaire de travail (= I.T.T.).

Arbeitsunfähigkeitsbescheinigung *f* certificat *m* d'arrêt de travail.

Arbeitsunfall *m* accident du travail; **–meldung** *f* déclaration d'accident du travail; **–verhütung** prévention *f* des accidents du travail; **–versicherung** *f* assurance contre les accidents du travail.

Arbeits|unterbrechung *f* interruption de travail; **–vergütung** *f* rémunération du travail, salaire *m*; **–verhältnis** *n* (lien juridique créé par le) contrat de travail; **–verhältnisse** *pl* conditions de travail; **–verhinderung** *f* empêchement (provisoire) d'accomplir son travail; **–verlängerung** *f* prolongation de la durée du travail; **–vermittlung** *f* placement.

Arbeitsvermittlungs|amt *n*, **–büro** *n* bureau *m* *ou* office *m* de placement de la main-d'œuvre.

Arbeits|vertrag *n* contrat de travail, louage *m* de services; **–vertragsrecht** *n* droit des contrats (individuels) de travail; **–verweigerung** *f* refus *m* de travailler.

Arbeitswegunfall *m* accident *m* de trajet; (B) accident du chemin du travail.

Arbeitszeit *f* (1) horaire *m* de travail, (2) durée du travail; **gleitende –** horaire *m* mobile *ou* variable, horaire à la carte, travail à temps choisi; **–ordnung** *f* législation relative aux horaires de travail; **–verkürzung** *f* réduction du temps de travail.

Arbeits|zettel *m* fiche *f* d'emploi; **–zeugnis** *n* certificat de travail; **–zwang** *m* travail *m* obligatoire.

Arbitrage *f* arbitrage *m*.

Arbitrageur *m*, **Arbitragist** *m* *(BörR)* arbitragiste *m*.

arbiträr *adj* (Aut) arbitraire.

arbitrieren *(BörR)* faire de l'arbitrage, arbitrer (des titres).

Architekt *m* architecte *m*; maître d'œuvre; constructeur; **–enentwurf** projet *m* d'architecte; **–envertrag** *m* contrat d'architecte (conclu avec le maître de l'ouvrage); **–enwettbewerb** concours *m* d'architecture.

Archiv *n* archives *fpl;* **–gut** *n* documents archivés.

Arealsteuer *f* (Aut) impôt foncier.

Ärgernis *n*, **öffentliches –** scandale *m* sur la voie publique; **–erregende Darstellung** représentation scandaleuse.

Arglist *f* dol *m*, manœuvre frauduleuse; **–einrede** *f* exception de dol.

arglistig *adj* dolosif *adj*, trompeur *adj*, dolosivement *adv*, malicieusement *adv;* **–e Täuschung** dol *m*, machination *ou* tromperie *f* frauduleuse; **–es Verschweigen** réticence frauduleuse, omission volontaire équivalente au dol, dissimulation frauduleuse.

Argument *n* argument *m*, raisonnement *m*, raison *f*, thèse *f*; **rechtliches –** argument de droit, argument juridique; **tatsächliches –** argument de fait; **unwiderlegliches –** argument irréfutable.

Argumentation *f*: **juristische –** raisonnement *m* juridique.

argumentieren argumenter, objecter, répliquer, rétorquer.

arm *adj* indigent, nécessiteux, manquant de ressources, économiquement faible, pauvre.

Armen|anwalt *m* avocat de l'aide judiciaire, avocat commis d'office; **–attest** *n* certificat *m* d'indigence; **–fürsorge** *f* assistance aux indigents; **–kasse** *f* caisse d'assistance aux indigents.

Armenrecht *n* (= Prozeßkostenhilfe) aide *f* judiciaire, assistance *f* judiciaire gratuite, admission au pro Deo (L), pro Deo (B– L), droit du pauvre (S); **prozessuales –** (S) bénéfice du pauvre (S); **zum – zugelassene Partei** partie admise à l'aide judiciaire.

Armenrechts|bewilligung admission à l'assistance judiciaire; **–gesuch** *n* demande *f* d'aide judiciaire; **–zeugnis** *n* certificat d'indigence.

Armen|sachen *(PrzR)* contentieux *m* relatif à l'assistance judiciaire; **–steuer** *f* (S) taxe des pauvres; **–unterstützung** *f* assistance aux indigents; **–verteidiger** *m*, **–vertreter** *m* avocat chargé de l'aide judiciaire.

Armut *f* indigence *f*, dénuement *m*, pauvreté *f*; **–serklärung** *f* déclaration d'indigence.

Armutszeugnis *n* certificat d'indigence, attestation d'indigence (B).

Arrangement *n* (1) accord *m*, compromis *m*, arrangement *m*, (2) (Aut) liquidation *f*, (3) forfait *m* (pour une pension); **–bogen** *m* (Aut) feuille de liquidation; **–büro** *n* (Aut) caisse de compensation des valeurs mobilières; **–geschäft** *n* (Aut) opération de bourse au comptant.

Arrest *m* (1) *(StR u. MilR)* emprisonnement *m*, arrêts *mpl*, (2) *(ZwangsVR)* saisie *f* conservatoire; **dinglicher –** saisie provisoire des biens pour assurer l'exécution d'une créance pécuniaire; **einfacher –** *(MilR)* arrêts simples; **verschärfter –** *(MilR)* arrêts de rigueur; **offener –** *(KonkursR)* interdiction de payer (au débiteur failli); **persönlicher –** *(ZwangsVR)* contrainte *f* par corps; emprisonnement pour dettes; **strenger –** *(MilR)* arrêts de rigueur.

Arrestant *m* prisonnier *m*, détenu *m*.

Arrest|aufhebungsklage *f* (S) action en mainlevée du séquestre, action en annulation du séquestre (S); **–befehl** *m* (1) *(Sache)* ordre de saisie, ordonnance de séquestre (S), (2) *(Person)* ordre d'arrestation; **–beschluß** *m* ordonnance *f* de saisie; **–betreibung** *f* (S) poursuite après séquestre; **–bruch** *m* détournement d'objets saisis; **–gericht** *n* tribunal qui prononce la saisie; **–gläubiger** *m* créancier saisissant; **–lokal** *n* maison d'arrêt; **–ort** *m* for du séquestre (S); **–schuldner** *m* débiteur *m* saisi; **–strafe** *f* peine d'emprisonnement; **–urkunde** *f* (S) procès-verbal de séquestre; **–verfahren** *n* procédure de saisie; **–vermerk** *m* clause ‹à partir d'ici l'endossement ne vaut que sur la copie›; **–vollziehung** *f*, **–vollzug** *m*, (1) exécution de la saisie, (2) exécution *f* de l'emprisonnement; **–zelle** *f* salle *f* de police (pour la garde à vue).

Arretierungsklausel *f* clause figurant sur la copie d'une lettre de change et indiquant où elle s'arrête.

Arrha *pl* (= Draufgabe) arrhes *fpl*.

arrondieren aggrandir, arrondir.

Arrondierung *f* aggrandissement *m*, arrondissement *m*.

Art *f* (1) manière *f*, mode *m*, (2) nature *f*, caractère, (3) sorte *f*, espèce *f*, catégorie *f*; **– der Durchführung** modalité *f* d'application; **– des Risikos** nature du risque.

Artenschutz *(UmweltR)* protection *f* des espèces animales.

Arthandlungsvollmacht *f* procuration accordée en vue de réaliser certaines catégories d'actes juridiques.

Artikel *m (Gesetz, Zeitung, Ware)* article *m*.

Artvollmacht *f (HR)* procuration *f* spéciale.

Arznei|buch *n* codex *m*, pharmacopée *f* officielle; **–mittel** *npl* médicaments *mpl*, spécialités *fpl* pharmaceutiques; **Verkehr mit – mitteln** vente de produits pharmaceutiques.

Arzneimittelschäden *mpl* affections *ou* maladies résultant des produits pharmaceutiques.

Arzt *m* médecin *m*, docteur *m* (en médecine); **approbierter –** médecin autorisé à pratiquer; **behandelnder –** médecin traitant; **beigezogener –** médecin consultant; **–haftpflicht** responsabilité *f* civile du médecin; **–haftungsrecht** *n* droit de la responsabilité médicale.

Ärzte|ausweis *m* (Aut) certificat attestant l'inscription à l'ordre des médecins; **–kammer** *f* ordre *m* des médecins; **–schaft** *f* corps *m* médical.

ärztlich|e Behandlung traitement *m* médical; **–er Kunstfehler** faute *f* professionnelle du médecin; **–es Zeugnis** attestation médicale.

Arzt|praxis *f* cabinet *m* médical; **–vertrag** *m* contrat d'entreprise conclu avec un médecin.

Assekuranz *f* assurance *f*, compagnie *f* d'assurance.

Assessor *m* (1) *(BeamR)* titulaire du second examen d'Etat (en droit), (2) *(PrzR: Beisitzer)* assesseur *m*.

Assisenbezirk *m* (S): **eidgenössischer –** arrondissement d'assises fédérales (S).

Assistent *m* (1) *(VwR)* commis *m* adjoint; (2) *(Universität)* attaché *m* de recherche.

Assoziations|ausschuß *m* comité *m* d'association; **–rat** *m* conseil d'association; **–vertrag** *m* contrat d'association.

Assoziierungs|abkommen *n* accord *ou* convention d'association; **–vertrag** *m* traité d'association.

Asyl *n* asile *m*, statut *m* de réfugié politique; **äußeres –** asile externe; **diplomatisches –** asile diplomatique; **inneres –** asile interne, asile territorial; **politisches –** asile politique; **–gewährung durch ein neutrales Land** asile neutre.

Asylant *m* réfugié *m* politique, asilé.

Asyl|antrag *m* demande *m* d'asile *ou* du statut de réfugié (politique); **–bewerber** *m* prétendant *m* à l'asile, candidat *m* à l'immigration, demandeur du statut de réfugié politique; **–bewerbung** *f* demande *f* du statut de réfugié **–recht** *n* droit d'asile; **–suchende(r)** *m* prétendant au statut de réfugié politique; **–verfahren** procédure *f* en reconnaissance du statut de réfugié politique, procédure de demande d'asile.

Aszendent *m* ascendants *mpl,* parents dont on descend.

Atom|abfall *m* déchets *mpl* nucléaires *ou* radioactifs; **–anlage** *f* centrale *f* nucléaire; **–bombe** *f* bombe atomique *ou* thermonucléaire.

Atomenergieorganisation *f*, **internationale – (IAEO)** Agence internationale de l'énergie atomique (AIEA).

Atomenergierecht *n* droit relatif à l'énergie atomique.

Atomgemeinschaft *f*, **Europäische –** Communauté européenne de l'énergie atomique (CEEA).

Atom|gesetz *n* Loi allemande relative à l'utilisation pacifique de l'énergie nucléaire et concernant les mesures de protection contre les dangers en résultant; **–konflikt, –krieg** guerre *f* atomique; **–kraftwerk** (AKW) centrale *f* nucléaire; **–müll** *m* déchets *mpl* radioactifs; **–reaktor** *m* réacteur *m* nucléaire; **–sprengkopf** *m* ogive *f ou* tête *f* nucléaire; **–streitmacht** *f* force *f* de frappe; **–strom** *m* électricité nucléaire; **–waffensperrvertrag** *m* Traité sur la non-prolifération des armes atomiques; **–wirtschaft** *f* le Nucléaire.

Attentat *n (StR: Anschlag)* attentat *m.*

Attentäter *m* auteur *m* de l'attentat.

Attest *n* attestation *f*, certificat *m*; **ärztliches –** certificat médical.

attestieren attester, certifier.

atypischer Vertrag *(SchuldR)* contrat innommé *ou* sui generis.

Auditor *m* (1) *(KirchR)* auditeur de nonciature, (2) (en Aut. aussi:) juge *m* militaire, (3) *(S: MilR)* procureur *m* de la République.

Aufbau *m* (1) *(Struktur)* organisation *f*, structure *f* (2) *(Errichtung, Schaffung)* aménagement *m*, mise *f* en place; construction; **–darlehen** *n* prêt *m* destiné à permettre aux réfugiés de retrouver une base d'existence; **–summe** *f* montant des engagements des membres d'une caisse de liquidation à une date déterminée pour un titre déterminé; **–zuschlag** *m* (Aut) surtaxe de reconstruction.

aufbessern améliorer; augmenter.

Aufbesserung *f* amélioration *f*; augmentation *f*.

aufbewahren garder, conserver.

Aufbewahrung *f* (1) garde *f*, conservation *f*, (2) *(Gepäck)* consigne *f*.

Aufbewahrungs|frist *f* délai *m* de conservation, délai de garde; **–gebühr** *f* droit de garde; **–kosten** *pl* frais de garde; **–pflicht** *(HR)* obligation de conserver (les documents commerciaux et administratifs); **–schein** *m*, (1) bulletin *m* de consigne, (2) récépissé de dépôt.

aufblenden *(StVR)* faire usage des feux de route.

Aufbrauch *m (HR)* vente totale des stocks.

aufbrechen *(StR)* fracturer.

aufbringen (1) *(Geld)* trouver, mobiliser, (2) *(Schiff)* capturer.

Aufbringen *n* capture *f*.

Aufbringung *f* (1) fait de se procurer, (2) capture *f*; **– der Mittel** financement *m*, mobilisation *f* de fonds, apport *m* de capitaux.

aufbürden imposer, faire payer.

aufdecken divulguer, rendre public.

aufeinanderfolgend *adj* consécutif, successif.

Aufenthalt *m* (1) résidence *f*, séjour *m*, (2) *(Schiff)* escale *f*, relâche *f*; **dauernder –** résidence permanente; **fester –** résidence fixe; **freier –** libre séjour; **gewöhnlicher –** résidence habituelle; **ständiger –** résidence permanente, domicile *m*; **unbekannter –** résidence inconnue; **seinen – haben** résider; **einen – nehmen** (1) choisir une résidence, (2) *(SeeHR)* relâcher.

aufhalten: sich – résider.

Aufenthalts|abgabe *f* taxe de séjour; **–anweisung** *f* assignation à résidence, assignation *f* de résidence;

–berechtigung *f* droit de résidence; **–bescheinigung** *f* certificat *m* de séjour, certificat *ou* attestation de résidence, carte de séjour; **–beschränkung** *f* interdiction de séjour; **–bestimmung** *f* fixation du domicile (du mineur par son tuteur); **–bewilligung** *f* permis de séjour, autorisation de résidence *ou* de séjour, permis d'établissement; **–dauer** durée *f* du séjour; **–entschädigung** *f* indemnité de séjour; **–erlaubnis** *f (Ausländer)* autorisation *f ou* permis de séjour; **–frist** *f* délai de résidence; **–gebühr** *f* (S) taxe de séjour; **–genehmigung** *f* autorisation *ou* permis de séjour, carte de séjour; **–gestattung** autorisation provisoire de séjour (pour l'asilé); **–karte** *f* carte *f* de résidence; **–kosten** *pl* frais *mpl* de séjour; **–land** *n* pays de résidence; **–ort** *m* lieu de résidence *ou* de séjour; **–recht** droit *ou* autorisation de séjourner; **–sichtvermerk** *m* visa de séjour; **–staat** *m* État de séjour, État de résidence, pays de résidence; **–verbot** *n*, **–versagung** *f* interdiction de séjour; **–wechsel** *m* changement de résidence.

auferlegen (1) *(Steuer)* imposer, taxer, frapper d'un impôt, (2) *(Strafe)* infliger une peine.

Auffang|gesellschaft *f* société *f* rachetant plusieurs anciennes sociétés en déconfiture; société prenant la suite d'une société en difficulté, holding *m*; **–organisation** *f* organisme *m* regroupant plusieurs personnes morales pour prendre leur suite.

Auffassung *f* conception *f*, interprétation; **anderer – sein** avoir une conception différente.

Auffindung *f* découverte *f*, invention *f*, trouvaille *f*; **– einer Urkunde** découverte d'un acte écrit.

auffordern (1) convoquer, inviter, (2) inciter, sommer, (3) mettre en demeure; **zur Zahlung –** sommer de payer.

Aufforderung *f* (1) *(Ladung)* convocation *f*, invitation *f*, (2) *(Ermahnung)* injonction, sommation, avertissement *m*, (3) *(StR)* incitation *f*, (4) *(VwR)* réquisition *f*; **dringliche –** objurgation solennelle; **förmliche –** mise en demeure selon les formes prescrites; **öffentliche –** incitation publique; **– zum Angebot** appel à la concurrence; **– zur Begehung eines Verbrechens** incitation *ou* provocation au crime; **– zur Beitragsleistung** appel de cotisations; **– zum Einschreiten** réquisition; **– zur Einzahlung** appel de versement, appel de fonds; **– an die Sparer zur Zeichnung** appel à l'épargne, offre publique de souscription; **– zu Straftaten** provocation à la commission d'une infraction; **– zum Ungehorsam** provocation à la désobéissance; **öffentliche – zur Unzucht** racolage *m* sur la voie publique.

aufführen (1) *(verzeichnen)* consigner, mentionner, (2) énumérer, (3) porter en compte, (4) produire.

Aufführung *f* (1) mention, (2) énumération, (3) *(Buchf)* inscription en compte, (4) production; **öffentliche –** représentation publique.

Aufführungsrecht *n* droit de faire représenter une œuvre.

Aufgabe *f* (1) *(Obliegenheit)* attribution *f*, fonction *f*, devoir *m*, tâche *f*, mission *f*, mandat *m*, (2) *(Verzicht)* abandon *m*, renonciation *f*, délaissement *m*, (3) *(Amt)* résignation *f*, (4) *(Geschäft)* cessation *f*, (5) *(Absendung)* expédition *f* (d'une lettre), remise à la poste, envoi, (6) *(Gepäck)* enregistrement *m*, (7) *(PatentR)* but *m*, objet *m*, problème *m*; **– zur Beförderung** remise au transport; **–bescheinigung** *f* récépissé *m*; **–datum** *n* date *f* d'expédition; **–stempel** *(Post)* cachet *m* de la poste.

Aufgaben *fpl* missions *fpl*; **–bereich** champ *m* d'activité, attributions *fpl*; **–gebiet, –kreis** *m*, attributions *fpl*; **–träger** *m* organisme *m* chargé d'assumer certaines tâches.

Aufgabe|postamt *n* (Aut) (UPU) bureau d'origine; **–schein** *f* récépissé *m*; **-verwaltung** *f* (Aut-S) (UPU) administration d'origine, administration expéditrice.

aufgeben (1) renoncer (à qch), abandonner, délaisser, (2) *(absenden)* expédier, envoyer, remettre à la poste, (3) faire enregistrer

Aufgebot *n* (1) *(ZR, ErbR)* invitation à déclarer des droits *ou* des prétentions sous peine de déchéance, (2) *(EheR)* publications de mariage, publications *fpl*, bans *mpl*; **das – bekanntmachen, das – bestellen** publier les bans (par affichage à la mairie).

Aufgebots|edikt *n* (Aut) avis préalable à une instance en opposition sur titres perdus *ou* volés; **-frist** *f* délai d'appel des créanciers; **-termin** *m* date limite à laquelle doivent être déclarés certains droits à peine de déchéance lors de la procédure introduite à cet effet; **-verfahren** *n* procédure ayant pour but de faire déclarer en justice des droits ou des prétentions à peine de déchéance, procédure d'opposition, procédure provocatoire.

Aufgeld *n* (1) agio *m*, prime *f*, (2) *(Anzahlung)* arrhes *fpl*, (3) *(Zuschlag)* majoration, augmentation (du prix).

Aufgriffsrecht *n* (Aut) droit *m* de l'héritier de prendre possession de la succession après paiement des autres héritiers.

aufhebbar *adj* annulable, rescindable, résiliable.

aufheben (1) *(Gesetz)* abroger, abolir, (2) *(Vertrag)* résilier, rescinder, (3) *(Urteil)* infirmer, réformer; casser; (4) annuler, supprimer, rapporter.

aufhebend *adj* abrogatoire.

Aufhebung *f* (1) *(Beendigung)* arrêt *m*, cessation *f*, levée *f*, mainlevée *f*, (2) *(Außerkraftsetzung)* abrogation *f*, abolition *f*, annulation *f*, suppression, (3) *(Vertrag)* résiliation *f*, résolution *f*, rescision *f*, (4) *(Urteil)* infirmation; **ausdrückliche –** abrogation expresse *ou* explicite *ou* formelle; **freiwillige –** mainlevée amiable *ou* volontaire; **gerichtliche –** mainlevée judiciaire; **stillschweigende –** abrogation tacite *ou* implicite; **– der Anforderung** levée de la réquisition; **– der Beschlagnahme** levée de la saisie **– der Beschränkungen** levée des restrictions; **– der Ehe** dissolution *f* du mariage; **– der ehelichen Gemeinschaft** *(EheR)* séparation de corps; **– der Entmündigung** mainlevée de l'interdiction; **– des Haftbefehls** mainlevée du mandat de dépôt; **– der Immunität** levée de l'immunité; **– der Solidarhaftung** remise de solidarité; **– der Sperre** déblocage *m*; **– eines Testaments** révocation d'un testament; **– eines Urteils** infirmation, réforme, cassation; **– der Verlobung** rupture *f* des fiançailles; **– der Vollstreckungsmaßnahmen** mainlevée des mesures d'exécution.

Aufhebungs|begehren demande *f* en mainlevée; **-gesetz** *n* loi d'abrogation; **-klage** *f* action en annulation; **-protokoll** *n* procès-verbal de mainlevée; **-recht** *n* droit de résolution; **-urteil** *n* arrêt d'annulation, jugement *m* infirmatif *ou* prononçant l'annulation.

Aufhebungs|vertrag *m* contrat *m* de résiliation de la convention primitive, résiliation d'un commun accord; **-vorbehalt** *m* droit *m* de résiliation unilatérale.

aufhören cesser, abandonner, interromptre; suspendre.

Aufkauf *m* accaparement *m*, achat *m* en grandes quantités; **-preis** *m* *(EuR)* prix de retrait.

aufkaufen achater; accaparer.

Aufkäufer *m* acheteur *m*; accapareur.

aufklären informer, renseigner, mettre au fait *ou* au courant, aviser, avertir, donner connaissance de; **eine Straftat –** découvrir un délinquant, résoudre une affaire criminelle.

Aufklärung *f (StR)* élucidation *f*, recherche *f* des faits; **-sbeschluß** *m* décision *f* ordonnant un complément de preuves.

Aufklärungspflicht *f (SchuldR: des Käufers)* obligation d'informer *ou* d'information, devoir *m* de conseil *ou* de renseignement; obligation de mettre en garde (son cocontractant) contre le risque couru; – **des Arztes** obligation du médecin de faire connaître son diagnostic et ses moyens (son action) thérapeutiques; – **des Richters** obligation du juge d'avertir (le prévenu) de ses droits; – **der Verwaltungsbehörde** obligation de l'administration d'instruire *ou* d'informer (les usagers).

Aufkleber *m* étiquette *f* auto-adhésive, vignette *f*; label *m*, marque *f*.

Aufkommen *n* produit *m*, rendement *m*.

aufkündigen *(Vertrag)* dénoncer, résilier.

Aufkündigung *f* dénonciation *f*, résiliation *f*; avis *m* de retrait.

Auflage *f* (1) *(Verpflichtung)* obligation *f*, (mise à) charge *f*, (2) *(Vertrag)* modalité *f*, (3) *(Bücher, Zeitungen)* édition *f*, tirage *m*, diffusion, (4) *(im Erbrecht)* charge d'hérédité; **mit der** – à charge de . . .; **eine – machen** poser une condition.

auflassen *(SachR)* donner son accord pour le transfert de propriété d'un bien foncier.

Auflassung *f (SachR)* accord des parties pour le transfert de propriété d'un bien foncier, dessaisine-saisine.

Auflauf *m (StR)* attroupement *m*, rassemblement *m*.

Auflehnung *f* soulèvement *m*, révolte; – **gegen den Befehl** refus d'obéir *ou* d'obtempérer.

Auflistung *f* listage *m*.

auflösbar *adj* résiliable, annulable.

auflösen (1) *(ex nunc)* résilier, dissoudre, (2) *(ex tunc)* résoudre.

auflösend *adj* résolutoire; **–e Bedingung** condition résolutoire.

Auflösung *f* (1) *(Aufhebung ex nunc)* résiliation *f*, dissolution *f*, (2) *(ex tunc)* résolution *f*, (3) *(Aufklärung)* éclaircissement, solution, règlement (d'une affaire), (4) *(Zerfall)* décadence *f*, ruine *f*; – **der häuslichen Gemeinschaft** rupture *f* de la vie commune; – **einer Gesellschaft** dissolution d'une société.

Auflösungs|befugnis *f* pouvoir de dissolution; **–beschluß** *m* décret *ou* arrêté de dissolution, décision de dissolution; **–bilanz** *f* bilan de liquidation; **–erkenntnis** *n* (Aut) jugement de dissolution, déclaration de dissolution; **–grund** *m* cause de dissolution; **–klage** action en dissolution; **–recht** *n* droit de dissolution; **–verfügung** *f* décret de dissolution.

Aufmachung *f (Ware)* conditionnement *m*, présentation.

Aufmerksamkeit *f* attention, vigilance *f*; cadeau *m* d'usage.

Aufnahme *f* (1) admission *f*, entrée *f*, accueil *m*, (2) embauchage *m*, engagement *m*, (3) *(Foto)* prise *f* de vue, photo *f*, (4) *(Tonband)* enregistrement *m*; (5) *(Gelder)* emprunt *m*; – **einer Anleihe** ouverture d'un emprunt; – **diplomatischer Beziehungen** établissement de relations diplomatiques; – **einer Gesellschaft** absorption d'une société; – **in das Protokoll** inscription au procès-verbal; – **in die Tagesordnung** inscription à l'ordre du jour; – **des Verfahrens** reprise *f* d'instance, ouverture *f* de l'instance; – **der Verhandlungen** ouverture des négociations.

Aufnahme|antrag *m* demande *f* d'admission; **–ausschuß** *m* commission d'admission; **–bedingung** *f* condition d'admission *ou* d'adhésion; **–befehl für das Gefängnis** (S) mandat de dépôt; **–ersuchen** *n* demande d'admission; **–gebühr** *f* droit *ou* taxe *f* d'admission; **–fähigkeit, –kapazität** *(Markt)* capacité *f* d'absorption; **–land** *n* pays *m* d'accueil, terre d'asile; **–prüfung** *f* concours *m*; examen d'admission; **–staat** *m* État d'accueil *ou* d'asile; **–vertrag** *m* traité d'accession.

aufnehmen (1) *(Mitglied)* admettre, laisser entrer, accueillir, (2) *(Arbeiter)* embaucher, engager, intégrer,

(3) prendre une photo, (4) enregistrer, (5) *(Gelder)* emprunter; **Beziehungen –** se mettre en relation avec qn, contacter; **ein Protokoll –** rédiger *ou* dresser un procès-verbal, verbaliser; **einen Prozeß wieder –** reprendre l'instance (en l'état).
aufopfern sacrifier.
Aufopferung *f* sacrifice *m*; **–sbereitschaft** *f* esprit de sacrifice.
Aufpasser *m* surveillant *m*.
Aufprall *m (StVR)* collision, télescopage *m*, impact *m*.
Aufpreis *m* majoration de prix.
Aufräumarbeiten *fpl* travaux de déblaiement *ou* de déblayage.
aufrechenbar *adj* compensable.
aufrechnen compenser; imputer.
Aufrechnung *f* compensation *f*; **gerichtliche –** compensation judiciaire; **gesetzliche –** compensation légale; **vertragsmäßige –** compensation conventionnelle *ou* facultative.
Aufrechnungs|anspruch *m* droit à la compensation; **–einrede** *f* exception *f* de compensation; **–forderung** *f* créance *f* en compensation; **–verbot** *n* interdiction *f* de compenser.
aufrechterhalten maintenir en état, maintenir; **eine Behauptung –** maintenir une affirmation, persister dans son opinion.
Aufrechterhaltung *f* maintien en état, maintien *m*; **– der Ehe** maintien *m* de la vie commune; **– des Haftbefehls** maintien de la détention; **– der öffentlichen Ordnung** maintien de l'ordre public; **– von Patenten mit geändertem Umfang** maintien en vigueur de brevets avec une étendue modifiée; **– der Preise** maintien des prix.
Aufreizung zur Begehung eines Verbrechens incitation au crime.
aufrücken avancer.
Aufruf *m* appel *m*, manifeste *m*, proclamation *f*; **– der Sache** appel de la cause; **– der Zeugen** appel des témoins.
aufrufen (1) lancer un appel, (2) *(einen Zeugen)* appeler; citer.
Aufruhr *m* mouvement *m* insurrectionnel, soulèvement *m*, révolte *f*, émeute *f*, sédition *f*, rébellion *f*, mouvement populaire.
Aufrührer *m* émeutier *m*, rebelle *m*, factieux *m*.
Aufrüstung *f* course *f* aux armements.
Aufsandungs|erklärung *f* (Aut) déclaration de transfert de propriété d'un bien foncier; **–urkunde** *f* (Aut) acte de transfert de la propriété d'un bien.
aufschieben (1) *(Frist)* accorder un délai supplémentaire *ou* un sursis, (2) *(Entscheidung)* ajourner, surseoir à, différer, renvoyer à une date ultérieure.
aufschiebend *adj* suspensif; **–e Wirkung** effet suspensif.
Aufschiebung *f* renvoi *m* à une date ultérieure, temporisation, atermoiement, report, recul *m* de date; **– der Veröffentlichung** *(Wz)* ajournement de la publication; **– der Vollstreckungsmaßnahmen** sursis à l'exécution.
Aufschluß geben (über) renseigner sur; **sich – verschaffen** se renseigner.
Aufschlüsselung *f* ventilation; **– der Ausgaben** répartition des dépenses.
aufschlußreich *adj* instructif; **–e Zahlen** chiffres *mpl* révélateurs.
aufschreiben mettre par écrit.
Aufschrift *f* titre *m*, manchette *f*, désignation; étiquette *f*, écriteau *m*, label *m*.
Aufschub *m* (1) délai *m*, (2) remise *f*, renvoi *m*, (3) *(Verzögerung)* retard *m*, (4) *(Vertagung)* ajournement *m*, (5) *(Frist)* prorogation *f*, (6) *(Strafe)* sursis *m*.
Aufschwung *m* relance *f*; **konjunktureller –** essor *m* conjoncturel.
Aufseher *m* surveillant *m*, contrôleur *m*, agent de surveillance, gardien *m*.
aufsetzen (1) *(Urkunde allg.)* dresser, (2) *(Vertrag)* rédiger, établir.

Aufsicht *f* (1) surveillance *f*, contrôle *m*, (2) *(VwR)* tutelle *f* administrative; **dienstliche –** contrôle *m ou* surveillance *f* hiérarchique; **mangelnde –** défaut *m* de surveillance; **unter – stellen** placer sous surveillance; **Verletzung der –** *(über Kinder)* défaut de surveillance d'un mineur.

Aufsichts|arbeit *f (SchulR)* épreuve *f ou* composition *f* écrite; **–ausschuß** *m* commission *ou* comité de surveillance; **–behörde** *f* autorité de tutelle *ou* de contrôle; **–beschwerde** *f* recours *m* hiérarchique; **–führung** *f* surveillance *f*; **–gewalt** *f* pouvoir *m* de tutelle *ou* de surveillance; **–person** *f* agent *m* de maîtrise; **–personal** cadres *mpl* subalternes; personnel de surveillance; **–pflicht** *f* devoir de surveillance.

Aufsichtsrat *m* (1) *(GesR: Gremium)* conseil de surveillance, (2) *(Person)* membre du conseil de surveillance; **–abgabe** *f* (Aut) *od* **–steuer** *f* impôt sur les jetons de présence des membres des conseils de surveillance; **–mitglied** *n* membre du conseil de surveillance; **–sitzung** *f* réunion du conseil de surveillance; **–vergütung** *f* rémunération *f* des membres du conseil de surveillance, tantième *m*; **–vorsitzender** président *m* du conseil de surveillance.

Aufsichts|recht *n* droit de surveillance, pouvoir de contrôle, droit de regard; **–stelle** autorité *f ou* organe *m* de contrôle; **–weg** *m* voie *f* hiérarchique.

Aufspaltung *f* démembrement *m*.

aufspüren (1) *(Verbrechen)* détecter, découvrir, déceler, (2) *(Geheimnis)* dévoiler, révéler.

Aufstachelung *f (StR)* incitation *f*, instigation; **– zum Haß** incitation à la haine.

Aufstand *m* soulèvement *m*, insurrection *f*, révolte *f*, rébellion *f*, sédition *f*, mouvement *m* insurrectionnel.

aufständisch *adj* séditieux.

Aufständische(r) *m* insurgé *m*, révolté *m*.

Aufsteller *m (Waren)* présentoir *m*.

Aufstellung *f* (1) établissement *m*, (2) état *m*, relevé *m*, bordereau *m*; **statistische –** relevé statistique; **vergleichende –** état comparatif; **zahlenmäßige –** état numérique; **zusammenfassende –** bordereau *ou* état récapitulatif; **– der Einnahmen** état des recettes.

aufstemmen *(Tür)* forcer.

Aufstieg *m* ascension *f*, montée *f*; expansion; **beruflicher –** avancement *m*, promotion professionnelle; **sozialer –** promotion *f* sociale

Aufstiegs|beamte(r) *m* fonctionnaire promu (par changement de catégorie *ou* de corps); **–möglichkeiten** *fpl* perspectives *fpl* de carrière *ou* d'avancement.

aufstocken augmenter.

Aufstockung *f (GesR)* augmentation (du capital); **–saktie** action gratuite.

aufsuchen (1) prospecter, (2) *(Anwalt)* consulter.

Aufsuchungs|bewilligung *f* autorisation *ou* permis de prospection; **–feld** *n*, **–gebiet** *n* périmètre de prospection; **–vertrag** *m* contrat de prospection.

aufteilen partager, répartir, ventiler.

Aufteilung *f* partage *m*, répartition *f*, ventilation *f*; **– von Grund und Boden** lotissement; **–splan** plan *m* de répartition.

Auftrag *m* (1) *(ZR)* mandat *m*, procuration *f*, (2) *(HR: Bestellung)* commande *f*, ordre *m*, (3) *(Verpflichtung)* mission, charge *f*, (4) *(ÖfR)* marché *m* (public); **fester –** commande ferme; **freibleibender –** ordre sans engagement; **Geschäftsführung ohne –** gestion d'affaires; **mündlicher –** ordre oral *ou* verbal; **öffentlicher –** marché public; **einen – ausführen** exécuter une commande, exécuter un ordre; **– zur Einleitung von Vorerhebungen** (Aut), **– zur Einleitung der Voruntersuchung** ordre d'informer; **einen – erfüllten** remplir son mandat; **einen – erteilen** passer une commande; **in – geben** commander; **– zur Leistung er-**

füllungshalber délégation *f* imparfaite; **– zur Leistung an Erfüllungs Statt** délégation parfaite; **einen öffentlichen – vergeben** passer un marché; **– zu einem vorläufigen Preis** marché à prix provisoire; **– zur Vornahme von Erhebungen** ordre d'informer.

im Auftrage (i. A.) (1) *(HR u. ZR)* par ordre (p. o.), (2) *(ÖfR)* par délégation.

Auftrag|geber *m* (1) *(ZR)* mandant *m*, (2) *(HR)* commettant *m*; donneur *m* d'ordre, client *m*; **–nehmer** *m* (1) *(ZR)* mandataire *m*, (2) *(HR)* fournisseur *m*, vendeur *m*, (3) *(ÖfR)* adjudicataire *m*.

Auftrags|angelegenheit *f* *(VwR)* attribution *f* déléguée; **–ausgabe** *f* dépense *f* imposée; **–ausgaben-Haushalt** *m* budget des dépenses imposées; **–beendigung** révocation *ou* fin du mandat; **–bestand** *m* commandes *fpl* en carnet, niveau *m* *ou* volume *m* des commandes; **–bestätigung** *f* confirmation de commande; **–buch** carnet *m* de commandes; **–eingang** *m* (réception d'une) commande nouvelle; **–erteilung** *f* passation de commande *ou* d'ordre; **–polster** *n* commandes en carnet; **–postanweisung** *f* mandat de recouvrement; **–schreiben** *n* (1) lettre de commande, (2) *(BeamR)* ordre de mission; **–stimmrecht** *(GesR)* droit de vote accordé à un mandataire (par un pouvoir en blanc); **–vergabe** passation *f* d'un marché (public); **freihändige –vergabe** marché *m* de gré à gré; **–vergebung durch öffentliche Ausschreibung** marché par appel d'offres; **–verwaltung** *f* administration *f* déléguée; **–werk** *n* œuvre d'art de commande; **–wert** montant *m* de la commande; **–zahlung** *f* dépense *f* imposée.

auftreiben (1) *Geld* se procurer, (2) *(Waren)* mettre sur le marché.

Auftrittsverbot *n* *(Künstler)* interdiction de se produire sur scène *ou* à l'écran.

Aufwand *m* dépense *f*, impense *f*; moyens *mpl* mis en œuvre, frais; **mit hohem –** à grands frais; **ehelicher –** charges du mariage; **notwendiger –** (Aut) impense nécessaire; **nützlicher –** (Aut) impense utile; **–besteuerung** *f* imposition d'après les signes extérieurs de richesse.

Aufwands|entschädigung *f* (1) *(ArbR)* indemnité représentative des frais professionnels; (2) *(ÖfR)* indemnité *f* pour charges administratives, frais de représentation; **–kosten** *pl*, **–spesen** *pl* frais *mpl* de représentation; **–pauschale** *f* montant *m* forfaitaire pour frais professionnels.

Aufwandsteuer *f* impôt *m* sur les dépenses.

Aufwärts|bewegung *f*, **–trend** *m* tendance à la hausse, mouvement de hausse.

aufweisen montrer, présenter, comporter; **erfinderische Tätigkeit –** *(PatentR)* comporter une activité *ou* hauteur inventive.

aufwenden dépenser, investir (de l'argent).

aufwendig *adj* dispendieux, onéreux, coûteux, cher.

Aufwendung *f* (1) dépense *f*, frais *mpl*, débours *mpl*, sommes *fpl* engagées; (2) *(ZR: für Aufrechterhaltung einer Wohnung)* impenses *fpl*; **berufliche** (absetzbare) **–en** *(SteuerR)* frais professionnels (déductibles); **notwendige –** impense nécessaire; **nützliche –** impense utile.

Aufwendungs|ersatzanspruch *m* *(ArbR)* droit à contrepartie du travail fourni; **–schaden** *f* *(VersR)* dommage résultant des dépenses faites dans l'intérêt de l'assureur.

aufwerten réévaluer, revaloriser.

Aufwertung *f* réévaluation *f*, revalorisation *f*.

Aufwertungs|ausgleich *m* *(EuR)* montant *m* compensatoire; **–betrag** *m* *(SozR)* allocation de réévaluation; **–hypothek** *f* hypothèque revalorisée; **–satz** *m* taux de revalorisation.

aufwiegeln *(StR)* inciter (à), agiter.

Aufwiegelung zum Aufstand incitation à la révolte.
Aufwiegler *m* agitateur *m*, instigateur *m*, excitateur *m*, factieux *m*.
Aufwind *m*: **im –** *(BörR)* (avoir) le vent en poupe, poussé vers le succès.
Aufzählung *f* énumération, compte *m*, recensement, dénombrement; **erschöpfende –, taxative –** (Aut) énumération limitative.
Aufzeichnung *f* graphique *m*; **– auf Datenträger** enregistrement *m*; **–spflicht** *f (SteuerR)* obligation de tenir des livres (commerciaux).
Aufzug *m (StR)* cortège *m* sur la voie publique, défilé *m*.
Augenblick *m*: **lichter –** intervalle *m* lucide.
Augenschein *m (StPR)* descente *f* sur les lieux *ou* de justice, transport sur les lieux, transport de justice, vue des lieux, inspection locale (S); **in – nehmen, einen – vornehmen** procéder à une descente sur les lieux; **–protokoll** *m* (Aut) procès-verbal de transport sur les lieux.
Augenscheins|einnahme *f*, **–vornahme** (Aut) *(PrzR)* descente sur les lieux, descente de justice, transport sur les lieux, transport de justice, visite *ou* vue des lieux.
Augenzeuge *m* témoin *m* oculaire.
Auktion *f* (= Versteigerung) vente aux enchères publiques.
Auktionator *m* (= Versteigerer) commissaire-priseur *m*.
Auktions|halle *f*, **–haus** *m* salle des ventes, hôtel des ventes.
ausarbeiten élaborer; mettre au point.
Ausarbeitung eines Abkommens élaboration d'une convention.
Ausbau *m* aménagement *m*; achèvement *m* (d'une construction); **–plan** plan *m* d'agrandissement.
ausbedingen stipuler; **sich Rechte –** se réserver certains droits.
ausbessern réparer, corriger.
Ausbesserung *f* réparation *f*, correction *f*; **–sarbeiten** travaux *mpl* de réfection, remise *f* à neuf, retouches *fpl*, rénovation.
Ausbeute *f* (1) rendement, produit *m*, (2) extraction *f*; **–satz** *m* (1) taux d'extraction, (2) *(Getreide)* taux de blutage.
ausbeuten (1) exploiter, (2) extraire.
Ausbeuter *m pej* exploiteur *m*.
Ausbeutung *f* (1) exploitation *f*, (2) extraction *f*; **mangelnde –** défaut d'exploitation; **mißbräuchliche –** exploitation abusive.
Ausbeutungs|erlaubnis *f* permis *m* d'exploitation; **–vertrag** *m* contrat *m* d'exploitation *ou* d'extraction.
Ausbezahlung *f* (1) paiement *m*, dédommagement *m*, (2) *(ErbR)* règlement.
ausbieten soumettre une offre.
Ausbieter *m* celui qui fait un appel d'offres.
Ausbietungs|garantie *(ZwangVR)* obligation contractuelle de soumettre une enchère minimum (désintéressant le créancier); **–verfahren** *n* appel d'offres.
Ausbildende *m*, **Ausbilder** *m* formateur *m*, maître *m* d'apprentissage.
Ausbildung *f* formation *f* (initiale), apprentissage *m*; **berufliche –** formation professionnelle; **innerbetriebliche –** formation sur le tas.
Ausbildungs|abgabe taxe *f* d'apprentissage; **–beihilfe** *f* allocation *f* de formation professionnelle *ou* d'apprentissage; **–berufe** *mpl* professions d'enseignant; **–dauer** *f* durée *f* de la formation; **–förderung** *f* promotion de la formation professionnelle; **–kostenbeihilfe** *f* allocation d'études; **–lehrgang** cours *m* de formation professionnelle; **–ordnung** *f* règlement *m* organisant la formation dans une profession sanctionnée par un diplôme d'Etat; **–platz** emploi-formation; **–platzförderung** action *f* de promotion pour la création de places de formation; **–stätte** *f* centre *m* d'apprentissage; **–vertrag** *m* contrat d'apprentissage; contrat emploi-formation; **–zulage** *f* allocation *f* de formation (professionnelle); **–zweck** *m* but *m* poursuivi

par la formation, orientation *ou* profil de l'enseignement professionnel.

ausbleiben manquer, faire défaut.

Ausbleiben *(ZPR)* défaut *m*, défaillance *f*; **das – feststellen** *n* constater le défaut (de comparution); donner défaut; **– einer Meldung** défaut de déclaration; **– einer Partei** *(ZPR)* défaut d'une partie.

Ausblick *m* perspectives *fpl* d'avenir.

ausbluten lassen (a. finanziell) saigner qn à blanc.

ausbooten (Rivale) supplanter qn.

Ausbruch *m* **der Feindseligkeiten** ouverture des hostilités; **– aus dem Gefängnis** bris de prison, évasion.

ausbürgern priver *ou* déchoir de la nationalité, dénaturaliser.

Ausbürgerung *f* perte *ou* déchéance de la nationalité, dénaturalisation.

Ausdehnung *f* expansion *f*, extension; **– des Verfahrens** *(ZPR)* rattachement *m* de nouvelles prétentions à l'objet initial du litige, extension des prétentions originaires (au cours de l'instance).

Ausdehnungs|bestrebung *f*, **–drang** *m* expansionnisme *m*; **–programm** *n* programme d'extension.

Ausdruck *m* expression *f*; **zum – bringen** exprimer.

ausdrücklich *adj*, exprès *adj*, formel *adj*, explicite *adj*; formellement *adv*, explicitement *adv*; **– oder stillschweigend** expressis verbis *ou* tacitement; **–e Zustimmung** consentement exprès.

Ausdrucksweise *f* manière *f* de s'exprimer, mode *m* d'expression, locution, formulation, expression écrite *ou* verbale; style *m*.

auseinandersetzen (1) exposer, expliquer, (2) partager; **sich –** se disputer, se quereller.

Auseinandersetzung *f* (1) *(GesR)* liquidation *f*, dissolution (d'une société), (2) *(ErbR)* partage *m*, (3) discussion *f*, dispute *f*, querelle *f*; **gütliche –** partage amiable.

Auseinandersetzungs|guthaben *n* quote-part versée en cas de partage; **–zeugnis** *n* certificat délivré par le juge de tutelle au père d'un mineur qui veut se remarier.

Ausfahrt *f (StVR)* accès *m* non ouvert à la circulation publique, chemin de terre ou accès à une aire de stationnement.

Ausfall *m* (1) *(Maschine)* défaillance *f*, panne *f*, (2) *(Gewinn)* perte *f*, déficit *m*; **–bürgschaft** *f* cautionnement pour le reliquat de la dette, arrière-caution, garantie *f* de bonne fin; **–erscheinung** *f* perte *f* (passagère) de conscience; **–haftung** *f* responsabilité pour le déficit; **–muster** *n* échantillon *m* remis à l'acheteur en vue de pouvoir vérifier la qualité des produits à fournir (ultérieurement); **–quote** taux *m* de perte *ou* de défaillance.

Ausfallsforderung *f* créance pour le montant du déficit.

Ausfällung *f* (S) prononcé *m* d'une condamnation.

Ausfall|vergütung *f* indemnité pour manque à gagner; **–zeit** *f (VersR)* temps d'inactivité professionnelle; **–zeiten** *fpl (Soz Vers)* périodes perdues et validées (pour la pension retraite).

ausfertigen établir *ou* dresser (un acte); faire une copie *ou* une expédition; **ausgefertigt** (durch den Urkundsbeamten) Pour expédition:

Ausfertigung *f* (1) *(einer Urkunde)* expédition *f*, ampliation *f*; rédaction *ou* établissement (d'un acte), (2) *(eines Gesetzes)* promulgation *f*; **amtliche –** expédition authentique, copie conforme; **erste –** (1) première expédition, (2) *(WechselR)* première de change; **in dreifacher –** en triple exemplaire; **vollstreckbare –** grosse *f*; **zweite –** duplicata *m*; **– einer Urkunde** le fait de dresser un acte authentique; **– von Gesetzen** *(VerfR)* promulgation d'une loi.

Ausfertigungs|amt *n (ZollR)* bureau d'établissement de l'acquit; **–buch** *n* registre de délivrance des certificats; **–gebühr** *f* droit d'expédition, frais d'acte.

Ausflugfahrt *f* excursion *f* avec vente promotionnelle.

Ausfluß *m* conséquence *f*, corollaire *f*, effet *m*.

ausfolgen remettre, délivrer.

Ausfolgung *f* remise *f*, délivrance *f* (d'un document etc.).

Ausfolgungsschein *m* certificat de remise, certificat de délivrance.

Ausforschung *f* surveillance *f ou* enquête *f* policière, filature *f*.

Ausfrachtung *f (SeeHR)* déchargement *m* (de conteneurs).

Ausfuhr *f* exportation *f*; **unsichtbare –** exportation invisible; **zollfreie –** exportation en franchise; **die –en fördern** promouvoir *ou* stimuler les exportations; **– auf Zeit** exportation temporaire; **–abfertigung** *f* dédouanement à la sortie; **–abgabe** *f* taxe à l'exportation.

ausführbar *adj* (1) exportable *adj*, (2) exécutable *adj*, réalisable *adj*.

Ausführbarkeit *f* réalisabilité *f*.

Ausfuhrbescheinigung *f* certificat d'exportation.

Ausfuhrbeschränkung *f* restriction à l'exportation; **mengenmäßige –** restriction quantitative à l'exportation.

Ausfuhr|bestimmungen *pl* dispositions réglementant les exportations; **–bewilligung** *f* licence *ou* permis d'exportation; **–blatt** *n* volet de sortie, souche de sortie; **–bürgschaft** *f* caution d'exportation.

ausführen (1) *(Arbeit)* exécuter, accomplir, réaliser, (2) *(Waren)* exporter, (3) *(Straftat)* consommer (un délit), perpétrer (un crime).

Ausführer *m* exportateur *m*.

Ausfuhr|erhöhung *f* augmentation des exportations; **–erklärung** *f* déclaration d'exportation; **–erlöskontrolle** *f* contrôle du produit des exportations; **–firma** *f* maison *ou* entreprise exportatrice; **–förderung** *f* aide *ou* encouragement à l'exportation; **–genehmigung** *f* licence *f ou* permis *m* d'exportation, autorisation de sortie; **–güter** *npl* produits *mpl* d'exportation; **–hafen** *m* port de sortie; **–handel** *m* commerce d'exportation.

Ausfuhrhändler *m* commerçant *m ou* négociant *m* exportateur; **–vergütung** *f* prime *f* aux exportateurs.

Ausfuhr|kommissionär *m* commissionnaire-exportateur *m*; **–kontingent** *n* contingent *m* d'exportation; **–kredit** *m* crédit à l'exportation; **–land** *n* pays *m* exportateur; **–lizenz** *(EuR)* certificat d'exportation; **–markt** *m* marché d'exportation; **–menge** *f* quantité exportée; **–prämie** *f* prime à l'exportation; **–preis** *m* prix à l'exportation; **–quote** *f* contingent d'exportation; **–risiko** *n* risque *m* d'exportation; **–rückgang** *m* recul des exportations; **–sperre** *f* embargo sur les exportations, blocage des exportations; **–staat** *m* État *m* exportateur; **–subvention** *f* subvention à l'exportation; **–überschuß** *m* excédent des exportations; **–umsatz** *m* chiffre d'affaires à l'exportation.

Ausführung *f* (1) *(Ausarbeitung)* réalisation *f*, exécution *f*, (2) *(Herstellungsart)* modèle *m*, type *m*, (3) *(Darlegung)* exposé *m*, explication *f*; **sorgfältige –** exécution soignée; **– eines Auftrages** exercice d'un mandat; **– des Haushaltsplans** exécution du budget.

Ausführungs|anzeige *f* avis d'exécution; **–art** forme *f ou* mode *m* d'exécution *ou* de réalisation; **–befugnis** *f* pouvoir d'exécution

Ausführungsbestimmung modalité *f* d'application; décret *m* d'application; **veterinärpolizeiliche –** règlement de police vétérinaire.

Ausführungs|erlaß *m* (S) disposition d'exécution; **–frist** *f* délai d'exécution; **–gesetz** *n* loi d'exécution, loi prise en exécution de . . .; **–verordnung** *f* règlement d'exécution, décret *m* d'application.

Ausfuhr|verbot *n* prohibition de sortie, interdiction d'exportation; **–vergütung** *f* prime à l'exportation.

Ausfuhrzoll *m* droit de sortie, droit de douane à l'exportation; **–schein** acquit *m* en douane de sortie; **–schuldner** *m* débiteur de droits de douane à l'exportation.

ausfüllen *(Formular)* remplir; **nicht –** laisser en blanc.

1. **Ausgabe** *f* (1) *(Geldaufwand)* dépense *f*, frais *mpl*, débours *mpl*, décaissement *m*, sortie *f*, (2) *(Herausgabe)* émission *f*, délivrance *f*, remise *f*, (3) *(Veröffentlichung)* édition *f*, publication *f*, tirage *m*, (4) *(EDV)* sortie *f* (de données); **– über dem Nennwert** émission au-dessus de la valeur nominale; **– von Schuldverschreibungen** émission obligataire, émission d'obligations; **–anweisung** *f* ordonnancement *m*, ordonnancement de dépenses; **–aufgeld** *n* prime d'émission; **–bank** *f* banque d'émission; **–bedingungen** *pl* conditions d'émission; **–beleg** *m* pièce justificative; **–betrag** *m* (1) prix d'émission, (2) montant de l'émission; **–bewilligung** *f* autorisation de dépense; **–kurs** *m* cours d'émission; **–land** *n* pays d'émission; **–markt** *m* marché d'émission; **–mittel** *(HaushR)* crédits de paiement, crédits budgétaires.

2. **Ausgaben** *pl* charges *fpl*; dépenses *fpl*; **abzugsfähige –** frais *mpl* et charges *fpl* admis en déduction, frais déductibles; **außerordentliche –** dépenses extraordinaires; **laufende –** dépenses *fpl* courantes; **öffentliche –** dépenses publiques; **ordentliche –** dépenses ordinaires; **unvorhergesehene –** dépenses imprévues; **die – aufschlüsseln** ventiler les dépenses; **–aufgliederung** ventilation des dépenses; **–aufstellung** *f* état des dépenses; **–beschränkung** *f* compression de dépenses; **–buch** *n* livre des dépenses; **–budget** *n* budget des dépenses; **–ermächtigung** *f* autorisation de dépense; **–kürzung** *f* compression *f* *ou* réduction *f* des dépenses; **–posten** *m* article *ou* poste de dépenses; **–rechnung** *f* compte *m* de dépenses; **–schätzung** *f* évaluation de dépenses; **–seite** colonne *f* débit; **–soll** *n* dépenses théoriques; **–titel** *m* titre de dépenses; **–verzeichnis** *n* état des dépenses; **–voranschlag** *m* état prévisionnel des dépenses.

Ausgabe|preis *m* prix *m* d'émission; **–schalter** guichet *m* (d'émission); **–stelle** *f* (1) *(Amt)* bureau *m* de délivrance; (2) *(Bank)* bureau d'émission; **–tag** (1) date *f* de publication, (2) *(BankR)* jour d'émission; **–tagebuch** *n* livre-journal des dépenses; **–überschuß** *m* excédent de dépenses; **–verbindlichkeit** *f* dépense *f*.

Ausgang *m* (1) *(Verfahren)* fin *f*, extinction *f*; résultat *m*, (2) *(Post)* départ *m*, (3) *(AllgSpr)* sortie *f*.

Ausgangs|abgaben *fpl* (s. Zoll); **–abschnitt** *m* volet *m* de sortie; **–basis** *f* position *ou* situation de départ; **–bescheinigung** *f* certificat *ou* visa de sortie, constatation de sortie; **–frage** *f* sujet; **–sperre** *f* couvre-feu *m*; **–staat** *m* pays de sortie; **–stammabschnitt** souche de sortie; **–verbot** *n* *(StR)* arrêts *mpl* de rigueur; **–wert** *m* valeur *f* initiale.

Ausgangszoll *m* droit de sortie *ou* à l'exportation; **–amt** *n* bureau de douane de sortie; **–satz** *m* droit de base, taux *m* des droits à la sortie; **–stelle** *f* bureau de douane de passage à la sortie.

ausgeben (1) *(Geld)* dépenser, décaisser, (2) *(Urkunden)* délivrer, émettre, (3) *(Zeitungen usw.)* éditer, publier.

Ausgeber *m* émetteur *m*.

Ausgebot *n* *(ZwangsVR)* ouverture *f* des enchères, prisée *f*.

Ausgebürgerte(r) *m* personne déchue de la nationalité.

Ausgedinge *n*, **Ausgedingsleistung** *(LandwR = Altenteil)* prestations que le nouvel exploitant d'un bien foncier promet par contrat à un paysan âgé en contrepartie de sa renonciation à l'exploitation, bail à nourriture.

Ausgedingsvertrag *m* (Aut) contrat de bail à nourriture.

Ausgeglichenheit des Haushalts équilibre *m* du budget.

ausgelastet *(ArbR)* ayant suffisamment de travail.

Ausgelieferte(r) *m* personne *f* extradée, extradé *m*.

ausgenommen *konj* excepté, sauf.

Ausgestaltung *f* aménagement *m*; – **des Rechtsstaats** organisation *f* de l'Etat de droit.

ausgesteuert *(SozVers)* privé d'allocation de maladie (à l'expiration d'un délai).

ausgewiesen durch identifié par.

Ausgleich *m* (1) *(Verteilung)* répartition *f*, péréquation *f*, compensation *f*, (2) *(Angleichung)* rajustement *m*, balance *f*, équilibre *m*, (3) *(Entschädigung)* dédommagement *m*, réparation *f*, indemnité *f* compensatoire, compensation, soulte *f*, (4) *(Vermittlung)* arrangement *m*, accommodement *m*, accord *m*, compromis *m*, concordat *m*, (5) *(Aut: Vergleich)* règlement *m* judiciaire; **gütlicher** – arrangement *m* amiable *ou* à l'amiable, arrangement de gré à gré; **territorialer** – compensation territoriale.

ausgleichen compenser, égaliser, réparer, concilier.

Ausgleichsabgabe *f* (1) taxe compensatoire *ou* de péréquation, taxe d'égalisation, surtaxe de péréquation, (2) *(EuR)* montants *mpl* compensatoires; – **bei der Einfuhr** taxe compensatoire à l'entrée.

Ausgleichsanspruch *m* (1) droit à la compensation, (2) *(HR)* droit *m* à une indemnité de clientèle.

Ausgleichs|beitrag contribution de péréquation; **–belastung** *f* taxe de compensation; **–betrag** *m* (1) taxe de péréquation, taxe de compensation, surtaxe de péréquation, (2) indemnité *f* compensatoire, indemnité compensatrice, allocation *ou* subside *m* compensatoire (S), (3) somme *f* compensée; **–einrichtung** *f* mécanisme *m* de compensation *ou* de péréquation; **–entschädigung** *f* indemnité compensatoire.

ausgleichsfähig *adj* péréquable.

Ausgleichs|fonds *m* fonds de compensation; **–forderung** *f* (1) créance en compensation, (2) créance de péréquation; **–gebühr** *f* taxe compensatoire, taxe d'égalisation, contribution d'égalisation (S); **–gläubiger** *m* (Aut) créancier *m* concordataire; **–jahr** *n* année *f* budgétaire dans le cadre de laquelle se fait la péréquation des charges; **–kasse** *f* caisse de compensation, *ou* de péréquation; **–koeffizient** *m* coefficient d'équivalence; **–lasten** *pl* charges de péréquation; **–maßnahme** *f* mesure *f* compensatrice; **–pflicht** *f (FamR)* obligation *f* de partage des acquêts, obligation de compensation; **–prämie** *f* prime compensatrice *ou* de péréquation; **–preis** *m* prix de péréquation; **–quittung** *f (ArbR)* reçu *m* pour solde de tout compte; **–rechnung** facture *f* de compensation; **–rente** *f* pension de péréquation; **–ruhetag** *m* journée de repos compensatoire, **–stelle** *f* office de compensation.

Ausgleichssteuer *f* taxe à l'importation (perçue sur les marchandises importées en compensation de la taxe perçue sur les marchandises nationales), taxe *f* compensatoire.

Ausgleichstaxe *f* taxe de compensation, taxe de péréquation.

Ausgleichs|umlage *f* taxe de compensation, prélèvement *m* de péréquation; **–urlaub** *m* congé *m* compensatoire; **–verfahren** *n* (1) procédure de compensation, (2) (en Aut) procédure de règlement judiciaire, (3) (en S) procédure *f* concordataire; **–versuch** *m* tentative de conciliation; **–verwalter** *m* (Aut) syndic *m* du concordat; **–zahlung** *f* (1) paiement *m* compensatoire, versement compensateur, (2) *(ArbR)* paiement *m* pour solde (de tout compte); **–zoll** *m* droit *m* compensateur; **–zulage** *f*, **–zuschlag** *m* supplément de péréquation, indemnité *f* différentielle, surtaxe *f* compensatrice; **–zuschuß** *m* subvention de péréquation; **–zuweisung** *(Finanzausgleich)* versement en vue de la péréquation des charges.

Ausgleichung *f* (1) compensation *f*,

égalisation *f*, (2) *(ErbR)* rapport *m* successoral; **–spflicht** *(ErbR)* obligation au rapport.

Ausgliederung *f* séparation *f*, détachement *m*.

Ausgraben | von Altertümern fouilles *fpl* archéologiques; **– von Leichen** exhumation *f* (d'un cadavre).

Aushandeln *n* **von Rahmenbedingungen** négociations relatives à un accord-cadre.

Aushändigung *f* remise *f* (en main propre), délivrance *f*.

Aushändigungsgebühr *f* *(UPU)* droit de remise.

Aushang *m* affiche *f*; affichage *m*.

Aushängekasten *m* tableau *m* d'affichage.

Aushebung *f* *(MilR)* recrutement *m*.

Aushilfs|arbeitsverhältnis *n* contrat *m* de travail intérimaire *ou* temporaire; **–kräfte** *pl*, **–personal** personnel *m* auxiliaire; **–vormund** *m* subrogé tuteur *m*.

ausklammern mettre entre parenthèses.

Ausklarierung *f* *(SeeHR)* accomplissement des formalités de départ d'un navire.

Auskommen *n* revenus *mpl* suffisants.

Auskundschaften *n* *(StR)* le fait de s'assurer la possession d'un renseignement, le fait de rassembler des renseignements, (objets, documents ou procédés); **– von Staatsgeheimnissen** atteinte à la défense nationale *ou* à la sûreté de l'État.

auskunftsberechtigt *adj* en droit de fournir des renseignements.

Auskunft *f* information *f*, renseignement *m*; **behördliche –** renseignement administratif (sur les données stockées dans ses fichiers); **Ersuchen um –** demande d'information; **– aus Akten** accès *m* aux documents *ou* fichiers; **– eines Rechtsanwalts** consultation d'un avocat; **– aus dem Strafregister** extrait *m* du casier judiciaire.

Auskunftdatei *f*: **zentrale –** fichier central.

Auskunftei *f* service *m* (privé) d'information et de recherche.

Auskunfts|büro *n* bureau *m* d'information, agence *f* de renseignements; **–erteilung** fourniture *ou* communication de renseignements; **–person** *(StR)* informateur *m*, source *f*; **–pflicht** *f* obligation *f* de fournir des renseignements; **–recht** *n* droit *m* d'obtenir des renseignements; droit d'accès aux informations; **–wesen** *n* les Renseignements *mpl*.

Auskunftsverweigerungsrecht *n* *(StR)* droit (de la personne ayant un intérêt personnel et direct dans l'affaire) de ne pas répondre à une demande de renseignement.

Auslagen *pl* (1) dépenses *fpl*, frais *m pl*, impense *f*, (2) *(PrzR)* débours *mpl*, sommes *fpl* déboursées, (3) *(Waren)* étalage *m*, vitrine *f*; **erstattungsfähige –** dépenses récupérables *ou* remboursables; **notwendige –** frais imposés par les circonstances; **–vorschuß** *(PrzR)* provision sur les frais exposés *ou* irrépétibles, avance *f* pour frais de justice; **–erstattung** *f* remboursement des débours *ou* des sommes avancées.

Ausland *n* pays *m* étranger.

Ausländer *m* (ressortissant) étranger *m*; **–amt** *n* service *m* (municipal) des étrangers; **–ausweis** *m* carte de séjour, livret pour étranger (S); **–behörde** office *m* pour les étrangers; **–beschäftigung** emploi *m* des étrangers; **–eigenschaft** *f* extranéité *f*.

ausländerfeindlich *adj* xénophobe, hostile aux étrangers.

Ausländer|kartei *f* fichier des étrangers; **–konto** *n* compte (bancaire) ouvert pour un ressortissant étranger; **–polizei(recht)** police des étrangers; **–recht** *n* Législation relative aux conditions d'entrée et de séjour des étrangers en Allemagne; **–rechtsstellung** *f* condition des étrangers; **–sicherheit** *f* *(IPR)* caution judicatum solvi; **–verein** *m* association étrangère; **–zentralregister** *n* registre central des étrangers.

ausländisch *adj* étranger, extérieur, en provenance de l'étranger; **–e Arbeitnehmer** travailleurs étrangers (en Allemagne); **–e Einkünfte** *(SteuerR)* revenus *mpl* encaissés hors d'Allemagne; **–e Währung** monnaie *f* étrangère.

Auslands|absatz *m* ventes *fpl* à l'étranger; débouchés *mpl* extérieurs; **–abteilung** service *m* étranger; **–anlagen** *pl* investissements *ou* placements à l'étranger; **–anleihe** *f* emprunt extérieur; **–aufenthalt** *m* (1) transfert du domicile à l'étranger, (2) séjour *m ou* résidence *f* à l'étranger; **–auftrag** *m* commande de l'étranger; **–beamte(r)** *m* fonctionnaire affecté à l'étranger; **–besitz** avoirs *mpl* à l'étranger; **–besuch** visite à l'étranger; **–beteiligung** participation étrangère; **–beziehungen** relations avec l'étranger, relations extérieures; **–delikt** *n* **eines Deutschen** infraction commise par un allemand (un national) à l'étranger; **–deutsche** ressortissants allemands vivant à l'étranger, allemands d'origine *ou* de souche; **–dienst** *m* service international; **–einkommen** *n* revenu *m* encaissés à l'étranger; **–forderung** *f* créance sur l'étranger; **–gelder** *npl* capitaux *mpl* étrangers; **–geschäft** *n* contrat international, affaires *fpl* passées avec l'étranger; **–guthaben** *n* avoirs à l'étranger; **–handelskammer** *f* chambre *f* de commerce internationale; **–hilfe** aide *f* extérieure; coopération; **–investitionen** *pl* investissements à l'étranger; **–kammer** *f* chambre de commerce étrangère; **–kauf** *f* achat à l'étranger; **–konto** *n* compte à l'étranger; **–kredit** *f* crédit extérieur; **–kunde** *f* client *m* étranger; **–markt** *m* marché extérieur; **–nachfrage** *f* demande extérieure; **–niederlassung** succursale *f* à l'étranger; **–paketkarte** *f* bulletin d'expédition de colis postaux internationaux; **–patent** *n* brevet *m* étranger; **–postanweisung** *f* mandat-poste international; **–regierung** *f* gouvernement étranger; **–reise** voyage *m* à l'étranger; **–rente** *f* pension de retraite versée par une institution étrangère (pour un national); **–risiko** *n* risque situé à l'étranger; **–schuld** *f* dette *f* extérieure; **–schutzbrief** *m* assurance *f* combinée pour voyages à l'étranger; **–sendung** *f* envoi *m* postal à l'étranger *ou* en provenance de l'étranger; **–strafe** *f* peine prononcée à l'étranger; **–tat** *(StR)* infraction commise à l'étranger; **–titel** *m* titre étranger; **–überweisung** *f* virement *m* international; **–unterhalt** *m* pension alimentaire versée de l'étranger; **–verbindlichkeiten** *pl* obligations *fpl* extérieures; **–vergütung** *f* indemnité d'éloignement; **–vermögen** *n* biens à l'étranger; **–verschuldung** *f* endettement *m* envers l'étranger; **–vertretung** *f* représentation à l'étranger; **–verurteilung** *f* jugement *m* de condamnation rendu à l'étranger; **–währung** monnaie *f* étrangère; **–wechsel** *m* lettre *f* de change sur l'étranger; **–wirkung** *f* effet *m* extraterritorial; **–zulage** *f* indemnité d'expatriation, allocation de séjour à l'étranger (S); **–zulassung** (von Kraftfahrzeugen) immatriculation *ou* réception et homologation d'un véhicule automobile à l'étranger; **–zusatzvergütung** *f* complément d'indemnité d'éloignement.

auslassen omettre, négliger, oublier, passer sous silence, taire.

Auslassung *f* omission *f*, lacune *f*, manque *m*, oubli *m*.

auslasten utiliser *ou* charger à pleine capacité.

auslaufen (1) *(Vertrag)* prendre fin, venir à expiration, arriver à son terme, (2) *(Schiff)* appareiller, (3) *(Modell)* arriver en fin de série, ne plus être fabriqué.

auslegen (1) *(Urkunde)* interpréter, commenter, expliquer, (2) *(Waren)* étaler, disposer, (3) *(Geld)* avancer, (4) *(Patent)* publier pour opposition.

Auslegeschrift *f* (1) acte *m* interprétatif, document *m* servant à l'interprétation, (2) *(PatentR)* demande de brevet publiée pour opposition.

Auslegung *f* interprétation *f*; **amtliche –** interprétation officielle; **ausdehnende –** interprétation extensive; **authentische –** interprétation authentique; **einengende –, einschränkende –, enge –** interprétation restrictive *ou* stricte; **ergänzende –** *(Vertrag)* interprétation selon l'équité et l'usage *ou* selon la volonté tacite des parties; **extensive –** interprétation extensive; **grammatikalische –** application pure et simple; **von der Lehre gegebene –** interprétation doctrinale; **logische –** interprétation téléologique *ou* finaliste; **von der Rechtsprechung gegebene –** interprétation jurisprudentielle; **restriktive –** interprétation restrictive *ou* stricte; **richterliche –** interprétation par le juge; **sinngemäße –** interprétation selon l'intention commune des parties contractantes; **vereinbarte –** interprétation convenue *ou* agréée; **weite –** interprétation extensive; **wörtliche –** interprétation littérale *ou* selon le sens littéral des termes; **– durch Analogieschluß** interprétation par voie d'analogie.

Auslegungs|abkommen *n* accord *m* interprétatif; **–grundsatz** *m* principe d'interprétation; **–protokoll** *n* protocole *m* interprétatif; **–regel** *f* règle *f* d'interprétation; **–schiedsgericht** *n* tribunal d'interprétation; **–vereinbarung** *f* accord interprétatif; **–verordnung** *f* ordonnance interprétative; **–vorschrift** *f* disposition *ou* prescription interprétative, règle d'interprétation.

ausleihen prêter *ou* se faire prêter.

Ausleihung *f* prêt *m*; **– von täglichem Geld** prêt au jour le jour.

Auslese *f* choix *m*, sélection *f*; **–prüfung** concours *m*.

ausliefern (1) *(Waren)* expédier; livrer, remettre; (2) *(Personen)* extrader.

Auslieferung *f* (1) livraison *f*, délivrance *f*, remise *f* (2) extradition *f*; **verspätete –** retard à la livraison; **zeitweilige –** extradition temporaire.

Auslieferungs|abkommen *n (StR)* convention d'extradition; **–antrag** *od.* **–begehren** *n* demande *f* d'extradition; **–delikt** *n* (S) délit extraditionnel *m*; **–ersuchen** *n* demande d'extradition.

auslieferungsfähig *adj* qui donne lieu à extradition.

Auslieferungs|fall *m* cas d'extradition; **–gesetzgebung** *f* législation sur l'extradition; **–haft** *f* emprisonnement consécutif à une demande d'extradition; **–haftbefehl** *m* mandat d'arrêt aux fins d'extradition; **–häftling** *m* prisonnier *m* extradé; **–lager** *n* dépôt *m* avec vente *ou* délivrance des marchandises; **–pflicht** *f* obligation d'extrader **–provision** *f* commission de livraison; **–schein** *m* bulletin de livraison; **–soll** *n* livraison à fournir; **–straftat** *f* infraction donnant lieu à extradition; **–termin** *m* (1) délai *m ou* date *f* de livraison, (2) *(Bücher)* date de remise aux libraires; **–verfahren** *n* procédure d'extradition; **–vertrag** *m* traité *m ou* convention d'extradition.

ausloben offrir, polliciter.

Auslobung *f (SchuldR)* offre *f*, pollicitation *f*; promesse *f* de récompense.

auslosen tirer au sort.

Auslosung *f* tirage au sort, tirage *m*; **–srecht** *n* droit de tirage au sort.

auslösen (1) *(Alarm)* déclencher *ou* donner l'alarme, (2) *(Person)* payer la rançon, payer le gage.

Auslösung *f* (1) rançon *f*; paiement du gage, (2) *(ArbR: Mehraufwandvergütung)* indemnités *fpl* représentatives de frais engagés par le travailleur.

Ausmaß *n* dimensions *fpl*, étendue *f*; **– des Verschuldens** *(StR)* degré *m* de culpabilité.

Ausmusterung *f* (1) *(MilR)* réforme *f*, (2) *(Waren)* retrait *m* de vieux produits des étagères (dans les magasins); **–skommission** *f* commission de réforme.

Ausnahme *f* exception *f*, dérogation *f*; **eine – machen** excepter, faire une exception; **mit – von** excepté, hormis, à l'exclusion de, sauf; **–bestimmung** *f* mesure dérogatoire au droit commun; **–bewilligung** *f* dispense *f*, exemption *f*, exonération *f*; **–entscheidung** *(EuR)* dérogation *f*; **–genehmigung** *f* autorisation exceptionnelle, dérogation *f*; **–fall** cas *m* d'exception, exception; **–gericht** *n* tribunal *m ou* juridiction *f* d'exception; **–gesetz** *n* loi d'exception *ou* de circonstance; **–gesetzgebung** *f* législation d'exception; **–maßnahme** *f* mesure dérogatoire; mesure *f* d'exception; **–recht** *n* droit d'exception, dispense (légale); **–regelung** *f* réglementation d'exception; **–sichtvermerk** *m* visa *m* exceptionnel; **–tarif** *m* tarif *m* spécial; **–vorschrift** *f* disposition dérogatoire du droit commun; **–zeugnis** *n* certificat d'exemption, dispense *f*; **–zollsatz** *m* droit préférentiel; **–zulage** *f* allocation *f* exceptionnelle; **–zustand** *m* (1) *(VerfR)* état *m* d'urgence, (2) circonstances *fpl* exceptionnelles.

Ausnutzung exploitation *f*, emploi *m*, utilisation *f*, usage *m*; **rechtsmißbräuchliche –** usage *ou* emploi abusif.

auspacken (1) *(Waren)* déballer, (2) *(beim Verhör)* avouer, *pej* cracher le morceau.

Ausprägung *f (Münzen)* frappe *f*.

Auspuffgase *npl* (émission de) gaz polluants des moteurs des véhicules automobiles.

ausrauben (1) *(AllgSpr)* rançonner, détrousser, dévaliser, (2) *(StR)* extorquer par force, violence ou contrainte.

ausräumen cambrioler, dévaliser.

ausrechnen calculer, faire un calcul.

Ausrede *f* prétexte *m*, excuse *f*, tergiversation *f*, subterfuge *m*, faux-fuyant *m*.

ausreichend *adj* (1) suffisant, (2) *(SchuldR)* passable.

Ausreise *f* départ *m* (pour l'étranger), sortie *f* (du pays); voyage d'aller; **–blatt** *n* (1) feuille de sortie, (2) volet de sortie; **–erlaubnis** *f* autorisation de sortie; **–hafen** *m* port de départ; **–sichtvermerk** *m* visa de sortie; **–sperre** *f* interdiction *f* de sortie; **–stempel** *m* cachet *m* de sortie; **–visum** *n* visa *m* de sortie.

Ausreißer *m* (1) *(Kind)* fugueur *m*, (2) *(MilR)* (Aut) déserteur *m*.

Ausrichtung *f* orientation *f*; **europäischer landwirtschaftlicher Ausrichtungs- und Garantiefonds** Fonds agricole européen d'orientation et de garantie.

ausrufen proclamer.

Ausrufspreis *m* (Aut) mise à prix.

Ausrufung *f* proclamation *f*; **– der Republik** proclamation de la République.

Ausrüstung *f* (1) équipement *m*, aménagement *m*, (2) *(Schiff)* armement, (3) *(MilR)* matériel *m* (de guerre).

Ausrüstungs|darlehen *n* prêt d'équipement; **–güter** *npl* biens *mpl* d'équipement; **–kosten** *pl* (1) frais *mpl* d'équipement, (2) frais d'armement; **–sicherheitszeugnis** *n* certificat de sécurité de matériel d'armement.

Aussage *f* (1) *(StPR)* déposition *f*, témoignage *m*, (2) affirmation *f*, déclaration *f*, énoncé *m*; **falsche –** fausse déposition; **–erpressung** *f* extorsion d'aveux; **–genehmigung** *f* autorisation de témoigner en justice; **–kraft** pertinence *f*, efficacité (d'un texte); **– unter Eid** déclaration faite sous la foi du serment; **die – verweigern** refuser de déposer *ou* de témoigner.

aussagekräftig *(Zahlen)* chiffres *mpl* parlants *ou* non équivoques.

aussagen déposer, témoigner; **für jmdn. –** déposer en faveur de qqn.; **gegen jmdn. –** déposer contre qqn., charger qqn.

Aussage|notstand *m (StPR)* témoignage mensonger, l'auteur se trouvant dans un état de nécessité; **–verweigerung** *f* refus de témoigner *ou* de déposer; **–verweige-**

rungsrecht *n* droit de refuser de témoigner.
ausschalten exclure, écarter, éliminer.
Ausschaltung *f* (1) *(Person)* exclusion *f*, élimination *f*, (2) *(Strom)* coupure *f* du courant.
Ausschank *m* débit *m* de boissons; **–genehmigung** *f* licence de plein exercice, grande licence; **–verbot** *n* interdiction *f* d'exploiter un débit de boisson, fermeture *f* du débit de boissons.
ausscheiden (1) éliminer, disjoindre, (2) quitter, se retirer, se démettre, démissionner.
ausscheidend sortant.
Ausscheidung *f* (1) *(PrzR)* disjonction *f*, (2) élimination *f*.
ausscheren *(StVR)* se porter sur la gauche (pour effectuer un dépassement); dévier de sa direction, se déporter (en freinant brusquement).
ausschiffen *(SeeHR)* débarquer.
ausschildern *(VwR)* munir de panneaux.
ausschlachten (véhicule) cannibaliser.
Ausschlag *m*: **den – geben** être déterminant *ou* décisif.
ausschlagen refuser, rejeter, repousser; renoncer à.
ausschlaggebend *adj* déterminant, décisif.
Ausschlagung *f* renonciation *f*; **– der Erbschaft** renonciation à la succession.
Ausschlagungsrecht *n* droit de renonciation.
ausschließen exclure, forclore; **die Öffentlichkeit –** ordonner le huis clos.
ausschließlich *adj* exclusif *adj;* exclusivement *adv*; **–er Gerichtsstand** compétence *f* exclusive d'une juridiction; seul tribunal compétent en cas de litige; **–e Gesetzgebung** *(VerfR)* compétence normative exclusive du Bund (*ou* de l'État fédéral); **–e Zuständigkeit** compétence exclusive.
Ausschließlichkeit *f* exclusivité *f*.
Ausschließlichkeits|erklärung *f* déclaration d'exclusivité; **–klausel** *f* clause d'exclusivité; **–recht** *n* droit d'exclusivité; **–vereinbarung** *f* convention *ou* accord *m* d'exclusivité; **–vertrag** *m* contrat d'exclusivité.
Ausschließung *f* (1) exclusion *f*, (2) forclusion *f*; **– aus dem Anwaltsstand** radiation du barreau; **strafweise – vom Dienst** mise à pied; **– von der Erbfolge** exhédération *f*; **– von Gerichtspersonen** suspicion *f* légitime, récusation *f*; **– eines Gesellschafters** exclusion *f* d'un associé; **– der Öffentlichkeit** huis clos *m*.
Ausschließungsgrund *m* motif *m* de la récusation *ou* d'exclusion.
Ausschluß *m* (1) *(von Personen u. Rechten)* exclusion *f*, (2) *(von Rechten infolge Fristablaufs)* forclusion *f*; **– einer Einrede** *f* inopposabilité *f* d'une exception; **– der Haftung** exclusion de la responsabilité; **unter – der Öffentlichkeit entscheiden** statuer à huis-clos, juger à huis clos; **– des Rechtsweges** exclusion *f* du recours aux tribunaux; **– der Schulden** exclusion des dettes; **– des Versorgungsausgleichs** exclusion de la prestation compensatoire en ce qui concerne les droits à pension de vieillesse.
Ausschluß|frist *f* délai d'exclusion, délai *m* de forclusion, délai de péremption; **–gebiet** *n* exclave *f*; **–grund** *m* motif d'exclusion; **–urteil** *n* *(ZPR)* jugement de forclusion, jugement prononçant la déchéance de certains droits.
Ausschnitt *m* (1) vue partielle, section, (2) *(Zeitung)* coupure *f*, (3) passage *m* tiré d'un livre (*ou* d'un film).
ausschöpfen: alle Rechtsmittel – utiliser toutes les voies de droit.
ausschreiben *(ÖfR: Stelle)* mettre en concours; **öffentlich –** mettre en adjudication; recourir à une procédure de mise en concurrence.
Ausschreibung *f* (1) *(öf. Aufträge)* (avis *m* d')appel *m* d'offres, (2) *(Stellen-)* mise au concours, avis de

concours; **beschränkte** – appel *m* d'offres restreint, adjudication restreinte, soumission *f* restreinte (L); **beschränkte – mit Leistungs- und Ideenwettbewerb** appel d'offres restreint avec concours; **engere** – adjudication *f* restreinte; – **mit Ideenwettbewerb** marché *m* sur concours; **öffentliche** – appel d'offres ouvert *ou* public; appel à la concurrence, mise en adjudication publique, soumission publique (L), mise en concours public (S).

Ausschreibungs|bedingungen *pl (VwR)* clauses et conditions générales de l'adjudication, prescriptions concernant la passation des marchés; **–kartell** *n* cartel d'adjudication; **–unterlage** *f* cahier *m* des charges (d'un marché); cahier des clauses et conditions générales; **–verfahren** *n* procédure *f* de passation des marchés publics, appel d'offres; **–verzeichnis** *n* bordereau de soumission.

Ausschreitung *f* (1) *(Privatperson)* écart *m* de conduite, (2) *(Polizei usw.)* bavure *f*; **gewalttätige** – violences *fpl*; **schwere –en** actions *fpl* violentes.

Ausschuß *m* (1) *(Organe)* commission *f*, comité *m*, (2) *(Ware)* (produit de) rebut *m*; **ärztlicher** – commission médicale; **außerparlamentarischer** – commission extraparlementaire; **auswärtiger** – commission des affaires étrangères; **beratender** – comité consultatif; **engerer** – comité restreint; **gemischter** – commission mixte; **geschäftsführender** – comité de gestion *ou* directeur; **interministerieller** – comité interministériel; **leitender** – conseil de direction; **paritätischer** – commission paritaire; **ständiger** – commission permanente, députation permanente (B); **vorbereitender** – comité préparatoire; **beratender – für Arbeit und Beschäftigung** Comité consultatif du travail et de l'emploi; – **für Auswärtige Angelegenheiten** commission des affaires étrangères; – **der Rechtsanwaltskammer** (Aut) conseil de l'ordre des avocats; – **der ständigen Vertreter** comité des représentants permanents; **–beratung** *f* délibération en commission; **–mitglied** *n* membre de la commission; **–ware** *f* rebut *m*, marchandise de rebut.

ausschütten (1) *(Gewinn)* distribuer, (2) *(Dividende)* répartir, verser.

Ausschüttung *f* répartition *f*, versement *m*; – **von Dividenden** distribution de dividendes; – **von Reserven** distribution de réserves.

ausschweifend *adj*, débauché, dissolu, déréglé.

Ausschweifung *f (StR)* (actes *mpl* de) débauche *f*, inconduite *f*, dévergondage *m*; libertinage *m*.

Außen|amt *n* (Aut) (Ministère des) affaires étrangères; **–besitzungen** *pl* possessions extérieures; **–beziehungen** *pl* relations *fpl* extérieures; **–dienst** *(ArbR)* service *m* à l'extérieur (de l'entreprise); **–finanzierung** *(GesR)* financement par appel à des fonds extérieurs, f. par appel public à l'épargne; **–gesellschaft** *f* société *f* qui se révèle aux tiers; **–handel** *m* commerce *m* extérieur, échanges *mpl* internationaux.

Außenhandels|abkommen accord *m* relatif au commerce extérieur; **–bank** *f* banque du commerce extérieur; **–berater** *m* conseiller *m* au commerce extérieur; **–beziehungen** relations commerciales avec les pays étrangers; **–bilanz** *f* balance *f* commerciale *ou* du commerce extérieur; **–geschäfte** *pl* transactions avec l'étranger, échanges *mpl* extérieurs; **–gesellschaft** entreprise *f* du commerce extérieur; **–minister** *m* ministre du commerce extérieur; **–monopol** *n* monopole du commerce extérieur; **–statistik** *f* statistique du commerce extérieur; **–stelle** *f* office du commerce extérieur; **–umfang, –volumen** volume *m* du commerce extérieur.

Außen|hilfe *f* aide *f* extérieure; **–minister** *m* ministre des affaires étrangères; **–ministerium** *n* ministère des affaires étrangères *ou* des relations extérieures; **–politik** *f* politique étrangère.

Außenstände *pl* arriérés *mpl,* impayés *mpl,* dette *f* échue et due, créance *f* à recouvrer; **– einziehen** recouvrer une créance.

Außenstelle *f* succursale *f,* établissement *m* annexe, dépôt *m,* comptoir *m;* **–nvertreter** directeur *m* de (la) succursale.

Außensteuer|gesetz *n* loi (allemande) sur l'imposition des revenus étrangers; **–recht** *n* législation sur l'imposition des revenus de source étrangère.

Außen|tarif *m* tarif *m* extérieur; **–versicherung** *f* assurance d'objets hors domicile, ass. externe; **–wert** *m* valeur sur le marché extérieur, valeur *f* externe; **–wirtschaft** *f* commerce extérieur, système *m* des échanges internationaux; **–wirtschaftsrecht** réglementation légale du commerce extérieur; **–zölle** *pl* droits *mpl* extérieurs.

außer *präp* (1) *(außerhalb)* en dehors de, hors de, (2) *(ausgenommen)* excepté, sauf, hormis; **– Acht lassen** négliger, ne pas observer.

Außerachtlassen der durchschnittlichen Sorgfalt faute in abstracto, faute *f* objective; **– der in eigenen Angelegenheiten angewandten Sorgfalt** faute in concreto, faute subjective; **– der im Rechtsverkehr erforderlichen Sorgfalt** ne pas apporter tous les soins requis (*ou* d'un bon père de famille) à l'exécution des obligations.

Außerbetriebsetzung *f* cessation de l'exploitation, mise *f* hors de service.

außerdem *adv* en outre, de plus.

außerdienstlich *adj* en dehors du service *m.*

Außerdienststellung *f* mise *f* hors service, réforme *f.*

außerehelich *adj* naturel *adj,* extraconjugal *adj,* hors mariage; **–er Verkehr** rapports *mpl* extraconjugaux.

außeretatmäßig *adj* extrabudgétaire.

außergerichtlich *adj* extrajudiciaire *adj;* extrajudiciairement *adv,* à l'amiable; **–er Vergleich** transaction (extrajudiciaire), arrangement à l'amiable.

Außerkraftsetzung *f* abrogation, annulation, invalidation, infirmation; **– des Geldes** démonétisation.

Außer|krafttreten *n* fait de cesser d'être en vigueur; **–kurssetzung** *f* mise hors cours, démonétisation *f.*

äußern dire, exprimer, déclarer; **sich –** s'exprimer *ou* se prononcer (sur), prendre position, présenter des observations.

außerparlamentarisch *adj* extraparlementaire.

außerplanmäßig *adj* (1) *(HaushR)* extrabudgétaire, (2) *(BeamR)* hors cadre, (3) sortant du cadre prévu; **–e Einstellung** recrutement latéral *ou* parallèle.

äußerst *adj* (1) extrême *adj,* extrémiste *adj,* (2) *(spätest)* final, dernier; **–e Entschädigung** plafond *m* d'indemnité; **–e Frist** dernier délai; **–e Grenze** *f* plafond *m,* limite *f.*

außerstreitig *adj* gracieux.

Außerstreit|sache *f* (Aut) affaire *f ou* matière *f* gracieuse; **–verfahren** *n* (Aut) procédure *f* gracieuse.

Äußerung *f* dire *m,* affirmation *f,* parole *f,* déclaration *f*; **abfällige –** déclaration constituant un dénigrement, expression outrageante *ou* diffamatoire; **gutachtliche –** avis *m* d'expertise, avis d'expert; **nach gutachtlicher –** au dire de l'expert, selon (le dire) de l'expert; **widersprüchliche –en** les dires nonconcordants.

Außerverfolgungsetzung *f (StPR)* renvoi des fins de la poursuite, nonlieu *m.*

außervertraglich *adj* extracontractuel.

aussetzen (1) *(Tätigkeit)* interrompre, suspendre, (2) *(Verfahren)* surseoir à statuer, surseoir à prononcer, surseoir, (3) abandonner un enfant, (4) *(Belohnung)* promettre; **sich einer Gefahr –** s'exposer (volontairement) à un danger.

Aussetzen *n* od. **Aussetzung** *f* (1) interruption *f*, suspension *f*, (2) sursis *m* à statuer, (3) *(StR)* abandon *m ou* exposition *f* d'enfant, (4) offre *f*; **bedingte –** suspension conditionnelle de l'exécution; **– Hilfloser** *(StR)* exposition *ou* délaissement, en un lieu solitaire, d'un incapable hors d'état de se protéger lui-même; **– auf See** abandon en mer; **bedingte – der Strafe** suspension conditionnelle de la peine; **– des Strafvollzugs** (Aut) sursis à l'exécution; **– von Tieren** *(StR)* abandon volontaire d'animaux; **– des Verfahrens** suspension du procès; **– der Vollstreckung, – der Vollziehung** sursis à l'exécution.

Aussicht *f* perspective *f*, probabilité *f*; **auf etwas – haben** escompter, compter sur; **in – nehmen** envisager; **etwas in – stellen** promettre.

aussichtslos *adj* illusoire, vain, chimérique.

Aussichtslosigkeit *f* inutilité *f*.

Aussiedler *m* rapatrié *m*.

Aussöhnung *(EheR)* réconciliation *f*.

aussondern (1) retirer, séparer, (2) *(KonkursR)* distraire (un objet).

Aussonderung *f (KonkursR)* distraction, revendication (d'un bien), séparation *f*.

Aussonderungs|gläubiger *m (KonkursR)* créancier bénéficiaire d'une sûreté *ou* de revendications (pouvant demander la distraction); **–klage** *f* demande en distraction; action en réalisation d'une créance (garantie par un privilège spécial); action en disjonction (S); **–recht** *n* droit de distraction *ou* de préférence, droit de poursuite individuelle, droit de disjonction (S), privilège exclusif.

Ausspähen *n* **von Daten** *(StR)* accession illégale à un système informatique, infiltration sur un réseau informatique.

Ausspähung *f* **von Staatsgeheimnissen** atteinte *f* à la sûreté de l'État, espionnage *m*.

Ausspannen *n* **von Arbeitskräften** débauchage *m* de main-d'œuvre.

aussperren appliquer le lock-out, lock-outer.

Aussperrung *f* lock-out *m*; **die – verhängen** appliquer *ou* décréter le lock-out, lockouter.

Ausspielung *f (Lotto)* tirage *m*.

Aussprache *f* entretien *m*, dialogue *m*, pourparlers *mpl;* discussion *f*, controverse *f*, altercation *f*.

Ausspruch *m* (1) *(Person)* déclaration, affirmation, dire *m*, (2) *(Gericht)* sentence *f*, jugement *m*, verdict *m*; **richterlicher –, – des Gerichts** décision judiciaire.

Ausstand *m* (1) *(ArbR)* grève *f*, débrayage *m*, (2) *(FinanzW: Außenstände)* créances à recouvrer, (3) (en S) récusation *f*.

Ausstands|begehren *n* (S) demande de récusation; **–grund** *m* (S) motif de récusation; **–verfahren** *n* (S) procédure en récusation.

ausstatten doter, équiper, pourvoir de; donner un trousseau à.

Ausstattung *f* (1) *(Aussteuer)* établissement d'un enfant, trousseau *m*, (2) *(Geldmittel)* dotation *f*, (3) *(Ausrüstung)* matériel industriel et commercial, équipement, installation, (4) *(MuW)* présentation d'une marque; **– der Rücklagen** dotation des réserves.

Ausstattungs|beihilfe *f (FamR)* allocation de trousseau; **–gegenstände** *pl (BW)* biens d'équipement; **–gut** *n* objet faisant partie du trousseau; **–kapital** *n* capital de dotation; **–kredit** *m* crédit d'équipement.

ausstehend *adj* à recouvrer; **–e Prämie** prime impayée *ou* arriérée; **–e Zahlungen** créances *fpl* à recouvrer.

ausstellen (1) *(Güter)* exposer, (2) *(Urkunde)* délivrer, établir, dresser, (3) *(Scheck, Wechsel)* créer, tirer.

Aussteller *m* (1) exposant *m*, (2) tireur *m*, souscripteur *m*; **–ausweis** carte *f* de légitimation (pour exposant); **–befragung** sondage *m* effectué auprès des exposants; **–firma** *f* firme *f* exposante; **–verzeichnis** *n* répertoire *m* des exposants.

Ausstellung *f* (1) exposition *f*, salon

m, (2) délivrance *f*, établissement *m*, (3) création *f*, tirage *m*; **internationale –** exposition internationale; **– eines Kellerwechsels** tirage en l'air; **– zum Verkauf** exposition en vente.

Ausstellungs|büro *n*, **internationales –** Bureau international des expositions; **–datum** *n* (1) *(Urkunde)* date d'établissement, date de la rédaction, date *f* de délivrance, (2) *(Scheck)* date de création (3) *(Wechsel)* date d'émission, (4) *(Messe)* date *f* de l'exposition; **–fläche** surface *f* d'exposition; **–gegenstand** *m* objet d'exposition, objet *m* exposé; **–gelände** *n* parc *m* des expositions; **–gut** *n* marchandise d'exposition; **–katalog** *m* catalogue *m* de l'exposition; **–land** *n (Paß)* pays de délivrance; **–messe** *f* foire-exposition *f*; **–stand** *m* stand *m*; **–stück** *n* bien d'exposition, objet *m* exposé; **–tag** *m* (1) date de délivrance, (2) *(WertpR)* date *f* de création *ou* de tirage, (3) date d'émission.

Aussteuer *f* trousseau *m*; **eine – geben** doter (une fille).

aussteuern *(SozVers)* priver de l'allocation de maladie (à l'expiration d'un délai).

Aussteuerung *f (SozVers)* épuisement du droit aux prestations, (être en) fin de droits.

Aussteuerversicherung *f* assurance-nuptialité *f*, assurance-dot.

Ausstoß *m* (1) rythme *m* de production, cadence *f*, (2) production, rendement *m*, débit *m*.

Ausstoßung *f* renvoi *m*, destitution, exclusion *f*.

Ausstrahlung *f* (eines Arbeitsverhältnisses ins Ausland) extension du champ d'application du contrat de travail (au cas où un travailleur est envoyé par sa société à l'étranger).

Ausstrahlungsrisiko *n (VersR)* risque *m* se réalisant à l'étranger.

ausstreichen rayer, effacer, biffer.

Austausch *m* échange *m*, remplacement *m*; **– der Ratifikationsurkunden** échange des instruments de ratification; **–fläche** *f* parcelle de terrain faisant l'objet d'un échange, parcelle *f* échangée; **–geschäft** *n* opération de troc; **–pfändung** *f* saisie-exécution dans un bien mobilier en principe insaissible avec remplacement de cet objet mobilier indispensable au débiteur (mais de valeur) par un bien de valeur moindre; **–relationen** *pl* termes d'échange; **–vertrag** *m* contrat bilatéral *ou* synallagmatique.

austauschbar *adj* échangeable.

austauschen échanger, troquer, faire un échange; **gegeneinander –** interchanger.

austeilen répartir, distribuer.

Austrag *m* prestations *fpl* convenues dans le cas de bail à nourriture.

austragen *(löschen)* radier.

Austragung *f* radiation *f*.

austreten (1) se retirer, quitter, donner sa démission, démissionner, (2) *(Kirche)* renoncer à l'appartenance à une association cultuelle; abjurer.

Austritt *m* (1) *(freiwilliges Ausscheiden)* départ *m*, retrait *m*, démission *f*, (2) abjuration *f* (d'une religion), renonciation *f*; **– eines Gesellschafters** retrait d'un associé; **– aus der Kirche** renonciation *f* solennelle à l'appartenance à une association cultuelle; **– des Richters auf eigenes Begehren** (S) abstention de juge.

Austritts|alter *n (VersR)* âge de sortie; **–erklärung** déclaration officielle de démission, déclaration de retrait; **–geld** *n* taxe de sortie, somme convenue en cas de départ; **–grenzzollamt** *n (ZollR)* bureau de douane de sortie; **–recht** *n* droit de retrait.

ausüben exercer (un droit *ou* un métier); remplir (une fonction); user (d'un droit); produire (un effet); lever (une option).

ausübender Künstler *(UrhR)* artiste interprète de l'œuvre d'un tiers.

Ausübung *f* (1) exercice *m*, (2) levée (d'une option); **ungenügende –** insuffisance d'exploitation; **unterlassene –** défaut d'exploitation; **– ei-**

nes Amtes exercice des fonctions; **– eines Berufs** exercice d'une profession; **– eines Mandats** exercice d'un mandat; **– eines Patents** exploitation d'un brevet; **– eines Rechts** exercice d'un droit.

ausübungsberechtigt *adj* en droit d'exercer.

Ausübungs|frist *f* délai d'exercice; **–nachweis** *m* certificat d'exploitation; **–recht** *n* droit d'exercice.

Ausverkauf *m* (1) vente *f* intégrale *ou* complète, vente-liquidation *f*, liquidation totale (du stock), (2) *(Schlußverkauf)* soldes *mpl*.

ausverkaufen vendre intégralement; solder.

Ausverkaufsware *f* marchandise liquidée *ou* faisant l'objet de soldes.

Auswahl *f* choix *m*, sélection *f*; **–verfahren** procédure *f* de sélection.

Auswanderer *m* émigrant *m*.

Auswanderung *f* émigration *f*; **heimliche –** émigration clandestine.

Auswanderungs|abkommen *n (VR)* convention d'émigration; **–agentur** *f*; **–büro** *n* agence d'émigration; **–betrug** *m (StR)* escroquerie *f* à l'émigration; **–freiheit** *f* liberté d'émigrer *ou* de quitter son pays; **–land** *n* pays d'émigration; **–überschuß** *m* excédent d'émigration; **–vertrag** *m* contrat d'émigration.

Auswärtige Angelegenheiten relations extérieures.

Auswärtiges Amt *n* ministère (allemand) des affaires étrangères.

auswechselbar *adj* échangeable, interchangeable, remplaçable.

Auswechslung *f* (1) changement *m*, remplacement, (2) *(Forderungen)* substitution.

Ausweichen *n (im Straßenverkehr)* apporter un changement dans la direction de son véhicule pour laisser le passage.

Ausweich|klausel *f* clause *f* échappatoire; **–vorschrift** *f* prescription subsidiaire qu'on peut invoquer en cas de besoin.

Ausweis *m* (1) carte (nationale) d'identité, pièce d'identité; permis *m*, laissez-passer *m*, sauf-conduit *m*, (2) état de situation; **standesamtlicher –** pièce d'état-civil.

Ausweisbuch *n* carnet d'identité, livret d'identité; **fremdenpolizeiliches –** (S) livret de légitimation pour les étrangers (S).

ausweisen *(Ausländer)* expulser; **sich –** justifier de son identité, décliner son identité, décliner ses nom et qualités.

Ausweis|fälschung *f* falsification de carte d'identité; **–kontrolle** *f* contrôle d'identité, vérification *f* des papiers d'identité; **–mißbrauch** *m* usage *m* de documents d'identité contrefaits, falsifiés *ou* altérés.

ausweislich *präp* avec preuve à l'appui; **– des Protokolls** comme il ressort du procès-verbal.

ausweislos *adj* sans papiers.

Ausweispapiere *npl* (= Legitimationspapiere) carte *f ou* pièce d'identité, pièce de légitimation; **gültige –** carte d'identité en règle.

Ausweispflicht *f* obligation de se faire établir une carte d'identité et de la présenter pour vérification à l'autorité administrative habilitée.

Ausweisung *f* (1) *(Ausländer)* expulsion *f*, (2) *(StR: Inländer)* bannissement *m*.

Ausweisungs|befehl *m*, **–beschluß** *m*, **–erlaß** *m* arrêté *m* d'expulsion; **–recht** *n* droit *m* d'expulsion; **–schutz** *m* protection contre l'expulsion; **–verfügung** *f* décision *f ou* arrêté *m* d'expulsion, ordre *m* d'expulsion.

ausweiten élargir, étendre.

Auswertung (1) interprétation, (2) dépouillement *m*, évaluation.

auswirken: sich – auf se répercuter sur qch.

Auswirkung *f* impact (sur), effet *m*, conséquence *f*, résultat *m*, suite *f*, répercussion *f*; **finanzielle –** incidence *f* financière.

auszahlen payer, verser, décaisser.

Auszahlung *f* paiement *m*, versement *m*, décaissement *m*; **eigen-**

händige – paiement fait de ses propres mains; **– zu eigenen Händen** paiement en mains propres.

Auszählung *f (Wahlergebnis)* dépouillement *m* du scrutin.

Auszahlungs|anordnung *f*, **–anweisung** *f* (1) mandat de paiement, (2) ordonnancement *m*, ordre de paiement; **–bestätigung** *f* avis de paiement; **–ermächtigung** *f* autorisation de paiement; **–genehmigung** *f* autorisation de paiement; **–provision** *f* commission de paiement; **–schein** *m* avis de paiement; **–sperre** *f* opposition au paiement; **–stelle** *f* office de paiement, bureau *m* payeur; **–tag** *m* (Aut) date de paiement.

auszeichnen (1) récompenser, décorer, (2) étiqueter, inscrire le prix d'une marchandise, (3) classer, indexer; **sich –** se distinguer.

Auszeichnung *f* (1) récompense *f*, décoration *f*, distinction *f* honorifique, (2) indication du prix, étiquetage *m*.

Auszeichnungspflicht *f* obligation d'afficher les prix, obligation du marquage, de l'étiquetage er de l'affichage des prix.

Auszubildender *m (ArbR)* personne *f* en cours de formation professionnelle, apprenti *m*.

Auszug *m* (1) extrait *m*, abrégé *m*, résumé *m*, sommaire *m*, (2) *(Rechnung)* relevé *m*, (3) (Aut) bail à nourriture; **– aus den Akten** extrait d'actes; **– aus der Heberolle** extrait du rôle; **– aus dem Protokoll** extrait du procès-verbal.

Auszugsvertrag *m* (Aut) contrat de bail à nourriture.

Autarkie *f* autarcie *f* économique, autosuffisance *f*.

authentifizieren authentifier.

authentisch *adj* authentique, assuré, avéré, certain, établi, indéniable; **–e Interpretation** interprétation (d'une règle de droit) par l'auteur lui-même.

Authentizität *f* authenticité *f*.

Auto *n (= Kfz)* véhicule *m* automobile; **–bahnanschlußstelle** *f* bretelle *f* d'autoroute; **–bahngebühr** péage *m* (sur l'autoroute); **–diebstahl** *m* (1) vol *m* de voiture, (2) *(Sachen aus dem Auto)* vol à la roulotte; **–fahrer** *m* conducteur *m* d'un véhicule; automobiliste *m*.

Autofalle *f* (1) *(StR)* vol *m* commis sur un chemin public dans un véhicule motorisé par embûche *f ou* traquenard *m*, (2) *(StVR)* contrôle radar banalisé.

Auto|händler *m* concessionnaire (en automobiles); **–insassenunfallversicherung** *f* assurance individuelle des personnes transportées; **–kaskoversicherung** *f* assurance dommage au véhicule *ou* corps de véhicule.

Automaten|aufstellung *f* installation et exploitation de billards électriques *ou* d'autres appareils de jeu *ou* de distributeurs automatiques; **–mißbrauch** *m* soustraction frauduleuse par emploi de fausses pièces dans un appareil de jeu ou un distributeur automatique; **–verkauf** *m* vente *f* par distributeur automatique.

Automatisierung *f* automatisation *f*, robotisation.

Automobil|bau *m* construction *f* automobile; **–industrie** industrie *f* automobile.

autonom *adj* autonome.

Autonomie *f*, (1) *(von Staaten)* autonomie *f*, indépendance *f*, self-government *m*, (2) *(innerstaatlich)* autonomie administrative, personnalité *f* propre, (3) *(vertraglich)* autonomie de la volonté, liberté; **steuerliche –** autonomie fiscale; **– des Rechts** autonomie du droit.

Autonomismus *m* autonomisme *m*.

Autonomist *m* autonomiste *m*, particulariste *m*, sécessionniste *m*, séparatiste *m*, partisan *m* de l'autonomie.

Autopapiere *pl* papiers de bord (d'un véhicule).

Autopsie *f* (= Leichenschau) autopsie.

Autor *m* (= Urheber) auteur *m*.

Autoren|honorar *n* rémunération de l'auteur (d'une œuvre); **–kollektiv** *n* coauteurs *mpl*.

Autorität *f* (1) *(Machtbefugnis)* autorité *f*, domination *f*, force *f*, puissance *f*, (2) *(Geltung)* ascendant *m*, considération *f*, crédit *m*, empire *m*, prestige *m*, influence *f*, réputation *f*.

Autostraße *f* voie *f* ouverte à la circulation des véhicules; **–nraub** *m* vol commis sur un chemin public.

Auto|unfallversicherung *f* assurance contre les accidents d'automobile; **–vermietung** louage *m* de véhicule(s); **–wrack** *n* épave *f*.

Aval *m ou n* (= Wechselbürgschaft) aval *m*; **bedingtes –** aval conditionnel; **per –** bon pour aval, à titre d'aval; **unbedingtes –** aval inconditionnel; **–akzept** *n* acceptation à titre de donneur d'aval.

avalieren avaliser.

Avalist *m* donneur d'aval, avaliseur *m*, avaliste *m*, garant *m*.

Aval|kredit *m* crédit d'aval, crédit de cautionnement; **–provision** *f* commission d'aval; **–verpflichtung** *f* obligation à titre d'avaliseur.

Avis *n* (= Ankündigung) avis *m*, annonce *f*, communication *f*, information *f*, note *f*, notification *f*.

avisieren aviser, avertir, prévenir, informer.

Avisklausel *f* clause *f* d'avis.

Aviso *n* lettre d'avis; **–bezugsschein** *m* récépissé au destinataire; **–brief** *m* lettre d'avis; **–klausel** *f* clause d'avis.

Axiom *n* axiome *m*, postulat *m*, énoncé *m*; principe *m*.

B

B. (Brief) *(BörR)* offre *f*.

Baby-Bond *m* bon du Trésor d'un petit montant.

Babyjahr *n (SozVers: Kindererziehungsjahr)* année *f* d'éducation d'un enfant comptant comme année d'assurance pour le calcul de la pension de retraite *ou* étant considérée comme période assimilée.

BAföG (= Bundesausbildungsförderungsgesetz) Loi fédérale portant sur les bourses d'études.

Bagatell|delikt infraction *f* mineure; **–fall** *m* cas *m* négligeable; **–prozeß** *m* litige *m* de peu d'importance; **–sache** *f* affaire *f* de peu d'importance, affaire sommaire (en raison de sa modicité), cause *f* mineure *ou* sommaire; **–schaden** *m* dommage mineur, petit sinistre; **–strafsache** *f* infraction minime (en matière de contravention); **–verfahren** *n* procédure simplifiée appliquée lorsque l'affaire est de peu d'importance; **–zuschlag** *m* surtaxe frappant les objets présentés en trop petite quantité.

Bahn *f* chemin *m* de fer; **per – befördern** acheminer par rail *ou* par voie ferrée; **–hof** gare *f*; **kreuzung** *f* voie-ferrée (aussi tramway) traversant une route à niveau; **–polizei** *f* police *f* ferroviaire *ou* des chemins de fer; **–sendung** *f*, **–versand** *m* envoi par chemin de fer *ou* par voie ferrée, expédition par voie ferrée; **–spedition** service *m* de livraison à domicile (des marchandises acheminées par rail); **–übergang** *f* passage à niveau.

Baisse *f* baisse *f*; **konjunkturelle –** baisse conjoncturelle, baisse cyclique; **auf – spekulieren** spéculer à la baisse, jouer à la baisse; **–engagement** *n* engagement à la baisse; **–spekulant** *m* spéculateur à la baisse; **–spekulation** *f* spéculation à la baisse.

Baissier *m (BörR)* baissier *m*.

Balken|code *m (HR: Strichcode)* code *m* barres; **–recht** *n (SachR)* servitude *f* d'appui.

Ballast *m* (1) *(Schiff)* lest *m*, (2) *fig* personne encombrante.

Ballung *f* (1) processus *m* d'urbanisation, (2) agglomération *f*; **–sgebiet** *n od* **–sraum** *m* zone *f* de concentration urbaine; **– von Risiken** cumul *m* de risques.

Band *n* (1) chaîne *f* de production, (2) bande *f* magnétique; **eheliches –** lien *m* conjugal.

Bandbreite *f* marge *f* de fluctuation.

Bande *f (StR)* groupe *m* de malfaiteurs, bande *f* organisée; gang *m*, groupe de terroristes; **bewaffnete –** bande armée.

Bandenbildung *f (StR)* organisation d'une bande armée, lever une bande armée.

Banden|diebstahl *m* vol *m* en bande, vol commis par plusieurs personnes; **–kriminalität** *f* délinquance *f* par bande de malfaiteurs organisée; **–raub** *m* acte *m* de brigandage; **–schmuggel** *m* contrebande *f* commise par deux ou plusieurs personnes; **–unwesen** *n* actes *mpl* de banditisme.

Banderolensteuer *f* impôt *m* dont l'acquit est constaté par l'apposition d'une marque fiscale (p. ex. aux paquets de cigarettes).

Bandit *m* bandit *m*, malfaiteur *m*.

Bank *f* (1) *(i.e.S.)* banque *f*, (2) *(i.w.S.)* établissement *m* financier, institution *f* de crédit; **ermächtigte –, zugelassene –** banque agréée; **– für internationalen Zahlungsausgleich** (= BIZ) Banque des règlements internationaux; **internationale – für Wiederaufbau** Banque internationale pour la reconstruction.

Bank|abschluß *m* bilan *m* bancaire; **–agentur** *f* agence *f* bancaire; **–agio** *n* agio *m* de banque; **–akzept** *n* acceptation de banque; **–angestellte(r)** *m* employé de banque; **–anweisung** *f* mandat *m* de paiement; **–aufsichtsbehörde** *f* organisme *m* (allemand) de contrôle des banques; **–auftrag** *m* ordre *ou* de banque; **–auskünfte** *pl* renseignements *mpl* bancaires; **–ausweis** *m* situation bancaire; rapport *m* (d'une banque); **–auszug** *m* relevé *m* de banque *ou* de compte; **–aval** *m* aval *ou* garantie bancaire; **–bedingungen** *pl* conditions de banque; **–beleg** *m* document bancaire; **–bescheinigung** *f* certificat *m ou* attestation bancaire; **–bürgschaft** *f* garantie *ou* cautionnement bancaire; **–darlehen** *n* prêt *m* bancaire; **–depot** *n* dépôt en banque; **–diskont** *m* escompte *m* bancaire; **–diskontsatz** *m* taux d'escompte; **–einlage** *f* dépôt d'espèces en banque.

Banken|affidavit *n* affidavit *m ou* certification bancaire; **–aufsicht** *f* contrôle (étatique) exercé sur les banques; **–ausschuß** *m* comité *m* bancaire; **–gemeinschaft** *f* consortium *m* bancaire; **–gesetz** *n* loi sur les banques; **–gesetzgebung** *f* législation *f* bancaire; **–konsortium** *n* consortium *ou* pool *m* bancaire; **–kundschaft** *f* clientèle *f* bancaire; **–liquidität** *f* liquidités *fpl* bancaires; **–moratorium** *n* moratoire *m* bancaire, prorogation d'échéance; **–stimmrecht** *n (GesR)* droit de vote bancaire (pour les titres déposés, par délégation du droit de vote des actionnaires titulaires).

Bankfach *n* (1) coffre-fort *m*, compartiment *m* de coffre-fort; (2) profession *f* bancaire.

bankfähig *adj* bancable, négociable (auprès d'une banque).

Bank|filiale *f* succursale *f* bancaire; **–forderungen** *pl* créances *fpl* bancaires; **–garantie** *f* garantie *ou* cautionnement bancaire; **–gebühren** *pl* frais de banque; **–geheimnis** *n* secret *m* bancaire; **–geld** *n* monnaie scripturale *ou* de virement; **–geschäft** *n* opération *ou* affaire *f* bancaire, transaction *f* bancaire; **–gesellschaft** *f* société *f* bancaire; **–gewerbe** les entreprises bancaires, les Banques; **–guthaben** *n* dépôt en banque, avoir *m* bancaire, fonds *mpl* déposés en banque.

Bankier *m* banquier *m*; financier *m*.

Bank|haus *n*, **–institut** *n* banque *f*, établissement de crédit; **–kaufmann** *m* employé bancaire diplômé; **–konto** *n* compte en banque; **–kosten** commission bancaire, frais de banque; agios *mpl;* **–krach** *m* krach *m* financier, débâcle boursière et financière; **–kredit** *m* crédit *m* bancaire; **–kreise** *pl* milieux *mpl* bancaires; **–kundschaft** *f* clientèle *f* bancaire; **–leitzahl** (= BLZ) numéro *m* de code bancaire; **–nebenstelle** succursale *f* de banque.

Banknote *f* billet *m* de banque, coupure *f* de monnaie; **abgestempelte** – billet estampillé; **gültige** – billet en cours; **kleine** – petite coupure.

Banknoten *pl*: – **einziehen** retirer des billets de la circulation; – **in Umlauf setzen** mettre des billets en circulation; – **aus dem Umlauf ziehen** retirer des billets de la circulation; **–ausgabe** émission de billets de banque; **–monopol** *n*, **–regal** *n* monopole d'émission; **–umlauf** *m* circulation *f* monétaire.

Bankomat *m*, **Bank-SB-Automat** billetterie *f*, distributeur automatique de billets de banque.

Bank|platz *m* place *f* bancaire; **–prokura** procuration de banque; **–provision** *f* commission bancaire, commission de banque; **–rat** *m* (S) conseil de la banque (S); **–rate** *f* taux de l'escompte; **–raub** *f* hold-up *m* contre une banque, braquage *m* d'une banque; **–räuber** auteur *m* d'un hold-up; **–recht** *n* droit *m* bancaire; **–rembourskredit** *m* crédit par acceptation; **–revision** *f* contrôle de la comptabilité bancaire, révision bancaire (S).

Bankrott *m* banqueroute *f*, cessation *f* des paiements, faillite *f* personnelle; **betrügerischer** – faillite *ou* banqueroute frauduleuse; **einfacher** – banqueroute simple; **offener** – banqueroute déclarée; **versteckter** – banqueroute camouflée.

Bankrotteur *m* banqueroutier *m*, débiteur *m* fautif, failli *m*.

Bank|sachverständiger *m* expert *m* bancaire; **–satz** *m* taux *m* d'escompte appliqué par les banques (à leurs clients); **–schalter** guichet *m* (de banque); **–scheck** *m* chèque *m* bancaire; **–schließfach** *n* coffre-fort *m* (bancaire); **–schuld** *f* dette *f* bancaire; **–schuldner** *m* débiteur *m* bancaire; **–sparguthaben** *n* épargne *f* bancaire; **–spesen** *pl* commission (perçue par la banque); **–tresor** *m* coffre-fort *m*; **–überweisung** *f* virement *m* bancaire; **–unternehmen** *n* entreprise *f* bancaire, entreprise de banque; **–valorenversicherung** assurance titres et valeurs transportés; **–verbindung** adresse *f* bancaire; **–verein** *m* association *f* des banques; **–verfassung** *f* organisation *f* du système bancaire; **–verkehr** *m* transactions *fpl* bancaires; **–vertrag** contrat bancaire; **–vorschuß** *m* avance consentie par une banque; **–währung** *f* monnaie *f* de compte; **–werte** *pl* valeurs *fpl* bancaires; **–wesen** *n* système *m* bancaire, ‹des Banques›; **–zinsen** *pl* intérêts *mpl* bancaires; **–zinsfuß** *m* taux *m* d'escompte.

Bann *m* (1) *(hist)* prérogative *m* seigneuriale, droit de justice, police *f* administrative, (2) ban *m*, bannissement *m*; **–bezirk** *m* (S) district *m* franc; **–bruch** *m* (1) rupture de ban, (2) contrebande de marchandises prohibées, contrebande *f*; **–gebiet** *n* périmètre de protection, territoire à ban (S); **–gut** *n* marchandise *f* prohibée, contrebande de guerre; **–kreis** *m*, **–meile** *f* périmètre *ou* zone de protection autour du siège du Parlement; **–recht** *n* droit *m* banal; **–wald** *m* forêt *f* de protection; **–ware** contrebande.

bar *adj* comptant, en espèces; **in – bezahlen** payer au comptant compté.

Bar|abfindung *(VersR)* indemnité *f* en espèces; **–abhebung** *f* prélèvement *m* en espèces, retrait d'espèces; **–ablösungswert** *m* valeur *f* au comptant.

Baratt *m* échange *m*, troc *m*.

Baratterie *f (SeeHR)* baraterie *f*, faute commise par le capitaine *ou* le maître du navire.

Baratthandel *m* commerce de troc, commerce d'échange.

Bar|abfindung *f* indemnité *f* en espèces; **–ablösungswert** *m* valeur *f* au comptant.

Bar|auftrag *m* ordre *m* au comptant; **–aufwendungen** *fpl* dépenses en espèces; **–auslage** *f* dépense *f* en espèces; **–bestand** disponibilités *fpl* (en caisse), encaisse *f*; **–betrag** montant *m* en espèces; **–bezüge** rémunération *f* en espèces; **–deckung** *f* couverture *f* en espèces; **–depot(pflicht)** *f* (1) dépôt obligatoire (pour les emprunts des sociétés allemandes à l'étranger), (2) dépôt de garantie en espèces; **–einlage** *f* apport en numéraire *ou* en argent, *ou* en espèces; **–einlösung** *f* convertibilité en espèces; **–einzahlung** versement en espèces; **–ertrag** produit *m* net; **–gebot** *n* offre liquide, offre *f* en espèces.

Bargeld *n* argent *m* liquide, numéraire *m*, espèces *fpl*, deniers *mpl* comptants, avoir *m* liquide; **–auszahlung** *f* paiement en espèces, en numéraire, *ou* en argent; **–besitz** *m* avoir en liquidités; **–einzahlung** *f* versement en numéraire *ou* en espèces; **–knappheit** *f* gêne *f* de trésorerie.

bargeldlos *adj* sans numéraire, scriptural; **–er Zahlungsverkehr** transactions par virement *ou* sans argent liquide.

Bargeld|schwierigkeiten *pl* gêne de trésorerie; **–sendung** *f* envoi d'espèces, transport d'espèces, transfert de numéraire.

Bar|geschäft *n* vente *ou* achat au comptant; **–gründung** *f* fondation d'une société dans laquelle les apports sont faits en numéraire; **–guthaben** *n* avoir *m* en numéraire, avoir en espèces; **–leistung** indemnité en espèces; **–kauf** *m* achat au comptant; **–kaution** *f* caution *f* en espèces *ou* en numéraire, consignation d'espèces; **–konto** *n* (L) compte d'espèces; **–kredit** *m* crédit *m* de décaissement; **–leistung** *f* prestation en espèces; **–liquidität** *f* liquidités *fpl*; **–mittel** *pl* argent liquide; trésorerie *f*; **–prämie** *f* prime nette au comptant; **–preis** *m* prix comptant; **–quote** *f* quote-part *f* en espèces.

Barrel *n* *(Rohöl)* baril *m* (de pétrole brut de 159 l. env.).

Barren *m* lingot *m* (1 kg d'or fin au titre de 995 millièmes); **–gold** *n* or *m* en lingots.

Barschaft *f* espèces *fpl*.

Bar|scheck *m* chèque *m* non barré, à vue; **–verkauf** *m* vente au comptant; **–vermögen** disponibilités *fpl*; **–vorrat** *m* liquidités *fpl*; **–vorschüsse** *pl* débours *mpl*, avances en espèces; **–wert** *m* valeur en espèces; valeur *f* actuelle.

bar zahlen payer en numéraire.

Bar|zahlung *f* paiement *m* en numéraire, versement *m* en numéraire, paiement comptant, paiement en espèces; **–zahlungsnachlaß** *m* remise *f* *ou* escompte sur les paiements au comptant; **–zahlungspreis** *m* prix *m* (pour paiement) au comptant; **–zeichner** *m* souscripteur *m* en espèces; **–zeichnung** *f* souscription *f* en espèces.

Base *f* (1) cousine *f*, (2) (S) tante *f*.

basieren auf être basé sur.

Basis|kurs *m* cours de base; **–linie** *f* ligne de base.

Bau *m* (1) construction *f*, bâtiment *m*, édifice *m*, immeuble *m*, ouvrage *m*, (2) édification *f*, construction *f*; **in – befindlich** en cours de construction, en chantier; **– und Wohngenossenschaft** *f* coopérative de construction de logements.

Bau|abnahme *f* (1) *(durch den Bauherren)* réception *f* de la construction, (2) *(durch die Bauaufsichtsbehörde)* délivrance *f* du certificat de conformité; **–abrechnung** *f* mémoire *m*, état *m* des sommes dues à un entrepreneur; **–abstand** distance *f* prescrite pour les constructions; **–amt** *n* office d'urbanisme; **–antrag** *m* demande de permis de construire; **–arbeiten** *fpl* travaux *mpl* de construction; **–art** *f* nature *f* des constructions, style architectural; **–auflage** *f* servitude de construction; **–aufsicht** *f* (1) inspection *f* *ou* surveillance *f* des travaux, (2) *(Behörde)* office *m* chargé de la surveillance des travaux publics; **–aufwand** *m* coût *m* de la construction; **–bedingung** *f* servitude de construction; **–behörde** *f* administration compétente en matière de police administrative des constructions; **–beschränkung** *f* servitude (légale) de construction; **–betreuer** *m* (= Bauleiter, Baufirma) maître *m* d'œuvre; promoteur *m* de construction; **–betreuung(svertrag)** (contrat *m* de) promotion immobilière; **–bewilligung** *f* permis de construire, permis *ou* autorisation de bâtir; **–block** *m* ilôt *m*; **–darlehen** *n* prêt à la construction; **–dispens** *f* dispense de certaines servitudes de construction.

Bauerlaubnis *f* permis *m* de construire; **Antrag** *m* **auf** – demande d'un permis de construire; **Gewährung** *f* **der** – délivrance *f* du permis de construire; **Verweigerung** *f* **der** – refus *m* du permis de construire.

Bauern|genossenschaft *f* coopérative *f* paysanne; **–hilfsorganisation** *f* (S) institution de secours agricole; **–hof** *m* exploitation agricole.

Bau|fehler *m* vice de construction; **–firma** constructeur *m* d'un ouvrage; entrepreneur *m* (en bâtiments); **–fläche** *f* terrain de construction; **–fluchtlinie** *f* alignement *m*; **–forderung** *f* créance *f* des frais de construction; **–fortschrittsplan** *m* planning *m* d'avancement des travaux; **–gebot** *n* *(VwR)* obligation de bâtir (imposée au propriétaire d'un immeuble); **–gebrechen** *n* (Aut) vice de construction; **–gelder** *pl* fonds pour la construction; **–geldkredit** *m* crédit à la construction; **–geldvertrag** *m* contrat de prêt à la construction; **–genehmigung** *f* permis de construire *ou* de bâtir, autorisation de bâtir; **–genossenschaft** *f* coopérative *f* de construction; **–gesellschaft** *f* société *f* immobilière, société de construction; **–gesetzbuch** *n* code de la construction; **–gewerbe** *n* industrie *f* du bâtiment; **–grund** *m*, **–grundstück** *n* terrain à bâtir.

Bau|herr *m* maître *m* de l'ouvrage, propriétaire *m* pour le compte duquel une construction est entreprise; **–herrengemeinschaft** communauté *f* de maîtres de l'ouvrage; **–herrenhaftpflichtversicherung** *f* assurance *f* responsabilité civile maîtres de l'ouvrage; **–höhe** hauteur *f* de la construction; **–hypothek** *f* hypothèque gageant un prêt à la construction; **–industrie** industrie du bâtiment *ou* de la construction; **–investition** *f* investissement *m* immobilier.

Baukosten *pl* frais *mpl* de construction, coût *m* de la construction; **–voranschlag** *m* devis *m* (de construction) estimatif; **–zuschuß** *m* (1) aide *f* de l'État à la construction d'immeubles, (2) apport *m* personnel (des locataires) aux frais de construction; **verlorener –zuschuß** subvention à fonds perdus pour la construction d'immeubles.

Bau|kredit *m* crédit à la construction; **–land** *n* terrain à bâtir *ou* constructible; terrain constructible et viabilisé; **–landerschließung** viabilisation; **–lärm** *m* pollution *f* sonore résultant des travaux de construction; **–lastenbuch** *n* registre des servitudes de construction.

Bauleistung|en *fpl* **zum Nachweis** travaux *mpl* sur mémoires; **–sauftrag** *m* marché de travaux (publics); **–sbericht** *m* situation *f* de travaux.

Bauleitplan *m* schéma *m* directeur d'aménagement et d'urbanisme; plan *m* d'occupation des sols.

bauliche Maßnahme construction.

Baulichkeit *f* immeuble *m*, bâtiment *m*.

Baulinie *f* alignement, nivellement.

Baum *m*: **gemeinschaftlicher** – arbre *m* mitoyen; **–frevel** *m* dommage causé aux arbres.

Bau|markt *m* marché de la construction, marché *m* immobilier; **–maschine** *f* engin *m* *ou* machine *f* de chantier; **–maßnahme** *f* travaux *mpl* dans un immeuble locatif; **–nutzung** *f* destination *f* du bâtiment; **–ordnungen** *fpl* législation *f* sur la construction; **–pachtrecht** *n* bail *m* à construction; **–platz** *m* terrain à bâtir; **–polizei** *f* police de la construction, police *f* des bâtiments; **–prämie** *f* prime à la construction; **–preisrecht** *(VwR)* réglementation des prix dans le domaine des travaux publics; **–recht** *n* (1) droit de construire, (2) droit relatif aux constructions; **–risikoversicherung** *f* assurance des risques de construction.

in Bausch und Bogen *(HR)* à forfait, forfaitaire *adj*; forfaitairement *adv*.

Bausch|besteuerung *f* (Aut) imposition forfaitaire; **–betrag** *m* forfait.

Bau|schein *m* permis de construire, certificat *m* d'urbanisme; **–schwindel** *m* escroquerie *f* à la construction.

Bauspar|darlehen *n* prêt *m* d'épargne-logement; **–en** *n* épargne-logement *f*, épargne-construction *f*; **–er** épargnant *m* au titre de l'épargne-logement.

Bauspar|kasse *f* caisse d'épargne pour la construction, caisse d'épargne-logement, (en S:) société d'épargne pour prêt de construction; **–prämie** prime *f* à l'épargne-logement; **–vertrag** *m* contrat d'épargne-logement.

Bau|sperrgebiet *n* zone *f* interdite à la construction; **–stelle** *f* chantier *m* de construction; **–stoffe** *mpl* matériaux *mpl* de construction.

Bauten *pl* édifices *mpl*, constructions *fpl*, bâtiments *mpl*.

Bau|träger *m* (= Baubetreuer) promoteur-constructeur; **–trägervertrag** *m* contrat de promotion immobilière; **–übergabe** *f* réception de l'ouvrage; **–unternehmer** *m* entrepreneur *m* (en bâtiments), constructeur *m* de l'ouvrage; **–verbot** *n* interdiction *f* de construire *ou* de bâtir; **–vereinigung** *f* association de construction; **–vertrag** *m* contrat d'entreprise, contrat de louage d'ouvrage, contrat de construction; **–vorhaben** *n* projet de construction; **–vorschriften** règles *fpl* d'urbanisme, règlements *mpl* (de sécurité) applicables à la construction; **–weise** *f* type *m* de construction; **–werber** *m* (Aut) demandeur d'un permis de construire; **–werk** *n* édifice *m*, construction *f*; **–wesen** *n* industrie *f* du bâtiment; **–wesenversicherung** *f* assurance *f* tous risques chantier; **–wich** *m* distance *f* pour les construction; **–zeichnung** *f* plan *m* de la construction; **–zeit** *f* délai *m* de construction; **–zins** *m* (1) intérêt pour la construction, (2) intérêt conventionnel accordé aux actionnaires pendant les premières années de fonctionnement de la société, intérêt *m* intercalaire (S).

Bayerisches Oberstes Landesgericht (BayObLG) Haute Cour bavaroise de justice (compétente en matière de cassation).

beachten respecter (une règle), prendre en considération (un avis), tenir compte (d'un conseil).

beachtlich *adj* considérable.

Beachtung *f* observation, considération, attention, respect *m*; **– der gültigen Vorschriften** observation des dispositions en vigueur.

Beamte(r) *m* fonctionnaire *m* (public), membre *m* de la fonction publique, agent de l'autorité publique; agent titulaire civil; agent de l'administration; **zum –n ernennen** titulariser; **außerplanmäßiger** fonctionnaire non titulaire; **bevollmächtigter –** fonctionnaire commissionné (L); **entlassener –** fonctionnaire démis de ses fonctions *ou* destitué; **hoher –** haut fonctionnaire; **planmäßiger –** fonctionnaire titulaire; **politischer –** fonctionnaire *m* dont la nomination et la cessation de fonction peut dépendre d'une décision politique; **rechnungsführender –** agent *m* comptable; **unabsetzbarer –** fonctionnaire inamovible; **unterer –, untergeordneter –** fonctionnaire subalterne, agent d'exécution; **vereidigter –** agent assermenté.

Beamte| als Amtsträger officier *m* ministériel; **– im aktiven Dienst, – des Dienststandes** (Aut) fonctionnaire en activité; **– des einfachen Dienstes** petit fonctionnaire, fonctionnaire allemand de catégorie subalterne (correspondant à la catégorie D en France); **– des gehobenen Dienstes** fonctionnaire allemand de la catégorie moyenne supérieure (correspondant à la catégorie B en France); **– des höheren Dienstes** haut fonctionnaire, fonctionnaire allemand de la catégorie supérieure (correspondant à la catégorie A de la fonction publique française); **– auf Lebenszeit** fonctionnaire titulaire, titulaire *m*, fonctionnaire de carrière; **– des mittleren Dienstes** fonctionnaire de catégorie C *ou* catégorie moyenne simple; **– auf Probe, – im Probedienst** fonctionnaire stagiaire, fonctionnaire ayant satisfait à son stage de formation et accomplissant un stage probatoire; **– im Ruhestand, – des Ruhestandes** (Aut) fonctionnaire à la retraite; **– im Vorbereitungsdienst** fonctionnaire stagiaire; **– auf Widerruf** fonctionnaire à titre précaire; fonctionnaire en début de carrière, fonctionnaire en stage de formation; **– zur Wiederverwendung** fonctionnaire en voie de réintégration, fonctionnaire en instance de réaffectation; **– auf Zeit** fonctionnaire nommé pour une durée déterminée.

Beamten|anwärter *m* fonctionnaire stagiaire, stagiaire *m*; **–beleidigung** *f* outrage à fonctionnaire public dans l'exercice de ses fonctions; **–bestechung** *f* corruption de fonctionnaire; **–gesetz** *n* loi sur le statut des fonctionnaires, statut *m* de la fonction publique; **–haftung** *f* (1) responsabilité des fonctionnaires, (2) responsabilité de l'Etat pour ses fonctionnaires; **–laufbahn** *n* carrière *f* des fonctionnaires; **–recht** *n* droit *ou* statut de la fonction publique.

beamtenrechtlich *adj* relatif au droit des fonctionnaires; **–e Vorschriften** *fpl* statut *m* des fonctionnaires.

Beamtenschaft *f* la Fonction publique, les agents des services publics, les gens de l'Administration.

Beamten|schein *m* certificat donnant droit à certains emplois réservés; **–stand** *m* fonctionnariat *m*; **–stelle** *f* poste de fonctionnaire; **–verein** *m* association de fonctionnaires.

Beamtentum *n* fonctionnariat *m*.

Beamtenvereinigung *f* association *f* de fonctionnaires.

Beamtenverhältnis *n* situation de fonctionnaire, statut de fonctionnaire, rapport *m* entre le fonctionnaire et la personne morale de droit public au service de laquelle il est placé; **in das – berufen, in das – übernehmen** (1) nommer fonctionnaire, fonctionnariser, (2) titulariser.

Beamtin *f* femme fonctionnaire.

Beamtung *f* (S) fonction *f* publique.

beanspruchen revendiquer, réclamer, demander, exiger.

Beanspruchung *f* revendication *f*.

beanstanden s'opposer, réclamer; soulever une objection (contre), critiquer.

Beanstandung *f* opposition *f*, réclamation *f*, remontrance *f*; **amtliche –** objection officielle; **berechtigte –** objection justifiée.

Beanstandungsrecht *n* droit *m* de critique, droit d'opposition.

beantragen demander, requérir, solliciter, proposer.

beantworten répondre à, répliquer.

Beantwortung *f* réponse *f*; réplique *f*; **in –** en réponse à (votre question).

bearbeiten (1) *(Produkte)* travailler une matière première (sans en changer le caractère), façonner, (2) *(Sachverhalt)* étudier, traiter, examiner, préparer (un dossier), (3) *(Schaden)* suivre, gérer, traiter.

Bearbeitung *f* (1) *(Material)* travail *m*, façon *f*, façonnage *m*, (2) étude *f*, examen *m*, préparation *f*, (3) *(Kunstwerk)* adaptation *f*, (4) *(Erledigung)* exécution, traitement, suivi *m*, gestion; **in –** en préparation, à l'étude, à l'examen, en voie de règlement, en cours.

Bearbeitungsgebühr *f* droit *m* de constitution de dossier, taxe *f* de préparation *ou* de traitement.

Barbeitungs|kosten frais de règlement; **–richtlinien** directives de gestion; **–schäden** dommages résultant de l'usinage *ou* de la transformation.

beaufsichtigen surveiller, superviser, contrôler.

Beaufsichtigung *f* (1) surveillance *f*, (2) *(Kinder)* garde *f*; **mangelnde –** défaut de surveillance.

beauftragen déléguer, commettre, mandater; **jemanden mit etwas –** charger qqn de faire qqch.

Beauftragte(r) *m* (1) *(ÖfR)* délégué *m*, (2) *(ZR)* mandataire *m*, fondé *m* de pouvoir, (3) *(VwR)* directeur *m*; **– für Afrikapolitik** Directeur des affaires africaines; **– der Bundesregierung für Fragen der Abrüstung u. Rüstungskontrolle** Délégué du Gouvernement fédéral chargé des questions du désarmement et du contrôle des armements.

bebaut (1) bâti, (2) cultivé.

Bebauungsplan *m* plan d'urbanisme, plan d'aménagement urbain, plan *m* d'occupation des sols (opposable aux tiers).

Bedarf *m* besoin *m*, les besoins *mpl* en , demande; **vordringlicher –** demande *f* prioritaire; **den – befriedigen, decken** satisfaire la demande *ou* les besoins.

Bedarfs|artikel *m* objet de nécessité courante, article *m* courant; **–bescheinigung** *f* certificat de besoin; **–deckung** *f* satisfaction *ou* couverture des besoins.

Bedarfs|gefährdung *f (StR)* infraction consistant dans le fait de mettre en péril le ravitaillement en matières premières; **–gegenstände** biens *mpl* servant à la satisfaction des besoins quotidiens; **–güter** biens *mpl* de consommation courante; **–lenkung** orientation des besoins; **–verkehr** *m* transport à la demande; **–verwaltung** *f* partie de l'administration publique chargée de la gestion des dépenses de fonctionnement et de service; **–zuweisung** *f* subvention financière spéciale de l'Etat aux communes.

bedenken (1) *(ErbR)* disposer en faveur de qn, gratifier, (2) réfléchir; **testamentarisch –** dévolution de biens par testament.

Bedenken *n* objection *f*, doute *m*; appréhension, crainte *f*; **– anmelden** formuler des réserves.

Bedenkzeit *f* temps *ou* délai de réflexion.

Bedenklichkeitsverfahren *n* (Aut) procédure destinée à préserver les droits d'un créancier inconnu lorsqu'un malfaiteur est trouvé en possession d'objets dont il ne peut ou ne veut révéler qui en est le propriétaire.

Bedeutung *f* (1) *(Sinn)* signification, sens *m*, (2) *(Wichtigkeit)* importance *f*, portée *f*; **rechtliche –** signification juridique.

bedienen (1) *(Menschen)* servir, (2) *(Maschinen)* desservir, manœuvrer, manier.

Bedienstete(r) *m* (1) *(VwR)* préposé *m*, (2) *(ArbR)* salarié *m*; **leitender –** agent *m* de direction, cadre (supérieur).

Bedienung *f* (1) service *m*, (2) maniement *m*, conduite *f*, manœuvre *f*; **–sanleitung** mode *m* d'emploi, instructions *fpl* de service, manuel *m* d'instruction; **–sfehler** erreur *f* de manipulation; **–spersonal** personnel *m* de service *ou* de surveillance; **–svorschrift** instruction de service.

Bedingnisheft *n* (Aut) cahier *m* des charges.

bedingt *adj* conditionnel; limité; **–e Annahme** acceptation (de l'offre) sous condition; **–e Forderung** créance *f* sous condition; **–e Strafaussetzung** *f* sursis *m*.

Bedingung *f* (1) *(Voraussetzung)*

condition *f*, (2) *(Erfordernis)* exigence *f*, prétention *f*, (3) *(Vertrag)* clause *f*, stipulation *f*, modalité *f*, (4) *(Politik)* préalable *m*; **allgemeine –** condition générale; **auflösende –** condition résolutoire, condition extinctive; **aufschiebende –** condition suspensive; **erfüllte –** condition accomplie *ou* réalisée; **gemischte –** condition mixte; **nicht erfüllte –** condition non remplie, condition défaillie; **sittenwidrige –** condition immorale; **stillschweigende –** condition implicite *ou* tacite; **unausgesprochene –** condition tacite *ou* implicite, condition sous-entendue; **unerläßliche –** condition sine qua non; **unerlaubte –** condition illicite; **unmögliche –** condition impossible; **wesentliche –** condition essentielle; **vom Zufall abhängige –** condition casuelle; **eine – erfüllen** remplir une condition; **–en stellen** poser des conditions; **unter der – daß** à condition de, sous réserve de, à charge de.

bedingungsfeindliches Rechtsgeschäft condition illicite (dans un acte juridique), acte juridique ne pouvant être conclu sous condition.

bedingungslos *adj* sans conditions; inconditionnellement *adv*.

bedrohen menacer.

Bedrohung *f* menace *f*; **– von Leib und Leben** menaces *fpl* de mort; **– der öffentlichen Ordnung** menace pour l'ordre public.

Bedürfnis *n* (1) besoin *m*, (2) nécessité *f*, exigence *f*; **dienstliches –** motif *m* de service; **dringendes –** besoin urgent.

Bedürfnisprüfung *f (VerwR)* analyse des besoins (du public).

bedürftig *adj* indigent.

Bedürftige(r) *m* économiquement faible, indigent *m*, personne ayant des ressources insuffisantes.

Bedürftigkeit indigence *f*, insuffisance *f* des moyens d'existence *ou* des ressources.

Bedürftigkeitsnachweis *m* certificat d'indigence, carte sociale des économiquement faibles.

beeiden *od.* **beeidigen** déclarer sous la foi du serment, faire une déposition sous serment, jurer.

beeidigt|er Makler *m* courtier *m* juré; **–er Übersetzer** traducteur *m* assermenté; **nicht –er Zeuge** témoin *m* insermenté.

Beeidigung *f* prestation de serment, serment *m*.

beeinflußbar *adj* influençable.

beeinflussen (1) influencer, (2) *(Zeugen)* suborner.

Beeinflussung *f* le fait d'exercer une influence sur quelqu'un, action *f* sur, persuasion.

beeinträchtigen (1) porter atteinte à, léser, désavantager, (2) diminuer, réduire, restreindre, limiter.

beeinträchtigend attentatoire *adj*, préjudiciable *adj*; **die Freiheit –** (mesure) attentatoire à la liberté.

Beeinträchtigung *f* atteinte *f*; préjudice *m*, dommage *m*, tort *m*; **– der Rechte** atteinte *f* aux droits, lésion *f* dans les droits.

Beendigung *f* (1) fin *f*, cessation *f*, (2) *(Arbeit)* achèvement *m*; **– des Auftrags** fin du mandat; **– des Kriegszustandes** cessation de l'état de guerre.

beerben hériter.

Beerbung *f* le fait d'hériter.

Beerdigung inhumation *f*, obsèques *fpl*, enterrement *m*.

Beerdigungs|anstalt, –institut entreprise *f* de pompes funèbres; **–kosten** *pl* frais *mpl* funéraires *ou* d'obsèques; **–schein** *m* permis d'inhumer, permis *m* d'inhumation (B).

befahrbar *adj* carossable, praticable.

Befahrbarkeit *f* viabilité *f*, praticabilité *f*.

befähigen qualifier, rendre apte (à).

Befähigung *f* (1) *(Fähigkeit)* capacité *f*, (2) *(Eignung)* aptitude *f*, qualification *f*, (3) *(Sachverstand)* compétence *f*; **berufliche –** qualification *ou* compétence *f* professionnelle; **– zum Richteramt** conditions d'accès à la magistrature *ou* d'exercice des fonctions judiciaires.

Befähigungs|liste *f* liste d'aptitude; **–nachweis** *m*, **–zeugnis** *n* certificat d'aptitude (à l'exercice d'une profession), brevet *m* d'aptitude, *ou* de capacité, brevet professionnel, certificat *m* de capacité, diplôme *m* professionnel.

befangen prévenu, partial; **sich für – erklären** se déporter, se récuser.

Befangenheit *f* prévention *f*, parti pris *m*, partialité *f*, opinion préconçue; **Besorgnis der –** suspicion *f* légitime; **wegen – ablehnen** récuser pour cause de suspicion légitime.

Befangenheitserklärung *f* récusation (du magistrat); **– des Richters** abstention de juge.

Befassungsrecht *n* droit *m* de saisir une administration ou un tribunal.

Befehl *m* ordre *m*; commandement *m*, injonction *f*, directive *f*, instruction *f*, sommation *f*; **– zur Einleitung der Untersuchung** ordre d'informer; **– zum landen** sommation d'atterrir; **den – übernehmen** prendre le commandement.

befehlen ordonner, commander, dicter, enjoindre, prescrire, sommer.

Befehls|befugnis; –gewalt *f* pouvoir *m* de donner des ordres, pouvoir de commandement; **–mißbrauch** *m* abus *m* du pouvoir de commandement.

Befestigung *f* (1) affermissement, (2) *(Gebäude)* consolidation *f*.

befinden; über etwas *od.* **jemanden –** décider *ou* juger de qch., statuer sur; **sich –** se trouver (en un endroit).

beflaggen pavoiser.

Beflaggen *n*, **Beflaggung** *f* pavoisement *m*.

befolgen respecter, observer (à la lettre).

Beförderer *m* transporteur *m*.

befördern (1) promouvoir, donner de l'avancement, (2) transporter, acheminer; **befördert werden** être promu (à un grade supérieur).

Beförderte(r) *m* promu *m*.

Beförderung *f* (1) *(von Beamten)* avancement *m* de grade, promotion *f*, (2) transport *m*, acheminement *m*; **außerordentliche –** avancement au choix *ou* exceptionnel, promotion au choix; **außerplanmäßige –** avancement au choix, avancement exceptionnel, promotion au choix, avancement hors cadre; **gebührenfreie –** transport en franchise; **gemischte –** transport mixte, transport combiné; **unmittelbare –** transport en droiture; **zur – annehmen** accepter au transport; **– im Durchgangsverkehr** transport en transit; **– mit der Eisenbahn** transport par voie ferrée *ou* ferroviaire *ou* par chemin de fer; **– im kleinen Grenzverkehr** transport frontalier; **– auf dem Luftweg** transport aérien; **– im offenen Durchgang** transport en transit à découvert; **– auf dem Straßenweg** transport par route; **– auf dem Wasserweg** transport par eau.

Beförderungs|art *f* mode *m* de transport; **–bedingungen** conditions de transport; **–betrug** *m*, **–erschleichung** *f* filouterie de transport, le fait de voyager sans titre de transport valable; **–frist** *f* délai de transport.

Beförderungsgebühr *f* (1) taxe de transport, droit de transport, (2) *(Post)* taxe d'affranchissement.

Beförderungs|grundsätze *pl* règles d'avancement; **–kosten** *pl* frais *mpl* de transport; **–liste** *f* tableau *m* d'avancement; **–mittel** *n* moyen *m* de transport; **–monopol** *n* monopole du transport; **–pflicht** *f* obligation de transporter; **–preis** *m* prix du transport; **–richtlinien** *pl* directives pour l'avancement du personnel, règles *fpl* d'avancement; **–risiko** *n* risque *m* de transport; **–schein** *m* titre *m ou* bulletin de transport; **–steuer** *f* impôt sur les transports.

Beförderungsvertrag *m* contrat de transport; **– im internationalen Straßengüterverkehr** contrat de transport international de marchan-

dises par route (CMR); – **für den kombinierten Verkehr** contrat de transport combiné; – **für Umzugsgut** contrat de déménagement.
Beförderungs|vorschriften *pl* conditions de transport; **–weg** voie *f* d'acheminement; **–wesen** les Transports; **–zeit** durée *f* du transport.
befrachten (1) charger, (2) *(Schiff)* affréter.
Befrachter *m* affréteur *m*, chargeur *m*, expéditeur *m*.
Befrachtung *f* affrètement *m*.
Befrachtungs|bedingungen *pl* conditions d'affrètement; **–genossenschaft** *f* coopérative d'affrètement; **–gesellschaft** *f* société d'affrètement; **–rolle** *f* rôle d'affrètement; **–vertrag** *m* (1) *(Land, Luft)* lettre *f* de voiture, contrat de transport, (2) *(Wasser)* contrat d'affrètement.
Befragung *f* enquête *f*; interrogatoire *m*; **–stest** sondage *m* d'opinion.
befreien (1) libérer, délivrer, élargir, (2) *(Gebühren)* exempter, exonérer de.
Befreiung *f* (1) *(Rettung)* libération *f*, affranchissement *m*, émancipation *f*, (2) *(Gefangene)* délivrance *f*, mise en liberté (d'un détenu), élargissement *m*, (3) *(Entlastung)* exemption *f*, franchise *f*, exonération *f*, décharge *f*, dispense *f*; **einstweilige –** remise *f* provisoire, exemption provisoire; – **vom Alterserfordernis** dispense d'âge; – **vom Aufgebot** dispense des publications de mariage, dispense des bans; – **von der Dienstpflicht** (S) exemption du service militaire; – **von Ehehindernissen,** – **von Eheverboten** dispense des empêchements au mariage; – **vom Gegenseitigkeitserfordernis,** – **von der Gegenseitigkeitsverpflichtung** dispense de réciprocité; – **von der Gerichtsbarkeit** immunité de juridiction; – **vom Militärdienst** exemption de service militaire *ou* national; – **des Schuldners** exonération du débiteur, paiement *m* libératoire; – **von Sicherheitsleistung** dispense de caution, dispense de fournir caution; – **von Verhaftung** immunité d'arrestation; – **vom Wehrdienst** exemption de service militaire *ou* national.
Befreiungs|grund *m* cause d'exonération; **–schein** *m* certificat d'exemption, certificat d'exonération; **–vermächtnis** *n* legs *m* consistant dans la remise d'une dette.
befrieden (1) *(Land)* pacifier, (2) *(Grundstück)* enclore.
befriedigen satisfaire, payer, désintéresser, régler; **einen Anspruch –** s'exécuter, payer.
Befriedigung *f* paiement *m*, acquittement *m* (d'une dette), exécution *f* (d'une obligation), satisfaction *f* (du créancier); **abgesonderte –** *(KonkursR)* distraction *f*; **volle –** dédommagement *m* intégral.
Befriedigungs|recht *n* droit de se payer; **–vorrecht** *n* droit de préférence.
Befriedung *f* pacification *f*.
befristen fixer un délai, soumettre à un délai, limiter dans le temps.
befristet *adj* limité, à terme, à échéance, à durée déterminée.
Befristung *f* fixation *f* d'un délai.
Befruchtung *f*: **exkorporale –** fécondation ‹in vitro› (= FIV) (et transfert embryonnaire); **künstliche –** fécondation *ou* insémination artificielle.
befugen autoriser (à), habiliter (à), donner autorisation, conférer le pouvoir (de).
Befugnis *f* autorisation *f*, droit *m*, compétence *f*, pouvoir *m*, attribution *f*; – **zur Enteignung** pouvoir d'expropriation; – **zur Entscheidung nach freiem Ermessen** pouvoir discrétionnaire.
Befugnisse, die – ausüben exercer les fonctions; **seine – überschreiten** outrepasser ses pouvoirs, excéder ses pouvoirs, transgresser ses pouvoirs; **die – übertragen** déléguer les pouvoirs, se dessaisir (d'une affaire); **hoheitsrechtliche –** attributions *fpl* de la puissance

publique; **vermögensrechtliche – des Urhebers** droits patrimoniaux de l'auteur.

Befund *m* constat *m*, résultat *m* d'un examen, fait *m* constaté; **ärztlicher** – constat *m* médical; **zollamtlicher** – résultat de la visite douanière; **–aufnahme** *f* (Aut) constat.

Befundprotokoll *n* procès-verbal de constat.

befürworten recommander, conseiller, préconiser; **einen Antrag** – soutenir *ou* faire valoir une demande.

Befürwortung *f* recommandation *f*; – **von Straftaten** appel *m ou* exhortation *f* au crime.

Begabung *f* don *m*, talent *m*.

begebbar *adj* négociable.

Begebbarkeit *f* négociabilité *f*.

begeben émettre, lancer (un emprunt); **sich an Ort und Stelle** – se rendre sur les lieux; **sich eines Rechtes** – renoncer à un droit.

Begebung *f* émission *f*, lancement (d'un emprunt); – **einer Anleihe** lancement d'un emprunt; – **durch öffentliche Zeichnung** émission par souscription publique; – **eines ungedeckten Schecks** émission de chèque sans provision; – **eines Wechsels** négociation d'une traite.

Begebungs|konsortium *n* consortium d'émission; **–kosten** *pl* frais d'émission; **–kurs** *m* cours d'émission; **–land** *n* pays d'émission; **–vertrag** *m* contrat d'émission.

begehen *(Straftat)* commettre, perpétrer, consommer, exécuter (un acte criminel).

begehren: sein Recht – demander son droit; **etwas zu wissen** – désirer savoir, vouloir être informé *ou* instruit de.

Begehung eines Verbrechens perpétration d'un crime, accomplissement *m* d'un forfait.

Begehungs|delikt *n* délit *m* de commission; **–ort** *m* lieu *m* de perpétration (du crime).

Beginn *m* commencement *m*, début *m*, départ *m*; – **der Ausführung** commencement d'exécution; – **der Fruchtziehung** entrée en jouissance; – **der Schonzeit** fermeture de la chasse; – **der Sitzungsperiode** ouverture de la session; – **der Verjährung** point *m* de départ de la prescription; – **des Versicherungsschutzes** prise d'effet de la garantie *ou* de l'assurance.

beglaubi|gen (1) *(Urkunde)* authentifier, certifier, (2) *(Unterschrift)* légaliser, (3) *(VR)* accréditer; **–gte Abschrift** copie *f* certifiée conforme; **–gte Übersetzung** traduction certifiée (véridique et complète *ou* intégrale).

Beglaubigung *f* (1) *(Unterschrift)* légalisation *f*, (2) *(Urkunde)* authentification, certification *f*, (3) *(VR)* accréditement *m*; **amtliche** – certification officielle; **gerichtliche** – légalisation *ou* authentification judiciaire; **konsularische** – légalisation consulaire; **notarielle** – (1) *(Urkunden)* attestation *f ou* authentification notariée, certification de l'authenticité (par le notaire), (2) *(Unterschriften)* légalisation de la signature (par le notaire); **öffentliche** – authentification.

Beglaubigungs|befugnis *f* pouvoir *m* pour authentifier (les actes); **–gebühr** frais *mpl ou* émoluments *mpl* en matière d'authentification.

Beglaubigungs|schreiben *n* lettres *fpl* de créance; **Überreichung des –schreibens** remise des lettres de créance; **–vermerk** mention d'authentification.

begleichen acquitter (une dette), régler, payer.

Begleichung *f (Rechnung)* règlement *m*, paiement *m*.

Begleit|brief *m* lettre *f* d'accompagnement; **–papiere** *pl* papiers *ou* documents d'accompagnement; **–person** *f* accompagnateur.

Begleitschein *m* (1) *(Transport)* bordereau *m* d'expédition, feuille de route, (2) *(Zoll)* acquit de transit.

Begleitschreiben *n* bordereau *m*, lettre d'accompagnement.

Begleitumstände *mpl* circonstances *fpl* (d'une affaire), particularités *fpl*.

Begleitzettel *m* (1) *(Transport)* bordereau *m* d'expédition, bulletin *m* d'accompagnement, (2) *(Zoll)* passavant *m*, acquit *m* de transit.

begnadigen gracier, faire grâce à (un condamné), commuer la peine de qqn.

Begnadigung *f* grâce *f*; **bedingte –** grâce conditionnelle.

Begnadigungsbefugnis *f* pouvoir de gracier; **–gesuch** *n* recours *m* en grâce; **–recht** *n* droit de grâce, pouvoir de gracier.

Begräbnis|kosten *pl* frais d'inhumation *ou* d'obsèques *ou* de funérailles; **–stätte** *f* lieu *m* consacré aux inhumations, fosse *f*, caveau *m*; **–zuschuß** *m* allocation pour frais funéraires.

begrenzen limiter, *(abgrenzen)* délimiter, borner.

Begrenzung *f* (dé)limitation *f*, bornage *m*; **– der Entschädigungsleistung** *(VersR)* plafond *m* de l'indemnisation.

Begrenzungsleuchten *fpl* *(StVR)* feux *mpl* de position; *(LKW)* feux d'encombrement.

Begriff *m* notion *f*, concept *m*, critère *m*; **gesetzlicher –** concept légal; **verwandter –** notion apparentée.

Begriffsbestimmung *f* définition *f*.

begründen (1) *(Urteil)* motiver, indiquer les motifs, (2) *(Anspruch)* fonder, établir, constituer, justifier.

begründet fondé *adj*, motivé *adj*; **rechtlich –** fondé en droit.

Begründetheit *f* (1) *(Urteil)* conformité *f* au droit, (2) *(Recht)* légitimité *f*, bien-fondé *m*, fondement *m*; **– eines Anspruchs** bien-fondé *m* d'une prétention.

Begründung *f* (1) *(Rechtsverhältnis)* création *f*, formation *f*, constitution *f*, institution *f*, fondation *f*, (2) *(Urteil)* motifs *mpl*, attendus *mpl*, (3) *(Gründe)* exposé *m* des motifs, arguments *mpl*, argumentation *f*; **fehlende –, mangelnde –** défaut *ou* absence de motifs; **schriftsätzliche** *od* **schriftliche –** conclusions écrites, motifs (d'un mémoire); **– von Entscheidungen** motifs *mpl*, arguments *mpl* fondant la décision; **– eines Gerichtsstandes** (durch Vertrag) élection de domicile; **– eines Rechts** ouverture d'un droit.

Begründungs|frist *f* délai pour motiver; **–zwang** *m* obligation de motiver.

begünstigen (1) favoriser, avantager, promouvoir, (2) aider, assister.

Begünstigte(r) *m* bénéficiaire *m*.

Begünstigung *f* (1) *(Bevorzugung)* traitement *m* préférentiel, faveur *f*, favoritisme *m*, protection *f*, (2) *(Beistand)* aide *f*, assistance *f*, (3) *(Vorrecht)* privilège *m*, prérogative *f*; **persönliche –** *(StR)* recel *m* de malfaiteur; **sachliche –** *(StR)* recel de chose; **– der Unzucht** (S) excitation à la débauche.

Begünstigungs|abkommen *n* accord ayant pour objet de donner certains avantages préférentiels, accord de bonification; **–klausel** *f* clause *f* préférentielle; **–maßnahme** *f* mesure de faveur; **–tarif** *m* tarif *m* de faveur *ou* préférentiel; **–vertrag** *m* contrat *m* de complaisance.

begutachten donner son avis, faire une expertise; **– lassen** faire expertiser.

Begutachtung *f* expertise *f*, avis *m*, consultation *f*; **Ergänzung der –** complément d'expertise.

Behältnis *n* récipient *m*, conteneur.

behandeln (1) traiter, (2) *(Kranke)* soigner, (3) *(Rohstoffe)* transformer, travailler.

Behandlung *f* traitement *m*, régime *m*; soins *mpl;* transformation; **bevorzugte –** traitement préférentiel *ou* de faveur; **diskriminierende –** pratiques *fpl* discriminatoires, traitement *m* discriminatoire; **dringliche –** procédure d'urgence; **schlechte –** mauvais traitements *mpl*; **steuerliche –** régime *m* fiscal; **ungleiche –, ungleichmäßige –** inégalité de traitement; **unterschiedliche –** traitement *m ou* régime discriminatoire; **vorzugsweise –** traitement de faveur, régime de faveur, avantage *m* préférentiel; **– als politischer Gefange-**

ner (bénéficier du) régime politique; **– als Strafgefangener** *(StVZ)* régime de droit commun.

Behandlungs|fehler *m* (des Arztes) faute *f* du médecin lors d'un acte médical, absence *f* de soins consciencieux et attentifs, traitement mal appliqué, imprudences et négligences au cours du traitement; **–pflicht** *f* (1) obligation de soigner (une personne), (2) *(bei Geschlechtskrankheiten)* obligation de se faire traiter (en cas d'une maladie vénérienne); **–vertrag** *m* contrat *m* de soins (médicaux).

Beharrungs|beschluß *m* (Aut) décision prise en seconde lecture par le Parlement (Nationalrat ou Landtag) après opposition du Bundesrat *ou* du gouvernement fédéral, qui est de ce fait écartée; **–recht** *n* (Aut) droit de veto.

behaupten affirmer, alléguer, argumenter, prétendre, avancer, assurer, soutenir, défendre; **zu Recht –** prétendre légitimement; **sein Recht –** faire confirmer *ou* corroborer *ou* consacrer son droit.

Behauptung *f* affirmation *f*, allégation *f*, assertion *f*, argument *m*, prétention *f*; **beleidigende –** imputation *f* diffamatoire.

Behauptungslast *f (ZPR)* obligation pour une partie d'énoncer ses arguments, obligation pour les parties d'alléguer les faits fondant leurs prétentions.

beheben: einen Mißstand – pallier *ou* remédier à un désagrément *ou* une importunité *ou* à un inconvénient

Behebung der Arbeitslosigkeit résorption du chômage.

Behelf *m* moyen *m* subsidiaire; expédient *m*, moyen de fortune.

Beherbergung *f* hébergement *m*; **–sbetrieb** *m* exploitation *f* d'hôtelier-logeur; **–sbetrug** *m* filouterie *f* de logement.

beherrschen dominer, contrôler.

Beherrschung *f* (1) domination *f*, (2) maîtrise *f* (du véhicule); **die – des Fahrzeugs verlieren** perdre la maîtrise de son véhicule; **–svertrag** *(GesR)* contrat *m* de prise de contrôle.

behindern empêcher, gêner, entraver.

Behinderte(r) *m* (1) *(körperlich)* infirme *m*, handicapé *m* physique, personne à mobilité réduite, (2) *(geistig)* handicapé mental.

Behinderung *f* (1) *(Gebrechen)* déficience *f* des capacités physiques *ou* mentales, (2) *(Hemmnis)* empêchement *m*, gêne *f*, entrave *f*; **– von Arbeitswilligen** entraves à la liberté du travail; **– im Straßenverkehr** gêne *f* à la circulation.

1. Behörde *f* administration *f*, service *m*, office *m*, **ersuchende –** administration *f ou* autorité *f* requérante; **ersuchte –** administration *ou* autorité requise; **hohe –** Haute Autorité; **kollegiale –** autorité *f* collégiale, collège *m*; **nachgeordnete –** service subordonné, administration subordonnée; **oberste –** pouvoir *m* central; **zivile –** administration civile; **zuständige –** autorités *fpl* compétentes.

2. Behörden *pl* les pouvoirs publics, l'Administration; **vollziehende –** autorités *fpl* exécutives; **–akte** *f* dossier établi par un service administratif; **–apparat** *m* appareil *m* administratif; **–aufbau** *m* organisation *f* administrative, structure *f* administrative; **–sprache** *f* langage *m* de l'administration; **–weg** *m* (suivre la) voie hiérarchique.

behördlich *adj* administratif *adj;* administrativement *adv*; **– anerkannt** reconnu par l'autorité compétente; **–e Zustimmung** autorisation administrative.

Beiakte *f* dossier complémentaire *ou* ampliatif.

beibehalten garder, ne pas modifier, préserver, conserver, rester fidèle à.

Beibehaltung *f* maintien, conservation.

Beiblatt *n* feuillet *m* annexe, intercalaire *m*, feuille *f* intercalaire.

beibringen (1) *(Unterlagen)* fournir,

présenter, (2) *(Zeugen)* produire, (3) *(Gründe)* alléguer.

Beibringungsgrundsatz *m* procédure *f* accusatoire, détermination par les parties de l'objet du litige.

Beichtgeheimnis *n* secret *m* de la confession.

beiderseitig *adj* réciproque, mutuel; réciproquement *adv*; **im –en Einverständnis** d'un commun accord.

Beifahrer *m* (1) second conducteur *m* (d'un véhicule automobile), (2) passager *m*, personne transportée.

Beifracht *f* menus objets *ou* marchandises transporté(e)s sans payer de fret.

beifügen annexer, joindre.

beigeordnet *adj* adjoint.

Beigeordnete(r) *m* adjoint *m*; adjoint au maire.

Beihilfe *f* (1) *(StR)* complicité *f* par aide *ou* assistance (2) *(WirtR)* subside *f*, subvention *f*, allocation *f*, (3) *(SozR)* assistance *f*, secours *m*, aide *f*; **staatliche –** aide gouvernementale, subvention budgétaire; **tarifliche –** aide tarifaire; **–empfänger** *m* allocataire *m*.

Beiladung *f* *(VwPR)* intervention forcée, décision du tribunal administratif allemand permettant à un tiers dont les intérêts ont été *ou* pourraient être lésés à participer à la procédure.

Beilage *f* annexe *f*, pièce jointe.

Beilbrief *m* (S) acte *m* de prêt hypothécaire.

beilegen (1) *(beifügen)* joindre, annexer, (2) *(Streit)* régler, résoudre, vider (une affaire); **gütlich –** régler à l'amiable.

Beilegung *f*, **friedliche –** règlement *m* pacifique; **gerichtliche –** règlement judiciaire; **gütliche –** amiable composition, règlement amiable, règlement à l'amiable; **schiedsgerichtliche –** règlement arbitral.

Beilegung von Streitigkeiten règlement des différends; **friedliche – – –** règlement pacifique des conflits; **obligatorische – – –** règlement obligatoire des différends.

beiliegend ci-joint, en annexe.

beinhalten renfermer, contenir.

beiordnen (1) désigner qn pour assister (une personne), adjoindre, (2) commettre (un avocat).

Beiordnung *f* association, adjonction, **– eines Anwalts** assistance *f* par un avocat.

beipflichten acquiescer, donner son acquiescement (à), consentir.

Beirat *m* conseil *m*, conseil consultatif, commission consultative; **juristischer –** avocat-conseil.

Beisassen *pl* (S) (1) résidents *mpl*, (2) personnes qui ne possèdent pas complètement le droit de bourgeoisie; **–geld** *n* (S) impôt des résidents.

Beischlaf *m* relations *fpl* sexuelles, coït *m*; **–diebstahl** *m* entôlage *m*.

Beischreibung *f* *(Urkunden)* mention *f* marginale, rectification.

Beiseiteschaffen *n* suppression *f* (d'un acte), recel *m*.

beisitzen *(PrzR)* être assesseur, siéger comme assesseur; **–der Richter** (1) *(in 1. Instanz)* (juge) assesseur *m*, (2) *(in 2. u. 3. Instanz)* (magistrat) conseiller *m*.

Beisitzer *m* assesseur *m*; conseiller; **– im Schiedsgericht** *n* arbitre *m* assesseur.

Beispiel *n*: **als – anführen** citer en exemple; **ein – geben** montrer *ou* donner l'exemple; **sich ein – nehmen (an)** suivre l'exemple de qn.

Beistand *m* (1) *(Hilfe)* assistance *f*, secours *m*, aide *f*, (2) *(Berater)* conseil *m*, conseiller *m*, (3) *(Rechtsbeistand)* assistance *f* judiciaire, défense *f*, défenseur *m*, avocat *m*, (4) (S) curateur *m*; **gegenseitiger –** assistance réciproque; **gerichtlicher –** conseil judiciaire; **technischer –** assistance technique; **vorläufiger –** *(FamR)* tuteur *m* provisoire; **– leisten** assister, aider, seconder; prêter main forte.

Beistandschaft *f* *(FamR)* curatelle *f*.

Beistandsleistung *f* prestation *f* d'assistance.

Beistandspakt *m*, **gegenseitiger –** *(VR)* pacte d'assistance mutuelle.

Beistands|recht *n* droit d'assistance; **–verpflichtung** *f* obligation d'assistance; **militärischer –vertrag** *m* traité d'assistance militaire.

beistehen assister, seconder.

beistimmen approuver, consentir, être de l'avis de.

Beistimmung *f* approbation *f*, assentiment *m*, consentement *m*.

1. **Beitrag** *m* (1) *(Geld)* cotisation *f*, contribution *f*, apport *m*, quote-part *f* (2) *(Zeitung)* article *m*, (3) *(VersR: Prämie)* prime *f*; **anteilsmäßiger –** part contributive; **rückständiger –** arriéré *m* de cotisation, cotisation arriérée; **veränderlicher –** *(VersR)* cotisation *ou* prime variable; **verhältnismäßiger –** part contributive; **verlorener –** contribution à fonds perdu; **– des Bundes** aide fédérale; **einen – einheben** (Aut), **einen – einziehen** recouvrer une cotisation; **– zur großen Haverei** contribution à l'avarie commune; **– zur Schuldenzahlung** contribution *f* aux dettes.

2. **Beiträge** *mpl* contributions *fpl*, taxe *f*; **öffentliche –** contributions spéciales pour prestations particulières des services publics; **– zur Sozialversicherung** cotisations *fpl* à la sécurité sociale.

beitragen cotiser, contribuer.

Beitrags|ablösung *f* rachat de cotisations; **–anteil** *m* quote-part *f* de cotisation; **–aufkommen** *(VersR)* montant des primes en porte-feuille; **–befreiung** exonération du paiement des primes; **–bemessung** *f* cotisation *f* calculée *ou* assise sur le salaire; **–bemessungsgrenze** *f* salaire *m* plafond *ou* plafonné servant au calcul des cotisations plafond des cotisations; **–berechnung** *f* calcul de la prime *ou* de la cotisation; **–einheit** *f* unité contributive; **–einziehung** *f* encaissement *m* des primes; recouvrement des cotisations; **–entrichtung** *f* paiement *m* de la prime; **–ermäßigung** *f* (1) rabais *m* de prime, (2) *(Kfz-Vers)* bonus *m* (pour non-sinistre); acquittement *m* de la cotisation; **–erstattung** *f* remboursement *m* des cotisations versées à la sécurité sociale.

beitragsfreie Police police exonérée *ou* libérée.

Beitrags|guthaben *n* primes à recevoir; **–liste** *f* rôle des cotisations; **–marke** *f* timbre de cotisation; **–masse** *f* masse *f* de contribution; **–pflicht** *(SozVers)* obligation de cotiser, cotisation obligatoire; **–pflichtig** *adj* assujetti *ou* soumis à la cotisation; **–rückerstattung** *f* (1) ristourne de prime, (2) *(SozVers)* remboursement *n* des cotisations trop-percues; **–rückstand** *m* arrérages *mpl* de cotisation; **–rückvergütung** *(Kfz-Vers)* bonus pour non-sinistre; **–satz** *m* taux des contributions, taux *m* de prime; **–verfügung** *f* décision fixant le montant de la cotisation; **–zahler** (membre) cotisant *m*; **–zahlung** *f* versement *m* des cotisations; paiement des primes; **–zeit** *f* période *f* de la cotisation; **–zuschlag** *m* supplément de prime.

beitreibbar *adj* recouvrable; **nicht –** irrécouvrable.

beitreiben recouvrer, mettre en recouvrement.

Beitreibung *f (Geldforderungen)* recouvrement *m*; **– von Kosten** recouvrement des frais exposés par contrainte.

Beitreibungs|behörde *f* service *m* chargé du recouvrement; **–verfahren** *n* procédure de recouvrement.

beitreten adhérer, entrer.

Beitritt *m* adhésion *f*, inscription *f*; **Antrag auf –** demande d'adhésion; **bedingter –** adhésion conditionnelle; **freiwilliger –** intervention *f* volontaire; **zum – offen** ouvert à l'adhésion; **– zum Staatsvertrag** accession *ou* adhésion au traité.

Beitritts|alter *n (VersR)* âge d'entrée; **–antrag** *m* demande d'adhésion *ou f* d'admission; **–erklärung** *f* (1) déclaration d'adhésion, déclaration d'entrée (S), (2) bulletin d'adhésion, déclaration *f* d'accession; **–gesuch** *n* demande *f* d'admission; **–jahr** *n (SozVers)* année *f* d'affiliation; **–klausel** *f* clause d'accession; **–protokoll** *n* procès-verbal d'adhésion;

–recht *n* droit d'adhérer, droit d'affiliation; **–urkunde** *f* instrument *ou* acte d'adhésion; **–vertrag** *m (VR)* traité d'accession; **–zwang** *m* adhésion obligatoire.

Beiwohnung (1) le fait d'assister à (une réunion), (2) rapports sexuels; **außereheliche –** relations *f* sexuelles extraconjugales; **–svermutung** *f* présomption *f* de paternité, présomption ‹pater est, quem nuptiae demonstrant›.

bejahen acquiescer, affirmer, approuver, donner son acquiescement; **ist zu –** répondre par l'affirmative.

Bejahung *f* acquiescement *m*; **im –sfall** dans le cas d'une réponse affirmative.

Bekämpfung *f (StR)* répression; **– von Aufständischen** action *f* contre des insurgés; **– der Falschmünzerei** répression du faux-monnayage.

bekannt *adj* connu, manifeste, évident; renommé, réputé; **allgemein –** de notoriété publique; **–e Tatsache** fait *m* patent *ou* notoire.

Bekanntgabe *f* publication *f*, communication *f*, annonce *f*, avis *m*; **– der Verurteilung** publicité *f* du jugement de condamnation pénale.

bekanntgeben communiquer, annoncer; **öffentlich –** rendre public.

bekanntmachen publier, communiquer; livrer, révéler, divulguer.

Bekanntmachung *f* communication *f*, avis *m*, publication *f*; **öffentliche –** avis officiel; **– des Aufgebots** publication des bans.

Bekanntmachungen *pl:* **amtliche –** communications officielles, annonces légales; **gerichtliche –** annonces *fpl* judiciaires.

Bekanntmachungs|befugnis *f* (des Strafurteils) peine *ou* mesure morale consistant dans la publicité du jugement de condamnation pénale, droit de demander l'insertion (du jugement) dans les journaux (aux frais du condamné); **–beschluß** *m* décision de publication; **–gebühr** *f* taxe de publication; **–tag** date de publication.

Bekenntnis *n* (1) confession *f*, croyance *f*, foi *f*, religion *f*, (2) (Aut) déclaration fiscale.

bekenntnisfrei *adj* non confessionnel, laïc.

Bekenntnis|freiheit *f* liberté *f* religieuse ou philosophique; **–schule** *f* école *f* confessionnelle.

Beklagte(r) *m* défendeur *m*, partie défenderesse; **– in der Berufungsinstanz** intimé *m*, défendeur en appel.

Beklagtenvortrag *m (ZPR)* conclusions *fpl* du défendeur à l'audience.

bekleiden: ein öffentliches Amt – occuper une fonction publique, investir une fonction publique.

Bekleidungs|industrie *f* industrie de la confection *ou* de l'habillement; **–zulage** *f* indemnité *f* d'habillement.

bekräftigen corroborer, confirmer et renforcer (solennellement).

Bekräftigung *f* affirmation solennelle, engagement solennel; **–sformel** *f* formule (religieuse) de prestation de serment.

bekunden: unter Eid – affirmer sous la foi du serment.

Beladen *n*, **Beladung** *f* chargement.

Belagerungszustand *m* état de siège; **den – verhängen, den – verkünden** proclamer l'état *m* de siège.

Belang *m*: **von –** d'importance (considérable); **ohne –** affaire mineure *ou* sans importance.

Belange *pl* intérêts *mpl*; affaires *fpl*; **dienstliche –** motif *m* de service, raisons *fpl ou* exigences *fpl* de service.

belangen faire endosser la responsabilité, demander des comptes (à qn); **gerichtlich –** poursuivre qn en justice, engager des poursuites (contre qn); **wegen Diebstahls –** incriminer pour vol.

belanglos *adj* insignifiant, dérisoire, anodin, banal, futile.

belasten (1) *(Konto)* débiter, (2) *(Grundstück)* grever, (3) *(StPR)* accuser, incriminer, inculper; charger qqn, apporter des preuves (de la culpabilité).

Belästigung *f* molestation *f*, vexation *f*, tracasserie *f*, chicane *f*; **– von Nachbarn** inconvénients *mpl* inhabituels inhérents au voisinage; **– im Straßenverkehr** gêne *f* de la circulation.

Belastung *f* (1) *(ZR)* charge *f*, (2) *(StR)* accusation *f*, (3) *(UmweltR)* nuisance *f*; **dingliche –** charge réelle; **finanzielle –** charge financière; **geldliche –** charge pécuniaire; **hypothekarische –** charge hypothécaire; **kumulative –** charge *ou* taxation cumulative.

Belastungen *fpl*, **außergewöhnliche –** *(SteuerR)* charges exceptionnelles.

Belastungs|anzeige *f* avis de débit; **–grenze** *f* limite de charge, charge maximum; **–note** *f* avis *m* de débit; **–verbot** *n* interdiction de grever d'une charge; **–zeuge** *m* témoin à charge.

Belauschung *f* écoute clandestine.

Beleg *m* pièce *f* justificative; document *m* comptable; preuve écrite.

Belegarzt *m* médecin *m* du secteur libéral ayant réservé pour ses patients des lits d'hôpital pour traitement (dans le cadre d'un contrat de soins).

belegbar *adj* prouvable.

belegen (1) *(nachweisen)* justifier, prouver, (2) *(sichern)* réserver, retenir, (3) *(belasten)* grever de.

belegene Sache *(Gerichtsstand)* situation *f* des biens corporels.

Belegenheits|land *n* pays *m* où le risque est situé; **–staat** *m* Etat du lieu de situation.

Belegschaft *f* personnel *m* (d'une entreprise), l'effectif *m*.

Belegschafts|aktie action *f* réservée au salarié; **–vertreter** *m* délégué *ou* représentant du personnel.

Belegungsschaden *m* dommage *m* aux biens réquisitionnés.

belehnen (S-Aut) prêter sur gage.

belehren informer, instruire, renseigner.

Belehrung *f* instruction *f*, information; avis *m*, leçon *f*; **ausreichende –** renseignements nécessaires et suffisants; **– über die Rechte** information sur les droits; **– über die Rechtsmittel** instruction concernant les voies de recours.

Belehrungspflicht *f (SchuldR)* obligation *ou* devoir de conseil; **– des Notars** obligation faite au notaire de fournir tous les renseignements utiles (à l'acheteur d'un immeuble).

beleidigen offenser, insulter, injurier.

Beleidiger *m* offenseur *m*.

Beleidigte(r) *m* offensé *m*, personne *f* outragée.

Beleidigung *f (StR)* injure *f*, expression outrageante, outrage *m*; **grobe –** injure grave; **– durch Beschimpfung** invective *f*, injure par termes de mépris; **– eines Polizeibeamten** outrage à agent; **– eines Staatsoberhaupts** outrage envers un chef d'Etat; **– des Vorgesetzten** outrage *ou* insulte à supérieur.

beleihen prêter; avancer (sur); gager.

Beleihung *f* prêt *m* sur gage, mise *f* en gage; **– der Ernte auf dem Halm** prêt sur récolte pendante; **– einer Police** prêt sur police.

Beleihungs|grenze *f* limite *f* de prêt; **–höhe** *f* montant *m* maximum du prêt; **–wert** *m* valeur hypothécaire (d'un immeuble); valeur *f* maximum jusqu'à laquelle un prêt peut être consenti (pour l'objet gagé).

Beleuchtung *f* éclairage *m*; *(Kfz)* feux *mpl;* **–smittel** appareils *mpl* d'éclairage.

Belieben *n*: **nach –** à convenance, au gré de qqn.

Belieferung *f* fourniture *f*, livraison.

belohnen récompenser.

Belohnung *f* récompense *f*; **– für die Ergreifung** prime de capture; **– in Geld** récompense en argent.

bemängeln réclamer, critiquer.

Bemängelung *f* critique *f*, réclamation *f*, observation *f*.

Bemängelungsfrist *f* délai pour réclamer.

Bemessung *f* calcul *m*, fixation *f*.

Bemessungs|grenze *f (SozVers)* plafond *m* (de salaire servant au calcul de la cotisation); **–grundlage** *f* (1) base *f* de calcul, (2) *(SteuerR)* assiette *f*; **–kriterium** *n* (Schmerzensgeld) critère d'évaluation en argent (du préjudice moral).

Bemusterung *f* échantillonnage *m*.

benachbart limitrophe, voisin.

benachrichtigen aviser, informer, avertir.

Benachrichtigung *f* avis *m*, information *f*, avertissement *m*; **ordnungsmäßige –** information en bonne et due forme.

Benachrichtigungsgebühr *f* taxe de préavis; **– für Unzustellbarkeitsmeldung** (Aut) taxe d'avis de nonlivraison.

Benachrichtigungs|schreiben *n* lettre d'avis, avis d'arrivée; **–verfahren** *n* procédure de notification.

benachteiligen léser, porter préjudice, désavantager.

Benachteiligung *f* désavantage *n*, traitement inégalitaire; **unangemessene –** désavantage injustifié.

im Benehmen mit ... après consultation avec ...

Benennung *f* dénomination *f*, désignation; **handelsübliche –** dénomination *f* commerciale; **zolltarifliche –** *(EU)* espèce *f* tarifaire; **– des Autors** (Aut) désignation de son auteur, désignation *f* de son prédécesseur; **– von Zeugen** constitution de témoins; **– eines Zustellungsbevollmächtigten** élection de domicile.

Benotung *f* notation *f*; détermination des qualités professionnelles.

benutzbar *adj* exploitable, utilisable, bon, praticable.

benutzen utiliser, exploiter, tirer profit de, tirer parti de, user de, se servir de, faire usage de, mettre en œuvre.

Benutzer *m* usager *m*, utilisateur *m*; **titelloser –** (Aut) occupant sans titre.

Benutzung *f* utilisation *f*, usage *m*, emploi *m*, maniement *m*; **Entzug der –** privation de jouissance; **mißbräuchliche –** usage *m* abusif, abus *m* d'usage, abus de jouissance.

Benutzungs|berechtigte(r) *m* usager *m*; **–bewilligung** *f* autorisation d'usage; **–dauer** durée *f* d'utilisation; **–erlaubnis** *f* (1) autorisation d'usage, (2) *(PatentR)* autorisation d'exploiter.

benutzungsfähig *adj* exploitable, utilisable.

Benutzungs|gebühr *f* taxe d'utilisation *ou* d'usage, redevance d'utilisation; droit de péage; **–nachweis** *m* preuve de l'utilisation; **–recht** *n* droit d'usage *ou* d'utilisation; **–vergütung** *f* indemnité d'utilisation; **–zwang** *m* (1) *(VwR)* obligation de raccordement au réseau public (eau, électricité, gaz), obligation d'utiliser les services de voirie, (2) *(PatentR)* obligation d'exploiter.

Benzin *n* essence *f*; **–gutschein** chèque-essence *m*.

beobachten examiner, observer.

Beobachter *m* délégué *m* observateur.

Beobachtung *f* observation *f*; **unter – stehen** être surveillé; **unter – stellen** mettre en obervation.

beraten (1) conseiller qch à qn, diriger, guider, aviser, (2) délibérer, conférer, discuter, tenir conseil.

beratend *adj* consultatif; **mit –der Stimme** ayant voix consultative.

Berater *m* conseiller *m*, conseil *m*, expert *m* conseil, consultant *m*, audit *m*; **technischer –** conseiller technique, ingénieur *m* conseil.

beratschlagen délibérer, conférer.

Beratschlagung *f* délibération *f*.

Beratung *f* (1) *(Person)* conseil *m*, (2) *(Versammlung)* délibération *f*, discussion *f*, lecture *f*, (3) *(Gericht)* délibéré *m*, (4) *(Jurist, Arzt)* consultation *f*; **Eintritt in die –** mise en délibéré; **erste –** première lecture; **in geheimer –** en comité secret; **in die – eintreten** mettre en délibéré.

Beratungs|ausschuß *m* comité *m* consultatif; **–geheimnis** *n* secret des délibérations; **–organ** *n* organe *m* consultatif, organisme consultatif; **–pflicht** *f (SchuldR)* obligation de conseil; **–protokoll** *n* procès-verbal des délibérations; **–stelle** service *m* d'information; **–zimmer** *n* chambre du conseil, salle des délibérations.

berauben dévaliser, spolier, dépouiller, voler; **jemanden der Freiheit** – priver qqn de sa liberté.

Beraubung *f* spoliation *f*, vol *m*.

berauschende Mittel *npl* drogues *fpl*, stupéfiants *mpl*.

berechnen (1) *(ausrechnen)* calculer, compter, (2) *(schätzen)* évaluer, estimer, (3) *(in Rechnung stellen)* débiter, facturer, porter au débit, (4) *(fordern)* exiger, percevoir, prélever, demander.

Berechnung *f* calcul *m*; facturation *f*; **– der Gebühren** liquidation *f* des droits.

Berechnungs|grundlage *f* (1) base de calcul, (2) *(Steuer)* assiette *f*; **–zeitraum** *m* période de décompte.

berechtigen habiliter, autoriser, donner droit, conférer le droit à qqn de faire qch.

berechtigt *(Anspruch, Forderung)* juste, légitime, fondé, justifié; **– sein** être en droit de, être autorisé à, avoir qualité pour, jouir du droit de, avoir le droit de; **–e Interessen** intérêts juridiquement protégés.

Berechtigte(r) *m* (1) *(ZR)* ayant droit, titulaire *m* d'un droit, ayant cause, (2) *(SozVers)* bénéficiaire *m*.

Berechtigung *f* (1) *(Befugnis)* droit *m*, capacité *f*, (2) *(durch Dritte)* autorisation *f*, pouvoir *m*, qualité *f*, (3) *(Urkunde)* titre *m*, (4) *(Anspruch: ZPR)* bien-fondé *m*; **– zur Eheschließung** droit de contracter mariage; **die – geben** ouvrir un droit; **– zum Waffentragen** droit de porter des armes.

Berechtigungs|nachweis *m* légitimation *f*, preuve du droit; **–schein** *m* permis *m*, licence *f*, titre *m*; **–vertrag** *(UrhR)* contrat dérivé d'exploitation d'une œuvre.

Bereich *m* ressort *m*, secteur *m*, district *m*, région *f*, domaine *m*; **Einfluß–** sphère *f* d'influence.

bereichern enrichir; **sich –** *(auf Kosten Dritter)* acquérir un avantage (par lésion).

Bereicherung *f* enrichissement *m*; **ungerechtfertigte –, unrechtmäßige –** enrichissement sans cause, enrichissement illégitime (S).

Bereicherungs|anspruch *m* (S) action *f* pour cause d'enrichissement sans cause (S); **–klage** *f* action en répétition de l'indu, action pour cause d'enrichissement sans cause **–verbot** *n (VersR)* l'assurance ne doit être une cause de bénéfice, l'assurance ne peut être une source d'enrichissement.

Bereifung *f* (bandages *mpl*) pneumatiques; **Profilrillen der –** sculptures *fpl* apparentes sur les surfaces de roulement.

bereinigen (1) *(Konto)* apurer, (2) *(Schuld)* payer; **einen Streitfall –** régler un litige.

Bereinigung *f* apurement *m*, règlement *m*, vérification *f* définitive d'un compte, quitus *m*.

Bereinigungs|frist *f* (1) délai d'apurement, (2) *(HaushR)* période complémentaire; **–verfahren** *n* (S) procédure d'épuration (S).

bereit: sich – erklären, finden *od.* **zeigen** donner son approbation à, se déclarer prêt à, être disposé à.

bereits | heute dès aujourd'hui; **– jetzt** d'ores et déjà.

Bereitschaft *f* (1) *(Personen)* permanence *f*, état *m* d'alerte, (2) *(Geldmittel)* disponibilité *f*.

Bereitschafts|dienst *m* service de permanence; **–lokal** *n* permanence *f*; **–polizei** *f* police *f* mobile d'intervention; **–wohnung** *f* logement attribué à certains fonctionnaires de la police.

bereitstellen mettre à la disposition de . . ., tenir à la disposition de . . .; **Kredite –** allouer des crédits; **Mittel –** dégager des fonds.

Bereitstellung *f* mise *f* à disposition; **–sfonds** *m* fonds d'attribution; **–sprovision** *f* commission de découvert, commission de banque, commission bancaire.

bereuen se repentir de qqch.

Berg|amt *n* service *m* des mines; **-amtsbezirk** *m* arrondissement *m* minéralogique.

Bergarbeiter *m* mineur *m*.

Bergaufsicht *f* administration (allemande) de surveillance des mines.

Bergbahn *f* (1) *(Schleppaufzug)* funiculaire *m*, (2) *(Seilschwebebahn)* téléphérique *m*.

Bergbau *m* exploitation *f* des mines, industrie *f* minière.

Bergbau|berechtigte(r) *m* titulaire de permis de travaux miniers; **-berechtigung** *f* autorisation d'effectuer des travaux miniers; **-dienstbarkeit** *f* servitude de travaux miniers; **-gesellschaft** *f* société *f* minière; **-industrie** *f* industrie *f* minière; **-regal** *n* régale *f* minière; **-revier** *n* bassin *m* minier; **-streitigkeit** *f* litige en matière minière.

Berg|buch *n* registre *m* minier, registre des mines; **-freiheit** *f* liberté de prospection; **-gesetz** *n* loi sur les mines, code *m* minier; **-gewerkschaft** *f* syndicat d'exploitation minière; **-knappschaft** *f* corporation des mineurs.

Bergelohn *m (SeeHR)* indemnité *f* de sauvetage.

Bergmanns|prämie *f* prime de mineur; **-rente** *f* rente de mineur; **-treuegeld** *n* supplément *m* de pension de retraite des mineurs.

Bergrecht *n* droit *m* minier, législation *f* minière.

Berg|regal *n* monopole des mines; **-schäden** *pl* dommages causés aux propriétaires de la surface par une exploitation minière, dégâts de surface; **-senat** *m* juridiction compétente en matière de litiges miniers.

Bergung *f* sauvetage *m*; **- aus der Seenot** sauvetage maritime.

Bergungs|kosten *pl* (1) *(Schiff)* frais de sauvetage, (2) *(Kfz)* frais de dépannage; **-vertrag** *m* contrat de sauvetage.

Bergwerk *n* mine *f*.

Bergwerks|besitzer *m* propriétaire de mine; **-betrieb** *m* entreprise *f* minière; **-eigentum** *n* propriété *f* minière; **-gesellschaft** *f* société *f* minière; **-gesetzgebung** *f* législation minière; **-konzession** *f* concession *f* de mine, concession minière; **-masse** *f* (Aut) concession minière; **-unternehmen** *n* entreprise minière; **-vermögen** *n* biens *mpl* miniers.

Bericht *m* rapport *m*, compte-rendu *m*, exposé *m*, communiqué *m*, relation *f*; **amtlicher -** rapport officiel, procès-verbal *m*; **ausführlicher -** rapport circonstancié; **laut -** suivant avis; **mündlicher -** rapport verbal; **ohne -** (effets) sans autre avis; **vertraulicher -** rapport *m* confidentiel; **wahrheitsgetreuer -** rapport véridique; **- erstatten** rapporter, relater, faire rapport.

berichten relater, communiquer, faire un rapport, exposer, rendre compte de.

Berichter *m* (Aut) rapporteur *m*.

Berichterstatter *m* (1) *(PrzR)* rapporteur *m*, juge *m* rapporteur, (2) *(Zeitung)* correspondant *m*.

Berichterstattung *f* (1) rapport *m*, relation *f*, compte-rendu *m*, (2) *(Zeitung)* reportage *m*; **Freiheit der -** *(Presse)* liberté d'information; **verzerrte -** rapport déformé.

berichtigen rectifier, corriger.

Berichtigung *f* rectification *f*, correction *f*, rectificatif *m*, état *m* rectificatif; ajustement, redressement; **- falscher Angaben** *(StPR)* rectification d'une déposition lacunaire *ou* fausse; **- gerichtlicher Entscheidungen** rectification des jugements; **- des Grundbuchs** rectification du livre foncier; **- des Kontos** redressement de compte; **- im Verwaltungswege** rectification administrative.

Berichtigungs|anspruch *m (GB)* droit à la rectification; **-antrag** demande en rectification; **-bewilligung** *(GB)* consentement à une rectification (du livre foncier); **-buchung** *f* écriture de redressement; **-feststellung** *f* décision de rectification; **-frist** *f* délai *m* de rectification; **-haushalt** *m*, **-haushaltsplan** *m* rectificatif budgétaire, budget *m* rectificatif; **–pflicht** *f* obligation d'insérer une réponse dans un périodique; **–posten** *m* poste de réévaluation, poste de correction, poste *m* correctif (L); **–protokoll** *n* protocole de rectification; **–recht** *n* droit de réponse; **–urkunde** *f* acte *m* rectificatif; **–veranlagung** *f* rectification d'assiette; **–verfahren** *n* procédure de rectification d'erreurs matérielles; **–zwang** *m* obligation d'insérer un rectificatif dans un périodique.

Berichts|jahr *n* exercice *m* (considéré); année *f* de référence *ou* sous revue; **–vermerk** *m* clause d'avis; **–zeitraum** *m* période *f* sous référence.

Berner Übereinkunft *(UrhR)* Convention de Berne.

Berücksichtigung *f* prise *f* en considération; le fait de tenir compte de qch.

Beruf *m* (1) *(ArbR)* profession *f*, métier *m*, (2) *(VwR)* fonction *f*, état *m*, (3) *(Laufbahn)* carrière *f*; **freier –** profession libérale; *pl* les non-salariés; **freie Wahl und Ausübung des –s** libre choix et libre exercice des activités professionnelles; **handwerklicher –** profession artisanale; **kaufmännischer –** profession commerciale; **nicht selbständiger –** profession salariée.

berufen (Aut) faire appel, se pourvoir, interjeter appel, appeler; **sich – auf** se prévaloir de, invoquer.

beruflich *adj* professionnel; **–er Aufstieg** promotion professionnelle; **–e Schule** établissement d'enseignement technique, école professionnelle; **–e Umschulung** reconversion professionnelle.

Berufsausbildung *f* formation professionnelle; **–sabgabe** taxe *f* d'apprentissage; **–sförderung** promotion de la formation professionnelle; **–sgesetz** *n* loi (d'orientation et de programme) sur la formation professionnelle; **–sverhältnis** *n* les rapports *mpl* maître-apprenti; **–svertrag** *m* contrat *m* d'apprentissage.

Berufsausübung *f* exercice *m* d'une profession; **handwerkliche –** activité artisanale; **Recht der –** droit professionnel; **unbefugte –** exercice illégal d'une profession; **Untersagung der –** interdiction de l'exercice d'une profession, interdiction professionnelle.

Berufs|arbeit *f* activité professionnelle; **–auffassung** *f* conscience professionnelle; **–ausbildung** formation technique *ou* professionnelle; **–aussichten** *fpl* perspectives d'avenir (professionnel); **–ausweis** *m* carte professionnelle; **–beamtentum** *n* fonctionnariat *m*; **–beamte(r)** *m* fonctionnaire de carrière; **–befähigung** *f* capacité *ou* aptitude *f* professionnelle; **–berater** *m* conseiller *m* en matière d'orientation professionnelle; **–beratung** *f* orientation *f* (scolaire et) professionnelle; **–beratungsstelle** *f* centre d'orientation professionnelle; **–bezeichnung** *f* désignation *ou* dénomination professionnelle; **–bild** *n* profil *m* professionnel; **–bildungsgesetz** *n* loi sur la formation professionnelle; **–eid** *m* serment *m* professionnel; **–einkünfte** *pl* revenus *mpl* professionnels; **–einteilung** *f* classification professionnelle.

berufserfahren *adj* confirmé, expérimenté, possédant une solide expérience professionnelle.

Berufserfahrung *f* expérience *f* professionnelle; **mit –** expérience appréciée, connaissances souhaitées; **ohne –** débutant.

Berufs|ethos *n* règles *fpl* de confraternité et d'intégrité professionnelles; **–fachschule** *f* établissement d'enseignement technique, école professionnelle; **–förderung** *f* promotion *f* professionnelle; **–freiheit** *f* libre choix *ou* libre exercice de la profession; **–fremd** *adj* sans rapport avec la profession exercée; **–gefahr** *f* risque *m* professionnel; **–geheimnis** *n* secret *m* professionnel; *(Pflicht)* obligation de discrétion *ou* de réserve; **–genossenschaft** *f* association professionnelle; **–gerichts-**

barkeit *f* juridiction professionnelle; **–gewerkschaft** *f* syndicat *m* professionnel; **–haftung, –haftpflicht** *f* responsabilité professionnelle; **–handel** *m* *(BörsR)* professionnels *mpl*; **–hilfe** *(SozVers)* aide à la réadaptation professionnelle; **–kleidung** *f* tenue professionnelle; **–konsul** *m* consul de carrière; **–krankheit** *f* maladie professionnelle; **–kunde** *f* éléments d'information sur les différents métiers, initiation à la vie professionnelle; **–leben** *n* vie *f* professionnelle, activité *f*; **–lenkung** *f* orientation; **–organisation** *f* syndicat professionnel; **–pflicht** *f* devoir professionnel; **–recht** *n* droit professionnel; **–register** *n* registre des professions; **–richter** *m* juge de carrière, magistrat de carrière; **–risiko** *n* risque *m* professionnel; **–schule** *f* établissement *m* d'enseignement technique, cours *mpl* professionnels, centre *m* de formation professionnelle; **–soldat** *m* militaire *m* de carrière; **–sparte** *f* branche *f* d'activité, branche professionnelle; **–stand** *m* (1) profession *f*, (2) *(Anwälte usw.)* ordre *m* professionnel; **–tätig** *adj* exerçant une activité rémunérée *ou* professionnelle; **–tätigkeit** *f* activité *f* professionnelle; **–tracht** *f* uniforme *m* professionnel, habit *m* (de magistrat, d'huissier, etc.); **–umschulung** *f* reconversion professionnelle, rééducation *f* *ou* réorientation professionnelle; **–unfähigkeit** *f* incapacité *f* professionnelle *pl* de travail; **–unfähigkeitsrente** *f* pension d'invalidité professionnelle.

Berufs|verband *m* association *ou* organisation professionnelle, organisme *m* syndical, union *ou* fédération professionnelle; **–verbot** *n* (1) *(HR)* interdiction de l'exercice d'une profession, interdiction d'exercer une profession, (2) *(StaatsR)* interdiction professionnelle (pour opinions politiques indésirables); **–verbrecher** *m* malfaiteur *m* d'habitude, délinquant *m* chronique, sujet *m* à carrière criminelle; **–verbrechertum** *n* criminalité *f* *ou* délinquance d'habitude; **–vereinigung** *f* association professionnelle; **–verkehr** *m* circulation aux heures de pointe (à la rentrée et sortie de bureau *ou* d'usine); **–vormundschaft** *f* tutelle *f* exercée par l'office des jeunes; **–wahl** *f* choix *m* de la profession; **–weg** *m* CV-professionnel; **–ziel** *n* profession envisagée; **–zulassung** *f* admission à l'exercice d'une profession; **–zweig** *m* branche *f* professionnelle, secteur *m* d'activité.

Berufung *f* (1) *(Rechtsmittel)* appel *m*, voie *f* d'appel, pourvoi *m* en appel, recours *m*, (2) *(Ernennung)* nomination *f*, promotion *f*; **verspätete –** appel tardif; **Zurücknahme der –** désistement d'appel; **– in das Beamtenverhältnis** titularisation *f*; **– einbringen** (Aut), **– einlegen** faire appel, interjeter appel, se pourvoir en appel, recourir en appel, appeler d'un jugement; **– zur Erbfolge** vocation *f* héréditaire; **– erheben** (Aut) faire appel, interjeter appel, se pourvoir en appel, appeler d'un jugement.

Berufungs|anschlußschrift *f* acte d'appel incident; **–antrag** *m* demande présentée en appel, conclusions *fpl* de l'appelant; **–begründung** *f* justification des prétentions en appel, moyens invoqués (en appel), exposé des moyens d'appel; **–begründungsfrist** *f* délai *m* pour déposer ses conclusions en appel; **–beklagte(r)** *m* défendeur en appel, intimé *m*, partie intimée; **–einlegung** *f* pourvoi *m* en appel; **–entscheidung** *f* décision rendue en appel; **–erhebung** *f* (Aut) appel; **–erklärung** *f* (S) acte d'appel; **–frist** *f* délai d'appel *ou* de recours; **–gegner** *m* défendeur en appel, intimé, partie intimée; **–gericht** *n* juridiction d'appel, cour d'appel; **–grund** *m* motif d'appel, moyen d'appel; **–instanz** *f* instance d'appel, instance de recours; **–kläger** *m* appelant *m*, partie *f* appelante, demandeur en appel; **–kosten** *pl* dépens de l'appel; **–möglichkeit** *f* droit d'appel; **–recht** droit d'appel; **–richter** *m* magistrat *ou* conseiller à la Cour d'appel; juge en appel; **–schrift** *f* acte d'appel, requête introductive d'appel (L); **–summe** *f* somme au-dessous de laquelle l'appel n'est pas recevable; **–urteil** *n* jugement en appel; arrêt *m* de la Cour d'Appel; **–verfahren** *n* procédure d'appel; **–verhandlung** *f* audience en appel; **–verzicht** *m* renonciation à l'appel; **–werber** *m* (Aut) appelant *m*, partie appelante, demandeur en appel.

beruhen (auf) être fondé sur, reposer *ou* baser sur; **etwas auf sich – lassen** laisser en l'état.

Berühmung *f (PatentR)* action de se prévaloir (d'un brevet d'invention).

Berührungsklausel *f (Kfz-Vers)* clause de collision.

besagt (genannt, bereits erwähnt) ledit, ladite, lesdits, lesdites; susnommé.

Besamung *f*: **künstliche –** insémination artificielle.

besänftigen calmer, apaiser.

Besatzung *f* (1) occupation *f*, (2) garnison *f*, (3) équipage *m*; **militärische –** occupation militaire.

Besatzungs|angehörige(r) *m* membre des forces d'occupation; **–behörde** *f* autorités *fpl* occupantes; **–gebiet** *n* zone d'occupation, territoire *m* occupé.

Besatzungs|macht *f* puissance occupante, occupant *m*; **–streitkräfte** *fpl* forces d'occupation; **–zone** *f* zone d'occupation, zone occupée.

beschädigen endommager, détériorer, causer des dégâts à, mettre en mauvais état.

Beschädigte(r) *m* (1) (Aut) blessé *m*, (2) victime du dommage, personne lésée, endommagé *m* (L).

Beschädigung *f* dommage *m*, endommagement *m*, dégât *m* matériel, avarie *f*, perte *f*, détérioration *f*; **völlige –** avarie totale; **– von Anschlägen** lacération d'affiches; **– beschlagnahmter Sachen** dommage aux biens réquisitionnés; **– von Denkmälern und Gebäuden** dégradation de monuments, statues et autres objets destinés à l'utilité *ou* à la décoration publique; **– von Grenzsteinen** dégradation *f* de bornes *ou* de limites; **– von Grenzzeichen** dégradation de bornes; **– von militärischen Ausrüstungsgegenständen** destruction d'effets militaires; **– fremder Sachen** dommage *m* portant atteinte aux biens d'un tiers; **– von Wald- und Feldwegen** dégradation de chemins forestiers et ruraux.

beschaffen trouver, procurer; **Kapital –** réunir des fonds; **Waren –** fournir des produits.

Beschaffenheit *f* constitution, structure *f*, organisation; qualité; **wesentliche –** qualité *f* substantielle, substance *f* même (de la chose); **– der Erfindung** nature *f* de l'invention.

Beschaffenheitsmangel *m* vice *m* propre, détérioration due à la nature même du produit.

Beschaffung *f* (1) acquisition *f*, (2) fourniture *f*, approvisionnement *m*; **–skosten** *pl* prix *m* d'achat, frais *mpl* d'acquisition; **–sschuld** *f* obligation *f* de livrer un bien (acheté par le débiteur); **–sstelle** service *m* des approvisionnements.

beschäftigen employer, occuper, fournir du travail.

Beschäftigung *f* emploi *m*, travail *m*, occupation *f*; **bezahlte –** occupation salariée; **gewinnbringende –** emploi lucratif; **– gegen Entgelt** activité *f* rémunérée, occupation salariée, emploi salarié *ou* rémunéré.

Beschäftigungs|anspruch *m (ArbR)* droit à exercer l'activité prévue (au contrat); **–dauer** *f* durée d'emploi; **–grad** *m* degré d'emploi, taux d'emploi; **–lage** *f* situation *f* de l'emploi; **–land** pays d'emploi; **–nachweis** *m* certificat *m* d'emploi, carte *f* d'emploi; **–ort** *m* lieu de travail; **–pflicht** *f* obligation *f* (de l'employeur) de fournir un emploi (au salarié); **–politik** *f* politique de l'emploi; **–stand** *m* niveau de l'emploi; **verbot** *n* interdiction d'emploi; **–verhältnis** *n (ArbR)* situation *f* non contractuelle assimilée au contrat de travail; **–zeit** *f* période d'emploi, durée d'emploi; **–zeitraum** *m* durée *f* d'emploi; **–zeugnis** *n* certificat d'emploi.

beschatten, jemanden – filer (quelqu'un), prendre en filature.

Beschaubefund *m* (1) *(Zoll)* résultat *m* de la visite douanière, (2) certificat *m* (vétérinaire) de vérification.

Bescheid *m* (1) *(Mitteilung)* avis *m*, communication *f*, (2) *(Auskunft)* renseignement *m*, information *f*, réponse *f*, (3) *(Anweisung)* ordre *m*, directive *f*, injonction *f*, notification *f*, (4) *(Entscheidung)* sentence *f*, verdict *m*, décision administrative; **bis auf weiteren –** jusqu'à nouvel ordre.

Bescheidung *f (VwR)* réponse à une requête.

bescheinigen certifier, attester.

Bescheinigung *f* certification *f*, certificat *m*, attestation *f*; **amtliche –** attestation officielle; **ärztliche –** certificat *m* médical; **notarielle –** attestation notariée; **zollamtliche –** certificat de douane, attestation douanière; **– über Entsendung** *(EuR)* certificat de détachement; **– über den erfolglosen Ausgang eines Sühneverfahrens** certificat de non-conciliation; **– über die Genußtauglichkeit** *(EuR)* certificat de salubrité; **internationale – über Impfung** certificat international de vaccination; **– über Steuerfreiheit** certificat de non-imposition; **– über die Vollständigkeit u. Richtigkeit einer Übersetzung** attestation: pour traduction conforme (et intégrale); **– über die Wiedereinfuhr** certificat de réimportation; **– über den Wohnsitz** certificat de domicile, attestation de domicile; **– über die Zahlungsfähigkeit** certificat de solvabilité.

beschenken gratifier, donner, faire une donation.

Beschenkte(r) *m* donataire *m*.

beschimpfen injurier, couvrir d'injures.

Beschimpfung *f* injure *f*, expression *f* outrageante (ne renfermant l'imputation d'aucun fait); **– der Bundesrepublik** le fait de jeter le discrédit sur la République fédérale d'Allemagne; **– der Flagge** outrage au drapeau; **– Verstorbener** acte de nature à violer le respect dû aux morts.

Beschlag *m*: **mit – belegen** placer sous séquestre.

Beschlagnahme *f* (1) réquisition *f*, (2) confiscation *f*, saisie *f*; **gerichtliche –** saisie judiciaire; **die – aufheben** lever la saisie; **– bei der Einfuhr** saisie à l'importation; **– im Inland** saisie à l'intérieur; **–bestätigung** *f* reçu *m* de réquisition.

beschlagnahmefrei *adj* insaisissable, non réquisitionnable.

Beschlagnahme|freiheit *f* insaisissabilité *f*; **– protokoll** *n* procès-verbal de saisie; **–recht** *n* droit de réquisition; **–verfügung** *f* arrêté de réquisition, décision de saisie, ordre de réquisition.

beschlagnahmen (1) requérir, réquisitionner, (2) confisquer, saisir.

Beschlagnahmung *f* réquisition *f*.

beschleunig|en accélérer, hâter, presser; **–tes Verfahren** *(StPR)* procédure *f* de saisine immédiate, procédure des flagrants délits.

Beschleunigung *f* accélération *f*; **– des Rechtsstreits** accélération de la procédure en matière contentieuse.

beschließen (1) *(beenden)* terminer, achever, conclure, mettre fin à, (2) *(entscheiden)* décider, convenir de, se déterminer à, (3) *(bestimmen)* décréter, statuer, arrêter, (4) *(abstimmen)* délibérer, voter.

Beschluß *m* (1) *(Gericht)* ordonnance *f*, arrêt *m*, décision (judiciaire), (2) *(gesetzgebende Versammlung)* délibération *f*, vote *m*, (3) *(Exekutive)* arrêté *m*, (4) *(Ende, Abschluß)* conclusion *f*, dénouement *m*, fin *f*; **allgemeiner –** décision générale; **begründeter –** décision motivée;

großherzoglicher – (L) arrêté grand-ducal (L); **ministerieller** – arrêté ministériel; **prozeßleitender** – *(ZPR)* jugement avant dire droit, décision avant faire droit; **–erfordernis** *n* condition imposée pour la validité d'une décision.

beschlußfähig *adj* qui réunit le quorum; **– sein** avoir atteint le quorum pour délibérer et prendre une décision valablement.

Beschluß fähigkeit *f* quorum *m*; **–fassung** *f* délibération *f*; vote *m*; **–senat** *m* commission munie de pouvoirs de décision en certaines matières; **–verfahren** *n* procédure judiciaire spéciale (en matière de cartels, de contentieux du travail, etc.).

beschränken limiter, restreindre.

beschränkt *adj* limité; **–e dingliche Rechte** droits réels accessoires; **–e Geschäftsfähigkeit** capacité *f* contractuelle restreinte (des mineurs non émancipés entre 7 et 18 ans *ou* de majeurs en curatelle); **–e Haftung** responsabilité limitée; **–e Steuerpflicht** imposabilité restreinte.

Beschränkung *f* limitation *f*, restriction *f*; **devisenrechtliche** – restriction de change; **mengenmäßige** – restriction quantitative *ou* contingentaire, limitation quantitative; **satzungsmäßige** – limitation statutaire; **– des Anspruchsumfangs** limitation de la portée de la revendication *ou* demande; **– der Verwendung** restriction à l'utilisation.

Beschreibung *f* description, spécification; **pfandweise** – (Aut) inventaire fait à titre de gage; **protokollarische** – protocole *m* descriptif; **technische** – description technique.

beschreiten: den Rechtsweg – intenter un procès *ou* une action en justice.

Beschriftung *f* inscription *f*, marquage *m*.

beschuldigen inculper, mettre en cause, mettre sous le coup d'une inculpation.

Beschuldigte(r) *m (StPR)* inculpé *m*, dénomination légale de toute personne contre qui une procédure pénale est ouverte (même au stade de l'enquête de police, cette dénomination est employée jusqu'à la clôture de l'instruction).

Beschuldigung *f* inculpation *f*, accusation *f*, imputation *f*; **falsche** – dénonciation calomnieuse.

beschützen protéger, aider, défendre, secourir, assister.

Beschwer *f* grief *m*, sujet *ou* motif de plainte.

beschweren (1) grever, charger, imposer, (2) alourdir, (3) léser, désavantager; **sich** – se plaindre, exposer *ou* formuler des griefs.

Beschwerde *f* (1) *(FG)* recours *m* ouvert contre une décision gracieuse, recours *m ou* appel en matière gracieuse; exception; contredit, (2) *(VwR)* recours administratif, (3) *(BW)* réclamation *f*, plainte *f*; **einfache** – pourvoi simple; **gemeinsame** – recours collectif; **sofortige** – pourvoi immédiat; **staatsrechtliche** – (S) recours de droit public; **weitere** – pourvoi subséquent, contredit *m*; **– im Aufsichtswege** recours hiérarchique; **– einlegen** soulever une exception; **–ausschuß** *m* commission chargée de statuer sur des recours, commission de recours (B); **–berechtigung** *f* intérêt *m* légitime pour exercer un recours contre une décision gracieuse; **–bescheid** *m* décision rendue sur un recours; **–brief** lettre *f* de réclamation; **–buch** *n* registre *m* des réclamations; **–entscheid** *m* (S) décision rendue sur recours; **–entscheidung** *f* décision rendue sur recours; **–frist** *f* délai de recours; **–führer** *m* réclamant *m*, intéressé *m*, requérant *m*, partie réclamante, recourant *m* (S); **–gebühr** *f* taxe *f* de recours; **–gegenstand** *m* objet du recours; **–gegner** *m* celui contre qui un recours administratif est formé; **–gericht** *n* tribunal devant lequel un recours est présenté; **–grund** *m* motif *m* du recours; **–instanz** *f* instance de recours, autorité *f* de recours (S); **–kammer** *f* chambre d'un tribunal qui statue sur les pourvois; **–punkt** *m* point sur lequel porte le recours; **–recht** *n* droit de recours; **–rechtszug** *m* (Aut) procédure de recours; **–register** *n* registre des réclamations; **–schrift** *f* acte de pourvoi; **–stelle** service *m* des réclamations; **–verfahren** *n* procédure de recours, procédure de plainte (S); **–wert** *m* valeur du litige permettant l'appel; **Erschöpfung des –weges** épuisement des voies de recours.

Beschwerde- und Petitionsrecht *n* *(VerfR)* droit d'adresser des requêtes *fpl* et réclamations *fpl* (aux autorités compétentes).

beschweren alourdir, charger; grever; **sich –** protester, réclamer, se plaindre de qn.

Beschwernis *f* (S) grief *m*.

Beschwerte(r) *m* (1) personne grevée par une charge, (2) *(VwR)* personne atteinte par une mesure.

beschwichtigen calmer, apaiser, tranquilliser, rassurer.

Beschwichtigung *f* apaisement, dissipation des griefs.

beschwören affirmer par serment *ou* sous la foi du serment.

besehen: wie – tel quel.

beseitigen éliminer, supprimer, lever (un obstacle).

Beseitigung *f* élimination *f*, suppression *f*, levée *f* (d'un obstacle), abolition (d'une mesure); **– der Arbeitslosigkeit** résorption *f* du chômage; **– von Schäden** réparation de dommages.

besetzen occuper.

Besetzung *f* (1) *(Gericht)* composition, organisation, (2) occupation; **dauernde –** occupation permanente; occupation durable; **vorübergehende –** occupation temporaire; **– einer Stelle** fait d'occuper un poste.

Besetzungs|gebiet *n* zone *f* occupée, zone d'occupation; **–recht** *n* droit d'occupation; **–vorschlag** *m* proposition de désignation.

Besicht: Kauf nach – vente conforme à tel type *ou* à tel échantillon.

besich|tigen examiner, visiter, inspecter; **wie –tigt** tel quel.

Besichtigung *f* visite *f*, vue *f*, examen *m*, inspection *f*.

Besichtigungs|bericht *m* rapport *m* d'inspection; **–recht** *n* (1) droit de regard *ou* de contrôle, (2) *(Wohnung)* droit de visite.

Besitz *m* (1) *(Eigenbesitz)* possession *f* (d'une chose par soi-même), possession à titre de propriétaire, (2) *(Fremdbesitz)* possession *f* d'une chose pour autrui, détention *f* précaire; **fehlerhafter –** possession entaché d'un vice; **fortwährender –** possession continue; **gutgläubiger –** possession de bonne foi; **mittelbarer –** possession par l'intermédiaire d'autrui, possession pour autrui; **rechtmäßiger –** détention légale; **redlicher –** possession de bonne foi; **ungestörter –** possession paisible; **unmittelbarer –** possession directe; **ununterbrochener –** possession ininterrompue; **unvordenklicher –** possession immémoriale; **in den – einweisen** envoyer en possession.

Besitz|antritt *m* entrée *f* en jouissance; **–aufgabe** *f* abandon de la possession; **–auflassung** *f* (Aut), **–auftragung** *f* (Aut) transfert de la possession; **–diener** *m* détenteur *m* précaire; **–einkommen** *n* revenu des capitaux; **–einweisung** *f* envoi en possession; **–einweisungsurkunde** *f* acte d'envoi en possession.

besitzen posséder, détenir.

Besitz|entsetzung *f* dessaisissement *m*; **–entziehung** *f* spoliation *f*, dépossession; **–entziehungsklage** *f* réintégrande *f*.

Besitzer *m* (1) *(Eigenbesitzer)* possesseur *m* (à titre de propriétaire), (2) *(Fremdbesitzer)* détenteur *m* précaire, (3) *(AllgSpr)* propriétaire *m*, (4) *(Wertpapiere)* porteur *m*; **bösgläubiger –** possesseur de mauvaise foi; **eigenmächtiger –** occupant sans titre; **gutgläubiger –** possesseur de bonne foi; **rechtsgrundloser –** occupant sans titre.

Besitz|ergreifung *f* prise de possession, appréhension *f* matérielle (de la chose); **–erwerb** *m*; **–erwerbung** *f* acquisition de la possession.

Besitzes|rechtsklage *f* (S) action possessoire (ayant un effet offensif); **gerichtlicher –schutz** *m* (S) maintenue *f* (S); **–schutzklage** (S) action possessoire (ayant un caractère défensif).

Besitz|kehr *f* réintégration dans la possession (après une voie de fait); **–klage** *f* action *f* possessoire, possessoire *m*; **–konstitut** *n* constitut *m* possessoire; **–mittler** détenteur précaire; **–mittlungsverhältnis** *n* détention subordonnée; **–nachfolger** *m* possesseur *m* subséquent; **–nahme** entrée *f* en possession, appréhension matérielle (de la chose); **–schutz** protection de la possession paisible; **–stand** *(ArbR)* avantages *mpl* acquis; **–steuern** *pl* impôts *mpl* sur la fortune et le revenu; **–störung** *f* trouble de la possession; **–störungsklage** *f* complainte *f*.

Besitztum *n* propriété *f*; **befriedetes –** propriété enclose.

Besitzübernahme *f* entrée en possession.

Besitzung *f* (1) *(VR)* territoire *m*, (2) *(ZR)* propriété *f* immobilière.

Besitz|veränderungsabgabe *f* taxe sur les mutations de propriété; **–verlust** *m* aliénation *ou* abandon de la possession; **–wechsel** *m* changement *m* de possesseur, changement de mains; **–wehr** *f* autodéfense *f* du possesseur (en cas de troubles résultant d'actes de violence ou de voies de fait); **–wille** *m* volonté *f* de posséder, animus *m*, intention *f* de se comporter en possesseur; **–zeit** *f* durée *f* de la possession; **–zersplitterung** *f* morcellement de la propriété; **–zeugnis** *n* certificat attestant le droit de posséder quelque chose.

besolden rétribuer, appointer.

Besoldung *f* rétribution *f*, appointement *m*, traitement *m*.

Besoldungs|amt *n* (Aut) bureau *m* payeur; **–dienstalter** *n* ancienneté; **–gruppe** *f* échelon de solde, échelle des traitements, échelle de rémunération; **–klasse** *f* classe de traitement; **–nachzahlung** *f* rappel de traitement; **–ordnung** *f* règlement de solde; **–skala** *f* éventail *m ou* échelle *f* des salaires, échelle des traitements *ou* des rémunérations; **–steuer** *f* impôt *m* sur les salaires; **–struktur** *f* grille *f* des traitements; **–stufe** *f* échelon de solde; **–zuschlag** *m* accessoire de solde.

besonder|er *adj* particulier, spécial; distinct, différent; **–e Gerichte** juridictions spécialisées; **–es Gewaltverhältnis** *(VwR)* sujétions particulières découlant du statut de fonctionnaire, de militaire de carrière, etc.; **–e Pflichten** obligations spéciales; **–s gekreuzter Scheck** chèque *m* à barrement spécial.

Besonderheit *f* particularité *f*, caractéristique *f*; détail *m*.

besonders *adv* particulièrement, spécialement, notamment, principalement; **– hinweisen auf** attacher une attention toute particulière à, renvoyer expressément à.

besonnen (wohlüberlegt) mûrement réfléchi, après mûre réflexion.

Besonnenheit *f* pondération, juste équilibre.

besorgen fournir; s'occuper de ..., se procurer (quelque chose).

Besorgnis *f* appréhension, crainte *f*; préoccupation; **– der Befangenheit** suspicion légitime; **– nicht rechtzeitiger Leistung** crainte légitime du non-paiement dans les délais.

Besorgung *f* (1) *(Beschaffung)* fourniture *f*, approvisionnement *m*, achat *m*, (2) *(Erledigung)* exécution *f*, commission *f*; **– fremder Angelegenheiten** *od* **Geschäfte** gestion *f* d'affaires, mandat *m*.

Besorgungsgehilfe *m* (Aut) préposé.

Bespitzelung *f* observation clandestine.

besprechen conférer, parler, tenir conseil, négocier, débattre.

Besprechung *f* entretien *m*, entrevue *f*; discussion; pourparlers *mpl*.

bessern: sich – s'amender.

Besserung *f* amélioration, perfectionnement, progrès; *(Gesundheit)* rétablissement.

Besserungs|anstalt *f* établissement de redressement, maison *f* de correction *ou* d'éducation surveillée; – **für jugendliche Verbrecher** institution d'éducation surveillée (pour délinquant juvénile).

Bestallung *f (VwR: behördliche Zulassung)* nomination; agrément.

Bestallungs|brief *m* **–urkunde** *f* acte de nomination, arrêté *ou* décret de nomination, brevet de nomination.

Bestand *m* (1) durée *f*, persistance *f*, permanence *f*, continuité *f*, stabilité *f*, (2) stock *m*, réserve *f*, (3) encaisse *f*, solde *m*, avoir *m*, (4) portefeuille *m*, affaires en portefeuille, (4) (Aut) location *f*, bail *m*; **eiserner** – stock de sécurité *ou* de précaution; **den – aufnehmen** inventorier, dresser un inventaire.

Bestand|geber *m* (Aut) bailleur *m*, loueur *m*; **–gegenstand** *m* (Aut) bien pris à bail; **–nehmer** *m* (Aut) locataire *m*; **–objekt** *n* (Aut) bien pris à bail.

Bestands|aufnahme *f* (1) inventaire *m*, inventorisation *f*, vérification des stocks, (2) état des lieux; **–ergänzung** *f* réapprovisionnement; **–konto** *n* compte de marchandises; **–kontrolle** *f* contrôle d'un inventaire; **–kraft** *f (VwR)* autorité *f* de l'acte administratif (après l'épuisement des voies de recours); **–liste** *f* état de recensement; **–meldung** *f* déclaration de stock; **–sicherung** *f* (1) *(GesR: Unternehmen)* mesures *fpl* tendant à faciliter le redressement économique et financier d'une entreprise, (2) *(BW)* gestion des stocks; **–schutz** *m (ArbR)* protection des droits acquis; **–übertragung** *f* cession de portefeuille; **–veränderung** *f* mouvement des stocks; **–verzeichnis** *n* inventaire *m*.

Bestand|teil *m* (1) pièce *f* détachée, (2) partie *f* constituante, composante *f*, partie intégrante; **wesentlicher –teil** *(SachR)* immeuble *m* par destination, accession *f*; **–vertrag** *m* (Aut) contrat de location, contrat de bail, bail *m*; **–zeit** *f* (Aut) durée du bail; **–zins** *m* (Aut) loyer *m*, prix du bail.

bestärken corroborer, confirmer.

bestätigen (1) *(amtlich)* attester, certifier, homologuer, (2) *(Auftrag)* confirmer, (3) *(Entscheidung)* approuver, entériner, (4) *(zugeben)* reconnaître, (5) *(erhärten)* corroborer; **die Gültigkeit** – valider; **das Urteil** – confirmer le jugement.

Bestätigung *f* (1) certificat *m*, certification *f*, attestation *f*, homologation *f*, confirmation *f*, approbation *f*, entérinement *m*, (2) reçu *m*, quittance *f*, récépissé *m*; **amtliche – der Preise** homologation des prix; **gerichtliche –, – durch das Gericht** homologation du tribunal, homologation judiciaire; **schriftliche** – confirmation écrite; **– der nicht erfolgten Zahlung** certificat de non-paiement.

Bestätigungs|beschluß *m* décision d'homologation; **–entscheid** *m* (S) jugement d'homologation; **–karte** *f* avis *m* de couverture; **–order** *f* ordre de confirmation, ordre d'exécution; **–schreiben** *n* acte *m* confirmatoire, lettre *f* de confirmation; **–urkunde** *f* acte confirmatoire *m*; **–vorbehalt** *m* sous réserve de confirmation *ou* d'approbation *ou* d'agrément.

Bestattung *f* inhumation *f*, enterrement *m*, obsèques *fpl*, funérailles *fpl*, sépulture *f*.

Bestattungs|beihilfe *f* allocation *f* pour frais funéraires; **–entschädigung** *f* indemnité pour frais funéraires, indemnité *f* funéraire (S); **–geld** *n* allocation pour frais funéraires; **–kosten** *pl* frais *mpl* funéraires; **–wesen** *n* service (public) des pompes funèbres.

bestechen corrompre, soudoyer; **einen Zeugen** – suborner (un témoin).

bestechlich *adj* vénal, soudoyable.

Bestechlichkeit *f* vénalité *f*.

Bestechung *f* (1) *(Amtsträger)* corruption *f*, trafic d'influence, (2) *(Zeuge)* subornation; **aktive –** corruption active; **passive –** corruption passive, trafic *m* d'influence; **–saffäre** *f* prévarication *f*; **–sgelder** *npl* pot-de-vin *m*, dessous *m* de table, gratification *f* illégale, gratification cachée et illicite; **–sversuch** *m* tentative *f* de corruption.

bestehen aus être constitué de, consister en.

Bestehen *n* existence *f*; **– der Ehe** existence du mariage.

Bestell|bestand *m* stock *m* critique, point *m* de commande; **–block, –buch** *n* carnet *m* d'ordres, livre *m* de commandes; **–dienst** service *m* des commandes.

bestellen (1) *(Ware)* commander, passer une commande, demander, (2) *(Person)* nommer, désigner, (3) *(Anwalt)* constituer.

Besteller *m* (1) constituant *m* (d'un droit), (2) celui qui passe une commande, client *m*; **– des Nießbrauchs** constituant de l'usufruit.

Bestell|formular *n* formulaire de commande; **–gebühr** *f*, **–gelder** *pl* taxe de livraison; **–kosten** coût *m* du réapprovisionnement; **–menge** *f* quantité *f* à commander; **–nummer** référence *f*, numéro *m* de la commande.

Bestell|schein *m* bon de commande; **–heft** *n* carnet d'ordres.

Bestellung *f* (1) commande *f*, ordre *m*, demande *f*, (2) désignation *f*, nomination *f*, (3) constitution (d'avocat), (4) *(SachR)* constitution (d'un droit réel); **feste –** commande ferme; **eine – annehmen, eine – aufnehmen** accepter une commande, prendre une commande; **– eines Bevollmächtigten** constitution d'un mandataire; **eine – entgegennehmen** prendre une commande, accepter une commande; **eine – erteilen** passer (une) commande; **eine – widerrufen** annuler une commande; **– des Rechtes** (Aut) création du droit; **– einer Rente** constitution de rente.

Bestellungs|brief *m* lettre de provision; **–dekret** *n* (Aut) arrêté *ou* décret de nomination; **–urkunde** *f* (Aut) acte de nomination; **–vorschuß** *m* avance sur commande.

Bestellvertrag *(VerlR)* contrat *m* de louage d'ouvrage portant sur une œuvre littéraire *ou* artistique, commandée par un entrepreneur de spectacles *ou* éditeur.

Bestellzettel *m* bulletin *m* de commande, bon *m* de commande.

bestens *adv* au mieux.

Bestens|auftrag *m*, **–order** *m (BörR)* ordre au mieux; **–verkauf** *m* vente au mieux.

besteuerbar *adj* imposable, taxable, taxatif.

Besteuerbarkeit *f* imposabilité *f*.

besteuern imposer, frapper d'une imposition, taxer.

Besteuerung *f* imposition, taxation; **jährliche –** imposition annuelle.

Besteuerungsart *f* mode *m* d'imposition.

besteuerungsfähig *adj* imposable.

Besteuerungs|fähigkeit *f* imposabilité *f*; **–freigrenze** *f* abattement *m* à la base; **–grenze** *f* limite d'imposition; **–grundlage** *f* assiette d'imposition, base *f* imposable; **–recht** *n* droit d'imposition; **–zeitraum** *m* période d'imposition, période *f* imposable, période de taxation.

bestimmbar *adj* déterminable.

bestimmen (1) fixer, déterminer, (2) définir, (3) régler, disposer, stipuler, (4) *(beeinflussen)* influer (sur), influencer, agir (sur).

bestimmt *adj* déterminé, fixé (d'avance); *adv* sûrement, certainement, sans aucun doute.

Bestimmtheitserfordernis *n (SchuldR: Leistung)* nécessité de ce que l'objet de l'obligation soit déterminé; **Verstoß gegen das –** non-respect de la règle de la détermination (de l'objet du contrat).

Bestimmung *f* (1) *(Festsetzen)* fixation *f*, détermination *f*, (2) *(vertraglich)* stipulation *f*, clause *f*, (3) *(gesetzlich)* disposition *f*, norme *f*, prescription *f*, (4) *(Ziel, Zweck)* destination *f*, affectation *f*; **allgemeine –** disposition générale; **derogierende –** prescription dérogatoire; **devisenrechtliche –** règle du contrôle des changes; **einleitende –** disposition (pré)liminaire; **einschränkende –** disposition restrictive; **gesetzliche –** disposition légale *ou* législative; **grundlegende –** clause fondamentale *ou* organique; **rechtsetzende –** disposition normative; **satzungsmäßige –** règle *f* statutaire; **territoriale –** clause territoriale; **– des Eigentümers** affectation du propriétaire; **– der Frist** fixation du délai **– des Honorars** liquidation des honoraires; **– der Gegenleistung** détermination de l'obligation du co-contractant; **– des zuständigen Gerichts** règlement de juges.

Bestimmungs|amt *n* (UPU) bureau *m* destinataire; **–auswechslungsamt** *n* (UPU) bureau d'échange de destination; **–bahnhof** *m* gare destinataire, gare *f* de destination, gare d'arrivée; **–flughafen** *m* aéroport de débarquement *ou* de destination; **–hafen** *m* port de destination; **–kauf** *m* vente à spécification; **–land** *n* pays de destination, pays destinataire; **–ort** *m* lieu de destination; **–postamt** *n* bureau de destination; **–recht** *n* droit de décision; **–verwaltung** *f* (UPU) administration destinataire, administration de destination; **–zollamt** *n* bureau de douane de destination.

Bestkauf *m* (1) achat *m* au mieux, (2) vente *f* au mieux.

bestrafen punir, pénaliser, frapper d'une peine, sanctionner par une peine, châtier.

Bestrafte(r) *m* puni *m*.

Bestrafung *f* punition *f*, pénalité *f*, pénalisation *f*, châtiment *m*, peine *f*, sanction *f*; **disziplinäre –, disziplinarische –** peine *ou* sanction disciplinaire, punition disciplinaire; **gerichtliche –** condamnation *f* judiciaire.

Bestrahlung *f* irradiation, exposition aux rayons radioactifs.

Bestrebung *f* aspiration à, prétention à, visées sur, désir, but *m*.

bestreiken immobiliser par une grève.

Bestreikung *f* arrêt *m* de travail, mouvement *m* de grève dans une entreprise, débrayage *m*.

bestreitbar *adj* contestable, discutable, douteux.

bestreiten (1) contester, nier, contredire, discuter, (2) payer; **die Kosten –** subvenir aux coûts.

Bestreiten *n* (1) *(PrzR)* contestation, dénégation, (2) *(Ausgaben)* paiement *m*.

Bestreitung *f* (1) *(Kosten)* acquittement *m* (des frais), le fait de faire face aux dépenses, (2) (Aut) contestation *f*, litige *m*; **– der ehelichen Geburt** (Aut) désaveu de paternité, contestation de la légitimité; **– der Ehelichkeit** (Aut) contestation de la légitimité.

Bestreitungsverbot *n* (Aut) interdiction de contester.

Besuch *m* visite *f*; **offizieller –** visite officielle.

Besucher *m* visiteur *m*; **prominenter –** visiteur de marque; **–strom** *m* affluence *f* (de visiteurs).

Besuchs|erlaubnis *f (StPR)* autorisation de rendre visite (à un détenu); **–recht** *n (FamR)* droit de visite.

Betätigung *f* action *f*, activité *f*, travail *m*; **ehrenamtliche –** activité *f* honorifique.

Betätigungsfeld *n* champ *m* d'activité.

Betäubungsmittel *n* stupéfiant *m*; **–gesetzgebung** *f* législation sur les stupéfiants.

beteiligen faire participer, accorder une participation; **sich –** participer, prendre une participation.

Beteiligter *m* partie *f* intéressée, participant *m*.

Beteiligung *f* (1) *(GesR)* participation *f*, quote-part *f*, (2) *(SteuR)* contribution *f*, part contributive, (3) *(der Arbeitnehmer)* intéressement *m*; **anpassungsfähige –** intéressement évolutif; **beherrschende –** participation majoritaire; **finan-**

zielle – participation financière; **gegenseitige** – participation croisée *ou* réciproque; **stille** – participation occulte; **turnusmäßige** – participation alternée; – **der öffentlichen Hand** participation publique; **wesentliche** – participation de plus de 25% au capital d'une société.

Beteiligungs|gesellschaft *f* société *f* de participations; **–konzern** *n* groupement d'entreprises dans lequel l'une d'elles détient au moins 51% du capital de l'autre, consortium de participation; **–kosten** frais de participation; **–unternehmen** *(staatlich)* entreprise *f* mixte; **–quote** *f* part d'intérêts; **–urkunde** *f* titre *m* de participation; **–verhältnis** *n* quote-part *f*, quotité *f*; **–vertrag** *m* contrat *m* de participation.

beteuern: seine Unschuld – protester de son innocence.

Beteuerungsformel *f* formule *f* de serment.

Betracht: außer – bleiben ne pas être pris en considération; **etwas in – ziehen** prendre en considération, tenir compte de qch; **in – kommen** mériter considération, mériter une attention particulière.

Betrag *m* montant *m*, somme *f*, quantum *m*; **abgebuchter** – montant débité, somme *f* débitée; **abgehobener** – montant perçu; somme retirée; **fälliger** – montant *m* échu; **geschuldeter** – somme due; **rückständiger** – arriéré *m*; **steuerfreier** – montant non imposé; **überwiesener** – somme transférée *ou* virée; **ungedeckter** – découvert *m*; **zusätzlicher** – montant additionnel; **zuviel eingehobener** – (Aut) trop percų *m*; **zuviel entrichteter** – trop versé *m*; – **dankend erhalten** pour acquit; – **des Schadens** montant du dommage.

betrauen préposer, charger.

betreff *ou* **betreffs** *präp* concernant, touchant, à propos de, au sujet de.

betreffen concerner, se rapporter à, porter sur, intéresser, regarder, toucher.

Betreffende: der –, die – personne *f* en question, quidam *m*.

betreiben (1) exploiter, (2) poursuivre; **auf – von** à la diligence de; **gemeinschaftlich** – exploiter en commun.

Betreiber *m (eines Kraftwerks)* société *f* de production *ou* de distribution.

Betreibung des Prozesses le fait de conduire l'instance, poursuite de l'instance.

Betreibungs|behörde *f* (S) autorité de poursuite (S), autorité d'exécution (S); **–buch** *n* (S) livre de poursuite (S); **–ort** *m* lieu où se font les poursuites, for de la poursuite (S).

betreuen (1) *(Sache)* prendre soin de, s'occuper de, (2) *(Personen)* servir, aider, (3) *(Kranke)* soigner.

Betreuung *f*, assistance *f*, encadrement *m*, surveillance *f*, contrôle *m*, le fait de s'occuper de . . .

Betreuungsstelle *f* service *m* d'accueil et d'information.

Betrieb *m* (1) *(Einrichtung)* entreprise *f*, établissement *m*, unité *f* de production, affaire *f*, (2) *(ohne Pl.: Tätigkeit)* fonctionnement *m*, activité *f*, marche *f*, service *m*, maniement *m*, **eidgenössischer** – régie *f* fédérale (S); **fehlerhafter** – vice *m ou* défaut *m* d'exploitation; **forstwirtschaftlicher** – entreprise forestière; **führender** – entreprise pilote; **gemischtwirtschaftlicher** – société d'économie mixte; **genossenschaftlicher** – entreprise *f* coopérative; **gewerblicher** – établissement *m* industriel *ou* commercial; **handwerklicher** – entreprise *ou* exploitation artisanale, établissement artisanal; **knappschaftlicher** – entreprise minière; **konzessionierter** – entreprise concessionnaire, entreprise concédée, service *m* concédé; **landwirtschaftlicher** – exploitation agricole, entreprise agricole, exploitation rurale; **öffentlicher** – entreprise publique, entreprise industrielle du secteur public; – **gewerblicher Art** entreprise à caractère industriel et commercial; **außer – setzen** retirer du service, mettre hors de service; **in – sein** être en marche *ou* en service; **in – setzen** mettre en exploitation; **den – stillegen** cesser l'exploitation; **Weiterführung des –s** poursuite *f* de l'exploitation.

betrieblich: –e Altersversorgung prévoyance vieillesse de l'entreprise (pour son personnel); **–e Aufwendungen** charges d'exploitation; **–e Sozialleistungen** charges *fpl* sociales de l'entreprise.

Betriebs- und Geschäftsgeheimnis *n* secret *m* d'affaires.

Betriebs|abbruch *m* fermeture *f* de l'entreprise; **–abgang** *m* perte d'exploitation, déficit *m* d'exploitation; **–abrechnung** compte *m* d'exploitation; **–änderung** *f* modification *f* relative à la forme et/ou à l'objet de la société; **–anlage** *f* installations *fpl* industrielles; **–anweisung** *f* mode *m* d'emploi; **–arzt** *m (ArbR)* médecin d'entreprise *ou* du travail; **–aufspaltung** *f* scission *f* d'une entreprise; **–aufwand** *m*, **–aufwendungen** *fpl* charges d'exploitation; **–ausgaben** *fpl* frais *mpl* d'exploitation; **–ausschuß** *m* conseil d'entreprise restreint; **–ausstattung** *f* équipement *m* industriel; **–ausweis** *m* situation *f* comptable; **–bedingungen** *pl* conditions d'exploitation, cahier des charges; **–beihilfe** *f* subvention *f* d'exploitation; **–beitrag** *m* (S) contribution d'exploitation (S); **–belegschaft** *f* personnel de l'entreprise; **–berater** *m* ingénieur-conseil *m*, consultant *m*, audit *m*; **–bewilligung** *f* autorisation d'exploitation; **–bilanz** *f* bilan *m* d'exploitation; **–buch** *n* registre d'exploitation; **–buchführung** *f* comptabilité *f* d'exploitation; **–buße** *f* amende *f*, amende d'atelier; **–datenerfassung** saisie *f* des donnés de l'entreprise; **–einnahmen** *pl* recettes *fpl* d'exploitation; **–einrichtung** *f* installations *fpl* d'une entreprise; **–erfindung** *f* invention faite par un salarié *ou* de service; **–ergebnis** *n* résultat d'exploitation; **–erlaubnis** *f* (1) *(WirtR)* licence *f* d'exploitation, (2) *(StVR)* réception *f* (par le service des mines); **–erweiterung** *f* agrandissement d'un établissement industriel *ou* commercial.

betriebsfähig *adj* exploitable; en ordre de marche, prêt à fonctionner.

Betriebs|fehlbetrag *m* déficit d'exploitation; **–ferien** *pl* congé *m* collectif, fermeture *f* annuelle; **–fonds** *m* fonds de roulement; **–führer** *m* gérant *m*, chef d'entreprise, chef d'établissement; **–führungsvertrag** *m* mandat *m* de gérance, contrat d'exploitation d'une entreprise; **–gefahr** *f* (1) risque *ou* danger d'exploitation, (2) *(StVR)* risque *m* résultant de l'utilisation d'un véhicule; **–gefährdung** *f (StVR)* entraves *fpl* à la circulation, gêne *f* de la circulation; **–gegenstand einer Gesellschaft** (Aut) objet *m* social; **–geheimnis** *n* secret d'exploitation, secret *m* de fabrication; **–gemeinschaft** *f* communauté *f* d'exploitation, exploitation en commun, communauté d'entreprise; **–genehmigung** *f* licence d'exploitation, autorisation d'exploitation; **–genossenschaft** *f* coopérative *f* d'entreprise; **–gesellschaft** *f* société d'exploitation; **–gewerkschaft** *f* syndicat d'entreprise; **–gewinn** *m* bénéfice d'exploitation; **–größe** *f* taille *f* de l'entreprise, dimensions *fpl* de l'exploitation; **–grundstück** immeuble *m* servant à un fonds de commerce *ou* à une société commerciale; **–haftpflichtversicherung** assurance responsabilité civile chef d'entreprise *ou* exploitation; **–jahr** *m* exercice *m*; **–justiz** *f* pouvoir *m* disciplinaire dans l'entreprise; **–kalkulation** *f* (établissement *m* des) comptes *mpl* de gestion (d'une entreprise); **–kapital** *n* fonds de roulement, capital *m* technique; **–kennzahlen** *fpl* données *fpl* de l'entreprise; **–klima** *n* ambiance *f* de travail; **–konto** *n* compte d'exploitation; **–konzession** *f* concession d'exploitation.

Betriebskosten *pl* charges *fpl* d'exploitation, frais généraux; **–voranschlag** *m* devis d'exploitation.

Betriebs|krankenkasse *f* caisse de maladie d'entreprise, caisse d'entreprise; **–kredit** *m* crédit d'exploitation à court terme; **–lasten** *pl* charges d'exploitation; **–leiter** *m* chef d'entreprise, directeur d'usine; **–leitung** *f* gestion de l'entreprise; **–lizenz** *f* licence d'exploitation.

Betriebsmittel *fpl* capital *m* technique, moyens de production; **–kredit** *m* crédit en compte courant.

Betriebsnachfolge *f (ErbR)* attribution *f* globale de l'entreprise.

Betriebs|obmann *m* délégué *m* ouvrier, homme *m* de confiance; **–optimum** *n* optimalité d'un choix (au sein de l'entreprise); **–ordnung** *f* (1) règlement d'entreprise, règlement *m* de service intérieur, règlement d'atelier, (2) règlement d'exploitation; **–ort** *m* lieu d'exploitation, siège *m* de l'exploitation; **–pachtvertrag** *(GesR)* contrat d'affermage relatif à une entreprise *ou* un fonds de commerce; **–pensionskasse** caisse complémentaire de retraite au sein d'une entreprise; **–pflicht** *f* obligation d'assurer le service; **–planung** *f* gestion prévisionnelle; **–prämie** *f* prime d'atelier; **–prüfung** *f* contrôle *m* fiscal (de la société), vérification des livres et de la gestion d'une entreprise; **–rat** *m* délégués du personnel, conseil *m* d'entreprise allemand (ne pas confondre avec le comité d'entreprise français!); **–ratsmitglied** membre du conseil d'entreprise; **–ratsvorsitzende(r)** président du conseil d'entreprise; **–rechnung** *f* compte *m* d'exploitation générale; **–recht** *n* droit d'exploitation; **–rente** *f* pension de retraite complémentaire versée par l'entreprise (dans laquelle on a travaillé).

Betriebs|risiko *n* risque *m* résultant de l'arrêt momentané de l'entreprise (et assumé par l'entrepreneur); **–sabotage** *f* (1) sabotage *m* du travail, (2) entrave *f* apportée à la liberté de circulation; **–schädigung** *f* faute *f* dommageable envers une entreprise.

Betriebsschließung *f* fermeture de l'entreprise (par l'autorité publique); **zwangsweise –** fermeture d'office de l'entreprise.

Betriebs|schulden *fpl* dettes *fpl* de l'entreprise, déficit *m* déductible du bénéfice imposable; **–schutz** *m* sécurité *f* dans l'entreprise.

Betriebs|sicherheit *f* (1) sécurité du travail, sécurité d'exploitation, (2) *(Maschine)* sécurité de fonctionnement, fiabilité *f*; **–sitz** *m* siège *m* de l'exploitation; **–sparkasse** *f* caisse d'épargne d'entreprise (S); **–sperre** *f* fermeture de l'entreprise (S); **–spionage** espionnage industriel; **–stätte** *f* établissement *m*, lieu *m* de l'exploitation; **–stillegung** *f* fermeture *f* d'une entreprise, arrêt *m* d'exploitation; **–stock** *m* fonds de roulement; **–stoffe** *mpl* matières *fpl* consommables, fournitures *fpl* de consommation et d'entretien; **–störung** *f* incident *m* technique *ou* de fonctionnement; perturbation *f* de l'exploitation; **–strafe** *f* sanction prise par le chef d'entreprise; **–übergang** *m* cession *f* d'entreprise; **–überlassungsvertrag** *m* contrat de cession d'exploitation; **–überprüfung** *f* inspection *f* d'entreprise; **–überschuß** *m* excédent d'exploitation; **–umstellung** *f* reconversion d'une entreprise; **–unfall** *m* accident du travail; **–unterbrechungsversicherung** *f* assurance pertes d'exploitation; **–unternehmer** *m* entrepreneur *m*.

Betriebs|vereinbarung *f* accord d'entreprise (conclu entre le chef d'entreprise et les représentants du personnel); **–verfassung** *f* organisation *f* (sociale) des entreprises; **–verfassungsgesetz** *n* Loi relative aux relations salariés-entrepreneur(s) au sein de l'entreprise; **–verfassungsrecht** législation relative aux relations globales entre entrepreneurs et salariés, à la participation et à la cogestion; **–vergleich** *m* comparaison *f* interentreprises;

–verlust *m* perte d'exploitation *ou* de gestion; **–vermögen** *n* soldes *mpl* de gestion, compte *m* résultat; capital d'exploitation; **–versammlung** *f* assemblée générale du personnel d'une entreprise (convoquée par le Betriebsrat); **–vertrag** *m* contrat d'exploitation, arrangement d'exploitation; **–vollmacht** *f* procuration pour l'exploitation; **–wert** *m* survaloir *m*, goodwill *m*, gain lié à la bonne image de la firme; **–wirt** *m* diplômé *m* (allemand) en gestion d'entreprise.

Betriebs|wirtschaft *f* économie et organisation de l'entreprise, gestion de l'entreprise; **– wirtschaftler** *m* économiste *m* d'entreprise; **–wirtschaftslehre** *f* organisation et gestion des entreprises; **–wohnung** *f* logement *m* de fonction, logement fourni par l'entreprise; **–zahl** *m* proportion des dépenses d'exploitation par rapport aux recettes; **–zählung** *f* recensement *m* des entreprises; **–zugehörigkeit** *f (ArbR)* ancienneté *f*, durée *f* de travail dans l'entreprise.

Betroffene(r) *m (VwR)* personne privée amoindrie dans ses droits par un acte administratif, administré *m* tombant sous le coup d'un acte administratif restreignant ou anéantissant ses droits, administré requérant contre un acte faisant grief.

Betroffenheit *f* consternation.

Betroffensein *n*: **individuelles –** fait qu'un acte concerne individuellement quelqu'un.

Betrug *m* escroquerie *f*, tromperie *f*, fraude *f*; **zivilrechtlicher –** (Aut) dol *m*; **– durch Lieferung einer minderen Qualität** *(HR)* tromperie sur la qualité de la marchandise vendue.

betrügen escroquer, frauder, tromper, abuser, duper.

Betrüger *m* escroc *m*; fraudeur *m*.

Betrügerei *f* escroquerie *f*.

betrügerisch *adj* frauduleux; **–e Absicht** intention coupable constitutive de l'escroquerie; **–e Handlung** manœuvre frauduleuse, mise en scène, machination, stratagème *m*; **–es Versprechen** allégation *ou* promesse fallacieuse, espérance d'un événement chimérique.

Betrugshandlung *f* acte *m* frauduleux, manœuvre *f* frauduleuse.

Betrunkene(r) *m* (1) personne *f* en état d'ébriété, *(StVR)* conducteur sous l'empire d'un état alcoolique *ou* dans un état d'imprégnation alcoolique.

Betrunkenheit *f* ivresse manifeste.

Bettelei *f* mendicité *f*.

betteln mendier, se livrer à la mendicité; demander l'aumône.

Bettler *m* mendiant *m*.

Beuge|haft *f* astreinte *f* par corps; **–maßnahme** *f (ZPR)* astreinte *f*; **–mittel** *fpl (VwR)* sanctions *ou* amendes de la police administrative; **–strafe** *f* astreinte *f*.

Beugung des Recht(e)s partialité du jugement *ou* de la procédure.

beurkunden (1) instrumenter, certifier l'authenticité, rendre authentique, authentifier, (2) dresser acte, attester par écrit, constater.

Beurkundung *f* (1) *(notariell)* authentification, certification de l'authenticité, (2) *(einfache Schriftform)* constatation par écrit, certification, attestation; **gerichtliche –** authentification judiciaire; **öffentliche –** authentification par un officier public.

Beurkundungs|befugnis *f* pouvoir d'authentification; **–gebühr** *f* taxe de certification; **–recht** *n* droit d'authentification.

beurlauben (1) mettre en congé (2) *(VwR)* mettre en disponibilité.

Beurlaubung *f* (1) mise en congé, (2) *(VwR: Beamte)* disponibilité *f* d'office, (3) *(StR)* libération *f* conditionnelle.

beurteilen apprécier, juger.

Beurteilung *f* appréciation *f*, notation *f*, note *f*; **falsche –** évaluation erronée, fausse estimation.

Beurteilungs|irrtum *m* erreur d'appréciation; **–spielraum** *m* liberté *f* d'appréciation; **–zuständigkeit** *f* pouvoir d'appréciation.

Beute *f* butin *m*; **–gold** *n* or *m* spolié; **–gut** *n* butin *m*.

Bevogtigung *f* (S) mise sous tutelle.

Bevölkerung *f* population *f*, peuplement *m*; **arbeitssuchende –** population disponible à la recherche d'un emploi; **einheimische –** population autochtone; **erwerbstätige –, werktätige –** population active; **– im schulpflichtigen Alter** population en âge scolaire, population scolaire.

Bevölkerungs|abnahme *f* décroissance de la population; **–aufbau** *m* structure *f* démographique; **–austausch** *m* échange de population; **–bewegung** *f* mouvement démographique; **–dichte** *f* densité de population *ou* de peuplement, densité *f* démographique; **–druck** *m* pression *f* démographique; **–entwicklung** *f* évolution *f* démographique; **–evidenz** *f* (Aut) recensement *m* de la population; **–explosion** explosion demographique, démographie galopante; **–frage** *f* question démographique, problème *m* démographique; **–gleichgewicht** *n* équilibre *m* démographique; **–lehre** théories et doctrines de la population; démographie; **–politik** *f* politique *f* démographique.

Bevölkerungs|schutz *m (VwR)* protection de la population civile; **–schwund** *m*, **–rückgang** *m* diminution *f* de la population; **–statistik** *f* statistique *f* démographique; **–struktur** *f* structure *f* démographique; **–überschuß** *m* excédent démographique; **–umsiedlung** *f* transfert de population; **–wachstum** *n*, **–zunahme** *f*, augmentation de la population, accroissement démographique; **–zustrom** afflux de population; **–zuwachs** *m* accroissement *m* démographique.

bevollmächtigen habiliter, mandater, donner pouvoir *ou* procuration à qn., autoriser, commissionner.

bevollmächtigt: ordnungsgemäß – dûment mandaté *ou* autorisé.

Bevollmächtigte(r) *m* fondé *m* de pouvoir, mandataire *m*, fondé de procuration, *(VR)* plénipotentiaire *m*; **gesetzlicher –** mandataire légal; **einen –n bestellen** *(ZR)* constituer un mandataire; **einen –n ernennen** *(VR)* constituer un plénipotentiaire.

Bevollmächtigung *f* mandat *m*, pouvoir *m*, autorisation *f*, commissionnement *m*.

bevormunden mettre en tutelle, tenir en tutelle.

Bevormundung *f* mise en tutelle.

bevorrechtigt *adj* privilégié; **–es Fahrzeug** *(StVR)* véhicule prioritaire.

bevorschussen avancer, faire une avance.

Bevorschussung *f* avance *f*; **– von Wertpapieren** (S) avance sur titres.

bevorzug|en privilégier, avantager, favoriser; **–te Behandlung** traitement de faveur *ou* préférentiel; **–te Lage** emplacement privilégié.

bewachen surveiller, garder.

Bewacher *m* vigile *m*, garde *m*.

Bewachung *f* gardiennage *m*, surveillance *f*; **–sdienst** service *m* de gardiennage, sécurité *f* privée, entreprise privée de surveillance; **–sgewerbe** activités *fpl* de gardiennage et de transport de fonds.

bewaffnete Haufen *(StR)* bandes armées.

Bewaffnung *f* armement *m*, matériel *m* de guerre; **passive –** *(StR)* moyens de protection (des manifestants).

bewähren: sich – faire ses preuves, donner satisfaction.

Bewährung *f* mise à l'épreuve, probation *f*; **Entlassung zur –** libération conditionnelle; **Strafaussetzung zur –** sursis *m* avec mise à l'épreuve.

Bewährungs|auflage *f* condition *ou* obligation *ou* mesure particulière à observer par le condamné pendant le délai d'épreuve; **–aufsicht** *f* mesures d'assistance et de contrôle aux libérés conditionnels *ou* aux sursitaires; **–frist** *f* délai de sursis, délai d'épreuve; **–helfer** *m* personne s'occupant à titre d'assistance sociale d'un condamné avec sursis *ou* d'un libéré conditionnel, éducateur *m* délégué à la probation, adjoint *ou* agent de probation; **–hilfe** *f* mesures d'assistance et de surveillance d'un condamné avec sursis par l'intermédiaire d'assistantes sociales, sous la haute direction d'un juge; **–zeit** *f* période *f* d'épreuve.

Beweggrund *m* motif *m*, cause *f*, mobile *m*; **niedriger –** motif vil; **putativer –** cause putative; **sittenwidriger –** cause immorale; **unerlaubter –** cause illicite.

beweglich *adj* (1) *(SachR)* mobilier, meuble, (2) amovible, mobile; **–e Sachen** meubles *mpl,* biens mobiliers; **–es Vermögen** patrimoine *m* mobilier.

Beweglichkeiten *pl* (S) objets *mpl* mobiliers.

Bewegungsfreiheit *f* liberté *f* d'action, liberté de circulation.

Beweis *m* (1) *(ZR u. StR)* (élément de) preuve *f*, (2) *(StR)* charge *f*; **gesetzlicher –** preuve légale; **indirekter –** preuve indirecte; **materieller –** preuve matérielle; **voller –** preuve complète *ou* entière; **den – antreten** (1) administrer une preuve, (2) indiquer ses moyens de preuve; **den – erbringen** fournir *ou* apporter *ou* faire la preuve; **den – erheben** faire administrer la preuve; **den – führen** administrer la preuve, prouver; **– durch Augenschein** preuve par examen oculaire *ou* par constatation sur place; **bis zum – des Gegenteils** jusqu'à preuve du contraire; **– der Nichtschuld** preuve de la non-responsabilité; **– durch Parteivernehmung** preuve par interrogatoire de la partie.

Beweis|angebot *n* offre de preuve, offre de prouver; **–antrag** offre *f* de preuve; **–antretung** *f* (S), **–antritt** *m* indication par une partie de ses moyens de preuve, introduction des preuves (S); **–anzeichen** *n* élément *m* de preuve; indice *m*; **–art** *f* mode *m* de preuve.

Beweisaufnahme *f* (1) *(StPR)* instruction (à l'audience), le fait d'apporter la preuve au cours des débats, administration de la preuve, (2) *(ZPR)* enquête *f*; **Abschluß der –** clôture de l'instruction; **Anordnung der –** (1) ordonnance *f* relative à l'administration de la preuve, (2) *(ZPR)* décision ordonnant l'enquête; **gerichtliche –** constat judiciaire; **zusätzliche –** complément de preuve, preuve complémentaire; **–protokoll** *n* procès-verbal d'enquête.

beweisbar *adj* prouvable.

beweisbedürftig *adj* (fait) à prouver, à établir (par un mode de preuve).

Beweis|beschluß *m* décision ordonnant d'apporter une preuve, ordonnance *f* de preuves (S); **–einrede** *f* exception *f* relative à la preuve.

beweisen prouver, apporter *ou* faire la preuve de, justifier.

Beweis|erhebung *f* administration de la preuve; **–ersuchen** *n* commission *f* rogatoire; **–führer** *m* celui qui administre *ou* apporte la preuve; **–führung** *f* administration de la preuve; **–führungslast** *f* charge de la preuve; **–gebühr** *f* taxe *f*, frais *mpl* relatifs à l'administration de la preuve.

Beweisgegenstand *m* (1) fait à prouver, (2) (en Aut. aussi:) pièce à conviction; **zusätzlicher –** complément de preuve, preuve complémentaire.

Beweisgrund *m* preuve, justification.

Beweiskette *f*: **lückenlose –** concordance (troublante) des indices; preuves recueillies concordantes.

Beweiskraft *f* force probante *ou* probatoire, valeur probante *ou* probatoire.

beweiskräftig *adj* faisant foi, étant considéré comme véridique, ayant valeur de preuve.

Beweislast *f* charge *f* de la preuve, fardeau de la preuve; **Umkehrung der –** renversement de la charge de la preuve; **die – umkehren** renverser la charge de la preuve.

Beweismasse *f* ensemble *m* des preuves.
Beweismaterial *n* pièces *fpl* justificatives, documents *mpl* à l'appui; – **sammeln** rassembler des preuves.
Beweismittel *n* moyen de preuve, moyen *m* probatoire; mode *m* de preuve; **zulässiges** – moyen de preuve recevable; **zusätzliches** – complément de preuve, preuve complémentaire.
Beweis|not *f*, **–notstand** *m* difficulté *f* de preuve; **–pflicht** *f* charge *f* de la preuve; **–pflichtige(r)** personne *f* ayant la charge de la preuve; **–regel** *f* règle de preuve; **–sicherung** *f* mise en sûreté de la preuve, conservation de la preuve; **–sicherungsverfahren** procédure relative aux mesures conservatoires concernant la preuve; **–stoff** *m* faits *mpf* à prouver; **–stück** *n* (1) pièce justificative, document *m* justificatif, (2) pièce *f* à conviction, pièce probante, pièce probatoire, pièce de conviction (B); **–tatsache** *f* élément *m* de preuve; **–termin** *m* audience consacrée à l'administration des preuves; **–umkehrung** *f* renversement de la charge de la preuve; **–unterlage** *f* justificatif *m*, pièce *f* justificative; **–urkunde** *f* document probatoire, *ou* justificatif; **–verfahren** *n* procédure *f* probatoire *ou* d'administration de la preuve; **–verfügung** *f* (S) ordonnance de preuves (S); **–verhandlung** audience relative à l'enquête *ou* à l'administration de la preuve; **–verwertungsverbot** *n* interdiction *f* de recevoir un moyen de preuve, preuve non recevable; **–wert** *m* valeur *f* probante *ou* probatoire; **–würdigung** *f* appréciation des preuves.
bewerben, sich – postuler (un emploi), poser sa candidature.
Bewerber *m* candidat *m*, postulant *m*, solliciteur *m*.
Bewerbung *f* candidature *f*.
Bewerbungs|gesuch *n* acte *m* de candidature; **–schreiben** *n* lettre *f* de candidature; **–unterlagen** *fpl* dossier *m* de candidature.
bewertbar *adj* évaluable.
Bewertbarkeit *f* (Aut) évaluabilité *f*.
bewerten (1) évaluer, (2) noter.
Bewertung *f* (1) appréciation *f*, estimation *f*, évaluation, (2) notation, note *f*; **fiskalische –, steuerliche –** évaluation fiscale; **zollmäßige –** évaluation en douane; **– von Amts wegen** évaluation d'office; **– des Schadens** évaluation du dommage.
Bewertungs|ausschuß *m* commission d'évaluation; **– fehler** *m* erreur d'évaluation; **–freiheit** *(SteuerR)* évalution personnelle (du contribuable) de biens de moindre valeur; **–gesetz** *n* Loi relative à l'évaluation unitaire des biens composant le patrimoine; **–irrtum** *m* erreur juridique portant sur le fait qu'un acte n'est pas couvert par une cause justificative; **–maßstab** *m* critère *m* de notation; **–tabelle** *f* tableau de valorisation; **–zeitraum** *m* période retenue pour l'évaluation.
bewilligen consentir, accorder, autoriser, octroyer.
Bewilligung *f* (1) *(VwR, ZR, HR)* autorisation *f*, consentement *m*, (2) *(HR)* licence *f*, (3) *(Kredite)* octroi *m*; **obrigkeitliche** – (Aut) autorisation des autorités; **– der Prozeßkostenhilfe** *(PrzR)* admission au bénéfice de l'aide judiciaire, bénéfice *m* de l'assistance judiciaire; **– einer verkürzten Studienzeit** dispense *f* de scolarité; **– auf Widerruf** autorisation révocable.
Bewilligungs|antrag *m* demande *f* en autorisation; **–behörde** *f* (S) autorité *f* concédante; **–gesuch** *n* demande d'autorisation, demande en autorisation; **–inhaber** *m* titulaire de l'autorisation; **–recht** *n* droit de consentement.
bewirken provoquer, occasionner, déterminer; **eine Zahlung** – effectuer un paiement; **die Zustellung** – notifier.
bewirtschaften (1) contingenter, rationner, (2) faire valoir (un bien), exploiter.
Bewirtschaftung *f* (1) exploitation *f*, (2) contingentement *m*, rationne-

ment *m*, (3) *(VWirt)* dirigisme *m* économique; – **auf gemeinsame Rechnung** exploitation pour compte commun.

Bewirtschaftungs|kosten *pl* frais *mpl* d'exploitation, frais de mise en culture; **–maßnahme** *f* mesure de contingentement; **–stelle** *f* service *m ou* office *m* du contingentement, organisme *m* répartiteur.

Bewirtung von Geschäftsfreunden repas *mpl* d'affaires.

Bewirtungskosten *pl* note *f* de frais.

Bewohner *m* habitant *m*, locataire *m*, occupant *m*.

bewohntes Gebäude *n* local *m* d'habitation.

bewußt *adj* (1) *(von etwas wissend)* conscient, (2) *(gewollt, absichtlich)* en connaissance de cause, intentionnellement, (3) *(genannt, erwähnt, bekannt)* ledit, ladite, sus- *ou* sous-mentionné; **–e Irreführung** le fait d'induire volontairement en erreur.

bewußtlos *adj* (personne) sans connaissance, inconscient.

Bewußtlosigkeit *f* inconscience *f*.

Bewußtsein *n* conscience *f*; – **der Rechtswidrigkeit** connaissance *f* du caractère illégal (de l'acte).

Bewußtseinsstörung *f* altération *f* des facultés intellectuelles; **vorübergehende** – altération passagère des facultés intellectuelles.

bezahlen (1) payer, (2) *(Rechnung, Schuld)* régler, liquider, rembourser acquitter, s'acquitter de, (3) *(entlohnen)* rémunérer, rétribuer, salarier, (3) *(Arzt, Anwalt)* honorer, (4) *(Wechsel)* honorer; **im voraus** – payer par anticipation, payer d'avance, payer à l'avance; **in bar** – payer au comptant compté, payer en espèces.

bezahlt (1) payé, acquitté, (2) *(BörR)* comptant; **etwas macht sich** – cela vaut la peine.

Bezahlung *f* (1) *(Schuld)* paiement *m*, acquittement *m*, règlement *m*, (2) *(Arbeiter)* rémunération, rétribution; – **in Raten** paiement en plusieurs versements, *ou* par tranches, *ou* à tempérament; **gegen** – moyennant paiement.

bezeichnen décrire, indiquer, désigner, dénommer, appeler, qualifier, traiter, caractériser, spécifier.

Bezeichnung *f* description *f*, indication *f*, désignation *f*, dénomination, appellation, qualification, spécification; **amtliche** – désignation officielle; **handelsübliche** – dénomination *f ou* désignation commerciale, nom *m* commercial; **regionale** – appellation *f* régionale; **zuerkannte** – dénomination reconnue.

Bezettelung *f* (1) étiquetage *m*, (2) certificat *m* de décharge.

bezeugen témoigner, attester.

Bezeugung *f* témoignage *m*, attestation *f*.

bezichtigen accuser, incriminer.

Bezichtigung *f* accusation *f*, imputation, inculpation.

beziehen (1) *(Waren)* acheter, se fournir en (marchandises), (2) *(Lohn)* toucher, (3) *(Wohnung)* aller loger dans, s'installer; **sich** – **auf** faire référence à, renvoyer à, indiquer comme source.

Bezieher *m* (1) *(Ware)* acheteur *m*, (2) *(Zeitung)* abonné *m*; **–werber** *m* démarcheur (en vue de faire souscrire des abonnements); **–werbung** *f* démarcharge *m* pour des périodiques.

Beziehung *f* rapport *m*; **in** – **auf** par rapport à; **in jeder** – à tous les égards; **in** – **setzen** mettre en rapport.

Beziehungen *pl* relations *fpl;* vie relationnelle; **die auswärtigen** – **eines Landes wahrnehmen** assurer les relations extérieures d'un pays; **die diplomatischen** – **abbrechen** rompre les relations diplomatiques; **die diplomatischen** – **aufnehmen** établir des relations diplomatiques; **die diplomatischen** – **wiederaufnehmen** rétablir *ou* renouer les relations diplomatiques; **gutnachbarliche** –, **gutnachbarschaftliche** – rapports *ou* relations de bon voisinage; **zwischenstaatliche –** relations internationales **ou** interétatiques.

beziehungsweise *adv* respectivement, ou bien.

beziffern chiffrer, calculer, évaluer.

Bezirk *m* cercle *f*, circonscription (territoriale), arrondissement *m*, district; **befriedeter –** (Aut) zone *f* de protection.

Bezirks|agent *m* agent *m* régional; **–direktion** direction régionale; **–gericht** *n* (Aut-S) tribunal cantonal autrichien (correspondant au tribunal d'instance en France), tribunal *m* de district (S); **–hauptmann** *m* (Aut) chef *m* des administrations d'un cercle (circonscription territoriale en Autriche); **–hauptmannschaft** *f* (Aut) services *mpl* administratifs du cercle; **–richter** *m* (Aut) juge du tribunal cantonal autrichien; **–tag** *m* conseil *m* d'arrondissement; **– verband** *m* union *f* régionale **–vertreter** *m* représentant de commerce affecté à un secteur, agent régional *ou* local; **–vertretung** *f* (1) *(HR)* représentation commerciale pour un secteur, (2) *(VwR: Aut)* organisme représentatif du cercle; **–vorsteher** *m* chef des services municipaux d'un cercle.

Bezogene(r) *m (Wechsel)* tiré *m*.

Bezug *m* (1) référence *f*, (2) perception *f*, (3) *(Waren)* fourniture *f*; **in – auf** quant à; **– nehmen auf** . . . viser, se référer à, faire référence à.

Bezüge *mpl* salaire *m*, appointement *m*, traitement *m*, **– der Vorstandsmitglieder** rémunération (sous forme de somme fixe annuelle), jetons *mpl* de présence.

bezüglich *präp* en ce qui concerne.

Bezugnahme *f* référence *f*; **unter – auf** en se référant à, s'en rapporter à, par référence à.

Bezugs- und Absatzgenossenschaft *f* coopérative *f* d'achat et de vente.

Bezugs|aktie *f* action nouvelle (provenant d'une augmentation de capital); **–angebot** *n (GesR)* offre *f* de souscription, appel public à l'épargne; **–aufforderung** *f* offre de souscription; **–bedingungen** *fpl* conditions d'achat; **–behörde** *f* (S) autorité de perception (S); **–berechtigte(r)** *m* personne habilitée à percevoir quelque chose, ayant droit, bénéficiaire *m*; **–berechtigung** *f* (1) droit *m* aux prestations, (2) autorisation de vendre *ou* d'acheter des marchandises contingentées, carte professionnelle d'acheteur ou de vendeur; **–beschränkung** *f* contingentement *m*; **–bewilligung** *f* autorisation d'achat; **–bindung** *(Ersatzteile)* obligation de se fournir (en pièces de rechange); **–erklärung** *f* déclaration de souscription; **–fertig** *adj* prêt à être occupé; **–frist** *f* délai de souscription.

Bezugs|größe *f (SozR)* valeurs (limite) de référence; **–jahr** *n* année de référence; **–kosten** *pl* frais de livraison; **–kurs** *m* cours de référence; **–marke** *f* ticket de perception; **–monopol** *n* monopole d'achat.

Bezugspreis *m* (1) prix de souscription, (2) prix d'abonnement, (3) prix de référence, (4) *(Kaufpreis)* prix d'achat, prix d'approvisionnement.

Bezugsrecht *n* (1) droit à livraison, droit préférentiel (S), (2) *(Wertpapiere)* droit d'option, droit de souscription; **ohne –** *(BörR)* sans droit d'option; **– ausgeübt** droit épuisé, droit exercé.

Bezugschein *m* (1) *(Aktien)* certificat de souscription (2) *(Ware)* bon *m* d'achat *ou* de livraison, (3) *(in Notzeiten)* bon d'approvisionnement, ticket *ou* titre de rationnement.

bezugscheinfrei *adj* sans ticket, (denrée) libre.

Bezugs|quelle *f* fournisseur *m*; source *f* d'approvisionnement; **–quellennachweis** *n*, **–quellenverzeichnis** *n* liste *ou* répertoire des fournisseurs; **–satz** *m* taux de référence; **–stelle** *f* organisme auprès duquel peut s'effectuer une souscription; **–vertrag** *m* contrat de livraison, contrat

d'abonnement; **–vorschuß** *m* (Aut) avance de solde; **–wert** *m* valeur de référence; **–zeit** *f* période d'abonnement.
bezwecken chercher à, viser à.
bezweifeln mettre en doute, suspecter.
Biancoscheck *m* (Aut) chèque en blanc; **–indossament** *n* (Aut) endossement en blanc.
Bier|lieferungsvertrag *m* marché *m* de livraison de bière; **–steuer** *f* impôt sur la bière.
Bieter *m* enchérisseur *m*, soumissionnaire *m*.
Bietungs|absprache *f* entente entre soumissionnaires; **–garantie** *f* cautionnement pour une soumission; **–kaution** *f* cautionnement exigé des soumissionnaires; **–sicherheit** *f* cautionnement exigé des soumissionnaires.
Bigamie *f* (= Doppelehe) bigamie *f*.
bigamisch *adj* bigame.
Bigamist *m* bigame *m*.
Bilanz *f* (1) *(Außenhandel)* balance *f*, (2) *(Unternehmen)* bilan *m*, état *m*, résultat *m* global; **aktive –** bilan actif, bilan au solde excédentaire, *ou* bénéficiaire; **fiktive –** bilan fictif; **konsolidierte –** bilan consolidé; **passive –** bilan passif, bilan déficitaire; **verfälschte –** bilan falsifié *ou* truqué; **Vorlage der –** dépôt du bilan; **die – aufstellen** dresser le bilan; **in die – eintragen** porter au bilan; **die – frisieren** maquiller *ou* truquer le bilan; **die – genehmigen** approuver le bilan; **– des Kapitalverkehrs** *(Außenhandel)* balance des mouvements de capitaux; **die – vorlegen** présenter le bilan.
Bilanz|abschluß *m* clôture du bilan; **–analyse** *f* interprétation du bilan; **–ansatz** *m* valeur bilanaire; **–aufstellung** *f* établissement du bilan; **–ausgleichsposten** *m* poste de régularisation dans le bilan; **–bereinigung** *f* apurement *m* bilanaire; **–berichtigung** *f* redressement *m* du bilan (pour remettre les éléments d'actif en rapport avec la réalité); **–beurteilung** *f* appréciation bilanaire; **–buch** *n* registre de bilans; **–buchhalter** *m* expert *m* comptable; **–delikt** *n* infraction à la réglementation relative à l'établissement des bilans; **–fälschung** *f (StR)* falsification *f* des comptes sociaux; **–gelder** *pl* honoraires de l'expert-comptable; **–gewinn** bénéfice *m* au bilan *ou* bilanaire; **–heft** *n* (S) livre des balances de vérification (S); **–kosmetik** *f* maquillage *m* du bilan.
bilanzielle Abschreibung amortissement des valeurs immobilisées portées au bilan.
bilanzieren établir *ou* dresser le bilan.
Bilanzierung *f* établissement *m* du bilan; évaluation au bilan; **–sgebot** *n*, **–spflicht** *f* obligation (légale) d'établir un bilan; **–svorschriften** *fpl* règles *fpl* de comptabilité générale pour l'établissement des bilans.
Bilanz|jahr *n* exercice *m* commercial; **–klarheit** *f* lisibilité *f* et transparence *f* du bilan.
bilanzmäßig *adj* établi par le bilan, inscrit au bilan; **– nicht ausgewiesen** hors bilan
Bilanz|position *f*, **–posten** *m (GesR)* compte *m* de bilan; **–prüfer** *m* (1) expert *m* comptable, comptable *m* agréé, (2) (bei A. G.) commissaire aux comptes; **–prüfung** *f* vérification *f* du bilan; **–richtlinien** *fpl* directives relatives à l'établissement du bilan; **–stetigkeit** *f* stabilité *f* du bilan; **–stichtag** *m* jour d'établissement du bilan; **–summe** solde *m* *ou* résultat du bilan; **–verlust** *m* solde débiteur, perte *f* au bilan; **–vermögen** *n* valeurs *fpl* à l'actif du bilan; **–verschleierung** *f* falsification *f* de bilan; **–wert** *m* valeur telle qu'elle figure au bilan, valeur au bilan; **–ziehung** *f* établissement *m* du bilan.
bilateral *adj (zweiseitig)* bilatéral.
Bild *n* image *f*, illustration *f*; **–bericht** *m* reportage *m* illustré; **–material** *n* documents *mpl* photographiques; **–zeichen** *n* marque figurative; **–vervielfältigung** reproduction.
bilden (1) *(gründen)* créer, constituer, (2) *(erziehen)* former, éduquer; **eine**

Regierung – constituer un gouvernement.
Bildende Künste *fpl* beaux-arts *mpl.*
bildliche Darstellung *f* représentation photographique.
Bildnis *n* portrait *m*, photographie *f*, image *f*.
Bildschirm *m (DV)* écran *m* de visualisation; **–text** *m* (= Btx) télétexte *m*.
Bildung *f* (1) composition *f*, (2) culture *f*, éducation *f*, formation *f*, (3) constitution *f*, établissement *m*; **– eines Geheimbundes** formation de société secrète; **– von Rücklagen** constitution de réserves.
Bildungs|angebot *n* offre *f* dans le domaine de la formation (professionnelle *ou* continue); **–ausgaben** dépenses pour l'éducation; **–darlehen** *n* prêt *m* formation; **–einrichtung** *f* centre *m* de formation; **–hilfe** *f* aide sur le plan de la formation professionnelle; **–nachfrage** *f* demande *f* de formation; **–planung** *f* fixation des objectifs de la formation; **–politik** politique concernant l'éducation nationale; **–urlaub** congé de formation professionnelle; **–verein** *m* cercle d'études; **–weg** filière *f* éducative; **–wesen** Education nationale, système éducatif.
billig *adj* (1) *(Preis)* modique, bon marché, économique, (2) *(Urteil)* équitable, juste.
billigen accepter, sanctionner, approuver, donner son accord.
billigerweise *adv* comme de juste, en toute équité, à bon droit.
billiges Ermessen *n* appréciation souveraine, pouvoir *m* discrétionnaire.
Billigkeit *f (ZPR, VR)* justice *f*, équité *f*; **nach – entscheiden** trancher *ou* statuer en équité, juger ex æquo et bono.
Billigkeits|entscheidung *f* décision rendue en équité; **–erlaß** *m (SteuerR)* exemption pour motif d'équité; **–erwägung** *f* considération tirée du sentiment de l'équité; **–gründe** *mpl* motifs *mpl* d'équité; **–haftung** *f* responsabilité selon l'équité; **–klausel** *f* clause d'équité; **–maßnahme** *f* mesure d'équité.
Billigung *f* approbation *f*, acceptation *f*, consentement *m*, assentiment *m*; **– von Straftaten** acquiescement à des crimes et délits soit par des discours soit par des écrits.
Billigungs|frist *f* délai *m* d'acceptation; **–klausel** *f* clause *f* d'acceptation.
binden avoir force obligatoire, lier.
bindend *adj* obligatoire *adj*; **–es Angebot** offre *f* ferme.
Bindung *f* (1) *(Verpflichtung)* engagement *m*, obligation *f*, (2) *(Verbindung)* liaison *f*, lien *m*, rapports *mpl;* **indexmäßige –** indexation *f*; **vertragliche –** (S) consolidation contractuelle (S); **– von Kapital** immobilisation de capital; **– an den Vertragsantrag** force obligatoire de l'offre, impossibilité de rétracter une offre (avant l'expiration d'un certain délai); **– an Weisungen** obligation de respecter certaines instructions.
Bindungs|ermächtigung *f* autorisation *f* d'engagement; **–frist** *f* délai *m* prévu pour l'expression du consentement, délai d'acceptation (de l'offre); **–wirkung** *f (PrzR)* effet *m ou* force *f* obligatoire (d'une décision de justice).
binnen dans le délai de, dans le laps de temps de; en l'espace de; **– einer Woche** sous huitaine, dans les 8 jours.
Binnen|beziehung *f (IPR)* lien exigé avec le pays du tribunal pour qu'une disposition de droit étranger ne soit pas applicable pour un motif d'ordre public; **–gewässer** *pl* eaux *fpl* intérieures, eaux indigènes (L); **–grenze** *f* frontière intérieure; **–hafen** *m* port *m* fluvial; **–handel** *m* commerce *m* intérieur; **–markt** *m* (1) marché *m* intérieur *ou* national, (2) *(EuR)* marché commun, intégration économique européenne; **–marktausschuß** *m* commission du marché intérieur; **–schiff** *n* bateau *m* de navigation intérieure;

–schiffahrt *f* navigation intérieure *ou* fluviale.

Binnenschiffahrts|polizei *f* police des voies navigables; **–recht** *n* droit de la navigation fluviale; **internationaler –verband** *m* Union internationale de la navigation fluviale; **–verkehr** *m* trafic *m* fluvial; **–weg** *m* voie *f* navigable intérieure.

Binnenschiffer *m* batelier *m*, marinier *m*.

Binnen|staat *m* État sans accès à la mer, État *m* continental; **–tarif** *m* tarif *m* intérieur; **–verbrauchsabgabe** *f* taxe intérieure de consommation; **–verkehr** *m* trafic *m* intérieur; **–wanderung** *f* migration *f* intérieure; **–wasserstraßennetz** *n* réseau *m* de voies navigables; **–wert** *m* valeur sur le marché interne, valeur interne; **–wirtschaft** *f* économie interne *ou* nationale; **–zölle** *pl* taxes *fpl* intérieures.

Biotopschutz *m (UmweltR)* protection d'un biotope *ou* d'une aire géographique biotique.

bis | auf weiteres *präp* jusqu'à nouvel ordre; **–her** jusqu'à ce jour; **–heriger Stand** situation actuelle; **–heriger Stand der Technik** état antérieur de la technique; **–weilen** par intermittence.

Bischof *m* évêque *m*; **–samt** *n* épiscopat *m*; **–swürde** *f* dignité *f* épiscopale.

Bitte *f* prière *f*, demande *f* instante.

Bittschrift *f* supplique *f*, requête *f*, placet *m*, pétition *f*.

Bittsteller *m* pétitionnaire *m*.

Blankett *n* (1) papier en blanc, (2) blanc-seing *m*, (3) acte *m* incomplet, (4) effet *m* incomplet; **unbefugte –ausfüllung** *f* abus *m* de blanc-seing; **–fälschung** *f* (S) abus de blanc-seing; **–gesetz** *n* loi *f* de délégation, loi contenant des indications ou incriminations vagues et élastiques; **–mißbrauch** *m* abus de blanc-seing.

Blankoakzept *n* acceptation à découvert, acceptation en blanc.

Blanko|annahme *f* acceptation *f* à découvert; **–giro** *n*, **–indossament** *n* endossement *m* en blanc; **–kredit** *m* crédit à découvert, crédit en blanc; **–police** *(VersR)* police en blanc; **–quittung** *f* quittance en blanc; **–scheck** *m* chèque en blanc; **–unterschrift** *f* blanc-seing *m*; **–verkauf** *m* vente à découvert; **–vollmacht** *f* procuration *f* en blanc, pouvoir en blanc, blanc-seing *m*; **–vorschuß** *m* avance à découvert; **–zession** *f* cession à découvert.

Blatt *n* page *f*, feuille *f*; **abtrennbares –** volet *m* détachable.

Blechschaden *m* dégâts *mpl* de carosserie, tôle *f* froissée, dommage *m* matériel.

Bleistiftwert *m* (Aut) valeur *f* qu'atteindra vraisemblablement un bien meuble lors d'une vente aux enchères.

Bleiversiegelung *f* plombage *m*.

Blendung *f* **im Straßenverkehr** éblouissement *m* (par feux de route) dans la circulation routière.

Blick *m* vue *f*; **–feld** *n* champ *m* visuel.

blind *adj* malvoyant, à l'acuité visuelle très diminuée, aveugle.

Blinde(r) *m* aveugle *m*, malvoyant *m*; **–r Passagier** passager *m* clandestin.

Blinden|anstalt *f* établissement hospitalier pour aveugles, centre d'hébergement pour aveugles; **–fürsorge** *f*; **–hilfe** *f* aide *f* sociale aux aveugles; **–waren** *fpl* articles *mpl* dits de grosse brosserie, articles fabriqués par les aveugles.

Blindsekunde *f (StVR)* éblouissement, aveuglement par lumière éblouissante.

Blinklicht *n* feu *n* (de position) clignotant; indicateurs à lumière clignotante; **blaues –** gyrophare *m*.

Blitz|schlag *m* foudre *f*; **–schaden** *m* dommage causé par la foudre; **–streik** *m* grève-surprise *f*.

Blockade *f* blocus *m*; **effektive –** blocus effectif; **friedliche –** blocus pacifique; **die – brechen** rompre le blocus, forcer le blocus; **–brecher** *m* forceur de blocus; **–bruch** *m* rupture de blocus; **–erklärung** *f* déclaration de blocus; **–recht** *n* droit de blocus; **–zustand** *m* état de blocus.

Blockfreiheit *f* non-alignement *m*.

bloßstellen compromettre, porter atteinte à la réputation de qn.

Bloßstellung *f* divulgation *ou* révélation (en vue de discréditer ou compromettre qqn).

Blut|alkohol *m* alcoolémie *f*; **–alkoholgehalt** *m od.* **–wert** *m* taux *m* (légal) d'alcoolémie; **–alkoholmeßgerät** *n* éthylomètre *m*; **–entnahme** *f* prise *f* de sang; **–gruppenbestimmung, –gruppenuntersuchung** *f* détection *ou* identification des groupes sanguins; **–probe** *f* alcootest *m*, prélèvement *m* sanguin, dépistage *m* de l'imprégnation alcoolique; **–rache** *f* vendetta *f*; **–schande** *f* inceste *m*.

blutschänderisch *adj* incestueux.

Blut|spende *f* don *m* (bénévole) de sang; **–spender** *m* donneur *m* (bénévole) de sang.

Bluts|verwandte(r) *m* parent *m* biologique; **– – mütterlicherseits** parent utérin, frère utérin, sœur utérine; **– – väterlicherseits** parent consanguin; frère consanguin, sœur consanguine; **–verwandtschaft** *f* filiation charnelle, parenté *f* consanguine *ou* biologique, consanguinité *f*; filiation paternelle *ou* maternelle.

Bluttat *f* crime *m* de sang.

Boden *m* (1) *(Erdboden)* fond *m*, sol *m*, (2) *(Grund und Boden)* terrain *m*, fonds *m*, bien *m* foncier, immeuble *m* non bâti, (3) *(Grundlage)* substance *f*, matière *f*, contenu *m*.

Boden|anleihe *f* emprunt *m* foncier; **–besitzreform** *f* réforme *f* agraire; **–bewirtschaftung** *f* faire-valoir *m*; **–ertrag** *m* rendement du sol; **–erzeugnisse** *npl* produits *mpl* agricoles.

Bodenkredit *m* (1) crédit immobilier *ou* foncier, (2) *(LandwR)* crédit agricole; **–anstalt** *f*, **–bank** *f* banque de crédit foncier, banque foncière.

Boden|melioration *f* amélioration *f* foncière, aménagement *m* foncier; **–ordnung** *f* structure *f* foncière; **–recht** droit relatif à l'occupation des sols; **–reform** *f* réforme *f* agraire; **–rente** *f* rente *f* foncière; **–satz** *m (BankR)* partie des comptes de dépôt dont une banque estime que les titulaires ne demanderont pas le remboursement immédiat; **–schätze** *pl* richesses *fpl* minières, ressources *fpl* du sous-sol; **–spekulation** *f* spéculation *f* immobilière *ou* foncière; **–staat** *m (Luftfahrt)* État *m* sous-jacent; **–verbesserung** amendement des sols, amélioration *f* foncière; **–verfassung** *f* régime *m* agraire; **–verteilung** répartition des biens-fonds.

Bodmerei *f* (1) *(SeeHR)* grosse aventure, (2) emprunt *ou* prêt à la grosse; **–brief** *m* lettre *ou* billet de grosse; **–darlehen** *n* prêt à la grosse; **–geber** *m* prêteur à la grosse; **–reise** *f* voyage pour lequel le prêt à la grosse est conclu; **–vertrag** *m* contrat de prêt à la grosse aventure.

Bohrinsel *f* plate-forme de forage.

Bomben|anschlag *m*, **–attentat** *n* attentat *m* à la bombe.

Bon *m (WertpR: Inhaberverpflichtungsschein)* bon *m*, titre *m* de créance.

bona fide *(lat)* de bonne foi, en toute bonne foi.

bona fides *(lat)* la bonne foi.

Bond *m* obligation, titre d'emprunt.

Bonifikation *f* indemnité *f*, remise *f*, bonification *f*.

Bonität *f* (1) *(Kreditwürdigkeit)* honorabilité *f*, respectabilité *f*, (2) *(Zahlungsfähigkeit)* solvabilité *f*, (3) *(Ware)* qualité *f*.

Bonus *m (VersR: Beitragsermäßigung)* bonification *f*, bonus *m* (pour non sinistre).

Bord *m*: **frei an –** franco à bord (= FOB), rendu à bord; **über – werfen** jeter par-dessus bord.

Bord|arrest *m* arrêts à bord; **–gebühr** *f* taxe de bord; **–gericht** *n* tribunal maritime de bord, juridiction de bord; **–konnossement** *n* connaissement *m* embarqué; **–papiere** *pl* papiers de bord; **–personal** *n* personnel de bord; **–urteil** *n* jugement rendu par le tribunal maritime de bord; **–vorschrift** *f* règlement de bord.

Bordell *n* maison *f* de tolérance, établissement *m* de prostitution; **–wirt** *m* gérant *ou* tenancier *m* d'une maison de tolérance.

Borg: auf – à crédit.

borgen (1) prêter, (2) emprunter.

Borger *m* (S) emprunteur *m*.

Borgkauf *m* (Aut) (1) achat à crédit, (2) vente à crédit.

Börse *f* (1) *(Effekten)* bourse *f* de valeurs *ou* bourse des valeurs mobilières, (2) *(Waren)* bourse de commerce *ou* de marchandises, (3) *(Devisen)* marché *m* des changes; **an der – einführen** introduire en bourse; **an der – handeln** négocier en bourse; **an der – notieren** coter en bourse; **an der – spekulieren** jouer *ou* spéculer à la bourse; **an der – zulassen** admettre à la bourse.

Börsen|agent *m* (S) agent de change; **–aufsicht** *f* (autorité *f* de) surveillance du marché boursier, **–aufsichtsamt** *n* Commission allemande des opérations de bourse; **–auftrag** *m* ordre *m* de bourse, ordre d'achat *ou* de vente de valeurs mobilières; **–außengeschäft** *n* opération hors bourse; **–beginn** *m* ouverture de la bourse; **–bericht** *m* rubrique *f* boursière; bulletin *m* de la bourse; **–besucher** *m* intermédiaires financiers opérant à la bourse; auxiliaires des transactions; **–blatt** *n* bulletin *m* de la bourse; **–buch** *n* carnet de bourse; **–ehrengericht** *n* jury *m* d'honneur de la bourse; **–einführung** *f* introduction en bourse *ou* à la bourse; **–eintrittsgeld** *n* droit d'entrée à la bourse; **–errichtung** *f* constitution de la bourse.

börsenfähig *adj* admis à la cote.

Börsen|fähigkeit *f* capacité pour être admis à la bourse; **–firma** *f* (S) maison de bourse (S); **–flaute** *f* marasme boursier.

börsengängig *adj* admis à la cote, coté en bourse.

Börsen|geschäft *n* opération *f* de bourse, transaction boursière; **–gesetz** Loi relative à l'établissement, à l'organisation et à la police des bourses; **–handel** *m* commerce *m* boursier; **–händler** *m* opérateur *m* (à la bourse); **–index** *m* indice *m* boursier, indicateur de tendance; **–jobber** *m* boursicoteur *m*; **–kapitalisierung** *f* capitalisation *f* boursière; **–kauf** *m* achat *m* en bourse; **–kommissar** *m* commissaire d'État commis à la surveillance des opérations boursières.

Börsen|krach *m* effondrement *m* des cours de la bourse, krach *m* boursier; **–kundschaft** *f* clientèle *f* boursière; **–kurs** *m* cote *ou* cours de la bourse, cote en bourse; **–kursblatt** *n* bulletin de la cote; **–lombard** *m* prêt *m* boursier; **–makler** *m* agent *m* de change; **–maklerbüro** *n* office d'agent de change, société de bourse; **–maklerkammer** *f* chambre syndicale des agents de change.

Börsenmarkt *m* marché *m* boursier, marché en bourse; **amtlicher –** marché officiel, parquet.

Börsen|notierung *f* cotation en bourse, cote *f*; **–operation** *f* opération de bourse; **–ordnung** *f* règlement intérieur de la bourse; **–organisation** *f* organisation des bourses; **–papiere** *pl* valeurs *fpl* boursières; **–platz** *m* Bourse *f*, place *f* boursière; **–präsident** *m* président du conseil de la bourse; **–preis** *m* cote de la bourse, cote en bourse, cours de la bourse, cote *f*; **–raum** *m* corbeille *f*; **–recht** *n* droit boursier, législation *f* boursière; **–sachverständigenkommission** *f* commission d'experts boursiers; **–schiedsgericht** *n* tribunal arbitral de la bourse; **–schluß** *m* (1) clôture (de la séance), (2) quantité minimum admise pour les opérations à terme, unité de négociation; **–schwankungen** *pl* fluctuations *fpl* boursières; **–schwindler** *m* fricoteur *m*, agioteur *m*; **–segment** *n* subdivision du marché boursier; **–sensal** *m* (Aut) agent de change; **–spekulant** *m* spéculateur en bourse, boursicotier *m*, boursicoteur *m*, agioteur *m*;

–spekulation *f* spéculation *f* boursière, boursicotage *m*, agiotage *m*; **–statut** *n* statut de la bourse; **–steuer** *f* impôt sur les opérations de bourse.

Börsen|tätigkeit *f* opérations *fpl* de bourse, activité *f* boursière; **–tendenz** *f* tendance de la bourse, évolution *f* boursière; **–termingeschäft** *n* opération de bourse à terme; **–träger** *m* société de bourse; **–umsatzsteuer** *f* impôt *ou* taxe sur les opérations de bourse; **–unfähigkeit** *f* fait pour une valeur mobilière de ne pas remplir les conditions d'admission au marché officiel; **–usancen** *pl* usages *mpl* de la bourse; **–vorstand** *m* conseil *m* de la bourse; **–wert** *m* valeur en bourse *ou* boursière; **–werte** *pl*, **–wertpapiere** *pl* valeurs boursières; **–zeit** *f* heures d'ouverture de la bourse, **–zettel** *m* bulletin *m* de la bourse, cote *f*, relevé *m* (quotidien) de la bourse; **–zulassung** *f* admission à la bourse *ou* à la cote officielle; **–zwang** *m* obligation de vendre des titres par l'intermédiaire d'un agent de change.

bösartig *adj* (1) *(Krankheit)* maligne; (2) *(Mensch, Tier)* méchant.

böser Glaube mauvaise foi *f*.

bösgläubig *adj* de mauvaise foi.

Bösgläubigkeit *f* mauvaise foi *f*.

böswillig *adj* malveillant *adj*; **–e Schädigung** *f* préjudice *m* avec intention de nuire; **–es Verlassen** *n* *(FamR)* abandon *m* prémédité.

Böswilligkeit *f* malveillance *f*.

Bote *m* (1) *(ZR)* messager *m*, personne chargée de transmettre un message, envoyé *m*, porteur *m* d'un message, (2) *(VersR)* transporteur *m* de fonds, (3) *(AllgSpr)* garçon de courses, coursier.

Botschaft *f* (1) message *m*, dépêche *f*, lettre *f*, missive *f*, pli *m*, (2) avis *m*, annonce *f*, communication, (3) *(VR)* ambassade *f*.

Botschafter *m* ambassadeur *m*; **außerordentlicher und bevollmächtigter** – ambassadeur extraordinaire et plénipotentiaire; **–konferenz** *f* conférence des ambassadeurs.

Botschaftsrat *m* conseiller *m* d'ambassade; **–sektretär** *m* secrétaire *m* d'ambassade.

Boxveranstaltung *f* épreuve *f* *ou* championnat *m* de boxe.

Boykott *m*, **Boykottierung** *(WirtR: Verrufserklärung)* boycottage *m* *ou* boycott *m*.

boykottieren boycotter, mettre à l'index *ou* en quarantaine.

Boykottmaßnahme *f* mesure *f* de boycottage *ou* de boycott.

Brache *f* *(LandwR)* surface *f* improductive *ou* gelée.

Brach|feld *n* jachère *f*; **–land** *n* surface *f* improductive.

Brachialgewalt *f* force *f* physique.

Branche *f* *(BW)* branche d'industrie, branche *f* industrielle, secteur *m* professionnel, **– nadressbuch** *n* annuaire *m* commercial; **–nmesse** *f* foire spécialisée.

branchenüblich *adj/adv* conforme/conformément aux usages de la profession.

Branchenverzeichnis *n* répertoire professionnel.

Brand *m* incendie *m*, feu *m*, embrasement *m*, sinistre *m*.

Brand|assekuranz *f* (S) assurance *f* contre l'incendie; **–ausbreitung** *f* propagation du feu; **–bekämpfung** *f* lutte contre les incendies; **–gefährdung** risque *m* d'incendie; **–herd** *m* foyer *m* d'incendie; **–leger** *m* (Aut) incendiaire *m*; **–legung** *f* (Aut) incendie volontaire; **–markung** *f* marque *f* au fer rouge.

brandmarken stigmatiser, étiqueter comme criminel.

Brandmauer *f* mur *m* réfractaire, cloison *f* coupe-feu.

Brandschaden *m* dommage causé par incendie, sinistre *m* incendie; **–versicherung** *f* assurance-incendie *f*, assurance contre l'incendie.

Brand|schatzung *f* incendie *m*; **–schutz** *m* prévention *f* des incendies; **–stifter** *m* incendiaire *m*; **vorsätzliche –stiftung** incendie volontaire *ou* criminel, incendie intentionnel (S); **–verhütung** *f* (1) prévention des risques d'incendie, (2) mesures *fpl* préventives contre l'incendie; **–versicherung** *f* assurance-incendie; **–versicherungsbetrug** *m* escroquerie à l'assurance (incendie); **–wache** *f* piquet d'incendie; **–zeichen** *n* marque *f* au fer rouge.

Branntwein *m* boissons *fpl* alcooliques du cinquième groupe, boissons spiritueuses, spiritueux *mpl;* **–aufschlag** *m* impôt *m* supplémentaire sur les spiritueux; **–monopol** *n* monopole *m* des alcools; **–steuer** *f* taxe *f* sur les spiritueux.

Brauch *m* (1) *(Gewohnheitsrecht)* coutume *f,* (2) *(Sitte)* usage *m;* **rechtmäßiger –** usage légitime; **seit unvordenklichen Zeiten bestehender –, uralter –** usage immémorial.

brauchbar *adj* utilisable; **–es Beweismaterial** preuves dont on peut faire son profit.

Brauchbarkeit *f* utilité *f* (reconnue).

Brau|genossenschaft *f* coopérative *f* de brassage; **–gerechtigkeit** *f,* **–recht** *n* droit de brassage *ou* de brasser la bière.

Braut *f* fiancée *f.*

Bräutigam *m* fiancé *m.*

Braut|geschenk *n* cadeau *m* de fiançailles; **–kind** *n* enfant *m* né avant la conclusion du mariage.

Brautleute *pl* fiancés *mpl.*

Brautstand *m* fiançailles *fpl.*

brechen rompre, se dégager, dénoncer, enfreindre, manquer à, résilier, annuler.

Brems|anlagen, –en *fpl* **an Fahrzeugen** dispositif *m* de freinage, freins *mpl* des véhicules; **–leuchten** *fpl* signaux *mpl* de freinage lumineux, feux *mpl* rouges arrière, feux stop; **–spur** *f* trace *f* de freinage; **–weg** *m* distance *f* d'arrêt.

brennbare Flüssigkeiten *fpl* liquides *mpl* inflammables.

Brenn|recht *n* (1) droit de distiller, (2) privilège des bouilleurs de crû; **–stoff** *m* combustible *m.*

Brief *m* (1) lettre *f,* missive *f,* message *m,* courrier *m,* correspondance *f,* (2) *(Börse)* offre *f;* **anonymer –** lettre anonyme; **blauer –** *(ArbR)* avis *m ou* lettre *f* de congédiement; **eingeschriebener –** lettre recommandée, pli *m* recommandé; **rekommandierter –** (Aut-S) lettre recommandée; **–geheimnis** *n* secret de la correspondance; **–grundschuld** *f* dette *f* foncière constatée par un titre; **–hypothek** *f* hypothèque immobilière (constatée par un titre au porteur); **–kasten** boîte *f* aux lettres; **–kastenfirma** *f* société *f* fictive; **–kopf** *m* en-tête *m* (d'une lettre); **–kopie** *f* copie *f,* double *m;* **–kopiebuch** *n* livre *m* copies de lettres; **–kurs** *m (Börse)* prix de vente, cours vendeur, cours *m* offert; **–liste** *f* (UPU) feuille d'avis; **–marke** *f* timbre-poste *m;* **–paket** *n* paquet-lettre *m;* **–porto** *n* tarif (normal) d'une lettre; **–wahl** *f* vote par correspondance; **–wechsel** *m* échange de lettres, correspondance *f;* **–zensur** *f* censure *f* postale; **–zustellung** *f* distribution *f* du courrier.

Brille *f* lunettes *fpl;* **–nbügel** *m* branche *f;* **–nfassung** *f* monture *f;* **–nträger** *m* porteur *m* de lunettes.

Bringschuld *f* dette *f* portable.

Bringungsrecht *n* (Aut) servitude de transport à travers le fonds d'autrui.

Bruch *m* (1) *(Glas)* casse *f,* bris *m,* (2) *(Abmachung)* rupture *f,* dénonciation *f;* **– des Amtsgeheimnisses** violation du secret professionnel, révélation de secret; **– der Amtsverschwiegenheit** violation du secret professionnel; **– der Blockade** rupture du blocus; **– des Dienstgeheimnisses** violation du secret professionnel, révélation de secret; **– des Ehrenworts** rupture de la parole donnée; **– der Verschwiegenheitspflicht** révélation de secret.

Bruch|schaden *m* sinistre *m* dû à un bris; **–stelle** *f* point de rupture *ou* de cassure; **–stücke** *mpl* éclats *mpl* (de verre), débris *mpl,* morceaux *mpl;* fragments *mpl.*

Bruchteil *m* quote-part *f,* fraction *f.*

Bruchteilseigentum *n* propriété *f* indivise, indivision *f* ordinaire.

Bruchteils|eigentümer *m* indivisaire *m*, propriétaire indivis, propriétaire *m* par indivis; **–gemeinschaft** *f* indivision *f*, communauté par quote-parts.

Bruchteilversicherung *f* assurance *f* valeur partielle.

Bruder *m*, **vollbürtiger –** frère *m* germain; **–mord** *m* fratricide *m*; **–mörder** *m* fratricide *m*.

Brutreaktor *m* surgénérateur *m*.

Brutto für Netto brut pour net.

Brutto|bestand *m* total *m* brut en portefeuille; **–dividende** *f* dividende *m* brut; **–einkommen** *n* revenu *m* brut; **–entlohnung** *f* rémunération brute; **–ersparnisse** *pl* épargne *f* brute; **–ertrag** *m* rendement *ou* produit *m* brut; **–etat** *m* budget fondé sur le système du produit brut; **–fracht** *f* fret *m* brut; **–gewicht** *n* poids brut; **–gewinn** *m* bénéfice brut; **–index** *m* indice *m* brut; **–inlandsprodukt** *n* produit *m* intérieur brut; **–investition** *f* investissement brut; **–lohn** *m* rémunération *f* brute; **–prämie** *f* prime *f* brute; **–prinzip** *n* règle du produit brut; **–produktion** *f* production brute; **–raumgehalt** *m* tonnage *m* brut, jauge *f* brute; **–schaden** *m* montant brut du préjudice; **–sozialprodukt** *n* produit national brut; **–tonnengehalt** *m* jauge brute; **–überschuß** *m* solde *m* brut, excédent *m* brut; **–vermessung** *f* jauge *f* brute; **–verdienst** *m* *(Handel)* bénéfice *m* brut; **–wert** *m* valeur *f* brute.

Buch *n* livre *m*, livre-journal *m*, registre *m*; **öffentliches –** livre public; **–abschluß** *m* arrêté des comptes; **–auszug** *m* extrait *m ou* relevé *m* de compte; **–außenstände** *pl* créances *fpl* comptables; **–einsicht** *f* examen des livres; **–eintragung** *f* enregistrement *m*.

buchen (1) *(Platz)* réserver, faire réserver, (2) *(verbuchen)* écriturer, passer en écriture, porter en compte, comptabiliser.

Bücher *pl (des Kaufmanns)* livres *mpl* commerciaux; **–einsicht** *f* examen des livres; **–revision** *f* vérification comptable; **–revisor** *m* vérificateur *m* comptable, expert-comptable *m*; **–sachverständiger** *m* (S) expert-comptable *m*.

Buch|ersitzung *f (SachR)* acquisition par voie de prescription (inscription au registre foncier); **–forderung** *f* créance comptable; **–führer** *m* comptable *m*, teneur de livres.

Buchführung *f* (1) comptabilité *f* (analytique, de gestion *ou* interne), tenue *f* des comptes, (2) *(Durchschreibe-)* comptabilité matricielle *ou* à enregistrement unique; **doppelte –** comptabilité à partie double; **einfache –** comptabilité à partie simple; **kaufmännische –** comptabilité commerciale; **ordnungsgemäße –** comptabilité bien tenue *ou* régulière; **nicht ordnungsmäßige –** comptabilité mal tenue.

Buchführungspflicht *f* obligation de tenir un livre-journal.

Buch|geld *n* monnaie *f* scripturale *ou* de banque; **–gewerbe** *n* industrie *f* du livre; **–gewinn** *m* bénéfice *f* comptable, gain *m* comptable (S); **–gläubiger** *m* créancier figurant dans un livre de commerce; **–grundschuld** *f* dette foncière transcrite dans le registre foncier; **–halter** *m* comptable *m*.

Buchhaltung *f (= Betriebsbuchführung)* comptabilité *f* (commerciale *ou* de gestion); **doppelte –** comptabilité à *ou* en partie double, double partie; **einfache –** comptabilité simple *ou* a partie simple.

Buchhaltungs|angaben *pl* données *fpl* comptables; **–beleg** *m* document *m* comptable, pièce *f* comptable, pièce de comptabilité; **–blatt** *n* feuille de comptabilité; **–experte** *m* (S) expert-comptable *m*; **–kassierer** *m* caissier *m* comptable; **–praxis** *f* pratique *f* comptable.

Buchhandel *m* commerce *m* des livres, commerce du libraire, librairie *f*.

Buch|hypothek *f* hypothèque *f* (inscrite); **–kontrolle** *f* contrôle de la comptabilité, vérification *f* comptable; **–kredit** *m* crédit *m* comptable (constaté par une inscription dans les livres de commerce); **–macher** *m* bookmaker *m*.

buchmäßig *adj* comptable.

Buch|messe *f* foire *f* du livre; **–prüfer** *m* expert-comptable *m*, vérificateur *m* des livres; **–prüfung** *f* expertise comptable, vérification des livres, contrôle de la comptabilité; **–sachverständige(r)** *m* expert-comptable *m*; **–schuld** *f* dette matérialisée par une transcription dans un registre public; dette comptable; **–stabe** *m* caractère *m*, lettre *f*.

Buchung *f* (1) écriture *f* (comptable), inscription *f* au livre, comptabilisation *f*, (2) réservation *f*; **berichtigende –** rectification *f* comptable; **fingierte –** écriture *f* fictive.

Buchungs|auszug *m* extrait *m* de comptabilité; **–beleg** *m* pièce *f* justificative *ou* comptable; **–bescheinigung** *f* certificat d'enregistrement; **–fehler** *m* erreur *f* comptable; **–nummer** *f* numéro d'enregistrement, numéro du registre; **–posten** *m* article de compte; **–stelle** *f* bureau *m* de réservation; **–verfahren** *n* procédure *f* comptable.

Buch|verlust *m* perte *f* comptable; **–wert** *m* valeur *f* comptable; **–zahlung** *f* paiement par virement au compte; **–zwang** *m (GB)* obligation de faire transcrire une opération immobilière dans le registre foncier.

Budget *n* **(s. Haushaltsplan)** budget *m* (de l'État); **außerordentliches –** budget extraordinaire; **ordentliches –** budget ordinaire.

Budget|durchführung *f* exécution du budget; **–gesetz** *n* loi *f* budgétaire; **–jährlichkeit** *f* annualité *f* budgétaire; **–kreislauf** *m* cycle *m* budgétaire; **–masse** *f* masse *f* budgétaire; **–periode** *f* exercice *m* budgétaire; **–posten** *m* poste *m* budgétaire; **–recht** *n* droit *m* budgétaire; **–überschreitung** *f* dépassement *m* budgétaire; **–vollzug** *m* exécution du budget; **–voranschlag** *m* prévisions *fpl* budgétaires.

Bühnen|aufführung *f* représentation *f* (sur la scène); **–dienstvertrag** *m* contrat *m* d'engagement théâtral; **–künstler** *m* acteur *m*, artiste *m* (de théâtre).

Bund *m (VerfR)* République fédérale (d'Allemagne), (2) (S) confédération (helvétique), (3) *(AllgSpr)* communauté *f*, (4) *(ArbR)* fédération nationale, confédération; **Internationaler – der Christlichen Gewerkschaften** (IBCG) Confédération internationale des syndicats chrétiens (CISC); **Internationaler – Freier Gewerkschaften** (IBFG) Confédération internationale des syndicats libres (CISL).

Bundes– fédéral; **von – wegen** (S) par la Confédération.

Bundesadler *m (VerfR)* aigle *m* (employé comme enseigne de la République fédérale d'Allemagne).

Bundesamt *n* service *m ou* office *m* fédéral; **Luftfahrt- –** *n* Service *m* fédéral de l'aviation civile; **Statistisches –** *n* Service fédéral des statistiques; **– für Verfassungsschutz** Service fédéral de défense de la constitution; **– für Zivilschutz** Service national de la protection civile.

Bundesangestelltentarif *m* (BAT) convention collective nationale des employés non-fonctionnarisés de l'État fédéral.

Bundesanstalt *f* institut *m* fédéral, office *m* fédéral, direction *f* fédérale; **– für Arbeit** Office *m* fédéral pour l'emploi; **– für Flugsicherung** Direction *f* de la navigation aérienne.

Bundes|anwalt *m* (1) procureur *m* fédéral, (2) chef de la police politique helvétique; **–anwaltschaft** *f* ministère public fédéral; **–anzeiger** *m* Bulletin *m* des annonces officielles édité par le gouvernement fédéral (contient des avis officiels, des annonces légales, etc . . .).

Bundes|arbeitsgericht *n* (BAG) Cour *f* fédérale (allemande) du travail; **–assisen** *pl* (S) assises *fpl* fédérales (S); **–aufsicht** *f (VerfR)* contrôle fédéral de l'exécution des lois, surveillance *f* fédérale; **–aufsichtsamt** *n* **für das Kreditwesen** Office fédéral de contrôle des banques; **–aufsichtsamt für das Versicherungswesen** Office fédéral de contrôle des assurances; **–auftragsverwaltung** exécution des lois fédérales par les États fédérés *ou* Länder; **–ausgaben** *(ÖfR)* charges *fpl* *ou* dépenses *fpl* de l'État fédéral; **–ausschreibungsblatt** *n* Bulletin fédéral des appels d'offre; **–bahndirektion** Direction centrale des chemins de fer (allemands).

Bundes|bank *f* Banque *f* d'émission fédérale, Banque centrale (allemande); **–Baugesetz** *n* (= BBauG) Code allemand de la construction; **–beamte(r)** *m* fonctionnaire *m* fédéral; **–bediensteter** *m* employé fédéral; **–behörde** *f* administration fédérale, autorité *f* centrale de l'État fédéral; **–beitrag** *m* (S) subvention *f* fédérale.

Bundesbeschluß *m* (S) arrêté *m* fédéral; **allgemeinverbindlicher –** (S) arrêté fédéral de portée générale (S); **dringlicher –** (S) arrêté fédéral urgent (S).

Bundes|besoldungsgesetz *n* loi fédérale sur le régime des appointements des fonctionnaires et personnels assimilés; **–betrieb** *m* entreprise fédérale; **–bürger** *m* citoyen *m* *ou* ressortissant *m* de la R.F.A.; **–bürgerschaft** *f* (Aut) nationalité fédérale, citoyenneté fédérale *f* (autrichienne); **–bürgschaft** *f* garantie fédérale.

Bundesdisziplinargericht *n* Cour fédérale disciplinaire.

Bundesebene, auf – à l'échelon fédéral.

bundeseigen *adj* qui appartient en propre à l'État fédéral.

Bundes|einkommen *n* *(ÖfR)* recettes *fpl* fédérales; **–etat** *m* budget *m* fédéral; **–exekution** *f* exécution *f* fédérale; **–fernstraße** *f* route fédérale à grande circulation; **–finanzhof** *m* (= BFH) Cour *f* fédérale des finances; **–finanzverwaltung** *f* administration fédérale des finances; **–flagge** *f* drapeau *m* fédéral allemand noir-rouge-or; **–gebiet** *n* territoire *m* fédéral; **–genosse** *m* allié *m*; **–gericht** *n* tribunal *m* fédéral; **–gerichtsbarkeit** *f* juridiction *f* fédérale.

Bundesgerichtshof *m* (BGH) Cour fédérale de justice (correspond dans ses grandes lignes à la Cour de Cassation).

Bundesgesetz *n* loi fédérale; **– über das Bundesstrafrecht** (S) Code *m* pénal fédéral; **–blatt** *n* (= BGBl) (1) Journal officiel de la République fédérale d'Allemagne, (2) Journal officiel de la République fédérale d'Autriche.

Bundes|gesetzgeber *m* législateur *m* fédéral; **–gesetzgebung** *f* législation *f* fédérale; **–gesundheitsamt** *n* Office fédéral de la santé; **–gewalt** *f* pouvoir *m* fédéral; **–grenze** *f* frontière *f* fédérale.

Bundesgrenzschutz *m* (BGS) Service *m* fédéral de protection des frontières; **–kommando** *n* Direction régionale du Service de protection des frontières.

Bundes|haftung *f* responsabilité de la Fédération; **–haus** *n* parlement *m* fédéral (immeuble à Bonn); **–haushalt** *m* budget *m* fédéral; **–hilfe** *f* aide *f* fédérale; **–hymne** *f* hymne *m* national; **– -Immissionsschutzgesetz** *n* (= BlmSchG) Loi anti-pollution allemande; **–institut für Berufsbildung** (= BlBB) Institut fédéral allemand de la formation professionnelle; **–justizminister** ministre fédéral de la justice; **–justizministerium** *n* Ministère fédéral de la justice; **–kabinett** *n* cabinet *m* fédéral; **–kanzlei** *f* (S) Chancellerie *f* fédérale.

Bundeskanzler *m* (1) (BRD) chancelier *m* fédéral, (2) (S) chancelier de la Confédération (S); **–amt** *n* chancellerie *f* fédérale.

Bundeskartellamt *n* (= BKartA) Office fédéral de l'enregistrement et du contrôle des cartels.

Bundes|kasse *f* caisse *f* fédérale; **–knappschaft** *f* caisse de retraite des charbonnages; **–kriminalamt** *n* (BKA) Office fédéral de la police judiciaire; **–land** *n* (1) Etat fédéré, Land *m*, (2) (Aut) province *f*; **–lastverteiler** *m* (Aut) répartiteur *m* fédéral de l'énergie; **–laufbahnverordnung** *f* décret allemand sur le déroulement de la carrière des fonctionnaires; **–leistung** *f* contribution *f* fédérale, aide *f* fédérale; **–leistungsgesetz** *n* loi fédérale sur les réquisitions; **–minister** *m* ministre *m* fédéral; **–ministerium** *n* ministère fédéral.

bundesmittelbar *adj* rattaché indirectement à la fédération.

Bundes|nachrichtendienst *m* (BND) Service de contre-espionnage allemand, service fédéral de renseignements; **–naturschutzgesetz** *n* Loi fédérale (allemande) sur la protection de la nature; **–notarordnung** *f* législation fédérale relative à l'exercice de la profession de notaire.

Bundesoberbehörde *f* autorité *f* supérieure fédérale.

Bundes|parlament *n* parlement *m* fédéral; **–patentgericht** *n* Cour fédérale des brevets; **–post** postes et télécommunications fédérales (allemandes).

Bundes|präsident *m* (1) (S) président de la Fédération, (2) (RFA, Aut) président *m* fédéral, Président de la République fédérale d'Allemagne *ou* d'Autriche; **–präsidium** *n* direction supérieure des affaires fédérales; **–presseamt** *n* Service de presse et d'information du gouvernement fédéral allemand; **–prüfstelle** *f* commission *f* fédérale chargée de la surveillance et du contrôle des publications destinées à la jeunesse.

Bundesrat *m* (1) (RFA) deuxième chambre fédérale, Bundesrat *m*, (2) (en Aut. et S. aussi:) conseiller *m* fédéral, ministre *m*, (3) (S) gouvernement *m* de la confédération helvétique, conseil fédéral.

Bundesratsbeschluß *m* (S) arrêté du conseil fédéral (S); **ergänzender –** arrêté complémentaire du conseil fédéral.

Bundesrechnungshof *m* (BRD: BRH) Cour des comptes fédérale allemande.

Bundes|recht *n* droit *m* fédéral; **–regierung** *f* gouvernement *m* fédéral.

Bundesrepublik *f* République *f* fédérale; **– Deutschland** (BRD) République fédérale d'Allemagne.

Bundes|reservebank *f* banque fédérale de réserve; **–richter** *m* (1) juge auprès de la Cour fédérale de justice (correspond à un conseiller à la Cour de cassation), (2) juge fédéral; **–sache** *f* affaire relevant de la compétence fédérale; **–schatzanweisung** *f*, **–schatzbrief** *m* emprunt *m* de l'Etat fédéral à court terme, effet public à court *ou* à moyen terme; **–schuld** *f* dette *f* fédérale; **–schuldbuch** *n* grand livre fédéral de la dette publique; **–schuldenverwaltung** *f* gestion *f* fédérale de la dette publique, Agence comptable fédérale de la dette publique; **–seuchengesetz** *n* Loi fédérale sur la santé publique; **–siegel** *n* sceau *m* de l'État fédéral; **–sozialgericht** *n* (BSG) Cour fédérale du contentieux social; **–sozialhilfegesetz** *n* (= BSHG) Loi fédérale concernant l'aide aux indigents; **–staat** *m* État *m* fédéral.

bundesstaatlich *adj* fédéral.

Bundes|staatsangehörigkeit *f* nationalité *f* fédérale; **–stelle für Außenhandelsinformation** (= BfAI) Office allemand de la promotion du commerce d'exportation; **–steuer** *f* impôt *m* fédéral; **–strafgericht** *n* (S) Cour *f* pénale fédérale; **–strafgerichtsbarkeit** *f* juridiction *f* pénale fédérale; **–straße** *f* route nationale allemande.

Bundes|tag *m* diète *f* fédérale, parlement *m* fédéral, Bundestag *m*; **–tagsabgeordnete(r)** *m* député *m* du Bundestag; **–tagspräsident** *m* président du Bundestag; **–treue** *f* fidélité (des Etats fédérés) envers la fédération.

bundesunmittelbar *adj* rattaché directement à la fédération *ou* à l'État féderal.

Bundes|unterstützung *f* assistance *f* fédérale (S); **–verdienstkreuz** *n* ordre *m* du mérite de l'État fédéral allemand; **–verfassung** *f* constitution *f* fédérale.

Bundesverband | der Deutschen Industrie (= BDI) confédération fédérale de l'industrie allemande; **– des deutschen Groß- u. Außenhandels** (= BGA) confédération du commerce en gros et extérieur allemand; **– der deutschen Arbeitgeberverbände** (= BDA) confédération du patronat allemand.

Bundesverfassungs|gericht *n* (BRD: BVerfG) Cour *f* constitutionnelle fédérale; **–gesetz** *n* (Aut) loi *f* constitutionnelle fédérale; **–richter** *m* juge *m* auprès de la Cour constitutionnelle fédérale.

Bundes|vermögensverwaltung *f* administration fédérale des domaines; **–versammlung** *f* (1) *(VerfR)* congrès fédéral (se composant des députés du Bundestag et d'un nombre égal de députés des différents Länder – et se réunissant uniquement pour élire le Président de la RFA), (2) *(VR)* assemblée de la Société des Nations; **–versicherungsanstalt** *f* **für Angestellte** (= BfA) Caisse *f* fédérale de retraite pour les employés et cadres; **–versorgungsgesetz** *n* (= BVG) Loi fédérale sur les pensions (militaires) d'invalidité; **–verteidigungsrat** *m* Conseil *m* fédéral de la défense; **–vertrag** *m* pacte *m* fédéral; **–vertriebenengesetz** *n* Loi fédérale sur les réfugiés et fugitifs; **–verwaltung** *f* administration fédérale.

Bundes|verwaltungsgericht *n* (= BVerwG) Cour *f* fédérale administrative; **–wahlgesetz** Code électoral de l'État fédéral allemand; **–wappen** *n* écu *m* de l'Etat fédéral, armoiries *fpl;* **–wasserstraßen** *fpl* cours d'eau (navigables) appartenant à l'État féderal; **–wehr** *f* forces *fpl* armées fédérales, Bundeswehr *f*; **–wehrersatzamt** *n* service *m* central *ou* régional de recrutement; **–wehrverwaltung** *f* administration fédérale des Armées; **–wehrverwaltungsamt** *n* Office *m* d'administration des forces armées fédérales; **–zuschuß** *m* subvention fédérale, contribution fédérale, subvention du gouvernement fédéral; **–zentralstrafregister** *n* casier *m* judiciaire central fédéral; **–zwang** *m* contrainte fédérale.

Bündnis *n* alliance *f*, coalition *f*, union *f*; **ein – schließen** conclure une alliance; **–frei** *adj* non-aligné; **–vertrag** *m* traité d'alliance.

Buralkosten *pl* (S) frais de bureau.

Bürge *m* (1) *(ZR)* caution *f*, (2) *(HR)* garant *m*, répondant *m*, porte-fort *m*, (3) *(WechselR)* avaliste *m*; **als –** bon pour aval, à titre d'aval, à titre de caution; **selbstschuldnerischer –** caution qui a renoncé au bénéfice de discussion; **als – auftreten** se porter *ou* se rendre caution; **– und Zahler** (Aut) caution qui peut être poursuivie directement; **den –n in Anspruch nehmen** appeler en garantie; **auf den –n greifen, auf den –n zurückgreifen** agir contre la caution, appeler en garantie.

bürgen cautionner, avaliser, garantir, se porter garant de . . ., se porter caution, prêter caution.

Bürger *m* (1) citoyen *m*, (2) (Staats-) national *m*, ressortissant *m* d'un État; **–aktion** *f* association de défense, comité de quartier, mouvement civique pour la solution de problèmes locaux; **–ausschuß** *m* (1) conseil *m* municipal, (2) commission *f* permanente (Hambourg); **–beauftragte(r)** médiateur *m*; **–begehren** *n* requête *f* présentée par des citoyens pour solliciter un référendum; **–brief** *m* acte conférant la qualité de citoyen d'une commune; **–buch** *n* registre des citoyens d'une commune; **–entscheid** *m* référendum populaire communal; **–forum** assemblée générale de la population d'une commune *ou* d'un quartier; **–geld** *n* taxe d'immatriculation dans le registre communal des citoyens; **–gemeinde** *f* commune où une distinction est faite entre les habitants et les simples résidents, commune *f* bourgeoise (S); **–initiative** *f* comité *m* de citoyens (d'une commune), association d'action et de défense; **–krieg** *m* guerre *f* civile; **–kunde** *f* instruction civique.

bürgerlich *adj* (1) civil *adj*, (2) bourgeois *adj*; **–e Rechtsstreitigkeit** litige *m* de droit commun; **–es Gesetzbuch** *n* (BGB) Code civil allemand; **–es Recht** *n* droit civil; **– – rechtlich** *adj* de droit civil.

Bürger|liste *f* (1) liste des citoyens (2) liste *f* électorale; **–matrikel** *f* registre *m* des citoyens d'une commune.

Bürgermeister *m* maire *m*, bourgmestre *m* (B–L), syndic (S), président de commune (S); **stellvertretender –** adjoint au maire, adjoint *m*; **–amt** *n* mairie *f*, secrétariat communal (L–S).

Bürgermeisterei *f* mairie *f*.

Bürgermeister|stellvertreter *m* adjoint au maire, adjoint *m*; **–verfassung** *f* système d'organisation municipale dans lequel le maire prédomine.

Bürger|pflicht *f (VerfR)* sujétion *f*, obligation civique; **–recht** *n* citoyenneté *f*, droits du citoyen, droit de cité (S); **–rolle** *f* registre des citoyens d'une commune.

Bürgerschaft *f* (1) ensemble des citoyens d'une commune, (2) *(Bremen, Hamburg: Landesparlament)* parlement *m*, assemblée législative.

Bürger|steuer *f* impôt *m* civique; **–versammlung** *f* assemblée *f* communale; **–wehr** *f* groupe *m* d'autodéfense communal.

Bürgschaft *f* (1) *(ZR)* cautionnement *m*, (2) *(Wechsel)* aval *m*; **gerichtliche –** cautionnement judiciaire; **gesetzliche –** cautionnement légal; **handelsrechtliche –, kaufmännische –** cautionnement *m* commercial; **selbstschuldnerische –** cautionnement sans bénéfice de discussion; **unbeschränkte –** cautionnement indéfini *ou* sans limitation; **– leisten** fournir caution, donner *ou* prêter caution; **– auf Zeit** cautionnement limité dans le temps.

Bürgschafts|dauer *f* durée du cautionnement; **–erklärung** *f* cautionnement exprès, déclaration de garantie; **–genossenschaft** *f* coopérative *ou* association de cautionnement; **–geschäft** acte *m* de cautionnement, opération de garantie; **–kredit** *m* crédit de cautionnement; **–leistung** *f* prestation de caution, cautionnement *m*; **–nehmer** *m* bénéficiaire du cautionnement, créancier *m*; **–provision** *f* commission de garantie; **–schein** *m* (1) acquit-à-caution, (2) certificat de cautionnement; **–stellung** *f* constitution de caution; **–übernahme** *f* engagement par caution; **–umfang** *m* étendue du cautionnement; **–urkunde** *f* acte de cautionnement, mention manuscrite du cautionnement; **–verlust** *m* perte sur cautionnement; **–verpflichtung** *f* obligation résultant du cautionnement; **–vertrag** *m* cautionnement, contrat de garantie.

Büro *n* bureau *m*, agence *f*; **internationales hydrographisches –** Bureau hydrographique international; **technisches –** bureau *m* d'études.

Internationales Büro für Maß und Gewicht Bureau international des poids et mesures.

Internationales Büro zum Schutze des gewerblichen Eigentums Bureau international pour la protection de la propriété industrielle.

Internationales Büro für Todeserklärungen Bureau international des déclarations de décès.

Büro des internationalen Verbandes zum Schutze des gewerblichen Eigentums Bureau de l'union internationale pour la protection de la propriété industrielle.

Büro des internationalen Verbandes zum Schutze von Werken der Literatur und Kunst Bureau de l'Union internationale pour la protection des œuvres littéraires et artistiques.

Büro des Weltpostvereins Bureau international de l'Union Postale Universelle.

Büro|angestellte(r) *m* employé *m* de bureau; **–automation** *f od.* **–kommunikation** bureautique *f*; **–bedarf** *m* fournitures *fpl ou* matériel *m* de bureau; **–diener** *m* garçon *m* de bureau; **–kraft** employé(e) de bureau, sténo-dactylo, secrétaire.

Bürokratie *f* (1) pouvoir politique de l'administration, bureaucratie *f*, (2) l'ensemble *m* des fonctionnaires.

Büro|schreiber *m* commis aux écritures, clerc *m*; **–stunden** *pl* heures *fpl* de bureau; **–unkosten** *pl* frais de bureau; **–vorstand** *m* (Aut), **–vorsteher** *m* chef de bureau.

Buß|auflage *f (VwR)* fait d'infliger une amende (administrative); **–befugnis** *f* pouvoir d'infliger une amende (administrative).

Buße *f* (1) *(StR)* amende *f* pénale, peine *f* pécuniaire, (2) *(VwR)* amende administrative, amende de composition; **rechtskräftig festgestellte –** prononcé *m* exécutoire (S).

Bußgeld *n* (1) *(StR)* amende *f* forfaitaire, amende de composition, (2) *(ZR)* amende civile, (3) *(SteuerR)* amende fiscale; **–bescheid** *m (StR)* avis *m* d'amende forfaitaire, ordonnance pénale; **–entscheidung** *f* décision administrative infligeant une amende; **–sache** *f* litige *m* relatif à une amende forfaitaire administrative; **–verfahren** procédure *f* relative aux amendes forfaitaires administratives.

C

Callgeld *n* (S) argent au jour le jour.

Callgirl *n* call-girl *f*, prostituée.

Camping|platz *m* terrain *m* de camping; **–wagen** *m* caravane *f*.

Carnet für Warenmuster Carnet de passage en douane pour échantillons commerciaux.

case-law *(Fall- od. Präzedenzrecht)* le ‹case law›.

Cash *n* (1) argent *m* liquide, (2) règlement *m* au comptant; **– and carry** système *m* de vente à emporter; **–flow** amortissements et profits distribués (ou non), cash flow, marge brute d'autofinancement.

casus belli *(VR)* circonstance *f* de nature à provoquer une déclaration de guerre, casus belli.

causa *f* (= Rechtsgrund) cause *f*.

Cedulareinkommensteuer *f* impôt *m* cédulaire.

cessio legis *(SchuldR: Legalzession)* cession légale.

Chancengleichheit *f (Pol)* égalité de traitement des partis politiques (du point de vue financier).

Charakter *m* (1) caractère *m* (d'un individu), (2) caractéristique *f* (d'une chose); **–anlage** *f* prédisposition; **–eigenschaft** *f* trait *m* de caractère; **–schwach** *adj* caractériel; **–schwäche** *f* troubles *mpl* caractériels, faiblesse intellectuelle.

Charakteristik *f* caractérisation *f*.

Charakteristikum *n* caractéristique *f*

charakteristisch *adj* caractéristique, distinctif, particulier, propre, spécial.

charakterlich *adj* caractériel.

Charge *f* (1) office *m*, emploi *m*, (2) grade militaire, (3) (Aut) rang *m*.

Chargen|abzeichen *n* (Aut) insigne de grade; **–grad** *m* (Aut) grade *m*; **–nummer** *f (Arznei)* (numéro *n* de) charge.

Charta *f (VerfR)* charte *f*; **– der Vereinten Nationen** charte *f* des Nations Unies.

Chartepartie *f* charte-partie *f*, contrat *m* d'affrètement.

Charter *m* contrat *m* d'affrètement, charte *f*, charte-partie *f*.

Charterer *m* affréteur, *m*, chargeur *m*, expéditeur *m*.

Charter|flug *m* vol *m* (en) charter; **–flugzeug** *n* avion *m* nolisé, charter *m*; **–fracht** *f* fret *m*; **–gebühr** *f* taxe d'affrètement; **–geld** *n* prix d'affrètement, fret, prix du fret; **–gesellschaft** *f* compagnie de charters; **–klausel** *f* clause *f* d'affrètement; **–markt** *m* marché des frets; **–vertrag** *m* contrat d'affrètement, charter *m*.

chartern prendre en charte-partie, affréter.

Chartern *n*, **Charterung** *f* affrètement *m*, nolisement *m*, charter *m*; location d'un navire; **– eines Flugzeugs** affrètement d'un avion.

Check *m* (S) chèque *m*, **(s. Scheck).**

Chef *m* chef de service, directeur *m*; **– des Protokolls** chef du protocole.

Chef|redakteur *m* rédacteur en chef; **–sekretärin** *f* secrétaire *f* de direction.

Chemikalien *pl* produits *mpl* chimiques; **–gesetz** *n* Loi sur le contrôle des produits chimiques.

Chemische Fabriken *fpl (UmweltR)* installations de production de la chimie industrielle.

Chirographargläubiger *m* créancier *m* chirographaire.

Chomage-Versicherung *f* (Aut) assurance contre le chômage.

cif-Preis *m* prix *m* CAF *ou* CIF

cif-Verkauf *m* vente CAF *ou* CIF (coût, assurance, fret).

cif-Wert valeur CAF *ou* CIF

Cirkakurs *m* cours *m* approximatif.

Circular *n* circulaire *f*.

clausula rebus sic stantibus *(SchuldR, IPR)* clause sous-entendue selon laquelle le changement des circonstances existant lors de la conclusion du contrat entraînent sa modification ou sa caducité.

Clearing *m* clearing *m*, compensation; **–abkommen** *n* accord de clearing *ou* de compensation; **–haus** *n* (Aut) chambre de compensation; **–kontingentszertifikat** *n* (S) certificat de contingentement pour le clearing; **–konto** *n* compte de clearing; **–stelle** *f* chambre de compensation; **–übereinkommen** *n*, **–vertrag** *m* accord de clearing; **–zertifikat** *n* certificat de clearing.

Co-Autor *m* (Aut) coauteur *m*.

Code *m* code *m* (de chiffrement); **–schlüssel** *m* clé *f* d'un code; **–telegramm** *n* télégramme *m* chiffré; **–wort** mot *m* de code.

Codex iuris canonici (*KirchR* = CIC) Code de droit canonique.

Computer *m* ordinateur *m*; **–betrug** *m (StR)* escroquerie par manipulation du logiciel; **–sabotage** *f* destruction de logiciel par infiltration de virus informatiques.

conditio sine qua non condition nécessaire et suffisante.

Container *m* conteneur *m*; **–hafen** *m* port *m* de transbordement pour conteneurs; **–schiff** *n* cargo *m* porte-conteneurs.

Copyright *m* droit exclusif d'exploitation (d'une œuvre littéraire ou artistique), copyright *m*.

corpus delicti *(StR: Überführungsstück)* corps du délit, corps de l'infraction.

Coupon *m* (S) coupon *m*; **–abgabe** *f* (S) droit de timbre sur les coupons; **–bogen** *m* feuille de coupons; **–steuer** (S) impôt sur les coupons.

Courtage *f (HR: Vermittlungsprovision)* courtage *m*; **–gebühr** *f* courtage *m*.

culpa in contrahendo *(SchuldR)* non-respect de la loyauté au cours des négociations *ou* pourparlers.

cum grano salis (= mit entsprechender Einschränkung) en faisant les réserves qui s'imposent, sans donner son adhésion entière.

D

da *Konj* attendu que, étant donné que.

dabei bleiben persister dans son opinion.

Dach *n* couverture *f* (constituant le toit); **–antenne** *f* antenne de télévision extérieure; **–decker** *m* couvreur; **–gesellschaft** *f* société *f* de portefeuille, holding *m*; **–organisation** *f* confédération; **–traufenrecht** *n* droit d'écoulement des eaux de pluie.

dadurch ainsi, par conséquent.

Dafürhalten: nach meinem – selon moi.

da|gegen par contre; **–her** pour cette raison.

dahin|stellen: es bleibt –gestellt (cette question) reste sans réponse.

Daktyloskopie *f (StR: Fingerabdruckuntersuchung)* dactyloscopie *f*, analyse des empreintes digitales.

Damnationslegat *n (ErbR)* legs particulier (par lequel le légataire ne reçoit qu'un droit personnel sur la chose léguée).

damnum emergens *(SchuldR): (entstehender Schaden)* perte éprouvée.

Dampfer *m* bateau à vapeur (= S/S).

Dämpfung der Konjunktur tassement *m* de l'activité économique.

Dank|adresse *f* lettre *f* officielle de remerciements; **–sagung** *f* expression de gratitude et de reconnaissance.

dankbar *adj* (travail) gratifiant; **– sein** exprimer sa gratitude, remercier.

darbieten montrer, représenter; offrir.

Darbietung *f* représentation *f*; spectacle *m*.

darlegen énoncer, dire, exposer, exprimer, formuler, établir.

Darlegung *f* présentation, énonciation, rapport *m*, énoncé; **vollständige – des Sachverhalts** présentation circonstanciée des faits.

Darlehen *n* (1) *(i. w. S.)* prêt *m* de consommation, (2) *(Geld)* prêt d'argent *ou* à intérêt; **hypothekarisches –** prêt hypothécaire *ou* sur hypothèques; **rückzahlbares –** prêt remboursable; **staatliches – zum Eigentumserwerb** prêt (étatique) d'accession à la propriété; **verbürgtes –** emprunt *m* cautionné; **verlorenes –** prêt à fonds perdu; **vertragliches –** prêt conventionnel; **verzinsliches –** prêt à intérêt; **wucherisches –** prêt usuraire; **– gegen Faustpfand** prêt sur gage, avance sur gage; **ein – gewähren** consentir *ou* accorder un prêt; **– gegen hypothekarische Sicherstellung** prêt hypothécaire *ou* sur hypothèques; **– für Haushaltseinrichtungen** prêt d'équipement ménager; **– gegen hypothekarische Sicherstellung gewähren** prêter sur hypothèques; **– gegen Hypotheken aufnehmen** emprunter sur hypothèques; **– gegen Pfandbestellung** prêt sur gage, prêt sur nantissement; **– gegen Pfandbestellung gewähren** prêter sur gage; **– mit täglicher Kündigung** prêt au jour le jour; **– gegen Verbodmung** prêt à la grosse.

Darlehens|abrede *f* convention de prêt; **–antrag** *m* demande *f* de prêt; **–aufnahme** *f* emprunt *m*; **–empfänger** *m* emprunteur; **–forderung** *f* créance résultant d'un prêt; **–geber** *m* prêteur *m*; **–geschäft** *n* opération de prêt; **–gewährung** *f* octroi *m* d'un prêt, avance *f* de fonds; **–kapital** *n* somme *f* prêtée; **–kasse** *f* banque *f* de crédit; **–makler** *m* courtier *m* en crédits financiers; **–nehmer** *m* emprunteur *m*; **–schuldner** *m* débiteur *m* d'un prêt; **–rückzahlung** *f* remboursement du prêt; **–schuldschein** *m* reconnaissance *f* de prêt, acte *m* d'engagement; **–tilgung** *f* amortissement;

–valuta *f* chose *f* prêtée, objet *m* du prêt, somme *f* d'argent; **–verein** *m* association *f* mutuelle de prêts; **–vermittler** *m* courtier *m* en matière de prêts; **–versprechen** *n* promesse de prêt; **–vertrag** *m* contrat *ou* convention de prêt, contrat d'emprunt (L); **–vorvertrag** *m* contrat de promesse de prêt; **–zinsen** montant de l'itérêt; **–zinssatz** *m* faux d'intérêt conventionnel; **–zusage** *f* promesse *f* de prêt.

darstellen décrire, présenter; **falsch –** déformer (les faits) altérer, dénaturer.

dartun exposer, montrer.

Darstellung *f* exposé *m*, narration *f*, énoncé *m*, description; **bildliche –** présentation graphique, illustration; **– des Sachverhalts** exposé *m* des faits.

Daseinsvorsorge *f (VerfR)* Etat-providence *m*; fait pour l'administration d'assurer le fonctionnement des services publics à caractère industriel ou commercial, administration *f* prestataire de services.

das heißt (= d. h.) cela veut dire, c'est-à-dire, ce qui signifie que.

Datei *f* fichier *m* informatique; **in die – aufnehmen** (1) *(Person)* ficher, (2) saisir.

Daten *pl* (1) caractéristiques *fpl*, indications *fpl*, (2) *(DV)* données *fpl*, informations *fpl* automatisées; **personenbezogene –** données *fpl ou* informations nominatives, coordonnées *fpl*; **statistische –** données *fpl* statistiques.

Daten|ausgabe *f* sortie *f* (de données); **–auswertung** *f* dépouillement *m ou* interprétation *f* des données; **–bank** *f* fichier *m* informatisé, mémoire *f ou* banque de données; **–eingabe** *f* introduction *f* des données; **–erfassung** collecte *ou* saisie des informations, relevé *m* des données; **–fernverarbeitung** télétraitement *m*; **–material** *m* données *fpl* (stockées); **–schutz** *m* contrôle *m* de l'informatique, protection des données, protection *f* contre l'utilisation tendancieuse et malhonnête des banques de données, protection *f* de la vie privée contre les abus de l'informatique; **–schutzbeauftragter** *m* mandataire du gouvernement fédéral (allemand) chargé du contrôle du traitement automatisé des informations nominatives, (en France: Monsieur Informatique); **–schutzgesetz** *n* Loi (allemande) Informatique et libertés; **–sicherung** *f* protection des données informatisées contre l'accès illégal; **–speicher** *m* mémoire *f*; **–speicherung** mémorisation *f* des données, traitement *m* automatisé; **–träger** *m* support *m* d'informations; **–unfall** *m* fuite *f* illégale de données, accès *m* illégal aux informations; **–veränderung** *f* modification (illicite) des données; **–verarbeitung** *f* traitement *m* informatisé *ou* automatisé, informatique *f*; **–verarbeitungsanlage** *f* ordinateur *m*, cerveau *m* électronique; **–verletzung** *f* usage *m* abusif *ou* illégal des informations traitées par ordinateur; **–vernichtung** *f* destruction *f* des données mémorisées; **–zugang** *m* accès *m* aux informations automatisées.

datieren dater, mettre une date (sur).

dato: bis – jusqu'à ce jour.

Datowechsel *m* effet *m* à un certain délai de date.

Datum *n* date *f*; **beglaubigtes –, gerichtlich oder notariell beglaubigtes –** date certaine; **– des Inkrafttretens** date d'entrée en vigueur; **– des Poststempels** date du cachet de la poste.

Datums|angabe *f* indication du jour, du mois, de l'année; **–aufdruck** *m* date *f* indiquée *ou* apposée; **–stempel** *m* tampon-dateur *m*; cachet *m* de la poste.

Dauer *f* durée *f*, temps *m*, espace *m* de temps; **auf –** à long terme; **ursprüngliche –** durée initiale; **– der Bewährungszeit** durée de la liberté conditionnelle; **– der Unterbringung** durée de l'internement; **–angestellte(r)** *m* employé à titre permanent; **–arbeitslosigkeit** *f* chômage *m* de longue durée; **–ar-**

rest *m* peine d'emprisonnement spéciale pour jeunes délinquants; **–auftrag** *(für Zahlungen)* règlement par prélèvement automatique, domiciliation *f* (auprès d'une banque) pour paiements réguliers; **–ausweis** *m* laissez-passer *m* permanent; **–beschäftigung** *f* emploi *m* stable; **–betrieb** *m* (1) fonctionnement continu, (2) exploitation continue; **–delikt** *n (StR)* délit *m* continu *ou* permanent; délit successif; **–erlaubnis** *f* permission *f* permanente, permis *m* sans limitation de durée; **–frachtvertrag** *m* contrat permanent d'affrètement; **–invalidität** *f* invalidité *f* permanente; **–karte** *f* (1) carte *f* permanente, (2) *(Eisenbahn)* carte d'abonnement; **–kredit** *m* crédit *m* renouvelable; **–mietvertrag** *m* bail *m* à long terme; **–nutzungsrecht** *n* bail commercial de longue durée; **–regelung** *f* règlementation *f* permanente; **–rente** *f* rente *f* viagère; **–schuld** *f* obligation *f* successive; **–schuldverhältnis** *n* contrat *m* à durée indéterminée; **–sitzung** *f* séance *f* marathon; **–stellung** *f* emploi *m* stable, poste *m* permanent; **–straftat** *f* délit *m* continu; **–verbrechen** *n* crime continu, délits successifs; **–visum** *n* visa *m* permanent; **–vorschuß** *m* avance *f* à durée indéterminée; **–widmung** *f* affectation perpétuelle; **–wohnrecht** *n* bail *m* à vie; **–wohnsitz** *m* domicile *m* permanent.

dauerhaft *adj* de longue durée; solide.

dauernd *adj* de façon réitérée *ou* répétée.

dazugehörig *adj* appartenant à.

dazwischen|schalten faire intervenir; **–schieben** intercaler.

Dealer *m (Drogen)* revendeur *m* de drogues illicites; **kleiner** – petit revendeur.

Debatte *f* débats *mpl*, discussion *f*.

debattieren débattre, discuter de *ou* sur qqch.

Debellation *f (VR: Untergang e-s Staates)* débellation *f*, conquête *f* totale.

Debet *n (BankR: Schuld)* dû *m*, dette *f*, débit *m*, doit *m*; **–konto** *n* compte *m* débiteur; **–saldo** *m* solde *m* débiteur; **–seite** *f* colonne *f* débit; **–zinsen** *pl* intérêts *mpl* débiteurs.

debitieren débiter, porter au débit.

debitor cessus *m* (débiteur) cédé *m*.

Debitoren|buch *n* livre *m* des débiteurs; – **konto** *m* compte *m* des créances à récouvrer; **–ziehung** *f (WechselR)* création d'un effet de mobilisation *ou* financier.

Deckadresse *f* adresse *f* convenue.

decken couvrir, combler (un déficit).

Deck|erlaubnis *f (LandwR)* autorisation *f* d'utilisation pour la monte publique, permis de monte, permis de saillie (L); **–ladung** *f (SeeHR)* chargement en pontée; **–name** *m* pseudonyme *m*, nom de guerre, nom d'emprunt.

Decks|güter *pl*, **–ladung** *f* marchandises *fpl* en pontée.

Deckung *f* couverture *f*, provision *f*; **automatische** – garantie automatique; **bankmäßige** – couverture bancaire; **genügende** – provision suffisante; **mangelnde** – défaut de provision, absence de couverture; **mangels** – faute de provision; **ungenügende** – insuffisance de la provision, provision insuffisante; **vorausgehende** – provision préalable; **vorläufige** – couverture provisoire; – **des Fehlbetrages** couverture du déficit; **ohne** – **verkaufen** vendre à découvert.

Deckungs|anzeige *f* avis *m ou* note *f* de couverture; **–bereich** *m* étendue territoriale de la couverture; **–bestätigung** (1) note de couverture, (2) *(Scheck)* visé pour provision; **–betrag** *m* montant *m* maximum garanti; **–erweiterung** *f* extension de couverture.

deckungsfähig *adj* susceptible *adj* de couverture.

Deckungs|geschäft *n* marché *m* de couverture; – **grenze** *f* limite de c.; **–höhe** *f* montant de la couverture; **–kapital** *n* (1) capital constituant la c., (2) *(VersR)* réserve *f* mathématique; **–kauf** *m* achat à titre de couverture, achat *m* de réapprovisionnement; **–klausel** *f* mention indiquant que la valeur a été reçue; **–lücke** *f* (1) *(Haushalt)* déficit *m* budgétaire, (2) *(Sicherheit)* lacune *f* *ou* trou *m* dans la garantie, (3) *(VersR)* découvert *m* d'assurance; **–mittel** *pl* fonds *mpl* de couverture, voies et moyens; **–rücklage** *f* *(GesR)* provision pour pertes et charges; **–rückstellung** *f* *(VersR)* réserve *f* mathématique; **–stock** *m* (1) *(VersR)* actifs *mpl* destinés à la couverture des réserves mathématiques, (2) capital *m* de rente, (3) fonds de garantie; **–summe** *f* montant *m* maximum garanti, somme *f* assurée; **–verhältnis** *n* pourcentage de couverture, coefficient *m* bancaire (B); **–verkauf** *m* vente à titre de couverture; **–vorsorge** *f* provision *f* de couverture; **–währung** *f* devise *f* appréciée; **–werte** *mpl* valeurs *fpl* représentatives du bilan; **–zeit** *f* durée *f* du service des prestations; **–zusage** *f* *(VersR)* note *ou* lettre de couverture, acceptation provisoire d'un risque; **–zuschuß** *m* supplément de couverture.

Deckverladung *f* chargement en pontée.

de facto de fait, en fait, dans son contexte circonstanciel (et nullement en droit).

Defekt *m* (1) vice *m*, dommage *m*, défaut *m*, défectuosité *f*, (2) *(Buchf)* déficit *m*, manque *m*.

Defekten|beschluß *m* arrêté de débet; **–verfahren** *n* procédure suivie en cas de déficit dans une caisse publique.

Defensiv|allianz *f*, **–bündnis** *n* alliance *f* défensive; **–notstand** *m* légitime défense *f*; **–zeichen** *n* *(Wz)* marque *f* de fabrique protégée à titre préventif, marque défensive.

Definition *f* définition *f*.

Defizit *n* déficit *m*, découvert *m*, perte *f*; **bilaterales –** déficit bilatéral; **budgetmäßiges –** déficit *m* *ou* impasse *f* budgétaire; **dauerndes –** déficit chronique; **rechnerisches –** déficit comptable; **verbleibendes –** déficit résiduel; **mit einem – abschließen** se solder par un déficit; **ein – aufweisen** accuser *ou* laisser apparaître un déficit.

defizitär *adj* déficitaire.

Defizit|finanzierung *f* financement *m* à découvert des dépenses publiques non couvertes par des recettes affectées; **–wirtschaft** *f* exploitation déficitaire.

Deflation *f* déflation *f*, diminution générale et durable des prix.

Deflationismus *m* déflationnisme *m*, politique pour lutter contre la hausse des prix.

Deflorationsanspruch *m* (der Braut) droit à indemnité pour défloration.

Defraudant *m* fraudeur *m*.

Defraudation *f* *(StR: Veruntreuung)* fraude *f*, détournement *m*, malversation *f*, abus *m* de confiance.

defraudieren frauder, détourner, soustraire.

Degradation *f*, **Degradierung** *f* *(DiszR)* dégradation *f*; privation de certains droits.

degressiv *adj* *(SteuerR)* dégressif.

Degressivsteuer *f* impôt *m* dégressif.

Deich *m* digue *f*; **– und Sielrecht** *n* droit de digue et d'écluse.

de jure de droit, sous l'angle du droit, de jure.

Dekan *m* *(Hochschule)* doyen *m*.

Dekanat *n* décanat *m*.

Dekartellierung *f* *(WirtR)* décartellisation *f*.

Deklarant *m* déclarant *m*.

Deklaration *f* *(VR)* déclaration *f*; **– der einzelnen Güter** *(VersR)* application, déclaration d'aliment.

Deklarations|buch *n* carnet d'assurance; **–klausel** *f* clause *f* retard *ou* omission de déclaration; **–pflicht** *f* obligation *f* de déclarer; **–schein** *m* certificat de déclaration; **–zettel** *m* avenant de déclaration.

deklaratorisch *adj* déclaratif de droits, déclaratoire.

deklarieren indiquer le contenu et la valeur d'une marchandise.

Dekonzentration *f* déconcentration.

Dekremententafel *f* *(VersR)* table de sortie.

Dekret *n (VwR: Verordnung)* décret *m*, règlement.

dekretieren décréter.

Delegant *m* (= Vollmachtgeber) délégant *m*, personne qui délègue.

Delegat *m* (= Bevollmächtigter) délégataire *m*, personne à qui l'on délègue.

Delegation *f* (1) *(Abordnung)* délégation *f*, émissaires *mpl*, (2) *(Übertragung)* attribution *f*, délégation *f*, procuration *f*; **– von Befugnissen** délégation de pouvoirs *ou* de compétence.

Delegations|befugnis *f* pouvoir *m* de délégation; **–leiter** *m* chef *m* de la délégation; **–sache** *f* (S) cause *f* déléguée (S).

delegieren (1) *(entsenden)* déléguer, députer, envoyer, (2) *(bevollmächtigen)* commettre, mandater.

Delegierte(r) *m* délégué *m*; **beglaubigter –** délégué accrédité.

Delegierung *f*; délégation *f*; **– von Befugnissen** délégation de pouvoirs *ou* de compétence.

Delikt *n* (1) *(ZR: unerlaubte Handlung)* fait *m* (délictueux), délit civil, (2) *(StR: Straftat, Vergehen)* délit *m* pénal, infraction *f*; **fortgesetztes –** délit continu; **internationales –** délit international; **politisches –** délit politique.

Deliktsfähigkeit *f* capacité délictuelle; **beschränkte –** capacité délictuelle limitée.

Deliktshaftung *f (ZR)* responsabilité délictuelle.

Delinquent *m (StR)* délinquant *m*, auteur *m* d'une infraction

Delkredere *n (HR)* ducroire *m*; **das – übernehmen** se porter ducroire; **–abzug** *m* déduction pour garantie; **–fonds** *m* fonds de garantie; **–haftung** *f* responsabilité pour garantie; **–klausel** *f* clause *f* ducroire; **–konto** *n* compte *m* ducroire; compte pour créances douteuses; **–provision** *f* commission *f* ducroire; **–reserven** *pl* réserves pour commissions ducroire, fonds de garantie; **–versicherung** *f* assurance-crédit *f*; **–vertrag** *m* contrat *m ou* convention *f* ducroire.

Demarkation *f (VR)* démarcation *f*; **–slinie** *f* ligne de démarcation.

Dementi *n* (1) *(Ableugnung)* dénégation *f*, (2) *(Widerruf)* désaveu *m*, démenti *m*, (3) *(Richtigstellung)* rectification *f*; **ein – abgeben** démentir.

dementieren (1) nier (2) démentir, contredire, dédire, désavouer, (3) rectifier.

dementsprechend *adv* en conséquence, par voie de conséquence.

Demission *f (VerfR: Rücktritt)* démission *f*.

demnächst *adv* prochainement, dans un proche avenir, dans peu de temps, bientôt.

demobilisieren démobiliser.

Demobilisierung *f* démobilisation *f*.

Demokrat *m* démocrate *m*.

Demokratie *f* démocratie *f*; **mittelbare –** *od.* **parlamentarische –** démocratie parlementaire; **soziale –** démocratie sociale; **wehrhafte –** démocratie prête à défendre ses institutions, *pej* démocratie musclée.

demokratisch *adj* démocratique, républicain; **–e Grundordnung** régime *m* constitutionnel, ordre *m* républicain; **–er Rechtsstaat** État *m* de droit démocratique, État organisé suivant les principes de la démocratie, État pourvu d'institutions démocratiques.

Demokratisierung *f* démocratisation *f*.

Demonetisierung *f* démonétisation.

Demonstrant *m* manifestant *m*.

Demonstration *f* (1) *(Protestkundgebung)* manifestation *f*, rassemblement *m*, attroupement *m*, réunion *f* sur la voie publique, cortège, défilé *m*; (2) *(Beweisführung)* démonstration, justification; **Gegen–** contre-manifestation *f*.

Demonstrations|auflösung *f* dislocation d'une manifestation; **–delikte** *npl* délits d'attroupement (sur la voie publique); **–freiheit** *f* liberté *f* de rassemblement et de manifestation sur la voie publique; **–recht** *n* liberté *f* de réunion sur la voie publique, liberté de manifestation sur la voie publique; **–schäden** *mpl* dommages *mpl* causés par un attroupement; **–strafrecht** *n* dispositions légales pénales relatives aux manifestations sur la voie publique; **–verbot** *n* interdiction de manifester sur la voie publique; **–zug** *m* cortège *m*, défilé *m*.

demonstrieren (1) démontrer, (2) faire une manifestation, manifester, participer à une manifestation.

Demontage *f* démantèlement *m*, démontage *m*.

demoskopische Umfrage sondage *m* d'opinion.

Demütigung *f* humiliation *f*.

demzufolge *adv* par conséquent, ainsi, dès lors, donc.

Denaturierungsprämie *f (LandwR)* prime de dénaturation.

Denazifizierung *f* dénazification *f*.

Denkgesetze *npl (PrzR)* lois *fpl* logiques, de la cohérence, du bon sens.

Denkmal *n* monument *m*, statue *f*; **–pflege** *f* conservation des monuments historiques; **–pfleger** *m* conservateur; **–schutz** *m* protection des monuments et des sites naturels.

Denk|modell *n* scénario *m*; **–schrift** *f* (1) aide-mémoire *m*, mémoire *m*, (2) *(VR)* mémorandum.

Denunziant *m* dénonciateur *m*, délateur *m*.

Denunziation *f*, **Denunzierung** *f* délation *f*, dénonciation *f*.

denunzieren dénoncer.

Departement *n* département *m*; **politisches –** (S) département politique (S); **überseeisches –** département d'outre-mer; **– des Innern** (S) département de l'intérieur (S).

Deponent *m (BankR)* déposant *m*.

deponieren (= hinterlegen) déposer, mettre en dépôt.

Deport *m (BörR)* déport *m*; **–geschäft** *n* opération de déport, déport *m*; **–satz** *m* taux des déports.

Deportation *f* (1) *(VR, StR)* déportation *f*, (2) *(StR)* relégation, exil *m*.

deportieren déporter; reléguer.

Deportierte(r) *m* déporté *m*.

Deposit zur Aufbewahrung dépôt à fin de conservation; **– mit Kündigung** dépôt à préavis.

Depositalzinsen *pl* intérêts accordés par certaines banques pour les montants des titres tirés au sort et non remboursés immédiatement.

Depositar *m* dépositaire *m*.

Depositen *pl* (1) *(hinterlegte Gegenstände)* chose *f* déposée, chose faisant l'objet d'un dépôt (2) *(Geld)* dépôt *m* d'argent (en banque); **befristete –** dépôt à terme; **vinkulierte –** (S) dépôt à échéance fixe; **–anstalt** *f* caisse de dépôts; **–bank** *f* banque de dépôts; **–buch** *n* carnet de dépôt; **–gelder** *pl* fonds en dépôt; **–geschäft** *n* (= Einlagengeschäft) contrat de dépôt; **–kasse** *f* caisse des dépôts; **–konto** *n* compte de dépôt; **–schein** *m* reconnaissance *f*, bon de dépôt, certificat de dépôt; **–stück** *n* titre déposé, titre *m* en dépôt.

Deposition *f* (Aut-S) (1) consignation *f*, (2) déposition *f*.

Depositions|klausel *f* clause de dépôt; **–vermerk** *m* mention indiquant où se trouve la première de change.

Depot *n* (1) *(Effektenverwahrung)* dépôt *m*, (2) *(Lager)* entrepôt *m*, (3) *(aufbewahrter Gegenstand)* objet *m* déposé, chose *f* déposée; **offenes –** dépôt à découvert, dépôt irrégulier; **verschlossenes –** dépôt régulier, dépôt cacheté (B); **– zur Benutzung** dépôt d'usage; **– mit Kündigung** dépôt à préavis; **–auszug** *m* relevé de compte (de dépôt); **–buch** *n* livre de dépôt; **–geschäft** *n (BankR: Effektenverwahrung)* contrat *m* de dépôt (de titres), opérations *fpl* de dépôt (de titres); **–gesetz** *n* Loi portant sur les dépôts et achats de titres; **–konto** *n* compte de dépôts; **–schein** *m* certificat de dépôt; **–stellung** *f* constitution de dépôt; **–stimmrecht** *n (GesR)* droit de vote délégué à une banque pour les actions déposées; **–unterschlagung** *f* détournement d'objets en dépôt; **–verstärkung** *f* complément de garantie; **–wechsel** *m* effet remis en nantissement, effet en pension, effet en nourrice; **–zwang** *m* dépôt obligatoire, obligation de déposer.

Depression *f* dépression *f*, crise *f* économique, récession *f*.

Deputat *n* (*ArbR* = Naturallohn) rémunération en nature, avantage en nature.

Deputation *f* (*Pol* = Abordnung) délégation *f*, députation *f*.

Deputatwohnung *f* logement attribué en raison du contrat de travail.

Deputierte(r) *m* député *m*.

Dereliktion *f* (= Eigentumsaufgabe) abandon *m*, délaissement *m*, déréliction *f*.

Derogation *f* (1) *(Ausnahmebestimmung)* dérogation *f*, acte *m* dérogatoire, (2) *(Außerkraftsetzung)* abrogation (d'une loi).

desavouieren (= ableugnen) désavouer.

Desavouierung *f* désaveu *m*, dénégation *f*, rétractation *f*.

Deserteur *m* (= Fahnenflüchtiger) déserteur *m*, déserteur à l'ennemi.

desertieren déserter.

Desertion *f* (= Fahnenflucht) désertion *f*.

Design *n* (= formgerechte Gestaltung) conception; esthétique industrielle; design *m*, stylique *f*.

Designer *m* stylicien *m*.

Deszendent (= Abkömmling) *m* descendant *m*.

Detail|handel *m* commerce de détail; **–händler** *m*, **–kaufmann** *m* commerçant en détail, détaillant *m*.

Detail|preis *m* prix de détail; **–reisen** *n* colportage *m*; **–reisende(r)** *m* colporteur *m*; **–verkauf** *m* vente au détail.

Detektiv *m* détective (privé); **–institut** *n od.* **Detektei** *f* agence *f* de détective privé.

deutlich clair, explicite, précis, net; **–er Beweis** preuve évidente *ou* indubitable *ou* manifeste.

deutsch *adj* allemand; **–er Gewerkschaftsbund** (DGB) Confédération *f* des syndicats ouvriers allemands (regroupant 17 syndicats professionnels); **–er Industrie- und Handelstag** (DIHT) Association centrale des chambres de commerce et d'industrie allemandes; **–er Juristentag** Association allemande des professions juridiciaires et juridiques; **–e Mark** mark *m* allemand, deutschemark; **–er Richtertag** congrès des magistrats allemands; **–er Städtetag** regroupement national des villes allemandes (non dépendantes d'un cercle).

Deutsche(r) *m* national *m* allemand, ressortissant *m* allemand; **–r im Ausland** allemand *m* à l'étranger.

Deutschlandvertrag *m (abréviation pour: Vertrag über die Beziehungen zwischen der Bundesrepublik Deutschland und den Drei Mächten)* Convention sur les relations entre les Trois Puissances et la République fédérale d'Allemagne.

Deuzeitvertrag *m* (deutscher Zeitfrachtvertrag) contrat allemand d'affrètement à temps.

Devastationsklage *f* (Aut) action du créancier hypothécaire destinée à remédier aux dangers résultant d'une mauvaise exploitation du bien-fonds.

Devisen *fpl* devise *f* (étrangère); **harte –** devise appréciée, devise forte.

Devisen|abfluß *m* hémorragie *f* de devises; **–abgabenverpflichtungserklärung** *f* engagement de change; **–abkommen** *n* accord sur les devises, accord *m* monétaire, accord de devises (S); **–arbitrage** *f* arbitrage sur devises; **–ausgleich** *m* compensation des devises; **–ausländer** *m* personne considérée comme étrangère du point de vue du contrôle des changes, non-résident *m*; **–beschaffung** *f* obtention de devises; **–bescheinigung** *f* autorisation *ou* certificat d'attribution de devises; **–beschränkung** *f* contrôle *m* des changes, réglementation des devises; **–bestände** *pl* avoirs en devises, portefeuille de devises; **–bestimmungen** *pl* réglementation des changes; **–bewilligung** *f* octroi de devises, attribution de devises; **–bewirtschaftung** *f* contrôle des changes, contingentement des devises; **–bewirtschaftungsstelle** *f* office *m* des changes; **–bilanz** *f* *(Außh)* balance *f* des devises; **–bringer** *n* produit qui se vend bien à l'étranger; **–börse** *f* bourse *f* des devises; **–genehmigung** *f* autorisation de change; **–eingänge** *pl* rentrées de devises; **–einkaufsgenehmigung** *f* autorisation de change; **–erleichterung** *f* facilités de change; **–erlös** *m* produit en devises; **–freigabe** *f* libération des devises; **–genehmigung** *f* allocation de devises, autorisation de change; **–geschäft** *n* opération de change *ou* sur devises; **–gesetzgebung** *f* législation sur le contrôle des changes; **–guthaben** *n* avoir *m* en devises; **–handel** *m* marché *m* des changes, commerce des devises; **–inländer** *m* résident *m*; **–gewinn** *m* gain *m* sur les changes; **–institut** *n* établissement de change.

Devisen|knappheit *f* pénurie *f* de devises; **–kontingent** *n* contingent de devises; attribution de devises; **–konto** *n* compte de devises; **–kontrolle** *f* contrôle des changes, contrôle des devises; **–kredit** *m* crédit en devises; **–kurs** *m* taux *m* de change, cours des devises; **–makler** *m* courtier en devises; **–markt** *m* marché des devises *ou* des changes; **–notierung** *f* cotation *f* des changes; **–polster** *n* réserves *fpl* en devises; **–recht** *n* régime *n* des changes, législation sur les devises; **–reserven** *pl* réserves *fpl* monétaires, réserves en devises; **–rückführung** *f* rapatriement de devises; **–rücklagen** *pl* réserves monétaires, réserves en devises, réserves de change; **–scheck** *m* chèque en devises (étrangères); **–schieber** *m* trafiquant de devises; **–schiebung** *f*, **–schmuggel** *m* trafic (illicite) de devises; **–spekulation** *f* spéculation sur les changes; **–stabilisierungsfonds** *m* fonds de stabilisation des changes; **–stelle** *f* office des changes.

Devisentermin|geschäft *n* marché à terme sur les devises; **–markt** *m* marché à terme sur les devises.

Devisen|transfer *m* transfert *m* de devises; **–umtausch** *m* change *m*; **–umrechnungstabelle** *f* tableau *m* des changes; **–vergehen** *n* infraction au contrôle des changes; **–verkehr** *m* transactions sur les *ou* commerce des devises; **–verordnung** *f* réglementation *m* en matière de change; **–verpflichtung** *f* engagement de change; **–vorschriften** *pl* réglementation des changes; **–wechsel** *m* effet en devises étrangères; **–werte** *pl* devises étrangères.

devisenwirtschaftlich *adj* relatif aux changes, relatif aux devises.

Devisen|zahlung *f* paiement en devises; **–zustrom** *m* afflux de devises; **–zuteilung** *f* attribution *ou* allocation de devises; **–zuteilungsbestätigung** *f* certificat d'attribution de devises; **–zuwiderhandlung** *f* infraction au contrôle des changes; **–zwangswirtschaft** *f* contingentement des devises.

Devolutiv|effekt *m*, **–wirkung** *f* effet dévolutif.

Dezentralisation *f* décentralisation *f*.

dezentralisieren décentraliser.

Dezentralisierung *f* *(VwR)* décentralisation *f* administrative.

Dezernat *n* *(VwR)* section *f*, bureau *m*, division *f*.

Dezernent *m* chef *m* de section, chef de division.

Diakon *m* *(KirchR)* diacre *m*.

Diäten *pl* (1) *(Tagegelder)* indemnité journalière, (2) *(StaatsR)* indemnité parlementaire.

diätetische Lebensmittel *mpl* aliments *mpl* diététiques.

Dichotomie *f* *(StR)* bipartition des infractions.

Dichtkunst *f* œuvres *mpl* littéraires; la Littérature *f*.

dicht besiedelt à forte densité.

Dieb *m* voleur *m*.

Diebes|bande *f* bande *f* organisée commettant des vols; **–gut** *n* chose *f* volée, bien *m* volé; **–werkzeug** *n* matériel *m* pour commettre un vol.

Diebsgenosse *m* (Aut) complice *m* d'un vol.
Diebstahl *m* vol *m*, soustraction frauduleuse; **einfacher –** vol simple, vol correctionnel; **qualifizierter –, schwerer –** vol qualifié; **räuberischer –** vol commis avec violence; **– gegen Angehörige** soustraction commise au préjudice d'un membre de la famille; **– im Rückfall** vol avec récidive.
Diebstahlsicherung *f (Kfz)* dispositif *m* antivol.
Diebstahlversicherung *f* assurance contre le vol.
dienen servir, aider, appuyer.
dienlich *adj* utile, profitable, avantageux, avantageux, bon.
1. Dienst *m* (1) *(abhängiges Arbeitsverhältnis)* service *m*, (2) *(Amt)* office *m*, charge *f*, (3) *(Stellung)* place *f*, fonction *f*, condition *f*, emploi *m*; **im –** en service; **im aktiven –** (1) en service actif, (2) sous les armes; **angegliederter –** service rattaché; **aus dem – entfernen** révoquer; **diplomatischer –** service diplomatique; **geleisteter –** service rendu, service accompli; **innerer –** service intérieur; **konsularischer –** service consulaire; **öffentlicher –** fonction publique; **– nach Vorschrift** grève *f* du zèle; **– mit der Waffe** service armé; **– ohne Waffe** service auxiliaire; **außer – stellen** mettre hors service, réformer; **in – stellen** mettre en service; **in den aktiven – übernehmen** *(BeamR)* verser dans le cadre actif; **vom – strafweise ausschließen** *(VwR)* mettre à pied; **–abzeichen** *n* insigne *f* de fonctions *ou* de grade; **–alter** *n* ancienneté de service, ancienneté *f*.
Dienstalters|jahr *n* année *f* d'ancienneté; **–liste** *f* tableau *m* d'ancienneté, rang d'ancienneté; **–prämie** *f* gratification pour ancienneté de services; **–stufe** *f* échelon d'ancienneté, échelon *m* hiérarchique; échelon de traitement; **–tabelle** *f* tableau *m ou* liste *f* d'ancienneté; **–zulage** *f*, **–zuschlag** *m* supplément *ou* indemnité d'ancienneté, majoration *ou* prime d'ancienneté.
Dienstälteste(r) *m* doyen *m*.
Dienst|angelegenheit *f* affaire *f* relevant d'un service public; **–antritt** *m* prise de fonctions, entrée en fonction, installation (dans une fonction).
Dienstanweisung *f* instruction de service; **ministerielle –** instruction ministérielle.
Dienst|auffassung *f* conception personnelle des obligations générales s'imposant aux agents publics; **–aufnahme** *f* prise de service, entrée en fonction; **–aufsicht** *f* surveillance *f ou* contrôle *m* hiérarchique; **–aufsichtsbehörde** *f* autorité *f* chargée du contrôle hiérarchique, ministre *m* intéressé; **–aufsichtsbeschwerde** *f* recours *m* hiérarchique.
dienstaufsichtsmäßig *adv* hiérarchiquement.
Dienstauftrag *m* ordre *m* de mission.
Dienstaufwands|entschädigung *f*, **–gelder** *pl* indemnité *f* de charges administratives.
Dienst|aussetzung *f (DiszR)* déplacement d'office; **–ausweis** *m* carte professionnelle *ou* de service.
Dienstbarkeit *f (SachR)* servitude *f*; **aktive –** servitude active; **beschränkte persönliche –** servitude *f* personnelle restreinte; **gesetzliche –** servitude légale; **nicht ständig ausgeübte –** servitude discontinue; **offene –, offenbare –** servitude apparente; **öffentliche –** servitude administrative; **passive –** servitude passive; **persönliche –** servitude personnelle; **regelmäßige –** servitude régulière; **unregelmäßige –** servitude irrégulière; **städtische –** servitude urbaine; **ständig ausgeübte –** servitude continue; **vertragliche –** servitude conventionnelle; **versteckte –** servitude occulte; **eine – bestellen** constituer une servitude; **– der Unteilbarkeit** servitude d'indivision forcée.
Dienstbarkeits|ablösung *f* rachat de servitude; **–recht** *n* droit de servitude; **–vertrag** *m* contrat de servitude.

Dienst|befehl *m* ordre de mission; ordre de service; **-beflissen** *adj* zélé, dévoué; à cheval sur le règlement; **-befreiung** *f* exemption de service; **-beginn** *m* (1) entrée dans la fonction publique, (2) heure d'ouverture; **-behinderung** *f* empêchement de service.

Dienstbehörde *f* (*oder:* **personalaktführende Stelle**) autorité *f* responsable des dossiers *mpl* du personnel.

Dienstbekleidung *f* tenue *f*.

dienstberechtigt en droit d'obtenir des services.

Dienstberechtigte(r) *m (ZR)* créancier *m* d'une prestation de service.

Dienstbetrieb *m* marche *f* du service.

Dienst|bezeichnung *f* titre *m*, fonction *f*; **-bezüge** *pl* salaire *m*, solde *f* budgétaire, solde d'activité, *ou* de fonction, traitement d'activité; **-bote** *m* serviteur *m*, domestique; garçon *m* de courses; **-buch** *n* registre de service; **-büchlein** *n* (S) livret de service; **-bürgschaft** *f* (S) cautionnement d'employé; **-diebstahl** *n* (Aut) vol commis par un employé (à l'occasion du travail); **-eid** *m (BeamR)* prestation de serment de fidélité (au régime en place), serment d'obéissance à la constitution; **-einkommen** *n* traitement *m* budgétaire; **-einteilung** *f* tour *m* de service, répartition *f* du service; **-enthebung** *f (DiszR)* exclusion temporaire de fonctions; **-entlassung** *f* révocation, mise à la retraite d'office; **-entziehung** *f (MilR)* le fait de se soustraire au service militaire; **-erfindung** *f (PatR)* invention faite dans le service.

2. **Dienste** *pl* travaux *mpl*, prestations *fpl* de service; **geleistete –** services *mpl* accomplis.

Dienst|fahrt *f* voyage officiel; **-fahrzeug** *n* voiture *f* de service; **-fehler** *m* faute *f* de service; **-flagge** *f* pavillon *m* de service; **-flucht** *f* abandon *m* du service; **-freiheit** *f* exemption de service; **-gang** *m* tournée *f* de service; **-gebäude** *n* bâtiment administratif; **-geber** *m* (Aut) employeur *m*, patron *m*; **-gehalt** *n* solde *f*, traitement *m*, traitement d'activité; **-geheimnis** *n* secret *m* professionnel; **-geheimnispflicht** *f* obligation de discrétion professionnelle; **-gehorsam** *m* obligation *f* de respecter les injonctions du supérieur hiérarchique; **-gericht** *n (Richter)* conseil *m* de discipline des magistrats; **-geschäft** *n* mission *f*, tâche (confiée à un fonctionnaire); **-gesinde** *n* domesticité *f*.

Dienstgrad *m* grade *m*, échelon *m* hiérarchique; **-abzeichen** *n* insigne *m* de grade; **-herabsetzung** *f (DiszR)* abaissement d'échelon, rétrogradation; **-löschung** *f (MilR)* cassation.

diensthabend de service.

Dienst|handlung *f (VwR)* agissement *m* de l'administration, acte matériel; **-herr** *m* l'État *ou* une personne morale de droit public (bénéficiant de la prérogative d'avoir à son service ses propres fonctionnaires dont il est l'employeur), État-patron; **-instruktion** *f* instruction *f* de service.

Dienstjahr *n* année de service, année d'ancienneté; **pensionsfähiges –** annuité *f* liquidable.

Dienst|jubiläumsgeschenk *n* gratification *f* pour ancienneté de service; **-kasse** *f* caisse *f* de service; **-kaution** *f* cautionnement *m* (des fonctionnaires); **-kleidung** *f* costume *m* de fonction; **-konto** *n* compte de salaire; **-laufbahn** *f* carrière *f* (dans la fonction publique).

Dienstleistung (1) *(konkret: Arbeitsleistung)* service *m*, prestation *f* de service, (2) *(abstrakt: im volkswirtschaftlichen Sinne)* services *mpl*, biens *mpl* immatériels.

Dienstleistungs|bereich *m* secteur tertiaire, le tertiaire; **-betrieb** *m* entreprise *f* de prestation de services *ou* du secteur tertiaire; **-bilanz** *f (Außh)* balance *f* des invisibles *ou* des services; **-geschäft** *n (BankR)* service *m* bancaire; **-gesellschaft** *f* société *f* moderne (post-industrielle); **-gewerbe** *n* secteur *m* tertiaire.

Dienstleistungs|marke *f* marque *f* de service; **-pflicht** *f* obligation *f* de fournir un service; **–plan** *m* horaire de service; **–sektor** *m* le tertiaire; **–verkehr** *m* circulation des services; **–verpflichtete(r)** *m* prestataire *m* de services.

Dienstleiter *m* chef *m* de service.

dienstlich *adj* officiel, de service; **–e Angelegenheit** *f* affaire *f* de service; **–es Bedürfnis** *n* nécessité *f* du service; **–e Belange** exigences *fpl* du service; **–e Beurteilung** *f* notation *f*; **–e Meldung** renseignement *ou* message officiel; **–es Verhalten** *n* comportement *m* dans le service; **–er Wohnsitz** *m* résidence *f* officielle.

Dienst|lohn *m* salaire *m*, rémunération *f*; **–marke** *f* (1) carte professionnelle; macaron *m*, (2) timbre officiel; **–miete** *f* (S) louage d'industrie; **–mitteilung** *f* avis de service; **–nachweis** *m* état des services; **–nehmer** *m* (Aut) employé *m*, salarié *m*; **–notiz** *f* avis de service; **–nummer** *f* matricule *m*; **–obliegenheiten** *fpl* devoirs *mpl* des membres de la fonction publique, exigences du service; **–ordnung** *f* règlement de service.

Dienstordnungs|bescheid *m* décision *f* disciplinaire; **–berufungsgericht** *n* juridiction disciplinaire supérieure; **–gericht** *n*, **–gerichtsbarkeit** *f* juridiction disciplinaire; **–mittel** *n* peine *f* disciplinaire; **–verfahren** *n* procédure *f* disciplinaire.

Dienst|papiere *pl* documents de service; **–paß** *m* passeport de service; **–person** *f* (1) *(BeamR)* membre de la fonction publique, (2) *(ZR)* domestique *m ou f*; **–personal** *n* (1) *(ArbR)* personnel domestique, gens de service, (2) *(VwR)* personnel de service.

Dienstpflicht *f* (1) *(VwR)* devoir *m* imposé par une charge, (2) *(BeamR)* obligation de servir, (3) (en S.: *MilR*) obligation *f* d'activité; **–verletzung** *f (BeamR)* infraction *ou* faute disciplinaire; faute commise par un fonctionnaire, manquement *m* à l'obligation professionnelle.

Dienst|posten *m* place *f*, rang *m*; **–plan** *m* organigramme *m*.

Dienstpragmatik *f* (Aut) statut de la fonction publique, loi sur le statut des fonctionnaires.

Dienstrang *m (BeamR)* grade *m*; classe *f*; échelon *m*.

dienstrangmäßig *adv* hiérarchiquement.

Dienst|raum *m* local *m* administratif; **–recht** droit de la fonction publique; **–register** *n* registre *m* de service; **–reglement** *n* (S) règlement *m* de service.

Dienstreise *f* déplacement *m* de service *ou* officiel, mouvement; **–auftrag** *m* ordre de mission; **–kostenvergütung** *f* frais de mission; **–zulage** *f* supplément pour voyage de service.

Dienst|sache *f* (1) *(BeamR)* action *ou* affaire concernant le service, (2) pli *m* officiel, correspondance *f* officielle; **–schein** *m* certificat *m* de service; **–sichtvermerk** *m* visa de service; **–siegel** *n* cachet *m* officiel, sceau *m* de service, scellés *mpl*.

Dienststelle *f* service *m*, bureau *m*, office *m*, organisme *m* administratif; **ausstellende –** service émetteur; **auszahlende –** service payeur; **nachgeordnete –** service extérieur dépendant de l'administration centrale.

Dienststellen|leiter *m* chef de service; **–plan** *m* organigramme *m*.

Dienst|stempel *m* cachet officiel; **–strafbefugnis** *f* compétence *f* disciplinaire; **–strafe** *f* sanction (disciplinaire).

Dienststraf|erkenntnis *n* décision *f* disciplinaire; **–gericht** *n* tribunal *m* disciplinaire; **–gerichtsbarkeit** *f* juridiction *f* disciplinaire; **–gewalt** *f* pouvoir *m* disciplinaire; **–kammer** *f* cour *f* disciplinaire; **–ordnung** *f* code *m ou* règlement *m* disciplinaire; **–recht** *n* droit *m* disciplinaire concernant la fonction publique; **–richter** *m* juge en matière disciplinaire; **–sache** *f* affaire *f* disciplinaire; **–senat** *m* conseil *m* de discipline *ou* disciplinaire, chambre de discipline;

–urteil *n* décision *ou* jugement disciplinaire; **–verfahren** *n* procédure *f* disciplinaire; **–verfügung** *f* sanction disciplinaire.

Dienststunden *pl* heures de service *ou* de bureau.

dienst|tuend en exercice, en fonctions, en poste (à); **–unfähig** *adj* inapte au service.

Dienst|unfähigkeit *f* incapacité *f* de travail, inaptitude *f* au service; **–unfähigkeitsnachweis** *m* certificat d'incapacité de service; **–unfall** *m* accident du travail *ou* de service.

Dienstunkosten *pl* frais de service; **–entschädigung** *f* indemnité de frais de service.

dienstuntauglich *adj* inapte au service.

Dienst|untauglichkeit *f* inaptitude *f* au service; **–unterbrechung** *f*, **–unterbruch** *m* (S) interruption *f* de service; **–unwilligkeit** le fait d'être réfractaire au service; **–urkunde** *f* document de service; **–vereinbarung** *f* convention collective relative aux affaires sociales (conclue entre l'Administration et des représentants des agents publics); **–vergehen** *n* faute de service, manquement à l'obligation professionnelle.

Dienstverhältnis *n* (1) *(ArbR)* contrat de travail, relations juridiques résultant du contrat de travail, (2) *(VwR)* position *f* administrative; **aktives –** activité *f* de service; **öffentlich rechtliches –** situation statutaire et réglementaire de fonctionnaire public.

Dienst|verhinderung *f* empêchement de service; **–verlängerung** *f* prolongation du service, *(MilR)* rengagement; **–vermerk** *m* indication *f* de service, note *f* officielle; **–verpflichtung** *f* obligation *ou* engagement de service; **–versäumnis** *n* absence du service; **–verschwiegenheit** *f* secret professionnel, obligation *f* de discrétion; **–versetzung** *f* mutation de service.

Dienstvertrag *m* (1) *(Oberbegriff: Dienst- u. Werkvertrag)* louage *m* d'ouvrage, (2) *(Bezeichnung des Code civil)* louage de services, (3) *(übliche arbeitsrechtliche Bezeichnung)* contrat *m* de travail.

Dienst|verweigerer *m* réfractaire *m*; **–verweigerung** *f* refus d'obtempérer *ou* d'obéir à un ordre, désobéissance *f*; **–vorgesetzter** *m* supérieur *m* hiérarchique, chef *m* hiérarchique; **–vorschrift** *f* instruction de service, règle de service, note de service; **–waffe** *f* arme *f* de service; **–wagen** *m* voiture de fonction; **auf dem –weg** *m* par voie *f* hiérarchique; **–weisung** *f* instruction de service; **–wohnung** *f* logement de fonction *ou* de service.

Dienstzeit *f* (1) *(Büro)* heures *fpl* d'ouverture *ou* de service, (2) *(Beamte)* présence *f*, années *fpl* de service, temps *m* de service, ancienneté; **Anrechnung** *f* **von –en** validation *f* des services; rappel *m* d'ancienneté; **eine – von 4 Jahren** avoir 4 ans de services *mpl*; **die erforderliche – für ...** délai *m* d'ancienneté requis pour ...; **abgeleistete –en** services *mpl* effectifs; **anrechenbare –en** services accomplis.

Dienst|zettel *m* (Aut) notice indiquant les droits et devoirs des employés; **–zeugnis** *n* certificat de service; **–zulage** *f* indemnité de fonctions.

Dietrich *m* fausse clé *f*, crochet *m*, rossignol *m*, (clé) passe-partout.

Diffamation *f*, **Diffamierung** *f* *(StR: Verleumdung, Verbreitung übler Nachrede)* diffamation *f*.

diffamatorisch, diffamierend *adj* *(StR: ehrenrührig, verleumderisch)* diffamatoire.

diffamieren diffamer, calomnier, discréditer.

Differential|preise *pl* prix *mpl* différentiels; **–rente** *f* rente différentielle; **–tarif** *m* tarif *m* différentiel; **–zölle** *pl* tarif différentiel, droits *mpl* différentiels.

Differenz *f* (1) *(Unterschied)* différence *f*, déficit *m*, (2) *(Meinungsverschiedenheit)* différend *m*, divergence *f* d'opinion.

Differenz|betrag *m* différence *f* (entre deux sommes); **–geschäft** *n* marché *m* à découvert, opération à terme; **–handel** *m* opérations à terme.

Differenzierung *f* différenciation.

Diktat *n (Pol)* décision autoritaire et arbitraire, ukase *m*.

Diktatur *f* dictature *f*; **–regierung** *f* gouvernement *m* dictatorial; **–staat** *m* État *m* dictatorial.

dilatorisch *adj* dilatoire; **–e Einrede** *(ZPR)* exception *f* dilatoire.

dinglich *adj* réel; **–er Anspruch** revendication réelle; **–er Arrest** saisie *f* réelle; **–er Gerichtsstand** compétence juridictionnelle en matière d'actions réelles; **–es Recht** droit réel.

Diözese *f (KirchR)* diocèse *m*, circonscription sous l'autorité d'un évêque.

Diplom *n* diplôme *m*, certificat *m*; **ein – erteilen** conférer un diplôme à qqn.

Diplomat *m (VR)* diplomate *m*, représentant diplomatique.

Diplomaten|ausweis *m* laisser-passer *m*, sauf-conduit *m* diplomatique; **–gepäck** *n* valise *f* diplomatique; **–paß** *m* passeport *m* diplomatique; **–sichtvermerk** *m* visa *m* diplomatique.

diplomatisch *adj* diplomatique; **–e Beziehungen** relations diplomatiques; **–e Vertretung** représentation diplomatique; **–es Asyl** asile diplomatique; **–es Korps** corps diplomatique (= CD).

Diplom|betriebswirt *m* diplômé *m* (universitaire) d'études supérieures de gestion d'entreprise; **–dolmetscher** *m* interprète *m* diplômé; **–inhaber** *m* diplômé *m*, titulaire *m* d'un diplôme, porteur *m* d'un diplôme (L); **–kaufmann** *m* diplômé *m* (universitaire) d'études supérieures de gestion commerciale; **–landwirt** *m* ingénieur *m* agronome; **–volkswirt** diplômé *m* (universitaire) d'études économiques.

direkt *adj* direct, immédiat, sans intermédiaire; **–e Steuern** impôts *mpl* directs.

Direkt|absatz *m* vente directe; **–bezieher** *m* client *m* direct; **–inkasso** *n* encaissement *m* direct.

Direktions|assistent *m* assistent *ou* secrétaire de direction; **–ausschuß** *m* comité directeur, comité *m* de direction; **–bevollmächtigter** *m* délégué *m* du comité directeur; **–mitglied** *n* membre du directoire; **–recht** *(des Arbeitgebers)* pouvoir *m* de direction.

Direktive *f* directive *f*, consigne *f*, instruction *f*, ordre *m*.

Direktklage *f* action *f* directe du tiers contre l'assurance.

Direktmandat *n (StaatsR)* mandat *m* (législatif) direct.

Direktor *m* directeur *m*, administrateur *m*, chef *m*, patron *m*, président *m*; **stellvertretender –** sous-directeur *m*, directeur adjoint.

Direktorium *n (GesR)* directoire *m*, conseil *m ou* comité *m* de direction.

Direkt|sendung *f* (émission) en direct; **–versicherung** *f* assurance-vie *f* conclue par le chef d'entreprise en faveur du salarié; **–wahl** *f* suffrage *m* universel direct.

Dirigismus *m (Vwirt)* économie dirigée, dirigisme.

dirigistische Maßnahme intervention directe *ou* indirecte (sur la vie économique).

Dirne *f* prostituée *f*, personne *f* se livrant à la prostitution, femme de mauvaise vie, professionnelle *f*; **–nwohnheim** *n* maison *f* de tolérance, hôtel *ou* maison meublée où une ou plusieurs personnes se livrent à la prostitution.

Disagio *n (BankR: Abschlag)* perte *f*, disagio *m*.

Discount *m* ristourne *f*, rabais sur le prix; **–geschäft** *n* magasin *m* discompte *ou* à grande surface en libre service; **–verkauf** *m* vente *f* à prix discompté.

Diskette *f (DV)* disque *m* souple, disquette *f*.

Diskont *m* (1) *(WechselR)* escompte *m*, (2) *(kurz für: Diskontsatz)* taux *m* d'escompte.

Diskont|abrechnung *f* bordereau *m* d'escompte; **–arbitrage** *f* arbitrage sur les taux d'escompte; **–bank** *f* banque d'escompte; **–berechnung vom Nominalwert** escompte *m* commercial, escompte en dehors; **–berechnung vom Tageswert** escompte en dedans, escompte rationnel.

Diskonten *pl (BankR)* effets escomptés; traites *fpl ou* lettres de change en circulation (dans un pays, à un moment donné); **Hereingabe von –, Hereinnahme von –** remise à l'escompte.

diskontfähig *adj* escomptable.

Diskont|fähigkeit *f* escomptabilité *f*; **–geber** *m* escompteur *m*; **–geschäft** *n* opération *f* d'escompte; **–kredit** *m* crédit *m* d'escompte; **–makler** *m* courtier *m* en matière d'escompte d'effets; **–markt** *m* marché de l'escompte; **–note** *f* bordereau *m* d'escompte.

diskontieren escompter.

Diskontierung *f* (1) escompte *m*, (2) escompte de commission, précompte *m* sur échéances subséquentes, (3) *(bei Zentralbank)* réescompte.

Diskont|plafond *m* plafond d'escompte; **–politik** *f* politique de l'escompte; **–portefeuille** *n* portefeuille d'escompte; **–provision** *f* commission d'escompte; **–rechnung** *f* bordereau *m* d'escompte; **–risiko** *n* risques *mpl* d'escompte; **–satz** *m* taux *m* d'escompte.

Diskont|spesen *pl* frais d'escompte; **–wechsel** *m* effet à l'escompte.

Diskrepanz *f* divergence *f*.

Diskretion *f* (1) *(Zurückhaltung)* réserve *f*, tact *m*, (2) *(Verschwiegenheit)* discrétion, secret professionnel.

diskriminierende Maßnahme *(HR)* mesure *f* discriminatoire.

Diskriminierung *f* (= unterschiedliche Behandlung) discrimination *f*, ségrégation *f*.

Diskriminierungsverbot *n* interdiction de la discrimination.

Diskussion *f* (1) *(Erörterung)* discussion *f*, conversation *f*, débat *m* contradictoire, examen *m*, délibération, échange *m* d'idées, (2) *(Meinungsverschiedenheit)* altercation *f*, échange *m* de propos vifs, contestation *f*, controverse *f*, différend *m*; **–sgegenstand** *m*, **–sgrundlage** *f* sujet des débats; **–steilnehmer** *m* participant *m* au débat.

Dispache *f (SeeHR: Schadensberechnung u. –verteilung)* dispache *f*; **–hafen** *m* port d'établissement de la dispache.

Dispacher *m (= Sachverständiger für Sachschadensberechnungen)* dispacheur *m*.

Disparität *f (= Ungleichheit)* disparité *f*.

Dispens *m (VwR: Ausnahmebewilligung)* dispense *f*; **–erteilung** *f* octroi *m* d'une dispense; **–recht** *n* droit d'accorder une dérogation, droit de dispense.

Dispensationsrecht *n*, **Dispensierungsrecht** droit de dispense.

Display *n* (1) *(Werbung)* support *m* publicitaire, présentation de la marchandise (en vitrine), (2) *(DV)* écran *m* de visualisation; édition.

Disponent *m (HR)* gérant *m* (salarié).

Disposition *f* (1) *(Verfügung)* aliénation, cession, (2) *(Gliederung)* disposition, répartition, ordre *m*.

dispositionsfähig *adj* capable *adj* de disposer *ou* d'aliéner un droit.

Dispositions|fonds *m*, **–gelder** *npl (HaushR)* fonds *mpl* disponibles; **–maxime** *f (ZPR: Verfügungsgrundsatz)* principe dispositif, liberté des parties de mettre fin à l'instance (par accord *ou* décision unilatérale); **–kredit** *m (BankR)* avance *f* à découvert; **–papier** *n* titre *m* transmissible.

Dispositiv *n* (S) dispositif *m*; **–bestimmung** *f* disposition *f* à laquelle on peut déroger; **–urkunde** *f* acte juridique fixant la volonté des parties au contrat.

dispositiv *adj* (= nachgiebig) facultatif *adj*, non impératif; **–es Recht** disposition légale supplétive, loi dispositive *ou* à caractère indicatif.

Disqualifikation *f*, **Disqualifizierung** *f* (= Ausschluß) disqualification *f*.
disqualifizieren disqualifier, discréditer, déshonorer.
dissenting opinion *(PrzR)* avis dissident (d'un juge dans la délibération).
Dissens *m* (1) *(Meinungsverschiedenheit)* dissentiment *m*, désaccord *m*, dissension, (2) *(bei Willenserklärungen)* défaut *m* de consentement; **offener –** volonté juridique lacunaire *ou* imparfaite; **versteckter –** absence de consentement réel sur certains points du contenu du contrat.
Dissertation *f* thèse *f* de doctorat.
Dissident *m* (= Andersdenkender) dissident *m*.
dissimuliertes Geschäft acte occulte *ou* dissimulé.
Distanz *f* (1) *(Abstand)* distance *f*, espacement *m*, (2) *(Zurückhaltung)* réserve.
distanzieren: sich – se désolidariser.
Distanz|delikt *n (StR)* délit *m* dans lequel le résultat se produit dans un lieu autre que celui où il est commis; **–geschäft** *n (HR)* vente d'une marchandise dans un lieu autre que celui où elle se trouve; **–scheck** *m* chèque *m* déplacé, chèque indirect, chèque de place à place; **–wechsel** *m* effet *m* domicilié
Disziplin *f* discipline *f*.
Disziplinar|anwalt *m* (Aut) représentant de l'accusation devant un conseil de discipline; **–anzeige** *f* demande de poursuites disciplinaires; **–aufsicht** *f* contrôle *m* disciplinaire; **–ausschuß** *m* conseil de discipline; **–befugnis** *f* pouvoir *m* disciplinaire, attributions *fpl* disciplinaires; **–behandlung** *f* régime disciplinaire; **–behörde** *f* autorité qui exerce le pouvoir disciplinaire; **–beschwerde** *f* recours *m* en matière disciplinaire; **–bestrafung** *f* peine *f* *ou* punition *f* disciplinaire; **–entscheid** *m* décision *f* disciplinaire; **–erkenntnis** *n* (Aut) décision disciplinaire.
Disziplinargericht *n* tribunal *m* *ou* juridiction *f* disciplinaire, conseil *m* disciplinaire; **– der Universität** juridiction universitaire.
Disziplinargerichtsbarkeit juridiction disciplinaire.
Disziplinar|gewalt *f* pouvoir *m* disciplinaire *ou* hiérarchique; **–instanz** *f* (S) autorité *f* disciplinaire (S).
disziplinarisch (1) *adj* disciplinaire, (2) *adv* disciplinairement.
Disziplinar|kammer *f* conseil de discipline, conseil *m* disciplinaire, chambre *f* de discipline; **–maßnahme** *f* mesure *f* disciplinaire, sanction *f* disciplinaire; **–ordnung** *f* règlement *m* disciplinaire, code *m* disciplinaire, règlement de discipline (B-L); **–recht** *n* régime *m* *ou* droit disciplinaire; **–richter** *m* juge en matière disciplinaire; **–sache** *f* affaire *f* disciplinaire; **in –sachen entscheiden** statuer disciplinairement; **–rat** *m*, **–senat** *m* conseil de discipline, conseil *m* disciplinaire; **–strafe** *f* sanction *f* disciplinaire.
Disziplinarstraf|gewalt *f* pouvoir *m* disciplinaire; **–haft** *f* détention *f* disciplinaire; **–ordnung** *f* règlement *m* disciplinaire *ou* de discipline (B-L); **–tatbestand** *m* faits *mpl* reprochés ; **–verfahren** *n* procédure *f* *ou* répression disciplinaire.
Disziplinar|übertretung faute *f* disciplinaire; **–untersuchung** *f* instruction *ou* enquête *f* disciplinaire (S); **–verfahren** *n* procédure *f* disciplinaire; **–verfolgung** *f* répression *f* disciplinaire, les poursuites; **–verfügung** *f* sanction *f* disciplinaire; **–vergehen** *n* infraction *f* disciplinaire, infraction à la discipline, faute contre la discipline, faute de discipline, manquement à la discipline, faute *f* disciplinaire; **–vorgesetzter** *m* supérieur *m* hiérarchique, supérieur détenteur du pouvoir disciplinaire; **–vorschrift** *f* prescription, règle *f* disciplinaire; **–wesen** *n* régime *m* disciplinaire.
Divergenz *f* divergence *f*, désaccord *m*, différence *f*; **Außen–** décisions contradictoires entre deux ordres de juridiction; **Innen–** décisions

contradictoires à l'intérieur d'un ordre de juridiction; – **gerichtlicher Entscheidungen** décisions *fpl* judiciaires contradictoires (sur le fond); **–revision** *f* pourvoi *m* en cassation pour cause de décisions contradictoires.

Diversion *f (StR: Absehen von der Strafverfolgung)* abandon des poursuites.

Dividende *f* dividende *m*; **aufgelaufene –** dividende cumulé; **ausgeschüttete –** dividende distribué, dividende réparti *ou* alloué; **fällige –** dividende échu; **halbjährige –** dividende semestriel; **rückständige –** dividende arriéré; **eine – ausschütten** distribuer *ou* répartir un dividende; **keine – ausschütten** passer le dividende; **eine – erhalten** toucher *ou* percevoir un dividende.

Dividenden|abschnitt *m* coupon *m* de dividende; **–anrechnung** *f* participation *f* venant en déduction de la prime; **–anspruch** *m* droit au dividende; **–ausschüttung** *f* répartition *ou* distribution de dividende; **–berechtigung** *f* droit au dividende; **–erklärung** *f* déclaration *ou* annonce de dividende; **–festsetzung** *f* fixation des dividendes à verser; **–garantie** *f* dividende garanti; **–gewinnabgabe** *f* taxe sur le revenu des valeurs mobilières; **–papier** *n* valeur à dividende.

dividendenreif *adj* qui est sur le point de distribuer un dividende.

Dividenden|reserve *f*, **–rücklage** *f* réserve pour versement de dividendes.

Dividendenschein *m* coupon de dividende, coupon; **–bogen** *m* feuille de coupons; **–verteilung** *f*, **–zahlung** *f* distribution des dividendes.

Dock *m* bassin *m*, dock *m*; **–empfangsschein** *m* récépissé de dock.

Doktor *m* **der Rechte** docteur en droit.

Doktorarbeit *f* thèse *f* de doctorat.

Doktor|grad *m*, **–titel** *m*; **–würde** *f* doctorat *m*.

Doktorprüfung *f* soutenance *f* de thèse; **die – bestehen** soutenir (avec succès) une thèse de doctorat.

Dokument *n* document *m*, acte *m*; (au pluriel Aut): papiers d'identité.

Dokumente gegen Akzept remise contre acceptation de la traite; **– gegen Kasse** *od.* **Kasse gegen Dokumente** au comptant contre (remise *f* des) documents.

Dokumenten|akkreditiv *n* crédit *m* documentaire; **–kauf** *m* vente *f* sur documents; **–tratte** *f* traite *f* documentaire.

Dolenbeitrag *m* taxe de déversement à l'égoût.

Dollar|abfluß *m* demande *f* de dollars; **–anleihe** *f* emprunt *m* libellé en dollars; **–ausgaben** *pl* dépenses *fpl* en dollars; **–bestände** *mpl* réserves en dollars; **–defizit** *n* déficit en dollars; **–guthaben** *n* avoir *m* en dollars; **–klausel** clause *f* de paiement en dollars; **–kurs** cours *m* du dollar; **–land** *n* pays de la zone dollar; **–lücke** *f* déficit en dollars; **–parität** *f* parité du dollar.

Dolmetscher *m* interprète *m*; **gerichtlich beeideter** *od.* **vereidigter –** interprète assermenté, interprète juré auprès d'un tribunal.

dolus *m (lat)* (1) *(Strafrecht: Vorsatz)* intention *f* coupable, dol *m* général, (2) *(Zivilrecht: arglistige Täuschung)* dol *m*, manœuvre *f* frauduleuse, comportement malhonnête; **– eventualis** dol éventuel; **– generalis** *(StR)* dol général.

Domäne *f* (1) *(VwR: Staatsgut)* domaine public; bien domanial, bien d'une personne publique, (2) *(Fachbereich)* domaine, spécialité, ressort.

Domänenpacht *f* bail *m* domanial.

Domanial|einkünfte *pl*, **–einnahmen** *pl* recettes *fpl* domaniales.

Domizil *n* (= Wohnsitz) domicile *m*.

domizilieren *(WechselR)* domicilier.

Domizilierung *f* domiciliation *f*.

Domizilierungs|bank *f* banque *f* domiciliataire; **–vermerk** *m* visa *m* de domiciliation.

Domizil|provision *f* commission de domiciliation; **–recht** *n* loi du domicile; **–wahl** *f* élection de domicile.

Domizilwechsel *m* effet *m* domicilié; **echter** – effet domicilié (domicile du tiré non situé au lieu du paiement); **unechter** – effet domicilié (domicile du tiré situé au lieu du paiement).

Domizilzertifikat *n* (S) certificat *ou* attestation de domicile.

Dont|geschäft *n* opération à prime; **–prämie** *f* prime *f*.

Doping *n* dopage *m*.

Doppel *n* double *m*, duplicata *m*; **–agent** *m* agent double; **–arbeit** *f* double emploi; **–belastung** *f* double charge *f*, double imposition; **–beratung** *f* double délibération.

Doppelbesteuerung *f* double imposition *f*; **–sabkommen** *n* convention relative à la double imposition.

Doppelbestrafung *f*: **Verbot der** – principe ›ne bis in idem‹.

Doppel|buchführung *f* comptabilité en partie double; **–bürger** *m* (S) sujet *m* mixte, double national *m* (S); **–bürgerschaft** *f* (Aut) double nationalité *f*; **–deutigkeit** *f* ambiguïté *f*; **–ehe** *f* bigamie *f*, mariage *m* bigame; **–funktion** *f* dédoublement *m* fonctionnel; **–gesellschaft** *f* société composée en général d'une société civile à laquelle s'adjoint une société de capitaux dont le but consiste à effectuer certaines activités économiques pour le compte de la société de base; **–grenzstein** *m* borne *f* frontière jumelle; **–mandat** *n* cumul de deux mandats, double mandat *m*; **–name** *m* nom *m* composé de deux éléments (nom de famille associé des deux époux, de l'adoptant et de l'adopté); **–staater** *m* sujet *m* mixte; **–staatsangehörigkeit** *f*, **–staatsbürgerschaft** *f* (Aut) double allégeance, double nationalité; **–tarif** *m* tarif *m* double; **–verdiener** *m* (1) personne qui touche deux salaires (2) *pej* cumulards *mpl*, ménage qui touche deux salaires par suite de l'activité professionnelle des deux époux; **–verkauf** *m* vente (simultanée) à deux personnes; **–vermietung** *f* location simultanée à deux personnes; **–versicherung** *f* double assurance, cumul d'assurance; **–währung** *f* bimétallisme *m*, pluralité *f* monétaire; **–waise** *f* orphelin *m* de père et de mère; **–wohnsitz** *m* domicile *m* dédoublé en un domicile fiscal et administratif et un lieu d'établissement principal.

Doppik *f* (Aut) comptabilité en partie double.

Dosis *f (UmweltR):* **höchstzulässige** – dose *f* maximale tolérée *ou* (légalement) admissible.

Dossier *n (VwR: umfänglichere Akte)* dossier *m*, affaire *f*.

Dotal|gelder *pl* deniers *mpl* dotaux; **–system** *n* régime *m* dotal.

Dotation *f (FinanzW: Zuwendung)* dotation *f*; **–skapital** *n* capital de dotation.

Dotierung *f* (1) *(Ausstattung mit Vermögenswerten)* dotation *f*, (2) *(Gehalt)* rémunération.

Doyen des Diplomatischen Korps doyen du corps diplomatique.

Drahtüberweisung *f* virement *m* télégraphique.

Draufgabe *f*, **Draufgeld** *n* dédit *m*, arrhes *fpl*.

Drawback *m* (= Zollrückvergütung) drawback *m*.

Dreieck|geschäft *n* opération *f* triangulaire; **–kurs** *m* cours *m* triangulaire; **–sverkehr** *m* trafic *m* triangulaire.

Dreierentente *f* Triple Entente *f*.

dreigliedrig *adj* triparti, tripartite.

Dreimeilenzone *f* mer territoriale (d'une largeur) de trois milles.

Dreimonats|einrede *f (ErbR)* exception dilatoire de trois mois; **–wechsel** *m* effet à trois mois.

Dreiparteien-Übereinkommen *n* accord *m* tripartite.

Dreiteilung *f* **der Gewalten** distinction *f* de trois pouvoirs (à l'intérieur de l'Etat: pouvoir législatif, exécutif et judiciaire); – **der Straftaten** distinction légale tripartite: crimes – délits – contraventions.

Dreizeugentestament *n* testament *m* privilégié reçu par trois témoins.

Drillingsgrenzstein *m*, **Drillingstein** *m* borne *f* trijumelle.

dringend *adj* (1) *(eilig)* urgent, pressant, (2) *(nachdrücklich)* insistant, impératif.

dringlich *adj* urgent, pressant; sans délai, sur le champ.

Dringlicherklärung *f* (S) déclaration d'urgence.

Dringlichkeit *f* urgence *f*.

Dringlichkeits|antrag *m* requête *f* urgente, demande *f* en référé; **–bescheinigung** *f* visa *m* d'urgence; **–grad** *m* degré *m* d'urgence; **–klausel** *f* clause d'urgence; **–verfahren** *n* procédure *f* en cas d'urgence, procédure en référé; **–vorlage** *f* demande *f* dans un cas qui requiert célérité.

Dritt|anspruch *m* demande du tiers intervenant; **–ausfertigung** *f* (1) troisième expédition *f*, triplicata *m*, (2) troisième de change, triplicata de change; **–berechtigter** *m* tiers *m* ayant droit, tiers bénéficiaire.

Dritte(r) *m* tiers *m*, tierce personne *f*; **begünstigter –** tiers bénéficiaire; **geschädigter –** tiers lésé.

Drittelerneuerung *f* renouvellement par tiers.

Dritt|erwerber *m* tiers acquéreur; **–gläubiger** *m* tiers *m* créancier; **–haftpflichtversicherung** *f* assurance *f* (aviation) responsabilité civile tiers; **–kontrahent** *m* tiers contractant; **–land** *n* pays tiers; **–mittel** *npl* fonds *mpl* fournis par un tiers; **–schaden** *m* dommage subi par répercussion, dommage aux tiers, dommage par ricochet, préjudice indirect; **–schadensliquidation** *f* action exercée contre un cocontractant par une partie qui a agi pour le compte d'un tiers (en vue d'obtenir l'indemnisation des dommages subis par ce dernier).

Drittschuldner *m* tiers *m* saisi, tiers *m* débiteur; **–klage** *f* action *f* indirecte, action oblique, action subrogatoire; **–verbot** *n* (Aut) exploit de saisie-arrêt.

Dritt|staat *m* État *m* tiers; **–verbot** *n* défense faite au débiteur de payer son créancier (celui-ci étant lui-même débiteur d'un tiers); **–verpflichtete(r)** *m* tiers obligé; **–verwahrung** *f* dépôt *m* en mains tierces.

Drittwiderspruch *m* tierce opposition.

Drittwiderspruchs|klage *f* *(ZPR)* tierce opposition *f* (principale); **–kläger** *m* tiers *m* opposant.

Drittwirksamkeit *f* opposabilité *f* (à un tiers).

Drittwirkung *f* effet à l'égard des tiers.

Drogen *fpl* (produits) stupéfiants *mpl*, drogues illicites; **–abhängigkeit** *f* dépendance *f*; **–konsum** *m* usage *m* de drogues; **–mißbrauch** *m* abus *m* toxico-maniaque; **–sucht** *f* toxicomanie *f*, assuétude *f*; **–süchtige(r)** *m* toxicomane; **–verkauf** *m* (*od.* **–handel**) trafic *m* de stupéfiants.

Drohbrief *m* lettre *f* de menace *ou* comminatoire.

drohen menacer, avertir que.

Drohung *f* (1) *(StrR)* menace *f*, acte d'intimidation, (2) *(i. w. S.)* avertissement; parole comminatoire; intimidation; **gefährliche –** menace grave; **versteckte –** menace sous-jacente; **widerrechtliche –** menace constitutive d'un délit; **– mit Gefahr für Leib und Leben** acte d'intimidation consistant à inspirer (à une autre personne) la crainte d'un mal (projeté contre sa personne).

Droschke *f* taxi *m*; **Kraft–nführer** chauffeur *m* de taxi.

Druck *m* (1) *(Zwang)* pression, contrainte *f*, coercition, (2) impression *f* typographique, publication; tirage; **–auftrag** *m* ordre d'imprimer; **–fähig** *adj* prêt à être imprimé; **–fehler** *m* erratum *m*.

Drückeberger *m (ArbR, pej)* tire-au-flanc *m*.

Drucker *m* (1) imprimeur *m*; ouvrier *m* typographe, (2) *(DV)* imprimante *f*.

Druckerei *f* imprimerie *f*.

Druck|genehmigung *f* autorisation d'imprimer; **–kosten** frais d'impression; **–legung** *f* édition, impression; **–mittel** *fig* moyen de pression; **–presse** *f* presse; **–reif** *adj* bon à tirer.

Drucksache *f* imprimé *m*; **geschäftliche –** imprimé commercial; **gewöhnliche –** *(UPU)* imprimé ordinaire.

Druckschrift *f* prospectus *m*, imprimé; document *m* (sur un produit); **periodische –** périodique *m*, écrit *m* périodique.

Druckwerk *n* publication.

Dubiosenreserven *pl* provision pour créances douteuses.

Duell *n* (= Zweikampf) duel *m*; **zum – fordern** provoquer en duel.

Duellant *m* duelliste *m*.

duellieren, sich – se battre en duel.

dulden tolérer, accepter, admettre.

Duldung *f* tolérance *f*, indulgence *f*; acquiescement.

Duldungs|klage *f* action ayant pour but de faire tolérer quelque chose; **–pflicht** *f* obligation de tolérer; **–titel** *m (ZwangsVR)* obligation énoncée par un jugement de laisser procéder à une exécution forcée; **–vollmacht** *f* mandat *m* implicite.

Dumping *n (HR: Verkauf zu Schleuderpreisen)* dumping *m*; **–preis** *m* prix de dumping; **–spanne** *f* marge de dumping.

Düngemittel *npl (UmweltR)* matières *fpl* fertilisantes, engrais *mpl*, supports *mpl* de culture.

Dunkel|arrest *m (MilR)* cachot *m*; **–haft** cachot *m*; **–heit** *f* obscurité *f*; **–ziffer** *f* chiffre *m* noir; pourcentage de cas non élucidés.

Duplik *f (PrzR)* duplique *f*.

Durchbeförderung *f* transport *m* en transit.

Durchfahrt *f* passage *m*; transit *m*; **– verboten** passage interdit.

Durchfahrts|bewilligung *f* autorisation de transit; **–straße** *f (StVR)* route *f* à grande circulation; **–recht** *n* droit de passage.

Durchforschung *f* recherche *f*, investigation, enquête *f*.

Durchfrachtkonnossement *n (SeeHR)* connaissement *m* direct.

Durchfuhr *f* passage *m* en transit; **– von Waren** transit *m*; **–abfertigung** *f* (S) dédouanement en transit; **–abgabe** *f* taxe de transit; **–beschränkung** *f* restriction de transit; **–bewilligung** *f* permis de transit.

durchführen exécuter, mettre à exécution *ou* en application.

Durchfuhr|fracht *f* fret de transit; **–gepäck** *n* colis en transit, paquet *ou* bagage en transit; **–handel** *m* commerce de transit; **–land** *n* pays *m* de transit; **–schein** *m* passavant *m*; **–tarif** *m* tarif de transit.

Durchführung *f* exécution *f*, réalisation, mise *f* en pratique; **zur – kommen** *od.* **gelangen** être en application.

Durchführungs|abkommen *n (VerfR)* convention *ou* accord d'application, convention d'exécution; **–anordnung** *f* arrêté *ou* texte d'application, détails d'application *ou* d'exécution, modalité d'application; **–bestimmung** *f* modalité d'application *ou* d'exécution, disposition prise pour l'application de ...; **–erlaß** *m* (Aut) arrêté d'application; **–gesetz** *n* loi d'exécution, loi prise en application de ...; **–maßnahme** *f* mesure d'exécution; **–verordnung** *f* (ältere Bezeichnung für: **Verwaltungsdurchführungsvorschrift**) décret *m* d'application; **–vertrag** *m* convention de réalisation; **–vorschrift** *f* règlement *m* administratif, circulaire *f*, instruction *f* de service, mesure *f* d'ordre intérieur.

Durchfuhr|verbot *n* interdiction de transiter; **–verkehr** *m* trafic en transit; **–zölle** *pl* droit de transit.

Durchgang *m* (1) *(Gesetzesvorlage)* lecture *f*, débat *m*, discussion *f*, (2) *(Waren)* transit *m*, (3) passage *m*, **offener –** transit à découvert.

Durchgangs|abkommen *n* convention de transit; **–arzt** *m* médecin (du travail) chargé des enquêtes après accident du travail; **–beförderung** *f* acheminement en transit; **–bescheinigung** *f* certificat de passage *ou* de transit; **–erwerb** *m* acquisition (d'un bien) d'un non-propriétaire; **–gebühr** *f* taxe de transit; **–gebührenanteil** *m* quote-part territoriale de transit; **–gefangene(r)** *m* détenu en cours de transit; **–kommissionär** *m* transitaire *m*; **–kosten** *pl* frais de transit; **–lager** *n* camp de transit; **–land** *n* pays de transit, pays *m* transitaire; **–reisende(r)** *m* voyageur *m* en transit.

Durchgangsverkehr *m* trafic *m* en transit; **internationaler –** transit international *m*; **privilegierter –** trafic *m* privilégié.

Durchgangs|verwaltung *f* (UPU) administration de transit; **–ware** *f* marchandise en transit; **–wertsendung** *f* (UPU) transit d'envois avec valeur déclarée; **–zölle** *pl* droits de transit; **–zollstelle** *f* bureau de douane de passage.

Durchgriff *m* emprise *f*, mainmise *f* directe.

Durchgriffshaftung *f* responsabilité personnelle des actionnaires d'une société de capitaux.

Durchkonnossement *n* connaissement *m* direct.

Durchlaß *m* ouverture *f*, vue *f*; passage *m*; **ungehinderter –** libre passage *m*; **–schein** *m* laissez-passer *m*.

Durchlaufposten *m* compte d'ordre.

Durchleitung *f (VwR)* servitude administrative de passage des lignes électriques.

Durchlieferung *f* transfèrement *m* par voie de transit.

Durchlieferungsersuchen *n (StR)* demande de transit (pour une personne extradée).

Durchreise *f* transit *m*, voyage en transit; **–erlaubnis, –genehmigung** *f* permis de transit; **–land** *n* pays de transit, pays transitaire *m*; **–sichtvermerk** *m*, **–visum** *n* visa de transit.

Durchreisende(r) *m* voyageur *m* en transit.

Durchschlag *m* copie *f*, double *m*; **–papier** *n* papier *m* pelure.

Durchschlagskraft *f fig* éfficacité *f*; pouvoir *m* de persuasion.

Durchschnitt *m*: **im –** en moyenne.

Durchschnitts|alter *n* âge *m* moyen; **–begabung** *f* intelligence moyenne; **–bildung** *f* niveau d'instruction moyen; **–bürger** *m* (allemand) moyen; **–einkommen** *n* revenu moyen; **–fachmann** *m* technicien représentatif; **–kurs** *m* cours moyen; **–lohn** *m* salaire moyen; **–preis** *m* prix *m* moyen; **charakteristische –probe** *f* échantillon *m* représentatif; **–qualität** *f* qualité *f* courante; **gewogener –satz** *m* taux *m* moyen pondéré; **–stundenlohn** *m* salaire horaire moyen; **–wert** *m* valeur *f* moyenne.

Durchschreibe|buchführung *f (Buchf)* comptabilité *f* par décalque *ou* par système duplicateur; **–papier** *m* papier *m* carbone.

durchsetzen poursuivre, réaliser, exécuter.

Durchsetzung *f* poursuite *f*, réalisation *f*, exécution *f*; **– eines Warenzeichens** acquisition de notoriété d'une marque.

Durchsicht *f*: **zur – vorlegen** soumettre pour appréciation critique *ou* révision; **nochmalige –** réexamen *m*.

durchstreichen biffer, rayer.

Durchstreichung *f (in Urkunden)* rature *f*, biffage *m*.

durchsuchen fouiller.

Durchsuchung *f (StPR)* visite *f*, perquisition *f*, fouille *f*; **körperliche –** fouille à corps, visite corporelle (S); **polizeiliche –** enquête policière, descente *f* de police; **– zur Nachtzeit** visite *f ou* perquisition pendant la nuit; **– der Wohnung** perquisition au domicile, visite domiciliaire.

Durchsuchungsrecht *n* droit *m* de perquisition, droit de visite domiciliaire, droit d'investigation.

Durchwahl *f (Telefon)* interurbain *m* automatique.

Durchzugsrecht *n* droit de faire passer des troupes à travers le territoire d'un autre État, droit d'étape.

dürftig *adj* insuffisant, médiocre.

Dürftigkeit *f* insuffisance *f*; **– des Nachlasses** insuffisance *f* du patrimoine du de cujus.

Dürftigkeitseinrede *f* exception *f* tirée de l'insuffisance de la masse successorale.

dynamische Gehälter *npl* salaires *mpl* indexés; **– Rente** *f* retraite *f* dynamique, pension indexée sur l'augmentation des salaires bruts des travailleurs actifs.

E

Ebbelinie *f* reflux *m*; **niedrigste –** laisse *f* de basse mer.

Ebenbild *m* image *f*, portrait *m*.

ebenbürtig *adj* égal (par la naissance).

Ebenbürtigkeit *f* égalité *f* de naissance *ou* de condition.

ebenda *adv* ibidem, au même endroit (d'un texte).

Ebene *f* niveau *m*, degré *m*, plan *m*; **auf betrieblicher –** au niveau de l'entreprise; **auf höchster –** à l'échelon le plus élevé.

echt *adj* authentique, véritable, non falsifié.

Echtheit *f* authenticité *f*, véracité *f*; **– einer Unterschrift** authenticité de la signature *ou* de l'auteur de l'acte; **– einer Urkunde** sincérité *f* d'un acte; **die – einer Urkunde bestreiten** s'inscrire en faux.

Echtheits|beweis *m* preuve *f* de l'authenticité; **–garantie** *f* garantie *f* d'authenticité; **–zeichen** *n* marque *f* d'authenticité.

Eck|daten *pl* données *fpl* de référence; **–lohn** *m* salaire *m* de référence *ou* conventionnel horaire (des ouvriers professionnels) *ou* de base; **–wert** *m* objectif *m* de référence; **–zins** *m* taux *m* de référence.

ECU (= European Currency Unit) unité *f* de compte, ECU.

Edelmetall *n* métal *m* précieux; **–lombard** *m* prêt sur métaux précieux.

Edel|steine *mpl* pierres *fpl* précieuses; **–valuta** *f* devise *f* appréciée.

Edikt *n* (Aut: *amtliche Anordnung)* communication *f* officielle, avis *m* officiel.

Ediktal|frist *f* (Aut) délai fixé par voie d'avis officiel; **–ladung** *f* (Aut) (1) invitation judiciaire à exercer certains droits dans un délai donné sous peine de déchéance, (2) citation en justice.

Edition *f* (1) *(Ausgabe von Büchern, Verlag)* édition *f*, (2) (en Aut aussi:) production (en justice); **– von Urkunden** (Aut) production de documents.

Editions|antrag *m* demande de production d'un document; **–eid** *m* serment du défendeur qui affirme ne pas avoir en sa possession un certain document; **–pflicht** *f* (1) *(PrzR)* obligation de présenter un document, (2) *(SachR)* obligation de présentation d'un meuble (que l'on détient en tant que possesseur précaire).

EDV *f* (= Elektronische Datenverarbeitung) informatique *f*, traitement *m* électronique des données; **– Anlage** *f* centre *m* d'informatique, ordinateur *m*, unité centrale.

Effekt *m* (1) *(Wirkung, Erfolg)* effet *m*, succès *m*, (2) *(Ergebnis)* produit *m*, utilité *f*.

Effekten *pl* **(s. Wertpapiere)** titres *mpl* négociables, effets *mpl*, valeurs *fpl* mobilières; **ausländische –** valeurs étrangères; **börsengängige –** valeurs boursières; **festverzinsliche –** titres à revenu fixe; **marktgängige –** valeurs négociables; **– abnehmen** lever des titres; **–abtei-**

lung *f* service *m* des titres; **–anlage** *f* placement en valeurs mobilières; **–arbitrage** *f* arbitrage sur titres; **–bank** *f* banque *f* d'affaires; **–berater** *m* conseiller *m* en placements *ou* analyste *m* financier; **–bestand** *m* portefeuille titres; **–börse** *f* bourse de valeurs; **–devise** *f* devise-titre *f*; **–geschäft** *n* opération sur effets; **–giroverkehr** *m* opérations de transfert de valeurs mobilières en dépôt; **–handel** *m* opérations *fpl* sur titres; **–händler** *m* courtier *m* en valeurs mobilières; **–inhaber** *m* porteur *m* (de titres); **–kommission** *f* ordre d'achat de titres; **–konto** *n* compte de titres; **–kredit** *m* avance sur titres, prêt sur titres; **–lieferung** *f* remise *f* des titres; **–lombard** *m* avance *ou* prêt sur titres; **–makler** *m* courtier en valeurs mobilières.

Effektenmarkt *m* marché *m* de valeurs; **offizieller –** marché officiel.

Effekten|portefeuille *n* portefeuille d'effets; **–scheck** *m* chèque de valeurs mobilières; **–spekulation** *f* spéculation sur les titres; **–umsatzsteuer** *f* droit de mutation (sur les valeurs mobilières); **–verkehr** *m* transaction *f ou* opération sur valeurs mobilières; **–verwahrung** *f* garde *f* de titres; **–verwaltung** *f* gestion *f* de titres; **–zinsenkonto** *n* compte *m* des intérêts des titres.

effektiv *adj* (1) *(tatsächlich)* réel, effectif, (2) *(wirksam)* actif, (3) *(lohnend)* rémunérateur.

Effektiv|geschäft *n* opération avec livraison immédiate; **–händler** *m* commerçant (non-spéculateur) *m*; **–klausel** *(ArbR)* clause *f* d'une convention collective stipulant la répercussion de l'augmentation du salaire conventionnel sur le salaire réel; **–vermerk** *m* clause de paiement effectif dans une monnaie étrangère; **–verzinsung** *f*, **–zinsen** *pl* intérêt *m* effectif.

Ehe *f* mariage *m*, union *f* légitime, lien *m* conjugal; **geschiedene –** mariage dissous par divorce; **morganatische –** mariage morganatique; **nicht vollzogene –** mariage blanc; **Vollziehung der –** consommation du mariage; **vollzogene –** mariage consommé; **wilde –** union libre, faux ménage, concubinage *m*; **in wilder –** maritalement *adv;* **zweifache –** (Aut) bigamie *f*; **eine – eingehen** contracter mariage.

eheähnliche Gemeinschaft *f* union *f* libre, cohabitation *ou* relation hors mariage, communauté de vie, union non-maritale, concubinage *m*.

Ehe|anbahnung *f* (1) préliminaires *mpl* du mariage, (2) courtage *m* matrimonial; **–anbahnungsinstitut** *n* agence *f* matrimoniale, *pej* marché des solitaires; **–anfechtbarkeit** *f* fait pour le mariage d'être annulable, irrégularité du mariage; **–aufgebot** *n* bans *mpl;* **–aufhebung** *f* dissolution *f* du mariage sans effets rétroactifs (pour des motifs existant au moment du mariage).

Eheaufhebungs|grund *m* cause de dissolution du mariage; **–klage** *f* action en dissolution du mariage.

Ehe|auflösung *f* dissolution du mariage.

Eheband *n* (Aut) lien *m* conjugal; **–verteidiger** *m* (Aut) défenseur du lien conjugal.

ehebedingte Zuwendung donation entre époux, donation faite à l'occasion *ou* au cours du mariage.

Ehe|betrug *m* dol en matière de mariage; **–brecher** *m* adultère *m*.

ehebrecherisch *adj* adultère *adj*.

Ehe|bruch *m* adultère *m*; **–delikt** *n* délit en matière de mariage, délit *m* matrimonial; **–dispens** *m* dispense en vue du mariage; **–einwilligung** *f* consentement au mariage; **–erschleichung** *f* obtention *f* du consentement (en matière de mariage) par artifices ou manœuvres dolosives.

ehefähig *adj* capable de se marier, nubile.

Ehe|fähigkeit *f* capacité de se marier, capacité *f* matrimoniale, nubilité *f*; **–fähigkeitszeugnis** *n* certificat *m* prénuptial, certificat de capacité matrimoniale (L), certificat de capacité de mariage (S); **–feststellungsklage** *f* action en constatation de l'existence du mariage; **–frau** *f* femme mariée, épouse *f*.

Ehegatte *m* époux *m*, mari *m*; *au pl* conjoints *mpl;* **alleiniges Vermögen** *n* **eines – -n** biens *mpl* propres d'un époux; **beklagter –** époux *m* défendeur; **geschiedener –** époux divorcé; **in Gütergemeinschaft lebender –** époux vivant sous le régime de la communauté; **schuldig geschiedener –** conjoint *m* aux torts duquel le divorce a été prononcé; **schuldlos geschiedener –** conjoint *m* qui a obtenu gain de cause (dans une procédure en divorce); **überlebender –** conjoint survivant.

Ehegatten|arbeitsvertrag *m* contrat de travail entre époux; **–besteuerung** imposition des époux (en tant que foyer fiscal); **–diebstahl** *m* vol domestique commis par l'époux *ou* l'épouse; **–erbrecht** *n* vocation héréditaire du conjoint survivant, droits *mpl* successoraux du conjoint; **–gesellschaft** *f* société (constitutée) entre époux; **–grundstück** *n* immeuble appartenant en commun aux époux; **–haftung** responsabilité (solidaire) des époux; **–testament** *n* testament conjoint *ou* rédigé au nom des deux époux; **–unterhalt** *m* devoir de secours, obligation alimentaire entre époux.

Ehe|gattin *f* femme *f*, épouse *f*; **-gemeinschaft** *f* union *f* régulière et conjugale; **–geschenk** *n* cadeau fait pendant le mariage; **–gesetz** *n* loi sur le mariage; **–güterrecht** *n* droit fixant les régimes matrimoniaux; **–herstellungsklage** *f* action en rétablissement de la communauté de vie; **–hindernis** *n* empêchement au mariage; **–leute** *pl* conjoints *mpl,* couple *m* (régulier *ou* conjugal).

ehelich *adj* légitime *adj*; **für – erklären** légitimer; **–e Abstammung** filiation légitime; **–e Gemeinschaft** vie *f* commune (des époux); **–es Güterrecht** législation *f* relative aux régimes matrimoniaux; **–e Lebensgemeinschaft** communauté *f* de vie (entre époux); **–e Pflichten** devoirs *mpl* respectifs des époux; **–er Vater** père *m* légitime; **–e Kinder** enfants *mpl* nés du mariage; **–e Wohnung** habitation *f* commune des époux.

Ehelicherklärung *f* légitimation *f*.

Ehelichkeit *f* légitimité *f*, statut *m* d'enfant légitime; **Anfechtung** *f* **der –** désaveu *m* de paternité.

Ehelichkeits|anfechtungsklage *f* action en désaveu de paternité *ou* en contestation de la paternité légitime; **–bestreitung** *f* (Aut) contestation de la légitimité; **–bestreitungsklage** *f* (Aut) action en désaveu de la paternité légitime; **–erklärung** *f* légitimation, reconnaissance de la paternité légitime; **–vermutung** *f* présomption établissant l'auteur de la génération, présomption de paternité.

ehelos *adj* célibataire, non marié.

Ehelosigkeit *f* célibat *m*.

Ehemakler *m* agent *m* matrimonial, intermédiaire *m* s'entremettant pour faciliter la conclusion du mariage.

Ehe|maklerlohn *m* courtage *m* matrimonial; **–mann** *m* époux *m*, mari *m*; **–mündigkeit** *f* âge *m* requis pour contracter mariage, capacité *f* de contracter mariage, majorité *f* matrimoniale; **–mündigkeitserklärung** *f* dispense *f* d'âge (pour le mariage); **–name** *m* nom *m* acquis par (le) mariage; **–nichtigkeit** *f* nullité du mariage; **–pakte** *pl* (Aut) contrat de mariage, pacte *m* matrimonial, convention matrimoniale; **–partner** *m* conjoint *m*; **–recht** *n* droit matrimonial *ou* du mariage; **–register** *n* (S) registre des mariages.

Ehesache *f* litige *m* en matière matrimoniale; **Verfahren** *n* **in –n** procédure *f* relative à l'existence *ou* à la dissolution du mariage.

Ehescheidung *f* divorce *m*; **einverständliche –** divorce par consentement mutuel; **die – aussprechen**

prononcer le divorce; **die – beantragen** demander le divorce **auf – erkennen** prononcer le divorce; – **wegen Zerrüttung der Ehe** divorce pour rupture de la vie commune, divorce constat d'échec.

Ehescheidungs|antrag *m* demande *f* en divorce; **–gesetz** *n* loi *f* sur le divorce; **–grund** *m* (1) cas d'ouverture (du divorce), (2) motif *m* de divorce, cause *f* du divorce; **–klage** *f* demande *f ou* action *f* en divorce, instance en divorce; **–prozeß** *m*, **–verfahren** *n* procédure *f* de divorce.

Eheschein *m* (S) certificat de mariage.

Eheschließung *f* (1) *(Rechtsakt)* conclusion *f* du mariage, (2) *(Trauung)* célébration *f* du mariage; **Beweis für die –** preuve *f* du mariage; **nachfolgende –** mariage subséquent; **standesamtliche –** mariage *m* civil, mariage devant l'officier de l'état civil; **– nach dem Tode** mariage *m* posthume.

Eheschließungs|häufigkeit *f* nuptialité *f*, taux de nuptialité; **–recht** *n* droit de contracter mariage; **–voraussetzungen** *fpl* conditions pour contracter un mariage valable.

Ehe|schuld *f* dette de la communauté; **–schutz** *m* protection de la vie familiale *ou* maritale.

Ehestand *m* possession d'état (d'époux), existence du mariage.

Ehestands|beihilfe *f* allocation au mariage; **–darlehen** *n*, **–hilfe** *f* prêt aidé aux jeunes mariés.

Ehe|störung *f* trouble de la vie conjugale provoqué par un tiers; **–streitigkeit** *f* litige *m* matrimonial; **–streitwert** *m* montant de la demande matrimoniale; **–tauglichkeit** *f* aptitude au mariage; **–tauglichkeitszeugnis** *n* certificat d'aptitude au mariage, certificat *m* prénuptial.

eheunmündig *adj* inapte *adj* au mariage.

Ehe|unmündigkeit *f* inaptitude *f* au mariage; **–verbot** *n* empêchement *m* au mariage, prohibition *f* du mariage; **–vereinbarung** *f* contrat *m* de mariage; **–verfahren** *n* (1) affaire matrimoniale, (2) procédure de divorce.

Eheverfehlung *f* violation *f* des obligations nées du mariage, faute *f*, atteinte au lien conjugal; **schwere –** violation grave des obligations nées du mariage.

Ehe|verkündigung *f* (S) bans *mpl*; **–verkündung** *f* (S) publication de mariage; **–vermittlung** *f* courtage *m* matrimonial; **–vermittlungsbüro** *n od.* **–institut** *n* agence *f* matrimoniale; **–versprechen** *n* promesse *f* de mariage; **–vertrag** *n* contrat de mariage, convention *f* matrimoniale, pacte matrimonial; **–widriges Verhalten** *n* faute *f* constituant une violation (grave) des devoirs du mariage; **–wirkungen** *fpl* effets *mpl* du mariage; **–wohnung** *f* domicile *m* conjugal; **–zeit** durée du lien conjugal; **–zerrüttung** *f* trouble *m* (irréparable) de la vie conjugale, faits *mpl* rendant intolérable le maintien de la vie commune, rupture *f* de la vie commune; **–zeuge** *m* témoin *m* du mariage.

Ehrbarkeit *f*, **kaufmännische –** honorabilité *f*.

Ehre *f* (1) *(Anerkennung)* honneur *m*, dignité *f*, estime *f*, respect *m* de soi-même, (2) *(Ansehen)* considération *f*, mérite *m*, honneur, (3) *(Unbescholtenheit)* honneur, irréprochabilité *f*, honorabilité *f*; **jm die – abschneiden** bafouer qqn, humilier, calomnier; **auf – und Gewissen beteuern** donner sa parole d'honneur; **der Wahrheit die – geben** dire la vérité.

Ehren|akzept *n* acceptation par intervention; **–amt** *n* fonction *ou* charge *f* honorifique.

ehrenamtlich *adj* honorifique; **–er Richter** juge *m* non-professionnel.

Ehren|annahme *f (Wechsel)* acceptation *f* par intervention; **–annehmer** *m* intervenant *m*; **–beamte(r)** *m* fonctionnaire non rétribué; **–be-**

leidigung (Aut) injure *f* grave, atteinte *f* à l'honneur, attaque *f* contre l'honneur.

Ehrenbürger *m* citoyen *m* d'honneur; **–brief** *m* diplôme de citoyen d'honneur; **–recht** *n* droit de citoyenneté d'honneur.

Ehren|doktor *m* docteur *m* honoris causa; **–eintritt** *m (Wechsel)* intervention *f*; **–erklärung** *f* déclaration sur l'honneur; **bürgerliche –fähigkeit** *f* (S) exercice des droits civiques.

Ehren|gericht *n* (1) *(Gerichtsbarkeit für freie Berufe)* Conseil *m* de discipline, juridiction disciplinaire professionnelle, (2) jury d'honneur.

ehrengerichtlich *adj* relatif à une juridiction (étatique) disciplinaire professionnelle *ou* à un conseil de discipline; **–e Ahndung** *f (RA)* poursuite *f* par le Conseil de discipline (des fautes commises par les avocats); **–e Strafe** peine *f* disciplinaire; **–es Verfahren** procédure *f* devant une juridiction disciplinaire.

Ehrengerichts|barkeit *f* juridiction disciplinaire professionnelle; **–hof** *m* conseil *m* de discipline, tribunal disciplinaire professionnel.

ehrenhalber *adv* à titre honorifique.

Ehren|kodex der Ärzte code de déontologie médicale; **–komitee** *n* comité d'honneur; **–kränkung** *f* injure *f*, offense *f*, humiliation, outrage *m*; **–legion** *f* (ordre de la) légion d'honneur; **–mitglied** *n* membre d'honneur, membre *m* honoraire; **–mitgliedschaft** *f* qualité de membre d'honneur; **–präsident** *m* président d'honneur; **–recht** *n* droit honorifique.

Ehrenrechte *pl*, **bürgerliche –** droits *mpl* civiques, droits et politiques (B); **Verlust der bürgerlichen –** déchéance *f* des droits civiques.

Ehren|sache *f* point *m* d'honneur; **–schuld** *f* (1) prêt *m* d'honneur, (2) dette *f* d'honneur, dette sur parole; **–schutz** *m* protection (juridique) de l'honneur); **–sold** *m* émoluments *mpl*; **–strafe** *f* peine *f* infamante; **–urkunde** *f* diplôme d'honneur; **–vorsitzer** *m*, **–vorsitzende(r)** président d'honneur.

Ehrenwort *n* parole *f* d'honneur; **sein – geben** donner *ou* engager sa parole d'honneur.

Ehren|zahler *m* payeur par intervention; **–zahlung** *f* paiement par intervention; **–zeichen** *n* décoration.

ehrloser Lebenswandel *m* conduite *f* indigne.

Ehr|verletzung *f* atteinte *f* à l'honneur; **–verlust** *m* déchéance *f* des droits civiques.

Eich|amt *n* bureau *m* (fédéral) des poids et mesures; **–beamte(r)** *m* vérificateur des poids et mesures.

eichen poinçonner, étalonner.

Eichen *n*, **Eichung** *f* (1) *(Geräte)* étalonnage *m*, poinçonnage *m*, (2) *(Schiff)* jaugeage *m*.

Eich|gebühr *f* taxe *f* de vérification; **–meister** *m* vérificateur des poids et mesures; **–ordnung** règles *fpl* relatives à l'étalonnage; **–schein** *m* certificat de jaugeage; **–stempel** *m* marque *f ou* poinçon de vérification, poinçon *m*; **–wesen** *n* science *f* et technique des mesures; métrologie *f*; **–zeichen** *n* poinçon.

Eid *m* (1) *(Bekräftigung zur Vergangenheit)* serment *m* affirmatif, assertoire *ou* attestatoire, (2) *(für zukünftiges Verhalten)* serment promissoire, (3) *(Zeuge)* serment de dire la vérité, (4) *(BeamR)* serment de remplir fidèlement sa mission; **an –es Statt** (affirmation) tenant lieu de serment, (déclaration) sur l'honneur; **außergerichtlicher –** serment extrajudiciaire, serment en dehors d'un procès; **gerichtlicher –** serment judiciaire; **falscher –** faux serment; **richterlich angeordneter –** serment supplétif *ou* supplétoire; **zugeschobener –** serment décisoire; **den – ablegen** prêter serment; **einen – abnehmen** recevoir un serment; **durch – bekräftigen** affirmer sous la foi du serment; **unter – aussagen** *od.* **bekunden** déposer sous la foi du serment; **von einem – entbinden**

dispenser de la prestation de serment; **den – leisten** prêter serment; **den – nachsprechen** répéter la formule du serment; jurer de dire la vérité, toute la vérité, rien que la vérité; **in – und Pflicht nehmen** (S) assermenter; **den – verweigern** refuser de prêter serment; **den – zuschieben** déférer le serment.

Eides|abnahme *f* réception du serment; **–belehrung** *f* avertissement sur la portée du serment; **–bruch** *m* violation du serment; **–delikt** *n* délit commis en matière de serment; **–fähigkeit** *f* capacité pour prêter serment; **–formel** *f* formule *f* de serment, teneur du serment.

eidesgleiche Bekräftigung affirmation solennelle assimilée à un serment.

Eidesleistung *f* prestation de serment; **zur – laden** déférer le serment, demander (à qqn) de prêter serment.

Eides|leistungsprotokoll *n* procès-verbal de prestation de serment; **–mündigkeit** *f* capacité pour prêter serment; **–norm** *f* teneur du serment; **–notstand** *m (StR)* situation dans laquelle se trouve une personne qui veut écarter d'elle ou de ses proches le risque de poursuites judiciaires; **–pflicht** *f* obligation de prêter serment.

eidesstättig *adj* (Aut), **eidesstattlich** *adj* tenant lieu de serment; **–e Versicherung** *(ZPR)* affirmation solennelle (concernant le patrimoine ou l'administration des biens) tenant lieu de serment; déclaration sur l'honneur du débiteur pour affirmer la sincérité de l'inventaire de son patrimoine (présenté au créancier).

Eides|unfähigkeit *f* déchéance prononcée par jugement de la capacité de prêter serment comme témoin *ou* expert; **–verweigerung** *f* refus de prêter serment; **–verweigerungsrecht** *n* droit de refuser de prêter serment; **–vormerk** *m* (Aut) liste des serments prêtés lors de procédures d'exécution; **–zuschiebung** *f* délation du serment.

Eidgenossenschaft *f*, **schweizerische –** Confédération suisse, Confédération *f* helvétique.

Eidleistung *f* prestation de serment.

eidlich aussagen *od* **bekräftigen** affirmer *ou* déclarer sous la foi du serment; **–e Vernehmung** le fait d'être entendu (comme témoin) avec l'obligation de prêter serment.

Eifer *m* zèle *m*, application, diligence *f*, empressement; **im – des Gefechts** dans un mouvement de colère, en se laissant emporter; par un geste inconsidéré.

eigen: mit –en Augen (sehen) de visu; **auf –e Gefahr** à ses (propres) risques et périls; **sein –er Herr sein** être indépendant; **zu –en Händen übergeben** remettre en main propre; **eine –e Meinung haben** avoir sa propre opinion; **ohne –es Vermögen** sans fortune personnelle.

Eigen|art *f* particularité *f*, caractéristique *f*; **–bedarf** *m* besoins *mpl* personnels.

Eigenbedarfs|klage *f (MietR)* action intentée par le propriétaire pour expulser le locataire du logement où il veut s'installer (lui même *ou* des membres de sa famille); **–kündigung** *f* congé donné par le propriétaire à son locataire en vue d'occuper lui-même son appartement.

Eigen|behalt *m (VersR)* plein *m* de conservation; **–besitz** *m* possession dans laquelle le détenteur possède une chose comme lui appartenant, possession pour son propre compte, possession à titre de propriétaire; **–besitzer** *m* possesseur pour son propre compte; **–betrieb** *m (VwR)* entreprise communale sans personnalité juridique propre, exploitation directe, régie *f* communale individualisée; **–betriebsgefahr** *f* risque inhérent à la conduite du véhicule endommagé et dont il est tenu compte lors du partage des dommages; **–deckung** *f* fait d'être son propre assureur; **–depot** *n* dépôt en mains propres; **–einnahmen** *pl* recettes *fpl* propres; **–erzeugung** *f* production *f* propre, production nationale; **–finanzierung** *f* autofinancement *m*.

Eigen|gebrauch *m* usage personnel, usage *m* propre; **–gefahr** *f* risque *m* personnel; **–geschäft** *n* *(HR: Kommission)* opération conclue en son nom propre; **–geschäftsführung** *f* gestion (d'affaires) dans son propre intérêt; **–gesellschaft** *f* société à capital public; **–gewässer** *pl* eaux *fpl* territoriales; **–gewicht** *n* tare *f*, poids à vide; **–handel** *m* commerce *m* à propre compte (le commerçant étant propriétaire des marchandises).

eigenhändig *adj* de sa propre main, autographe, olographe; **–es Testament** testament *m* olographe; **–e Unterzeichnung** signature *f* de la main (de l'intéressé).

Eigenhändler *m* commerçant *m* en nom propre, commissionnaire *m* contre-partiste.

Eigenheim *n* maison individuelle *ou* logement occupé par son propriétaire *ou* des membres de sa famille.

Eigen|herrschaft *f* autarcie *f*; **–interesse** *n* intérêt *m* propre; **–jagd** *f* chasse *f* privée; **–kapital** *n* (1) *(GesR)* capital *m* propre, (2) *(SachR)* apport *m* personnel; **–konto** *n* compte *m* personnel; **–macht** *f* (1) *(ÖfR)* arbitraire *m*, (2) *(SachR)* privation de la possession, trouble *m* dans la possession.

eigenmächtig *adj* arbitraire *adj*, arbitrairement *adv*, de par sa propre volonté; **–e Abwesenheit** *(MilR: von der Truppe)* absence *f* illégale.

Eigen|mittel *pl* fonds *mpl* propres; **–nutz** *m* *(StR)*: **strafbarer –nutz** gain *m* illicite; **–revier** *n* district non affermé.

Eigenschaft *f* (1) *(SchuldR)* qualité *f*, critère de valeur (d'une chose), caractéristique (d'une personne); caractère *m*, propriété *f*, (2) *(Stellung)* condition *f*; **in der – als** en sa qualité de, ès qualités; **rechtliche –** qualité juridique; **wesentliche –** qualité substantielle; **zugesicherte –** qualité promise.

Eigenschaftsirrtum *m* *(SchuldR)* erreur *f* sur la substance, erreur sur la nature spécifique (de la chose).

Eigentum *n* propriété *f* (privée), droit individuel de propriété; **– an beweglichen Sachen** propriété mobilière; **– an unbeweglichen Sachen** *f* propriété immobilière; **befriedetes –** propriété enclose; **geistiges –** *(UrhR)* droits *mpl* intellectuels, propriété intellectuelle, propriété littéraire et artistique; **gewerbliches –** propriété industrielle, monopole *m* d'exploitation, droit exclusif à l'usage d'un nom commercial *ou* d'une marque; **künstlerisches und literarisches –** propriété littéraire et artistique; **öffentliches –** domaine *m* public; **originäres –** propriété originaire; **persönliches –** propriété individuelle; **– auf Lebenszeit** propriété viagère.

Eigentümer *m* propriétaire *m*, titulaire *m* d'un droit de propriété; **rechtmäßiger –** propriétaire légitime; **unwiderruflicher –** propriétaire incommutable; **– auf Lebenszeit** propriétaire viager; **–grundschuld** *f* dette foncière inscrite au nom du propriétaire; **–hypothek** *f* hypothèque en faveur du propriétaire; **–wechsel** *m* changement de propriétaire.

Eigentümer-Besitzer-Verhältnis *n* lien juridique propriétaire – possesseur, rapports entre propriétaire et possesseur.

Eigentums|anforderung *f* *(VwR)* réquisition de propriété; **–aufgabe** *f* *(SachR)* abandon *m* de propriété, déréliction; **–ausübung** *f* exercice *m* du droit de propriété; **–beeinträchtigung** *f* trouble *m* de fait *ou* de droit (de la propriété); entrave *f* à l'exercice du droit de propriété; **–beschränkung** *f* limitation *f* de propriété, restriction à l'exercice de la propriété; **–delikte** *pl* infractions *fpl* contre les biens; **–enteignung** *f* expropriation *f*; **–entziehung** *f* éviction *f*; **–ersitzung** *f* prescription *f* acquisitive (des immeubles); **–erwerb** *m* (1) *(ZR)* acquisition de la propriété, (2) *(staatlich gefördert)* accession *f ou* accès *m* à la propriété; **–freiheitsanspruch** *m* droit du propriétaire d'être protégé contre tout trouble émanant d'un tiers; **–garantie** *f (VerfR)* garantie (constitutionnelle) du droit de propriété privée; **–gemeinschaft** *f* (Aut) indivision *f*; **–grenzzeichen** *n* signe *m* démarcatif de propriété; **–herausgabeanspruch** *m* demande en restitution faite par le propriétaire; **–klage** *f* action *f* pétitoire, action en revendication (de la propriété immobilière); **–nachweis** *m* certificat *m* de propriété.

Eigentumsrecht *n* (1) *(als Institution)* régime *m* de la propriété; (2) droit de propriété; **gewerbliches** – droit de propriété industrielle.

Eigentumsstörung *f* atteinte *f* à l'exercice du droit de propriété, trouble *m* du droit de propriété.

Eigentums|störungsklage *f* action exercée par le propriétaire en cas de troubles autres que l'usurpation *ou* la rétention de propriété; **–titel** *m* titre de propriété; **–übergang** *m* translation de propriété, changement de propriétaire, transmission *ou* transfert *m* de la propriété; **–übertragung** *f* transmission *ou* transfert de propriété, tradition; **–umschreibung** *f* inscription du nouveau propriétaire dans le registre foncier; **–verletzung** *f* délit civil relatif au droit de propriété; **–verlust** *m* extinction *f* de la propriété; abandon *m* involontaire de la propriété; **–vermutung** *f* présomption de propriété; **–verwirkung** *f* perte du droit de propriété (par suite d'une prescription acquisitive); **–verzicht** *m* renonciation au droit de propriété.

Eigentumsvorbehalt *m* réserve *f* de propriété; **erweiterter** – réserve de propriété élargie (portant sur toutes les créances); **verlängerter** – réserve de propriété prolongée (portant sur le prix reçu en contrepartie de la marchandise faisant l'objet d'une clause réservant au vendeur la propriété), réserve de propriété prolongée portant sur la chose nouvelle créée par incorporation du meuble dont le propriétaire s'est réservé la propriété.

Eigentumsvorbehalts|klausel *f* clause *f* de réserve de propriété, clause suspendant le transfert de propriété jusqu'au paiement intégral du prix, clause réservant au vendeur la propriété jusqu'à l'entier paiement du prix; **–register** *n* (S) registre *m* de pactes de réserve de propriété (S).

Eigentums|wechsel *m* changement *m* de propriétaire, mutation *f* de propriété; **–wertgarantie** *f (VerfR)* garantie de la propriété quant à sa valeur (en cas d'expropriation).

Eigentumswohnung *f (Wohnungseigentum)* appartement *m* dans un immeuble collectif; immeuble d'habitation en copropriété; appartement *m* soumis au statut de la copropriété des maisons divisées par étages ou par appartements, appartement en copropriété, appartement soumis au régime de la copropriété, logement *m* sous le régime de la copropriété, copropriété par étages *ou* par appartements.

Eigen|urkunde *f (VwR)* acte officiel contenant une mesure *ou* décision administrative; **–verbrauch** *m* consommation personnelle, autoconsommation; **–vermögen** *n* fortune *f* personnelle, biens *mpl* personnels; **–versicherung** *f* propre assurance, auto-assurance *f*, self-assurance *f*; **–vorsorge** *f* prévoyance *f*; **–verwaltung** *f* administration *f* directe; **–wechsel** *m* billet *m* à ordre, billet à vue, billet de change (S).

eignen: sich – être adapté à, être capable de, avoir l'aptitude requise; **in geeigneter Form** dans les formes, selon les règles en usage;

geeignete Schritte einleiten faire les démarches qui s'imposent.

Eigner *m* (1)*(SachR)* propriétaire *m*, (2) *(Schiff)* propriétaire de bâtiment de mer.

Eignung *f* aptitude *f*, capacité *f* acquise, qualification *f*; **berufliche –** qualification professionelle; **geistige –** capacité intellectuelle; **körperliche –** aptitude physique; **– zum Vormund** aptitude aux charges tutélaires; **– für Wohnzwecke** habitabilité *f*.

Eignungsprüfung *f* examen d'aptitude, examen *m* probatoire; **berufliche –, fachliche –** examen professionnel.

Eignungs|untersuchung *f* (1) test *m* d'orientation professionnelle, (2) visite *f* médicale de préembauche; **–zeugnis** *n* certificat *m* d'aptitude.

Eil|auftrag *m od.* **–bestellung** *f* commande particulièrement urgente.

Eilbote *m* porteur *m* de dépêches, courrier *m*; **per –n** par exprès.

Eilboten|paket, –sendung *f* envoi *m ou* colis *m* exprès.

Eil|brief *m* lettre *f* (par) exprès.

Eile *f* diligence *f*, célérité *f*, promptitude; **mit der gebotenen – vorgehen** faire diligence, ne pas perdre de temps.

Eilfracht *f* régime accéléré, grande vitesse; **–brief** *m* lettre de voiture à grande vitesse.

Eil|gebühr *f* taxe de remise par exprès, droit d'exprès (S); **–geld** *n (SeeHR)* prime de rapidité, rachat de planche, dispatch money.

Eilgut *n* marchandise en régime accéléré; **–abfertigung** *f* transport *m* de marchandises à grande vitesse.

eilig *adj* urgent; en toute diligence.

Eil|maßregel *f (Fürsorgeerziehung)* mesure *f* provisoire; **–paket** *n* (Aut) colis *m* exprès; **–sendung** *f* envoi exprès; **–verfahren** *n* procédure en référé; **–zustellung** *f* livraison *f* exprès, distribution par exprès.

Ein- und Ausladetage *pl*, **bezahlte –** *(SeeHR)* surestaries *fpl*; **freie –** staries *f pl*.

Einantwortung *f* (Aut) envoi *m* en possession; **– des Erben** (Aut) envoi en possession de l'héritier.

Einarbeitung *f* initiation, instruction, familiarisation avec les méthodes de travail, rodage *m*; **–szeit** *f* période *f* d'instruction *ou* d'apprentissage.

Einäscherung *f* incinération, crémation.

Einbahnstraße *f* voie *f ou* route *f* à sens unique.

Einbauten *fpl* (der Mieter) incorporation *f* (d'une chose mobilière à un autre meuble) par le locataire.

einbe|greifen inclure, impliquer, comprendre, joindre; **mit –griffen** inclu, compris.

einbehalten retenir, prélever; **die Sozialabgaben vom Lohn –** retenir les charges sociales sur le salaire.

Einbehaltung *f (SteuerR)* retenue *f* (à la source), retenue de l'impôt sur le salaire, précompte *m*.

einberufen (1) *(Versammlung)* convoquer, réunir, (2) *(Wehrpflichtiger)* appeler sous les drapeaux.

Einberufung *f* (1) convocation *f*, (2) appel *m* sous les drapeaux, incorporation *f*; **vorzeitige –** devancement d'appel; **– des Jahrgangs** appel du contingent.

Einberufungs|befehl *m* ordre d'appel sous les drapeaux, ordre d'incorporation; **–recht** *n* droit de convocation; **–schreiben** *n* lettre *ou* acte de convocation, convocation *f*.

einbezahlen verser (sur un compte bancaire).

einbeziehen: in einen Prozeß – mettre qqn en cause.

Einbeziehung *f* (1) *(Straftaten)* prise *f* en compte, (2) le fait d'inclure, intégration.

einbiegen *(StVR)* déboucher (sur une route).

Einblick in die Geschäfte regard *m* sur les affaires.

einbrechen pénétrer par effraction.

Einbrecher *m (StR)* auteur *m* d'un vol par effraction, cambrioleur *m*.

einbringen (1) *(Einlage)* apporter, (2) *(Geld)* rapporter; recouvrer, récupérer, (3) *(Antrag)* présenter, (4)

(Sache) déposer, (5) *(Klage)* introduire.

Einbringen der Klage bei Gericht introduction *f* de l'instance, dépôt *ou* mise au rôle de l'action (au greffe).

Einbringlichkeit *f* (Aut) recouvrabilité *f*, solvabilité *f*.

Einbringung *f* (1) apport *m*, (2) recouvrement *m*, (3) présentation *f*, (4) dépôt *m*; **– der Arbeitsstunden** (Aut) récupération des heures de travail; **– von Sachen** (1) *(bei Gastwirten)* dépôt d'objets (chez l'hôtelier), effets *mpl* personnels, (2) *(in die Mietwohnung)* mobilier *m* du locataire (pouvant être saisi par le bailleur).

Einbringungs|bilanz *f* bilan des apports; **–klausel** *f* clause d'apport.

Einbruch *m* (1) *(StR)* effraction, cambriolage, (2) *(Konjunktur)* effondrement *m*, chute *f*, recul *m*.

Einbruchsdiebstahl *m* vol *m* qualifié avec effraction (intérieure *ou* extérieure), cambriolage *m*; **–versicherung** *f* assurance *f* vol.

Einbruchswerkzeug *n* instruments *m* servant à l'effraction.

einbürgern naturaliser.

Einbürgerung *f* naturalisation *f*.

Einbürgerungs|antrag *m* demande *f* de naturalisation; **–behörde** *f* office *m* de naturalisation; **–bescheid** *m* décret de naturalisation; **–mitteilung** *f* avis d'octroi de la nationalité (allemande); **–urkunde** *f* acte sur l'acquisition de la nationalité; **–verfahren** *n* procédure de naturalisation.

Einbuße *f* perte *f*, dommage *m*, déficit *m*; mévente *f*; privation *f*; **eine – erleiden** subir une perte.

Eindämmung *f* (der Ausgaben) limitation *f* (des dépenses).

eindecken: sich – se pourvoir de, s'approvisionner en.

Eindeckung couverture *f*, approvisionnement.

eindeutig *adj* certain, indubitable, incontestable, hors de question; **–er Beweis** preuve sûre et assurée.

eindringen envahir, pénétrer, faire irruption dans, forcer l'entrée de, entrer de force; **– in fremde Räume** s'introduire dans le domicile (contre le gré d'un citoyen).

einen unir, allier, fédérer.

einfach *adj* (1) simple, (2) *(verständlich)* compréhensible, facile; **–es Gesetz** *(VerfR)* loi parlementaire ordinaire; **–e Mehrheit** majorité simple *ou* relative.

Einfluß *m* (1) *(auf Sachen)* influence *f*, effet *m*, pression *f*, (2) *(auf Personen)* ascendant *m*, emprise *f*, pouvoir *m*, (3) *(von Personen)* autorité *f*, créance *f*, crédit *m*, importance *f*, prestige *m*; **wirtschaftlicher –** influence économique; **–bereich** *m*, **–gebiet** *n*, **–sphäre** *f* sphère *f* d'influence, zone *f* d'influence.

einfordern demander *ou* réclamer le paiement.

Einforderung *f* recouvrement *m*, demande de paiement (de sommes d'argent); **– von Akten** demande *f* de transmission d'un dossier; **– von Gebühren** recouvrement *m* de taxe(s) *ou* redevances.

Einforstung *f* reboisement *m*.

einfrieden enclore, clôturer.

Einfriedung *f* clôture *f*; **gemeinschaftliche –** clôture mitoyenne.

Einfügung *f* (einer Klausel) insertion d'une clause.

Einfuhr *f* importation *f*; **unsichtbare –** importation invisible; **vorübergehende –** admission temporaire; **zollfreie –** importation *ou* entrée en franchise; **– auf Konsignationslager** importation en consignation; **– auf Zeit** importation temporaire.

Einfuhr|abfertigung *f* formalités *fpl* en douane à l'importation, dédouanement à l'entrée, opérations douanières; **–abgabe** *f* droits *mpl* à payer, taxe à l'importation; **–anrecht** *n* droit accordé à l'exportateur de disposer d'une partie du produit de ses exportations pour importer librement certaines marchandises; **–antrag** *m* demande de licence d'importation; **–artikel** *m* marchandise importée, article d'importation; **–ausschreibung** *f* appel d'offres pour l'importation; **–behinderung** *f* entrave à l'importation; **–berechtigungsschein** *m* licence d'importation; **–beschränkung** *f* restriction à l'importation; **–bestimmungen** *fpl* dispositions relatives à l'importation; **–bewilligung** *f* permis d'importer, licence d'importation; **–blatt** *n* volet d'entrée.

einführen (1) importer, (2) introduire; **zollfrei –** importer en franchise.

Einfuhr|erklärung *f* déclaration en douane, déclaration à l'importation; **–erlaubnis** *f* licence *ou* certificat *ou* autorisation d'importation; **–erleichterung** *f* facilités à l'importation; **–genehmigung** *f* autorisation d'entrée, permis *ou* licence d'importation; **–genehmigungserklärung** déclaration-autorisation d'importation; **–güter** *npl* bies *mpl* d'importation; **–hafen** *m* port d'importation *ou* d'entrée; **–handel** *m* commerce d'importation; **–händler** *m* (commerçant) importateur *m*; **–kartell** *n* entente *f* relative aux importations; **–kontingent** *n* contingent *m* d'importation; **–kontingentierung** *f* contingentement des importations *ou* à l'entrée; **–kontrolle** *f* contrôle *m* des importations; **–kredit** *m* crédit à l'importation; **–land** *n* pays importateur; **–liste** *f* liste des produits non soumis à une licence d'importation; **–lizenz** *f* licence *f* d'importation; **–markt** *m* marché d'importation; **–monopol** *n* monopole d'importation; **–prämie** *f* prime *f* à l'importation; **–regelungen** *fpl* réglementation des importations; **–schein** *m* passavant *m*, acquit-à-caution *m*; **–sperre** *f* embargo sur les importations; **–stopp** *m* blocage *m* des importations; **–tarif** *m* tarif d'entrée; **–überschuß** *m* excédent des importations.

Einführung *f* introduction *f*; **– in ein Amt** installation dans une fonction; **– an der Börse** admission à la cote, introduction à la bourse; **– auf dem Markt** lancement *m* sur le marché; **– von Personen** recommandation.

Einführungs|angebot offre promotionnelle (de lancement sur le marché); **–brief** *m* lettre de recommandation; **–gesetz** *n* loi d'introduction, texte *m* (de loi) préliminaire, dispositions (pré)liminaires; **–kurs** *m* cours d'introduction; **–preis** *m* prix *m* de lancement; **–schreiben** *n* lettre d'introduction *ou* de recommandation; **–verkauf** *m* vente *f* promotionnelle; **–werbung** *f* campagne *ou* publicité de lancement.

Einfuhruntersuchung *f*: **pflanzensanitäre –** contrôle phytosanitaire à l'importation.

Einfuhrverbot *n* interdiction d'importer, prohibition d'entrée *ou* d'importation; **allgemeines –** prohibition générale d'entrée.

Einfuhr|vertrag *m* contrat d'importation; **–verzollung** *f* dédouanement à l'entrée; **–vorgenehmigung** *f* accord préalable à l'importation; **–ware** *f* marchandise importée *ou* d'importation; **–wert** *m* valeur à l'importation; **–zoll** *m* droits *mpl* d'entrée *ou* à l'importation.

Eingabe *f* (1) *(StaatsR)* demande *f*, pétition *f*, (2) *(EDV)* programmation, entrée *f*; **–daten** *pl* données *fpl* d'entrée.

Eingabengebühr *f* (Aut) droit de timbre, timbre *m* fiscal.

Eingang *m* (1) entrée *f*, arrivée *f*, (2) *(Waren)* arrivage *m*, (3) *(Geld)* encaissement *m*, recouvrement; **nach –** dès réception, **zollfreier –** entrée *f* en franchise; **– vorbehalten** sauf bonne fin, sous réserve d'encaissement.

Eingangs|abfertigung *f* dédouanement *m*; **–abgabe** *f* droit *ou* taxe d'entrée; **–abschnitt** *m* volet d'entrée; **–anzeige** *f* avis d'encaissement; **–bescheinigung** *f* certificat d'entrée; **–bestätigung** *f* avis *m* de réception, confirmation; **–blatt** *n* (triptyque) volet d'entrée; **–buch** *n* registre d'entrée *ou* d'arrivée; **–da-**

tum *n* date *f* de réception; **–formel** *f* intitulé; **–meldung** *f* avis d'arrivée; **–nummer** *f* numéro *m* d'ordre *ou* d'entrée; **–post** *f* courrier *m* d'entrée *ou* arrivé; **–prüfung** *f* examen *m* à la réception; **––Stammabschnitt** *m* souche d'entrée; **–stelle** *f* (1) *(Register)* lieu *m* de dépôt, (2) *(Gericht)* greffe *m*; **–stempel** *m* cachet de la date d'entrée; **–vermerk** *m* mention de réception.

Eingangszoll *m* droit d'entrée, droit à l'importation; **–amt** *n* bureau douanier d'entrée; **–freiheit** *f* entrée en franchise.

eingeben présenter, remettre.

eingebrachte Sachen *(bei Gastwirten usw.)* effets *mpl* personnels (du voyageur) apportés (dans une auberge etc.).

eingehen (1) *(Waren, Briefe)* arriver, rentrer, (2) *(Vertrag)* contracter, conclure, (3) *(Risiko)* assumer; **auf ein Angebot** – accepter une offre *ou* une proposition; **auf Bedingungen** – accepter des conditions; **eine Ehe** – contracter mariage; **bei Gericht** – arriver auprès du tribunal, parvenir au greffe du tribunal; **einen Vergleich** – transiger; **Verpflichtungen** – contracter des obligations; **eine Versicherung** – contracter une assurance; **einen Vertrag** – s'engager par (un) contrat; **eine Wette** – engager *ou* faire un pari.

eingehende | Begründung motifs *mpl* circonstanciés; – **Beschreibung** description détaillée *ou* précise; – **(Über)Prüfung** examen *m* minutieux *ou* détaillé.

Eingehung *f* **der Ehe** conclusion *f* du mariage.

eingemeinden *(VwR)* communaliser, fusionner des communes.

Eingemeindung *f* incorporation *f* dans une commune, fusion *f* de communes par absorption des plus petites par la plus grande; **Zusammenschluß von Gemeinden im Wege der** – fusion de communes.

eingetragen inscrit, enregistré; **–es Gebrauchsmuster** dessin *m* *ou* modèle *m* déposé; **–er Verein** association (de droit allemand) enregistrée auprès du tribunal cantonal.

Eingeweihte(r) *m (BörR)* initié *m*.

Eingewiesene(r) *m (Wohnung)* affectataire *m*, attributaire *m*.

eingliedern annexer, incorporer, intégrer, rattacher, réunir.

Eingliederung *f* (1) *(VR)* annexion *f*, (2) *(GesR)* absorption *f*, intégration économique (dans un groupe), incorporation, (3) *(ArbR)* insertion (dans la vie professionnelle).

Eingliederungs|darlehen *n* prêt *m* destiné à faciliter l'assimilation des réfugiés en Allemagne, prêt de reclassement; **–hilfe** *f* aide au reclassement, aide de réisertion sociale.

eingreifen intervenir, s'immiscer, intercéder, s'interposer.

Eingreifen: hilfsweises – intervention subsidiaire; – **der Regierung** intervention gouvernementale.

Eingriff *m* (1) *(VR)* intervention, ingérence *f*, (2) *(VwR)* empiètement *m*, immixtion *f*; **enteignungsgleicher** – empiètement équivalent à une expropriation, expropriation indirecte; **rechtswidriger** – empiètement illégal; **staatlicher** – intervention de l'Etat; – **in die Grundrechte** *(VerfR)* restriction des libertés; **–e in die Natur und Landschaft** *(UmweltR)* occupation excessive et dégradation des sites et espaces naturels; – **in das Privateigentum** atteinte *f* à la propriété privée; – **an einer Schwangeren** intervention sur une femme enceinte; **–e in den Wald** *(UmweltR)* défrichement des forêts et leur changement d'affectation.

Eingriffs|ermächtigung *f* autorisation de procéder à une intervention; **–ermächtigungsnorm** *f* règle relative à l'autorisation de procéder à une intervention; **–gegenstand** *m* objet fabriqué en usurpant un brevet; **–pflicht** *f* devoir *m* d'immixtion; **–punkt** point *m* d'intervention; **–recht** *m* droit d'immixtion *ou* d'intervention;

–verwaltung administration ayant pour fonction l'ordonnancement juridique.

Eingruppierung *f* catégorisation *f*, classement *m*, classification *f* professionnelle.

einhalten (1) *(Vertrag, Frist, Bedingung)* observer, se conformer à, (2) *(Gesetz, Datum)* respecter.

Einhaltung *f* **der Frist** observation du délai prévu; – **der Rechtsvorschriften** respect *m* (le plus strict) des règles de droit; – **des Vertrages** exécution fidèle des obligations contractuelles.

Einhandsgut *n* (Aut) bien *m* exclu de la communauté, propre *m*.

Einhebung *f* (Aut) perception *f*, prélèvement *m*; – **an der Quelle** (Aut) prélèvement à la source.

Einheimische(r) *m* (ressortissant) national, allemand, autochtone *m*.

Einheirat *f* entrée en jouissance d'un bien par suite d'un mariage.

Einheit *f* unité *f*; étalon *m*; **kämpfende** – *(MilR)* formation combattante; **Preis je** – prix *m* unitaire; **wirtschaftliche** – *(BW)* exploitation formant une unité économique.

einheitlich *adj* unitaire, uniforme; homogène; standardisé; **–e Bedingungen** *fpl* conditions *fpl* uniformes; **–e Europäische Akte** Acte *m* unique européen; **–es Gesetz** loi *f* uniforme (portant sur).

Einheitlichkeit *f* uniformité *f*, concordance *f*; – **des Budgets** universalité du budget; – **der Erfindung** unité de l'invention; – **der Rechtsprechung** unité *f* de la jurisprudence.

Einheits|bank *f* banque universelle *ou* ‹à tout faire›; **–bedingungen** *fpl* conditions générales normalisées; **–bestrebung** *f* aspiration à l'unité; **–bewertung** *f* évaluation *f* fiscale faite périodiquement par voie administrative pour servir de base d'imposition; **–bilanz** *f* bilan-type *m*; **–form** *f* norme *f*; **–format** *n* format *m* normalisé; **–gebühr** *f* droit unique, redevance *f* unitaire; **–gesellschaft** *f* société nouvelle (créée par la loi sur la décartellisation); **–gesetz** *n* loi *f* uniforme; **–gewerkschaft** *f* syndicat *m* unique *ou* unitaire; **–gründung** *f (GesR)* constitution *f* par un seul acte, fondation *f* d'une société anonyme avec souscription de toutes les actions par les rédacteurs des statuts; **–hypothek** *f* hypothèque *f* remplaçant plusieurs hypothèques de même rang *ou* de rang différent, mais consécutif, établies au nom du même créancier; **–kontenrahmen** *m* plan *m* comptable général unifié; **–kosten** *pl* frais *mpl* unitaires; **–kurs** *m* cours unique; **–liste** *f* liste *f* unique; **–mietvertrag** *m* contrat-type de location; **–partei** *f* parti *m* unique; **–preis** *m* prix *m* unique; **–satz** *m* taux *m* unitaire, tarif *m* unitaire, taux uniforme; **–sonderabgabe** *f* taxe spéciale frappant certains produits; **–staat** *m* État *m* unitaire et centralisé; **–steuer** *f* impôt *m* unique; **–strafe** *f* peine *f* de privation de liberté unique (pour crimes et délits); **–tarif** *m* tarif *m* standard.

Einheits|versicherung *f* assurance omnium *ou* universelle *ou* transport type; **–wechsel** *m* effet (normalisé); **–wert** *m* (1) valeur *f* unitaire, (2) *(SteuerR)* valeur fiscale déterminée périodiquement par voie administrative pour servir de base d'imposition (à plusieurs impôts différents).

einholen (Vorschläge, Auskünfte) obtenir, se procurer, aller quérir, rechercher.

einigen: sich – conclure un accord, se mettre d'accord, trouver un arrangement.

Einigung *f* (1) *(SchuldR)* consentement *m* (2) *(SachR)* contrat réel relatif à l'acquisition *ou* la transmission de la propriété *ou* d'un droit réel, (3) *(VR)* unification *f*; **gütliche** – accord *m ou* convention *f* amiable; règlement *m* amiable *ou* à l'amiable.

Einigungs|amt *n* (Aut) bureau paritaire d'arbitrage, office de conciliation; **–mangel** *m* *(Vertrag)* vice du consentement; **–stelle** *f* *(ArbR)* organisme *m* d'arbitrage, arbitres *mpl* statuant comme amiables compositeurs; **–verfahren** *n* procédure de conciliation; **–verhandlung** *f* (S) audience de conciliation; **–versuch** *m* tentative *f* de conciliation.

eininstanzlich *adj (ZPR)* en premier et dernier ressort (sans possibilité d'appel).

Einkammersystem *n (VerfR)* monocaméralisme *m*.

Einkassierungs|geschäft *n* opération d'encaissement; **–mandat** *m* ordre *m* d'encaissement.

Einkauf *m* achat *m*, acquisition, approvisionnement; **gemeinsamer** – achat en commun.

einkaufen acheter, acquérir, se rendre acquéreur, se procurer.

Einkäufer *m (HR)* acheteur *m*, agent d'achat (d'une firme); **–ausweis** *m* carte d'acheteur.

Einkaufs|absichten *fpl* projets *mpl* d'achat; **–abteilung** *f* service *m* achats; **–agentur** *f* agence d'achats; **–bedingungen** conditions (générales) d'achat; **–beleg** *m* bon *m* de caisse; **–buch** *n* registre d'achats; **–büro** comptoir d'achat, service d'achats; **–ermächtigung** *f* autorisation d'achat; **–gemeinschaft** *f* groupement *m* d'achats; **–genossenschaft** *f* coopérative d'achat, groupement d'achat; **–gutschein** *m* bon d'achat; **–kartell** *n* cartel *m* d'achat; **–kommission** *f* commission d'achat; **–kommissionär** *m* commissionnaire qui exécute un ordre d'achat; **–kontor** *n* comptoir d'achat; **–preis** *m* prix d'achat; **–rechnung** *f* facture d'achat; **–vereinigung** *f* groupement *m* d'achats; **–zentrale** *f* centrale *f* d'achats; **–zentrum** *n* grande surface, hypermarché *m*, centre *m* commercial.

Einkerkerung *f* incarcération *f*.

Einkindschaft *f* (Aut) contrat qui prévoit que des enfants de différents lits seront traités de la même façon dans la succession, affrérissement *m*.

einklagbar *adj* recouvrable par une action en justice.

einklagen agir en justice; **eine Forderung** – poursuivre le recouvrement d'une créance.

Einklang *m* concordance *f*, harmonie *f*; **in – mit** conformément à . . .; **in – bringen** concilier.

Einklarierung *f* accomplissement *m* des formalités douanières au retour d'un navire.

Einkommen *n* revenu *m*, produits réguliers du travail *ou* du capital; **besteuertes** – revenu imposé *ou* imposable; **festes** – revenu fixe; **landwirtschaftliches** – revenus agricoles; **niedriges** – revenu *m* modeste; **steuerpflichtiges** – revenu imposable, revenu taxable (B); **verfügbares** – revenu disponible; **– aus nichtselbständiger Arbeit** revenu des salariés; **– aus selbständiger Arbeit** revenu des professions libérales.

Einkommens|ausfall *m* manque *m* à gagner; **–besteuerung** *f* imposition du revenu; **–entwicklung** *f* évolution des revenus; **–ermittlung** *f* calcul *m* du revenu; **–grenze** *f* plafond *m* des revenus; **–grundlage** *f* principale source des revenus; **–gruppe** *f* catégorie de revenus; **–papier** *n* titre qui se caractérise par son revenu élevé, mais qui ne présente pas de grandes perspectives de hausse; **–politik** *f* politique *f* des revenus; **–quelle** *f* source *f* de revenus; **–quellenbesteuerung** *f* imposition des revenus à la source; **–schicht** *f* catégorie *f* de revenus.

Einkommensteuer *f* impôt sur le revenu (des personnes physiques), impôt général sur le revenu; **progressive** – surtaxe progressive; **veranlagte** – impôt général sur le revenu; **–ausfall** *m* moins-perçu *m*; **–bescheid** *m* avis d'imposition *ou* de mise en recouvrement du rôle; **–erklärung** *f* déclaration générale du revenu (complétée par des déclarations propres à certaines catégories de revenus).

einkommensteuerpflichtig *adj* soumis à l'impôt sur le revenu.

Einkommensteuer|tabelle *f* barème *m* de l'impôt sur le revenu; **–veranlagung** *f* établissement *m* de l'impôt à acquitter, calcul *m* de l'impôt dû; évaluation du revenu imposable.

Einkommens|stufe *f* tranche *f* de revenus; **–übertragung** *f* transfert de revenus; **–umschichtung** *f*, **–umverteilung** *f* redistribution des revenus; **–verhältnisse** *pl* situation *f* financière, ressources *fpl*; **–vermehrung** *f* accroissement du revenu; **–verteilung** *f* distribution *ou* répartition des revenus; **–verwendungsbesteuerung** *f* imposition des revenus lors de leur utilisation.

Einkünfte *pl* revenus *mpl,* ressources *fpl,* produits *mpl,* fruits *mpl*; **entgangene** – manque à gagner; **feste** – revenus fixes; **fortlaufende** – revenus périodiques; – **aus Erwerbstätigkeit** revenus liés à une activité professionnelle; – **aus Gewerbebetrieb** bénéfice provenant de l'activité de l'entreprise; – **aus Grundbesitz** revenus du patrimoine immobilier; – **aus Kapitalvermögen** gains *mpl* en capital *ou* plus-values; – **aus Landbesitz** bénéfices agricoles; – **aus selbständiger Arbeit** bénéfices provenant de l'exercice d'une profession libérale; – **aus beweglichem Vermögen** revenus mobiliers; – **aus Wertpapieren** profits résultant d'opérations de bourse ou de cessions de valeurs mobilières.

Einkunftsarten *fpl* catégories *fpl* de revenus.

einladen (1) *(Personen)* convoquer, (2) *(Waren)* charger, embarquer.

Einladung *f* invitation *f*; – **zum Angebot** appel *m* d'offres; – **zur Zeichnung** offre *f* de souscription.

Einlage *f* (1) *(GesR)* mise de fonds, apport *m*, (2) *(Banken)* dépôt *m*, avoir *m*; **befristete** – dépôt à terme; **finanzielle** – apport financier; **kurzfristige** – dépôt à court terme; **langfristige** – dépôt à long terme; **stille** – apport occulte; **täglich fällige** – dépôt à vue; **unverzinsliche** – dépôt sans intérêt; **verzinsliche** – dépôt à intérêt; – **auf laufende Rechnung** dépôt en compte-courant; – **in die Reserven** attribution aux réserves; – **in Sachwerten** apport en nature.

Einlage|blatt *n* feuille *f* intercalaire; **–buch** *n* **–heft** *n* (S) carnet de dépôt *ou* d'épargne; **–kapital** *n* mise *f* de fonds; **–konto** *n* compte de dépôt.

Einlagen|bestand *m* avoirs *mpl* en capitaux; **–geschäft** opération de dépôt; **–sicherung** *f (BankR)* montant *m* minimum des réserves (que les banques de dépôt doivent constituer); **–zinsen** intérêts *mpl* créditeurs.

Einlagepflicht *f (GesR)* obligation d'effectuer un apport.

einlagern entreposer, stocker.

Einlagerung *f* stockage *m*, emmagasinage *m*, entreposage *m*.

Einlagerungs|gebühr *f* redevance *f* d'entreposage; **–prämie** *f* prime *f* de stockage; **–schein** *m* récépissé *m* d'entrepôt; **–vertrag** *m* contrat de stockage; **–zuschlag** *m* surtaxe *f* d'entrepôt, prime de stockage.

Einlage|schein récépissé *m* de dépôt; **–schuld** *f* dette *f* d'apport.

Einlaß *m* entrée *f*, accès *m*; – **gewähren** laisser entrer, permettre l'accès (à).

Einlassung *f (PrzR)* exposé *m*, argumentation *f*; – **zur Hauptsache** défense *f* sur le fond.

Einlassungsfrist *f* délai *m* d'avenir pour conclure, délai pour présenter son argumentation (entre la signification de l'action et l'audience).

Einlauf *m (VwR)* courrier arrivée.

einlaufen parvenir chaque jour (dans une administration).

einlegen mettre, apporter, verser, déposer, placer; **Berufung** – interjeter appel, se pourvoir en appel; **Beschwerde** – se pourvoir, engager un recours; **Einspruch** – faire opposition; **Geld** – verser de l'argent à un compte; **Revision –** se pourvoir en cassation; **Verwahrung – gegen** déclarer formellement son opposition, protester; **sein Veto –** mettre son veto (à une décision); **Widerspruch –** faire opposition.

Einleger *m* déposant *m*, apporteur *m*.

Einlegung der Berufung pourvoi *m* en appel; **– eines Rechtsmittels** introduction *f* d'un recours; **– der Revision** pourvoi *m* en cassation.

Einlegungsfrist *f* délai *m* de dépôt *ou* de recours.

einleiten introduire, préparer.

Einleitung *f* introduction *f*; préambule *m*; **– schädlicher Stoffe** *(UmweltR)* déversement *m ou* écoulement *ou* rejet *m* de produits nocifs *ou* polluants; **– des Verfahrens** mise en œuvre de la procédure.

Einleitungs|behörde *f* autorité chargée d'ouvrir une procédure disciplinaire; **–beschluß** *m* décision *f* d'ouverture d'une procédure disciplinaire; **–richter** *m* (S) juge *m* instructeur.

einlenken se raviser, changer d'avis.

einleuchtende Erklärung explication plausible *ou* acceptable *ou* valable.

Einlieferung *f (StPR)* remise *f* de l'extradé à la partie requérante.

Einlieferungs|schein *m* récépissé *m*; **–verwaltung** *f* (UPU) administration d'origine *ou* d'émission.

einlösbar remboursable, rachetable.

Einlösbarkeit *f* recouvrabilité *f*.

einlösen racheter, payer, dégager; **Banknoten –** rembourser des billets; **ein Pfand –** dégager, retirer un gage; **einen Scheck –** encaisser un chèque; **ein Versprechen –** tenir une promesse *ou* un engagement; **einen Wechsel –** honorer une traite.

Einlösestelle *f* organisme *m* payeur.

Einlösung *f* (1) *(Pfand)* rachat *m*, dégagement *m*, (2) *(Banknoten)* remboursement *m*, paiement *m*, (3) *(Scheck)* encaissement *m*, (4) *(Wechsel)* paiement *m*; **– der Police** régularisation *f* de la police d'assurance.

Einlösungs|betrag *m* somme *f* à rembourser; **–frist** *f* délai *m* de rachat *ou* de remboursement; **–garantie** *f* visa *m* en matière de chèque avec garantie de paiement (du tiré); **–klausel** *f* clause de paiement *ou* de régularisation; **–nachtrag** *m* avenant *m* de régularisation; **–konto** *n* compte de rachat; **–kurs** *m* cours de rachat; **–papier** *n* titre *m* convertible; **–pflicht** *f* obligation de paiement, convertibilité; **–provision** *f* commission de paiement; **–recht** *n* droit de rachat; **–verhältnis** *n* rapport entre délégant et délégué et obligeant ce dernier à l'exécution (d'une obligation *ou* d'un paiement).

Einmahnung *f* sommation *f*, injonction *f* de payer.

Einmal|behälter *m* récipient *m* jetable; **–packung** *f* emballage perdu; **–prämie** *f* prime *f* unique; **–zahlung** *f* versement *m* unique.

Einmanngesellschaft *f* société unipersonnelle, société composée d'un seul membre, société réduite à une personne unique.

Einmietung *f* location.

einmischen: sich – s'immiscer dans . . ., s'ingérer, se mêler d'une affaire, intervenir dans . . .

Einmischung *f* immixtion *f*, ingérence *f*.

Einmischungsklage *f* intervention *f* principale.

Einnahme *meist pl* recettes *fpl*, rentrées *f pl*; **außergewöhnliche –** recettes imprévues *ou* accidentelles; **außerordentliche –** recettes extraordinaires; **einmalige –** recettes dont la réalisation ne se produit (en principe) qu'une fois; **gemeinschaftliche –** recettes communes; **ordentliche –** recettes ordinaires; **planmäßige –** recettes prévues au budget; **überplanmäßige –** excédent *m* de recettes (par rapport aux prévisions); **zweckgebundene –** recettes affectées à des dépenses déterminées.

Einnahmen|ausfall *m* perte de recettes; **–budget** *n* budget des recettes; **–haushalt** *m* budget des recettes; **–minderung** *f (HaushR)* réduction des recettes budgétaires; **–rechnung** *f* compte de recettes; **–soll** *n* prévision de recettes; **–stufe** *f* palier de recettes; **–tagebuch** *n* livre journal de recettes; **–überschuß** *m* excédent de recettes; **–verlust** *m* perte de recettes; **–voranschlag** *m* état de prévision de recettes.

Einnahme|posten *m* poste de recette, article de recette, article de crédit; **–quelle** *f* source *f* de revenus, ressources *fpl*; **–quellen** *fpl* **des Haushalts** voies *fpl* et moyens *mpl,* ressources *fpl*; **–reste** *mpl* restes *mpl* à recouvrer; **–seite (eines Einzelplans)** partie *f* du budget relative aux recettes d'un ministère; **–soll** *n* prévision de recettes; **–stelle** *f* bureau de recette; **– titel** *m* chapitre *ou* titre de recette; **–überschuß** *m* excédent *m* de recettes; **–verlust** *m* perte de recettes.

einnehmen (1) *(Gelder)* percevoir, toucher, (2) *(Posten)* occuper le poste (de qn).

Einnehmer *m* (1) receveur *m*, (2) *(Steuern)* percepteur *m*.

Einordnung *f* (1) classification *f*, (2) intégration *f*; **– der Streitigkeiten** qualification des litiges.

einpacken empaqueter.

einparken faire un créneau, se garer.

Einparteienherrschaft *f* régime politique à parti unique.

Einpersonenhaushalt *m* ménage *m* d'une personne; famille *f* monoparentale.

einräumen (1) *(gewähren)* octroyer, conférer, (2) *(zugestehen)* admettre, concéder.

einrechnen (1) inclure, comprendre dans le compte, imputer, (2) tenir compte de, y compris.

Einrede *f* (1) *(ZPR)* exception *f*, moyen invoqué pour écarter une demande judiciaire, (2) *(Einwendung)* objection; **aufschiebende –** exception suspensive; **dilatorische –** exception dilatoire; **peremptorische –** exception péremptoire; **prozeßhindernde –** exception soulevée par le défendeur préalablement aux débats sur le fond (incompétence, irrecevabilité, clause d'arbitrage, litispendance, absence de caution judicatum solvi, etc.); **verzögernde –** exception dilatoire; **zerstörende –** exception péremptoire.

Einrede der abgeurteilten Sache (S) exception de chose jugée; **– der Arglist** exception de dol; **– der Aufrechnung** *f* invoquer la compensation; **– der Ausländereigenschaft** exception d'extranéité; **– der beurteilten Sache** (S) exception de chose jugée; **– des Differenzgeschäfts** exception de jeu; **– der Dürftigkeit des Nachlasses** exception soulevée pour insuffisance de l'actif successoral.

Einrede: eine – erheben soulever une exception, exciper, arguer d'une exception; **eine – geltend machen** se prévaloir d'une exception, s'appuyer sur une exception, s'autoriser d'une exception, alléguer *ou* opposer une exception; **– der höheren Gewalt** exception de force majeure; **– des Mehrverkehrs** *(FamR)* exception „plurium concumbentium"; **– des nichterfüllten Vertrags** exception d'inexécution du contrat; **– der Nichtigkeit** exception de nullité; **– des Notbedarfs** *(bei Schenkungen)* révocation (d'une donation) pour survenance d'un état de nécessité (du donateur); **– der Rechts(an)hängigkeit** exception *ou* déclinatoire de litispendance; **– der Rechtskraft** exception de chose jugée; **– der Rechtswidrigkeit** exception d'illégalité; **– des Selbsteintrittsrechtes** exception de contre-partie; **– der Streitanhängigkeit** déclinatoire *m ou* exception de litispendance; **– der unerlaubten Handlung** exception pour cause de délit civil; **– der Unzulässigkeit** fin de non-recevoir, fin de non-valoir; **– der Unzuständigkeit** exception déclinatoire *ou* d'incompétence; **– der Unzuständig-**

keit des Schiedsgerichts déclinatoire *m* de compétence arbitrale; **– der Verjährung** exception de (la) prescription; **– der Verrechnung** (S) exception de compensation; **eine – verwerfen** rejeter une exception; **– der Vorausklage** *(ZPR)* bénéfice *m ou* exception de discussion; **– der Vorbenutzung** exception d'antériorite.

Einredeverzicht *m* renonciation au bénéfice (de discussion).

einredeweise *adv* par voie d'exception.

einreichen déposer, introduire, présenter, verser au dossier; **ein Gesuch –** présenter une requête; **eine Klage –** porter une action devant une juridiction (civile), exercer une action, engager une action, s'adresser à la justice; **eine Stellungnahme –** présenter des observations; **Unterlagen –** produire des pièces, communiquer des documents.

Einreicher *m* déposant *m*, requérant *m*, remettant *m*.

Einreichung *f* présentation *f*; **– einer Anmeldung** dépôt d'une demande; **– eines Antrags** présentation d'une requête; **– von Anträgen** soumission *f* de demandes; **– der Klage bei Gericht** dépôt de la demande en justice; **– zur Zahlung** présentation au paiement.

Einreise *f* entrée *f* (dans un pays); **–beschränkung** *f* restriction d'entrée; **–bewilligung** *f* autorisation *ou* permis d'entrée; **–blatt** *n* (1) feuille d'entrée, (2) volet d'entrée; **–erlaubnis** *f*, **–genehmigung** *f*, **–recht** *n* autorisation de pénétrer sur le territoire, permis d'entrée; **–sichtvermerk** *m* visa *m* d'entrée; **–sperre** *f* interdiction *f* d'entrée; **–stempel** *m* cachet *m* d'entrée; **–verbot** *n* interdiction d'entrée; **–visum** *n* visa *m* d'entrée.

einreisen entrer (dans un pays).

einrichten instituer, organiser; équiper, installer.

Einrichtung *f* (1) institution *f*, organisme *m*, organisation *f*, établissement *m*, (2) installation *f*, équipement *m*; **finanzielle –** mécanisme *m* financier; **gemeinnützige –** institution reconnue d'utilité publique; **halbstaatliche –** organisme *m* semi-public; **– von Behörden** création de nouveaux services publics.

Einrichtungs|entschädigung *f (SozR)* prime d'installation; **–gegenstand** *m* meuble *m*, meuble meublant; **–kredit** *m* crédit d'équipement; **–prämie** *f* prime d'équipement.

Einrückung *f (im Amtsblatt)* insertion, publication; **–sgebühr** *f* taxe d'insertion.

einsammeln (1) *(Anträge, Ausweise)* collecter, prendre, se faire remettre, (2) *(Sachen)* ramasser.

Einsatz *m* (1) enjeu *m*, mise *f*, (2) emploi *m*, utilisation *f*, consignation *f*, (3) *(Streitkräfte)* action *f* de combat, mission; **ziviler –dienst** *m* service civil de secours; **–bereitschaft** aptitude *f* opérationnelle, disponibilité; **–besprechung** *f* réunion d'information (pour définir des objectifs, des méthodes etc.); **–fähig** *adj* opérationnel, apte à l'emploi; **–fahrzeug** *n* véhicule *m* de service (de police etc.); **–kommando** *n* force d'action rapide.

einschalten: sich – intervenir, s'immiscer.

Einschaltquote *f (Radio, Fernsehen)* audience *f* comparée, parts *fpl* d'audience, taux *m ou* durée *f* d'écoute.

Einschaltung *f* (1) interpolation *f*, (2) interposition *f* de personne, (3) (Aut) insertion *f*.

Einschaltungskosten *pl* (Aut) frais *mpl* d'insertion.

einschätzen (1) évaluer, estimer, (2) *(SteuerR)* effectuer le calcul (provisoire) de l'impôt à payer.

Einschätzung *f* évaluation *f*, estimation, détermination; expertise *f*; **– des Risikos** appréciation du risque.

Einschätzungs|behörde *f* (S) autorité de taxation (S); **–kommission** *f* (Aut) commission d'évaluation.

einschießen *(Geld)* verser, investir; renflouer (une entreprise) par un apport de fonds.

Einschiffung *f*, **heimliche –, unerlaubte –** embarquement *m* clandestin.

Einschiffungs|anzeige *f* avis d'embarquement; **–hafen** *m* port d'embarquement; **–meldung** *f* avis d'embarquement.

einschlägig *adj* relatif à, compétent, se rapportant à, concernant; **– vorbestraft** déjà condamné pour le même délit.

einschleichen *(zum Diebstahl)* entrer par ruse (pour commettre un vol).

einschleppen *(Seuchen)* introduire (dans un pays) des maladies contagieuses *ou* transmissibles.

einschleusen *(Spion)* introduire subrepticement (un espion).

einschließen (1) enfermer, mettre en lieu sûr, mettre sous clef, (2) entourer complètement, enclaver, (3) séquestrer, enfermer dans, claustrer, (4) interner, (5) inclure.

einschließlich *präp* y compris, inclusivement; **– Steuern u. Abgaben** toutes taxes comprises.

Einschließung *f* emprisonnement *m*.

Einschlußgebiet *n* enclave *f*.

einschmuggeln frauder, passer *ou* introduire en fraude.

einschränken limiter, réduire, restreindre.

einschränkend restrictif *adj*, restrictivement *adv*, limitativement *adv*; **–e Bestimmung** clause restrictive.

Einschränkung *f* limitation *f*, réduction *f*, restriction *f*; **– der Grundrechte** limitation *ou* aménagement des libertés publiques.

Einschreibebuch *n* registre *m*, carnet *m* d'enregistrement.

einschreiben enregistrer, immatriculer, inscrire.

Einschreiben mit Rückschein lettre recommandée avec demande d'avis de réception.

Einschreibe|brief *m* lettre *f* recommandée; **–gebühr** *f* (1) *(Behörde)* droit d'inscription *ou* d'enregistrement, (2) *(Brief)* supplément pour lettre recommandée; **–quittung** *f* récépissé *m* d'envoi recommandé; **–sendung** *f* envoi *m* recommandé.

Einschreibung *f* (1) inscription *f*, (2) *(Universität)* immatriculation *f*.

Einschreibungsgebühr *f* droit d'inscription, droit *ou* taxe d'enregistrement.

einschreiten agir, intervenir, prendre des mesures.

Einschreiten *n* action *f*, intervention *f*; **zum – auffordern** requérir; **– von Behörden** intervention des autorités.

Einschüchterung *f* intimidation, pressions *fpl*, menaces *fpl*.

Einschuß *m* (1) versement *m*, mise *f* de fonds, (2) *(BörR)* couverture *f*; **–pflicht** *f* obligation d'effectuer un premier versement.

einsehen *(Schriftstücke)* examiner, étudier, explorer, contrôler.

Einsehen haben faire preuve de compréhension, d'indulgence *ou* de largesse d'idées; **kein – –** se montrer intraitable, incompréhensif.

einseitig *adj* (1) unilatéral *adj*; unilatéralement *adv*, (2) partial *adj*; **–es Rechtsgeschäft** acte *m* unilatéral.

einsenden envoyer, faire parvenir.

Einsendeschluß *m* dernier délai, date *f* limite.

einsetzen instituer, établir, investir, affecter, engager; **in die Rechte eines Dritten –** subroger dans les droits d'un tiers.

Einsetzung *f* **des Erben** institution *f* d'héritier.

Einsicht *f* (1) regard *m*, examen *m*, (2) discernement *m*; **mangelnde –** manque *m ou* défaut *m* de discernement; **– von Akten** examen *m* du dossier, (droit de) regard.

einsichtig *adj* raisonnable, compréhensif.

Einsichtnahme *f* prise *f* de connaissance, examen *m*; **Recht auf –** droit de communication *ou* de regard.

Einsichts|fähigkeit *f* (faculté de) discernement *m*; **fehlende –** *(StR)* insuffisance des facultés intellectuelles; **–recht** *n (GesR)* droit de regard *ou* de contrôle.

einsparen économiser.

Einsparung *f* économie *f*, *(Personal)* compression *f*.

einsperren emprisonner, écrouer, incarcérer, mettre sous les verrous.

Einsperren *n (StR)* séquestration, enfermement arbitraire (d'une personne).

Einsprache *f* (S, Aut: Einspruch) opposition *f*, recours *m*; **– erheben** faire *ou* former opposition; **–frist** *f* (S) délai d'opposition; **–verfahren** *n* (S) procédure d'opposition.

Einsprecher *m* (S) opposant *m*.

Einspruch *m* (1) *(bei Versäumnisurteil)* opposition *f*, (2) *(StPR: Strafbefehl)* contestation *f*, réclamation *f*, (3) *(VwR)* recours *m* préalable, (4) *(SteuerR)* réclamation préalable, (5) *(AllgSpr)* objection *f*; **formgerechter –** opposition en bonne et due forme; **nicht fristgerechter –** opposition hors délai; **– gegen die Auszahlung** opposition au paiement; **– gegen einen Bußgeldbescheid** opposition à l'exécution d'une ordonnance pénale; **– gegen die Eheschließung** opposition au mariage; **– einlegen, – erheben** faire *ou* former opposition, s'opposer; faire appel; soulever une objection; **– gegen ein Versäumnisurteil** opposition sur défaut *ou* contre le jugement par défaut.

einspruchsberechtigt habilité à faire opposition.

Einspruchs|abteilung *f (PatentR)* section des oppositions; **–begründung** *f* mémoire justifiant l'opposition; **–entscheidung** *f* décision rendue sur opposition; **–frist** *f* délai d'opposition; **–gesetz** *n (VerfR)* loi *f* fédérale au sujet de laquelle le Bundesrat peut faire opposition; **–protokoll** *n* procès-verbal de dires et protestations; **–recht** *n* droit d'opposition, faculté d'appeler; **–schrift** *f* acte d'opposition, exploit d'opposition; **–verfahren** *n* procédure *f* d'opposition.

Einstands|preis *m* prix d'achat, prix *m* rendu; **–recht** *n* (1) droit de retrait, (2) (en S:) droit de représentation; **–wert** *m* valeur d'achat.

einstehen: für etwas – répondre de, se porter garant, assurer, garantir.

Einsteigdiebstahl *m* vol *m* commis à l'aide d'une escalade.

einstellen (1) suspendre, interrompre, (2) classer, (3) incorporer, (4) mettre au point, (5) embaucher, recruter.

Einstellplatz *m (BauR: Kfz)* emplacement, box *m* particulier.

Einstellung *f* (1) *(Verfahren)* suspension *f*, interruption *f*, *(StPR)* non-lieu *m*, (2) *(MilR)* incorporation *f*, (3) *(Meinung, Überzeugung)* attitude *f*, conception *f*, point *m* de vue, (4) *(ArbR)* embauchage *m*, embauche *f*, recrutement *m*; **bevorzugte –** emploi *m* prioritaire, priorité *f* d'emploi; **vorläufige – des Verfahrens** *(StPR)* suspension provisoire des poursuites; **– der Betreibung** abandon *m* du recouvrement (des créances); **– in der bürgerlichen Ehrenfähigkeit** (S) privation des droits civiques; **– der Feindseligkeiten** *(VR)* cessation *ou* suspension des hostilités **strafweise – der Gehaltszahlung** privation de la rémunération à titre de sanction; **– des Verfahrens** (1) arrêt *m* de la procédure, (2) *(Strafrecht)* non-lieu *m*; **– der Zahlungen** cessation *ou* suspension des paiements; **– der Zwangsvollstreckung** interruption de l'exécution forcée.

Einstellungs|bedingungen *pl (ArbR)* conditions d'embauche; **–bescheinigung** *f* certificat d'embauchage; **–beschluß** *m (StPR)* ordonnance de non-lieu; **–fragebogen** *(ArbR)* questionnaire *m* à remplir lors de l'embauche; **–schein** *m* certificat d'emploi des victimes de guerre; **–schreiben** *n* lettre d'engagement; **–sperre** *f*, **–stopp** *m* arrêt du recrutement; **–überprüfung** *(ÖfR, BeamR)* vérification de la fidélité à la constitution lors de l'entrée dans la fonction publique; **–untersuchung** *(MilR)* examen médical lors des recrutement; **–verfügung** *f (StPR)* ordonnance de non-lieu; **–vertrag** *m* contrat *m* d'emploi *ou* d'embauche, contrat de louage de service *ou* de travail.

einstimmig *adj* unanime *adj*, unaniment, à l'unanimité, d'un commun accord.

Einstimmigkeit *f* unanimité *f*.

einstufen classer, grouper, catégoriser; conférer un grade; **höher –** *(BeamR)* procéder à l'avancement (à l'échelon supérieur).

Einstufung *f* (1) *(Waren)* classement, catégorisation, (2) *(BeamR)* affectation à un emploi dans un grade et échelon déterminé, (3) *(SteuerR)* personnalisation de l'impôt à raison des charges de famille.

Einsturz *m (eines Gebäudes)* ruine *f* (d'un bâtiment); **–gefährdet** *adj* menaçant ruine.

einstweilig *adj*, provisoire *adj*; **–e Anordnung** *(ZPR)* ordonnance *f* concernant une mesure provisoire, ordonnance sur requête *ou* de référé; **–e Beschlagnahme** (1) *(VwR)* réquisition, (2) *(StPR)* confiscation, saisie *f* (de pièces *ou* d'objets); **–e Einstellung der Zwangsvollstreckung** sursis *m* à exécution; **–e Kostenbefreiung** exonération provisoire des frais de procédure; **–e Unterbringung** internement *m* provisoire, placement d'office en cas de danger; **–e Verfügung** ordonnance *f* portant mesure provisoire.

Eintausch *m* échange *m*.

einteilen (1) *(verteilen)* répartir, diviser, partager, trier, (2) *(gliedern)* subdiviser, (3) *(Personen)* ordonner (de faire qch.).

Einteilung *f* (1) répartition, division, partage *m*, tri *m*, graduation, (2) classification *f*, distribution *f* (3) (en S. aussi:) incorporation (dans l'armée).

Eintrag *m* enregistrement *m*, note *f*, annotation *f*, notice *f*.

eintragen enregistrer, immatriculer, transcrire, inscrire.

einträglich *adj* lucratif, rémunérateur; **–es Geschäft** affaire *f* rentable.

Eintrags|begehren *n* (S) réquisition d'inscription; **–bescheinigung** *f* (S) certificat d'inscription.

eintrags|fähig *adj* enregistrable; **–pflichtig** *adj* soumis à enregistrement, qui doit être enregistré.

Eintragsrolle *f* registre *m* d'inscription, rôle *m*.

Eintragung *f* enregistrement *m*, inscription *f*, transcription *f*, immatriculation; **ändernde –** inscription modificative; **grundbücherliche –** (Aut), **– im Grundbuch** inscription au registre foncier; **– im Handelsregister** immatriculation *ou* inscription au registre du commerce; **– in eine Liste** inscription dans une liste, enrôlement *m*; **– in die Personalakte** mention au dossier; **– des Sichtvermerks** apposition du visa; **– in das Strafregister** inscription au casier judiciaire; **– eines Warenzeichens** dépôt d'une marque de fabrique.

Eintragungs|antrag *m* requête à fin d'enregistrement *ou* en inscription; **–begehren** *n* (S) réquisition d'inscription; **–bewilligung** *f* (1) consentement à l'enregistrement, (2) consentement à l'inscription.

eintragungsfähig *adj* enregistrable, susceptible d'être inscrit.

Eintragungs|gebühr *f* droit d'enregistrement *ou* d'inscription, taxe d'enregistrement; frais d'inscription; **–kosten** frais d'enregistrement; **–ort** *m* lieu d'enregistrement *ou* d'inscription.

eintragungspflichtig *adj* soumis à enregistrement, soumis à inscription, qui doit être enregistré.

Eintragungs|protokoll *n* procès-verbal d'enregistrement; **–schein** *m* certificat d'inscription, certificat de transcription; **–verfahren** *n* procédure d'enregistrement; **–vermerk** *m* mention *f* de l'enregistrement; **–verzeichnis** *n* bordereau d'inscription; **–zeichen** *n* marque *f* d'immatriculation.

eintreiben recouvrer, mettre en recouvrement.

Eintreiben *n*, **Eintreibung** *f* recouvrement *m*; **gerichtliche –** recouvrement par voie judiciaire; **– von Forderungen** recouvrement de créances; **unrechtmäßige – von Geldern** exaction *f*; **zwangsweise –** recouvrement forcé (par voie judiciaire).

eintreten (1) *(in eine Gewerkschaft od. Partei)* adhérer à, s'affilier, s'inscrire à, (2) *(für eine Person)* répondre de quelqu'un, prendre parti pour quelqu'un; remplacer, (3) *(in die Rechte)* subroger, (4) *(Schaden)* survenir, se réaliser, (5) *(Prozeß)* intervenir, agir par voie d'intervention.

Eintreten *n* **des Erbfalls** ouverture *f* de la succession.

Eintritt *m* (1) *(Eintreten)* entrée *f*, (2) *(in Verein, Gesellschaft)* adhésion *f*; **– der Bedingung** survenance de la condition; **– in die Beratung** mise en délibéré; **– des Erbfalls** ouverture de la succession; **– des Fälligkeitstermins** échéance du terme, arrivée du terme; **– in die Rechte (eines anderen)** subrogation *f*; **– eines Schadens** survenance d'un dommage *ou* d'un sinistre; **– in die Sozialversicherung** affiliation *f* à la sécurité sociale.

Eintritts|alter *n* âge *m* d'entrée *ou* d'admission; **–gebühr** *f* droit d'entrée; **–geld** *n* prix *m* d'entrée, droit d'admission; **–grenzzollamt** *n* bureau de douane d'entrée; **–karte** *f* carte d'admission; billet *m* d'entrée; **– musterung** *f* visite d'incorporation, visite d'entrée (S); **–klausel** *f* *(GesR)* clause statutaire prévoyant la continuation de la société avec le *ou* les héritiers (à la place de l'associé défunt); **–prämie** *f* prime *f* nouvelle, première prime; **–recht** *n* (1) droit d'entrée, (2) droit d'accession, (3) représentation successorale.

einverleiben (1) incorporer, annexer, (2) (en Aut. aussi:) transcrire, enregistrer.

Einverleibung *f* (1) *(GesR)* absorption *f*, incorporation *f*, (2) (en Aut, aussi:) transcription *f*, enregistrement *m*, inscription *f*.

Einverleibungs|ansuchen *n* (Aut) réquisition à fin d'inscription; **–antrag** *m* (Aut), **–gesuch** *n* (Aut) requête à fin d'inscription.

Einvernahme *f* audition *f*, interrogatoire *m*; **rogatorische –** (S) audition par juge requis *ou* commis (S).

Einvernehmen *n* accord *m*, entente *f*, intelligence *f*; **gegenseitiges –** consentement *m* mutuel; **sich mit jm ins – setzen** se mettre en rapport avec qn.

einvernehmliche Scheidung divorce *m* par consentement mutuel.

einverstanden sein être d'accord, n'avoir rien à objecter, consentir; **nicht mit etw ––** exprimer son désaccord; **sich – erklären** donner son accord.

einverständlich *adj* (Aut: mit Einwilligung des Partners) d'un commun accord; **–e Scheidung** divorce *m* d'un commun accord.

Einverständnis *n* (1) accord *m*, entente *f*, (2) *(StR)* consentement de la victime; **beiderseitiges –, gegenseitiges –** consentement *m* mutuel; **geheimes –** collusion *f* d'intérêts; **– mit dem Feinde** *(StR)* intelligence *f* avec l'ennemi; **strafbares –** connivence *f*, collusion *f*; **–erklärung** *f* déclaration d'accord.

Einwaage *f* *(HR)* poids *m* net.

Einwand *m* objection *f*, exception *f*; **einen – erheben** (1) faire une objection, contester, (2) exciper, invoquer une exception; **berechtigter –** objection justifiée; **– der Nichtigkeit** exception de nullité.

einwandern immigrer.

Einwanderer *m* immigrant *m*, immigré *m*.

Einwanderung *f* immigration *f*, flux *m* migratoire.

Einwanderungs|behörde *f* service *m* de l'immigration; **–beschränkung** *f* restriction à l'immigration; **–kontingent** *n* contingent; **–land** *n* pays favorisant l'immigration; **–visum** *n* visa d'immigration.

einwandfrei *adj* (1) *(eindeutig, unzweifelhaft)* indubitable, hors de doute, sûr, certain, (2) *(tadelloser Zustand)* en très bon état, de bonne qualité, de qualité loyale et marchande.

einwechseln changer.

Einwechslung *f* change *m*.

Einwegpackung *f* emballage *m* perdu.

Einweihung *f* inauguration (officielle), cérémonie inaugurale.

einweisen (1) *(Arbeit)* initier, donner des directives, (2) *(Amt)* installer (dans ses fonctions), (3) *(Krankenhaus)* hospitaliser.

Einweisung *f* instruction *f*, directive *f*; installation *f*; **– in den Besitz** envoi en possession, envoi en possession définitive; **vorläufige – in den Besitz** envoi en possession provisoire; **– in eine Wohnung** affectation de logement.

Einweisungsbescheid *m* acte d'affectation, acte d'attribution.

einwenden objecter, soulever une exception.

Einwendung *f* objection *f*, exception *f*, réclamation *f*; **eine – erheben** soulever une exception, arguer d'une exception (en justice), exciper (de qch); **– der Fälschung** dénonciation en faux; **– der Gewährleistung** exception de garantie; **– der Nichtigkeit** exception de nullité; **– des Selbsteintrittsrechtes** exception de contre-partie; **– der Ungesetzlichkeit** exception d'illégalité.

einwilligen consentir, donner son accord, accepter (l'offre), accéder (à la demande), souscrire, acquiescer.

Einwilligung *f* consentement (préalable) *m*, approbation *f* préalable, autorisation *f*, assentiment *m*; **– zur Eheschließung** consentement au mariage.

Einwirkung *f* influence *f*, pression *f*, action *f*, empire *m*, emprise *f*; **unter – von** sous l'influence de, sous l'empire de, sous l'effet.

Einwohner *m* habitant *m*; **–gemeinde** *f* (S) commune où habitants et simples résidents ont les mêmes droits, commune *f* politique (S); **–liste** *f* liste des habitants, registre de population (B).

Einwohnermelde|amt *n* service *m* communal (allemand) compétent en matière de déclaration de domicile, bureau des déclarations domiciliaires des habitants (d'une commune); **–pflicht** obligation de déclarer son domicile; **–register** *n* registre d'inscription de la population d'une commune.

Einwohner|verzeichnis *n* registre *m* municipal des habitants d'une commune; **–wehr** *f* milice *f* locale; **–zahl** *f* population *f*, nombre *m* d'habitants.

Einwurf *m* objection, argument opposé, réplique, contestation.

einzahlen verser, payer, acquitter, libérer (une action).

Einzahlung *f* versement *m*, dépôt de fonds, paiement *m*; libération (d'actions); **– auf Aktien** libération d'actions; **– auf ein Postscheckkonto** versement à un compte courant postal; **– auf Sperrkonto** versement en compte bloqué.

Einzahlungs|beleg *m* relevé *m* de versement; **–bescheinigung** *f* attestation de versement; **–frist** *f* délai *m* de paiement; **–gebühr** *f* taxe de versement; **–meldung** *f* avis de versement; **–schalter** *m* caisse *f*; **–schein** *m* bordereau *m* de versement; **–stelle** *f* domicile de versement (S).

einzäunen enclore.

Einzäunung *f* clôture *f*, enceinte *f*.

Einzeichnung *f* inscription *f*, légende *f*.

Einzel|abkommen *n* convention *f* particulière; **–abmachung** *f*, **–abrede** *f* stipulation *ou* clause énoncée dans un contrat; **–anfertigung** *f* fabrication hors série; **–angaben** *fpl* spécification *f*, indications détaillées; **–anordnung** *f* acte *m* individuel; **–arbeitsvertrag** *m* contrat individuel de travail; **–aufgliederung** *f*, **–aufstellung** *f* état *m* détaillé, ventilation détaillée, spécification; **–ausnahme** *f* dérogation individuelle; **–begnadigung** *f* grâce individuelle; **–bestimmung** *f* disposition particulière; **–betrieb** *m* entreprise *f* individuelle; **–dienstvertrag** *m* contrat de travail individuel; **–einbürgerung** *f* naturalisation *f* individuelle; **–einkommen** *n* revenu individuel; **–entlassung** *f* congédiement *m*; **–fall** cas *m* isolé; **–fertigung** *f* production à l'unité, fabrication artisanale; **–firma** *f* *(HR)* établissement en nom personnel, entreprise particulière, entreprise individuelle, raison *f* individuelle (S); **–gericht** *n* (Aut) tribunal à juge unique; **–geschäft** *n* transaction particulière, marché *m* individuel; **–geschäftsführer** *m* gérant d'affaires unique; **–geschäftsführung** *f* *(HR)* gestion *f* (d'affaires) individuelle.

Einzelhaft *f* détention *ou* emprisonnement individuel *ou* cellulaire; réclusion *f* cellulaire; **– anordnen** *(MilR)* mettre au secret.

Einzelhandel *m* commerce *m* de détail, petit commerce; **im** – au détail.

Einzelhandels|geschäft *n* magasin *m* de détail; **–kaufmann** *m* détaillant *m*; **–preis** *m* prix de détail; **–preisindex** *m* indice des prix de détail; **–spanne** *f* marge *f* du détaillant; **–umsatz** *m* chiffre *m* d'affaires du commerce de détail; **–versteigerung** *f* vente aux enchères de détail.

Einzelhändler *m* débitant *m*, détaillant *m*, négociant au détail.

Einzelheiten *pl* modalités *fpl*, particularités *fpl*, détails *mpl*.

Einzel|kaufmann *m* commerçant à titre individuel *ou* en nom personnel; **–kosten** *pl* frais *mpl* particuliers; **–maßnahme** *f* mesure *f* individuelle; **–muster** *n* échantillon *m* unique, prototype *m*; **–paß** *m* passeport *m* individuel; **–person** *f* individu *m*, personne *f*; **–police** *f* police *f* individuelle simple; **–preis** *m* prix *m* unitaire; **–rechnung** *f* compte *m* particulier; **–rechtsnachfolger** *m* ayant-cause *m* à titre particulier, successeur particulier; **–regelung** *f* règlement *m* particulier, réglementation *f* individuelle; **–richter** *m* juge *m* unique; **–risiken** *npl* *(VersR)* risques *mpl* isolés *ou* séparés; **–rückversicherung** *f* réassurance *f* particulière; **–scheck** *m* chèque *m* simple; **–schiedsrichter** *m* arbitre *m* unique; **–schuldner** *m* débiteur *m* particulier *ou* individuel.

einzelstaatlich *adj* national.

Einzel|statut *n* *(IPR)* statut *m* particulier; **–strafe** *f* peine *f* particulière; **–streitigkeit** *f* conflit *m* individuel, litige *m* individuel; **–teile** *npl* pièces détachées *ou* de rechange; **–transport** *m* transfert *m* individuel; **–unfallversicherung** *f* assurance *f* individuelle simple; **–unternehmen** *n* (1) entreprise *f* *ou* exploitation individuelle, établissement, (2) sous-entreprise *f*; **–unternehmer** *m* (1) entrepreneur *m* indépendant *ou* individuel, (2) sous-entrepreneur *m*; **–unterricht** *m* cours particulier; **–untersuchung** *f* examen détaillé; **–veranlagung** *f* imposition *f* distincte (pour chaque personne); **–vereinbarung** *f* accord *m* particulier; **–verfügung** *f* acte *m* individuel; **–verkauf** *m* vente *f* au détail.

Einzelvermächtnis *n* legs *m* particulier, legs à titre particulier; **–nehmer** *m* légataire *m* particulier.

Einzel|vernehmung *f* audition *f* séparée; **–versicherung** *f* assurance (vie) individuelle; **–vertrag** *m* contrat *m* individuel, contrat particulier; **–vollmacht** *f* mandat *m* à titre individuel; **–vormund** *m* tuteur *m* unique; **–vormundschaft** *f* tutelle *f* exercée par une personne; **–vorschrift** *f* disposition *f* particulière *ou* spéciale; **–vorstand** *m* président directeur général; **–wahl** *f* vote *m* *ou* scrutin *m* uninominal; **–weisung** *f* instruction *f* particulière *ou* individuelle; **–zahlung** *f* paiement *m* individuel; **–zählung der Stimmen** décompte *m* individuel des voix; **–zelle** *f* cellule d'isolement *ou* individuelle.

einziehbar *adj* (1) *(Geld)* recouvrable, (2) *(Sache)* confiscable.

einziehen (1) *(Sachen)* saisir, confisquer, (2) *(Geld)* recouvrer, encaisser, (3) *(Steuern)* percevoir, procéder au recouvrement.

Einziehung *f* (1) *(Sache)* saisie *f*, confiscation *f*, (2) *(Geld)* recouvrement *m*, (3) *(MilR)* incorporation *f*;

– **von Aktien** retrait d'actions; **die – aussprechen** saisir, confisquer, prononcer la saisie, prononcer la confiscation; – **von Beförderungsmitteln** *(StR)* confiscation d'un véhicule instrument du délit; – **der Forderung** recouvrement de la créance; – **von Schriften** (mit strafbarem Inhalt) confiscation d'écrits illicites; – **des Wechsels** recouvrement de l'effet.

Einziehungs|abtretung *f* cession aux fins d'encaissement; **–auftrag** *m* mandat *m* de recouvrement, ordre d'encaissement; **–bescheid** *m* décision de saisie *ou* de confiscation, déclaration de saisie *ou* de confiscation; **–beschluß** *m* ordonnance *f* relative à la confiscation; **–erkenntnis** *n* décision de saisie *ou* de confiscation; **–ermächtigung** *f* mandat *m* d'encaissement; **–gebühr** *f* taxe *ou* droit d'encaissement, droit de recette; **–provision** *f* commission d'encaissement; **–vollmacht** *f* procuration pour l'encaissement.

Einzug *m* recouvrement *m*; **zum – bringen** mettre en recouvrement.

Einzugs|auftrag *m* (S) valeur à recouvrer; **–entschädigung** *f* prime d'installation *ou* de réinstallation; **–ermächtigung** *f (BankR)* autorisation de prélèvement (mensuel); **–gebiet** *n* agglomération *f*, (grande) banlieue *f*, région périphérique; **–gebühr** *f* (S) taxe d'encaissement; **–papier** *n* (S) valeur à recouvrer, titre à encaisser; **–spesen** *pl (Wechsel)* frais d'encaissement; **–stelle** *f* service *m* de perception; **–verfahren** *n* (1) *(BankR)* encaissement, (2) *(VersR)* procédure de perception des cotisations d'assurance.

Eisenbahn *f* chemin de fer; **–abkommen** *n* convention *f* ferroviaire; **–beförderungsrecht** *n* réglementation des transports ferroviaires; **–betrieb** *m* exploitation de chemins de fer; **–betriebshaftung** *f* responsabilité des chemins de fer (pour les fautes de service *ou* d'exploitation); **–buch** *n* registre foncier des chemins de fer; **–delikt** *n* infraction à la police des chemin de fer; **–empfangsbescheinigung** *f* récépissé *m* des chemins de fer; **–frachtbrief** *m* déclaration d'expédition (pour les envois de détail *ou* par wagon); **–frachtgeschäft** *n* contrat *m* de transport de marchandises par chemin de fer; **–gefährdung** *f* atteinte à la sécurité des chemins de fer; **–gelände** *n* enceinte *f* du chemin de fer, dépendances *fpl* de la voie ferrée; **–gesellschaft** *f* compagnie *f* ferroviaire; **–kreuzung u. –übergang** passage *m* à niveau (muni de barrières *ou* non), traversée *f* (gardée); **–netz** *n* réseau *m* ferroviaire; **–recht** *n* (1) droit *ou* législation ferroviaire, (2) police *f* des chemins de fer, règlements sur la sûreté et l'exploitation des voies ferrées; **–tarif** *m* (1) tarification *ou* tarif *m* ferroviaire, (2) prix *m* du transport ferroviaire; **–transport** *m* transport ferroviaire; **–unternehmen** *n* compagnie *f* de chemins de fer; **–verkehr** *m* trafic *m ou* transport *m* ferroviaire; **–verwaltung** *f* administration des chemins de fer.

Eisen|- und metallverarbeitende Industrie industrie métallurgique et sidérurgique; **–warenmesse** *f* Foire *f* de la quincaillerie.

elektrische | Anlagen installations *fpl* électriques; – **Energie** énergie électrique.

Elektrizität *f* électricité; **–sanlage** *f* usine *f* d'électricité; **–serzeugung** *f* production d'énergie électrique; **–sgesellschaft, –sunternehmen** *n* entreprise *f* de production d'électricité; **–sversorgung** *f* distribution *ou* fourniture *f* d'énergie électrique; **–swirtschaft** secteur *m* économique de l'énergie électrique; **–szähler** *m* compteur *m* d'électricité.

elektronische Datenverarbeitung (EDV) informatique *f*, traitement *m* électronique des données.

Elend *n* misère *f* dénuement *m*, indigence *f*, pauvreté *f*; **–sviertel** *n* bidonville *m*.

Eliminierung *f* élimination, éviction, rejet *m*.

elterliche Sorge *f (FamR früher: elterliche Gewalt)* autorité *f* parentale; **Aufhebung** *f* **der –n –** *(Klage)* action en déchéance de l'autorité parentale; **gemeinsame Ausübung** *f* **der –n –** exercice conjoint *ou* en commun de l'autorité parentale; **Übertragung** *f* **der –n –** attribution de l'autorité parentale (à un seul parent); **Verlust** *m* **der –n –** déchéance *f* de l'autorité parentale.

elterliches | Bestrafungsrecht *n* droit de correction parental; **– Sorgerecht** modalités de l'exercice de l'autorité parentale, droit de garde, de surveillance et d'entretien.

Eltern *pl* père et mère, parents *mpl;* **–beirat** *m (SchulR)* conseil consultatif des parents d'élève(s); **–haus** *n* (1) domicile familial, (2) ascendance *f*, origine *f*, filiation; **–recht** *n* droit des parents face à leurs enfants; **–teil** *m* père *ou* mère.

Emanzipation *f* émancipation *f*.

Embargo *n* embargo *m*.

Emeritierung *f (HochschulR)* admission (d'un professeur) à la retraite.

Emeritus *m* professeur *m* émérite.

Emigrant *m* (1) émigrant *m*, (2) émigré *m*.

Emigration *f* (= Auswanderung) émigration *f*.

Emissär *m* émissaire *m*.

Emission *f* (1) *(BankR: Ausgabe)* émission *f*, (2) *(Luftverunreinigung)* nuisance *f* produite par émission, pollution *f* atmosphérique, (3) *(S: Rundfunksendung)* radiodiffusion *f*.

Emissions|abgabe *f* (S) droit d'émission; **–agio** *n* prime *f* d'émission; **–bank** *f* banque d'affaires *ou* d'investissements; **–geschäft** *n* opération d'émission; **–institut** *n* institut *m* d'émission; **–konsortium** *n* consortium *ou* syndicat *m* financier d'émission; **–kurs** *m* cours d'émission.

Emissionssteuer *f* impôt *m* sur les émissions de titres.

Emissionswährung *f* monnaie *f* d'émission (d'un emprunt).

Emittent *m (BankR: Aussteller)* émetteur *m*.

emittieren émettre.

Empfang *m* réception *f*, accueil *m*; **den – bestätigen** accuser réception; **in – nehmen** recevoir, prendre livraison.

empfangen recevoir; accueillir.

empfangene, noch nicht geborene Leibesfrucht *(ErbR)* enfant conçu.

Empfänger *m* (1) *(Waren)* destinataire *m*, (2) *(Leistungen)* bénéficiaire *m*, titulaire *m*, ayant-droit *m*.

Empfangnahme *f* (1) *(Ware)* réception *f*, prise de livraison, (2) *(ZPR)* réception (de fonds) par le mandataire de procédure.

Empfängnis|regelung *f* régulation des naissances, planning familial; **–verhütung** *f* contraception *f*, anticonception; **–verhütungsmittel** *npl* produits contraceptifs, préservatifs; **–vermutung** *f* présomption *f* de la filiation; **–zeit** *f* époque *f* de la conception.

Empfangs|amt *n* (1) (UPU) bureau de destination, (2) (CIM) État de destination; **–anweisung** *f* ordre de prendre en recette; **–anzeige** *f* accusé de réception.

empfangsbedürftig *adj* nécessitant la réception; **–e Willenserklärung** déclaration *f* exigeant la réception (pour être valable).

Empfangs|bedürftigkeit *f* (der Willenserklärung) nécessité *f* de la réception (d'une déclaration de volonté); **–bekenntnis** *n (ZR: Quittung)* quittance *f*; **–berechtigte(r)** *m* réceptionnaire *m*; **–berechtigung** qualité *f* pour prendre livraison; **–bescheinigung** accusé de réception; quittance *f*, reçu *m*; **–bestätigung** *f* récépissé *m*, reçu *m*, accusé de réception, quittance *f*, acquit *m*; **–bevollmächtigter** personne mandatée pour recevoir (les actes de procédure); **–bote** *m* personne *f* recevant une déclaration de volonté pour le commettant; **–büro** *n* bureau *m* d'accueil; **–dame** hôtesse d'accueil; **–datum** *n* date *f* de réception; **–schein** *m* récépissé *m*, reçu *m*; **–staat** *m (VR)* État auprès duquel un diplomate est accrédité,

État *m* accréditaire; **–vollmacht** *f* procuration pour recevoir quelque chose.

empfehlen recommander, préconiser, conseiller.

Empfehlung *f* (1) *(a. EuR)* recommandation, (2) *(ArbR)* références *fpl,* (3) appui *m*, protection *f*.

Empfehlungs|brief *m* lettre *f* de recommandation; **–schreiben** *n* lettre de recommandation.

Emphyteuse *f (ErbR: Erbpacht)* bail *m* emphytéotique.

Empörung *f* (1) rébellion, sédition, révolte, (2) indignation.

End|abnehmer *m* consommateur *m* final; **–abrechnung** *f* compte *m* définitif, solde *m*; **–abstimmung** *f* vote *m* final; **–alter** *n (VersR)* âge *m* à l'expiration (du contrat); **–ausweis** *m* (Aut) inventaire *m* de l'actif successoral dressé sous contrôle judiciaire pour le mineur *ou* l'incapable et servant de base pour la gestion tutélaire; **–bescheid** *m (VwR)* décision définitive; **–beschluß** *m* (Aut) décision rendue en cas de trouble possessoire; **–bestand** *m* stock *m* final; **–betrag** *m* montant *m* total; **–entscheidung** *f* décision *f* finale; **–ergebnis** *n* résultat *m* définitif; **–erzeugnis** *n* produit *m* fini; **–fälligkeit** *f* échéance *f*; **–fertigung** *f* finition.

enden *od.* **endigen** prendre fin, cesser, expirer.

Endigung *f* fin *f*, cessation.

endgültig de façon définitive, irrévocable; **–e Fassung** version définitive.

End|lagerung *f (UmweltR)* enfouissement (des déchets nucléaires), stockage *m* en profondeur; **–preis** *m* prix de vente (au public); **–produkt** *n* produit *m* fini; **–termin** *m* dernier délai, date limite.

Endurteil *n (ZPR)* jugement *m* qui met fin à l'instance, jugement tranchant (tout) le principal, jugement sur le fond; (en S) jugement au fond; **dem – vorbehalten** joindre au fond.

End|verbrauch *m* consommation des ménages; **–verbraucher** *m* consommateur *m* (dernier maillon de la chaîne de production et de distribution); **–verkaufspreis** *m* prix de vente au consommateur; **–vermögen** (eines Ehegatten) patrimoine *m* (d'un époux) à la dissolution de la communauté; **–zweck** *m* but *m ou* objectif *m* final, objet *m*.

Energie *f* énergie *f*; **Entziehung elektrischer** – soustraction frauduleuse d'électricité; **–anlage** *f* installation (classée) de production d'énergie électrique *ou* gazière; **–anlagenhaftung** *f* responsabilité pour les dommages résultant de l'exploitation d'une installation classée; **–aufsichtsbehörde** *f* service *m* de surveillance des établissements classés; **–ausschuß** *m* comité technique de l'énergie; **–bedarf** *m* besoins *mpl* en énergie; **–bilanz** *f* bilan *m* énergétique; **–defizit** déficit *m* énergétique; **–eigenversorgung** *f* autoconsommation et autosuffisance énergétique; **–einsparungsgesetz** *n* Loi *f* relative aux économies d'énergie; **–erzeugung** *f* production d'énergie; **–forschung** *f* recherche *f* dans le domaine énergétique; **–knappheit** *f* pénurie d'énergie; **–krise** *f* crise *f* de l'énergie; **–lieferungsvertrag** *m* contrat *m* d'abonnement (entre l'usager et le fournisseur d'énergie); **–markt** *m* marché de l'énergie, marché *m* énergétique; **–politik** *f* politique *f* relative à l'encadrement de la consommation d'énergie; **–quelle** *f* source d'énergie; **–reserve** *f* ressources énergétiques; **–sektor** *m* secteur *m* énergétique; **–sicherungsgesetz** *n* loi sur la sauvegarde de l'approvisionnement énergétique; **–verbrauch** *m* consommation *f* énergétique; **–versorgung** *f* distribution d'énergie (électrique etc.); **–versorgungsunternehmen** *n* entreprise *f ou* établissement d'exploitation et de distribution d'énergie; **–wirtschaft** politique économique relative aux produits énergétiques; **–wirtschaftsgesetz** *n* Loi relative à la surveillance des entreprises d'exploitation et de distribution d'énergie.

eng *adj* étroit, limité, restrictif; **einen Anspruch –er fassen** limiter *ou* réduire les prétentions; **zu – auslegen** donner une interprétation trop restreinte *ou* étroite.

Engagement *n* (1) engagement *m*, obligation *f*, (2) recrutement *m*.

Engineering *n* ingénierie *f*, étude *f* globale de projets industriels; **–Büro** *n* bureau *m* d'études techniques; **–vertrag** *m* contrat *m* d'ingénierie.

Eng|paß *m* goulot *m* d'étranglement; **–stelle** *f (StVR)* chaussée rétrécie.

Enkel *m* petit-fils *m*; **–gesellschaft** sociéte *f* affiliée.

Enklave *f (VR)* enclave *f*.

Enquete *f* enquête *f* officielle, information *f*, examen *m*, investigation *f*; **–bericht** *m* rapport *m* d'enquête; **–kommission** *f (StaatsR)* commission parlementaire spéciale pour l'élaboration d'une loi modifiant la constitution; **–recht** *n* droit d'enquête et de contrôle du parlement.

Entartung *f* dégénérescence *f*.

Entäußerung *f* (1) renonciation, (2) *(SachR)* cession *f*, aliénation.

entbinden (1) accoucher, (2) relever d'un serment ou d'une obligation, délier (d'une obligation); **von den Dienstpflichten –** suspendre des fonctions.

Entbindung *f* (1) accouchement *m*, (2) fait de relever d'un serment *ou* d'une obligation; **–sklinik** *f* maternité *f*, services *mpl* obstétricaux; **–skosten** *pl* frais *mpl* de maternité.

Entdeckung *f* découverte *f*.

enteignen exproprier; **entschädigungslos –** (Aut) confisquer.

Enteigner *m* (S) expropriant *m*.

Enteignete(r) exproprié *m*.

Enteignung *f (ÖfR)* expropriation (pour cause d'utilité publique); **entschädigungslose –** confiscation des biens; **teilweise –** expropriation *ou* cession partielle d'immeubles *ou* de droits réels immobiliers; **vorsorgliche –** (S) expropriation provisionnelle (S); **– wegen Gesundheitsgefährdung** expropriation pour cause d'insalubrité; **– im öffentlichen Interesse, – zur Verfolgung öffentlicher Zwekke** expropriation pour cause d'utilité publique.

Enteignungs|anordnung *f* arrêté *m* de cessibilité, ordonnance individuelle d'expropriation; **–ausspruch** *m* acte déclarant l'utilité publique; **–befugnis** *f* droit d'expropriation; **–begehren** *n* demande d'expropriation; **–behörde** *f* expropriant *m*; **–bescheid** *m* ordonnance *ou* arrêté *m* d'expropriation; décision *ou* déclaration de confiscation; **–beschluß** *m* ordonnance *ou* jugement d'expropriation; **–entschädigung** *f* indemnité d'expropriation; **–erkenntnis** *n* (Aut) arrêté *ou* jugement d'expropriation; décision *ou* déclaration de confiscation; **–gesetz** *n* Loi allemande relative à l'expropriation pour cause d'utilité publique.

Enteignungs|plan *m* plan d'expropriation; **–recht** *n* droit d'expropriation; **–tabelle** *f* (S) tableau d'expropriation (S); **–verfahren** *n* procédure d'expropriation; **–verfügung** *f* ordonnance *ou* arrêté d'expropriation; **–verordnung** *f* (1) arrêté de cessibilité, (2) ordonnance d'expropriation; **–werber** *m* (Aut) expropriant *m*.

Entente *f (VR: Bündnis)* entente *f*, alliance *f*, association internationale.

enterben exhéréder, déshériter.

Enterbung *f* exhérédation *f*, exclusion *f* de la succession.

Enterbungsgrund *m* cause *f* d'exhérédation.

Entfaltung *f* **der Persönlichkeit** épanouissement *m* de la personnalité.

entfernen enlever; **sich –** s'absenter, partir, s'éloigner.

Entfernen *n* (1) *(Güter)* enlèvement *m*, (2) *(Personen)* départ *m*; **unerlaubtes – vom Unfallort** le fait de s'éloigner (illégalement) des lieux de l'accident; **– von Grenzsteinen** suppression *f* de borne.

Entfernung *f* distance *f*; éloignement *m*; **unerlaubte –, eigenmächtige –** (Aut) absence *f* illégale; **– des Angeklagten** *(StPR)* expulsion de l'accusé (de la salle d'audience); **– von Anschlägen** lacération *f* d'affiches; **– aus dem Dienst** *(BeamR)* révocation *f* (avec *ou* sans suspension *f* des droits à pension).

entflechten décartelliser, démanteler.

Entflechtung *f (WirtR)* décartellisation, démantèlement *m* (d'un groupe monopolistique).

entführen enlever, détourner, kidnapper.

Entführer *m* (1) *(Kinder)* kidnappeur, (2) *(Frauen)* ravisseur *m*.

Entführung *f (StR)* rapt *m*, enlèvement *m*, kidnappage *m*, kidnapping *m*; **– von Flugzeugen** détournement *m* d'avions.

entgangener Gewinn manque *m* à gagner, gain *m* manqué.

Entgegenhaltung *f (PatentR)* antériorité opposée, objection.

entgegenkommen (1) *(StVR)* venir en sens inverse, (2) se montrer compréhensif, venir à l'aide.

Entgegennahme von Beträgen réception de fonds.

entgegenstehend *adj* s'opposant à, contraire à.

entgegnen répliquer, objecter, réfuter, rétorquer.

Entgegnungsrecht *n* droit de réponse.

entgehen *(Gefahr)* échapper à.

Entgelt *n* (1) *(Preis)* contre-valeur *f*, prix *m*, (2) *(Lohn)* rémunération *f*, salaire *m* brut, (3) *(Entschädigung)* dédommagement *m*, compensation *f*; **–buch** *n* livret *m* remis aux travailleurs à domicile et contenant l'indication des commandes et des rémunérations.

entgelten (1) rémunérer, (2) dédommager, indemniser.

entgeltlich *adj* à titre onéreux.

Entgeltlichkeit *f* (einer Geschäftsführung) gestion *f* d'affaires donnant droit à une rémunération.

Entgeltsanspruch *m* droit à dédommagement.

enthaften (1) *(StPR: en BRD et en Aut.)* libérer, élargir, relâcher, lever l'écrou, (2) *(VersR en BRD seulement)* dégager de la responsabilité.

Enthaftung *f* (1) *(en BRD et en Aut.)* libération *f*, élargissement *m*, levée d'écrou, (2) *(en BRD seulement)* dégagement *ou* exonération de la responsabilité.

Enthaftungsklausel *f* clause de non-responsabilité *ou* d'irresponsabilité, clause d'exonération de la responsabilité.

enthalten (1) contenir, comprendre, contenir, (2) *(sich –)* s'abstenir de, ne pas prendre parti, rester neutre.

Enthaltung *f (Pol: Wahl)* abstention.

entheben destituer, révoquer, relever des fonctions, suspendre, démettre; **des Amtes –** déclarer démissionnaire; **von einer Verbindlichkeit –** libérer (qn) de tout engagement *ou* de toute obligation ultérieure.

Enthebung *f (BeamR)* destitution, révocation, relèvement des fonctions; mise à la retraite d'office.

Enthüllung *f* révélation.

Entkleidungstanz *m* numéro *m* de strip-tease *ou* d'effeuillage.

entkräften infirmer, annuler, invalider; **einen Verdacht –** laver d'un soupçon.

Entkräftung *f* infirmation *f*, annulation *f*, invalidation *f*.

Entkriminalisierung *f* dépénalisation.

entladen décharger.

Entlade|stelle *f* lieu *m* de déchargement; **–vorrichtung** *f* plate-forme *f* de déchargement.

entlassen (1) congédier, renvoyer, licencier, débaucher, (2) élargir (un prisonnier), remettre en liberté.

Entlassene(r) *m* détenu *m* libéré; **aus dem Wehrdienst –** libéré du service militaire.

Entlassung *f* (1) *(ArbR)* congédiement *m*, renvoi *m*, licenciement *m*, débauchage *m*, (2) *(StR)* élargissement *m* (d'un détenu), (3) *(Richter, Vormund)* destitution *f*, **bedingte –** *(StR)* libération conditionnelle; **kollektive –** *(ArbR)* licenciement collectif; **vorzeitige –** libération anticipée; **– auf Antrag** *m* démission *f*; **– zur Bewährung** *f (StR)* libération avec mise à l'épreuve; **– aus disziplinären Gründen** *(ArbR)* licenciement par mesure disciplinaire; **– aus der Haftung** *(VersR)* exonération de la responsabilité; **– aus dem Militärdienst** renvoi dans les foyers; **– aus der Staatsangehörigkeit** déchéance *f* de la nationalité; **– aus dem Wehrdienst** réforme *f*; **– eines Zeugen** ordre *m* au témoin de quitter la barre (après sa déposition à l'audience).

Entlassungs|abfindung *f*, **–entschädigung** *f* indemnité *f* de licenciement; **–frist** *f* préavis *m*; **–geld** *n (Armee)* prime de démobilisation; **–recht** *n* droit de licenciement; **–schein** *m* (1) *(MilR)* fiche *ou* certificat de démobilisation, (2) certificat attestant la rupture des liens d'allégeance; **–schreiben** lettre *m* de congédiement; **–sperre** *f* interdiction de licencier; **–verfügung** *f* (1) *(ArbR)* décision *ou* mesure *f* de licenciement; (2) *(StPR)* levée *f* d'écrou.

entlasten (1) *(Geschäftsführer)* donner décharge, accorder le quitus, donner le quitus, décharger, (2) *(Tatverdächtigen)* disculper, innocenter.

Entlastung *f* décharge *f*, quitus *m*; **die – erteilen** donner *ou* accorder le quitus, donner décharge; **– durch Vertrag** décharge conventionnelle; **– des Vorstands** quitus donné au directoire à la clôture de l'exercice.

Entlastungs|bescheinigung *f* certificat de quitus *ou* de décharge; **–beschluß** *m* décision de quitus; **–beweis** *m (SchuldR)* preuve *f* d'exonération de la responsabilité (du maître *ou* commettant pour les préposés); **–zeuge** *(StPR) m* témoin à décharge; **–zeugnis** *n* certificat de quitus *ou* de décharge.

entledigen: sich – (1) *(Schulden)* se libérer de, rembourser, (2) *(Auftrag)* remplir *ou* exécuter (un mandat), mener à terme *ou* à bonne fin.

entlehnen emprunter.

Entlehner *m* (Aut-S) emprunteur *m*, commodataire *m*.

Entlehnung *f* citation *ou* plagiat *m* plus ou moins inconscient de l'œuvre d'autrui.

entleihen emprunter.

Entleiher *m* emprunteur *m*, commodataire *m*.

Entleihung *f* emprunt *m*, prêt à usage, commodat *m*.

Entlobung *f* rupture *f* des fiançailles.

entlohnen rémunérer.

Entlohnung *f* rémunération *f*, traitement *m*; **angemessene –** salaire *m* équitable.

Entmachtung *f (Pol)* renversement, chute *f*, destitution.

Entmenschung *f* déshumanisation.

Entmilitarisierung *f* démilitarisation.

entmündigen *(ZR)* enlever la capacité, priver de la capacité, mettre sous tutelle, frapper d'incapacité.

Entmündigte(r) *m* (1) incapable *m*, (2) *(StR)* interdit *m*.

Entmündigung *f* (1) interdiction judiciaire, placement (d'un majeur) sous tutelle, ouverture *f* de la tutelle, (2) *(durch Strafurteil)* interdiction légale (en tant que peine accessoire frappant tout condamné à une peine criminelle), (3) perte *f* de la capacité; **Wiederaufhebung der –** mainlevée *f* de l'interdiction.

Entmündigungs|antrag *m* requête en interdiction; **–beschluß** *m* arrêt *m* portant interdiction; **–grund** *m* cause *f* de l'interdiction; **–urteil** *n* jugement portant interdiction *ou* d'interdiction; **–verfahren** *n* procédure *f* de l'interdiction (judiciaire).

Entnahme *f (a. GesR)* prélèvement *m*; **– von Gas und Wasser** consommation de gaz et d'eau; –

von Strom alimentation en courant électrique.
entnehmen prélever, prendre.
Entrechtung *f* privation *f* des droits.
Entrepot *n* entrepôt *m*; **–geschäft** *n* opération portant sur des marchandises entreposées; **–schein** *m* warrant *m*.
entrichten payer, verser, régler; **eine Steuer –** acquitter un impôt.
Entrichtung *f* paiement *m*, versement *m*; **– einer Gebühr** acquittement d'une redevance; **– in Raten** versement *ou* paiement fractionné *ou* échelonné.
entsagen renoncer à qch.
Entsagung *f* renonciation *f*.
entsandte Kräfte *(VR, BeamR)* personnel *m* envoyé (en mission) à l'étranger.
entschädigen dédommager, indemniser, désintéresser.
Entschädigung *f* dédommagement *m*, dommages-intérêts *mpl*, réparation *f*, indemnité *f*, indemnisation *f*; **angemessene –, billige –** juste indemnité, indemnisation équitable; **finanzielle –** réparation *f* pécuniaire; **pauschale –** indemnité forfaitaire; **volle –** pleine et entière indemnité, indemnisation de tout le préjudice subi; **vorläufige –** indemnité provisionnelle; **eine – beanspruchen, eine – fordern** réclamer une indemnité, demander réparation; **eine – gewähren** allouer *ou* accorder une indemnité; **– für Leertransporte** indemnité de parcours à vide; **– der Opfer von Gewalttaten** indemnisation *f* des victimes d'un attentat; **– für Verdienstausfall** indemnité pour perte de salaire; **– für Versetzung auf einen anderen Posten** indemnité de changement d'emploi; **eine – zusprechen** accorder une indemnité.
Entschädigungs|angebot *n* offre *f* d'indemnisation; **–anspruch** *m* droit à réparation *ou* à dédommagement *ou* à indemnisation *ou* à indemnité, réclamation en indemnité, demande en dédommagement; **–antrag** *m* (1) *(ZR)* demande de dommages-intérêts, (2) *(VersR)* demande de règlement de sinistre; **–begrenzung** *f* limitation de l'indemnité, plafond *m* de garanties; **–bürge** *m* garant *m* de l'indemnisation; **–fonds** *m* fonds d'indemnisation; **–forderung** *f* créance en indemnisation, créance *f* indemnitaire (S); **–kapital** *n* capital d'indemnisation; **–klage** *f* action en dommages-intérêts; **–leistung** *f* prestation à titre d'indemnité, indemnisation du préjudice subi; **–pflicht** *f* obligation d'indemniser *ou* de réparer le dommage causé; **–rente** *f* pension versée à titre d'indemnisation; **–summe** *f* montant *m* de l'indemnité; **–verfahren** *n* modalités de règlement du sinistre; **–zahlung** paiement de l'indemnité; **–zusage** *f* reconnaissance d'une obligation de dédommagement.
Entscheid *m* décision *f* judiciaire *ou* administrative; décision prise par un homme de l'art (médecin etc.); **begründeter –** décision motivée; **letztinstanzlicher –** décision rendue en dernière instance; **rechtskräftiger –** décision exécutoire; **– über die Ausweisung** (S) prononcé d'expulsion.
entscheiden (1) *(endgültig bestimmen)* arrêter, fixer, décider, (2) *(ein Urteil fällen)* statuer, trancher, juger; **ex aequo et bono –** statuer en équité *ou* ex aequo et bono.
Entscheidung *f* (1) *(Oberbegriff)* décision *f*, décision de justice, (2) *(eines Einzelrichters)* sentence *f*, (3) *(einer Spruchkammer)* jugement *m*, (4) *(des Berufungs- od. Revisionsgerichts)* arrêt *m*, (5) *(StPR: der Geschworenen)* verdict *m*, (6) *(Schiedsrichter)* sentence arbitrale; **ablehnende –, abweisende –** décision de rejet, infirmation *f*; **angefochtene –** décision attaquée *ou* incriminée; **Annahme einer –** acquiescement (à une décision); **arbeitsgerichtliche –, arbeitsrichterliche –** décision prud'homale; **begründete –** décision motivée; **gegensätzliche –en**

contrariété *f* de jugements; **gegenteilige** – décision en sens contraire; **gerichtliche** – décision judiciaire *ou* de justice; **mit Gründen versehene** – décision motivée; **letztinstanzliche** – décision rendue en dernière instance; **rechtskräftige** – décision définitive; **stillschweigende ablehnende** – décision implicite de refus; **strafrechtliche** – décision pénale; **verbindliche** – décision obligatoire; **vereinbarte** – jugement convenu, jugement d'accord *ou* d'expédient; **vollstreckbare** – décision exécutoire; **vorbereitende** – jugement préparatoire; **vorläufig vollstreckbare** – décision exécutoire par provision; **vorläufige** – décision provisoire; **widersprechende** – décision en sens contraire; **eine – annehmen** acquiescer; **eine – anfechten** attaquer une décision; **eine – begründen** motiver une décision; **– nach Aktenlage** décision *f* rendue en tenant compte de l'état actuel du dossier; **die – über die Einrede dem Endurteil vorbehalten** joindre l'exception au fond; **eine – fällen** statuer, prononcer un jugement; **eine – mit Gründen versehen** motiver une décision; **eine – treffen** prendre une décision; **eine – widerrufen** revenir sur une décision; **– über die Zulassung** décision d'agrément.

Entscheidungs|befugnis *f* pouvoir *m* de décision, compétence pour décider; **–begründung** *f* les motifs *mpl* **–einklang** *m* *(IPR)* concordance des points de vue dans l'appréciation d'un litige; **–erheblich** nécessaire, à prendre en considération pour pouvoir statuer; **–form** *f* (1) formalisme des décisions judiciaires, (2) présentation de la décision; **–freiheit** *f* (toute) latitude pour agir; **–frist** *f* délai pour statuer; **–gewalt** *f* pouvoir *m* de décision; ; **–gremium** *n* organe *m* de décision, décideurs *mpl*; **–gründe** *mpl* motifs *mpl* de la décision, attendus, considérants; **–grundlage** faits et actes juridiques servant de base à la décision; **–kammer** *f* bureau *m* de jugement.

Entscheidungspflicht *f* obligation de statuer *ou* de prendre une décision; **Nichteinhaltung der –** (1) non-observation de l'obligation de prendre une décision, (2) déni *m* de justice.

entscheidungsreif *adj* en état.

Entscheidungs|sammlung *f* recueil *m* de jurisprudence; **–verbund** *m* *(FamR)* réunion en une procédure unique de l'action en divorce et des actions en règlement des conséquences du divorce; **–verfahren** *n* procédure judiciaire de jugement; **–veröffentlichung** *f* publication des décisions judiciaires; **–zwang** *m* obligation des juges de trancher le litige.

entschließen: sich – se décider à, prendre une décision.

Entschließung *f* résolution *f*.

Entschließungs|antrag *m* proposition *f* de résolution; **–entwurf** *m* projet *m* de résolution.

Entschluß *m* décision *f*; résolution; **aus eigenem –** librement, de son plein gré; **einen – fassen** prendre une décision.

entschlüsseln décrypter, déchiffrer.

entschuldbar *adj* excusable; tolérable.

Entschuldbarkeit *f* excusabilité *f*.

entschulden liquider les dettes, désendetter.

entschuldigen (1) *(verzeihen)* excuser, pardonner, (2) *(rechtfertigen)* défendre, décharger, justifier; **sich –** (1) s'excuser, (2) se récuser.

Entschuldigung *f* excuse *f*, défense *f*, explication *f*, justification *f*, motif *m*, raison *f*.

Entschuldigungs|grund *m* cause *f* d'excuse; **–schreiben** *n* lettre *f* d'excuses; lettre de justification (d'une absence en particulier); **–umstände** *pl* *(StPR)* circonstances *fpl* absolutoires.

Entschuldung *f* liquidation *f* des dettes, désendettement *m*.

Entschuldungs|recht *n* droit de ré-

duction ou de suppression des dettes; **–verfahren** *n* procédure *f* en cas de surendettement des particuliers.
entsenden déléguer, envoyer un délégué.
Entsendestaat *m (VR)* État qui envoie un diplomate, État *m* accréditant.
Entsendungsrecht *n* droit de désignation *ou* de nomination à un poste.
entsetzen (= absetzen) destituer.
Entsetzung *f* acte *m* de dépossession.
Entseuchung *f (AtomR)* décontamination *f*.
entsiegeln lever les scellés.
Entsiegelung *f* levée *f* des scellés.
entsinnen: sich – se souvenir, remémorer (un fait), se rappeler.
Entsorgung *f (UmweltR)* élimination des déchets; **– des Atommülls** gestion des déchets nucléaires; enfouissement des déchets radioactifs (dans des formations géologiques à grande profondeur); retraitement des combustibles usés; **–slager** *n* site *m* de stockage.
Entspannung *f* détente *f*; **–spolitik** *f* politique *f* de coexistence pacifique et de détente.
entsprechend (1) *(gemäß)* conformément à, analogue, mutatis mutandis, (2) *(angemessen)* approprié, justifié.
Entstaatlichung *f* dénationalisation, privatisation *f*.
entstehen (1) *(Recht, Anspruch)* résulter de, tirer son origine de, prendre naissance, (2) *(Schaden)* survenir, être causé par, (3) *(Kosten)* être occasionné.
Entstehung *f* (1) *(Recht, Anspruch)* origine *f*, naissance *f*, formation *f*, genèse *f*, (2) *(Schaden)* survenance *f* (d'un sinistre), réalisation *f* (d'un risque).
Entstehungsgeschichte *f (VerfR: Gesetze)* travaux *mpl* préparatoires, antécédents *mpl*, origines *fpl*.
entstellen (1) *(Person)* défigurer, (2) *(Bericht, Wahrheit)* déformer (les faits, la vérité), altérer, dénaturer, fausser.
Entstellung *f* (1) *(Person)* défigurement *m*, (2) *(Bericht, Wahrheit)* altération *f*, falsification *f*.
Entstempeln *n (StVR)* retrait *m* de la plaquette d'immatriculation.
Entstrickung *f (ZwangsVR)* mainlevée *f* de la saisie.
Enttarnung *f (V-Leute)* le fait de démasquer (un informateur).
Entwaffnung *f* désarmement *m*.
Entwährungsklage *f* (Aut) tierce-opposition *f*.
Entwaldung *f* déforestation *f*.
Entwehrung *f (ZR)* éviction *f*.
entweichen s'évader.
Entweichen *n*, **Entweichung** *f* **aus der Gefangenschaft** évasion *f*.
Entweichenlassen *n* fait de laisser s'évader un détenu.
entwenden voler, dérober.
Entwendung *f* larcin *m*, vol *m*.
entwerfen rédiger, élaborer, projeter, former un projet.
entwerten (1) dévaluer, perdre sa valeur, (2) oblitérer (un timbre).
Entwertung *f* (1) *(Geld)* dévaluation *f*, perte de valeur, (2) *(Briefmarke)* oblitération *f*, (3) *(Fahrkarte)* compostage *m*, (4) *(Aussage)* invalidation *f*.
Entwichene(r) *m* évadé *m*.
Entwicklung *f* développement *m*, évolution *f*, réalisation *f*, conception *f*, élaboration *f*, formation *f*, exposition *f*; **finanzielle –** évolution financière; **rückläufige –** régression *f* économique.
Entwicklungs|abteilung *f* bureau *m* d'études; **–bereich** *m* zone *f* de rénovation urbaine *ou* rurale; **–dienst** *m* service de coopération (d'un pays industrialisé avec un pays en voie de développement).
Entwicklungsfonds *m*, **europäischer –** Fonds européen de développement (= FED).
Entwicklungs|förderung *f* aide *f* *ou* encouragement *m* au développement; **–gebiet** *n* zone de développement, région à developper; **–gesellschaft** *f* société de développe-

ment chargée de l'exécution d'aménagements publics; **–helfer** *m* coopérant *m*.

Entwicklungs|hilfe *f* aide *f* au développement; **–land** *n* pays *m* en voie de développement, pays sous-développé, pays insuffisamment développé; **–länder** *pl* les pays du Tiers et du Quart Monde, les pays les moins avancés (= PMA); **–plan** plan *m* de développement; **–programm** *n* programme *m* de développement, schéma *m* directeur; **–schwerpunkt** *m* pôle *m* de développement; **–stufe** *f* étape *f* évolutive, stade *m* de développement; **–ziel** *n* objectif *m* de développement.

entwidmen désaffecter, déclasser.

Entwidmung *f* désaffectation *f*, déclassement *m*.

entwürdigende Behandlung (von Wehrdienstleistenden) traitement *m* contraire à la dignité humaine.

Entwurf *m* projet *m*, plan *m*, conception *f*, programme *m*, ébauche *f*, esquisse *f*; **endgültiger –** projet définitif; **–sbüro** *n* bureau *m* d'études; **–sunterlagen** dossier *m* d'un projet.

entziehen (1) spolier, évincer, déposséder, soustraire, (2) retirer.

Entziehung *f* (1) spoliation *f*, éviction *f*, dépossession *f*, (2) retrait *m*; **– elektrischer Energie** soustraction frauduleuse d'électricité; **– der Fahrerlaubnis, – des Führerscheins** suspension *et/ou* annulation du permis de conduire; **– einer Genehmigung** retrait d'agrément *ou* de permission; **– der elterlichen Sorge** déchéance de l'autorité parentale; **– einer Vollmacht** révocation d'un mandat (de représentation); **– einer Zulassung** retrait d'agrément *ou* de permission.

Entziehungs|anstalt *f* établissement *m* de désintoxication; **–kur** *f* cure *f* de sevrage *ou* de désintoxication.

Entziehungsrecht *n* droit de retrait.

Entzug *m* **s. Entziehung** retrait *m*; *(Leistung)* rejet, refus; *(Schlaf)* privation; *(Vertrauen)* défiance *f*, suspicion.

entzündlich *adj* inflammable.

Entzweiung *f* désunion, mésintelligence *f*, désaccord *m*, rupture *f*.

Epoche *f* époque *f*, ère *f*, siècle *m*, règne *m*, étape historique.

erachten estimer, penser; **für nützlich –** croire utile.

Erachten: meines –s à mon avis, selon moi.

erarbeiten élaborer, mettre au point; **Grundlinien –** dégager les lignes directrices.

Erb|abfindung *f* soulte *f* successorale; **–absonderung** *f* (Aut) séparation des patrimoines; **–anfall** *m* acquisition *f* de plein droit de la propriété de l'hérédité (à l'instant du décès du de cujus); **–anteil** *m* part *f* héréditaire *ou* successorale, portion héréditaire, quote-part *f*; **–anwartschaft** *f* espérance *f* successorale; **–auseinandersetzung** *f* partage *m* successoral, liquidation *ou* règlement d'une succession.

Erbauseinandersetzungs|klage *f* action en partage d'une succession; **–vertrag** *m* contrat de partage successoral.

Erb|ausgleich *m* rapport à succession (afin de rétablir l'égalité entre les cohéritiers); **–ausschlagung** *f* répudiation *f* de la succession; **–ausschluß** *m* exhérédation.

Erbbau|grundbuch *n* registre foncier des droits de construction; **–recht** *n* bail *m* à domaine congéable, droit de superficie; **–zins** *m* rente versée par le titulaire d'un droit de superficie au propriétaire du terrain.

Erbberechtigung *f* droit à la succession.

erbbiologisches Gutachten expertise *f* hérédobiologique.

1. Erbe *m* héritier *m*, successeur *m* **alleiniger –** héritier unique; **einen –n einsetzen** instituer un héritier; **benannter –, eingesetzter –, ernannter –** héritier institué; **gesetzlicher –** héritier légitime *ou* ab intestat; **mutmaßlicher –, vermeintlicher –** héritier présomptif; **verzichtender –** héritier renonçant; **vorläufiger –** (situation de l') héritier avant l'acceptation ou la répudiation de la succession, successible *m* avant l'option; **– erster Ordnung** héritier du premier degré; **– in der Seitenlinie** héritier en ligne collatérale.

2. Erbe *n* **(s. Erbschaft)** hérédité *f*, succession *f*, part *f* de succession, bien *m* dépendant de l'hérédité.

Erbeinsetzung *f* institution d'héritier; **– durch Vertrag** institution *f* contractuelle.

erben hériter, faire un héritage, succéder, recueillir par succession (le patrimoine de qqn).

Erben|aufgebot *n* invitation *f* à se présenter (adressée aux héritiers sous peine de déchéance); **–bescheinigung** *f* (S) attestation de la qualité d'héritier (S); **–eigenschaft** *f* qualité *f* d'héritier; **–eigentum** *n* propriété de l'héritier; **–eigenverbindlichkeiten** *fpl* dettes de l'héritier envers le défunt existant avant l'acquisition de la propriété de l'hérédité; **–einsetzung** *f* institution d'héritier; **–gebühr** *f* (Aut) taxe *f* successorale; **–gemeinschaft** *f* indivision héréditaire *ou* successorale, communauté *f* héréditaire (S), communauté des héritiers (S); **–haftung** *f* obligations *fpl* de l'héritier, responsabilité de l'héritier *ou* des cohéritiers; **–losigkeit** *f* déshérence *f*; **–mehrheit** *f* cohéritiers *mpl*, pluralité *f* d'héritiers; **–mutter** *f* mère *f* de l'enfant conçu avant la mort du père; **–übereinkommen** *n* (Aut) arrangement *ou* contrat *m* de partage successoral.

Erbersatzanspruch *m* droit à réserve de l'enfant naturel (quotité double par rapport à la réserve normale).

Erberschleichung *f (StR)* captation *f* d'héritage.

Erbeserbe *m* héritier *m* au degré subséquent.

erbeuten *(MilR)* faire des prises de guerre, capturer.

erbfähig *adj* capable d'hériter, habile à succéder.

Erbfähigkeit *f* aptitude à recueillir une succession, habilité à succéder.

Erbfaktor *m* facteur *m* génétique.

Erbfall *m* succession déférée *ou* échue, ouverture de la succession; **Eintritt** *m* **des –s** ouverture de la succession; **–sschulden** *fpl* dettes *fpl* provenant de l'ouverture de la succession.

Erbfolge *f* succession *f*, ordre de succession; dévolution *f* successorale; **außerordentliche –** succession anomale; **gesetzliche –** succession légale, succession ab intestat; **gewillkürte –, testamentarische –** dévolution des biens par testament; **– der Seitenverwandten** succession collatérale; **–ordnung** *f* ordre successoral, ligne *f* et degré *m* de succession; **–recht** *n* droit de la dévolution successorale.

Erbgang *m* succession *f*, acquisition *ou* dévolution successorale.

Erbgesundheitsgesetz *n* Loi portant sur la protection du patrimoine génétique.

Erbgut *n* patrimoine *m* génétique.

Erbhof *m* bien *m* de famille (insaisissable), bien rural héréditaire, bien paysan, bien de famille paysan; **–recht** *n* droit applicable aux biens de famille.

Erbin *f* héritière *f*.

Erbkrankheit *f* maladie *f* héréditaire, hérédopathie *f*, maladie génétique, maladie par aberration chromosomique.

Erblasser *m* (1) défunt *m*, de cujus *m*, (2) *(bei Vorliegen eines Testaments)* testateur *m*, **–schulden** *fpl* dettes *fpl* de la succession.

erblich *adj* héréditaire.

Erblichkeit *f* (1) transmissibilité *f* successorale, (2) hérédité.

erblos *adj* sans héritiers, (à) défaut d'héritiers survivants.

Erbloserklärung *f* (Aut) déclaration judiciaire constatant l'absence d'héritiers.

Erbmasse *f* masse *f* successorale, biens de la succession, biens *mpl* indivis; **zur – gehörendes Bargeld** deniers *mpl* héréditaires, fonds *mpl* de l'indivision.

Erb|ordnung *f* ordre *m* de succession; **–pacht** *f* bail *m* *ou* ferme *f* héréditaire, bail *m* emphytéotique, emphytéose *f*; **–pächter** *m* emphytéote *m*; **–pachtgut** *n* bien *m* emphytéotique; **–quote** *f* pourcentage de la succession.

erbrechen *(StR: Schrank usw aufbrechen)* fracturer.

Erbrecht *n* (1) *(i.e.S.)* droit *m* successoral, droit de succession, droit héréditaire, droit d'hérédité, (2) *(i.w.S.)* législation en matière successorale, régime *m* de la succession et des libéralités à cause de mort (legs); **gesetzliches –** ‹des successions›, succession ab intestat; **testamentarisches –** transmission du patrimoine du défunt par testament.

Erbrechts|ansprüche *pl* droits *mpl* successoraux; **–ausweis** *m* (Aut) certificat établi par l'huissier et attestant le droit successoral; **–klage** *f* (Aut) action en constatation du droit à héritage.

erbringen fournir, procurer.

Erbringung *f* fourniture *f*; **– von Dienstleistungen** prestation de services.

Erbschäden *mpl* malformation génétique, mutation *ou* anomalie chromosomique.

Erbschaft *f* (**s. Nachlaß** *m*) héritage *m*, succession *f*, hérédité *f*, hoirie *f*; **der zur – Berufene** successible *m*, héritier présomptif; **angefallene –** succession dévolue; **Antreten der –** saisine *f* (des biens du de cujus); **eröffnete –** succession ouverte; **ruhende –** succession en instance de partage; succession vacante; **verschuldete –** succession obérée; **eine – ausschlagen** refuser *ou* répudier une succession, renoncer à une succession.

Erbschafts|abtretung *f* cession *f* de droits successoraux; **–abwicklung** *f* liquidation *f* de la succession, partage *m*.

Erbschafts|anfall *m* dévolution *f* héréditaire; **–angelegenheit** *f* litige *m* en matière successorale, affaire *f* successorale.

Erbschaftsannahme *f* acceptation *f* de la succession, prise *f* de qualité d'héritier; **vorbehaltslose –** acceptation pure et simple; **– unter dem Vorbehalt der Errichtung eines Inventars** acceptation sous bénéfice d'inventaire, acceptation bénéficiaire.

Erbschafts|anspruch *m* revendication *ou* pétition d'hérédité; **–anteil** *m* part *f* héréditaire *ou* successorale; **–antretung** *f*, **–antritt** *m* adition *f* d'hérédité; **–anzeige** *f* déclaration de succession; **–ausschlagung** *f* renonciation à la succession; **–besitzer** *m* personne *f* en possession de l'hérédité; **–gegenstand** *m* bien *m* de la succession; **–gläubiger** *m* créancier *m* de la succession; **–inventar** *n* inventaire *m* successoral, inventaire de la succession; **–kauf** *m* achat de droits successifs, vente d'hérédité, vente successorale; **–käufer** *m* acquéreur *m* de la succession; **–klage** *f* action en revendication d'hérédité, pétition *f* d'hérédité; **–sache** *f* litige *m* successoral; **–schuld** *f* dette *f* successorale; **–schulden** *fpl* passif *m* héréditaire; **–schuldner** *m* débiteur de la succession; **–steuer** *f* impôt *m* sur les successions, droits *mpl* de succession, droits de mutation par décès *ou* successoraux; **–streit** *m* litige successoral; **–streitigkeit** *f* litige *m* successoral, contestation successorale (S).

Erbschaftsteilung *f* partage *m* de la succession; **endgültige –** partage définitif; **gerichtliche –** partage judiciaire; **gütliche –** partage amiable; **vorläufige –** partage provisionnel, partage de jouissance.

Erbschafts|übergang *m* transmission *f* de la sucession *ou* de l'hérédité; **–veräußerung** *f* cession *f* de droits successifs; **–vergleich** *m* arrangement *m* successoral; **–verkauf** *m* vente d'une hérédité; **–verkäufer** *m* vendeur d'une hérédité; **–vermögen** *n* biens *mpl* héréditaires, patrimoine *m* successoral; **–verwaltung** *f* administration des biens successoraux.

Erb|schein *m* certificat *m* d'héritier, acte *m* de notoriété, attestation *f* de la qualité d'héritier (S); **–schleicherei** *f* captation *f* d'héritage, suggestion *f*.

Erbs|einsetzung *f* (Aut) institution d'héritier; **–entschlagung** *f* (Aut) répudiation *f* d'une succession.

Erbs|erklärung *f* (Aut) acceptation *f* d'une succession; **bedingte –** (Aut) acceptation sous bénéfice d'inventaire; **unbedingte –** (Aut) acceptation pure et simple; **– mit der Rechtswohltat des Inventariums** (Aut); **– mit der Rechtswohltat des Inventars** (S) acceptation sous bénéfice d'inventaire.

Erb|teil *m* part *f* héréditaire, part successorale, portion *f* héréditaire, émolument *m* héréditaire; **–teilung** *f* partage *m* successoral; **–teilvermächtnis** *n* legs *m* particulier.

Erbteilungs|klage *f* action *f* en partage d'une succession; **–übereinkommen** *n* pacte *m* de famille; **–vertrag** *m* contrat *m* de partage successoral.

erbunfähig *adj* qui n'a pas la qualité pour succéder.

erbunwürdig *adj* frappé d'indignité successorale.

Erb|unwürdigkeit *f* indignité *f* successorale; **–vergleich** *m* compromis *m* successoral; **–vermächtnis** *n* legs *m* particulier; **–vertrag** *m* pacte sur succession future, pacte *m* successoire, contrat *ou* convention d'hérédité; **–verzicht** *m* renonciation *f* à la succession; **–zins** *m* cens *m* héréditaire; **–zinsgut** *n* bien à ferme héréditaire; **–zinsvertrag** *m* contrat de cens héréditaire.

Erd|arbeiten *fpl* travaux *mpl* de terrassement; **–beben** *n* séisme *m*; **–boden** *m* sol *m*.

erdenken imaginer, inventer.

erdichtet fictif, inventé de toutes pièces.

Erdöl *n* pétrole *m*, brut *m*, or *m* noir; **–bedarf** *m* besoins *mpl* en pétrole; **–bevorratung** *f* constitution *f* de réserves en pétrole, sauvegarde *f* de l'approvisionnement en pétrole; **–chemie** *f* pétrochimie *f*; **–erzeuger** *m* pays *m* producteur de pétrole; **–gesellschaft** *f* compagnie *f* pétrolière; **–industrie** *f* industrie *f* pétrolière; **–preis** *m* prix *m* du brut.

erdolchen poignarder.

erdrosseln étrangler.

Erdrosselung *f* strangulation.

Erdrutsch *m* éboulement *ou* glissement de terrain.

ereignen: sich – arriver, avoir lieu, se passer.

Ereignis *n* événement *m*, circonstance *f*; **nukleares –** accident *m* nucléaire; **schädigendes –** fait *m* dommageable, événement *m* dommageable; **zufälliges –** événement *m* casuel, aléa *m*.

Erfahrung *f* (1) expérience *f*, pratique *f*, habitude *f*, routine *f*, (2) connaissance *f*, savoir *m*, science *f*; **große –** longue expérience; **langjährige –** de longues années d'expérience; **über geschäftliche – verfügen** avoir la pratique des affaires.

erfahrungsgemäß *adv* par expérience.

Erfahrungs|satz *m* vérité *f* d'expérience; **–tatsache** *f* fait *m* d'expérience.

erfassen (1) saisir, comprendre, (2) enregistrer, inventorier; **buchmäßig –** comptabiliser, ventiler; **karteimäßig –** cataloguer, ficher; **statistisch –** recenser; **zahlenmäßig –** dénombrer.

Erfassung *f* recensement *m*, enregistrement *m*; **– der Sozialversicherten** immatriculation *f*; **– Wehrpflichtiger** recensement en vue du service national.

Erfassungs|händler *m* collecteur *m*; **–liste** *f* tableau *m* de recensement, liste *f* de recensement.

erfinden inventer.

Erfinder *m* inventeur *m*; **–(be)nennung** *f* nomination *ou* désignation *f* de l'inventeur; **–nennung** *f* mention de l'inventeur; **–prinzip** *n* principe du premier inventeur; **–recht** *n* droit conféré par le brevet à l'inventeur; **–schein** *m* certificat *m* d'inventeur; **–schutz** protection conférée par le brevet à l'inventeur.

Erfindung *f* invention *f*, découverte *f* d'une nouveauté scientifique; **gesetzwidrige –** invention contraire aux lois en vigueur; **patentfähige –** invention brevetable; **patentierte –** invention brevetée; **sittenwidrige –** invention contraire aux bonnes mœurs.

Erfindungs|einheit *f* unité d'invention; **–gabe** *f* ingéniosité *f*; **–gedanke** *m* idée à la base de l'invention; **–gegenstand** *m* objet de l'invention; **–höhe** *f* degré d'activité inventive; **–patent** *n* brevet d'invention; **–zweck** *m* objectif *m ou* visée *f* de l'invention.

Erfolg *m* succès *m*, réussite *f*; issue *f*; accueil favorable; **Aussicht auf –** expectative *f*, promesse *f* de succès; **Nichteintritt des –s** non-réalisation du succès attendu.

Erfolglosigkeitsbescheinigung *f* certificat *m* de non-conciliation.

Erfolgs|abwendungspflicht *f (StR)* obligation *f* de prévention (dans le cadre d'une infraction de commission par omission); **–aussichten** *fpl* possibilité *ou* probabilité de succès, chances *fpl;* **–besteuerung** *f* imposition *f* d'après le rendement; **–bilanz** *f* compte *m* de résultats; **–delikt** *n* infraction de commission; **–haftung** *f* responsabilité *f* sans faute, responsabilité objective *ou* du risque créé; **–honorar** *n* honoraires calculés en fonction du résultat final; **–konto** *n* compte d'exploitation, compte des résultats; **–prämie** *f* prime accordée en cas de succès d'une opération; **–quote** *f* taux *m* de réussite; **–rechnung** *f* compte *m* de résultats.

erforderlich *adj* nécessaire, indispensable, essentiel; **nicht –** inutile, superflu.

erforderlichenfalls *adv* si nécessaire.

erfordern exiger, requérir.

Erfordernis *n* condition *f*, exigence *f*; **materielles –** condition de fond; **wesentliches –** condition sine qua non.

erforschen rechercher, faire des recherches.

Erforschung *f* recherche *f*; enquête *f*; étude *f*; sondage *m*; **– von Straftaten** procéder à des enquêtes.

erfüllen (1) *(Leistung)* payer, s'exécuter, acquitter (une dette), exécuter une obligation, (2) *(Handlung)* accomplir, faire, (3) *(Bedingung)* remplir.

Erfüllung *f* (**s. Tilgung**) paiement *m*, exécution (d'une obligation); **Annahme als –** acceptation en paiement d'un nouvel objet (à la place de la chose due); exécution par équivalent; **befreiende –** paiement valable et libératoire; **freiwillige –** exécution volontaire; **Hingabe** *od* **Leistung an –s statt** dation en paiement; **teilweise –** exécution partielle; **vertragsgetreue –** exécution loyale; **– der Bedingung** réalisation *ou* accomplissement de la condition; **– durch Dritte** paiement par une tierce personne; **– in natura** exécution en nature.

Erfüllungs|angebot *n* offre *f* de paiement; **–annahme** *f* acceptation du paiement; **–anspruch** *m* droit au paiement; **–art** *f* mode d'exécution, modalités *fpl* du paiement; **–gehilfe** *m* préposé *m*, auxiliaire *m* d'exécution, personne dont se sert un débiteur pour exécuter une obligation qu'il a envers un tiers.

erfüllungshalber *(SchuldR)* paiement *ou* extinction d'une obligation en fournissant une chose *ou* prestation autre que celle initialement due (et cela avec l'approbation du créancier).

Erfüllungs|klage *f* action en paiement, demande de l'exécution d'une obligation (contractuelle); **–kosten** *fpl* frais *mpl* de paiement; **–ort** *m* lieu *m* d'exécution *ou* de paiement (du contrat); **–pflicht** *f* obligation de payer.

an Erfüllungs Statt à titre de dation en paiement.

Erfüllungs|surrogat *n* mode *m* d'extinction (d'une obligation) équivalent au paiement, chose *f* remise à titre de paiement (différente de celle qui faisait l'objet de l'obligation); **–tag** *m* jour d'exécution, date *f* du paiement; **–übernahme** *f* paiement *m* par subrogation; **–valuta** *f* monnaie de règlement; **–verweigerung** *f* refus *m* de s'exécuter; **–zwang** *m* contrainte à l'exécution, astreinte *f*.

ergänzen compléter, rajouter, parachever, parfaire.

Ergänzung *f* complément *m*, addenda *m*, annexe *f*, appendice *m*, addition *f*, acte *m* additionnel, avenant *m*; **– des Beweisverfahrens** complément d'enquête; **– des Gutachtens** complément d'expertise.

Ergänzungs|abgabe *f* *(SteuerR)* contribution *f* complémentaire (basée sur l'impôt sur le revenu); **–abkommen** *n* accord *m* complémentaire; **–beitrag** *m* complément de cotisation; **–bericht** *m* rapport *m* complémentaire; **–bestimmung** *f* disposition *f* complémentaire; **–etat** *m* budget *m* additionnel.

Ergänzungsgebühr *f* (1) taxe *f* complémentaire, (2) *(Wz)* complément d'émolument *ou* de taxe.

Ergänzungs|geschworener *m* juré *m* suppléant; **–gesetz** *n* loi *f* supplétive *ou* complémentaire; **–kredit** *m* crédit *m* complémentaire; **–leistung** *(SozVers)* allocation complémentaire; **–liste** *f* liste *f* complémentaire *ou* supplémentaire; **–protokoll** *n* protocole *m* additionnel; **–richter** *m* juge *m* suppléant; **–steuer** *f* (S) impôt *m* complémentaire; **–urteil** *n* décision rectificative (en vue de combler une lacune); **–vereinbarung** *f* avenant *m*, accord additionnel; **–verordnung** *f* (EU) règlement *m* complémentaire; **–versicherung** *f* assurance complémentaire; **–versorgung** régime *m* complémentaire de retraite; **–vorschlag** *m* (1) liste *f* complémentaire de candidats, (2) proposition additionnelle *ou* complémentaire; **–wahl** *f* (1) *(StaatsR)* élection *f* partielle, (2) cooptation; **–zahlung** *f* versement *m* complémentaire; **–zeit** *f* période *f* complémentaire.

ergeben: sich – (1) résulter, s'ensuivre, découler, (2) se rendre, capituler.

Ergebnis *n* (1) *(Erfolg)* résultat *m*, réussite *f*, succès *m*, (2) *(Folge)* conséquence *f*, fin *f*, issue *f*, solution *f*, suite *f*, (3) *(Ertrag)* produit *m*, solution *f*, réalisation *f*; **–abführungsvertrag** *(GesR)* contrat prévoyant le transfert des bénéfices à une autre société (au sein d'un groupe); **–beteiligung** *(ArbR)* participation aux bénéfices *ou* aux résultats d'exploitation.

ergehen: *(Urteil)* prononcer; **es erging folgende Verordnung** la décision qui suit vient d'être prise; **es ergeht folgendes Verbot** il est désormais interdit de.

Ergiebigkeit *f* rendement *m*, productivité *f*.

ergreifen *(StR)* appréhender, arrêter, mettre en état d'arrestation; **Maßnahmen –** prendre des mesures; **für jn Partei –** prendre parti pour qqn.

Ergreifung *f* *(StR)* appréhension *f*, arrestation; **– auf frischer Tat** arrestation *f* sur le fait.

Ergreifungsort *m* lieu *m* de l'arrestation.

Erhalt *m*: **nach –** dès réception (de votre lettre).

erhalten (1) recevoir, percevoir, toucher, encaisser, (2) *(aufrechterhalten)* conserver, maintenir; **eine Strafe –** être condamné à une peine.

Erhaltung *f* (1) *(Rechte)* conservation *f*, maintien *m*, (2) *(Sachen)* entretien *m*; **– wohl erworbener Rechte** maintien *m* des avantages acquis.

Erhaltungs|arbeiten *fpl* (1) *(BauR)* travaux *mpl* d'entretien, (2) *(ArbR)* travail à fournir par les salariés en cas de grève pour que l'entreprise puisse reprendre son activité à la reprise du travail; **–aufwand** *m* frais de conservation; **–kosten** *pl* frais d'entretien; **–pflicht** *f* *(Gebäude)* obligation d'entretien; **–prämie** *f* prime *f* d'entretien; **–zustand** *m* état d'entretien.

erhängen: sich – se suicider par pendaison.

erhärten: durch Beweis – corroborer, confirmer.

erheben (1) *(Steuern)* percevoir, prélever, (2) *(Daten)* enquêter, (3) *(Klage)* intenter (une action), former (un recours); **sich –** se révolter, se soulever, s'insurger.

erheblich *adj* important, considérable; pertinent, approprié, d'importance, de conséquence; **–e Gefahr** *(ÖfR)* danger sérieux *ou* grave.

Erheblichkeit *f* pertinence *f*, à-propos *m*, bien-fondé *m*, convenance *f*, importance *f*.

Erhebung *f* (1) *(Steuern)* perception *f*, prélèvement *m*, (2) *(Statistik)* recensement *m*, enquête *f*, information *f*, (3) *(Empörung)* soulèvement *m*; **amtliche –** enquête officielle; **statistische –** enquête statistique; **– einer Klage** introduction d'une action en justice, le fait de saisir les tribunaux; **– an der Quelle** perception *ou* prélèvement *ou* retenue à la source; **– eines Rechtsmittels** pourvoi *m* (en, devant), recours *m*.

Erhebungen *pl* (1) instruction *f*, (2) investigations *fpl*; **nachträgliche –** supplément d'information; **– anstellen** enquêter, informer.

Erhebungs|angaben *fpl* données statistiques; **–beamte(r)** *m* fonctionnaire recenseur *ou* enquêteur *m*; **–prämie** *f* prime *f* au comptant; **–verfahren** *n* procédure *f* de recouvrement (des impôts); **–währung** *f* *(CIM)* monnaie d'encaissement; **–zeitpunkt** *m* date *f* de la perception; **–zeitraum** *m* période *f* d'imposition.

erhöhen élever, augmenter, accroître, majorer.

Erhöhung *f* (1) *(Steigerung)* augmentation *f*, accroissement *m*, agrandissement *m*, addition *f*, multiplication *f*, amplification *f*, développement *m*, (2) *(Heraufsetzung)* élévation *f*, hausse *f*, montée *f*, extension *f*, gonflement *m*, (3) *(Verstärkung)* intensification *f*, renforcement *m*, accentuation; **unerlaubte –** majoration *f* illicite; **– der Gebühren** relèvement des droits; **– des Geldumlaufes** accroissement de la circulation monétaire; **– des Grundkapitals** augmentation du capital social.

Erhöhungsrecht *n* *(BauR)* droit d'exhaussement.

Erholung *f* repos *m*, détente *f*; **–saufenthalt** *m* villégiature *f*; **–sheim** *n*, **–sstätte** centre *m* de repos *ou* de loisirs; **–surlaub** *m* congé de repos.

Erinnerung *f* (1) *(Bewußtmachen)* mémorisation *f*, mémoire *f*, (2) *(Mahnung)* rappel *m*, observation *f*, (3) *(PrzR)* recours *m*; sommation respectueuse; **öffentliche –** sommation publique; **–erheben** *(Wz)* introduire un rappel.

Erinnerungs|frist *f* délai d'opposition; **–lücke** *f* oubli *m*, amnésie *f* sélective; **–schreiben** *n* lettre de rappel; **–werbung** *f* publicité *f* de soutien; **–wert** *m* *(Buchf)* valeur résiduelle.

erinnerungshalber *adv* pour mémoire.

erkennbar apparent, ostensible, manifeste, visible.

Erkennbarkeit *f (der Pfändung)* le fait d'être manifeste.

erkennbar *adj* reconnaissable, identifiable.

erkennen (1) reconnaître, (2) *(PrzR)* juger, décider, statuer; **antragsgemäß –** donner droit à, statuer conformément à la demande; **auf Schadensersatz –** accorder des dommages-intérêts; **–der** *adj* **Richter** juge statuant au fond.

Erkenntnis *n* (**s. Urteil, Urteilsspruch**) sentence *f* judiciaire, jugement *m*, décision *f*; **verurteilendes –** jugement *m ou* sentence *f* de condamnation; **wissenschaftliche –** fait scientifique avéré et incontestable; **–verfahren** *n* procédure de jugement.

Erkennungsdienst *m*: **polizeilicher –** service de l'identité judiciaire.

erkennungsdienstlich| behandeln

procéder à une vérification d'identité; **–e Maßnahme** mesure en vue d'établir *ou* de confirmer l'identité d'une personne.

Erkennungs|karte *f* carte d'identité; **–marke** marque *f ou* plaquette *f* d'identification; **–nummer** *f* numéro *m* d'identification; **–zeichen** *n* signe *m ou* marque d'identification.

erklären déclarer, faire connaître, affirmer, proclamer, commenter; avouer, reconnaître, assurer, prétendre, expliquer; **eidlich –** déclarer sous la foi du serment; **sich bereit –** être disposé à.

Erklärung *f* (1) *(Willenserklärung)* déclaration *f* (de volonté), manifestation de la volonté, expression du consentement, (2) *(feierliche Verlautbarung)* manifeste *m*, proclamation *f*, (3) *(Deutung)* explication, interprétation, définition; **amtliche –** déclaration officielle; **auslegende –** déclaration interprétative; **begründete –** avis *m* motivé; **beeidigte –, beschworene –** (Aut) affidavit *m*; **bindende –** engagement ferme; **diplomatische –** déclaration diplomatique; **ehrenwörtliche –** déclaration sur l'honneur; **eidesstattliche –** déclaration sous (la foi du) serment; **ergänzende –** déclaration complémentaire; **förmliche –** déclaration solennelle; **gemeinsame –** déclaration commune; **mündliche –** volonté déclarée expressément, manifestation de la volonté par la parole, déclaration verbale; **öffentliche –** déclaration publique; **rechtserhebliche –** engagement explicite; **schriftliche –** déclaration écrite *ou* formelle; **verbürgte –** (S) soumission *f* cautionnée; **vereinbarte –** déclaration convenue; **vorherige –** déclaration préalable; **– auf Ehrenwort** déclaration sur l'honneur; **– der Menschen- und Bürgerrechte** Déclaration des droits de l'homme et du citoyen; **– vor einem Notar** déclaration *f* notariée; **– zur Schonung** *(LandwR)* mise *f* en défens; **– auf Stempelbogen** déclaration sur timbre.

Erklärungs|akt *m* acte *m* déclaratif; **–bote** *m* messager *m*; **–frist** *f* délai de déclaration; **–handlung** *f* acte *m* déclaratoire; **–irrtum** *m* erreur *m* dans l'expression de la volonté; **–pflicht** *f* obligation de fournir des explications; **–termin** délai *m* pour faire une déclaration, délai pour l'acceptation; **–wille** volonté déclarée (visant un effet de droit).

Erkrankung *f* maladie *f*, affection *f*; **lebensgefährliche –** maladie pouvant entraîner la mort.

erkunden explorer, prospecter.

erkundigen: sich – se renseigner, s'informer, s'enquérir, enquêter.

Erkundigung *f* information *f*, renseignement *m*; **–en einziehen** faire une enquête *ou* investigation, aller aux renseignements.

Erlag *m* (Aut) dépôt *m*, versement *m*; **– bei Gericht** (Aut) dépôt en justice; **–sanzeige** *f* (Aut) déclaration de dépôt; **–sschein** *m* (Aut) mandat de paiement.

Erlangung *f* obtention (d'un diplôme); acquisition *f* d'un droit; **– der Unabhängigkeit** accession *f* à l'indépendance.

Erlaß *m* (1) *(Verordnung)* arrêté *m*, décret *m*, (2) *(Schuld, Strafe, Steuer)* remise *f*, exemption, dispense *f*; **gemeinsamer –** arrêté conjoint; **interministerieller –** arrêté interministériel; **– des Aufgebots** publication *f* des bans; **–antrag** *m*, **–gesuch** *n* demande en remise (d'impôt); **–bescheid** *m* (des Finanzamts) avis de décote *ou* de franchise *ou* de diminution de l'impôt; **–vergleich** *m* concordat *m* avec remise partielle des dettes; **–vertrag** *m* contrat *m* de remise de dette.

erlassen (1) *(verkünden)* édicter, promulger, (2) *(befreien)* dispenser, exonérer, remettre, exempter.

erlauben permettre, autoriser.

Erlaubnis *f* permission *f*, permis *m*, autorisation *f*, agrément *m*; **behördliche –** licence administrative; **gerichtliche –** permission de justice; **polizeiliche –** autorisation de police; **–erteilung** *f* (le fait d')accorder une permission; **–pflicht** *f* fait d'être subordonné à une autorisation; **–rücknahme** *f* retrait *m* d'autorisation; **–schein** *m* permis *m*, licence *f*; **–scheininhaber** *m* titulaire *m* d'une licence.

erlaubt *adj* licite, permis, autorisé, légal, légitime.

Erlaubtheit *f* licéité *f*.

erläutern expliquer, commenter; **–der Text** texte *m* descriptif, commentaire *m*.

Erläuterung *f* commentaire *m*, explication *f*, précision *f*, renseignement *m* complémentaire, interprétation *f*.

Erlebens|fallkapital *n* capital *m* différé; **–versicherung** *f* assurance en cas de vie.

erledigen régler; **Anfragen –** donner suite *ou* répondre aux demandes d'information; **Formalitäten –** accomplir les formalités.

Erledigung *f* (1) *(Arbeit)* exécution *f*, règlement *m*, (2) règlement, le fait d'être réglé, sans objet; **gütliche –** règlement à l'amiable, transaction amiable; **vollständige –** décharge *f* intégrale; **– der Hauptsache** *(ZPR)* règlement *m* d'un litige (la demande devenant sans objet); **– unter Vorbehalt** libération sous toutes réserves.

Erledigungs|ausschuß *m* comité *m* de règlement *ou* d'exécution; **–bescheinigung** *f* certificat de reconnaissance *ou* de décharge; **–gebühr** *f* honoraires *mpl* (de l'avocat) pour l'exécution de son mandat; **–schein** *m* certificat de décharge; **–stück** *n* document rédigé à la suite d'une commission rogatoire.

Erleichterung *f* allégement *m*, assouplissement *m*, facilités *fpl*.

erleiden *(Schaden)* subir, supporter.

erlernen *(Beruf)* apprendre (un métier).

erliegen *(Irrtum)* être induit en erreur.

Erlös *m* (**s. Ertrag**) recette *f*, produit *m*; **–minderung** *f* diminution du produit; **–steigerung** *f* augmentation du produit.

erlöschen (1) *(Frist)* expirer, (2) *(Vertrag, Recht)* arriver à son terme, prendre fin.

Erlöschen *n* expiration, extinction, disparition *f*, fin *f*; **– der Forderung** extinction de la créance *ou* de l'obligation; **– des Patentes** (1) *(Fristablauf)* expiration, (2) *(Nichtzahlung der Gebühr)* déchéance du brevet; **– eines Rechtes** extinction d'un droit; **– der Rechtspersönlichkeit** disparition de la personnalité morale; **– der Verbindlichkeiten** extinction des obligations; **– der Vollmacht** fin du mandat.

ermächtigen habiliter, autoriser, accorder un droit, donner pouvoir *ou* permettre qqch à qqn.

Ermächtigung *f* habilitation *f*, pouvoir *m*, autorisation *f*; **gerichtliche –** autorisation de justice; **gesetzliche –** habilitation législative; mandat *m* légal; **richterliche –** mandat judiciaire; **umfassende –** pleins pouvoirs *mpl*; **vertragliche –** mandat *m* conventionnel; **im voraus erteilte –** autorisation préalable; **– zur Prozeßführung** mandat *m* de procédure; **– zu Rechtsgeschäften** mandat *ou* procuration en vue d'accomplir des actes juridiques.

Ermächtigungs|gesetz *n* loi de pleins pouvoirs *ou* d'habilitation; **–schreiben** *n* lettre *f* d'habilitation.

ermahnen exhorter à, recommander fermement; faire des remontrances, admonester.

Ermahnung *f* (1) *(StR)* réprimande *f* (prononcée par le juge), admonestation *f*, (2) *(i. w. S.)* remontrance *f*, semonce *f*, (3) *(BeamR)* avertissement.

Ermangelung: in – faute de.

ermäßigen diminuer, réduire.

Ermäßigung *f* diminution *f*, réduction *f*; **–srecht bei Vertragsstrafen** *(ZPR)* droit *m* de demander la réduction judiciaire d'une pénalité conventionnelle.

Ermessen *n* (1) *(VwR:* **s. Verwaltungsermessen** *n)* pouvoir *m ou* compétence *f* discrétionnaire, (2) *(Beurteilungsspielraum)* liberté *f* d'appréciation; **billiges –** équité *f*; **freies –** pouvoir discrétionnaire libre, libre appréciation, appréciation souveraine, pouvoir souverain d'appréciation, pleine liberté d'appréciation; **gebundenes –** pouvoir discrétionnaire lié; **nach freiem –** discrétionnairement *adv*; **nach freiem – entscheiden** statuer discrétionnairement; **richterliches –** appréciation souveraine (du juge).

Ermessens|akt *m* acte *m* discrétionnaire; **–ausübung** *f* exercice *m* du pouvoir discrétionnaire; **–befugnis** *f* pouvoir d'appréciation souverain; **–entscheidung** *f* décision *f* discrétionnaire; **–fehler** *m*, **–fehlgebrauch** *m* détournement de pouvoir par suite de motifs viciés *ou* illégaux; **–frage** *f* affaire *f* d'appréciation; **–freiheit** *f* liberté *f* d'appréciation; **–handlung** *f* acte discrétionnaire; **–leistung** *f (Soz Vers)* prestation facultative; **–mißbrauch** *m* détournement de pouvoir (l'administration compétente fait usage de son pouvoir d'une manière illégale, contraire à l'intérêt général).

ermessensmißbräuchlich *adj* entaché de détournement de pouvoir.

Ermessens|richtlinien *fpl* directives *fpl* concernant l'exercice du pouvoir discrétionnaire conformément aux lois en vigueur; **–spielraum** *m* latitude *f ou* marge *f* d'appréciation *ou* de liberté; **–überprüfung** *f* contrôle judiciaire de l'exercice du pouvoir discrétionnaire; **–überschreitung** violation *f* de la loi dans l'exercice du pouvoir discrétionnaire, excès de pouvoir, abus *m* de pouvoir; **–vorschrift** *f* prescription potestative; **–willkür** *f* forme très accentuée du détournement de pouvoir (avec violation du principe de l'égalité p. ex.), arbitraire *m* administratif.

ermitteln (1) *(Polizei)* enquêter, rechercher, (2) *(Ermittlungsrichter)* informer, instruire, (3) *(Täter)* appréhender, arrêter, saisir au corps, (4) *(Kurse)* établir, constater.

Ermittlung *f* (1) *(Nachforschung, Voruntersuchung)* enquête *f*, enquête préliminaire *ou* préparatoire, recherche *f*, (2) *(Untersuchung)* instruction *f*, instruction préparatoire, information *f*, poursuite *f* judiciaire, poursuites *fpl*, (3) *(Feststellung)* constatation *f*, calcul *m*, évaluation, détermination, (4) *(VersR)* recherche des éléments d'appréciation (d'un sinistre); **–en einleiten** ouvrir une enquête; **– von Amts wegen** enquête (effectuée) d'office; **– an Ort und Stelle** enquête sur place.

Ermittlungs|akten *fpl* dossier *m* (d'une affaire, entre les mains du juge d'instruction *ou* du Parquet); **–ausschuß** *m* commission d'enquête; **–beamte(r)** *m* (fonctionnaire) instructeur *ou* enquêteur *m*; **–befugnis** *f* droit *m* de procéder à une enquête; **–ergebnis** *n* fait *m* constaté et relaté, constatations *fpl* d'une enquête; **–gericht** *n* juridiction *f* d'instruction; **–grundsatz** *m* principe de la procédure inquisitoire; **–recht** droit de procéder à une enquête; **–richter** *m* juge *m* d'instruction, magistrat instructeur, *umg* ‹le petit juge›; **–tätigkeit** *f* (1) *(Untersuchungsrichter)* actes *mpl* d'instruction, (2) *(Verfassungsschutz)* recherches *fpl*, enquête *m*.

Ermittlungsverfahren *n (StPR)* instruction *f* préparatoire, procédure d'enquête, procédure d'investigation (S); **das – betreiben** instruire; **Abschluß des –** clôture de l'instruction, dessaisissement du juge d'instuction; **Einleitung des –** saisine *f* du juge d'instruction; **Eröffnung des –** ouverture *f* d'une information *ou* d'une instruction; **Durchführung des –** poursuite *f*, instruction devant le juge; **– gegen Unbekannt** information contre X.

ermöglichen permettre, autoriser; tolérer, admettre.

ermorden assassiner.

Ermordung *f* assassinat *m*.

Ermüdungserscheinung *f* signe de fatigue *ou* d'épuisement.

ernähren: eine Familie – avoir charge de famille.

Ernährer *m* débiteur *m* de l'obligation

alimentaire, chef *ou* soutien *m* de famille.

Ernährung *f* alimentation *f*, ravitaillement *m*; **künstliche –** alimentation parentérale, alimentation par sondes (introduites par la bouche ou par le nez).

Ernährungs|beihilfe *f* allocation pour la nourriture; **–industrie** *f* (industrie) agro-alimentaire; **–kosten** coût *m* de la nourriture; **–sicherstellungsgesetz** *n* Loi portant sur la sauvegarde du ravitaillement de la population en cas de crise; **–wirtschaft** *f* économie *f* rurale *ou* agricole; **–wirtschaftliche Marktordnung** *f (EuR)* réglementation *f* prise en vue de la réalisation du marché commun agricole.

ernennen nommer, désigner.

Ernennung *f* nomination *f*, désignation *f*, accès *m* à la fonction publique, avancement *m* de grade.

Ernennungs|ausschuß *m* comité *m* détenant le pouvoir de nomination; **–befugnis** *f* pouvoir de nomination; **–behörde** *f* autorité *f* investie du pouvoir de nomination; **–bescheid** *m* décret *ou* arrêté de nomination; **–dekret** *n* (Aut) acte de nomination; **–grundsätze** *mpl* principes relatifs au recrutement *ou* à l'entrée dans la fonction publique; **–recht** *n* droit de nomination *ou* de désignation, droit de collation, pouvoir de nomination; **–schreiben** *n* lettre *f* de nomination; **–urkunde** *f* acte de nomination *ou* de titularisation arrêté *m ou* décret *m* de nomination.

erneuern renouveler, reconduire.

Erneuerung *f* (1) renouvellement *m*, reconduction *f*, (2) remplacement, rénovation; **ausdrückliche –** reconduction expresse *ou* explicite; **stillschweigende –** tacite reconduction, renouvellement par tacite reconduction; **– des Bestandvertrages** (Aut), **– des Pachtverhältnisses** renouvellement du bail; **– des Schuldverhältnisses** novation.

Erneuerungs|police *f* police *f* de renouvellement; **–rücklage** *f* réserve *f* de renouvellement; **–schein** *m* souche *f* de renouvellement, talon *m*.

erneut *adj* réitératif, répété; **–e Vorladung** nouvelle convocation.

Erniedrigung *f* humiliation, abaissement, avilissement.

Ernstfall: im ~ en cas de menace grave *ou* de péril imminent.

ernsthaft *adj* réfléchi, grave; **–es Angebot** offre sérieuse; **–er Mangel** vice *m* grave.

Ernstlichkeit *f* sérieux *m*; **Mangel der –** absence *f* de sérieux.

Ernte *f* **auf dem Halm** récolte *f* sur pied; **–ertrag** *m* produit *m* de la récolte; **–jahr** *n* campagne *f*, saison *f*; **–schäden** *m pl* dégâts *mpl* causés à la récolte; **–versicherung** *f* assurance *f* récoltes.

Ernüchterungszelle *f* cellule *f* de dessoûlement.

eröffnen ouvrir, inaugurer.

Eröffnung *f* ouverture *f*, notification; **– eines Bankkontos** ouverture *f* d'un compte en banque; **– der Feindseligkeiten** ouverture des hostilités; **– des Hauptverfahrens** ouverture de l'audience; **– des Konkursverfahrens** ouverture de la procédure de liquidation des biens; **– des Rechtsweges** accès auprès des tribunaux; **– des Testaments** ouverture *f* du testament.

Eröffnungs|antrag *m* demande *f* d'ouverture; **–beschluß** *m (StPR)* ordonnance *f* de renvoi, arrêt de mise en accusation; **–bilanz** *f* bilan d'ouverture; **–kurs** *m* cours d'ouverture; **–protokoll** *n* procès-verbal d'ouverture; **–rede** *f* discours inaugural, allocution d'ouverture; **–sitzung** *f* séance *f* inaugurale *ou* d'ouverture; **–verfahren** *n* procédure *f* de décision sur l'ouverture de la procédure d'audience, décision *f* sur l'engagement de la procédure de jugement.

erörtern discuter, conférer, débattre, traiter, examiner, étudier.

Erörterung *f* discussion *f*, examen *m*, délibération; **– der Sachlage** débat *m* sur les faits.

erpressen extorquer qch sous la menace *ou* par la violence, faire du chantage; **jn –** faire chanter qn.

Erpresser *m* maître-chanteur *m*.

Erpressung *f* chantage *m*; **räuberische –** extorsion de fonds; **–sbrief** *m* lettre *f* de menaces; **–sversuch** *m* tentative de chantage.

erproben éprouver, essayer, expérimenter, vérifier.

Erregung *f* **öffentlichen Ärgernisses durch unzüchtige Handlungen** outrage public à la pudeur, outrage *m* à la morale publique.

erreichen obtenir, acquérir; **die Volljährigkeit –** devenir majeur, atteindre la majorité.

Errettung *f* sauvetage *m*.

errichten créer, établir, instituer, fonder, ériger; **eine Gesellschaft –** créer une société.

Errichtung *f* établissement *m*, fondation *f*, institution *f*, création *f*; **– eines Gebäudes** édification *ou* construction d'un immeuble; **– der Gesellschaft** création de la société; **– des Testaments** rédaction du testament.

Errungenschaft *f* (1) acquis *m*, réalisation *f*, conquête *f*, (2) *(FamR)* acquêts *mpl*, biens acquis (par un des époux).

Errungenschaftsgemeinschaft *f* *(EheR, obsolet)* communauté *f* d'acquêts, communauté réduite aux acquêts, société d'acquêts.

Ersatz *m* (1) *(Auswechslung)* remplacement *m*, substitution *f*, rechange *m*, (2) *(Ersatzstoff)* succédané *m*, équivalent *m*, produit de remplacement, produit de substitution, ersatz *m*, (3) *(Schadensersatz)* compensation *f*, dommages-intérêts *mpl*, dédommagement *m*, indemnisation *f*, réparation *f*, (4) *(Genugtuung)* satisfaction *f*; **als –** à titre compensatoire; **voller –** pleine et entière indemnité; **–anspruch** *m* droit à indemnisation *ou* à indemnité, droit à réparation *ou* à dédommagement; **–aussonderung** *f (KonkursR)* exercice du droit à séparation de la masse par le créancier titulaire d'une sûreté; **–beschaffung** *f* remplacement *m* (d'objets saisis); **–betrag** *m* montant de l'indemnité.

Ersatz|dienst *m (MilR, heute: Zivildienst)* service *m* civil, affectation *f* à des tâches civiles (de l'objecteur *m* de conscience); **–dienstpflichtig** *adj* soumis au service civil; **–einziehung** *f (StR)* confiscation *f* du produit du délit; **–erbe** *m* heritier substitué, personne désignée par le testateur pour recueillir la succession au cas où la personne désignée en première ligne ne la recueillerait pas; **–erbschaft** *f* substitution *f* vulgaire; **–erfüllung** *f (SchuldR)* exécution par équivalent; **–forderung** (1) créance *f* en remboursement, (2) *(i. w. S.)* demande *f* de dommages-intérêts; **–freiheitsstrafe** *f* contrainte *f* par corps pour le recouvrement des amendes.

Ersatz|geldstrafe *f (StR)* amende *f* compensatrice; **–geschworener** *m* (Aut) juré *m* suppléant; **–jahr** *n* (S) année d'assujettissement à la taxe d'exemption du service militaire; **–kasse** *f* caisse libre agréée, caisse (privée) d'assurances, caisse d'assurance maladie (de droit privé); **–klage** *f* (S) action en dommages-intérêts; **–kosten** *pl* frais de remplacement; **–krankenkasse** *f* caisse maladie privée (agréée par l'assurance sociale); **–leistung** *f* indemnité compensatrice; **–lieferung** *f* livraison de remplacement (pour les produits défectueux); **–lösung** *f* solution de rechange; **–mann** *m* suppléant *m*, remplaçant *m*; **–mitglied** *n* membre *m* suppléant; **–organisation** *f (StR)* association *f* politique créée en vue de poursuivre l'activité d'un parti politique interdit; **–pflicht** *f* obligation d'indemniser, obligation de réparer; **–richter** *m* juge *m* suppléant; **–ruhetag***m* jour de récupération; **–schöffe** *m* échevin *ou* juré *m* suppléant; **–schule** *f* école privée en tant qu'établissement d'enseignement créé à la place d'une école publique (par l'État); **–steuer** *f* taxe de remplacement;

–strafe *f* peine de remplacement *ou* de substitution, système *m* des jours-amende; **–teil** pièce *f* de rechange, pièce détachée; élément de réserve; **–unternehmer** *m* personne physique ou morale agissant à la place d'une autre (pour exécuter l'obligation de cette dernière); **–urkunde** seconde expédition d'un acte; **–veranlagung** *f* (S) fixation de la taxe d'exemption du service militaire; **–verbindlichkeit** *f* obligation subsidiaire; **–vermächtnis** *n* legs (dans le cas d'une substitution vulgaire); **–vornahme** *f* exécution d'office (par un tiers); **–wahl** *f* élection *ou* consultation partielle.

ersatzweise: Verurteilung zu einer Geldstrafe, – zu 50 Tagen Freiheitsstrafe condamnation à une amende et en tant que pénalité de substitution (en cas de non-paiement) à 50 jours d'emprisonnement (ferme).

Ersatz|wert *m* valeur de remplacement; **–wirtschaftsgut** *n* bien de remplacement.

Ersatzzeit *f (SozVers)* période assimilée (à un travail effectif), période d'assimilation *ou* équivalente.

Ersatz|zustellung *f (PrzR)* notification qui n'est pas faite en mains propres, signification à domicile, notification *f* subsidiaire; **–zwangshaft** *f* contrainte *f* par corps.

erscheinen comparaître, se présenter; **persönlich –** comparaître en personne *ou* personnellement.

Erscheinen *n* (1) *(Bücher)* parution *f*, (2) *(Personen vor Gericht)* comparution *f*; **Nicht–** *n* non-comparution *f*, défaut *m*; **persönliches –** comparution personnelle; **Pflicht zum –** obligation de comparaître; **das – anordnen** ordonner la comparution personnelle.

Erscheinungs|bild *n* apparence *f*, aspect extérieur, dehors *m*, physionomie; **–datum** *n* date *f* de publication *ou* de parution; **–frist** *f* délai de comparution, délai pour comparaître; **–ort** *m* (von Druckwerken) lieu *m* de publication *ou* d'édition; **–weise** périodicité *f*.

Erschienene(r) *m* (1) *(Versammlung)* membre *m* présent, (2) *(vor Gericht)* comparant *m*; **nicht –** (1) *(ZPR, StPR)* non-comparant *m*, défaillant, absent *m*, (2) *(StPR)* contumax *m*.

erschießen fusiller, passer par les armes.

erschlagen assommer, frapper d'un coup qui tue, abattre; **vom Blitz –** foudroyé.

Erschleichen *n*, **Erschleichung** *f* (von Leistungen) obtention *f* frauduleuse, manœuvres *fpl* dolosives ayant pour effet d'obtenir . . .; **– des außerehelichen Beischlafs** pénétration sexuelle *ou* coït *m* avec le consentement de la victime obtenu par fraude; **– einer Erbschaft** captation *f* (d'héritage).

erschließen: ein Baugelände – viabiliser un terrain constructible.

Erschließung *f* (1) *(Markt)* prospection *f*, ouverture *f*, (2) *(Grundstück)* viabilisation, (3) *(Wirtschaftsgut)* exploitation, mise en valeur; **–kosten** *pl* frais *mpl* de viabilisation; **–srecht** *n* régime général des opérations d'aménagement (urbain).

erschöpfend limitatif *adj*; **–e Aufzählung** énumération limitative.

Erschöpfung *f* **des Rechtsweges** épuisement *m* des voies de recours.

erschüttern (Staatsmacht) mettre en question, ébranler, affaiblir.

erschweren (1) *(Strafe)* aggraver, (2) compliquer, rendre difficile, apporter des difficultés; **–de Umstände** *mpl* circonstances *fpl* aggravantes.

Erschwernis *f* (1) *(Hindernis)* difficulté *f*, obstacle *m*, contrariété *f*, problème *m*, résistance *f*, (2) *(Belastung)* aggravation *f*, complication *f*; **–zulage** *f*, **–zuschlag** *m* indemnité *f* de travaux pénibles, prime *f* de pénibilité.

Erschwerung *f* **(s. Erschwernis)**

Erschwerungsgrund *m* circonstance *f* aggravante.

erschwindeln obtenir par (la) fraude.
erschwinglich *adj* (Preis) abordable, bon marché.
ersehen: aus den Unterlagen – constater *ou* découvrir après examen du dossier.
ersetzen remplacer, substituer, changer, suppléer, tenir lieu de, faire fonction, représenter; **Auslagen –** restituer, rembourser; **Schaden –** réparer, indemniser; **Verlust –** dédommager, compenser.
Ersetzung *f* remplacement *m*, compensation *f*, réparation; **–sbefugnis** *f (SchuldR)* faculté de changement d'objet de la prestation à effectuer.
ersitzbar *adj* prescriptible; **nicht –** imprescriptible.
Ersitzbarkeit *f* prescriptibilité *f*.
ersitzen prescrire, usucaper.
Ersitzung *f* prescription *f* acquisitive, prescription, usucapion *f*.
Ersitzungsbesitz *m* possession de longue durée.
Ersitzungsfrist *f* délai *m* de prescription acquisitive; **verkürzte –** prescription abrégée.
ersparen économiser, épargner.
Ersparnis *f* (1) *(Minderverbrauch)* économie *f*, (2) *(durch Sparen zurücklegen)* épargne *f*; **freiwillige –** épargne volontaire; **langfristige –** épargne à long terme; **–bildung** *f* formation de l'épargne.
Ersparnisse *pl* économies *fpl*; **öffentliche –** épargne publique.
erst *adv* (1) d'abord, en premier lieu, (2) seulement.
Erstanmeldung *f (PatentR)* dépôt initial *ou* prioritaire.
erstatten (1) *(zurückgeben)* rendre, restituer, rembourser, (2) *(Bericht)* faire un rapport; **Strafanzeige –** porter plainte, dénoncer qqn.
Erstattung *f* remboursement *m*, restitution *f*; **– bei der Ausfuhr** restitution à l'exportation; **– einer Strafanzeige** dépôt d'une plainte.
Erstattungs|anspruch *m* droit à remboursement; **–beschluß** *m* arrêté de débet; **–betrag** *m* montant du remboursement.
erstattungsfähig *adj* remboursable.
Erstattungs|recht *n (SteuerR)* dispositions relatives au remboursement du trop-perçu; **–verfahren** *n* procédure de débet.
Erst|ausfertigung *f* (1) première expédition, primata *f*, (2) première de change; **–ausführung** *f* prototype *m*; **–ausstattung** *f* dotation *f* initiale; **–buch** *n* registre *m* original.
erstehen acheter, acquérir; acheter aux enchères.
Ersteher *m (ZwangsVR)* adjudicataire *m*; acheteur *m*, acquéreur *m*.
Erste Hilfe premiers secours, soins *mpl* d'urgence; **– – Bereitschaftsdienst** Service d'aide médicale urgente (= SAMU).
Ersteichstempel *m* marque *f* *ou* poinçon *m* de vérification primitive.
Ersteigerer *m* adjudicataire *m*.
Ersteigern *n od.* **Ersteigerung** *f* acquisition *f* aux enchères.
erstellen établir, créer, constituer, élaborer; **einen Bericht –** rédiger un rapport; **einen Kostenvoranschlag –** établir un devis.
Erster Staatsanwalt (bei LG u. OLG) Procureur général auprès du Tribunal régional *ou* du Tribunal régional supérieur allemand.
Ersterwerber *m* acquéreur *m* primitif.
Erst|geburtsrecht *n* droit de primogéniture; **–instanzgericht** *n* tribunal *m* de première instance.
erstinstanzlich *adj* de première instance.
Erstprovision *f* (= *Abschlußprovision)* commission *f* d'acquisition *ou* d'apport.
erstreckbar *adj* extensible *adj*, reportable *adj*.
erstrecken (1) *(Maßnahmen)* s'étendre à, s'appliquer à, concerner, (2) *(Aut: Zeitspanne verlängern)* proroger, étendre.
Erstreckung *f* extension à.
Erstrichter *m* juge *m* de première instance.
Erst|risikoversicherung *f* assurance du premier risque; **–schuldner** *m* débiteur *m* primaire, débiteur en

premier rang; **–stimme** *f (StaatsR)* première voix *f* (pour l'élection directe d'un candidat); **–urkunde** *f* titre *m* primitif, acte primordial; **–verbraucher** *m* utilisateur de première main; **–versicherer** *m* assureur *m* direct, apériteur *m*; **–vollzug** *m* exécution *f* de la première peine.

ersuchen (1) exiger, (2) (en Aut) prier, demander, (3) requérir.

Ersuchen *n* requête *f* (par commission rogatoire); **einem – stattgeben** faire droit à une requête; **– um Vorabentscheidung** demande de décision préjudicielle.

Ersuchende(r) *m* requérant *m*.

ersuchter Richter juge *m* requis (par commission rogatoire).

Ersuchsschreiben *n* (Aut), **Ersuchungsschreiben** *n (PrzR)* commission rogatoire.

ertappen: auf frischer Tat *od.* **in flagranti –** surprendre sur le fait, arrêter pendant *ou* immédiatement après l'infraction.

erteilen délivrer, donner, accorder; **Abrechnung –** rendre des comptes; **Auftrag –** passer une commande; **Auskunft –** donner des informations; **Befehl –** intimer l'ordre; **Erlaubnis –** accorder la permission; **Vollmacht –** donner pouvoir.

Erteilung *f* délivrance *f*, remise *f*; **– des Agreements** octroi *m* d'agrément; **– eines Auftrages** passation d'une commande; **– von Auskünften** communication de renseignements.

Erteilungsverfahren *n* procédure de délivrance (p. ex. d'un brevet).

Ertrag *m* (Aut: **Erträgnis**) rendement *m*, produit *m*, recette *f*, rapport *m*, revenu *m*, taux de capitalisation; **gewerblicher –** revenu des professions industrielles *ou* commerciales.

Ertrags|ausfall *m* perte *f* de rendement, manque à gagner; **–aussichten** *fpl* perspectives *fpl* de production *ou* de gain; **–besteuerung** *f* imposition des produits des différentes catégories de ressources; **–beteiligung** *f* participation aux produits *ou* aux recettes; **–erhöhung** *f* augmentation du produit; **–fähigkeit** *f* rentabilité *f*, capacité de rendement; **–schein** *m* coupon *m* de dividende; **–steuer** *f* impôt *m* sur les bénéfices; **–voranschlag** *m* prévision *f* de recettes; **–wert** *m* valeur *f* calculée sur la base des revenus, valeur productive, rapport; **–zinsen** *pl* intérêts *mpl* (des prêts).

Erwachsenenbildung *f* formation *f* des adultes *ou* post-scolaire.

erwägen considérer, prendre en considération, examiner avec soin.

Erwägung *f* considération *f*, réflexion; **in – ziehen** prendre en considération; **rechtliche –en** exposé *m* des motifs.

erwählen élire, choisir.

erwähnen mentionner, citer, faire mention (de), signaler.

Erwähnung *f* mention, indication.

Erwahrungsbeschluß *m* (S) arrêté fédéral constatant le résultat d'une votation.

Erwartung *f* prévision, perspective *f*, espérance *f*.

erweisen (1) *(beweisen)* démontrer, prouver, (2) *(sich als –)* se montrer, se présenter (comme), (3) *(zuteil werden lassen)* témoigner (du respect, etc).

erweitern élargir, étendre.

Erweiterung *f* extension *f*, accroissement *m*, agrandissement *m*, augmentation *f*, élargissement *m*, expansion *f*; **– des Klageantrags** conclusions *fpl* ampliatives, élargissement *m* de la demande.

Erweiterungs|bau *m* construction d'agrandissement; **–investition** *f* investissement d'extension; **–rücklage** *f* provision pour agrandissement *ou* pour extension, réserve pour agrandissement *ou* pour extension.

Erwerb *m* (1) *(Kauf)* achat *m*, acquisition *f*, (2) *(Lohn)* activité rémunérée, gain *m*, (3) *(Erworbenes)* acquêt *m*, bien acquis; **abgeleiteter –** acquisition dérivée; **bedingter –**

acquisition conditionnelle; **derivativer** – acquisition dérivée; **entgeltlicher** – acquisition à titre onéreux; **gutgläubiger** – acquisition de bonne foi; **konstitutiver** – (Aut) acquisition directe; **mittelbarer** – acquisition indirecte; **originärer** – acquisition originaire; **translativer** – (Aut) acquisition indirecte; **unentgeltlicher** – acquisition à titre gratuit; **unmittelbarer** – acquisition directe; **ursprünglicher** – acquisition originelle; **– eines Anspruchs** ouverture *ou* acquisition d'un droit; **– unter Lebenden** transmission *ou* acquisition entre vifs; **– der Mitgliedschaft** acquisition de la qualité de membre; **– vom Nichtberechtigten** acquisition (de la propriété) d'un tiers (qui se fait passer pour le véritable propriétaire); **– von Todes wegen** acquisition à cause de mort *ou* à titre successoral, transmission successorale.

erwerben acquérir, gagner; **unter Lebenden** – recevoir entre vifs.

Erwerber *m* acquéreur *m*, acheteur *m*; **gutgläubiger** – acquéreur de bonne foi; **späterer** – acquéreur subséquent.

Erwerbs- und Wirtschaftsgenossenschaft *f* coopérative *f* de production et de consommation.

Erwerbs|alter *m (Vwirt)* âge *m* actif; **–arbeit** *f* activité professionnelle; **–beschränkung** *f* capacité de travail réduite, invalidité à . . . %; **–einkommen** *n* revenu *m* du travail.

erwerbsfähig *adj* valide.

Erwerbsfähigkeit *f* (1) *(SchuldR)* capacité *f* d'acquérir, (2) *(Arbeitsfähigkeit)*, capacité de travail; **geminderte** – capacité réduite (de gagner sa vie); **Maß der Einbuße an** – taux d'invalidité.

Erwerbs|geschäft activité *f* professionnelle, commerciale *ou* industrielle; **–gesellschaft** *f* société à but lucratif, société d'intérêts; **–leben** *n* vie active *ou* professionnelle; **–lose(r)** *m* chômeur *m*; **–losigkeit** *f* chômage *m*; **–minderung** *f* diminution de la capacité de travail, invalidité *f*; **–quelle** *f* revenu *m* du travail; **–schaden** *m* dommage résultant de l'incapacité (totale *ou* partielle) du travail.

Erwerbstätiger *m* (1) personne active, travailleur *m*, (2) *mpl* population active; **selbständig** – non-salarié *m*; **unselbständiger** – travailleur salarié.

Erwerbstätigkeit *f* travail *m ou* activité *f* rémunérée; **selbständige** – travail indépendant, activité non salariée; **unselbständige** – travail subordonné *ou* salarié.

Erwerbsunfähigkeit *f* (= Arbeitsunfähigkeit *f*) incapacité de travail, invalidité *f*; **dauernde** – incapacité permanente; **völlige** – incapacité totale de travail; **vorübergehende** – incapacité temporaire.

Erwerbs|unfähigkeitsrente *n* pension *f* d'invalidité (totale); **–unternehmen** *n*, **–unternehmung** *f* entreprise à but lucratif; **–verbot** *n* interdiction *f* d'acquérir; **–zweck** *m* but *m* lucratif, fins *fpl* lucratives; **–zweig** *m* secteur *m* d'activité.

Erwerbung *f* acquisition *f*.

erwidern répondre, répliquer.

Erwiderung *f* réponse, réplique; **in – ihrer Anfrage** en réponse à votre demande (d'information).

Erwiderungsrecht *n* droit de réplique, droit de réponse.

Erwirkung *f* obtention *f*; **– einer Erlaubnis** obtention d'une autorisation, **– eines Freispruchs** le fait d'obtenir une décision d'acquittement *ou* de relaxe; **– einer Herausgabe** le fait de se faire rendre (une chose sur revendication); **– einer Unterlassung** condamnation (sur requête) à une obligation de ne pas faire.

erzeugen (1) *(Kind)* procréer, engendrer, (2) produire, créer, fabriquer.

Erzeuger *m* (1) procréateur *m*, père *m*, (2) fabricant *m*, producteur *m*; **handwerklicher** – producteur artisanal; **industrieller** – producteur industriel; **landwirtschaftlicher** –

producteur agricole; **–abgabe** *f* taxe *f* à la production; **–betrieb** *m* entreprise *f* de production; **–land** *n* pays *m* producteur; **–preis** *m* prix à la production; **–vereinigung** *f* groupement *m* professionnel de producteurs.

Erzeugnis *n* produit *m*; **abschöpfungspflichtiges –** produit soumis à un prélèvement; **gewerbliches –** produit manufacturé; **patentiertes –** produit breveté; **weiterverarbeitetes –** produit transformé.

Erzeugnisse *pl*, **landwirtschaftliche –** produits *mpl* agricoles.

Erzeugung *f* (1) procréation, (2) production *f*, fabrication, création; **inländische –** production nationale.

Erzeugungs|bilanz *f* bilan *m* de production; **–jahr** *n* campagne *f* de production; **–kosten** *pl* coût *m* de production, frais *mpl* de fabrication; **–land** *n* pays *m* producteur.

erziehen élever, éduquer, former.

Erzieher *m* éducateur, enseignant *m*.

Erziehung *f* éducation *f*, instruction *f*, formation *f*, initiation *f*.

Erziehungs|anstalt *f* maison *f* d'éducation, centre *m* de rééducation, établissement *m* médico-pédagogique; **–aufsicht** *f* éducation surveillée; **–beistand** *m* personne *f* chargée de l'assistance éducative; **–beistandschaft** *f* assistance *f* éducative; **–berechtigte(r)** *m (FamR)* personne *f* à qui l'enfant a été confié; éducateur *m*, personne chargée de l'éducation; **–geld** *n* allocation d'éducation parentale; **–gewalt** *f* droit et devoir d'éducation; **–heim** *n* (= **–anstalt**) maison *f* d'éducation surveillée; **–hilfe** *f* surveillance *f* éducative; **gerichtliche –kartei** *f* registre des mesures judiciaires prises contre des mineurs; **–kosten** *pl* frais d'éducation; **–maßregeln** *fpl* mesures *fpl* éducatives; **–pflicht** *f* obligation *f* d'assurer l'éducation (de qn); **–recht** *n* droit d'éducation; **–register** *n* casier *m* des mesures de rééducation (du mineur); **–urlaub** *m* congé éducatif (accordé au père ou à la mère); **–zölle** *pl* droits protecteurs temporaires (destinés à protéger une industrie pendant un certain temps).

erzielen realiser, obtenir; **Erfolge –** réussir, progresser, avoir du succès.

erzwingen obliger *ou* forcer à, imposer, contraindre.

Erzwingungs|haft *f* contrainte par corps; **–strafe** *f* astreinte *f*.

Essensmarke *f* ticket *ou* chèque repas.

Etat *m* (= [Staats-]Haushaltsplan) budget *m* (de l'Etat).

etatmäßig *adj* conforme au budget, budgétaire.

Etat|titel *m* chapitre *m* budgétaire; **–überschreitung** *f* dépassement *m* budgétaire.

Euro|devisen *pl* eurodevises *fpl*; **–dollar-Markt** marché *m* des eurodollars; **–kapitalmarkt** *m* marché financier européen.

Europäisch|e Agentur für Zusammenarbeit Agence européene pour la coopération; **–e Agrarmarktordnung** régime juridique du marché agricole communautaire; **–e Akte** acte *m* unique européen; **–e Aktiengesellschaft** société anonyme européenne; **–e Atomgemeinschaft (Euratom)** Communauté Européenne de l'Energie Atomique (C.E.E.A. ou EURATOM); **–e Gemeinschaft für Kohle und Stahl (EGKS)** Communauté Européenne du Charbon et de l'Acier (C.E.C.A.); **–e Gemeinschaft (EG)** Communauté Européenne (C.E.); **–e Investitionsbank (EIB)** Banque Européenne des Investissements (B.E.I.); **–e Menschenrechtskonvention** Convention Européenne des Droits de l'Homme; **–e Normen** normes communautaires; **–e Ordnung der sozialen Sicherheit** Code européen de Sécurité Sociale; **–e Politische Zusammenarbeit (EPZ)** Coopération Politique Européenne; **–e Rechnungseinheit (ERE)** unité *f* de compte européenne (ECU); **–e Sozialcharta** Charte sociale européenne; **–e Verteidigungsgemeinschaft (EVG)** Communauté Européenne de Défense (C.E.D.); **–e Währungseinheit (EWE)** Unité Monétaire Européenne (U.M.E.); **–e Weltraumorganisation** Agence Européenne de l'Espace;; **–e Wirtschaftsgemeinschaft (EWG)** Communauté Economique Européenne (C.E.E.), Marché Commun (M. C.); **–e Zahlungsunion (EZU)** Union Européenne des Paiements (U.E.P.); **–er Ausrichtungs- und Garantiefonds für Landwirtschaft** Fonds Européen d'Orientation et de Garantie Agricoles (F.E.O.G.A.); **–er Fonds für regionale Entwicklung (EFRE)** Fonds européen de développement régional (F.E.D.E.R.); **–er Gerichtshof (EuGH)** Cour de Justice des Communautés Européennes (C.J.C.E.); **–er Gerichtshof für Menschenrechte** Cour européenne des Droits de l'Homme; **–er Rat** le Conseil (européen); **–er Rechtsraum** *m* espace judiciaire européen (en matière pénale); **–er Sozialfonds** Fonds Social Européen (F.S.E.); **–es Gemeinschaftsrecht** Droit communautaire; **–es Parlament (EP)** Parlement *m* Européen; **–es Währungsabkommen (EWA)** Accord monétaire Européen (A.M.E.); **–es Währungssystem (EWS)** système *m* monétaire européen (S.M.E.).

Europa|rat *m* Conseil de l'Europe; **–recht** *n* droit *m* européen *ou* communautaire; **–wahl** *f* élections du Parlement européen.

Euro|card *f* carte *f* eurocard; **–schequekarte** *f* carte *f* eurochèque.

Euthanasie *f (StR: Sterbehilfe)* meurtre *m* par pitié, euthanasie *f*.

Evangelische Kirche (in Deutschland) (EKD) Union des Églises Luthérienne, Réformée et Unioniste d'Allemagne, Église Evangélique allemande.

Eventual|anspruch *m* droit éventuel; **–antrag** *m (PrzR: Hilfsantrag)* demande *f* incidente; demande additionnelle, conclusions *fpl* subsidiaires; **–aufrechnung** *f* compensation subsidiaire; **–begründung** motifs *mpl* subsidiaires; **–frage** *f* (Aut-S) question *f* subsidiaire; **–maxime** principe selon lequel tous les moyens doivent être énoncés dès le début d'une action; **–verbindlichkeit** *f* obligation *f* éventuelle; **–verzicht** *m* renonciation *f* éventuelle; **–vorsatz** *m* dol *m* éventuel.

Evidenz|büro *n (Aut: Oberster Gerichtshof)* correspond au service d'étude et de documentation de la Cour de Cassation; **–kartei** *f* (Aut) fichier *m*; **–stelle** (Aut) service de renseignements.

Eviktion *f* (= Rechtsentziehung) éviction *f*, perte *f* d'un droit.

Evokation *f* (1) *(Vorladung)* convocation *f*, (2) *(Ansichziehen einer Rechtssache)* évocation *f*.

Evokationsrecht *n* droit *m* d'évocation; **das – ausüben** évoquer.

Ewigpacht *f* bail *m* perpétuel.

ex aequo et bono en équité.

ex ante selon un point de vue antérieur.

ex lege (= kraft gesetzlicher Vorschrift) qui a valeur de loi, qui est conforme à la loi, qui résulte de la loi, légal.

ex nunc (= von jetzt ab, mit Wirkung für die Zukunft) effet *m* pour l'avenir, non-rétroactivité *f*.

ex officio (= von Amts wegen) d'office, par le devoir de sa charge.

ex officio Verteidiger *m* (Aut) défenseur *m* d'office.

ex post selon un point de vue postérieur.

ex tunc (= rückwirkend) effet *m* rétroactif, rétroactivement.

exceptio (s. Einrede) exception *f*.

exekutieren (1) *(StR: hinrichten)* exécuter, (2) *(Aut: pfänden)* saisir.

Exekution *f* (1) *(Durchführung)* exécution *f*, (2) *(BörsR)* exécution en bourse, (3) *(Todesurteil)* exécution capitale, (4) *(Aut: Pfändung)* saisie *f*.

exekutions|fähig *adj* exécutable *adj*; **–frei** *adj* (Aut) insaisissable *adj*.

Exekutions|freiheit *f* (Aut) insaisissabilité *f*; **–gericht** *n* (Aut) tribunal chargé de l'exécution; **–gewalt** *f* pouvoir d'exécution; **–kauf** *m* *(BörR)* exécution en bourse; **–mittel** *n* voie d'exécution; **–privileg** *n* (Aut) privilège d'exécution; **–titel** *m* (Aut) titre *m* exécutoire; **–vereitelung** *f* (Aut) fait pour le débiteur de dissimuler certains biens pour se soustraire à l'exécution forcée; **–verfahren** *n* (Aut) procédure d'exécution; **–verkauf** *m* *(BörR)* exécution en bourse.

Exekutiv|ausschuß *m* comité *m* exécutif; **–büro** *n* bureau *m* exécutif.

Exekutive *f* (= vollziehende Gewalt) pouvoir *m* exécutif.

Exekutiv|gewalt *f* pouvoir exécutif, exécutif *m*; **–komitee** *n* comité *m* exécutif; **–organ** *n* organe *m* *ou* organisme *m* exécutif; **–rat** *m* conseil *m* exécutif.

Exemtion *f* (= Befreiung) exemption *f*, immunité *f*.

Exequatur *n* *(VR)* exequatur *m*; **das – erteilen** délivrer l'exequatur.

Exheredation *f* (= Enterbung) exhérédation *f*.

exhibitionistische Handlungen exhibition des parties sexuelles et gestes lascifs et obscènes.

Exhumation *f*, **Exhumierung** *f* exhumation *f*.

exhumieren exhumer.

Exil *n* (= Verbannung) exil *m*, bannissement *m*; **–regierung** *f* gouvernement *m* en exil.

Existenz *f* (1) *(Dasein, Leben)* vie *f*, existence *f*, (2) *(Vorhandensein)* présence *f*, (3) *(materielle Lebensgrundlage)* ressources *fpl*, conditions *ou* moyens d'existence.

Existenz|minimum *n* minimum *m* vital; **–mittel** *pl* moyens *mpl* de subsistance; **–sicherung** le fait d'assurer le minimum vital.

Exklave *f* *(VR)* exclave *f*.

exklusiv *adj* (= ausschließend) exclusif *adj*.

Exklusivität *f* (= Ausschließlichkeit) exclusivité *f*.

Exklusiv|vertrag *m* *(MedienR)* contrat par lequel un informateur réserve ses témoignages à un seul organe de la presse écrite ou parlée; **–vertreter** *m* *(HR)* agent *m* exclusif; **–vertretung** *f* contrat *m* d'agent exclusif.

Exkulpationsbeweis *m* *(StR)* preuve *f* de non-responsabilité.

Exmissionsklage *f* procédure *f* d'expulsion d'un local (loué).

Exoten *pl* *(HR = überseeische Wertpapiere)* valeurs *fpl* d'outre-mer.

Expansion *f* expansion *f*; **konjunkturelle –** expansion conjoncturelle.

Expansions|politik *f* politique d'expansion; **–rate** *f* taux d'expansion.

Expatriierung *f* expatriation *f*.

Expedient *m* (1) *(HR = Abfertigungsbeauftragter)* expéditionnaire *m*, (2) *(Reisebürokaufmann)* agent *m* de voyages, voyagiste *m*.

Expedition *f* (1) *(Kriegszug)* opération militaire, campagne, expédition, (2) *(Versandabteilung)* service *m* d'expédition *ou* d'envoi.

Experte *m* (= Sachverständiger) expert *m*, technicien *m*.

Expertenkommission *f* commission d'experts.

Expertise *f* (= Gutachten) expertise *f*, dires *mpl* d'expert.

Explosion *f*: **Herbeiführen einer –** provoquer une explosion.

explosionsgefährliche Stoffe *mpl* substances *fpl* explosives, explosifs *mpl*.

Exponat *n* (= Ausstellungsstück) matériel *m* exposé, marchandise *ou* bien d'exposition.

Export *m* (= Ausfuhr) exportation *f*; **–absichten** *fpl* intentions d'exportation; **–abteilung** *f* service *m* exportations; **–angebot** *n* offre *f* à l'exportation; **–auftrag** *m* commande à l'exportation; **–bescheinigung** *f* certificat d'exportation; **–bestimmungen** *fpl* règlementation relative aux exportations.

Exporteur *m* exportateur *m*.

Export|finanzierung *f* financement des exportations; **–firma** *f* entreprise *f* exportatrice; **–förderung** *f* aide à l'exportation; **–gemeinschaft** *f* vente à l'étranger en coopération interentreprises; portage *m* *ou* ‹piggy back›; **–genehmigung** *f* licence *f* d'exportation; **–geschäft** *n* contrat *m* relatif à l'exportation; **–handel** *m* vente *f* à l'exportation; commerce *m* d'exportation.

exportieren exporter, vendre à l'étranger.

Export|industrie *f* industrie *f* d'exportation *ou* exportatrice; **–kartell** *n* cartel *m* d'exportation; **–kaufmann** *m* commerçant-exportateur *m*; **–kommissionär** *m* commissionnaire à l'exportation; **–kontingent** *n* contingent d'exportation.

Exportkredit *m* crédit à l'exportation; **–versicherung** *f* assurance des crédits à l'exportation.

Export|land *n* pays *m* exportateur, pays d'origine; **–lieferung** *f* livraison pour l'exportation; **–lizenz** *f* licence d'exportation; **–markt** *m* marché d'exportation; **–monopol** *n* monopole d'exportation; **–preis** *m* prix à l'exportation; **–quote** *f* contingent d'exportation; **–risikogarantie** *f* garantie contre les risques à l'exportation; **–sperre** *f* prohibition de sortie; **–stützung** *f* subvention à l'exportation; **–überschuß** *m* excédent des exportations; **–umsatz** *m* chiffre d'affaires à l'exportation; **–unterstützung** *f* aide à l'exportation; **; –vertreter** *m* représentant de commerce en produits d'exportation; **–ware** *f* marchandise *f* exportée, marchandise destinée à l'exportation; **–zweig** *m* branche *f* exportatrice.

Expositur *f* (Aut) bureau *m* local, agence *f*, succursale *f*.

Expreßgut *n* colis *m* express; **–sendung** *f* envoi *m* express.

Expromission *f* (befreiende Schuldübernahme) délégation parfaite.

Expropriation *f* **(s. Enteignung)** expropriation *f*.

Exszindierungsklage *f* (Aut) tierce-opposition *f*.

Extabulierung *f* (Aut) radiation *f* d'une transcription.

extensive Interpretation interprétation *f* extensive, interprétation déformante *ou* constructive, libre recherche scientifique.

Exterritoriale *mpl (VR)* agents *mpl* diplomatiques exterritoriaux, personnes exterritoriales.

Exterritorialität *f* exterritorialité *f*; **Vorrecht der –** privilège *m* d'exterritorialité.

Extra|ausschüttung *f* répartition *f* extraordinaire; **–dividende** *f* superdividende *m*; **–kosten** *pl* faux-frais *mpl;* **–prämie** *f* surprime *f*; **–risiken** *pl* risques *mpl* extraordinaires; **–versicherung** *f* assurance *f* complémentaire.

Extremisten *mpl* (im öffentlichen Dienst) extrémistes *mpl* (dans la fonction publique); **–beschluß** *m* *(ÖfR: Radikalenerlaß)* arrêté *m* des chefs de gouvernement du Bund et des Länder tendant à épurer et à préserver la fonction publique des éléments jugés dangereux pour le régime constitutionnel à raison de leur extrémisme.

Exzedenten-Rückversicherung *f* réassurance en excédent de sommes *ou* de capitaux; **laufende –** traité d'excédent *ou* de trop plein.

Exzedentenvertrag *m* contrat selon lequel le premier assureur doit faire réassurer toute somme dépassant un maximum déterminé.

Exzellenz *f (Anrede)* Excellence.

Exzeß *m* (= Ausschreitung) excès *m*.

F

Fabrik *f (GewR: industrielle Betriebsstätte)* exploitation industrielle, établissement *ou* unité *f* de production; *(a.hist)* usine *f*, manufacture, *f*, fabrique *f*; **–ant** *m* industriel *m*, manufacturier *m*, fabricant *m*; **–at** *n* produit *m* manufacturé; **–ation** *f* production *f*, fabrication *f*.

Fabrik|anlage *f* établissement industriel, surface *f* d'exploitation; **–arbeiter** ouvrier *m* manufacturier.

Fabrikations|betrieb *m* exploitation industrielle; **–buch** *n* livre de fabrication, registre de fabrication; **–fehler** *m* vice *m* de fabrication *ou* de construction; **–gebäude** *n* bâtiment industriel, installation *ou* immeuble servant à la production; **–geheimnis** *n* secret *m* de fabrication; **–hilfskonto** *n* compte *m* auxiliaire de fabrication; **–kosten** *fpl* frais *mpl* de fabrication; **–lizenz** *f* licence *f* de fabrication; **–marke** *f* marque de fabrique; **–programm** *n* programme *m* de fabrication; **–recht** droit de produire (une marchandise); **–preis** *m* prix *m* départ usine; **–verfahren** *n* procédé de fabrication; **–zuschuß** *m* subvention à la fabrication.

Fabrikatsteuer *f* (Aut) impôt sur les produits fabriqués.

Fabrik|gebäude *n* bâtiments *mpl* d'un établissement industriel, édifice *m*, construction, atelier *m*; **–geheimnis** *n* secret de fabrique *ou* de fabrication; **–marke** *f* marque *f* de fabrique; **–markenverzeichnis** *n* répertoire *m* des marques; **–zeichen** *n* marque *f* de fabrique.

Fach *n* (1) branche *f*, ressort *m*, spécialité *f*, (2) *(Studium)* discipline *f*, matière *f*; **–abteilung** service spécialisé; **–akademie** *f* école professionnelle supérieure.

Fachanwalt *m* avocat *m* spécialiste.

Facharbeiter *m* (1) ouvrier *m* qualifié, ouvrier professionnel, travailleur *m* qualifié; (2) *(Plural)* main d'œuvre *f* qualifiée; **–brief** *m* certificat *m* d'aptitude professionnelle.

Fach|arzt *m* (médecin) spécialiste; **–aufsicht** *f (VwR)* contrôle administratif; **–ausbildung** *f* formation *f* professionnelle; **–ausdruck** *m* (1) terme juridique, (2) *(i.w.S.)* terme *m* technique; **–ausschuß** *m* comité *m* d'experts, commission technique; **–ausstellung** *f* salon *m*, exposition spécialisée; **–begriff** *m* terme *m* juridique *ou* de droit; notion, terme technique; **–behörde** *f* administration spécialisée; **–beirat** *m* conseil *m* technique; **–beisitzer** *m* assesseur *m* expert; **–bereich** *m* *(HochschulR)* unité *f* d'enseignement et de recherche; **–gebiet** *n* domaine *m* professionnel *ou* technique, spécialité *f*, spécialisation *f*; **–gemäß** *adj* selon les règles de l'art; **–gericht** *n* tribunal professionnel *ou* spécialisé; **–gremium** *n* organisme *m* technique; **–gruppe** *f* groupe *m ou* groupement *m* professionnel; **–handel** commerce spécialisé; **–hochschule** *f* école supérieure (de commerce etc.), institut; **–innungsverband** *m* groupement corporatif; **–kabinett** *n* cabinet de techniciens; **–kammer** (am Arbeitsgericht) section *f* spéciale; **–kenntnisse** *pl* connaissances *fpl* professionnelles; **–kongreß** *m* symposium *m*, congrès de spécialistes; **–kräfte** *pl* spécialistes *mpl,* professionnels *mpl;* main-d'œuvre qualifiée; **–kreise** *mpl* les spécialistes; les experts; **–kunde** *f* enseignement professionnel *ou* technique; **–kundig** *adj* versé, compétent, qualifié, **–lehrer** *m* enseignant dans un collège professionnel; **–literatur** *f* (1) ouvrages de droit *ou* juridiques, études juridiques, (2) *(i.w.S.)* bibliographie *f*, documentation spécialisée, publications techniques; **–mann** *m* expert *m*, spécialiste *m*, technicien *m*, professionnel *m*;

–messe *f* salon *m*; **–ministerium** *n* ministère *m* technique; **–oberschule** *f* (= FOS) lycée *m* professionnel (études sanctionnées par un brevet professionnel); **–personal** *n* personnel *m* qualifié; **–prüfung** *f* examen *m* professionnel; **–richtung** *f* spécialité *f*, domaine *m*; **–senat** *m (GVR)* chambre spécialisée d'une cour de justice; **–schule** *f* école professionnelle; **–sprache** *f* (1) langage du droit, vocabulaire juridique, (2) *(i.w.S.)* langage spécialisé *ou* technique; **–tagung** *f* conférence *f* (+ Sachgebiet); **–übergreifend** *adj* pluridisciplinaire; **–übersetzung** *f* traduction technique, juridique, etc., traduction spécialisée; **–verband** *m* syndicat patronal d'un secteur industrialisé particulier; **–vereinigung** *f* association professionnelles; **–welt** *f* milieux *mpl* professionnelles, experts *mpl* (en la matière); **–werbung** *f* publicité spécialisée; **–wissen** compétence (technique), savoir professionnel, connaissances *fpl* en un domaine déterminé; **–wortschatz** *m* vocabulaire spécialisé; **–zeitschrift** périodique spécialisé, revue technique *ou* professionnelle; **–zulage** *f* prime *f* de technicité; **–zweig** *m* branche *f* d'activité.

Factoring *m* affacturage *m*, transfert *m* de créance pour recouvrement; **echtes –** affacturage avec garantie de bonne fin; **unechtes –** affacturage sans-garantie de bonne fin (en cas de défaillance du débiteur).

Factoringvertrag *m* prise en charge *f* des créances, factoring *m*, contrat de factoring, contrat d'affacturage.

facultas alternativa (= Ersatzbefugnis) faculté *f* de choisir dans le cadre d'une obligation alternative.

fähig *adj* capable, apte; susceptible de, propre *ou* habile à.

Fähigkeit *f* capacité *f*, aptitude *f*; compétence *f*; **berufliche –** qualification professionnelle.

Fähigkeits|nachweis *m* certificat *m* de capacité professionelle, brevet d'aptitude; **–zeugnis** *n* (S) certificat de capacité.

Fahndung *f (StR)* recherche *f* de l'auteur d'une infraction (par la police judiciaire).

Fahndungs|blatt *n* avis *m* de recherches; **–buch** *n* livre de la police judiciaire allemande concernant les personnes recherchées (par la justice); **–hinweise in den Medien** avis de recherche diffusés par la radio et la télévision; **–kartei** *f* fiche *f* signalétique.

Fahne *f* (1) drapeau *m*, (2) *(UrhR)* épreuve *f*.

Fahnenflucht *f* désertion *f*; **– ins Ausland** désertion à l'étranger; **– vor dem Feinde** désertion en présence de l'ennemi; **– ins Landesinnere** désertion à l'intérieur.

fahnenflüchtig werden déserter.

Fahenflüchtige(r) *m* déserteur *m*.

Fahrausweis *m* titre de transport, billet *m ou* carte de circulation; **gültiger –** titre de transport valable.

Fahr|bahn *f* (1) *(StVR)* chaussée *f*, (2) *(Fahrstreifen)* voie *f* (subdivision de la chaussée); **–bahnbenutzung** *f* circulation sur la chaussée *ou* près du bord droit de la chaussée; **–bahnmarkierung** *f* lignes (longitudinales) sur la chaussée *ou* matérialisant les bords de la chaussée; **–bahnwechsel** *m* changement *m* de voie *ou* direction; **–behinderung** *f* entrave à la circulation, gêner la circulation.

Fahren ohne Führerschein conduite d'un véhicule automobile sans permis de conduire valide; **unfallfreies –** conduite *f* sans accident.

Fahrer *m* conducteur *m*, chauffeur *m*; **–flucht** *f (StR)* délit de fuite.

Fahrerlaubnis *f* (1) *(Kfz)* autorisation de circuler, (2) *(Führerschein) permis m* de conduire; **–entziehung** *f*, **–entzug** *m* retrait *m* du permis de conduire; **– auf Probe** permis de conduire valable pour une période probatoire de deux ans.

Fahrgast *m* passager *m*; **–beförderung** *f* transport *m* des voyageurs.

Fahrgeld *n* prix *m* du voyage; **–hinterziehung** *f* non-paiement du prix de transport, voyager sans titre de transport valable *ou* en situation irrégulière.

Fahrgeschwindigkeit *f* vitesse *f* du véhicule; **Überschreiten der zulässigen** – dépasser la vitesse maximum autorisée *ou* fixée par les dispositions réglementaires.

Fahrhabe *f* (Aut-S) meuble *m*.

Fahrkarte *f* (1) titre *m* de transport, billet *m*, (2) *(zur See)* billet de passage; **einfache** – billet simple.

Fährkonzession *f* concession de bac.

Fahrkosten *pl* frais *mpl* de voyage *ou* de transport.

fahrlässig *adj* négligent, imprudent, par négligence *ou* par imprudence; **–e Körperverletzung** blessures *fpl* et coups *mpl* involontaires; **–e Tötung** homicide *m* involontaire *ou* par imprudence *ou* par négligence; **–er Falscheid** faux serment par négligence *ou* inattention.

Fahrlässigkeit *f* (1) *(Oberbegriff)* faute *f* (involontaire), faute* simple, quasi-délit *m*, (2) *(ZR)* faute civile, faute d'imprudence, faute de négligence, faute délictuelle, faute quasi-délictuelle, (3) *(StR)* faute pénale, faute non-intentionnelle, infraction in volontaire, infraction d'imprudence *ou* de négligence, (4) *(ArbR, SozR)* faute inexcusable, faute grave; **bewußte** – faute lourde, imprudence consciente; **grobe** – faute lourde**, imprudence *f ou* négligence *f* particulièrement caractérisée et grave, faute manifeste et d'une particulière gravité; **leichte** – faute légère; **unbewußte** – négligence *f*, imprudence *f*.

Fahrlässigkeitsdelikt *n* délit d'imprudence *ou* de négligence.

Fahrlehrer *m* moniteur d'enseignement de conduite des véhicules à moteur; **–erlaubnis** *f* certificat *m* d'aptitude professionnelle à l'enseignement de la conduite des véhicules terrestres à moteur (C.A.P.E.C.).

Fahrlicht *n* feux *mpl* de route *ou* de croisement, éclairage *m* des véhicules.

Fahrnis *n (ZR: bewegliche Sache)* meuble *m*, bien *m* mobilier; **–exekution** *f* (Aut) saisie *f* mobilière; **–gemeinschaft** *f* communauté de meubles, communauté *f* réduite aux meubles; **–kauf** *m* vente *m* mobilière; **–klage** *f* (S) action mobilière *f*; **–pfand** *n* gage *m* mobilier; **–pfändung** *f* saisie *f* mobilière; **–vollstreckung** saisie-exécution (de meubles corporels).

Fahr|personal *n* personnel *m* de conduite et d'accompagnement; **–plan** *m* horaire *m*, indicateur *m* (de chemin de fer); **–preis** *m* prix *m* du transport; **–prüfung** *f* examen *m* en vue d'obtenir la délivrance du permis de conduire; **–rad** *n* bicyclette *f*; **–rad mit Hilfsmotor** motocyclette *f* (de 1ère catégorie); **–recht** *n* droit *m* de passage; **–schein** *m* titre de transport, billet *m*; **–schule** *f* établissement d'enseignement de la conduite des véhicules à moteur, auto-école *f*; **–schüler** *m* élève-conducteur, personne préparant son permis de conduire; **–streifen** *m*, **–spur** *f* voie *f* (pour la circulation des véhicules); **–streifenwechsel** *m* changement de voie; **–stuhl** ascenceur *m*.

Fahrten|buch *n*, **–nachweis** *m* feuille *f ou* carnet *m* de route; **–schreiber** *m* enregistreur de route; **–vertrag** *m* contrat au voyage.

Fahrt|kosten *fpl* frais de transport; **–kostenerstattung** *f* remboursement des frais de transport; **–rich-**

---

* Der Begriff ‹faute› ist zweideutig: Er umfaßt sowohl den Vorsatz ‹faute volontaire› (= délit civil) wie auch die Fahrlässigkeit. [Vgl. G. CORNU: Vocabulaire juridique ‹Faute› p. 344].

** Die Begriffe ‹faute lourde› und ‹grobe Fahrlässigkeit› decken sich nicht vollkommen, da der frz. Begriff neben der ‹bewußten Fahrlässigkeit› auch noch den ‹bedingten Vorsatz› umfaßt. [Vgl. Ferid, Das frz. Zivilrecht, Bd. I, 2 C 35, S. 489.]

tung *f* direction *f* du véhicule; **–richtungsänderung** *f* changement *m* de direction; **–richtungsanzeiger** *m* feu *m* de signalisation (des changements de direction); **–schreiber** *m* enregistreur *m* de route; boîte *f* noire.

Fahr|untüchtigkeit *f* (1) mauvais état du véhicule, véhicule dont l'état ne permet pas la circulation dans des conditions normales de sécurité, (2) conducteur en état d'ivresse manifeste; **–verbot** *n* interdiction de circuler; **–vorschrift** *f* règle de circulation routière; **–wasser** *n* eaux *fpl* navigables; **–wegrecht** *n* droit de passage.

Fahrzeug *n* véhicule automobile *m*, véhicule (en circulation); **–abmessungen** gabarit *m* (des véhicules); **–abstand** *m* distance *f* (de sécurité) entre deux véhicules; **–ausweis** *m* carte grise, certificat d'immatriculation; –**bau** *m* construction *f* automobile; **–bestand** *m* parc *m* automobile; **–brief** *m* titre *m* de propriété du véhicule; **–führer** *m* conducteur *m* (du véhicule); **–halter** *m* (1) gardien *m* d'un véhicule automobile, (2) conducteur et utilisateur *m* du véhicule; **–papiere** *pl* papiers *mpl* de bord; **–schein** *m* *(StVR: Zulassung)* carte grise, déclaration *f ou* récépissé *m* de déclaration de mise en circulation **–teile** *npl* pièces *fpl* (de rechange) d'un véhicule; **–verkehr** *m* circulation *f* des véhicules; **–versicherung** *f* (= Kraftfahrzeugkaskoversicherung) assurance dommages au véhicule, assurance tierce; **–vollversicherung** *f* (= Vollkaskoversicherung) assurance automobile tous risques, assurance *f* omnium (B).

fair *adj* loyal, franc; **–es Verfahren** procédure correcte *ou* respectueuse des règles.

Faksimile *n* fac-similé *m*, reproduction exacte (d'un écrit).

Fakten *mpl* faits *mpl* rigoureusement authentiques.

faktisch *adj* de fait, de facto; **–e Gesellschaft** société *f* de fait; **–er Vertrag** situation *f* de fait assimilable à un contrat en bonne et due forme; **–es Arbeitsverhältnis** *n* situation économique et sociale assimilée à un contrat de travail.

Faktura *f* **(s. Rechnung)** facture *f*; **beglaubigte –** facture légalisée; **eine – ausstellen** établir une facture; **–duplikat** *m* copie *f* de facture; **–preis** *m* prix facturé; **–wert** *m* valeur facturée.

Fakultät *f*, **juridische –** (Aut), **juristische –** faculté *f* de droit.

fakultativ *adj* facultatif, supplétif; **–e mündliche Verhandlung** *(ZPR)* audience *f* facultative.

Fakultativ|klausel *f* clause *f* facultative; **–protokoll** *n* protocole *m* de signature facultative.

Fall *m* (1) *(Niedergang)* chute *f*, baisse *f*, effondrement *m*, fin *f*, ruine *f*, écroulement *m*, dépréciation *f*, (2) *(Vorkommnis)* occurence *f*, circonstance *f*, événement *m*, situation *f*, éventualité, (3) *(Angelegenheit)* cas *m*, cause *f*, affaire *f*, espèce *f*, procès *m*, litige *m*; **im –e** en cas de, le cas échéant; **im –e, daß** au cas où; **auf jeden –** en tout cas, de toute façon; **auf keinen –** en aucun cas, en aucune manière; **gesetzt den –, daß** supposé que, dans l'hypothèse où; **im vorliegenden –** dans le cas qui nous occupe.

fallen tomber; baisser, fléchir; **in die Zuständigkeit –** relever de la compétence (de qn.).

fällen: ein Urteil – juger, rendre *ou* prononcer un jugement.

Fallfrist (Aut) délai *m* de forclusion.

fällig *adj* qui vient à échéance, exigible, payable, dû, échu.

Fälligkeit *f* (1) échéance *f*, (2) exigibilité *f*; **bei –** à l'échéance; **letzte –** mise en demeure conférant un bref délai supplémentaire, dernier délai; **vierteljährliche –** échéance trimestrielle; **– bei Sicht** échéance à vue; **– der Zinsen** échéance d'intérêts.

Fälligkeits|aufschub *m* prorogation d'échéance; **–klausel** *f* clause de déchéance du terme; **–plan** *m* échéancier *m*; **–tag** *m* terme *m*, jour *m* d'échéance, date *f* d'échéance, échéance *f*; **–termin** *m* date *ou* délai d'échéance.

Fälligwerden *n* venue à échéance.

Fallrecht *n* case-law *m*.

falls *Konj* au cas où.

falsch *adj* faux, erroné; mensonger; **–e Angabe** fausse indication *ou* mention; **–e Anschuldigung** *f* dénonciation calomnieuse; **–e Behauptung** affirmation erronée *ou* entachée d'erreur(s); **–e Namensangabe** *f* indication d'un faux nom; **–e Übersetzung** traduction erronée *ou* incorrecte, faux-sens; **–e Verdächtigung** *(StR)* dénonciation calomnieuse.

Falschanzeige *f* fausse dénonciation.

Falschaussage, uneidliche – (= falsche uneidliche Aussage) faux témoignage *m*, fausse déposition à l'audience.

Falschbeurkundung *f* fausse certification *f*; **mittelbare –** faux immatériel, faux *m* intellectuel; **– im Amt** faux en écriture publique commis par un fonctionnaire.

Falschbezeichnung *f (SchuldR)* emploi *m* d'une fausse dénomination (dans un contrat).

Falsch|eid *m* faux serment *m* par imprudence ou par négligence (témoignage sciemment mensonger = Meineid); **–geld** *n* fausse monnaie *f*; **–gelddelikt** *n* infraction de contrefaçon *ou* d'altération de monnaie; **–lieferung** *f* marchandise livrée non conforme (à celle qui avait été promise); **–meldung** *f* fausse information; **–münzer** *m* faux-monnayeur *m*, fabricant de fausse monnaie; **–münzerei** *f* faux-monnayage *m*, fabrication de fausse monnaie; **–spieler** *m* tricheur *m*; **–stück** *n* fausse pièce de monnaie.

fälschen* falsifier, contrefaire, altérer.

* Voir sur la distinction à faire entre „fälschen" et „verfälschen" la note sous „Urkundenfälschung."

Fälscher *m* falsifacteur *m*, contrefacteur *m*, faussaire *m*.

Falschheit *f* (1) inexactitude *f*, fausseté *f*, erreur *f*, (2) duplicité *f*, fourberie, déloyauté *f*.

fälschlich *adj* faux, erroné, inexact.

fälschlicherweise *adj* faussement, inexactement.

Fälschung *f* (1) falsification *f*, contrefaçon *f*, (2) faux *m*; **– im Amt** faux *m* commis (par un fonctionnaire) dans l'exercice de ses fonctions; **– von Ausweisen** faux commis dans des documents administratifs *ou* dans des cartes d'identité. **– von Urkunden** faux en écriture (privée *ou* de commerce).

Fälschungseinwand *m* dénonciation *f* en faux.

falsus procurator (= Vetreter ohne Vertretungsmacht) mandataire *m* sans mandat (valide).

Faltprospekt *n* dépliant *m*.

Familie *f* famille *f*, famille légitime; **kinderreiche –** famille nombreuse.

Familien|abzüge *pl* déductions *fpl* familiales, déductions pour charges de famille; **–angehörige(r)** *m* membre *m* d'une (même) famille; **–angelegenheit** *f* affaire *f* de famille; **–ausgleichsfonds** *m* (Aut) caisse d'allocations familiales; **–ausgleichskasse** *f* caisse *f* d'allocations familiales; **–beihilfe** *f* allocations *fpl* familiales; **–betrieb** *m* entreprise *ou* exploitation familiale; **–bilder** *mpl* photos *fpl* de familles;**–buch** *n* livret *m* de famille; **–diebstahl** *m* vol commis entre époux *ou* entre ascendants et descendants; **–einkommen** *n* revenu *m* familial; **–erhalter** *m* soutien de famille; **–ermäßigung** *f* réduction pour charges de famille; **–fideikommiß** *m* fidéicommis *m* familial; **–fürsorge** *f* aide à la famille; **–gericht** *n* chambre *f* du tribunal cantonal (allemand) compétente dans les affaires matrimoniales; **–gerichtsverfahren** *n (ZPR)* procédure relative aux affaires matrimoniales; **–gesellschaft** société appartenant (en partie ou en totalité) aux membres d'une famille; **–grab** *n* sépulture *f* familiale; **–habe** *f* bien *m* familial; **–haupt** *n* chef de famille; **–haushalt** *m* budget *m* familial; **–heim** *n* logement *ou* appartement *m* familial; demeure familiale; **–hilfe** *f* *(VersR)* couverture familiale, prestation d'assistance familiale; **–lastenausgleich** *m* péréquation *f* des charges familiales; **–lohn** *m* salaire *m* familial; **–mitglied** *n* membre *m* de la famille.

Familien|name *m* nom de famille, nom *m* patronymique; **–oberhaupt** *n* chef *m* de famille; **–papiere** *pl* papiers *mpl* de famille *ou* domestiques; **–paß** *m* passeport *m* familial; **–pflege** *f* éducation, garde et surveillance d'enfants en milieu familial; **–planung** *f* planning *m* familial, régulation des naissances; **–rat** *m* conseil de famille; **–recht** *n* droit de la famille, législation *f* familiale; **–register** *n* registre *m* familial; **–richter** *m* juge *m* aux affaires matrimoniales; **–sache** *f* contentieux *m* matrimonial; **–senat** *m* chambre du Tribunal régional supérieur, chargée des recours en matière matrimoniale; **–schriftwechsel** *m* correspondance *f* familiale; **–stammbaum** *m* lignage *m*, arbre *m* généalogique; **–stammbuch** *n* livret de famille, carnet de mariage (B); **–stand** *m* situation de famille; **–sterbegeld** *n* indemnité funéraire aux membres de la famille; **–stiftung** *f* fondation *f* familiale; **–stück** *n* bien *m* de famille; **–unterhalt** *m* moyens *mpl* de subsistance de la famille, secours *m* et assistance *f* au sein de la famille; **–unternehmen** *n* entreprise *f* familiale; **–unterstützung** *f* assistance *f* familiale; **–urkunde** *f* titre de famille.

Familien|vater père *m*, chef *m* de famille; **–verband** *m* association *f* familiale; **–verhältnisse** *pl* situation de famille; **–versicherung** *f* assurance *f* multirisques familiale; **–wirtschaft** *f* (1) exploitation *f* familiale, (2) économie *f* familiale; **–wohnung** *f* logement familial **–zulagen** *pl* prestations *fp ou* allocations *fpl* familiales, indemnités *fpl* familiales, avantages *mpl* familiaux, majoration *f* familiale, sursalaire *m* familial; **–zusammenführung** *f* *(Gastarbeiter)* regroupement *m* familial; **–zuschlag** *m* supplément familial, majoration familiale; **–zuschüsse** *pl* sursalaire familial.

Fang *m* capture *f*; *(Fisch)* prise *f*; **–beschränkung** *f* réglementation de la pêche (côtière *ou* au large); **–bewilligung** autorisation de pêcher (des poissons); **–frage** *f* (question) piège (pour démasquer une personne); **–gründe** *mpl* zone *f* de pêche; **–netz** *n* filet *m*, chalut *m* (pélagique); **–prämie** *f* prime *f* de ‹capture› (allouée par le propriétaire d'un magasin à ses employés prenant un voleur à l'étalage sur le fait); **–quote** *f* quota *m* de pêche; **–schiff** *n* bateau *m* de pêche, chalutier *m*; **–schuß** *m* coup *m* de grâce.

Farbdrucksiegel *m* (= Siegel-Stempel) sceau *m* (du notaire) consistant en un cachet *m ou* tampon en caoutchouc.

Farbengesetz *n* Loi portant sur l'interdiction de l'emploi de substances colorantes nuisibles à la santé pour la production de denrées servant à l'alimentation de l'homme.

Farbstoffe in Lebensmitteln (emploi de) substances colorantes dans les produits alimentaires.

Faschismus *m* fascisme *m*.

Fassung *f* *(Wortlaut)* version *f*, rédaction *f*, texte *m*, libellé *m*; **alte –** (libellé) ancien, **endgültige –** libellé définitif; **erste –** rédaction initiale; **in der – vom** dans la version du; **maßgebliche –** texte *m* faisant foi; **neue –** (libellé) nouveau.

Faustpfand *n* gage *m* mobilier, gage manuel, nantissement *m* d'une chose mobilière; **Darlehen gegen –** avance sur gage; **–darlehen** *n* prêt sur nantissement; **–gläubiger** *m* créancier *m* gagiste; **–kredit** *m* avance *f* sur nantissement; **–recht** *n* droit *m* de gage, privilège *m* et préférence *f* résultant du gage.

Faustrecht *n* droit de se faire justice, la loi du plus fort.

federführend *adj* responsable, compétent, (en tant que) porte-parole.

Fehl|anzeige *f* état *m* néant; **–belegung** *f* occupation abusive d'un logement social; **–bericht** *m* (1) rapport *m* négatif, (2) état néant.

Fehlbestand *m* déficit *m*, manque *m*, insuffisance *f*; **den – beseitigen** résorber le deficit.

Fehlbetrag *m* déficit *m*, somme manquante; **einen – aufweisen** accuser un déficit; **einen – decken** couvrir un déficit.

Fehl|bewertung *f* évaluation inexacte; **–einschätzung** *f* erreur *f* d'appréciation.

fehlen manquer, être absent, faire défaut, être dépourvu de.

Fehlen *n* absence *f*, défaut *m*; **– der Geschäftsgrundlage** changement fondamental dans les circonstances existant au temps de la conclusion du contrat (et permettant son annulation); **– einer gesetzlichen Grundlage, – der gesetzlichen Voraussetzungen** défaut de base légale; **– der Vollmacht** défaut *m* de procuration.

Fehlentscheidung *f* décision *f* erronée, décision mal rendue.

Fehler *m* (1) *(Fehlverhalten)* faute *f*, imprudence *f*, négligence *f*, malveillance *f*, (2) *(SchuldR: Mangel)* vice *m*, défaut *m*, défectuosité *f*, (3) *(Irrtum)* erreur *f*; **äußerlicher –, offenbarer –, offensichtlicher –** vice apparent; **unentschuldbarer –, unverzeihlicher –** faute inexcusable; **verborgener –** vice caché; **–grenze** *f* tolérance *f* (de poids, de mesure).

fehlerhaft *adj* entaché d'un vice, fautif, irrégulier; **–e Ehe** mariage frappé de nullité *ou* annulable; **–e Entscheidung** décision juridictionnelle présentant un vice grave; **–er Verwaltungsakt** décision administrative individuelle irrégulière.

Fehler|haftigkeit *f* (1) défectuosité *f*, imperfection *f*, insuffisance *f*, (2) caractère *m* fautif; **–quelle** *f* source *f* d'erreurs; **–quote** *f* pourcentage *ou* taux d'erreurs.

Fehl|fracht *f* faux fret *m*; **–gebrauch** *m* usage *m* fautif; **–geburt** *f* fausse couche; **–geldentschädigung** *f* indemnité *f* de caisse; **–interpretation** *f* fausse interprétation; **–investition** *f* investissement mal orienté et improductif; **–leitung von Geldmitteln** *(StR)* détournement de fonds; **–lieferung** *f* livraison *f* non conforme (à la commande); **–menge** *f* manquants *mpl*; **–schätzung** *f* évalution *f* inexacte; **–tritt** *m* inconduite *f*; **–urteil** *n* jugement *m* mal rendu, jugement erroné; **–zeiten** *fpl* heures *fpl* d'absence; heures non-effectuées.

Feier *f* cérémonie *f*, fête *f*; **Gedenk–** commémoration.

Feier|abend *m (ArbR: Dienst- od. Arbeitsschluß)* fin de la journée de travail; **–schicht** *f* poste *m* chômé; **–tag** *m* jour *m* férié (légal).

Feiertags|geld *n* indemnité de jour férié; **–zuschlag** *m* prime *ou* indemnité *f* de jour férié.

feilbieten mettre en vente.

feilschen marchander, discuter le prix (d'une marchandise).

Feind *m* ennemi *m*, adversaire *m*; **–besitz** *m* bien ennemi; **zum Feinde übergehen** *od.* **überlaufen** déserter à l'ennemi, passer à l'ennemi.

Feindschaft *f* hostilité *f*, inimitié *f*.

Feindseligkeiten *pl* hostilités *fpl*; **Einstellung der –** suspension *ou* cessation des hostilités; **die – eröffnen** ouvrir les hostilités.

Feind|staat État *m* ennemi, pays *m* ennemi; **–vermögen** *n* bien *m* ennemi, propriété *f* ennemi.

Feingehalt *m* (Gold, Silber) titre *m*; **einen – von . . . haben** titrer.

Feingold *n* or *m* fin.

Feinmechanik *f* mécanique *f* de précision.

Feld|bereinigungsamt *n* service de remembrement rural; **–dieb** *m* maraudeur *m*.

Felddiebstahl *m* maraudage *m*; **einen – begehen** marauder.

Feld|frevel *m* contravention *f* rurale, délit *m* rural; **–frucht** *f* produit *m* de la terre; **–gendarmerie** *f* prévôté *f*; **–hüter** *m* garde-champêtre *m*.

Feld|ordnung *f* code *m* rural; **–polizei** *f* police *f* rurale; **–post** *f* poste *f* aux armées; **–weg** *m* chemin *m* vicinal, chemin de dévestiture (S); **–zug** *m (MilR)* campagne *f*.

Fensterrecht *m* droit de vue, servitude de vue.

Ferial|geschäft *n* (Aut) affaire traitée pendant les vacances judiciaires; **–sache** *f* (Aut) affaire traitée pendant les vacances *fpl* judiciaires, affaire de vacation; **–senat** *m* (Aut) chambre des vacations.

Ferien *pl* (1) *(Betrieb)* fermeture annuelle, (2) *(Gericht)* vacances judiciaires, (3) *(ArbR: Urlaub)* congés payés.

Ferien|kammer *f (PrzR)* chambre des vacations; **–reiseverkehr** *m* trafic *n* routier vacancier; **–sache** *f* affaire traitée pendant les vacances judiciaires, affaire de vacation; **–senat** *m* chambre des vacations; **–vergütung** *f (ArbR)* indemnité de vacances; **–zeit** *f* (1) *(Sommer)* période estivale, (2) période de vacances.

Fern|amt *n (Post)* central *m* téléphonique interurbain; **–anschluß** *m* raccordement interurbain, communication interurbaine; **–bedienung** *f* télécommande *f*; **–bleiben** *n* (unentschuldigt) absence injustifiée; **–fahrer** *m* routier *m*; **–gespräch** *n* communication interurbaine; **–gesteuert** *adj* téléguidé; **–heizung** *f* chauffage urbain; **–kopierer** télécopieur *m*; **–lerninstitut** *n* institut d'enseignement par correspondance; **–leihe** *f (Bibliothek)* prêt *m* entre bibliothèques.

Fernlicht *n (StVR)* feux *mpl* de route.

Fernmelde|amt centre *m* de télécommunication; central *m* téléphonique; **–anlage** *f* réseau *m* de télécommunication; **–geheimnis** *n* secret *m* des communications téléphoniques.

Fernmelde-Union *f*: **internationale** – Union internationale des télécommunications.

Fernmelde|verkehr *m* télécommunications *fpl;* **–wesen** *n* service *m* de télécommunications.

Fern|scheck *m* chèque *m* déplacé; **–schreiben** *n* (message *m*) télex *m*; **–schreiber** *m* (appareil *m*) télex; **–sehaufnahme** *f* enregistrement; **–sehgebühren** *fpl* redevance *f* télévisuelle; **–sehsendung** *f* émission télévisée; **–sehwerk** *n* œuvre *f* artistique pour la télévision; **–sprechamt** *n* central *m* téléphonique; **–sprechanlagen** *fpl* appareils et installations de télécommunication; **–sprechgebühr** *f* taxe *ou* redevance téléphonique; **–transport** *m* transport *m* longue distance; **–trauung** *f* mariage *m* par procureur *ou* sans comparution personnelle; **–überweisung** *f* virement d'une place sur une autre; **–universität** *f* enseignement *m* universitaire par correspondance; **–verkehr** *m* transport *m* (routier) en zone longue; **–verkehrsstraße** *f* route *f* nationale *ou* route à grande circulation; **–wirkung** *f* effet *m* indirect.

Fertig|bau *m* préfabriqué *m*; **–erzeugnis** *n*, **–fabrikat** *n* produit *m* fini; **–gericht** *n* plat *m* cuisiné (réfrigéré); **–haus** *n* maison préfabriquée.

Fertigkeit *f* routine *f*, dextérité *f*, faculté *f*, habileté *f*.

Fertigstellung *f* achèvement *m* des travaux, finition *f*, finissage *m*, terminaison *f*.

Fertigung *f* (1) fabrication, production, (2) *(Protokoll)* établissement.

Fertigungs|kontrolle *f* contrôle de fabrication; **–lohn** *m* salaire pour achèvement d'un travail; **–protokoll** *n* (Aut) procès-verbal *m* de signature; **–termin** *m* date *f* limite de fabrication; **–verfahren** *n* procédé de fabrication.

Fertigware *f* produit *m* fini.

Fesseln *n*, **Fesselung** *f* (Strafgefangene) ligotage *m*.

fest *adj* ferme, fixe, convenu; **–e Ausgaben** charges fixes; **–e Kapital-**

anlage investissement à long terme; **–e Kosten** frais généraux; **–er Termin** échéance *f* convenue et non révisable.

Fest|auftrag *m* ordre *m* ferme; **–besoldete(r)** *m* salarié à traitement fixe.

Fest|geld *n* avoir *m* bloqué; **–genommene(r)** *m* personne *f* arrêtée *ou* retenue; **–haltung** *(StPR)* le fait de retenir une personne (à la disposition de la police judiciaire); **–preise** *mpl* prix *mpl* fixes *ou* imposés.

Festigung der Preise consolidation *ou* raffermissement des prix.

Fest|konto *n* compte *m* bloqué *ou* gelé; **–kosten** *pl* coûts fixes.

Festlands|gebiet: nicht besetzes – territoire *m* sans maître; **–sockel** *m* plateau *m* continental.

festlegen (1) *(Geld)* placer, investir, immobiliser, (2) *(Bedingungen)* fixer, arrêter, stipuler; **sich –** s'obliger à; **vertraglich –** fixer *ou* stipuler par contrat.

Festlegung *f* (1) placement *m*, immobilisation *f*, (2) détermination *f*, fixation *f*.

Festnahme *f* arrestation *f*; **rechtswidrige –** arrestation illégale; **vorläufige –** garde à vue *f*, arrestation provisoire; **– auf frischer Tat** arrestation sur le fait; **–recht** *n* droit d'arrestation.

festnehmen (= verhaften) arrêter.

Festnehmen *n* arrestation *f*, capture *f*.

Fest|offerte *f* offre *f* ferme; **–preis** *m* prix *m* ferme, prix non révisable.

festsetzen (1) *(Termin, Preis)* fixer, (2) *(anordnen)* décréter.

Festsetzung *f* (1) liquidation *f*, (2) fixation *f*, (3) *(StPR)* arrestation *f*; **– der Entschädigung** *f* détermination *f* du montant des dommages-intérêts; **– der Grenzlinie** délimitation de frontière; **– der Löhne** fixation des salaires.

Festsetzungs|gesuch *n* requête en liquidation des dépens; **–klage** *f* action en fixation; **–verfahren** *n* *(SteuerR)* procédure de fixation de l'impôt.

feststellbar *adj* constatable *adj*, identifiable *adj*.

feststellen (1) déterminer, fixer, constater, (2) liquider; **–der Verwaltungsakt** décision *f* administrative individuelle constatant l'existence de certains faits.

Feststellung *f* (1) *(Festlegung)* détermination *f*, fixation *f*, (2) *(Wahrnehmung)* constatation *f* (d'un fait), observation *f*, (3) *(Saldo)* liquidation *f*; **gerichtliche –** constatation judiciaire; **– der Echtheit** constatation de l'authenticité; **– der Forderung** vérification de la créance; **– der Konkursforderung** vérification de la validité de la créance au cours de la procédure de liquidation des biens; **– der Nämlichkeit** identification, constatation de l'identité; **– der Nationalität eines Schiffes** enquête de pavillon; **– der Personalien** contrôle *m* d'identité; **– der Ruhegehaltsbezüge** liquidation de la pension; **– in Steuersachen** taxation *f* d'office; **– einer strafbaren Handlung** constatation de l'infraction; **– einer Tatsache** établissement *m* d'un fait; **– der Vaterschaft** établissement *m* de la filiation paternelle.

Feststellungsbescheid *m* (1) constat *m*, (2) *(SteuerR)* évaluation d'office (des revenus).

Feststellungsklage *f* (1) *(VwPR)* action *f* introduite devant le tribunal administratif afin de voir constater l'existence ou l'inexistence d'un rapport juridique subjectif, (2) *(ZPR, ArbR)* action en constatation d'un droit *ou* d'une obligation, action en vérification; **negative –** *(ZPR)* action en constatation de la non-existence d'un rapport juridique; **positive –** *(ZPR)* action en constatation de l'existence d'un rapport juridique.

Feststellungs|pflicht *f* (nach Verkehrsunfall) obligation de rester sur place pour permettre les constatations d'usage; **– protokoll** *n* procès-verbal de constatation; **–urteil** *n* jugement déclaratif (de droits); **–widerklage** *f* action reconventionnelle en constatation; **–wirkung** *f* effet d'etablissement de la matérialité des faits.

Festtag *m* jour *m* férié.

Festungshaft *f* détention en enceinte fortifiée, arrêts de forteresse.

Festverkauf *m* vente *f* ferme.

festverzinslich *adj* à intérêt fixe.

Feuer *n* (= Brand) incendie *m*, feu *m*; **–beschau** *f* contrôle (régulier) des mesures et installations de prévention des incendies; **–bereich** *m* ilôt *m*, groupe de risques; **–beständig** *adj* réfractaire, résistant au feu; **–bestattung** *f* incinération *f*, crémation *f*; **–gefahr** *f* risque *m* d'incendie; **–löscher** *m* extincteur *m* (d'incendie); **–mauer** *f* mur coupe-feu; **–melder** *m* avertisseur *m* d'incendie; **–pause** *f (VR)* interruption *ou* suspension de feu; **–schaden** *m* dommage *m* causé par incendie, sinistre *m* résultant d'un incendie; **–schutzbestimmungen** *fpl* prescriptions *fpl* de protection contre l'incendie; **–schutzpolizei** *f* police de la lutte contre l'incendie; **–schutzsteuer** *f* taxe sapeurs-pompiers; **–versicherung** *f* assurance-incendie.

Feuerwehr *f* (corps *m* des) sapeurs-pompiers *mpl;* **Berufs–** sapeurs-pompiers professionnels; **freiwillige –** sapeurs-pompiers bénévoles *ou* volontaires.

Feuerwerker *m* pyrotechnicien *m*

Fideikommiß *n (ErbR, hist: Treueanvertrauung)* fidéicommis *m*.

fideikommissarisch *adj* fidéicommissaire.

Fideikommiß|gericht *n* tribunal des fidéicommis; **–nachfolger** *m* successeur au fidéicommis; **–stifter** *m* fondateur du fidéicommis.

fiduziarisch *adj* (= treuhänderisch) fiduciaire; **–e Rechtsübertragung** fiducie *f*, aliénation fiduciaire à charge de rétrocession.

Fiktion *f* fiction *f*; **gesetzliche –** fiction légale, fiction de la loi; **juristische –** fiction juridique.

fiktiv *adj* fictif.

Filialbetrieb *m* succursale *f*.

Filiale *f (HR: Zweigniederlassung)* succursale *f*.

Filial|geschäft *n* succursale *f*, (en S:) magasin à succursales multiples; **–netz** *n* réseau de succursales; **–prokura** *f* procuration *f* commerciale délivrée pour l'exploitation d'une succursale; **–unternehmen** *n* entreprise à succursales multiples.

Film *m* film *m*; **–abgabe** *f* impôt sur les représentations cinématographiques (de longs métrages); **–aufnahme** *f* enregistrement cinématographique; **–bewertungsstelle** *f* Office fédéral d'appréciation et de notation des œuvres cinématographiques; **–drehbuch** *n* scénario *m*; **–förderung** *f* promotion et subvention des œuvres cinématographiques nationales; **–freiheit** liberté de réalisation d'œuvres cinématographiques; **–hersteller** directeur de production; **–industrie** *f* industrie *f* cinématographique; **–kopie** *f* copie *f* de film; **–theater** *m* salle *f* de cinéma; **–verleihvertrag** *m* contrat de location de film; **–werk** *n* œuvre cinématographique; **–zensur** *f* censure *f* cinématographique.

1. Finanz *f* (1) *(Geldwesen)* organisation *f* des finances, (2) *(Geldgeschäft)* activité bancaire, activité boursière, (3) *(Hochfinanz, Gesamtheit der Bankfachleute)* haute finance *f*, financiers *mpl;* **–abkommen** *n* accord *m* financier; **–abteilung** *f* service *m* financier; **–amt** *n* Hôtel des finances, perception *f*, service des impôts et trésorerie principale; **–amtsbezirk** *m* circonscription perceptorale; **–anlagen** *fpl* placement de capitaux; **–attaché** *m* attaché *m* financier; **–aufwand** *m* charges financières.

Finanzausgleich *m* (1) *(HaushR)* peréquation financière (entre les collectivités territoriales allemandes), (2) *(StaatsR)* accord *m* financier; **horinzontaler –** accord financier entre les Länder; **vertikaler –** accord financier entre le Bund et les Länder.

Finanz|ausschuß *m* commission des finances, commission *f* financière; **–autonomie** *f* autonomie *f* financière; **–beamte(r)** *m* fonctionnaire *ou* agent des contributions; **–bedarf** *m* besoins *mpl* financiers, besoin de trésorerie; **–befehl** *m (SteuerR)* avertissement *m*; lettre *f* de rappel, sommation sans frais; **–behörde** administration des finances publiques, ‹le Trésor›; **–beitrag** *m* contribution *f* financière; **–berater** *m* conseiller *m* en placements financiers; **–bericht** *m (HaushR)* rapport *m* du ministre du budget sur l'évolution des finances publiques (au sein de l'économie générale); **–besprechungen** *pl* pourparlers *mpl* financiers; **–bestimmung** *f* disposition *f* financière; **–buchhaltung** *f* comptabilité générale *ou* financière; **–delikt** *n* délit *m* fiscal; **–departement** *n* (S) département *m* des finances (S); **–deputation** *f* commission des finances.

2. **Finanzen** *fpl* (1) *(öffentliches Geldwesen)* finances *fpl* publiques, (2) *(Staatsgelder)* fonds *mpl* publics, recettes et dépenses de l'État, (3) *(Staatskasse)* Trésor *m* public, (4) *(Vermögenslage)* situation *f* financière.

Finanz|experte *m* conseil *m* en matière de placements; **–frage** *f* question de fonds disponibles; **–gebaren** *n*, **–gebarung** *f* gestion des finances publiques; **–gericht** *n* tribunal *m* du contentieux fiscal; **–gerichtsbarkeit** *f* juridiction connaissant des litiges relatifs aux impôts et taxes; **–gerichtsordnung** *f* organisation *f* des juridictions du contentieux fiscal; **–geschäft** *n* opération *f* financière; **–gesellschaft** *f* société *f* financière; **–gesetz** *n* loi de finances, loi des comptes (B); **–gesetzgebung** *f* législation fiscale; **–gesundung** *f* assainissement *m* financier; **–gläubiger** *m* créancier *m* financier; **–gruppe** *f* pool *m* financier; **–hoheit** *m (ÖfR, SteuerR)* souveraineté fiscale; **–hilfe** *n* aide financière, concours *m* financier.

Finanzierung *f* financement *m*; recours au marché financier *ou* au crédit bancaire; **langfristige –** financement à long terme.

Finanzierungs|abkommen *m (GesR)* convention de financement; **–art** *f* mode *m* de financement; **–bedarf** *m* besoins de financement; **–beteiligung** *f* participation au financement; **–darlehen** *n* crédit financier; **–einrichtung** *f* institution de *ou* établissement de financement; **–geschäft** *n* opération de crédit; **–gesellschaft** *f* société de financement; –hilfe *f* subvention *f*, aide *f* de l'État; **–institut** *n* institution *ou* établissement de financement; **–konsortium** *f* consortium *m* financier; **–kredit** *m* crédit de financement; **–leasing** *n* crédit-bail financier; **–lücke** *f* découvert *m ou* impasse *f* budgétaire; déficit *m* financier; **–mittel** *pl* moyens *mpl* financiers; **–modalitäten** *pl* modalités *fpl ou* mode *m* de financement; **–plan** *m* plan *m* de financement; **–protokoll** *n* protocole financier; **–quelle** *f* source de financement; **–verfahren** *n* méthode *f ou* système *m* de financement; **–verpflichtung** *f* obligation de financement; **–vertrag** *m* contrat de financement; **–wechsel** *m* effet *ou* papier financier; **–zusage** *f* promesse *f* de financement *ou* de crédit.

Finanz|institut *n* établissement *m* de crédit; société *ou* institution financière; **–geschäft** *n* opération financière; **–jahr** *n* exercice *m* budgétaire, année *f* financière; **–kabinett** *n (VerfR)* comité interministérial du budget; **–kompetenz** *f* compétence financière; **–konjunktur** *f* conjoncture financière; **–konsortium** *n* consortium *m* financier, pool bancaire; **–konto** *n* compte *m* financier; **–kontrolle** *f* contrôle *m* financier; **–kosten** *pl* frais *mpl* financiers; **–kraft** *f* capacité *f* financière; **–kredit** *m* crédit *m* financier; **–kreise** *pl* milieux *mpl* financiers; **–krise** *f* crise *f* financière; **–lage** *f* situation *f* financière *ou* comptable, état *m* des finances; **–lasten** *pl* charges *fpl;* financières; **–makler** *m* intermédiaires en opérations de banque;**–mann** *m* financier *m*, banquier *m*; **–minister** *m* ministre *m* des finances, grand argentier *m*; **– ministerium** *n* ministère des finances; **–monopol** *n* monopole *m* fiscal *ou* à caractère fiscal; **–not** *f* (der Gemeinden) insuffisance *f* de recettes (des communes), misère *f* financière; **–ordnung** *f* règlement *m* financier; **–papier** *n* papier *ou* effet *m* financier; **–plan** *m* programme *m ou* plan *m* financier; **–planung** *f* programmation financière *ou* bugdétaire; **–politik** *f* politique *f* financière; **–presse** *f* presse *f* financière; **–programm** *n* programme *m* financier; **–prokuratur** *f* (Aut) ministère public parquet général de l'État; **–protokoll** *n* protocole *m* financier; **–quelle** *f* ressources *fpl* financières, source de recettes; **–recht** *n* droit *m* financier; **–rechtsweg** *m* procédure du contentieux fiscal; **–reform** *f* réforme des finances publiques; **–sachverständige(r)** *m* expert *m* financier; **–schwierigkeiten** *pl* difficultés *fpl* financières; **–senator** *m* ministre des finances (Brême, Hambourg); **–sperre** *f* suspension des subventions financières; **–spritze** *f* aide *f* de l'État (aux entreprises); **–staatsrecht** *n* droit des finances publiques; **–stabilität** *f* stabilité *f* budgétaire; **–strafgesetz** *n* (Aut) loi portant répression des infractions fiscales; **–transfer** *m* (S) transfert *m* financier; **–verfassung** *f* organisation *ou* régime des finances publiques; **–verkehr** *m* relations *fpl* financières; **–vermögen** *n* domaine *m* privé (de l'État); **–vertrag** *m* convention *f* financière; **–verwaltung** *f* administration *f* financière; **–vorlage** *f* projet financier; **–vorschuß** *m* avance de trésorerie; **–wache** *f* (Aut) organisme de surveillance dépendant des administrations fiscales; **–wechsel** *m* effet *m ou* papier *m* financier *ou* de mobilisation, effet de commandite *ou* de mobilisation; **–wesen** *n*, **–wirtschaft** *f* les Finances publiques; économie et institutions financières; **–wissenschaft** *f* science *f* financière; **–zölle** *pl* droits *mpl* fiscaux, droits de douane à caractère fiscal; **–zuweisung** *f (HaushR)* dotation (des communes), crédits *mpl* assignés aux communes, concours *m* financier; **–zwang** *m (SteuerR)* recouvrement forcé de l'impôt.

Findel|haus *n* établissement *m* pour enfants trouvés; **–kind** *n* enfant *m* trouvé.

finden trouver, découvrir.

Finder *m* découvreur *m*, inventeur *m*; **–lohn** *m* récompense *f* accordée à celui qui trouve un objet; **–recht** *n* droit de découverte, droit d'invention.

Findling *m* enfant *m* trouvé.

Fingerabdruck *m* empreinte *f* digitale, dactylogramme *m*.

fingiert *adj* fictif, simulé, apparent; **–e Erklärung** déclaration fictive; **–es Rechtsgeschäft** acte simulé *ou* apparent.

Firma *f* (1) *(Oberbegriff* u. Einzelkaufmann)* nom *m* commercial, appellation *f* de la maison de commerce, (2) *(Personengesellschaft)* raison *ou* dénomination sociale, (3) *(Kapitalgesellschaft)* dénomination sociale, (4) *(Phantasieworte)* appellation de fantaisie, (5) *(Wirtschaftsleben)* maison *f*, firme *f*, établissements *mpl* = Ets., compagnie *f* = Cie. entreprise *f*; **alteingesessene –** firme solidement établie; **eingetragene –** société immatriculée au registre du commerce; **erloschene –** société dissoute; **vertragsbrüchige –** firme en rupture de contrat; **weltbekannte –** firme mondialement connue; **eine – sanieren** renflouer *ou* assainir une affaire.

Firmen|änderung *f* modification *f* de la raison sociale; **–anmeldung** *f*

* En droit allemand cette dénomination s'applique à toute personne exerçant une activité commerciale.

(demande d')enregistrement d'une société; **–ausschließlichkeit** *f* nom commercial en tant que signe distinctif; **–berater** *m* ingénieur-conseil *m*, consultant *m*; **–beratungsdienst** *m* service *m* conseils et assistance aux entreprises, compagnie *f* d'Ingénieurs Conseils; **–beständigkeit** *f* transmissibilité du nom commercial; **–bezeichnung** *f* raison *f* sociale; dénomination sociale; **–einheit** *f* unicité de la dénomination sociale; **–erwerb** *m* acquisition d'un fonds de commerce; **–fortführung** *f* continuation de la société (avec un tiers acquéreur *ou* avec l'héritier de l'associé prédécédé); **–gebrauch** *m* utilisation d'un nom commercial; **–gründung** *f* création d'entreprises nouvelles; **–gruppenversicherung** *f* assurance collective d'entreprise; **–inhaber** *m* propriétaire *m* du fonds de commerce; **–kern** *m* raison sociale simple, sans indications complémentaires; **–konto** *n* compte (en banque) de sociétés *ou* de maison de commerce; **–name** *m* nom social *ou* commercial; **–öffentlichkeit** *f* obligation de faire immatriculer le nom commercial au registre de commerce; **–recht** *n* législation relative au nom commercial; **–register** *n* registre *m* du commerce, registre aux firmes (L); **–schild** *n* enseigne *f*; **–schutz** *m* protection *f* du nom commercial; **–sitz** *m* siège *m* social, domicile *m* commercial; **–übernehmer** *m* cessionnaire d'un fonds de commerce; **–wahrheit** *f* univocité de la dénomination sociale; **–veräußerung** *f* vente du fonds de commere; **–verletzung** *f* usage *m* abusif du nom commercial; **–wert** *m* valeur du fonds de commerce; **–wortlaut** *m* (Aut) raison *f* sociale *ou* de commerce; **–zeichnung** *f* signature *f* sociale, pouvoir *m* (pour engager la société).

firmieren (1) avoir un nom commercial, (2) signer au nom d'une firme, signer avec le nom commercial.

Fische *mpl* poissons *mpl*, ressources *fpf* piscicoles, stocks *mpl* de poissons; **Pflege u. Haltung der –** protection du patrimoine piscicole et gestion des ressources piscicoles.

Fischen *n*, **unberechtigtes –** pêche *f* prohibée.

Fischer *n* (1) pêcheur professionnel, (2) *(Angler)* pêcheur amateur.

Fischerei *f* (1) *(Meer)* pêche *f* maritime *ou* dans les eaux salées, (2) *(Binnengewässer)* pêche fluviale *ou* en eau douce, (3) *(Gewerbe)* établissement de pêcherie.

Fischerei|abkommen *n* convention de pêche; **–aufseher** *m* garde-pêche *m*; **–ausübung** *f* activité *f* de pêche; **–berechtigung** *f* droit de pêche; **–bezirk** *m* zone de pêche; **–delikt** *n* délit de pêche.

Fischereierlaubnis *f*; **–schein** *m* permis de pêche.

Fischerei|erzeugnis *n* produit *m* de la pêche; **–gebiet** *n* zone *f* de pêche; **–genossenschaft** *f* société *ou* syndicat de pêche; **–gerechtigkeit** *f* droit de pêche; **–gesellschaft** *f* société de pêche; **–ordnung** *f* règlement de pêche.

Fischereipacht *f*, **–vertrag** *m* bail de pêche; **–recht** *n* droit de location de pêche.

Fischerei|polizei *f* police *f* de la pêche; **–recht** *n* droit de pêche, droit de juridiction sur les pêches; **–revier** *n* lot *ou* cantonnement de pêche; **–schein** *m* permis de pêche; **–stein** *m* borne de pêche; **–steuer** *f* taxe piscicole; **–verband** *m*, **–verein** *m* association de pêche; **–vertrag** *m* traité de pêche.

Fisch|erzeugnisse *npl* produits *mpl* de la pêche; **–fang** *m* capture *f* des animaux marins, exercice de la pêche; **–wilderei** *f* braconnage *m* dans les rivières et lacs; **–zucht** *f* pisciculture *f*, élevage de poissons.

Fiskalgesetz *n* (S) loi *f* fiscale.

fiskalisch *adj* fiscal; **–e Hilfstätigkeit, –e Verwaltung** activités *fpl* d'une personne morale de droit public soumises au droit privé.

Fiskalrecht *n* droit *m* fiscal.

Fiskus *m* (1) *(Staat im Privatrechtsverkehr)* État *m* exerçant des activités privées, État en tant que sujet de droits et d'obligations privés, (2) *(Finanzverwaltungsabteilung)* fisc *m*, administration fiscale; **–privileg** *n* privilège *m* du Trésor, garanties (spéciales) de recouvrement de la créance fiscale.

Fixer *m* (1) *(BörR)* baissier *m*, (2) *(Drogen)* toxicomane *m*, *umg* drogué, toxico *m*.

Fix|geschäft *n (SchuldR)* contrat prévoyant un délai d'exécution catégorique et indépassable, affaire conclue pour une date fixe; **–kosten** *pl* frais *mpl* fixes.

Fixing *n (BörR)* fixage *m*, fixing *m*, cotation des devises étrangères.

Fixum *n (HR)* fixe *m*, appointements *mpl* fixes (opposés à la commission).

Fläche *f* superficie *f*, aire *f*, surface *f*; **bebaute –** surface bâtie.

Flächen|bedarf *m* besoin *m* en terrains (à bâtir); **–nutzungsplan** *m* schéma *m* directeur d'aménagement et d'urbanisme; **–steuer** *f* impôt *f* sur la surface (cultivée ou non); **–widmungsplan** *m* (Aut) plan d'urbanisme.

Flagge *f* pavillon *m*, drapeau *m*; **billige –** pavillon de complaisance *ou* de refuge; **Schiff unter fremder –** navire *m* battant pavillon étranger *ou* navigant sous un pavillon de complaisance; **Vorrecht der –** privilège de pavillon; **die – führen** battre pavillon, arborer le pavillon.

Flaggen|brief *m* (1) certificat *m* de pavillon, lettre *f* de mer, (2) *(pour les navires français)* acte de francisation; **–diskriminierung** *f* discrimination de pavillon; **–führung** *f* port du pavillon; **–mißbrauch** *m* abus de pavillon; **–recht** *n* (1) droit de pavillon, (2) loi du pavillon; **–staat** *m* État du pavillon; **–zeugnis** *n* (1) certificat de pavillon, lettre de mer, (2) acte de francisation; **–zuschlag** *m* surtaxe de pavillon.

flankierende Maßnahmen mesures *fpl* d'accompagnement.

Flaschenpfand *n* consigne *f*, consignation.

flau *adj* (Geschäft) morose, stagnant.

Flaute *f* stagnation *f*, marasme *m* boursier; **witschaftliche –** marasme *m* économique.

Fledderei *f (MilR)* vol commis sur des blessés *ou* des prisonniers.

Fleischbeschau *m* inspection sanitaire des viandes; **–gebühr** *f* taxe d'inspection sanitaire.

Fleischerzeugnisse *npl* (produits de) viande *f*.

Flexibilisierung *f* **der Arbeitszeit** modulation de la durée du travail, aménagement d'horaires individualisés *ou* collectifs (de travail).

flexible Altersgrenze âge *m* de départ à la retraite modulable, avancement de l'âge de la retraite.

fliehen s'évader, prendre la fuite; partir précipitamment.

Fließband *n* chaîne *f* de fabrication *ou* de montage; **–arbeit** *f* travail à la chaîne; **–fertigung** *f* production *f* à la chaîne.

Floating *n* flottement *m ou* flottaison *f* (d'une monnaie), flexibilité *f* des cours de change.

Flotten|abkommen *n* accord *m* naval; **–vertrag** *m* traité sur les flottes de guerre, traité *m* naval.

Flucht *f* fuite *f*, évasion *f*; **–gefahr** *f* danger *m* de fuite.

flüchten s'évader, prendre la fuite, s'enfuir, fuir.

Flüchtige(r) *m* personne évadée, individu en fuite.

Flüchtling *m* (1) *(StPR)* personne en fuite *ou* recherchée, fugitif *m*, (2) *(VR)* réfugié *m*; **politischer –** réfugié politique.

Flüchtlings|ausweis *m* carte d'identité de réfugié; **–hilfe** *f* secours *mpl* financiers accordés aux réfugiés; **–kommissar** *m* commissaire aux réfugiés.

Flüchtlingsorganisation: internationale – (IRO) Organisation internationale des réfugiés (OIR).

Fluchtlinie *f (BauR)* alignement *m*.

Flucht|linienplan *m* plan d'alignement; **–verdacht** *m (StR)* le fait de redouter que l'inculpé ne cherche à disparaître pour échapper au jugement, danger *m ou* suspicion de fuite; **–versuch** *m* tentative *f* de fuite *ou* d'évasion.

Flug *m* vol *m*; **einen – buchen** réserver un vol.

Flug|betrieb *m* circulation aérienne; **–blatt** *n* tract *m* (politique); brochure *f* publicitaire **–dienst** *m* service *m* d'informations aéronautiques; **–gast** *m* passager *m* (aérien); **–gastunfallversicherung** *f* assurance individuelle accidents des passagers d'aéronefs; **–gepäckschein** *m* bulletin de bagages; **–gesellschaft** *f* compagnie *f* aérienne, exploitant de transport aérien.

Flughafen: internationaler – aéroport international; **–gebühr** *f* taxe d'aéroport; **–zollstelle** *f* poste de surveillance d'aérodrome.

Flug|höhe *f* altitude *f* de vol; **–karte** *f* billet de passage aérien; **–körper** *m* (1) aéronef *m*, (2) *(MilR)* missile *m*; **–lärm** *m* pollution sonore provoquée par la circulation aérienne; **–linie** *f* ligne aérienne; **–linienverkehr** *m* service aérien (international), navigation *f* aérienne; **–lotse** *m* contrôleur de la navigation aérienne, aiguilleur du ciel; **–meldestelle** *f* centre *m* de contrôle aérien; **–modell** *n* modèle réduit (d'un avion); maquette *f*; **–platz** *m* aérodrome *m*, aérogare *f*, aéroport *m*; **–personal** *n* personnel *m* navigant; **–recht** *n* droit de circulation aérienne, droit de survol; **–regeln** *pl* réglementation de la circulation aérienne; **–schein** *m* billet de passage aérien; **–schreiber** *m* boîte noire; **–sicherheitsbescheinigung** *f* certificat *m* de navigabilité; **–sicherung** *f* contrôle *m* de la circulation aérienne; centre de contrôle de la circulation aérienne; **–verbindung** *f* liaison aérienne; **–verkehrsordnung** *f* règlement sur le trafic aérien; **–wesen** *n* l'Aviation; navigation aérienne.

Flugzeug *n* (= Luftfahrzeug) aéronef *m*; **–bauer** *m* avionneur *m*; **–entführer** *m* pirate *m* de l'air, auteur d'un détournement d'avion; **–führer** *m* pilote *m* (de ligne); **–industrie** *f* industrie *f* aéronautique.

Flugzuschlag *m* surtaxe *f* de transport aérien, surtaxe aérienne.

Flur|bereinigung *f* remembrement *m* rural *ou* parcellaire; **–bereinigungsverfahren** *n* procédure de remembrement; **–bezeichnung** *f* lieu-dit *m*; **–buch** *n* fichier immobilier, cadastre *m*, plan *m* cadastral; **–hüter** *m* garde *m* champêtre, brigadier-champêtre *m*; **–regelung** *f* réglementation de la propriété rurale; **–schaden** *m* dommage *m* causé aux cultures; **–stück** *n* parcelle *f*; **–verfassung** régime *m* agraire; **–wächter** *m* garde-champêtre *m*, brigadier-champêtre *m*; **–zersplitterung** *f* morcellement *ou* émiettement *m* des terres; **–zwang** obligation *f* de mettre en culture certains champs selon des règles uniformes.

Fluß *m* fleuve *m*; rivière; **schiff- und flößbarer –** cours d'eau navigable et flottable; **– und Hochseeschiffahrt** *f* navigation *f* mixte; **–bett** *n* lit *m* d'une rivière; **–frachtgeschäft** *n* opération de transport fluvial; **–freizone** *f* zone *f* franche fluviale; **–grenze** *f* frontière fluviale.

flüssig *adj* liquide, disponible; **–e Mittel** *npl* trésorerie *f*, avoirs *mpl* liquides.

Flüssigmachung *f* fait de rendre liquide, mobilisation (de capitaux).

Fluß|ladeschein *m* connaissement *m* fluvial; **–schiff** *n* bateau *m*, bâtiment de rivière; **–schiffahrt** *f* navigation *f* fluviale; **–verunreinigung** *f* pollution *f* des cours d'eau.

fob-Preis *m* prix fob, prix franco à bord.

Föderalismus *m* fédéralisme *m*.

föderalistisch *adj* fédéral, fédéraliste.

föderativ *adj* fédératif; **–e Streitigkeit** *(VerfR)* litige entre le Bund et un Land; **–es Gesetz** loi fédérale requérant un vote du Bundesrat.

Folge *f* (1) *(Ergebnis, Wirkung)* conséquence *f*, effet *m*, résultat *m*, retentissement *m*, réaction *f*, aboutissement *m*, prolongement *m* (2) *(Reihe, Aufeinanderfolge)* suite *f*, série *f*, succession *f*, ordre *m*, séquence *m*; – **leisten** obtempérer, obéir, déférer (à un ordre); **etwas zur – haben** entraîner, avoir pour conséquence, provoquer; **in der –, für die –** à l'avenir, désormais, dorénavant; **–bescheid** *m* acte administratif se référant à un autre acte *ou* à une décision initiale, acte individuel conséquence d'un acte individuel précédent.

Folge|einrichtung *f (BauR)* implantation des ouvrages et services d'intérêt collectif; **–erscheinung** *f* conséquence *f*, résultante *f*, aboutissement *m*; contrecoup *m*, séquelle *f*, réaction *f*, fruit *m*; **–kosten, –lasten** *pl* frais de fonctionnement *ou* d'exploitation.

Folgen|beseitigungsanspruch *m (VwR)* droit *ou* action du particulier à l'encontre de l'Etat afin d'obtenir la réparation des suites préjudiciables d'un acte administratif entaché d'illégalité (par un rétablissement dans ses droits); **–ersatzanspruch** *(VerwR)* demande en réparation sous forme de dommages-intérêts.

Folge|prämie *f* prime *f* consécutive, prime suivante; **–provision** *f* commission de gestion *ou* d'encaissement; **–recht** *n (UrhR)* droit de suite (d'un auteur); **–richtig** *adj* cohérent, logique; **–richtigkeit** *f* conformité à la logique, cohérence, justesse *f* (d'un raisonnement), **–sache** *f (FamR)* litige relatif aux charges résultant du divorce; **–schaden** *m* dommage *m* consécutif *ou* indirect; **–vertrag** *m* contrat d'enchaînement; **–verzug** *m (VersR)* retard dans le paiement de la deuxième prime *ou* d'une prime ultérieure.

Folter *f* torture *f*, question *f*.

foltern torturer.

Fonds *m* (1) *(Geld- od. Vermögensreserve)* capitaux *mpl*, ressources *fpl*, réserve *f* monétaire, (2) *(nur Plural: Anleihe)* emprunt *m*, fonds *mpl* empruntés; **geheimer –** caisse *f* noire, fonds secrets; **gemeinsamer –** fonds commun; **öffentlicher –** fonds public; **– für wirtschaftliche und soziale Entwicklung** Fonds de développement économique et social.

Förder|abgabe *f* redevance *f*, royalties *fpl;* **–band** *m* courroie *f* transporteuse.

Förderer *m* promoteur, sponsor *m*.

fordern revendiquer, exiger, demander, réclamer.

fördern promouvoir, favoriser, encourager, stimuler.

Forderung *f* (1) *(Verlangen)* exigence *f*, revendication *f*, condition *f*, prétention *f*, (2) *(Anspruch)* créance *f*, droit *m*, (3) *(Rechnung)* facture *f*, décompte *m*, addition *f*; **abgetretene –** créance cédée; **anerkannte –** créance verifiée; **angemeldete –** créance produite; **ausstehende –** créance non recouvrée; **befristete –** créance à terme; **bestrittene –** créance contestée *ou* litigieuse; **bevorrechtigte –** créance privilégiée; **bürgerliche –** créance civile; **dubiose –** créance douteuse; **eingefrorene –** créance gelée; **eintreibbare –** créance recouvrable; **erloschene –** créance éteinte; **fällige –** créance exigible *ou* échue; **fingierte –** créance simulée; **garantierte –** créance garantie; **gemeinschaftliche –** créance indivise; **gepfändete –** créance saisie, créance saisie-arrêtée; **geringfügige –** créance de faible montant; **gesicherte –** créance garantie; **klaglose –** créance qui ne peut faire l'objet d'une action en justice; **laufende –** créance courante; **nicht übertragbare –** créance incessible; **sichergestellte –** créance garantie; **streitige –** créance litigieuse *ou* contestée; **überfällige –** créance échue; **uneinbringliche –** créance irrécouvrable; **ungedeckte –** créance munie d'aucune sûreté; **unpfändbare –** créance insaisissable; **verbürgte –** créance gagée; **verfügbare –** créance disponible; **ver-**

jährte – créance prescrite; **verpfändete** – créance donnée en gage; **vorgetäuschte** – créance supposée; **wucherische** – créance usuraire; **zivilrechtliche** – créance civile; **zweifelhafte** – créance douteuse.

Forderung: eine – abtreten céder une créance; **eine – anmelden** produire une créance; **– auf das Ausland** créance sur l'étranger, créance à l'étranger; **eine – beitreiben** recouvrer une créance; **eine – einbringlich machen** (Aut), **eine – eintreiben** recouvrer une créance; **eine – einziehen** réaliser une créance; **eine – erfüllen** (1) payer, s'exécuter, (2) répondre à une exigence; **eine – geltend machen** exiger le paiement, faire valoir une créance.

Forderungs|abschreibung *f* amortissement *m* d'une créance; **–abtretung** *f* cession de créance; **–anmeldung** *f* déclaration *ou* production de créance; **–aufrechnung** *f* compensation d'une créance; **–ausfall** *m* créance irrécouvrable; **–betrag** *m* montant de la créance; **–kauf** *m* cession de créance (à titre onéreux); **–nachweis** *m* état *m* de paiement; titre *m* de paiement; **–pfändung** *f* saisie *f* d'une créance.

Forderungsrecht *n (SchuldR)* (droit de) créance; **eingetragenes** – dette inscrite.

Forderungs|tilgung *f* (1) paiement *m*, extinction d'une créance, (2) amortissement *m* d'une créance; **–übergang** *m* transfert de créance; **–übernahme** *f* cession de créance, reprise de créance; **–übertragung** *f* transport *m* d'une créance; **–verkauf** *m* cession de créance; **–verletzung** *f* (= positive Vertragsverletzung *od.* Schlechterfüllung) faute du débiteur dans l'exécution de ses obligations, inexécution d'une obligation contractuelle (imputable au débiteur), mauvaise exécution d'un contrat; **–vermächtnis** *n* legs *m* de créance; **–verzicht** *m* renonciation à une créance, remise volontaire.

Förderung *f* (1) *(Hilfe, Unterstützung)* promotion *f*, encouragement *m*, (2) *(Bergbau)* extraction *f*; **soziale** – promotion *f* sociale; **– der Prostitution** *(StR)* aider, assister *ou* protéger la prostitution d'autrui; **sexueller Handlungen Minderjähriger** favoriser *ou* faciliter la débauche de mineurs.

Förderungs|beihilfe *f* subvention *f*; **–maßnahme** *f* incitation *f*, mesure *f* d'encouragement; **–mittel** *pl* subvention *f*, aide financière, moyens financiers pour la promotion d'un projet; **–programm** *n* programme *m* d'aide; **–quote** *f* quote-part d'extraction.

forensisch *adj* judiciaire, juridictionnel; **–e Medizin** médecine *f* légale; **–er Nachweis** preuve administrée au cours de l'audience.

Form *f* (1) *(Erklärung)* forme *f*, formalité *f* spéciale, formule *f*, (2) *(Gesellschaftsordnung)* organisation *f*, régime *m*, statut *m*, structure, (3) *(Modell)* sorte *f*, type *m*, (4) *(Benehmen)* solennité *f*, cérémonial *m*, règle *f*, (5) *(Erscheinungsweise)* apparence *f*, aspect *m*, configuration *f*, conformation *f*; **in aller** – expressément, dûment, formellement; **eigenhändige** – forme *f* olographe; **in gehöriger** – en bonne et due forme, dans les formes, selon les usages établis; **der – genügen** respecter la forme prescrite; **der – nach zulässig** recevable en la forme.

Formal|akt *m* acte *m* formel; **–beleidigung** *f (StR)* allégation portant sur un fait exact, mais sous une forme offensante; **–delikt** *n* (Aut) délit *m* formel.

Formalismus *m* formalisme *m*, respect scrupuleux des formes; **juristischer** – formalisme juridique; solennité *f*.

formalistisch *adj* formaliste.

Formalität *f* formalité *f*, forme *f*, procédure *f*; **–en erfüllen** remplir les formalités.

formaljuristisch *adj* formaliste (sur le plan juridique).

Formal|prüfung *f* examen formel; **–sachbearbeiter** *m* examinateur des formalités; **–vertrag** *m* contrat *m* formel *ou* solennel; **–vorschrift** *f* (Aut) prescription *f* de forme.

Format *n* (1) dimensions *fpl,* format *m,* (2) *fig* rang *m,* importance *f.*

Formbedürftigkeit *f* nécessité *f* d'observer la forme prescrite, formalisme *m.*

Form|blatt imprimé *m,* formule *f,* modèle *m*; *–umg* formulaire *m,* **–buch** *n* formulaire *m.*

Formehe *f* (= Namensehe) mariage contracté dans le seul but d'acquérir le nom du mari *ou* de l'épouse.

Formel *f* (1) formule *f,* clause *f* de style, expression consacrée, (2) *(Urteil)* dispositif *m.*

formell *adj* (1) selon la loi, formel, (2) de pure forme, pour la forme; **–es Recht** droit procédural *ou* processuel.

Form|erfordernis *n* condition *f ou* exigence de forme, formalité prescrite, forme exigée; **–fehler** *m* vice *m* de forme; **–frei** *adj* sans forme, sans formalité particulière, exempt d'une forme particulière, consensuel; **–freiheit** *f* soumis à aucune forme particulière; **–geber** *m* styliste *m* industriel, **–gebrechen** *n* (Aut) vice *ou* irrégularité de forme; **–gebung** *f* formage *m.*

formgerecht *adj* régulier *adj*, en bonne forme, en bonne et due forme, dans le respect des formalités, dans les formes, régulier dans la forme.

Form|gültigkeit *f* (= formelle Gültigkeit) validité *f* de forme, validité formelle; **–handelsgesellschaft** *f* société qui est réputée commerciale du fait de sa forme; **–heilung** *f* couverture *f* du vice de forme.

Formkaufmann *m (HR* = Kaufmann kraft Rechtsform) société ayant la capacité de commerçant de par sa forme.

förmlich *adj* formel *adj*; formellement *adv.*

Förmlichkeit *f* formalité *f.*

formlos *adj* sans forme, dépourvu de forme, consensuel; **–e Mitteilung** *(ZPR)* notification (d'un acte de procédure) par voie postale.

Form|mangel *m* vice *m* de forme, irrégularité *ou* faute *f* de forme, défaut *m* de forme; **–nichtigkeit** *f* nullité *f* de forme *ou* pour vice de forme.

Formular *n* imprimé *m*, formule *f*; modèle *m*; formulaire *m*; **–buch** *n* formulaire *m*; **ein – ausfüllen** remplir *ou* compléter une formule.

Formularienbuch *n* (Aut) formulaire *m.*

Formularvertrag *m* (= Typenvertrag) contrat-type *m*, (*pl:* les contrats-types).

formulieren énoncer, formuler; (Vertrag) stipuler; (Gesetz) rédiger.

Formulierung *f* formulation, énonciation; énoncé *m*; libellé *m.*

Formung *f* (1) *(Gestaltung)* forme *f*, structure *f*, (2) *(Bildung)* formation.

Form|verletzung *f* violation *f* de la forme prescrite; **–vorschrift** règle *f ou* prescription *f* de forme.

Formvorschriften *pl:* **wesentliche –** formes *fpl* substantielles, règles de forme substantielle.

Forschung *f* recherche *f*, investigation *f*; **wissenschaftliche –** recherche *f* scientifique.

Forschungs|anstalt *f* institut *m* de recherche; **–gesellschaft** *f* société savante; **–haushalt** *m* budget de la recherche; **–institut** *n* centre d'études, organisme de recherches; **–ministerium** *n* Ministère *m* de la recherche et de la technologie; **–reaktor** *m* réacteur *m* expérimental; **–stipendium** *n (HochschulR)* bourse de recherches.

Forst *m* forêt *f*, massif forestier; **Staats–** forêt domaniale.

Forst|akademie *f* école (nationale) des eaux et forêts; **–amt** *n* office *m* des forêts; administration des forêts; **–aufsezer** *m* (S) garde-forestier *m*;**–beamte(r)** *m* fonctionnaire *m* de l'administration des eaux et forêts, ingénieur *ou* technicien forestier; **–betrieb** *m* exploitation forestière.

Förster *m* agent technique forestier; ingénieur des Eaux et Forêts.

Forst|frevel *m* délit *m* forestier, infraction *f* forestière, contravention en matière forestière; **–hüter** *m* garde-forestier *m*; **–meister** *m* chef de district forestier; **–nutzungsrecht** *n* droit *m* d'exploitation forestière; **–recht** *n* droit *m* forestier, régime *ou* code forestier; **–schaden** *m* dépérissement des forêts, dommage causé aux massifs forestiers; **–schutz** *m* protection des domaines forestiers **–verwaltung** *f* gestion forestière; administration des eaux et forêts; **–wirtschaft** *f* foresterie *f*.

Fortbestand *m* continuité *f*, persistance *f*, permanence *f*, maintien *m*, continuation *f*, poursuite *f*, suite *f*, prolongation *f*.

Fortbetrieb *m (GesR)* continuation *ou* poursuite de l'exploitation.

Fortbildung *f* formation continue, éducation permanente; **berufliche –** formation professionelle continue, cours *m* de promotion sociale, recyclage *m*, formation (technique) complémentaire; **– des Rechts** évolution du droit.

Fortbildungs|förderung *f* promotion professionelle; **–kurs** *m* stage *m* de formation complémentaire, stage de perfectionnement *ou* de promotion professionnelle; **–urlaub** *m* congé *m* de formation (rémunéré).

Fortdauer *f* **(s. Fortbestand)** prolongation de durée; **– des Aufenthaltes** continuité *f* de résidence.

fortdauernde Ausgaben *(HaushR)* dépenses *fpl* de fonctionnement *ou* d'entretien.

Fortfall *m* (1) *(Vorschrift)* caducité *f*, (2) *(Bedingung)* péremption; résolution, réalisation.

fortführen continuer, prolonger.

Fortführung *f* continuation *f*, prolongation *f*.

Fortgang *m* (1) départ *m*, (2) continuation, poursuite *f*; **– der Arbeiten** avancement des travaux; **– des Verfahrens** déroulement de la procédure.

Fortgeltung *f* (alten Rechts) (droit ancien *ou* antérieur) toujours en vigueur.

fortgeschrittene Technik technique *f* de pointe.

fortgesetzte Gütergemeinschaft *f (FamR)* continuation *f* de la communauté après la mort de l'un des époux (entre l'époux survivant et leurs descendants communs).

fortgesetzte Handlung *f (StR)* infraction continuée, succession d'infractions instantanées.

fortlassen omettre, passer sous silence, taire, ne pas mentionner.

fortlaufend de manière continue *ou* ininterrompue; suivi, à la suite.

Fortpflanzung *f* procréation *f*.

Fortschreibung *f (SteuerR)* réévaluation (légale) des bilans, réévaluation des immobilisations non amortissables.

Fortschreibungs|feststellung *f* notification de la réévaluation; **–veranlagung** *f* procédure de réévaluation de l'assiette (de l'impôt).

Fortschritt *m* progrès *m*, avance *f*, développement *m*; amélioration.

fortschrittlich *adj* avancé, constituant une amélioration; générateur de progrès.

fortschrittsfeindlich hostile au progrès.

fortsetzen continuer, prolonger.

Fortsetzung *f* suite *f*, continuation *f*; **– der Beweisaufnahme** *(StPR)* reprise *f* de l'information (sur charges nouvelles); **– des Verfahrens** *(ZPR)* reprise *f* d'instance; **– des Vertrages** maintien *m* du contrat.

Fortsetzungs|klausel *f (GesR)* clause *f* de continuation (de la société); **–krankheit** *f (ArbR)* affection chronique; **–zusammenhang** *m (StR)* lien *m* de continuité (dans l'infraction continuée).

fortwährend *adj* sans discontinuer.

Fortwälzung *f (SteuerR)* répercussion *m* de l'incidence de l'impôt sur les ayants cause.

Fortwirkung *f* prolongation (de la validité), continuité *f*; action ininterrompue.

Forum *n* (1) autorité compétente, commission, (2) réunion, colloque *m*, forum *m*.

Foto|(grafie) *n/f* photo(graphie) *f*; **–kopie** *f* photocopie; **–montage** *f* photomontage *m*.

Fracht *f* (1) *(Ladung)* charge *f*, cargaison *f* (d'un navire), chargement *m* (d'un avion *ou* d'un camion), (2) *(Frachtgut)* fret *m*, marchandise embarquée *ou* chargée, (3) *(Frachtgeld)* fret, prix de location du navire, prix du transport (de marchandises); **–abteilung** *f* service fret; **–aufschlag** *m* surfret *m*, supplément de fret; **–behälter** *m* conteneur *m*; **–berechnung** *f* calcul du fret.

Frachtbrief *m* (1) lettre *f* de voiture, (2) *(SeeHR)* connaissement *m*; **durchgehender –** lettre de voiture directe; **–doppel** *n*, **– duplikat** *n* duplicata de la lettre de voiture.

Frachten|aval *m* cautionnement du prix de transport; **–börse** *f* bourse d'affrètement; **–bruch** *m* rupture de fret, rupture de charge; **–büro** *n* bureau d'affrètement; **–konvention** *f* convention sur les frets; **–markt** *m* marché des frets.

Frachter *m* cargo *m*.

Fracht|ermäßigung *f* réduction sur le fret; **–erstattung** *f* remboursement *m* du fret.

frachtfrei *adj* franco de port, fret *ou* port payé.

Fracht|führer *m* voiturier *m*, transporteur *m*; **–geld** *n* prix du fret, fret *m*; **–geschäft** *n* contrat *m* de transport (de marchandises), contrat d'affrètement.

Frachtgut *n* marchandise (transportée *ou* à transporter), fret *m*, chargement *m*, cargaison *f*; **–abfertigung** *f* prise *f* en charge des marchandises; **–sendung** *f* envoi en petite vitesse.

Fracht|hilfe *f* aide en matière de fret; **–karte** *f* feuille de route; **–kostenversicherung** *f* assurance du fret; **–liste** *f* liste *f ou* bordereau *m* de chargement; **–lohn** *n* fret *m*, prix *m* du transport; **–makler** *m* courtier de fret; **–rate** *f* tarif des frets; **–ratenkonvention** *f* convention sur le taux de frets; **–raum** *m* soute *f*; **–recht** *n* régime *m* des transports; **–satz** *m* tarif de fret, taux *ou* barème des frets, unité de taxe; **–schein** *m* titre *m* de transport; **–schiff** *n* navire *m* marchand, cargo *m*; **–stück** *n* colis *m*; **–tarif** *m* tarif-fret; **–vergünstigung** tarif de faveur; **–verkehr** *m* transport de fret; **–vermittler** *m* courtier *m* de fret; **–vertrag** *m* (1) *(Schiff)* contrat *m ou* convention d'affrètement, (2) *(Land, Luft)* contrat de transport; **–vorschuß** *m* avance *f* sur fret; **–zuschlag** *m* supplément *m* de fret, surfret.

Frage *f* (1) *(Aufforderung zur Antwort)* question *f*, demande *f*, interrogation *f*, (2) *(Problem, Zweifel)* affaire *f*, matière *f*, point *m* (litigieux), problème *m*; **materiellrechtliche –** question de fond; **nicht erledigte –** question en suspens; **präjudizielle –** question préjudicielle; **sachlichrechtliche –** question de fond; **soziale –** question sociale; **eine – klären** éclaircir un problème, tirer une question au clair; **in – kommen** entrer en ligne de compte, qui doit être pris en considération; **eine – stellen** poser une question; **in – stellen** mettre en doute; **der – vorgreifen** préjuger la question; **– zur Person** *(StPR)* interrogatoire d'identité; **–bogen** *m* questionnaire *m*.

fragen (1) questionner, interroger, (2) *(sich erkundigen)* se renseigner.

Frage|pflicht *f* *(ZPR)* obligation faite au juge de demander aux plaideurs d'indiquer tous les faits et toutes les preuves utiles à la procédure; **–recht** *n* *(PrzR)* droit de questionner *ou* d'interroger qqn; **–stellung** *f* énoncé *m* de la question, données *fpl* du problème; **–stunde** *f* (im Parlament) questions *fpl* d'actualité.

fraglich *adj* (1) *(zweifelhaft)* douteux, incertain, (2) *(in Frage kommend)* en cause, en question.

Fraktion *f* *(VerfR)*: **parlamentarische –** groupe *m* (parlementaire).

Fraktions|disziplin *f* discipline *f* de groupe; **–lose(r)** *m* isolé *m*, non-inscrit *m*; **–vorlage** *f* proposition *f* de loi (émanant d'un groupe parlementaire); **–vorsitzende(r)** *f* président *m* de groupe; **–wechsel** *m* changement de groupe parlementaire; **–zwang** *m* obligation de respecter les consignes de vote du groupe (auquel on appartient).

Franchise *f* (1) *(Zoll)* franchise *f* (douanière), exonération *f* des droits de douane, exemption *f*, (2) *(VersR)* découvert *m*, franchise *f*.

Franchisevertrag *m od.* **Franchising** *n* franchise *f*, contrat de franchisage, concession *f* d'une marque et de l'ensemble des moyens et méthodes.

Franchising|geber *m* franchiseur *m*; **–nehmer** *m* franchisé *m*.

Frankatur|gebühr *f* (S) taxe d'affranchissement; **–rechnung** *f* bulletin d'affranchissement; **–vermerk** *m* (CIM) mention d'affranchissement.

frankieren affranchir.

Frankierung *f* affranchissement *m*.

franko *adj* (s. **frei**) franco; **– aller Kosten** franco de tous frais; **–Bestimmungsort** franco destination.

Frau *f*, **geschiedene –** épouse *ou* femme divorcée; **mißhandelte –** femme victime de sévices *et/ou* de violences, femme battue.

Frauen|arbeit *f* travail *m* féminin; **–arbeitsschutz** *m* protection *f* des femmes exerçant une activité professionelle; **–belästigung** (am Arbeitsplatz) harcèlement *m* sexuel; **–bewegung** *f* féminisme *m*, mouvement *m* de libération des femmes; **–handel** *m (StR)* traite des femmes; **–mißhandlung** *f (StR)* sévices *mpl ou* violences *fpl* subi(e)s par une femme; fait de faire subir des violences à une femme; **–rechtlerin** *f* juriste *f* combattant pour l'émancipation féminine, féministe *f*; **–wahlrecht** *n* droit de vote *ou* suffrage *m* des femmes.

frei *adj* libre *adj*, exempt *adj*, franc *adj*; librement *adv;* **–von allen Gebühren** franco de tous frais, franco de tous droits, franc de tous droits; **– von allen Lasten** libre de toutes charges; **– von Beschädigung** franc d'avarie; **– von Beschädigung außer im Strandungsfall** franc d'avarie sauf échouement; **– an Bord** (= FOB) franco à bord; **– Grenze** franco frontière; **– Hafen und versichert** franco port et assuré; **– Haus** franco domicile; **– von Haverie** franc d'avarie; **– Kai** franco à quai; **– konvertierbar** librement convertible; **– Längsseite Seeschiff** (= FAS) franco le long du navire; **– Lagerhaus** franco entrepôt; **– von Kriegsgefahr** franc de risques de guerre; **– von Partikularschaden** franc d'avaries particulières; **– Verschiffungshafen** franco port d'embarquement.

frei Schiff, frei Gut *(SeeHR)* le pavillon couvre la marchandise.

Freiaktie *f* action *f* gratuite.

Freiberufler *m* non-salarié *m*, personne *f* exerçant une profession libérale, personne exerçant une profession industrielle, commerciale, artisanale *ou* une profession assimilée.

Freibetrag *m* (1) *(Buchf)* solde *ou* montant *m* disponible, (2) *(SteuerR)* abattement *m* à la base; tranche *f* non imposable des bénéfices industriels et commerciaux.

freibleibend sans engagement.

Freibriefgesellschaft *f* compagnie *f* à charte.

Freibeweis *m* preuve *m* par tous les moyens, principe de la liberté des preuves.

freie Benutzung *(UrhR)* libre exploitation (d'une œuvre).

freie Berufe *mpl* professions *fpl* libérales, profession industrielle, commerciale *ou* artisanale *ou* profession assimilée.

freie Beweiswürdigung *f* libre appréciation *f* de preuves; **– Meinungsäußerung** liberté d'expression (d'une opinion); **– Mitarbeiter** *pl* (1) *(ArbR)* collaborateurs *mpl* externes (d'une entreprise), (2) *(PresseR)* pigiste *m*; **– Persönlich-**

keitsentfaltung *f* autonomie individuelle.

freies Belieben (à la) libre décision, (à) discrétion, (à) volonté; **– Ermessen** pouvoir *m* discrétionnaire.

Freiexemplar *n (VerlagsR)* spécimen *m*, exemplaire *m* gratuit.

Freifahrt *f* transport *m* gratuit; **–ausweis** *m* billet *m* gratuit; **–berechtigung** *f*, **–recht** *n* droit au transport gratuit *ou* à la gratuité du transport.

Freigabe *f* libération *f*, déblocage *m*; délaissement *m*; **– zur Adoption** consentement à l'adoption; **–bewilligung** *f* autorisation de déblocage; **– der Preise** libération des prix; **–schein** *m* bon *m* de déblocage.

Freigang *m* (im Strafvollzug) permission de sortir.

freigeben libérer, débloquer.

Freigebigkeit *f* libéralité *f*, générosité *f*.

Freigebühr *f*: **fehlende –** affranchissement *m* manquant.

Frei|geldwährung *f* monnaie *f* fondante; **–gepäck** *n* bagages en franchise; **–gewicht** *n* poids transporté en franchise, franchise de port; **–grenze** *f (SteuerR)* valeur *f ou* montant non imposable; **–gut** *n* bien en franchise *ou* non soumis à la douane; **–hafen** *n* port *m* autonome *ou* franc.

Freihandel *m* libre-échange *m*, libre-échangisme *m*.

Freihandelsabkommen *n*: **europäische –** Convention européenne de libre-échange.

Freihandels|gebiet *n od* **–zone** *f* zone *f* de libre-échange.

Freihandverkauf *m* (= freihändiger Verkauf) vente *f* amiable, vente à l'amiable *ou* de gré à gré.

Freiheit *f* (1) *(Person)* autonomie, liberté *f*, (2) *(StaatsR)* auto-détermination, (3) *(SteuerR)* franchise *f*; **religiöse –** liberté du culte; **– der Arbeit** liberté du travail; **der – berauben** séquestrer; **– des Durchgangsverkehrs** liberté de transit; **– der Meere** liberté des mers; **– der Meinungsäußerung** liberté d'expression; **– der Person** liberté individuelle; **– der Religionsausübung** libre pratique des cultes; **– der Schiffahrt** liberté de navigation; **– der Wissenschaft** liberté de la recherche scientifique.

Freiheitliche demokratische Grundordnung *(VerfR* = FDGO) régime constitutionnel libéral et démocratique allemand.

Freiheitsberaubung *f (StR)* délit de séquestration; **eigenmächtige –** détention arbitraire.

Freiheits|beschränkung *f*, **–einschränkung** entrave *f* à la liberté; **–entziehung** *f*, **–entzug** *m* privation de la liberté.

Freiheits|raum *m* latitude *f*, pouvoir *m* d'agir en toute liberté; **–recht** *n* liberté publique, droit fondamental; **–schutz** *m* protection de la liberté des particuliers.

Freiheitsstrafe *f* peine *f* privative de liberté, peine d'emprisonnement, prison *f*; **entehrende –** peine afflictive et infamante; **kurzfristige –** peine d'incarcération de courte durée; **lebenslange –, lebenslängliche –** peine perpétuelle privative de liberté, emprisonnement à vie *ou* à perpétuité; **zeitige –, zeitlich beschränkte –** peine temporaire privative de liberté; **– von unbestimmter Dauer** peine à durée indéterminée.

Freiheitsverbrechen *n* crime contre la liberté d'autrui.

Freikarte *f* billet de faveur.

Freikirche *f* association *f* cultuelle n'ayant pas, en principe, le statut de personne morale de droit public, mais d'association privée.

Freikörperkultur *f* nudisme *m*, naturisme *m*.

Freikux *f* part minière d'un type spécial remise à certaines catégories d'ayants droit.

Freilager *n* dépôt *m* de transit, zone *f* franche, entrepôt *m* franc; **–buch** *n* (Aut) registre d'entrepôt; **–zollamt** *n* (S) bureau de douane de port franc.

freilassen (1) *(StVZ)* libérer, mettre

en liberté, élargir, (2) affranchir (un esclave).

Freilassung *f* (1) libération *f*, mise en liberté, élargissement *m*, (2) affranchissement *m*; **vorläufige –** mise en liberté provisoire; **– auf Ehrenwort** libération *ou* liberté sur parole; **– gegen Kautionsgestellung, – gegen Sicherheitsleistung** *f* mise en liberté sous caution.

Freiliste *f* liste *f* des marchandises ne nécessitant pas une autorisation (d'importation) préalable.

freimachen *(Post)* affranchir.

Freimachung *f* affranchissement *m*; **ungenügende –** affranchissement insuffisant.

Freimachungs|gebühr *f* taxe *f* d'affranchissement; **–wert** *m* valeur *f* d'affranchissement.

Freimarkt *m* marché *m* libre; **–kurs** *m* cours du marché libre.

Frei|prägung *f* frappe *f* libre; **–schärler** *f* franc-tireur *m*, partisan *m*; **–schein** *m* certificat *m* de franchise.

Freischurf *m* prospection *f* exclusive, *ou* avec monopole; **–berechtigung** *f* permis *m* exclusif de prospection.

Freisetzen *n* **von Giften** *(UmweltR)* rejet *m* d'effluents (gazeux) toxiques, émission de gaz toxiques.

freisprechen *(StPR)* acquitter, relaxer, absoudre.

Freisprechung *f* (1) acquittement *m*, (2) *(ArbR)* certificat de fin d'apprentissage.

Freispruch *m* *(StPR)* acquittement *m*, relaxe *f*; jugement absolutoire, absolution; **– in dubio pro reo** acquittement au bénéfice du doute; **– wegen erwiesener Unschuld** jugement absolutoire; **– wegen mangelnder Zurechnungsfähigkeit** acquittement pour défaut de discernement; **– mangels Beweises** acquittement au bénéfice du doute; **– mangels strafbaren Tatbestandes** absolution.

Freistaat *m* État *m* libre *ou* démocratique (de Bavière, de Saxe).

freistehend *adj* libre, sans maître.

freistellen (1) libérer, exonérer, (2) laisser libre, (3) *(Gelder)* débloquer; **von Ansprüchen (Dritter) –** dégager, libérer qn, désendetter; **von einer Verpflichtung –** affranchir qn d'une obligation.

Freistellung *f* (1) libération *f*, exonération *f*; **– von der Haftung** exonération de la responsabilité; **– vom Wehrdienst** exemption du service national.

Freistellungs|antrag *m* demande *f* d'exonération *ou* d'exemption; **–bescheid** *m* *(SteuerR)* avis *m* de non-imposition.

Freitod *m* suicide *m*.

Freiumschlag *m* enveloppe affranchie.

Freiverkehr *m* *(BörR)* marché *m* libre; **geregelter –** coulisse *f*, marché *m* en banque.

Freiverkehrs|makler *m* courtier *m* en valeurs mobilières; **–markt** *m* *(BörsR)* coulisse *f*, marché *m* hors cote *ou* libre.

freiwillig *adj* volontaire *adj*, gracieux *adj*; volontairement *adv*.

freiwillige Erziehungshilfe *f* assistance *f* éducative complémentaire pour les enfants mineurs.

freiwillige Gerichtsbarkeit *f* juridiction *f* en matière gracieuse, juridiction non-contentieuse.

freiwillige Selbstkontrolle *f* (= FSK) commission d'auto-contrôle de l'industrie cinématographique allemande.

freiwillige Versicherung *f* *(SozVers)* assurance *f* volontaire *ou* facultative, assurance libre et privée; **– Weiterversicherung** reconduction facultative de l'assurance; **– Zuwendungen** *pl* *(SteuerR)* contribution volontaire aux charges familiales.

Frei|willige(r) *m* volontaire *m*; **–willigkeit** *f* volontariat *m*.

Frei|zeichen *n* (1) marque *f* du domaine public, terme générique, (2) marques *fpl* et dénominations *fpl* ne pouvant pas faire l'objet d'un dépôt par suite de la pluralité des usagers déjà existants, insigne *f ou* marque non appropriable; **–zeichnung** *f* franchise *f*; **–zeichnungsklausel** *f* *(SchuldR)* clause *f* de non-responsabilité *ou* d'exonération de la responsabilité.

Freizeit *f* loisirs *mpl*, pause *f*, congé *m*, repos *m*; **bezahlte –** congé payé; **–arrest** *m (StVZ)* emprisonnement des jeunes déliquants pendant leurs journées *ou* heures libres, fractionnement de la peine privative de liberté; **–gesellschaft** *f* société *f* des loisirs; **-gestaltung** *f* organisation des loisirs; **–industrie** *f* industrie *f* des loisirs.

Freizone *f* zone *f* franche, zone libre.

Freizügigkeit *f* (1) *(Personen u. Gesellschaften)* liberté *f* de circulation *ou* d'établissement, libre circulation, (2) *(Versicherungsschutz)* liberté de déplacement, libre passage; **– der Arbeitskräfte** libre circulation des travailleurs.

fremd *adj* étranger *adj*; **für –e Rechnung** pour le compte d'autrui, pour le compte de tiers; **–er Stoff** (= Zusatzstoff) additif *m*; **–es Recht** *(IPR)* droit étranger.

Fremd|abtreibung *f* avortement sur la personne d'autrui, avortement par autrui; **–arbeiter** *m* (= Gastarbeiter) travailleur *m* immigré, travailleur-hôte, travailleur étranger; **–besitz** *m* détention *f*, possession *f* pour autrui; **–besitzer** *m* (simple) détenteur *m* précaire, dépositaire (qui ne possède pas à titre de propriétaire); **–besitzerexzeß** *m* violence active du détenteur; **–bestimmung** *f* dépendance d'autrui, soumission; **–depot** *n* dépôt *m* en mains tierces; **–eigentum** *n* objets *mpl* appartenant à des tiers; propriété *f* d'une tierce personne; **–einwirkung** fait d'un tiers; cause externe.

Fremden|beherbergung *f* hébergement de touristes; **–führer** *m* guide *m* touristique; **–gewerbe** *n* industrie *f* touristique; **–legion** *f* légion étrangère; **–paß** *m* passeport pour étrangers; **–polizei** *f* police des étrangers; **–recht** *n* droit des étrangers; **–rente** *f* pension *f* accordée à certains réfugiés et étrangers en RFA en tenant compte des années d'assuracne à l'étranger; **–verkehr** *m* tourisme *m*; **–verkehrsbeitrag** *m* taxe locale (des stations thermales); **–verkehrsverein** *m* syndicat *m* d'initiative; **–verzeichnis** *n* registre des étrangers.

Fremde(r) *m* étranger *m*.

Fremdfinanzierung *f* financement par des capitaux étrangers *ou* extérieurs *ou* sur fonds empruntés.

fremdhändig *adj* de la main d'autrui.

Fremd|kapital *n* capital d'emprunt, capitaux *mpl* étrangers; **–konto** *n* compte *m* tenu pour des tiers.

Fremdlingsrecht *n* droit d'aubaine.

Fremd|mittel *pl* moyens *mpl* financiers empruntés, fonds *m* d'emprunt; **–rente** *f (SozVers)* pension acquise par cotisation à l'étranger; **–sprache** *f* langue étrangère; **–stoffe** *pl* substances toxiques, allergène *m*; **–versicherung** *f* (1) *(Leben)* assurance pour compte d'un tiers *ou* pour le compte d'autrui, (2) *(Feuer)* assurance pour objets d'autrui *ou* pour compte de qui il appartiendra; **–verwaltung** *f (ÖfR)* action administrative exercée pour le compte d'un autre service public; **–währung** *f* monnaie *f* étrangère.

Fremdwährungs|anleihe *f* emprunt (libellé) en monnaie étrangère; **–forderung** *f* créance en devises étrangères; **–klausel** *f* clause de change; **–konto** *n* compte (libellé) en devises étrangères; **–kredit** *m* crédit en devises étrangères; **–versicherung** *f* assurance différences de cours.

Freundschafts|bündnis *n*, **–pakt** *m* *(VR)* pacte *m* d'amitié; **–vertrag** *m* traité *m ou* pacte d'amitié.

Frevel *m* infraction *f*, délit *m*, méfait *m*, outrage *m*, forfait *m*, sacrilège *m*.

Frieden *m* paix *f*; **Störung des Öffentlichen –s** trouble *m* apporté à la paix publique; **Wahrung des –s** sauvegarde *f* de la paix.

Friedens|angebot *n* offre *f* de paix; **–bedingungen** *pl* conditions de paix; **–bereitschaft** *f* volonté *f* de paix; **–bewegung** *f* mouvement *m* de la paix; **–bruch** *m* rupture de la paix; **–bürgschaft** *f* (S) cautionnement *m* préventif (S); **–gefährdung** *f* acte *m* constituant un danger pour la paix; **–konferenz** *f* conférence de paix.

Friedens|pflicht *f (ArbR)* obligation *f* d'éviter tout conflit collectif du travail pendant la durée d'application de la convention collective; **–regelung** *f (VR)* traité *m* de paix; règlement (diplomatique) d'un conflit international; **–richter** *m (ZPR)* juge de paix; **–schluß** *m* conclusion d'un traité de paix; **–störung** *f (StR)* atteinte *f* à la paix publique; **–truppen** *pl (VR)* forces *fpl* d'interposition; **–unterhändler** *m* négociateur *m*; **–verhandlungen** *pl* négociations *ou* tractations de paix; **–verrat** *m (StR)* infraction tendant à troubler la paix publique; **–vertrag** *m (VR)* traité de paix; **–völkerrecht** droit international public régissant les relations entre les États en temps de paix; **–vorschlag** *m* proposition de règlement d'un différend (international); **–vorverhandlungen** *pl* bons offices, négociations liminaires, ouvertures de paix; **–vorvertrag** armistice *m*, convention relative à la suspension provisoire des hostilités; **–zeiten** *pl* temps de paix; **–zustand** *m* état de paix *ou* de non-belligérance.

fried|fertig, –liebend, –lich *adj* pacifique, paisible.

Friedhof *m* cimetière; **Beisetzung** *f* **im –** inhumation dans le cimetière, enterrement *m*, obsèques *pl*, funérailles *pl*.

Friedhofs|gebühren *pl* tarif *m* de concession pour sépultures; **–ordnung** *f* règlement (communal) du cimetière.

Frist *f* (1) *(Zeitraum)* délai *m*, laps *m* de temps, (2) *(Zeitpunkt, Termin)* échéance *f*, expiration du délai, terme *m*; **angemessene –** délai raisonnable *ou* convenable; **aufschiebende –** terme suspensif; **festgesetzte –** délai imparti; **gesetzliche –** délai légal, délai imparti par la loi; **in kürzester –** dans les plus brefs délais; **präklusive –** délai préfix; **prozeßrechtliche –** délai de procédure; **richterliche –** délai fixé par le juge, délai judiciaire; **verfahrensrechtliche –** délai de procédure; **vertraglich bestimmte –, vertraglich festgesetze –** délai conventionnel; **vorgeschriebene –** (1) *(gesetzlich)* délai réglementaire *ou* légal, (2) *(vertraglich)* délai imparti; **zusätzliche –** délai supplémentaire, moratoire *m*; **eine – setzen** impartir un délai; **– zur Vorlage** délai de production; **– zur Wiederausfuhr** délai de réexportation.

Frist|ablauf *m* expiration du délai, péremption *f*, écoulement du délai; **–beginn** *m* point de départ du délai; **–berechnung** *f* computation *ou* calcul du délai; **–bestimmung** *f* fixation d'un délai; **–bewilligung** *f* octroi *m* d'un délai, le fait d'accorder un délai supplémentaire.

fristenhemmend *(PrzR)* qui suspend l'écoulement du délai.

Fristen|hemmung *f* interruption *f* provisoire de l'écoulement du délai, suspension du délai; **–lösung** *f* interruption volontaire de la grossesse dans un délai légal *ou* avant la fin de la dixième semaine (par un médecin); **–unterbrechung** *f* interruption du délai; **–wahrung** *f* respect du délai prévu *ou* imparti.

Frist|erstreckung *f* (Aut-S) prolongation du délai.

fristgemäß *od.* **fristgerecht** *adj* dans les délais, en respectant le délai fixé, à la bonne date.

fristlos *adj* sans délai; **–e Kündigung** *(ArbR)* résiliation unilatérale (du contrat de travail) *ou* congédiement *m* sans préavis, licenciement pour faute grave (privative du délai-congé).

Frist|kürzung *f* réduction de délai; **–setzung** *f* fixation *f* d'un délai; **–setzungsantrag** *m* demande de fixation de délai; **–überschreitung** *f* dépassement de délai; **–verkür-**

zung *f* réduction de délai; **–verlängerung** *f* prolongation *ou* prorogation de délai, moratoire *m*; **–versäumnis** *f* non-respect *ou* inobservation du délai; **–wahrung** *f* respect *m* du délai.

Frondienst *m hist* corvée *f*.

Früchte *pl* fruits *mpl;* **bürgerlichrechtliche –** fruits civils; **erarbeitete –** fruits industriels; **gezogene –** fruits perçus; **natürliche –** fruits naturels; **stehende –** fruits pendants.

Frucht|erwerb *m* acquisition *f* des fruits; **–genuß** *m* usufruit *m*; **–genußeinräumung** *f* (Aut) concession d'usufruit.

Fruchtnießer *m*(Aut) usufruitier *m*.

Fruchtziehung *f* perception *ou* acquisition des fruits; **übermäßige –** abus de jouissance; **–srecht** *n* droit d'usufruit.

Früh|erkennung *f (Krankheit)* dépistage *m* précoce; **–rente** *f* retraite anticipée, préretraite *f*.

führen diriger, mener, gouverner, administrer, conduire, gérer, organiser; **den Beweis –** administrer *ou* apporter la preuve, prouver.

Führen *n* **von Kraftfahrzeugen** conduite *f* d'un véhicule; **– von Titeln und Berufsbezeichnungen ohne Berechtigung** usurpation de titres et de fonctions.

führend *adj* prépondérant, de pointe; **–es Unternehmen** leader *m*.

Führer *m* (1) *(Politik)* dirigeant *m*, chef *m*, meneur *m*, responsable, (2) *(Wirtschaft)* directeur *m*, administrateur *m*, gérant *m*, (3) *(Fahrzeug)* conducteur *m* du véhicule.

Führerschein *m* permis *m* de conduire; **–entziehung, –entzug** *m* (1) annulation *ou* retrait *m* du permis de conduire, (2) *(vorübergehend)* suspension du permis de conduire; **–sperre** *f* interdiction de la délivrance d'un permis de conduire.

Führung *f* (1) *(Leitung)* direction *f*, organisation *f*, gestion *f*, animation *f*, (2) *(Betragen)* conduite *f*, comportement *m*, agissement *m*, attitude *f*, (3) *(MilR)* commandement *m* supérieur *ou* suprême; **gute –** bonne conduite; **innere –** *(MilR)* instruction militaire patriotique et civique; **schlechte –** mauvaise conduite; **– eines falschen Namens** usurpation d'état-civil; **– der Flagge** port *m* du pavillon; **– des Namens** port du nom.

Führungs|aufsicht *f (StR)* mesures *fpl* de contrôle, d'aide et d'éducation; **–geschäft** *n (VersR)* affaires *fpl* apéritées, affaires sous propre apérition; **–klausel** *f (VersR)* clause *f* d'apérition; **–kräfte** *fpl* cadres *mpl* supérieurs; **–kreise** *pl* milieux *mpl* dirigeants, responsables *mpl;* **–liste** registre *m* des peines et mesures pénales; **–provision** *f* commission de gestion; **–zeugnis** *n* certificat de bonne vie et mœurs *ou* de bonne conduite.

Fuhr|unternehmen *n* entreprise *f* de transports routiers; **–unternehmer** *m* camionneur *m*, entrepreneur de transports routiers; **–werk** *n* voiture attelée.

Fund *m* (1) *(Denkmalschutz)* objet de caractère artistique, historique *ou* scientifique découvert au cours de travaux de fouille, (2) *(ZR)* découverte *f*, trouvaille *f*, invention *f*; **–amt** *n* (Aut) bureau des objets trouvés; **–anzeige** *f* déclaration d'objet trouvé; **–büro** *n* bureau *m* des objets trouvés; **–diebstahl** *m* vol *m ou* dissimulation *f* d'un objet trouvé; **–gegenstand** *m*, **–gut** *n* objet *m* trouvé.

fundieren *(FinanzW)* consolider.

Fundierung *f* consolidation *f*.

Fundierungs|bonds *pl* bons *mpl* consolidés; **–schuldverschreibung** *f* bon de consolidation.

Fund|recht *n (SchuldR)* droit d'invention *ou* de découverte; **–sache** *f* objet *m* trouvé; épave *f* maritime; épave terrestre; **–stelle** *f* référence *f* (d'une citation), renvoi *m*; **–stellenverzeichnis** *n* recueil *m* de références; **–unterschlagung** *f*, **–verheimlichung** *f* détournement *ou* appropriation d'objet trouvé.

Fünfjahresplan plan quinquennal.

Fünf-Prozent-Klausel *f* clause *f* de sauvegarde (prévoyant qu'aucun parti ne peut être représenté au Bundestag à moins d'avoir recueilli 5% des suffrages).

fungibel *adj* (chose) fongible.

fungieren (als) exercer les fonctions (de).

Funk|anlage *f* système *m* de télécommunications; station *f* d'émetteur-récepteur; **–hoheit** *f*, **–regal** *n* *(ÖfR: Fernmeldehoheit)* souveraineté en matière d'émissions radiotélégraphiques; **–störung** *f* brouillage *m*, signal *m* parasite.

Funktion *f* (1) *(Tätigkeit)* activité *f*, mission *f*, occupation *f*, rôle *m*, travail *m*, (2) *(Amt, Aufgabe)* fonction *f*, charge *f*, emploi *m*, métier *m*, poste *m*, office *m*; **beratende –** fonction consultative; **rechtsprechende –** fonction juridictionnelle.

Funktionär *m* fonctionnaire *m* (syndicat, parti politique).

Funktionieren *n* fonctionnement *m*.

funktionierend en fonction.

Funktions|erfindung *f* *(PatR)* invention portant sur de nouvelles applications d'une substance; **–fähigkeit** *f* (der Justiz) la (sauvegarde de la) bonne administration de la justice; **–periode** *f* mandat *m*; **–tüchtigkeit** *f* bon état de fonctionnement; **–zulage** *f* (S) indemnité de service *ou* de fonctions.

Funk|übertragung, –verbindung, –verkehr radio-communication.

Fürsorge *f* prévoyance *f* sociale, aide *ou* assistance sociale; **öffentliche –** (überholte Bezeichnung für **Sozialhilfe**) assistance *f* aux indigents.

Fürsorgeabkommen *n* convention d'assistance; **europäisches –** Convention européenne d'assistance sociale et médicale.

Fürsorge|amt *n* *(veraltet, heute: Sozialamt)* bureau *m ou* service *m* d'aide sociale; *(früher:)* assistance publique; **–bedürftige(r)** *m* postulant *m* à l'aide sociale; **–einrichtung** *f* institution sociale; **–empfänger** *m* bénéficiaire de l'aide sociale; **–erziehung** *f* (heute: **Erziehungsmaßregeln); –erziehungsanstalt** *f* *(StVzR)* maison *f* d'éducation surveillée; **–fonds** *m* fonds de prévoyance; **–gesetzgebung** *f* législation *ou* régime de l'aide sociale; **–heim** *n* foyer de l'aide sociale, centre d'aide par le travail; **–kasse** *f* caisse de prévoyance; **–kosten** *pl* frais d'assistance; **–leistung** *f* prestation d'aide sociale (en nature *ou* en espèces); **–pflicht** *f* *(ArbR)* devoir d'aide et d'assistance (de l'employeur); **–unterstützung** *f* allocation (mensuelle) d'aide.

Fürsorger *m* **(s. Sozialarbeiter)** travailleur social (délégué), assistant *m* social.

Fürsprache *f* intervention *f*, intercession *f*, entremise *f*.

Fürsprech(er) *m* (1) porte-parde *m*, intercesseur, (2) (S) avocat *m*.

Fürstentum *n* principauté *f*.

Fusion *f* **(s. Verschmelzung)** (1) *(Oberbegriff)* concentration *f*, regroupement *m*, (2) *(Verschmelzung von Unternehmen gleicher Größe)* fusion *f*, (3) *(Verschmelzung von Unternehmen unterschiedlicher Größe)* absorption *f*; **horizontale –** concentration horizontale; **vertikale –** intégration *f*, concentration verticale (ascendante *ou* descendante); **– durch Aufnahme** fusion par absorption; **– durch Neugründung** fusion par création d'une nouvelle société.

fusionieren fusionner, s'intégrer.

Fusions|abkommen *n* accord de fusion; **–gesellschaft** *f* nouvelle société (résultant de la fusion); **–gewinn** *m* actifs *mpl* acquis lors d'une fusion; **–kontrolle** *f* contrôle *m* des regroupements, fusions et absorptions (par l'office fédéral du contrôle des ententes); **–vertrag** *m* contrat *ou* traité de fusion.

Fuß *m*, **auf freien – setzen** élargir, mettre en liberté; **stehenden –es** immédiatement, sans délai; **– fassen** s'implanter, se fixer, s'intégrer, s'adapter.

Fußgänger *m* piéton *m*; **–straße** *f*,

–zone *f* rue *f ou* voie piétonne, aire *f* piétonne; **–übergang** *m* passage *m* clouté *ou* pour piétons.

Futter *n* fourrage *m*, pâture *f*; **–mittel** *pl* plantes *fpl*, fourrages et aliments industriels.

G

G. *(BörR: Geld)* demande *f*.

Gage *f* (Künstlerhonorar) rémunération *ou* salaire (de l'artiste-interprète).

Gammler *m* sans domicile fixe, clochard *m*, vagabond *m*.

Gang *m* (1) *(räumlich)* couloir *m*, passage *m*, (2) *(Bewegung)* mouvement *m*, marche *f*, action *f*, fonctionnement *m*, (3) *(Ablauf)* succession, suite *f*, cours *m*; **– eines Prozesses** déroulement *m* du procès, marche d'un procès; **– der Verhandlungen** marche des débats, procédure *f* d'audience; **– und Zehrgeld** *n* (Aut) frais de déplacement; **–geld** *n*, **–gelder** *pl* (Aut) taxe *f* de déplacement.

Gang *f* *(StR)* bande organisée; association de malfaiteurs, gang *m*.

gang und gäbe (sein) courant, usité, en usage, fréquent.

Gangster *m* malfaiteur *m*, membre d'un gang; **–methode** *f*, **–tum** *n*, **–unwesen** *n* gangstérisme *m*.

Ganove *m* bandit *m*, malfaiteur *m*, voleur *m*, escroc *m*.

Gant *f* (S: Versteigerung, auch Konkurs) vente aux enchères, faillite.

ganz (*od* gänzlich) en entier, complètement, entièrement, intégralement.

Ganzcharter *f* affrètement *m* total.

Ganzheit *f* intégralité, totalité, entièreté.

Ganzinvalidität *f* (= Vollinvalidität) invalidité *f* totale.

Ganztags|ausbildung *f* formation *f* à temps plein; **–beschäftigung** *f* emploi *m* à plein temps.

Garage *f* (1) garage *m*, (2) *(Stellplatz)* box *m*, stalle *f*.

Garant *m* **(s. Bürge)** responsable *m*, répondant *m*, garant *m*, caution *f*; **als – auftreten** se porter garant.

Garantenstellung *f* personne *f* engagée envers autrui soit par sa position sociale, soit du fait de l'existence d'un lien de droit.

Garantie *f* (1) *(Gewähr, Rechtsschutz)* garantie *f*, couverture *f*; assurance *f*, (2) *(Haftung)* responsabilité *f*, engagement *m*, cautionnement *m*, (3) *(Bürgschaft)* caution *f*, aval *m*; **die – für eine Anleihe übernehmen** garantir un emprunt; **ohne staatliche –** sans garantie du gouvernement (= SGDG).

Garantie|abgabe *f* (le fait de) donner sa garantie; **–abkommen** *n* *(VR)* pacte de garantie (et d'assistance); **–anspruch** *m* droit(s) découlant de la garantie; **–betrag** *m* montant *m* garantie; **–depot** *m* dépôt de garantie; **–dienst** *m* service de garantie; **–erklärung** *f* déclaration *ou* contrat de garantie; **–fall** *m* recours *m* en garantie, vice *m ou* panne *f* provoquant la mise en œuvre de la garantie; **–fonds** *m* fonds de garantie; **–frist** *f* délai de garantie; **–funktion** *f* *(Wechsel)* (lettre *f* de change en tant que) instrument de garantie; **–gebühr** *f* droit à payer pour fournir *ou* obtenir une garantie; **–geschäft** *n* garantie bancaire; contrat de cautionnement, contrat d'aval; **–kapital** *n* capital de garantie; **–karte** *f* carte *f* de garantie.

Garantiekasse *f* caisse *f* de garantie; **– auf Gegenseitigkeit** caisse mutuelle de garantie.

Garantie|kauf *m* achat *m* garantie *ou* sous garantie; **–klage** *f* action *ou* recours *ou* demande en garantie, assignation en garantie; **–klausel** *f* clause de garantie; **–konsortium** *n* consortium de garantie; **–leistung** *f* garantie, couverture *f*; **–lohn** *m* salaire *m* garantie; **–macht** *f (VR)* puissance *f* garante; **–mittel** fonds *mpl* propres et provisions en tant que garantie; **–nehmer** *m* personne *f* garantie; **–provision** *f* commission de garantie.

garantieren garantir, donner sa garantie; cautionner.

Garantie|rückstellung *f* provision *f* pour risques de garantie; **–schein** *m* bulletin *ou* certificat *m* de garantie; **–stempel** *m* poinçon de garantie; **–übernahme** *f* fait de prendre une garantie à son compte.

Garantieverband *m* syndicat de garantie; **– auf Gegenseitigkeit** société de caution mutuelle.

Garantie|verkauf *m* vente *f* garantie; **–verletzung** *f* violation de la garantie; **–verpflichtung** *f* obligation *ou* engagement de garantie; **–versicherung** *f* (1) assurance *f* caution *ou* de garantie, (2) assurance-garantie du constructeur; **–versprechen** *n* promesse de garantie; **–vertrag** *m* (= Gewährvertrag) contrat *ou* promesse de garantie; **–wert** *m* valeur garantie; **–zeichen** *n* (1) marque de garantie, (2) vignette de garantie; **–zeit** *f* période *f* de couverture *ou* de garantie; **–zeugnis** *n* certificat de garantie; **–zusage** *f* promesse de garantie.

Gast *m* hôte *m*, client *m*, visiteur *m*, invité *m*; **–arbeiter** *m*, **–arbeitnehmer** *m* travailleur immigré, travailleur-hôte *ou* étranger, main-d'œuvre étrangère; **–aufnahme** *f* hébergement *m*, prise en pension; **–geber** *m* hôte *m*, logeur *m*; **–hörer** *m* *(HochschulR)* auditeur *m* libre; **–land** *n (ArbR)* pays *m* d'accueil; **neutrale –freundschaft** *f (VR)* hospitalité *f* neutre; **–stättengewerbe** *n* industrie *f* de la restauration; hôtellerie *f*; **–wirt** *m* hôtelier *m*, aubergiste *m*, logeur *m*; **–wirtpfandrecht** *n* droit de gage des hôteliers-logeurs.

Gastwirts|haftung *f* responsabilité *f* des hôteliers et restaurateurs; **–vertrag** *m* contrat *m* complexe de restauration et d'hôtelier-logeur.

Gasversorgung *f* approvisionnement en gaz (naturel).

Gatte *m* époux *m*, mari *m*, *ou pl* époux *mpl*, conjoints *mpl*.

Gattenmißhandlung *f* (Aut) sévices sur la personne du conjoint.

Gattin *f* épouse *f*, femme (mariée).

Gattung *m* espèce *f*, genre *m*, sorte *f*.

Gattungs|begriff *m (PatR)* préambule d'une revendication; **–bezeichnung** *f* désignation *ou* dénomination *f* générique; **–kauf** *m* *(SchuldR)* achat *m ou* vente *f* ayant pour objet une chose de genre *ou* une chose déterminée seulement dans son genre; **–sache** *f* chose de genre, chose fongible; **–schuld** *f* dette ayant pour objet une chose de genre; obligation de livrer une chose fongible; **–vermächtnis** *n* legs d'une chose fongible; **–warenschuld** *f* dette *f* de marchandises d'une certaine espèce (déterminée seulement dans son genre).

Gauner *m* escroc *m*, filou; voyou *m*; **–ei** *f* escroquerie, filouterie *f*, arnaque *f*; **–sprache** *f* argot *m*, langue des malfaiteurs *ou* du milieu.

Gebaren *n* (1) gestion *f*, administration *f*, (2) comportement *m*, conduite *f*, (3) (Aut) comptabilité *f*.

Gebarungs|abgang *m* (Aut), **–defizit** *n* déficit de gestion.

Gebäude *n* bâtiment *m*, édifice *m*; **gewerbliches –** bâtiment à usage industriel *ou* commercial; **landwirtschaftliches –** bâtiment d'exploitation agricole, bâtiment à usage agricole, bâtiment de ferme; **–abstand** *m* (1) espacement *m* des immeubles, (2) zone *f* coupe-feu; **–beschädigung** *f* détérioration *f* d'un immeuble *ou* des bâtiments; **–besitzer** *m* propriétaire *m* d'un bâtiment; **–haftung** *f* responsabilité du fait des bâtiments; **–steuer** *f* impôt sur la propriété bâtie; **–versicherung** *f* assurance immobilière; **–wert** *m* valeur vénale de l'immeuble; *(Neuwert)* valeur à l'état neuf.

Gebiet *n* (1) territoire *m*, zone *f*; terrain *m*, région *f*, (2) *(Zuständigkeit)* ressort *m*, circonscription, domaine *m*; **in das – fallen** relever (de la compétence) de; **abgetretenes –** territoire cédé; **angegliedertes –** territoire rattaché; **angrenzendes –** zone contiguë *ou* limitrophe; **annektiertes –** territoire annexé; **befreites –** territoire libéré; **benachbartes –** territoire *m* limitrophe; **besetztes –** territoire occupé, zone d'occupation; **vom Feind besetztes –** territoire envahi; **feindliches –** territoire ennemi; **freies –** territoire libre; **neutrales –** territoire neutre; **rückgegliedertes –** territoire réintégré *ou* recouvré; **überseeisches –** territoire d'outre-mer; **umstrittenes –** territoire contesté *ou* litigieux; **unter Treuhandschaft gestelltes –** territoire sous tutelle.

gebieten (1) *(befehlen)* ordonner, intimer l'ordre, sommer, (2) avoir pouvoir sur, posséder.

Gebiets|abtretung *f (VR)* cession de territoire, cession *f* territoriale; **–agent** *m* agent *m* régional; **–annektierung** *f*, **–annexion** *f* annexion territoriale; **–ansässige(r)** *m* résident *m*; **–anspruch** *m* revendication territoriale; **–ausgleich** *m* compensation *f* territoriale; **–ausschuß** *m* comité *m* régional; **–austausch** *m* échange *m* territorial; **–bereinigung** *f* rectification de frontière; **–einverleibung** *f* annexion territoriale; **–eroberung** *f* conquête territoriale; **–erweiterung** *f* accroissement territorial, adjonction de territoire; **–forderung** *f* revendication territoriale; **–gliederung** *f* division *f* territoriale; **–grenze** *f* limite *f* territoriale; **–hoheit** *f* souveraineté *f* territoriale; **–körperschaft** *f* personne morale de droit public, collectivité *f* territoriale *ou* locale; **–nachfolger** *m* successeur (sur un territoire); **–nummer** *f* code *m* (pour une région *ou* circonscription); **–recht** *n* loi territoriale; **–rechte** *pl* droits *mpl* territoriaux; **–reform** *f* réforme *f* des collectivités territoriales; **–schutz** *m* protection *f* territoriale; droit *m* de territorialité.

Gebietsstand *m* situation du point de vue territorial; **Deutschland nach dem – von 1937** l'Allemagne dans ses frontières de 1937.

Gebiets|statut *n* statut *m* territorial; **–teil** *m* province *f*, région; **–übergang** *m*, **–übertragung** *f* transfert de territoire; **–veränderung** *f* modification territoriale; **–verletzung** *f* violation de territoire; **–vorgänger** *m* prédécesseur (sur un territoire).

Gebilde *n* structure *f*, formation.

Gebiß *n*: **künstliches –** prothèse dentaire totale, dentier *m*.

Gebot *n* (1) *(Befehl)* ordre *m*; principe impératif, (2) *(Angebot)* offre *f*, enchère *f*, mise *f*; **geringstes –** enchère minimum.

Gebotszeichen *n (StVR)* signalisation de priorité, signal routier réglementant la priorité.

Gebrauch *m* (1) *(Gewohnheit)* usage *m*, coutume *f*, us *mpl* et coutumes, habitude *f*, (2) *(Benutzung, Anwendung)* usage *m*, utilisation *f*, emploi *m*; **anerkannter ständiger –** usage constant et reconnu; **diplomatischer –** usage diplomatique; **eigener –** usage privé; **gewöhnlicher –** usage ordinaire; **rechtmäßiger –** usage légitime; **ständiger –** usage perpétuel; **ungestörter –** usage paisible; **ununterbrochener –** usage continu, usage ininterrompu; **vertragsmäßiger –** usage conforme au contrat *ou* conventionnel; **von einem Recht – machen** exercer un droit.

gebrauchen faire usage de ..., utiliser, employer.

Gebrauchs|abgabe *f* taxe *f* d'usage; **–abnahmeschein** *m* certificat de mise en circulation; **–anforderung** *f* réquisition d'usage; **–anmaßung** *f (StR: Gebrauchsdiebstahl)* vol *m* d'usage; **–anweisung** *f* mode *m* d'emploi, instructions *fpl* de service; **–art** *f* mode *m* d'utilisation; **–artikel** *m* article d'usage courant; **–beeinträchtigung** *f* réduction *f* de la capacité fonctionnelle (d'une chose); **–diebstahl** *m (StR)* vol d'usage; **–entziehung** *f* soustraction frau duleuse; **–erlaubnis** *f* autorisation d'usage; **–fahrzeug** *n* véhicule *m* utilitaire; **–gegenstand** *m* article d'usage courant, ustensile *m* de ménage, objet *m* d'usage domestique; **–gestattung** *f* remise (de la chose) pour usage; **–gewährung** *f* cession *ou* concession d'usage; **–graphik** *f* art *m* graphique appliqué; **–güter** *pl* biens de consommation durable; **–leihe** *f* prêt à usage; **–lizenz** *f* licence d'usage; **–minderung** *f* diminution des possibilités d'usage.

Gebrauchsmuster *n (MuW)* modèle d'utilité, forme plastique (nouvelle), objet industriel (ayant un caractère de nouveauté); **eingetragenes –** modèle *m* déposé; **–anmeldung** *f* demande *f* de modèle d'utilité; **–berühmung** *f* action en vue de se prévaloir d'un modèle d'utilité; **–gesetz** *n* Loi allemande portant sur les modèles d'utilité; **–recht** *n* droit des modèles d'utilité; **–rolle** *f* registre des dessins et modèles; **–schutz** *m* protection *f* des modèles d'utilité; **–streitsache** *f* litige en matière de modèle d'utilité; **–übertragung** *f* transmission d'un modèle d'utilité; **–verletzung** *f* contrefaçon *f*.

Gebrauchs|recht *n* droit d'usage; **–störung** *f* trouble *m* de voisinage; **–überlassung** *f* cession *ou* concession d'usage; **–überlassungsvertrag** *m* contrat de cession d'usage; **–wert** *m* valeur d'usage; **–zolltarif** *m* tarif des droits de douane, tarif d'usage (S).

Gebraucht|wagen *m* voiture *f* d'occasion; **–wagenhandel** *m* vente de voitures d'occasion; **–warenhandel** *m* (1) brocante *f*, brocantage *m*, commerce *m* d'objets anciens, chine *f*, (2) *(Wäsche, Kleidung)* friperie *f*.

Gebrechen *n* handicap *m* physique, infirmité *f*.

Gebrechlichkeitspflegschaft *f* curatelle des personnes dont les facultés physiques *ou* intellectuelles sont déficientes.

Gebühr *f* (meist *pl*) (1) *(öffentliche Abgaben)* taxes *fpl*, droit *m*, (2) *(Mitgliedsbeitrag)* cotisation *f*, (3) *(Preis)* tarif *m*, (4) *(Vergütung)* honoraires *mpl*, vacation *f*, émoluments *mpl*, (5) *(Kosten)* frais *mpl*; **abgestufte –** droit gradué; **doppelte –** double droit, double taxe; **einfache –** droit simple; **einmalige –** droit *ou* émolument unique; **entrichtete –** droit acquitté, taxe acquittée; **feste –** droit fixe; **hinterzogene –** droit fraudé *ou* éludé (B); **progressive –** droit progressif; **zusätzliche –** droit en sus, droit additionnel; **zu Unrecht eingehobene –** (Aut) *od.* **erhobene –** taxe perçue à tort; **– für die Bereinigung** taxe de régularisation; **eine – entrichten** acquitter un droit; **– für die Nachsendung** taxe de réexpédition; **– für postlagernde Sendung** taxe de poste restante; **– für Sperrgut** taxe à l'encombrement; **– für Verschiffungsbescheinigung** taxe *f* d'avis d'embarquement.

Gebühren *pl*: **anfallende –** taxes venant à échéance; **angewachsene –** taxes accumulées; **Berechnung der –** décompte *m* des taxes; liquidation des droits; **Erhöhung der –** relèvement *ou* augmentation des droits; **frei von allen –** libre de tous droits; **–aufschlag** *m* supplément de taxe; **–befreiung** *f* exemption *ou* franchise de taxe, franchise *ou* exemption de droits; **–bemessung** *f* calcul des droits *ou* des taxes; **–berechnung** *f* décompte *m* des taxes, taxation; **–entscheid** *m* (S) taxation; **–erhebung** *f* perception des taxes; **–erlaß** *m* remise *f* des droits, exemption de la redevance; **–erleichterung** *f* allègement de taxes; **–ermäßigung** *f* réduction de taxes, détaxe *f*; **–festsetzung** *f* liquidation des taxes.

gebühren être dû, revenir de droit; **wem es gebührt** à qui de droit; **wie es sich gebührt** comme il se doit, comme il convient; **gebührend** afférent à, convenable, juste.

gebührenfrei *adj* sans frais, exempt de taxes, en franchise de taxes.

Gebühren|freiheit *f* exemption *ou*

franchise de taxe, franchise *ou* exemption de droits; **–marke** *f* timbre *m* fiscal, (en S.) timbre-quittance *m*; **–ordnung** *f* tarification *f* (impérative), ordonnancement *m* des honoraires; ordonnance sur les taxes, tarif des droits et émoluments.

gebührenpflichtig *adj* taxable, redevable (d'une taxe); **–e Verwarnung** *f (StVR)* contravention de police (en matière de police de circulation routière), procès-verbal *m* de contravention.

Gebührenrechnung *f* note *f ou* mémoire *m* d'honoraires; **– eines Rechtsanwalts** honoraires d'un avocat.

Gebühren|satz *m* droit *ou* tarif gradué, tranche *f* du barème; **–schuldner** *m* redevable *m* (des taxes); **–tabelle** *f* barème des émoluments fixes *ou* proportionnels, classement des actes ouvrant droit à des émoluments; **–tarif** *m* barème des taxes; **–überforderung** *f*, **–überhebung** *f (StR, BeamR)* concussion; **–verfügung** *f* décision relative à la taxe, décision de taxation; **–verzeichnis** *n* tarif *m* des émoluments *ou* des taxes; barème *m* des frais et dépens; **–vorschuß** *m* provision (pour frais de procédure).

Gebührnis *f* (meist *pl* **–se**) (1) honoraires *mpl*, vacation *f*, (2) pension *f*, (3) *(Armee)* solde *f*.

gebündelte Versicherung assurance combinée *ou* multirisque, police *f* cadre *ou* ‹bouquet›.

Gebundenheit *f* obligation *f*, contrainte *f*, sujétion, assujettissement.

Geburt *f* naissance *f*; **eheliche –** naissance légitime; **nichteheliche –, uneheliche –** naissance illégitime, naissance d'un enfant naturel.

Geburten|beschränkung *f* régulation des naissances; **–buch** *n* registre *m* des naissances; **–häufigkeit** *f* natalité *f*; **–index** *m* indice *f* démographique; **–rate** *f* taux de natalité; **–regelung** *f* contrôle *m ou* régulation *f* des naissances; **–register** *n* registre des naissances; **–rückgang** *m* dénatalité *f*; **–überschuß** *m* excédent de naissances; **–zahl** *f od.* **–ziffer** *f* natalité *f*, taux de natalité; **–zulage** *f* prime à la naissance, allocation de naissance.

Geburts|anzeige déclaration de naissance; **–beihilfe** *f* allocation pour jeune enfant (= APJE); **–datum** *n* date de naissance; **–eintrag** *m* acte de naissance, enregistrement *m* de la naissance; **–hilfe** *f* obstétrique *f*, surveillance de l'accouchement eutocique; **–kostenversicherung** *f* assurance-maternité *f*; **–meldung** *f* déclaration de naissance; **–name** *m* nom de jeune fille; nom (acquis par la naissance *ou* par changement autorisé); **–ort** *m* lieu de naissance; **–register** *n* registre des naissances; **–schein** *m* certificat *ou* bulletin de naissance, extrait de naissance; **–tag** *m* date de naissance; **–urkunde** *f* acte de naissance; **–verheimlichung** *f* (Aut) recel de naissance.

Gedächtnis|lücke *f* lacune *f* de mémoire, trou *m* dans la mémoire; **–protokoll** *n* procès-verbal *m* dressé de mémoire; **–schwäche** *f*, **–schwund** *m* amnésie *f*, perte *f* de la mémoire; **–störung** *f* trouble *m* de la mémorisation.

Gedanke *m* idée *f*, pensée; opinion *f*; plan *m*, dessein *m*, projet *m*; **sich über etwas –n machen** refléchir à qch; **schöpferischer –** idée créatrice *ou* novatrice.

Gedankenfreiheit *f* liberté *f* de pensée.

gedienter Wehrpflichtiger citoyen *m* ayant accompli ses obligations d'activité du service national.

Gedinge|arbeit *f* travail à la tâche; **–arbeiter** *m* travailleur à la tâche.

Geeignetheitsgrundsatz *m (VwR)* principe *m* de l'appropriation des moyens au but poursuivi.

Gefahr *f* (1) *(i. w. S.)* danger *m*, péril *m*, (2) *(Untergang einer Sache)* risque *m*, (3) *(drohendes Unheil)* menace *f*; **besondere –** risque particulier; **auf eigene –** à ses risques et périls; **objektive –** risque objectif; **subjektive –** risque subjectif; **auf – des**

Empfängers aux risques et périls du destinataire; **– für Leib oder Leben** *(PolizeiR)* état présumé dangereux pour l'intégrité personnelle et la vie (des intéressés); **– im Polizeirecht** danger imminent pouvant entraîner de graves perturbations de l'ordre public; **– der See** risque de mer, danger de mer, risque maritime; **die – tragen** supporter les risques; **– im Verzug** danger imminent.

gefährden exposer à un danger, exposer à un risque, mettre en danger, risquer, compromettre.

Gefährdung *f* menace *f* (pour), risque *m*, danger *m*; **– des Bahnverkehrs** menace à la sûreté de la circulation sur les chemins de fer; **– des Kindesvermögens** gestion du patrimoine du mineur contraire aux intérêts de celui-ci; **– des Kindeswohls** le fait de compromettre gravement la santé, la sécurité ou la moralité de l'enfant; **– des Kredits** atteinte au crédit; **– des demokratischen Rechtsstaats** atteinte à l'ordre républicain; **– im Straßenverkehr** danger *m* pour la sécurité routière.

Gefährdungsdelikt *n* délit consistant dans le fait de faire courir un risque à qqn *ou* de mettre en péril qqch.

Gefährdungshaftung *f* responsabilité du risque créé, responsabilité sans faute, responsabilité objective.

Gefahren|abwehr *f (PolizeiR)* mission de maintien de la sécurité publique; **–änderung** *f (VersR)* modification du risque (assuré); **–anzeige** *f* déclaration *f* des circonstances aggravant le risque; **–ausgleich** *m* compensation des risques; **–gemeinschaft** *f* communauté *ou* mutualité des risques; **–klasse** *f* catégorie *f* des risques; **–lage** *f* risque *m*; état *m* constituant un danger; **–minderung** *f* réduction *ou* allégement *m* du risque; **–prämie** *f* prime de risque; **–rückstellung** *f* provision *f* pour risques; **–übergang** *m* transfert des risques; **–verdacht** *m* *(PolizeiR)* évidence *f* de l'actualité du danger (public); **–verschollenheit** *f* disparition consécutive aux risques courus par le disparu; **–vorsorge** *f* prévention d'un danger éventuel; **–zulage** *f (ArbR)* prime pour travail dangereux; **–zuschlag** *m (VersR)* surprime *f* de risque.

Gefahrerhöhung *f (VersR)* aggravation des risques.

gefahrgeneigte Arbeit travail comportant *ou* entraînant des risques accrus d'accidents.

Gefährlichkeit *f* dangerosité *f*.

Gefahr|stellen *pl (StVR)* lieux *ou* sections particulièrement dangereux; **–tragung** *f (SchuldR)* obligation de supporter les risques (en cas d'inexécution du contrat); **–übergang** *f* transfert des risques; **freiwillige –übernahme** *f* acceptation (volontaire) d'un risque; **–zeichen** *pl (StVR)* signaux de danger et d'intersection.

Gefälle *n (Löhne, Preise)* disparité *f*, différence *f*, écart *m*.

Gefälligkeit *f* complaisance *f*, bienveillance *f*, amabilité *f*, serviabilité *f*, obligeance *f*.

Gefälligkeits|abstempelung *f* oblitération de complaisance; **–akzept** *n (WechselR)* acceptation de complaisance; **–attest** *n* attestation de complaisance; **–fahrt** *f* transport *m* bénévole; **–deckung** *f* acceptation de risques pour des raisons commerciales; **–leistung** *f* prestation à titre gracieux *ou* bénévole, prestation *f* volontaire et gratuite; **–stempel** *m* cachet postal de complaisance; **–verhältnis** *n (SchuldR)* acte de complaisance *ou* de courtoisie, relation d'aide bénévole, assistance bénévole, entraide *f*; **–wechsel** *m* effet *ou* traite de complaisance; **–zeugnis** *n* certificat de complaisance.

Gefangene(r) *m* détenu *m*, prisonnier *m*; **nichtpolitischer –** prisonnier de droit commun; **politischer –** prisonnier politique.

Gefangenen|anstalt *f* (Aut) prison *f*; **–arbeit** *f* travail *m* pénitentiaire, travail pénal; **–aufseher** *m* personnel *m* surveillance de l'administration pénitentiaire; **–austausch** *m* échange des prisonniers; **–befreiung** *f (StR)* le fait de libérer *ou* de faciliter l'évasion d'un détenu; **–beschäftigung** *f* travail pénitentiaire; **–buch** *n* registre d'écrou; **–fürsorge** *f* assistance aux détenus; **–meuterei** *f (StR)* rébellion *f* de prisonniers, prévenus *ou* condamnés; **–sammelwagen** *m* voiture *f ou* fourgon *m* cellulaire; **–transport** *m* transfert de détenus *ou* de prisonniers, transfèrement *m* pénitentiaire; **–wagen** *m* voiture *f ou* fourgon cellulaire; **–wärter** *mpl* personnel pénitentiaire.

Gefangen|haltung *f* détention *f*, emprisonnement *m*; **–haus** *n* (Aut) prison *f*, maison d'arrêt; **–nahme** *f* arrestation, appréhension, capture *f*; **–schaft** *m* détention *f*, emprisonnement *m*, captivité *f*.

Gefängnis *n (= Justizvollzugsanstalt)* établissement *ou* centre *m* pénitentiaire, maison d'arrêt, prison *f*, maison de correction, maison centrale, maison de détention (L–S); **im – sein** être en prison, être sous les verrous; **–arbeit** *f* travail *m* pénitentiaire; **–aufseher** *m* gardien *m* de prison; *umg* maton; **–ausbruch** *m* évasion *f* de détenus; **–personal** *n* personnel d'un établissement *m* pénitentiaire; **–register** *n* registre *m* d'écrou; **–seelsorge** *f* tâches pastorales en milieu carcéral; **–strafe** *f (= Freiheitsstrafe)* peine d'emprisonnement; **–verwaltung** *f* administration pénitentiaire; **–wärter** *m* gardien *m* de prison; **–wesen** *n* régime *m ou* système *m* pénitentiaire; **–wissenschaft** *f* science *f* pénitentiaire; **–zelle** *f* cellule *f* d'un établissement pénitentiaire.

Gefecht *n* combat *m*, engagement *m*, rencontre *f*.

Gefeilsche *n* marchandage *m*.

Gefolg|e *n* suite *f*, cortège *m*; personnes accompagnant (un officiel); **–smann** *m* partisan *m*.

gefragt (Ware) (marchandise très) recherchée *ou* demandée.

gegebenenfalls *adv* (Abk.: **ggf**) le cas échéant.

Gegebenheit *f* donnée *f*, élément *m*, circonstance *f*; **die –en schildern** relater les faits.

Gegen|abrede *f (SchuldR)* convention *f* contraire; **–angebot** *n* contreproposition *f*; **–anspruch** *m* (1) prétention contraire, (2) *(ZPR)* demande *f* reconventionnelle; **–antrag** *m* contre-proposition; **–anwalt** *m* avocat de la partie adverse; **–argument** *n* contredit *m*, réplique *f*, objection; **–auftrag** *m (HR)* contre-ordre *m*.

Gegenäußerung *f (PrzR)* réplique *f*; **schriftliche –** mémoire en défense.

Gegen|befehl *m* contre-ordre *m*; **–begutachtung** *f* contre-expertise; **–beweis** *m* preuve (du) contraire; **–buch** *n* contre-livre *m*; **–buchung** *f* contre-passation *f*.

Gegendarstellung *f*: **Recht auf –** *(PresseR)* droit de réponse.

Gegen|demonstrant *m* contre-manifestant *m*; **–demonstration** *f* contre-manifestation *f*; **–entwurf** *m* contre-projet *m*; **–erklärung** *f* réplique *f*; **–erwiderung** *f* duplique *f*; **–forderung** *f* (1) *(SchuldR)* créance en contrepartie, (2) *(ZPR)* demande reconventionnelle; **–garantie** *f* contre-garantie *f*; **–geschäft** *n (HR)* contre-opération *f*, affaire *f* en contrepartie; **–gewicht** *n* contrepoids *m*; **–gutachten** *n* (1) contre-expertise *f*, (2) avis *m* juridique opposé; **–gutachter** *m* contre-expert *m*; **–kandidat** *m* adversaire *m*; **–klage** *f (ZPR)* demande reconventionnelle; **–kontrahent** *m* contre-partie *f*, contre-partiste *m*; **–kündigung** *f* contre-dénonciation *f*; **–leistung** *f* prestation en retour, dette *f* envers l'autre; contre-prestation *f*, contrepartie *f*, équivalent *m*; **–lieferung** *f* contre-partie; **–lizenz** *f* licence croisée; **–marke** *f* contre-marque *f*; **–maßnahme** *f* contre-mesure *f*, mesure *f* de représailles; **–order** *f* contre-ordre *m*; **–partei** *f* partie *f* adverse; **–posten** *m* contre-partie *f*; **–probe** *f* contre-épreuve; **–protest**

m déclaration de révocation d'un protêt; **–rechnung** *f* décompte *m*; **–recht** droit contraire; **–rechtserklärung** *f* (S) déclaration de réciprocité; **–revolution** *f* contre-révolution *f*; **–satz** *m* antagonisme *m*, contradiction, conflit, opposition; **–schlag** *m* réplique *f*, repartie *f*, riposte *f*; **–schrift** *f*, mémoire *m* en défense.

gegenseitig *adj* réciproque *adj*, mutuel *adj*, synallagmatique *adj*; mutuellement *adv*, réciproquement *adv*; **–e Aufhebung der Kosten** *(ZPR)* compensation réciproque des frais proceduraux; **–es Einverständnis** accord mutuel; **–er Vertrag** contrat synallagmatique.

Gegenseitigkeit *f* réciprocité *f*.

Gegenseitigkeits|abkommen *n* accord *ou* convention *ou* traité de réciprocité; **–erklärung** *f* déclaration de réciprocité; **–geschäft** *n* opération sur base de réciprocité; **–gesellschaft** mutuelle *f*, sociéte *f* mutualiste; **–klausel** *f* clause *f* de réciprocité; **–prinzip** *n (IPR)* principe *ou* régime de réciprocité; **–übereinkommen** *n* accord de réciprocité; **–verein** *m* mutuelle *f*; **–versicherung** *f* assurance mutuelle; **–vertrag** *m* traité de réciprocité.

Gegenspionage *f* (Service de) contre-espionnage *m*.

Gegenstand *m* (1) chose matérielle, objet *m* corporel; objet (de l'obligation *ou* du contrat), matière *f*, substance *f*, (2) sujet *m*, thème *m*, (3) *(ZPR)* affaire, cause *f*, litige *m*, (4) *(HR)* article *m*, produit *m*, bien *m*; **beschlagnahmter** – objet confisqué *ou* séquestré (S); **gemeinschaftlicher** – objet *m* indivis; **inventarisierter** – (Aut) pièce d'inventaire; **nachgeahmter** – objet contrefait; **patentierter** – objet breveté; **streitbefangener** – objet du litige, objet en litige, objet litigieux; **verfallener** – (Aut) objet confisqué; **vermachter** – objet légué; – **der Anmeldung** objet de la demande; – **des dringlichen Bedarfs** objet de première nécessité; – **der Erfindung** *(PatR)* objet de l'invention; – **der Klage** objet du recours; – **des Patents** objet du brevet; – **des Rechtsstreits** objet du litige, objet du procès; – **des Risikos** objet du risque; – **des Schadens** objet du dommage; – **des Schutzbegehrens** objet de la demande de protection; – **des täglichen Bedarfs** objet d'usage courant; – **des Unternehmens** champ *m* d'activité, objet du commerce; – **der Verpflichtung** objet de l'obligation; – **des Vertrags** objet du contrat.

gegenstandslos *adj* sans objet; nul et non avenu.

Gegenstandswert *m* (1) *(ZPR)* montant *m* du litige, (2) *(ZR, HR)* valeur *f* vénale.

Gegenstimme *f* voix contre.

Gegenteil *n* contraire *m*, opposé *m*, inverse *m*; **im** – par contre; à l'inverse; **bis zum Beweis des –s** jusqu' à preuve du contraire.

gegenteilig *adj* contraire, opposé, antinomique, contradictoire.

gegenüberstellen confronter.

Gegen|überstellung *f* (1) *(StPR: Personen)* confrontation, (2) *(Fakten)* rapprochement *m*, comparaison *f*; juxtaposition; **–verfügung** *f* disposition inverse; **–verkehr** *m (StVR)* circulation en sens inverse; **–versicherung** *f* contre-assurance *f*; **–vorbehalt** *m* contre-réserve *f*; **–vormund** *m* subrogé tuteur *m* (en tant qu'organe de surveillance); **–vorschlag** *m* contre-projet *m*, contre-proposition *f*; **–vorstellung** *f (ZPR)* réplique *f*, riposte *f* à une demande.

gegenwärtig *adj* présent; **–e Gefahr** danger actuel *ou* imminent.

Gegenwärtigkeit *f* actualité *f*.

Gegenwarts|versicherung *f* assurance *f* immédiate; **–wert** *m* valeur actuelle.

Gegenwert *m* contre-valeur *f*; **–mittel** *n* fonds *m* de contre-partie.

Gegenzeichen *n (Wz)* marque *f* contraire.

gegenzeichnen contresigner.

Gegen|zeichner *m* contresignataire; **–zeichnung** *f* contreseing *m*, contresignature *f* (B); **–zeichnungsrecht** *n* droit de contreseing.

Gegner *m* (1) adversaire *m*, partie *f* adverse, (2) *(im Prozeß)* demandeur *m*, défendeur *m*, (3) *(Politik)* opposant *m*; **–unabhängigkeit** *f (ArbR)* autonomie *f* (par rapport au syndicat patronal).

gegründet *adj* fondé, constitué.

Gehalt *m* (1) *(Inhalt)* contenu *m*, teneur *f*, (2) *(Anteil)* taux *m*, titre *m*, pourcentage *m*, (3) *(Wert)* valeur *f*, consistance *f*, mérite *m*.

Gehalt *n* (1) *(Arbeitsvergütung für Beamte u. Angestellte)* traitement *m*, appointements *mpl*, (2) *(festes Einkommen)* salaire *m*, revenu *m* du travail, rémunération *f*; **ein – beziehen** toucher un salaire; **volles –** intégralité *f* du traitement.

Gehalts|abrechnung *f* bulletin *m* de paye; **–abrechnungsstreifen** *m* bandelette *f* de paie; **–anspruch** *m* créance *f* de salaire; **–aufstellung** *f* bordereau de salaire; **–empfänger** *m* travailleur *m* touchant un revenu salarial; **–erhöhung** *f* augmentation du salaire, élévation de la rémunération; **–forderung** *f* (1) créance de salaire, (2) *(Bewerbung)* prétentions *fpl*; **–fortzahlung** *f* (im Krankheitsfalle) continuation du paiement du salaire, garantie du revenu salarial (en cas de maladie *ou* d'incapacité de travail); **–gruppe** *f (BeamR)* échelon de solde; **–kasse** *f* caisse des salaires; **–klasse** *f* échelon de solde; **–konto** *n* compte-salaire, compte *m* en banque (sur lequel sont virés les salaires); **–kürzung** *f* réduction de traitement; **–nachzahlung** *f* rappel *m* de salaire.

Gehalts|pfändung *f (= Lohnpfändung)* saisie *f* (d'une fraction) du salaire, saisie-arrêt sur le salaire; **–rückstufung** *f* rétrogradation de traitement; **–schema** *n* (Aut) barème des traitements; **–schuldner** *m* débiteur du salaire; **–senkung** *f* baisse des traitements; **–skala** *f* barème *m ou* éventail *m* des salaires; **–streifen** *m* feuille *ou* bulletin de paye; **–stufe** *f* échelon de traitement, échelon *m* hiérarchique; **–tabelle** *f*, **–tafel** *f* barème des traitements *ou* des salaires, échelle *f ou* grille *f* des traitements; **–vereinbarung** *f* convention salariale; **–volumen** volume des salaires; **–vorschuß** *m* avance de solde *ou* sur le traitement; **–wünsche** *mpl* prétentions *fpl*; **–zahlung** *f* paye *f*, paie *f*; **–zettel** *m* bulletin *m* de salaire; **–zulage** *f (BeamR)* complément de traitement, supplément de solde.

geheim *adj* secret, occulte, clandestin; **– halten** garder secret, ne pas divulguer; **–e Absprache** convention occulte, entente secrète; **–e Wahl** vote secret; **–er Vorbehalt** *m* réserve *f* mentale.

Geheim|abkommen *n* convention secrète; **–abmachung** *f* accord secret; **–akte** *f* dossier secret; **–ausgaben** *pl* dépenses *fpl* occultes; **–behandlung von Erfindungen** secret des inventions; **–bereich** *m* (= Privatsphäre) intimité *f*, vie privée; **–buchführung** *f* comptabilité *f* secrète *ou* occulte; **–bund** *m* société *ou* organisation secrète; **–bündelei** *f (StR)* formation de sociétés secrètes; **–dokument** *n* document secret; **–fonds** *m* fonds *mpl* secrets.

geheimdienstliche Tätigkeit espionnage *m*, le fait d'entretenir des intelligences avec une puissance étrangère.

Geheimhaltung *f* le fait de conserver le secret *ou* d'observer une discrétion absolue; **– anvertrauter Tatsachen** discrétion *f* relative aux faits confiés (par un tiers); **die – aufheben** lever le secret.

Geheimhaltungspflicht *f* obligation au secret professionnel, obligation de discrétion (professionnelle).

Geheim|klausel *f* clause *f* occulte, clause secrète; **–konferenz** *f* conférence secrète; **–mittel** *pl* fonds *mpl* secrets.

Geheimnis *n* secret *m* (professionnel); **–verletzung** *f* (le fait de) commettre une indiscrétion; **–verrat** *m* divulgation *ou* trahison *f ou* révélation de secret.

Geheim|patent *n* invention tenue secrète; **–polizei** *f* police secrète; **–protokoll** *n* protocole *m* secret; **–schutzmaßnahme** *f* mesure de secret; **–verfahren** *n* (1) secret de fabrication, (2) procédure secrète; **–verkauf** *m* vente *f* clandestine; **–vertrag** *m* (1) contrat *m* secret, convention *f* secrète, contre-lettre *f*, (2) traité *m* secret.

Gehilfe *f* (1) *(ArbR)* auxiliaire *m*, assistant *m*, aide *m*, (2) *(HR)* commis *m*, (3) *(ZR)* préposé *m*, (4) *(StR)* complice *m*, comparse *m*.

Gehilfen|haftung *f (SchuldR)* responsabilité des commettants (pour le fait dommageable du préposé; **–schaft** *f (StR, S)* complicité *f*.

Gehirn|erschütterung *f* commotion cérébrale; **–tod** *m* mort cérébrale.

Gehöft *m* exploitation agricole, ferme *f*.

Gehör *n* (1) *(Sinn)* ouïe *f*, audition *f*, (2) *(Aufmerksamkeit)* attention *f*, audience *f*, (3) *(Aut)* audition (des témoins); **Anspruch auf rechtliches –** droit d'être entendu en justice *ou* par un tribunal.

gehörgeschädigt *adj* malentendant, à l'acuité auditive diminuée.

gehorsam *adj* obéissant, discipliné.

Gehorsam *m* obéissance *f*, discipline *f*, subordination; **blinder –** obéissance passive.

Gehorsamspflicht *f* (1) *(BeamR)* devoir *m* d'obéissance, (2) *(ArbR)* obligation de se soumettre au pouvoir de commandement de chef d'entreprise.

Gehorsamsverweigerung *f (MilR)* refus *m* d'obéissance.

Gehörsgewährung *f (PrzR)* fait de donner à quelqu'un la possibilité d'être entendu en justice.

Gehweg *m* voie piétonne, rue piétonnière, trottoir *m*.

Geisel *f* otage *m*; **–nahme** *f* prise *f* d'otage.

Geisterfahrer *m (Autobahn)* personne *f* roulant à contre-sens sur l'autoroute.

Geistes|kräfte *fpl* facultés *fpl* mentales; **–kranke(r)** *m* aliéné *m*, dément *m*; **–krankheit** *f* aliénation *f* mentale, démence *f*, insanité *f* d'esprit; **–schwäche** *f* débilité *f* mentale; **–schwacher** *m* faible *m* d'esprit; **–störung** *f* trouble *m* des facultés mentales; **–zustand** *m* état *m* des facultés mentales.

geistige Getränke *npl* boissons *fpl* alcoolisées, spiritueux *mpl;* **–s Eigentum** propriété intellectuelle.

Geistlicher *m* ministre *m* des cultes, ecclésiastique *m*, prêtre *m*.

Geladene(r) *m (PrzR)* partie *f* assignée; **–er Zeuge** témoin cité à comparaître.

Gelände *n* terrain *m*; **nicht öffentliches –** propriété privée.

1. **Geld** *n* (1) *(Zahlungsmittel)* monnaie *f*, argent *m*, (2) *(Münzen)* espèces *fpl*, pièce *f*, numéraires *mpl*, monnaie métallique, (3) *(Banknote)* billet *m* de banque, (4) *(Börse)* prix d'achat; **angelegtes –** argent placé; **außer Kurs gesetzes –** monnaie hors cours; **bares –** argent comptant, espèces *fpl*, numéraire *m*; **billiges –** argent bon marché; **echtes –** monnaie de bon aloi; **falsches –** fausse monnaie; **festes –** dépôt à terme fixe; **frisches –** argent frais; **gesetzliches –** monnaie ayant cours légal; **heißes –** capitaux errants; **nachgemachtes –** monnaie contrefaite; **tägliches –** argent au jour le jour; **verfälschtes –** fausse monnaie.

Geld– pécuniaire, monétaire.

Geld abheben retirer de l'argent (de son compte en banque); **– außer Kraft setzen** démonétiser; **– anlegen** placer *ou* investir de l'argent; **– ausgeben** dépenser (de l'argent); **– und Brief** demande et offre; **– erpressen** extorquer des fonds; **– fix und täglich** prêt à date d'échéance fixe qui se transforme à l'échéance en prêt au jour le jour; **– in Kost geben** reporter; **– und Papier** (Aut) demande et offre; **– prägen** frapper *ou* battre monnaie; **– mit täglicher Kündigung** argent au jour le jour; – **für ungültig erklären** démonétiser; – **wechseln** changer de l'argent.

Geld|abfindung *f* indemnité en argent; **–abhebung** *f* retrait de fonds; **–abkommen** *n* accord *m* monétaire; **–abwertung** *f* dévaluation *f* monétaire; **–angebot** *n (BankR)* offre *f* de monnaie fiduciaire.

Geld|anlage *f* placement de fonds, investissement de capitaux; **mündelsichere –** placement de père de famille; **–anleger** *m* épargnant *m*, investisseur *m*; **–anlegung** *f* placement; **–annahmestelle** *f* caisse de recettes; **–anspruch** *m* créance *f* d'argent; **–anstalt** *f* banque *f*; **–anweisung** *f* mandat *m*; **–aufblähung** *f* inflation *f*; **–aufnahme** *f* emprunt *m* (d'argent); **–aufwand** *m* coût *m*, prix *m*; **–aufwertung** *f* réévaluation *f*; **–ausgabe** *f* dépense *ou* sortie (de fonds), décaissement; **–ausgang** *m* sortie d'argent, sortie de fonds; **–ausgleichung** *f* (Aut) compensation en argent; **–automat** *m* distributeur *m* automatique (de billets); **–automatenkarte** *f* carte (bancaire) de retrait de fonds; **–beihilfe** *f* aide financière; **–beitrag** *m* contribution en argent, contribution *f* monétaire; **–belohnung** *f* récompense en argent; **–beschaffungskosten** *pl* coût *m* du financement; **–betrag** *f* montant *m*, somme *f* (d'argent); **–bewegung** *f* mouvement de fonds; **–bezüge** *pl* salaire en argent *ou* en espèces; **–börse** *f* (Aut) bourse des monnaies; **–brief** *m* lettre *m* chargée, lettre avec valeur déclarée; **–bündel** *n* liasse *f* de billets; **–buße** *f* amende forfaitaire *ou* administrative *ou* pénale de police, procès-verbal de contravention; **–darlehen** *n* prêt d'argent; **–depot** *n* mise *f* de fonds, dépôt d'argent; **–disposition** *(BankR)* planning *m* financier à court terme; **–eingang** *m* rentrée d'argent *ou* de fonds; **–einlage** *f* (1) versement *m* en numéraire, (2) mise de fonds en espèces, apport *m* financier; **–einschuß** *m* versement anticipé de fonds; **–entschädigung** *f* indemnité *f* en espèces *ou* en argent; **–entwertung** *f* dépréciation *f* monétaire.

Geldentwertungs|ausgleich *m* compensation de la dépréciation monétaire; **–schaden** *m* dommage résultant de la dépréciation *ou* dévaluation monétaire.

2. Gelder *pl* fonds *mpl*, sommes *fpl*, deniers *mpl*, capitaux *mpl*; **eingefrorene –** fonds gelés; **festgelegte –** fonds immobilisés; **flüssige –** fonds liquides; **kündbare –** dépôt à préavis, fonds à préavis; **öffentliche –** deniers publics; **tägliche –** engagement à vue; **verfügbare –** fonds disponibles, *ou* libres, disponibilités *fpl*; **– abheben, – abziehen** retirer de l'argent *ou* des fonds; **– auf Kündigung** fonds placés à terme.

Geld|ersatz *m* indemnité sous forme d'argent, dommages-intérêts; **–ersparnisse** *pl* épargne *f* monétaire; **–erwerb** *m* emploi lucratif; **–fälscher** *m* faux-monnayeur *m*; **–fälschung** *f* falsification de monnaie, faux-monnayage *m*; **–forderung** *f* créance en argent; **–frage** *f* question de fonds *ou* d'argent; **–funktionen** *fpl* fonctions de la monnaie; **–geber** *m* bailleur de fonds; **–geschäft** *n* opération financière; **–geschenk** *n* don *m* d'une somme d'argent; **–gewinn** *m* gain *m*, bénéfice *m*; **–gier** *f* rapacité *f*; **–handel** *m* opérations de change (monétaire); **–herrschaft** *f* *(Pol)* ploutocratie *f*; **–hortung** *f* thésaurisation *f*; **–institut** *n* institution de crédit, banque *f*; **–knappheit** *f* pénurie *f* monétaire, raréfaction de l'argent; **–kreislauf** *m* circuit *m* monétaire; **–krise** *f* crise *f* monétaire; **–kurs** *m* (1) *(Börse)* prix d'achat, cours demandé, cours *m* acheteur, (2) *(Wechselkurs)* cours du change; **–leiher** *m* bailleur de fonds, prêteur de deniers *ou* de fonds.

Geldleistung *f* prestation *f* en argent *ou* en espèces, prestation en deniers *ou* pécuniaire; **vorläufige –** allocation provisionnelle.

Geld|lohn *m* salaire en espèces, salaire en argent; **–markt** *m* marché monétaire *m*; **–marktpapiere** *pl* titres de crédit à court terme; **–menge** *f* volume *m ou* masse *f* monétaire.

Geldmittel *pl* fonds *mpl*, ressources *fpl*, moyens *mpl* financiers; capitaux *mpl*, ressources *fpl*, trésorerie *f*; **private –** deniers *mpl* privés, fonds privés; **über – verfügen** posséder les fonds nécessaires.

Geld|nachfrage *f* demande *f* de liquidités; **–not** *f* pénurie *f* monétaire *ou* financière; **–politik** *f* politique monétaire; **–prägung** *f* frappe *f* de la monnaie; **–prämie** *f* prime *f*; **–preis** *m*, prix *m* de l'argent; **–punkt** *m* point-or *m*; **–quelle** *f* ressources *fpl* financières; source *f* de revenus; **–rente** *f* rente en espèces *ou* en argent, rente constituée; **–schein** *m* billet *m* de banque; **–schöpfung** *f* création monétaire; **–schrank** *m* coffre-fort *m*; **–schuld** *f* dette d'argent; **–sendung** *f* envoi d'argent; **–sorten** *pl* espèces *fpl*, monnaies étrangères; **–sortenschuld** *f* dette *f* en monnaie étrangère; **–spende** *f* don en argent *ou* en espèces, aumône *f*, libéralité; **–spritze** injection d'argent frais, aide *f* financière; **–strafe** *f* amende pénale, peine *f ou* condamnation pécuniaire.

Geldstück *n* pièce *f* de monnaie, numéraire *m*; **falsches –** fausse pièce de monnaie.

Geld|summe *f* somme *f* d'argent; **–surrogat** *n* instrument de paiement remplaçant les paiements au comptant.

Geldtheorie *f* théorie *f* (quantitative) de la monnaie; **nominalistische –** nominalisme *m* monétaire.

Geld|transport *m* transfert de fonds; **–überfluß** *m* excédent *m* monétaire, solde positif de la circulation monétaire; **–überhang** *m* masse *f* monétaire qui ne trouve pas sa contrepartie dans des marchandises disponibles sur le marché, pléthore *f* monétaire.

Geldumlauf *m* circulation monétaire, masse *f* monétaire en circulation; **aufgeblähter –** circulation pléthorique.

Geld|umsatz *m* volume *m* des transactions monétaires; **–umstellung** *f* introduction d'une nouvelle unité monétaire; **–umtausch** *m* (1) *(verschiedene Währungen)* change *m*, opération *f* de change, (2) *(dieselbe Währung)* échange *m* monétaire; **–unterstützung** *f* secours en argent *ou* pécuniaire; **–urteil** *n* jugement portant condamnation à payer une somme d'argent; **–verbindlichkeit** *f* obligation *f* pécuniaire; **–verfälschung** *f* falsification de monnaie, faux-monnayage *m*; **–verknappung** *f* raréfaction de l'argent; **–verleiher** *m* prêteur de fonds, prêteur de deniers; **–vermächtnis** *n (ErbR)* legs *m* d'une somme d'argent; **–vermögen** *n* patrimoine *m* sous forme de liquidités *ou* de fonds déposés (disponibles au jour le jour *ou* à court terme); **–verpflegung** *f* subsistance en espèces; **–verpflichtung** *f* obligation *f* pécuniaire; **–versand** *m*, **–versendung** *f* envoi *m* de fonds; **–versorgung** *f* **der Staatskassen** *(HaushR)* approvisionnement *m* des caisses de l'Etat; **–volumen** *n* masse *f ou* volume *m* monétaire; **–vorrat** *m* encaisse *f*, disponibilités *fpl*; **–vorschuß** *m* avance de fonds, avances *fpl*; **–wäsche** *f (StR)* blanchiment d'argent (de la drogue); **–wechsel** *m* change *m*.

Geldwechsler *m* changeur *m*, changeur de monnaie, cambiste *m*; **–geschäft** *n* opération de change.

Geld|wert *m* pouvoir d'achat de la monnaie; valeur *f* pécuniaire; **–werter Vorteil** *(SteuerR)* avantage *m* appréciable en argent; **–wertschwund** *m* érosion monétaire, dépréciation de la monnaie; **–wertstabilität** *f* stabilité monétaire; **–wirtschaft** *f* économie *f* monétaire; **–zahlung** *f* paiement en argent *ou* en espèces; **–zeichen** *n* signe *m* monétaire; **–zuwendung** *f* aide *f* financière.

Gelegenheit *f* (1) *(Handel)* occasion *f*, (2) opportunité *f*; **bei –** à l'occasion, quand l'occasion se présente; **eine**

– **ergreifen, ausnützen** profiter d'une occasion.

Gelegenheits|arbeit *f* travail occasionnel; **–arbeiter** *m* travailleur occasionnel; **–diebstahl** *m* vol *m* occasionnel.

Gelegenheitsgeschenk *n* (1) *(ArbR)* gratification (accordée bénévolement par l'employeur), (2) cadeau *m* occasionnel; **gebräuchliches –** présent *m ou* cadeau d'usage.

Gelegenheits|gesellschaft *f (GesR: Konsortium)* consortium *m*, association d'entreprises à titre temporaire (en vue de réaliser des opérations financières), groupe *m* bancaire (international); **–kauf** *m* (achat *m* d')occasion *f*, (bonne) affaire; **–preis** *m* prix réduit (soldes); **–täter** *m (StR)* délinquant *m* occasionnel *ou* d'occasion; **–steuer** *f* impôt *m* occasionnel; **–verbrecher** *m* criminel *m ou* délinquant *m* occasionnel, délinquant d'occasion; **–verkehr** *m* trafic *m* irrégulier *ou* à la demande; **–vermittler** *m* intermédiaire *m* occasionnel.

Gelehrte(r) *m* savant *m*, érudit, maître, homme de science.

Geleit *n* escorte; **freies –** sauf-conduit *m*.

Geleitschein *m* sauf-conduit *m*; **offener –** (S) acquit-à-caution *m* ouvert; **–abfertigung** *f* (S) dédouanement avec acquit-à-caution.

Geleitzug *m* convoi *m*, escorte *f*.

Geliebtentestament *n* testament *m* en faveur d'une concubine.

geliefert frei Grenze franco frontière dédouané; **– verzollt** franco lieu de destination dédouané.

gelingen réussir, parvenir à.

geloben prêter serment; **auf Ehre –** prêter serment sur l'honneur.

Gelöbnis *n* serment *m*, promesse *f* solennelle; **–bruch** *m* rupture *f* de serment, rupture de promesse.

gelten (1) *(gültig sein)* être valable, être valide, n'être entaché d'aucune cause de nullité, être en vigueur, (2) *(maßgebend sein)* valoir, faire autorité, faire loi, (3) *(betreffen)* concerner, s'adresser à, regarder.

geltend machen (1) *(Ansprüche)* faire valoir, exercer (un droit), (2) *(ZPR: gerichtlich)* intenter (une action), conclure; soulever (par voie d'objection), (3) *(behaupten)* affirmer, prétendre.

Geltendmachung *f* exercice *m*; **adhäsionsweise – des Zivilschadens** (S) constitution de partie civile; **gerichtliche – eines Anspruchs** introduction d'une instance pour faire valoir une prétention, recours *m* contentieux; **– eines Rechtes** exercice d'un droit.

Geltung *f* (1) *(Gültigkeit)* validité *f*, vigueur *f*, efficacité *f*, (2) *(Ansehen)* crédit *m*, autorité *f*, considération *f*, réputation *f*, (3) *(Bedeutung)* importance *f*, notoriété *f*; **allgemeine –** portée *f* générale; **räumliche –** validité dans l'espace; **zeitliche –** validité *f* dans le temps.

Geltungsbereich *m* domaine d'application, sphère *ou* champ d'application, domaine de validité; **räumlicher –** champ d'application, validité territoriale; **– des Strafrechts** compétence des juridictions répressives.

Geltungsdauer *f* durée *f* de validité, période *f* d'application; **Verlängerung der –** prorogation *f* de validité; maintien en vigueur.

Geltungsgebiet *n* domaine d'application, sphère d'application, champ d'application.

gemahnen rappeler qch à qn, inviter, convier.

Gemälde *n* œuvre picturale, tableau *m*; **Öl–** peinture *f* à l'huile.

Gemarkung *f* territoire *m* communal, finage *m*, quartier *m*, lieu-dit *m*, ban *m* (L).

gemäß *(prép. rég. le datif)* (1) *(entsprechend)* conformément à, aux termes de (l'article . . .), d'après, selon, suivant, (2) *(angemessen)* conforme, adapté, ajusté, approprié, convenable.

Gemäßheit *f* conformité *f*, concordance *f*, convenance *f*.

gemein *adj* commun; **–e Gefahr** risque commun; **–er Wert** valeur vénale (sur le marché); **–es Recht** droit commun (aboli en Allemagne avec l'entrée en vigueur du code civil le 1er janvier 1900).

Gemeinde *f* (1) *(VwR)* commune *f*, ville *f*; commune rurale; collectivité locale *ou* territoriale, (2) *(Kirchen)* association *f* cultuelle; **amtsangehörige** *od.* **kreisangehörige –** commune faisant partie d'une collectivité supérieure, commune dont l'administration est groupée avec celle d'autres communes voisines; **amtsfreie** *od.* **kreisfreie –** commune ayant sa propre administration, commune ne faisant pas partie d'une collectivité supérieure; **kreisunmittelbare –** commune constituant par elle-même un cercle *ou* district.

Gemeinde- communal, municipal.

Gemeinde|abgabe *f* impôt municipal *ou* communal, taxe locale *ou* communale; **–abstimmung** *f* (S) votation *f* communale (S); **–amt** *n* (Aut) mairie *f*; **–angestellte(r)** *m* employé *m* municipal; **–anleihe** *f* emprunt *m* municipal *ou* communal; **–anstalt** *f* service *m* public communal; **–ausschuß** *m* commission *f* municipale; **–autonomie** *f* autonomie *f* communale *ou* municipale; **–beamte(r)** *m* fonctionnaire *m* municipal *ou* communal; **–bedienstete(r)** *m* employé *m* municipal; **–behörde** *f* administration communale; **–beschluß** *m* délibération *f* du conseil municipal; **–bezirk** *m* arrondissement *m* (d'une ville); commune associée; **–darlehen** *n* prêt *m* aux communes; **–direktor** *m* directeur communal, organe exécutif de la commune (dans certains Länder); **–eigentum** *n* biens *mpl* communaux; **–einnehmer** *m* receveur *m* municipal; **–entscheid** *m* consultation populaire des habitants d'une commune; **–finanzen** *pl* finances *fpl* municipales *ou* communales; **–forst** *f* forêt communale; **–freiheiten** *pl* libertés *fpl* municipales; **–fremde(r)** *m* personne n'ayant pas le droit de cité dans sa commune.

Gemeinde|gebiet *n* territoire *m* de la commune; **–gebühr** *f* taxe *f* locale; **–genosse** *m* (S) citoyen *m*, habitant de la commune; **–gesetz** *n* loi sur l'organisation municipale, code communal; **–gliedervermögen** *n* biens ou droits communaux dont l'usage est réservé à certaines personnes physiques *ou* morales distinctes de la commune; **–gut** *n* bien *m* communal; **–haus** *n* mairie *f*, maison *f* commune *ou* communale (B); **–haushalt** *m* budget *m* municipal *ou* communal; **–hoheit** *f* autonomie *f* communale; **–jagdgebiet** *n* terrain de chasse communal; **–kanzlei** *f* secrétariat de la mairie, secrétariat *m* *ou* greffe *m* municipal (S); **–kasse** *f* recette *f* municipale; **–kirchenrat** *m* organe exécutif des associations cultuelles évangéliques (au niveau de la commune); **–ordnung** *f* loi *f* régissant l'organisation communale, code *m* allemand des communes; **–polizei** *f* police municipale *ou* locale; **–rat** *m* (1) conseil *m* municipal *ou* communal (L), (2) conseiller *m* municipal.

Gemeinderats|beschluß *m* délibération du conseil municipal; **–mitglied** *n* conseiller *m* municipal; **–präsident** *m* (S) président de la commune (S); **–sitzung** *f* séance *f* du conseil municipal; **–wahl** *f* élection *f* municipale, élection communale (B–L).

Gemeinderecht *n* droit communal.

Gemeinde|schlichtungsstelle *f* bureau *m* d'arbitrage communal; **–schreiber** *m od.* **–sekretär** *m* secrétaire de mairie, secrétaire communal (B); **–selbstverwaltung** *f* autonomie administrative de la commune; **–stelle** *f* office *m* communal; **–steuer** *f* impôt *m* municipal *ou* communal, taxe locale; **–straße** *f* chemin *m* communal; **–unterabteilung** *f* (S) subdivision *f* communale; **–verband** *m* syndicat *m* de communes, groupement *m* communal; **–verfassung** *f* statut *m* municipal, organisation communale; **–verfassungsrecht** *n* ensemble des dispositions légales régissant l'organisation des communes, code des communes; **–vermögen** *n* biens *mpl* communaux; **–versammlung** *f* (S) assemblée des électeurs d'une commune; **–verschmelzung** *f* fusion de communes; **–vertreter** *m* conseiller *m* municipal; **–vertretung** *f* conseil *m* municipal, corps *m* municipal *ou* communal (B); **–verwaltung** *f* administration municipale, administration *f* communale (B); **–vorstand** *m* (1) maire *m*, bourgmestre *m*, municipalité *f*, (2) *(Kirchen)* conseil de fabrique; **–vorsteher** *m* maire *m*; **–wahl** *f* élections *fpl* municipales, élection communale (B–L); **–wald** *m* forêt *f* communale; **–weg** *m* chemin *m* vicinal; **–wirtschaft** *f* activité *f* de la commune à caractère économique et commercial; **–zuschlag** *m* surtaxe *f* communale.

gemeindlich *adj* municipal, communal.

Gemeineigentum *n* propriété sociale *ou* collective *ou* commune *ou* publique; **in – überführen** socialiser, nationaliser.

Gemeingebrauch *m* usage *m* commun *ou* en commun *ou* public; **gesteigerter –** utilisation privilégiée (par un riverain du domaine public), usage de la voie publique à des fins commerciales *ou* autres, aisance *f* de voirie.

Gemeingefahr *f (StR: gemeine Gefahr)* danger *m* pour la communauté, risque *m* volontairement créé pour les personnes *ou* les biens.

Gemeingut *n* bien public; **zum – werden** tomber dans le bien public.

Gemein|haftung *f* responsabilité *f* conjointe; **–interesse** *n* intérêt *m* commun; **–kosten** *pl* frais *mpl* généraux *ou* indivis, dépenses *fpl* communes.

gemeinnützig *adj* d'utilité publique, d'intérêt commun; **–e Arbeit** *(StR)* travail d'intérêt général.

Gemeinnützigkeit *f* utilité *f* publique.

gemeinsam *adj* (en) commun, d'un commun accord; **–e Anteile** parts *fpl* commmunes; **–er Ausschuß** *(ArbR)* commission paritaire; **–es Eigentum** copropriété *f*; **–e Erfinder** coinventeurs; **–er Markt** *(EG)* marché commun (= M. C.); **–e Patentinhaber** cotitulaires d'un brevet; **–er Senat** *(GVR)* chambre mixte chargée de résoudre les conflits résultant de la contrariété des arrêts des cinq juridictions suprêmes allemandes, Tribunal suprême des conflits; **–er Vertreter** mandataire *m* commun.

Gemeinschaft *f* (1) *(Personen u. Vermögen)* communauté *f*, (2) *(Rechte)* indivision *f*, (3) *(SachR)* mitoyenneté *f*; **atlantische –** communauté atlantique; **eheliche –** union conjugale; **überstaatliche –** communauté supranationale; **– nach Bruchteilen** indivision par fractions; **– der Güter** (Aut) communauté de biens.

gemeinschaftlich *adj* commun, communautaire, en commun; **–er Erbteil** lot *m* commun (des cohéritiers); **–es Eigentum** copropriété *f* (des parties communes), indivision (quant à la propriété); **–es Testament** (1) testament conjonctif *ou* commun (des époux), (2) *(Berliner Testament)* testament mutuel, dispositions réciproques des époux.

Gemeinschaftlichkeit *f* communauté *f*; convivialité *f*.

Gemeinschafts|aufgaben *fpl (VerfR)* tâches *fpl* d'intérêt commun, fonctions *fpl* assumées par les Länder avec participation financière du Bund; **–ausstellung** *f* exposition collective; **–beihilfe** *f (EU)* aide *f* communautaire; **–beitrag** *m (EU)* contribution *f* communautaire; **–emission** *f (GesR)* émission d'un emprunt faite en commun par plusieurs sociétés; **–erzeugung** *f (EU)* production *f* communautaire; **–fonds** *m* (1) fonds *m* commun, (2) *(EU)* fonds communautaire; **–genehmigung** *f (EU)* autorisation *f* communautaire; **–gut** *n (FamR)* biens *mpl* indivis; **–haft** *f* emprisonnement en commun; **–kasse** *f* caisse *f* commune; **–kontingent** *n (EU)* contingent communautaire; **–konto** *n* compte indivis; **–mauer** *f* mur *m* mitoyen; **–organ** *n* (1) organisme *m* collectif, (2) *(EU)* organe *m* communautaire; **–patent** *n* brevet *m* communautaire; **–patentgericht** *n* tribunal *m* communautaire des brevets; **–präferenz** *f (EU)* préférence *f* communautaire; **–produktion** coproduction; **–recht** *n (EU)* droit *m* communautaire; **–schule** *f* (1) collège *m* unique, (2) école *f* interconfessionnelle; **–stand** *m* stand *m* collectif; **–steuern** *(VerfR)* impôts répartis (à parts inégales) entre le Bund et les Länder; **–tarif** *m (ZollR)* tarif *m* (douanier) commun; **–transport** *m* transport en commun; **–unternehmen** *n (GesR: joint venture)* coentreprise *f*; **–verfahren** *n (EU)* procédure *f* communautaire; **–vertrag** *m (EU)* traité *m* communautaire; **–vorschrift** *f (EU)* régle *f ou* prescription *f* communautaire; **–wahl** *f* élection par collège électoral commun; **–ware** *f (EU)* marchandise *f* communautaire; **–warenhaus** *n* galerie marchande; **–werbung** *f* publicité collective; **–zollkontingent** *n (EU)* contingent *m* tarifaire communautaire.

Gemeinschuldner *m* (1) *(KonkursR)* entreprise *f* soumise à la procédure de liquidation des biens, débiteur *m* insolvable contre lequel une procédure en liquidation des biens a été engagée, (2) *(umg Bezeichnungen:)* failli *m*, débiteur *m* failli.

Gemein|wesen *n* communauté nationale, État; **–wirtschaft** *f* économie collectivisée et planifiée; **–wohl** *n* intérêt général, bien public, salut public.

gemischt mixte *adj*; **–wirtschaftlich** *adj* (société) d'économie mixte.

gemischte Bedingung *f* condition *f* mixte; **– Kommission** *f* commission *f* mixte; **– Schenkung** *f* acte à titre onéreux consenti à un prix inférieur (à la valeur réelle); **–er Vertrag** contrat *m* complexe.

genannt (in) cité (dans), mentionné.

genau précis, exact, conforme; **–e Abschrift** copie littérale; **–e Angaben** *fpl* indications précises; **–e Anschrift** adresse complète; **–e Befolgung** observation stricte (du règlement).

Genauigkeit *f* précision, exactitude *f*.

genehmigen approuver, autoriser, agréer, homologuer, consentir, ratifier; **nicht –** désapprouver.

Genehmigung *f* (1) *(VwR: Erlaubnis)* autorisation *f*, agrément *m*, approbation *f* (2) *(amtliche Eintragung)* homologation *f*, (3) *(ZR: Zustimmung)* consentement *m*, assentiment *m*, (4) *(VR)* ratification *f*; **bedingte –** autorisation sous condition, autorisation conditionnelle, accord *m* conditionnel; **befristete –** autorisation révocable, accord temporaire; **gewerbliche –** licence *f* professionnelle; **ministerielle –** autorisation ministérielle; **nachträgliche –** acte *m* confirmatif, acte confirmatoire; **staatliche –** approbation gouvernementale; **vorbehaltlich –** sous réserve de l'approbation de qn; **– der Bilanz** approbation du bilan; **– zur Durchfahrt** autorisation de transit; **– für den internationalen Verkehr** autorisation de transport international; **– für das Überfliegen** autorisation de survol; **– des Vormundschaftsgerichts** autorisation du juge des tutelles; **– auf Widerruf** autorisation révocable.

Genehmigungsantrag *m* demande *f* d'autorisation.

genehmigungsbedürftig *adj* (= genehmigungspflichtig) soumis à autorisation; **–e gewerbliche Tätigkeit** établissements industriels et commerciaux soumis à l'autorisation (de l'administration).

Genehmigungs|behörde *f* service administratif qui accorde l'autorisation; **–bescheid** *m* décision d'approbation; **–bescheinigung** *f* lettre d'agrément; **–beschluß** *m* décision approbatoire; prononcé d'approbation (S); **–erfordernis** *n* nécessité d'obtenir une autorisation.

genehmigungsfrei *adj* libre, non soumis à autorisation.

Genehmigungs|gebühr *f* taxe *f* d'autorisation; **–gesuch** *n* requête en *ou* aux fins d'approbation, demande *f* d'agrément; **–inhaber** *m* concessionnaire *m*, titulaire *m* de l'autorisation.

genehmigungspflichtig *adj* soumis au régime de l'approbation *ou* à approbation; **–e Anlage** installation soumise à l'autorisation préalable.

Genehmigungs|recht *n* droit d'approbation; **–urkunde** *f* acte d'approbation, instrument d'acceptation *ou* d'approbation; **–verfahren** *n* procédure d'autorisation; **–vermerk** *m*, **–visum** *n* visa d'autorisation, mention de l'homologation; **–widerruf** *m* retrait d'agrément *ou* d'autorisation.

General|abkommen *n* accord *m* général; **–agent** *m* agent *m* général; **–agentur** *f* agence *f* générale; **–akte** *f* acte *m* général; **–anwalt** *m (EuR)* avocat *m* général; **–bebauungsplan** *m* plan *m* général de construction; **–bericht** *m* rapport *m* général; **–berichterstatter** *m* rapporteur *m* général; **–bevollmächtigter** *m* mandataire *m* général; **–bundesanwalt** *m* procureur général auprès de la Cour fédérale de justice; **–bürgschaft** *f* cautionnement *m* général; **–debatte** *f* débat *m* général; **–direktion** *f* direction *f* générale; **–direktor** *m (GesR)* directeur *m* général, président directeur général (P. D. G.), membre du directoire (d'une société anonyme); **–einfuhrverbot** *n* prohibition générale d'entrée; **–gouverneur** *m* gouverneur *m* général; **–handlungsbevollmächtigte(r)** *m* fondé de pouvoir commercial; **–index** *m* indice *m* général; **–inspekteur** *m* (der Bundeswehr) inspecteur *m* général (de l'armée allemande); **–klausel** *f* (1) *(gesetzlich)* principe général (du droit), (2) *(vertraglich)* clause *f* générale *ou* de style; **–kommissar** *m*, **–konsul** *m* consul *m* général; **–konsulat** *n* consulat *m* général; **–lizenz** *f* licence générale *ou* exclusive; **–mobilmachung** *f* mobilisation *f* générale; **–police** *f (VersR)* police *f* d'abonnement *ou* flottante; **–prävention** *f (StR)* prévention collective; **–prokurator** *m* (Aut) procureur *m* général; **–quittung** *f (HR)* quittance *f* globale, *(ArbR)* reçu pour solde de tout compte; **–rat** *m* conseil *m* général; **–rückversicherungsvertrag** *m* contrat *m* de réassurance générale.

Generalsekretär *m* secrétaire *m* général; **stellvertretender –** secrétaire général adjoint.

General|staatsanwalt *m* procureur *m* général auprès des tribunaux régionaux supérieurs (allemands); **–streik** *m* grève générale; **–tarif** *m* tarif *m* général.

Generalversammlung *f (GesR: Hauptversammlung)* assemblée *f* générale; **außerordentliche –** assemblée générale extraordinaire; **konstituierende –** assemblée constituante.

General|vertrag *m* (1) accord *m* général, (2) (abréviation pour: *Vertrag über die Beziehung zwischen der Bundesrepublik Deutschland und den Drei Mächten)* Convention sur les relations entre les trois Puissances et la République fédérale d'Allemagne; **–vertreter** *m (HR)* agent *m* général; **–vertretung** *f* agence *f* générale *ou* exclusive; **–vertrieb** *m* exclusivité *f*; **–vollmacht** *f* procuration *f* générale, pouvoir *m ou* mandat *m* général, pleins pouvoirs.

Generationenvertrag *m (SozVers)* contrat *m* de solidarité liant les générations pour le financement des retraites.

Genesendenfürsorge *f (SozVers)* allocation versée au cours de la période de convalescence.

Genesungsurlaub *m* congé de convalescence.

genetischer Fingerabdruck génotype *m* (d'un individu).

Genfer Konvention über die Behandlung der Kriegsgefangenen (sog. III. Genfer Rotkreuz-Konvention) Convention de Genève relative au traitement des prisonniers de guerre.

Genfer Konvention zum Schutze von Zivilpersonen in Kriegszeiten (sog. IV. Genfer Rotkreuz-Konvention) Convention de Genève relative à la protection des personnes civiles en temps de guerre.

Genfer Konvention zur Verbesserung des Loses der Verwundeten und Kranken der Streitkräfte im Felde (sog. I. Genfer Rotkreuz-Konvention) Convention de Genève pour l'amélioration du sort des blessés et des malades dans les forces armées en campagne.

Genfer Konvention zur Verbesserung des Loses der Verwundeten, Kranken und Schiffbrüchigen der Streitkräfte zur See (sog. II. Genfer Rotkreuz-Konvention) Convention de Genève pour l'amélioration du sort des blessés, des malades et des naufragés des forces armées sur mer.

Gen|forschung *f*, **–technologie** *f* génie *m* génétique; **–recht** règlementation légale des manipulations génétiques.

genießen jouir (d'un droit), être titulaire (d'un droit), avoir, bénéficier de, posséder.

genormt *adj* standardisé; normalisé.

Genosse *m* (1) coopérateur *m*, (2) membre du parti, camarade *m*.

Genossenschaft *f* coopérative *f*, société *f* coopérative, groupement *m* coopératif; **bäuerliche –** coopérative paysanne; **landwirtschaftliche –** coopérative agricole; **– mit beschränkter Haftung** coopérative à responsabilité limitée.

Genossenschaftler *m* coopérateur *m*, associé (d'une coopérative).

Genossenschafts|bank *f* banque coopérative, caisse *f* de crédit mutuel (à vocation générale); **–bewegung** *f* mouvement *m* coopératif; **–gebiet** *n* domaine d'activité territoriale de la coopérative; **–gesetz** loi relative au régime des coopératives; **–gründungsvertrag** *n* contrat de coopération; **–kapital** *n* capital de la coopérative; **–kasse** *f* caisse *f* coopérative; **–mitglied** *n* coopérateur *m*; **–register** *n* registre des coopératives; **–verband** *m* union de coopératives; **–unternehmen** *n* entreprise coopérative; **–vermögen** *n* avoir de la coopérative, fortune *f* sociale (S); **–vertrag** *m* contrat de coopération; **–wesen** *n* coopératisme *m*; **–wirtschaft** économie *f* coopérative.

genügen satisfaire, remplir; **den Anforderungen –** satisfaire aux exigences requises; **den Vorschriften –** respecter les prescriptions (en vigueur).

Genugtuung *f* satisfaction, sanction; **volle –** (Aut) dommages-intérêts (comprenant damnum emergens, lucrum cessans et réparation du préjudice moral).

Genuß *m* jouissance *f*; **–aktie** *f* action de jouissance; **–antritt** *m* entrée en jouissance; **–mittel** *pl* alcools et tabacs, spiritueux *mpl*, boissons alcooliques et stimulants, excitants *mpl* alimentaires; **–recht** *n* droit de jouissance; **–schein** *m* action *f* *ou* certificat *m* de jouissance, part *f* bénéficiaire.

Genusschuld *f (SchuldR = Gattungsschuld)* obligation ayant pour objet une chose de genre.

Genußtauglichkeitsbescheinigung *f (EU)* certificat *m* de salubrité.

Gepäck *n* (1) *(Koffer)* bagages *mpl*, (2) *(verpackte Ausrüstung)* bagage *m*; **– im Durchgangsverkehr** bagage en transit; **–abfertigung** *f* enregistrement des bagages; **–abfertigungsstelle** *f* consigne *f*, bureau *m* d'enregistrement des bagages; **–aufbewahrung** *f* consigne des bagages; **–aufbewahrungsschein** *m* bulletin *m* de consigne; **–begleitschein** *m* feuille de route; **–empfangsschein** *m* (S) récépissé *ou* bulletin de bagages; **–fracht** *f* prix de transport des bagages; **–freigrenze** *f* franchise *f* de bagages; **–kontrolle** *f* visite *f* des bagages; **–revision** *f* fouille *f* *ou* visite des bagages.

Gepäck|schein *m* bulletin de bagages; **–schließfach** *n* consigne *f* automatique.

Gepäck|sendung: internationale – transport international de bagages; **–versicherung** *f* assurance des bagages; **–visitation** *f* fouille des bagages, visite des bagages.

Gepflogenheit *f* usage *m*; **diplomatische –** usage diplomatique.

gerade *adj* droit, sincère, loyal; direct; **– Linie** *(ErbR)* ligne *f* directe.

Gerät *n* outillage *m*, matériel *m*, équipement; appareil *m*, ustensile *m*; **–esicherheitsgesetz** *n* Loi relative à la prévention des accidents dus aux machines, aux appareils et à l'outillage.

Gerätschaften *pl* appareillage *m*, accessoires *mpl*.

Geräusche *npl* (1) *(von Nachbargrundstücken)* bruits *mpl* de voisinage, (2) *(von Verkehrswegen)* bruits sur la voie publique, (3) *(durch Industriebetriebe)* bruits d'une installation industrielle, (4) *(UmweltR)* pollution sonore, nuisances *fpl* provoquées par le bruit.

gerecht *adj* juste, équitable, impartial, intègre, honnête, loyal; **–er Anspruch** droit fondé, revendication légitime; **–e Behandlung** traitement *m* équitable; **–er Preis** juste prix *m*.

gerechtfertigt justifié.

Gerechtigkeit *f* (1) *(gerechtes Verhalten)* justice *f*, droiture *f*, équité *f*, impartialité *f*, intégrité *f*, probité *f*, (2) *(dem Gesetz entsprechend)* conformité *f* au droit, (3) *(Berechtigung)* licence *f*, autorisation *f*; **soziale –** justice sociale.

Gerechtsame *f* servitude *f*.

Gericht *n* tribunal *m*, juridiction *f*; cour *f*; **allgemeines –** tribunal *ou* juridiction de droit commun, tribunal judiciaire; **angerufenes –** tribunal saisi (de l'instance), juridiction saisie; **ausländisches –** juridiction étrangère; **erkennendes –** juridiction de jugement; **gefertigtes –** (Aut) le tribunal (en parlant de lui-même); **geistliches –** tribunal ecclésiastique; **gemischtes –** tribunal mixte; **internationales –** juridiction internationale; **Oberstes –** tribunal suprême; **ordentliches –** tribunal *ou* juridiction de droit commun, tribunal judiciaire; **ordnungsgemäß gebildetes –, ordnungsmäßig zusammengesetztes –** tribunal régulièrement constitué; **paritätisches –** tribunal paritaire; **mit der Hauptsache befaßtes –** juge *ou* tribunal saisi du fond du litige; **mit der Sache befaßtes –** tribunal saisi (de l'instance); **unteres –** tribunal inférieur; **unzuständiges –** tribunal incompétent, juridiction incompétente; **zuständiges –** juridiction compétente.

Gericht: ein – anrufen saisir un tribunal *ou* une juridiction; **vor – auftreten** ester en justice, se présenter devant la cour; **vor – aussagen** témoigner *ou* déposer en justice; **– der belegenen Sache** tribunal de la situation de la chose; **vor – bringen** saisir le tribunal (d'une affaire), déférer *ou* traduire en justice; **vor – erscheinen** comparaître en justice; **– erster Instanz** tribunal de première instance; **vor – geladen sein** être convoqué par le tribunal, être cité (en justice); **bei** *od.* **vor – klagen** attaquer en justice, poursuivre *ou* assigner en justice, agir *ou* aller en justice; **(Urkunden) bei – niederlegen** remettre *ou* déposer entre les mains de la justice *ou* auprès du greffe; **vor – stehen** comparaître personnellement (à l'audience); **vor – stellen** traduire en justice; *pej* traîner en justice; **das – tagt** le tribunal tient audience *ou* siège; **vor – verklagt werden** être poursuivi en justice; **vor – verteidigen** défendre en justice; **bei – vertreten** (Aut), **vor – vertreten** représenter en justice; **bei – vorlegen** produire en justice; – **des Zahlungsorts** tribunal du lieu du paiement; **vor – ziehen** traduire en justice.

gerichtlich *adj* judiciaire, juridictionnel; judiciairement *adv*; – **anerkennen** homologuer, reconnaître par voie judiciaire; – **anfechten** contester en justice; – **anzeigen** dénoncer en justice; – **belangen** *od.* **verfolgen** poursuivre en justice; – **bestellen** *(Anwalt)* constituer (avocat), se faire représenter en justice (par qn.); – **bestellt** commis par une juridiction; – **geltend machen** faire valoir en justice; – **klagen** agir en justice; – **vorgehen** agir en justice, assigner qn. devant un tribunal; – **vertreten** représenter en justice; **–e Anordnung** ordonnance judiciaire; **–e Auflösung** *(einer Gesellschaft)* dissolution judiciaire; **–e Beschlagnahme** saisie par voie de justice; **–e Beurkundung** authentification judiciaire; **–e Entscheidung** décision judiciaire; **–e Schritte unternehmen** saisir un tribunal, agir par voie de justice; **–e Vorladung** citation à comparaître en justice.

Gerichts|akte *f* dossier *m* (du tribunal), acte *m* du palais; **–apparat** *m* appareil *m* judiciaire; **–arzt** *m* médecin *m* légiste; **–assessor** *m* juge *m* suppléant.

Gerichtsbarkeit *m* juridiction *f*; compétence *f* juridictionnelle; **ausschließliche** – juridiction exclusive; **außergebietliche** – juridiction extra-territoriale; **außerstreitige** – (Aut) juridiction gracieuse; **beschränkte** – compétence limitée; **bürgerliche** – juridiction civile; **delegierte** – justice déléguée; **freiwillige** – juridiction gracieuse; juridiction (de droit commun) en matière gracieuse; **internationale** – juridiction internationale; **kantonale** – juridiction cantonale (S); **obligatorische** – juridiction obligatoire, compétence obligatoire; **ordentliche** – juridiction de droit commun; **streitige** – juridiction contentieuse; **volle** – plénitude de juridiction; **die – ausüben** exercer la juridiction, avoir juridiction; – **des Gerichtsstaates** juridiction du for; **einer – unterliegen** relever d'une juridiction; **der – unterliegend** justiciable; **der – unterworfen** justiciable; **einer – unterworfen sein** relever d'une juridiction.

Gerichtsbeamter *m* fonctionnaire responsable de la gestion de la procédure auprès d'un tribunal (correspondant au greffier en France), auxiliaire *m* de justice fonctionnarisé.

Gerichtsbehörden *pl* autorités *fpl* judiciaires.

Gerichtsbeisitzer *m* (1) *(1. Instanz)* (juge) assesseur, (2) *(2. u. 3. Instanz)* conseiller *m*.

gerichtsbekannt (= gerichtsnotorisch) connu du tribunal.

Gerichts|bescheid *m (VwR)* jugement *m* du tribunal administratif allemand sur pièces (sans audience publique); **–beschluß** *m* ordonnance (judiciaire).

Gerichtsbezirk *m* circonscription judiciaire, circonscription *f* de juridiction, ressort *m* d'un tribunal; **zu einem – gehören** relever d'une juridiction.

Gerichts|brauch *m* usages *mpl* judiciaires; **–diener** *m* appariteur *m*; **–dolmetscher** *m* interprète *m* judiciaire, interprète devant les tribunaux; **–entscheid** *m* (S) jugement *m*, décision *f* judiciaire; **–entscheidung** *f* décision judiciaire *ou* de justice, jugement *m*, sentence *f*; **–erlag** *m* (Aut) dépôt en justice *ou* judiciaire; **–ferien** *pl* vacations *fpl*, vacances *fpl* judiciaires.

gerichtsfrei *adj* qui jouit de l'immunité de juridiction, qui échappe au contrôle judiciaire.

Gerichts|gebäude *n* palais de justice; **–gebrauch** *m* usages *mpl* judiciaires; jurisprudence *f*; **–gebühr** *f* frais de justice, taxe *f* judiciaire; **–gefängnis** *n* prison *f* du tribunal; **–gewalt** *f* pouvoir *m* judiciaire; **–hilfe** *f* aide *f* judiciaire.

Gerichtshof *m* Cour *f* (de Justice);

internationaler – Cour internationale de justice; **Ständiger Internationaler –** Cour permanente internationale de justice.

Gerichts|hoheit *f* compétence *f* juridictionnelle; autorité judiciaire; ressort *m*; **–instanz** *f* instance; **–jahr** *n* année *f* judiciaire; **–kanzlei** *f* greffe *m* (du tribunal); **–kasse** *f* bureau *m* de perception judiciaire.

Gerichtskosten *pl* frais *mpl* de justice *ou* judiciaires; dépens *mpl*; **–marke** *f* timbre *m* fiscal (pour frais judiciaires); **–gesetz** *n* Loi *f* relative aux frais judiciaires et dépens; **–vorschuß** *m* droits judiciaires acquittés à titre de provision.

Gerichts|medizin *f* médecine *f* légale; **–organisation** *f* organisation *f* judiciaire; **–ort** *m* lieu de juridiction; **–person** *f* fonctionnaire de l'ordre judiciaire; juge *m*; membre *m* du personnel judiciaire; **–polizei** *f* (= Sitzungspolizei) maintien *m* de l'ordre à l'audience; **–präsident** *m* président du tribunal; **–praxis** *f* pratique *f* judiciaire, pratique des tribunaux; **–referendar** *m* auditeur *m* de justice allemand; **–saal** *m* salle du tribunal, salle d'audience, enceinte du tribunal, prétoire *m*; **–sachverständige(r)** *m* expert près les tribunaux, technicien *m* investi (de ses pouvoirs) par un juge; expert judiciaire (B); **–schreiber** *m* greffier *m*, secrétaire-greffier; **–schreiberei** *f* greffe *m*; **–schreibergehilfe** *m* commis-greffier *m*; **–schutz** *m* protection *f* judiciaire; **–siegel** *m* sceau du tribunal; **–sitzung** *f* audience *f* du tribunal; **–sprache** *f* langue du palais, langage judiciaire; **–sprengel** *m* ressort d'un tribunal, arrondissement judiciaire, circonscription *f* judiciaire *ou* de juridiction; **–spruch** *m* sentence judiciaire; jugement; **–staat** *m* pays du for, État du for.

Gerichtsstand *m* tribunal *m* compétent, compétence *f* judiciaire, for *m* (S), compétence territoriale; **allgemeiner –** compétence judiciaire de droit commun; **ausschließlicher –** compétence (judiciaire) exclusive; **dinglicher –** compétence matérielle *ou* en raison de la matière *ou* ratione materiae; **örtlicher –** compétence territoriale; **vereinbarter –** convention *ou* clause attributive de compétence; **– der belegenen Sache** compétence du tribunal de la situation; **– der Ergreifung** compétence du tribunal du lieu d'arrestation; **– des Tatortes** compétence du tribunal du lieu de commission; **– des Wohnortes** compétence du tribunal du lieu de résidence du prévenu; **– des Wohnsitzes des Beklagten** compétence du tribunal du domicile du défendeur; **– ist . . .** il est formellement convenu que le tribunal de . . . sera seul compétent pour connaître des litiges *ou* en cas de litige.

Gerichtsstands|klausel *f* *(ZPR)* clause *f* d'attribution de compétence *ou* attributive de juridiction; **–vereinbarung** *f* (1) attribution *f* de juridiction *ou* de compétence, (2) *(Zustellung der Urkunden)* élection de domicile.

Gerichts|stätte *f*, **–stelle** *f* (1) lieu et place où se trouve le tribunal, (2) palais de justice; **–tafel** *f* tableau *m* d'affichage du tribunal.

Gerichtstag *m* jour *m* d'audience; **auswärtiger –** audience *f* foraine.

Gerichts|termin *m* jour d'audience; date *f* de comparution; **–übung** *f* usages *mpl* judiciaires *ou* juridictionnels; **–urkunde** *f* acte *m* judiciaire; **–urteil** *n* jugement *m* (d'un tribunal); arrêt *m* (d'une Cour); **–verfahren** *n* procès *m*, procédure judiciaire; **–verfassung** *f* organisation *f* judiciaire; **–verfassungsgesetz** *n* loi allemande portant sur l'organisation judiciaire.

Gerichtsverhandlung *f* audience *f* judiciaire, débats *mpl*; **nichtöffentliche –** audience à huis-clos.

Gerichtsverwaltung *f* administration *f* judiciaire.

Gerichtsvollzieher *m* huissier *m* (de justice); **–vollzieherkosten** *pl* frais *mpl* des huissiers de justice; **–vor-**

stand *m*, **–vorsteher** *m* (Aut) président du tribunal; **–wachtmeister** *m* auxiliaire *m* de justice, huissier audiencier; **–wesen** *n* organisation *f ou* système *m* judiciaire; **–zeuge** *m* (Aut) témoin *m*; **–zimmer** *n* enceinte *f* du tribunal, salle *f*.

geringfügig *adj* (affaire) mineure, (litige) de peu d'importance *ou* d'un montant insignifiant; **–e Abänderung** modification minime; **–e Beschäftigung** activité professionnelle de moins de 15 heures par semaine.

Geringfügigkeit *f (StR)* caractère insignifiant des faits; **Verfahren wegen – einstellen** prononcer le non-lieu en raison du caractère insignifiant des faits; **– des Schadens** dommage *m* mineur, sinistre *m* minime.

geringwertige Wirtschaftsgüter *(SteuerR)* biens économiques d'une valeur ne dépassant pas 800 DM et faisant partie des immobilisations corporelles.

Gerüche *mpl* odeurs *fpl* incommodantes.

Gerücht *n* bruit *m*, rumeur *f*; **ein – in Umlauf setzen** *od.* **verbreiten** faire courir un bruit, répandre une (fausse) nouvelle, se faire l'écho d'un bruit.

gesamt entier, intégral, total, dans sa totalité; **zur –en Hand** *(ZR)* en indivision.

Gesamt|abrechnung *f* décompte *m* général; **–absatz** *m* chiffre d'affaires total; **–abstimmung** *f* vote sur l'ensemble (d'une proposition); **–abtretung** *f* cession globale; **–akt** *m* acte *m* collectif; **–angebot** *n* offre *f* globale, totalité *f* des marchandises offertes; **–annuität** *f* annuité *f* cumulative; **–arbeitsvertrag** *m* contrat collectif de travail; **–aufkommen** *n* produit *m* total; **–ausgabe** *f (UrhR)* œuvres *fpl* complètes; **–ausgebot** *n* mise en vente globale, de tous les biens fonciers (procédure d'exécution forcée); **–beförderungsgebühr** *f* taxe *f* totale de transport; **–bericht** *m* rapport (d'exercice) général; **–betrag** *m* montant *m* total; **–betriebsrat** *m* conseil *m* d'entreprise commun à plusieurs établissements d'un groupe; **–bevölkerung** *f* population *f* totale; **–bürgschaft** *f* cautionnement *m* général; **–dividende** *f* dividende *m* total; **–eigentum** *n* propriété *f* collective; **–eindruck** *m* impression générale; **–einkommen** *n* revenu *m* global *ou* total; **–entlastung** *f* décharge globale; **–entschädigung** *f* indemnité *f* globale; **–entwurf** *m* projet *m* global; **–erneuerung** *f* renouvellement *m* intégral *ou* total *ou* d'ensemble; **–ertrag** *m* produit *m* total; **–gebühr** *f* (1) droit *m* global, taxe globale, (2) taxe combinée; **–gefängnisstrafe** *f (StR)* peine *f* (de prison) totale; **–geldstrafe** *f* amende *f* globale; **–gemeinde** *f* (1) commune (composée de plusieurs hameaux), (2) union *f* de communes; **–geschäftsführung** *f* gestion *f* collective des affaires.

Gesamtgewicht *n* poids *m* total, poids en charge; **höchstzulässiges –** charge *f* maximum; **zulässiges –** poids total autorisé en charge.

Gesamt|gläubiger *pl* créanciers *mpl* solidaires; **–grundschuld** *f* dette *f* foncière globale (reposant sur plusieurs biens fonds); **–gut** *n (FamR: Gütergemeinschaft)* communauté *f*, biens *mpl* communs; **–gutschein** *m* bon *m* collectif; **–gutskonkurs** *m* faillite d'une communauté de biens; **–gutsverbindlichkeiten** *fpl* passif *m* de la communauté; **–gutsverwaltung** *f* administration de la communauté; **–haftung** *f* responsabilité solidaire; responsabilité collective.

Gesamthand *f* indivision *f*, droits *mpl* indivis; indivision en propriété, copropriété.

Gesamt|handelsspanne *f* marge commerciale globale *ou* totale; **–händer** *m (ZR)* indivisaire *m*.

Gesamthands|besitz *m* possession *f* en main commune; **–eigentum** *n* propriété *f* en main commune; **–ge-**

meinschaft *f* indivision *f* (dans laquelle l'indivisaire ne peut disposer seul de sa propre part); **–klage** *f* action exercée par un indivisaire; **–prinzip** *n* principe *m* de la solidarité.

Gesamtheit *f* (1) ensemble *m*, totalité *f*, (2) universalité *f*; **– der Stimmen** unanimité *f* des suffrages.

Gesamt|hypothek *f* hypothèque *f* reposant sur plusieurs biens fonciers; **–interesse** *n* intérêt *m* collectif; **–kosten** *pl* coût total; **–nachfrage** *f* demande *f* globale; **–plan** *m* plan *m* d'ensemble; **–prämie** *f* prime *f* brute, prime totale.

Gesamtpreis *m* prix *m* total *ou* global; **–bewegung** *f* mouvement *m* général des prix.

Gesamt|prokura *f* procuration *f* conjointe; **–quittung** *f* quittance *f* générale *ou* globale, reçu *m* pour solde de tout compte.

Gesamtrechnung *f*, **volkswirtschaftliche –** comptabilité *f* nationale.

Gesamt|rechtsnachfolge *f* transmission de la succession (ipso facto avec tous ses droits et obligations), acquisition de la propriété de l'hérédité de plein droit; **–rechtsnachfolger** *m* ayant-cause *m* universel; **–regelung** *f* règlement *m* général *ou* d'ensemble; **–regierung** *f* condominium *m*; **–reserve** *f* réserve *f* globale; **–rücktritt** *m* démission *f* collective; **–sache** *f* (Aut) universalité *f*; **–schuld** *f* dette *f* solidaire, solidarité passive.

Gesamtschuldner *m* coobligé *ou* codébiteur *m* solidaire; **als – haften** être tenu solidairement.

gesamtschuldnerisch *adj* solidairement; **–e Haftung** solidarité *f* (passive), solidarité entre débiteurs.

Gesamtschuldverhältnis *n* rapport *m* de solidarité passive (entre plusieurs débiteurs).

Gesamt|staat *m* Etat *m* central (par opposition aux Etats-membres); **–statut** *n* *(IPR)* statut *m* général; **–strafe** *f* peine *f* globale (pour plusieurs infractions), peine d'ensemble (S); **–summe** *f* montant total; **–überblick** *m* vue *f* d'ensemble; **–umsatz** *m* chiffre *m* d'affaires global; **–verband** *m* fédération *f*, confédération; **–vereinbarung** *f* convention collective; **–vergebung** *f* adjudication *f* par lots *ou* en bloc.

Gesamtvermächtnis *n* legs *m* universel; **–nehmer** *m* légataire *m* universel.

Gesamt|vermögen *n* patrimoine *m*, fortune *f* globale, totalité *f* des biens *ou* de la fortune; **–versicherung** *f* assurance tous risques; **–vertrag** *m* contrat *m* global, traité *m* collectif; **–vertretung** *f* représentation *f* conjointe, représentation collective; **–verweisung** *f* *(IPR)* renvoi au droit d'un pays étranger (y compris son droit international privé), renvoi *m* intégral; **–vollmacht** *f* *(GesR)* double signature *f*, collégialité *f* (dans la représentation de la société); **–vorsatz** *m* *(StR)* dol général (dans l'infraction continuée); **–wert** *m* valeur totale *ou* globale; **–zahlung** *f* paiement *m* global; **–zollbelastung** *f* perception *f* douanière totale.

Gesandte(r) *m* représentant *m* diplomatique, diplomate *m*, envoyé *m*, ministre *m* plénipotentiaire; **außerordentlicher –** envoyé extraordinaire.

Gesandtschaft *f* légation *f*.

Gesandtschafts|gebäude *n*, **–hotel** *n* immeuble *m* de la représentation diplomatique, ambassade *f*; résidence *f* de l'ambassadeur; **–personal** *n* personnel *m* d'ambassade; **–rat** *m* conseiller *m* de légation, **–recht** *n* réglementation internationale relative aux représentations diplomatiques à l'étranger; immunités et privilèges (des représentants diplomatiques); **–sekretär** *m* secrétaire *m* de légation.

Geschädigte(r) *m* personne *f* lésée, sinistré *m*, partie *f* lésée, victime *f* du dommage, lésé *m*.

Geschäft *n* (1) *(Tätigkeit)* affaire *f*, transaction *f*, opération *f* (commerciale), activité *f* commerciale *ou* financière, (2) *(Handel, Verkauf)* commerce *m*, négoce *m*, marché *m*, contrat *m* (de vente), vente *f*, débit *m*, (3) *(Handelsunternehmen)* entreprise *f* commerciale, fonds *m* de commerce, (4) *(Laden)* magasin *m*, supérette *f* (120–400 m^2), supermarché *m* (400–2500 m^2); hypermarché *m* (‹2500 m^2); point *m* de vente; **abgeschlossenes –** affaire conclue; **blühendes –** affaire florissante; **ertragreiches –** (1) affaire prospère, (2) bonne affaire; **faules –** affaire véreuse; **gewagtes –** affaire risquée, opération risquée, contrat aléatoire; **auf Gewinn gerichtetes –, gewinnbringendes –** opération lucrative; **kursgesichertes –** opération à garantie de change; **laufendes –** affaire courante; **lohnendes –** opération *ou* affaire rentable; **unerlaubtes –, verbotenes –** acte *m* illicite; **ein – abschließen** passer un marché, conclure un contrat; **– über Kasse** opération par caisse; **– über Konto** opération par compte; **– für den, den es angeht** acte juridique pour le compte d'autrui; **– für eigene Rechnung** affaire pour propre compte; **– für fremde Rechnung** affaire pour le compte d'autrui.

geschäftlich *adj* commercial; **–er Verkehr** activité commerciale *ou* industrielle; activité artistique; exercice d'une profession libérale.

Geschäfts|ablauf *m* marche des affaires; **–abschluß** *m* (1) conclusion d'une affaire, passation d'un acte, passation *f* du contrat, (2) clôture *f* de l'exercice; **–abwicklung** *f* (1) suivi *m* (des affaires), (2) liquidation; **–adresse** *f* adresse *f* commerciale.

geschäftsähnliche Handlung *f* acte *m* matérial assimilé à un acte juridique; fait *m* volontaire licite soumis aux dispositions légales sur les actes juridiques.

Geschäfts|anbahnung *f* établissement *m* de contacts (d'affaires); **–anmaßung** *f* usurpation *ou* abus de la gestion d'affaires (en vue d'obtenir un avantage patrimonial).

Geschäftsanteil *m (GesR)* part *f* sociale, part; **–haftung** *f* responsabilité jusqu' à concurrence de la participation (à une société).

Geschäfts|anweisung *f* instruction *f*; **–aufgabe** *f* cessation du commerce; **–aufsicht** *f* regard sur les affaires, contrôle de la gestion; **–auslagen** *fpl* marchandises *fpl* exposées, étalage *m*, montre *f*, vitrine *f*; **–aussichten** *fpl* perspectives *fpl* commerciales; **–ausstattung** *f* équipement *m* commercial; **–ausweitung** *f* extension des affaires; **–bank** *f* établissement de crédit, banque de dépôts et/ou d'affaires, banque polyvalente; **–bedingung** *f* condition *f* du contrat, clause contractuelle.

Geschäftsbedingungen *pl*: **allgemeine –** conditions *fpl* générales, conditions générales du contrat.

Geschäfts|beginn *m* commencement *m* de l'activité commerciale; **–bereich** *m* (1) *(ÖfR)* domaine de compétences, ressort *m*, (2) *(Vwirt)* secteur *m* commercial, branche *f* d'activité; **–bericht** *m* rapport d'affaires, rapport *m* de gestion, compte-rendu *m* d'exercice; **–besorgung** *f* gestion *f* d'affaires.

Geschäftsbesorgungs|vermittler *m* intermédiaire *m*; **–vertrag** *m* contrat de gestion ou d'administration des affaires d'autrui (en tant qu'activité économique indépendante et rémunérée).

Geschäfts|betrieb *m (HR)* activité commerciale, exercice d'actes de commerce, entreprise commerciale; **–bezeichnung** *f (HR)* dénomination emblématique *ou* nominale; **–beziehungen** *pl* relations *fpl* commerciales; **–brief** *m* lettre d'affaires, correspondance commerciale; **–bücher** *pl* livres de commerce; **–einlage** *f* apport *m*; apport en industrie; **–ergebnis** *n* résultat *m* commercial; **–eröffnung** *f* création d'un commerce, ouverture d'un magasin; **–erweiterung** *f* extension *f* des affaires.

geschäftsfähig *adj* (personne) ayant la capacité d'exercice, capable de contracter.

Geschäftsfähigkeit *f (ZR)* capacité *f* d'exercice, aptitude à être titulaire de droits et à les exercer; capacité contractuelle; **beschränkte –** incapacité spéciale*, capacité d'exercice partielle (relative aux actes de la vie courante); **mangelnde –** incapacité d'exercice, inaptitude à exercer un droit.

Geschäfts|firma *f* **(s. Firma)** nom commercial; raison *f* sociale; **–frau** femme commerçante; **–freund** *m* relation *f* d'affaires.

geschäftsführend *adj* chargé de la gestion *ou* de l'administration.

Geschäftsführer *m* (1) *(ZR)* gérant d'affaires, (2) *(GesR)* gérant *m* (de société), associé *m* gérant; **– ohne Auftrag** gérant d'affaires sans titre; **faktischer –** gérant *m* de fait.

Geschäftsführung *f* (1) *(Tätigkeit)* direction *f*, gestion *f*, (2) *(Personengesellschaft)* gérance *f*, (3) *(Kapitalgesellschaft)* directoire *m*, direction, administration, (4) *(für Privatleute)* gestion des affaires d'autrui; **kaufmännische –** gestion commerciale; **ordnungsmäßige –** gestion régulière; **unredliche –** gestion malhonnête *ou* infidèle; **– ohne Auftrag** gestion d'affaires (sans titre), gestion de fait.

Geschäfts|führungsbefugnis *f* pouvoir *m* de gestion; **–gang** *m* marche des affaires; **–gebaren** *n*, **–gebarung** *f* gestion *ou* administration conforme (*ou* non conforme) aux intérêts de l'entreprise *ou* de l'affaire; **–gebrauch** *m* usage commercial, coutume de la vie commerciale; **–gegenstand** *m* objet *m* du commerce; **–geheimnis** *n* secret *m* d'affaires *ou* commercial.

Geschäftsgeflogenheiten *fpl* us et coutumes *fpl*, usages *mpl* commerciaux.

Geschäftsgrundlage *f (SchuldR)* équivalence *f* des prestations en tant que fondement du contrat; **Wegfall der –** déséquilibre *m* des prestations, imprévision *f*, clausula rebus sic stantibus.

Geschäfts|grundstück *n* immeuble à usage commercial *ou* industriel; **–gründung** *f* fondation d'un commerce, création d'une entreprise; **–guthaben** *n* avoirs *mpl* sociaux; **–herr** *m* (1) *(ArbR)* commettant *m*, employeur *m*, (2) *(ZR)* maître *m* de l'affaire, géré *m* ; **–inhaber** *m* (1) exploitant d'un commerce, (2) chef *m* d'entreprise; **–inventar** *n* inventaire commercial *m* ; **–irrtum** (= Inhaltsirrtum) erreur *f* sur la substance.

Geschäftsjahr *n* exercice social *ou* commercial, exercice *m*, année commerciale *ou* statutaire; **abgelaufenes –** exercice écoulé; **laufendes –** exercice en cours; **ein – abschließen** clôturer un exercice.

Geschäfts|kapital *n* capital *m* social; **–lage** *f* (1) situation de l'entreprise, marche des affaires, (2) situation comptable; **–leben** *n* activité économique *ou* commerciale; **–leiter** *m* directeur *m* , gérant *m* , gérant d'affaires; **–leitung** *f* (1) *(BW)* gestion de l'entreprise (départementalisée), management *m*, administration, (2) *(GesR)* direction *f*; gérance *f*; **–leute** *pl* commerçants *mpl*, hommes *mpl* d'affaires; **–lokal** *n* local *m* commercial *ou* à usage commercial, local professionnel; **–mann** *m* homme d'affaires; agent d'affaires; **–nachfolger** *m* cessionnaire *m* d'un fonds de commerce, successeur *m*; **–niederlassung** *f* établissement de commerce *ou* commercial; **–ordnung** *f* règlement *m* intérieur; **–papiere** *pl* papiers d'affaire, papiers de commerce, docu-

---

* Die Unterscheidung von Geschäftsunfähigkeit und beschränkter Geschäftsfähigkeit im Sinne des BGB kennt der *code civil* nicht, dafür besteht in Frankreich der uns nicht geläufige Unterschied zwischen der ‹incapacité générale› und verschiedenen ‹incapacités spéciales›. (Vgl. Ferid: Das frz. Zivilrecht Bd. I, 1 E 155 ff. S. 288 ff.)

ments *mpl* commerciaux; **–partner** *m* cocontractant *m*; **–politik** *f* politique *ou* stratégie commerciale, politique générale de l'entreprise; **–praktiken** *pl* usages *mpl* commerciaux; agissements *mpl* commerciaux; **–prüfung** *f* audit *m*, contrôle *ou* vérification de gestion.

Geschäftsraum *m* local à usage commercial, local commercial; **–miete** *f* bail *m* commercial.

Geschäfts|reise *f* voyage *m* d'affaires; **–reisende(r)** *m* représentant de commerce, commis-voyageur; **–schädigendes Verhalten** agissements *mpl* déloyaux dans la vie commerciale causant un préjudice (à une autre entreprise); **–schädigung** *f* pratique *f* anticoncurrentielle, dommage *m* résultant d'actions frauduleuses; **–schluß** *m* heure *f* de fermeture; **–schuld** *f* dette *f* commerciale; **–sinn** *m* (avoir le) sens du commerce; **–sitz** *m* siège *m* social; **–status** *m (Buchf)* situation *f* comptable; **–statut** *m (IPR)* (soumission à la) lex causae.

Geschäftsstelle *f* (1) bureau *m*, (2) *(bei Gericht)* greffe *m*.

Geschäfts|stillstand *m* arrêt des affaires; **–straße** *f* rue commerçante; **–stunden** *fpl* heures *fpl* de bureau *ou* d'ouverture; **–tätigkeit** *f* activité *f* commerciale; **–teilhaber** *m* associé *m*; **–träger** *m* chargé d'affaires; **–träger ad interim** chargé *m* d'affaires ad interim; **–tüchtig** *adj pej* (commerçant) peu scrupuleux, indélicat; **–übergang** transmission *f* d'un commerce; **–übernahme** *f* reprise d'une affaire *ou* d'un fonds de commerce; **–umfang** *m* volume des affaires; **–umsatz** *m* chiffre d'affaires.

geschäftsunfähig *adj* incapable (de contracter), frappé d'une incapacité d'exercice, inapte à exercer ses droits.

Geschäfts|unfähigkeit *f* incapacité d'exercice; **–unkosten** *pl* frais généraux (d'une entreprise); **–veräußerung** *f* cession d'un fonds (de commerce); **–verbindlichkeiten** *fpl* passif *m* commercial, dettes *fpl* d'une entreprise; **–verbindung** *f* relation *f* d'affaires, contacts commerciaux; **–verhandlung** *f* négociation commerciale; **–verlauf** *m* cours des affaires, évolution *ou* marche des affaires; **–verkehr** *m* relations *fpl* commerciales; échanges *mpl* commerciaux; **–verlust** *m* perte *f* commerciale; **–vermittler** *m* intermédiaire *m*, auxiliaire *m* du commerce; **–vermittlung** *f* fait de servir d'intermédiaire; **–versicherung** *f* assurance *f* multirisques commerciale, assurance matériel commercial et marchandises; **–verteilung** *f* répartition des fonctions (au sein de l'entreprise *ou* de l'administration); définition des responsabilités; **–verteilungsplan** *m* organigramme *m* (des fonctions); **–vertrag** *m (BankR)* convention de compte courant; **–viertel** *m* quartier des affaires; **–vorgang** *m* dossier *m* (commercial); **–vorsteher** *m* gérant *m*; **–werbung** *f* publicité *f* commerciale; **–wert** *m* valeur *f* marchande *ou* vénale d'un commerce; **–wille** *m (SchuldR)* volonté *f* en vue de produire un effet juridique; **–zeichen** *n* enseigne *f* (commerciale); **–zeit** *f* heures *fpl* d'ouverture; **–zentrum** *n* centre *m* commercial; **–zweig** *m* branche *f*.

Geschenk *n* libéralité *f*, cadeau *m*, don *m*, (objet offert en) présent *m*; **übliches –** cadeau d'usage; **–annahme** *f* acceptation de cadeaux; **–artikel** *m* article-cadeau; **–geber** *m* donateur *m*; **–sendung** *f* envoi *m* sans valeur commerciale.

Geschichtsfälschung *f* falsification de l'histoire, présentation partielle et partisane de l'histoire.

Geschiedene(r) *m* divorcé *m*.

Geschlecht *n* (1) *(Art, Gattung)* genre *m*, génération *f*, (2) *Abstammung)* race *f*, famille *f*, origine *f*, (3) sexe *m*, (4) *(S: Familienname)* nom *m* de famille; **–sakt** *m* acte sexuel, coït *m*.

Geschlechts|ehre *f* dignité sexuelle; **–gemeinschaft** *f* communauté de vie (des époux), cohabitation *f*; **–krankheit** *f* maladie *f* sexuellement transmissible (= MST) *ou* vénérienne; **–name** *m* (1) (Aut) nom *m* patronymique, (2) nom de jeune fille; **–umwandlung** *f* transformation de la morphologie sexuelle, changement de sexe.

geschlossene Ortschaft *(StVR)* agglomération *f*; **– Verbände** (im Straßenverkehr) colonne *f ou* cortège *m* en marche.

Geschlossenheitserklärung *f* déclaration *f* de solidarité.

Geschmacksmuster *n (MuW)* modèle *m* esthétique; dessin *m* ornemental, dessin de caractère décoratif; **–anmeldung** depôt *m* de la demande; **–berühung** le fait de se prévaloir d'un modèle esthétique; **–gesetz** Loi *f* sur les dessins et modèles esthétiques; **–recht** *n* droit relatif à la protection des dessins et modèles; **–rolle** *f* registre *m* des modèles; **–urkunde** *f* certificat *n* d'enregistrement d'un modèle esthétique.

Geschoß *n (MilR, StR)* projectile *m*, balle *f*.

Geschoßeigentum *n* propriété *f* par étage(s).

geschuldeter Betrag *m* somme due.

geschützt (juridiquement) protégé; **gesetzlich –** (= ges. gesch.) protégé par la loi; **patentrechtlich –** breveté; **urheberrechtlich –** protégé par la loi (allemande) sur la propriété littéraire et artistique.

Geschwindigkeits|begrenzung *f*, **–beschränkung** *f (StVR)* limitation de (la) vitesse; **–messung** contrôle (de la vitesse) par cinémomètre; **–überschreitung** *f* excès *m* de vitesse.

Geschwister *pl* frère(s) et sœur(s).

Geschworene(n) *pl* (in der BRD wird diese Bezeichnung nicht mehr verwendet **s. Schöffe)** les jurés, le jury; **–bank** *f* (banc du) jury *m*; **–gericht** *n* (Aut-S) cour d'assises, assises *fpl*; **–liste** *f* liste du jury, liste des jurés.

Geselle *m (Handwerk)* compagnon *m*.

Gesellenprüfung *f* examen de fin d'apprentissage (en vue d'acquérir la qualité de compagnon).

Gesellschaft *f* (1) *(ÖfR)* société *f* (politique), communauté *f*, collectivité *f*, (2) *(ZR, HR)* société (civile), société (commerciale), (3) *(GesR: Dachgesellschaft, Zusammenschluß)* groupe *m*, holding *m*, trust *m*, concentration; **abhängige –** société dépendante; **beherrschende –** société dominante; **beherrschte –** société dominée; **beteiligte –** société participante; **faktische –** société de fait; **fehlerhafte –** société irrégulièrement constitutée, société irrégulière; **gemischtwirtschaftliche –** société d'économie mixte; **handelsrechtliche –** société commerciale; **konzessionierte –** société concessionnaire; **stille –** société en participation, association en participation; **übernehmende –** société absorbante *ou* reprenante; **übernommene –** société absorbée; **übertragende –** société absorbée; **verstaatliche –** société nationalisée; **weitverzweigte –** société à succursales multiples.

Gesellschaft| in Auflösung société en voie de dissolution; **– mit beschränkter Haftung** (G.m.b.H.) société à responsabilité limitée (de droit allemand); **– des bürgerlichen Rechts** société civile; **– auf Gegenseitigkeit** société d'assurances mutuelles, société mutualiste, mutelle *f*; **– in Gründung** société en formation; **– des Handelsrechts** société commerciale; **– auf Lebenszeit** société prenant fin par le décès de l'un des associés; **– mit variablem Kapital** société à capital variable.

Gesellschaft: eine – auflösen dissoudre une société; **eine – errichten** *od.* **gründen** créer, constituer *ou* fonder une société; **eine – übernehmen** absorber une société.

Gesellschafter *m* associé *m*, sociétaire *m*; **geschäftsführender –** gérant; **stiller –** bailleur de fonds, commanditaire *m*; **– einer offenen Handelsgesellschaft** associé en nom collectif; **–austritt** *m* départ *ou* retrait d'un associé; **–beschluß** *m* délibération (des associés); **–bestand** *m* (1) nombre *m* des associés, (2) composition de l'assemblée des sociétaires; **–darlehen** *n* prêt *m* (de la société) accordé à un associé; **–einlage** *f* apport *m* social, apport en société; **–eintritt** *m* admission *f* *ou* entrée *f* d'un associé; **–konkurs** *m* faillite *f* personnelle (d'un associé); **–versammlung** *f* assemblée *f* des associés; **–wechsel** *m* remplacement d'un associé sortant par un nouveau.

gesellschaftlich relevante Kräfte *(VerfR)* groupes sociaux institutionnalisés (syndicats, églises).

Gesellschafts|anteil *m* part *f* sociale; **–auflösung** *f* dissolution *f* de la société; **–ausweis** *m* bilan *m* de société; **–bericht** *m* compte-rendu *m* de la situation de la société; **–bilanz** *f* bilan de la société, bilan social; **–bildung** *f* création *f* *ou* constitution d'une société; **–blätter** *npl* bulletins d'annonces légales sociales; **–firma** *f* (1) *(Personengesellschaft)* raison *f* sociale, raison de commerce, (2) *(Kapitalgesellschaft)* dénomination *f* sociale; **–form** *f* forme *f* juridique de la société; **–fortbestand** *m*, **–fortführung** *f* continuation de la société; **–gewinne** *pl* bénéfices *mpl* sociaux; **–gläubiger** *m* créancier *m* social; **–gründung** *f* constitution *ou* formation *f* de société; **–kapital** *n* capital *m* social; **–kasse** *f* caisse *f* sociale; **–name** *m* nom social, dénomination sociale; **–organe** *pl* organes de la société.

gesellschaftspolitische Auswirkungen implications sociopolitiques.

Gesellschafts|recht *n* droit des sociétés; **–register** *n* registre des sociétés; **–satzung** *f* statuts *mpl* de la société; **–schuld** *f* dette sociale; **–sitz** *m* siège *m* social.

Gesellschaftsteuer *f* impôt *m* sur les apports (en société).

Gesellschafts|stimmrecht *n* droit de vote des actionnaires; **–umstellung** *f* transformation de société.

Gesellschaftsverhältnis *n* liens *mpl* juridiques au sein de la société; **verstecktes –** société *f* occulte.

Gesellschafts|vermögen *n* biens *mpl* sociaux, actif *m* social, patrimoine *m* social, fonds *mpl* sociaux; **–verpflichtungen** *pl* engagements *mpl* sociaux; **–vertrag** *m* contrat *m* de société; **–wissenschaften** *pl* sciences politiques et sociales; **–zweck** *m* objet *m* social, but *m* poursuivi par la société.

Gesetz *n* (1) *(Vorschrift)* loi *f*, règle impérative, norme *f*, (2) *(umfassende Regelung)* code *m*, législation *f*, réglementation, droit *m*, (3) *(Grundsatz, Richtschnur)* principe *m*, commandement *m*, convention *f*; **ausländisches –** loi étrangère, droit étranger; **besonderes –** loi particulière; **einfaches –** loi ordinaire; **einheitliches –** loi uniforme; **einzelstaatliches –** loi nationale; **ergänzendes –** loi additionnelle, amendement; **geltendes –** loi en vigueur *ou* en application; **Kraft –es** de plein droit, de par la loi; **in Kraft befindliches –, in Kraft stehendes –** (Aut) loi en vigueur; **oberstes –** loi suprême, norme constitutionnelle; **rückwirkendes –** loi rétroactive; **Wortlaut des –es** énoncé *m* de la loi; **– über den abnehmenden Ertrag** *(Vwirt)* loi des rendements décroissants; **– von Angebot und Nachfrage** loi de l'offre et de la demande.

Gesetz: ein – abändern amender une loi; **ein – annehmen** adopter une loi; **das – anwenden** appliquer la loi; **ein – aufheben** abroger une loi; **ein – auslegen** interpréter une loi; **ein – befolgen** respecter *ou* observer la loi; **ein – beschließen** voter *ou* adopter une loi; **unter das – fallen** tomber sous le coup de la loi; **sich an das – halten** se conformer à la loi; **das – umgehen** tourner *ou* éluder la loi; **das – übertreten** violer *ou* enfreindre la loi, transgresser la loi, contrevenir à la loi; **ein – verabschieden** voter *ou* adopter une loi; **das – verletzen, gegen das – verstoßen** violer la loi, enfreindre *ou* transgresser la loi; **ein – verkünden** promulguer une loi.

Gesetzblatt *n* journal *m* officiel, bulletin *m* des lois.

Gesetzbuch *n* code *m*; recueil *m* de lois; **Bürgerliches –** (BGB) code civil (allemand); **Allgemeines Bürgerliches –** (ABGB) code civil (autrichien).

Gesetzentwurf *m* (1) *(der Regierung)* projet *m* de loi, (2) *(eines Abgeordneten)* proposition *f* de loi.

von Gesetzes wegen de plein droit.

Gesetzes|änderung *f* amendement *m* législatif; **–ausfertigung** *f* promulgation de la loi; **–auslegung** *f* interprétation *f* de la loi; **–beschluß** *m* loi adoptée (mais non encore promulguée); **–bestimmung** *f* disposition *f* légale; **–fiktion** *f* fiction légale; **–form** *f* forme *f* législative; **–initiative** *f* initiative *f* législative, initiative des lois; **–konkurrenz** *f (StR)* concours *m ou* cumul de qualifications; **–kontrolle** *f* contrôle de la constitutionnalité des lois; **–kraft** *f* **erlangen** acquérir force de loi; **–novelle** *f* modification d'une loi, loi modifiée, loi amendée, loi nouvelle; **–lücke** *f* lacune *f* juridique, lacune du droit, vide *m* juridique, vide *m* législatif; **–recht** *n* droit *m* écrit; **–referendum** *n* référendum *m* législatif; **–sammlung** *f* bulletin des lois; **–staat** *m (VerfR)* État de droit; **–text** *m* texte *m* législatif, texte de loi.

gesetzestreu *adj* loyal.

Gesetzes|treue *f* loyalisme *m*; **–übertretung** *f* violation de la loi, infraction à la loi; **–umgehung** *f* fraude à la loi; **–verfügung** *f* disposition *f* légale; **–verletzung** *f* violation *f* de la loi, infraction à la loi; **–vermutung** *f* présomption légale; **–verordnung** *f* décret-loi *m*, arrêté-loi *m* (B); **–verstoß** *m* violation de la loi, infraction à la loi; **–vorbehalt** *m* (1) *(StaatsR)* restriction légale d'une liberté publique prévue par la loi fondamentale; (2) *(VwR)* principe *m* de la légalité de l'administration; **–vorlage** *f* (1) *(der Regierung)* projet de loi, (2) *(eines Abgeordneten)* proposition de loi; **–vorrang** *m* force prééminente de la loi; **–vorschrift** *f* prescription légale *ou* réglementaire; **–widerspruch** *m* antinomie *f*.

gesetzgebend législatif; –e Gewalt pouvoir législatif; –e Versammlung assemblée législative.

Gesetzgeber *m* législateur *m*.

gesetzgeberisch *adj* législatif *adj*; législativement *adv*.

Gesetzgebung *f* législation *f*, pouvoir législatif, droit de légiférer; **ausschließliche –** pouvoir exclusif de légiférer; **konkurrierende –** pouvoir législatif réparti entre le Bund et les Länder.

Gesetzgebungs|akt *m* acte *m* législatif; **–arbeit** *f* travail *m* législatif; **–befugnis** *f* compétence *f* législative; **–gang** *m* processus *m* législatif.

Gesetzgebungsgewalt *f* pouvoir de légiférer, pouvoir *m* législatif.

Gesetzgebungs|hoheit *f* souveraineté *f* législative; **–kompetenz** *f* compétence *f* législative; **–körper** *m* (Aut), **–körperschaft** *f* organe *m* législatif; **–notstand** *m* pouvoir *m* législatif gouvernemental (à l'aide du Bundesrat) en cas d'obstruction du Bundestag; **–periode** *f* législature *f*; **–recht** *n* droit de légiférer; **–verfahren** *n* procédure *f* d'élaboration de la loi; **–zuständigkeit** *f* compétence *f* législative.

gesetzlich *adj* légal *adj*; légalement *adv;* **–e Auslage** *(Anwalt)* débours *m ou* déboursés *mpl* tarifés (et remboursables); **–e Bestimmung** disposition légale; **–e Beweismittel** moyens *mpl* de preuve prévus par la loi; **–e Beweisregeln** modalités *fpl* légales de la preuve; **–e Erbfolge** succession ab intestat *ou* légale; **–e Fristen** délais *mpl* de prescription légaux; **–e Gebühr** honoraires *mpl* (tarifés) fixés par la loi; **–er Güterstand** régime *m* matrimonial légal; **–es Pfandrecht** privilège *m*, droit de préférence légal; **–e Rücklage** *(GesR)* réserve légale; **–es Verbot** interdiction légale; **–e Vermutung** présomption légale; **–er**

Vertreter représentant légal; **–es Zahlungsmittel** instrument légal des paiements, monnaie *f* de paiement *ou* fiduciaire.

Gesetzlichkeit *f* légalité *f*.

gesetzmäßig *adj* conforme à la loi, légal, légitime.

Gesetzmäßigkeit *f* légalité *f*; **– der Verwaltung** *(VerfR)* obligation pour l'Administration de respecter toutes les lois en vigueur.

gesetz|widrig *adj* illégal, contraire à la loi, extra-légal; illégalement *adv;* **–widrigerweise** *adv* illégalement.

Gesetzwidrigkeit *f* illégalité *f*, acte illégal, irrégularité *f*; **– von Rechtsgeschäften** illégalité d'un acte juridique, contract illicite.

Gesichtspunkt *m* point *m* de vue, considération, opinion.

Gesinde *n (hist)* domesticité *f*, gens de maison; **–halter** *m* (Aut) patron *m*.

Gesinnung *f*, opinion *f*, conviction *f*, manière de voir, manière de penser, idée *f*, croyance *f*; **feindliche –** hostilité *f*; **–sfreiheit** *f* liberté *f* de pensée; **–smerkmal** *n (StR)* dol spécial (comme élément moral de l'infraction); **–sstraftat** *f* délit *m* d'opinion.

Gespräch *n* (1) entretien *m*, (2) *(Telefon)* communication *f*; **R-** appel *m* en P. C. V.; **V-** communication avec préavis; **–spartner** *m* interlocuteur.

gesonderte Feststellung constatation distincte.

gesprochenes Wort *n* expression orale (de la pensée), parole *f*.

gestaffelt *adj* progressif, gradué.

gestalten aménager; agencer.

Gestalter *m* concepteur *m*,, styliste *m*, décorateur *m*.

Gestaltung *f* (1) *(Ausarbeitung)* élaboration *f*, composition *f*, rédaction *f*, (2) *(Durchführung)* établissement *m*, réalisation *f* (3) *(Regelung)* organisation *f*, règlementation.

Gestaltungs|akt *m* acte constitutif de droit; **–freiheit** *f* autonomie *f* (de la volonté) **–klage** action judiciaire tendant à faire modifier une situation juridique; **–recht** *n* droit de modifier un lien juridique existant; droit formateur; **–urteil** *n* jugement constitutif de droit(s).

Geständnis *n* (1) *(i.w.S.)* aveu *m*, (2) *(StPR)* aveux *mpl* **ausdrückliches –** aveu exprès; **außergerichtliches –** aveux extrajudiciaires; **gerichtliches –** aveux judiciaires; **stillschweigendes –** aveu tacite; **– der Vaterschaft** aveu de paternité; **ein volles – ablegen** passer des aveux complets; **das – widerrufen** revenir sur ses aveux, rétracter un aveu; **–erpressung** *f* extorsion d'un aveu, aveux obtenus sous la contrainte.

gestehen avouer, faire des aveux, passer aux aveux.

Gestehungs|kosten *pl* frais de fabrication, coût *m*; **–preis** *m* prix de revient.

Gestellfrist *f* délai *m* de présentation.

Gestellung *f* (1) *(ZollR)* présentation des marchandises (à la douane), présentation *f* d'objets aux fins de dédouanement, (2) *(MilR)* révision *f*, incorporation.

Gestellungs|befehl *m (MilR)* appel *m* du contingent; **–verzeichnis** *n (ZollR)* bordereau *m* de déclaration en douane.

Gesuch *n(PrzR)* demande *f*, requête *f*, supplique *f*; **– um Ausdehnung des Schutzes** demande d'extension de protection; **– um Bestimmung des zuständigen Gerichts** demande *ou* requête en règlement de juges; **– um Festsetzung der Kosten** requête en liquidation des dépens; **– um Genehmigung** requête en approbation, requête aux fins d'approbation; **– um Verlängerung einer Frist** requête en prorogation de délai; **–steller** *m* demandeur *m*, requérant *m*.

Gesundheit *f* santé *f*; **geistige –** santé mentale.

Gesundheits|abgabe *f* taxe *f* sanitaire; **–agent** *m* agent *m* sanitaire.

Gesundheitsamt *n* centre *m* de santé, dispensaire *m*; services médicaux, service *m* d'hygiène publique; **internationales –** Office international d'hygiène publique.

Gesundheits|behörden *pl,* services *mpl* sanitaires, administration sanitaire, autorités *fpl* sanitaires; **–beirat** *m* conseil *m* sanitaire; **–beschädigung** *f* atteinte *f* à l'intégrité corporelle; **–bescheinigung** *f* certificat *m* de salubrité; **–buch** *n* livre *m* sanitaire, carnet *m* de santé; **–erklärung** *f* déclaration *f* de santé; **–fürsorge** *f* surveillance médicale; **–gebühr** *f* droit *m* sanitaire; **–gefährdung** *f* acte constituant un risque pour la santé; **–gesetzgebung** *f* législation *f* en matière de santé publique; **–kontrolle** *f* contrôle *m ou* inspection *f* sanitaire; **–maßnahme** *f* mesure *f* sanitaire; **–ministerium** *n* ministère de la santé publique.

Gesundheitspaß *m* (1) carnet *m* de santé, (2) *(Schiffahrt)* patente *f* de santé *ou* sanitaire; **reiner –** patente nette; **unreiner –** patente brute.

Gesundheits|politik *f* politique *f* sanitaire; **–polizei** *f* police *f* sanitaire; **–rat für Quarantänesachen** conseil *m* quarantenaire; **–recht** *n* législation *f* concernant la santé et la salubrité publiques; **–schaden** *m*, **–schädigung** *f* atteinte à la santé, trouble *m*, lésion *f*, maladie *f*; **–schein** *m* certificat *f* de santé; **–schutz** *m* protection *f* sanitaire; **–verletzung** atteinte *f* à l'intégrité corporelle; **internationale – vorschriften** *pl* règlement *m* sanitaire international; **–wesen** santé et salubrité publiques; **–zeugnis** *n* attestation médicale.

Gesundung *f* rétablissement, redressement; **– des Marktes** assainissement *m* du marché.

Gesundwert *m* valeur à l'état sain.

geteilt *adj* divis, divisé.

Getränke|ausschank *m* **od –schankanlage** *f* débit *m* de boissons; **–steuer** *f* impôt *m* sur les boissons.

Getreide|amt *n*: **Europäisches –** Bureau *m* européen des céréales; **–anbauprämie** *f* prime de culture des céréales; **–börse** *f* bourse des céréales.

Getrennt|besteuerung *f* imposition *f* séparée; **–leben** *n* vie *f* séparée, séparation de fait.

Gewähr *f* garantie *f*; **ohne –** sous toutes réserves; sans garantie de notre part; **– leisten** *od* **übernehmen** donner sa garantie; vendre un bien avec garantie; **–brief** *m* (Aut) lettre *f* de garantie.

gewähren accorder, octroyer, consentir, concéder, conférer; **Aufschub –** impartir *ou* accorder un délai (supplémentaire) *ou* un moratoire; **Akteneinsicht –** accorder un droit de regard; **eine Entschädigung –** allouer *ou* attribuer une indemnité; **einen Kredit –** consentir *ou* octroyer un crédit; **Versicherungsschutz –** donner *ou* accorder couverture.

Gewährfehler *m* (Aut) vice *m* rédhibitoire.

Gewährfrist *f* délai *m* de garantie.

gewährleisten garantir, se porter garant, donner sa garantie.

Gewährleistung *f* (1) *(Sachen)* garantie *f*, (2) *(Personen)* cautionnement.

Gewährleistungs|anspruch *m* droit à garantie; **–ausschluß** *m* exclusion de tout recours en garantie, clause *f* de non-garantie; **–fehler** *m* (Aut) vice *m* rédhibitoire; **–frist** *f* délai de garantie.

Gewährleistungskasse *f* caisse de garantie; **– auf Gegenseitigkeit** caisse *f* mutuelle de garantie.

Gewährleistungsklage *f* recours *m*, action *f* en garantie, demande *ou* assignation en garantie; **– wegen Rechtsmängeln** recours pour éviction; **– wegen Sachmängeln** recours *m* en garantie pour vices (de la marchandise).

Gewährleistungs|mangel *m* (Aut) vice *m* rédhibitoire; **–pflicht** *f* obligation *f* de garantie; **–recht** *n* garantie due à l'acquéreur (d'une chose); **–verband** *m* syndicat *m* de garantie; **–vertrag** *m* contrat *m* de garantie; **–zeichen** *n* marque *f ou* poinçon *m* de garantie; **–zeit** *f* période *f* de garantie.

Gewahrsam *m* (1) *(StR)* rétention *f* (dans les locaux de la police), garde *f* à vue; (2) *(ZR)* possession *f* précaire, détention *f* (subordonnée),

(3) *(Aufsicht)* garde *f*, surveillance *f*; **in – nehmen** s'assurer de la personne de qqn.

Gewahrsams|behörde *f (VR: Genfer Konvention)* autorité *f* détentrice; **–bruch** *m (StR)* soustraction frauduleuse; **–inhaber** *m* gardien *m*, dépositaire *m*, possesseur *m* précaire, possesseur à titre précaire; **–kredit** *m* crédit *m* accordé sur des objets en garde d'un tiers; **–staat** *m* puissance *f* détentrice; **–vermutung** *f* présomption *f* de la détention (d'un objet).

Gewährschaft *f* garantie *f*.

Gewährs|mann *m* (1) *(ZR)* garant *m*, (2) *(StR)* homme *m* de confiance, informateur *m*; **–pflichtige(r)** *m* (S) garant *m*.

Gewährung *f* (1) *(VwR)* octroi *m*, concession *f*, attribution *f*, (2) *(HR)* le fait d'accorder *ou* d'allouer qch; **– von Bürgschaften** concession de garanties; **– eines Kredits** ouverture d'un crédit; **– einer Mitgift** *(FamR)* constitution de dot; **– eines Rechtsanspruchs** ouverture d'un droit; **– einer Rente** versement *ou* attribution d' une rente *ou* d'une pension de retraite; **– von Unterhalt** le fait d'accorder des aliments; **– einer Zwangslizenz** concession de licence obligatoire.

Gewähr|verband *m* syndicat de garantie; **–vertrag** *m* contrat de garantie; **–zeichen** *n* marque de garantie, poinçon de garantie.

Gewalt *f* (1) *(VR)* force *f*, puissance *f*, (2) *(StaatsR)* pouvoir *m*, fonction *f*; coercition (3) *(StR)* violence *f*, acte *m* de force illicite, contrainte *f*; voie *f* de fait; **Anwendung von –** recours à la violence (physique); **ausführende –** pouvoir *m* exécutif, exécutif *m*; autorité parentale; **gesetzgebende –, gesetzgeberische –** pouvoir *m* législatif, fonction *f* législative; **höchste –** pouvoir suprême; **höhere –** force *f* majeure; **oberste –** pouvoir suprême, autorité *f* suprême; **öffentliche –** force *f* publique; **rechtsprechende –** pouvoir juridictionnel, fonction juridictionnelle, pouvoir de juridiction; **richterliche –** pouvoir judiciaire, fonction juridictionnelle; **väterliche –** puissance paternelle; **verfassunggebende –** pouvoir constituant; **verfassungsmäßige –** pouvoir constitutionnel; **Vertreter der öffentlichen –** agent de la force publique; **vollziehende –** pouvoir exécutif, exécutif *m*; **vormundschaftliche –** pouvoir de tutelle; **– geht vor Recht** la force prime le droit; **–anwendung** *f* emploi de la force, recours à la force, coercition; **–akt** *m* (1) *(VR)* mesure *f* d'intervention *ou* de pression, coup *m* de force, (2) *(StR)* acte *m* de violence; **–bereitschaft** *f (StR)* propension à la violence; **–darstellung** *f (StR)* apologie *f* de la violence.

Gewalten|teilung *f*, **–trennung** *f* séparation des pouvoirs; **–vereinigung** *f* confusion de pouvoirs.

Gewaltgeber *m* mandant *m*.

Gewalthaber *m* (1) *(ZR)* mandataire *m*, (2) *(StaatsR)* personne *f* détentrice de la puissance (publique).

Gewalt|herrschaft *f* tyrannie *f*, régime *m* totalitaire; **–kriminalität** *f* actes de violence criminels; **–maßnahme** *f* mesure de force, voie de fait; **–opferentschädigung** *f* indemnisation des victimes d'actes de terrorisme; **–politik** *f* politique de force; **–streich** *m* coup de force; **–tat** *f* acte de violence, action terroriste; **–täter** *m* auteur *m* d'actes de violence.

Gewalttätigkeit *f* violence *f*; **öffentliche –** rébellion *f* contre les autorités.

Gewalttätigkeitsdelikt *n* (S) délit de violence.

Gewaltverbot *n (VR)* obligation au règlement pacifique des conflits.

Gewaltverhältnis *n*: **öffentlichrechtliches –** droits et devoirs du citoyen face à l'État; sujétions de droit public; libertés *fpl* publiques.

Gewaltverzicht *m (VR)* renonciation à l'emploi de la force.

Gewässer *pl* eaux *fpl*; **fremde –** eaux *fpl* étrangères; **schiffbare –** eaux navigables; **tote –** eaux closes.

Gewässer|aufsicht *f* police *f* des eaux; **–schutz** *m* protection *f* des eaux; **–verunreinigung** *f* pollution *f* des eaux.

Gewerbe *n* (1) *(als Tätigkeit)* activité *f* professionelle*, exercice d'une profession non salariée, (2) *(Handwerk)* artisanat, (3) *(mittelständische Betriebe)* petites et moyennes entreprises (commerciales et industrielles), (4) *(Industrie u. Handel)* industrie *f*, profession *f* industrielle *ou* commerciale, (5) *(Beruf)* métier *m*, profession *f*, **ambulantes –** colportage *m*; **anmeldungspflichtiges –** profession soumise au régime de la déclaration; **freies –** métier *m* libre; **gebundenes –** (Aut) métier dont l'exercice suppose un certificat d'aptitude; **konzessioniertes –** métier dont l'exercice est soumis à une concession; **verarbeitendes –** industrie *f* manufacturière; **–anzeigepflicht** *f* obligation de déclarer une activité professionnelle; **–aufsicht** *f* inspection du travail.

Gewerbeaufsichts|amt *n*, **–behörde** *f* service d'inspection du travail; **–beamte(r)** (Aut) inspecteur *m* du travail.

Gewerbe|berechtigung *f* droit d'exercer une profession (du point de vue capacité); **–betrieb** *m* entreprise industrielle *ou* commerciale; entreprise artisanale; entreprise de transport; entreprise hôtelière.

Gewerbeerlaubnis *f* licence *f* professionnelle; autorisation d'exploitation.

Gewerbeertrag *m* bénéfice *m* industriel *ou* commercial; **–ssteuer** *f* impôt *m* sur les bénéfices industriels et commerciaux.

Gewerbe|förderung *f* promotion des petites et moyennes entreprises; **–formen** *fpl* types d'entreprises; **–fortführung** *f* continuation de l'exploitation (d'une entreprise); **–freiheit** *f* liberté *f* d'exercice d'une activité professionnelle; **–gebiet** *n* zone *f* industrielle; **–genossenschaft** *f* coopérative *f*; **–gericht** *n* (Aut) tribunal *ou* juridiction du travail; **–inspektor** *m* (Aut) inspecteur de travail; **–inspektorat** *n* (Aut) inspection du travail; **–kammer** *f* chambre de métiers *ou* professionnelle; **–kapital** *n* capital d'exploitation; **–ordnung** *f* code (allemand) relatif à l'exercice des professions artisanales, commerciales et industrielles; **–patent** *n* (S) patente *f* professionnelle; **–polizeirecht** *n* droit relatif à la réglementation des entreprises industrielles, commerciales et artisanales; **–recht** *n* droit des professions industrielles et commerciales.

gewerberechtlich *adj* de droit industriel; concernant les dispositions légales relatives à l'exercice des professions artisanales, commerciales et industrielles.

Gewerbe|schein *m* licence d'exploitation; carte *f* de commerce; carte (d'identité) professionnelle; **–schule** *f* école professionnelle *ou* des Arts et Métiers; **–sperre** *f* interdiction d'ouverture *ou* d'agrandissement d'un fonds de commerce; **–steuer** *f* taxe *f* professionnelle; **–tätigkeit** *f* activité professionnelle.

Gewerbetreibende(r) *m* commerçant *m*; industriel *m*; artisan *m*; personne exerçant une activité industrielle *ou* commerciale *ou* artisanale; **– im Umherziehen** marchand *m* ambulant *ou* forain.

Gewerbe|untersagung *f* interdiction professionnelle; **–verfassung** *f* organisation *f* professionnelle; régime des professions industrielles, commerciales et artisanales; **–zentralregister** *n* registre central (allemand) des entreprises industrielles et commerciales; **–zulassung** *f*

* Der Begriff ‹Gewerbe› ist so gut wie unübersetzbar: Wie G. Haensch in seiner ‹Wirtschaftssprache Französisch-Deutsch› (S. 140) treffend feststellt, muß die Übersetzung ‹von Fall zu Fall aus dem Zusammenhang entschieden werden.›

autorisation *ou* licence d'exercer un commerce *ou* une industrie, carte *f* professionnelle.

gewerblich *adj* industriel *ou* commercial; **–e Anlage** installation à usage industriel *ou* commercial; **–e Anwendung** application industrielle; **–es Eigentum** (1) *(HR)* propriété à usage industriel *ou* commercial, (2) *(UrhR)* propriété industrielle (et commerciale); **–es Erzeugnis** produit manufacturé; **–e Nutzung** utilisation industrielle *ou* commerciale; **–er Rechtsschutz** protection de la propriété industrielle; **–e Verwertbarkeit** (possibilité d') exploitation industrielle.

gewerbsmäßig professionnellement *adv*, commercialement *adv;* **–e Berufsausübung** faire d'une activité sa profession habituelle; **–es Handeln** le fait d'exercer des actes de commerce; **–e Unzucht** *(StR)* prostitution.

Gewerbsmäßigkeit *f* activité *f* en tant que profession habituelle.

Gewerke *m (hist)* membre d'un syndicat d'exploitation minière.

Gewerkschaft *f* (1) *(Arbeitnehmerverband)* syndicat *m* ouvrier *ou* de salariés, association professionnelle ouvrière, (2) *(Bergwerksunternehmen)* société *f* minière; **bergrechtliche –** syndicat d'exploitation minière; **christliche –** syndicat chrétien; **freie –** syndicat libre.

Gewerkschaft(l)er *m* syndicaliste *m*; **führender –** dirigeant *m* syndical, permanent *m*, secrétaire *m*.

gewerkschaftlich *adj* syndical, syndicaliste.

Gewerkschafts|bank *f* banque syndicale; **–beschluß** *m* décision *f* syndicale; **–bewegung** *f* mouvement *m* syndicaliste *ou* syndical.

Gewerkschaftsbund *m* confédération *f* syndicale; **allgemeiner –** confédération générale du travail.

Gewerkschafts|forderung *f* revendication *f* syndicale; **–führer** *m* leader *m* syndicaliste; **–funktionär** délégué de syndicat, permanent *m*; **–haus** *n* bourse du travail; **–kartell** *n* cartel *m* syndical; **–mitglied** *n* syndiqué *m*; **–organisation** *f* organisation *f* syndiacale; **–recht** *n* droit *m* syndical; **–verband** *m* union de syndicats, fédération de syndicats; **–vertreter** *m* délégué *m* syndical; **–wesen** *n* syndicalisme *m*; **–zugehörigkeit** *f* appartenance *f* syndicale, appartenance à un syndicat.

Gewicht *n* (1) poids *m*, (2) *fig* importance *f*; **handelsübliches –** poids *m* marchand; **frachtpflichtiges –** poids taxé; **tatsächliches –** poids réel; **vertragsmäßiges –** poids convenu.

Gewichts|angabe *f* indication *f* du poids; **–bescheinigung** *f* note de poids; **–einheit** *f* unité *f* de poids; **–grenze** *f* poids-limite *m*; **–liste** *f* devis de poids; **–nachweisung** *f* relevé de poids; **–satz** *m* tarif *m* gradué, tarif pondéré; **–schwund** *m*, **–verlust** *m* freinte *f*, mouillure *f*, perte *f* sur le poids; **–verzollung** *f* taxation *f* spécifique; **–zollsatz** *m* droit *m* spécifique.

Gewichtung *f* pondération *f*.

gewillkürt *adj* reposant sur un acte de volonté *ou* une convention; **–e Erbfolge** disposition par testament (au profit de qqn); **–er Vertreter** mandataire *m* (conventionnel).

Gewinn *m* (1) gain *m* (matériel); bénéfice *m*; produit *m*; profit *m* (pécuniaire); rapport *m*, (2) avantage *m*, enrichissement *m*; **angemessener –** juste bénéfice, juste profit; **ausgeschütteter –** bénéfice distribué; **ausschüttbarer –** bénéfice répartissable; **buchmäßiger –** bénéfice comptable; **entgangener –** manque à gagner; **erhoffter –** profit espéré; **erzielter –** bénéfice réalisé; **erwarteter –** bénéfice *ou* profit escompté; **finanzieller –** bénéfice *ou* gain pécuniaire; **gesetzwidriger –** profit illicite; **gewerblicher –** bénéfices industriels et commerciaux (= BIC); **auf neue Rechnung vorgetragener –** bénéfice reporté à nouveau; **nicht ausgeschütteter –, nicht verteilter –** bénéfice non distribué, bénéfice reporté à nouveau, bénéfice reporté en compte (S); **steuerpflichtiger –** bénéfice fiscal *ou* imposable; **unerlaubter –** bénéfice illicite; **unerwarteter –** bénéfice *ou* gain fortuit; **ungesetzlicher –** profit illicite; **verteilbarer –** bénéfice distribuable; **unverteilter –** bénéfice non distribué; **verteilter –** bénéfice distibué; **wucherischer –** bénéfice usuraire; **– ausschütten** répartir des bénéfices; **einen – erzielen** réaliser un gain *ou* un profit, retirer un bénéfice *ou* un profit; **– und Verlust** profits et pertes; **– verteilen** répartir des bénéfices.

Gewinn- und Verlust|konto *n*, **–rechnung** *f* compte *m* de pertes et profits, compte de résultat.

Gewinn|abführung *f* transfert *m* de bénéfices; **–abführungsvertrag** *m* contrat de transfert de bénéfices; **–abschluß** *m* bilan *m* bénéficiaire, bilan excédentaire; **–absicht** *f* but *m* lucratif; **–ansammlung** *f* capitalisation *f* des bénéfices.

Gewinnanteil *m* (= Dividende) quote-part *f* de bénéfice, dividende *m*, participation au bénéfice; **–schein** *m* coupon *m* de dividende.

Gewinnausfall *m* manque *m* à gagner, gain escompté et non réalisé; **–versicherung** *f* assurance *f* pertes d'exploitation, assurance perte de bénéfices.

Gewinnausschüttung *f* distribution *ou* répartition des bénéfices; **verdeckte –** distribution de bénéfices sous une forme dissimulée.

Gewinn|beteiligung *f* (1) *(GesR)* part *f* de bénéfices, (2) *(ArbR)* participation (des travailleurs) aux bénéfices, intéressement *m*; **–bilanz** *f* bilan *m* bénéficiaire, bilan excédentaire *ou* actif; **–bindung** *f (GesR)* obligation (des associés) d'affecter une partie de leur bénéfice aux réserves.

gewinnbringend lucratif, rentable.

gewinnen (1) gagner, réaliser des bénéfices, faire des bénéfices, (2) extraire, exploiter, (3) *(Prozeß)* avoir *ou* obtenir gain de cause.

Gewinn|entnahme *f* prélèvement *m* sur les bénéfices; **–ergebnis** *n* résultat *m* bénéficiaire; **–ermittlung** *f* détermination des bénéfices imposables; **–erzielungsabsicht** *f* but *m* lucratif; **–feststellung** *f* détermination des bénéfices; **–feststellungsbescheid** *m (SteuerR)* fixation d'office des bénéfices; **–gemeinschaft** *f* (1) société civile créée dans un but lucratif, (2) *(GesR)* sociétés liées par un accord de mise en commun de bénéfices; **–gemeinschaftsvertrag** *m* contrat de mise en commun des bénéfices; **–jahr** *n* année *f* bénéficiaire *ou* excédentaire, exercice *m* bénéficiaire *ou* excédentaire; **–liste** *f* liste des tirages; **–mitnahme** *f* prise de bénéfice; **–obligation** *f* obligation à lots; **–poolung** *f* mise en commun des bénéfices; **–quote** *f* quote-part *f* des bénéfices; **–realisierung** *f* prise de bénéfice; **–saldo** *m* solde *m* bénéficiaire; **–schuldverschreibung** *f* obligation participant aux bénéfices de la société, obligation indexée; **–spanne** *f* marge *f* bénéficiaire.

Gewinnsucht *f* passion *f* du lucre, appât *m* du gain, cupidité *f*.

Gewinnung *f* extraction *f*, exploitation *f*.

Gewinnungs|feld *n* concession d'exploitation; **–recht** *n* droit d'extraction; **–vertrag** *m* contrat d'extraction, contrat d'exploitation.

Gewinn|verheimlichung *f* dissimulation de bénéfices; **–verlosung** *f* tirage des lots; **–verschleierung** *f* dissimulation *f* de bénéfices; **–versicherung** *f* assurance sur profits escomptés; **–verteilung** *f* répartition *ou* partage des bénéfices; **–verwendung** *f* gestion du bénéfice *ou* des produits (de l'entreprise).

Gewinnvortrag *m* report des bénéfices, report du solde excédentaire; **vorjähriger –** report des bénéfices de l'année précédente.

gewiß *adj* (1) inéluctable, déterminé, fixé de façon précise, (2) certain.

Gewissen *n* conscience *f* morale; **auf Ehre und –** sur mon honneur et ma conscience (je déclare . . .); **nach bestem Wissen und –** en mon âme et conscience, en vérité, en toute franchise, honnêtement; **–haftigkeit** *f* conscience (professionnelle), soin *m* et minutie *f*.

Gewissens|entscheidung *f* décision relevant du sens moral; **–freiheit** *f* liberté de conscience; **–gründe** *mpl* motifs tirés des convictions intimes (religieuses *ou* philosophiques).

Gewißheit *f* certitude *f*, caractère indubitable, évidence *f*.

Gewohnheit *f* coutume *f*, habitude *f*, tradition *f*, usage *m*, règle traditionnelle; **handelsrechtliche –en** us et coutumes de la vie commerciale.

Gewohnheits|betrüger *m* (Aut) escroc *m* professionnel; **–delinquent** *m* délinquant d'habitude, malfaiteur d'habitude, repris de justice; **–dieb** *m* (Aut) voleur *m* professionnel; **–mäßigkeit** *f* caractère *m* habituel.

Gewohnheitsrecht *n* droit coutumier, règle coutumière; **völkerrechtliches –** droit coutumier international.

gewohnheitsrechtlich *adj* de droit coutumier.

Gewohnheits|rechtssatz *m* règle *f* de droit coutumier, règle coutumière; **–verbrechen** *n* délit d'habitude; **–verbrecher** *m* délinquant *ou* malfaiteur d'habitude, repris de justice, criminel déjà condamné.

gezogen *(Wechsel)* tiré.

Ghostwriter *m* nègre *m*.

Gift *n* substance *f* vénéneuse, poison *m*, produit *m* toxique, toxine *f*; **–beibringung** *f* empoisonnement *m*; **–handel** *m* commerce de produits (chimiques) toxiques; **–verordnung** *f* décret *m* portant sur le régime des substances vénéneuses destinées au commerce; **–waffen** *fpl* armes chimiques *ou* bactériologiques.

Gilde *f* corporation, corps de métier.

Gipfel|konferenz *f od.* **–treffen** *n* conférence au sommet; **–preis** *m* prix *m* culminant.

Giralgeld *n* monnaie *f* scripturale.

Girant (= Indossant) *m* endosseur *m*, cédant *m*.

Girat *m* od. **Giratar** *m* (= Indossatar) endossataire *m*, cessionnaire *m*.

girieren endosser.

Giro *n* (= Indossament bei Orderpapieren) endossement *m*, endos *m*; **–anweisung** *f* mandat de virement; **–auftrag** *m* ordre de virement; **–bank** *f* banque *f* d'escompte; **–gelder** *pl* sommes *fpl* en compte-courant; **–geschäft** *n* opération *f* de virement; **–guthaben** *n* avoir *m* sur un compte de virement; **–kasse** *f* caisse *f*; **–konto** *n* compte en banque *ou* de virement; **–kontrollbuch** *n* registre de renseignements sur les remettants; **–netz** *n* réseau de banques et de succursales.

Girosammel|depot dépôt irrégulier de titres; **–stück** *n* titre en dépôt sans indication de numéro.

Giro|umsatz *m* montant des virements; **–umschreibung** *f* virement par écritures; **–verkehr** *m* opérations de virement; **–vertrag** *m* contrat de tenue de compte et de mandat pour effectuer les virements; **–zahlung** *f* paiement par virement; **–zentrale** *f* banque centrale de virement; **–zettel** *m* avis de virement.

Glasversicherung *f* assurance contre les bris de verre.

Glatteis *n* verglas *m*.

glattstellen liquider, réaliser, exécuter, équilibrer.

Glattstellung *f* liquidation *f*.

Glaube(n) *m* foi *f*; **böser –** mauvaise foi; **guter –** bonne foi; **öffentlicher –** présomption d'une qualité (juridique) aux termes des lois en vigueur.

Glaubens|freiheit *f (VerfR)* liberté de croyance; **–gemeinschaft** *f* communauté *f* des fidèles, association *f* cultuelle.

Glaubens- und Gewissensfreiheit *f* liberté de croyance et de conscience.

glaubhaft machen rendre vraisemblable, rendre croyable, rendre digne de foi, commencer à faire la preuve.

Glaubhaftmachung *f (ZPR)* fait de rendre vraisemblable, fait de rendre croyable, fait de rendre digne de foi, commencement de preuve.

Gläubiger *m* (1) *(SchuldR)* titulaire *m* d'une créance, créancier *m*, (2) *(BankR)* créditeur *m*; **antichretischer –** créancier antichrésiste, antichréiste *m*; **ausgeschlossener –** créancier forclos; **betreibender –** créancier poursuivant *ou* opposant; **bevorrechtigter –** créancier privilégié; **pfändender –** créancier saisissant; **säumiger –** créancier retardataire; **sichergestellter –** créancier nanti, créancier nanti d'un gage, créancier garanti; **einen – befriedigen** désintéresser *ou* satisfaire un créancier.

Gläubiger|anfechtung *f* action en annulation (exercée par le créancier) contre les actes de disposition frauduleux du débiteur; **–aufgebot** *n*, **–aufruf** *m* appel *m* des créanciers; **–ausschuß** *m (KonkursR)* représentants *mpl* des créanciers dans la liquidation judiciaire, comité *m* des créanciers (dans une liquidation des biens); **–begünstigung** *f (KonkursR)* fait pour le failli de favoriser certains de ses créanciers au détriment des autres; **–beirat** *m* comité *m* des créanciers (dans un règlement judiciaire); **–benachteiligung** *f* fraude *f* paulienne; **–gemeinschaft** *f* union des créanciers chirographaires (formant une assemblée délibérante); **–komitee** *n* comité *ou* commission des créanciers; **–konvokation** *f* (Aut) appel des créanciers; **–land** *n* pays *m* créancier, pays créditeur; **–schädigung** *f* fraude paulienne; **–schutz** *m* protection des créanciers (d'une société commerciale); **–staat** *m* pays créancier, pays *ou* État *m* créditeur; **–stellung** *f* position *f* créancière, le fait d'être créancier; **–streit** *m* litige *m* entre créanciers (pour déterminer le rang de leur créance); **–versammlung** *f* assemblée des créanciers (de l'entreprise en liquidation); **–verzeichnis** *n* liste *f* des créanciers ayant déclaré leur créance; **–verzug** *m (SchuldR)* inexécution par le créancier de son obligation de procéder au retirement *ou* à la réception (des marchandises); refus du créancier d'accepter le paiement.

glaubwürdig *adj* digne de foi.

Glaubwürdigkeit *f* fait d'être digne de foi.

gleich *adj* égal; identique; semblable, équivalent; **–artig** *adj* de même nature, homogène.

Gleichartigkeit *f* similitude *f*; ressemblance *f*; concordance *f*.

Gleichbehandlung *f* non-discrimination *f*, égalité *f* de traitement; **–sgrundsatz** *m* principe *m* de l'égalité de traitement.

Gleichberechtigung *f* égalité *f*, égalité de droits, égalité de traitement, parité de droits; **–sgesetz** *n* Loi instituant l'égalité des droits civils de l'homme et de la femme.

gleichen égaler, être égal à . . .

gleichgeschlechtlich *adj* homosexuel.

Gleichgestellte(r) *m* assimilé *m*.

Gleichgewicht *n* équilibre *m*, juste rapport, pondération; **– des Budgets** équilibre budgétaire.

Gleichheit *f* égalité *f*; **– des Arbeitsentgelts** égalité des rémunérations; **– vor dem Gesetz** égalité devant la loi.

Gleichheitsgrundsatz *m* principe *m* de l'égalité de traitement.

Gleichordnung *f* le fait de mettre sur un pied d'égalité; **–skonzern** groupe *m* égalitaire.

Gleichschaltung *f* mise au pas.

gleich|setzen, –stellen assimiler.

Gleichstellung *f* assimilation *f*.

Gleichwertigkeit von Diplomen équivalence *f* de titres *ou* de diplômes; **– von Zeugnissen** équivalence de titres.

Gleichzeitigkeit *f* simultanéité *f*.

gleitende Arbeitszeit horaire individualisé *ou* flexible.

Gleit|klausel *f* clause *f* d'échelle mobile, clause à caractère économique; **–preis** *m* prix *m* mobile, échelle mobile des prix; **–zölle** *pl* droits *mpl* mobiles.

Glied *n (des Körpers)* membre *m*.

Gliederung *f* division *f*, structure *f*, classement *m*; **– des Bundes** divisions territoriales de l'État fédéral.

Gliedmaßen, künstliche – prothèses *fpl.*
Gliedstaat *m* État *m* membre (d'une fédération), État fédéré.
Global|angebot *n* offre *f* globale; **–betrag** *m* montant total, montant forfaitaire; **–entschädigung** *f* (S) indemnité *f* globale; **–gebühr** *f* (S) émolument *m* global (S); **–kontingent** *n* contingent *m* global; **–kredit** *m* crédit *m* collectif; **–lizenz** *f* *(EuR)* licence globale; **–steuerung** *(VWirt)* encadrement *m*; **–versicherung** *f* assurance forfaitaire *ou* globale; **–zession** *f* cession *f* globale, cession en bloc.
Glücksspiel *n* jeu de hasard; **–gerät** *n* machine *f* à sous; **–vertrag** *m* contrat *m* aléatoire.
GmbH|–Gesetz Loi allemande portant sur les sociétés à responsabilité limitée; **–u. Co KG** forme allemande de société combinant la société à responsabilité limitée avec une société en commandite, la Sarl constituant le commandité ou gérant dans la commandite.
Gnade *f* grâce *f.*
Gnaden|akt *m* décret *m* de grâce, mesure *f* de clémence; **–behörde** *f* autorité compétente pour gracier; **–erlaß** *m* mesure de grâce; **–gesuch** *n* recours en grâce; **–quartal** *n* trimestre de traitement versé après la mort ou la mise à la retraite d'un fonctionnaire, trimestre de faveur (L); **–recht** *n* (1) droit de grâce, pouvoir de gracier, (2) législation en matière de grâce; **–sache** *f* requête *f* pour obtenir une grâce; **–zuständigkeit** *f* compétence pour gracier.
Gold *n*: **gemünztes –** or *m* monnayé; **– in Barren** or en lingots; **–abfluß** *m* sortie d'or; **–agio** *n* agio sur l'or, prime sur l'or; **–anleihe** *f* emprunt-or *m.*
Goldbarren *m* lingot *m* d'or; **–währung** *f* étalon *m* lingots d'or.
Gold|basis *f* base-or *f*, **–bestand** *m* encaisse-or *f*, réserves *fpl* d'or; **–bilanz** *f* bilan-or *m*; **–deckung** *f* couverture-or *f*; **–devise** *f* devise-or *f*; **–devisenwährung** *f* étalon devises-or, gold exchange standard; **–einlösung** *f* convertibilité en or; **–franken** *m* franc-or *m*; **–garantie** *f* garantie-or *f*; **–gehalt** *m* poids *m* d'or fin; **–guthaben** *n* avoir en or; **–kernwährung** *f* étalon *m* de change-or; **–klausel** *f* clause-or *f*; **–kurs** prix *m* *ou* cours *m* de l'or; **–markt** *m* marché *m* de l'or; **–münze** *f* pièce d'or; **–münzparität** *f* parité monétaire de l'or; **–option** *f* option-or *f*; **–optionsklausel** *f* clause d'option-or; **–parität** *f* parité-or *f*; **–prägung** *f* frappe *f* de l'or.
Goldpunkt *m* point-or *m*, gold point; **oberer –** gold-point de sortie; **unterer –** gold-point d'entrée.
Gold|reserve *f* réserve *f* d'or; **–standard** *m* étalon-or *m*; **–stück** *n* pièce *f* d'or; **–umlaufwährung** *f* étalon *m* de numéraire or; **–vorkommen** *n* gisement *m* d'or; **–vorrat** *m* réserves-or *fpl;* **–währung** *f* monnaie-or *f.*
Goldwert *m* valeur-or *f*; **–klausel** *f* clause *f* valeur-or, paiement stipulé en or.
Goodwill *m* goodwill *m*, image *f* de marque, capacité *f* d'innovation, technicité *f* d'une entreprise; élément incorporel majorant la valeur du fonds de commerce.
Gott *m* Dieu *m*; **Verantwortung vor –** en prenant Dieu à témoin.
Gottes|dienst *m* office *m* (divin), culte *m*; **–dienstgebäude** *n* Maison *f* de Dieu, édifice *m* du culte, église *f*; **–lästerung** *f* blasphème *m*, sacrilège *m.*
Grab *m* tombeau *m*, sépulture *f*, caveau *m*; **–beschädigung** *f* détérioration, dégradation *ou* destruction d'une sépulture.
Graben *m*, **gemeinschaftlicher –** fossé *m* mitoyen.
Grab|konzession *f* concession *f* de terrain d'un cimetière *ou* d'un caveau; **–mal** *n* monument *m* funéraire; **–pflege** *f* entretien *m* de la sépulture; **–schändung** *f* violation de sépulture; **–stätte** *f* sépulture *f*, tombeau *m*, tombe *f*; **–stein** *m* prierre tombale.
Grabung *f* fouilles *fpl* archéologiques; **–servitut** *f* servitude *f* de fouilles.

Grad *m* (1) *(ErbR)* degré *m*, (2) *(VwR)* grade *m*; **akademischer –** titre *m* universitaire, grade *m* universitaire, grade académique (B); **Verwandte ersten –es** parents *mpl* au premier degré; **– des Verschuldens** degré de culpabilité; **– der Verwandtschaft** degré *m* de parenté.

graphologisches Gutachten expertise *f* graphologique.

Gratifikation *f (ArbR)* gratification *f* (de fin d'année).

gratis *adj* gratis, gratuitement.

Gratisaktie *f* action *f* gratuite.

Gratisbeförderung *f*, **Anspruch auf –** droit à la gratuité du transport.

Gratis|blätter *npl* journaux publicitaires gratuits; **–gabe** *f* don *m* gratuit; **–kostprobe** *f* dégustation *f* gratuite; **–lieferung** *f* envoi *m* gratuit de marchandises; **–obligation** *f* obligation *f* gratuite.

grausame Behandlung traitement inhumain et barbare, actes de violence (sur qqn).

Grausamkeit *f (StR)* cruauté *f*, inhumanité particulièrement répréhensible; **seelische –** cruauté *f* psychique.

Gremium *n* comité *m*, groupe *m*, organisme *m*, organe *m*, association *f*; **richterliches –** collège *m* de juges, chambre *f*.

Grenzabfertigung *f* accomplissement des formalités de passage de la frontière.

Grenzabfertigungsstellen *pl*, **nebeneinanderliegende nationale –** bureaux de contrôles nationaux juxtaposés.

Grenz|abkommen *n* convention *f* de frontière, accord *m* frontalier, convention *f* frontalière; **–abmarkung** *f* abornement *m*; **–abschnitt** *m* secteur *m* frontalier; **–abstand** *m (BauR)* limite *f ou* distance *f* à respecter entre deux terrains contigus (pour les constructions); **–änderung** *f* déplacement *ou* modification de frontière; **–änderungsvertrag** *m* (1) *(VR)* traité de modification des frontières, (2) *(ZR)* contrat de modification des limites; **–angelegenheit** *f* question *f* frontalière; **–anlagen** *fpl (ZR)* aires *fpl* et installations mitoyennes; **–arbeitnehmerkarte** *f* carte de travailleur frontalier; **–aufseher** *m* garde-frontière *m*; **–ausgangszollamt** *n* bureau-frontière de sortie; **–ausgleich(sbeträge)** *(EG)* montants *mpl* compensatoires; **–austausch** *m* échange *m* frontalier; **–ausweis** *m* carte de frontière, carte *f* frontalière, carte de zone; **–bahnhof** *m* gare frontière *f*; **–baum** *m* (1) *(Schlagbaum)* poteau-frontière *m*, barrière *f*, (2) *(Nachbarrecht)* arbre *m* mitoyen; **–behörden** *pl* autorités *fpl* frontalières; **–bereich** *m* circonscription douanière; **–bereinigung** *f*, **–berichtigung** *f* rectification *ou* réajustement de frontière, rectification des limites; **–betrieb** *m* entreprise *f* marginale; **–bewachung** *f* surveillance de la frontière; **–bewohner** *m* frontalier *m*; **–bezirk** *m* zone *f* frontalière *ou* frontière; **–dokument** *n* titre pour le passage de la frontière.

Grenze *f* (1) *(Trennungslinie)* frontière *f*, limite *f* (de propriété), (2) *(Schranke)* seuil *m*, (3) *(Begrenzung nach oben)* plafond *m*, (4) *(- nach unten)* plancher *m*; **ethnische –** frontière ethnique; **frei –** franco frontière; **künstliche –** frontière artificielle; **nasse –** frontière maritime; **natürliche –** frontière naturelle; **obere –** plafond *m*, limite supérieure, maximum *m*, seuil *m*; **politische –** frontière politique; **trockene –** frontière terrestre; **untere –** plancher *m*, limite inférieure, minimum *m*, seuil *m*; **wirtschaftliche –** frontière économique; **die – überschreiten** franchir *ou* passer la frontière.

Grenz|eigentum *n* propriété *f* limitrophe; **–einlaßstelle** *f* bureau d'admission en douane; **–empfehlung** *f* feuille de part; **–erlaubnis** *f* droit de passage; **–ertrag** *m* produit *m* marginal, rendement marginal; **–fahndung** *f* contrôle de la police aux frontières *ou* vérification policière à la frontière; **–fall** *m* cas *m* limite, cas extrême *ou* marginal; **–fälschung** *f* (Aut) délit consistant à déplacer *ou* détruire les bornes; **–festsetzung** *f* délimitation de frontières.

Grenzfestsetzungs|abkommen *n* convention de délimitation; **–protokoll** *n* procès-verbal de délimitation.

Grenz|flugplatz *m* (S) aérodrome-frontière (S); **–fluß** *m* fleuve *m* frontière; **–formalitäten** *fpl* formalités à la frontière; **–führung** *f* tracé *m* de la frontière.

Grenzgänger *m* frontalier *m*, travailleur *m* frontalier; **–graben** *m* fossé *m* frontière; **–karte** *f* carte *f* frontalière *ou* de frontière, carte de travailleur frontalier, carte de zone; **–verkehr** *m* trafic *m* frontalier.

Grenz|gebiet *n* territoire frontalier *ou* frontière, région frontalière, zone *f* frontière; **–gemeinde** *f* (1) commune *f* limitrophe, (2) commune frontalière *ou* frontière; **–gewässer** *pl* eaux *fpl* limitrophes *ou* frontières; **–kommission** *f* commission de délimitation; **–kontrollamt** *n* poste *m* frontière de contrôle; **–kontrolle** *f* contrôle à la frontière; **–kosten** *pl (Vwirt)* frais *mpl* marginaux, coûts *mpl* marginaux; **–kurs** *m* cours limite.

Grenzlinie *f* ligne-frontière *f*, limite.

Grenz|lohn *m (ArbR)* salaire *m* limite; **–mauer** *m* mur mitoyen; **–merkmale** *fpl (ZR)* signes particuliers indiquant qu'une aire appartient à un particulier (et ne fait pas partie des installations communes); **–nutzen** *m* utilité *f* marginale; **–ort** *m* localité *f* frontière; **–passierschein** *m* laissez-passer *m* frontalier; **–pfahl** *m*; **–pflock** *m* poteau-frontière *m*.

Grenz|polizei *f* police (allemande) de l'air et des frontières; **–polizeikommissariat** *n* commissariat de la police des frontières; **–posten** *m* poste *m* frontière; garde *m* frontière; **–preis** *m* prix *m* limite; **–protokoll** *n* procès-verbal de délimitation; **–regelungsausschuß** *m* commission de délimitation; **–scheidung** *f* bornage *m*; **–scheidungsklage** *f* action en bornage.

Grenzschein *m* carte *f* frontalière, de zone; **–heft** *n* carnet de passage en douane (véhicules).

Grenzschutz *m* (1) surveillance *f* des frontières, (2) service *m* de protection des frontières; **–gruppe 9** (= GSG) force de police antiterroriste.

Grenz|see *m* lac *m* frontière; **–sicherung** *f* sécurité des frontières; **–sperre** *f* fermeture *f* de la frontière.

Grenzstein *m* borne *f*, borne-frontière *f*; **–beschädigung** *f* dégradation *f* de borne *ou* de limites; **–entfernung** *f* suppression de borne; **–versetzung** *f* déplacement de borne.

Grenz|straße *f* route *f* frontière; **–streifen** *m* bande *f* de terrain le long de la frontière, franc-bord *m*; **–streitigkeit** *f* litige relatif aux limites, différend *ou* conflit de frontière, conflit *m* frontalier; **–übergang** *m* passage *m* de la frontière; **–übergangsstelle** *f* (1) bureau-frontière *m*, (2) point de passage de la frontière.

grenzüberschreitend *adj* international, concernant deux *ou* plusieurs pays (limitrophes); **–er Verkehr** trafic *m* international *ou* frontalier.

Grenzüberschreitung *f (ZR)* servitude *f* de voisinage consistant en un ouvrage dépassant les limites de la propriété; **unerlaubte –** franchissement *m* irrégulier de la frontière.

Grenzübertritt *m* passage de la frontière, franchissement de frontière.

Grenzübertrittsschein *m* laissez-passer *m* frontalier.

Grenz|überwachung *f* surveillance *f* de la frontière; **–veränderung** *f* modification *f* de frontière; **–vereinbarung** *f* convention *f* frontalière, arrangement de frontière; **–verhältnis** *n (ZR)* relations *fpl* de voisinage (entre propriétaires d'immeubles limitrophes).

Grenzverkehr *m* trafic *m* frontalier,

circulation *f* frontalière; **kleiner –** régime *m* frontalier *ou* de petite frontière, petit trafic frontière; **landwirtschaftlicher –** trafic rural de frontière.

Grenz|verlauf *m* tracé de la frontière; **–verletzung** *f* violation de frontière; **–vermarkung** *f* abornement, démarcation de frontière; **–vermarkungsprotokoll** *n* procès-verbal d'abornement; **–verrückung** *f* déplacement de bornes; **–versicherungsbescheinigung** *f* certificat d'assurance-frontière; **–vertrag** *m* convention *f* frontalière, traité *m* frontalier; **–verwirrung** *f* déplacement de bornes; **–wand** *m* mur *m* mitoyen; **–wasserlauf** *m* cours d'eau frontière; **–weg** chemin *m* frontière; **–wert** *m* (1) valeur *f* limite, (2) (en S) valeur à la frontière; **–wirtschaftsbezirk** *m* zone *f* économique frontalière; **–zeichen** *n* borne-frontière *f*, poteau *m* frontière, signe *m* démarcatif, marque de délimitation; **–ziehung** *f* délimitation *f*, tracé *m* de la frontière; **–ziehungsabkommen** *n* convention *f* de délimitation.

Grenzzoll|amt *n* bureau frontière de douane; **–stelle** *f* poste douanier frontière, poste-frontière *m*, bureau *m* frontière.

Grenz|zone *f* zone *f* frontalière *ou* frontière, zone limitrophe, rayon *m* limitrophe; **–zwischenfall** *m* incident de frontière.

Grobauswahl *f* première sélection approximative.

grob fahrlässig agissant *ou* se comportant avec une imprudence *ou* négligence grave et intolérable.

grob|e Fahrlässigkeit (1) *(ZR)* faute quasi-délictuelle grave, imprudence *f ou* négligence caractérisée, (2) *(StR)* faute non-intentionnelle inexcusable, faute d'imprudence *ou* d'inattention *ou* de maladresse; **–er Fehler** erreur grossière; **–e Nachlässigkeit** négligence grave; **–e Pflichtverletzung** manquement grave aux obligations (professionnelles); **–e Unbilligkeit** injustice caractérisée, fait particulièrement inéquitable; **–er Undank** ingratitude manifeste; **–er Unfug** moquerie *ou* plaisanterie déplacée et répréhensible; **–es Verschulden** faute lourde *ou* inexcusable.

Groß|abnehmer *m* client *m* importation, acheteur en gros; **–aktionär** *m* gros actionnaire *m*; **–auftrag** *m* grosse commande; **–banken** *fpl* banques *fpl* d'importance nationale; **–betrieb** *m* grande entreprise (plus de 1000 employés), **–einkäufer** *m* acheteur en gros; **–eltern** *pl* grand-parents *mpl;* **–enkel** *m* arrière-petit-fils; **–fahndung** *f* avis *m* de recherche au niveau national; *pej* chasse *f* à l'homme; **–familie** (1) famille patriarcale, (2) *hist* famille étendue *ou* lignage *m*; **–grundbesitz** *m* grande propriété *f* foncière; **–handel** *m* commerce *m* de gros, commerce en gros.

Großhandels|firma *f*; grossiste *m*; **–index** *m* indice *m* des prix de gros; **–preis** *m* prix de gros; **–rabatt** *m* remise *f*; **–spanne** *f* marge des grossistes; **–unternehmen** *n*; grossiste *m*; entreprise *f* de vente en gros.

Groß|händler *m od.* **Grossist** *m* commerçant en gros, négociant en gros, grossiste *m*, vendeur en gros; **–herzogtum** *n* grand-duché *m*; **–industrie** *f* grande *f* industrie.

großjährig *adj* majeur.

Groß|jährige(r) *m* majeur *m*; **–jährigkeit** *f* majorité *f* (civile); **–jährigerklärung** *f*, **–jährigkeitserklärung** *f* émancipation *f*; **–kaufmann** *m* grossiste *m*, négociant *m* en gros; **–kredit** *m* crédit *m* dépassant 15% du capital social; **–lebensversicherung** *f* assurance *f* vie grande branche; **–mächte** *pl (VR)* grandes puissances *fpl;* **–markt** *m* centre *m* commercial, hypermarché *m*; **–maschinenbau** *m* construction mécanique lourde; **–rat** *m* grand *m* conseil, conseil *m* cantonal (S); **–raum** *m* *(UmweltR)* grande agglomération; **–raumgeschäft** *n* grande surface; **–richter** *m* (S) grand juge; **–risiken**

npl (VersR) gros risques *mpl,* risques importants; **–schaden** *m* dommage *m* important, gros sinistre *m*; **–unternehmen** *n* grande entreprise, groupe industriel important, entreprise de grande taille; **–verteiler** *m* grossiste *m*; grande distribution.

Grube *f* mine *f* (souterraine *ou* à ciel ouvert); **Preis frei –** prix *m* départ carreau de la mine.

Gruben|feld *n* ensemble *m* constitué par plusieurs unités de concession; **–industrie** *f* industrie *f* minière *ou* extractive; houillères *fpl;* **–vorstand** *m* directoire *m* d'un syndicat d'exploitation minière.

Grünanlagen *fpl* espaces *mpl* verts.

1. Grund *m* (1) *(Grundbesitz)* fonds *m*, bien-fonds *m*, propriété foncière, (2) *(Boden, Unterlage)* fond *m*, fondation *f*, (3) *(Grundlage)* fondement *m*, base *f*, assise *f*, (4) *(Anfang, Ursprung)* origine *f*, principe, (5) *(Ursache, Beweggrund)* motif *m*, raison *f*, sujet *m*, cause *f*, objet *m*, mobile *m*, prétexte *m*; **auf – von** en raison de, par la raison de, en tenant compte, en vertu de; **aus dem gleichen –** pour la même raison; **ausschlaggebender –** motif déterminant; **berechtigter –** cause *f ou* motif *f* légitime; **dienstbarer –** *(SachR)* fonds servant; **gerechtfertigter –** cause *ou* motif légitime; **herrschender –** *(SachR)* fonds dominant; **ohne hinreichenden –** sans raison suffisante, sans motif véritable; **wichtiger –** motif grave; **– und Boden** *(SachR)* bien-fonds *m*, fonds de terre; **auf – des Gesetzes** en vertu de la loi; **– der Verhinderung** motif d'empêchement; **–abtretung** *f* cession d'un bien-fonds; **–akt** *m* acte *m* foncier.

Grund|bedingung *f* condition fondamentale *ou* sine qua non; **–bedürfnis** *n* besoin *m* existentiel.

Grundbesitz *m* possession *f* foncière, propriété *f* immobilière, bien-fonds *m*, domaine *m*; **bebauter –** propriété *f* bâtie.

Grund|besitzer *m* possesseur *m* foncier, propriétaire *m* d'un fonds; **–betrag** *m* montant de base; **–bewilligung** *f* autorisation *f* initiale.

Grundbilanz *f (Außenhandel)* balance *f* des comptes.

Grundbuch *n* registre *m ou* livre *m* foncier (allemand) tenu par le tribunal cantonal, fichier immobilier (allemand) tenu sous la responsabilité d'un juge; **–abschrift** *f* extrait *m ou* copie *f* du registre foncier; **–amt** *n* service chargé de la tenue des registres fonciers, office judiciaire du livre foncier; **–auszug** *m* extrait *m* du registre foncier; **–beamte(r)** *m* fonctionnaire *m* judiciaire préposé au registre foncier, conservateur *m*; **–bereinigung** *f* mise *f* à jour du registre foncier; **–berichtigung** *f* rectification *f* (d'une inscription) au livre foncier; **–bezirk** *m* circonscription territoriale d'un fichier immobilier; **–blatt** *n* feuillet du registre foncier; **–einsicht** *f* communication *f* des renseignements inscrits au livre foncier; **–eintrag** *m* (S), **–eintragung** *f* inscription *f* au registre foncier.

grundbücherlich *adj* (Aut) concernant le registre foncier.

Grundbuch|führer *m* préposé au livre foncier, conservateur des hypothèques; **–kreis** *m* (S) arrondissement du registre foncier (S); **–ordnung** *f (GBO)* Loi (allemande) relative à la tenue des registres fonciers et à la publicité foncière; **–plan** *m* (S) plan *m* cadastral; **–recht** *n* ensemble des règles juridiques relatives au registre foncier.

grundbuchrechtlich gesichert hypothécaire *adj*, garanti par une inscription au registre foncier.

Grundbuch|richter *m* juge *f* préposé à la tenue du livre foncier; **–sachen** *fpl* contentieux *m* relatif aux inscriptions et publication dans le registre foncier.

Grundbuchs|bereinigung *f* (Aut) mise à jour du registre foncier; **–führer** *m* (Aut) personne chargée de tenir le livre foncier; **–mappe** *f* (Aut) copie conforme du cadastre servant à tenir le registre foncier; **–richter** *m* (Aut) juge du livre foncier; **–umschreibung** *f* (Aut) mutation *f* foncière.

Grundbuch|umschreibung *f* mutation foncière, mutation cadastrale, mutation au registre foncier, transcription au registre foncier; **–verfahren** *n* procédure relative à l'enregistrement dans le livre foncier et à sa tenue; **–buchverfügung** *f* décret du 8 août 1935 relatif à la tenue des registres fonciers; **–vermutung** *f* présomption *f* d'exactitude et de véracité des inscriptions au livre foncier; **–verwalter** *m* (S) conservateur du registre foncier (S); **–zwang** *m* obligation de faire enregistrer les biens immeubles et droits immobiliers au livre foncier.

Grunddienstbarkeit *f* servitude *f* foncière *ou* immobilière, servitude prédiale, services *mpl* fonciers.

2. **Gründe** *pl (Urteil)* motifs *mpl* (d'un jugement), les attendus *mpl;* **aus diesen –n** par ces motifs; **sich widersprechende –** contrariété *f* de motifs.

Grund|eigentum *n* propriété foncière *ou* immobilière; **–eigentümer** *m* propriétaire *m* foncier; **–eigentümerregister** *n* (S) matrice *f* cadastrale; **–eigentumserwerb** (1) *(ZR)* acquisition d'un bien immeuble, (2) *(mit staatlicher Förderung)* accession à la propriété; **–entschädigung** *f* indemnité *f* de base.

gründen fonder, créer, constituer (une société), former (un parti), ouvrir (un magasin), établir, instituer; **sich – auf** reposer *ou* baser sur, trouver son fondement dans.

Gründer *m (GesR)* fondateur *m*; **–aktie** *f* action d'apport; **–anteil** *m* part de fondateur, part *f* bénéficiaire; **–bericht** *m* rapport *m* des fondateurs; **–genosse** *m* co-fondateur *m*; **–gesellschaft** *f*, société anonyme pendant la période préconstitutive *ou* constitutive, société anonyme constituée entre les fondateurs, mais non encore inscrite au registre du commerce et considérée de ce fait comme société civile; **–haftung** *f* responsabilité (civile *ou* pénale) des fondateurs.

Grund|erlaß *m* (S) arrêté *m* fondamental; **–erwerbsrecht** *n* droit de préemption des communes (sur un terrain *ou* immeuble bâti); **–erwerbssteuer** *f* taxe sur les mutations de propriété immobilière, droit de mutation; **–fläche** *f (BauR)* surface bâtie; **–frage** *f* question *f* de principe, problème *m* clé; **–freiheit** *f* liberté fondamentale; **–gebühr** *f* taxe *f* normale, taxe de base *ou* principale; **–gehalt** *n* salaire *ou* traitement de base; **–gerechtigkeit** *f* servitude *f* foncière.

Grund|gesetz *n* (= GG) Loi *f* fondamentale allemande (du 23 mai 1949), Constitution de la République fédérale d'Allemagne; **–handelsgeschäft** *n* acte de commerce (au sens du § 1er du Code de commerce allemand), acte de commerce absolu; **–index** *m* indice *m* de base; **–industrie** *f* industrie de base; **–kapital** *n* capital *m* social (d'une société anonyme); **–kataster** *n* cadastre *m*.

Grundkredit *m* **(s. Realkredit)** crédit *m* foncier; **–bank** *f* banque *f* de crédit foncier.

Grundkurs *m (SchulR)* cours *m* obligatoire.

Grundlage *f* fondement *m*, base *f*; cause *f*, motif *n*, source *f*; **gesetzliche –** base légale.

Grundlagenforschung *f* recherche *f* fondamentale.

Grundlagenpatent *n* **(a. Grundpatent)** brevet *m* de base.

Grund|lasten *pl* charges *fpl* foncières; **–lohn** *m* salaire de base.

grundlose Klage action *f* dépourvue de fondement.

Grund|mandat *m* siège attribué au quotient; **–norm** *f* norme *f* fondamentale, règle *f* fondamentale, norme de base.

Grundordnung *f*: **freiheitliche demokratische –** (= FDGO) ordre *m* républicain, système *m* politique liberal et démocratique, régime constitutionnel de la République fédérale d'Alemangne.

Grundpfand *n* gage *m* immobilier; **–darlehen** *n* (S) prêt *m* hypothécaire; **–forderung** *f* créance *f* hypothécaire; **–gläubiger** *m* créancier en vertu d'un gage immobilier; **–recht** *n* sûreté réelle portant sur un immeuble; hypothèque *f*; dette foncière, rente foncière inscrite; **–titel** *m* titre *m* hypothécaire.

Grundpflichten *fpl (VersR)* sujétions prévues par la constitution; obligations d'ordre public.

Grund|prämie *f* prime de base; **–preis** *m* prix de base, prix de référence; **–quote** *f* quota de base.

Grundrecht *n* (1) *(VerfR)* liberté(s) *f (pl),* droit fondamental, (2) (en S:) droit foncier; **staatsbürgerliche –e** libertés administratives *ou* publiques, droits individuels *ou* collectifs garantis par la constitution; **Einschränkung der –e** limitation *ou* restriction des libertés.

Grundrechts|adressat *m* Administration tenue de respecter les libertés individuelles; **– ausgestaltung** *f* les divers aspects du système des libertés; **–auslegung** *f* interprétation (judiciaire) des droits fondamentaux; **–fähigkeit** *f* personne *f* pouvant se prévaloir des libertés et garanties constitutionnelles; droit de se prévaloir des libertés; **–mündigkeit** *f* capacité *f* d'agir en justice pour faire reconnaître une liberté *ou* pour faire annuler un acte entaché d'illégalité (au regard de la constitution); **–schutz** *m* protection des libertés; **–träger** *m* titulaire *m* de droits fondamentaux; **–verletzung** *f* violation des libertés publiques; **–verwirkung** *f* déchéance des libertés individuelles; **–verzicht** *m* renonciation à une liberté individuelle.

Grundregel *f* précepte *m* fondamental.

Grundrente *f* (1) rente *f* foncière, (2) (en Aut. aussi:) pension de base.

Grundsatz *m* principe *m*; **–bestimmung** *f* disposition de principe; **–entscheidung** *f* arrêt *m* de principe; **–erklärung** *f* déclaration de principes; **–frage** *f* question de principe; **–gesetzgebung** *f* législation énonçant des principes généraux; **–kompetenz** pouvoir *m* en vue de déterminer les principes généraux; **–revision** pourvoi *m* en cassation ayant pour objet le maintien de l'unité du droit.

grundsätzlich *adj* en principe, théoriquement, d'après les principes; de principe, a priori.

Grundschaden *m* dommage *m* causé au propriétaire de la surface par une exploitation minière.

Grundgebühr *f* taxe *f* principale.

Grundschuld *f (SachR)* dette *f* foncière; **–brief** *m* titre *m* endossable constatant une dette foncière.

Grundschule *f* école *f* primaire élémentaire.

Grundsold *m MilR)* solde de base.

Grundsteuer *f* impôt *m* foncier, contribution *ou* taxe foncière; **–rolle** *f* cadastre *m*.

Grundstoff *m* matière *f* première, produit *m* de base; **–industrie** *f* industrie de base.

Grundstück *n* bien *m* foncier, bien immeuble *ou* immobilier, immeuble *m*, bien-fonds *m*, fonds *m*, chose immobilière, terrain *m*; **bebautes –** propriété bâtie; **belastetes –** fonds grevé, fonds hypothéqué, bien hypothéqué; **dienendes –** fonds servant, fonds assujetti, fonds débiteur de la servitude; **eingefriedetes –** propriété *f* enclose, enclos *m*; **eingeschlossenes –** fonds enclavé; **fremdes –** fonds d'autrui; **herrschendes –** fonds dominant; **hypothekarisch belastetes –** fonds hypothéqué; **landwirtschaftliches –** bien *m* rural, bien-fonds agricole; **umzäuntes –** propriété enclose; **unbebautes –** propriété non bâtie, terrain *m* nu; **verpachtetes –** bien affermé, bien donné à bail.

Grundstücke *pl,* **angrenzende –** tenants et aboutissants *mpl;* **zusammengefaßte –** tènement *m*.

Grundstücks|aus- und einfahrt voie d'accès à un immeuble; **–belastung** *f* charge *f* foncière, dette *f* immobilière; **–eigentümer** *m* propriétaire foncier; **–firma** *f* agence *f* immobilière; **–fläche** *f* superficie *f* d'un bien-fonds; **–gemeinschaft** *f* immeuble en indivision; **–geschäft** *n* transaction *ou* opération immobilière; **–gesellschaft** *f* société immobilière foncière; **–gewinn** *m* bénéfice sur l'aliénation de biens fonciers, bénéfice *m* immobilier; **–gleiche Rechte** droits assimilés à des biens immeubles; **–kaufvertrag** *m* contrat de vente protant sur un bien immobilier; **–klage** *f* action immobilière; **–komplex** *m* ensemble *m* foncier; **–lasten** *pl* charges *fpl* foncières; **–makler** *m* agent *m* immobilier, marchand de biens; **–miete** *f* louage *m* de biens immobiliers; **–rechte** *npl* droits *mpl* réels; **–sachverständige(r)** *m* expert *m* immobilier, expert foncier (B); **–schaden** *m* dommage *m* aux immeubles; **–sicherheit** *f* garantie *f* immobilière **–umlegung** *f* remembrement *m* foncier; **–veräußerung** vente *f* d'un immeuble; **–verkehr** *m* transactions *fpl* immobilières; **–verkehrsgesetz** *m* Loi sur les transactions immobilières concernant les exploitations agricoles et forestières; **–vermögen** *n* capital *m* immobilier; **–versicherung** *f* assurance *f* immobilière; **–verwalter** *m* gérant *m* d'immeuble; **–wert** *m* valeur *f* d'un immeuble.

Grund|taxe *f* taxe *f* fixe; **–teilung** *f* partage *m* de biens fonciers.

Gründung *f* constitution *f*, création *f*; **– qualifizierte** – règles de constitution spéciales à certaines sociétés; **in – befindliche Gesellschaft** société en formation; **– der Gesellschaft** création *ou* constitution d'une société.

Gründungs|akt *m* acte *m* constitutif (de la société); **–aufwand** *m* frais de constitution; **–bericht** *m* rapport de constitution; **–gesellschaft** *f* société *f* en formation; **–jahr** *n* année de la constitution; **–kapital** *n* capital apporté lors de la constitution; **–kosten** *pl* frais de constitution *ou* d'établissement, dépenses *ou* frais de premier établissement; **–prüfer** *m* commissaire-vérificateur *m* (de la constitution régulière); **–prüfung** *f* vérification des modalités de la constitution; **–stadium** *n* (société) en constitution; **–stock** *m* réserve destinée à couvrir les frais de constitution et de premier établissement; **–urkunde** *f* acte de constitution; **–versammlung** *f* assemblée *f* constitutive; **–vertrag** *m* contrat *ou* acte *m* de constitution (d' une société).

Grund|urteil *n (ZPR)* jugement portant sur le fond mais non sur le montant de la demande; **–vergütung** *f (ArbR)* salaire *m* de base; **–verkehr** *m* commerce de biens immobiliers.

Grundverkehrs|abgabe *f* taxe *f* sur les mutations immobilières; **–gesetz** *n* (Aut) loi réglementant la vente et l'affermage des terres.

Grund|verkehrsteuer *f* taxe sur les mutations immobilières; **–vermögen** *n* (1) *(GesR)* capital *m* social, (2) *(SachR)* biens *mpl* immobiliers; **–verschuldung** *f* endettement *m* immobilier.

Grundvertrag *m (nichtamtliche Bezeichnung für den Vertrag [vom 21. 12. 1972] über die Grundlagen der Beziehungen zwischen der BRD und der DDR. Gesetz vom 6. 6. 1973)* Traité fondamental [du 21 déc. 1972] entre la RFA et la RDA sur le fondement des relations entre ces deux États.

Grund|voraussetzung *f* condition de fond *ou* nécessaire *ou* sine qua non, formalité obligatoire; **–wasser** *n (UmweltR)* nappe *f* phréatique, eau *f* d'infiltration.

Grund|wehrdienst *m* service *f* national actif; **–wert** *m* (1) valeur *f* foncière, (2) valeur de base; **–zollsatz** *m* droit de base; **–zug** *mm* caractéristique *f*, particularité *f*.

Grünfläche *f* espace *m* vert.

Gruppe *f* (1) groupe *m*, groupement

m, (2) (sous-)classe, unité de classification.

Gruppen|arbeit *f* travail *m* d'équipe; **–bewußtsein** *n* conscience collective (d'un groupe); **–egoismus** *m* intérêt particulier (d'un groupe social); **–lebensversicherung** *f* assurance *f* vie de groupe; **–unfallversicherung** *f* assurance individuelle collective; **–versicherung** *f* assurance collective *ou* de groupe; **–wahl** *f (ArbR)* élection *f* par collège électoral séparé.

Gruppierung *f* regroupement *m*.

Grußbotschaf *f* message *m* de salutation.

Grußformen *fpl (StR: verbotene Vereinigungen)* salut *m* (hitlérien).

Gült(e) *f* (1) intérêts *mpl;* revenu *m* foncier; dette *f* foncière; (2) *(S: Grundpfandrecht)* lettre *f* de rente foncière.

Gültbrief *m* (S) obligation *f*.

gültig *adj* valable, valide, présentant les conditions requises, qui n'est entaché d'aucune cause de nullité; en vigueur; **als – ansehen** reconnaître la validité; **als von Anfang an – ansehen** considérer comme valable dès la conclusion *ou* dès le commencement; **für – erklären** valider.

Gültigkeit *f* validité *f* (d'un acte, d'un contrat); **rückwirkende –** effet rétroactif.

Gültigkeits|bedingung *f* condition de validité; **–dauer** *f* durée de validité, période de validité; **–erfordernis** *n* condition de validité; **–erklärung** *f* validation, confirmation; homologation; **–klausel** *f* clause *f* confirmative; **–verlängerung** *f* prorogation de validité.

Gültigkeitsvermerk *m* mention de validation, visa pour date; **–gebühr** *f* taxe de visa pour date.

Gültigkeits|voraussetzung *f* condition de validité; **–zeugnis** *n* certificat de validité.

Gunst *f* faveur *f*, appui *m*; décision indulgente, bien fait *m*; **zu jmds. –en** en faveur de qn, au profit *ou* au bénéfice de.

günstig *adj* (1) *(Preis)* bon marché, avantageux, (2) *(Lage)* bien situé; **– aufgenommen werden** recevoir un accueil favorable.

Günstlingswirtschaft *f* favoritisme *m*, copinage *m*, combine *f*; népotisme *m*.

Gurt *m (StVR)* ceinture *f* de sécurité.

1. Gut *n* (1) bien *m* (corporel), élément du patrimoine; meuble *m*; immeuble; *(HR)* marchandise *f*, (2) *(LandwR)* ferme *f*, (3) *(Frachtgut)* marchandise transportée, chargement *m*; **ärarisches –** (Aut) domaine *m* public, **bewegliches –** meuble *m*, bien *m* mobilier, bien meuble; **eingebrachtes –** apport *m*, dot *f*; **eingebrachtes – der Frau** ensemble des biens de la femme mariée, y compris ses acquêts; **unbewegliches –** immeuble *m*, bien *m* immobilier; **unbewegliches – kraft gesetzlicher Bestimmung** immeuble par destination.

Gutachten *n* expertise *f*, rapport *m ou* avis *m* d'expert; avis consultatif, consultation *f*, étude *f*; **– erbbiologisches –** expertise hérédobiologique (par analyse comparative des sangs par expl.); **ergänzendes –** complément *m* d'expertise; **gerichtsärztliches –, gerichtsmedizinisches –** expertise *f* médico-légale; **psychiatrisches –** expertise mentale *ou* psychiatrique; **ein – abgeben, – erstellen** rédiger un rapport d'expert, expertiser.

Gutachter *m* expert *m*, technicien *m* investi de ses pouvoirs par un juge; **beeidigter –** expert assermenté près les tribunaux; **–protokoll** *n* procès-verbal *m* d'expertise; **–tätigkeit** *f* vacation d'expert, opération d'expertise, mission de l'expert.

gutachtlich *adj* à titre d'avis, à titre d'expertise.

gut beleumundet *adj* jouissant d'une réputation intacte, honorablement connu.

gutbringen *(Buchf)* créditer, porter au crédit.

gute Sitten *pl* bonnes mœurs *fpl*, minimum de moralité exigible dans la vie sociale.

Güte *f* (1) *(Ware)* qualité *f*, (2) bonté *f*, amabilité *f*; **sich in – einigen** s'arranger à l'amiable, traiter un différend à l'amiable; **Vorschlag zur –** proposition de conciliation, de gré à gré.

Güte|antrag *m* citation en conciliation; **–aufpreis** *m* prime de qualité; **–kammer** *f* bureau de conciliation, organisme de conciliation; **–klasse** *f* catégorie *f ou* degré de qualité; **–kontrolle** *f* contrôle *m* de la qualité *ou* fiabilité; **–protokoll** *n* (1) procès-verbal de conciliation, (2) procès-verbal de non-conciliation; **–prüfung** *f* contrôle de la qualité.

guter Glaube *m* (1) bonne foi *f*, (2) conviction (erronée) que l'on agit conformément au droit.

2. Güter *pl* marchandises *fpl*, biens *mpl* économiques; **nicht abgeholte –** marchandises non réclamées; **sperrige –** marchandises encombrantes; **– wertbeständige –** biens *mpl* durables.

Güter|abfertigung *f* (1) expédition des marchandises, (2) service *m* des marchandises; **–angebot** *n* offre *f* (de marchandises); **–ausschlachtung** *f* (Aut) achat de terrains en vue de leur morcellement; **–austausch** *m (Außh)* échanges *mpl* **–bahnhof** *m* gare *f* de marchandises; **–beförderungsvertrag** *m* contrat de transport de marchandises; **–fahrzeug** *n* véhicule *m* utilitaire; **–fernverkehr** *m* transport de marchandises à longue distance.

Gütergemeinschaft *f (EheR)* communauté de biens, régime *m* matrimonial de la communauté (de biens); **allgemeine –** communauté *f* universelle; **eheliche –** communauté entre époux, communauté patrimoniale, société conjugale, communauté conjugale (L); **beschränkte –** (S) communauté de biens réduite (S); **fortgesetzte –** continuation de la communauté après la mort de l'un des époux entre l'époux survivant et leurs descendants communs, communauté continuée; **gesetzliche –** communauté légale; **vertragliche –** régime de communauté conventionnel; **in die – einbringen** apporter *ou* mettre en communauté; **– unter Lebenden** communauté de biens entre vifs; **– auf den Todesfall** communauté de biens en cas de décès.

Güterichter *m* (1) amiable compositeur *m*, (2) *(ArbR)* bureau *m* de conciliation.

Güterkraftverkehr *m*: **internationaler –** transport *m* international de marchandises par route.

Güternahverkehr *m* transport de marchandises à courte distance.

Güterpolice *f* police *f* sur facultés.

Güterrecht *n*: **eheliches –** (droit des) régimes matrimoniaux.

Güterrechtsregister *n* registre *m* matrimonial.

Güterstand *m* régime *m* matrimonial; **gesetzlicher –** (1) *(i.w.S.)* régime matrimonial légal, (2) *(i.e.S.)* régime légal de la communauté réduite aux acquêts; **– der Verwaltung und Nutznießung** régime de séparation des biens dans lequel le mari a l'administration et la jouissance des biens propres de l'épouse.

Güter|tarif *m* tarif *m* marchandises; **–transport** *m* transport *m* de marchandises.

Gütertrennung *f* séparation de biens; régime *m* matrimonial de séparation de biens; **gerichtlich ausgesprochene –** séparation de biens judiciaire; **vertragliche –** séparation de biens conventionnelle.

Güterumschlag *m* (1) trafic *m* marchandises, flux *m* de marchandises, (2) *(Hafen)* trafic portuaire, transbordement.

Güter|verkehr *m* circulation *ou* transport *ou* flux des marchandises; **–versicherung** *f* (1) assurance des marchandises *ou* de choses, (2) *(SeeHR)* assurance sur facultés; **–verzeichnis** *n* (1) nomenclature des marchandises, (2) état des propriétés (S); **–wagen** *m* wagon *m* de marchandises; **–zettel** *m* (S) bulletin de propriété (S).

gute Sitten *(ZR)* bonnes mœurs, règles imposées par la morale sociale; **Verstoß gegen die –n** – être contraire aux bonnes mœurs, clause réputée contraire aux bonnes mœurs.

Güte|stelle *f* bureau de conciliation, organisme de conciliation; **–termin** *m* audience de conciliation; **–überwachung** *f* contrôle de la qualité; **–verfahren** *n* procédure de conciliation; préliminaire de conciliation; **–verhandlung** *f* audience de conciliation; **–versuch** *m* tentative de conciliation; **Scheitern des –versuchs** non-conciliation; **–zeichen** *n* (1) marque *f* de conformité, (2) marque de qualité, label *m*, marque-label *f*, label de qualité.

Gutgewicht *n (HR)* don *m*, surdon, réduction sur le poids.

Gutglaubens|erwerb *m* acquisition de bonne foi; **–schutz** *m* protection de la bonne foi.

gutgläubig *adj* de bonne foi; **–er Erwerb** acquisition (d'un droit) de bonne foi.

Guthaben *n* avoir *m*, solde *m* créditeur, actif *m*, créance *f*; **ausländisches** – avoirs à l'étranger; **täglich verfügbares** – avoir disponible, au jour le jour; **– einfrieren, – sperren** geler *ou* bloquer des avoirs; **–konto** *n* compte courant à découvert unilatéral, compte *m* – courant simple; **–posten** *m* poste *m* créditeur; **–saldo** *m* – solde *m* créditeur.

gutheißen acquiescer *ou* agréer à; entériner; se rallier à, admettre, approuver; sanctionner.

gütlich *adj* amiable, à l'amiable; **–e Beilegung des Rechtsstreits** conciliation *f*, procès-verbal constatant la conciliation; **–e Einigung** amiable composition, arrangement, accord *m* amiable; s'entendre à l'amiable; **–e Lösung** arrangement à l'amiable, solution par voie de conciliation; **–er Vergleich** *(ZPR)* transaction.

Gutschein *m* promesse écrite, billet *m*; bon *m*.

gutschreiben porter à l'actif, inscrire au crédit, créditer, verser au compte, bonifier; **– lassen** verser en compte.

Gutschrift (1) incription *ou* écriture au crédit, bonification *f*, (2) crédit *m*, avoir *m* **pauschale** – bonification forfaitaire.

Gutschrift|anzeige *f* avis de versement, avis de virement *ou* crédit, (UPU) avis d'inscription; **–note** *f* avis *m* de crédit *ou* virement, avis de versement; **–seite** *f* colonne *f* crédit *ou* avoir.

Gutschriftzettel *m* avis de crédit, avis de virement *ou* de versement.

Guts|herr *m* propriétaire *m* terrien; **–hof** *m* domaine *m*; **–parzelle** *f* parcelle *f*; **–überlassungsvertrag** *m* (1) contrat de bail à nourriture, (2) contrat de cession de biens; **–verwalter** *m* intendant *m*, régisseur.

Gymnasialstudium *n* études secondaires longues (dans un lycée).

Gymnastiklehrer *m* moniteur *m* d'éducation physique.

H

Haager Landkriegsordnung *f* (= HLKO) Règlement de la Haye sur la condition juridique des prisonniers de guerre (annexé à la Convention IV de 1907); **– Minderjährigenschutzabkommen** *n* (= MSA) Convention de la Haye de 1960 relative à la compétence des autorités et à la loi applicable en matière de protection des mineurs; **– Übereinkommen über den Zivilprozeß** Convention de la Haye sur la procédure civile.

Habe *f* patrimoine *m*; **fahrende –** biens mobiliers d'une personne; **liegende –** biens immobiliers.

Haben *n* (1) *(Einnahmen)* argent *m*, bien *m*, fortune *f*, (2) *(Habenseite, Kredit)* actif *m*, crédit *m*, avoir *m*; **–posten** *m* poste *m* créditeur; **–saldo** *m* solde *m* créditeur; **–zinsen** *pl* intérêts *mpl* créditeurs.

Habgier *f* cupidité *f*; **Tötung aus –** meurtre *m* commis par cupidité.

Habhaftigkeits|bescheiniung *f* (S) *od* **–zeugnis** *n* (S) certificat *m* de solvabilité.

Habilitation *f (HochschulR)* admission à titre de professeur suppléant d'université.

Hafen *m* port *m* (maritime de commerce); **–abgabe** *f* taxe *f* portuaire; droit de quai; **–amt** *n* service portuaire, établissement public de gestion d'un port; **–anlagen** *fpl* installations portuaires; **–arbeiter** *m* docker *m*; **–direktor** *m* capitaine du port; **–gebiet** *n* zone *f* portuaire; **–gebühren** *pl* droits *mpl* de port; **–geld** *n* taxe portuaire, droit de port; **–kosten** *pl* frais de relâche *ou* de port; **–leistungen** *pl* services *mpl* portuaires; **–meister** *m* capitaine *m* du port; **–ordnung** *f* règlement *m* portuaire; **–polizei** *f* police des ports; **–umschlag** *m*, **–verkehr** *m* trafic *m* portuaire; **–verwaltung** *f* administration *f* portuaire.

Haft *f* détention *f*, privation de liberté, emprisonnement *m*, captivité *f*; **in – behalten** détenir, maintenir en détention; **aus der – entlassen** relâcher, lever l'écrou; **in – nehmen** arrêter, incarcérer, écrouer; **–anstalt** *f* maison d'arrêt; **–aufhebung** *f* levée d'écrou; **–aufschub** *m* sursis à la détention.

haftbar *adj* responsable, (être) obligé de répondre d'un dommage; **beschränkt –** (être) responsable pour une partie du dommage; **– machen** rendre responsable, mettre en cause la responsabilité de qqn.

Haftbarkeit *f*, responsabilité *f* (délictuelle), obligation *f* de répondre d'un dommage.

Haftbefehl *m* (1) *(Oberbegriff)* mandat *m*, (2) *(gegen eine anwesende oder bereits vorläufig festgenommene Person)* mandat de dépôt, (3) *(gegen einen flüchtigen Beschuldigten)* mandat d'arrêt, (4) *(zur Vorladung)* mandat de comparution, (5) *(zur Vorführung durch die Polizei)* mandat d'amener; **einen – aufheben** accorder la mise en liberté; **einen – erlassen** lancer *ou* décerner *ou* délivrer un mandat d'arrêt; **gegen jemanden – erlassen** placer quelqu'un sous mandat d'arrêt, prendre une ordonnance de mise en détention provisoire; **die Aufhebung eines –s beantragen** demander la mainlevée d'un mandat de dépôt.

Haftbeschwerde *f* demande de mainlevé du mandat d'arrêt, demande de mise en liberté.

Haft|datei *f (StPR)* registre *m* des personnes écrouées et détenues (dans un centre de détention); **–dauer** *f* durée de la détention.

haften (für) (1) répondre de qqn, répondre pour qqn, s'engager envers un tiers, se porter garant, garantir, (2) assumer la responsabilité, prendre la responsabilité, être (civilement) responsable; **unbeschränkt und gesamtschuldnerisch –** être indéfiniment et solidairement responsable.

Haft|entschädigung *f* indemnisation (en cas de non-lieu *ou* d'acquittement) en raison de la détention provisoire subie; **–entweichung** *f* (Aut) evasion *f*; **–fortdauer** *f* maintien en détention; **–geld** *n* (S) caution *f*, (en S:) *fpl* arrhes; **–grund** *m* motif du placement en détention provisoire; motif *m* d'arrestation; **–immunität** *f* immunité *f* d'arrestation; **–kosten** frais résultant de la détention.

Häftling *m* détenu *m*, personne incarcérée; prisonnier *m*; **ausgelieferter –** prisonnier extradé; **nichtpolitischer –** prisonnier de droit commun; **politischer –** prisonnier *ou* détenu politique; **–shilfe** *f* aide *f* aux détenus politiques allemands incarcérés à l'étranger.

Haftlokal *n* local *m ou* localité *f* de la police servant pour la garde à vue.

Haftpflicht *f (ZR)* responsabilité *f* (civile), obligation de répondre d'un dommage; **unbeschränkte –** responsabilité illimitée; **–anspruch** *m* droit *m* à réparation d'un dommage (relevant de la responsabilité civile); **–bestimmungen** *f pl* dispositions (légales *ou* contractuelles) relatives à la responsabilité civile; **–gesetz** *n* Loi portant sur la responsabilité civile des établissements de chemins de fer, des concessionnaires de téléfériques, des producteurs d'énergie et des entrepreneurs de carrières et de mines; **–klage** *f* (S) action en responabilité; **–risiko** *n* risque de responsabilité; **–versicherer** *m* assureur responsabilité civile; **–versicherung** *f* assurance responsabilité civile, assurance R. C.; **–wagnis** *n* risque de responsabilité.

haftpflichtig *adj* responsable *adj*, être civilement responsable, être tenu de réparer le dommage causé.

Haftpflichtige(r) *m* personne *f* civilement responsable.

Haft|prüfung *f* examen de la validité de la détention; **–prüfungsverfahren** *n* procédure d'examen des détentions provisoires; **–register** *n* registre d'écrou; **–strafe** *f* (1) *(Freiheitsstrafe)* peine privative de liberté *ou* d'emprisonnement, (2) (S) arrêts *mpl;* **–summe** *f* montant limite de la responsabilité civile; **–unfähigkeit** *f* état *m* physique général rendant impossible l'emprisonnement.

Haftung *f* (1) *(ZR: i. w. S.)* responsabilité civile (englobant responsabilité délictuelle et contractuelle), (2) *(ZR: i. e. S.)* responsabilité (civile) délictuelle, (3) *(AllgSpr)* obligation de répondre de ses actes; **außervertragliche –** responsabilité extra-contractuelle; **beschränkte –** responsabilité limitée; **deliktische –** responsabilité délictuelle; **gesamtschuldnerische –** responsabilité solidaire; **gesetzliche –** responsabilité légale *ou* du fait de la loi; responsabilité objective; **persönliche –** responsabilité personnelle, propre responsabilité; **solidarische –** responsabilité solidaire; **subjektive –** responsabilité subjective; **unbeschränkte –** responsabilité illimitée; **vertragliche –** responsabilité contractuelle; **zivilrechtliche –** responsabilité civile; **die – ablehnen** décliner la responsabilité; **die – ausschließen** exclure la responsabilité; **die – begründen** engager la responsabilité; **von jeder – befreit sein** être dégagé de toute responsabilité; **die – übernehmen** assumer la responsabilité.

Haftung des Ausbilders responsabilité civile du maître d'apprentissage; **– des Beamten** *(VwR)* responsabilité civile des fonctionnaires; **– für Besorgungsgehilfen** (Aut) responsabilité du fait des préposés; **– für Dritte** responsabilité du fait d'autrui; **– für eigenes Tun** responsabilité du fait personnel; **– der Eltern** responsabilité des père et mère; **– für Erfüllungsgehilfen** responsabilité (des commettants) du fait des préposés; **– des Halters** reponsabilité (délictuelle) du fait des choses inanimées; **– für Gebäudeschaden** responsabilité du fait des bâtiments; **– des Geschäftsherrn** responsabilité du maître *ou* du commettant; **– für Kinder –** responsabilité pour les enfants mineurs; **– des Lehrherrn** responsabilité du maître d'apprentissage; **– der Lehrkräfte** responsabilité des membres de l'enseignement public *ou* privé; **– der Produzenten** responsabilité des producteurs *ou* fabricants et distributeurs, responsabilité-produits; **– für durch Sachen verursachten Schaden** responsabilité du fait des choses inanimées; **– im Straßenverkehr** responsabilité pour accidents causés par la circulation routière; **– des Tierhalters** responsabilité du dommage causé par les animaux; **– für Tierschäden** responsabilité du dommage causé par les animaux; – **aus vermutetem Verschulden** responsabilité présumée; – **für Verschulden des Erfüllungsgehilfen,** – **für Verschulden des Verrichtungsgehilfen** responsabilité pour faute commise par les préposés (dans l'exercice de leur fonction); – **aus Vertrag** responsabilité contractuelle.

Haftungs|anerkenntnis *n od.* **–anerkennung** *f* reconnaissance *f* de responsabilité, déclaration *f* de responsabilité; **–anteil** *m* part de responsabilité; **–ausschließungsklausel** *f* clause d'irresponsabilité, clause *f* de non-responsabilité.

Haftungsausschluß *m* exonération *ou* exclusion de la responsabilité, irresponsabilité *f*, non-responsabilité, exclusion *f* de garantie; **–grund** *m* cause *f* d'irresponsabilité; **–klausel** *f* clause de non-responsabilité; **–vereinbarung** *f* convention de non-responsabilité.

Haftungs|befreiung *f* non-responsabilité *f*; **–beginn** *m* commencement *m* du délai de garantie, prise *f* d'effet de la garantie; **–begrenzung, –beschränkung** *f* – limitation de responsabilité, fixation des limites de la responsabilité; **–begründende Kausalität** causalité *f* génératrice de la responsabilité; **–bestimmung** *f* règle de droit fondant la responsabilité; **–dauer** *f* période *f* de couverture; **–durchgriff** *m (GesR)* responsabilité directe d'une société de capitaux; **–erklärung** *f* reconnaissance de responsabilité, déclaration de responsabilité; **–ersetzungsprinzip** *n* principe de la socialisation des risques; **–erweiterung** *f* extension de la responsabilité; **–fonds** *m (GesR)* réserve *f* constituée en vue de faire face aux demandes en réparation du dommage causé; **–freiheit** *f* non-responsabilité, franchise de responsabilité; **–freistellung** *f* dégagement de toute responsabilité; **–gemeinschaft** *f* responsabilité collective; **–grenze** *f* limite de responsabilité; **–grund** *m* cause *ou* causalité génératrice de la responsabilité.

Haftungs|grundlage *f* base (légale) de la responsabilité; **–höchstbetrag** *m od.* **–höchstsumme** *f* plafond de responsabilité, montant *m* maximum de la garantie; **–klage** *f* action en responsabilité, poursuite en responsabilité; **–klausel** *f* (Aut) clause relative à la responsabilité; **–milderung** *f* atténuation de responsabilité; **–risiko** *n* risque de responsabilité; **–schuldner** *m* personne *f* responsable du paiement; **–summe** *f* (1) montant du dommage (à indemniser) *ou* de la garantie, (2) somme due par la caution; **–übernahme** *f* prise en charge de la responsabilité; **–umfang** *m* étendue de la responsabilité, étendue *f* de la garantie; **unwiderlegliche –vermutung** *f* responsabilité irréfragable.

Haftvollzug *m* exécution de la peine d'emprisonnement.

Hagelversicherung *f* assurance contre la grêle, assurance *f* grêle.

halbamtlich *adj* officieux *adj*, semi-officiel *adj*; officieusement *adv*.

Halbbruder *m* demi-frère *m*; **–mütterlicherseits** frère *m* utérin; **–väterlicherseits** frère consanguin.

habbürtig *adj* demi-frère, demi-sœur.

Halberzeugnis *n od.* **Halbfabrikat** *n* produit *m* demi-fini *ou* semi-ouvré, produit demi-fabriqué.

Halbgeschwister *pl* demi-frère et demi-sœur.

Halbierung *f* réduction de moitié.

Halbjahres|bilanz *f* bilan *m* semestriel; **–rate** *f* terme *m* semestriel.

Halbkanton *m* (S) demi-canton *m*.

Halbpacht *f* métayage *m*; **–vertrag** *m* contrat *m* de métayage.

Halbpension *f* demi-pension *f*.

Halbsatz *m* demi-tarif *m*.

Halbscheidpächter *m* métayer *m*.

Halbschwester *f* demi-sœur *f*.

halbstaatlich *adj* semi-étatique, para-étatique, semi-public.

Halbtags|arbeit *f* travail *m* à mi-temps; **–beschäftigung** *f*, **–stellung** *f* emploi *ou* occupation à mi-temps, emploi à temps partiel.

Halbwaise *f* orphelin de père *ou* de mère.

Haldenbestände *pl* stocks sur le carreau de la mine.

Halle *f* hall *m*; **–nstand** *m* stand *m* dans un hall d'exposition; **–nvermieter** *m* gérant *m* responsable du stand.

Haltbarkeitsdauer *f* (bei Lebensmitteln) date *f* jusqu'à laquelle la denrée conserve ses propriétés spécifiques.

Haltelinie *f (StVR)* ligne transversale (sur la chaussée) matérialisant une obligation de respecter la priorité (d'autres véhicules).

Halten *n* (im Straßenverkehr) immobilisation (momentanée) d'un véhicule sur une route.

halten (1) *(Haftungsrecht)* avoir sous sa garde, détenir, (2) *(einhalten, erfüllen)* respecter, observer, (3) *(anhalten)* arrêter.

Halter *m* détenteur *m*, gardien *m*, celui qui a la garde; propriétaire *m*; utilisateur *m*.

Halte|stelle *f* arrêt *m*; **–verbot** *n* interdiction de s'arrêter.

Haltung *f* (1) *(Sachen)* garde *f*, utilisation *f*, (2) *(Verhalten)* comportement *m*, conduite *f*, attitude *f*, allure *f*; **abwartende –** *(BörR)* expectative *f*.

Hammelsprung *m* système de vote en usage au Parlement allemand (décompte effectué au moment où les députés entrent par des portes différentes dans la salle).

Hand *f* main *f*; **aus erster –** (information) sûre; **aus zweiter –** d'occasion; **zur gesamten –** solidairement; **öffentliche –** puissance *f* publique, pouvoirs *mpl* publics; **rechte –** collaborateur étroit (et indispensable); **– an sich legen** se suicider; **die letzte – an etw. legen** terminer (un travail), parfaire; **– überall seine Hände im Spiel haben** être très influent; **– schmutzige Hände haben** avoir trempé dans une affaire, être impliqué (dans un scandale); **jmdn. in der – haben** disposer de qqn, tenir qqn à sa merci; **etwas in die – nehmen** – s'occuper d'une affaire; **von langer – vorbereiten** – préparer minutieusement; **etwas von der – weisen** dénier, contester, nier; **zu treuen Händen** (remettre) en main propre, au destinataire en personne; **zu Händen** personnel, lettre personnelle, pli confidentiel; à l'attention de.

Hand- und Spanndienste *pl* prestations manuelles.

Handakte *f* dossier *m* de procédure (d'un avocat).

Handänderung *f (S: SachR)* mutation, transmission d'un droit de propriété.

Hand|arbeit *f* travail *m* manuel; **– arbeiter** *m* manœuvre *m*; travailleur *m* manuel; **–bibliothek** *f* ouvrages et périodiques en libre accès (dans une bibliothèque).

Handel *m* (1) *(Ein- u. Verkauf von Waren)* commerce *m*, négoce *m*, trafic *m*, (2) *(Vertrag, Geschäft)* affaire *f*, contrat *m*, marché *m*, (3) *(Auseinandersetzung)* contentieux *n*, litige *m*; **auswärtiger –** commerce extérieur; **inländischer –** commerce intérieur; **unerlaubter –** commerce illicite, trafic illicite; **– mit dem Ausland** commerce extérieur; **– per Erscheinen** négociation *f* de titres en cours d'émission; **– treiben** faire du commerce, commercer.

handeln (1) *(eingreifen)* agir, entreprendre, opérer, (2) *(vertreiben)* vendre, commercer, exercer une activité commerciale; *pej* trafiquer, (3) marchander, débattre (le prix); **auf eigene Gefahr –** agir à ses risques et périls; **auf eigene Kosten –** agir à ses propres frais; **– im eigenen Namen** agir en son (propre) nom, agir sous son nom social; **– in** *od.* **unter fremdem Namen** agir au nom d'autrui; **– für fremde Rechnung** agir pour le compte d'autrui, agir pour le compte d'un commettant *ou* d'un tiers.

Handeln *n* (1) action *f*, intervention *f*, (2) marchandage *m*; **– auf Befehl** fait commis sur ordre; **– in Vertretung** agir en tant que représentant.

Handels- und Gewerbefreiheit *f* liberté du commerce et de l'industrie, liberté d'entreprise.

Handels|abkommen *n* accord *m* commercial, convention *f* de commerce, arrangement *m* commercial; **–abmachung** *f* convention de commerce, convention *f* commerciale; **–abordnung** *f* délégation commerciale; **–agent** *m* agent *m* commerical; **–agentur** *f* agence *f* commerciale.

Handelsamtsblatt *n*, **schweizerisches –** Feuille officielle suisse du commerce.

Handels|angestellte(r) *m* employé *m* de commerce; **–artikel** *m* marchandise *f*, produit *m*, article *m*; **–attaché** *m* attaché *m* commercial; **–aufschlag** *m*, majoration *f* commerciale; **–austausch** *m* échanges *mpl* commerciaux; **–bank** *f* banque *f* d'affaires, banque commerciale; **–bericht** *m* rapport *m* commercial; **–beschränkungen** *pl* restrictions *fpl* commerciales; **–bestände** *pl* stocks *mpl* commerciaux; **–bewilligung** *f* (S) patente *f* commerciale; **–bezeichnung** *f* dénomination *f* commerciale; **–beziehungen** *pl* relations *fpl* commerciales; **–bilanz** *f* (1) *(Außenhandel)* balance *f* du commerce, balance commerciale, (2) *(BW)* bilan *m* commerical; **–blokkade** *f*, **–boykott** *m* boycottage *m*, blocus *m* commercial; **–brauch** *m* usage *m* commercial, coutume *f* commerciale; **–brief** *m* lettre commerciale; **–briefe** *mpl* correspondance *f* commerciale; **–bücher** *pl* livres de commerce; **–bürgschaft** *f* caution *f* commerciale; **–defizit** *n* déficit commercial; **–delegation** *f* délégation *f* commerciale; **–einig werden** se mettre d'accord, conclure un marché; **–embargo** *n* embargo *m* commercial; **–fähig** *adj* négociable, cessible, commerçable; **–faktura** *f* facture *f* commerciale.

Handels|firma (s. Firma) nom commercial, maison de commerce; **–flagge** *f* pavillon *m* de commerce; **–flotte** *f* flotte de commerce *ou* marchande; **–forderung** *f* créance *f* commerciale; **–förderung** *f* promotion *f* du commerce; **–frau** *f* femme *f* commerçante, femme (mariée) exerçant un commerce; **–gebiet** *n* territoire de ventes *ou* d'écoulement; **–gebrauch** *m*, **–gepflogenheit** *f* usage commercial.

Handels|gericht *n* tribunal *m* de commerce, juridiction *f* commerciale *ou* consulaire; **–gerichtlich** *adj* consulaire, relatif aux litiges commerciaux; **–gerichtsbarkeit** *f* juridiction *f* commerciale *ou* consulaire.

Handelsgeschäft *n* (1) *(Vertrag)* acte de commerce, transaction *f* commerciale, opération *f* commerciale, affaire *f*, (2) *(Firma)* maison *f* de commerce, fonds de commerce, fonds *m*; **einseitiges –** acte *m* mixte (commercial pour l'une des parties, civil pour l'autre).

Handelsgesellschaft *f* société commerciale, société *f* de commerce; **offene –** (OHG) société en nom collectif (SNC).

Handelsgesetz *n* loi *f* commerciale; **–buch** *n* (HGB) code *m* de commerce (allemand).

Handelsgesetzgebung *f* législation *f* commerciale.

Handelsgewerbe *n* commerce *m*, profession *f* commerciale, activité *f* commerciale; **ein – betreiben** exercer une profession commerciale.

Handels|gewicht *m* poids loyal et marchand; **–gewinn** *m* bénéfice *m* commercial; **–gewohnheit** *f* usage *m* commercial, coutume *f* dérogeant aux lois civiles; **–gewohnheitsrecht** *n* droit commercial *ou* professionnel coutumier; **–gläubiger** *m* créancier *m* commercial; **–gremium** *n* corporation *f* des commerçants.

Handelsgut *n* bien *ou* produit commercial, marchandise *ou* denrée commerciale; **– mittlerer Art und**

Güte marchandise loyale et marchande.

Handelskammer *f* (IHK = Industrie- u. Handelskammer) chambre de commerce (et d'industrie), CCI; **internationale –** chambre de commerce internationale.

Handels|kauf *m* (1) achat *m* commercial, (2) vente *f* commerciale; **–klasse** *f* catégorie *ou* classe commerciale; **–klauseln** *fpl* clauses *fpl ou* stipulations *fpl* commerciales; **–kette** *f* chaîne *f* de distribution; **–konsul** *m* consul *m* marchand *ou* honoraire; **–korrespondenz** *f* correspondance *f* commerciale.

Handelskredit *m* crédit *m* commercial; **–brief** *m* lettre *f* de crédit commerciale.

Handels|kreise *pl* milieux *mpl* d'affaires; **–makler** *m* courtier *m* mandataire commercial; **–marine** *f* marine de commerce; **–marke** *f* marque de commerce; **–mäßig** *adj* selon les usages commerciaux; commercialement; **–matrikel** *f* (Aut) registre du commerce; **–messe** *f* foire *f* commerciale; **–ministerium** *n* ministère du commerce; **–mission** *f* mission économique et commerciale; **–monopol** *n* monpole *m* commercial; **–muster** *n* échantillon commercial; **–name** *m* nom *m* commercial, dénomination; **–netz** *n* réseau *m* commercial *ou* de distribution; **–niederlassung** *f* établissement *m* commercial.

Handels|papier *n* valeur mobilière; effet *m* commercial; **–partner** *m* partenaire *m* commercial; **–pfand** *n* gage *m* commercial; **–platz** *m* place *f* (commerciale), *(EuR:)* centre de commercialisation; **–politik** *f* politique *f* commerciale; **–präferenz** *f* préférence commerciale; **–praktiken** *pl* pratiques *fpl* commerciales; **–prämie** *f* prime *f* au commerce; **–rabatt** *m* rabais *m* commercial, remise *f*; **–rat** *m* conseiller *m* commercial; **–rechnung** *f* facture commerciale; **–recht** *n* droit commercial; régime *m* des obligations commerciales; **–rechtler** *m* spécialiste du droit commercial, commercialiste *m*.

handelsrechtlich *adj* de droit commercial.

Handelsregister *n* (= HR) registre du commerce (= R. C.) **–auszug** *m* extrait du registre du commerce; **–eintragung** *f* inscription *ou* immatriculation au registre du commerce; **–führer** *m* préposé au registre du commerce; **–führung** tenue *f* du registre; fonctionnement administratif du registre de commerce; **–gebühr** *f* frais d'enregistrement (au R. C.); **–löschung** *f* radiation *f* de l'inscription (du registre du commerce); **–verfügung** *f* règlement d'administration publique sur la tenue du registre du commerce.

Handels|reisende(r) *m* (=Handlungsreisender) voyageur de commerce, commis-voyageur *m*, placier *m*; **–richter** *m* juge commercial, juge *m* consulaire; **–sache** *f* contestation *f* en matière commerciale, litige *m* commercial.

Handelsschiedsgerichtsbarkeit *f* juridiction *f* arbitrale commerciale; **internationale –** juridiction arbitrale commerciale internationale.

Handels|schiff *n* navire *m ou* bâtiment de commerce; **–schiffahrt** *f* navigation *f* commerciale *ou* de commerce; **–schranken** *pl* restrictions au commerce, barrière *f* douanière; **–schuld** *f* dette *f* commerciale; **–schule** *f* école de commerce; **–senat** *m* (Aut) chambre du tribunal de commerce; **–sitte** *f* usage *m* commercial; **–spanne** *f* marge *f* commerciale *ou* bénéficiaire; **–sperre** *f* blocus *m* commercial; **–sperrguthaben** *n* avoir *m* en compte bloqué ordinaire; **–stand** *m* commerçants *mpl,* revendeurs *mpl,* profession commerciale; personnes ayant le statut de commerçant; **–tätigkeit** *f* activité *f* commerciale.

Handels|übereinkunft *f* convention commerciale; **–überschuß** *m* excédent *m* commercial; **–üblich** *adj* usage suivi en matière commerciale; d'après les usages commerciaux; **-umsatz** *m* volume des échanges commerciaux; **-unternehmen** *n* entreprise *f ou* exploitation *f* commerciale, établissement *m* commercial, maison de commerce; société commerciale; **-usancen** *fpl* usage *m* commercial, coutume *f* commerciale; **-verbindungen** *pl* relations *fpl* commerciales; **-verbot** *n* interdiction *f* de commercer; **-vereinbarung** *f* accord commercial; **-verkehr** *m* échanges *mpl* commerciaux; **-vertrag** *m (VR)* traité de commerce.

Handelsvertreter *m* (1) *(HR)* agent *m* commercial, représentant *m*, mandataire *m*, (2) *(ArbR)* voyageur *m*, représentant, placier *m* (= V. R. P.)*, représentant de commerce; **-ausweis** *m* carte professionnelle de représentant de commerce; **-vertrag** *m* (1) *(HR)* contrat d'agent commercial, (2) V. R. P.) contrat de représentation.

Handels|vertretung *f* représentation *f* commerciale; **-vollmacht** *f* pouvoir *m* commercial, procuration *f* commerciale; **-volumen** *n* volume *m* des échanges; **-ware** *f* article *m*, produit *m*, marchandise *f* commerciale; **-wechsel** *m* effet *m* commercial, effet de commerce, traite *f* commerciale, papier *m* commercial; **-weg** *m* route *ou* voie commerciale; circuit commercial; **-wert** *m* valeur *f* commerciale *ou* marchande; **-zeitung** *f* journal économique; mercuriale *f*; **-zentrum** *n* centre commercial; **-zweig** *m* branche professionnelle.

Handeltreibende(r) *m* commerçant.

---

* In Frankreich unterscheidet man zwischen dem „großen" Handelsvertreter bzw. Handlungsagenten als selbständigen Gewerbetreibenden (1) und dem arbeitnehmerähnlichen „kleinen" Handelsvertreter (2): Für letztere gilt ein im frz. code du travail liv. I, art. 29k et suiv. enthaltener Sonderstatus (Gesetz vom 18. 7. 1937, n. F. vom 7. 3. 1957).

Handfertigkeit *f* dextérité *f*, aptitude manuelle.

Hand|geld *n* (1) *(HR: Draufgabe)* arrhes *fpl*, (2) *(ArbR)* prime *f* de rengagement; **-gelöbnis** *n* serment *m* donné par poignée de mains; **-gelübde** *m* (S) attestation *f* solennelle (S); **-gepäckschein** *m* bulletin de dépôt de bagages à main; **-geschenk** *n* don *m* manuel; **-greiflichkeit** *f (StR)* voie *f* de fait.

handhaben appliquer.

Handhabung *f* application *f*, maniement *m*, régime *m*.

Handkauf *m* vente à emporter.

Händler *m* commerçant *m*, négociant *m*, marchand *m*; **fliegender** – vendeur *m* ambulant; **-rabatt** *m* remise accordée aux commerçants.

Handlichkeit *f* maniabilité *f*.

Handlung *f* (1) *(Tun)* acte *m*, action *f*, agissement *m*, fait *m*, (2) *(Geschäft, Laden)* maison *f* de commerce, établissement *m* commercial, magasin *m*; **außergerichtliche** – acte extrajudiciaire; **betrügerische** – acte frauduleux; **feindliche** –, **feindselige** – acte d'hostilité, **fortgesetzte** – *(StR)* délit continué, délit collectif par unité de but; **inkriminierte** – (Aut) fait *m* incriminé; **kriegerische** – acte de belligérance; **rechtsgestaltende** – acte constitutif de droit; **schadenstiftende** –, **schädigende** – acte préjudiciable, acte dommageable; **strafbare** – infraction *f*, acte *m ou* fait répréhensible *ou* délictueux, fait *m* punissable, action *f* delictueuse, acte punissable, délit *m* pénal; **unehrenhafte** – acte contraire à l'honneur; **unerlaubte – délit civil; verbotene** – acte illicite, fait illégal; **unüberlegte** – acte inconsidéré *ou* irréfléchi; **vorbereitende** – acte préparatoire; **in Zusammenhang stehende** – fait connexe; – **eines Dritten** fait d'un tiers; **eine strafbare – begehen** commettre une infraction; **eine strafbare – feststellen** constater une infraction.

Handlungen *pl* faits *mpl* et agissements; **anstößige –** actes *mpl* impudiques, attentat aux mœurs; **betrügerische –** manœuvres *fpl* frauduleuses; **staatsfeindliche –** activités *fpl* subversives.

Handlungs|agent *m (veraltete Bezeichnung für: Handelsvertreter)* agent *m* commercial; **–bevollmächtigte(r)** *m* mandataire général *ou* commercial, fondé de pouvoir, fondé *m* de procuration; **–einheit** *f (StR)* acte matériel unique.

handlungsfähig *adj* capable, ayant l'aptitude requise; majeur.

Handlungs|fähigkeit *f (ZR)* capacité d'exercice et délictuelle, aptitude à exercer (ses droits); obligation d'assumer la responsabilité pour faits fautifs; **–freiheit** *f* liberté *f* d'action, autonomie *f* de la volonté; **–gehilfe** *m (HR)* commis *m*, employé *m* de commerce; **–lehrling** *m (frühere Bezeichnung für: kaufmännischer Lehrling)* apprenti *m* commercial; **–mehrheit** *f (StR)* pluralité d'actes; **–pflicht** *f* obligation de faire; **–reisende(r)** *(HR) m* représentant de commerce, voyageur de commerce, commis-voyageur *m*, représentant *m*, placier *m*; **–spielraum** *m* marge *f* de manœuvre; **–unfähig** *adj* incapable, inapte.

Handlungs|unfähigkeit *f* incapacité *f* d'exercice, inaptitude à exercer ses droits; **–verlauf** *m* déroulement des faits; **–vollmacht** *f (HR)* procuration commerciale; **–volontär** *m* stagiaire *m*, personne non rétribuée travaillant chez un commerçant pour sa formation personnelle; **–weise** *f* conduite *f*, comportement *m*, attitude *f*, manière *f* de procéder.

Handregister *n* registre *m* portatif.

Handschellen *pl* menottes *fpl*.

Hand|schenkung *f* don *m* manuel; **–schlag** *m*: **e-n Vertrag durch –schlag besiegeln** consentir à une proposition; **–schrift** *f* (1) écriture *f*, (2) manuscrit *m*; **–schriftlich** *adj* écrit à la main, manuscrit *adj*; **–streich** *m* coup de main.

Handwerk *n* métier *m* manuel, artisanat *m*; **sein – verstehen** exceller dans son art, posséder un art (de manière parfaite); **jmdm. das – legen** mettre fin aux agissements de qqn.

Handwerker *m* artisan *m* (indépendant); façonnier *m*; **–genossenschaft** *f* coopérative *f* artisanale; **–kredit** *m* crédit *m* artisanal; **–versicherung** *f* assurances sociales des artisans.

handwerklich *adj* artisanal.

Handwerks|beruf *m* profession *f* artisanale; **–betrieb** *m* entreprise artisanale; **–genossenschaft** *f* coopérative artisanale; **–geselle** *m* compagnon *m* (d'un artisan); **–innung** *f* cooporation *f* artisanale; **–kammer** *f* chambre des métiers, chambre *f* de l'Artisanat; **–karte** *f* certificat d'inscription au registre de l'artisanat; **–meister** *m* maître-artisan *m*; **–ordnung** *f* code de l'artisanat; **–rolle** *f* répertoire des métiers, registre de l'artisanat; **–unternehmen** *n* entreprise *ou* exploitation artisanale, établissement *m* artisanal; **–zeug** *n* outillage *m*.

Handzeichen *n* paraphe *m*, croix *f* (tenant lieu de signature).

Handzettel *m* tract *m*.

Hangtäter *m* délinquant *m* réactionnel, délinquant débile mental.

Hansestadt *f* ville *f* hanséatique.

Harmonisierung *f* coordination, harmonisation; **– der Preise** harmonisation des prix; **– der Rechtsvorschriften** unification *ou* codification législative.

Härte *f* (1) *(Strenge)* rigueur *f*, sévérité *f*, (2) *(i. w. S.)* dureté *f*, rudesse *f*, fermeté *f*; **– der Strafe** intensité *f* du châtiment, sévérité de la peine.

Härte|ausgleich *m* (1) compensation des inégalités, (2) indemnité compensatrice *ou* compensatoire; **–beihilfe** *f* allocation *f* d'assistance; **–fall** *m* cas où le débiteur se trouve dans une situation financière difficile, cas particulièrement digne d'intérêt, cas de rigueur; **–fonds** *m* fonds de solidarité, fonds spécial destiné à venir en aide dans les cas particulièrement dignes d'intérêt; **–klausel** *f* clause d'atténuation des mesures susceptibles d'entraîner une injustice grave; **–maßnahme** *f* mesure *f* de rigueur; **–milderungsklage** *f* action en réparation d'injustices.

Hart|geld *n* pièces de monnaie, monnaie métallique; **–siegel** *n* sceau *m*; **–währung** *f* devise *f* forte; **–währungsländer** *npl* pays *mpl* à monnaie forte.

Hasardspiel *n* jeu *m* de hasard.

Haß *m* haine *f*; **Aufstachelung zum –** incitation à la haine.

häufen cumuler, amasser, entasser.

Haufen *m* (1) tas *m*, monceau *m*, (2) *(Menschen)* foule *f*; **bewaffenter –** bande *f* armée.

Häufigkeit *f* fréquence *f*.

Häufung *f* cumul *m*.

Haupt *n* (1) tête *f*, chef *m*, (2) *(in Wortzusammensetzungen:)* principal, central, capital, essentiel, primordial, majeur; **– der Gemeinderschaft** (S) chef de l'indivision (S); **–abkommen** *n* accord *m* princial; **–abnehmer** *m* client *ou* acquéreur principal; **–abteilung** *f* direction, département; **–agent** *m* agent *m* principal; **–aktionär** *m* principal actionnaire.

hauptamtlich (1) *adj* titularisé, de carrière, (2) *adv* à titre professionnel.

Haupt|angeklagte(r) *m* principal accusé *m*; **–anklagepunkt** *m* chef principal d'accusation; **–anliegen** *n* demande instante, sollicitation; **–anmeldung** *(PatR)* demande principale *ou* de base ; **–anspruch** *m* *(ZPR)* demande principale, droit principal; **–antrag** *m* requête principale; **–ausschuß** *m* commission *f* centrale, comité *m* principal, (en Aut): commission permanente du Conseil National; **–bedingung** *f* première condition (à remplir), condition sine qua non, exigence essentielle; **–belastungszeuge** *m* témoin principal à charge; **–bericht** *m* rapport *m* général; **–berichterstatter** *m* rapporteur *m* général; **–beruf** *m* profession *f* principale; **–berufung** *f* appel *m* principal; **–bestandteil** *m* élément principal; **–bestimmung** *f* disposition *f* principale; **–bilanz** *f* bilan *m* annuel, bilan général.

Hauptbuch *n* grand-livre *m*; **–halter** *m* chef *m* comptable, comptable *m* principal.

Haupt|domizil *n* (S) domicile *m* principal; **–einnahmequelle** *f* source *f* principale de revenu(s); **–erbe** *m* héritier de premier rang *ou* de rang préférable; **–feststellung** fixation périodique de la valeur des biens économiques; **–forderung** *f* montant *m* en principal de la créance; **–frage** *f* question *f* primordiale; **–gefängnis** *n* – prison *f* centrale, maison *f* centrale; **–gehilfe** *m* commis *m* principal; **–geschäft** *n* établissement principal; affaire *m* principale, branche *f* principale; **–gesellschaft** société principale, maison mère; **–gesellschafter** *m* associé *m* principal *ou* dominant; **–gewinn** *m* gros lot *m*; **–gläubiger** *m* créancier *m* principal; **–intervenient** *m* intervenant *m* principal; **–intervention** *f* intervention *f* principale; **–kartei** *f* fichier central; **–kasse** *f* caisse *f* principale; **–klage** *f* action *f* principale, demande *f* principale; **–kläger** *m* demandeur *m* principal; **–konto** *n* compte principal; **–kriegsverbrecher** *m* grand criminel de guerre; **–leistung** *f* prestation *f* principale; **–lieferer** *m* fournisseur *m* principal; **–mangel** *m* vice *m* rédhibitoire; **–miete** *f* loyer *m* principal, **–mieter** *m* locataire *m* principal.

Haupt|niederlassung *f* établissement *m* principal; **–partei** *f* partie *f* principale; **–patent** *n* brevet *m* principal; **–pflicht** *f* obligation *f* principale; **–prozeß** *m* procès *m* principal, instance *f* principale *ou* au principal; **–prüfer** *m* examinateur principal; **–punkt** *m* point essentiel *ou* primordial, cœur *m* du sujet, essentiel *m*; **–quartier** *n* quartier *m* général; **–rechnung** *f* compte *m* général;

–recht *n* droit principal *ou* proprement-dit; **–rente** *f* pension *f* principale.

Hauptsache *f (ZPR)* fond du litige, principal *m*; **sich zur – einlassen** présenter ses conclusions quant au fond de l'affaire; **die – entscheiden, in der – entscheiden, zur – entscheiden** juger au fond, statuer au fond, statuer au principal; **die – für erledigt erklären** déclarer qu'il n'y a pas lieu à statuer; **in der – unterliegen** être débouté au principal; **zur – verhandeln** débattre au principal.

Haupt|saison *f* pleine saison; **–satzung** *f* (1) *(VwR)* règlement d'administration publique concernant les communes et cercles, (2) règlement général; **–schöffe** *m* juré *m* (titulaire); **–schuld** *f* dette *f* principale, principal *m*; **–schuldige(r)** *m (StPR)* principal coupable *m*; **–schuldner** *m* débiteur *m* principal; **–servitut** *f* servitude *f* principale; **–sitz** *m* siège *m* principal, siège central; **–stadt** *f* chef-lieu *m*, capitale *f*; **–stamm** *m* (Aut) capital d'une société de droit civil; **–strafanstalt** *f* prison *f* centrale, maison *f* centrale; **–strafe** *f* peine *f* principale, condamnation *f* principale; **–täter** *(StR) m* auteur *m* principal (d'une infraction); **–tätigkeit** *f* activité principale.

Haupt|termin *m (ZPR)* audience principale; **–treffer** *m* gros lot *m*; **–veranlagung** *f* assiette *f* principale, évaluation *f* principale; **–verbraucher** *m* principal utilisateur *m*; **–verdiener** *m* soutien *m* famille; **–verfahren** *n (StPR)* procédure de jugement; **–verhandlung** *f (StPR)* débats *mpl,* audience principale; **–verkehrszeit** *f* heures *fpl* de pointe, heure de grande affluence; **–verpflichtete(r)** débiteur *m* principal, principal obligé *m*; **–verpflichtung** *f* obligation *f* principale; **–versammlung** *f (GesR)* assemblée *f* générale; **–versicherung** *f* assurance *f* principale; **–vertrag** *m* contrat *m* principal, accord *m* principal; **–vertreter** *m* représentant *m* principal; **–wohnsitz** *m* domicile *m* principal; **–zeuge** *m* témoin *m* principal; **–ziel** *n* objectif principal.

Haus *n* maison *f*, bâtiment *n*, immeuble *m*; **frei –** franco domicile; **ein besetztes –** un immeuble squatté; **ein – besetzen** squatter un immeuble *ou* un appartement.

Haus|abriß *m* démolition d'un immeuble; **–angestellte** *f* employée de maison, domestique; **–arbeit** *f* ménage *m*; travaux de ménage; **–arrest** *m* assignation à résidence; **–bank** *f* banque *ou* banquier (tenant les comptes pour une entreprise *ou* un commerçant); **–besetzer** *m* squatter *m*, occupant illégal (d'un logement vide); **–besetzung** *f* occupation illégale d'un logement vide, squattérisation *f*, appropriation illégale d'un immeuble; **–besetzungsgruppe** *f* équipe *f* de squatters; **–besitzer** *m* propriétaire d'immeuble(s); **–besuch** *m* visite *f* à domicile; **–bettelei** *f* mendicité à domicile; **–diebstahl** *m* vol *m* domestique.

Haus(durch)suchung *f* perquisition *ou* visite *f* domiciliaire; **eine – vornehmen** perquisitionner.

Hausdurchsuchungsbefehl *m* mandat *m* de perquisition.

Häuserblock *m* ilôt de maisons.

Haus|frau *f* mère *f* au foyer; **–friede(n)** *m (MietR)* quiétude *ou* tranquillité dans l'appartement (loué).

Hausfriedensbruch *m (StR)* violation *f* de domicile; **öffentlicher –, qualifizierter –, schwerer –** violation de domicile par plusieurs personnes et avec violences.

Haus|geld *n* indemnité *f* familiale; **–gemeinschaft** *f* foyer *f* domestique, ménage *m*; **–genosse** *m* personne vivant dans un foyer; **–gerät** *n* mobilier *m* du ménage.

Haushalt *m* (1) *(Lebensgemeinschaft)* foyer *m*, foyer domestique, ménage *m*, (2) *(StaatsR)* budget *m* (en tant que loi de finances); **allgemeiner –** budget général; **ausgeglichener –** budget en équilibre, budget équilibré; **außerordentlicher –** budget extraordinaire; **defizitärer –** budget en déficit, budget déficitaire; **ordentlicher –** budget ordinaire; **unausgeglichener –** budget déficitaire, budget en déséquilibre; **den – ausgleichen** équilibrer le budget; **den – annehmen** *od* **verabschieden** voter *ou* approuver le budget.

Haushälterin *f* femme *f* de ménage.

Haushaltgleichgewicht *n* équilibre budgétaire, équlibre *m* du budget.

Haushalts– budgétaire.

Haushalts|abnehmer *m* consommateur *m* domestique; **–angehörige** *mpl* personnes faisant partie d'un ménage *ou* d'un foyer; **–ansätze** *mpl* crédits *mpl* prévus au budget; **–aufstellung** *f* établissement du budget; **–ausführung** *f* exécution *f* du budget; **–ausgaben** *pl* dépenses *fpl* budgétaires; **–ausgleich** *m* équilibre budgétaire; **–ausschuß** *m* commission du budget; **–befugnis** *f* pouvoir *m* budgétaire; **–belastung** *f* charge *f* budgétaire; **–beratung** *f* délibérations *fpl* budgétaires; **–beschränkungen** *fpl* restrictions budgétaires; **–besteuerung** *f* imposition par foyer (par voie d'addition des revenus des différentes personnes qui y vivent); **–bewilligung** *f* vote *ou* approbation du budget; **–buch** *n* carnet de dépenses (d'une famille), carnet *m* de comptes, registre *m* domestique.

Haushalts|debatte *f* débats *mpl* budgétaires; **–deckung** *f* couverture *f* (des dépenses par les recettes), **–defizit** *n* impasse *f* (budgétaire), découvert *m*, déficit *m*; **durchführung** *f* exécution du budget; **–einheitlichkeit** *f* unité *f* budgétaire; **–einnahmen** *pl* recettes *fpl* budgétaires; **–einschränkung** *f* restrictions *fpl* budgétaires, compressions *fpl* budgétaires, réductions *fpl* budgétaires; **–entwurf** *m* projet *m* de budget; **–fehlbetrag** *m* découvert *m* budgétaire; **–führung** *f* gestion *f* des crédits budgétaires; **–gebarung** *f* gestion budgétaire; **–gegenstände** *mpl* mobilier *m* du ménage; **–geld** *n* *(FamR)* argent *m* *ou* fonds *mpl* servant à couvrir les dépenses courantes du ménage.

Hauhalts|gesetz *n* loi *f* de finances; **–gliederung** *f* classification *f* budgétaire (par ministères ou fonctionnelle); **–grundsätze** *mpl* principes *mpl* budgétaires, règles *fpl* budgétaires; **–hilfe** *f* *(SozR)* aide *f* ménagère.

Hauhalts|jahr *n* exercice *m*, année budgétaire; **–kapitel** *m* chapitre *m* budgétaire; **–kasse** *f* moyens financiers d'un ménage; **–kontrolle** *f* contrôle du budget; **–kosten** *pl* dépenses du ménage; **–kredit** *m* crédit *m* budgétaire; **–kürzung** *f* restrictions *ou* compressions budgétaires; **–lage** *f* situation *f* budgétaire; **–maßnahme** *f* mesure budgétaire; **–minister** *m* ministre du budget.

Haushaltsmittel *pl* crédits *mpl*, fonds *mpl* budgétaires; **verfügbare –** disponibilités *fpl* budgétaires; **– anfordern** demander des crédits; **– bereitstellen** ouvrir des crédits à, mettre des crédits à la disposition de; **– verwenden** utiliser des crédits; **– zuweisen** répartir des crédits.

Haushaltsordnung *f* loi *f* relative à la comptabilité publique et aux lois de finance.

Haushaltsplan *m* budget *m* (en tant que document chiffré décrivant l'ensemble des comptes), plan *m* budgétaire; **den – annehmen** adopter le budget; **einen – aufstellen** dresser un budget, établir un budget; **den – festsetzen** arrêter le budget; **den – verabschieden** voter le budget; **–entwurf** *m* projet *m* de budget; **–vorentwurf** *m* avant-projet *m* de budget.

Haushalts|politik *f* politique *f* budgétaire; **–praxis** *f* pratique *f* budgétaire; **–rechnung** *f* compte *m* budgétaire; **–recht** *n* droit budgétaire; **–satzung** règlement d'administration publique relative à la gestion financière des communes; **–stelle** *f* poste *m* budgétaire; **–überschrei-**

tung *f* dépassement *m* budgétaire, dépassement *m* de crédits budgétaires; **–überschuß** *m* excédent *m* budgétaire; **–überwachung** *f* contrôle *m* administratif au cours de l'exécution du budget; **–verabschiedung** *f* vote *m ou* adoption *f* du budget; **–verbrauch** *m* consommation *f* domestique; **–verfahren** *n* procédure *f* budgétaire; **–verschleierung** *f* dissimulation *f* de comptes; **–vollzug** *m* exécution du budget; **–voranschlag** *m* prévisions *fpl* budgétaires, état *m* prévisionnel, projet de budget; **–vorkehrungen** *pl* dispositions *fpl* budgétaires; **–vorlage** *f* projet *m* de budget; **–vorschriften** *pl* règles *fpl* budgétaires; **–vorstand** *m* chef *m* de famillle; **–wirtschaft** *f* administration *f* du budget, gestion *f* des finances publiques, régime *m* budgétaire; **–zulage** *f (SozR)* complément familial.

Haushaltung *f* (1) *(Haushalt)* ménage *m*, foyer *m*, (2) *(Wirtschaftsführung)* gestion financière.

Haushaltungs|bücher *npl* livres *mpl* de comptabilité; **–entschädigung** *f* (S) indemnité de ménage; **–gemeinschaft** *f* ménage *m*; **–vorstand** *m* chef de famillle; **–zulage** *f* (S) allocation de ménage (S); **–zuschuß** *m* supplément familial.

Hausier|handel *m* colportage *m*, vente à domicile; **–schein** *m* permis de colportage, licence *f* de colportage; **–verbot** *n* interdiction *f* de colportage.

Haus|jurist *m* (1) juriste *m* d'entreprise (industrielle), consultant *m* interne, (2) avocat *m* défendant (de longue date) les intérêts d'une personne morale *ou* d'une société; **–kollekte** *f* quête *f* à domicile.

Haus|mann *m* homme *m* au foyer; **–meister** *m* gardien *m* d'immeuble, concierge *m*; **–miete** *f* loyer *m* (d'un immeuble); **–mitteilung** *f* note *f*, circulaire *f*; instruction; **–ordnung** règlement intérieur d'une maison.

Hausrat *m (FamR)* tous les biens mobiliers que les deux époux utilisent pour l'entretien commun du ménage sans considération de la propriété, effets *mpl* mobiliers du ménage, meubles *mpl* meublants des époux; **–sentschädigung** *f* indemnité pour les effets mobiliers; **–sgeschäfte** *mpl* actes de disposition portant sur les biens mobiliers communs; **–spfändung** saisie-exécution des objets mobiliers (indispensables au débiteur); **–ssachen** *fpl* litiges concernant le partage et la jouissance du mobilier du ménage; **–sverfahren** *n* procédure portant sur l'habitation des époux et les effets mobiliers du ménage; **–sverordnung** *f* ordonnance sur le partage des effets mobiliers des époux; **–sverteilung** *f* partage *m* du mobilier du ménage; **–sversicherung** *f* assurance *f* mobilier d'habitation, assurance des effets mobiliers.

Hausrecht *n* (1) *(ZR)* droit du propriétaire, (2) *(StR)* police *f* de l'assemblée; **das – verletzen** (1) violer un domicile, (2) contrevenir au règlement intérieur.

Hausse *f* hausse *f*; **konjunkturbedingte –** hausse cyclique; **künstliche –** hausse artificielle; **auf – spekulieren** spéculer à la hausse, jouer à la hausse; **–bewegung** *f* mouvement de hausse; **–spekulation** *f* spéculation à la hausse.

Haussier *m (BörR)* haussier *m*.

Hausstand *m* famille *f* et foyer familial; train *m* de vie du ménage; **eigener –** famille sans cohabitation, famille monoparentale.

Haussuchung *f (StPR)* perquisition *f*, perquisition domiciliaire, visite *f* domiciliaire; **eine – vornehmen** perquisitionner.

Haussuchungsprotokoll *n* procès-verbal *m* de perquisition.

Haustier *n* (1) animal de compagnie *ou* familier, (2) *(i. w. S.)* animal *m* domestique.

Haustürgeschäft *n* démarchage à domicile; contrat *m* résultant d'un démarchage de porte-à-porte, vente (à tempérament) conclue par un démarcheur; **Widerruf von –en** rétractation, renonciation à la commande *ou* à l'engagement d'achat.

Hausvater *m*: **redlicher und fleißiger –** (Aut) bon père de famille.

Haus|verbot *n* interdiction formelle de pénétrer dans un immeuble *ou* un magasin *ou* un débit de boissons; **–verwalter** *m* (1) *(der Miteigentümer)* syndic *m*, (2) *(ansonsten:)* gérant *m* d'immeuble, administrateur *m* (de biens); **–wesen** *n* direction et organisation d'un ménage; **–wirt** *m* propriétaire d'un immeuble loué; **–wirtschaft** *f* économie *f* domestique.

Hauszins *m* (Aut) loyer *m*; **–steuer** *f* (Aut) impôt *m* locatif.

Hausverwaltungsvollmacht *f* pouvoir *m* de gestion d'un immeuble.

Haverei *f* od. **Havarie** *f* (1) *(SeeHR)* avarie *f*, (2) sinistre *m*, dommage *m*; **besondere –** avarie particulière; *ou* simple; **große –** avarie grosse *ou* commune; **als große – vergüten** bonifier *ou* admettre en avarie commune; **kleine –** petite avarie; **–geld** *n* indemnisation des avaries, débours d'avarie commune; **– Grosse-Aufopferung** *f* sacrifice *m* d'avarie commune **–klausel** *f* clause *f* franc d'avaries particulières; **–schaden** *m* avarie, dommage matériel (portant sur un bien déterminé).

Hebamme *f* sage-femme *f*.

Hebe|gebühr *f (der Gerichtsvollzieher)* émoluments (dus au greffier) pour dépôt *ou* consignation de fonds; **–recht** *f* droit de prélever des taxes; **–rolle** *f* rôle des contributions; **satz** *m* taux de perception; barème *m* du tarif.

Hecke *f*: **gemeinschaftliche –** haie *f* mitoyenne.

Hedging *n (BankR: Preisabsicherungsgeschäft)* opération à terme couplée.

Hege *f* préservation du gibier; **–zeit** *f* fermeture *f* de la chasse.

hehlen recéler.

Hehler *m* recéleur *m*.

Hehlerei *f (StR)* recel *m*, *(ErbR)* recélé *m*; **gewerbsmäßige –** recel *m* continué *ou* professionnel.

Heil- und Pflegeanstalt *f* (1) dispensaire *m* d'hygiène sociale, centre *m* de désintoxication et de rééducation (pour alcooliques), (2) établissement psychiatrique.

Heil|behandlung *f* traitement médical; **–berufe** *mpl* professions médicales et paramédicales; **–eingriff** *m* intervention chirurgicale; **–fürsorge** *f* assistance *f* médicale gratuite; **–gewerbe** *n* professions libérales de la santé; **–hilfsberufe** *mpl* catégorie (professionnelle) des auxiliaires médicaux; **–kunde** *f* art médical, médecine *f* thérapeutique; **–mittel** *n* médicament *m*, préparation *f* pharmaceutique; **–mittelliste** *f* codex *m*, pharmacopée *f*; **–praktiker** *m* homéopathe *m*, personne *f* faisant profession de guérir sans être médecin; *(abwertend)* rebouteux *m*.

Heilung *f* (1) guérison *f*, traitement *m* curateur, (2) *(Mangel)* couverture *f*; **– fehlerhafter Rechtsgeschäfte** validation *f* de l'acte (entaché de nullité), confirmation *f* de l'acte (nul); **– von Fehlern bei Verwaltungsakten** approbation *ou* maintien *m* d'un acte administratif individuel; **– der Nichtigkeit** couverture de la nullité; **– von Verfahrensmängeln** couverture de la nullité des actes de procédure; régularisation ultérieure d'un acte de procédure; *(verbal:)* couvrir la nullité.

Heilungskosten *pl od.* **Heilkosten** *pl* frais *mpl* médicaux; frais des soins de santé, coût du traitement.

Heilverfahren *n* soins *mpl,* traitement (médical).

Heim *n* foyer *m*; **–arbeit** *f* travail *m* à domicile; **–arbeiter** *m* travailleur à domicile; ouvrier façonnier.

Heimat *f* patrie *f*; **–bahnhof** *m* gare d'attache; **–behörde** *f* autorité du lieu d'origine (S).

Heimat|berechtigung *f* (S) droit de bourgeoisie; **–bescheinigung** *(PatR)* certificat de dépôt national; **–börse** *f* bourse située au siège d'une société *ou* dans sa zone d'action; **–gemeinde** *f* commune d'origine; **–hafen** *m* port d'immatriculation, port d'attache; **–kanton** *m* (S) canton d'origine; **–land** *n* pays *m* d'origine.

heimatlos *adj* apatride, sans nationalité, heimatlos.

Heimat|lose(r) *m* apatride *m*; **–losigkeit** *f* (1) apatridie *f*, heimatlosat *m*, (2) défaut de droit de bourgeoisie; **–ort** *m* (1) commune d'origine, (2) port d'immatriculation, port d'attache, port d'immatricule; **–paß** *m* passeport *m* national; **–recht** *n* *(IPR: Recht des Landes)* loi nationale, droit du pays d'origine; **–rolle** *f* registre des citoyens; **–schein** *m* (1) certificat de nationalité, (2) (Aut) certificat attestant que l'intéressé a le droit de bourgeoisie dans une commune, (S) certificat d'origine; **–staat** *m* État d'origine; **–vertriebene(r)** *m* expulsé *m*, réfugié *m*.

Heimbeförderung *f* rapatriement *m*.

Heim|einweisung *f* internement *m* (administratif), ordonnance *f* de placement (dans un établissement spécialisé); **–erziehung** *f* formation *f* dans un établissement d'éducation surveillée, formation dans un centre de rééducation.

Heimfall *m* retour au propriétaire; **–gut** *n* bien de retour.

Heimfallsrecht *n* (1) droit de l'État sur les successions en déshérence, droit de déshérence, (2) droit de retour à l'État.

Heimfallstock *m* provision *f* pour rachat des actions.

Heimkehrer *m* (prisonnier de guerre *ou* déporté) rapatrié *m*.

heimlich *adj* secret *adj*, clandestin *adj*; clandestinement *adv*, subrepticement *adv*; **–e Maßnahmen der Sicherheitsbehörden** mesures de surveillance et d'observation prises par les organes de sûreté (à l'insu des personnes concernées).

Heimlichkeit *f* secret *m*, clandestinité *f*.

Heimschaffung *f* rapatriement *m*.

Heimstätte *f (ErbR)* bien-fonds jouissant de certains privilèges en faveur du propriétaire et de sa famille.

Heimtücke *f (StR: bei Tötung)* le fait d'exploiter la confiance de la victime *ou bien* son impossibilité à se défendre; le fait d'abuser de manière tout à fait répréhensible de la confiance de qqn.

Heimunterbringung *f* internement *m*, (mesure de) placement; **–svertrag** contrat conclu entre une maison de retraite *ou* hospice et une personne âgée en vue de pourvoir à son hébergement et le cas échéant aux soins nécessaires.

Heirat *f* (= Eheschließung) mariage *m*, acte juridique solennel de formation du mariage, cérémonie civile qui préside à la formation du mariage, célébration du mariage.

heiraten se marier, s'unir par le mariage, contracter mariage.

Heirats|abfindung *f (SozR)* indemnité forfaitaire en cas de mariage; **–beihilfe** *f* allocation *f* de mariage; **–buch** *n* registre *m* des actes de mariage; **–buchauszug** *m* extrait *m* de l'acte de mariage; **–eintragung** *f* enregistrement du mariage; **–erlaubnis** *f* autorisation (familiale) de mariage; **–gut** *n* dot *f*; **–provision** *f* rémunération dans le cadre du courtage *m* matrimonial; **–register** *n* registre des mariages; **–schein** *m* certificat de mariage; **–schwindel** *m(StR)* escroquerie *f* au mariage; **–schwindler** *m* escroc au mariage; **–urkunde** *f* acte *m* de mariage, expédition *f* de l'acte de mariage, extrait *m* (certifié conforme) de l'acte de mariage; **–vermittlung** *f* (1) courtage matrimonial; *pej* marché des solitaires, (2) agence *f* matrimoniale; **–zulage** *f* allocation de mariage.

Heiz|anlage *f* installation de chauffage; **–kosten** frais de chauffage (collectif); **–öl** *n* fuel *m* domestique, mazout *m*.

Heizungs|anlage *f* installation de chauffage (en logement collectif *ou* individuel); **–technik** *f* technique de chauffage.

Helfer *m* (1) auxiliaire *m*, assistant *m*, collaborateur *m*, (2) *(StR)* complice *m* par aide *ou* assistance; **– in Steuersachen** conseiller *m ou* conseil fiscal.

Helfershelfer *m* complice *m*.

hemmen (1) *(Tätigkeit)* entraver, faire obstacle, freiner, (2) *(Frist)* suspendre, arrêter, interrompre.

Hemmnis *n* obstacle *m*, empêchement, entrave *f*; frein *m*, difficulté *f*, gêne *f*.

Hemmung *f* (1) *(Störung, Hindernis)* perturbation, entrave *f*, désorganisation, (2) *(Ruhen des Ablaufs einer Frist)* suspension, interruption momantanée (du délai); **– der Ersitzungsfrist** suspension de la prescription; **– von Fristen** suspension des délais; **– der Verjährung** interruption *f* de la prescription.

Hemmungswirkung *f* effet *m* suspensif, effet de l'interruption.

herabsetzen diminuer, réduire, amoindrir; déprécier.

Herabsetzung *f* (1) *(Preis)* diminution *f*, réduction *f*, abaissement *m*, (2) *(Wert)* dépréciation *f*; **– des Grundkapitals** réduction du capital social; **– des Nennwertes** réduction de la valeur nominale; **– des Rentenalters** abaissement de l'âge de la retraite; **– einer Strafe** mitigation *f* de peine; **– des Streitwerts** réduction du montant de la demande.

Herabstufung *f (DiszR)* rétrogradation *f*.

Herabwürdigung *f* dénigrement *m*, le fait de discréditer qqn.

Heranwachsende(r) *m (StPR)* jeune adulte âgé entre 18 et 21 ans au jour de l'infraction.

heranziehen: jemanden – faire appel à quelqu'un, avoir recours à quelqu'un; rendre qqn. responsable, imputer qch. à qqn., demander des dommages-intérêts à qqn.

Heranziehung| zur Steuer assujettissement à l'impôt; **– zum Wehrdienst** appel du contingent, appel sous les drapeaux.

Heranziehungsnorm *f (IPR)* règle *f* de rattachement.

heraufsetzen augmenter, élever.

herausfordern provoquer, défier.

Herausforderung *f* provocation *f*, défi *m*.

Herausgabe *f* (1) *(Rückgabe)* restitution *f*, répétition *f*, (2) *(Übergabe)* remise *f*, délivrance *f*, (3) *(Buch, Zeitung)* publication *f*; **–anspruch** *m* droit à restitution *ou* de répétition; **–klage** *f* (1) *(ErbR)* pétition d'hérédité, (2) *(SachR)* action en restitution; **–pflicht** *f* obligation *f* de restituer (la chose indûment reçue); **– des Kindes** *(FamR)* droit d'exiger que le mineur retourne au domicile familial.

herausgeben (1) restituer, (2) remettre, (3) éditer, publier.

Herausgeber *m* éditeur *m*, *(Zeitung)* directeur *m* (de la publication).

Herausgebervertrag *m* contrat d'édition concernant une œuvre collective.

herbeiführen provoquer, occasionner, causer; **eine Entscheidung –** en appeler aux tribunaux, soumettre à la justice (un litige).

Herbeiführen *n* **einer Brandgefahr** fait *m* de ne pas respecter les règlementations relatives à la prévention d'incendies.

herbeischaffen apporter, amener, produire (un acte).

Herbeischaffung *f* apport *m*.

Herberge *f* auberge *f*; **Jugend–** auberge de jeunesse.

Hereingeber *m (BörR)* reporté *m*.

Hereinnehmer *m* reporteur *m*.

Hergang *m* **der Straftat** circonstances *fpl* de l'infraction.

Herkunft *f* (1) *(Waren)* provenance *f*, origine *f*, (2) *(Personen)* origine nationale.

Herkunfts|angabe *f* (1) indication *f* de provenance, (2) indication d'origine; **–ausweis** *m*, **–bescheinigung** *f* certificat d'origine; **–bezeichnung** *f* (1) appellation *ou* indication d'origine, (2) indication de provenance, désignation d'origine; **–garantie** *f* garantie de provenance; **–land** *n* pays de provenance; **–marke** *f*, **–zeichen** *n* (1) marque de provenance, (2) marque d'origine.

herrenlos *adj* sans maître, vacant; **–e Sache** chose abandonnée.

Herrenlosigkeit *f (SachR)* fait d'être vacant *ou* abandonné.

herleiten (Recht) se prévaloir de.

Herrschaft *f* (1) *(Regierungsgewalt)* pouvoir *m* politique, (2) *(Befehlsgewalt)* autorité *f*, (3) *(Macht)* puissance *f*, domination *f*; **territoriale –** souveraineté *f* territoriale.

Herrschafts|anspruch *m (VR)* revendication (d'un territoire); **–ausübung** *f (VR)* exercice de la souveraineté; **–bereich** *m* domaine d'action; **–gewalt** *f* puissance publique; **–recht** *n (ZR)* droit *m* s'exerçant directement sur une chose, droit absolu, droit exercé contre toute personne, droit de tirer un avantage privatif d'une chose.

herrschen régner; dominer.

herrschende Lehre doctrine *f* (presque) unanimement reconnue et défendue par les juristes; **– Meinung** opinion (relative à un point de droit) prévalant dans la jurisprudence et la doctrine, position dominante.

Herrscher *m* monarque *m*; **absoluter –** monarque absolu; **– von Gottes Gnaden** monarque de droit divin.

Herrscherhaus *n* dynastie *f*; **regierendes –** maison *f* régnante.

herstellen créer, fabriquer, produire.

Herstellen *n* **unechter Urkunden** faux *m* en écriture, contrefaçon (d'un document).

Hersteller *m* producteur *m*, fabricant *m*; **–betrieb** *m*, **–firma** *f* entreprise *f* de production; **–garantie** *f* garantie *f* du fabricant *ou* producteur.

Herstellerhaftung *f* responsabilité *f* (civile) (délictuelle) des fabricants *ou* du producteur, responsabilité du fait des produits, responsabilité-produit.

Herstellung *f* création, fabrication, production *f*; **– von Geschäftsbeziehungen** établissement de relations d'affaires.

Herstellungs|fehler *m* vice *m* de fabrication; **–klage** *f (EheR)* action en vue de rétablir la vie commune (des époux), action en rétablissement de la vie conjugale; **– kosten** *pl* frais de fabrication, prix *m* de revient; **–land** *n* pays-producteur *m*; **–lizenz** *f* licence *f* de fabrication; **–monopol** *n* monopole *m* de fabrication; **–ort** *m* lieu *m* de fabrication; **–preis** *m* prix *m* de revient; **–verfahren** *n* procédé *m ou* mode *m* de fabrication; **–vertrag** contrat *m* de façonnage.

hervorgehen provenir de; découler de, résulter de.

hervorheben souligner, mettre l'accent sur.

Hetzer *m (StR)* agitateur *m*, agent *m* provocateur.

Heuer *f* (1) paie *f* d'un matelot, salaire *m* (marin), (2) loyer *m* de l'équipage; **–buch** *n* livre de solde, livre de loyers; **–schein** *m (SeeHR)* certificat de solde; **–vertrag** *m* contrat d'engagement maritime.

Hierarchie *f*, (1) *(Rangordnung)* hiérarchie *f*, ordre *m*, subordination *f*, (2) *(Stufenfolge)* classement *m*, classification *f*, ordre.

hier|auf *adj* ensuite, après (cela); **–aus** il en résulte; **–bei** en cette occasion, ce faisant; **–durch** par cela (même), ainsi; **–für** prévu pour, destiné à.

hier|mit *adj* par la présente; **–nach** *adj* ainsi, donc, par voie de conséquence.

Hilfe *f* secours *m*, aide *f*, assistance *f*, appui *m*, collaboration *f*, concours *m*, soutien *m*; **bedingte –** aide conditionnelle; **erste –** secours d'urgence, premiers secours; **finanzielle –** concours *m* financier, assistance *f ou* aide *f* financière; **gegenseitige –** assistance mutuelle; **technische –** assistance *ou* aide technique; **– in Seenot** secours en cas de détresse maritime.

Hilfeleistung *f* prestation *f* d'assistance, aide *f*, secours *m*; **unterlassene –** *(StR)* omission de porter secours (à une personne en péril), abstention de secours en cas de péril; **verweigerte –** *(StR)* abstention volontaire et consciente (de porter secours), refus d'assistance.

Hilfeleistungsvertrag *m* contrat d'assistance.

Hilflose(r) *m* *(StR)* personne particulièrement vulnérable en raison d'une maladie, d'une infirmité ou d'une déficience physique ou mentale, personne *f* *ou* incapable *m* hors d'état de se protéger elle/lui-même; **Aussetzung von –n** abandon *m* *ou* délaissement *m* d'un incapable.

Hilflosigkeit *f* *(SozR)* incapacité de pourvoir à sa propre subsistance.

Hilfs– auxiliaire *adj*, subsidiaire *adj*.

Hilfs|anspruch demande *f* subsidiaire; **–antrag** *m* *(ZPR)* conclusions *fpl* subsidiaires; **als –antrag** au subsidiaire; **–arbeiter** *m* manœuvre *m*; auxiliaire *m*.

Hilfsbeamte(r) *m* fonctionnaire *m* auxiliaire; **– der Staatsanwaltschaft** agent *m* de la police judiciaire, inspecteur *m* de police, officier *m* de la gendarmerie *ou* de la police criminelle.

Hilfs|bedürftige(r) *(SozR)* personne *f* sans ressources (personnelles) suffisantes, économiquement faible *m*; **–bedürftigkeit** *f* *(SozR)* (personne) démunie de ressources suffisantes de subsister; **–berichterstatter** *m* rapporteur *m* adjoint; **–buchhalter** *m* aide-comptable *m*; **–dienst** *m* service d'aide (technique); service auxiliaire.

hilfsdiensttauglich *adj* apte au service auxiliaire.

Hilfs|fonds *m* fonds *m* d'entraide *ou* de soutien; **–gebrauchsmuster** *n* modèle d'utilité à titre subsidiaire; **–gesuch** *n* demande *f* d'aide; **–gelder** *pl* secours *m*, subvention *f*; **–handelsgeschäft** *n* acte *m* de commerce relatif; **–kassierer** *m* aide-caissier *m*; **–konto** *n* compte *m* auxiliaire; **–kraft** *f* auxiliaire *m*, contractuel *m*; **–lehrer** *m* maître *m* auxiliaire; auxiliaire *m* de l'enseignement; **–leistung** *f* prestation d'assistance; **–leistungsvertrag** *m* contrat d'assistance; **–lohn** *m* salaire de sauvetage, indemnité *ou* rémunération d'assistance; **–maßnahme** *f* mesure *f* de circonstance *ou* d'urgence; **–mittel** (1) *(npl)* moyens financiers, ressources *fpl*; (2) *(SozVers)* appareils *mpl* et prothèses *fpl*; **–organ** *n* organe *m* auxiliaire; **–organisation** *f* organisation de secours; **–person** *f* – auxiliaire *m*; **–personal** *n* personnel *m* auxiliaire; **–polizei** *f* police *f* auxiliaire; **–quelle** *f* (1) *(Literaur)* documentation, instrument de travail, ouvrage *m* à consulter, (2) *(FinanzW)* ressource *f* économique; **–richter** *m* juge *m* suppléant; **–schöffe** *m* juré *m* suppléant; **–stoffe** *mpl* *(BW)* matières *fpl* auxiliaires (nécessaires pour la fabrication d'un produit); **–tatsachen** *fpl* *(ZPR)* faits *mpl* confortant un moyen de preuve; **–truppe** *f* forces *fpl* supplétives.

hilfsweise *adv* subsidiairement *adv*, à titre subsidiaire.

Hilfswerk *n* établissement *m* de bienfaisance, œuvre *f* sociale, organisation *f* charitable.

Hilfszuständigkeit *f* compétence *f* accessoire *ou* subsidiaire.

Hinausschiebung *f* **der Altersgrenze** prolongation *f* d'activité.

hinauszögern différer, retarder, remettre *ou* repousser à une date ultérieure.

hindern empêcher, entraver, mettre un obstacle à.

Hindernis *n* empêchement *m*, entrave *f*, obstacle *m*; **gesetzliches –** empêchement légal; **unheilbares –** empêchement dirimant.

Hinderung *f* empêchement.

Hinderungs|grund *m* cause d'empêchement, motif d'empêchement; **–recht** *n* droit d'empêcher.

Hineingeber *m* reporté *m*.

hinfällig *adj* caduc, nul, périmé, invalide.

Hinfälligkeit *f* *od* **Hinfälligwerden** *n* caducité *f*.

Hingabe an Erfüllungs – *od* – an Zahlungs Statt *(SchuldR: Leistung)* dation en paiement.
hinkende Ehe *(IPR)* système de rattachement du statut familial (et du divorce) à des lois nationales contradictoires.
Hinrichtung *f* exécution *f* capitale, mise à mort (d'un condamné); – **ohne Verfahren** exécution sommaire, liquidation.
Hinrichtungskommando *n* peloton *m* d'exécution.
Hinsicht: in – auf quant à, pour ce qui est, pour *ou* en ce qui concerne.
hinsichtlich concernant, se référant à, en ce qui concerne.
Hinterbliebene *m/f* (1) conjoint *m* survivant, (2) *(ErbR)* héritier *m*, descendant.
Hinterbliebenen|bezüge *pl* prestations *fpl* (versées) aux (ayants droit) survivants, pension versée à la famille d'un défunt, allocation de réversion; **–fürsorge** *f* assistance *f* pour le conjoint et les enfants à charge; **–pension** *f*, **–rente** *f* pension de réversion, pension *ou* rente de survivant; **–versicherung** *f* assurance *f* des survivants.
Hintergrund *m*: **in den – drängen** reléguer à l'arrière-plan; **in den – rücken** tomber dans l'oubli, passer à l'arrière-plan.
Hinterhalt *m (StR)* guet-apens *m*, embuscade *f*.
hinterlassen laisser (à son décès); transmettre par voie de succession.
Hinterlassenschaft *f (ErbR)* hérédité *f*, héritage *m*, succession *f*.
hinterlegen déposer, consigner, mettre en dépôt.
Hinterleger *m* déposant *m*.
Hinterlegung *f* (1) *(Vertrag)* dépôt *m*, (2) *(bei Annahmeverzug usw.)* consignation *f*; **frühere –** dépôt antérieur; **gerichtliche –** consignation en justice *ou* judiciaire; **notwendige –** dépôt nécessaire; **registrierte –** *(Muster)* dépôt enregistré; **– von Geld** dépôt de fonds; **– einer Geldstrafe** consignation d'amende; **– bei Gericht** séquestre *m* judiciaire; **– von Pflichtexemplaren** *(VerlR)* dépôt légal; **– des Preises** consignation du prix; **– der Ratifikationsurkunden** – *(VR)* dépôt des instruments de ratification; **– des Unterhalts** consignation d'aliments; **– eines Warenzeichens** dépôt d'une marque de fabrique; **zur – zulassen** admettre au dépôt.
Hinterlegungs|befugnis *f* droit de procéder à la consignation (du paiement *ou* de la chose); **–bescheinigung** *f* certificat *m* de dépôt; **–geschäft** opération de dépôt; **–gesuch** *n* demande de dépôt; **–kasse** *f* – caisse *f* de dépôts et consignations; **–konto** *n* compte de dépôt; **–kosten** frais *ou* droits du dépôt judiciaire; **–ordnung** *f* loi relative aux dépôts et consignations auprès des bureaux adminsitrés par les tribunaux cantonaux allemands; **–ort** bureau du tribunal cantonal compétant en matière de dépôts et consignations; **–pflicht** *f* obligation de dépôt; **–quittung** *f* quittance de consignation; **–schein** *m* certificat de dépôt, reconnaissance de dépôt; **–stelle** *f* bureau de dépôt; **–urkunde** *f* acte de dépôt; **–vertrag** *m* contrat de dépôt.
Hinterlist *f* ruse *f*, artifice *m*, fraude *f*, manœuvre *f*, subterfuge *m*, adresse *f*, cautèle *f*.
hinterlistiger Überfall *(StR)* guet-apens *m*.
Hintermann *m* (1) instigateur *m*, promoteur *m*, inspirateur *m*, (2) répondant *m*, (3) *(WechselR)* endosseur *m* subséquent.
hintertreiben contrecarrer, s'opposer.
hinterziehen détourner, soustraire, frauder.
Hinterziehung *f* détournement *m*, fraude *f*, soustraction *f*, malversation *f*.
Hinterziehungsstrafe *f* peine *f* infligée en répression d'une fraude.
Hinweis *m* (1) *(Mitteilung)* information, indication *f*, renseignement *m*; (2) *(Andeutung)* allusion *f*; **–e des**

Gerichts *(auf Formularen)* ‹très important›; **unter – auf** en se référant à.

hinweisen (auf) se référer à, renvoyer à; indiquer.

Hinweis|pflicht *f* (des Gerichts) obligation pour le juge (du fond) d'attirer l'attention des parties sur tous les points concernant l'objet du litige et les faits allégués; **–zeichen** *n* *(StVR)* panneau *m* de signalisation.

Hinzufügung *f* addition *f*, notes *fpl* additionelles, addenda *mpl*.

Hinzurechnungsbetrag *m* montant *m* additionnel.

Hinzuwahl *f* cooptation *f*.

Hirntod *m* mort cérébrale.

Hirten|amt *n* ministère du prêtre, fonction de ministre du culte; **–brief** *m* lettre *f* pastorale.

Hochachtung *f* estime *f*, considération; déférence *f*, respect *m*.

hochachtungsvoll (1) *adj* respectueux, (2) *(adv: Briefschlußformel)* Veuillez agréer, . . .

Hochbau *m* (1) construction en élévation, construction de surface, (2) *(i. w. S.)* le Bâtiment.

Hochbetrieb *m* activité intense, affluence; heures *fpl* de pointe.

Hochburg *f* (1) lieu où une idée, une doctrine, un parti, etc. . . . trouvent de nombreux partisans, (2) fief *m* électoral.

hochentwickelt (technologie) de pointe; de haute technicité.

Hoch|finanz *f* haute finance *f*; **–konjunktur** *f* conjoncture de prospérité, haute conjoncture *f*, phase *f* de l'expansion, essor *m* économique.

Hochrechnung *f* estimation, extrapolation; fourchette *f*.

Hochschulbildung *f* études supérieures; formation universitaire.

Hochschule *f* université *f*, établissement *m* (allemand) d'enseignement supérieur, unité *f* d'enseignement et de recherche.

Hochschul|grad *m* grade *m* universitaire; **–lehrer** *m* professeur *m* titulaire; professeur sans chaire; chargé *m* de cours, maître *m* de conférence; **–planung** *f* plan d'aménagement (et d'extension) des universités; **–prüfungsordnung** *f* réglementation des études et examens universitaires; **–rahmengesetz** *n* loi cadre portant sur la réglementation des universités et établissements d'enseignement supérieur allemands; **–recht** *n* droit *m* réglementant les universités et les caractères de l'enseignement dispensé; **–reform** *f* réforme *f* de l'enseignement supérieur; **–reife** *f* accès *m* en première année d'études (universitaires); **–satzung** *f* statuts des établissements d'enseignement supérieur et de recherche; **–studierende** *m* étudiant *m* (de l'enseignement supérieur); **–verfassung** *f* organisation *ou* gestion de l'enseignement supérieur; **–wesen** *n* Enseignement *m* supérieur (en Allemagne).

Hochsee|fischerei *f* pêche *f* en haute mer; **–schiffahrt** *f* navigation *f* transatlantique *ou* océanique.

Hochstapelei *f* *(StR)* usurpation de titre, costume, uniforme, décoration et usage abusif d'un diplôme *ou* d'une distinction honorifique.

Hochstapler *m* escroc *m*, chevalier *m* d'industrie.

Höchst|alter *n* âge *m* limite; **–angebot** *n* (1) offre *f* maximum, (2) la plus forte enchère; **–arbeitszeit** *f* durée *f* maximum du travail; **–belastung** *f* charge *f* maximum; **–betrag** *m* montant *m* maximum, plafond *m*, somme *f* globale.

Höchstbetrags|bürgschaft *f* cautionnement limité à un montant donné; **–hypothek** *f* hypothèque dont le montant maximum seul est indiqué au registre hypothécaire.

Höchst|bietende(r) *m* le plus offrant; **–entschädigung** *f* indemnité *f* maximale; **–garantie** *f* garantie *f* plafond; **–gebot** *n* la plus forte enchère; **–geschwindigkeit** *f* vitesse *f* maximum; maximum *m* de vitesse autorisé.

Höchstgrenze *f* plafond *m*, maximum *m*, limite *f* supérieure; **– der Vorschüsse** plafond des avances.

Höchsthaftung *f* *(VersR)* engagement *m* maximum (en cas de sinistre); **–sbetrag** *m* montant *m* maximum de garantie; **–ssumme** *f* plein *m* d'acceptation.

Höchst|kontingent *n* contingent *m* maximum; **–kurs** *m* cours *m* maximum; **–ladegewicht** *n* limite de charge; **–leistung** *f* puissance maximale, rendement *ou* productivité maximum; **–lohn** *m* salaire *m* plafond; **–maß** *n (der Strafe)* peine *f* plafond *ou* maximale; **–menge** *f* quantité *f* maximum.

höchstpersönlich *adv* personnellement *adv*, en personne, soi-même; **–e Rechte** droits *mpl* subjectifs attachés à la personne (et ne pouvant être cédés); **–es Rechtsgeschäft** acte *m* juridique pouvant être seulement accompli par le mineur lui-même (avec l'assentiment du tuteur).

Höchstpreis *m* prix-limite *m*, prix maximum.

höchstrichterliche Entscheidung arrêt de la Cour fédérale de justice (à Karlsruhe).

Höchst|spanne *f* marge *f* limite; **–strafe** *f* peine maximum, peine la plus élevée; **–tarif** *m* tarif maximum, tarif *m* limite; **–versicherungssumme** *f* montant maximal de l'assurance, plafond *m* de l'assurance; **–wert** *m* valeur maximale; **–zahlverfahren** *n* système *m* majoritaire; **–zölle** *pl* droits de douane maximum.

Hoch- und Tiefbau Bâtiments *mpl* et Travaux publics, génie *m* civil.

Hoch|verrat *m* entreprise tendant à séparer une portion du territoire national pour la rattacher à un autre pays *ou* visant à porter atteinte par la force à la constitution *ou* au gouvernement, complot contre la sûreté de l'Etat; **–verräter** *m* traître *m*, espion *n*.

hochverschuldet *adj* obéré, criblé de dettes.

hochwertig *adj* de première qualité, de grande valeur; sophistiqué.

Hochzeit *f* (= Trauung) célébration *f* du mariage, mariage *m*, noces *fpl*.

Hochzeitsgeschenk *n* cadeau *m* de mariage.

Hof *m* bien *m* rural, fonds *m* agricole, ferme *f*, exploitation *f* agricole; **–ärar** *n* (Aut) Trésor *m*.

Höfe|ordnung *f* dispositions *fpl* (légales) portant sur la succession des biens ruraux; **–recht** *n* droit des biens de famille paysans; **–rolle** *f* registre des biens de famille.

Hoffnungskauf *m* vente *f* aléatoire.

Höflichkeitsbesuch *m* visite *f* de courtoisie.

Höhe *f* (1) hauteur *f*, altitude *f*, niveau *m*, (2) montant *m*, limite *f*; **bis zur – von** jusqu'à concurrence de, dans la limite de; **in voller –** pour son montant intégral; **– der Abfindung** montant de l'indemnité; **– des Unterhalts** montant des subsides *ou* de la pension alimentaire.

Hoheit *f* souveraineté *f*; puissance publique; **nationale –** souveraineté nationale.

hoheitlich *adj* souverain; suprême; **–e Gewalt** puissance *f* publique; **–e Tätigkeit** *(VwR)* action *f* d'une personne morale publique régie par le droit administratif.

Hoheits|abzeichen *npl* emblèmes *mpl* (d'un pays); **–akt** *m* acte de gouvernement; acte *m* d'autorité; **–aufgaben** *fpl* fonctions d'administration publique; **–befugnis** *f* pouvoir de souveraineté; **–betrieb** *m* établissement public.

Hoheitsgebiet *n* territoire sur lequel s'exerce la souveraineté, territoire national, territoire; **abhängiges –** territoire *m* dépendant.

Hoheits|gewalt *f* pouvoir de souveraineté; **–gewässer** *pl* eaux *fpl* territoriales; **–grenze** *f* limite de souveraineté; **–handlung** *f* acte de souveraineté; **–meer** *n* mer territoriale; **–recht** *n* droit de souveraineté, droit *m* régalien; **–träger** *m* détenteur *m* de la souveraineté; **–verletzung** *f* violation de la souveraineté, atteinte à la souveraineté; **–wechsel** *m* changement de souveraineté; **–verwaltung** *f* administration *f* exerçant ses prérogatives de puissance publique; **–zeichen** *n* insigne de souveraineté, marque de nationalité, emblème *m* national.

Höhepunkt *m* point *m* culminant.

höhere Gewalt *(SchuldR)* force majeure, événement imprévisible et irrésistible, cause extérieure (au débiteur); cas fortuit; **–Klausel** *f* clause *f* d'exonération pour force majeure, fait du prince, fait d'un tiers *ou* force de la nature.

Höher|einstufung *f* (1) élévation de classe, reclassement *m*, (2) rectification administrative de la déclaration de revenus; **–gruppierung** *f* revalorisation *f*, reclassement *m* à une catégorie supérieure; **–versicherung** *f* assurance *f* complémentaire.

höherer Dienst *(BeamtR)* corps de fonctionnaires de la catégorie A, corps des administrateurs civils (en Allemagne).

Hökerhandel *m* brocantage *m*.

Holdinggesellschaft *f* société *f* holding, holding *f*, société *f* financière, société de portefeuille.

holographisch *adj* (= eigenhändig geschrieben) olographe *adj*; **–es Testament** testament *m* olographe.

Holschuld *f* dette *f* quérable.

Holz|abfuhrweg *m* chemin d'exploitation forestière; **–berechtigung** *f*, **–nutzungsrecht** *n*, **–schlagrecht** *n* (S) droit d'affouage.

Homologationsurteil *n* (S) jugement d'homologation.

Homosexualität *f* homosexualité *f* (masculine *ou* féminine); homophilie; inversion sexuelle.

homosexuelle Handlungen *fpl* *(StR)* actes *mpl* homosexuels; relations pédérastiques.

Honorant *m (BankR)* accepteur par intervention, intervenant *m*.

Honorar *n* (1) *(Rechtsanwalt, Arzt, Übersetzer)* honoraires *mpl*, rémunération, (2) *(Notar)* vacation *f*, émoluments *mpl*, (3) *(Künstler)* cachet *m*, (4) *(Autoren)* droits *mpl* d'auteur; **–abrede** *f* convention d'honoraires; **–anspruch** *m* créance *f* d'honoraires; **–anzahlung** *f* provision *f*, acompte *m*; **–festsetzung** *f* liquidation *ou* fixation des honoraires; **–forderung** *f* créance d'honoraires; **–konsul** *m* consul *m* honoraire; **–ordnung** *f* tarif *m ou* barème *m* des honoraires; système de tarification; **–professor** *m* professeur d'enseignement supérieur hors cadre nommé à titre honorifique; **–vereinbarung** *f* convention relative au montant des honoraires, convention d'honoraires.

Honorat *m (WechselR)* celui pour qui quelqu'un intervient.

honorieren (1) *(Geldschuld)* honorer, payer, (2) *(WechselR)* intervenir.

Hörensagen *n (Zeugen)* commune renommée *f*; **vom –** par ouï-dire, par la rumeur publique.

Hörerlizenz *f (Rundfunk)* licence *f* de radiodiffusion.

Hör|fehler *m* erreur *f* d'audition; **–funk** *m* radiodiffusion *f*; **–gerät** *n* appareil de correction auditive, audiophone, sonotone *m*.

horten thésauriser.

Hortung *f* thésaurisation *f*.

Hortungskauf *m* achat *m* spéculatif.

Hospitant *m (Parlament)* apparenté *m*.

Hotel *n* hôtel *m*; **–gewerbe** *n* industrie *f* hôtelière; **–meldeschein** *m* fiche *f* d'hôtel; **– und Gaststättengewerbe** la restauration et l'hôtellerie.

Huckepackverkehr *m* trafic *m* combiné rail-route, ferroutage *m*.

Humangenetik *f* génétique *f* humaine, science de l'hérédité; génie *m* génétique.

Humanisierung der Arbeit humanisation du monde du travail *ou* de l'environnement dans l'entreprise.

humanitäre Intervention *(VR)* intervention dans un but humanitaire *ou* philanthropique.

Humanitätsverbrechen *n* crime *m* contre l'humanité.

Hundesteuer *f* taxe *f* (communale) sur les chiens.

Hungerstreik *m* grève de la faim; **–ende(r)** *m* gréviste *m* de la faim.

Hupe *f* (1) avertisseur *m* sonore, (2) *(Licht-)* avertisseur lumineux.

Hupen *n* emploi *m* de l'avertisseur, usage *m* des signaux sonores *ou* lumineux.

Hürde *f a. fig.* obstacle *m*.

Hymne *f* hymne *m* national; **Verunglimpfung der –** acte malveillant envers l'hymne national.

Hypothek *f (SachR: Verkehrshypothek)* cédule *f* hypothécaire allemande (librement transmissible), hypothèque *f* (de droit allemand); gage *m* immobilier; **außerbücherliche –** (Aut) hypothèque occulte; **Bereinigung(sverfahren)** *n* **der –** purge *f* (de l'hypothèque); **eingetragene –** hypothèque inscrite, inscription hypothécaire; **erste –** hypothèque de premier rang; **gesetzliche –** hypothèque légale; **Löschung einer –** radiation d'une hypothèque, mainlevée *f* d'inscription hypothécaire; **nicht eingetragene –, nicht verbücherte –** (Aut) hypothèque occulte; **verbücherte –** (Aut) inscription *f* d'hypothèque; **vertragliche –** hypothèque conventionnelle; **zweitrangige –, zweitstellige –** hypothèque de second rang; **eine – ablösen** purger une hypothèque; **eine – aufnehmen** prendre *ou* constituer une hypothèque; **mit einer – belasten** hypothéquer, grever (un immeuble) d'une hypothèque; **eine – bestellen** consentir *ou* constituer une hypothèque; **eine – bewilligen, eine – einräumen, eine – gewähren** consentir une hypothèque; **– kraft Gesetzes** hypothèque légale; **– kraft Urteil** hypothèque judiciaire; **eine – löschen lassen** faire radier une hypothèque; **– an einem Luftfahrzeug** hypothèque aérienne *ou* sur aéronef; **eine – tilgen** amortir une hypothèque.

Hypothekar|anleihe *f* emprunt *m* hypothécaire; **–darlehen** *n* (Aut) prêt *m* hypothécaire, prêt sur hypothèques; **–forderung** *f* (Aut) créance *f* hypothécaire; **–gläubiger** *m* (Aut) créancier *m* hypothécaire.

hypothekarisch *adj* hypothécaire; **– belasten** hypothéquer; **– sichern** garantir par (une) hypothèque.

Hypothekar|kasse *f* (S) caisse *f* hypothécaire; **–klage** *f* (Aut) action *f* hypothécaire; **–kredit** *m* crédit *m* hypothécaire; **–schuldner** *m* (Aut) débiteur *m* hypothécaire; **–verschreibung** *f* (Aut) cédule hypothécaire; **–verschuldung** *f* endettement *m* hypothécaire; **–zinsen** *pl* intérêts *mpl* hypothécaires.

Hypotheken *pl:* **auf – entleihen** emprunter sur hypothèques; **auf – leihen** prêter sur hypothèques; **–anlage** *f* placement *m* hypothécaire; **–bank** *f* banque de prêts hypothécaires, banque *f* foncière, banque de crédit hypothécaire *ou* de crédit foncier, banque immobilière; **–belastung** *f* charge hypothécaire; **–besteller** *m* propriétaire *m* hypothéqué; **–bestellung** *f* constitution d'hypothèque; **–bestellungsurkunde** *f* acte constitutif d'hypothèque, contrat (authentique) d'hypothèque; **–bewahrer** *m* (L) conservateur *m* des hypothèques; **–bewilligung** *f* constitution d'hypothèque; **–brief** *m* cédule *f* *ou* lettre *f* hypothécaire librement transmissible (dans le cadre de la mobilisation du crédit hypothécaire); **–buch** *n* registre *m* des hypothèques; **–darlehen** *n* prêt *m* hypothécaire, prêt sur hypothèques; **–eintragung** *f* inscription d'hypothèque, transcription *f* hypothécaire; **–forderung** *f* créance *f* hypothécaire.

hypothekenfrei *adj* franc *ou* libre d'hypothèques.

Hypotheken|gewährung *f* octroi *m* *ou* constitution d'hypothèque(s); **–gläubiger** *m* créancier *m* hypothécaire, prêteur *m* sur hypothèque; **–klage** *f* action hypothécaire; **–kredit** *m* crédit hypothécaire; **–löschungsurkunde** *f* acte *m* de mainlevée d'une hypothèque; **–makler** *m* agent *m* immobilier; **–markt** *m* marché *m* hypothécaire; **–pfandbrief** *m* lettre de gage hypothécaire (librement négociable); **–recht** *n* droit *m* hypothécaire; **–register** *n* registre des hypothèques; **–schuld** *f* dette *f* hypothécaire; **–schulden** *pl* passif *m* hypothécaire; **–schuldner** *m* débiteur *m* hypothécaire; **–übersicht** *f* état *m* hypothécaire; **–verschuldung** *f* endettement *m* hypothécaire; **–zinsen** *pl* intérêts *mpl* hypothécaires.

hypothetische Kausalität *(SchuldR)* causalité hypothétique (le dommage serait survenu même sans l'intervention du fait générateur d'un tiers).

I

i. A. (1) *(= im Auftrag)* par délégation, par ordre, (2) *(= in Auflösung)* en liquidation.

Idealkonkurrenz *f (StR: Tateinheit)* concours *m* idéal d'infractions, concours formel d'infractions, cumul *m* idéal.

Idealverein *m (ZR)* association *f* sans but lucratif *ou* poursuivant des activités dans un but autre que de partager des bénéfices; association enregistrée de droit allemand.

ideeller Schaden *m* (= **immaterieller –**) dommage *m* moral.

identifizieren identifier, reconnaître du point de vue de l'état civil, confondre qqn., démasquer.

Identifizierung *f* identification *f*.

Identität *f* identité *f*.

Identitäts|ausweis *m* (Aut) pièce *f* d'identité; **–feststellung** *f (StPR)* vérification *ou* contrôle de l'identité (d'un individu); **–irrtum** *m (SchuldR)* erreur *f* sur l'identité d'une chose (*ou* d'une personne), confusion avec une autre; **–karte** *f* (S) carte *f* d'identité; **–kontrolle** *f* contrôle d'identité, interpellation pour contrôle d'identité.

Identitätsnachweis *m* preuve d'identité, pièce d'identité; **mangelnder –** défaut de pièce d'identité.

Identitätstäuschung *f (StR)* indication d'une fausse identité; mention d'un faux signalement anthropométrique.

illegal *adj* (= gesetzwidrig) illégal, illicite, prohibé; **–e Schriften** *(StR)* publications interdites.

Illegalität *f (= Gesetzwidrigkeit)* illégalité *f*, acte *m* illégal, irrégularité *f*, fraude *f*, violation de la loi, illicéité, abus *m*.

illegitim *adj* (1) *(unrechtmäßig)* illégitime, frauduleux, abusif. (2) *(unehelich)* naturel; adultérin.

Illegitimität *f* illégitimité *f*.

illiquid *adj* non liquide; insolvable.

Illiquidität *f (= Zahlungsunfähigkeit)* difficultés de trésorie; cessation des paiements faute de liquidités.

Imbißstand *m* buvette *f*.

Immaterialgüterrechte *mpl* droits *mpl* incorporels *ou* intellectuels.

immaterielle Wirtschaftsgüter *npl* propriété industrielle, monopole *m* d'exploitation (brevet, dessin *ou* modèle), droit exclusif à l'usage (d'une marque, d'un nom commercial).

immaterieller Schaden *m* (= **ideeller Schaden**) dommage *m* moral, préjudice d'ordre moral.

Immatrikulation *f (HochschulR: Einschreibung)* inscription *f* (à l'université).

Immatrikulations|bescheinigung *f* certificat d'immatriculation; **–frist** *f* délai *m* d'inscription.

Immigrant *m* immigrant *m*.

Immigration *f* (= **Einwanderung**) immigration *f*.

immigrieren immigrer.

Immission *f (UmweltR)* trouble *m* de voisinage; nuisance *f*, pollution *f*, bruit *m*.

Immissions|schäden *mpl* dommages *mpl* provoqués par les nuisances;

–schutz *m* protection *f* contre les nuisances; **–schutzgesetz** Loi relative à la lutte contre les pollutions et nuisances.

Immobiliar|klage *f* action *m* concernant un bien réel immobilier; **–klausel** *f (HR)* disposition interdisant au fondé de pouvoirs commercial d'effectuer des opérations immobilières.

Immobiliarkredit *m* crédit *m* immobilier; **–gesellschaft** *f* société *f* de crédit immobilier.

Immobiliar|nutzpfand *n* antichrèse *f*; **–pfändung** *f* saisie *f* immobilière; **–recht** *n* droit *m* immobilier; **–schaden** *m* dommage aux immeubles; **–sicherheiten** *fpl* sûretés réelles immobilières; **–versicherung** *f* assurance *f* immobilière; **–vermögen** *n* capital *m* immobilier; **–zwangsvollstreckung** *f* saisie *f* immobilière.

Immobilien *pl* immeubles *m*, biens *mpl* immobiliers, biens-fonds *mpl*; **–büro** *n* agence *f* immobilière; **–fonds** *m* fonds *m* de placement immobilier, société immobilière de placement; **–gesellschaft** *f* société *f* immobilière *ou* foncière; **–handel** *m* l'immobilier *m*, achat et vente d'immeubles; **–händler** *m* agent *m* immobilier, marchand *m* de biens; **–makler** *m* agent *m* immobilier, marchand *m* de biens, agent *m* d'affaires; **–markt** *m* marché *m* immobilier *ou* foncier; **–verwalter** *m* gérant *m* d'immeubles.

immobilisieren immobiliser, convertir (fictivement) en immeuble.

Immunität *f* immunité *f*; **diplomatische –** immunité diplomatique; **gerichtliche –** immunité de juridiction; **parlamentarische –** immunité parlementaire; **die – aufheben** lever l'immunité.

imperatives Mandat *n (VerfR)* mandat *m* impératif.

Impf|bescheinigung *f*, **–schein** *m*, **–zeugnis** *n* certificat de vaccination; **–schäden** *mpl* troubles *mpl ou* affections *fpl* résultant de la vaccination; **–zwang** *m* obligation *f* de se soumettre à la vaccination, vaccination obligatoire.

Implement *n (SchuldR: Erfüllung)* exécution, paiement.

implizieren impliquer (dans un procès); mêler, engager.

Import *m (1) (Einfuhr)* importation *f*, (2) marchandise importée *ou* en provenance d'un pays étranger; **–abgabe** *f* taxe *f* à l'importation; **–ausgleich** *m* péréquation des prix à l'importation; **–beschränkung** *f* restriction à l'importation; **–bestimmungen** règlementation des importations; modalités d'importation; **–drosselung** *f* restriction *f* à l'importation; **–erzeugnis** *n* produit *m* importé *ou* étranger.

Importeur *m* importateur *m*.

Import|finanzierung *f* financement des importations; **–firma** *f* maison *f* importatrice; **–genehmigung** *f* permis *m* d'importation; **–geschäft** *n* vente commerciale internationale; achat *m* à l'étranger, commerce d'importation; **–handel** *m* les importations.

importieren (= einführen) importer, introduire (en France).

Import|kartell *n* cartel d'importation; **–kontingent** *n* contingent d'importation; **–kontingentierung** *f* contingentement des importations *ou* à l'entrée; **–kredit** *m* crédit à l'importation; **–kürzung** *f* réduction des importations; **–land** *n* pays *m* importateur; **–lizenz** *f* licence *f* d'importation; **–preis** *m* prix à l'importation; **–restriktion** *f* restriction à l'importation; **–schein** *m* certificat d'importation; **–sperre** *f* embargo *m* sur les importations; **–überschuß** *m* excédent d'importation; **–verbot** *n* prohibition *f* d'entrée; **–vertreter** *m* agent *m* importateur, transitaire international; **–ware** *f* marchandise importée *ou* en provenance d'un pays étranger.

Impressum *n* (1) *(Zeitung)* directeur *m* de la publication, (2) *(Bücher)* éditeur *m*, maison *f* d'édition, librairie *f* éditrice.

Imprimatur *n* autorisation d'imprimer, mention ‹bon à tirer›.

Impugnationsklage *f* (Aut) action dirigée contre le créancier poursuivant par le débiteur qui conteste l'échéance ou le caractère exécutoire du droit et demande la suspension de l'exécution.

Impuls *m* action en faveur de; encouragement, contribution au développement.

Inanspruchnahme *f* (1) *(Inanspruchnehmen)* (avoir) recours à, demande *f*, revendication, (2) *(Recht)* exercice *m* (d'un droit), (3) *(Dritte)* recours contre, réquisiton; **–frist** *f* délai de prise en charge.

Inaugenscheinnahme *f* examen critique; descente *f* sur les lieux.

inbegriffen *adj* inclus, (y) compris.

Inbesitznahme *f* prise de possession.

Inbetriebnahme *f* démarrage *m*, mise *f* en service.

Inbetriebsetzung *f* mise en exploitation; entrée *f* en service.

Inbrandsetzung *f* fait de mettre le feu *ou* de provoquer un incendie.

Incoterms (= International Commercial Terms) INCOTERMS, règles *fpl* internationales d'interprétation des termes employés dans le commerce international (FOB, CIF, etc).

Indemnität *f (StaatsR)* immunité des parlementaires (à raison de l'expression de leurs opinions).

Index *m* (*pl.*: Indizes) (1) *(Verzeichnis, Register)* table *f* alphabétique, index *m*, répertoire *m*, (2) *(statistische Meßziffer)* indice *m*; **bereinigter –** indice corrigé des variations saisonnières, indice désaisonnalisé; **gewogener –** indice pondéré; **– der Aktienkurse** indice du cours des actions; **– der Ausnutzung** indice d'utilisation; **den – gewichten** pondérer l'indice; **– der Industrieproduktion** indice de la production industrielle; **– der Lebenshaltungskosten** indice *m* du coût de la vie; **– der Lohnkosten** indice des charges salariales; **– der Produktivität** indice de productivité.

Index|bindung *f* indexation *f*; **–erhöhung** *f* (1) hausse *f* de l'indice, (2) relèvement *m* indiciaire (des traitements); **–gebunden, –iert** *adj* indexé; **–ierung** *f* indexation; **–klausel** *f* clause *f* d'indexation, clause à caractère économique, clause d'échelle mobile; **–lohn** *m* salaire *m* indexé; **–rente** *f* rente *f* indexée; **–schwankungen** *fpl* fluctuations *fpl* de l'indice; **–steigerung** *f* hausse du coût de la vie; **–währung** *f* monnaie *f* indexée; **–ziffer** *f* indice des prix, chiffre indexé, chiffre-indice *m*.

Indienststellung *f* mise en service.

Indigenat *n (VR)* indigénat *m*.

Indikation *f (bei Schwangerschaftsunterbrechung)* indication *f* thérapeutique; **eugenische –** interruption de la grossesse pour anomalie fœtale, avortement eugénique; **medizinische –** avortement thérapeutique, indication médicale de l'avortement; **soziale** *od.* **wirtschaftliche –** avortement motivé par la situation sociale *ou* économique; **–slösung** principe selon lequel l'interruption volontaire de la grossesse n'est autorisé que dans un nombre restreint de cas énumérés par la loi.

Indikator *m (VWirt)* indicateur *m* économique, clignotant *m*, indice.

Individual|abrede *f* convention conclue de gré à gré, contrat individuel; clause particulière individuelle; **–akt** *m* acte *m* individuel; **–anspruch** *m* droit *m* individuel, demande *f* individuelle; **–arbeitsrecht** *n* partie *f* du droit du travail régissant les relations individuelles employeur-salarié; **–eigentum** *n* propriété *f* individuelle; **–einkommen** *n* revenu *m* individuel; **–entscheidung** *f* décision *f* individuelle; **–haftung** *f* responsabilité *f* individuelle; **–interesse** *n* intérêt *m* individuel; **–recht** *n (GesR)* droit *m* individuel (d'un associé) à l'encontre de sa société; **–rechtsgut** *n* droit inhérent à la personne humaine, droit de la personnalité; **–sphäre** *f* vie privée; **–vertrag** *m* contrat *m* individuel.

Individuum *n* individu *m*, particulier *m*, personne *f*.

Indiz *n (pl.: Indizien)* indice *m*, présomption *f* judiciaire, trace *f*, empreinte *f*, ‹témoin *m* muet›; **stichhaltige –ien, unwiderlegbare –ien** indices matériels évidents et concordants.

indiziell *adj* qui a la valeur d'un indice.

Indizien|beweis *m* preuve *f* par indices; **–kette** *f* indices concordants; **–prozeß** *m* procès pénal reposant entièrement sur des indices *ou* présomptions judiciaires.

indossa|bel *adj* endossable; **–ble Papiere** effets *mpl* transmissibles par endossement.

Indossament *n (WertpR: Giro)* endossement *m*, endos *m*; **ausgestrichenes –** endossement biffé; **unbedingtes –** endossement pur et simple; **– an den Inhaber** endossement au porteur; **–verbindlichkeiten** *pl* engagements *mpl* par endossement.

Indossant *m* (= Girant) endosseur *m*, cédant *m* (de la lettre de change).

Indossat *m*, **Girat** *od.* **Indossatar** *m* endossataire *m*, cessionnaire *m*.

indossieren endosser.

Indultfrist *f (VR)* délai accordé à un navire de commerce ennemi, lors de la déclaration de guerre, pour quitter le port.

Industrialisierungs|grad *m* degré *m* d'industrialisation; **–plan** *m* plan *m* d'industrialisation.

Industrie *f* industrie *f*; les branches industrielles; **chemische –** industrie chimique; **eisenschaffende –** industrie sidérurgique, métallurgie de base; **elektronische –** industrie électronique; **feinmechanische –** mécanique *f* de précision; **heimische –** (1) industrie nationale, (2) industrie locale; **metallverarbeitende –** industrie mécanique; **verarbeitende –** industrie de transformation; **verstaatlichte –** industrie nationalisée; **weiterverarbeitende –** industrie de biens d'équipement et de biens de consommation.

Industrie|abfälle *mpl* déchets industriels; **–abgas** *n* émission dans l'atmosphère de fumées, suies, poussières ou gaz toxiques industriels; **–abkommen** *n* accord *m* industriel; **–abwasser** *n* déversement industriel (de substances polluantes); **–aktie** *f* action industrielle; **–anlage** *f* unité *f* industrielle; **–anlagen** *fpl* équipements industriels, installations industrielles; **–ansiedlung** *f* implantation de l'industrie; **–ausrüstungen** *fpl* équipements *mpl* industriels; **–bank** *f* banque *f* d'affaires; **–beteiligungen des Bundes** participation de l'État à certaines entreprises industrielles; **–betrieb** *m* entreprise industrielle; **–erzeugnisse** *pl* produits *mpl* industriels; **–erzeugung** *f* production industrielle; **–firma** *f* entreprise industrielle; **–gebiet** *n* (1) région industrielle, (2) *(i. e. S.)* zone *f* industrielle, zone destinée à l'implantation d'établissements industriels; **–gesellschaft** *f* société *f* industrielle, économie de marché; **–gewerkschaft** *f* syndicat *m* d'industrie, fédération syndicale; **–güter** *mpl* produits industriels; **–kaufmann** *m* agent *m* technico-commercial; **–kartell** *n* cartel *m* industriel; **–klassifikation** *f* classification des branches industrielles; **–konsortium** *n* consortium *m*; **–konzentration** concentration industrielle; **–konzern** *m* groupe *m* industriel; **–kredit** *m* crédit à l'industrie; **–land** *n* pays industrialisé; **–müll** *m* déchets *mpl* industriels; résidus industriels polluants; **–papier** *n* valeur industrielle; **–produktivität** *f* productivité *f* industrielle; **–produktion** *f* production industrielle; **–schwach** *adj* à faible densité industrielle, peu industrialisé; **–spionage** espionnage *m* industriel; **–tarifvertrag** *m* convention *f* collective pour une branche d'industrie; **–unternehmen** *n* entreprise *f* industrielle; **–verband** *m* fédération *f* d'industrie patronale; **–verbandsprinzip** *n* principe *m* de la syndicalisation par branche d'industrie; **–wertpapier** *n* valeur *f* industrielle; **–zweig** *m* branche *f* industrielle, secteur *m* économique.

Industrie- und Handelskammer *f* (= I. H. K.) chambre *f* du commerce et d'industrie (= C. C. I.).

Inflation *f* inflation *f*; **galoppierende** – hyperinflation, inflation galopante; **hausgemachte –, heimische** – inflation interne induite par les coûts, les dépenses publiques et les profits; **schleichende** – inflation latente *ou* rampante *ou* larvée, inflation insidieuse *ou* sournoise.

Inflationismus *m* inflationnisme *m*.

Inflationsbekämpfung *f* lutte *f* contre l'inflation.

inflationsdämpfend *adj* antiinflationniste.

Inflations|druck *m* poussée *f* inflationniste, pression *f* inflationniste; **–erscheinung** *f* phénomène *m* inflationniste; **–erwartung** *f* anticipation de l'inflation; **–gefahr** *f* risque *m* d'inflation; **–politik** *f* politique *f* inflationniste; **–rate** *f* taux *m* d'inflation; **–tendenz** *f* tendance *f* inflationniste.

inflatorische Lücke écart *m* inflationniste.

Informant *m* (1) informateur *m*, (2) *(der Polizei)* indicateur, *pej* indic *m*, mouchard *m*.

Informatik *f* informatique *f* (juridique, etc.).

Information *f* information *f*, renseignement *m*.

Informations|austausch *m* échange d'informations; **–blatt** *n* bulletin *m* d'information; **–dienst** *m* service *m* d'information *ou* de presse; **–freiheit** *f* libre accès à l'information; **–gespräch** *n* entretien *m* d'information, rencontre *f* informelle; **–minister** *m* ministre de l'information; **–recht** *n* droit à l'information; **–sitzung, –tagung** *f* session *ou* séance d'information.

informieren informer qqn de qqch, aviser, renseigner, donner connaissance, mettre au courant.

Infrastruktur *f* infrastructure *f*, équipements *mpl* économiques *ou* techniques; superstructure *m*; **wirtschaftliche** – infrastructure économique; **–anlagen** *fpl* équipements *mpl* d'infrastructure; **–investition** *f* investissement d'infrastructure; **–kosten** *pl* frais *mpl* d'infrastructure; **–raum** *m* espace constituant une unité pour la réalisation des équipements; **–träger** *m* personne (morale) responsable de la programmation et du financement des infrastructures.

Ingangsetzung *f* mise en marche.

Ingerenz *f* (1) *(StR: Herbeiführen einer Gefahrenlage)* comportement dangereux (source de risques pour des tiers), (2) *(VR)* ingérence *f*, immixtion.

Inhaber *m* (1) *(Besitzer)* détenteur *m*; possesseur *m* précaire *ou* à titre précaire; gardien *m*, (2) *(Gewerbetreibender)* exploitant *m*, tenancier *m*; gérant *m*, (3) *(Besetzer)* occupant *m*, (4) *(Eigentümer)* propriétaire *m*, (5) *(WertpR)* porteur *m*, (6) *(Ausweis)* titulaire *m*; **rechtmäßiger** – porteur légitime; **– eines Amtes** titulaire d'une fonction publique; **– einer Bewilligung** titulaire de l'autorisation; **– eines Diploms** diplômé *m*, titulaire d'un diplôme; **– der elterlichen Gewalt** détenteur de l'autorité *f* parentale; **– einer Genehmigung** titulaire d'une autorisation; **– eines Gewerbebetriebes** industriel *m*; commerçant *m*; artisan *m*; **– eines Handelsbetriebes** commerçant *m*; **auf den – lauten** être au porteur; **– einer Planstelle** titulaire d'une fonction publique, titulaire *m* d'un poste; **– eines Rechts** titulaire d'un droit.

Inhaber|aktie *f* action au porteur; **–anweisung** bon au porteur; **–grundschuld** *f* dette foncière au porteur; **–hypothek** *f* hypothèque *f* au porteur; **–indossament** *n* *(WechselR)* endossement au porteur *ou* en blanc; **–klausel** *f* clause ‹au porteur›; **–konnossement** *n* connaissement au porteur; **–lagerschein** *m* warrant au porteur; **–papier** *n* titre au porteur; **–police** *f* police au porteur; **–scheck** *m* chèque *m* au porteur; **–schuldver-**

schreibung *f* obligation au porteur; **–wechsel** traite *f* au porteur.
Inhafthaltung *f*: **willkürliche –** détention *f* arbitraire.
inhaftieren emprisonner, écrouer.
Inhaftierte(r) *m* détenu *m*.
Inhaftierung *f* emprisonnement *m*, incarcération, mise sous écrou *m*.
Inhaftnahme *f* (Aut-S) arrestation *f*.
Inhalt *m* contenu *m*, teneur *f*, substance *f*, texte *m* littéral; **– des Eigentums** contenu et étendue du droit de propriété; **– des Gesetzes** teneur de la loi; **– des Urteils** teneur *f ou* contenu *m* du jugement.
Inhalts|angabe *f* sommaire *m*, aperçu *m*, contenu succinct; **–erklärung** *f* déclaration du contenu; **–freiheit** *m* liberté contractuelle; **–irrtum** *m* *(SchuldR)* erreur concernant le sens et le contenu de la déclaration; erreur sur la nature juridique du contrat; erreur *f* sur la substance de la chose *ou* les qualités essentielles d'une personne; **–kontrolle** *f* contrôle (judiciaire) du contenu d'un contrat (du travail, de société); **–übersicht** *f*, **–verzeichnis** *n* table *f* des matières, répertoire *m*; **–wert** *m* valeur du contenu.
Inhibitorium *n (ZwangsVR)* saisie-arrêt *f*, interdiction *f* au débiteur de disposer de la créance.
Initiativ|antrag *m* proposition *f* de loi, initiative *f* parlementaire; **–begehren** *n* (S) demande d'initiative.
Initiative *f* initiative *f*; **aus eigener –** de son propre chef.
Initiativ|gesetzentwurf *m* proposition de loi; **–recht** droit d'initiative parlementaire.
Inkasso *n* (1) *(Außenstände)* recouvrement *m* (de créances), (2) *(Buchhaltung)* encaissement *m*; **zum –** pour encaissement; **–auftrag** *m* mandat de recouvrement; **–beauftragte(r)** *m* encaisseur *m*; facteur *m*; **–bevollmächtige(r)** *m* personne habilitée à encaisser; **–büro** *n* bureau *m* de recouvrement de créances, facteur, entreprise *ou* société d'affacturage; **–gebühr** *f* commission d'encaissement, frais d'encaissement; **–geschäft** *n* (1) opération d'encaissement *ou* de recouvrement, (2) contrat d'affacturage; **–indossament** *n* endossement ayant pour but de faire procéder à l'encaissement; **–mandat** *n* mandat de recouvrement, procuration d'encaissement; **–provision** *f* commission d'encaissement *ou* de recouvrement; **–scheck** *m* chèque à l'encaissement; **–spesen** *pl* frais d'encaissement; **–unternehmen** *n* entreprise d'affacturage, société de gestion et de recouvrement des créances; **–vollmacht** *f* procuration d'encaissement; **–wechsel** *m* effet à l'encaissement *ou* à recouvrer; **–zession** *f* cession aux fins d'encaissement, valeur en recouvrement.
Inkognito-Adoption *f* adoption sans mention du *ou* des personnes consentant à ladite adoption.
inkompatibel *adj* incompatible *adj*.
Inkompatibilität *f* (= Unvereinbarkeit) incompatibilité *f* (de fonctions).
inkorporieren (= einverleiben) incorporer.
Inkraft|bleiben *n* maintien *m* en vigueur; **–setzung** *f* mise en vigueur, *ou* en application; **–treten** *n (Gesetz)* entrée en vigueur, mise en application.
Inland *n (Staatsgebiet)* territoire *m* national, France, Allemagne, etc. ...; intérieur *m*.
Inländer *m* ressortissant français, allemand etc. ...; national *m*, citoyen *m*; **–behandlung** *f (VR)* égalité de traitement entre un national et un ressortissant étranger.
Inlandflug *m* vol *m* intérieur.
inländisch *adj* intérieur, national, métropolitain, (B) régnicole; **–e Gerichtsbarkeit** juridiction nationale.
Inlands|absatz *m* ventes *fpl* sur le marché national; **–anlagen** *pl* investissements à l'intérieur; **–anleihe** *f* emprunt *m* intérieur; **–anmeldung** *f (PatR)* dépôt *m* national; **–aufenthalt** *m* séjour à l'intérieur, résidence à l'intérieur; **–auftrag** *m*

(HR) commande en provenance du marché intérieur *ou* national; **–bedarf** *m* besoins *mpl* nationaux; **–beförderungsgebühr** *f* taxe de transport intérieur; **–erzeugung** *f* production *f* indigène *ou* nationale; **–gebühr** *f* taxe *f* interne; **–kurs** *m* cours *m* intérieur; **–lieferung** *f* livraison pour l'intérieur; **–markt** *m* marché intérieur *ou* national; **–nachfrage** *f* demande *f* intérieure.

Inlandspaket *n* colis postal du service intérieur; **–gebühr** *f* taxe *f* applicable aux colis du service intérieur; **–karte** *f* bulletin d'expédition de colis postal pour le trafic intérieur.

Inlands|postanweisung *f* mandat-poste pour le trafic intérieur; **–preis** *m* prix *m* pratiqué à l'intérieur des frontières, en Allemagne, etc.

Inlands|verbrauch *m* consommation intérieure; **–vermögen** *n* patrimoine *m* constitué à l'intérieur des frontières (d'un Etat); **–zollamt** *n* bureau *m* de douane intérieur.

innehaben (1) *(Amt)* remplir (une fonction), (2) *(Sache)* détenir, posséder à titre précaire.

Innehabung *f* détention *f*, possession précaire.

Innen|bereich *m (BauR)* zone *f* d'aménagement concerté; **–divergenz** *f (PrzR)* contrariété de jugements au sein d'un même tribunal; **–haftung** *f (VwR)* responsabilité d'un fonctionnaire face à son supérieur hiérarchique.

Innengesellschaft *f* société *f* occulte, association *f* en participation.

Innen|minister *m* ministre de l'intérieur; **–ministerium** *n* ministère de l'intérieur, intérieur *m*; **–politik** *f* politique *f* intérieure; **–recht** *n (einer Gesellschaft)* rapports *mpl* juridiques entre associés; **–revision** *f* vérification des comptes; **–revisor** *m* audit *m* interne; **–umsatz** *m (SteuerR)* chiffre d'affaires interne (entre société dominante et société dominée).

Innenverhältnis *n*: **im –** dans les rapports *mpl* internes, sur le plan interne; dans les rapports entre associés; en ce qui concerne les relations entre mandant et mandaire.

Innenvollmacht *f* mandat donné verbalement, réglant les rapports internes entre mandant et mandataire.

inner *adj* intérieur; **–betrieblich** *adj* à l'intérieur de l'entreprise; **–dienstliche Anordnung** *(VwR)* ordre *m* d'administration intérieure; **–gemeinschaftlich** *adj* intracommunautaire *adj*, dans les rapports au sein de l'EU; **–staatlich** *adj* interne, national.

innerhalb *präp:* **– einer Frist von** dans un délai de; **– kürzester Frist** dans les délais les plus brefs; **– der vorgeschriebenen Frist** dans le délai imparti.

innewohnend inhérent à.

Innominat|kontrakt *m*, **–vertrag** *m* contrat *m* innommé.

Innovation *f* innovation, introduction d'un nouveau produit sur le marché, application d'un procédé technique innovateur.

Innovationsfähigkeit *f* capacité *f* d'innovation.

Innung *f* corps *m* de métier (regroupant les artisans d'une profession sur une base volontaire); organisation *f* professionnelle artisanale, corporation.

Innungs|ausschuß *m* commission *f* d'un groupement corporatif; **–brief** *m* charte *f* d'un corps de métier; **–krankenkasse** caisse *f* maladie des artisans, caisse corporative de maladie; **–meister** *m* président *m* d'un corps de métier; **–schein** *n* bon *ou* certificat délivré par une corporation; **–schiedsgericht** *n* tribunal arbitral de la corporation; **–verband** *m* fédération *f* de corps de métier; **–wesen** *n* corporatisme *m*.

Inpfandnahme *f* prise en gage.

inquirieren (= untersuchen) enquêter.

Inquisitions|grundsatz *m*, **–maxime** *f*, **–prinzip** *n* principe *m ou* procédure *f* inquisitoire, principe de l'instruction judiciaire inquisitoriale; **–prozeß** *m* procédure inquisitoire.

Inrechnungstellung *f* facturation; mise en compte.

Insassenunfallversicherung *f* assurance des personnes transportées (dans une voiture automobile), assurance individuelle des personnes transportées.

insbesondere *adv* en particulier, surtout.

Insemination *f* (= künstliche Besamung) insémination artificielle, fécondation in vitro.

Inserat *n* (= Anzeige in Zeitungen) annonce *f*.

Inserent *f* annonceur *m*.

Insichgeschäft *n* opération au cours de laquelle la même personne est à la fois partie et partie adverse, en agissant avec des qualités différentes; opération passée avec soi-même.

Insichprozeß *m* procès mené contre soi-même (en des qualités différentes).

Insider *m (BörR)* initié *m*; *pej* manipulateur *m*; **–handel** *m* (= Insidergeschäfte) opérations financières effectuées par des personnes disposant d'informations privilégiées; **–regeln** *fpl* directive concernant les opérations d'initiés.

insolvent *adj* insolvable.

Insolvenz *f* (= Zahlungsunfähigkeit) insolvabilité *f*, cessation des paiements; dépôt *m* de bilan, déconfiture *f*.

Insolvenz|recht *n* droit *m* de la faillite, droit des entreprises en difficulté et des procédures collectives (de redressement et de liquidation judiciaires), droit des entreprises défaillantes; **–rücklage** *f* réserve *f* pour le cas de défaillance *ou* le sauvetage de l'entreprise (en difficulté); **–versicherung** *f* assurance liquidation judiciaire.

insoweit *adv* en ce qui concerne, pour ce qui est, dans la mesure où.

Inspekteur *m (ÖfR)* fonctionnaire *m* chargé de l'autorité supérieure de surveillance, inspecteur *m*.

Inspektion *f* inspection *f*, visite *f*, surveillance *f*, contrôle *m*, revue *f*, examen *m*.

Instand|haltung *f* entretien *m*, maintenance *f*; **–setzung** *f* mise en état, réparation *f*; restauration *f*.

Instandhaltungskosten *pl* frais de maintien en état, frais d'entretien.

Instandsetzungs|arbeiten *fpl* travaux *mpl* de réparation; **–kosten** *pl* frais *mpl* de réparation *ou* de remise en état; **–pflicht** *f (bei Wohnräumen)* obligation *f* de remettre (la chose louée) en l'état (où le preneur l'a reçue).

Instanz *f* (= Rechtszug) instance *f*, degré *m* de juridiction; procédure engagée devant une juridiction, phase du procès; **erste –** première instance, juridiction *f* du premier degré; **gerichtliche –** instance judiciaire; **höchste –** instance suprême; **höhere –** instance supérieure; **letzte –** dernière instance, dernier ressort; **zweite –** juridiction du second degré, voie *f* de recours, appel *m*; **sich an die höhere – wenden** engager une voie de recours, se pourvoir, recourir à une juridiction supérieure, former un pourvoi.

Instanzenweg *m (VwR)* (différentes) phases des démarches administratives, formalités administratives (à accomplir).

Instanzenzug *m* (1) ordre des juridictions, (2) déroulement *m* du procès, suite *f* d'actes de procédure, instance *f*, (3) *(VwPR)* voie *f* hiérarchique; **administrativer –** hiérarchie des instances administratives; **Erschöpfung des Instanzenzuges** épuisement des voies de recours.

Institut *n* (1) *(Einheit von Rechtssätzen)* système *m* de normes, ensemble *m* de règles juridiques, (2) *(Einrichtung)* établissement *m*, institut *m*, collège *m*, école *f*, institution *f*; **demoskopisches –** institut démoscopique; **– für internationales Recht** institut de droit international.

Institution *f* (1) *(Einsetzung in ein Amt)* désignation *f*, nomination *f*, (2) *(staatl. Einrichtung)* institution *f* publique, institution étatique, organisme *m* public, (3) *(Stiftung, Gesellschaft)* institution privée, fondation *f*.

institutionell *adj* institutionnel; **–e Garantie** *(VerfR)* garantie constitutionnelle et institutionnelle (de la famille, de la liberté de la presse, etc.).

Instruktion *f* (1) *(Anweisung)* instruction *f*, consigne *f*, directive *f*, ordre *m*, prescription, (2) *(Unterweisung)* enseignement *m*, formation *f*, instruction.

Instruktions|fehler *m (SchuldR)* instruction insuffisante (de l'utilisateur) sur le maniement d'un appareil, d'un programme, d'un produit, d'un logiciel; inexécution du devoir d'information *ou* de conseil; **–richter** *m* (S) juge d'instruction.

Instrumentarium *n* panoplie *f*, arsenal *m*.

Instrumentenflugregeln *fpl* prescriptions relatives au pilotage *ou* vol aux instruments *ou* sans visibilité.

Insubordination *f* insubordination, refus *m* d'obéissance, manquement à la discipline.

Insurgent *m* insurgé *m*.

Insurrektion *f* (= Aufstand) insurrection *f*, émeute *f*, sédition *f*, soulèvement *m*, trouble *m*.

Intabulation *f* (= Eintragung) (Aut) transcription *f*, enregistrement.

Integration *f* intégration *f*, incorporation; **horizontale –** *(GesR)* intégration horizontale; **soziale –** insertion *f* sociale (du travailleur); **vertikale –** *(GesR)* concentration, intégration verticale; **wirtschaftliche –** intégration économique.

Integrität *f* (1) *(Vollständigkeit)* intégralité *f*, plénitude *f*, totalité, (2) *(Redlichkeit)* intégrité *f*, honnêteté *f*, incorruptibilité *f*, (3) *(Unversehrtheit)* intégrité *f*; **körperliche –** intégrité *f* physique; **territoriale –** intégrité territoriale.

intellektuelle | Beihilfe *(StR)* complicité par instructions *ou* fourniture de moyens intellectuels; **– Urheberschaft** (le fait d'être) l'auteur moral (d'une infraction).

Intelligenzmessung *f* mesure du quotient intellectuel *ou* mental.

Intendant *m (MedienR)* directeur *m* d'une société de radio diffusion-télévision (en Allemagne).

Interesse *n* (1) *(Aufmerksamkeit)* attention *f*, curiosité *f*, intérêt *m*, (2) *(Anteilnahme)* sollicitude *f*, bienveillance *f*, (3) *(Vorteil, Nutzen)* intérêt matériel, intérêt moral, avantage *m*, (4) *(Wichtigkeit)* importance *f*, (5) *(ZPR)* intérêt légitime *ou* juridique *ou* juridiquement protégé; **allgemeines –** intérêt général, bien *m* commun; **berechtigtes –** intérêt légitime; **dienstliches –** motif de service; **fehlendes –** défaut d'intérêt; **gegenwärtiges –** intérêt né et actuel; **gemeinschaftliches –** *(EuR)* intérêt communautaire; **künftiges –** intérêt futur; **mangelndes –** défaut d'intérêt; **im öffentlichen –** (mesures) d'ordre public; **öffentliches –** intérêt général, utilité publique, bien *m* public; **persönliches, unmittelbares –** intérêt personnel et direct; **rechtliches –** intérêt *m* juridique, intérêt juridiquement protégé; **ein immaterielles – geltend machen** invoquer un intérêt moral; **ein materielles – geltend machen** invoquer un intérêt pécuniaire; **rechtsschutzwürdiges –** intérêt légitime; **übergeordnetes –** intérêt supérieur (du pays); **unmittelbares –** intérêt direct; **versicherbares –** intérêt assurable; **– an der Lieferung** intérêt à la livraison; **(großes) – zeigen** porter de l'intérêt à qqn, prendre intérêt à, témoigner de l'intérêt.

Interessen verletzen léser les intérêts; **– verteidigen** défendre les intérêts d'autrui; **– vertreten** représenter les intérêts (du mandant), représenter qqn. (devant la justice); **– wahrnehmen** sauvegarder les intérêts de qqn.

Interessen|abwägung *f* confrontation *f* d'intérêts, prise *f* en compte des intérêts respectifs, pondération *f* des intérêts en présence; **–ausgleich** *m* conciliation *f* des intérêts; **–gebiet** *n* sphère *f* d'influence; domaine *m*; **–gegensatz** *m* opposition *ou* conflit *m* d'intérêts; **–gemeinschaft** *f* groupe *m* de pression, groupement *m*; communauté *f* d'intérêts; **–gruppe** *f* groupe *m* de pression, lobby *m*; **–kampf** *m*, **–kollision** *f*, **–konflikt** *m* conflit *m* d'intérêts; **–lage** *f* intérêts en présence; **–quote** *f* pourcentage de participation; **–sphäre** *f* sphère *f* d'intérêts.

Interessent *m* (1) *(potentieller Käufer)* acheteur éventuel, intéressé *m*, (2) *(Bewerber)* postulant *m*, candidat *m*, (3) *(i. w. S.)* personne intéressée.

Interessen|verband *m* groupe *m* de pression, syndicat professionnel; **–vertreter** *m* lobbyiste; **–vertretung** *f* défense des intérêts (d'un groupe); groupe de pression; syndicat *m*; **–widerstreit** *m* conflit *m* *ou* opposition d'intérêts.

interessieren: sich – für (1) *(Sache)* prendre intérêt *ou* s'intéresser à qch. (2) *(Person)* s'intéresser pour qqn.

interfraktionell *adj* intergroupe.

Interim *n* (1) *(Amtsausübung)* intérim *m*, fonction *f* exercée par intérim; suppléance *f*; (2) *(Zwischenlösung)* solution *f* provisoire *ou* transitoire.

interimistisch *adj* intérimaire.

Interims|aktie *f* certificat provisoire *m*, script *m* (B); **–arbeit** *f* travail *m* intérimaire; **–ausschuß** *m* comité *m* *ou* commission intérimaire; **–bescheid** *m* décision *f* provisoire; **–forderung** *f* créance *f* intérimaire; **–konferenz** *f* conférence *f* intérimaire; **–lösung** *f* solution provisoire; **–rat** *m* conseil *m* intérimaire; **–regierung** *f* gouvernement *m* par intérim; **–schein** *m* certificat *m* provisoire *ou* intérimaire (S); **–versammlung** *f* assemblée *f* intérimaire.

interkantonal *adj* (S) intercantonal.

interministeriell *adj* interministériel.

internationale | Handelskammer *f* chambre de commerce internationale à Paris; **– kriminalpolizeiliche Organisation** (IKPO-Interpol) organisation internationale de police criminelle (OIPC-Interpol) à Lyon; **– Marken** marques internationales; **– Organisationen** *fpl* organisations internationales.

internationaler | Führerschein *m* permis de conduire international; **– Gerichtshof** *(VR = IGH)* Cour Internationale de Justice, siège: La Haye; **– Währungsfonds** *m* *(= IWF)* Fonds *m* Monétaire International (= FMI).

Internationales Büro der Weltorganisation für geistiges Eigentum bureau international de l'organisation mondiale pour la propriété intellectuelle.

Internationalisierung *f* internationalisation *f*.

internieren interner, assigner à résidence forcée, enfermer par mesure administrative.

Internierung *f* internement *m*, placement (dans un établissement); **– auf Grund einer Verwaltungsverfügung** internement administratif.

Internierungs|ausschuß *m* comité d'internement; **–haft** *f* internement; **–lager** *n* camp *m* d'internement.

Internum *n* (1) *(VR)* affaire intérieure, (2) affaire interne *ou* confidentielle.

interparlamentarisch *adj* interparlementaire.

Interpellant *m* interpellateur *m*.

Interpellation *f* *(StaatsR)* interpellation, demande d'explication.

interpellieren interpeller.

Interpretation *f* (1) *(i. e. S.: Auslegung)* interprétation *f* judiciaire (d'une norme juridique), (2) *(Methode)* herméneutique juridique, art de comprendre et d'interpréter (les normes).

Interpretationsvorschrift *f* règle *f* d'interprétation, instruction *f* interprétative.

Interruption *f* (= künstlicher Schwangerschaftsabbruch) interruption volontaire de la grossesse (= IVG).

Intervenient *m (PrzR)* intervenant *m*, partie *f* intervenante.

intervenieren intervenir, s'entremettre, intercéder.

Intervention *f* (1) *(ZRP: Beteiligung Dritter am Rechtsstreit)* intervention *f*, (2) *(Vermittlung)* médiation *f*, (3) *(VR)* acte *m* d'ingérence; **behördliche –** intervention *f* des autorités; **bewaffnete –** intervention *ou* médiation armée; **– auf dem Markt** intervention sur le marché.

Interventions|befugnis *f* pouvoir *m* d'intervention; **–fonds** *m* fonds d'intervention; **–grenze** *f* seuil *m* d'intervention, taux-pivot *m*; **–kauf** *m* achat de soutien des cours; **–klage** *f* (1) *(ZPR)* action en intervention, (2) *(ZwangsVR)* tierce-opposition *f*; **–politik** *f* politique interventionniste *ou* d'intervention, interventionnisme *m*; **–preis** *m* prix à l'intervention; **–punkt** *m* point *m ou* seuil *m* d'intervention; **–recht** *n* droit d'intervention; **–schrift** *f (ZPR)* mémoire en intervention.

Interview *n* (1) interview *f*, entrevue *f*, entretien *m*, (2) sondage *m*.

interzedieren s'engager comme caution (en faveur d'un débiteur).

Interzession *f* (1) *(Vermittlung)* intercession *f*, intervention en faveur de qqn, (2) *(ZR: Eintreten für fremde Schuld)* délégation imparfaite, cautionnement *m*, engagement *m* (d'un tiers) pour garantir l'exécution d'un contrat.

Intestat|erbe *m* héritier *m* ab intestat; **–erbfolge** *f*, **–erbgang** *m*, **–erbrecht** *n*, **– Verlassenschaft** *f* (Aut) succession *f* ab intestat *ou* légale.

Intimsphäre *f* vie *f* privée, intimité *f*; **Angriff auf die –** *od.* **Verletzung der –** atteinte à la vie privée; **Schutz der –** protection *f* de l'intimité; **Wahrung der –** respect de l'intimité.

Intoleranz *f* intolérance *f*; fanatisme *m*, antilibéralisme *m*.

invalid *adj (arbeits-, erwerbsunfähig)* invalide; handicapé; infirme.

Invalidation *f* (= Ungültigmachung) invalidation, annulation.

invalidieren invalider, annuler.

Invalide(r) *m* invalide *m*, personne atteinte d'une incapacité de travail (partielle *ou* totale) de caractère durable; **teilweise –** invalide de première catégorie *ou* capable d'exercer une activité rémunérée.

Invaliden|pension *f (SozR)* pension d'invalidité; **–rente** *f* pension *ou* retraite d'invalidité, rente *f* d'invalidité; **–rentner** *m* titulaire *m* d'une pension d'invalidité; **–versicherung** *f* assurance-invalidité.

Invalidität *f* (= Erwerbsunfähigkeit) invalidité *f*, diminution *ou* réduction de la capacité de travail *ou* de gain stabilisée *ou* consolidée; infirmité *f* permanente; **allgemeine –** invalidité générale; **dauernde –** incapacité *f* de travail permanente; **teilweise –** infirmité permanente partielle; **vollständige –** infirmité permanente totale *ou* absolue; **zeitweilige –** invalidité temporaire.

Invaliditäts|grad *m* taux *m ou* pourcentage d'invalidité; **–rente** *f* pension *ou* rente d'invalidité, rente d'accident du travail; **–skala** *f* barème *m* d'invalidité permanente; **–tabelle, –tafel** table *f* d'invalidité, classement des invalides; **–versicherung** *f* assurance-invalidité; **–zusatz-Versicherung** *f* assurance complémentaire d'invalidité.

Invasion *f (VR: Einfall)* invasion *f*.

Invasions|gebiet *n* région *f* envahie; **–krieg** *m* guerre *f* d'attaque, invasion belliqueuse de forces armées.

Invasor *m (VR: Eroberer)* envahisseur *m*, occupant *m*.

Inventar *n* (1) *(Verzeichnis)* inventaire *m*, état descriptif et estimatif; inventaire (périodique) du commerçant, (2) *(Vermögenswerte, die Gegenstände selbst)* relevé estimatif des créances, des dettes et des biens; éléments *mpl* composant l'actif et le passif (d'un établissement commercial, d'une succession); **bewertetes –** état *m* estimatif; **ergänzendes –** supplément *m* d'inventaire; **lebendes –** cheptel *m* vif (d'une exploitation agricole); **totes –** biens *mpl* meubles, mobilier *m*, matériel *m* d'exploitation; cheptel *m* mort; **ein – aufnehmen, ein – errichten** dresser un inventaire; **–buch** *n* livre *m* d'inventaires, registre *m* d'inventaire; **–erbe** *m* héritier *m* bénéficiaire.

Inventar|aufnahme, –errichtung *f* établissement *m* d'un inventaire; **Frist zur –** délai pour faire inventaire; **nach (vorheriger) –** sous bénéfice d'inventaire; **unterlassene –** défaut *m* d'inventaire.

Inventar|frist *f* délai pour procéder à inventaire; **–gegenstand** *m* objet d'inventaire *ou* inventorié.

Inventarisation *f* travaux *ou* écritures d'inventaire, confection d'un inventaire comptable; dresser un inventaire, procéder à l'inventaire.

Inventar|liste *f* procès-verbal *m* d'inventaire, livre *m ou* liste *f* d'inventaire, relevé *m*, état *m* (descriptif et estimatif); **–recht** *n* bénéfice *m* d'inventaire; **–stück** *n* bien *m* inventorié, pièce d'inventaire, objet *m* inventorié; **–verlust** *m* perte d'inventaire, déperdition d'inventaire; **–verzeichnis** *n* état *m* descriptif et estimatif; livre d'inventaire; **–wert** *m* valeur *f* d'inventaire.

Inventor *m* (= Erfinder) inventeur.

Inventur *f* (1) *(Buchf: Inventarerrichtung)* inventaire *m* extracomptable (périodique et matériel), dénombrement *m*, recensement *m*, (2) *(Stichtagsinventur)* inventaire intermittent, inventaire physique à intervalles périodiques, (3) *(permanente I.)* inventaire comptable permanent; **fehlende –** défaut d'inventaire; **mangelnde –** défaut d'inventaire; **–ausverkauf** *m* vente après inventaire, soldes après inventaire; **–kosten** *pl* frais d'inventaire; **–verkauf** *m* vente *ou* soldes après inventaire.

Inverkehrbringen *n* mise en circulation (de fausse monnaie).

Inverzugsetzung *f* *(ZwangsVR)* mise *f* en demeure.

investieren investir (des capitaux), placer *ou* engager des fonds.

Investition *f* (1) *(langfristige Anlage)* investissement *m*, placement *m ou* engagement (de capitaux), (2) *(Sachanlage)* investissement matériel *ou* industriel, (3) *(Aufwendung)* dépense *f*; **öffentliche –** investissement public; **private –** investissement privé; **selbstfinanzierte –** i. autofinancé.

Investitionen *pl:* **ausländische –** investissements *mpl* étrangers; **– im Ausland** investissements à l'étranger.

Investitions|anleihe *f* emprunt d'investissement; **–auflage** *f* mesure restrictive *ou* réglementation des investissements; **–aufwendungen** *fpl od.* **–ausgaben** dépense entraînée par l'investissement.

Investitionsbank *f* banque d'investissement; **Europäische –** Banque européenne d'investissement.

Investitions|bedarf *m* besoins *mpl* en investissements; **–bereitschaft** *f* propension aux investissements; **–entscheidung** *f* décision d'investir; **–ergebniskontrolle** *f* contrôle du rendement *ou* de la rentabilité d'un investissement; **–finanzierung** *f* financement des investissements; **–fonds** *m* fonds d'investissement; **–förderung** *f* encouragement des i.; prêt aidé; **–gelder** *npl* fonds placés, capitaux *mpl* destinés aux équipements; **–gesellschaft** *f* société de portefeuille; **–güter** *pl* biens *mpl* d'investissement, biens de production *ou* d'équipement; **–güterindustrie** *f* industrie *f* des biens d'équipements; **–kapital** *n* capital placé, fonds investis; **–kontrolle** *f* contrôle *m ou* évaluation des i.; **–kosten** *pl* coût *m* de l'investissement; **–kredit** *m* crédit pour l'acquisition de biens d'investissement; **–lenkung** *f* réglementation (étatique) des investissements; **–mittel** *pl* capitaux *mpl* investis; **–neigung** *f* propension à investir; **–planung** *f* choix *m* des projets d'i.; **–politik** stratégie des i.; **–programm** *n* classement des projets d'i.; **–quote** *f*, **–rate** *f* taux des investissements; **–rech-**

nung *f* (méthode comptable d') évaluation des i.; **–steuerung** *f* (= –lenkung); **–vorhaben** *n* projet d'i.; **–zulagengesetz** *n* loi portant sur l'encouragement *m* des investissements (par réduction du taux d'imposition).

Investitur *f* investiture *f*; **–abstimmung** *f* scrutin d'investiture.

Investivlohn *m* salaire différé sous forme de participation au capital de l'entreprise.

Investment *n* (1) *(Anlage)* capitaux placés sous forme de certificats d'investissement, (2) investissement *m*; **–anteil** *m* certificat émis par un fonds commun de placement; **–fonds** *m (Sondervermögen)* fonds commun de placement, fonds d'investissement; **–gesellschaft** *f (Kapitalverwaltungsgesellschaft)* société d'investissement à capital variable, société de placement; société à portefeuille (B); **–papier** *n* (= –zertifikat); **–trust** *m* (= –gesellschaft); **–zertifikat** *n* certificat émis par un fonds commun de placement.

Investor *m* (= Kapitalanleger) (organisme) investisseur *m*.

Involvement *n (Werbung)* implication *f*.

inwieweit *adv* dans quelle mesure.

Inzahlungnahme *f (HR)* reprise *f*.

Inzest *m* (= Blutschande) inceste *m*.

Inzident|feststellungsklage *f (ZPR)* action en constatation portant sur une situation juridique devenue litigieuse au cours de l'instance, incident *m* de procédure; **–frage** *f* question incidente; **–klage** *f* requête incidente; **–kontrolle** *f* contrôle *m* incident; **–verfahren** *n* procédure *ou* contestation incidente.

Inzidenz *f (SteuerR)* incidence *f* (d'un impôt), effet *m* de la charge fiscale.

Inzidenzstreit *m* (Aut) incident de l'instance, incident de procédure.

inzwischen *adv* entre temps.

Inzucht *f* croisement consanguin, union entre individus apparentés.

ionisierende Strahlen *(UmweltR)* rayonnement ionisant.

ipso facto *lat* du fait même, ipso facto.

ipso jure (= kraft Gesetzes) de plein droit, ipso jure.

irreführen induire en erreur, abuser, circonvenir; escroquer.

irreführend *adj* erroné, trompeur, mensonger, faux.

Irreführung *f* tromperie *f*, duperie *f*, manœuvre *f* frauduleuse, dol *m*; **– im Lebensmittelrecht** fraudes et tromperies en matière de denrées alimentaires; **– im Wettbewerb** concurrence déloyale par des affirmations grossièrement inexactes.

Irrenanstalt *od.* **Irrenheilanstalt** *f* établissement *m* d'aliénés mentaux, hôpital *m* psychiatrique.

irreversibles Recht *(ZPR)* violation d'une règle juridique contre laquelle aucun recours n'est possible.

Irrsinn *m* démence *f*, aliénation mentale, folie *f*.

Irrtum *m* (1) erreur *f*, chose fausse *ou* erronée, (2) contre-vérité, fausseté, inexactitude *f*; **Anfechtung wegen –** demande *f* en annulation pour cause d'erreur; **gemeinschaftlicher –** (Aut) erreur commune; **sachlicher –** erreur sur le fond *ou* matérielle; **tatsächlicher –** erreur de fait; **unentschuldbarer –** erreur inexcusable; **unvermeidbarer –** erreur invincible; **vermeidbarer –** erreur qui n'exclut pas la faute; **wesentlicher –** erreur substantielle, erreur-obstacle; **– beider Parteien** erreur commune; **– über den Beweggrund, – im Beweggrund** erreur sur le mobile, erreur sur le motif; **– in der Erklärungshandlung** erreur dans l'expression; **– in der Erklärungsübermittlung** erreur de transmission; **– über den Gegenstand** erreur sur l'identité de l'objet; **– über die Geschäftsgrundlage** erreur sur les qualités substantielles, erreur convenue; **– im Motiv** erreur sur le motif (déterminant), erreur sur la cause, erreur sur le mobile; **– in der Person** erreur sur la personne du cocontractant, erreur dans la personne; **– über die Rechtswidrigkeit** *(StR)* erreur de droit; **– über den Tatbestand** *(StR)* erreur de fait; **– über unwesentliche Eigenschaften** erreur sur les qualités non substantielles, erreur indifférente; **– über unwesentliche Geschäftsmerkmale** (Aut) erreur sur les qualités non substantielles; **– über den Wert** erreur sur la valeur; **– über das Verbotensein** *(StR)* erreur de droit; **– über wesentliche Eigenschaften** *(ZR)* erreur sur une qualité substantielle de la chose, erreur sur la substance; **sich im – befinden** faire erreur, se tromper; **einen – begehen** commettre une erreur; se méprendre; **einem – erliegen** *od* **verfallen** tomber ou donner dans l'erreur; **– vorbehalten** sauf erreur *ou* omission.

irrtümlich *adj* erroné; par erreur.

irrtümlicherweise *adv* à la suite d'une erreur, par mégarde.

Irrtums|anfechtung *f* action en annullation (du contrat) pour cause d'erreur; **–erregung** *f* le fait d'induire qn en erreur.

Isolier|haft *f* emprisonnement *m* cellulaire; **in –haft sein** être au secret; **–zelle** *f* cellule individuelle, cellule *f* d'isolement.

Ist|ausgaben *pl* dépenses *fpl* réelles, *ou* effectives; **–bestand** *m* inventaire réel, stock *m* effectif; **–budget** *n* budget tel qu'il est réellement exécuté; **–einnahme** *f* recette *f* réelle, encaissements *mpl,* recettes recouvrées; **–kaufmann** *m* commerçant du fait de la loi; **–kosten** *pl* coût de revient réel; **–prämie** *f* prime effective *ou* reçue; **–stärke** *f od.* **–zahl** *f* effectif *m* réel; **–zahlen** *pl* résultats *mpl* comptables; **–zeit** *f* temps *m* de présence effective.

Item *n* (1) élément *m* d'une phrase, d'une idée, (2) point *m* (d'une énumération), (3) question (d'un test).

i. V. = in Vertretung, in Vollmacht par procuration, par mandat.

J

Ja *n* (Zustimmung) oui *m*, acquiescement, adhésion, agrément, acceptation; **–entscheid** *m* approbation, ratification, entérinement; **–stimme** *f* voix pour.

Jagd *f* (acte de) chasse *f*; **nicht waidgerechte –** braconnage *m*; **– während der Schonzeit** chasse *f* en temps prohibé.

Jagdaufseher *m* garde-chasse *m*, préposé *m* des eaux et forêts; **beeideter –** (Aut) garde-chasse assermenté.

Jagd|ausübung *f* exercice du droit de chasse; **–ausübungsrecht** *n* faculté *f ou* droit *m* de chasser; **–berechtigung** *f* droit de chasser; **–beschränkung** *f* restriction *ou* interdiction partielle du droit de chasser; **–beute** *f* gibier; **–bezirk** *m* district de chasse; **–erlaubnis** *f* permission de chasser; **–erlaubnisschein** *m* permis de chasser; **–folge** *f* droit de suite du gibier; **–gebiet** *n* terrain de chasse; **–genossenschaft** *f* société *f* de chasse.

jagdgerecht conforme aux coutumes de la chasse.

Jagdgesellschaft *f* société de chasse; groupement de chasseurs.

Jagdhaftpflichtversicherung *f* assurance *f* responsabilité civile chasse.

Jagdhüter *m* garde-chasse *m*; **vereidigter –** garde-chasse assermenté.

Jagd|ordnung *f* règlement de chasse; **–pacht** *f* location d'une chasse; **–pächter** *m* locataire de la chasse.

Jagdpacht|recht *n* droit de chasser du preneur d'un bail rural; location d'une chasse; **–revier** *n* lot de chasse; **–vertrag** *m* contrat de location de chasse, bail de chasse.

Jagd|recht *n* droit de chasser; **–rechtsverleihung** *f* concession de chasse; **–regal** *n* monopole de la chasse; **–revier** *n* lot de chasse; **–schaden** *m* dommage causé dans l'exercice du droit de chasse.

Jagdschein *m* permis *m* de chasser (valable); licence *f* de chasse; **–gebühr** *f* taxe de permis de chasse; **–inhaber** *m* titulaire *m* du permis de chasser, permissionnaire.

Jagdschutz|berechtigte(r) *m* garde-chasse *m*; **–gebiet** *n* réserve *f* (où la chasse est interdite); **–verein** *m* société de protection de la chasse.

Jagd|verbot *n* interdiction de chasser; **–vergehen** *n* délit de chasse; infraction à la loi sur la police de la chasse; **–verleihung** *f* concession de chasse; **–vorsteher** *m* directeur de chasse; président de société de chasse; **–waffenschein** *m* permis de port d'armes de chasse; **–wilderei** *f* braconnage *m*.

Jagdzeit *f* période (d'ouverture) de la chasse; **Beginn der –** ouverture de la chasse.

Jäger *m* chasseur *m*; **nicht waidgerechter –** braconnier *m*; **–prüfung** *f* examen *m* en vue de l'obtention du permis de chasser; **–verband** *m* fédération des chasseurs.

Jahr *n* (1) an *m*; année *f* (*l'année* est le contenu d'un *an*), (2) *(Kalenderjahr)* année civile, (3) *(Geschäftsjahr)* exercice *m*; **halbes –** semestre *m*; **laufendes –** année en cours *ou* présente; **nächstes –** l'année prochaine; **vorheriges –** l'année dernière, écoulée, précédente.

Jahrbuch *n* annuaire *m*.

Jahresabrechnung *f* décompte annuel.

Jahresabschluß *m* (1) bilan *m* de l'exercice, bilan annuel, arrêté de compte (annuel), (2) clôture de l'exercice; **–bilanz** *f* bilan de fin d'année.

Jahres|abschreibung *f* amortissement *m* annuel; **–arbeitsverdienst** *m* salaire *m* annuel; **–ausgleich** *m* *(SteuerR:Lohnsteuer)* déclaration contrôlée annuelle de l'impôt sur le revenu avec restitution du trop-perçu *ou* recouvrement de la dette fiscale restante; **–bericht** *m* compte-rendu *ou* rapport annuel; **–bilanz** *f* bilan *m* annuel; **–budget** *n* budget *m* annuel; **–frist** *f* délai *m* annuel, annualité *f*; **–gebühr** *f* taxe *ou* redevance annuelle, taxe d'annuité; **–lohnsumme** *f* masse *f* salariale annuelle, montant *m* annuel total des salaires (versés par l'employeur); **–prämie** *f* prime annuelle; **–quote** *f* contingent pourcentage annuel.

Jahresrate *f* fraction annuelle, annuité *f*; **fällige –** annuité *f* échue.

Jahres|rechnung *f* compte *m* annuel; **–schadenexzedenten-Rückversicherung** *f* réassurance en excédent de pertes.

Jahresschlußbilanz *f* bilan *m* de fin d'année.

Jahres|soll *n* ce qui doit être produit *ou* livré dans une année; imposition *f* annuelle; contingent *m* annuel; **–überschuß** excédent *m* *ou* gain annuel; **–umsatz** *m* chiffre *m* d'affaires annuel; **–urlaub** *m* congé *m* annuel; **–versammlung** *f* assemblée annuelle; **–zins** *m* taux d'intérêt annuel, intérêts *mpl* annuels.

Jahrgang *m* année, classe de recrutement, classe *f* d'âge; (grandes écoles) promotion *f*; **schwacher –** classe creuse; **weißer –** *(umg)* classe non appelée au service militaire actif.

jährlich *adj* annuel.

je *adv* (1) *(jeweils)* chaque fois, (2) *(je nach)* d'après, selon; **seit eh und je** depuis toujours.

je *präp* pour (chaque).

Jetztwert *m* valeur *f* actuelle.

Job-Sharing *n* *(ArbR)* travail à temps partiel avec partage de poste (entre deux salariés); **–Vermittlung** *f* Service de main-d'œuvre pour intérimaires (dans le secteur tertiaire).

Journal *n* (1) *(Rechnungsbuch)* livre *m* journal, (2) *(Schiffstagebuch)* livre *m* de bord (d'un navire).

Journaldienst *m* (Aut) service *m* de permanence.

Journalisierung *f* inscription *f* au livre-journal.
Journalrichter *m* (Aut) magistrat de permanence au parquet.
Jubiläumsgabe *f od* **–geld** *od* **–zuwendung** *f* gratification *f* exceptionnelle d'ancienneté, prime *f* de jubilé.
Judengesetzgebung *f (hist)* législation *f* anti-juive *ou* antisémite.
Judikat *n* (= Urteil) décision *f*, sentence *f*; **–anspruch** *m* droit résultant d'une décision judiciaire.
Judikatenbuch *n* (Aut) recueil des arrêts des chambres à effectif renforcé de la Cour suprême.
Judikation *f* délibération (du juge *ou* de la cour de justice).
Judikative *f* (= rechtsprechende Gewalt) pouvoir *m* judiciaire.
Judikats|hypothek *f* (Aut) hypothèque *f* judiciaire; **–obligation** *f* obligation *f* résultant d'une décision judiciaire.
Judikatschuld *f* obligation résultant d'une décision judiciaire.
Judikatur *f* jurisprudence *f*.
judizieren juger, décider; délibérer.
Judizium *n* jugement *m*, arrêt *m*.
Jugend *f* (1) *(i. w. S.)* jeunesse *f*, les jeunes, (2) *(i. e. S.)* mineurs *mpl*, condition juridique du mineur; **straffällige –** délinquants mineurs; enfance délinquante; **verwahrloste –** enfants moralement abandonnés; **–amt** *n* office *m* d'assistance aux jeunes; **–arbeit** *f* travail des jeunes; **–arbeitslosigkeit** *f* chômage *m* des jeunes; **–arbeitsschutzgesetz** *n* loi *f* sur la protection des jeunes travailleurs; **–arrest** *m (StR)* forme spéciale d'emprisonnement pour les délinquants mineurs; **–fürsorge** *f* protection de l'enfance, mesures d'assistance et de surveillance des mineurs; **–gefährdende Schriften** publications *fpl* dangereuses pour les mineurs; **–gefängnis** *n* prison pour délinquants mineurs; **–gericht** *n* tribunal *ou* juridiction pour enfants; **–hilfe** *f* aide à l'enfance; **–kriminalität** *f* délinquance *f* juvénile; **–liche** *mpl* mineurs *mpl*, jeunes *mpl*, adolescents *mpl* (de 14 à 18 ans); **–pflege** *f* assistance *f* aux mineurs; **–richter** *m* juge *m* des enfants; **–sache** *f* affaire relevant des tribunaux pour enfants; **–schöffe** *m* juré *m* (tribunal échevinal pour enfants); **–schutz** *m* protection *f* (morale) de la jeunesse, protection infantile; **–schutzgesetz** *n* loi sur la protection des mineurs; **–sprecher** *m* représentant des jeunes; **–staatsanwalt** *m* procureur auprès du tribunal pour enfants.
Jugendstraf|anstalt *f* maison de détention pour jeunes délinquants; **–kammer** *f* chambre pénale des mineurs; **–recht** *n* droit pénal spécial des délinquants mineurs; **–sache** *f* procédure *f* concernant un délinquant mineur; **–tat** *f* infraction commise par un mineur; **–täter** *m* délinquant *m* mineur; **–verfahren** *n* procédure pénale engagée contre un mineur; **–vollzug** *m* exécution des peines prononcées contre les délinquants mineurs.
Jugend|vertreter *m (ArbR)* délegué *m* des jeunes travailleurs (dans l'entreprise); **–vertretung** *f* délégation *f* des jeunes; **–wohlfahrtsausschuß** *m* comité *m* d'assistance aux jeunes.
Jung|geselle *m* célibataire *m*; **–schein** *m* nouveau certificat *m*.
Junktimklausel *f* (= Verbindungsklausel) clause *f* de jonction.
Jura *n(pl)* (= die Rechte) droit *m*; **–studieren** étudier le droit.
Jurastudent *m* étudiant *m* en droit.
juridisch *adj* (Aut) juridique *adj*.
Jurisdiktion *f* (= Rechtsprechung) jurisprudence *f*.
Jurisdiktions|klausel *f*: **obligatorische –** clause *f* de juridiction; **–konsul** *m* consul exerçant des pouvoirs de juridiction; **–norm** *f* (Aut) loi sur la procédure civile et l'organisation judiciaire.
Jurisprudenz *f* (= Rechtswissenschaft) sciences juridiques.
Jurist *m* (1) *(Rechtskundiger)* juriste *m*, homme de loi, jurisconsulte *m*, légiste *m*, (2) *(Student)* étudiant en droit, (3) *(Pl.: Juristen)* gens de

robe, basoche *f (pej)*, (4) *(in Betrieben)* conseil juridique, juriste d'entreprise.

Juristen|ausbildung *f* formation professionnelle des futurs magistrats et candidats aux autres fonctions judiciaires *ou* juridiques; **–ausschuß** *m* comité *m* juridique; **–deutsch** *n* style aux formules ampoulées et solennelles; **–recht** *n* droit jurisprudentiel; **–sprache** *f* style du palais, langage *m* de l'administration; **–tag** *m* congrès *m* de juristes.

juristisch *adj* juridique.

juristische Handlung *f (ZR: Rechtshandlung)* fait *m* juridique volontaire et licite, acte matériel, fait doué des conséquences juridiques (en dehors des actes juridiques).

juristische Person *f* personne *f* morale, groupement *m* de personnes (ou de biens) ayant la personnalité juridique; **– – des öffentlichen Rechts** personne morale de droit public; **– – des Privatrechts** personne morale de droit privé.

Juror *m* (= Mitglied einer Jury) examinateur *m*.

Jury *f* (= Preisrichterkollegium) commission *f* d'examen.

Jus *n*, *pl.*: **Jura** *(Aut: Recht, Rechtswissenschaft)* droit, science juridique.

justitiabel *adj* (= gerichtlich entscheidbar) qui doit être soumis à la justice, justiciable.

Justitiar *m* (= Rechtsbeistand) conseil *m* juridique.

justitiell *adj* judiciaire; juridictionnel.

Justitium *n* arrêt de l'activité judiciaire (par suite d'une cause extérieure *ou* force majeure).

Justiz *f* (1) *(Rechtspflege)* organisation du pouvoir judiciaire, justice *f*, (2) *(Gerechtigkeit)* justice *f*, conformité au droit; **–akt** *m* mesure prise par l'administration judiciaire; **–angestellte(r)** employé(e) de l'administration judiciaire, agent administratif auprès d'un tribunal; **–apparat** *m* appareil *m* judiciaire; **–aufbau** *m* organisation de l'ordre judiciaire; **–ausbildung** formation des magistrats et auxiliaires de justice; **–beamte** *m* fonctionnaire *m* public ayant fait des études de droit; **–behörde** *f* autorités *fpl* judiciaires; **–beitreibungsordnung** *f* décret relatif au recouvrement des amendes prononcées par les tribunaux; **–gebäude** *n* palais *m* de justice; **–geschäftsstelle** *f* greffe *m*, secrétariat *m* d'un tribunal; **–gewährungspflicht** *f* obligation pour les tribunaux de trancher les litiges qui leur sont soumis; **–hoheit** *f* droit de rendre la justice.

Justiz- und Polizeidepartement *n* (S) département *m* de justice et de police (S).

Justiz|inspektor *m* fonctionnaire administratif des services judiciaires; **–irrtum** *m* (1) erreur *f* judiciaire, (2) déni de justice; **–konvention** *f* convention *f* judiciaire; **–kasse** *f* perception *f* des frais judiciaires; **–kostengesetz** *n* loi (allemande) relative aux frais judiciaires; **–loser Hoheitsakt** acte de gouvernement; **–minister** *m* ministre de la Justice, Garde des Sceaux; **–ministerium** *n* ministère de la Justice; Chancellerie *f*; **–mord** *m* assassinat *m* judiciaire, meurtre *m* judiciaire; **–offizier** *m* (S) officier de justice militaire; **–palast** *m* palais de justice; **–pressestelle** *f* service de presse (d'une juridiction); **–protokoll** *n* protocole *m* juridictionnel; **–rat** *m* conseiller *m* de justice; titre honorifique accordé aux notaires; **–reform** *f* réforme *f* judiciare; **–staat** *m* État dans lequel prédomine le pouvoir judiciaire, État prétorien; **–verfassung** *f* statut *m* de la magistrature; organisation *f* judiciaire.

Justiz|verwaltung *f* administration *f* de la justice; **–verwaltungsakt** *m* acte *m* d'administration judiciaire; **–verweigerung** *f* déni *m* de justice.

Justizvollzug *m* procédure *f* d'exécution (des sentences pénales).

Justizvollzugsanstalt *f* (= J. V. A.) établissement *m* pénitentiaire, maison *f* d'arrêt, centre *m* de détention.

Justizwachtmeister *m* huissier *m* audiencier, auxiliaire de justice de la catégorie C (en Allemagne).

K

Kabel|fernsehen *n* télévision *f* par câble, télédistribution câblée; **–rundfunk** *m* radio *f* par câble; **–sendung** *f* émission câblée.

Kabinett *n* conseil *m* des ministres, gouvernement *m*; **– von Fachministern** réunion *f* interministérielle.

Kabinetts|angelegenheit *f* attribution *f* conférée au conseil des ministres, compétence *f* exercée en conseil des ministres; **–ausschuß** *m* comité interministériel; **–beschluß** *m* décret *m* pris en conseil des ministres; **–bildung** *f* formation d'un nouveau gouvernement; **–chef** *m* chef de cabinet; **–entwurf** *m* projet *m* gouvernemental; **–liste** *f* liste *f* des membres du gouvernement; **–neubildung** *f* renouvellement du g., formation d'un nouveau g.; **–rat** *m* conseil de cabinet; **–sitzung** *f* conseil des ministres; **–umbildung** *f* remaniement *m* ministériel; **–vorlage** *f* projet *m* de décret gouvernemental.

Kabotage *f* (= Küstenschiffahrt) cabotage *m*.

kaduk *adj* (Aut) (1) *(= verfallen, ungültig)* caduc *adj*, (2) sans héritier.

Kadukerklärung *f* (Aut) déclaration judiciaire constatant l'absence d'héritiers.

kaduzieren (= für ungültig erklären) rendre caduc, frapper de caducité, abroger.

Kaduzierung *f* (1) *(Verfallerklärung)* déclaration de nullité, (2) *(GesR)* défaillance *f* (de l'actionnaire); exclusion d'un actionnaire *ou* associé de la société (et perte des actions *ou* parts).

Kaduzität *f* (Aut) caducité.

Kaffeefahrt *f (WettbewerbsR)* excursion *f* publicitaire avec vente (souvent forcée) de produits.

Kahlpfändung *f* saisie totale.

Kalender *m* calendrier *m*; **–jahr** *n* année *f* civile, année du calendrier (L); **–jahrrechnung** *f* computation *f* des délais par année civile.

Kalkulation *f* (= Preisberechnung) détermination *f* du prix, calcul *m* du prix; **–sirrtum** *m* erreur *f* dans le calcul du prix.

Kammer *f* (1) *(Gerichtshof)* chambre *f* d'un tribunal, (2) *(Abgeordnete)* chambre des députés, assemblée *f* législative, (3) *(Berufsvereinigung)* chambre (de métiers), chambre syndicale, corporation *f*, corps *m*, métier *m*, ordre *m*; **beratende –** chambre consultative; **– für Handelssachen** *(PrzR)* chambre commerciale; **– für Verwaltungssachen** chambre administrative; **– für Wirtschaftssachen** chambre économique; **–ausschuß** *m* (Aut) conseil de l'ordre; **–beitrag** *m* cotisation *f* à la chambre syndicale.

Kammergericht *n* Tribunal *m* régional supérieur de Berlin.

Kammer|gesetze *npl* réglementation (légale) relative aux professions libérales; **–gutachten** *n* expertise réalisée par une chambre de commerce et d'industrie; **–prüfung** *f* examen *m* organisé par une chambre de commerce et d'industrie; **–umlage** *f* (Aut) cotisation à une chambre (établie par voie de répartition); **–vorsitzende(r)** *m (PrzR)* président de chambre; **–vorstand** *m* conseil *m* de l'ordre.

Kampf *m* lutte *f*, conflit *m*, antagonisme *m*, bataille *f*, action *f*; **–führung** *f (ArbR)* conduite *f* de la grève; **–gebiet** *n* zone *f* d'opérations militaires; **–handlung** *f* acte *m* de belligérence; **–kündigung** *f (ArbR)* licenciement pour cause de grève.

Kampf|maßnahme *f (ArbR)* mesure *f* d'action revendicative, mouvement *m* revendicatif; **–mittel** *n* moyen *m* de pression; **–parität** *f* principe de l'égalité des partenaires sociaux en cas de conflits salariaux; **–preis** *m* dumping *m* (des prix); **–streik** *m* grève revendicative; **–stoff** *m* gaz *m* de combat; agent *m* biologique; **–verband** *m (VR)* groupement *ou* groupe de combat, formation *f* armée; **–zölle** *fpl* droits *mpl* anti-dumping.

Kanalbenutzungsgebühr *f* taxe de déversement à l'égoût, taxe de canalisation (L).

Kanalisierung *f* **der Haftung** *(VersR)* concentration de la responsabilité (civile) dans la personne de l'assuré principal (payant la prime).

Kandidat *m* candidat *m*, postulant *m*, prétendant *m*, aspirant *m*, compétiteur *m*, concurrent; **sich als – aufstellen lassen** être candidat, annoncer sa candidature (aux élections).

Kandidatur *f* candidature *f*.

kandidieren être candidat, se porter candidat aux élections; poser sa candidature (à un poste).

Kann|bestimmung *f* disposition (légale) supplétive (applicable dans le silence des parties); prescription *f* facultative; **–bezug** *m* prestation dont l'octroi dépend de la libre appréciation de l'autorité qui l'accorde; **–kaufmann** *n* commerçant *m* de par son inscription au registre du commerce (cette inscription étant facultative pour certaines exploitations agricoles ou forestières); **–leistung** *f* prestation *f* facultative; **–vorschrift** *f* règle supplétive, prescription *ou* disposition potestative *ou* facultative.

kanonisches Recht droit canonique *ou* canon.

Kanton *m* (S) canton *m*.

Kantons|bürgerrecht *n* (S) droit de cité cantonal (S); **–rat** *m* (S) conseil *m* cantonal; **–regierung** *f* (S) gouvernement *m* cantonal; **–richter** *m* (S) juge *m* cantonal; **–steuer** *f* impôt *m* cantonal (S); **–verweisung** *f* (S) expulsion d'un canton.

Kanzelmißbrauch *m (hist)* critiques, censures *ou* provocations dirigées contre l'autorité publique dans un discours pastoral prononcé publiquement.

Kanzlei *f* (1) chancellerie *f*, (2) *(Anwalt)* bureau *m*, étude *m*, (3) secrétariat *m*; **–angestellte(r)** *m* employé aux écritures; **–gebühr** *f* droit de chancellerie, émolument de chancellerie (S), émolument du greffe (S); **–kosten** *pl* frais de chancellerie; **–spesen** *pl* frais *mpl* de bureau, frais de chancellerie.

Kanzler *m* chancelier *m*; **–amt** *n* chancellerie *f*; **–kandidat** *m* candidat *m* à la chancellerie; **–prinzip** *n (Pol)* principe selon lequel le Chancelier fédéral dispose d'une prééminence organisatrice sur les autres ministres.

Kanzlist *m* commis aux écritures.

Kapazität *f* (1) *(Leistungsfähigkeit)* capacité *f* de production, potentiel *m*, performances *fpl* (d'une entreprise), (2) *(hervorragender Spezialist)* personne d'une haute capacité professionnelle; **–abbau** *m* réduction *f* des capacités; **–grenze** *f* limite de capacité; **–überhang** *m* capacité *f* excessive, excès *m* de capacité.

Kapazitätsverordnung *f (HochschulR: KapVO)* décret relatif à la capacité d'accueil des universités (allemandes).

Kapital *n* (1) *(Gesellschaftsrecht)* capital *m* social; capital juridique; (2) *(Volkswirtschaft)* capital économique *ou* financier, (3) *(Betriebsmittel)* capital technique; (4) *(bei Geldschuld)* principal *m*, capital (opposé à intérêt); **amortisiertes** – capital amorti; **angelegtes** – capital placé *ou* investi; **brachliegendes** – capital oisif *ou* inemployé *ou* improductif; **einbezahltes** – capital versé; **eingezahltes** – capital appelé, actions libérées; **flüssiges** – capital liquide; **genehmigtes** – capital approuvé *ou* autorisé; **gezeichnetes** – capital souscrit; **investiertes** – capital investi; **nicht eingezahltes** – capital non versé, actions *fpl* non libérées; **privates** –

capital privé; **stehendes** – capital fixe; **totes** – capital oisif *ou* inemployé *ou* improductif; **umlaufendes** – capital de roulement, capital circulant; **verfügbares** – capital disponible; **volleingezahltes** – capital entièrement versé; **zinstragendes** – capital produisant des intérêts; **zurückgezahltes** – capital remboursé.

Kapital|abfindung *f* allocation *ou* indemnité en capital; **–abfluß** *m od.* **–abwanderung** *f* fuite *f* des capitaux; **–amortisierung** *f* amortissement du capital; **–angebot** *n* offre *f* de capitaux.

Kapitalanlage *f* placement de capitaux, placement *m* financier, investissement; **–betrug** *m* escroquerie *f* en matière de prêts d'argent *ou* de placement; **–geschäft** *n* opération de placement; **–gesellschaft** *f* société de placement *ou* de portefeuille, fonds d'investissement, organisme *m* de placements collectifs.

Kapitalanlagen|gesetz *n* loi *f* relative aux opérations de placement; **–vermittler** *m* démarcheur *m ou* intermédiaire *m* en vue de placements *ou* d'opérations sur valeurs mobilières.

Kapitalanleger *m* investisseur *m*; organisme investisseur.

Kapital|anpassung *f* modification du capital (social); **–ansammlungsvertrag** *m* contrat de capitalisation; **–anteil** *m* participation *f* au capital, part sociale; **–aufbringung** *f* souscription et versement des capitaux, dépôt *m* des fonds; apport *m* de capitaux; **–aufstockung** *f* augmentation *f* de capital; **–aufwand** *m*, **–aufwendungen** *pl* dépenses en capital; **–ausstattung** *f* dotation en capitaux, montant *m* des apports; **–auswanderung** *f* fuite *f* des capitaux; **–bedarf** *m* besoins en capitaux; **–beschaffung** *f* financement par apport de capitaux, mobilisation de capitaux (avec *ou* sans appel public à l'épargne); **–beteiligung** *f* participation au capital, participation financière; **–betrag** *m* montant *m* du capital; **–bewegung** *f* mouvement de fonds *ou* de capitaux; **–bilanz** *f* balance *f* des mouvements de capitaux *ou* des opérations financières; **–bildung** *f* constitution de capitaux; **–deckung** *f* couverture *f* des besoins en capitaux; **–dekkungsverfahren** *n* principe *m* de capitalisation; **–eigner** *m* détenteur *m* de fonds; propriétaire *m* des capitaux engagés; **–einbuße** *f* perte de capital; **–einkünfte** *pl* revenu *m* des capitaux; intérêts *mpl* (du capital); **–einlage** *f* mise de fonds, apport de capitaux; **–einnahmen** *pl* recettes en capital; **–einzahlung** *f* dépôt *m* des fonds, versement de capitaux; **–entnahme** *f* retrait *m* de fonds (provenant du capital social); **–erhaltung** *f* maintien *m* du montant du capital social; **–erhöhung** *f* augmentation du capital; **–erneuerung** *f* renouvellement du capital; **–ersatz** *m*, **–ersetzung** *f* compensation des retraits de fonds provenant du capital social; **–ertrag** *m* revenu du capital, produit *m ou* rendement des capitaux; **–ertragsbilanz** *f* balance *f* des revenus du capital; **–ertragsteuer** *f* impôt sur le revenu des capitaux mobiliers et des valeurs; **–flucht** *f* fuite *ou* évasion de(s) capitaux; **–fluß** *m* flux *m* des capitaux; **–forderung** *f* créance en capital; **–geber** *m* bailleur de fonds, organisme *m* investisseur; apporteur *m* (de fonds); **–gesellschaft** *f* société de capitaux; **–gesellschafter** *m* associé *m* (d'une société par actions); **–gewinn** *m* gain en capital; **–herabsetzung** *f* réduction du capital; **–hilfe** *f* aide *f* en capital, assistance financière, secours *mpl* financiers.

kapitalintensiv *adj* à fort coefficient de capitaux.

Kapitalisierung *f od.* **Kapitalisation** *f* capitalisation *f*; **– der Zinsen** capitalisation des intérêts échus, anatocisme *m*.

Kapitalisierungs|anleihe *f* emprunt *m* de consolidation, funding *m*;

–gesellschaft *f* société *f* de capitalisation; **–satz** *m* taux *m* de capitalisation; **–vertrag** *m* contrat *m* de capitalisation.

Kapital|knappheit *f* pénurie de capitaux; **–konsolidierung** *f* consolidation des capitaux; **–konto** *n* compte de capital; compte des apports (d'un associé); **–konzentration** *f* concentration de capital; **–kosten** *pl* coûts du capital; **–lebensversicherung** *f* assurance de capital; **–mangel** *m* pénurie de capitaux; **–markt** *m* marché *m* des crédits à long terme, marché financier; **–marktpapiere** *npl* valeurs *fpl* mobilières; **–marktrecht** *n* régime *m* (législatif) des marchés financiers; **–mehrheit** *f* majorité du capital; **–nachfrage** *f* demande de capitaux; **–not** *f* manque *m* de capitaux; **–quote** *f* quote-part du capital; **–rendite** *f* rendement *ou* revenu financier; **–rente** *f* intérêt des capitaux; **–rentensteuer** *f* impôt sur les revenus des capitaux; **–rückführung** *f*, **–rücklage** *f* réinvestissement des capitaux; **–rückwanderung** *f* rapatriement de capitaux; **–rückzahlung** *f* remboursement du capital.

Kapital|schutzabkommen *n* accord *m* sur la protection des capitaux engagés (à l'étranger); **–steuer** *f* impôt sur le capital; imposition du capital; droits *mpl* d'enregistrement; **–stundung** *f* (S), **–tilgung** *f* amortissement du capital; **–transfer** *m* transfert *m* de fonds; **–überfluß** *m* pléthore *f* de capitaux; **–übertragung** *f* transfert de capitaux; **–umschlag** *m* rotation *f* des capitaux; **–verbrechen** *n* crime *m* de sang; **–verflechtung** *f* participations croisées (avec prise de contrôle); **–vergeudung** *f* dilapidation *f ou* gaspillage *m* de capitaux; **–verheimlichung** *f* dissimulation *f* des capitaux; **–verkehr** *m* mouvements de capitaux, circulation des capitaux; **–verkehrssteuer** *f* impôt *m* sur les transferts de capitaux; **–vermögen** *n* patrimoine *m* sous forme de participations *ou* d'actions.

Kapitalverlust *m* perte *f* de capital; **–konto** *n* compte de pertes sur le capital.

Kapital|verminderung *f* réduction du capital; **–vermögen** *n* capital *m*, ensemble du patrimoine et des actifs (d'une personne); **–vernichtung** *f* destruction *f* de capitaux; **–verringerung** *f* réduction *f* du capital; **–versicherung** *f* assurance-capital *f*, assurance de capitaux; assurance d'une somme payable en capital; **–verwaltungsgesellschaft** *f* société *f* de portefeuille *ou* de placement, société de gestion de capitaux; **–wert** *m* (1) valeur du capital, (2) *(SteuerR)* valeur en capital.

Kapitalzahlung *f*: **einmalige –** versement unique en capital.

Kapital|zins *m* intérêt du capital; **–zufluß** *m* afflux de capitaux; **–zufuhr** *f* apport de capitaux; **–zusammenlegung** *f* fusion *ou* réunion de capitaux.

Kapitän auf großer Fahrt capitaine au long cours; **– auf kleiner Fahrt** capitaine *m ou* lieutenant de la marine marchande.

Kapitänskopie *f (SeeHR)* connaissement-chef.

Kapitulation *f (VR)* capitulation *f*, reddition *f*; **bedingungslose –** capitulation sans conditions; **– auf freiem Felde** capitulation en rase campagne.

Kapitulations|abkommen *n (VR)* acte *m* de capitulation; **–handgeld** *n (ArbR)* prime de rengagement; **–urkunde** *f* acte de capitulation; **–verhandlung** *f* (1) négociation en vue de la capitulation, (2) *(ArbR)* contrat de rengagement; **–vertrag** *m* acte de capitulation.

Kaplaken *n (SeeHR)* chapeau du capitaine, rémunération exceptionnelle accordée au capitaine.

Kapovaz *f (ArbR: kapazitätsorientierte variable Arbeitszeit)* temps *m* de travail modulé (selon les besoins du chef d'entreprise).

Kappungsgrenze *f (MietR)* limite *f*

supérieure de l'augmentation des loyers.

Karenz *f* (1) *(Wartezeit)* délai *m* d'attente, (2) *(Sperrfrist)* période *f* de blocage; **bezahlte –** *(ArbR)* période durant laquelle un ancien employé ne peut exercer une activité dans une maison concurrente (pour laquelle il reçoit une indemnité de son ancien patron); **–entschädigung** *f* indemnité *f* de non-concurrence *ou* d'attente; **–frist** *f* (1) délai d'attente, (2) délai pendant lequel l'assurance ne verse pas d'indemnité; **–pflichtiger** personne assujettie à une période d'attente; **–tag** *m* (S) délai d'attente, jour de carence; **–zeit** *f* (1) délai de carence, délai *m* d'attente, période *f* d'attente; (2) *(VersR)* période de blocage, délai pendant lequel l'assurance ne verse pas d'indemnité, délai de prise en charge.

karitativer Idealverein association caritative (à but non-lucratif).

Karlsruhe *(PrzR)* ville allemande siège de la Cour fédérale de justice; *par extension:* cette Cour elle-même.

Karnevalsumzug *m* cortège *m* de carnaval.

Karosseriearbeiten *fpl (Kfz)* travaux de réfection de la carosserie.

Karte *f* carte *f* (à mémoire); carte de paiement, carte de téléphone.

Kartei *f* fichier *m*; **–führer** *m* fichiste *m*; **–führung** *f* tenue *f* des fichiers; **–karte** *f* fiche *f*, enregistrement.

Kartell *n* cartel *m*, entente *f* (professionnelle), accord *m* restrictif de concurrence, action *f* concertée, coalition *f*; **anmeldepflichtiges –** entente devant être notifiée (à la commission); **rechtswidriges –** entente illicite; **unzulässiges –** entente prohibée; **–abmachung** *f*, **–abrede** *f*, **–absprache** *f* entente, concertation, pratique concertée, accord d'association, convention de cartel; **–amt** *n (Bundeskartellamt)* Service fédéral de contrôle des ententes; **–aufsicht** *f* contrôle de la concentration économique et répression des ententes illicites; **–behörde** *f* commission de contrôle des ententes illicites et des positions dominantes, autorité *f* compétente pour la surveillance des cartels; **–beschluß** *m* délibération *f* d'un organe directeur d'une société portant sur la création d'une entente *ou* sur l'adhésion à une entente; **–bevollmächtigte(r)** *m* (Aut) représentant d'un cartel auprès des autorités gouvernementales; **–gericht** *n* tribunal de contrôle et de répression des ententes illicites; **–gesetz** *n* (= Gesetz gegen Kartelle) loi anti-trusts, loi (allemande) relative au contrôle de la concentration économique et à la répression des ententes illicites et des abus de position dominante; **–gesetzgebung** *f* législation *f* anti-trust, législation sur les cartels *ou* sur les ententes illicites.

Kartellierung *f* cartellisation *f*.

Kartell|mitglieder *npl* personnes (morales) participant à une entente prohibée; **–ordnungswidrigkeit** *f* infraction à la législation des ententes et des positions dominantes.

Kartellrecht *n* législation sur les cartels; **europäisches –** droit *m* communautaire applicable aux accords entre entreprises, aux décisions d'association et aux pratiques concertées.

Kartell|register *n* registre des accords restrictifs de concurrence; **–steuer** *f* impôt sur les ententes; **–verbot** *n* interdiction des ententes illicites.

Kartellverbots|gesetz *n* loi anti-cartels *ou* anti-trust; **–gesetzgebung** *f* législation sur les cartels, législation anti-cartels, législation anti-trust.

Kartell|vereinbarung *f*, **–vertrag** *m* convention de cartel, action concertée, entente (expresse *ou* tacite), coalition pour fausser le jeu de la concurrence; **–verstoß** *m* infraction à la loi relative au contrôle des concentrations économiques; **–vertreter** *m* personne mandatée par l'entente professionnelle (pour la représenter devant le tribunal de contrôle des ententes); **–verwaltungsverfahren** *n* procédure administrative relative à la répression d'une entente illicite.

Karten|inhaber *m* détenteur *m* (d'une carte de crédit, à mémoire); **–legen** *n* cartomancie *f*; **–mißbrauch** *m* usage *m* abusif d'une carte (de paiement).

Kasko|police *f* police *f* sur corps; **–regulierung** *f* règlement d'un dommage collision; **–schaden** *m* dommage collision *ou* accidents *ou* tierce (complète *ou* partielle); **–versicherung** *f* (1) *(Teilkasko)* assurance vol, incendie et bris de glace, (2) *(Vollkasko)* assurance tous accidents, assurance tierce complète; assurance dommages collision.

Kassa *f (Aut für: Kasse)* caisse *f*, encaisse *f*; **–buch** *n* (Aut) livre de caisse; **–geschäft** *n* opération *ou* affaire *ou* marché au comptant; **–kauf** *m* achat *m* comptant; **–konto** *n* compte de caisse *ou* d'espèces, comptabilité d'espèces; **–kurs** *m* cours *m* au comptant; **–markt** *m* marché au comptant; **–notiz** *f* (1) cours au comptant, (2) bordereau de caisse; **–schein** *m* bon de caisse; **–skonto** *n* escompte sur les paiements au comptant, escompte.

Kassation *f* (1) *(Urteil)* cassation *f*, annulation d'une décision juridictionnelle, infirmation (et renvoi), (2) *(Soldat)* dégradation, cassation.

Kassations|antrag *m* pourvoi *m ou* recours *m* en cassation; **–beschwerde** *f* (S) recours en cassation, pourvoi en cassation; **–gericht** *n*, **–hof** *m* cour de cassation; **–verfahren** *n* procédure du pourvoi en cassation.

Kassazahlung *f* (= Barzahlung) paiement *m* au comptant compté, paiement (sur l'heure et) en espèces.

Kasse *f* (1) *(Ladenkasse)* caisse *f* (enregistreuse); caissette *f*, coffre *m*, (2) *(Vorrat an Geld)* encaisse *f*, fonds *mpl* en caisse, liquidités *fpl*, (3) *(Schalter des Kassierers)* caisse *f*, bureau *m*, guichet *m*, comptoir *m*, (4) *(bar bezahlen)* au comptant compté, (5) *(Krankenkasse)* Caisse d'assurance-maladie, (6) *(Sparkasse)* Caisse d'épargne; **gegen –** au comptant; **gemeinschaftliche –** caisse commune; **öffentliche –** caisse publique; **schwarze –** caisse noire; **– zur Arbeitslosenunterstützung** fonds de chômage; **per – bezahlen** payer comptant; **– gegen Dokumente** au comptant contre documents; **– gegen Faktura** au comptant après réception de la facture; **– für Familienzulagen** caisse d'allocations familiales; **die – führen** tenir la caisse; **bei – sein** *(umg)* être en fonds.

Kassenabschluß *m* arrêté *m* de caisse.

Kassenanweisung *f* (1) ordre *m* de paiement, mandat *m* de paiement, (2) bon de caisse, fiche de caisse; **– auf Sicht** bon de caisse à vue.

Kassen|arzt *m* médecin *m* conventionné, médecin agréé par les caisses d'assurance-maladie; **–arztrecht** *n* législation *f* relative aux médecins conventionnés; **–ausgänge** *f* décaissements *mpl*, sorties de caisse; **–ausgangsbeleg** *m* pièce justificative d'une sortie de caisse; **–beamte(r)** *m* caissier *m*; **–bedarf** *m* besoin *m* de trésorerie; **–beleg** *m* pièce (justificative) de caisse; **–bericht** *m* situation de caisse; **–bestand** *m* solde *m* net, actifs disponibles, avoirs en caisse, encaisse *f*, solde en caisse, situation de caisse, disponibilités *fpl* de la trésorerie, fonds *mpl* de roulement, liquidité *f*; **–bon** *m* bon de caisse; **–bote** *m* garçon de recettes; **–buch** *n* livre de caisse; **–buchführung** *f* comptabilité *f*; **–defizit** *n* déficit de caisse; **–dienst** *m* service de caisse; **–disposition** *f* liquidités de caisse; **–eingänge** *pl* encaissements *mpl*, rentrées en caisse; **–eingangsbeleg** *m* pièce justificative d'un encaissement; **–einheit** *f* unité de caisse; **–fehlbestand** *m*, **–fehlbetrag** *m* déficit *m* de trésorerie, déficit de caisse; **–freiheit** *f (VersR)* liberté d'adhérer ou non à une caisse (de secours, de maladie, etc...); **–führer** *m* comptable *m*; caissier *m*, teneur de caisse; **–führung** *f* gestion de la trésorerie; tenue de caisse; maniement des deniers *ou* des fonds; procédure comptable; **–geschäft** *n* marché *m* au comptant, affaire *f* au comptant; **–guthaben** *n* avoir *ou* solde en caisse; **–halter** *m* teneur de caisse, comptable *m*; **–haltung** *f* gestion *f* de la trésorerie; **–jahrsystem** *n* budget de gestion; **–kredit** *m* crédit *m* à court terme accordé à certaines caisses publiques, crédit de caisse, avance *f* de trésorerie.

Kassen|lage *f* situation de trésorerie; engagements *mpl* de dépenses et de recettes; **–leistung** *f (SozVers)* prestation de sécurité sociale; **–leiter** *m* chef comptable; **–manko** *n* déficit de caisse; **–mitglied** *n* affilié *m*, assuré social (à une caisse); **–mitgliedschaft** *f (SozVers)* affiliation *f* à une caisse; **–mittel** *pl* encaisse *f*, moyens de trésorerie; **–obligation** *f* obligation de caisse; **–patient** *m (SozVers)* malade *m ou* consultant affilié à une caisse; **–pfändung** *f (ZwangsVR)* saisie *f* du contenu de la caisse; **–praxis** *f* exercice *m* de la profession médicale *ou* dentaire dans le cadre d'une convention avec une caisse, habilitation à soigner les adhérents d'une caisse de maladie.

Kassen|prüfer *m* (1) expert-comptable *m*, (2) commissaire *m* aux comptes; **–prüfung** *f* vérification comptable; analyse financière; **–reserve** *f* réserve de caisse; **–reste** *mpl* restes *mpl* à payer et à recouvrer; **–schalter** *m* guichet *m*; **–schein** *m* (1) bon *m* de caisse, (2) reçu *m*, quittance *f*; **–skonto** *n* escompte *m* de règlement *ou* de caisse; **–sollbestand** *m* avoir théorique en caisse; **–stand** *m* situation *f* de trésorerie; **–stärkung** *f* renforcement *m* des disponibilités; **–stunden** *fpl* heures *fpl* d'ouverture (de la caisse); **–sturz** *m* vérification de caisse; **–tagebuch** *n* brouillard *m* de caisse, main-courante; **–überschuß** *m* excédent de caisse; **–umsatz** *m* mouvement de caisse; **–verlustentschädigung** *f* indemnité pour déficit de caisse; **–verstärkungsrücklage** *f* réserve destinée au renforcement de la trésorerie; **–verwalter** *m* trésorier *m*, agent *m* comptable, comptable *m*; **–vorschuß** *m* avance de caisse; **–wesen** (1) système *m* d'enregistrement des faits comptables, (2) trésorerie *f*; **–zahnarzt** *m* dentiste *m* conventionné *ou* agréé par une caisse; **–zettel** *m* ticket *m* de caisse; **–zwang** *m* obligation d'adhérer à une caisse (de secours, de maladie, etc...).

kassieren (1) encaisser, (2) *(PrzR)* casser (un arrêt).

Kassierer *m* caissier *m*, employé *ou* préposé à la caisse.

Kassierung *f (PrzR: Kassation)* cassation *f*, infirmation.

Katalog *m* catalogue *m*, liste *f*, répertoire *m*; **–preis** *m* prix *m* catalogue.

Kataster *m/n (SachR: Liegenschaftsverzeichnis von Grundflächen)* cadastre *m*, matrice *f* cadastrale, fichier immobilier parcellaire, registre *m* public des biens fonds; **neuangelegtes** – cadastre rénové; **–amt** *n* service cadastral, bureau *m* du cadastre; **–angaben** *fpl* indications portées au cadastre; **–auszug** *m* relevé *m* cadastral, relevé *ou* extrait du cadastre, état *m* parcellaire; **–beamte(r)** *m* fonctionnaire préposé au cadastre; **–behörde** *f* service administratif chargé d'élaborer et de tenir à jour les documents cadastraux; **–bewertung** *f* évaluation cadastrale; **–buch** *n* registre cadastral; **–fläche** *f* surface cadastrale; **–führung** *f* tenue *f* du cadastre; **–gemeinde** *f* commune (du cadastre); **–nummer** *f* numéro *m* cadastral; **–parzelle** parcelle cadastrale; **–plan** *m* plan cadastral; **–wert** *m* état évaluatif, valeur *f* cadastrale.

Katastral|einheitswert *m* revenu *m* unitaire cadastral, valeur du revenu cadastral; **–ertrag** *m* revenu cadastral.

Katastrophe *f* (1) *(Naturkatastrophe)* calamité *f*, cataclysme *m*, catastrophe *f* naturelle, (2) *(Zusammenbruch)* bouleversement *m*, désastre *m*, drame *m*, fléau *m*.

Katastrophen|fall *m* sinistre *m* provoqué par un cataclysme; **–gebiet** *n* région *f* sinistrée; **–hilfe** *f* aide *f* aux sinistrés; **–risiko** *n* risque *m* de catastrophe; **–schaden** *m* sinistre *m*, dommage *m* résultant d'une catastrophe; **–schutz** *m* plan d'organisation des secours (en cas de cataclysme), mesures *fpl* en faveur des zones sinistrées, ensemble des moyens prévus pour combattre les sinistres; **–schutzorganisation** organisation de secours pour les cas d'urgence collective.

Kategorie *f* (1) *(i. w. S.)* catégorie *f*, espèce *f*, sorte *f*, classe *f*, division *f*, (2) notion fondamentale (de l'ordre juridique), concept *m*, définition *f*.

Kauf *m* (1) *(Erwerb)* achat *m*, acquisition *f*, (2) *(Kaufvertrag)* vente *f*, contrat *m* de vente; **bedingter –** achat conditionnel; **garantierter –** achat garanti; **gekoppelter –** vente couplée; **internationaler –** vente à caractère international, contrat de vente international; **– beweglicher Sachen** vente mobilière; **– auf Besicht** vente à l'essai, vente à condition; **– auf Borg** vente à crédit; **– unter Eigentumsvorbehalt** vente sous réserve de propriété; **– mit Garantie** achat avec garantie; **– auf Hoffnung** (Aut) vente aléatoire; **– auf Kredit** (1) achat à crédit, (2) vente à crédit; **– nach Muster** vente sur échantillon, vente sur modèle; **– auf Probe** vente à l'essai, vente sous bénéfice d'acceptation; **– nach Probe** vente sur échantillon *ou* conforme à tel échantillon; **– zur Probe** vente ferme à titre d'essai; **– auf Raten** achat à tempérament; **– mit Rückkaufsvorbehalt** vente à réméré; **– zum Schätzungswert** vente sur devis estimatif; **– auf Umtausch, – mit Umtauschrecht** vente avec faculté d'échange; **– mit Vorbehalt eines besseren Käufers** vente sous réserve d'un meilleur acheteur.

Kauf|abschluß *m* conclusion *f* d'un contrat de vente; **–absicht** *f* intention d'achat; **–angebot** *n* offre *f* d'achat; **–anmeldung** *f* déclaration *f* d'achat; **–antrag** *m* commande *f* ferme (d'un bien); **–anwartschaft** *f* promesse unilatérale de vente, option *f*; **–auftrag** *m* ordre *m* d'achat.

Kaufdatum *n* date *f* d'acquisition (de la chose), date de la vente.

kaufen (1) *(erwerben)* acheter, acquérir (contre paiement), obtenir à prix d'argent, (2) *(bestechen)* corrompre, soudoyer, acheter.

Kauf|entscheidung *f* décision *f* d'acquérir une chose (au vue de ses qualités intrinsèques *ou* promises); **–entschluß** *m* volonté (ferme) de conclure un contrat de vente; **–erklärung** *f* consentement *m*.

Käufer *m* acheteur *m*, acquéreur *m*, cessionnaire *m*; opérateur *m*.

Käuferschaft *f* clientèle *f*.

Käufervereinigung *f* groupement *m* d'achat.

Kauf|fahrer, –fahrteischiff *n* navire *m* de commerce *ou* marchand; **–finanzierung** *f* financement d'une vente (à crédit); **–gegenstand** *m* chose *f* vendue; marchandise *f* achetée; **–geld** *n* (1) prix de vente, (2) prix d'achat; **–geldforderung** *f* créance *f* du prix d'achat; **–gelegenheit** *f* occasion *f*; **–geschäft** *n* opération *f* de vente; **–gesetz** *n* *(IPR: einheitliches –)* droit uniforme de la vente internationale; **–gewährleistungsrecht** *n* législation relative aux obligations de garantie du vendeur; **–grundstück** *n* terrain *m* à vendre; immeuble en vente; **–haus** *n* (grand) magasin, galerie marchande; magasin à grande surface; **–hausabteilung** *f* rayon d'un grand magasin; **–interesse** *n* propension *f* à l'achat; **–interessent** *m* acheteur potentiel.

Kaufkraft *f* pouvoir d'achat; **gleichbleibende –** pouvoir d'achat constant; **–abschöpfung** *f* résorption du pouvoir d'achat; **–ausgleich** *m*

(ArbR) adaptation (des salaires) au pouvoir d'achat; **–erhöhung** *f* augmentation *f* du pouvoir *m* d'achat; **–minderung** *f* baisse *f* du pouvoir d'achat; **–parität** *f* parité des pouvoirs d'achat; **–schöpfung** *f* création de pouvoir d'achat; **–schwund** *m* effritement *m ou* détérioration *f* du pouvoir d'achat; **–überhang** *m* excédent de pouvoir d'achat; **–verlust** *m* baisse *f ou* amputation du pouvoir d'achat; **–vermehrung** *f* augmentation *ou* accroissement du pouvoir d'achat; **–zuwachs** *m* augmentation *ou* progression *f* du pouvoir d'achat.

Kaufleute *pl* commerçants *mpl*; distributeurs *mpl*; revendeurs *mpl*; négociants *mpl*.

käuflich *adj* (1) sur le marché, dans le commerce, (2) *(bestechlich)* vénal.

Käuflichkeit *f* fait *m* de pouvoir se vendre, vénalité *f*; **– der Ämter** vénalité des charges *ou* des offices.

Kaufmann *m* (1) *(HR)* commerçant *m*, (2) *(Großhändler)* négociant *m*, (3) *(Kleinhändler)* marchand *m*, détaillant *m*, revendeur *m*; **– kraft Eintragung** (= Sollkaufmann) commerçant *m* de par son inscription au registre de commerce; **– kraft Gewerbebetrieb** (= Ist- *od.* Mußkaufmann) commerçant de par l'exercice de sa profession; **– kraft Rechtsform** (= Formkaufmann) commerçant de par la forme de l'entreprise; **minderjähriger –** mineur commerçant.

kaufmännisch *adj* commercial; **–er Angestellter** employé de commerce, commis *m*; **–er Direktor** directeur commercial; **–e Hilfsperson** *f* auxiliaire du commerce; **–e Leitung** direction commerciale; **–er Bereich** domaine relatif aux transactions commerciales; **–es Pfandrecht** gage commercial.

Kaufmannschaft *f* profession *f* commerciale, commerce *m*.

Kaufmanns|eigenschaft *f* qualité *f* de commerçant; **–gehilfe** *m* (= Handlungsgehilfe) employé de commerce, commis *m*; **–gehilfenbrief** *m* diplôme *m* d'employé de commerce; **–lehrling** *m* apprenti *m* de commerce; **–schein** *m* bon *m* d'achat *ou* de commande.

Kauf|nachfrage *f* demande *f*; **–objekt** *n* chose *f* (vendue), objet *m* (certain *ou* déterminé) de la vente; **–option** *f* option *f* d'achat; **–prämie** *f* prime *f* à l'achat.

Kaufpreis *m* prix *m* (de vente *ou* d'achat); **den – anlegen** faire emploi du prix de vente; **–anspruch** *m* droit *m* au paiement du prix; **–berechnung** *f* calcul du prix d'achat (*ou* de vente); **– ermäßigung** *f* réduction sur le prix de vente; **–forderung** *f* créance de prix d'achat; **–geldschuld** *f* obligation de payer le prix; **–höhe** *f* montant *m* à payer; **–klage** *f* action en paiement (du prix de vente); **–minderung** *f* réduction du prix (de vente); **–rate** *f* fraction à payer; **–rückvergütung** *f* ristourne sur le prix d'achat; **–rückzahlung** *f* restitution (intégrale) du prix (de vente); **–schuld** *f* obligation de payer le prix (convenu); **–stundung** *f* prorogation du délai de paiement.

Kaufrecht *n* dispositions légales relatives à la vente.

Kauf|sache *f* (1) chose achetée, (2) chose vendue; **–schein** *m* bon *m* d'achat; **–schilling** *m* (Aut) prix *m* d'achat.

Kaufsrecht *n* (S) droit d'emption (S).

Kauf|summe *f* prix *m* d'achat; **–verhandlungen** *fpl* négociations commerciales; **–verpflichtung** engagement d'achat.

Kaufvertrag *m* (contrat de) vente; **– mit Auflassung** contrat de vente avec accord mutuel sur le transfert de propriété (selon le principe de l'ensaisinement applicable en Allemagne); **–spartner** *mpl* co-contractants.

Kauf|vorvertrag *m* compromis de vente; **–welle** *f* vague d'achats; **–wert** *m* valeur *f* à l'achat, valeur vénale; **–zwang** *f* obligation (illicite) d'achat.

Kausalablauf *m* (= Kausalkette *f*) échelle *f* des causalités successives.

Kausalität *f* (= Kausalnexus = Kausalzusammenhang) causalité *f*.

Kausal|kette *f*, **–reihe** *f* rapport causal; **–vereinbarung** *f* rapport fondamental *ou* juridique; **–verhältnis** *n* lien *m* de causalité; **–verlauf** *m* faits *mpl* générateurs du dommage, causalité *f* adéquate.

Kausalzusammenhang *m* relation *f* de cause à effet (entre la faute et le dommage), relation causale, rapport de causalité, lien de causalité (unissant la faute au préjudice).

Kautalar|jurisprudenz *f* jurisprudence cauteleuse; **–praxis** *f* pratique juridique basée sur la précaution mêlée de défiance.

Kautel *f (= Sicherheitsvorkehrung)* cautèle *f*, précaution rédactionnelle.

Kaution *f* (1) *(Bürgschaft)* cautionnement *m*, contrat passé entre le créancier et la caution, (2) *(Sicherheitsleistung)* dépôt *m* d'argent *ou* de valeur (destiné à servir de garantie), nantissement *m*, [dans le langage courant, impropre:] cautionnement, (3) *(Sicherheitsleistung bei Mietverträgen)* dépôt *m* de garantie, *(4) (StPR: Untersuchungshäftling)* versement *m* d'un cautionnement par l'inculpé; **aktorische –** (Aut) caution judicatum solvi; **als – stellen** donner en cautionnement; **Freilassung gegen –** *(StPR)* mise en liberté sous caution.

Kautions|abrede *f* cautionnement *m*; **–betrag** *m* montant du dépôt à titre de nantissement; **–hypothek** *f* (Aut) hypothèque dont le montant maximum seul est indiqué au registre hypothécaire; **–kredit** *m* crédit de cautionnement; **–versicherung** *f* assurance-aval *f*, assurance-caution *f*, assurance de cautionnement; **–wechsel** *m* effet en nantissement *ou* en nourrice, effet *m* en pension.

Kavaliersdelikt *n* fait délictueux excusable, infraction vénielle *ou* digne de pardon, peccadille *f*.

Kehr|bezirk *m* district *m* d'un ramoneur (pour le ramonage obligatoire des cheminées); **–gebühr** *f* taxe de ramonage; **–seite** *f* mauvais côté, revers; **–zwang** *m* ramonage *m* obligatoire.

Keimträger *m* personne infectée, porteur du germe pathogène, (AIDS:) séropositif.

kein aucun, pas un; nul; **–erlei** aucun; **–esfalls** en aucun cas; **–eswegs** pas du tout.

Kellerwechsel *m* effet *m* de complaisance; **einen – ausstellen** tirer en l'air, tirage *m* à découvert.

kennen connaître, ne pas ignorer, être informé *ou* instruit de, avoir connaissance.

Kennenmüssen *n* obligation de s'informer (sans quoi, exclusion de la bonne foi).

Kenn|karte *f* (1) carte (nationale) d'identité, (2) *(Ausländer)* carte de séjour (temporaire); **–wort** *n* mot *m* de passe.

Kenntlichmachung *f* étiquetage *m* (obligatoire) pour des produits (dangereux); obligation d'indiquer les caractéristiques (d'un produit).

Kenntnis *f* (1) *(Wissen)* connaissances *fpl*, (2) *(Erfahrung)* expérience *f*, pratique *f*; **zur – bringen** faire connaître; **– haben** avoir pris connaissance de, être informé; **zur – nehmen** prendre acte de qqch, prendre connaissance.

Kenntnisstand *m* somme *f* des connaissances (actuelles *ou* acquises).

Kennummer *f* numéro *m* d'ordre, matricule *f*.

Kennzeichen *n* (1) signe *m*, marque distinctive, (2) *(Auto)* plaque *f* d'immatriculation; **persönliche –** coordonnées *fpl*; **polizeiliches –** numéro *m* minéralogique *ou* d'immatriculation; **–mißbrauch** *m* *(Wz)* contrefaçon *f*.

kennzeichnend *adj* caractéristique, typique, spécifique, propre, distinctif.

Kennzeichnung *f* marquage *m*, étiquetage *m*; signalisation *f*, identification; **widerrechtliche –** marquage *ou* signe illégal; **zollamtliche –** marque *f* de douane.

Kennzeichnungskraft *f (Wz)* caractère distinctif (de la marque).

Kentern *n (SeeHR)* échouement *m*.

Kerker *m* (1) *(Gefängnis)* prison *f* cellulaire, (2) *(Aut: Freiheitsstrafe)* réclusion, travaux *mpl* forcés; **einfacher –** (Aut) réclusion; **schwerer –** (Aut) réclusion aggravée, réclusion de rigueur.

Kern|anlage *f* installation *f* nucléaire; **–bereich** *m* domaine principal (d'activité), domaine central (d'application), sphère fondamentale, rayon d'action essentiel; **–brennstoffe** *mpl* matières *fpl* fissiles.

Kernenergie *f* énergie *f* nucléaire; **europäische – Agentur** *f* Agence européenne pour l'énergie nucléaire; **–politik** *f* politique *f* nucléaire.

Kerngebiet *n (Urbanismus)* périmètre central.

Kern|kraftwerk *n* centrale *f* nucléaire; **–problem** *n* question primordiale *ou* essentielle; **–reaktor** *m* pile *f* atomique, réacteur *m* nucléaire; **–reaktorunfall** *m* accident nucléaire; **–schmelzunfall** accident nucléaire maximal avec fusion du combustible nucléaire, *umg* syndrome chinois; **–strafrecht** *n* dispositions essentielles du droit pénal; **–waffen** *fpl* armes *fpl* nucléaires.

Kettenarbeitsvertrag *m* contrat *m* de travail à terme renouvelable, contrat de travail en chaîne.

Kettenauffahrunfall *m* carambolage *m* (de voitures).

Ketten|geschäfte *pl* vente *f* à la boule de neige, chaîne *f*; **–verträge** *mpl* contrats *mpl* en chaîne, contrats successifs.

Kfz (= Kraftfahrzeug) véhicule *m* automobile.

KH (s. Krankenhaus) hôpital *m*.

Kidnapping *n* (1) *(Kindesentführung)* enlèvement *m* d'enfant, kidnapping *m* (2) *(Menschenraub)* rapt *m* (en vue d'obtenir la libération de détenus).

Kiesgrube *f* carrière *f* d'exploitation des granulats et graviers.

Kilometer|geld indemnité *f* kilométrique; **–pauschale** *f* forfait *m* kilométrique; **–tarif** *m* tarif kilométrique; **–tonne** *f* tonne *f* kilométrique.

Kind *n* enfant *m*; **anerkanntes –** enfant reconnu; **anerkanntes uneheliches –** enfant naturel reconnu; **angenommenes –** enfant adoptif; **außereheliches –** enfant né hors du mariage, enfant naturel; enfant adultérin; **aus blutschänderischem Verhältnis hervorgegangenes –** enfant incestueux; **aus einem Ehebruch hervorgegangenes –** enfant adultérin; **eheliches –** enfant légitime; **für ehelich erklärtes –** enfant légitimé; **empfangenes –** enfant conçu; **von der Fürsorge betreutes –** enfant assisté; **von der gleichen Mutter abstammendes –** enfant utérin; **vom gleichen Vater abstammendes –** enfant consanguin; **Haftung für -er** responsabilité du fait des mineurs; **legitimiertes –** enfant légitimé; **mißhandeltes –** enfant maltraité; **nachgeborenes –** enfant posthume; **nichteheliches –** enfant naturel; **totgeborenes –** mort-né *m*, enfant mort-né; **uneheliches –** enfant naturel, enfant illégitime; **ungeborenes –** enfant conçu; **unterhaltsberechtigtes –** enfant à charge; **vermeintliches –** enfant putatif; **verwahrlostes –** enfant (moralement) abandonné; **– aus erster Ehe** enfant d'un premier lit, enfant d'un premier mariage.

Kinder|anwalt *m* avocat *m* représentant un (enfant) mineur; **–arbeit** *f* travail *m* des enfants; **–arzt** *m* pédiatre *m*; **–ausweis** *m* carte *f* d'identité d'enfant; **–beihilfe** *f* allocations *fpl* familiales, allocation pour enfants à charge; **–betreuung** *f* garde *f* d'un enfant; **–ermäßigung** *f* réduction pour charges de famille; **–erziehung** *f* éducation (d'un enfant); **–erziehungsleistung** *f* allocation parentale d'éducation; **–erziehungszeiten** *pl (SozVers)* période assimilée (pour cause de maternité); **–freibetrag** *m* abattement *m* pour enfant à charge; **–fürsorge** *f* assistance *f ou* aide sociale à l'enfance; **–garten** *m* école maternelle; **–geld** *n* allocation familiale, prestation familiale (d'entretien); **–handel** *m* traite *f* d'enfants mineurs; **–heim** *n* établissement d'éducation *ou* de formation pour enfants; **–hort** *m*, **–krippe** *f* crèche *f*, jardin *m* d'enfants; **–kriminalität** *f* délinquance juvénile; **–spielplatz** *m* terrain de jeu pour enfants; **–sterblichkeit** *f* mortalité *f* infantile; **–verwechslung** *f* supposition *f* (involontaire) d'enfant *ou* de part, substitution *f* d'enfant; **–wohl** *n* intérêt *m* de l'enfant mineur; **–zulage** *f*; **–zuschlag** *m* allocation pour enfant à charge, allocations *fpl* familiales.

Kindes|alter *n* minorité *f*, incapacité d'exercice; **–anhörung** *f (FamR)* audition d'un enfant (par le juge aux affaires matrimoniales); **–annahmevertrag** *m* contrat d'adoption; **–aussetzung** *f* abandon *ou* exposition d'enfant; **–betreuung** *f* garde d'un enfant; **–eltern** *pl* parents *mpl;* **–entführung** *f* enlèvement d'enfant; **–entziehung** *f* détournement *m* de mineur; **–herausgabe** *f* restitution *f* de l'enfant (détourné); **–mißhandlung** *f* violence *ou* voie de fait à l'encontre d'un enfant, blessures *ou* coups portés à un enfant, mauvais traitement à enfant; **–mord** *m* infanticide *m*; **–mörder(in)** infanticide *m ou f*.

Kindesraub *m* enlèvement d'enfant, rapt d'enfant, kidnapping *m*; **erpresserischer –** rapt avec chantage.

Kindes|tötung *f* infanticide *m*; **–unterhalt** *m* entretien *m* d'un enfant (à charge); **–unterschiebung** *f* (1) *(StR)* supposition d'enfant *ou* de part, (2) *(Namensänderung)* substitution d'enfant *ou* de part; **–vermögen** *n* biens *mpl* de l'enfant (mineur), patrimoine *m* du mineur, fortune *f* personnelle de l'enfant; **–wohl** *n* bien-être physique et moral de l'enfant.

Kindschaft *f* filiation, lien de parenté.

Kindschafts|prozeß *m* action *f* relative à (la preuve de) la légitimité; action en désaveu; action en réclamation d'état; **–recht** *m* régime légal de la filiation (légitime *ou* naturelle); **–sachen** *fpl* recours *mpl* relatifs à un enfant.

Kino *n* salle *f* de cinéma; **–spielfilm** *m* œuvre *f* cinématographique.

Kirche *f* (1) église *f*, association cultuelle, association diocésaine (pour l'église catholique en France), cultes *mpl*, (2) *(örtlich od. regional begrenzt)* établissement *m* ecclésiastique, établissement public du culte, congrégation religieuse, communauté religieuse, (3) *(Gebäude)* édifice *m* des cultes.

Kirchen|aufsicht *f* contrôle étatique des associations cultuelles; **–austritt** *m* abjuration, fait de se retirer d'une association cultuelle; **–austrittserklärung** déclaration solennelle d'abjuration; **–beitrag** *m* (Aut) impôt *m* cultuel; **–buch** *n* registre *m* paroissal, registre ecclésiastique; **–diebstahl** *m* sacrilège *m*; **–geld** *n* impôt cultuel (prélevé par l'État au profit des églises); **–gemeinde** *f* paroisse *f*; **–gericht** *n* tribunal *m* ecclésiastique; **–mitglied** *n* membre *m* d'une association cultuelle; **–mitgliedschaft** *f* appartenance à une église; **–pfründe** *f* bénéfice *m* ecclésiastique; **–rat** *m* conseil de fabrique, fabricien *m*; **–raub** *m* sacrilège *m*; **–recht** *m* régime *m* des cultes, organisation légale des cultes; **(katholisches) –recht** *n* droit *m* canon, droit canonique; **–schändung** *f* sacrilège *m*; **–staat** *m* États *mpl* pontificaux, États de l'Église; **–steuer** *f* impôt *m* cultuel *ou* ecclésiastique (prélevé d'office par l'État allemand au profit des églises); **–verfassung** *f* organisation de l'Église; **–vermögen** *n* biens *mpl* ecclésiastiques; **–vorstand** *m* directeurs *mpl ou* administrateurs *mpl* d'une association cultuelle, conseil *m* de fabrique; **–zucht** *f* sanction ecclésiastique.

Kladde *f* (1) *(Geschäftsbuch)* livre *m* du

commerce, (2) *(erste Niederschrift)* ébauche *f*, esquisse *f*, notes *fpl* de travail, (3) *(Heft)* cahier *m*.

Kladdenführer *m* teneur de livres.

klagbar (Anspruch) droit *ou* prétention pouvant être allégué en justice.

Klagbarkeit *f* droit *m* pouvant faire l'objet d'une action en justice, fait pour une chose de pouvoir faire l'objet d'une demande en justice.

Klage *f* (1) *(ZPR: abstrakt)* action en justice, (2) *(ZPR: konkret)* demande *f* (en justice), (3) *(StPR: Staatsanwalt)* action publique, (4) *(StPR: Opfer der Straftat)* action civile, (5) *(VwR)* recours *m* contentieux, requête *f*; **dingliche –** action réelle; **geänderte –** (Aut) demande *f* nouvelle; **gerichtliche –** action en justice; **nicht vermögensrechtliche –** action extrapatrimoniale, action attachée à la personne; **öffentliche –** action publique; **persönliche –** action personnelle; **possessorische –** action possessoire, possessoire *m*; **unmittelbare –** action directe; **unzulässige –** action irrecevable; **vermögensrechtliche –** action patrimoniale; **verwaltungsgerichtliche –** recours administratif contentieux; **Zurücknahme der –** désistement *m*.

Klage – auf Anfechtung der Ehelichkeit action en contestation de la légitimité; **– zur Aufdeckung eines Scheingeschäftes** action en déclaration de simulation; **– auf Aufhebung der Entmündigung** (S) action en mainlevée de l'interdiction; **– auf Aufhebung eines Vertrages** action en rescision d'un contrat; **– auf Aufhebung der Zwangsverwaltung** action en mainlevée du séquestre; **– auf Auflösung eines Vertrages** action en résolution d'un contrat; **– auf Befriedigung aus der zurückbehaltenen Sache** action en paiement sur la chose retenue; **– aus dem dinglichen Recht** (S) action pétitoire; **– auf Erlaß des Vollstreckungsurteils** demande d'exequatur; **– auf Feststellung der Abstammung** action en réclamation d'état; **– auf Feststellung des Bestehens einer Dienstbarkeit** action confessoire; **– auf Gehaltszahlung** action en paiement du salaire; **– auf Herausgabe** action en restitution; **– auf Herausgabe der Erbschaft** action en pétition d'hérédité; **– auf Herausgabe der ungerechtfertigten Bereicherung** action en répétition de l'indu; **– auf Leistung** action en paiement *ou* en exécution; **– auf Lohnzahlung** action en paiement du salaire; **– auf Minderung** action estimatoire, action en réduction (du prix); **– auf Nichtigerklärung, – auf Nichtigkeitserklärung** (Aut) action en déclaration de nullité; **– auf Räumung** demande d'expulsion; **– auf Rechnungslegung** action en reddition de compte; **– aus dem Recht eines Dritten** action indirecte; **– auf Rückgabe** action en restitution; **– auf Rückzahlung** action en remboursement; **– auf Schadensersatz** *m* action en réparation du dommage causé; **– auf Ungültigerklärung** (Aut) action en annulation; **– auf Unterlassung der Errichtung eines Bauwerks** dénonciation de nouvel œuvre; **– auf Unwirksamerklärung** (Aut) action en annulation *ou* en déclaration de nullité; **– im Verfahren mit unbeschränkter Ermessensnachprüfung** recours de pleine juridiction; **– auf Wandelung** action rédhibitoire, action en rédhibition *ou* en résolution (du contrat); **– wegen unlauteren Wettbewerbs** action en concurrence déloyale; **– auf Widerruf einer Schenkung** action en révocation d'une donation; **– auf Zahlung** action en paiement.

Klage: die – abweisen repousser la demande, rejeter la demande; **eine – anstrengen** intenter *ou* entreprendre une action en justice, former un recours (devant un tribunal); **eine – einbringen** intenter un procès à qn., introduire une action; **eine – einlegen** exercer une action;

eine – einreichen assigner qn.; – **erheben** saisir la justice, intenter une action, introduire *ou* exercer une action, engager un procès, intenter un procès; **einer – stattgeben** faire droit (à la demande); **die – zulassen** déclarer recevable (une demande), ouvrir un recours; **die – zurücknehmen, – zurückziehen** se désister.

klageabweisendes Urteil décision *ou* jugement de rejet (de la demande).

Klage|abweisung *f* rejet de la demande (motifs de forme), débouté de la demande (motifs de fond); **–änderung** *f* modification de l'objet du litige énoncé dans la requête, modification de l'objet des conclusions; demande nouvelle; **–androhung** *f* annonce faite à une partie qu'elle sera assignée en justice; **–anspruch** *m* (1) prétention, chef de demande, (2) droit de former un recours.

Klageantrag *m* demande en justice, demande *f* introductive d'instance; **den – abweisen** rejeter la demande (motifs de forme), débouter de la demande (motifs de fond).

Klage|antwort *f* (S) contre-mémoire *m*; **–art** *f* type *m* de jugement (dans une classification des décisions de justice); **–auftrag** *m* mandat donné à un avocat d'engager une action en justice; **–ausschlußfrist** *f* délai *m* de prescription de l'action (en justice); **–beantwortung** *f* mémoire en défense, contre-mémoire *m*; **–befugnis** *f* capacité *f* pour ester en justice, qualité *f* pour agir en justice, droit d'ester en justice; **–befugte(r)** personne *f* ayant la capacité pour agir en justice.

Klagebegehren *n* demande *f*, objet *m* de la demande; **das – abweisen** renvoyer des fins de la demande.

Klagebegründung *f* moyens *mpl* (de fait et de droit); arguments *mpl ou* motifs invoqués à l'appui de la demande; objet de la demande et exposé des moyens.

klageberechtigt (avoir) qualité pour agir, (être) en droit d'agir en justice.

Klage|berechtigung *f* qualité *f* (pour agir); **–beschränkung** *f* demande additionnelle restreignant les prétentions antérieures; **–eingang** *m* enrôlement de l'affaire; **–einreichung** *f* introduction de l'instance en justice; remise *f* de la requête; déclaration au secrétariat-greffe; **–entwurf** *m* première rédaction de la demande en justice; **–erfordernis** *n* condition d'ouverture de l'action; **–ergänzung** demande additionnelle complétant les prétentions antérieures; **–erhebung** *f* introduction *f* de l'action *ou* de l'instance; demande; **–erweiterung** *f* demande additionnelle augmentant les prétentions antérieures; **–erwiderung** *f* reconclusion *f*; **–erzwingungsverfahren** *n* plainte *f* émanant de la victime avec constitution de partie civile (déclenche obligatoirement l'action publique).

Klage|fähigkeit *f* droit d'ester en justice; **–forderung** *f* prétention (contenue dans la demande); **–form** *f* forme *f* de l'assignation; **–frist** *f* délai *m* pour intenter une action; **–gegenstand** *f* objet du litige; **–gegner** *m* partie adverse; défendeur; **–grund** *m* moyen *m*, grief *m*; **–häufung** *f* jonction d'instances, jonction *f* des causes *ou* des demandes.

klagen agir en justice, demander (en justice), assigner, actionner, intenter une action, introduire une instance; **– und verklagt werden** ester en justice.

Klagen|häufung *od.* **–verbindung** *f* jonction des demandes, jonction de causes, jonction d'instances.

Klagepunkt *m* chef *m* (d'une demande en justice).

Kläger *m* (1) *(ZPR)* demandeur *m*, partie *f* demanderesse, (2) *(VwR u. VerfR)* requérant *m*, (3) *(umg)* plaideur *m*, partie plaidante; **dem – aufgeben** ordonner au demandeur (de faire qch); **öffentlicher –** accusateur *m* public; **– und Beklagte**

plaideurs *mpl*, parties principales (au procès).

Klägerin *f* demanderesse *f*.

Klage|recht *n* droit d'ester en justice, droit d'agir en justice, droit d'action; **–rücknahme** *f* désistement d'instance, désistement *m* d'action; **–rückzug** *m* (S) désistement d'action; **–schrift** *f* demande *f*, requête *f*, demande introductive d'instance, requête introductive d'instance, exploit introductif d'instance; **–schriftsatz** *m* mémoire *m*, conclusions écrites; **–sperre** *f* délai pendant lequel une action ne peut être intentée; **–verfahren** *n* procédure *f* (devant une juridiction); **–verlangen** *n* prétentions *fpl*; **–verzicht** *m* désistement d'action; **-voraussetzung** *f* condition pour agir (en justice); **–vorbringen** *n* conclusions *fpl*, prétentions *fpl*; **–vortrag** *m* exposé à l'audience; **–weg** *m* instance *f*; voie *f* judiciaire; **im –wege** par voie d'action.

klageweise *adv* par voie d'action.

Klage|zulässigkeit *f* recevabilité (de la demande); **–zulassung** *f* déclarer recevable; **–zurücknahme** *f*, **–zurückziehung** *f* (Aut) désistement d'instance; **–zustellung** *f* (1) *(durch die Post)* notification de l'action, (2) *(durch Gerichtsvollzieher)* signification de la demande.

Klagegrund *m* motif *m*, intérêt *m*.

klaglose Forderung *f* obligation *f* naturelle; obligation qui ne permet pas d'agir en justice.

Klaglosstellung *f* fait de donner satisfaction à la demande.

Klags|abweisung *f* (Aut) rejet de la demande; **–änderung** *f* (Aut) demande nouvelle *ou* additionnelle; **–anspruch** *m* (Aut) demande en justice; **–einbringung** *f* (Aut) introduction de l'action *ou* de l'instance; **–erweiterung** *f* (Aut) demande *f* additionnelle; **–erzählung** *f* (Aut) exposé de faits (dont le demandeur déduit son droit); **–rückziehung** *f* (Aut) désistement d'instance; **–zurückweisung** *f* (Aut) rejet de la demande; **–zustellung** *f* (Aut) signification de la demande.

klar manifeste, évident, hors de doute, certain, clair.

Kläranlage *f* installation d'épuration *ou* de traitement de l'eau.

klären éclaircir, élucider, démêler, clarifier, expliquer.

Klarierer *m* courtier *m* maritime.

Klarierungsschein *m* (1) *(navires français)* congé *m*, (2) *(navires étrangers)* passeport *m*.

Klärung *f* explication, justification; éclaircissements *mpl*; mise au point, précision.

klärungsbedürftig nécessitant une précision *ou* des renseignements (complémentaires).

Klasse *f* classe *f*; catégorie *f*; **herrschende –** classe *f* dirigeante *ou* au pouvoir, establishment *m*.

Klassen|gesellschaft *f* société *f* de classe; **–justiz** *f* justice de classe; **–kampf** *m* lutte des classes; **–lotterie** *f* loterie nationale; **–zertifikat** *n* certificat *m* de classification; **–zeugnis** *n* certificat de classification.

Klassifikation *f*, **Klassifizierung** *f* catégorisation *f*, classification *f*.

Klausel *f* (1) clause *f*, condition *f*, stipulation *f*, disposition *f*, (2) *(ZwangsVR)* clause exécutoire; **bedingte –** clause conditionnelle, clause onéreuse; **kassatorische –** clause d'annulation; **kompromissorische –** clause compromissoire; **konfirmatorische –** clause confirmatoire; **regelmäßige –** clause de style; **reservatorische –** clause de réserve; **übliche –** clause de style; **unbedingte –** clause inconditionnelle, clause gratuite; **– für behaltene Auskunft** *(SeeHR)* clause „pour arrivée réservée"; **– „empfangen am Kai"** clause „reçu à quai"; **– „empfangen zur Verschiffung"** clause „reçu pour embarquement"; **– „frei von Beschädigung außer im Strandungsfall"** clause „franc d'avarie sauf échouement"; **– „frei von Bruch außer im Strandungs-**

fall" clause „franc de casse sauf échouement"; – **„frei von Kriegsmolest"** clause „franc de risque de guerre"; – **„frei von Leckage"** clause „franc de coulage"; – **laut Bericht** clause suivant avis; – **„nicht an Order"** clause „non à ordre"; – **„nur für Seegefahr"** clause „seulement pour risque de mer" – **ohne Bericht** clause sans autre avis.

Klauselerteilung *f (ZwangsVR)* (fait de) revêtir le jugement de la formule exécutoire; **–sverfahren** *n* procédure tendant à l'apposition de la formule exécutoire (sur l'expédition d'un jugement).

Klausur *f* (1) *(Tagung)* réunion à huis clos, (2) *(SchulR)* composition *f* écrite (faite sous surveillance); **–arbeit** *m* travail écrit (fait sous surveillance); **–tagung** *f* réunion à huis clos.

Kleidergeld *n* prime *f* de vêtement, indemnité d'habillement.

Kleidungsstücke *pl*, **persönliche –** effets *mpl* personnels.

Klein|aktionär *m* petit actionnaire *ou* porteur ; **–anzeige** *f* petite annonce; **–betrieb** *m* petite entreprise; établissement de vente au détail; **–betriebe** *mpl* petites (et moyennes) entreprises; **–computer** *m* mini-ordinateur *m*; **–eigentum** *n* petite propriété; **–einfuhr** *f* importation sans valeur commerciale; **–forderung** *f* créance de faible montant; **–fund** *m* découverte d'un objet de faible valeur.

Kleingarten *m* jardin *m* ouvrier, jardin *m* familial.

Kleingedruckte(s) *n* clauses *fpl* contractuelles imprimées (au verso) en petits caractères, contrat prérédigé; conditions générales, contrat-type; clauses abusives.

Klein|geld *n* monnaie divisionnaire, *ou* d'appoint, petite monnaie; **–gewerbe** *n* petite industrie *f*, entreprise *f* artisanale; **–gewerbetreibende(r)** *m* petit commerçant, petit exploitant, petit entrepreneur.

Kleinhandel *m* commerce de détail, petit commerce; **im –** au détail.

Kleinhandels|betrieb *m* établissement de vente au détail; **–bewilligung** *f* (S) patente de commerce de détail (S); **–indexziffer** *f* indice des prix de détail; **–spanne** *f* marge des détaillants.

Kleinhändler *m* petit commerçant *m*, détaillant *m*.

Klein|industrie *f* petite industrie *f*; **–kaufmann** *m* petit commerçant *m*; **–kind** *n* enfant en bas âge; **–kraftrad** *n* cyclomoteur *m* (d'une cylindrée n'excédant pas 50 cm^3), motocyclette *f*, vélomoteur *m*; **–kriminalität** *f* petite délinquance; **–rentner** *m* petit rentier *m*; **–sache** *f* cause *ou* affaire *f* sommaire; **–schaden** *m* sinistre *m* peu important, dommage *m* mineur; **–siedlung** *f* petite cité ouvrière (entourée de surfaces cultivables); **–sparer** *m* petit épargnant *m*; **–staaterei** *f* particularisme *m*; **–unternehmer** *m* petite entreprise; **–verkauf** *m* vente *f* au détail; **–wagen** *m* voiture *f* de petite cylindrée.

Klient *m* client *m* (d'un avocat).

Klientel *f* clientèle *f* (d'un avocat).

Klinikaufenthalt *m* hospitalisation et traitement dans une clinique.

Klingelfahrt *f* vol *m* par effraction, commis après avoir sonné à la porte pour s'assurer que le local n'est pas occupé.

Knappheit *f* pénurie *f*, disette *f*, rareté *f*.

Knappschaft *f* corporation *f* des mineurs, corps *m* des mineurs.

Knappschafts|kasse *f* caisse de prévoyance des mineurs; **–rente** *f* pension de retraite des mineurs; **–senat** *m* commission d'assurances minières; **–sold** *m* allocation spéciale de retraite des mineurs; **–versicherung** *f* assurance des mineurs *ou* des travailleurs des mines; **–vollrente** *f* retraite des mineurs.

Knebelungsvertrag *m* contrat *m* d'asservissement, contrat léonin.

Know-how *n* savoir faire (industriel *ou* commercial), connaissances techniques, know-how *m*; **–Vereinbarung** contrat de transfert de savoir faire *ou* de processus technologiques *ou* de know-how.

Knüllerpreis *m* prix sacrifié.

Koalition *f* coalition *f*.

Koalitions|autonomie *f od* **–freiheit** *f* liberté *f* d'association professionnelle, liberté syndicale; **–kabinett** *n*, **–ministerium** *n* ministère *m* de coalition; **–partei** *f* parti de la coalition; **–recht** *n* liberté syndicale; **–regierung** *f* gouvernement *m* de coalition.

ködern (Kundschaft) appâter (la clientèle) par de fausses promesses *ou* des manœuvres fallacieuses.

Kodifikation *f od.* **Kodifizierung** *f* codification *f*.

Kodizill *n* codicille *m*.

Kodizillarklausel *f* codicille *m*.

Koedukation *f* (= Gemeinschaftserziehung) éducation *f* mixte, éducation dans une école mixte.

Koexistenz *f*, **friedliche –** coexistence *f* pacifique.

Koffer *m* valise *f*, malle *f*; **–raum** *m* coffre *m* (d'une voiture).

Kohärenz *f* absence *f* de contradiction.

Kohlen|bergbau *m* charbonnages *mpl*, industrie *f* charbonnière; **–bergwerk** *n* houillère *f*; **–dioxid** *n* dioxyde *m* de carbone; **–grube** *f* mine de charbon, houillère *f*; **–kontor** *n*, **–verkaufsgesellschaft** *f* comptoir de vente du charbon; **–wasserstoff** *m* hydrocarbure *m*; **–zeche** *f* houillère *f*.

Kollaborateur *m* collaborateur *m*, partisan *m* d'une collaboration avec l'ennemi *ou* l'envahisseur.

Kollaudation *f od.* **Kollaudierung** *f* (Aut-S für: Bauabnahme) délivrance *f* du certificat de conformité (après contrôle de la construction).

Kollege *m* confrère *m*; collègue *m*; collaborateur *m*.

Kolleggeld(er) *meist npl* droits *mpl* universitaires, droits d'inscription aux cours.

Kollegial|behörde *f* autorité *f* collégiale, corps *m* délibérant; **–gericht** *f* tribunal *m* collégial; **–organ** *f* organe *m* collégial; **–prinzip** *n* collégialité *f*; **–system** *n* collégialité *f*, système *m* collégial.

Kollegium *n* collège *m* de juges; groupe *m*, corps de personnes.

Kollekte *f* (= Sammlung) quête *f*, collecte *f*; **wilde –** collecte non autorisée; **eine – veranstalten** organiser une collecte, collecter.

Kollektiv *n* (1) groupe *m*, communauté *f*, (2) collectivité *f* de production; **–arbeit** *f* travail *m* réalisé en commun; **–arbeitsvertrag** *m* contrat collectif de travail; **–arbeitsrecht** *m* droit collectif du travail; **–beleidigung** *f* injure publique proférée envers un groupe et concernant leur ethnie, race, nation *ou* religion; **–delikt** *n* délit *m* collectif; **–eigentum** *n* propriété *f* commune; **–einbürgerung** *f* naturalisation *f* collective; **–garantie** *f* garantie *f* collective.

Kollektiv|geldstrafe *f* amende *f* collective; **–gesellschaft** *f* (S) société en nom collectif; **–haftung** *f* responsabilité *f* collective; **–handlungsvollmacht** *f* procuration *f* commerciale collective.

Kollektiv|interessen *pl* intérêts *mpl* collectifs; **–intervention** *f* intervention *f* collective.

Kollektiv|klausel *f* disposition selon laquelle chacun des fondés de pouvoir doit signer en personne, en cas de procuration collective; **–konto** *n* compte *m* commun; **–marke** *f* marque *f* collective; **–prokura** *f* (Aut) procuration générale collective *ou* conjointe; **–prokurist** *m* (Aut) titulaire d'une procuration générale collective; **–regelung** *f* réglementation collective; **–schuld** *f* faute collective, culpabilité collective, responsabilité collective; **–strafe** *f* peine collective; **–streitigkeit** *f* conflit collectif du travail; différend *m* collectif; **–vereinbarung** *f* convention *f* collective (de travail); **–versicherung** *f* assurance *f* collective; **–vertrag** *m* (1) *(Tarifvertrag)* convention *f* collective (de travail), accord *m* collectif du travail, accord catégoriel, accord interprofessionnel, (2) traité *m* collectif.

Kollektivvertrags|gesetz *n* loi sur les conventions collectives; **–partei** *f* partie à une convention collective; **–partner** *m* partie à une convention collective.

Kollektiv|vertretung *f* représentation *f* collective; **–vollmacht** *f* procuration *f* collective *ou* conjointe; **–zeichnung** *f* signature *f* collective; **–zeichnungsbefugnis** *f* pouvoir de signer collectivement.

kollidieren (1) entrer en collision, se télescoper, (2) *fig* être en désaccord; avoir *ou* défendre des intérêts contradictoires *ou* opposés.

Kollision der Gesetze *(IPR)* conflit de lois; **– der Statuten** conflit *m* de statuts.

Kollisions|bestimmung *(IPR)* règle *f* de conflit, disposition relative à la solution d'un conflit; **–fall** *m* cas *m* donnant lieu à un conflit (de qualification); **–kurs** *m* attitude d'une personne recherchant un conflit à tout prix; **–norm** *f* *(IPR)* règle *f* de conflit, règle sur les conflits de lois; **innerstaatliche –norm** règle nationale de conflit.

Kollisionsrecht *n* droit des conflits de lois.

kollisionsrechtlich *adj* *(IPR)* concernant les règles de conflit.

Kollokation *f* (S) collocation *f*, classification *f* des créanciers (pour leur paiement); **– mit ausreichender Deckung** (S) collocation utile.

Kollusion *f* *(StR)* collusion, entente secrète, intelligence *f*.

Kollusionshaft *f* (Aut) emprisonnement destiné à éviter les collusions entre prévenus, témoins, etc. . .

Kolonenvertrag *m* bail *m* à colonat partiaire, colonage *m* partiaire, métayage *m*.

Kolonne *f* (1) *(Straßenverkehr)* file *f* (de voitures); (2) *(Arbeitsgruppe)* équipe (d'ouvriers).

Kombattant *m* combattant *m*, soldat *m*; **Nicht –** *m* non-combattant *m*.

Kombinations|erfindung *f* invention de combinaison; **–zeichen** *n* *(Wz)* signe dénominatif associé à un signe figuratif.

kombinierter Güterverkehr Schiene-Straße ferroutage *m*; **– Transport** transport combiné.

Komitee *n* comité *m*.

Kommandit|aktiengesellschaft *f* société en commandite par actions; **–aktionär** *m* commanditaire (d'une société en commandite par actions).

Kommanditanteil *m* part de commandite; **–schein** *m* certificat de part de société en commandite.

Kommanditär *m* (Aut-S) (= Kommanditist, Teilhafter) commanditaire *m*, associé en commandite.

Kommanditbeteiligung *f* participation *f* en commandite.

Kommandite *f* commandite *f*.

Kommanditeinlage *f* commandite *f*, mise *f*, apport *m* social.

Kommanditgesellschaft *f* société *f* en commandite simple, commandite simple, commandite *f*; **– auf Aktien** société en commandite par actions.

Kommanditist *m* commanditaire *m*, associé commanditaire, bailleur de fonds (d'une commandite); **–enhaftung** *f* responsabilité du commanditaire.

Kommandit|kapital *n* capital *m* de commandite, mise *f*; **–summe** *f* (S) commandite *f*.

Kommando *n* *(MilR)* (autorité *f* militaire de) commandement *m*; **–enthebung** *f* retrait *m* de commandement; **–gewalt** pouvoir *m* de commander.

Kommassierung *f* (Aut) remembrement *m* foncier.

kommen: (nicht) in Betracht – (ne pas) entrer en ligne de compte *ou* être pris en considération.

Kommentar *n* commentaire *m*; glose *f*; exégèse *f*; explication; **–literatur** *f* ouvrages juridiques exégétiques, codes commentés et annotés.

Kommerzialisierung *f* (= Vermarktung) commercialisation *f*.

Kommis *m* (= Handlungsgehilfe) commis *m*, employé *m* de commerce.

Kommissar *m* (1) *(Völkerrecht)* Haut-commissaire *m*, (2) *(Polizei)* commissaire *m* de police, officier *m* de police judiciaire.

Kommissär (Aut) commissaire *m*.

kommissarische Vernehmung *(PrzR)* audition (d'un témoin) en exécution d'une commission rogatoire.

Kommission *f* (1) *(Handel für fremde Rechnung)* contrat de commission, commission *f*, (2) *(Ausschuß)* commission *f*, bureau *m*, comité *m*; **gemischte –** commission mixte; **internationale – für Personenstandswesen** commission internationale de l'état-civil; **paritätische –** commission paritaire; **– der Europäischen Union** Commission de l'Union européenne; **vorbereitende –** commission préparatoire.

Kommissionär *m* (1) *(HR)* commissionnaire *m*, (2) *(i.w.S.)* intermédiaire *m*, mandataire *m*; **selbsteintretender –** commissionnaire contre-partiste.

Kommissions|agent *m* (1) *(HR)* commissionnaire *m* agissant en son propre nom pour le compte d'une entreprise (à laquelle il est lié par contrat à durée indéterminée); **–buch** *n* carnet *m* d'ordres; **–gebühr** *f* commission, droit de commission, pourcentage *m*; **–geschäft** *n* contrat de commission, mandat *m*, ordre *m*; **–gut** *n* marchandise en commission; **–handel** *m* commerce de commission; **–tratte** *f* traite tirée pour compte; **–verlag** *m* vente d'un ouvrage par contrat de dépôt, édition à compte d'auteur; **–vertrag** *m* contrat de commission; **–vertreter** *m* commissionnaire *m*, intermédiaire *m*; **–ware** *f* marchandise *m* en commission; **–wechsel** *m* traite tirée pour compte.

Kommittent *m* mandant *m*, commettant *m*.

kommittieren commissionner, donner commission.

Kommorienten *mpl (ZR: Personen, die in einer gemeinsamen Gefahr umgekommen sind)* comourants *mpl*, comorientes, personnes qui meurent dans un même événement.

kommunal *adj* municipal *adj*, communal *adj*; **–e Einrichtungen** services *mpl* municipaux; **–e Haftung** responsabilité communale.

Kommunal|abgabe *f* taxe *f* locale; **–anleihe** *f* (1) titre *m* émis par une commune, (2) emprunt *m* communal; **–aufsicht** *f* tutelle *f* administrative sur une collectivité territoriale; **–aufsichtsbehörde** *f* autorité de tutelle (communale); **–bank** *f* banque *f* municipale; **–beamte** *m* fonctionnaire *m* municipal *ou* communal; **–behörde** *f* autorités *fpl* municipales, administration communale; **–betrieb** *m* établissement public communal à caractère industriel *ou* commercial; **–darlehen** *n* (1) prêt aux communes, (2) prêt *m* communal.

Kommunalisierung *f* municipalisation *m*.

Kommunal|kredit *m* crédit *m* municipal; **–obligation** *m* obligation *f* communale; **–organe** *npl* organes *mpl* de la commune; **–politik** politique communale; **–recht** droit communal, droit des collectivités locales; **–schuldverschreibung** *f* obligation *f* communale; **–steuer** *f* impôt *m* communal, taxe locale; **–verband** *m* communes associées; syndicat *m* de communes; communauté urbaine; **–verfassung** organisation communale; **–verwaltung** gestion *f* des affaires de la commune, administration communale; **–wahl** *f* élection *f* municipale.

Kommune *f (ÖfR: Gemeinde)* commune *f*.

Kommunikation *f* (1) information *f*, communication *f*, (2) circulation *f*, transports *mpl*; **–sdienst** *m* service *m* d'information; **–sfreiheit** *f* liberté *f* d'information; **–smittel** *n* moyen *m* de communication; **–sverarbeitung** *f* traitement des informations; **–svorgang** procédé de transmission des informations.

Kommuniqué *n* communiqué *m*, avis *m*, annonce *f*, bulletin *m*.

Komp., Co., Co (Abk.: Handelsgesellschaft) compagnie *f*, et Cie.
Kompagnon *m* (= Geschäftsteilhaber) associé *m*.
Kompanie *f* (1) *(Handelsgeschäft)* société commerciale, compagnie *f*, (2) *(MilR: Truppenabteilung)* unité *f*, troupe *f*.
Kompensation *f* (1) *(Ausgleich)* compensation *f*, balance *f*, équilibre *m*, (2) *(Erstattung, Vergütung)* indemnité *f*, dédommagement *m*, réparation *f*, soulte *f*, (3) *(ZR: Aufrechnung)* compensation *f*.
Kompensations|abrede *f* accord de compensation; **–einwand** *m (ZR)* exception de compensation; **–forderung** créance *f* à compenser; **–geschäft** *n* (1) *(Banken)* opération de compensation, opération d'échange compensé, (2) *(BörR)* marché *m* de client, marché d'application; **–kurs** *m* cours de compensation; **–recht** *n* droit de compensation.
kompensatorische Maßnahme mesure compensatoire (en vue d'une meilleure répartition des charges).
kompetent (1) *(zuständig)* compétent (pour connaître d'une matière), (2) *(fähig)* capable, qualifié, expert.
Kompetenz *f* **(s. Zuständigkeit)** compétence *f*, attribution *f*, pouvoir *m*, qualité *f*; **finanzielle –** compétence financière; **gebundene –** compétence liée; **–abgrenzung** *f* délimitation des compétences; **–aufteilung** *f* répartition des compétences; **–bereich** *m* domaine de compétence.
Kompetenz-Kompetenz *f (ÖfR)* compétence d'une autorité administrative pour élargir sa propre compétence.
Kompetenzkonflikt *m* (1) *(PrzR)* conflit *m* de compétence (entre deux juridictions), (2) dissension relative aux fonctions (d'une personne, d'un organe); **bejahender –** conflit positif; **negativer –** conflit négatif, conflit négatif de juridictions; **positiver –** conflit positif, conflit positif de juridictions; **einen – anzeigen** (Aut) élever un conflit.
Kompetenz|norm *f* règle *f* de compétence; **–ordnung** *f (EU)* répartition des compétences entre la communauté et les États membres; **–streitigkeit** *f* conflit de compétence; **–überschreitung** *f* excès de pouvoir; **–verteilung** *f* partage des compétences; **–zuweisung** *f* attribution de compétence.
Kompilation *f* compilation *f*, livre *m* fait d'emprunts, plagiat *m*.
Komplementär *m (HR: persönlich haftender Gesellschafter)* (associé) commandité *m*; **–anteil** *m* part *f* de commandité; **–fähigkeit** *f* capacité pour acquérir la situation juridique de commandité.
Komplikation *f* aggravation des phénomènes morbides, complications *fpl;* **–srisiko** *n* risque de complications aggravant le diagnostic.
Komplize *m* (1) *(StR: Mittäter)* coauteur *m*, (2) *(i. w. S.)* complice *m*.
Komplott *n* (= Verschwörung) complot *m*, conjuration *f*, conspiration *f*, machination *f*.
Kompromiß *n* compromis *m*; **–angebot** *n* offre *f* de compromis; **–bereitschaft** *m* esprit *m* de conciliation, volonté *f* de compromis; **–vorschlag** *m* projet de compromis.
kompromittieren compromettre.
Kompromittierung *f* (= Bloßstellung) compromission *f*.
Kondemnation *f (SeeHR)* décision par laquelle un navire endommagé est déclaré perdu *ou* irréparable; **– des Schiffes** condamnation du navire.
Kondiktion *f (ZR: Klage auf Rückgabe einer Sache)* action pétitoire *ou* en revendication.
Kondition *f (HR: Geschäftsbedingung)* clause *f*, stipulation *f*, condition *f*; **–enkartell** *n* entente *f* sur les conditions générales de vente *ou* de livraison.
kondizieren *(ZR: zurückfordern)* revendiquer, demander la restitution (d'une chose).
Kondominium *n* (1) *(VerfR)* acte relevant de la compétence étatique

et communale, (2) *(VR)* condominium *m*.

Konferenz *f* conférence *f*; **– der Staats- u. Regierungschefs** *(EU)* Conseil européen (des 15 chefs d'État et de gouvernement); **– über Sicherheit und Zusammenarbeit in Europa** (KSZE) conférence sur la sécurité et la coopération en Europe (CSCE); **–beschluß** *m* motion *f*, délibération *f*, décision *f*.

Konfession *f (= Glaubensbekenntnis)* croyance *f*, confession *f*, foi *f*; **–sschule** *f* école *f* libre *ou* privée confessionnelle, établissement *m* libre.

Konfiskation *f* **(s. Beschlagnahme)** *(StR)* confiscation *f*, saisie *f*, prise *f*; **– von Vermögen** (Aut) confiscation des biens.

Konfiskationsbescheid *m* (Aut) décision *ou* avis de confiscation.

konfiszieren confisquer, saisir (au profit de l'État).

Konflikt *m* (1) conflit *m*, antagonisme *m*, discorde *f*, (2) contrariété *f* d'intérêts, litige *m*, différend *m*; **am – beteiligte Partei** partie au conflit; **bewaffneter –** conflit armé; **–bewältigung** règlement *m* des conflits; **–fall** *m* situation conflictuelle; **–forschung** polémologie; **–lösung** *od* **–regelung** amiable composition; **–vermeidung** *(BW)* politique des relations humaines (au sein des entreprises).

Konföderation *f* (= Staatenbund) confédération *f*.

Konfrontation *f* confrontation *f*.

Konfusion *f (ZR)* confusion *f*.

Kongregation *f* congrégation *f*, collectivité religieuse.

Kongreß *m* (1) congrès *m*, (2) conférence *f*; **außerordentlicher –** congrès extraordinaire; **–halle** *f* palais *m* des congrès; **–leitung** *f* direction du congrès; **–teilnehmer** *m* congressiste *m*.

kongruent *adj* (= übereinstimmend) concordant.

Kongruenz *f* conformité *f*, accord *m*, concordance *f*.

Konjunktur *f* conjoncture *f*, situation *f* économique; **rückläufige –** régression *f*, régression économique; **sinkende –** conjoncture en baisse; **steigende –** conjoncture ascendante, conjoncture de hausse; **überhitzte –** surchauffe conjoncturelle; **–abschwächung** *f* ralentissement de la conjoncture, tassement *m* conjoncturel, recul *m* de l'activité; **–analyse** *f* analyse *f* conjoncturelle; **–ankurbelung** *f* relance *f* économique; **–anstieg** *m* développement de l'activité économique, expansion *f* économique; **–aufschwung** *f* essor *m* économique *ou* conjoncturel; **–ausgleichsrücklage** *f* fonds *m* de stabilisation conjoncturelle, avoirs *mpl* déposés par le Bund et les Länder auprès de la Banque centrale pour faire face aux fluctuations économiques; **–befragung** *f* enquête de conjoncture; **–belebung** *f* relance de l'économie; reprise *f* conjoncturelle; **–beruhigung** *f* stabilisation de la situation économique; **–bewegung** *f* mouvement *m* conjoncturel; **–dämpfung** *f* ralentissement *m* conjoncturel; **–darlehen** *n* prêt *m* conjoncturel; **–einbruch** *m* effondrement; **–einflüsse** *pl* influences *mpl* conjoncturelles.

konjunkturell *adj* conjoncturel.

konjunkturempfindlich *adj* sensible à la conjoncture.

Konjunktur|entwicklung *f* évolution de la conjoncture, évolution *f* conjoncturelle; **–flaute** *f* stagnation de l'activité, marasme *m*; **–forscher** *m* conjoncturiste *m*; **–forschung** *f* étude *f* de marché; **–forschungsinstitut** *n* institut *m* d'études conjoncturelles; **–gewinn** *m* bénéfice *m* conjoncturel, bénéfice provenant de la situation économique; **–institut** *n* institut d'études économiques; **–lage** *f* situation *f* économique *ou* conjoncturelle; **–lenkung** *f* intervention, orientation; **–maßnahme** *f* intervention *f* conjoncturelle; **–politik** *f* politique économique *ou* conjoncturelle; **–prognose** *f* prévision économique; **–rückgang**

m recul *m* de l'activité économique; **–rückschlag** *m* récession *f* économique; **–sachverständige(r)** *m* conjoncturiste *m*; **–schwankung** *f* variation *f* conjuncturelle, fluctuation *f* conjoncturelle, variation de la situation économique, oscillation *f* conjoncturelle; **–spezialist** *m* conjoncturiste; **–spritze** *f* subvention (étatique) en vue de relancer l'activité économique; **–tief** *n* dépression *f* économique; **–überhitzung** *f* emballement de la conjoncture, surchauffe *f*; **–umschlag** *m* retournement de la conjoncture; **–verlangsamung** *f* ralentissement *m* conjoncturel; **–vorschau** *f* prévision *f* conjoncturelle; **–zusammenbruch** *m* effondrement *m* économique; **–zuschlag** *m* surtaxe *f* conjoncturelle; **–zyklus** *m* cycle économique *ou* conjoncturel.

konkludent *adj* probant, concluant; décisif.

konkludentes Handeln *(ZR: schlüssiges H.)* consentement tacite (par acte concluant).

Konkordanz *f* (= Übereinstimmung) conformité *f*, concordance *f*.

Konkordat *n (KirchR)* concordat *m*.

Konkordats|kanton *m* (S) canton *m* concordataire; **–wohnsitz** *m* (S) domicile *m* concordataire.

konkret *adj* concret, réel; positif; précis; matériel.

konkretisieren (1) *(ZR)* individualiser (des biens économiques), (2) concrétiser, formuler (plus précisement), préciser.

Konkretisierung *f* (1) *(ZR)* individualisation, (2) concrétisation; clarification.

Konkubinat *n* (= eheähnliche Gemeinschaft) concubinage *m*.

Konkubine *f* concubine *f*, maîtresse *f*, partenaire *m*.

Konkurrent *m* (= Mitbewerber) concurrent *m*, rival *m* (dans la compétition économique), compétiteur *m*.

Konkurrentenklage *f (VwPR)* requête *f* d'un co-soumissionnaire (d'un appel d'offre) *ou* d'un co-participant (à un concours).

Konkurrenz *f* (1) *(HR: Wettbewerb)* concurrence *f*, compétition *f*, (2) *(StR: Zusammentreffen von Straftaten)* concours *m ou* cumul *m* d'infractions; conviction de plusieurs crimes et délits, **–angebote** *npl* offres *fpl* de plusieurs entreprises (pour un même service); **–beschränkung** *f* limitation *f* de la concurrence; **–betrieb** *m* concurrent *m*, entreprise concurrente; **–druck** *m* pression de la concurrence; **–erzeugnis** *n* produit *m* concurrent, article *m* de la concurrence.

konkurrenzfähig *adj* compétitif.

Konkurrenz|fähigkeit *f* compétitivité, aptitude à soutenir la concurrence, capacité concurrentielle; **–firma** *f*, **–geschäft** *n* maison *f ou* firme *f* concurrente; **–kampf** *m* concurrence *f*, compétition *f*; **–klausel** *f* clause *f* de non-concurrence *ou* de non-rétablissement; **–marke** *f* marque *f* concurrente; **–preis** *m* prix de concurrence; **–produkt** *n* produit *m* d'un concurrent; **–schutz** *m* protection par une clause de non-concurrence; **–unternehmen** *n* entreprise concurrente; **–verbot** *n* interdiction *ou* prohibition de concurrence; **–verfahren** *n* (S) procédure de soumission; **–verhältnis** *n (StR)* situation de cumul *m ou* de concours *m* de qualifications; **–wirtschaft** *f* régime de libre concurrence, libéralisme *m*.

konkurrieren|de Gesetzgebungsbefugnis *f (StaatsR)* compétence législative concurrente de l'État central et des États fédérés; **–des Verschulden** *(ZR)* faute *f* de la victime.

Konkurs *m* (1) *(Alltagssprache, juristisch nicht mehr korrekt in F, rechtlich richtig in B u. S)* faillite *f*, (2) *(Oberbegriff für Konkurs u. Vergleich)* procédure *ou* voie d'exécution collective (concernant les entreprises en difficulté), concours *m*,

(3) *(Konkursbezeichnung in F. seit Gesetz vom 25. 1. 1985)* liquidation judiciaire (des entreprises), (4) *(in Anbetracht der Person des Schuldners)* faillite personnelle, (5) *(im Hinblick auf das Unternehmen, in der Wirtschaftssprache)* défaillance *f ou* déconfiture *f* de l'entreprise; **betrügerischer –** banqueroute frauduleuse; **in – gehen** *od.* **in – geraten** faire faillite, tomber en faillite; **Zeit** *od.* **Zeitspanne vor der –eröffnung** période *f* suspecte; **–abschlagsverteilung** *f* (première) répartion partielle des deniers; **–amt** *n* (S) office des faillites (S); **–androhung** *f* (S) commination de faillite (S); **–anfechtung** *f* action *f* en inopposabilité, action paulienne simplifiée; **–anmeldung** *f* déclaration de cessation des paiements; **–antrag** *m* demande d'ouverture d'une procédure d'exécution collective (de liquidation judiciaire); **–antragspflicht** *f* obligation de demander l'ouverture de la procédure de liquidation judiciaire; **–antragstellung** *f* demande (introduite) en vue de l'ouverture d'une procédure de liquidation judiciaire; **–antragsverfahren** *n* procédure *ou* instance visant *ou* concernant la demande en ouverture de la procédure de liquidation; **–ausfallgeld** *n* privilège *m* des salariés portant sur le salaire des trois derniers mois (avant l'ouverture de la liquidation des biens); **–begehren** *n* (S) réquisition de faillite (S); **–beschlag** *m* dessaisissement *m* (du débiteur failli); **–bilanz** *f* bilan *m* du passif exigible et de l'actif disponible (de l'entreprise en difficultés); **–delikt** *n* infraction à la législation sur la liquidation judiciaire; **–dividende** *f* distribution *f* de deniers; **–edikt** *n* (Aut) avis officiel de faillite; **–erkenntnis** *n* (S) déclaration de faillite; **–eröffnung** *f* ouverture *f* de la procédure (de liquidation judiciaire).

Konkurseröffnungs|antrag *m* (1) *(Schuldner)* demande d'ouverture de la liquidation judiciaire (introduite par le débiteur); (2) *(Gläubiger)* saisine *f* du tribunal par les créanciers; **–anzeige** *f* (S) avis d'ouverture de la faillite (S); **–beschluß** *m* jugement déclaratif, jugement introductif de la procédure de liquidation judiciaire.

Konkurs|fähigkeit *f* qualité de débiteur (d'une procédure collective de liquidation judiciaire); **–forderung** *f* créance exigible (dans le cadre d'une liquidation judiciaire); **–forderungsanmeldung** *f* déclaration des créances; **–gericht** *n* tribunal statuant en matière de liquidation; **–gläubiger** *m* créancier *m* (dans la masse); **–grund** *m* cas *m* d'ouverture de la procédure; **–kommissär** *m* (Aut) juge-commissaire *m*; **–masse** *f* patrimoine *m* du débiteur failli; **–ordnung** *f* (KO) Loi allemande relative à la liquidation judiciaire des entreprises; **–privileg** *n* (S) privilège en cas de faillite; **–quote** *f* part *f* obtenue par les créanciers dans la masse.

Konkurs|recht *n* droit de la faillite, droit des procédures collectives de liquidation judiciaire des entreprises; **–reife Gesellschaft** société en état de liquidation judiciaire; **–richter** *m* juge commissaire; **–sache** *f* litige *m* en matière de liquidation judiciaire; **–schuldner** *m* débiteur (en état de liquidation judiciaire); failli *m*, commerçant défaillant, débiteur *m* dessaisi; **–schlußverteilung** *f* répartition finale (entre tous les créanciers) au marc le franc (de leurs créances); **–straftaten** *fpl* infractions *fpl* en matière de faillite; **–tabelle** *f* rôle *m ou* bordereau *m* pour l'inscription des créances déclarées; **–verfahren** *n* procédure collective de liquidation; **–vermerk** *m* inscription de la faillite; **–verschleppung** *f* manœuvres *fpl* dilatoires; **–verteilung** *f* répartition des deniers; **–verwalter** *m* administrateur *m* chargé de la liquidation judiciaire; curateur à la faillite (B); **– verwaltung** *f* (S) syndic *ou* administration de la faillite (S);

–verzeichnis *n* état de collocation, tableau des faillites (S); **–vorrecht** *n* (1) privilège *m*, (2) *(des Arbeitnehmers)* super-privilège *m*; **–warenverkauf** *m* vente (aux enchères) des marchandises par le syndic.

können pouvoir, être en mesure de, être à même de, avoir la possibilité de; avoir le choix *ou* les moyens de.

Können *n* savoir faire, érudition, connaissances *fpl*.

Konnexität *f* connexité *f*, lien *m*.

Konnivenz *f* (= Duldung) connivence *f*, accord *m* tacite.

Konnossement *n (SeeHR)* connaissement *m*; **durchgehendes –** connaissement direct.

Konnossements|inhaber *m* porteur du connaissement; **–teilschein** *m* delivery order *m*.

Konsens *m* (1) *(Einwilligung)* acceptation *f*, consentement *m*, échange *m* de consentements, (2) *(Übereinstimmung)* accord *m* de volonté, consensus *m*.

konsens|fähig *adj* susceptible d'un accord global; **–pflichtig** *adj* qui est tenu de donner son consentement.

Konsensualvertrag *m* contrat consensuel, contrat *m* formé par le seul consentement des parties.

Konsensus *m (Pol)* consensus *m*, approbation générale, assentiment.

konsequent *adj* conséquent, logique, conforme (aux principes).

Konsequenz *f* conséquence *f*, suite logique; corollaire *m*, effet *m*.

Konservierungsstoffe *mpl* conservateurs *mpl*, additifs *mpl ou* produits *mpl* destinés à la conservation des denrées servant à l'alimentation humaine.

Konsignant *m* remettant *m* d'une marchandise à consigner.

Konsignatar *m* consignataire *m*, commissionnaire-consignataire.

Konsignations|ausfuhr *f* exportation *f* en consignation; **–geschäft** *n (Außh)* consignation *f*; **–lager** *n* (= Kommissionslager) entrepôt *m* (où s'opère la consignation); **–ware** *f* marchandise *f* en consignation.

Konsolidation *f* (1) *(ErbR)* confusion, (2) *(SachR)* consolidation, transformation d'une hypothèque en faveur d'un tiers en une hypothèque en faveur du propriétaire de l'immeuble.

konsolidieren *(WirtR)* consolider.

Konsolidierung *f* consolidation *f*, conversion de titres à court terme en titres à long terme; **– der Preise** stabilisation des prix.

Konsolidierungsanleihe *f* emprunt de consolidation.

Konsorten *pl* membres d'un consortium, consorts *mpl*.

Konsortial|anteil *m* participation à un consortium; **–bank** *f* banque consortiale; **–beteiligung** *f* participation à un consortium; **–geschäft** *n* opération faite en consortium; **–konto** *n* compte de participation à un consortium; **–kredit** *m* crédit *m* consortial; **–leitung** *f* direction d'un constortium; **–mitglied** *n* membre d'un consortium; **–vertrag** *m* contrat de consortium.

Konsortium *n* consortium *m*, groupement d'entreprises.

Konspiration *f (StR)* conspiration *f*, complot *m*, conjuration *f*.

konspirative Wohnung *(StR)* appartement *m* dans lequel se cachent des terroristes en vue de préparer des attentats.

Konstitution *f* (= Verfassung) constitution *f*, loi *f* fondamentale, régime *m*, charte *f*.

konstitutive Wirkung effet constitutif *ou* créant une situation juridique nouvelle.

Konstrukteur *m* constructeur *m* (d'un ouvrage); ingénieur *m*, technicien *m*.

Konstruktion *f* construction *f*, édification *f*; édifice *m*; **–sbüro** *n* bureau *m* d'études; **–sfehler** *m od.* **–smängel** *mpl* vice *m* de construction.

Konsul *m* consul *m*, consul de carrière; fonctionnaire consulaire.

Konsular|abkommen *n* convention *f* consulaire; **–agent** *m* agent *m* consulaire; **–behörde** *f* autorité *f* consulaire; **–beurkundung** *f* authentification consulaire; **–bezirk**

m circonscription *f* consulaire, arrondissement *m* consulaire; **–gebühr** *f* taxe *f* consulaire; **–gericht** *n* tribunal *m* consulaire, juridiction *f* consulaire; **–gerichtsbarkeit** *f* compétence du tribunal consulaire; juridiction consulaire; **–gerichtsbezirk** *m* circonscription consulaire judiciaire; **–ische Beziehungen** relations consulaires; **–ische Vernehmung** audition par un consul; **–konvention** *f* convention consulaire; **–matrikel** *f* registre *m* consulaire; **–recht** *n* droit consulaire; **–schutz** *m* protection *f* consulaire; **–sichtvermerk** *m* visa *m* consulaire; **–vertrag** *m* traité *m ou* convention *f* consulaire.

Konsulat *n* (1) *(Dienstgebäude)* résidence *f* du consul, consulat *m*, services consulaires, (2) *(Amt)* charge *f* de consul.

Konsulats|amtsräume *pl* locaux *mpl* consulaires; **–bescheinigung** *f* certificat *m* consulaire; **–dienst** *m* service *m* consulaire; **–einnahmen** *pl* recettes *fpl* consulaires; **–faktura** *f* facture *f* consulaire; **–gebäude** *n* immeuble *m ou* édifice *m* consulaire; **–gebühr** *f* taxe *f* consulaire; **–kanzlei** *f* chancellerie *f* consulaire; **–kosten** *pl* frais consulaires; **–sichtvermerk** *m* visa *m* consulaire.

Konsulent *m* avocat *m*, jurisconsulte *m*, conseil *m*.

Konsultant *m* (= Gutachter) expert *m*, consultant *m*.

Konsultation *f* (= Beratung) consultation *f*, avis *m*, conseil *m*; **vorherige** – consultation préalable.

Konsultations|pflicht *f* devoir *m* de consultation; **–vereinbarung** *f* accord de consultation; **–verfahren** *n* procédure de consultation, procédure consultative.

Konsultativ|komitee *n* (S) comité *m* consultatif; **–versammlung** assemblée *f* consultative.

Konsum *m* (= Verbrauch) consommation *f*.

Konsument *m* (= Verbraucher) consommateur *m*.

Konsumenten|kredit *m* crédit *m* à la consommation; **–leasing** *f* location-vente *f*; **–ratenkreditvertrag** *m* vente *f* à tempérament; **–schutz** *m* protection *f* des consommateurs.

Konsum|genossenschaft *f* coopérative de consommation; **–gesellschaft** *f* société de consommation; **–güter** *pl* biens de consommation.

Konsumtion *f (StR)* non-cumul *m ou* absorption des peines.

konsumtiv *adj* consommable.

Konsumverein *m* (= Verbrauchergenossenschaft) société coopérative de consommateurs.

Kontakt *m* relation (entre personnes), rapport (avec qqn.), (en) contact (avec qqn.), rencontre *f*, communication.

Kontakt|anzeige *f* petite annonce ‹rose›, offre *f* par petite annonce d'ébats sexuels; **–aufnahme** *f* prise *f* de contact; **–büro** *n (HR)* bureau *m* de contact (en vue d'engager *ou* d'entretenir des relations d'affaires; **–lokal** *n (Drogen)* local *m ou* lieu de rencontre entre trafiquants et usagers de drogues; **–sperre** *f (StR)* interdiction faite à un détenu convaincu d'activités terroristes de communiquer avec l'extérieur et ses codétenus (par écrit ou oralement); **–verbot** *n* interdiction *f* de communiquer.

Kontamination *f (UmweltR: Verseuchung)* pollution.

Konten *npl* **der öffentlichen Hand** comptes *mpl* publics.

Konten|abschluß *m* arrêté *m* de comptes; **–anerkenntnis** *f* approuvé *m* de comptes; **–aufteilung** *f* ventilation *f* des comptes; **–beleg** *m* relevé *m* de compte; **–führer** *m* teneur *f* de compte; **–führung** *f* tenue *f* des comptes; comptabilité financière; **–inhaber** *m* titulaire *m* d'un compte en banque; **–pfändung** *f* saisie-arrêt *f* d'un compte bancaire; **–plan** *m* plan comptable; **–rahmen** *m* plan *m* comptable général; **–sperrung** *f* blocage *m* d'un compte (bancaire); **–überziehung** *f* tirage *m* à découvert; **–wahrheit** *f* sincérité *f* des comptes.

Konterbande *f* contrebande *f*, marchandise *f* de contrebande.
Kontermarke *f* contremarque *f*, poinçon *m* de petite garantie (S).
Kontermine *f* *(BörR: Gegenmine)* spéculation *f* à la baisse.
Kontext *m* contexte *m*; circonstances *fpl*; environnement.
kontieren inscrire au compte (de qqn.), imputer à un compte déterminé.
Kontinental|sperre *f* blocus *m* continental; **–staat** *m* État *m* continental.
Kontingent *n* (1) *(begrenzte, zugeteilte Menge)* contingent *m*, quantité de marchandises autorisées à l'importation, (2) *(Pflichtbeitrag)* part *f* obligatoire, contribution *f* obligatoire; **bilaterales –** contingent bilatéral; **spezifisches –** contingent spécifique; **zollfreies –** contingent libre; **auf das – anrechnen** imputer sur le contingent; **–antrag** *m* demande de contingent.
kontingent *adj* (= zufällig) accidentel, contingent, secondaire, lié aux circonstances.
kontingentieren contingenter, limiter.
Kontingentierung *f* contingentement *m*, limitation *f*.
Kontingentsbescheinigung *f* certificat *m* de contingentement.
kontingentsfrei *adj* hors contingent.
Kontingents|menge *f* volume *m* contingentaire; **–träger** *m* attributaire de contingent; **–zollsatz** *m* droit *m* contingentaire; **–zuteilung** *f* allocation *f* de contingent.
kontinuierlich *adj* continu, constant; continuel.
Kontinuitätserklärung *f* déclaration *f* de continuité.
Konto *n* (1) *(Bankkonto)* compte *m* en banque, (2) *(Post)* compte courante postal *ou* chèque postal, (3) *(Aufstellung)* décompte *m*, bilan *m*, état *m*, (4) *(Aufzeichnung)* écritures *fpl*; **abgeschlossenes –** compte soldé *ou* arrêté; **ausgeglichenes –** compte équilibré; **belastetes –** compte débité; **Buchung auf –** inscription *f* au compte; **eingefrorenes –** compte gelé; **erkanntes –** compte crédité; **gedecktes –** compte approvisionné; **gemeinschaftliches –** compte joint; **gesperrtes –** compte bloqué; **konsolidiertes –** compte consolidé; **laufendes –** compte courant; **lebendes –** compte de déposants *ou* de personnes; **persönliches –** compte personnel *ou* individuel; **provisorisches –** compte provisoire *ou* d'attente; **ruhendes –** compte inactif, dépôt *m* inactif; **totes –** compte par espèces de titres, compte de matières; **überzogenes –, ungedecktes –** compte *m* à découvert; **umsatzloses –** compte inactif.
Konto: von einem – Geld abheben retirer *ou* prélever des fonds (d'un compte en banque); **ein – abschließen** arrêter un compte; **ein – belasten** porter au débit d'un compte, débiter un compte; **auf ein – buchen** inscrire au compte, créditer; **– ohne Bewegung** compte *ou* dépôt inactif; **auf ein – einzahlen** verser en compte; **ein – erkennen** créditer un compte; **ein – eröffnen** ouvrir un compte; **ein – glattstellen** apurer un compte; **einem – gutschreiben** porter au crédit d'un compte, créditer un compte; **ein – schließen** clôturer un compte; **ein – sperren** bloquer *ou* geler un compte; **– mit täglicher Fälligkeit** compte à vue; **auf ein – überweisen** virer à un compte; **ein – überziehen** dépasser un compte, mettre (un compte) à découvert; **ein – unterhalten** être titulaire d'un compte (en banque); **auf – zahlen** verser en compte; **einem – zurechnen, einem – zuschreiben** porter au compte.
Konto|abbuchung *f* écriture *f* en débit; **–abschluß** *m* (1) *(Saldoermittlung)* arrêté du compte, (2) *(Beendigung des Vertragsverhältnisses)* clôture de compte; **–auszug** *m* relevé de compte, extrait *m* de compte; **–berichtigung** *f* redressement *m* de compte; **–bezeichnung** *f* dénomination d'un compte; **–bestand** *m*

solde *m* de compte; **–blatt** *n* fiche *f* (comptable), feuille *f* mobile; **–buch** *n* livre *m* de compte; **–einlage** *f* fonds déposés, somme déposée (sur un compte bancaire); **–einsicht** *f* communication du solde *ou* des mouvements d'un compte; **–eintrag** *m* article *m* du compte; **–eröffnung** *f* ouverture *f* de compte; **–eröffnungsvertrag** *m* contrat bancaire d'ouverture d'un compte; **–führung** *f* tenue *f* de compte; **–führungsgebühren** *fpl* agios *mpl*; **–guthaben** *n* avoir en compte, position créditrice, solde créditeur; **–gutschrift** *f* passation d'une créance en compte, somme passée au crédit (du client du banquier); **–inhaber** *m* titulaire d'un compte; **–karte** *f* feuille de position, feuille *ou* carte de disponible.

Kontokorrent *n (BankR: laufende Rechnung)* compte *m* courant, compte courant à découvert réciproque, compte courant réciproque; **–abrede** *f* convention de compte courant; **–buch** *n* grand livre *m*; **–debitor** *m* débiteur *m* en compte courant, compte courant débiteur; **–einlage** *f* dépôt *m* en compte-courant; **–forderung** *f* créance *f* en compte courant; **–führungsgebühren** *f* commission de mouvement *ou* de compte; **–gelder** *pl* avoir en compte courant; **–geschäft** *n* opération en compte courant; **–guthaben** *n* position créditrice en compte courant; **–konto** *n* compte-courant *m*; **–kredit** *m* crédit *ou* avance en compte courant; **–kreditor** *m* créditeur en compte courant, compte courant créditeur; **–kreditpfändung** *f* saisie du solde créditeur (du compte courant); **–limit** *n* limite *f* du découvert (en compte courant); **–schuld** *f* position débitrice en compte courant; **–schuldner** *m* débiteur en compte courant; **–schuldzinsen** *pl* intérêts *mpl* débiteurs (dus au banquier); **–stand** *m* position créditrice *ou* débitrice (en comptabilité); **–überweisung** *f* virement; **–verbindlichkeiten** *pl* engagements en compte courant; **–vertrag** *m* convention de compte courant; **–vorschuß** *m* avance en compte courant.

Konto|nummer *f* numéro du *ou* de compte; **–pfändung** *f* saisie *f* de la position créditrice d'un compte de banque.

Kontor *m (Außh)* comptoir *m*, succursale *f* à l'étranger.

Kontorist *m (HR)* employé *m*.

Konto|sperre *f* blocage *m* des avoirs du client; **–stand** *m* situation *f* du compte, état *m* (du compte), position *f* d'un compte; **–standmitteilung** *f* communication de la position (du compte); **–stelle** *f* bureau qui tient les comptes; **–überziehung** *f* découvert *m*; **–verbindung** *f* relations juridiques entre un banquier et son client relatives à un compte en banque; **–vertrag** *m* contrat bancaire d'ouverture d'un compte; **–vollmacht** *f* mandat *ou* procuration pour les opérations sur compte bancaire.

kontradiktorisch *adj (PrzR: streitig)* contradictoire; **–es Urteil** jugement *m* contradictoire.

Kontrahent *m* (= Vertragspartner) contractant *m*, partie *f* contractante.

kontrahieren contracter, s'engager par contrat, passer un contrat.

Kontrahierungszwang *m (SchuldR: Abschlußzwang)* obligation de contracter.

Kontrakt *m* (= Vertrag) contrat *m*.

kontrakt|brüchig *adj* qui ne respecte pas le contrat; **–widrig** *adj* contraire au contrat.

Kontraprotest *m* protêt dressé contre le besoin *ou* recommandataire.

Kontroll|abkommen *n* accord *m* de contrôle; **–abschnitt** *m* coupon de contrôle; **–aufgabe** *f* mission de contrôle; **–ausschuß** *m* commission de contrôle; **–beamte(r)** *m* agent de contrôle, contrôleur *m*; **–beauftragte(r)** *n* personne chargée d'un contrôle, contrôleur *m*; **–befugnis** *f* pouvoir de contrôle; **–behörde** *f* autorité de contrôle; **–beleg** *m* pièce justificative; **–bereich** *m* zone *f* contrôlée; **–buch** *n* registre *m* de contrôle; **–dienst** *m* service *m* des contrôles.

Kontrolle *f* (1) *(Aufsicht)* contrôle *m*, surveillance *f*, (2) *(Prüfung)* vérification *f*, inspection *f*, (3) *(Probe)* essai *m*, test *m*, mise *f* à l'épreuve, (4) *(Beherrschung, Gewalt)* maîtrise *f*, contrôle; **nachträgliche –** contrôle a posteriori; **namentliche –** contrôle nominatif; **parlamentarische –** contrôle parlamentaire; **veterinärmedizinische –** contrôle vétérinaire; **vorangehende –, vorherige –** contrôle a priori; **– an Ort und Stelle** contrôle sur place.

Kontrolleinrichtung *f* organisme *m* *ou* corps *m* de contrôle.

Kontrolleur *m* contrôleur *m*, inspecteur *m*, vérificateur *m*; **beauftragter –** contrôleur délégué.

Kontroll|gebiet *n* zone contrôlée, territoire sous contrôle; **–gebühr** *f* taxe de contrôle; **–geleitschein** *m* (S) acquit-à-caution de contrôle; **–gruppe** *f* groupe témoin.

kontrollierbar *adj* contrôlable, vérifiable.

kontrollieren (= überwachen, überprüfen) contrôler, examiner, inspecter; pointer, vérifier.

Kontroll|instanz *f* instance de contrôle; **–karte** *f* fiche de pointage; **–kasse** *f* caisse *f* enregistreuse; **–kommission** *f* commission de contrôle; **–maßnahme** *f* mesure de contrôle; **–mission** *f* mission de contrôle; **–möglichkeit** *f* possibilité de contrôle; **–nummer** *f* numéro *m* de contrôle.

Kontrollor *m* (Aut) contrôleur *m*.

Kontroll|organ *n* organisme *m* de contrôle; **–person** *f* personne veillant au contrôle (de); **–punkt** *m* poste *m* de contrôle; **–rat** *m* conseil de contrôle; **–recht** *n* droit de contrôler, droit d'inspection *ou* de surveillance, droit de vérification; **–schild** *n* plaque d'immatriculation, plaque de contrôle (S); **–sichtvermerk** *m* visa pour contrôle, visa *m* de contrôle; **–stelle** *f (StR)* cordon *ou* point de surveillance et de contrôle policier; **–stempel** *m* timbre de contrôle, cachet *ou* marque de contrôle; **–tätigkeit** *f* mission de contrôle, activité de vérification; **–uhr** *f* horodateur *m*, horloge *f* de pointage; **–untersuchung** *f* examen médical de contrôle; **–verfahren** *n* procédure de vérification; **–zeugnis** *n* certificat de vérification.

Kontroverse *f* (1) *(Streitfrage)* question litigieuse, (2) *(Streit)* controverse *f*, polémique *f*.

Kontumaz *f* (1) *(Abwesenheit, Nichterscheinen vor Gericht)* contumace *f*, état *m* de contumace, (2) *(Verkehrssperre)* (Aut) barrière *f* sanitaire.

Kontumazial|bescheid *m* ordonnance prise à l'encontre de la partie défaillante; **–verfahren** *n* procédure par contumace; **–urteil** *n* ordonnance de contumace, jugement par défaut.

Kontumazierung *f* (Aut) (1) jugement *m* déclaratif d'absence, (2) barrière sanitaire.

Konvaleszenz *f* réparation *f* de la nullité (d'un acte juridique), couverture *f* (de la nullité); confirmation *f* de l'acte.

Konvention *f* (1) *(Vereinbarung)* convention *f*, contrat *m*, engagement *m*, entente *f*, (2) *(völkerrechtl. Vertrag)* accord *m*, traité *m*, convention, pacte *m*, (3) *(Brauch)* convenance *f*, conventions *fpl*; **– zum Schutze der Menschenrechte und Grundfreiheiten** Convention de sauvegarde des droits de l'homme et des libertés fondamentales; **– über die Verhütung und Bestrafung des Völkermordes** Convention pour la prévention et la répression du crime de génocide.

Konventional|regel *f* règle conventionnelle; **–scheidung** *f* divorce *m* par consentement mutuel *ou* par voie de convention; **–strafe** *f (ZR)* peine stipulée, amende *f ou* pénalité *f* conventionnelle, clause pénale; **–tarif** *m* tarif *m* conventionnel; **–zinsen** *pl* intérêt *m* conventionnel.

Konventionsstaat *m* État *m* adhérent à la convention.

Konversion *f* (1) *(Umwandlung)* changement *m*, mutation, transformation, conversion, (2) *(Glaubenswechsel)* conversion, adhésion *f* (à une autre église); **aufgeschobene –** conversion différée, conversion par échelons; **automatische –** conversion automatique; **freiwillige –** conversion facultative; **al pari ausgeführte –** conversion au pair; **zwangsweise –** conversion forcée; **– von Anleihen** conversion d'emprunt.

Konversions|angebot *n* offre *f* de conversion; **–anleihe** *f* emprunt de conversion; **–klausel** *f* clause de conversion; **–prämie** *f* prime de conversion.

konvertibel *adj* convertible; **nicht –** inconvertible, inconvertissable.

Konvertibilität *f od.* **Konvertierbarkeit** *f (Währung)* convertibilité *f*; **freie –, uneingeschränkte –** libre convertibilité.

konvertierbar *adj* convertible; **frei –** librement convertible.

Konvertierungs|angebot *n* offre *f* de conversion; **–anleihe** *f* emprunt *m* de conversion; **–prämie** *f* prime *f* de conversion.

Konzentration *f (WirtR)* concentration économique; **horizontale –** concentration horizontale *ou* regroupement d'entreprises (fabriquant le même produit); **industrielle –** concentration industrielle; **innere –** concentration par développement interne; **vertikale –** intégration *ou* concentration verticale; **wirtschaftliche –** concentration économique.

Konzentrations|grad *m* degré *m* de concentration; **–lager** *n* camp de concentration; **–prozeß** *n* processus de concentration; **–vorgang** *m* mouvement *m* concentrationniste.

Konzept *n* (1) *(Begriff)* notion, idée, représentation mentale, (2) *(Plan)* programme *m*, plan *m*, (3) *(Entwurf)* premier jet, esquisse *f*, ébauche *f*.

Konzeption *f* (1) *(Grundvorstellung)* dessein *m*, idée (de base), (2) *(Empfängnis)* conception, fécondation; **–slosigkeit** *f* absence d'idée générale.

Konzern *m* groupe *m* de sociétés (indépendantes, dont l'une restreint les pouvoirs de décision et de gestion des autres), groupement *m* d'entreprises, consortium *m*, konzern *m*; **multinationaler –** multinationale *f*; **–abschluß** *m* bilan consolidé d'un groupe; **–entflechtung** *f* déconcentration *f*; **–gesellschaft** *f* société intégrée dans un groupe; **–haftungsrecht** *n* régime *m* de la responsabilité du groupe (pour les sociétés intégrées); **–leitung** dirigeants *mpl* du groupe; **–mutter** *f* entreprise mère d'un conglomérat *ou* groupe; **–rechnungslegung** *f* organisation comptable du groupe; comptes de bilan et de gestion d'un groupe; **–recht** *n* droit *m* des groupes de société; **–unternehmen** *n* société *f* de groupe, société membre d'un groupe, société soumise à une direction économique unitaire; **–verbindung** *f* dépendance *f* effective d'un groupe; **–verbund** *m* conglomérat *m*; **–vertrag** *m* accord *m* constitutif d'un groupe de sociétés; contrat de consortium; **–zugehörigkeit** *f* appartenance à un groupe.

Konzernierung *f* formation *f* de groupes de sociétés, concentration, regroupement *m*.

Konzertmitschnitt *m (UrhR)* enregistrement magnétique lors de la représentation d'une œuvre musicale.

Konzession *f* (1) *(Zugeständnis)* concession *f*, compromis *m*, transaction *f*, (2) *(behördl. Genehmigung)* autorisation *f*, licence *f*, (3) *(Nutzungsverleihung)* concession *f* (sur le domaine public), permis *m* exclusif; **– zur Ausnutzung der Wasserkraft** concession d'énergie hydraulique; **eine – erteilen** octroyer, concéder, donner une concession; **– öffentlicher Arbeiten** concession de travaux publics; **eine – verlei-**

hen concéder, accorder *ou* octroyer une concession.

Konzessionär *m* concessionnaire *m*.

konzessionieren (1) mettre sous le régime de la concession, (2) accorder une concession à . . .

Konzessionierung *f* mise sous le régime de la concession; octroi d'une concession (à une société).

Konzessions|abgabe *f* redevance *f* de concession; **–abrede** *f* acte juridique de concession; **–dauer** *f* durée *f* de la concession; **–entzug** *od.* **–entziehung** *f* retrait de la concession; **–geber** *m* concédant *m*, collectivité concédante; **–gebühr** *f* taxe *f* de concession, émolument *m* régalien; **–gesellschaft** *f* société *f* concessionnaire; **–gesuch** *n* (S) demande de concession; **–inhaber** *m* concessionnaire *m*, titulaire de la concession; **–nehmer** *m* concessionnaire, bénéficiaire *m* d'une concession.

konzessionspflichtig *adj* sujet à concession, soumis au régime de la concession.

Konzessions|system *n* (1) régime *m* de la concession, (2) régime de l'autorisation préalable; **–träger** *m* concessionnaire, détenteur de la licence (d'exploitation); **–urkunde** *f* décret *m* de concession; acte *m* de concession; **–verleihung** octroi *m* d'une concession; **–vertrag** *m* contrat de concession, concession de service public, concession de travail public, traité de concession; **–verweigerung** *f* refus *m* d'agrément (d'une concession).

Konzipient *m* (Aut) avocat *m* stagiaire.

konzipieren (1) inventer, créer, imaginer, (2) rédiger un projet, (3) concevoir.

Kooperation *f (GesR)* coopération interentreprises; **technische –** coopération technique.

Kooperationsvereinbarung *f* accord de coopération interentreprises.

Kooptation *f* (= Ergänzungswahl) cooptation *f*, nomination *f* d'un membre nouveau.

kooptieren coopter, admettre par cooptation.

Koordinationsausschuß *m* comité *m* de coordination.

Koordinierung *f* coordination *f*; **– von Schiene und Straße** coordination du rail et de la route; **– des Verkehrs** coordination des transports.

Koordinierungs|ausschuß *m* comité de coordination; **–maßnahme** *f* mesure de coordination.

Kopf *m* (1) *(eines Unternehmens)* meneur, instigateur, inspirateur, (2) *(Urteil)* en-tête *m*.

Kopf|betrag *m* montant de base accordé à chaque habitant lors de la réforme monétaire de 1948; **–einkommen** *n* revenu par tête; **–geld** *n* prime *f* de capture; **–hörer** *m* écouteur *m*; **–laus** *f* pou *m* de tête; **–lausvertilgungsmittel** *n* médicament antipédiculaire; **–prämie** *f* prime *f* par personne; **–quote** *f* pourcentage *m* par tête, part *f* virile; **–steuer** *f* impôt de capitation; **–verletzung** *f* traumatisme crânien; **–zeile** *f* en-tête *m*.

Kopie *f* copie *f*, double *m*, ampliation *f*; **– für die Akten** copie pour les archives.

Kopienbuch *n* livre copie de lettres.

Kopier|automat *m* (kurz: Kopierer) *od.* **–gerät** *n* photocopieur *m*, photocopieuse *f*; **–schutz** *m* protection contre le piratage *ou* les copies illégales (de logiciels).

Koppelungs|geschäft *n od.* **–kauf** *m* vente liée *ou* jumelée *ou* couplée; **–verbot** *n* prohibition de la pratique des ventes liées *ou* jumelées.

Korb *m (BörR)* corbeille *f*.

Kornbörse *f* bourse des céréales.

Körper *m* corps *m*, organisme (humain); partie principale d'un bâtiment.

Körper|bau *m* constitution *f*; **–behinderte(r)** *m* handicapé *m*, diminué *m* physique, invalide *m*.

Körperbehinderung *f* infirmité *f*, handicap *m* physique, invalidité.

Körper|ersatzteile *npl* organes *mpl* artificiels implantables, implants *mpl;* **–fehler** *m* déficience *f* corporelle; **–flüssigkeiten** *fpl* liquides *mpl* de l'organisme, humeurs *fpl*; fractions sanguines.

körperlich *adj* corporel; physique; **–e Gegenstände** biens *mpl* corporels, choses *fpl* matérielles; **–e Sachen** meubles *mpl* corporels; **–e Untersuchung** *f* (1) *(StR)* fouille *f* à corps, (2) visite *f* médicale, examen *m* médical.

Körperschaden *m* dommage *m ou* préjudice *m* corporel, atteinte *f* à l'intégrité; blessure *f*, mutilation.

Körperschaft *f* (1) *(Gemeinschaft)* association *f*, corps *m*, métier *m*, organe *m*, (2) *(Personenvereinigung)* corporation *f*, personne *f* morale; **beratende –** organe *m* consultatif; **gesetzgebende –** corps *m* législatif, organe législatif; **öffentliche –** collectivité *f* publique; **öffentlichrechtliche –** (S) corporation de droit public (S); **– öffentlichen Nutzens** (L) établissement *m* d'utilité publique; **– des öffentlichen Rechts** personne *f* morale de droit public; établissement *m* public.

Körperschafts|besteuerung *f* imposition des entreprises; **–recht** droit des entreprises; **–steuer** *f* impôt sur les sociétés (frappant l'enrichissement de l'entreprise pendant l'exercice).

Körperverletzung *f* (1) blessure *f ou* lésion *f* corporelle, dommage *m* corporel, atteinte à l'intégrité corporelle (S), (2) *(StR)* blessure *f*, coups *mpl* et blessures, violences *fpl ou* voies de fait; **einfache –** (1) lésions *fpl* corporelles légères, (2) *(StR)* coups et blessures sans circonstances aggravantes; **fahrlässige –** blessures involontaires, (en S:) lésions corporelles par négligence; **gefährliche –** coups et blessures avec circonstances aggravantes; **schwere –** coups et blessures ayant entraîné la cécité, la perte d'un œil ou d'autres infirmités permanentes; (en S:) lésions corporelles graves; **tödliche –** coups et blessures ayant entraîné la mort sans intention de la donner; **vorsätzliche –** coups et blessures intentionnels; **– mit Todesfolge, – mit tödlichem Ausgang** (Aut) coups et blessures ayant entraîné la mort sans intention de la donner.

Körperverletzungs|delikte *npl* infractions intentionnelles (contre l'intégrité personnelle) ne tendant pas à donner la mort; **–handlungen** *fpl* actes matériels et positifs constituant une blessure *ou* des coups; **–vorsatz** *m* intention de blesser *ou* de donner des coups.

Korporation *f* (1) *(ÖfR)* personne *f* morale de droit public, (2) *(WirtR)* corporation *f*, corps de métier, (3) *(HochschulR)* groupement *m* d'étudiants, association corporative estudiantine.

Korps *n*, **diplomatisches –** corps *m* diplomatique.

Korreal|hypothek *f* hypothèque reposant sur plusieurs biens fonciers; **–obligation** *f* obligation solidaire (en matière hypothécaire); **–schuldner** *m* débiteur solidaire (en matière hypothécaire); **–verbindlichkeit** *f* obligation solidaire (en matière hypothécaire).

korrekt *adj* (1) *(richtig)* correct, exact, fidèle, conforme, (2) *(Benehmen)* bienséant, convenable, décent.

Korrektur *f* (1) *(i. w. S.)* réforme, amendement; rectification, (2) *(SchuldR)* réparation (en nature), (3) *(von Druckschriften)* correction *f* d'épreuves; **– lesen** corriger les épreuves; **–abzug** *m* épreuve *f*; **–fahne** *f* épreuve en placard.

Korrespondentreeder *m* administrateur-gérant *m* (d'un navire).

Korrespondenz *f* (1) *(HR)* correspondance *f*, courrier *m*, (2) corrélation, conformité *f*; concordance *f*; **diplomatische –** correspondance *f* diplomatique; **–bank** *f* banque *f* correspondante.

Korruption *f* (= Bestechung, Bestechlichkeit) corruption *f*.

Kost, in – geben *(BörR)* donner en report; **in – nehmen** prendre en report.

Kostbarkeiten *fpl* objets *mpl* précieux *ou* d'une grande valeur.

Kosten *pl* (1) *(Ausgaben)* frais *mpl,* dépenses *fpl,* charges *fpl,* débours *mpl,* coûts *mpl,* (2) *(Prozeß)* dépens *mpl;* **Abzug der –** (1) déduction faite des frais, (2) *(PrzR)* distraction des dépens; **abzüglich der –** frais en moins; **abzugsfähige –** frais déductibles; **alle – inbegriffen** frais compris; **auf eigene –** à ses (propres) frais; **außerordentliche –** frais extraordinaires; **böswillig verursachte –** frais vexatoires; **eintreibbare –** sommes *fpl* recouvrables; **erstattungsfähige –** frais *mpl ou* dépens *mpl* récupérables; **erstattungspflichtige –** frais récupérables; **feste** *od.* **fixe –** coûts fixes; **gemeinsame –** frais communs; **laufende –** frais courants; **nicht eintreibbare –** frais irrépétibles *ou* de succombance, débours *mpl;* **ohne –** *(BörR)* sans protêt; **sachliche –** frais matériels; **steigende –** coûts croissants; **stellvertretende –** dépenses substituées; **zu tragende –** frais à assumer; **überflüssigerweise verursachte –** frais frustratoires; **unvorhergesehene –** faux frais; **verauslagte –** frais exposés; **zuzüglich der –** frais en sus; **die – aufbringen** subvenir aux frais; **die – auferlegen** *(PrzR)* condamner aux dépens; **zu den – beitragen** contribuer aux frais; **die – decken** couvrir les frais; **die – erstatten** rembourser les frais; **auf seine – kommen** rentrer dans ses frais; **die – tragen** prendre les frais à sa charge, supporter les frais, assumer les dépens; **die – übernehmen** assumer les frais; **die – veranschlagen** évaluer *ou* estimer le coût; **zu den – verurteilen** condamner aux dépens; **die – vorschießen** avancer les frais; **die – zurückerstatten** rembourser les frais exposés.

Kosten|abwälzung *f* répercussion des frais; **–anfechtung** *f* action en annulation des dépens; **–ansatz** *m (PrzR)* décision motivée sur le montant des dépens; **–anschlag** *m* devis *m;* **–anspruch** *m* demande restitutoire (des frais exposés); **–anteil** *m* quote part *f* des frais; **–auferlegung** *f* condamnation aux dépens; **–auflage** *f* prononcé sur frais (S); **–aufrechnung** *f* (Aut) compensation des dépens; **–aufstellung** *f* état *m* des frais, état des dépens, mémoire des frais; **–aufteilung** *f* ventilation *f* des frais; **–aufwand** *m* dépenses *fpl,* charges *fpl;* **–aufwendig** *adj* coûteux, dispendieux, onéreux; **–ausgleich** *m* péréquation *f* des charges; compensation pour les frais exposés; **–ausspruch** *m* jugement de condamnation au paiement des frais judiciaires; **–beamte(r)** *m* fonctionnaire chargé du recouvrement des frais judiciaires; **–beeinflussung** *f* action sur les coûts; **–befreiung** *f* exemption *f* (des frais); **–begrenzung** *f* diminution des frais; **–beitrag** *m* contribution aux frais, participation aux frais; **–beitreibung** *f* recouvrement des frais; **–belastung** *f* chargement *m* pour frais; **–berechnung** *f* (f) *(BW)* calcul *m* du prix de revient, (2) *(ZPR)* état des dépens.

Kostenbescheid *m (VwPR)* état de frais, relevé des frais au titre de dépenses administratives, ordonnance relative aux sommes dues (à l'administration); **vollstreckbarer –** état *m* exécutoire.

Kosten|beschluß *m (PrzR)* condamnation aux dépens, décision relative au recouvrement des frais judiciaires; **–beschwerde** *f* contestation des dépens; **–bestimmung** *f* (Aut) taxation des dépens *ou* des frais; liquidation des dépens; **–bestimmungsantrag** *m* (Aut) requête en liquidation des dépens; **–bestimmungsbeschluß** *m* (Aut) ordonnance de taxe; **–beteiligung** *f* participation *f* aux frais; **–betrag** *m* montant *m* des frais; **–dämpfung** *f* réduction *f* des coûts, compression des dépenses; **–dämpfungsgesetz** loi relative à la réduction des prestations de sécurité sociale; **–deckung** *f* couverture des frais; **–einsparung**

f limitation *ou* compression *f* des dépenses; **–eintreibung** *f* recouvrement des frais *ou* des dépens; **–entscheid** *m* (S), **–entscheidung** *f* décision de condamnation aux dépens; **–erhebung** *f* taxation; **–ermittlung** fixation du montant de l'indemnité (pour les sommes exposées); taxation des dépens.

Kostenersatz *m od.* **Kostenerstattung** *f* remboursement *m* des frais; **–(s)anspruch** droit *m* au remboursement des frais procéduraux; **–(s)pflicht** *f* obligation de rembourser les frais exposés.

kostenfällig *adj* avec les dépens.

Kostenfestsetzung *f* liquidation des dépens, taxation des dépens.

Kostenfestsetzungs|antrag *m* demande en condamnation aux dépens; **–beschluß** *m (ZPR)* condamnation *f* aux dépens, décision *f* sur la liquidation des dépens; **den – erlassen** prononcer une condamnation aux dépens, prendre exécutoire.

Kosten|festsetzungsgesuch *n* requête *f* en liquidation des dépens; **–forderung** *f* créance *f* pour frais.

kostenfrei *adj* exempt de frais, exonéré de frais, sans frais.

Kosten|freiheit *f od.* **–freistellung** *f* exemption *ou* exonération de frais, gratuité *f* de la procédure; **–gesetz** *n* (= KostG) loi relative aux frais et dépens; **–gläubiger** *m* partie poursuivante; **aus –gründen** pour raison de frais trop élevés; **–grundentscheidung** *f* décision sur le fondement juridique des sommes allouées; **–inflation** *f* inflation *f* des coûts; **–kompensation** *f* (Aut) compensation *f* des dépens; **–last** *f* charge *f* des dépens, charge des frais; **–liquidierung** *f* liquidation *f* des dépens.

kostenlos *adj* gratuit *adj*, exempt de frais, exonéré de frais, sans frais, gratuitement *adv*.

Kosten|marke *f* timbre *m* fiscal; **–miete** *f* loyer *m* représentant uniquement les frais (d'entretien) de la chôse louée; **–niederschlagung** *f* annulation *f* des frais; **–ordnung** *f* loi allemande relative aux frais procéduraux; **–pflicht** *f* obligation de supporter les dépens, charge des dépens.

kostenpflichtig *adj* qui doit supporter les frais *ou* les dépens.

Kosten|punkt *m* montant *m* des frais, prix *m*; **–rechnung** *f* décompte *ou* état *m* des frais; **–risiko** éventualité *f* de devoir supporter des coûts *ou* frais; **–satz** *m* pourcentage *m* des frais généraux; **–schätzung** *f* estimation du coût (d'une opération); **–schuld** *f* dépens liquidés (à la charge de la partie condamnée); **–schuldner** *m* débiteur *m* des frais procéduraux; **–senkung** *f* réduction du coût; minoration des frais; **–spruch** *m* (S) décision sur les dépens; **–stelle** *f* unité *f* de production dont les frais sont décomptés à part; **–tabelle** *f* tableau *m* des émoluments *ou* tarifs; **–teilung** *f* partage des dépens; **–träger** *m* personne devant supporter les frais; **–tragung** *f* charge des frais; **–übernahme** *f* prise en charge des frais; **–überschlag** *m* devis *m* approximatif; **–umlage** *f* répartition des charges *ou* des frais; **–unterdeckung** *f* insuffisance *f* de couverture des frais; **–verfügung** *f* (S) décision sur les frais; **–vergütung** *f* remboursement des frais; **–verringerung** *f* compression des dépenses; **–verteilung** *f* (1) répartition des frais, ventilation des frais, (2) partage des dépens; **–verteilungsschlüssel** *m* code *m* de ventilation des frais; **–verzeichnis** *n* état *ou* bordereau *ou* mémoire des frais, bordereau des débours; **–voranschlag** *m* devis *m*, devis estimatif; **–vorlage** *f* avance *f* des frais; **–vorschuß** *m* avance à titre provisionnel; avance sur les frais; **–vorteil** *m* avantage (concurrentiel) par suite d'un coût inférieur; **–wert** *m* droit proportionnel résultant de l'intérêt du litige; **–widerspruch** *m* contestation du compte vérifié (des dépens).

Kost|geschäft *n* opération *f* à terme; **–probe** *f* dégustation *f*, échantillon *m* de dégustation.

kotieren coter.

Kotierung *f* cotation *f*, cote *f*.

Kot|flügel *m* aile *f* (de voiture); **–haufen** *m* excréments *mpl*, matières fécales.

Krach *m* krach *m*, effondrement *m* des cours de la bourse, débâcle financière.

Kraft *f* (1) *(Stärke)* force *f*, vigueur *f*, fermeté *f*, (2) *(Gültigkeit)* effet *m*, autorité *f*, (3) *(Arbeitskraft)* travailleur *m*, collaborateur *m*, aide *m*, employé *m*; **rückwirkende –** effet rétroactif; **verbindliche –** force obligatoire; **außer – setzen** abolir, abroger, annuler, suspendre; **in – setzen** mettre en vigueur, mettre en application; **in – treten** entrer en vigueur, prendre effet.

kraft| Gesetzes en vertu de la loi, de plein droit; **– Vertrages** en vertu du contrat.

Kräfte|gleichgewicht *n* équilibre *m* des forces; **–verhältnis** *n* forces *fpl* en présence.

Kraft|akt *m* coup *m* de force; **–anstrengung** *f* grand effort.

Kraftdroschke *f* (= Taxi) taxi *m*.

Kraftfahrer *m* conducteur *m* d'un véhicule à moteur; automobiliste *m*.

Kraftfahrt|bundesamt *n* Service central allemand d'immatriculation des véhicules automobiles; **–versicherung** *f* assurance *f* automobile, assurance des véhicules à moteur; **–unfallversicherung** assurance individuelle des personnes transportées en automobile.

Kraftfahrzeug *n* (= Kfz) véhicule *m* à moteur; automobile, voiture *f* automobile; **–anhänger** remorque *f*; **–bestand** *m* parc *m* automobile; **–brief** *m* carnet *m* de propriété d'un véhicule automobile, document établi lors de la mise en circulation d'un véhicule et suivant ses propriétaires successifs; **–diebstahl** *m* vol *m* de voiture; **–dokumente** *pl* papiers de bord; **–fahrer, –führer** *m* conducteur *m* (d'un véhicule à moteur); automobiliste *m*; **–haftpflichtversicherung** *f* assurance *f* de la responsabilité civile pour véhicules à moteur, assurance R. C.; **–haftung** *f* responsabilité *f* pour véhicules à moteur; **–halter** *m* maître du véhicule, détenteur *m* d'un véhicule automobile; **–händler** *m* marchand *m* de voitures; concessionnaire; **–hersteller** *m od.* **–industrie** *f* industrie automobile; **–insasse** *m* passager *m*; **–kauf** *m* achat d'une voiture *ou* automobile; **–kennzeichen** *n* plaque *f* minéralogique; **–mangel** *m* véhicule présentant des défauts (à la livraison); **–mechaniker** *m* mécanicien-garagiste; **–reparaturwerkstatt** *f* garagiste, garage *m*; **–schaden** *m* dommage causé à un véhicule; **–schein** *m* carte *f* grise; carte d'immatriculation du véhicule (L); **–steuer** *f* taxe (de circulation) sur les véhicules à moteur, taxe de circulation *ou* de roulage (B); **–steuermarke** *f* vignette *f* (automobile); **–überwachung** *f* contrôle *m* des véhicules à moteur; **–überwachungsverein** (TÜV) Service allemand de contrôle des véhicules à moteur; **–unfall** *m* accident *m* de la route *ou* de la circulation; **–unfallversicherung** *f* assurance *f* contre les accidents d'automobile; **–verkehr** *m* circulation *f* automobile; **–versicherung** *f* assurance de véhicules automobiles, assurance automobile; **–vollversicherung** *f* assurance automobile tous risques, assurance-omnium (B); **–zulassung** *f* immatriculation d'un véhicule à moteur, autorisation de circuler; **–zulassungsstelle** *f* service *m* d'immatriculation des véhicules à moteur.

kraftlos *adj* sans effet, nul, invalide, défaillant; **– werden** devenir caduc.

Kraftloserklärung *f* déclaration de nullité; invalidation *f*; *(durch Gesetz)* abrogation.

Kraftlosigkeit nullité *f*, caducité *f*.

Kraftomnibus *m* véhicule *m* de transport collectif, autobus *m*, autocar *m*.

Kraft|post *f* poste *f* rurale; **–rad** *n* motocycle *m*, véhicule automobile à deux roues; **–stoff** *m* carburant *m*; **–wagengüterverkehr** *m* transport *m* routier; **–werk** *n* centrale *f* électrique; **–werksbetreiber** *m* exploitant *m* d'une centrale *ou* installation de production d'énergie (nucléaire); **–verkehr** *m* véhicules *mpl* en circulation; circulation routière.

Kraftverkehrs|unternehmen *n* entreprise *f* de transports routiers; **–unternehmer** *m* entrepreneur *m* de transports routiers, transporteur-routier *m*.

Kraftwagen *m* véhicule *m* à moteur.

Kran *m* grue *f*; **–gebühr** *f* frais *mpl* de grutage.

krank *adj* malade, souffrant, indisposé.

Kranken|abteilung *f* service *m* des détenus malades; **–akten** *fpl* dossier *m* médical (d'un malade); **–anstalt** *f* *od.* **–haus** *n* hôpital *m*, établissement *m* hospitalier, centre *m* hospitalier; **–befund** *m* constat *m* de maladie; **–behandlung** *f* soins médicaux; **–blatt** *n* feuille de maladie; **–fürsorge** *f* assistance *f* médicale; **–geld** *n* *od.* **–tagegeld** *n* indemnité *f* journalière (de maladie), allocation *f* (journalière) de maladie, prestations *fpl* journalières (de maladie); **–geldzuschuß** *m* indemnité *f* complémentaire de maladie; **–geschichte** *f* anamnèse *f*; **–gymnast** *m* gymnaste *m* médical, kinésithérapeute *m*; **–hausaufenthalt** *n* séjour dans un hôpital, hospitalisation; **–hausaufnahme** *f* admission à l'hôpital; **–hausbehandlung** *f* soins hospitaliers; **–hauspflege** *f* soins *mpl* hospitaliers; **–hauspflegesatz** *m* tarif *m* d'hospitalisation; **–hausvertrag** *m* contrat de soins hospitaliers; **–hilfe** *f* assistance maladie; **–kasse** *f* caisse maladie; **–kassenarzt** *m* médecin *m* conventionné, médecin de caisse; **–kosten** frais de soins; **–personal** *n* personnel médical; **–pflege** *f* soins médicaux; **–pfleger u. -schwester** personnel médical secondaire des hôpitaux, infirmiers et infirmières, auxiliaires *mpl* médicaux; **–pflegestation** *f* service médical (spécialisé); **–pflegeversicherung** *f* assurance des soins médicaux et pharmaceutiques; **–schein** *m* attestation d'affiliation à une caisse maladie (à remettre au médecin traitant pour toute consultation); **–stand** *m* (taux de) morbidité; **–tagegeld** *n* indemnité journalière; **–transport** *m* transport sanitaire; **–unterlagen** *pl* dossier médical; **–urlaub** *m* congé *m* de maladie.

Krankenversicherung *f* assurance *f* maladie; **obligatorische** – assurance maladie obligatoire; **private** *od.* **privatrechtliche** – assurance maladie privée; **soziale** *od.* **öffentlichrechtliche** – assurance sociale maladie, sécurité sociale – prestation maladie; **–sbeiträge** *pl* cotisation assurance maladie; **–skasse** *f* caisse *f* d'assurance maladie; **–sleistungen** *fpl* prestations *fpl* (en nature *ou* en espèces) de l'assurance maladie; **–spflichtgrenze** *f* plafond *m* de l'assurance maladie obligatoire; **–sschutz** *m* protection *f* offerte par l'assurance maladie; **–sträger** *m* caisse d'affiliation.

Krankenvorsorge *f* médecine préventive, dépistage *f* précoce.

Kranke(r) *m* personne souffrant d'une maladie.

Krankfeiern *n* absentéisme *m* pour cause de maladie.

krankhaft *adj* maladif, morbide.

Krankheit *f* maladie *f*, affection *f*; **ansteckende** *od.* **übertragbare** – maladie contagieuse, maladie infectieuse; **gemeingefährliche** – fléau *m* social; **langwierige** *od.* **lange dauernde** – longue maladie.

Krankheits|bescheinigung *f* certificat de maladie; **–bild** *n* signes *mpl* cliniques; **–erreger** *m* agent *m* pathogène; **(im) –fall** *m* (en) cas de maladie; **–kosten** *pl* coût *m* de la maladie; **–risiko** *n* risque maladie *m*; **–urlaub** *m* congé *m* de maladie; **–verlauf** *m* évolution de l'affection, cours *m* de la maladie, stades *mpl* *ou* périodes *fpl* (de la maladie).

Krankmeldung *f* avis *m* d'arrêt de travail (pour cause de maladie).

Kranzgeld *m (ZR)* indemnité *f* pour dommage moral de la fiancée (en cas de rupture abusive des fiançailles par le fiancé).

Krawallschäden *mpl (VersR)* dommages *mpl* résultant d'une manifestation violente.

Krebs|angst *f* cancérophobie *f*; **–erkrankung** *f* cancer *m*, tumeur maligne; **–erregend** *od.* **–erzeugend** cancérigène, cancérogène, carcinogène.

Kredit *m* (1) *(Gelddarlehen)* crédit *m*, prêt *m* (d'argent), avance *f* (de fonds), (2) *(Kreditwürdigkeit)* honorabilité *f*, réputation *f* de solvabilité; **bewilligter –** crédit consenti (par un banquier); **gedeckter –** crédit garanti; **kurzfristiger –** crédit à court terme; **landwirtschaftlicher –** crédit agraire *ou* agricole; **langfristiger –** crédit à long terme; **mittelfristiger –** crédit à moyen terme; **mobilisierbarer –** crédit mobilisable; **unbegrenzter –** crédit illimité; **ungedeckter –** crédit à découvert, crédit en blanc; **unüberschreitbarer –** crédit limitatif; **unwiderruflicher –** crédit irrévocable; **widerruflicher –** crédit révocable; **zinsloser –** crédit sans intérêts; **zinsverbilligter –** crédit à taux d'intérêt réduit.

Kredit: einen – in Anspruch nehmen avoir recours à un crédit; **einen – aufnehmen** se faire ouvrir un crédit, contracter un emprunt; **einen – ausnützen** *od.* **ausschöpfen** épuiser un crédit; **einen – beantragen** solliciter un crédit; **einen – bewilligen** consentir *ou* allouer un crédit, accorder *ou* octroyer un crédit; **einen – erhalten** obtenir un crédit; **seinen – erhalten** maintenir son crédit; **einen – einräumen** *od.* **eröffnen** *od.* **gewähren** ouvrir un crédit; **einen – kündigen** dénoncer un crédit, fermer un crédit; **einen – überschreiten** *od.* **überziehen** dépasser un crédit; **einen – vollständig in Anspruch nehmen** épuiser un crédit; **einen – widerrufen** révoquer un crédit; **einen – zurückzahlen** rembourser un crédit; **einen – zurückziehen** retirer *ou* révoquer un crédit.

Kredit|abkommen *n* accord de crédit; **–angebot** *n* offre préalable de prêt; **–anschwärzung** *f* atteinte *f* au crédit; **–anspannung** *f* tension *f* du crédit; **–anstalt** *f* établissement *m* de crédit; **–anstalt für Wiederaufbau** établissement financier public pour la reconstruction; **–antrag** *m* demande *f* d'ouverture de crédit; **–aufblähung** *f* gonflement *m* du crédit; **–aufnahme** *f* emprunt *m*; **–aufsicht** *f* surveillance *f* du crédit; **–auftrag** *m* ordre *m* d'ouverture de crédit; **–ausdehnung** *f* extension *ou* expansion du crédit.

Kreditbank *f* banque *f* de crédit; **landwirtschaftliche –** caisse *f* de crédit agricole.

Kredit|bedarf *m* besoin de crédit; **–bedingungen** *pl* conditions (d'ouverture) d'un crédit; **–begehren** *n* demande de crédit; **–begrenzung** *f* encadrement *m* du crédit; **–berater** *m* intermédiaire, banquier (conseiller en matière de crédits); **–beratung** *f* conseils *mpl* en matière de crédits; **–beschaffung** *f* approvisionnement *m* en crédits; **–bestätigung** *f* confirmation de l'attribution du crédit; **–betrag** *m* montant du crédit ouvert; **–betrug** *m* escroquerie *f* au crédit; **–bewilligung** *f* octroi *m* d'un crédit.

Kreditbrief *m* lettre de crédit, accréditif *m*; **avisierter –** lettre de crédit avisée; **–aussteller** *m* accréditeur *m*; **–inhaber** *m* accrédité *m*.

Kredit|buch *n* cote des clients; **–bürgschaft** *f* cautionnement *m* d'un crédit; **–drosselung** *f* resserrement *m* du crédit; **–einengung** resserrement du crédit; **–einräumung** *f* octroi *m ou* ouverture *f* de crédit; **–einräumungsschreiben** *n* avis d'ouverture de crédit; **–einschränkung** *f* restriction *ou* resserrement du crédit; **–empfänger** *m* bénéficiaire *m* du crédit, emprunteur;

–entziehung *f* révocation du crédit; **–erleichterung** *f* facilités de crédit; **–ermächtigung** *f* autorisation d'émettre des emprunts; **–eröffnung** *f* octroi *m ou* ouverture *f* d'un crédit.

Krediteröffnungs|provision *f* commission *f* d'ouverture de crédit; **–vertrag** *m* contrat d'ouverture de crédit.

Kredit|erteilung *f* octroi de crédit, ouverture de crédit; **–expansion** *f* expansion *ou* extension du crédit.

kreditfähig *adj* honorable; solvable.

Kredit|fähigkeit *f* (1) honorabilité *f*, garanties *fpl* contre les risques de crédit, (2) *(Bank)* capacité *f* de consentir des crédits *ou* des prêts; **–fälscher** *m* (Aut) contrefacteur de titres de crédit; **–finanzierung** *f* financement par voie de crédit; **–geber** *m* bailleur *m* de fonds, prêteur *m*, donneur de crédit; **–gefährdung** *f* atteinte au crédit; **–genossenschaft** *f* coopérative de crédit, société *ou* banque coopérative de crédit, société de crédit mutuel; **–geschäft** *n* (1) (contrat de) prêt *m* à intérêt, crédit *m*, (2) opération de crédit; **–gesellschaft** *f* société de crédit; **–gewährung** *f* octroi *ou* ouverture de crédit; **–gewerbe** *n* établissements *pl* de crédit; **–grenze** *f* plafond *m* du crédit; **–hilfe** *f* aide *f* financière, aide par voie d'ouverture de crédit.

kreditieren créditer, porter au crédit de qqn.

Kreditierung *f* fait *m* de porter au crédit, inscription au crédit.

Kredit|inanspruchnahme *f* recours au crédit; **–inflation** *f* inflation de crédit; **–institut** *n* établissement de crédit, établissement financier, banque *f* d'affaires, banque de crédit à long et à moyen terme, institution de crédit; **–instrument** *n* instrument *m* de crédit.

Kreditkarte *f* carte *m* de crédit *ou* de paiement; carte bleue, intercarte; carte accréditive; carte Eurocard, Master card; **–nbetrug** *m* escroquerie *f ou* utilisation frauduleuse d'une carte de crédit *ou* de prélèvement automatique; **–ninhaber** *m* titulaire *m* de la carte; **–nmißbrauch** *m* utilisation frauduleuse d'une carte de crédit; **–nvertrag** *m* contrat-adhérent *m*.

Kreditkasse *f* caisse de crédit; **landwirtschaftliche –** caisse *f* de crédit agricole; **– mit Wartezeit** société *f* de crédit différé.

Kredit|kauf *m* vente *f* à crédit; **–knappheit** *f* pénurie de crédit; **–konditionen** *pl* conditions générales de crédit; **–konsortium** *n* consortium de crédit; **–konto** *n* compte *m* de crédit; **–kosten** *pl* coût du crédit; **–kündigung** *f* retrait de crédit, dénonciation de crédit; **–laufzeit** *f* durée du crédit; **–leihe** *f* prêt de crédit; **–lenkung** *f* orientation *f* du crédit; **–linie** *f* limite d'escompte; plafond *m* du crédit; **–liste** *f* répertoire bancaire des facilités de crédit accordées aux clients; **–lockerung** *f* desserrement *m* du crédit; **–markt** *m* marché du crédit, marché des crédits à court terme *ou* à moyen terme; marché financier *ou* marché des crédits à long terme; **–mißbrauch** *m* mauvais usage du crédit; **–mittel** *n* crédits *mpl;* moyen *mpl* financiers; **–nachfrage** *f* demande de crédit; **–nehmer** *m* emprunteur *m*, utilisateur du crédit, bénéficiaire *m* du crédit.

Kreditor *m* (Aut) créancier *m*.

Kreditoren|anzahlung *f* acomptes *mpl* versés; **–konto** *n* compte des créanciers; **–posten** *m* poste *m* créditeur; **–versammlung** *f* assemblée *f* des créanciers.

Kreditpapier *n* titre de crédit, (en S:) papier *m* de crédit; **–fälscher** *m* contrefacteur *m* de titres de crédit.

Kreditpapiere *pl*, **öffentliche –** effets *mpl* publics.

Kreditplafond *m* plafond *m* de crédit, ligne *f* de crédit, limite *f* d'escompte.

Kreditpolitik *f* politique générale du crédit; **restriktive –** politique restrictive du crédit.

Kredit|posten *m* poste *m* créditeur; **–provision** *f* commission *f*; **–quelle** *f* source de crédit; **–rahmen** *m* limites *fpl* du crédit (montant et durée); cadre *m* dans lequel des emprunts peuvent être émis et des prêts consentis; **–restriktion** *f* restriction de crédit, encadrement *m* du crédit; **–richtlinien** *pl* règlementation du crédit; **–saldo** *m* solde *m* créditeur; **–schädigung** *f* atteinte *f* au crédit; **–schöpfung** *f* création *f* de monnaie fiduciaire; **–schuldner** *m* emprunteur *m*; **–sicherheiten** *pl* garanties *fpl* des crédits (bancaires); **–spanne** *f* marge de crédit; **–sperre** *f* blocage du crédit; **–stelle** *f* organisme de crédit; **–steuerung** *f* direction du crédit; **–tilgung** *f* remboursement *m* du crédit; **–überschreitung** *f* dépassement de crédit; **–übertragung** *f* report de crédit; **–überwachung** *f* surveillance du crédit; **–unternehmen** *n*, **–unternehmung** *f* établissement de crédit; **–verhältnis** *n* relations juridiques emprunteur prêteur; **–verein** *m* coopérative *f* de crédit; **– vereinbarung** *f* accord de crédit; **–vergabe** *f* octroi *m* d'un crédit; **–verkauf** *m* vente à crédit; **–verknappung** *f* resserrement du crédit, politique *f* de l'argent cher; **–verlängerung** *f* allongement *m* (du crédit à court terme); **–verleumdung** *f* atteinte *f* au crédit; **–verkürzung** *f* raccourcissement *m* (du long terme); **–vermittler** *m* intermédiaire *m* (en matière de crédits); **–versicherung** *f* assurance-crédit *f*; **–verteuerung** *f* renchérissement *m* du crédit; **–vertrag** *m* convention *ou* contrat (d'ouverture) de crédit; **–volumen** *n* volume du crédit, montant *m* des prêts et crédits consentis et distribués; **–vortrag** *m* report de crédit; **–wechsel** *m* effet financier; **–wesen** *n* les crédits bancaires; **–wucher** *m* usure *f*, taux *m* usuraire (du crédit); **–wirtschaft** *f* le secteur du crédit; **–wucherer** *m* usurier *m*; **–würdigkeit** *f* honorabilité *f*, réputation de solvabilité, crédit *m*, cote *f* du demandeur, surface *f* financière de l'emprunteur; **–zinsen** *pl* intérêts *mpl* créditeurs; **–zurückziehung** *f* retrait *m ou* révocation du crédit; **–zusage** *f* promesse *f* de crédit *ou* de prêt; **–zusammenbruch** *m* effondrement *m* du crédit; **–zuteilung** *f* attribution d'un crédit.

Kreis *m* (1) *(Verwaltungseinheit)* cercle *m*, collectivité territoriale autonome, circonscription *f* territoriale, *ou* administrative, (2) *(Personen)* groupe *m* (de personnes); **–ausschuß** *m* commission administrative du cercle.

Kreise *pl*, **amtliche –** milieux *mpl* officiels; **maßgebende –** milieux autorisés.

Kreis|abgeordnete(r) conseiller de cercle; **–ausschuß** *m* commission exécutive du cercle; **–behörde** *f* administration d'un cercle; **–bedienstete** *mpl* agents *mpl* publics d'un cercle; **–direktor** *m* secrétaire général du cercle; **–frei** *adj* qui n'appartient pas à un cercle; **–freie Stadt** ville *f ou* cité urbaine nonintégrée dans un cercle, ville *f* s'administrant de manière autonome (sans faire partie d'un cercle); **–gericht** *n* (Aut) tribunal de district, tribunal dont les fonctions correspondent approximativement à celles d'un tribunal de grande instance; **–handwerkerschaft** *f* groupement de corporations d'artisans dans le cadre d'un cercle; **–jugendamt** *n* service d'aide sociale à l'enfance; **–lauf** *m* circuit *m* (économique); **–ordnung** *f* loi relative à l'administration des cercles (d'un État fédéré); **–präsident** *m* président de l'assemblée élue du cercle; **–sparkasse** *f* caisse *f* d'épargne de cercle.

Kreisstadt *f* chef-lieu *m* du cercle; **unmittelbare –** ville constituant par elle-même un cercle.

Kreis|tag *m* assemblée *f* délibérante du cercle; **–umlage** *f* participation *f* communale aux dépenses du cercle; **–verkehr** *m* place *f* où la circulation s'effectue en sens giratoire; **–ver-**

sammlung *f* assemblée de cercle; **–verwaltung** *f* services *mpl* administratifs du cercle; **–wehrersatzamt** *n* bureau *m* du service national (et centre de sélection d'un cercle); **–zulage** *f* indemnité accordée à certains fonctionnaires du cercle.

Kreuz *n* crucifix *m*; **–bandversand** *m* envoi *m* sous bande.

Kreuzung *f* (1) *(Straßen)* croisement *m*, carrefour *m*, intersection *f*, (2) *(Scheck)* barrement *m*; **allgemeine –** barrement général; **besondere –** barrement spécial.

Kreuzverhör *n* (1) *(Täter)* contre-interrogatoire *m*, (2) audition des experts et témoins par les deux parties, audition *f* contradictoire.

Krida *f* (Aut) faillite *f*, liquidation *f* des biens, banqueroute simple; **betrügerische –** (Aut) faillite *ou* banqueroute frauduleuse; **fahrlässige –** (Aut) banqueroute simple.

Kridatar *m* (Aut) banqueroutier *m*.

Kriechspur *f* voie *f* réservée aux véhicules lents.

Krieg *m* guerre *f*, lutte *f* armée, belligérance *f*, conflit *m*, hostilités *fpl;* **kalter –** guerre froide; **den – erklären** déclarer la guerre.

Krieger|waise *f*, **–waisenkind** *n* orphelin de guerre; **–witwe** *f* veuve de guerre.

kriegführend *adj* belligérant.

Kriegführung *m* (1) art *m* de la guerre, (2) commandement *m* (en chef); **–szustand** *m* belligérance *f*.

Kriegs|abgabe *f* impôt de guerre; **–ächtungsvertrag** *m* traité de renonciation à la guerre; **–anleihe** *f* emprunt de guerre; **–bannware** *f* contrebande de guerre; **–berichterstatter** *m* correspondant de guerre; **–beschädigte(r)** *m* victime de la guerre; mutilé de guerre; **–beschädigung** *f* blessure de guerre; **–besteuerung** *f* imposition de guerre; **–beute** *f* butin *ou* prise de guerre; **–brauch** *m* coutumes de la guerre.

Kriegsdienst *m* service *m* national; **– mit der Waffe** service militaire (destiné à répondre aux besoins des armées); **–verweigerer** *m* objecteur *m* de consience; insoumis *m*; **–verweigerung** *f* (1) objection de conscience, (2) *(Totalverweigerung)* insoumission; **–verweigerungsverfahren** *n* procédure en vue d'être admis au bénéfice du statut d'objecteur de conscience.

Kriegs|eintritt *m* entrée en guerre; **–einwirkung** *f* altération de la santé par suite d'un fait de guerre; **–entschädigung** *f* indemnité pour dommages de guerre; **–ereignisse** *npl* faits *mpl* de guerre; **–erklärung** *f* déclaration de guerre; **–fall** *m* casus *m* belli; **–folgelasten** *pl* charges consécutives à la guerre; **–gebiet** *n* théâtre de guerre, zone des armées; **–gefahrzustand** *m* état de danger de guerre.

Kriegs|gefangene(r) *m* prisonnier de guerre, captif *m*; **–gefangenenentschädigung** *f* idemnité *f* aux prisonniers de guerre; **–gefangenenlager** *n* camp *m* de prisonniers de guerre; **–gefangenschaft** *f* captivité *f*; **–gericht** *n* tribunal *m* militaire; juridiction des forces armées; **–gerichtsbarkeit** *f* juridiction *f* militaire (en temps de guerre); **–gerichtsrat** *m* juge au tribunal militaire, juge *m* militaire; **–geschädigte(r)** sinistré de guerre.

Kriegsgewinn *m* bénéfice de guerre; **–steuer** *f* impôt sur les bénéfices de guerre.

Kriegs|hafen *m* port *m* militaire, port de guerre; **–handlung** *f* acte de guerre, fait *ou* opération *ou* événement de guerre; **–hauptquartier** *n* quartier général de guerre; **–hetze** *f* bellicisme *m*, excitation *f* à la guerre; **–hetzer** *m* belliciste *m*; **–hilfe** *f* aide de guerre; **–industrie** *f* industrie de guerre; **–klausel** *f* clause risques de guerre; **–korrespondent** *m* correspondant de guerre; **–kostenentschädigung** *f* indemnité de guerre; **–leistung** *f* réquisition militaire *ou* en temps de guerre; **–lieferung** *f* fourniture de guerre; **–opfer** *n* victime de la guerre; **–opferfürsorge** *f od.* **–op-**

ferversorgung *f* assistance aux victimes de la guerre; **–partei** *f* belligérant *m*; **–pension** *f* pension de guerre; **–potential** *n* potentiel de guerre; **–rat** *m* conseil de guerre; **–recht** *n* droit de la guerre, lois et coutumes de la guerre, lois et usages de la guerre; **–rente** *f* pension de guerre; **–rentenempfänger** *m* pensionné *m* de guerre; **–richter** *m* juge militaire.

Kriegsrisiko *n* risque *m* de guerre; **ohne –** franc de risques de guerre; **–versicherung** *f* assurance contre les risques de guerre, assurance du risque de guerre.

Kriegs|sachschaden *m* dommage matériel de guerre; **–schaden** *m* dommage *ou* sinistre de guerre; **–schädenanmeldung** *f* déclaration *f* de dommages de guerre; **–schadensersatzforderung** *f* créance *f* de dommages de guerre; **–schädenforderung** *f* créance de dommages de guerre; **–schatzung** *f* contribution de guerre; **–schauplatz** *m* théâtre *m* des opérations; **–schiff** *n* navire *ou* bâtiment de guerre; **–schuld** *f* dette de guerre; **–sitte** *f* coutumes de la guerre, lois et usages de la guerre; **–sterbefall** *m* décès *m* par fait de guerre; **–strafrecht** *n* loi *f* martiale; **–trauung** *f* mariage de guerre (sans comparution personnelle); **–verbrechen** *n* crime de guerre; **–verbrecher** *m* criminel *m* de guerre.

Kriegsverhütungs|recht *n* droit de prévention de la guerre; **–vertrag** *m* traité pour la prévention de la guerre.

Kriegs|verletzung *f* blessure *f* de guerre; **–verrat** *m* haute trahison (de la part d'un militaire); **–verschollenheit** *f* disparition par fait de guerre; **–versehrte(r)** *m* mutilé *ou* invalide de guerre.

kriegsverwendungsfähig *adj* apte au service armé.

Kriegs|verzicht *m* renonciation à la guerre; **–völkerrecht** *n* droit international de la guerre; **–vorrat** *m* réserves *fpl* de guerre; **–waffen** *fpl* armes *fpl* de guerre; **–waffenlieferung** *f* fourniture *f* d'armes de guerre; **–waise** *f* orphelin de guerre; **–wirtschaft** *f* économie *f* de guerre.

Kriegs|zerstörung *f* dévastation (de la guerre); **–zone** *f* zone de guerre; **–zustand** *m* état de guerre, état de belligérance, belligérance *f*.

Kriminal|akten *fpl* fichier *m* de police; **–aktenführung** *f* tenue et actualisation des fichiers; **–anthropologie** *f*, **–somatologie** *f*, **–biologie** *f* anthropologie *f* criminelle.

Kriminal|beamte *m* agent *m* de la police judiciaire; **–berichterstattung** *f* rapport *m* de police judiciaire; **–hauptkommissar** *m* officier *m* de la police judiciaire, commissaire divisionnaire de la police judiciaire.

Kriminalisierung *f* détermination de (nouveaux) crimes et délits ainsi que des peines applicables.

Kriminalist *m* criminaliste *m*.

Kriminalistik *f od.* **Kriminalwissenschaft** *f* criminalistique *f*, police *f* scientifique, psychologie *f* judiciaire.

Kriminalität *f* (= Straffälligkeit) criminalité *f*; **–sbekämpfung** *f* lutte contre le crime; politique criminelle; **–svorbeugung** *f* prévention *ou* prophylaxie criminelle.

Kriminal|kammer (S) *f* chambre *f* criminelle; **–kommissar** *m*, **–kommissär** (Aut) *m* commissaire de la police judiciaire; **–oberkommissar** commissaire principal de la police judiciaire; **–politik** *f* politique criminelle.

Kriminal|polizei *f* **(Kripo)** police *f* criminelle, (en France:) police judiciaire (P.J.), sûreté *f*; **–polizeidienststelle** *f* service régional de la police judiciaire; **–psychologie** *f* psychologie criminelle; **–recht** *n* droit *m* criminel; **–statistik** *f* statistiques *fpl* criminologiques; **–strafe** *f* peine *f* criminelle; **–wissenschaft** *f* sciences criminelles.

kriminelle Vereinigung *f* association *f* de malfaiteurs.

Kriminelle(r) *m* criminel *m*, auteur d'une infraction (grave).

Kriminologe *m* criminologiste *m ou* criminologue.

Kriminologie *f* criminologie *f*, science *f* de la criminalité.

Krise *f* crise *f* (économique), période *f* de crise, phase *f* critique, difficulté *f*, impasse *f*, marasme *m*, récession *f*; retournement brutal de la conjoncture; **periodische –** crise cyclique; **strukturelle –** crise structurelle.

Krisen|abschlag *m* rabais de crise; **–anfälligkeit** *f* vulnérabilité *f* (face à la crise); **–bewältigung** politique anticyclique; remédier à une crise, maîtriser la crise; **–gebiet** *n* région en crise *ou* sinistrée; **–stab** *m* cellule *f* de crise; **–zeichen** *n* signe avant-coureur d'une crise.

Kriterium *n* critère *m*, caractère *m*, signe distinctif; **juristisches –** critère juridique.

Kritik *f* (1) *(Beurteilung)* examen critique, appréciation, jugement, (2) *(Tadel)* critique, blâme, censure, remarque, remontrance.

kritische Äußerung remarque *f* critique.

Kronzeuge *m (StPR)* témoin-clé *ou* principal.

Kühl|anlage *f* installation *f* frigorifique; **–gut** *n* marchandise frigorifiée; **–raum** *m* chambre froide; **–wagen** *m* wagon *m* frigorifique.

Kulanz *f* (1) *(VersR)* facilité *f*, flexibilité *f*, (2) *(HR)* traitement *m* de faveur (pour un client); **–entschädigung** *f od.* **–zahlung** *f* prestation *f ou* règlement de complaisance.

Kulisse *f (BörR)* coulisse *f*, marché en banque.

Kulissier *m* coulissier *m*, courtier en valeurs, banquier en valeurs.

Kultfreiheit *f* liberté du culte.

Kultur|abkommen *n* accord *m* culturel, convention *f* culturelle, accord intellectuel (L); **–attaché** *m* attaché *m* culturel; **–ausschuß** *m* commission *f* culturelle; **–besitz** *m* patrimoine culturel; **–denkmal** *n* monument historique, édifice *m* de caractère historique *ou* artistique; **–film** *m* documentaire *m*; **–fonds** *m* fonds *m* culturel; **–güter** *pl* biens *mpl* du patrimoine culturel; **–hoheit** *f* (der Länder) compétence exclusive (des Länder) pour les affaires culturelles et l'instruction publique; **–institut** *n* institut *m* culturel; **–konvention** *f* convention *f* culturelle; **–pflanzen** *pl* plantes *fpl* cultivées; **–sachverständige(r)** *m* expert *m* culturel; **–schaffende** *pl* artistes, auteurs, compositeurs, gens de lettres; **–übereinkommen** *n* accord *m* culturel; **–veranstaltung** *f* manifestation culturelle.

Kultus|freiheit *f* liberté *f* du culte; **–gemeinde** *f* communauté *f* cultuelle; **–ministerium** *n* ministère des cultes et de l'éducation; **–verein** *m*, **–vereinigung** *f* association *f* cultuelle.

Kumulation *f (StR: Zusammenrechnung)* cumul *m*, addition *f* (des peines).

Kumulationsprinzip *n* principe *m* du cumul des peines.

kumulativ *adv* simultanément, à la fois, en réunion, cumulativement.

kumulative Schuldübernahme *f (ZR)* prise en charge *f* d'une dette avec délégation imparfaite.

Kumulierungsverbot *n (StR)* (principe du) non-cumul *m* des peines.

kündbar *adj* résiliable, dénonçable.

Kunde (1) *m* client *m*, acheteur *m*, preneur *m*, importateur *m*, (2) *mpl* clientèle *f*.

Kunden|abwerbung *f* détournement frauduleux de clientèle; **–adressen** *od.* **–anschriften** *pl* fichier clients; **–anzahlung** *f* avances reçues de la clientèle; **–aufklärung** devoir d'information et de conseil, informations à fournir à la clientèle; **–auftrag** *m* commande *f*; **–berater** *m* informateur professionnel des clients; **–betreuung** *f* suivi *m*; **–boni** *pl* primes à la clientèle; **–dienst** *m* service après vente; assistance *f* technique; **–dienstnetz** *n* réseau *m* après vente; **–forderung** *f* créance sur la clientèle; **–guthaben** *n* avoir des clients; **–konto** *n* compte clients; **–kredit** *m* crédit à la clientèle; **–kreis** *m* clientèle *f*; **–rabatt** *m* remise *f*; **–skonti** *pl* escomptes à la clientèle.

Kunden|stamm *m* clientèle *f* fidèle *ou* habituelle; **fester –** clientèle fixe.

Kunden|umsatz *m* vente à la clientèle; **–wechsel** *m* effet donné en paiement par la clientèle; **–werber** *m* démarcheur *m*; **–werbung** *f* prospection de la clientèle, démarchage *m*; **–zeitschrift** *f* bulletin *m* d'information de la clientèle; **–zuführung** *f* activité d'accroissement de la clientèle.

Kundgabe *f* énonciation, expression, révélation; énoncer par écrit *ou* oralement.

Kundgebung *f* (1) *(Massenveranstaltung)* manifestation *f*, réunion publique, (2) *(Äußerung)* expression *f*, manifestation *f* de volonté.

kundig *adj* compétent, chevronné, expérimenté.

kündigen (1) *(ZR: Vertrag)* dénoncer, résilier, (2) *(ArbR: durch Arbeitgeber)* congédier, licencier, renvoyer, donner congé, (3) *(ArbR: durch Arbeitnehmer)* demander son congé, dénoncer (son contrat), se démettre, (4) *(VwR)* donner sa démission, démissionner.

Kündigung *f* (1) *(Dauerschuldverhältnisse allg.)* résolution *f* (= effacement rétroactif), résiliation *f* (= effacement pour l'avenir), (2) *(Arbeitsverträge allg.)* résiliation *ou* rupture *f* du contrat de travail, congé *m*, (3) *(durch Arbeitgeber, Einzelkündigung)* congédiement *m*, renvoi *m*, licenciement *m* individuel, (4) *(Massenkündigung)* licenciement collectif (d'initiative patronale), (5) *(durch Arbeitnehmer)* démission *f*, (6) *(im Einvernehmen)* résiliation par consentement mutuel, (7) *(Tarifvertrag)* dénonciation (d'une convention collective); **außerordentliche –** résiliation unilatérale (sans préavis) en cas de faute grave, congédiement sans délai, congé pour faute grave; **fristlose –** licenciement immédiat *ou* sans préavis; **gerichtliche –** (Aut) résiliation judiciaire; **ordentliche –** résiliation unilatérale en respectant la règle du préavis *ou* le délai congé; **rechtsmißbräuchliche** *od.* **unrechtmäßige –** licenciement arbitraire, renvoi *ou* congé abusif, brusque rupture *f*, résiliation sans motifs sérieux; **– aus wichtigem Grund** résiliation pour cause légitime, congédiement pour faute grave; **– unter Vorschiebung falscher Gründe** licenciement sous couvert de motifs fallacieux.

Kündigungs|abfindung *f* indemnité *f* de licenciement; **–absicht** *f* volonté *f* de rupture (du contrat); **–akt** *m (VR)* acte de dénonciation; **–androhung** *f* annonce *f* comminatoire de la possibilité d'une résiliation du contrat; menace de licenciement; **–anzeige** *f* avis de dénonciation, notification du congédiement; **–ausschluß** *m* renonciation à la résiliation (du contrat); **–brief** *m* lettre *f* de licenciement; **–datum** *n* point de départ du délai-congé; **–entschädigung** *f* (1) indemnité de licenciement *ou* de congédiement *ou* de résiliation, (2) indemnité de rupture abusive; **–erklärung** *f* décision de licencier; **–freiheit** *f* liberté *f* de licenciement, liberté de résilier (le contrat de travail); **–frist** *f* délai de dénonciation, délai de préavis, délai-congé *m*, préavis *m* de licenciement; **–gelder** *pl (BankR)* fonds à préavis, dépôt (en banque) à préavis.

Kündigungsgesetz *n* Loi *f* relative à la résiliation du contrat de travail.

Kündigungsgrund *m* motif du licenciement, cause de la rupture du contrat; **rechtmäßiger –** motif justifié du licenciement; cause juste de la résiliation; **Nachschieben von –en** indication a posteriori des motifs (de la résiliation).

Kündigungs|klage *f* action en résiliation; **–klausel** *f* clause de dénonciation; **–möglichkeit** *f* faculté de dénonciation.

Kündigungsrecht *n* (1) *(objektiv)* droit *n* de licenciement, régime de la résiliation (unilatérale) des contrats de travail à durée indéterminée, (2) *(subjektiv)* liberté *f* de licenciement, faculté *f* de résiliation unilatérale, faculté de dénonciation; **– des Arbeitgebers** liberté de licenciement de l'employeur.

Kündigungs|rechtsstreit *m* litige *m* en matière de licenciement (abusif); **–sachverhalt** *m* faits *mpl* ayant motivé le congé; **–schein** *m* (1) filière *f*, (2) formulaire de demande de remboursement avec préavis (Caisse d'Epargne); **–schreiben** *n* avis de résiliation; avis de licenciement; lettre de licenciement; **–schutz** *m* (1) *(ZR)* protection des locataires contre l'éviction, (2) *(ArbR)* protection contre le licenciement (à caractère unilatéral) par l'employeur; **–schutzgesetz** *n* Loi relative à la protection contre les licenciements; **–schutzklage** *f* action en protection contre un licenciement (abusif), action en dommages-intérêts pour brusque rupture, action en réintégration; **–urkunde** *f* acte *ou* instrument de dénonciation; **–verfahren** *n* (1) procédure de résiliation *ou* de dénonciation, (2) procédure en cas de licenciement (abusif); **–verbot** *n* interdiction de résilier le contrat de travail *ou* le bail; **–zeitpunkt** *m* date *f* de la résiliation *ou* de la dénonciation (du contrat); **–zeitraum** *m* délai-congé; délai de résiliation unilatérale.

kundmachen (1) publier, (2) communiquer, (3) promulguer.

Kundmachung *f* (1) publication *f*, (2) communication *f*, publicité *f*, (3) promulgation *f*.

Kundschaft *f* clientèle *f*, achalandage *m*; **feste –** clientèle habituelle; **örtliche –** clientèle locale; **–sentschädigung** indemnité *f* de clientèle.

kundtun déclarer, annoncer, proclamer, affirmer.

künftig (1) *adj* ultérieur, futur, prochain, à venir, (2) *adv* à l'avenir, désormais; **–hin** dorénavant; **–e Leistung** prestation future.

Kunst *f* (1) art *m*, (2) habileté *f*, savoir-faire *m*, adresse *f*.

Kunst|akademie *f* école *f* des Beaux-Arts; **–ausstellung** *f* exposition *ou* salon *m* d'art; **–ausübung** *f* activité *f* artistique; **–fälschung** *f* imitation frauduleuse; **–fehler** *m* faute professionnelle; **ärztlicher – –** faute *f* médicale, faute dans l'opération du chirurgien, faute professionnelle du médecin; **–freiheit** *f* liberté d'expression artistique; **–gegenstand** *m* objet *m* d'art, œuvre *f* d'art; **–geheimnis** *n* secret *m* artistique, secret de fabrication; **–gewerbe** *n* arts *mpl* industriels, arts et métiers; **–griff** *m* artifice *m*, ruse *f*; **–handel** *m* commerce *m* d'œuvres d'art; **–händler** *m* marchand *m* d'objets d'art; **–handwerk** *n* art *m* artisanal, arts appliqués.

Künstler *m* artiste *m*, auteur *m*, compositeur *m*; gens de lettres; créateur *m* (d'une œuvre d'art); **ausübender –** artiste du spectacle, interprète *m*; **–agentur** *f* agence *f* artistique.

Künstlername *m* pseudonyme *m*, nom de fantaisie, nom de guerre.

Künstlervertrag *m* contrat de louage de services conclu avec un artiste de spectacle.

künstliche Befruchtung *od.* **Insemination** fécondation in vitro, procréation artificielle; **– Besamung** insémination artificielle (des vaches).

Kunst|stoff *m* matière *f* plastique; **–werk** *n* œuvre *f* artistique; **–wert** *m* valeur *f* artistique.

Kupon *m* (1) *(WertpR: Zinsschein)* coupon *m*, (2) *(Abschnitt)* talon *m*; **abgetrennter –** coupon détaché; **anhaftender –** coupon attaché; **ausstehender –** coupon arriéré; **ohne –** ex-coupon; **–aufstellung** *f* bordereau de coupons; **–bogen** *m* feuille de coupons; **–einlösung** *f* service des coupons; **–konto** *n* compte de coupons; **–steuer** *f* impôt sur les coupons; **–verzeichnis** *n* bordereau de coupons.

Kuppelei *f* aide *f* à la prostitution d'autrui, faire office d'intermédiaire entre les personnes se livrant à la prostitution; **gewerbsmäßige** – proxénétisme *m*.

Kuppler *m* entremetteur *m*, intermédiaire *m*; **gewerbsmäßiger** – proxénète *m*, souteneur *m*.

Kupplerin *f* entremetteuse *f*, femme *f* tirant des revenus de la prostitution d'autrui.

Kur *f* cure *f*, traitement *m* en station thermale; **–anstalt** *f* station thermale, bains *mpl*.

Kurant|geld *n* monnaie métallique; **–münze** *f* monnaie *f* métallique.

Kuratel *f (ZR: Pflegschaft)* curatelle *f*.

Kurator *m* curateur *m*; **– des Nasciturus** curateur au ventre.

Kuratorium *n* conseil de surveillance d'une association *ou* d'une personne morale de droit public; comité *m* consultatif.

Kurie *f* curie *f*, gouvernement pontifical.

Kurier *m* courrier *m*, messager *m*; **diplomatischer** – courrier *m* de cabinet *ou* diplomatique.

Kuriergepäck *n*: **diplomatisches** – valise *f* diplomatique.

Kur|kosten *pl* frais *mpl* de traitement en cure, frais de cure; **–ort** *m* station thermale; **–pfuscher** *m* rebouteur *m*, rebouteux *m*, guérisseur *m*, charlatan *m*, personne *f* qui pratique l'exercice illégal de la médecine; **–pfuscherei** exercice *m* illégal de la médecine.

Kurs *m* (1) *(BörR)* cours *m* (du change), cote *f*, taux *m*, (2) *(Fahrtrichtung)* route *f*, itinéraire *m*, (3) *(Politik)* orientation *f*, ligne politique, (4) *(Lehrgang)* cours *m*, leçon *m*; **amtlicher –, amtlich notierter** – cours officiel, cote officielle; **annähernder** – cours approximatif; **anziehender** – cours en hausse; **augenblicklicher –, derzeitiger** – cours actuel; **berichtigter** – cours ajusté; **fallender** – cours en baisse, fléchissement des cours; **fester** – cours fixe; **fortlaufender** – cours variable; **gesetzlicher** – cours légal; **sich frei gestaltender** – cours librement débattu; **freier** – cours libre; **garantierter** – cours garanti; **gegenwärtiger** – cours actuel; **gehaltener** – cours soutenu; **gesetzlicher** – cours légal; **gesprochener** – cours officieux; **gestützter** – cours soutenu; **getätigter** – cours pratiqué; **jetziger** – cours du jour; **künstlicher** – cours artificiel; **nachgebender** – cours en baisse; **nomineller** – cours nominal; **notierter** – cours coté *ou* indiqué; **schwankender** – cours variable; **sinkender** – cours en baisse; **unverbindlicher** – cours non garanti; **den – beeinflussen** agir sur le cours; **außer – setzen** retirer de la circulation; démonétiser; **einen – stützen** soutenir un cours.

Kurs|abschlag *m (BörR)* déport *m*; **–abschwächung** *f* fléchissement *m* des cours; **–abweichung** *f* écart *m*; **–änderung** *f* variation du cours; **–angleichung** *f* ajustement *m* des cours; **–anstieg** *m* montée *ou* hausse des cours; **–ausgleichsfonds** *m* réserve *f* pour fluctuation des cours; **–aussetzung** *f* radiation *f* d'une valeur inscrite; **–avance** *f* hausse des cours; **–basis** *f* offres et demandes déposées servant de base à la cotation; **–beeinflussung** *f* action *ou* influence sur les cours; **–befestigung** *f* consolidation des cours; **–berechnung** *f* cotation *f*; **–bericht** *m* note *f*; **–besserung** *f* redressement *ou* amélioration *f* des cours; **–beständigkeit** *f* stabilité *f ou* fermeté *f* des cours; **–bewegung** *f* mouvement des cours; **–bildung** *f* formation des cours; **–blatt** *n* cote *f ou* bulletin *m* de la bourse; **–differenz** *f* disparité *ou* différence de cours, disparité *ou* différence de change; **–differenzvergütung** *f* prime *ou* indemnité de change; **–druck** *m* pression sur les cours; **–einbruch** *m* effondrement des cours; **–einbuße** *f* perte sur les cours; **–entwicklung** *f* tendance des cours; **–erholung** *f* reprise *f*; **–fähig** négociable; **–festigung** *f* consolidation des cours; **–festsetzung** *f* fixation du cours, cotation.

Kursfeststellung *f* constatation *f* du cours; **ohne amtliche –** hors cote.

Kurs|freigabe *f* libération des cours; **–garantie** *f*, **–gewähr** garantie de cours; **–gewinn** *m* bénéfice de change; bénéfice sur les cours, gain de change.

kursieren circuler, avoir cours.

Kurs|index *m* indice *m* des cours; **–intervention** *f* intervention *f* de la banque centrale en vue de stabiliser les cours; **–korrektur** *f* rectification; **–limit** *n* plafond; cours limite; **–makler** *m* agent *m* de change; **–notierung** *f* cote *f*, cotation *f*; **–pflege** *f* achat *m* de valeurs en vue de stabiliser les cours; **–regulierung** *f* stabilisation *f* des cours; **–rendite** *f* rendement *m* (d'une valeur); **–reserven** *pl* réserves pour pertes sur les cours; **–risiko** *n* risque de variation des cours; **–rückgang** *m* fléchissement *ou* recul des cours, repli des cours; **–schnitt** *m* préjudice *m* résultant pour un client du fait que la banque qu'il a chargée d'exécuter un ordre en bourse agit à son insu pour son propre compte; **–schwankung** *f* variation *ou* fluctuation des cours; **–sicherung** *f* (1) *(Börse)* garantie de cours, (2) *(Exportgeschäft)* garantie de change.

Kurssicherungs|klausel *f* clause de garantie de change; **–tratte** *f* traite de garantie de change.

Kurs|stabilisierung *f* stabilisation des cours; **–stand** *m* niveau des cours; **–steigerung** *f* hausse *f* des cours; montée des cours; **–streichung** *f* radiation *f* d'une valeur inscrite à la cote officielle; **–sturz** *m* chute *ou* effondrement des cours; **–stützung** *f* soutien *m* des cours; **–treiber** *m* haussier *m*; **–treiberei** *f* hausse artificielle des cours; **–trend** *m* tendance boursière; **–unterschied** *m* décalage *m* des cours, écart *m* entre les cours; **–verbesserung** *f* amélioration *f* des cours; **–verfall** *m* chute *f* des cours.

Kurs|verlust *m* perte *f* sur les cours, perte de change *ou* au change, perte sur le change; **–verlustreserve** *f* réserve *f* pour détérioration des cours; **–verlustversicherung** *f* (1) *(Börse)* assurance contre le remboursement des titres au pair, (2) *(Export)* assurance sur les pertes au change.

Kurs|wechsel *m (Pol)* changement de cap; **–wert** *m* cours du change, valeur *f* au cours du jour; **–zettel** *m* cote *f*, bulletin de la cote.

Kurtage *f* (= Maklerprovision) commission *f ou* prime *f* de courtier, courtage *m*.

Kurtaxe *f* taxe *f* de séjour.

Kurve *f* virage *m*; **–nfahrt** *f* aborder *ou* prendre un virage.

kurz *adj* court, bref, passager; transitoire, temporaire.

Kurz|arbeit *f* chômage *m* partiel, travail à temps réduit, réduction *f* de l'horaire de travail; **–arbeiter** *m* chômeur *m* partiel; **–arbeiterunterstützung** *f od.* **–arbeitergeld** *n* allocation de chômage partiel; **–arrest** *m* emprisonnement de courte durée (des jeunes délinquants); **–ausbildung** *f* formation *f* accélérée; **–bericht** *m* compte-rendu *m* analytique; **–bezeichnung** *f* sigle *m*.

Kürze *f* brièveté *f*; **in –** sous peu.

kürzen réduire, diminuer, restreindre; **Ausgaben –** modérer les dépenses.

kürzestmögliche Frist dans les plus brefs délais, sans délai, le plus rapidement (possible).

kurzfristig à bref délai; prochainement; rapidement, promptement; à court terme.

Kurz|kommentar *m* code annoté; **–kredit** *m* crédit à court terme; **–lehrgang** *f* cours *m* de formation professionelle accélérée; **–nachrichten** *pl* flash *m* d'information; **–protokoll** *n* procès-verbal *m* résumé; **–schluß** *m* court-circuit *m*; **–schlußreaktion** *f* réaction irréfléchie *ou* impulsive; **–sichtigkeit** *f* myopie *f*; **–streik** *m* débrayage *m* de courte durée; **–tarif** *m* tarif *m* applicable pour de courtes durées.

Kürzung *f* réduction *f*, diminution *f*, abattement *m*, retranchement *m*, déduction *f*; – **der Leistungen** réduction des prestations.

Kürzungs|befugnis *f* droit à la réduction d'office; **–recht** *n* droit de réduction.

Kurz|vertrag *m* traité *m* abrégé; **–waren** *fpl* articles *mpl* de mercerie; **–zeitgedächtnis** *n* mémoire *f* à court terme.

kurzzeitig pour une période (relativement) courte, pour une courte durée; brièvement.

Küsten|bereich *m* région côtière; **–fahrer** *m* caboteur *m*; **–fischerei** *f* pêche maritime côtière, petite pêche; **–gebühr** *f* taxe *f* côtière; **–gewässer** *pl*, **–meer** *n* eaux *fpl* territoriales, mer *f* territoriale, eaux adjacentes, eaux côtières.

Küstenschiffahrt *f* cabotage *m*; **internationale –** cabotage international; **kleinere –** navigation *f* côtière, navigation au bornage, bornage *m*; **nationale –** cabotage national.

Küsten|schiffer *m* patron *m* au bornage; **–schutz** *m* service *m* de protection des côtes; **–staat** État *m* côtier; **–wache** *f* garde-côtes *m*.

Kuvert *n* (= Briefumschlag) enveloppe.

Kux *m* action d'une société minière (d'un type spécial), part *f* minière.

L

Label *n* étiquette *f* autoadhésive *ou* autocollante; marque *f* distinctive.

Labor *n* laboratoire *m* d'analyse; **–untersuchung** *f* analyse, étude; **–versuch** *m* expérience *f* de laboratoire.

Lade|brücke *f* pont de transbordement; **–buch** *n* registre de chargement; **–fähigkeit** *f* (1) capacité de transport, (2) *(Schiffe)* tonnage *m*, jauge *f*, (3) *(Kfz)* charge *f* utile; **–fläche** *f* surface *f* de chargement; **–gut** *n* cargaison *f*, fret *m*, chargement *m*; **–hafen** *m* port *m* de chargement; **–kran** *m* grue *f* de chargement; **–liste** *f* bordereau *m* de chargement.

laden (2) *(verladen)* charger, (1) *(vor Gericht)* assigner, donner citation, citer, (3) *(einen Zeugen)* convoquer.

Laden *m* débit *m*, commerce *m*, magasin *m* (de détail), fonds *m* de commerce.

Laden|angestellte(r) *m* employé de magasin, commis *m*, vendeur *m*; **–besitzer** *m* propriétaire *m* d'un établissement commercial *ou* d'un fonds de commerce; **–dieb** *m* voleur *m* (dans un magasin); **–diebstahl** *m* vol *m* à l'étalage *ou* dans les magasins; **–einrichtung** *f* mobilier *m* d'un magasin, matériel *ou* meubles servant à l'exploitation d'un fonds de commerce; **–eröffnung** *f* ouverture *ou* création d'un fonds de commerce; **–gehilfe** *m* employé de magasin, vendeur *m*; **–geschäft** *n* commerce *m* de détail, fonds de commerce *ou* de boutique; **–hüter** *m* marchandise *f* invendable, rossignol *m*; **–inhaber** *m* propriétaire *m* d'un fonds de commerce; **–kasse** *f* caisse *f*; **–kette** *f* chaîne *f* de magasins; **–lokal** *n* locaux commerciaux; les murs; **–öffnungszeiten** *fpl* heures *fpl* d'ouverture des magasins; **–preis** *m* prix de vente au public, prix de détail; prix *m* fort; **–räume** *mpl* locaux commerciaux; **–registrierkasse** *f* caisse *f* enregistreuse; **–schlußgesetz** *n* loi *f* sur les heures de fermeture des magasins; **–tisch** *m* comptoir *m*; **–tischverkauf** *m* vente *f* à emporter; **–verkauf** *m* cession d'un fonds de commerce; **–zentrum** *n* centre *m* commercial.

Lade|raum *m* *(Schiff)* cale *f*, soute *f*; **–schein** *m* bulletin *m* de chargement; **–volumen** charge *f*, cargaison *f*; **–zeit** *f* staries *fpl*, jours de planche; **–zettel** *m* bordereau *m* de chargement.

Ladung *f* (1) *(ZPR)* assignation (à comparaître), citation *f* en justice,

(2) *(Ladungsurkunde)* acte *m* d'assignation en justice, ajournement *m* à comparaître, avenir d'audience, *umg* papier bleu, (3) *(StPR)* ordonnance *ou* mandat de comparution, sommation *f*, (4) *(VwR: Behörde)* convocation *f*, (5) *(Transport)* chargement *m*, fret *m*, cargaison *f*; **erneute –** réassignation; **kurzfristige –** assignation à bref délai; **– im Beweisverfahren** citation dans la procédure d'administration de la preuve; **– zum Gütetermin, – zum Sühnetermin, – zum Sühneversuch** assignation *ou* citation en conciliation; **– zur Hauptverhandlung** assignation à l'audience (des plaidoiries) devant le tribunal; **– zum persönlichen Erscheinen** assignation à se présenter personnellement à l'audience; **– zur Tagsatzung** (Aut) ajournement à l'audience; **– zum Termin** assignation à jour fixe, avenir d'audience; **– zur Verhandlung** convocation à l'audience; **– zum Versöhnungsversuch** (Aut) citation en conciliation; **– als Zeuge** citation en tant que témoin; **– vor Gericht** citation en justice, citation à comparaître.

Ladungs|empfänger *m (Waren)* réceptionnaire du chargement, destinataire *m*; **–fähige Anschrift** *(PrzR)* domiciliation *f*; **–frist** *(ZPR)* délai de comparution, délai pour comparaître, délai d'ajournement; **–kosten** *pl* frais *mpl* d'assignation; **–manifest** *n (SeeHR)* manifeste *m*; **–schrift** *f od.* **–urkunde** *f* acte d'assignation (devant le tribunal de . . .); exploit à fin de comparution, cédule *f* de citation; **–verzeichnis** *n (SeeHR)* manifeste, liste de chargement (B).

Lage *f* (1) *(Stelle)* situation *f*, emplacement *m*, implantation *f*, (2) *(bestehende Situation)* état *m* actuel, situation présente, circonstances *fpl*; **in der – sein** être en mesure (de); **devisenwirtschaftliche –** situation des changes; **finanzielle –** situation financière *ou* pécuniaire; **rechtliche –** situation juridique, état de droit; **tatsächliche –** situation de fait; **– der Akten** état *m* du dossier; **–bericht** *m* analyse *f* de la situation, rapport sur la situation (économique); **–plan** *m* plan-masse *m*, plan *m* de situation.

Lager *n* (1) *(HR)* magasin *m*, entrepôt *m*, dépôt, (2) *(VR)* camp *m*; **ab –** départ *ou* ex magasin; **auf – haben** avoir en stock; **das – räumen** liquider les stocks; **–abbau** *m* déstockage *m*, le fait de dégraisser les stocks; **–arbeiter** *m* manutentionnaire; **–aufnahme** *f* inventaire *m* (des stocks); **–aufseher** *m* magasinier *m*; **–ausgleich** *m* intérêt des droits de douane pour la durée de l'entrepôt en douane; **–bestand** *m* stocks *mpl*, marchandises en magasin; **–bestände abbauen** déstocker, résorber les stocks; **–bildung** *f* formation *f* de stocks.

Lagerbuch *n* livre *m* de magasin, registre *m* magasinier; registre d'entrepôt; **–führung** *f od.* **–haltung** *f* tenue *f* de la comptabilité matières.

Lagereingang *m* entrée *f* en stock.

Lager|entnahme *f* déstockage *m*; **–frist** *f* délai *m* d'entreposage; **–gebäude** *n* local *m ou* lieu couvert de stockage, magasin; **–gebühr** *f* taxe d'entrepôt, droit d'entrepôt *ou* de magasinage, taxe de magasinage; **–gelände** *n* lieu *m* de stockage à ciel ouvert; **–geld** *n* taxe d'entrepôt, droits de magasinage, frais de magasinage; **–genossenschaft** *f* coopérative *f* de stockage; **–geschäft** *n* opération d'entrepôt; **–gut** *n* marchandise entreposée *ou* en entrepôt; **–halle** *f* local d'emmagasinage; **–halter** *m* entrepositaire *m*, magasinier *m*; **–haltung** *f* magasinage *m*, stockage *m*, tenue *f* des stocks.

Lagerhaus *n* entrepôt *m*, magasin *m*; **öffentliches –** magasin général; **–genossenschaft** *f* coopérative de stockage; **–vertrag** *m* (Aut) contrat d'entrepôt.

Lager|kapazität *f* capacité de stockage; **–konto** *n* compte d'entrepôt, compte *m* de magasin; **–kosten** *pl* frais d'entrepôt, frais d'emmagasinage; **–miete** *f* droits *mpl* d'emmagasinage, frais d'entrepôt.

lagern entreposer, stocker, emmagasiner.

Lager|pfandschein *m* warrant *m*; **–platz** *m* lieu *m* d'entreposage; endroit *m* de stockage; **–raum** *m* entrepôt *m*, magasin *m* de stockage; **–register** *n* registre *m* de magasin.

Lagerschein *m* warrant *m*; **protestierter –** warrant protesté.

Lager|stätte *f* gîte d'un minerai, gisement; **–taxe** *f* (S) taxe de magasinage; **–umschlag** *m* rotation *f* des stocks.

Lagerung *f* magasinage *m*, dépôt *m*; **–skosten** frais de magasinage; **–sschäden** *pl* dommages *mpl* résultant de l'entreposage *ou* de la manutention.

Lager|unterkünfte *pl* cantonnement *m*; **–vertrag** *m* contrat *m* d'entrepôt; **–verwalter** *m* magasinier *m*; **–verwaltung** *f* manutention; **–verzeichnis** *n* inventaire *m* des stocks; **–vorrat** *m* stock *m*, réserve *f*, provision *f*; marchandises en magasin; **–ware** *f* marchandise en entrepôt, marchandise entreposée; **–zeit** *f* durée du séjour en entrepôt; **–zollstelle** *f* entrepôt *m* douanier; **–zu- und –abgänge** *pl* mouvements des stocks.

Lagevorteil *m* avantages *mpl* résultant de la situation du fond de commerce; achalandage *m*.

Lähmung *f* paralysie *f*; **– durch Körperverletzung** coups *mpl* et blessures *fpl* ayant entraîné la paralysie.

Laie *m* (1) *(PrzR)* (juge) non professionnel, échevin *m*, (2) amateur *m*, non professionnel, dilettante *m*.

Laien|gericht *n* tribunal d'échevins; **–richter** *m* terme englobant tous les juges non professionnels (juges consulaires, jurés, échevins, etc.); juge échevinal, échevin *m*.

Land *n* (1) État *m* fédéré; Land *m*; territoire *m* (d'un État); (2) campagne *f*, pays *m*, (3) terre *f*, terrain *m*; **assoziiertes –** pays associé; **drittes –** pays tiers; **meistbegünstigtes –** nation la plus favorisée; **überseeisches –** pays *m ou* territoire *m* d'outre-mer; **unterentwickeltes –** pays insuffisamment développé, pays *m* sous-développé, pays en voie de développement; **valutaschwaches –** pays à monnaie dépréciée; **valutastarkes –** pays à monnaie forte; **verpachtetes –** terre donné à bail, bien foncier affermé; **vertragschließendes –** pays contractant; **– der Beschäftigung** pays d'emploi; **–abtretung** *f* cession *f* de territoire, cession territoriale.

Landammann *m* (S) président du conseil de gouvernement, Landammann *m*.

Land|anteil *m* (Aut) quote-part territoriale; **–arbeiter** *m* travailleur *m ou* salarié *m* agricole; **–austauschverfahren** *n* procédure de remembrement agraire; **–bau** *m* culture *f*, travaux *mpl* agricoles, exploitation d'une terre; **–beförderungsgebühr** *f* droit de transport terrestre; **–beschaffung** *f* acquisition *f* de terrains *ou* expropriation pour la défense nationale; **–bevölkerung** *f* population *f* rurale.

Landebahn *f* piste *f* d'atterrissage (et d'envol).

landen (1) *(Schiff)* débarquer, (2) *(Flugzeug)* atterrir; **zwischen–** faire escale.

Lande|erlaubnis *f* autorisation d'atterrir; **–gebühr** *f* taxe *f* d'atterrissage, redevance *f* d'atterrissage; **–platz** *m* terrain *m* d'atterrissage.

Länder|behörden *pl* administrations d'un Land; **–finanzausgleich** *m* péréquation des charges financières entre les États fédérés; **–grenzen** *pl* limites territoriales des Länder; **–kammer** *f (VerfR: Bundesrat)* seconde Chambre (en RFA) représentant les gouvernements des Länder.

Landes|amt für Verfassungsschutz service de protection de la constitution d'un Land; **–anwaltschaft** Parquet *m* auprès d'un tribunal administratif régional; **–arbeitsamt** *n* office *m* de l'emploi (au niveau) du Land; **–arbeitsbehörde** *f* agence *f* régionale pour l'emploi.

Landesarbeitsgericht *n* tribunal *m* supérieur (allemand) du travail.

Landes|banken-Girozentrale caisse de compensation régionale allemande; **–behörde** administration régionale, service *m* administratif régional (au niveau du Land); **–bürgerschaft** *f* (Aut) nationalité *f* provinciale; **–entwicklungsplan** *m* programme *m* de développement d'un Land; **–gebiet** *n* territoire *m* d'un Land; **–gericht** *n* (Aut) tribunal de première instance (correspond approximativement au tribunal de grande instance); **–gesetz** *n* loi d'un État membre d'une fédération, loi provinciale; **–gesetzblatt** *n* Journal Officiel du Land; **–gesetzgebung** *f* législation de Land; **–grenze** *f* (1) frontière *f* régionale, (2) frontière nationale; **–hauptmann** *m* (Aut) chef *m* du gouvernement provincial; **–hauptmannschaft** *f* (Aut) services du gouvernement provincial; **–hoheit** *f* souveraineté *f* (restreinte) d'un Land; **–justizverwaltung** *f* administration judiciaire intérieure d'un Land; **–kasse** *f* perception *f* régionale; **–kunde** *f* étude *f* historique, géographique et économique d'un pays; **–liste** *f* liste *f* électorale pour un Land; **–ministerium** *n* ministère de Land.

landesmittelbar *adj* rattaché indirectement au Land.

Landes|planung *f* aménagement *m* du territoire d'un Land; **–planungsgemeinschaft** *f* communauté *f* régionale d'aménagement; **–recht** *n* droit *m* de l'État fédéré, législation du Land.

Landes|regierung *f* gouvernement du Land, gouvernement de l'État fédéré; **–satzung** *f* statut *m* provincial, constitution *f* provinciale; **–sozialgericht** *n* tribunal supérieur (allemand) du contentieux social; **–sozialrichter** *m* juge *m* *ou* magistrat *m* auprès du tribunal du contentieux social; **–sprache** *f* langue *f* nationale.

landesunmittelbar *adj* rattaché directement au Land.

Landesverfassung *f* constitution du Land, constitution *f* provinciale.

Landesverrat *m* haute trahison *f*.

Landes|verräter *m* traître *m*, personne *f* se rendant coupable d'une trahison; **–verteidigung** *f* défense *f* nationale; **–vertretung** *f* représentation *f* du Land, représentation d'un État fédéré (auprès du Bund).

Landesverweisung *f* (Aut) bannissement *m*; **die – aussprechen** (Aut) bannir qqn.

Landes|währung *f* monnaie *f* nationale; **–zuschlag** *m* (Aut) centime *m* additionnel au profit d'un Land.

Land|flucht *f* désertion *f* des campagnes, exode *m* rural; **–friedensbruch** *m* violences commises par une personne agissant au sein d'un attroupement dans un lieu public.

Land|gangsausweis *m* *(SeeHR)* laissez-passer *m*; **–gebühr** *f* droit de transport territorial, taxe *f* terrestre, droit territorial; **–gebührenanteil** *m* quote-part *f* territoriale; **–gemeinde** *f* commune *f* rurale.

Land|gericht *n* tribunal *m* régional (allemand), (tribunal correspondant approximativement au tribunal de grande instance); **–gerichtsbezirk** *m* ressort *m* du tribunal régional; **–gerichtsdirektor** *m* directeur auprès du Landgericht, vice-président du tribunal régional; **–gerichtspräsident** *m* président auprès du Landgericht, président du tribunal régional; **–gerichtsrat** *m* conseiller auprès du Landgericht, conseiller près le tribunal régional; **–grenze** *f* frontière *f* terrestre; **–gut** *n* bien *m* *ou* domaine *m* rural; **–kreis** *m* subdivision administrative territoriale (allemande); cercle *m*; **–läufig** communément *ou* généralement admis; **–pacht** *f* bail *m* à ferme; **–pachtgesetz** *n* loi *f* relative aux baux ruraux; **–pachtvertrag** *m* bail *m* rural; **–rat** *m* chef des administrations du cercle (en RFA); conseil cantonal *m* (S); **–ratsamt** *m* services *mpl* (administratifs) du cercle.

Landrecht *n (hist)* ancienne juridiction autrichienne de première instance; **allgemeines preußisches –** *(hist)* codification du droit civil prussien (18ème siècle).

Land|reform *f* réforme *f* agraire; **–schaden** *m* dommage aux cultures.

Landschaft *f* espace *m ou* paysage *m* (naturel); **–sbild** *n* site *m*, zone *f* d'environnement protégée; **–spflege** *f* préservation des sites; **–splan** *m* plan *m* de sauvegarde des sites; **–sschutz** *m* sauvegarde des paysages; **–schutzgebiet** *n* zone *f* protégée, site *m* protégé; **–sumfeld** *n* périmètre *m* sensible; secteur sauvegardé; **–sverband** *m* groupement *m* de communes, association *f* administrative communale.

Landsgemeinde *f* (S) conseil *m* cantonal.

Landstreicher *m* vagabond *m*.

Land|streicherei *f* vagabondage *m*; **–tafel** *f* (Aut) registre foncier de la noblesse, terrier *m*; **–tag** *m* diète *f* provinciale, parlement du Land, Landtag *m*.

Landung *f* atterrissage *m*.

Landungs|recht *n* droit d'atterrissage; **–staat** *m* État d'atterrissage.

Land|verkehr *m* trafic *m* terrestre; **–vermögen** *n* patrimoine foncier; **–weg** *m* (1) voie *f* terrestre, (2) chemin vicinal; **–wirt** *m* exploitant *m* agricole, agriculteur *m*, fermier *m*.

Landwirtschaft *f* agriculture *f*, secteur *m* primaire.

landwirtschaftlich *adj* agricole, agraire; **–e Besitzer** propriétaires *mpl* terriens; **–e Erzeugnisse** produits *mpl* agricoles; **–e Grundstükke** propriétés *fpl* agraires.

Landwirtschafts|ausschuß *m* commission agricole; **–ausstellung** *f* exposition agricole; **–bank** *f* banque *f* agraire; **–betrieb** *m* exploitation agricole, domaine *m* agricole (S); **–darlehen** *n* prêt agricole *ou* aux agriculteurs; **–gericht** *n* tribunal *m* des affaires rurales; **–kammer** *f* chambre d'agriculture; **–markt** *m* marché *m* agricole; **–messe** *f* foire *f* agricole; **–minister** *m* ministre de l'agriculture; **–ministerium** *n* ministère *m* de l'agriculture; **–politik** *f* politique *f* agraire; politique agricole; **–recht** *n* législation *f* rurale; **–sache** *f* litige *m* se rapportant à un bien foncier rural.

Landzwang *m* (1) *(StR)* crime *m* contre la chose publique tendant à troubler l'ordre étatique à l'aide de menaces (attentat à la bombe, etc.), (2) (Aut) crime constitué par des menaces graves dirigées contre une commune ou une circonscription territoriale plus importante.

lange *adv* longtemps; **so –** aussi longtemps que . . .

länger plus longtemps *ou* longuement *ou* amplement.

längerdauernd assez longtemps, d'une certaine durée.

langfristig *adj* à long terme.

langjährig *adj* de longue date.

längstens *adv* tout au plus; au plus tard.

Langstrecken|dienst *m* service *m* long-courrier; **–flug** *m* vol *m* intercontinental; **–netz** *n* réseau *m* long-courrier.

langwierig *adj* long et ardu, laborieux et difficile.

Langzeitarbeitslose(r) chômeur de longue durée.

Lärm *m* bruit *m*, pollution *f* sonore; **–bekämpfung** *f* lutte *f* contre la pollution sonore, action contre les nuisances *fpl* d'origine sonore; **–belästigung** *f* nuisance *f* sonore; **–grenzwert** *m* limite *f* tolérable du bruit (exprimé en décibels); **–pegel** *m* niveau du bruit; **–quelle** *f* bruits provenant de *ou* causés par *ou* émis par . . .; **–schutz** *m* protection contre le bruit; **–störung** *f* trouble *m* de voisinage en raison du bruit.

lassen (1) faire (connaître, venir), (2) laisser (faire), permettre, (3) *(nicht tun)* ne pas faire, (3) *(belassen)* ne pas changer, laisser en l'état.

Last *f* (1) *(Gewicht, Bürde)* charge *f*, poids *m*, fardeau *m*; (2) *(Fracht, Frachtgut)* cargaison *f*, charge, (3) *(Wirtschaft,* meist *pl*: *Verbindlichkeiten, Schulden, Steuern)* obligations *fpl*, charges *fpl*, impôt *m*, redevance *f*, dette *f*; **finanzielle –** charge financière; **zur – fallen** être à charge.

Lasten *pl*, **außerordentliche –** charges *fpl* extraordinaires; **öffentliche –** charges publiques; **ordentliche –** charges ordinaires; **–ausgleich** *m* péréquation *f* des charges; **–ausgleichsgesetz** *n* loi *f* relative à la péréquation des charges; **–blatt des Grundbuchs** (Aut) registre des hypothèques.

lastenfrei *adj* (1) *Grundstück)* non hypothéqué, non grevé, (2) *(i.w.S.)* exempt de charges.

Lasten|freiheit *f* exemption *f* de charges; **–heft** *n* cahier des charges; **–stand** *m* état des charges; **–tragung** *f* obligation de supporter les charges (publiques); **–verteilung** *f* péréquation *ou* répartition des charges; **–verzeichnis** *n* état des charges.

lästig *adj* inopportun, gênant.

Lästigkeitszulage *f* prime *f* de travaux pénibles.

Lastkraftwagen *m* (= LKW) poids lourd *m*, camion *m*.

Lastschrift *f* débit, écriture au débit; **–anzeige** *f*, **–konto** *n*, **–note** *f* compte *m* débité, avis *m* de débit; **–einzugsverfahren** *n* avis *m* de prélèvement pour règlements périodiques et automatiques; **–zettel** *m* avis de débit.

Lastverteiler *m* (Aut) répartiteur *m*.

Lastzug *m* camion *m* à remorque.

Laufbahn *f* carrière *f*; **–beamte(r)** *m* fonctionnaire *m* de carrière; **–bewerber** *m* postulant *m*, fonctionnaire recruté (par concours) pour la catégorie (subalterne, moyenne *ou* supérieure); **–gruppe** *f* catégorie *f* de corps (de la fonction publique) (A-B-C *ou* D); **–strafe** *f* peine disciplinaire affectant la carrière d'un fonctionnaire *ou* militaire; **–wechsel** *m* changement de corps.

Lauf|dauer, –frist *od.* **–zeit** *f* durée *f*, durée d'échéance; délai de circulation; **–kundschaft** *f* clientèle de passage; **–schreiben** *n* note *f* circulaire, circulaire *f*.

Lauschangriff *m* écoute *f* téléphonique clandestine.

laut *präp* vu, conformément à.

lauten être libellé, être conçu.

lauter *adj* loyal; **–e Werbung** publicité loyale; **–er Wettbewerb** concurrence loyale.

Leasing *n* (1) crédit-bail *m*, leasing *m*, (2) crédit-bail portant sur un immeuble à usage professionel *ou* sur un bien d'équipement *ou* un matériel d'outillage, (3) crédit-bail ayant pour objet un bien d'équipement familial *ou* ménager; **–bank** *f* société financière de leasing; **–geber** crédit-bailleur *m*; **–gesellschaft** *f* entreprise *f ou* société *f* de crédit-bail, société immobilière pour le commerce et l'industrie, société de leasing; **–nehmer** *m* crédit-locataire *m*, preneur *m*; **–vertrag** *m* (1) *(Industriegüter)* contrat de crédit-bail, (2) *(Gebrauchsgüter)* contrat de location-vente; **–zins** *m* loyer *m*.

Leben *n* vie *f*, durée *f* de l'existence.

Lebenden, unter – entre vifs; **unter – verfügen** disposer entre vifs.

Lebend|geburt *f* naissance *f* d'un enfant vivant; **–gewicht** *n (Vieh)* poids sur pied.

Lebens|abschnitt *m* tranche *f* d'âge; **–alter** *n* âge *m*; **–bedarf** *m* minimum vital; **–bedingungen** *fpl* conditions *fpl* de vie; **–bestätigung** *f* certificat de vie; **–dauer** *f* (1) *(Menschen)* vie *f*, durée *f* de la vie, longévité *f*, (2) *(Maschinen)* durabilité *f*, durée de vie utile, durée de service; **–erfahrung** *f* fonds d'expérience; présomption de l'homme; **–erwartung** *f* espérance *f* de vie.

lebensfähig *adj* viable.

Lebens|fähigkeit *f* viabilité *f*; **–führung** *f* conduite *f*, comportement, manière d'agir; **–führungskosten** coût *m* de la vie, dépenses en vue de subvenir à ses propres besoins; **–gefahr** *f* risque *m* vital, danger de mort; **–gefährtin** *f* (1) épouse *f*, (2) compagne *f*, concubine *f*; **–gemeinschaft** *f* (1) *(ehelich)* communauté de vie conjugale, (2) *(nichtehelich)* union libre, cohabitation, concubinage; **–haltung** *f* niveau *m* de vie, train *m* de vie.

Lebenshaltungs|kosten *pl* coût *m* de la vie; **–kostenindex** *m* indice *m* du coût de la vie; **allgemeiner –** indice général du coût de la vie.

Lebensjahr *n* âge *m*, année *f*.

lebenslänglich *adj* à perpétuité *loc adv*, à vie, perpétuel; viager.

Lebens|lage *f* situation (particulièrement difficile) de la vie; **–lauf** *m* curriculum vitae.

Lebensmittel *npl* denrées *fpl* alimentaires *et/ou* produits *mpl* agricoles; **–branche** *f* secteur *m* agro-alimentaire.

Lebensmittelbuch *n*, **deutsches –** Recueil officiel allemand de la préparation des denrées alimentaires.

Lebensmittel|einzelhandel *m* commerce de détail des denrées alimentaires, alimentation *f*; **–erzeugnis** *n* produit *m* alimentaire; **–geschäft** *n* alimentation *f* (générale), épicerie *f*; **–gesetz** *n* loi *f* sur les additifs alimentaires; **–handel** *m* commerce *m* alimentaire; **–industrie** *f* Agro-alimentaire *m*; **–karte** *f* carte *ou* ticket *m* de rationnement; **–kennzeichnung** *f* indications *fpl* sur les denrées alimentaires, étiquetage *m*; appellation (des produits); **–punkt** *m* lieu du principal établissement (d'une personne physique); **–recht** législation *f* relative aux denrées alimentaires; **–überwachung** *f* répression *f* des fraudes et des falsifications des denrées alimentaires; **–vergiftung** *f* intoxication alimentaire; **–zusatzstoffe** *mpl* additifs *mpl* alimentaires; ingrédients *mpl*.

Lebens|nachstellung *f* attentat *m* à la vie; **–nachweis** *m* certificat de vie; **–partner** *m* (1) époux *pl*, (2) concubins; **–qualität** *f* qualité *f* de la vie; **–raum** *m* espace *m* vital; **–recht** *n* droit à la vie; **–rente** *f* rente *f* viagère; **–schutz** *m* protection de la vie; **–sphäre** *f* milieu ambiant; **–standard** *m* niveau de vie; **äußere Kennzeichen des –standards** éléments du train de vie; **–stellung** *f* permanence de l'emploi; position permanente, emploi permanent; **–umstände** *mpl* destin *m* d'une personne, sort *m*; **–unterhalt** *m* entretien *m*, moyens *mpl* d'existence, subsistance *f*, dépenses de ménage, charges *fpl*; **–verlängerung** *f* accroissement *m* de la longévité; **–vermutung** *f* présomption de vie; **–versicherung** *f* assurance sur la vie, assurance vie.

Lebensversicherungs|beiträge *mpl* primes *fpl*; **–gesellschaft** *f* société *f* d'assurances sur la vie; **–vertrag** *m* contrat d'assurance sur la vie.

Lebens|wandel *m* mœurs *pl*, mode de vie; **–weg** *m* biographie *f*.

Lebens|zeit *f* vie *f*; **auf –zeit** (1) *(BeamR)* à vie, (2) *(StR)* à perpétuité; **–zeugnis** *n* certificat de vie.

Leckage *f (SeeHR)* coulage *m*, freinte de route, fuite *f*.

ledig *adj* célibataire.

Ledige(r) *m* célibataire *m*.

Ledigenzuschlag *m (SteuerR)* majoration d'impôt frappant les célibataires.

Ledigkeitsbescheinigung *f* certificat *m* de célibat.

lediglich *adv* seulement, uniquement, simplement, purement.

Leer|fahrt *f* voyage à vide; **–formel** *f* formule creuse; **–fracht** *f* fret sur le vide; **–geschäft** *(BörR)* marché *m* à découvert; **–gewicht** *n* poids à vide; **–gut** *n* emballage *m* vide, caisses *fpl* vides; **–guttransport** *m* enlèvement *m* des emballages vides; **–lauf** *m* temps *m* mort; **–stelle** *f* poste *m* vacant; **–verkauf** *m* vente à découvert; **–wechsel** *m* effet *m* qui n'a pas comme cause un mouvement de marchandises.

legal *adj* (1) *(gesetzlich)* légal *adj*, qui a valeur de loi, (2) *(gesetzmäßig)* conforme à la loi, (3) *(gesetzlich vorgeschrieben)* prescrit par la loi, imposé par la loi.

Legal|begriff *m*, **–definition** *f* concept légal, définition légale; **–interpretation** *f* interprétation *f* légale.

Legalisation *f* légalisation *f*.

legalisieren (1) *(Unterschriften)* légaliser, (2) *(Urkunden)* attester *ou* certifier authentique, authentifier.

Legalisierung *f* (1) légalisation *f*, (2) authentification *f*.

Legalisierungs|protokoll *n* procès-verbal de légalisation *ou* d'authentification; **–wirkung** *f* fait de reconnaître comme conforme au droit une situation illégale.

Legalität *f* (= Gesetzmäßigkeit) légalité *f*, état *m* conforme au droit.

Legalitätsprinzip *n (StR)* principe *m* de légalité.

Legal|servitut *f* servitude légale; **–zession** *f* subrogation *f*, cession *f* légale.

Legat (1) *(n = Vermächtnis)* legs *m*, dispostition *f* à titre gratuit, libéralité *f* (contenue dans un testament), (2) *(m = Gesandter)* légat *m* pontifical.

Legatar *m (ZR = Vermächtnisnehmer)* légataire *m*, bénéficiaire *m* d'un legs.

Legations|rat *m* conseiller *m* de légation; **–sekretär** *n* secrétaire *m* de légation.

legen poser; **zu den Akten –** classer, archiver; **Hand an sich –** se suicider; **zur Last –** imputer à qqn, accuser.

Legislative *f* pouvoir *m* législatif.

Legislaturperiode *f* législature *f*.

legitim *adj* (1) *(rechtmäßig)* légitime *adj*, fondé en droit, fondé en équité, (2) *(gesetzlich anerkannt)* consacré par la loi, (3) *(gesetzlich zulässig)* reconnu conforme au droit.

Legitimation *f* légitimation *f*, bienfait *m* de la loi; bénéfice de la légitimité; **gnadenweise –** (Aut) légitimation par le fait du prince; **– durch nachfolgende Ehe, – durch nachfolgende Eheschließung** légitimation par mariage subséquent; **– des Erben** preuve *f* de la qualité d'héritier; **– durch Verfügung der Staatsgewalt, – durch Verfügung der Verwaltungsbehörde** légitimation par le fait du prince; **– mit der Wirkung einer Adoption** légitimation adoptive; **– nichtehelicher Kinder** légitimation d'un enfant naturel.

Legitimations|grundlage *f (VerfR)* fondement de la légitimité interne (d'un État); **–karte** *f* carte *f* d'identité; carte de légitimation; **–papier** *(WertpR) n* titre *m* (nominatif) transmissible; **–zeichen** *n* titre *m* au porteur transmissible.

legitimieren (1) *(beglaubigen)* légaliser, certifier conforme, (2) *(für gesetzmäßig erklären)* légitimer, (3) *(als ehelich erklären)* légitimer, rendre légitime (un enfant), (4) *(sich ausweisen)* établir son identité.

Legitimität *f* légitimité *f*, licéité.

Lehr|abschlußprüfung *f* examen de fin d'études professionnelles; **–amt** *n* poste *m* d'enseignant; **–amtsbewerber** *m* postulant *m* au corps enseignant; **–anstalt** *f* institution d'enseignement; **–auftrag** *m* charge *f* de cours; **–beauftragte(r)** *m* chargé de cours, chargé d'enseignement.

Lehre *f* (1) doctrine *f*, (2) *(ArbR)* apprentissage *m*; **herrschende –** doctrine *ou* théorie dominante.

Lehrer *m* (1) *(Volksschule)* maître *m* de l'enseignement primaire, instituteur *m*, (2) *(Oberschule)* maître de l'enseignement secondaire, professeur *m*, (3) *(Universität)* maître de l'enseignement supérieur, professeur (titulaire).

Lehr|fach *n* discipline *f*, matière *m*; **–freiheit** *f* liberté d'enseignement; **–gang** *m* stage *m*, cours *m* de formation professionelle; **–geld** *n* (1) somme versée par l'apprenti au patron pour apprendre son métier, denier d'apprentissage (S), (2) prix *m* de l'expérience; **–herr** *m* maître *m* (d'apprentissage), chef *m* d'établissement, patron (qui emploie un apprenti); **–körper** *m* corps *m* enseignant; **–kraft** *m* enseignant *m*; personnel enseignant.

Lehrling *m (ArbR: Auszubildender)* apprenti *m*; **kaufmännischer –** apprenti commercial.

Lehrlings|abgabe *f* taxe *f* d'apprentissage; **–ausbildung** *f* apprentissage *m*, formation des apprentis; **-ausbildungsstätte** *f* centre *m* d'apprentissage; **-lohn** *m* salaire d'apprentissage; **-rolle** *f* rôle des chambres de métier (pour l'apprentissage artisanal); **-wesen** *n* apprentissage *m*, organisation *f* de l'apprentissage.

Lehr|meinung *f* doctrine *f*; opinion exprimée par un professeur de droit; **-mittel** *n* matériel *m* pédagogique; **-mittelfreiheit** *f* gratuité *f* des livres scolaires; **-plan** *m* programme *m* des cours.

Lehrstelle *f* place *f* d'apprenti; **-nbewerber** *m* candidat à une place d'apprenti.

Lehrstuhl *m* chaire *f* professorale, professorat *m*; **-inhaber** *m* professeur *m* titulaire.

Lehr|veranstaltung *f* cours *m*; **-verhältnis** *n* relations *fpl* entre maître et apprenti; **-vertrag** *m* contrat d'apprentissage; **-zeit** *f* durée de l'apprentissage; **-zeugnis** *n* brevet d'apprentissage, certificat *m* d'apprentissage, congé *m* d'acquit.

Leibes|frucht *f* fœtus *m*, enfant *m* conçu; **-strafe** *f* peine *f* corporelle; **-visitation** *f* fouille *f* à corps.

Leibgeding|e *pl* prestations *fpl* convenues dans le contrat de bail à nourriture; **-svertrag** contrat de bail à nourriture.

leiblich *adj* (1) *(blutsverwandt, väterlicher- u. mütterlicherseits)* germain, (2) *(nur väterlicherseits)* consanguin, (3) *(nur mütterlicherseits)* utérin; **-er Vater** père naturel, **-e Verwandtschaft** (liens avec la) famille par le sang.

Leibrente *f* rente *f ou* pension *f* viagère, rente constituée; **aufgeschobene -** rente différée.

Leibrenten|anspruch *m* droit à une rente viagère; **-bezieher** *m od.* **-empfänger** *m* rentier *m*, rentier viager; **-schuld** *f* dette *f* viagère; **-vertrag** *m* contrat de rente viagère.

Leibrentner *m* rentier *m* viager.

Leiche *f* corps *m* (d'une personne décédée), dépouille *f*, cadavre *m*, restes *mpl* (de l'homme), défunt *m*.

Leichen|ausgrabung *f* exhumation *f*; **-beförderung** *f* transport *m* de cadavres; **-bestatter** *m* ordonnateur des pompes funèbres; **-bestattung** *f* inhumation *f*; **-diebstahl** *m* vol *m* de cadavre; **-fledderei** *f* vol commis sur des cadavres; **-fledderer** *m* détrousseur de cadavres; **-fund** *m* découverte *f* du cadavre d'un inconnu; **-öffnung** *f* autopsie *f*; **-paß** *m* autorisation de transport de corps, laissez-passer mortuaire; **-raub** *m* vol *m* de cadavre; **-räuber** *m* voleur *m* de cadavres; **-schänder** *m* détrousseur de cadavres; **-schändung** *f* violation de sépulture *ou* de tombeau; **-schau** *f* autopsie *f*, examen *n* du cadavre; **-verbrennung** *f* crémation *f*; **-zug** *m* convoi *m* mortuaire, cortège *m* funéraire.

Leichen- und Bestattungswesen *n* sépultures et funérailles *fpl*, pompes funèbres.

Leichnam *m* dépouille mortelle, cadavre *m*, corps *m*.

Leichter|unternehmer *m (SeeHR)* acconier *m*; **-unternehmung** *f* entreprise d'acconage.

leichtfertiges Handeln agissements *mpl* d'une légèreté blâmable.

Leicht|flugzeug *n* (avion) ultra léger motorisé (U.L.M); **-gläubig** crédule, confiant, naïf; **-industrie** *f* industries de biens de consommation; **-krafträder** *pl* motocycle *m* (jusqu'à 50 ccm); **-lohngruppen** *fpl* salaires *mpl* réduits pour les travaux répétitifs (considérés comme faciles).

Leichtsinn *m* légèreté *f*, imprudence *f*, insouciance *f*; **vorwerfbarer -** légèreté blâmable.

Leiden *n* affection, maladie.

Leiharbeitnehmer *m* salarié *m* faisant l'objet d'une mise à disposition.

Leiharbeitsverhältnis *n* (1) *(echtes Lav)* contrat de travail temporaire (sur la base d'un contrat de mise à disposition), (2) *(unechtes Lav)* louage *m* de main-d'œuvre, contrat de louage de personnel.

Leihe *f (SchuldR)* prêt *m*, prêt à usage, commodat *m*.

leihen (1) prêter, (2) emprunter.

Leih|frist *f* durée du prêt; **–fristüberschreitung** *f* dépassement de la date de restitution; **–gebühr** *f* (1) prix *m* de la location, redevance *f ou* taxe de prêt, (2) *(Filme)* redevance d'exploitation; **–haus** *n* maison *f* de prêts sur gages, établissement *m* de prêt sur gage, mont-de-piété *m*; **–inventar** *n* meubles *mpl* en location; **–kapital** *n* capital prêté *ou* emprunté; **–miete** *f* prix de location (d'un film, d'une voiture, etc.); **–mutter** *f* mère porteuse (avec prêt d'utérus); **–versprechen** *n* promesse *f* de prêt; **–vertrag** *m* contrat de prêt.

leihweise *adv* à titre de prêt, en location.

leisten (1) *(SchuldR)* payer, exécuter (un contrat), (2) *(vollbringen)* accomplir (une tâche), effectuer (un travail *ou* un paiement), faire, réaliser (une œuvre); **eine Anzahlung** – verser un acompte; **seine Unterschrift** – apposer sa signature.

Leistende(r) *m* prestataire *m*, débiteur *m* d'une prestation.

1. Leistung *f* (1) *(Dienstleistung)* prestation *f* de service, service *m*; (2) *(ZR: Erfüllung)* paiement *m*, exécution *f*, (3) *(BW: Ertrag)* rendement *m*, performance *f*; **ärztliche** – acte *m* médical; **auferlegte** – prestation imposée; **ausbedungene** – prestation convenue; **einmalige** – prestation unique; **freiwillige** – prestation volontaire; **lebenslängliche** – prestation viagère; **periodische** – (S) redevance *f* périodique; **technische** – performance *f* technique; **unmögliche** – prestation impossible; **vereinbarte** – prestation convenue; **vertragliche** – prestation contractuelle; **wiederkehrende** – prestations successives; redevance périodique; – **eines aliud** livraison d'une marchandise autre que celle qui fait l'objet du contrat; – **an Erfüllungs Statt** dation *f* en paiement; – **erfüllungshalber** remise *f* d'un bien meuble (ou d'une créance) à un créancier en vue du paiement; – **der Krankenversicherung** prestation de maladie; – **auf Lebenszeit** prestation viagère; – **in Naturalien** prestation en nature.

2. Leistungen *pl* réalisations *fpl*, performances *fpl*; **Bilanz der unentgeltlichen** – balance *f* des services et transferts, les échanges dits ‹invisibles›; **soziale** – prestations sociales; – **aus der Sozialversicherung** prestations d'assurances sociales.

Leistungs|angebot *n* offre *f* de service(s); offre d'une prestation; **–anspruch** *m* droit à une prestation (de service); droit à l'exécution du contrat; **–antrag** *m* (1) *(ZPR)* demande *f* en justice en vue de l'exécution du contrat, (2) *(SozR)* requête pour obtenir le bénéfice d'une prestation sociale; **–ausschluß** *m (SozR)* refus *m* de prise en charge; **–begehrungsrecht** *n* droit de réclamer une prestation; **–bemessung** *(SozR)* couverture *f* des frais; **–berechtigter** *m* bénéficiaire *m ou* titulaire *m* d'une prestation, allocataire *m*, ayant droit *m*; **–bescheid** *m (VwR)* décision exécutoire (dans le cadre de l'exécution par voie administrative); **–beschreibung** *f* spécifications *fpl*; **–bestimmtheit** *f* l'objet *m* du contrat (doit être) déterminé; **–bestimmung** détermination de la prestation *ou* de la chose; fixation du prix; **–bewirkung** *f* exécution, paiement; **–bezieher** *m* bénéficiaire du paiement *ou* de la prestation; **–beziehungen** *pl* relations entre le débiteur et le créancier d'une prestation; **–bilanz** *f (Außenhandel)* balance *f* des paiements courants, balance des prestations et transactions, balance commerciale et des services; **–empfänger** *m* bénéficiaire *m* d'une prestation *ou* d'un paiement; **–erbringung** *f od.*

–erfüllung *f* prestation de service, paiement, exécution; **–erfolg** *m* prestation due; **–erschleichung** *f (SozR)* fraude *f ou* fausse déclaration pour obtenir des prestations indues.

leistungsfähig *adj* performant, dynamique, efficient, efficace.

Leistungsfähigkeit *f* (1) *(Schuldner)* ressources *fpl ou* fortune du débiteur, (2) *(Arbeitnehmer)* aptitudes *ou* capacités *fpl* manuelles *ou* intellectuelles, (3) *(Betrieb)* capacité *f* de rendement, performances *fpl*, efficacité *f* de l'entreprise, efficience *f*.

Leistungs|fall *m (SozR)* conditions d'attribution, cas dans lequel la prestation est due; **–freiheit** *f (VersR)* libération *f* de tout engagement, le fait de ne plus être tenu à indemnisation.

Leistungsfrist *f* délai *m* d'exécution, délai de prestation, délai de paiement; **gerichtliche –** terme judiciaire; **gesetzliche –** terme *m* de droit; **richterliche –** terme judiciaire.

Leistungs|gebot *n (VwR)* état exécutoire, ordre *m* de fournir une prestation; **–gefahr** *f* risques *mpl* inhérents au paiement; **–gegenstand** objet *m* du contrat, chose à fournir, prestation; **–gesellschaft** *f* méritocratie *f*, société *f* basant sur la reconnaissance des mérites et talents individuels, société performante; **–gesetz** *n (VwR)* Loi sur la réparation des préjudices causés par les personnes publiques; **–gesetzgebung** *f* législation *f* sur les réquisitions; **–hindernisse** *pl* troubles *mpl* au cours de l'exécution du contrat; défaut *m* de délivrance; **–inhalt** *m* prestation à fournir; **–klage** *f* action *f* en exécution (d'une prestation *ou* d'un contrat); **–kürzung** *f (StR)* concussion *f* (commise par un fonctionnaire public); **–lohn** *m* salaire au rendement; **–löhner** *m* salarié à la tâche; **–mängel** *pl* carence *f* du vendeur *ou* de l'acheteur; défaut de livraison *ou* de paiement; inexécution de l'obligation d'information et de conseil; **–ort** *m* lieu du paiement; **–pflicht** *f* obligation de payer *ou* de délivrer *ou* de fournir une prestation; **–pflichtige(r)** prestataire *m*, débiteur de la prestation; **–prämie** *f (ArbR)* prime d'atelier, prime de rendement; **–prinzip** *n* principe *m* de la promotion sur la base de l'efficacité personnelle; **–rückforderung** *f* demande de restitution (du prix payé); **–rückstand** *m* retard *m* dans l'exécution; **–schutz** *m (UrhR)* protection contre la reproduction illicite de l'œuvre; **–schutzrechte** *pl (UrhR: geistiges Eigentum)* droits *mpl* voisins, droits apparentés; **–stand** *m* niveau *m* technique; capacité *f* technique; **–störung** *f* inexécution *f ou* mauvaise exécution (du paiement); **–streitigkeit** *f* contentieux *m* de pleine juridiction.

Leistungs|träger *m (SozR)* organisme *m* de sécurité sociale, caisse *f* d'assurance (maladie *ou* vieillesse); **–umfang** *m (SchuldR)* étendue *f* des prestations, contenu *m* des obligations; **–unfähigkeit** *f (FamR)* impossibilité *f* de faire face au versement de la pension alimentaire *ou* à l'obligation d'entretien; **–urteil** *n* jugement *m* condamnant qqn à fournir une prestation; **–vermögen** *(FamR)* ressources *fpl* du débiteur (de la pension alimentaire); **–verpflichtete(r)** *m* prestataire, débiteur de la prestation, requis *m*; **–verwaltung** *f* (= Daseinsvorsorge) ensemble des fonctions de l'action administrative, ensemble des services destinés à satisfaire des besoins collectifs déterminés, service *m* public (au sens matériel du terme); **–verweigerung** *f* refus *m* de fournir une prestation; **–verweigerungsrecht** *n (ZR)* droit *m* de refuser le paiement du prix convenu, droit de ne pas délivrer la chose vendue; **–verzeichnis** *n (VwR)* cahier des charges, cahier des clauses et conditions générales; **–verzug** *m* retard dans l'exécution; **–zeit** *f* date du paiement *ou* de l'exécution du contrat; **–zulage** *f (ArbR)* prime *f* d'atelier, prime de rendement.

Leit|artikel *m* éditorial *m*, article *m* de fond; **–bild** *n* caractère exemplaire, modèle *m*.

leiten (1) *(führen)* mener, conduire, (2) *(anleiten)* guider, diriger, (3) *(Geschäft)* gérer, (4) *(Versammlung)* présider à.

leitend *adj* dirigeant; **–er Angestellter** cadre *m* supérieur, responsable *m*; **in –er Stellung** occupant un poste de direction.

Leitfaden *m* guide *m*, vade-mecum *m*; précis *m*, abrégé *m*.

Leiter *m* directeur *m*, chef *m*, chef de service, chef de bureau; **– eines Postamtes** receveur *m* des postes.

Leiter *f* échelle *f*; **–gerüst** *n* échafaudage *m*; **–recht** *n* servitude *f* d'appui d'une échelle, droit d'échelage.

Leit|gedanke *m* idée directrice; **–linie** *f* directive *f*; **–motiv** *n* motif *m* conducteur; **–planke** *f* glissière *f* de sécurité; **–satz** *m (Urteil)* dispositif *m*, principe *m* énoncé dans le dispositif; **–stelle** *f* poste *m* de commandement; **–spruch** *m* thème *m* directeur, devise *f*.

Leitung *f* (1) *(Führung)* direction *f*, conduite *f*, (2) *(Verwaltung)* gestion *f*, administration *f*, (3) *(Versammlung)* présidence *f*, (4) *(Rohr, Kabel)* conduit *m*, tuyau *m*; câble *m*; **einheitliche –** *(GesR)* direction *f* unique.

Leitungs|aufgaben *pl* fonctions *fpl* de direction; **–ausschuß** *m* comité *m* directeur; **–kosten** frais *mpl* de canalisation; **–macht** *f* pouvoir de direction; **–netz** *n* réseau *m* de distribution; **–organ** *n* organisme *m* directeur *ou* de direction; **–recht** *n* droit d'implantation (d'une ligne électrique); **–wasserschaden** *m* dégât *m* des eaux.

Leit|währung *f* monnaie *f* pilote, monnaie-clé; **–wort** *n* préface *f*; **–ziel** *n* objectif *m* (à atteindre).

Lenkung *f* (1) *(Leitung)* direction *f*, orientation *f*, (2) *(Wirtschaft)* dirigisme *m*.

Lenkungs|ausschuß *m* comité *m* de coordination; **–maßnahme** *f* mesure de dirigisme, mesure *f* dirigiste.

Lenkzeit *f (StVR)* heures de conduite (d'un véhicule).

leonisch *adj (SchuldR: einen ungerechtfertigten Vorteil darstellend)* léonin.

lernen apprendre, acquérir des connaissances.

Lern|methode *f* méthode pédagogique; **–mittel** *pl* matériel pédagogique; **–stoff** *m* matières *fpl* enseignées.

lesbar *adj* lisible.

Lesekundige(r) *m* personne *f* sachant lire.

Leserbriefe *mpl* courrier *m* des lecteurs.

Lesung *f* lecture *f*; **erste –** *(VerfR: Gesetz)* première lecture.

Letzt|angebot *n* dernière offre; **–verbraucher** *m* utilisateur *m* final, consommateur *m*.

letztes Wort (des Angeklagten) le droit (de l'accusé) d'être entendu le dernier, la dernière parole (réservée à l'accusée).

letztwillig *adj* testamentaire *adj*; testamentairement *adv*, par testament; **–e Anordnung** désignation (d'un arbitre) par testament; **–e Verfügung** *f* dernières volontés *fpl*; **–e Zuwendung** *(ErbR)* disposition par laquelle le testateur désigne une personne appelée à recueillir certains biens déterminés.

Leucht|reklame *f* publicité lumineuse; **–zeichen** *n (StVR)* appel *m* de phares.

leugnen (1) nier, désavouer, (2) *(bestreiten)* contester, (3) *(widerrufen)* rétracter, (4) *(Nachricht)* démentir; **es ist nicht zu – daß** il est indéniable.

Leugnen *n* dénégation *f*, contestation, déni *m*, démenti *m*; désaveu *m*.

Leumund *m* réputation *f*; estime *f* publique, considération *f*; **einen guten – haben** être de bonne moralité.

Leumunds|zeuge *m* témoin *m* de moralité; **–zeugnis** *n* certificat *m* de bonne vie et mœurs *ou* de moralité, attestion de bonne vie et mœurs.

Leute *pl* (des Frachtführers) préposés *mpl* (du transporteur).

Leutehaftung *f* (Aut) responsabilité du fait des préposés.

Lex *m (lat. Gesetz)* loi *f*; **– fori-Klausel** clause lex fori *ou* loi du tribunal saisi; **– loci delicti** loi du lieu de survenance d'un fait juridique.

Liberalisierung *f* libéralisation *f*, libération *f*; **– des Warenverkehrs** *(Außh)* libéralisation des échanges; **– des Zahlungsverkehrs** libération des paiements.

Liberalisierungs|kodex *m* Code de la libération (OECE); **–liste** *f* liste de libéralisation *ou* de libération; **–maßnahme** *f* mesure de libération; **–politik** *f* politique de libéralisation *ou* de libération; **–quote** *f* pourcentage de libération, taux de libération.

Liberalismus *m* libéralisme économique, doctrine de la libre concurrence et du libre jeu des initiatives individuelles.

Lichtbildausweis *m* pièce *f* d'identité avec photographie.

Licht|gerechtigkeit *f* servitude *f* de vue, **–hupe** *f (StVR)* avertisseur *m* lumineux; appel de phares; **–reklame** *f* publicité lumineuse; **–spieltheater** *n* salle *f* de cinéma; **–zeichen** *n (StVR)* feux *mpl* de signalisation.

Liebes|gabe *f* cadeau *m*, don *m* charitable; **–paragraph** *m* disposition du Code pénal allemand sur l'assistance en cas de danger.

Liebhaber|interesse *n* (= **–wert**); **–preis** *m* prix d'amateur; **–wert** *m* valeur *f* affective, valeur morale.

Lieferabkommen *n* accord *m* de livraison.

Lieferant *m* fournisseur *m*; pourvoyeur *m*, commerçant *m* approvisionneur.

Lieferanten|anzahlung *f* acompte *m* aux fournisseurs; **–forderung** *f* créance *f* pour fourniture; **–schuld** *f* dette envers les fournisseurs; **–konto** *n* compte des fournisseurs; **–kredit** *m* crédit *m* aux fournisseurs.

Lieferauflage *f* (Aut) ordre *m* de livraison.

Lieferauftrag *m* commande *f*, ordre *m* de livraison; **öffentlicher –** marché *m* public de fournitures.

lieferbar *adj* livrable, disponible.

Lieferbarkeitsbescheinigung *f* certificat *m* de négociabilité.

Liefer|bedingungen *pl* conditions de livraison; **–buch** *n* registre *m* de livraison, registre de fourniture; **–dienst** *m* service de livraison; **–engpaß** *m* rupture *f* de stocks; **–er** *m*, **–firma** *f* fournisseur *m*.

Lieferfrist *f* délai de livraison; **–überschreitung** *f* dépassement du délai de livraison.

Liefer|garantie *f* garantie *f* de livraison; **–gebot** *n* ordre de livraison; **–kosten** *pl* frais de livraison; **–land** *n* pays *m* fournisseur; **–menge** *f* quantité à livrer; **–möglichkeiten** *fpl* possibilités *fpl* de fourniture.

liefern (1) *(zustellen)* livrer, (2) *(aushändigen)* délivrer, (3) *(vorlegen)* fournir, (4) *(hervorbringen)* produire.

Liefer|ort *m* lieu de livraison; **–prämie** prime *f* de livraison; **–preis** *m* prix *m* à la livraison, prix de livraison; **–programm** *n* programme de livraison; **–rückstand** *m* arriéré *m* de livraison, livraison *f* arriérée; **–schein** *m* bulletin de livraison, bon de livraison, bordereau *m* de livraison; **–scheinheft** *n* carnet de livraison; **–spesen** *pl* frais de livraison; **–sperre** *f* embargo *m*; **–termin** *m* date de livraison.

Lieferung *f* livraison *f*, fourniture *f*, délivrance, *f* prestation *f*, envoi *m*; **bevorzugte –** livraison prioritaire, priorité de livraison; **verspätete –** retard à la livraison *ou* dans la livraison; **vorzeitige –** livraison anticipée; **– per Erscheinen** *(WertpR)* mise en circulation de titres par voie d'introduction en bourse sans souscription publique; **– frei Haus** livraison à domicile.

Lieferungen *pl*, **öffentliche –** fournitures *fpl* publiques.

Lieferungs|abkommen *n* accord de livraison; **–auflage** *f*, **–auftrag** *m* ordre de livraison; **–bedingungen** *fpl* conditions *fpl* de livraison *ou* de fourniture; **–bestätigung** *f* confirmation de la livraison; **–geschäft** *n* marché à terme, opération à terme; **–heft** *n* carnet de livraison; **–kauf** *m* achat à terme; **–preis** *m* prix de livraison; **–schein** *m* bulletin de livraison *ou* d'expédition, bordereau *m* d'expédition; **–spesen** *pl* frais de livraison; **–verpflichtung** *f* obligation de livrer; **–vertrag** *m* contrat de livraison *ou* de fourniture, marché *m* à livrer; **–verzug** *m* retard *m* de livraison.

Liefer|verbindlichkeit *f* obligation de livrer; **–verkauf** *m* vente à livrer; **–verpflichtung** *f* obligation de livrer; **–vertrag** *m* contrat de livraison; **–verzug** *m* retard *m* de livraison, non-respect *m* du délai de livraison, non-exécution *f* dans le délai convenu; **–wagen** *m* camionette *f*, fourgonnette.

Lieferzeit *f* délai de livraison, date de délivrance; **die – einhalten** respecter le délai de livraison; **die – überschreiten** ne pas respecter le délai de livraison.

Liefer|zettel *m* bordereau *m* de livraison *ou* de fourniture, fiche de livraison; **–zusage** *f* promesse *f* de livraison.

Liege|geld *n* *(SeeHR)* estaries *fpl*; indemnité *f* pour retard; **–tage** *pl*, **–zeit** *f* estarie, jours de planche, délai de planche.

liegen: daran – tenir à; **zugrunde –** être à la base de, résulter de.

Liegenbleiben *n* (von Fahrzeugen) arrêt *m* *ou* stationnement *m* (d'un véhicule sur la chaussée), arrêt d'un véhicule en panne.

Liegenschaften (zumeist nur: *fpl*) propriété *f* foncière, immeuble *m*, domaine *m*, bien-fonds *m*.

Liegenschafts|agentur *f* (S) agence *f* immobilière; **–anteil** *m* part de propriété (immobilière); **–gewinn** *m* bénéfice *m* immobilier; **–gewinnsteuer** *f* (S) impôt sur la plus-value des capitaux immobiliers; **–kataster** *n* fichier immobilier, cadastre *m*; **–nutzung** *f* jouissance d'un bien immobilier; **–recht** *n* droit immobilier; **–vermögen** *n* bien-fonds *m*, patrimoine immobilier; **–verzeichnis** *n* (S) rôle *m* des biens fonds (S).

Liftanlage *f* (= Skilift) remonte-pente *m*.

Limit *n* (1) *(obere Preisgrenze)* plafond *m*, maximum *m*, (2) *(untere Preisgrenze)* plancher *m*, (prix *m*) minimum.

Limitanweisung *f* ordre *m* limité.

Limitierung *f* limitation (de temps).

Linderung *f* (1) *(Schmerz)* apaisement, rémission, (2) *(Strafe)* assouplissement, mitigation, atténuation.

Linie *f* (1) *(Abstammungsreihe)* ligne *f*, branche *f*, (2) *(Gesamtheit der Abkömmlinge)* lignée *f*, descendance *f*, postérité *f*, (3) *(Transport)* ligne *f* régulière; **absteigende –** ligne descendante; **ältere –** branche aînée; **aufsteigende –** ligne ascendante; **gerade –** ligne directe; **gerade absteigende –** ligne directe descendante; **gerade aufsteigende –** ligne directe ascendante; **jüngere –** branche cadette; **mütterliche –** ligne maternelle, branche maternelle; **väterliche –** ligne paternelle, branche paternelle.

Linien|bus *m* autobus *ou* car de ligne régulière; **–flug** *m* vol *m* régulier; **–fluggesellschaft** *f* compagnie aérienne assurant des vols réguliers; **–netz** *m* réseau *m* de service régulier; **–verkehr** *m* service *m* régulier (sur les lignes établies) de transport, trafic *m* de ligne, service d'exploitation d'une ligne.

Linksabbiegen *n* *(StVR)* s'apprêter à quitter une route sur sa gauche.

liquid *adj* (= zahlungsfähig) solvable.

Liquidation *f* (1) *(Hinrichtung)* exécution *f* d'un condamné, (2) *(BörR)* exécution d'un marché à terme, liquidation, (3) *(Kostenrechnung)* note *f* d'honoraires, (4) *(GesR: Abwicklung)* liquidation *f* de l'actif (social), distribution *f* de l'actif, distribution des deniers, règlement *m* des créanciers, désintéressement *f* des créanciers; **in – geraten, in – treten** entrer en liquidation de l'actif; **– eines Rechtsanwalts** honoraires *mpl* d'un avocat.

Liquidations|anteil *m* part *f* de liquidation, quotité *f* de la répartition, dividende *m* (revenant à chaque créancier), quotité *f*; **–bilanz** *f* bilan de liquidation; **–erlös** *m* produit de la liquidation; **–gesellschaft** *f* société en liquidation; **–gewinn** *m* bénéfice de liquidation; **–kurs** *m* cours de compensation, cours de liquidation; **–protokoll** *n* procès-verbal de liquidation; **–vergleich** *m* accord sur la liquidation, concordat par abandon d'actif (S); **–verkauf** *m* vente-liquidation *f*; **–ware** *f* (S) marchandise de liquidation (S); **–wert** *m* valeur *f* liquidative.

Liquidator *m* liquidateur *m*; **gerichtlich bestellter –** liquidateur judiciaire, syndic *m*, juge *m* commissaire.

liquidieren liquider.

Liquidierung *f* liquidation *f*; **– des Honorars** liquidation des honoraires.

Liquidität *f* liquidité *f*, somme *f* immédiatement disponible, disponibilités *fpl*; trésorerie *f*.

Liquiditäts|ausstattung *f* liquidités *fpl*, disponibilités *fpl*; **–ausweis** *m* état *m* de liquidité; **–bedarf** *m* besoins *mpl* de trésorerie; **–einbuße** *f* resserrement des liquidités; **–engpaß** *m* difficultés *fpl* de trésorerie; **–grad** *m* taux de liquidité; **–lage** *f* situation de liquidité; **–reserve** *f* réserve de liquidité; **–schwierigkeiten** *pl* difficultés de trésorerie; **–verknappung** *f* resserrement *m* des liquidités.

List *f* dol *m*, ruse *f*, stratagème *m*.

Liste *f* (1) liste *f*, (2) *(Aufstellung)* relevé *m*, (3) *(Verzeichnis)* registre *m*; **feste –, gebundene –** liste bloquée; **schwarze –** liste noire; **verbundene –** (S) liste conjointe (S).

Listenabstimmung *f* scrutin *m* de liste.

Listen-Anweisung *f* (UPU) mandat-liste *m*; **telegraphische –** mandat-liste télégraphique.

Listen|bewerber *m (VerfR)* candidat de liste (élu à la proportionnelle); **–führer** *m* tête de liste; **–preis** *m* prix catalogue *ou* barème; **–verbindung** *f* jumelage *m* de listes; **–wahl** *f* scrutin *ou* suffrage de liste, vote par liste.

Literat *m* (= Schriftsteller) écrivain *m*, homme *m* de lettres.

Literatur *f* littérature *f*; **Schutz von Werken der –** protection *f* des œuvres littéraires.

Literatur|hinweise *pl* indications bibliographiques; **–meinung** *f* doctrine *f*, opinion professée par les auteurs d'ouvrages juridiques.

Litfaßsäule *f* colonne *f* d'affichage.

Lizenz *f* licence *f*, licence d'exploitation, autorisation d'exploiter un brevet; **ausschließliche –** licence exclusive; **behördliche –** licence administrative; **gebührenfreie –** licence gratuite; **gegenseitige –** licence croisée; **nicht ausschließliche –** licence simple *ou* non exclusive; **vertragliche –** licence contractuelle; **eine – erteilen** *od.* **gewähren** concéder une licence.

Lizenz|abkommen *n* contrat *m* de licence; **–abrechnung** *f* état *m* des redevances (à payer); **–amt** *n* office des licences; **–antrag** *m* demande de licence; **–bau** *m* construction sous licence; **–bedingungen** *pl* clauses d'une licence; **–bereitschaft** *f* office publique d'exploitation; **–bewilligung** *f* octroi de licence; **–einnahmen** *pl* recettes *fpl* provenant de la redevance d'une licence; **–einräumung** *f* concession de licence; **–entziehung** *f* retrait *m* de licence; **–erteilung** *f* octroi *m ou* concession *f* de licence; **–erwerber** *m* preneur de licence; **–geber** *m* concédant *m*;

–gebühr *f* droit de licence d'exploitation, redevance *f*.
Lizenziat *m* licencié *m*.
Lizenzierung *f* concession de licence.
Lizenz|inhaber *m* titulaire *ou* concessionnaire de licence, licencié *m*; **–nehmer** *m* preneur *ou* bénéficiaire d'une licence; **–recht** *n* droit provenant d'une licence, droit de licence d'exploitation; **–satz** *m* taux *m* de la redevance; **–übertragung** *f* cession de licence; **–vergabe** *f* concession *f* de licence; **–vertrag** *m* contrat de licence d'exploitation, contrat de fabrication sous licence.
Lobby *f ou m* groupe *m* de pression, lobby *m*.
Lockangebot *n* offre promotionnelle frauduleuse, offre constituant une pratique anticoncurrentielle.
Lockerung *f* assouplissement *m*; **–sverordnung** *f* décret *m* d'assouplissement des mesures en vigueur.
Lockspitzel *m* agent *m* provocateur.
Lockvogel|angebot *n* pratique *f* des prix d'appel; offre promotionnelle frauduleuse; **–werbung** *f* campagne promotionnelle avec prix d'appel.
logisch *adj* logique, conforme au bon sens, cohérent.
Lohn *m* (1) *(Arbeitnehmer, allgemein)* salaire *m*, rémunération *f*, paye *f*, (2) *(Beamte)* traitement *m*, (3) *(freie Berufe)* honoraires *mpl*, (4) *(Führungskräfte)* appointements *mpl*, émoluments *mpl*, (5) *(Hausangestellte)* gages *mpl*, (6) *(Künstler)* cachet *m*, (7) *(Belohnung)* récompense *f*; **angemessener –** rémunération adéquate *ou* équitable, juste salaire; **angenommener –** salaire hypothétique; **aufgeschobener –** salaire différé; **auszuzahlender –** salaire dû; **beitragspflichtiger –** salaire cotisable; **durchschnittlicher –** salaire moyen; **fester –** salaire fixe; **garantierter –** salaire garanti; **gerechter –** juste salaire; **gleitender –** salaire mobile, échelle *f* mobile (des salaires); **indexgebundener –** salaire indexé; **leistungsbezogener –** salaire au rendement; **örtlicher –, ortsüblicher –** salaire local; **vereinbarter –** salaire conventionnel.
Lohn|abbau *m* réduction *f* des salaires; **–abhängiger** *m od.* **–empfänger** salarié *m*; **–abrechnung** *f* bulletin *m* de paye, décompte *m* de salaires; **–abschlagszahlung** *f* abattement de salaire; **–absprache** *f* accord *m* salarial; **–abtretung** *f* cession de la créance salariale; **–abzug** *m* déduction *f* du salaire, retenue sur le salaire; **–angleichung** *f* alignement des salaires, rajustement *m* des salaires; **–anhebung** *f* augmentation du salaire; **–anpassung** *f* ajustement des salaires; **–anspruch** *m* créance *f* salariale, droit *m* au salaire; **–anstieg** *m* majoration *f* des salaires; **–anteil** *m* part *m* du salaire; **–arbeit** *f* travail salarié *ou* rémunéré; **–arbeiter** *m* travailleur salarié; **–arbeitsvertrag** *m* contrat de travail à façon; **–aufbesserung** *f* amélioration de salaire; **–aufstellung** *f* bordereau des salaires; **–auftrag** *m* contrat *m* de travail à façon; **–aufwand** *m* coûts *mpl* salariaux, charges *fpl* salariales.
Lohnausfall *m* perte *f* de salaire, manque *m* à gagner; **–entschädigung** *f*, **–vergütung** *f* indemnité compensatrice pour perte de salaire.
Lohn|ausgleich *m* indemnité *f* salariale, compensation *f* salariale, maintien *m* du niveau salarial; **–ausgleichsentschädigung** *f* allocation *f* de reclassement, indemnité *f* d'attente, allocation de réemploi; **–auskunft** *f* information sur le salaire perçu; **–bedingungen** *pl* conditions de rémunération, modalités du salaire; **–beleg** *m* bulletin *m* de paye *ou* de salaire; **–bemessung** *f od.* **–berechnung** *f* détermination *f* du montant du salaire; **–berater** *m* conseil fiscal; **–beratung** *f* consultation fiscale; **–bescheinigung** *f* attestation de salaire; **–beschlagnahme** saisie-arrêt sur le salaire; **–bestandteil** *n* partie intégrante *ou* élé-

ment du salaire; **–bestätigung** *f* attestation de salaire; **–bezieher** *m* salarié *m*; **–bildung** *f* formation des salaires; **–buch** *n* livret de salaires, livret de paie, livre de paye, carnet de salaires (B); **–buchhalter** *m* agent *m* payeur, payeur-comptable *m*; **–buchhaltung** *f* comptabilité-salaires; **–einbehaltung** *f* retenue *f* sur le salaire; **–einbuße** *f* perte de salaire; **–einkommen** *n* revenu *m* salarial; **–einheit** *f* unité de salaire; **–empfänger** *m* salarié *m*, travailleur percevant un revenu salarial; **–entwicklung** *f* évolution *ou* mouvement des salaires; **–ergänzung** *f* complément de salaire; **–ergänzungszulage** *f* indemnité salariale complémentaire; **–erhöhung** *f* augmentation *ou* majoration *ou* relèvement de salaire; **–ersatz** *m* indemnité *f* pour perte de salaire; **–festsetzung** *f* fixation *f* du salaire; **–forderung** *f* (1) créance de salaire, (2) revendications *fpl* salariales; **–fortzahlung** *f* maintien *m* du revenu salarial *ou* du salaire (en cas de maladie); **–fortzahlungsgesetz** *n* Loi relative au maintien du salaire en cas de maladie.

Lohn|garantie *f* garantie de paiement du salaire; **–gebiet** *n* zone de salaires; **–gefälle** *n* disparité *f*, éventail des salaires; **–gefüge** *n* structure *f* des salaires, hiérarchie *f ou* grille *f* des salaires; **ehernes –gesetz** loi d'airain des salaires; **–gleichheit** *f* parité *f* salariale, égalité *f* des salaires (masculins et féminins); **–gleitklausel** *f* clause *f* d'échelle mobile des salaires; **–gruppe** *f* échelon *m* de salaire, catégorie *f* salariale; **–handwerker** *m* artisan *m* transformant les biens d'un tiers; **–höhe** *f* niveau *ou* taux *m* des salaires; **–index** *m* indice des salaires; **–inflation** *f* inflation induite par les salaires; **–intensiv** de coût salarial élevé; **–kampf** *m* conflit social; **–klage** *f* action *f* en paiement du salaire; **–konto** *n* compte de salaires; **–kosten** *pl* charges *fpl* salariales, coût *m* de la main-d'œuvre; **–kürzung** *f* réduction de salaire; **–leitlinie** *f* salaire de référence proposé pour les négociations salariales; **–liste** *f* liste de paye, feuille *f* d'émargement (des salaires); **–minderung** *f* réduction de salaire; **–nachweis** *m* attestation *ou* certificat de salaire; **–nachzahlung** *f* rappel de salaire; **–pause** *f* blocage *m* (temporaire) des rémunérations; renonciation à une augmentation des salaires; **–pfändung** *f* saisie-arrêt sur le salaire; **–politik** *f* politique salariale; **–preisbildung** *f* formation des salaires; **– -Preis-Spirale** *f* course *f* salaires-prix, spirale *f* salaires-prix; **–rahmentarifvertrag** accord collectif cadre sur les salaires; **–richtlinien** *fpl* grandes orientations en matière de salaire; **–rückstände** *pl* arriéré de salaires; **–rückstufung** *f* rétrogradation dans la grille des rémunérations; **–runde** *f* négociations *fpl* salariales; rentrée sociale; **–satz** *m* tarif des salaires, taux des salaires; **–schiebungsvertrag** *m* contrat *m* de manipulation du salaire (au détriment d'un créancier); **–schuldner** *m* débiteur du salaire; **–senkung** *f* abaissement *m* des salaires.

Lohnskala *f* échelle *f ou* éventail des salaires, hiérarchie des salaires, grille *f* des salaires; **gleitende –** échelle mobile des salaires.

Lohn|stand *m* niveau *m* des salaires *ou* des rémunérations; **–statistik** *f* statistique *f* des salaires.

Lohnsteuer *f* impôt sur les salaires (dans le cadre de l'impôt sur le revenu des personnes physiques); **–abzug** *m* retenue *f* (à la source) au titre de l'impôt sur les salaires; **–abzugsverfahren** *n* procédé *m* de la retenue à la source (par l'employeur au profit de l'État) de l'impôt sur les salaires; **–bescheinigung** *f* attestation *f* du paiement de l'impôt sur les salaires; **–ermäßigung** *f* réduction d'impôt; **–jahresausgleich** *m* régularisation *f* en fin d'année des retenues mensuelles; **–karte** *f* fiche individuelle du contribuable assujetti à l'impôt sur les salaires; **–(rück)erstattung** *f* remboursement (d'une partie) des crédits d'impôt *ou* du trop-perçu (de l'impôt retenu à la source); **–tabelle** *f* barème *m* de l'impôt sur les salaires; **–überweisungsblatt** *n* feuille de l'impôt sur les salaires prélevé à la source.

Lohn|stopp *m* blocage des salaires; **–streifen** *m* feuille *m ou* bulletin *m* de paie, fiche de paye; **–streitigkeit** *f* litige *m* sur les salaires; **–stufe** *f* échelon de salaire; **–summensteuer** *f* impôt sur le montant des salaires payé par l'entrepreneur (à la commune); **–system** *n* mode *m* de rémunération, régime *m* des salaires; **–tabelle** *f*, **–tafel** *f* barème des salaires, grille *f* des salaires; **–tarifvertrag** *m* accord *m* sur les salaires, convention *f* salariale; **–teil** *m* élément *m* du salaire; **–überweisung** *f* transfert des salaires; **–überweisungsbuch** *n* livret *m* de paye.

Löhnung *f* solde *f*, rémunération *f* versé aux militaires.

Lohn|ungleichheit *f* disparité *f* des salaires; **–veredelungsgeschäft** *n* contrat *m* de travail à façon, finissage *m* à l'étranger; **–vereinbarung** *f* convention salariale; **–vergütung** *f* bonification de salaire; **–verschleierung** *f* versement *m* d'un salaire déguisé; **–verzicht** *m* renonciation à une augmentation *ou* à une partie du salaire; **–vorschuß** *m* avance sur salaire; **–zahlung** *f* paiement du salaire; **–zahlung für Feiertage** rémunération *f* des jours fériés; **–zahlungsklage** *f* action en paiement du salaire dû; **–zettel** *m* feuille de paye, bulletin de paye, fiche *ou* bandelette *f* de paie; **–zulage** *f* prime *f*, sursalaire; **–zulagen** *fpl* accessoires *mpl* de rémunération; **–zuschlag** *m* complément salarial, supplément de salaire, avantages *mpl* complémentaires *ou* annexes.

Lokal *n* (1) *(Gaststätte)* restaurant *m*, (2) *(Versammlungsraum)* local *m*.

Lokalaugenschein *m* descente *f* de justice, descente sur les lieux; **einen – vornehmen** procéder à une descente sur les lieux.

Lokal|bank *f* banque *f* locale; **–behörde** *f* autorité locale, administration locale; **–gast** *m* client (dans un restaurant); **–haushalt** *m* budget *m* local; **–recht** *n* droit *m* local, loi *f* locale, législation locale; **–rundfunk** *m od.* **–sender** *m* radio locale; **–termin** *m (StPR)* descente *f ou* transport *m* sur les lieux, descente de justice; **–verbot** *n* interdiction de pénétrer dans un local (commercial); **–verwaltung** administration locale.

Lokalitätsprinzip *n* pricipe *m* selon lequel tout avocat doit se faire inscrire auprès d'un tribunal déterminé.

Loko|geschäft *n* marché *m* au comptant; **–markt** *m* marché *m* au comptant *ou* en disponible; **–preis** *m* prix sur place.

Lombard *m/n* prêt *m* sur titres *ou* sur marchandises, avance *f* bancaire sur titres.

Lombard|bank *f* banque *f* de dépôt spécialisée dans les avances sur titres; **–darlehen** *n* prêt sur titres, avance sur titres.

lombardfähig *adj* susceptible de faire l'objet d'un prêt sur titres.

Lombardforderung *f* créance *f* résultant d'un prêt sur titres.

Lombardierung *f od.* **Lombardgeschäft** *n* prêt sur titres, avance sur titres, emprunt *m* sur titres *ou* sur marchandises.

Lombard|kredit *m* avance par nantissement sur titres, prêt sur titres *ou* sur marchandises; **–satz** *m* (= –zins) taux des avances sur titres; **–verkehr** *m* opérations de nantissement sur titres; **–vorschuß** *m* prêt sur titres, avance sur titres *ou* sur nantissement; **–zins** *m*, **–zinsen** *pl od.* **–zinsfuß** *m* taux d'intérêt des prêts *ou* avances sur titres.

Los *n* (1) *(Schicksal)* sort *m*, (bonne, mauvaise) fortune *f*, (2) *(Anteil)* lot *m*, (3) billet de loterie, lot; **Ent-**

scheidung durch das – tirage au sort; **das – entscheiden lassen** tirer au sort.

Losanleihe *f* emprunt à lot.

lösbar *adj* qui peut être dissous, résoluble *adj*.

löschen (1) *(Eintragung)* radier, rayer, (2) *(Schiffe)* décharger, (3) *(Feuer)* éteindre.

Löschhafen *n od.* **Löschungshafen** port de déchargement *ou* de débarquement.

Löschtag des Schiffes jour de déchargement du navire.

Löschung *f* (1) *(Grundbuch)* radiation *f*, cancellation matérielle (la mention est rayée par un trait à l'encre rouge), (2) *(Schiff)* déchargement *m*, (3) *(Schuld)* amortissement *m*; **freiwillige –** radiation volontaire; **gerichtliche –** radiation judiciaire, radiation forcée; **– von Amts wegen** radiation d'office; **– eines Kontos** suppression *ou* radiation d'un compte; **– einer Marke** radiation d'une marque.

Löschungs|ankündigung *f* avis *m* de radiation; **–anmeldung** *f* requête *f* en radiation (S); **–anspruch** *m* droit à radiation; **–antrag** *m* demande en radiation; **–anzeige** *f* avis de radiation; **–begehren** *n* (1) demande *f* en radiation, (2) *(Hypothek)* demande en mainlevée; **–bescheinigung** *f* certificat de radiation, certificat de décharge; **–bewilligung** *f* autorisation de radier; **–klage** *f* action en radiation; **–reife** *f* péremption de l'inscription; **–unterlagen** *pl* pièces justificatives de la radiation; **–urteil** *n* jugement de radiation; **–vermerk** *m* mention *f* de la radiation; **–vormerkung** *f* préinscription *f* (de la radiation).

Lösch|wasser *n* eau *f* d'extinction (d'incendie); **–zeit** *f* *(SeeHR)* staries *fpl* (pour le déchargement).

lose *adj* en vrac.

Loseblatt|buchführung *f* comptabilité *f* sur feuilles volantes, comptabilité sur fiches; **–system** *n* système *m* des feuillets amovibles.

Lösegeld *n* rançon *f*; **– fordern** exiger une rançon; **gegen – freigeben** libérer *ou* relâcher après paiement d'une rançon, rançonner.

losen tirer au sort.

lösen (1) *(Aufgabe)* résoudre, (2) *(Vertrag)* dénoncer, résilier, (3) *(abtrennen)* détacher, séparer, (4) *(Fahrkarte)* acheter, prendre (un ticket).

loskaufen payer une rançon (pour libérer qn); **sich –** se libérer (contre rançon), se rédimer.

Loslösung *f* séparation *f*.

Lospapier *n* valeur à lot, titre à lot.

lossprechen *(StPR)* absoudre, renvoyer de l'accusation.

Lossprechung *f* (1) *(Schuld, Strafe)* remise *f*, acquittement *m*, (2) *(Kirche)* absolution *f*, (3) *(ArbR)* fin *f* de l'apprentissage.

Losung *f* (1) *(HR: Kasseneinnahme)* recette *f* du jour, (2) *(Leitwort)* slogan *m*, mot *m* d'ordre.

Lösung *f* (1) *(Ergebnis)* solution *f*, (2) *(Vertrag)* résiliation *f*, (3) *(Verhältnis)* rupture *f*, dissolution *f*, annulation *f*; **freundschaftliche –, gütliche –** solution amiable; **– im Vergleichswege** solution transactionnelle.

Lösungs|ansatz *m* *(Streit)* (première) ébauche d'une solution; **–beschluß** *m* *(PrzR)* ordonnance d'annulation; **–mittel** *n* solvant *m*; **–möglichkeit** *f* remède *m*, palliatif *m*; préconiser une solution; **–versuch** *m* tentative *f* pour résoudre un problème; **–vorschlag** *m* proposition d'arrangement, projet *m* de règlement.

Losungswort *n* (1) mot d'ordre, (2) *(MilR)* mot de passe.

Losziehung *f* tirage *m* au sort.

Lotse *m* pilote *m* (chargé du lamanage), lamaneur *m*.

Lotsen|ausweis *m* certificat de pilote; **–brüderschaft** *f* corporation des pilotes; **–gebühr** *f*, **–geld** *n* taxe *ou* droit de pilotage; **–schein** *m* brevet de pilote; **–wesen** *n* lamanage *m ou* pilotage des navires; **–zwang** *m* pilotage *m* obligatoire.

Lotterie *f* loterie *f*; **–anleihe** *f* emprunt à lot; **–gewinst** *n* (Aut) lot *m*; **–los** *n* billet de loterie; **–vertrag** *m* contrat de loterie.

Lotto|schein *m* billet *m* de loterie; **–spiel** *n* tombola *f*.

Loyalität *f* loyalisme *m*, loyauté *f*.

Lücke *f* lacune *f*; **eine – schließen** combler une lacune.

lückenhaft *adj* lacunaire, présentant des lacunes.

lückenlos *adj*: **ein –er Beweis** preuve sans faille, irrécusable, irréfutable.

Luft *f* atmosphère *f*; air *m*; **– und Raumfahrtindustrie** industrie *f* aérospatiale; **–alarm** *m* alerte *f* aérienne; **–aufsicht** *f* police *f* de l'air, contrôle *m* de la circulation aérienne; **–aufsichtsbehörde** *f* service de contrôle de la circulation aérienne.

Luftbeförderung *f* transport aérien; voyage en avion.

Luftbeförderungs|kosten *pl* frais de transport aérien; **–vergütung** *f* rémunération *f* pour le transport aérien; **–vertrag** *m* contrat *m* de transport aérien.

Luft|bildaufnahme *f* photographie aérienne; **–fahrer** *m* pilote; **–fahrerschein** *m* brevet *m* de pilotage.

Luftfahrt *f* navigation *f* aérienne; **–behörde** *f* autorité *f* responsable de la circulation aérienne; **–gesellschaft** *f* compagnie de navigation aérienne, société de navigation aérienne; **–hindernisse** *npl* entraves *fpl* à la libre circulation aérienne; **–industrie** *f* industrie *f* aéronautique, construction *ou* industrie aérospatiale; constructeurs *mpl* (d'avions); **internationale –kommission** *f* commission internationale de navigation aérienne; **–recht** *n* droit de la navigation aérienne; **–schau** *f* exposition aérienne, salon *m* de l'aéronautique; **–unfall** *m* accident *m* d'avion; **–unternehmen** *n* entreprise de navigation aérienne, exploitant *m* de transport aérien; **–versicherung** *f* assurance *f* des transports aériens.

Luftfahrzeug *n* aéronef *m*, appareil d'aviation; avion *m*; aérodyne *m*; **gewerbliches –** aéronef commercial; **–erklärung** *f* déclaration générale d'aéronef; **–führer** *m* pilote *m*; **–halter** *m* utilisateur *m* d'un aéronef; **–hypothek** *f* hypothèque *f* sur aéronef, hypothèque aérienne; **–rolle** *f* registre *m* d'immatriculation des aéronefs.

Luftfracht *f* fret *m* aérien; expéditions par avion; **–brief** *m* lettre de transport aérien; **–büro** *n* bureau *m* des frets aériens.

Luftfrachtführer *m* transporteur *m* aérien; **ausführender –** transporteur de fait; **vertragschließender –** transporteur contractuel.

Luftfracht|gut *n* fret aérien; **–sammeldienst** *m* service *m* de groupage en frets aériens; **–schein** *m* lettre de transport aérien; **–sendung** *f* envoi *m* par avison.

Luft|führerschein *m* brevet *m* de pilote; **–hoheit** *f* souveraineté dans le domaine aérien; **–korridor** *m* couloir *m* aérien, corridor *m* aérien.

Luftpirat *m* (=Flugzeugentführer) pirate *m* de l'air.

Luftpiraterie *f* détournement *m* d'avion, détournement illicite d'aéronef, piraterie *f* aérienne.

Luftpolizei *f* police *f* de l'air.

Luftpost *f* poste *f* aérienne.

Luftpostbriefsendung *f* correspondance-avion *f*; **zuschlagpflichtige –** correspondance-avion surtaxée; **– des offenen Durchgangs** correspondance-avion en transit à découvert.

Luftpost|dienst *m* service *m* postal aérien; **–leichtbrief** *m* aérogramme *m*; **–paket** *n* colis-postal *m* avion, colis-avion *m*; **– sendung** *f* envoi *m* par la poste aérienne; **–verkehr** *m* service postal aérien; **–wertpaket** *n* colis-avion avex valeur déclarée; **–zuschlag** *m* surtaxe *f* aérienne.

Luftraum *m* espace *m* aérien, domarine *m* aérien; **– überwachung** *f* surveillance *f* aérienne.

Luftrecht *n* droit *n* aérien.

Luftreinhaltung *f* protection *f* contre la pollution de l'air.

Luftschadstoffe *pl* polluants *mpl* atmosphériques.

Luftschiff *n* aéronef *m*.

Luft|schiffahrt *f* navigation *f* aérienne; **–schneise** *f* couloir *m* aérien, corridor *m* aérien; **–schutz** *m* protection *f* anti-aérienne; **–sicherheit** *f* sécurité *f* de la circulation aérienne; **–sperrgebiet** *n* espace aérien interdit; **–stützpunkt** *m* base *f* aérienne; **–transport** *m* transport *m* par air; **– transportrecht** *n* droit du transport aérien.

Lufttüchtigkeit *f* aptitude *f* au vol.

Lufttüchtigkeits|anforderung *f* norme de navigabilité; **–schein** *m*, **–zeugnis** *n* certificat de navigabilité.

Lüftungsanlage *f* installation d'aération.

Luftverkehr *m* trafic *m* aérien, navigation *f* aérienne, circulation aérienne; **gewerblicher –** trafic aérien commercial.

Luftverkehrs|abkommen *n* accord *m* sur le trafic aérien, accord aéronautique; **–behörde** *f* service de l'aviation civile; **–gesellschaft** *f* compagnie de navigation aérienne, société de transport aérien; **–gesetz** *n* loi *f* sur le navigation aérienne; **–haftung** *f* responsabilité du transporteur aérien; **–kontrolle** *f* contrôle *m* du trafic aérien; **–linie** *f* ligne de navigation aérienne; **–ordnung** *f* code *m* de la circulation aérienne; **–recht** *n* droit *m* aérien, droit de la navigation aérienne, droit des communications aériennes.

Internationaler Luftverkehrsverband *m* Association du transport aérien international (IATA).

Luft|verschmutzung *f* pollution atmosphérique; **–verschollenheit** *f* disparition *f* dans un accident d'avion; **–versicherungsgeber** *f* droit aérien d'assurance; **–waffe** *f* armée *f* de l'air; **–waffenattaché** *m* Attaché de l'air; **–weg** *m* voie *f* aérienne; **–zwischenfall** *m* incident *m* aérien.

Lüge *f* mensonge *m*, affirmation contraire à la vérité, contre-vérité, fabulation, imposture.

lügen mentir, altérer la vérité.

Lügendetektor *m* détecteur *m* de mensonges.

Lumpenproletariat *n* sous-prolétariat *m*.

Lustbarkeitssteuer *f* (Aut) impôt *m* sur les distractions.

Lustmord *m* meurtre *m* avec viol, crime *m* sadique.

lustlos *adj (Börse)* maussade, terne, inactif.

Luxus|artikel *pl* objet *m ou* article *ou* produit de luxe; **–aufwand** *m* (Aut), **–aufwendung** *f*, **–ausgaben** *pl* impense *f* voluptuaire; **–gut** *n* propriété d'agrément; **–güter** *pl* produits de luxe; **–steuer** *f* impôt sur les produits de luxe, taxe somptuaire; **–waren** *pl* produits *mpl* de luxe.

lynchen lyncher, exercer de graves violences.

Lynchjustiz *f* loi de Lynch, lynchage *n*, justice *f* sommaire.

M

machen: einen Fehler – commettre une faute; **sein Testament –** disposer de ses biens par testament, tester; **den Versuch –** essayer, tenter; **einen Vorschlag –** faire une proposition.

Machenschaften *pl* manœuvres *fpl*, agissements *mpl*, intrigues *fpl*, machinations *fpl*, menées fpl; **betrügerische –** tromperie *f*, manœuvres *fpl* frauduleuses; **unlautere –** manœuvre *f* déloyale; **verbrecherische –** manœuvres criminelles.

Macht *f* (1) *(Herrschaft)* pouvoir *m*,

autorité *f*, (2) *(Gewalt)* force *f*, puissance *f*, (3) *(Einfluß)* ascendant *m*, influence *f*; **bewaffnete –** force armée; **dritte –** puissance tierce; **feindliche –** puissance ennemie; **kriegführende –** puissance belligérante; **kündigende –** puissance dénonçante; **neutrale –** puissance neutre; **nichtkriegführende –** puissance non belligérante; **öffentliche –** force publique; **wirtschaftliche –** puissance économique; **die – ergreifen** s'emparer du pouvoir, prendre le pouvoir; **– geht vor Recht** la force prime le droit; **an der – sein** être au pouvoir, assumer le pouvoir; **die – übernehmen** prendre le pouvoir.

Macht|antritt *m* accès au pouvoir, arrivée au pouvoir; **–befugnis** *f* pouvoir *m*, plein pouvoir, autorité *f*; **–bereich** *m* (1) *(StaatsR)* compétence *f*, ressort *m*, (2) *(VR)* sphère *f* d'influence; **–ergreifung** *f* prise de pouvoir, accès au pouvoir, arrivée au pouvoir; **–erlangung** *f* arrivée *f* au pouvoir; **–fülle** *f* omnipotence *f*, toute-puissance, hégémonie *f*, suprématie *f*; **–haber** *m* gouvernant *m*, maître *m*; puissants *mpl*; **–häufung** *f* concentration de pouvoir; **–kampf** *m* lutte *f* politique, conflit *m* d'intérêts; **–mißbrauch** *m* abus *m* d'autorité, détournement de pouvoir; **–position** *f* position-clef *f*; **–stellung** *f* (1) *(WirtR)* position dominante sur le marché, (2) *(Politik)* position de force; **–übernahme** *f* prise de pouvoir, arrivée au pouvoir; **–überschreitung** *f* excès de pouvoir; **–verhältnisse** *pl* positions respectives; **–vollkommenheit** *f* plénitude du pouvoir.

Mächte *pl,* (Groß-) grandes puissances; **streitende –** puissances en conflit; **vertragschließende –** puissances contractantes.

Mädchen|handel *m* traite *f* des femmes; **–name** *m* nom de jeune fille.

Magazin *n* dépôt *m*, entrepôt *m*, magasin *m*; **–buch** *n* registre *m* de dépôt; **–verein** *m* coopérative *f* de distribution.

Magistrat *m* (1) (BRD) exécutif *m* collégial communal dans certains Länder; collège *m* administratif municipal, (2) (Aut) mairie *f* (de Vienne notamment), municipalité *f*.

Magistrats|kollegium *n* conseil *m* municipal; **–mitglied** *n* conseiller municipal; **–verfassung** *f* constitution *f* communale comprenant un organe délibérant et une municipalité collective.

Magnetband *m* bande *f* magnétique; bande vidéo, cassette *f*.

Mahlprämie *f* prime *f* de mouture.

Mahn|antrag *m* requête *f* en vue de l'obtention d'une ordonnance portant injonction de payer; **–bescheid** *m* ordonnance *f* portant injonction de payer; **–bescheidsantrag** *m* requête *f* *ou* demande *f* en délivrance d'une ordonnance portant injonction de payer; **–betrag** *m* montant de la somme réclamée; **–brief** *m* (1) *(privat)* lettre de rappel, lettre de relance, (2) *(öffentlich)* mise en demeure, acte de sommation; **–gebühr** *f* frais (de greffe) de l'injonction de payer; **–karte** carte *f* de rappel; **–klage** *f* (Aut) injonction *f* de payer, procédure abrégée pour obtenir un titre exécutoire; **–kosten** *pl* frais *mpl* judiciaires et divers résultant de la mise en demeure (*ou* de l'injonction de payer); **–sache** *f* procédure de recouvrement *ou* d'injonction de payer; **–schreiben** *n* lettre de rappel; **–spesen** *pl* frais *mpl* de sommation.

mahnen (1) sommer, mettre en demeure, (2) avertir.

Mahnung *f* (1) *(Zahlungserinnerung)* lettre de rappel, (2) *(gerichtlich)* procédure d'injonction (de payer), sommation, (3) *(Aufforderung)* avis *m*, avertissement *m*; **gebührenfreie –** sommation sans frais.

Mahnverfahren *n (ZPR)* procédure *f* d'injonction *ou* en vue de la délivrance d'une injonction de payer; procédure *f* de sommation *ou* de mise en demeure; injonction *f* de payer; **außergerichtliches –** sommation extra-judiciaire.

Majorität *f* (= Mehrheit) majorité *f*; **absolute –** majorité absolue; **relative –** majorité relative.

Majoritäts|beschluß *m* motion *f* adoptée à la majorité des voix; **–regierung** *f* gouvernement *m* majoritaire.

Makel *m* défaut de caractère; imperfection physique, tare *f*, difformité *f*, défectuosité *f*.

Mäkler *m*, **Makler** *m* (1) *(HR)* courtier *m*, (2) *(Börse)* agent *m* de change, (3) *(Immobilien)* agent immobilier, agent de ventes (*ou* de location) d'immeubles, (4) *(Inhaber eines öffentlichen Amtes)* courtier officier ministériel; **eingetragener –** courtier assermenté *ou* inscrit; **vereidigter –** courtier assermenté *ou* agréé.

Makler|auftrag *m* demande *f* d'entremise; **–courtage** *f od*. **–gebühren** *pl* (1) courtage *m*, droit de courtage, (2) *(Immobilien–)* frais *pl* d'agence; **–geschäft** *n* opération de courtage; **–kammer** *f* chambre des agents de change; **–lohn** *m* courtage, commission (du courtier); **–recht** *n* droit relatif aux opérations de courtage; **–substitut** *m* commis d'agent de change; **–vertrag** *m* contrat de courtage.

Makroökonomie *f* macro-économie.

Makulatur *f* (1) *(Fehldruck)* maculature *f*, feuille maculée, (2) *fig* fait d'être périmé *ou* dépassé.

Makulierung *f (UrhR)* rachat *m* par l'éditeur et destruction totale des exemplaires restants d'une œuvre; pilon *m*, fait de pilonner (des livres).

Malus *m (VersR)* malus *m*, majoration de prime.

Management *n* (1) techniques *fpl* d'organisation et de gestion (des entreprises), (2) direction participative et gestion dynamique d'une société (commerciale *ou* industrielle), management *m*; **oberes –** cadres *mpl* supérieurs.

Manager *m* cadre supérieur, dirigeant *m* d'entreprise.

Mandant *m* (1) *(Auftraggeber)* commettant *m*, délégant *m*, mandant *m*, (2) client *m* (d'un avocat).

Mandantenschutzklausel *f* clause *f* en vue de la protection de la clientèle (en faveur d'un avocat).

Mandantschaft *f* contrat passé par un avocat avec son mandataire.

Mandat *n* (= Auftrag) mandat *m*, contrat de mandat; pouvoir de représentation; **gebundenes –, imperatives –** mandat impératif; **von einem – entbinden** relever d'un mandat.

Mandatar *m* (= Beauftragter, Bevollmächtigter) mandataire *m*; intermédiaire *m*, agent *m*, d'affaires; **–macht** *f*, **–staat** *m* puissance *f* mandataire, État *m* mandataire.

Mandats|annahme *f* acceptation du mandat; **–ausübung** *f* (1) exécution du mandat, (2) *(VR)* exercice d'un mandat; **–brief** *m (VR)* acte de mandat; **–erteilung** *f* conférer un mandat; **–gebiet** *n* territoire *ou* pays sous mandat; **–kündigung** révocation du mandat; **–macht** *f* puissance mandataire; **–mißbrauch** *m* détournement *ou* dépassement de pouvoirs; **–niederlegung** *f* démission *f*; **–periode** *f* législature *f*; **–staat** *m* État *m* mandataire; **–verfahren** *n* (Aut) procédure *f* pour rendre un état exécutoire; **–verlust** *m* déchéance *f* du mandat; **–verteilung** *f (ÖfR)* répartition des sièges (parlementaires).

Mangel *m* (1) *(Fehler)* vice *m*, défaut *m*, défectuosité *f*, malfaçon *f*, imperfection, (2) *(Nichtvorhandensein, Knappheit)* absence *f*, pénurie *f*, disette *f*, carence *f*, manque *m*, insuffisance *f*; **geheimer –** vice caché, défaut *m* caché, vice rédhibitoire; **nicht erkennbarer –** vice indécelable; **offener –, offensichtlicher –** vice apparent, défaut ostensible, défectuosité immédiatement perceptible; **verborgener –** vice caché, défaut caché; **– an Arbeitskräften** pénurie *f* de main-d'œuvre; **einen – beheben** (1) *(Sachmangel)* remettre (une chose) en bon état, réparer (un bien), (2) *(Rechtsmangel)* couvrir un vice; **aus – an Beweisen** faute de preuve; **– der gesetzlichen Voraussetzungen** défaut de base légale; **– an Masse** insuffisance d'atifs; **– des Unrechtsbewußtseins** défaut de connaissance du caractère illicite des faits commis; **– der Vollmacht** défaut de procuration.

Mängel|anspruch *m* droit *m* résultant de la constatation d'un vice; **–anzeige** *f* réclamation *f* pour vice de la marchandise, réclamation pour livraison défectueuse; **–beseitigung** *f* réparation *ou* élimination d'un vice, correction, porter remède à un vice, remédier à un défaut, remettre en bon état; **–beseitigungsaufwand** *m* coût de la réparation.

Mangel|folgeschaden *m* dommage *m* causé aux biens du vendeur par suite de l'impropriété *ou* du vice de la chose; **–folgeschadenhaftung** *f* responsabilité *f* contractuelle du vendeur pour les dommages consécutifs.

Mängel|einrede *f* exception *f* (soulevée par le défendeur) (et) invoquant le vice de la chose; **–frei** *adj* (chose) exempt(e) de vices; apte à l'usage prévu; **–freiheit** *f* absence *f* de vice *ou* de défaut (de la chose vendue); **–gewähr** *f* garantie *f* des vices; garantie contre les défauts (cachés) de la chose; **–gewährleistungsanspruch** *m* droit à la réparation de l'ensemble des dommages causés, droit à l'indemnité de l'acquéreur évincé; **–haftung** responsabilité pour défauts de la chose vendue, garantie à raison des vices (de la chose); **–heilung** *f* couverture *f* d'un vice; validation *f* d'un acte entaché de nullité.

mangelhaft *adj* défectueux, entaché d'un vice, vicieux, détérioré, impropre à l'usage (prévu).

Mangelhaftigkeit *f* (1) le fait d'être entaché d'un vice rédhibitoire, (2) vice de fabrication, défectuosité, altération, détérioration (empêchant l'usage de la chose).

Mängelliste *f* énumération des défauts de la chose.

mangeln manquer; **–de Reife** pouvoir *m* de discernement insuffisant, maturité *f* d'esprit insuffisante.

Mängel|nachbesserung *f* réparation du vice (par le vendeur); **–prüfung** (effectuer une) vérification ou (un) examen de la chose.

Mängelrüge *f* (1) *(HR: Handelskauf)* recours *m* en garantie pour vices de la marchandise, réclamation *f*, (2) *(BR: Werkvertrag)* réclamation soulevée par le maître en vue de faire constater la responsabilité pour malfaçon (de l'entrepreneur); **eine – erheben** engager la responsabilité du vendeur, exercer une action en garantie contre le vendeur.

mangels Beweises à défaut *m* de preuve, faute de preuve; **– Dekkung** à défaut de provision, à défaut de couverture, faute de provision; **– Zahlung** faute de paiement.

Mängel|schaden *m* préjudice *m* résultant du défaut (de la chose); **–verjährung** *f* prescription de l'action en garantie.

Mangel|sorte *f* catégorie *f* déficitaire; **–ware** *f* denrée *f* rare; **–wirtschaft** économie *f* de pénurie.

Manifest *n* manifeste *m*, proclamation.

Manifestation *f* (1) *(Bekundung)* expression, (2) *(Offenbarwerden)* démonstration, marque, manifestation.

Manipulation *f (absichtliche Verfälschung)* manipulation, tripotage *m*, manœuvre occulte.

Manko *n* (= Defizit) manque *m*, déficit *m*; **–gelder** *pl* indemnité de caisse; **–haftung** *f* responsabilité pour un déficit.

Mann *m* être humain mâle, homme.

männlich *adj* (de sexe) masculin.

Mannschaften *pl (MilR)* hommes de troupe.

Mannschaftsrolle *f* rôle d'équipage.

Manöverschäden *pl* dommages résultant de manœuvres militaires et d'exercices en temps de paix.

Mantel *m* (1) *(Aktien)* souche *f ou* corps du titre, manteau d'une action (L), (2) totalité des parts (d'une société).

Mantel|gesetz *n* loi cadre, loi programme; **–kauf** *m (GesR)* acquisition d'une société n'existant plus que sur le papier; **–note** note de couverture; **–police** *f* police *f* globale; **–tarifvertrag** *m* convention *f* collective générale; **–vertrag** *m* (1) *(ArbR)* convention collective cadre, (2) *(ZR)* contrat-type *m*; **–zession** *f* cession de créances à une banque par voie de renouvellements successifs, de manière que leur montant total se maintienne à un certain niveau.

Manuskript *n* manuscrit *m*, œuvre originale non imprimée.

Marge *f* marge *f* bénéficiaire *ou* nette.

Marginalien *pl* notes *fpl* marginales.

Marginalrubrik *f* (Aut) mention en marge, mention marginale.

Marine|attaché *m* attaché *m* naval; **–stützpunkt** *m* base *f* navale.

Marionettenregierung *f* gouvernement *m* fantoche.

Mark *f* mark *m*; **Deutsche** – (DM) le deutsche mark.

Marke *f* (1) *(HR = Warenzeichen)* signe distinctif, marque de fabrique *ou* de commerce *ou* de service, (2) *(SteuerR)* timbre *m* (fiscal); **ausländische** – marque étrangère; **begleitende** – marque associée; **eingetragene** – marque enregistrée; **geschützte** – marque protégée; **international registrierte –, internationale** – marque internationale; **notorische** – marque notoirement connue, marque notoire; – **als Bildzeichen** signe figuratif *ou* emblématique; – **als Wortzeichen** signe dénominatif, marque verbale.

Marken|anmelder auteur du dépôt, déposant *m*; **–anmeldung** *f* dépôt du signe (à titre de marque), déclaration; **–artikel** *m* article *m ou* produit *m* de marque; **–bezeichnung** *f* signe distinctif; **–eintragung** *f* enregistrement de la marque; **–firma** firme brevetée; **–hinterlegung** *f* dépôt d'une marque; **–inhaber** *m* propriétaire *m ou* titulaire d'une marque; **–lizenz** *f* licence de marque; **–name** *m* marque verbale, signe dénominatif; **–recht** *n* (1) *(i. e. S.)* droit sur la marque, (2) *(i. w. S.)* droit des marques *ou* des signes distinctifs; **–register** *n* registre des marques; **–registrierung** *f* enregistrement du dépôt; **–schutz** *m* protection des marques, protection du signe et des objets désignés (par ce signe); **–ware** *f* produit *m ou* article *m* de marque; **–zeichen** *n* marque de fabrique *ou* de commerce; **eingetragenes –zeichen** marque déposée.

Marketing *n (BW)* mercatique *f*, marketing *m*, organisation (rationnelle) de la vente; étude *f* de marché, stratégie commerciale; technique *f* de vente, marchéage *m*; **–manager** *m* chef *m* du marketing (d'une société).

Markt *m* marché *m*; débouché *m*; lieu public de vente des biens et des services; **amtlicher** – marché officiel; **beschränkter** – marché restreint, marché resserré; **einheitlicher** – marché unique; **enger** – marché étroit; **fester** – marché soutenu *ou* ferme; **flauer** – marché creux *ou* languissant; **freier** – marché libre; **gedrückter** – marché déprimé *ou* lourd; **gemeinsamer** – marché commun; **gesättigter** – marché saturé; **geschlossener** – marché fermé; **gespaltener** – double marché; **grauer** – marché parallèle *ou* en marge de la légalité (toléré par les autorités de contrôle); **einheimischer** – marché national; **integrierter** – marché intégré; **internationaler** – marché international; **lebhafter** – marché animé *ou* actif; **lokaler** – marché local; **lustloser** – marché inactif *ou* faible; **offener** – marché ouvert; **potentieller** – marché potentiel; **repräsentativer** – marché représentatif; **ruhiger** – marché calme *ou* peu animé; **schwarzer** – marché noir *ou* clandestin; **stockender** – marché hésitant; **einen – erkunden** prospecter un marché; **den – überschwemmen** inonder le marché.

Markt|abschottung *f* fermeture *f* du marché (aux produits étrangers); **–analyse** *f* analyse *f ou* étude *f* du marché; **–änderung** *f* modification *f* du marché; **–anteil** *m* part *f* du marché; **–aufspaltung** *f* éclatement du marché; **–aufteilung** *f* répartition des marchés; **–ausdehnung** *f* extension du marché; **–ausgleich** *m* compensation *f* des cours; **–aussichten** *pl* perspectives du marché; **–ausweitung** *f* expansion du marché; **–bearbeitung** *f* prospection *f* du marché; **–bedingt** fonction du marché; **–bedürfnis** *n* besoins du marché, demande sur le marché; **–beeinflussung** *f* manipulation du marché (par des pratiques illégales); **–beherrschendes Unternehmen** entreprise dominant le marché *ou* ayant un quasi-monopole; **–beherrschung** *f* domination du marché; **–behinderung** *f* entraves *fpl* au libre jeu de l'offre et de la demande; **–beobachtung** analyse du marché; **–bericht** *m* mercuriale *f*; **–bildung** *f* formation du marché; **–entwicklung** *f* évolution *f* du marché, tenue du marché; **–erkundung** *f* étude du marché; **–eroberung** *f* conquête du marché; **–erschließung** *f* ouverture du marché; **–erweiterung** *f* extension du marché.

marktfähig *adj* (1) *(Wertpapiere)* négociable, (2) *(Waren)* commercialisable.

Markt|fähigkeit *f* négociabilité *f*; **–forscher** *m* spécialiste *m* du marketing; **–forschung** *f* prospection du marché, étude *ou* analyse du marché; **–führer** ayant une position dominante sur le marché.

marktgängig *adj* (1) *(Wertpapier)* admis au marché, coté sur le marché, (2) *(Ware)* marchand, courant.

Markt|gängigkeit *f* qualité *f* marchande; **–gebiet** *n* marché en tant que zone géographique; **–gebühren** *pl* frais de marché; **–gestaltung** *f* structure du marché; **–helfer** *m* commis *m*; **–herrschaft** *f* domination du marché, suprématie *f* sur le marché; **–information** *f* information sur les possibilités de vente; **–kontrolle** *f* contrôle du marché; **–konzentration** *f* concentration du marché; **–lage** *f* situation du marché; **–lücke** *f* créneau *m*; **–macht** *f* domination *f* du marché; **–mißbrauch** *m* abus de position dominante; **–monopol** *n* monopole sur le marché; **–nachfrage** *f* demande sur le marché; **–nische** *f* créneau *m*; **–ordnung** *f (EuR)* règlement *ou* organisation du marché agricole; **–ordnungsgesetz** *n* loi sur la commercialisation des produits agricoles.

Markt|orientierung *f* orientation du marché; **offene –politik** *f* politique d'open-market; **–position** position sur le marché; **–preis** *m* cours *m ou* prix pratiqué sur le marché.

Markt|regelung *f* réglementation du marché; **–regulierung** *f* régulation du marché; **–risiko** *n* risque *m* inhérent à la commercialisation (de produits); **–sanierung** *f* assainissement du marché; **–schlußschein** *m* bordereau *m* de vente; **–schutzabkommen** *n* accord sur la protection d'un marché; **–sicherung** *f* organisation du marché en vue d'assurer les débouchés; **–standsgeld** *n* droit de place; **–stellung** *f* situation sur le marché; **–störung** *f* perturbation *ou* trouble du marché; **–strategie** *f* gestion *ou* marchéage stratégique; **–stützung** *f* soutien du marché; **–tag** *m* jour de marché; **–tendenz** *f* tendance du marché; **–transparenz** *f* transparence du marché; **–untersuchung** *f* analyse *ou* étude du marché; **–veranstaltung** *f* manifestation commerciale; **–verband** association pour le contrôle d'un marché; **–verbot** *n* interdiction de vente; **–verengung** *f* rétrécissement du marché; **–verfassung** *f* organisation du marché; **–verhältnisse** *pl* situation *ou* état du marché, conditions du marché;

–verhalten *n* gestion prévisionnelle; **–verkauf** *m* vente sur le marché; **–verkehr** *m* expositions, foires, halles; marchés publics; **–verlauf** *m* allure *f* du marché, tendance *f* générale (du marché); **–versorgung** *f* approvisionnement du marché; **–verzerrung** distorsion *f* du marché; **–wert** *m* (1) valeur sur le marché, (2) valeur cotée.

Marktwirtschaft *m* économie *f* de marché; **freie –** économie libérale avancée; **soziale –** économie sociale de marché.

Markt|zins *m* taux *m* d'intérêt moyen (pratiqué sur le marché); **–zugang** *m od.* **–zutritt** *m* accès *m* au marché.

Markung *f* limite *f*, délimitation *f*.

Marsch, in – setzen mettre en marche; **–befehl** *m* feuille *f* de route.

Martinshorn *n* avertisseur *m* sonore, corne *f* des automobiles de police.

Maschine *f* machine *f*; **–nbau** *m* construction mécanique; **–nschaden** *m* panne *f* de machine; **–nschriftlich** écrit *ou* tapé à la machine à écrire.

maschinelle Bearbeitung *(EDV)* traitement informatisé et mécanique.

Maß *n* (1) mesure *f*, dimensions *fpl*, évaluation d'une grandeur, (2) *fig* modération, retenue, réserve, circonspection; **– der baulichen Nutzung** plafond *m* de densité (d'utilisation des sols); **– des Unterhalts** détermination du montant de la pension alimentaire (selon les besoins du demandeur); **–arbeit** *f* travail sur mesure; **–einheit** unité de mesure.

Masse *f* (1) *(Menge)* quantité *f*, (2) *(KonkursR)* patrimoine *m* du débiteur failli; **–anspruch** *m* droit à l'encontre du patrimoine du débiteur failli; **–forderung** *f* créance sur le patrimoine (du failli); **–gläubiger** *pl (KonkursR)* union des créanciers (pour réaliser les biens du failli); **–kosten** *pl* frais de gestion du patrimoine du failli; **–losigkeit** *f* absence *f* d'actifs; **–schuld** *f* dette exigible; **–schuldner** *m* débiteur *m* d'une dette exigible; **–verwalter** *m* administrateur judiciaire; **–zugehörigkeit** *f* appartenance au patrimoine de débiteur failli.

Massen|ausschreitungen *pl (StR)* voies de fait *ou* menaces commises par attroupement; **–entlassung** *f* (= Massenkündigung) licenciement *m* collectif; **–erzeugung** *f* production de masse; **–gesellschaft** *f* civilisation de masse; **–grab** *m* fosse commune; **–güter** *pl* marchandise en vrac, produits *mpl* pondéreux; **–gutladung** *f* chargement en vrac; **–herstellung** *f* production de masse *ou* en série; **–kündigung** *f* licenciement *m* collectif; **–kundgebung** *f* manifestation sur la voie publique, cortège et rassemblement de personnes; **–medien** *pl* mass media, masse-médias *mpl*, moyens de communication de masse; **–organisation** *f* organisation de masse; **–produktion** *f* production de masse *ou* en série; **–verbrauch** *m* consommation de masse; **–verbrauchsgut** *n* produit de grande consommation; **–verbrauchsgüter** *pl* denrées de grande consommation; **–verhaftungen** *pl* arrestations en masse, rafle *f*.

Maßgabe *f*, **mit der –** *(mit der Auflage)* avec l'obligation de, étant entendu que; **nach – von** conformément à, selon; **nach – des Art. ...** dans le cadre des dispositions de l'art. ...

maßgebend sein être déterminant, faire foi.

Maßhalte-Politik politique d'austérité *ou* de rigueur.

mäßig *adj* modéré, raisonnable.

Mäßigung *f* modération *f*, mesure *f*, réserve *f*, retenue *f*.

Mäßigungs|gebot *n*, **–pflicht** *f* *(VwR)* obligation de réagir de façon modérée; **–recht** *n*, **richterliches –** (Aut) droit pour le juge de réduire la peine.

Maßnahme *f* (1) *(Regelung)* mesure *f*, disposition *f*, (2) *(zweckbestimmtes Handeln)* opération *f*, initiative *f*, politique *f*, (3) *(StR)* sanction *f*; mesure de sûreté; **abweichende** – mesure dérogatoire; **begünstigende** – mesure préférentielle; **behördliche** – mesure d'autorité; **benachteiligende** – mesure préjudiciable; **beschwerende** – mesure faisant grief, acte faisant grief; **diskriminierende** – mesure discriminatoire; **drastische** – mesure draconienne; **einschränkende** – mesure restrictive; **einstweilige** – mesure provisoire; **finanzpolitische** – mesure de politique financière; **gerichtliche** – mesure judiciaire; **gesetzgeberische** – mesure législative; **gesundheitliche** – mesure sanitaire; **hoheitliche** – mesure de souveraineté, acte de gouvernement; **polizeiliche** – mesure de police; **sichernde** – mesure conservatoire; **steuerliche** – mesure fiscale; **vorbeugende** – mesure préventive; **vorsorgliche** – mesure conservatoire *ou* provisionnelle; **willkürliche** – mesure arbitraire; **– der Freiheitsentziehung** mesure privative de liberté; **– der Lenkung** mesure de dirigisme, mesure dirigiste; **– zur Neuordnung** mesure de réorganisation; **– der Planung** mesure de dirigisme *ou* planificatrice; **eine – aufheben** abroger *ou* annuler une mesure; **eine – ergreifen** *od.* **treffen** adopter une mesure; **eine – rückgängig machen** *od.* **widerrufen** abroger, annuler *ou* rapporter une mesure.

Maßnahme|bemessung *f (DiszR)* sévérité de la sanction infligeable (à un agent public); **–bündel** *n* train *m* de mesures; **–gesetz** *n* (= Einzelfallgesetz) loi *f* destinée à régir un cas particulier; **–paket** *n* train *m* de mesures; **–vollzug** *m* exécution de la sanction.

Maßregel *f* (1) *(Richtlinie)* direction, instruction, ordre *m*, (2) *(StR)* mesure *f*; **–n der Besserung und Sicherung** mesures *fpl* de sûreté (et d'éducation).

Maßregelung *f* (1) réprimande *f*, mesure *f* disciplinaire *ou* vexatoire, (2) sanction *f* administrative.

Maßstab *m* échelle *f*; *fig* critère *m*, norme *f*.

maßvoll *adj* mesuré, modéré.

Maßzölle *pl* droits de douane à la mesure, droits spécifiques.

Material *n* (1) *(Stoff)* matières *fpl* consommables, fournitures de consommation et d'entretien, matériau *m*, (2) *(Baustoffe)* matériaux *mpl* (de construction), (3) *(Ausrüstung)* matériel *m*; **entgegengehaltenes** – *(PatR)* antériorités opposées; **neuheitsschädliches** – état de la technique opposable, affectant la nouveauté; **–abrechnung** *f* comptabilité *f* matières; **–aufwand** *m* coût *m* matières; **–delikt** *(StR: Aut)* délit matériel; **–fehler** *m* vice *m* de matière; **–kosten** *pl* coût *m* des matières et fournitures; **–prüfung** essai *m* des matières, épreuve *f* des matériaux; **–schaden** *m* défaut du matériel; **–schein** *m* bon *m* d'approvisionnement.

Materie *f* (1) matière *f*, substance *f*, (2) *(Gegenstand)* sujet *m*, question *f*, domaine *f*, discipline *f*.

materiell *adj* matériel, concret, objectif; **–rechtlich** relatif au fond.

Matrikel|nummer *f* numéro *m* matricule; **–schein** *m* certificat *m* d'immatriculation.

Matriken|führer *m* (Aut) teneur de registre; **–einführung** *f* (Aut) tenue des registres.

Matura *f* (Aut) baccalauréat *m*; **–zeugnis** (Aut – S) diplôme de baccalauréat, certificat de maturité (S).

Mauer *f*, **gemeinschaftliche** – mur *m* mitoyen.

Maut *f*, **–gebühr** *f* péage *m*; **–autobahn** autoroute à péage.

Maximal|betrag *m* montant *m* maximum, plafond *m*; **–garantie** *f* limite *f* de garantie, garantie maximale.

Maximalhöhe *f*, **die – erreichen** plafonner.

Maximal|hypothek *f* (Aut) hypothèque dont le montant maximum seul est indiqué au registre hypothécaire; **–last** *f* (S) charge *f* maximum; **–leistung** *f* (1) prestation maximum, (2) rendement maximum; **–preis** *m* prix-limite, prix maximum; **–schaden** *m* sinistre *m* maximum; **–tabelle** *f (VersR)* tableau des pleins; **–tarif** *m* tarif maximum.

Maxime *f* axiome *m*, principe *m*, maxime *f*; sentence *f*, adage *m*.

Maximierung *f* (1) fixation *f* du plafond, (2) fixation des pleins.

Medien *pl* (1) moyens de télécommunication; techniques *fpl ou* supports *mpl* d'information, (2) mass media *mpl;* **–bereich** *m* secteur de l'information *ou* de l'audiovisuel; presse, radio et télévision; **–freiheit** *f* liberté de la presse écrite et parlée, liberté de la radiodiffusion-télévision; **–gesetze** *pl* régime légal de la radiodiffusion et télévision; **–landschaft** *f* paysage *m* audiovisuel; **–recht** *n* droit de l'audiovisuel; **–verbund** *m* coopération entre les moyens d'information et de communication de masse.

Medikament *n* produit *m* pharmaceutique, médicament *m*.

Medikamenten|abhängigkeit *f* pharmacodépendance *f*; **–gabe** *f* administration d'un médicament; **–mißbrauch** *m* abus *m* de substances médicamenteuses.

Medio|ausweis *m* situation au 15 du mois; **–geschäft** *m* opération conclue pour le 15; **–liquidation** *f* liquidation de quinzaine.

Medizinalrecht *m* droit des professions médicales et auxiliaires médicaux.

medizinische Indikation *f* avortement *m* thérapeutique, indication médicale de l'avortement.

Meer *n* mer *f*, océan *m*; **das offene –** la haute mer; **geschlossenes –** mer fermée; **–busen** *m* golfe *m*; **–enge** *f* détroit *m*; **–esverschmutzung** *f* pollution de la mer.

Mehr|anspruch *m* demande supplémentaire; **–arbeit** *f* travail supplémentaire, heures *fpl* supplémentaires.

Mehrarbeits|stunde *f* heure *f* supplémentaire; **–pauschale** *f* somme *f* forfaitaire pour heures supplémentaires; **–vergütung** *f od.* **–zuschlag** *m* indemnité *ou* majoration *f* pour heures supplémentaires.

Mehr|aufkommen *n* surplus de recettes, rendement *m* supplémentaire; **–aufwand, –aufwendungen** excédent *m* de dépenses, surcroît *m* de frais; dépenses supplémentaires; **–ausgaben** *pl* excédent *m* de dépenses; dépenses supplémentaires; **–bedarf** *m (FamR)* besoins accrus (du créancier de la pension alimentaire); **–begehren** *n* (Aut) demande supplémentaire; **–belastung** *f* surcroît de charges, surcharge *f*; **–besteuerung** *f* imposition cumulative; **–betrag** *m* prime *f* d'émission; **–bieter** *m* enchérisseur *m*; **–deutig** *adj* ambigu, équivoque, obscur, permettant plusieurs interprétations; **–deutigkeit** *f* ambïguité *f*; **–ehe** *f* polygamie *f*; **–einnahmen** *pl* plus-values *fpl*, excédent *m* de recettes, surplus de recettes; **–erlös** *m*, **–ertrag** *m* produit *m* supplémentaire, surplus *m*.

mehren augmenter; majorer, valoriser; développer, accroître.

mehrere plusieurs, un certain nombre; quelque(s).

mehrfach *adj* à plusieurs reprises, de façon réitérée *ou* répétée.

Mehrfach|abtretung *f* cession réitérée (du même objet) à plusieurs acquéreurs; **–beschäftigung** *f* cumulation de plusieurs emplois; **–besteuerung** *f* imposition multiple *ou* cumulative; **–täter** *m (StVR)* contrevenant *m* réitéré (au code de la route); **–versicherung** *f* assurance *f* multiple, assurance cumulative, pluralité *f* d'assureurs (pour le même risque).

Mehrfamilienhaus *n* maison *f* en copropriété; maison en rangée; duplex *m*, triplex *m*.

Mehrfirmenvertreter *m* représentant *m* multi-cartes.

Mehr|gebot *n* enchère *f*; **–gebühr** *f* (Aut) taxe *f* supplémentaire; **–gewicht** *n* surcharge *f*, excédent *m* de poids.

Mehrgewinn *m* superbénéfice *m*, bénéfice excédentaire; **–steuer** *f* impôt sur les superbénéfices.

Mehrheit *f* majorité *f* (des voix, des suffrages); **absolute –** majorité absolue; **einfache –** majorité relative *ou* simple; **erforderliche –** majorité requise; **qualifizierte –** majorité spéciale *ou* qualifiée; **relative –** majorité relative; **verschärfte –, verstärkte –** majorité renforcée.

mehrheitlich à la majorité (requise).

Mehrheits|aktionär *m* actionnaire *m* majoritaire; **–beschluß** *m* décision prise à la majorité; décision *f* majoritaire; **–besitz** *m*, **–beteiligung** *f* *(GesR)* participation majoritaire; **–eigner** *m* actionnaire majoritaire; **–entscheid** *m* décision majoritaire; **–erwerb** *m (GesR)* prise *f* de contrôle; **–gesellschafter** *m* associé *m* majoritaire; **–grundsatz** *m* principe *m* majoritaire; **–nachlaß** *(VersR)* réduction pour assurance simultanée de plusieurs automobiles; **–partei** *f* parti *m* appartenant à la majorité gouvernementale; **–prinzip** *n* principe *m* des décisions à la majorité; **–regierung** *f* gouvernement *m* majoritaire.

Mehrheitswahl *f* vote *m ou* scrutin *m* majoritaire; **–system** *n* mode électoral majoritaire.

mehrjährig *adj* pluriannuel.

Mehrjährigkeitsrabatt *m* réduction de la prime d'assurance pour les contrats se prolongeant pendant plusieurs années.

Mehr|kosten *pl* frais *mpl* supplémentaires; supplément *ou* surplus de coûts, surcroît de frais; **–leistung** *f* prestation supplémentaire; contribution facultative; **–mütterkonzerne** *pl (GesR: Gemeinschaftsunternehmen)* groupe *m* à filiales communes; **–parteiensystem** *n* système *m* pluripartite; **–phasensteuer** *f*, **kumulative –phasensteuer** taxe cumulative en cascade; **–prämie** *f* surprime *f*, prime additionnelle; **–preis** *m* supplément de prix.

mehrseitig *adj* multilatéral, plurilatéral.

Mehrsprachigkeit *f* plurilinguisme *m*.

mehrspurig *adj* (chaussée) à plusieurs voies.

Mehrstaat(l)er *m* sujet *m* mixte.

Mehrstimmen|aktie *f* actions à vote plural; **–recht** *n* droit de vote plural; **–wahl** *f* vote *m* plural.

Mehr|stimmrechtsaktie *f* action *f* à vote plural; **–verbrauch** *m* consommation *f* supplémentaire; **–verkehrseinrede** *f*, **–verkehrseinwand** *m (FamR)* fin de non recevoir (de l'action en recherche de paternité) pour commerce avec un autre individu.

Mehrwert *m* plus-value *f*; **–rate** *f* coefficient *m* de plus-value; **–steuer** *f* (= Nettoumsatzsteuer) taxe *f* sur *ou* à la valeur ajoutée (T. V. A.).

Mehrzweckverband *m (VwR)* syndicat *m* (de communes) à vocation multiple.

Meier|gut *n*, **–hof** *m* métairie *f*.

Meineid *m* faux serment *m*, témoignage *m* sciemment mensonger.

Meineidiger *m* parjure *m*, personne qui prête un faux serment.

Meinung *f* opinion *f*, conviction *f*, point *m* de vue, appréciation *f*; **abweichende –** opinion dissidente; **herrschende –** doctrine dominante; **öffentliche –** opinion publique, état général d'esprit; **vorgefaßte –** parti pris, opinion préconçue; **weitverbreitete –** opinion communément admise; **eine – äußern** émettre *ou* exprimer une opinion; **auf seiner – beharren** avoir une opinion arrêtée *ou* ferme, tenir pour certain; **sich eine – bilden** se former une opinion, se documenter, s'informer.

Meinungs|äußerung *f* expression d'un avis *ou* d'une pensée *ou* d'une conviction; **–äußerungsfreiheit** liberté d'expression; **–befragung** *f* sondage d'opinion; **–bildung** *f* formation de l'opinion publique (par l'information et l'orientation); **–differenzen** *pl* divergence *f* d'opinions, dissension, dissentiment;

–forschung *f* sondage *m* d'opinion, enquête *f*; **–forschungsinstitut** *n* institut *m* démoscopique; **–freiheit** *f* liberté d'opinion; **–kauf** *m (BörsR)* achat *m* spéculatif; **–stand** *m* état *m* de la question (dans la doctrine et la jurisprudence); **–streit** *m* divergence *f ou* différence d'opinion; **–umfrage** *f* sondage *m* d'opinion, enquête *f* par sondage; **–verschiedenheit** *f* désaccord *m*, divergence d'opinions, dissentiment *m*, différend *m*.

Meistbegünstigung *f (VR)* traitement préférentiel.

Meistbegünstigungs|abkommen *n* accord sur la clause de la nation la plus favorisée; **–klausel** *f* clause de la nation la plus favorisée; **–satz** *m* taux applicable à la nation la plus favorisée; **–tarif** *m* tarif de la nation la plus favorisée; **–zollsatz** *m* tarif douanier applicable à la nation la plus favorisée.

Meistbietende(r) *m* le plus offrant, le plus fort enchérisseur, dernier enchérisseur.

Meistbietungstagsatzung *f* (Aut) audience des criées.

meistens dans la plupart des cas, ordinairement, le plus souvent.

Meister *m* (1) *(Handwerk)* maître *m*, patron *m*, (2) *(Industriebetrieb)* contremaître *m*; **–betrieb** *m* entreprise *f* d'apprentissage; **–brief** *m* brevet de maîtrise, lettre de maîtrise; **–prüfung** *f* examen *m* de maîtrise; **–stempel** *m* poinçon *m* de maître.

Meistgebot *n* la plus forte enchère.

Melde– und Ausweiswesen Service public de déclarations domiciliaires et de l'établissement des pièces d'identité.

Melde|amt *n od.* **–behörde** *f* (1) *(VwR: Einwohnermeldeamt)* Service municipal allemand de déclaration (obligatoire) d'arrivée et de départ du citoyen (dans la commune), service des déclarations domiciliaires obligatoires, (2) bureau de recensement; **–blatt** *n* feuille de déclaration; **–daten** renseignements; **–formular** *n* formulaire de déclaration (de domicile); **–frist** *f* délai de déclaration de domicile; **–karte** *f* carte de pointage; **–pflicht** *f* obligation de déclarer son domicile auprès des services municipaux compétents, obligation de déclaration de l'arrivée et du départ du citoyen (s'établissant dans une commune en RFA), déclaration domiciliaire obligatoire.

melden (1) *(mitteilen)* annoncer, communiquer, signaler, dire, (2) *(Nachricht geben)* informer, aviser, (3) *(amtlich)* rapporter, faire savoir, (4) *(anzeigen)* dénoncer; **sich –** se présenter à, faire sa déclaration de domicile; **sich krank –** se faire porter malade; **sich zu Wort –** demander la parole.

melde|pflichtig *adj* soumis à une déclaration.

Melde|pflichtige(r) *m* celui qui doit faire une déclaration; **–recht** *n* régime légal des déclarations domiciliaires; **–register** *n* registre *m* des déclarations domiciliaires; **–schein** formulaire *m* de déclaration d'arrivée (*ou* de départ) dans la commune; **–schluß** *m* date *f* limite d'inscription; **–vorschriften** *pl* règles relatives aux déclarations obligatoires; **–wesen** *n* réglementation relative à la déclaration domiciliaire; **–zettel** *m* bulletin de déclaration; **–zwang** *m* obligation de déclarer son domicile.

Meldung *f* (1) *(Ankündigung)* avis *m*, notification *f*, (2) *(Mitteilung)* information *f*, déclaration *f*, communication *f*, rapport *m*; **freiwillige –** *(MilR)* engagement *m* volontaire.

Melioration *f* (= Bodenverbesserung) amendement *m* des terres, amélioration *f* du sol; **–sfonds** *m* fonds d'amélioration agricole; **–sgenossenschaft** *f* coopérative agricole d'amendement des terres cultivables.

Memorandum *m (VR)* mémorandum *m*, aide-mémoire *m*.

Menge *f* (1) *(wäg- u. meßbar)* quantité *f*, (2) *(große Anzahl)* multitude *f*, masse *f*, foule *f*, (3) *(Wasser, Gas)* débit *m*, (4) *(Medikament)* dose *f*; **überschüssige –** excédent *m*.

Mengen|abweichung *f* quantité *f* non conforme (à la commande); **–bestimmung** *f* réglementation quantitative; **–hinterlegung** *f* dépôt *m* multiple; **–kauf** *m* vente d'objets en quantité; **–kontrolle** *f* contrôle *m* quantitatif; **–nachlaß** *m* remise *f* (sur le prix courant); **–notierung** *f* *(BörsenR)* certain *m*; **–prämie** *f* prime de quantité; **–produktion** *f* production de masse; **–rabatt** *m* réduction en considération de l'importance de la vente, remise *f*; **–staffelung** *f* progression *ou* diminution par quantités; **–vorschrift** *f* réglementation *f* quantitative.

Mensch *m* être humain, homme; personne humaine.

Menschen|ansammlung *f* *(StR)* attroupement *m*; **–bild** *n* conception de l'homme; **–handel** *m* *(StR)* traite *f* des êtres humains; **–kenntnis** *f* connaissance *f* de l'homme, compréhension; **–leben** *n* vie humaine; **–menge** *f* attroupement *m*; **–raub** *m* enlèvement *m*, rapt *m*; **–rechte** *pl* droits de l'homme; **–rechtserklärung** déclaration des droits de l'homme; **–rechtskonvention** *f* *(VR)* convention *f* des droits de l'homme.

Menschenwürde *f* dignité *f* de la personne humaine, dignité humaine.

menschenwürdig respectant la dignité humaine.

Menschheit *f* humanité *f*, genre humain.

menschlich *adj* humain; humanitaire.

Menschlichkeitsverbrechen *n* *(VR)* crime *m* contre l'humanité.

Mentalreservation *f* *(ZR)* restriction mentale, réserve tacite (sur ce que l'on dit).

Mentor *m* conseiller *m*; guide *m*.

Merchandising *n* marchandisage *m*, marchéage, merchandising, technique de présentation du produit.

Merkantilismus *m* mercantilisme *m*.

Merkblatt *n* notice *f*, feuille *f* de renseignemens, fiche *f*.

Merkmal *n* particularité *f*, qualité *f*; trait *m* caractéristique, élément *m* distinctif, propriété *f* spécifique.

Meß- und Marktsachen litiges *mpl* relatifs au mesurage et aux foires.

Meßbrief *m* certificat de jaugeage.

Messe *f* (1) foire *f* (professionnelle), (2) *(Ausstellung)* exposition *f*, salon *m*; **–amt** *n* comité *m* d'organisation (de la foire); **–aussteller** *m* exposant *m*; **–ausweis** *m* carte *f* de légitimation; **–dienst** service *m* d'information (de la foire); **–fläche** *f* surface *f* d'exposition; **–gäste** *pl* visiteurs *mpl* (professionnels); **–gelände** *n* parc *m* des expositions; **–gut** *n* marchandise *f* à exposer, bien *m* d'exposition; **–platz** *m* lieu *m*, emplacement; **–spediteur** *m* transitaire *m* (de la foire); **–stand** *m* stand *m* (de foire); **–veranstalter** *m* organisateur *m*.

Meß|fehler *m* erreur *f* dans la mesure; **–gerät** *n* instrument *ou* appareil de mesure.

Meß|karte *f*, **anthropometrische –** (S) fiche *f* anthropométrique **–wert** *m* mesure, valeur mesurée; **–wesen** *n* (1) organisation (nationale) de métrologie légale, service des instruments de mesure, (2) métrologie; **–zahl** *f* (nombre) indice *m*.

Messung *f* mesurage *m*.

Meta|geschäft *n* *(GesR)* opération effectuée pour le compte d'une société en participation; **–kredit** *m* crédit en compte-joint.

Metall|arbeiter *m* métallurgiste *m*, *umg* métallo; **–bestand** *m* stock *m* métallique, encaisse *f* métallique; **–bestände** *pl* réserves *fpl* métalliques; **–deckung** *f* couverture *f* métallique; **–gehalt** *m* teneur *f* en métal; **–geld** *n* monnaie *f* métallique; **–industrie** *f* industrie *f* métallurgique; **–inflation** *f* inflation métallique; **–punkt** *m* point-or *m*; **–schatz** *m* réserve métallique; **–verarbeitung** *f* usinage *m* *ou* transformation des métaux; **–währung** *f* étalon *m* *ou* monnaie *f* métallique.

Methadon|behandlung *f od.* **–therapie** *f* traitement (des toxicomanes) à la méthadone (en tant que substitut morphinique).

Methode *f* méthode *f*, procédé *m*, système *m*, technique *f*, manière *f* de procéder.

Methodenlehre *f*: **juristische –** méthodologie *f* juridique, science fondamentale du droit.

Meuchelmord *m* meurtre par empoisonnement *ou* par tout procédé particulièrement repréhensible.

Meuterei *f* mutinerie *f*, sédition *f*, révolte *f*.

Miet|anteil *m* part *f* du loyer (à payer); **–aufwand** *m*, **–aufwendungen** *pl* dépenses *fpl* locatives, frais *pl* résultant d'une location; **–ausfallversicherung** *f* assurance *f* perte de loyers; **–beihilfe** *f* aide personnalisée au logement; **–dauer** *f* durée du bail.

Miete *f* (1) *(Oberbegriff)* louage *m* de choses, (2) *(Wohnungen)* bail *m* immobilier *ou* d'habitation, location (d'un immeuble), prise à bail (d'un logement), (3) *(bewegliche Sachen)* bail mobilier, (4) *(Mietzins)* loyer *m*; **möblierte –** location en meublé; **– eines Geschäftslokals** bail *m* commercial; **– des leeren Schiffes** *(SeeHR)* location coque-nue.

Miet|einigungsamt *n* service d'arbitrage en matière de loyers; **–einkommen** *n*, **–einnahmen** *pl* revenu *m* locatif.

mieten (1) louer, prendre à bail, prendre en location, prendre à louage; (2) *(Schiffe)* affréter.

Mietenspiegel *m* loyers *mpl* de référence.

Mieter *m* locataire *m*, preneur à bail; **–aufwendungen** *pl* impenses *fpl* (du locataire); **–barkaution** *f* dépôt de garantie *ou* caution en espèces versée par le preneur; **–einbauten** *pl* constructions effectuées par le preneur, travaux *mpl* d'amélioration.

Miet|erhöhung *f* augmentation *ou* majoration de loyer; **–erhöhungserklärung** *f* proposition de nouveau loyer; **–erhöhungsklausel** *f* clause *f* d'indexation des loyers; **–erhöhungsstreitigkeit** *f* contestation du nouveau loyer; **–erhöhungsverlangen** *n* proposition de nouveau loyer; **–ertrag** *m* produit *m* locatif.

Mieterschutz *m* protection *f* (légale) des locataires; **–gesetz** loi sur la défense des droits des locataires; **–verein** *m* association (de protection) des locataires.

Mieterzuschuß *m* somme *f* versée par un locataire au titre des dépenses de construction ou d'entretien des locaux loués.

Miet|fahrzeug *n* voiture de location; **–fibel** *f* guide *m* des droits et démarches en matière de location d'appartements; **–forderung** *f* créance de loyer; **–gebühr** *f* taxe *f* de location; **–gegenstand** *m* objet de la location, chose *f* louée; **–geld** *n* allocation-logement; **–geldentschädigung** *f* indemnité *f* de louage, indemnité de location; **–gericht** *n* tribunal *m* des baux à loyer; **–gesetzgebung** *f* législation sur les loyers; **–gleitklausel** *f* clause d'indexation du loyer; **–haus** *n* immeuble de rapport; **–höhe** *f* montant *m* du loyer; **–index** *m* indice des loyers; **–kauf** *m* location-vente *f*; **–kaution** *f* dépôt de garantie *ou* caution versée en vue de garantir le paiement du loyer; **–kosten** *pl* frais liés à la location, frais de location; **–kostenzuschuß** *m* allocation-loyer *f*; **–minderung** *f* réduction du montant du loyer; **–nebenkosten** *fpl* charges *fpl* locatives (récupérables par le bailleur); **–objekt** *n* objet de la location, chose louée; **–partei** *f* preneur à bail; **–preis** *m* loyer *m*, prix de location; **–preisbindung** *f* fixation *f* impérative du loyer; **–preiserhöhung** *f* augmentation *ou* révision du loyer; **–preisspiegel** *m* grille des loyers; **–preisüberhöhung** *f* loyer *m* excessif *ou* exorbitant; **–quittung** *f* quittance de loyer; **–raum** *m* local loué; logement loué; **–recht** *f* législation en matière de louage de choses; régime légal du bail (à loyer); droit au bail (logement); **–rückstand** *m* retard dans le paiement du loyer, retard de paiement de loyer; **–sache** *f* (1) chose louée, lieux loués, (2) *(ZPR)* litige *m* en matière de bail à loyer.

Miet|schuld *f* montant dû au bailleur, loyer échu; **–spiegel** *m* loyers *mpl* de référence; **–steuer** *f* cote *f* mobilière; **–streitigkeit** *f* différend *m* en matière de bail à loyer, contestation sur le prix du bail; **–verfügung** *f* décision administrative valant contrat de location forcée; **–verhältnis** *n* rapports *mpl* juridiques résultant du bail à loyer, lien *m* juridique entre locataire et bailleur; **–verlängerung** *f* prorogation du bail; **–verpflichtung** *f* engagement *m* locatif.

Mietvertrag *m* contrat de location, contrat de bail, bail *m*, bail à loyer; **frei abgeschlossener –** bail de gré à gré; **freiwilliger –** location *f* amiable; **mündlich abgeschlossener –, mündlicher –** bail verbal, location *f* consensuelle; **–sabschluß** *m* formation du bail; **–sdauer** *f* durée *f* du bail.

Miet|vertragsbeginn *m* entrée en jouissance (de la chose louée); **–vertragsformular** *n* formule *f* type de contrat de bail; **–vertragsgebühr** *f* taxe *f* de location; **–vertragsklausel** *f* stipulation *f* du bail; **–vorauszahlung** *f* acompte sur loyer; **–wagen** *m* voiture *f* de location; **–wert** *m* valeur *f* locative; **–wohngebäude** *n* immeuble locatif; **–wohnung** *f* logement *m* locatif; **–wucher** *m* loyer *m* excessif, hausse *f* illicite des loyers.

Miet|zahlung *f* versement *m* du loyer, paiement *m* du prix de la location; **–zeit** *f* durée de la location.

Mietzins *m* loyer *m*, prix du bail; **–anspruch** *m* droit au paiement du loyer; **–beihilfe** *f* allocation de logement; **–berechnung** *f* (Aut) certificat de loyer; **–betrag** *m* montant du loyer; **–erhöhung** *f* augmentation *ou* majoration du loyer; **–forderung** *f* créance de loyer; **–klage** *f* action en paiement du loyer, commandement de payer; **–quittung** *f* quittance de loyer; **–zahlung** *f* paiement du loyer.

Miet|zuschlag *m* (1) charges locatives; (2) *(Besserverdienende)* surloyer; **–zuschuß** *m* allocation logement; allocation loyer.

Mikro|film *m* microfilm *m*, microfiche *f*; **–komputer** *m* micro-ordinateur; **–kopie** *f* reproduction (de documents) sur microfiche; **–prozessor** *m* chip *m*, puce *f*; micro-processeur *m*; **–zensus** *m* recensement par échantillonnage; statistique *f* socio-économique.

Milch|erzeugnisse *pl* produits *mpl* laitiers; **–gesetz** *n* loi relative à la protection des produits laitiers; **– und Fettgesetz** *n* loi tendant à l'organisation des marchés du lait et des corps gras; **–pantschen** *n (pop)* mouillage du lait.

Milchverwertungs- und Käsereigenossenschaft *f* laiterie *f* et formagerie *f*, fruitière *f*.

mild *adj* (1) clément, indulgent; (2) *(Strafe)* léger *adj*.

Milde *f* clémence *f*, indulgence *f*.

mildern (1) *(Strafe)* commuer, atténuer, (2) *(mäßigen)* modérer, mitiger, adoucir.

mildernd *adj* atténuant; **–e Umstände** circonstances *fpl* atténuantes.

Milderung *f* (1) *(Abschwächung)* atténuation *f*, (2) adoucissement *m*.

Milderungs|grund der nicht erreichten Volljährigkeit excuse atténuante de minorité; **–gründe** *pl* circonstances atténuantes; **–recht** *n* droit de réduire les peines; **–umstände** *pl* (Aut) circonstances *fpl* atténuantes.

Mildtätigkeit *f* (œuvre de) bienfaisance.

Milieuschutz *m (BauR)* protection des structures de l'habitat (en milieu urbain).

Militär *n* l'Armée *f*, force armée.

Militär|abkommen *n* convention *f ou* accord *m* militaire; **–attaché** *m* attaché *m* militaire.

militärähnlich *adj* paramilitaire.
Militär|behörde *f* autorité *f* militaire; **-beleidigung** *f* outrage à l'armée; **-bischof** *m* aumônier aux armées; **-bündnis** *n* alliance *f* militaire.
Militärdienst *m* service *m* militaire; **aktiver -** service militaire actif; **-leistung** *f* appel *m* sous les drapeaux, incorporation; **-zeit** *f* durée du service militaire.
Militär|diktatur *f* dictature *f* militaire; **-einrichtung** *f* installation militaire; **-einsatz** *m* intervention armée; **-fahrzeug** *n* véhicule *m* de l'armée; **-flugplatz** *m* aérodrome *m* militaire, base aérienne; **-gefängnis** *n* prison *f* militaire; **-gelände** *n* camps *m* militaire; champ *m* de tir; terrain *m* d'exercice; **-gericht** *n* tribunal *m* *ou* juridiction militaire, tribunal des forces armées, cour *f* militaire (B); **-gerichtsbarkeit** *f* juridiction militaire; tribunal militaire; **-gesetz** *n* loi militaire; **-gesetzgebung** *f* législation *f* militaire; **-gewalt** *f* pouvoir *m* militaire; pouvoir de commandement; **-gouverneur** *m* gouverneur *m* militaire.
militärische Anlagen installations *fpl* militaires; **- Geheimnisse** secrets *mpl* militaires; **-r Nachrichtendienst** *m* contre-espionnage militaire; **- Straftaten** *fpl* infractions *fpl* prévues par la législation militaire; **- Übungen** *fpl* exercices *mpl* militaires; **- Verteidigung** *f* défense *f* nationale.
Militär|justiz *f* justice *f* militaire; **-konvention** *f* convention militaire; **-macht** *f* puissance *f* militaire; **-organisation** *f* (S) organisation *f* militaire; **-pakt** *m* pacte *m* militaire; **-person** *f* militaire *m*; **-pflicht** *f* obligations *fpl* d'activité du service national; **-pflichtersatz** *m* (S) taxe d'exemption du service militaire (S); **-polizei** *f* police *f* militaire; **-putsch** *m* coup *f* d'état militaire, putsch *m*, coup de main d'un groupe armé; **-recht** *n* lois *fpl* militaires, droit militaire; **-regierung** *f* gouvernement *m* militaire; **-richter** *m* juge *ou* magistrat *m* militaire; **-seelsorge** *f* service des aumôniers militaires.
Militärstraf|anstalt *f* prison *f ou* établissement *m* pénitentiaire militaire; **-einheit** *f* compagnie *f* disciplinaire; **-gesetz** *n* (S) Code pénal militaire (B-S); **-gesetzbuch** *n* Code de justice militaire; **-gerichtsordnung** *f* Code *m* de procédure pénale militaire; **-justiz** *f* justice militaire; **-recht** *n* droit pénal militaire; **-tat** *f* infraction militaire.
Militär|strategie *f* stratégie militaire *ou* de défense; **-stützpunkt** *m* base *f* militaire; **-tauglichkeit** *f* aptitude *f* au service national; **-testament** *n* testament *m* militaire; **-vergehen** *n* délit *m* commis par un militaire; **-vertrag** *m* traité *m ou* convention *f* militaire; **-verwaltung** *f* administration *f* militaire; **-zahlungsmittel** *n* monnaie *f* militaire; **-zeit** *f* durée du service national.
Miliz *f* milice *f*, garde *f* civique.
Minder|aufwand *m* économie *f* (de moyens); **-bestand** *m* manquants *mpl;* **-betrag** *m* différence *f* en moins; **-bewertung** *f* sous-évaluation *f*; **-einnahme** *f* moins-value *f*, déficit *m*, moins-perçu, *au pl:* pertes de recettes; **-erlös** *m* manque *m* à gagner, déficit *m*.
Minderheit *f* minorité *f*; **konfessionelle -** minorité confessionnelle *ou* religieuse; **nationale -** minorité nationale; **qualifizierte -** minorité assez importante pour jouir de certains droits; **sprachliche -** minorité linguistique *ou* culturelle; **völkische -** minorité ethnique; **in die - versetzen** mettre en minorité.
Minderheiten|recht *n* droit des minorités nationales; **-schutz** *m* protection *f* des minorités; **-schutzvertrag** *m* traité de protection des minorités; **-vertrag** traité des minorités.
Minderheits|aktionär *m* actionnaire *m* minoritaire; **-bericht** *m* rapport présenté par la minorité; **-beteiligung** *f* participation *f* minoritaire; **-gesellschafter** *m* associé *m* mino-

ritaire; **–rechte** *npl (GesR)* droits *mpl* reconnus à la minorité des actionnaires; **–regierung** *f* gouvernement *m* minoritaire; **–votum** *n* vote *m* minoritaire.

minderjährig *adj* mineur, personne n'ayant pas atteint l'âge de la majorité, moins de 18 ans.

Minderjährige(r) *m* mineur *m* (non émancipé); **– unter Vormundschaft** mineur en tutelle *ou* sous le régime de la tutelle.

Minderjährigen|adoption *f* adoption (plénière) d'un enfant mineur; **–aufsicht** *f* surveillance *f* du mineur; **–schutz** *m* protection des mineurs; **–unterhalt** *m* obligation d'entretien des enfants mineurs.

Minderjährigkeit *f* minorité *f*, condition juridique du mineur.

Minderkaufmann *m* petit commerçant *m* (non soumis à toutes les règles du droit commerical allemand).

mindern réduire, diminuer, abaisser; restreindre, raccourcir.

Minderung *f* (1) *(Verringerung)* diminution *f*, amoindrissement *m*, réduction *f*, (2) *(Abschwächung)* atténuation *f*, modération *f*, (3) *(beim Kauf)* réduction du prix de vente et des frais de la vente, restitution *f* d'une partie du prix, (4) *(des Schadens)* mesures *fpl* conservatoires.

Minderung der Erwerbsfähigkeit *(SozR)* capacité professionnelle réduite; diminution de la capacité de travail.

Minderungs|anspruch *m (SchuldR)* demande *f* en réfaction *ou* en réduction *ou* en restitution d'une partie du prix; **–betrag** *m* montant *m* de la réfaction *ou* de la reduction sur le prix; **–klage** *f* action dite estimatoire, action en réduction du prix, action en diminution, action en restitution d'une partie du prix; **–recht** *n* droit de réduction; **–wert** *m* moins-value *f*.

Minderwert *m* moins-value *f*.

minderwertig *adj* de qualité inférieure, de valeur médiocre; **–e Ware** marchandise *f* de mauvaise qualité.

Mindest|abnahmemenge *f* quantité *f* minimum (à commander); **–abstand** *m (StVR)* distance minimum (de sécurité); **–alter** *n* âge *m* minimum, âge d'admission; **–anforderung** *f* exigence minimum, norme *f* minimum; **–anteil** *m* part *f ou* mise *f* minimum; **–arbeitsbedingungen** *fpl* conditions *fpl* de travail à respecter obligatoirement; **–bedarf** *m* besoins *mpl* de subsistance; **–beitrag** *m* cotisation *f* minimum; **–beschäftigungsdauer** *f* durée minimum d'emploi; **–bestellmenge** *f* quantité *f* minimum de la commande; **–besteuerung** *f* minimum *m* imposé; **–betrag** *m* montant *m* minimum; **–dauer** *f* période *f* minimum; **–deckung** *f* couverture *f* minimum; **–dividende** *f* dividende *m* minimum; **–einkommen** *n* revenu *m* minimum; **–einlage** *f* apport *m* minimum.

mindestens *adv* (1) *(Zahlenangabe)* au moins, au minimum, (2) *(wenigstens)* pour le moins, du moins.

Mindest|frist *f* délai *m* minimum; **–garantiefonds** *m* fonds *m* de garantie minimum; **–gebot** *n* enchère *f* minimum; **–gebühr** *f* minimum de taxe, redevance *f* minimum; **–gewinn** *m* gain *m* minimum; **–grenze** *f* limite *f* minimum, plancher *m*; **–haltbarkeitsdatum** *n* date *f* limite d'utilisation; date limite de consommation; limite d'utilisation optimale; **–heuer** *f (SeeHR)* salaire minimum; **–kapital** *n* capital social minimum (imposé par la législation sur les sociétés commerciales); capital social de ... au moins; **–kurs** *m* cours *m* minimum; **–leistung** *f* rendement *m* minimum.

Mindestlohn *m* salaire *m* minimum, rémunération plancher; **–satz** *m* taux minimum de salaire.

Mindestmaß *n* minimum *m*, limite inférieure; peine minimum *ou* plancher.

Mindest|menge *f* quantité *f* minimum; **–nennbetrag** *m* montant nominal net du capital social; **–prämie** *f* prime *f* minimum; **–preis** *m* prix *m* minimum, prix plancher; **–rente** *f* plancher *m* de rente *ou* de pension; **–reserve** *f* réserves *fpl* minimales obligatoires; **–reservenpolitik** *f (BankR)* système *m* des réserves obligatoires; **–reservesatz** *m (BankR)* taux *m* des réserves obligatoires minimales auprès de la Banque centrale; **–satz** *m* taux *m* plancher; **–strafe** *f* peine *f* minimum, peine plancher; **–tarif** *m* tarif *m* minimum; **–urlaub** *m* congé *m* légal minimum; **–versicherungsschutz** *m* couverture *f* minimum d'assurance; **–zeichnungsbetrag** montant *m* minimum à souscrire; **–zoll** *m* droit *m* minimum.

Mineralöl|gesellschaft *f* compagnie *f* pétrolière; **–industrie** *f* industrie *f* pétrolière; **–produkt** *n* produit pétrolier; **–steuer** *f* taxe *f* sur les hydrocarbures.

Mineur *m (BörsR)* haussier *m*.

Minimal|betrag *m* montant insignifiant *ou* minime *ou* dérisoire; **–forderung** *f* créance insignifiante; **–frachtzahlungsgewicht** *n* poids minimum pour le paiement du fret.

Minimal|leistung *f* (1) prestation *f* minimum, (2) rendement *m* minimum; **–prämie** *f* prime *f* technique *ou* nécessaire; **–tarif** *m* tarif *m* minimum.

Minimierungsgebot *n (SchuldR)* obligation de limiter (autant que possible) les conséquences du préjudice subi.

Minister *m* ministre *m*; **der aufsichtsführende –** le ministre de tutelle; **bevollmächtigter –** ministre plénipotentiaire; **– ohne Geschäftsbereich, – ohne Portefeuille** ministre sans portefeuille.

Minister|anklage *f* mise *f* en accusation d'un ministre; **–aufsicht** *f* contrôle hiérarchique ministériel; **–bank** *f* banc des ministres; **–beratung** *f* délibération *f* ministérielle; **auf –ebene** au niveau *ou* à l'échelon ministériel.

Ministerial|beamte(r) *m* fonctionnaire de ministère; **–beschluß** *m* (L) arrêté *m* ministériel; **–bürodirektor** *m* Chef *m* du service intérieur; **–direktor** *m* Directeur *m* de ministère, directeur général, grade de la hiérarchie administrative allemande (supérieur à Ministerialdirigent, inférieur à Staatssekretär); **–dirigent** *m* sous-directeur *m* (de ministère), grade de la hiérarchie administrative allemande (supérieur à Ministerialrat, inférieur à Ministerialdirektor); **–erlaß** *m* arrêté *m* ministériel; **–rat** *m* Administrateur *m* civil, chef *m* de bureau (d'un ministère), grade de la hiérarchie administrative (en Allemagne: supérieur à Regierungsdirektor, inférieur à Ministerialdirigent, en Autriche: supérieur à Sektionsrat, inférieur à Sektionschef); **–runderlaß** *m* circulaire *f* ministérielle; **–verordnung** *f* arrêté ministériel; **–voranschlag** *m* prévision budgétaire pour un ministère; **–zulage** *f* indemnité *f* allouée aux fonctionnaires d'un ministère, sous certaines conditions de résidence.

ministeriell *adj* ministériel.

Ministerium *n* (1) ministère *m*, département *m* ministériel, administration *f* centrale, (2) portefeuille *m* ministériel; **– für öffentliche Arbeiten** ministère des travaux publics.

Minister|komitee *n* comité des ministres; **–präsident** *m* Ministre-président *m* (d'un Land), président du conseil (des ministres), président du Gouvernement (L); **–präsidentenkonferenz** *f* conférence des Ministres-présidents des Länder en RFA; **–rat** *m* (1) *(EG)* conseil des ministres, (2) *(StaatsR)* cabinet *m* gouvernemental, conseil de cabinet; **–sessel** *m* protefeuille *m* ministériel; **–sitzung** *f* conseil *m* des ministres; **–verantwortlichkeit** *f* reponsabilité *f* ministérielle.

Minorität *f* (= Minderheit) minorité *f*; collectivité minoritaire.

Minoritäts|gruppe *f* groupe *m* minoritaire; **–partei** *f* parti *m* minoritaire.

Minus *n* (1) *(Fehlbetrag)* déficit *m*, (2) *(Verlust)* perte *f*.

Minus|posten *m* poste *m* négatif; **–punkt** *m* point de pénalisation; **–saldo** *m* solde *m* négatif, solde débiteur; **–vermögen** *n* patrimoine *m* dont le passif excède l'actif.

Misch|betrieb *m* entreprise ayant deux *ou* plusieurs objets différents; **–ehe** *f* mariage *m* mixte; **–kurs** *m* (Aut) cours *m* moyen.

Mischgebiet *n (BauR)* zone *f* mixte d'habitation et de commerce.

Mischkonzern *(GesR: Konglomerat)* conglomérat *m*, concentration conglomérale.

Misch|mietvertrag *m* contrat réunissant le bail à ferme et à loyer; **–prozeß** *m* procès *m* mixte; **–sendung** *f* envoi *m* groupé.

Mißachtung *f* (1) *(Vorschrift)* inobservation *f* (des lois, d'un contrat), (2) *(Person)* mépris *m*, dédain *m*; **– des Gerichts** offense envers le tribunal, attitude insultante envers la justice.

Mißbildung *f* malformation, difformité, vice *m* de conformation.

mißbilligen désapprouver, réprouver, désavouer.

Mißbilligung *f* désapprobation *f*, réprobation *f*.

Mißbilligungsantrag *m* motion *f* de défiance.

Mißbrauch *m* abus *m*, mauvais usage, usage *m* fautif, usage irrégulier, usage frauduleux, emploi *m* abusif; **– von Abhängigen** *(StR)* attentat à la pudeur sur la personne d'un mineur par une personne ayant autorité; **– der Amtsgewalt** forfaiture *f*, prévarication *f*, abus d'autorité, abus de pouvoir; **– der Bianco-Unterschrift** (Aut) abus de blanc-seing; **– der Vertretungsmacht** gestion d'affaires abusive.

mißbrauchen (1) *(Amt)* abuser de son autorité, outrepasser ses fonctions, (2) *(Person)* abuser d'un enfant *ou* d'une femme, violer.

mißbräuchlich (1) *(adj)* abusif, (2) *(adv)* improprement, incorrectement; **–e Benutzung** *f* usage *m* contraire aux lois, emploi illégal *ou* frauduleux; **–e Rechtsausübung** usage abusif d'un droit.

mißdeuten mal interpréter, se méprendre sur le sens de.

Mißdeutung *f* fausse interprétation.

Mißerfolg *m* échec *m*, insuccès *m*.

Misse|tat *f* méfait *m*, forfait *m*, délit *m*, crime *m*; **–täter** *m* malfaiteur *m*, délinquant *m*, criminel *m*.

Miß|geburt *f* avorton *m*; **–griff** *m* geste *m* incontrôlé; *fig* échec *m*, déception.

mißhandeln maltraiter, infliger des sévices, malmener; molester, brutaliser.

mißhandelte Kinder enfants *mpl* victimes de sévices.

Mißhandlung *f* mauvais traitements *mpl*, sévices *mpl* (corporels); **grobe –** sévices graves; **– von Kindern** sévices infligés aux enfants; **– von Tieren** cruauté *f* envers un animal.

Mission *f* mission *f*; représentation; mandat, attribution; **besondere –** mission spéciale; **diplomatische –** mission diplomatique; **geheime –** mission secrète; **ständige –** mission permanente.

Missionschef *m* chef de mission.

mißlingen subir *ou* essuyer un échec, échouer; être voué à l'échec.

Mißstand *m* faute *f*, carence *f*, défaillance *f*, anomalie *f*.

Mißtrauen *n* défiance *f*, méfiance *f*, doute *m*, suspicion *f*.

Mißtrauens|antrag *m* motion de censure, motion de défiance; **–votum** *n* vote de défiance.

Mißverhältnis *n* disproportion *f*; disparité *f*; **konjunkturelles –** distorsion *f* conjoncturelle.

mißverständlich prêter à confusion, être équivoque.

Mißverständnis *n* dissentiment *m*, désaccord *m*, mésintelligence *f*; incompréhension.

Mißwirtschaft *f* (1) *(Volkswirtschaft)* économie *f* déréglée, désordre *m* économique, (2) *(Betriebswirtschaft)* mauvaise gestion.

Mit|angeklagte(r) *m* coaccusé *m*; **–anmelder** *(Patent)* codéposant *m* d'un brevet; **–arbeit** *f* (1) *(HR: Eheleute)* le fait de participer à la gestion sociale, (2) *(ArbR)* collaboration *f*; **–arbeiten** coopérer, participer à (un travail), collaborer; **–arbeiter** *m* (1) collaborateur *m*, (2) *(Helfer)* aide *m*, assistant *m*; **–arbeiterbeteiligung** *f* intéressement *m* des travailleurs; **–arbeiterstab** *m* équipe *f* de collaborateurs; **–autor** *m* (Aut) coauteur *m*; **–begründer** *m* co-fondateuer *m*; **–begünstigter** *m* co–bénéficiaire *m*; **–beklagte(r)** codéfendeur *m*; **–benutzer** *m* co-utilisateur *m*; **–benutzung** *f*, **–benützung** *f* utilisation commune *ou* par plusieurs personnes; **–benutzungsrecht** *n*, **–benützungsrecht** droit de co-utilisation; **–berechtigte(r)** co-titulaire d'un droit, autre ayant droit; coïntéressé *m*; **–berechtigung** *f* fait d'être co-titulaire d'un droit; **–beschuldigte(r)** coprévenu *m*; **–besitz** *m* co-possession *f*; **–besitzer** *m* co-possesseur *m*.

Mitbestimmung *f* *(ArbR)* cogestion *f*, codécision, participation (du personnel) à la gestion; contrôle de gestion; **betriebliche –** cogestion dans l'entreprise; **einfache –** cogestion simple (les salariés déterminent ⅓ des membres du conseil de surveillance); **Montan –** cogestion paritaire au sein des entreprises de la CECA; **paritätische –** cogestion paritaire (les salariés choisissent la moitié des membres du conseil de surveillance); **überbetriebliche –** cogestion interentreprises.

Mitbestimmungs|befugnis *f* (= –recht); **–gesetz** *n* loi *f* relative à la cogestion dans l'entreprise; **–recht** *n* droit *m* de cogestion, pouvoir de décision et de surveillance, assuré conjointement par l'employeur et par des représentants du personnel (au sein d'une entreprise).

Mit|bewerber *m* (1) *(HR)* concurrent, (2) *(ArbR, VwR)* postulant *m*, candidat *m* (à un poste), prétendant *m*; rival *m*; participant (à une épreuve); **–bewohner** *m* voisin *m*, (autre) locataire; **–bieter** *m* (autre) offrant *m*, concurrent.

mitbringen apporter, amener.

Mit|bürge *m* *(ZR)* caution *f* solidaire, cofidéjusseur *m*; **–bürgenausgleich** *m* répartition (de la dette) entre les cofidéjusseurs, division de la dette par parts viriles *ou* sommes inégales; **–bürgenregreß** *m* recours *m* de la caution qui a payé contre ses cofidéjusseurs; **–bürger** *m* concitoyen *m*; **–bürgschaft** *f* cautionnement *m* solidaire; **–eigentum** *n* copropriété *f*, indivision (quant à la propriété); **–eigentümer** *m* copropriétaire *m*.

Miteigentums|anteil *m* quote-part dans la copropriété; **–gemeinschaft** *f* copropriété *f* des immeubles bâtis, indivision (quant à la propriété); **–quote** *f* quote-part *f* dans l'indivision; **–recht** *n* droit de copropriété.

miteinander *adv* conjointement, en commun, de concert, ensemble.

Miterbe *m* cohéritier *m*, héritier copartageant.

Mit|erbschaft *f* cohéritage *m*; **–erfinder** *m* coïnventeur *m*.

Mitfahrer *m* (1) voyageur *m* (à bord du véhicule), (2) auto-stoppeur *m*.

mitfertigen (Aut) contresigner.

Mit|finder *m* coïnventeur *m*; **–führen von Waffen** port *m* d'armes; **–gebrauch** *m* usage commun; **–gefangene(r)** *m* codétenu *m*; **–genuß** *m* co-jouissance *f*; **–geschäftsführer** *m* cogérant *m*, coadministrateur; **–gesellschafter** *m* coassocié *m*, cosociétaire *m*; **–gewerke** *m* membre d'un syndicat d'exploitation minière.

Mitgift *f* dot *f*, biens *mpl* dotaux; **–bestellung** *f* (Aut) constitution *f* de dot.

Mitgläubiger *m* co-créancier *m*.

Mitglied *n* (1) *(Partei, Gewerkschaft)* membre *m*, adhérent *m*, (2) *(SozR: Krankenkasse usw.)* affilié *m*, (3) *(GesR)* associé *m*, sociétaire *m*; **aktives –** membre actif; **anwesendes**

– membre présent; **ausscheidendes** – membre sortant; **außerordentliches** – membre associé; **beigeordnetes** – membre adjoint; **eingeschriebenes** *od.* **eingetragenes** – membre inscrit; **erschienenes** – membre présent; **förderndes** – membre bienfaiteur; **geschäftsführendes – der G.m.b.H.** associé-gérant de la société à responsabilité limitée; **gewähltes** – membre élu; **gründendes** – membre fondateur; **korrespondierendes** – membre correspondant; **lebenslängliches** – membre à vie; **nichtständiges** – membre temporaire; **ordentliches** – membre actif *ou* titulaire, membre effectif (B–L); **passives** – membre cotisant, cotisant; **ständiges** – membre permanent; **stellvertretendes** – membre suppléant; **unterstützendes** – membre bienfaiteur; **vertretenes** – membre représenté; **vollberechtigtes** – membre à part entière; **wählbares** – membre électif; **zahlendes** – membre cotisant; **zugewähltes** – membre coopté; **– des Gemeinderats** conseiller *m* municipal; **– kraft Amtes** membre de droit.

Mitglieder|bestand *m* état *m* des membres, nombre *m* d'affiliés; **–klasse** *f* classe *ou* catégorie d'affiliés; **–versammlung** *f* assemblée *f* générale des membres *ou* des sociétaires; **–vertretung** *f* assemblée des délégués; **–verzeichnis** *n* répertoire *m* des affiliés; **–werbung** *f* propagande *f* pour le recrutement de membres; **–zahl** *f* effectif *m*, nombre des membres *ou* associés.

Mitglieds|aufnahme *f* affiliation, admission; **–ausschluß** *m* exclusion; **–ausweis** *m* carte de membre, certificat d'affiliation; **–beitrag** *m* cotisation *f*.

Mitgliedschaft *f* qualité de membre, adhésion *f*, affiliation *f*, participation *f*; **Dauer der –** durée d'adhésion; **– bei einer Kasse** affiliation à une caisse.

Mitgliedschafts|ausweis *m* certificat d'affiliation, carte *f* de membre; **–recht** *n* droit attaché à la qualité de membre.

Mitglieds|gesellschaft *f (GesR)* société adhérente; **–karte** *f* carte *f* de membre; **–land** *n* pays *m* membre; **–regierung** gouvernement membre; **–(s)taat** *m* État *m* membre, pays *m* membre; **–zeit** *f* durée d'adhésion, période *f* d'affiliation.

mithaftend *adj* co-responsable.

Mit|häftling *m* codétenu *m*; **–haftung** *f* co-responsabilité *f*, part *f* de responsabilité; **–herrschaft** *f* co-souveraineté *f*; **–hilfe** *f* (1) aide *f*, assistance *f*, concours *m*, coopération *f*, (2) *(StR)* complicité *f*; **–inhaber** *m* (1) *(Sache)* codétenteur *m*, (2) *(Firma)* coassocié *m*, associé *m*; **–kläger** *m* co-demandeur *m*.

Mit|kriegführende(r) *m* cobelligérant *m*; **–läufer** *m* sympathisant *m*; **–legatar** *m* colégataire *m*; **–miete** (Aut) colocation *f*; **–mieter** *m* colocataire *m*; **–nahmepreis** *m* prix *m* marchandise enlevée *ou* à emporter; **–obhut** *f* garde commune; **–reeder** *m* coarmateur *m*; **–reederei** *f* coarmement *m*; **–schädiger** coauteur d'un dommage; **–schnitt** *m* enregistrement (d'une émission); écoute *f* télephonique; **–schuld** *f* faute *f* partagée, faute *f* commune, torts *mpl* du demandeur, torts réciproques; **–schuldige(r)** (1) *(SchuldR)* plusieurs personnes responsables, (2) *(StPR)* co-inculpé; coupable *m*; **–schuldner** *m* codébiteur *m*, coobligé; **–spracherecht** *n* droit d'être consulté; droit de regard; droit de codécision.

mitstimmen prendre part au vote, voter.

Mittagspause *f* pause *f* de midi.

Mit|täter *m (StR)* coauteur *m*; **–täterschaft** *f* coactivité *f*, fait de participer à un crime *ou* à un délit, participation *f* coupable.

Mitte *f* milieu *m*; centre *m*; **– des Monats** le quinze de chaque mois.

mitteilen communiquer, informer, faire part, donner avis, notifier.

Mitteilung *f* communication *f*, information *f*, avis *m*, communiqué *m*, notification *f*; **amtliche –** communiqué officiel; **dienstliche –** note de service; **mündliche –** rapport verbal; **schriftliche –** information *ou* note écrite; **vertrauliche –** lettre confidentielle; **– von Akten** communication du dossier; **– über die Einzahlung** avis de versement; **– eines Geheimnisses** divulgation d'un secret; **– der Klage** notification *f* de la demande (en justice); **– von Staatsgeheimnissen** le fait de livrer des secrets d'État à une puissance étrangère; **– der Urkunden** (von Anwalt zu Anwalt) notification en la forme ordinaire (des actes de procédure) d'avocat à avocat.

Mitteilungsblatt *n* bulletin d'information; **amtliches –** journal d'annonces légales.

Mitteilungs|pflicht *f (GesR)* obligation d'information et de communication aux associés (concernant les comptes et la politique de la société); **–verfahren** *n* procédure de communication.

Mittel *n* (1) moyen *m*, (2) *(Gelder meist pl)* fonds *mpl*, crédits *mpl*, capitaux *mpl*, ressources *fpl*, moyens *mpl*, (3) *(Durchschnitt)* moyenne *f*, valeur *f* moyenne; **bereitgestellte –** fonds d'attribution; **bewilligte –** crédits ouverts; **eigene –** fonds *mpl ou* ressources *fpl* propres; **flüssige –** liquidités *fpl*, trésorerie *f*, disponibilités *fpl*, fonds liquides; **freie –** disponibilités *fpl;* **kurzfristig verfügbare –** disponibilités à court terme; **laufende –** fonds *mpl* courants; **liquide –** liquidités *fpl;* **öffentliche –** fonds *ou* deniers publics; **verfügbare –** disponibilités *fpl*, fonds *mpl* disponibles, fonds libres, disponible *m*; **– zur Bestreitung des Lebensunterhalts** moyens *mpl* de subsistance.

mittelbar *adj* indirect, médiat; par l'intermédiaire de; indirectement; par contrecoup; **–es Arbeitsverhältnis** contrat de travail conclu par un salarié avec un autre salarié; **–er Besitzer** possesseur *m* sans appréhension matérielle de la chose; **–e Falschbeurkundung** *(StR)* le fait de provoquer un faux en écriture publique *ou* authentique (par déclaration sciemment mensongère); **–er Stellvertreter** prête-nom *m*; *pej* homme de paille; **–e Stellvertretung** *f* représentation imparfaite, commission; **–er Schaden** préjudice *m* indirect *ou* par ricochet, dommage réfléchi *ou* consécutif; sinistre *m* dérivé; **–er Täter** *(StR)* provocateur-auteur *m*, auteur moral.

Mittelbarkeit *f* caractère *m* indirect.

Mittel|bedarf *m* besoin *m* de financement, besoins financiers *ou* en capitaux; **–behörde** *f* administration *f* intermédiaire; **–betrieb** *m* petite *ou* moyenne entreprise; **–bindung** *f* engagement de dépense; **–freigabe** *f* déblocage *m* de crédits.

mittelfristig *adj* à moyen terme; **–e Finanzplanung** *f* programme *m* général de financement à moyen terme.

Mittel|instanz *f* instance *f* intermédiaire; **–klasse** *f (Waren)* qualité loyale et marchande; milieu de gamme; **–kurs** *m* cours *m* moyen; **–linie** *f* ligne médiane, ligne longitudinale axiale (séparative de voies de circulation).

mittellos *adj* indigent *adj*, sans ressources, sans argent, dans le dénuement.

Mittel|lose(r) *m* indigent *m*; **–losigkeit** *f* indigence *f*, absence *f* de ressources, manque *m* d'argent; **–losigkeitszeugnis** *n* certificat d'indigence; **–sichten** *pl* papiers *mpl* à moyen terme.

Mittels|mann *m*, **–person** *f* (1) *(ZR, HR)* prête-nom *m*, *pej* homme de paille, (2) *(StR)* comparse *m*, personne interposée.

Mittel|schicht classes *fpl* moyennes; **–standsbetriebe** *pl* petites et moyennes entreprises (= PME).

Mittel|streifen *(StVR)* ligne longitudinale axiale *ou* séparative de voies de circulation; **–übertragung** *(HaushR)* dotation, attribution *ou* assignation de crédits; **–wert** *m* cours *m* moyen.

Mittler *m* intermédiaire, négociateur.

Mit|unternehmer *m* cogérant, associé gérant; **–unternehmerschaft** qualité *f* de cogérant; **–unterschrift** *f* contreseing *m*; **–unterzeichner** *m* contresignataire; cosignataire; **–unterzeichnerstaat** *m (VR)* pays *m* cosignataire; **–unterzeichneter** *m*, **unterzeichnete(r)** cosignataire *m*; **–unterzeichnung** *f* contreseing *m*; **–urheber** *m (UrhR)* coauteur *m*.

mitursächlich *adj* concourant au préjudice, cause concomitante (d'un accident); faute causale (à l'origine d'un dommage).

mitverantwortlich *adj* coresponsable.

Mit|verantwortlichkeit *f (SchuldR: Mitverantwortung)* coresponsabilité *f*, responsabilité collective; **–verfasser** *m* coauteur; **–verkäufer** *m* covendeur *m*; **–vermächtnisnehmer** *m* colégataire *m*.

mitverpflichtet *adj* coobligé.

Mit|verpflichtete(r) *m* coobligé *m*; **–verschluß** *m* fermeture *f* double; **–verschulden** *n* faute commune; faute partagée; faute de la victime; **–versicherter** coassuré; bénéficiaire; **–versicherung** *f* coassurance *f*; **–versteigerer** *m* colicitant *m*; **–verteidiger** *m* codéfenseur *m*; **–verursacher** personne impliquée *ou* à l'origine (d'un dommage); **–verursachung** *f* causalité partielle, coexistence de plusieurs causes, implication; **–verwaltung** *f* cogestion; **–verwaltungsrecht** *n* droit d'administrer en commun; **–vollmachtgeber** *m* comandant *m*; **–vormund** *m* cotuteur *m*; **–vormundschaft** *f* cotutelle *f*.

Mit|wirken *n (StR)* participation criminelle, complicité *f*; **–wirkung** *f* participation *f*, concours *m*, collaboration.

Mitwirkungs|pflicht *f* obligation de collaboration *ou* de concours, devoir d'aide *ou* d'assistance; **–recht** *n* droit de participation; **–verweigerung** *f* refus de collaborer.

Mitzeichnende(r) *m* cosignataire *m*.

Möbel *pl* meubles *mpl*, meubles meublants, mobilier *m*; **–leihvertrag** *m* contrat *m* de location de meubles.

Mobiliar *n* mobilier *m*, meubles meublants, ameublement; **–antichresis** *f* antichrèse *f* mobilière.

Mobiliarklage *f* action *f* mobilière.

Mobiliar|kredit *m* crédit mobilier; **-bank** banque de crédit mobilier; **–pfändung** *f* saisie mobilière *ou* d'un bien meuble.

Mobiliar|schätzung *f* estimation *f* d'objets mobiliers, prisée *f* mobilière; **–schuld** *f* dette mobilière; **–steuer** *f* contribution mobilière; **–versicherung** *f* assurance mobilière; **–verzeichnis** *n* inventaire *m* mobilier, état *m* des meubles; **–(zwangs)vollstreckung** *f* saisie exécution mobilière.

Mobilien *pl* biens *mpl* meubles, effets mobiliers.

mobilisieren mobiliser.

Mobilisierung *f* mobilisation *f*.

Mobilisierungs|tratte *f*, **–wechsel** *m* effet de mobilisation.

Mobilität *(ArbR)* mobilité *f* professionnelle (des salariés).

Mobilmachung *f* mobilisation *f*.

Modalität *f* (1) *(Vertrag)* modalité *f*, disposition; condition, (2)*(i.w.S.)* circonstance *f*, manière *f*, particularité *f*.

Modell *n* (1) *(UrhR)* modèle *m* (de fabrique), modèles et dessins *mpl*, création ornementale, (2) *(HR: Muster)* échantillon *m*, exemple *m*, (3) *(Industrie)* prototype *m*, maquette *f*, standard *m*, (4) *(AllgSpr)* terme de comparaison, type, formule; **gewerbliches –** modèle industriel.

Modellrechnung *f* évaluation type.

Moderation *f (MedienR)* animation *ou* présentation (d'une émission).

Modernisierungs|fonds *m* fonds de modernisation; **–plan** *m* plan de modernisation.

Modifizierung *f* modification, refonte *f*, rectification, remaniement, correction.

Mofa *n (StVR: Motorfahrrad: 25 km/h)* cyclomoteur *m*, motocyclette.

Mogelpackung *f* emballage *m* factice *ou* trompeur, attrape *f*.

möglich *adj* possible, faisable, rélisable; permis.

Möglichkeit *f* (1) éventualité *f*, possibilité *f*, (2) *(Fähigkeit)* capacité *f* de faire, faculté *f*; **keine –** aucun moyen (de).

möglichst *adv* autant que possible; **– bald** au plus vite, le plus tôt possible, dans les plus brefs délais.

Molestklausel *f* clause *f* de risque de guerre.

Molkerei *f* laiterie *f*; **–genossenschaft** *f* coopérative laitière.

Moment *n* facteur *m*, élément décisif; moyen *m* de preuve.

Moment *m* moment *m*, occasion *f*; jour *m*, époque; **im –** en ce moment, aujourd'hui, actuellement; **–aufnahme** *f* aperçu *m*, instantané *m*.

Monarchie *f* monarchie *f*; **konstitutionelle –** monarchie constitutionnelle; **parlamentarische –** monarchie parlementaire; **– von Gottes Gnaden** monarchie de droit divin.

Monat *m* mois *m*, trente jours; **in diesem –** dans le courant du mois; **in drei –en** à trois mois d'échéance.

monatlich (1) *adj* mensuel, (2) *adv* mensuellement.

Monats|abschluß *m* bilan *m* mensuel; **–ausweis** *m* situation *f* mensuelle; **–bericht** *m* rapport *m* mensuel, situation mensuelle; **–einkommen** *n* revenu *m* mensuel; **–ende** *n* (en) fin de mois; **–frist** *f* à un mois d'échéance; **–gehalt** *n* salaire mensuel, mensualité *f*; **–geld** *n* argent à un mois; **–lohn** *m* mensualité *f*, salaire mensuel; **–lohnempfänger** *m* travailleur au mois; **–mitte** *f* le quinze (de chaque) mois; **–rate** *f* mensualité; **–rechnung** *f* compte *m* mensuel; **–verdienst** *m* salaire mensuel; **–zins** *m* loyer mensuel.

Monometallismus *m* monométallisme *m*.

Monopol *n* monopole *m*; **gesetzliches –** monopole légal, monopole de droit; **tatsächliches –** monopole de fait; **ein – ausüben** monopoliser, exercer un monopole; **–abgabe** *f* taxe *ou* droit de monopole; **–ausgleich** *m* droit compensateur perçu à l'importation sur les marchandises soumises à un monopole légal; **–betrieb** *m* entreprise *f* monopolistique, monopoleur *m*; **–bewirtschaftung** *f* exploitation du monopole; **–einnahmen** *pl* produit de l'exploitation d'un monopole; **–gesellschaft** *f* société jouissant d'un monopole, groupe *m* monopoliste; **–gut** *n* marchandise *ou* denrée monopolisée, article de monopole; **–hehlerei** *f* (Aut) recel de marchandises soumises à monopole; **–hinterziehung** *f* fraude *f* sur des marchandises monopolisées.

monopolisieren monopoliser.

Monopolisierung *f* monopolisation, mise en monopole.

Monopolist *m* bénéficiaire *m* d'un monopole, monopoleur *m*.

monopolistisch *adj* monopolistique, monopoliste.

Monopol|kommission *f* commission de surveillance des positions dominantes; **–preis** *m* prix de monopole; **–recht** *n* droit de monopole; **–stellung** *f* situation *ou* position de monopole; **–vereinbarung** *f* convention de monopole; **–verband** *m* association (professionnelle) exerçant un monopole de fait.

Montage *m* montage *m*, installation *f*, pose *f*; **–industrie** *f* industrie *f* d'assemblage; **–kosten** frais *mpl* de montage; **–teile** éléments *mpl* de montage.

Montan|aktie *f* action *f* de sociétés minières *ou* sidérurgiques; **–bereich** *m* secteur *m* de l'industrie du charbon et de l'acier; **–entflechtung** *f* déconcentration de l'industrie minière *ou* sidérurgique.

montanfremd *adj* qui ne relève pas directement de la Communauté charbon-acier.

Montan|gemeinschaft *f* Communauté *f* charbon-acier, pool *m* charbon-acier; **–gesellschaft** *f* société *f* minière; **–industrie** *f* industrie *f* du charbon et de l'acier; **–mitbestimmung** *f* cogestion paritaire dans les entreprises de la C.E.C.A.; **–pakt** *m* traité relatif aux industries charbonnière et sidérurgique; **–papiere** *pl* titres miniers *ou* sidérurgiques, valeurs minières *ou* sidérurgiques; **–recht** *n* droit de la Communauté européenne du charbon et de l'acier; **–umlage** *f* impôt de répartition (prélèvement) perçu par la Communauté européenne du charbon et de l'acier; **–union** *f* Communauté charbon-acier, pool charbon-acier, Communauté européenne du charbon et de l'acier (= C.E.C.A.); **–unionvertrag** *m*, **–vertrag** *m* traité instituant la Communauté européenne du charbon et de l'acier; **–werte** *pl* titres miniers *ou* sidérurgiques, valeurs minières *ou* sidérurgiques.

Monteur *n* monteur-ajusteur *m*.

montieren monter, ajuster, assembler, dresser (une machine).

Moped *n* cyclomoteur *m*, vélomoteur *m*, mobylette *f*; **–fahrer** *m* cyclomotoriste *m*.

Moral *f* éthique *f*, morale *f*; **–begriff** *m* précepte *m* éthique; **–widrig** *adj* amoral.

Moratorium *n* (= Zahlungsaufschub) moratoire *m*, concordat, échelonnement des paiements.

Mord *m (StR)* homicide *m* commis volontairement dans le dessein de permettre *ou* de cacher une autre infraction *ou* en employant des tortures *ou* actes de barbarie, *ou bien* pour des motifs particulièrement répréhensibles; assassinat *m* selon le § 211 du Code Pénal allemand.

morden assassiner, tuer; massacrer.

Mörder *m* assassin *m*, (en Aut. et en S:) meurtrier *m*.

Mord|fall *m* meurtre *m* commis avec circonstances aggravantes, assassinat *m*; **–lust** *f* goût pervers de tuer, sadisme *m* meurtrier; **–merkmale** *npl* éléments constitutifs de l'assassinat; **–versuch** *m* tentative *f* d'assassinat.

Morgen|dämmerung *f* aube *f*, point du jour; **–gabe** *f* présent *m* du marié à son épouse le lendemain des noces.

Morphin *n* morphine *f* (base).

Mortalitätstafel *f* table *f* de mortalité.

Moselschiffahrtsgericht *n* tribunal pour la navigation de la Moselle.

Motiv *n* (1) *(Strafrecht)* motif *m*, mobile *m*, (2) *(Zivilrecht)* cause *f* (du contrat), motif déterminant (du contrat); **–irrtum** *n* erreur sur le mobile, erreur *f* sur le motif.

Motivation *f* motivation, facteur déterminant.

Motor|enöl *n* huile *f* moteur; **–haube** *f* capot *m*; **–rad** *n* véhicule à moteur à deux roues, motocyclette *f*; **–radfahrer** *m* cyclomotoriste *m*; **–radhelm** *m* casque *m* de motocycliste; **–schaden** *m* panne *f* de moteur.

Mühewaltung *f* peine *f*, effort *m*.

Müll *m* (1) *(Haushalt)* ordures *fpl* ménagères, (2) *(Industrie)* déchets *mpl* industriels; **–abfuhr** *f* (1) service *m* de collecte des ordures ménagères, (2) mise *f* en décharge; **–abfuhrgebühr** *f* taxe *f* d'enlèvement des ordures ménagères; **–aufbereitungsanlage** *f* usine *f* de traitement de déchets industriels et ménagers; **–behälter** *m* poubelle *f*; **–deponie** *f*, **–halde** *f*, **–kippe** *f* décharge *f* publique, dépotoir *m*; **–tonne** *f* poubelle *f*; **–verbrennungsanlage** *f* incinérateur à ordures, usine *f* d'incinération d'ordures ménagères.

Multi *m* firme multinationale.

multilateral *adj* (= mehrseitig) multilatéral.

Mündel *m* pupille *m*; **–geld** *n* fonds de tutelle, deniers *mpl* pupillaires, fonds *mpl* du pupille.

mündelsicher *adj* se dit d'une hypothèque dont le montant ne dépasse pas un certain pourcentage de la valeur du bien ou d'un placement particulièrement sûr; **–e Anlage** placement *m* sûr; **–es Papier** valeur *f* autorisée pour le placement de deniers pupillaires.

Mündel|sicherheit *f* sécurité *f* requise

pour les fonds de tutelle; **–vermögen** *n* avoir *m* pupillaire.

mündig *adj* majeur.

Mündigkeit *f* majorité *f*.

mündlich *adj* oral, verbal, de vive voix, oralement *adv*, verbalement *adv*; **–e Vereinbarung** accord *m* verbal; **–e Verhandlung** audience *f* orale.

Mündlichkeit *f* caractère *m* oral.

Mündlichkeitsgrundsatz *m* principe *m* de l'oralité (des débats).

Mundraub *m* larcin *m* portant sur des produits alimentaires.

Munition *f* munitions *fpl*; **–sfabrik** *f* cartoucherie *f*.

Münz|abkommen *n* convention *f* monétaire; **–amt** *n* Hôtel *m* des monnaies, Monnaie *f*.

Münze *f* (1) monnaie *f* (d'appoint), pièce de monnaie, monnaie métallique, (2) *(Münzprägeanstalt)* La Monnaie; **falsche –** fausse monnaie; **gesetzliche –** monnaie légale; **verrufene –** monnaie démonétisée; **vollwichtige –** pièce droite de poids.

Münz|einheit *f* unité *f* monétaire; **–fälscher** *m* faux-monnayeur *m*; **–fernsprecher** *m* cabine *f* téléphonique, taxiphone *m*; **–fuß** *m* titre *m* de monnayage, taux *m* monétaire (S); **–gehalt** *m* titre *m* des monnaies; **–geld** *n* espèces *fpl*, pièce de monnaie, monnaie *f* métallique; **–gesetzgebung** *f* législation *f* monétaire; **–gewinn** *m* bénéfice *m* de monnayage (différence entre la valeur nominale et la valeur du métal plus les frais de frappe); **–gold** *n* or *m* monétaire; **–konvention** *f* convention *f* monétaire; **–konvertierung** *f* conversion *f* monétaire **–metall** *n* métal *m* monnayable; **–pari** *n*, **–parität** *f* parité monétaire, parité des changes; **–prägung** *f* frappe *f* de monnaie; **–recht** *n* droit de battre monnaie, droit de frappe; **–reform** *f* réforme *f* monétaire; **–regal** *n* droit régalien de battre monnaie; **–sorgten** *f* pièces de monnaie, (au pluriel) espèces *fpl* monnayées; **–stätte** *f* (hôtel de la) Monnaie; **–umlauf** *m* circulation *f* monétaire (métallique); **–verbrechen** *n* crime *m* de faux monnayage; **–verfälschung** *f* faux monnayage; **–verlust** *m* frai *m*, usure *f* des monnaies en circulation; **–verruf** *m* (Aut), **–verrufung** *f* mise hors cours des monnaies, mutation *f* monétaire; **–verschlechterung** *f* altération monétaire; **–wechsel** *m* change *m* manuel; **–wesen** *n* système *m* monétaire; circulation monétaire.

Muß|bestimmung *f* disposition *f* impérative; **–kaufmann** *m* commerçant *m* de par l'exercice de sa profession *ou* de par l'exercice d'un commerce; **–leistung** *f* prestation *f* réglementaire; **–vorschrift** *f* prescription *f* impérative *ou* obligatoire.

Müßiggänger *m* personne *f* sans profession, vagabond *m*, oisif *m*, personne désœuvrée.

Muster *n* (1) dessin *m*; modèle *m*, spécimen *m*, échantillon *m*, (2) corrigé *m*, (3) type *m*, standard *m*, patron *m*; **Kauf nach –** vente conforme à un échantillon déterminé; **gewerbliches –** dessin *m* industriel; **– ohne (Handels-)Wert** échantillon sans valeur commerciale; **–abkommen** *n* accord *m* type; **–angebot** *n* échantillonnage *m*, présentation d'échantillons; **–anmeldung** *f* dépôt *m* d'un modèle, déclaration de modèle; **–auftrag** commande d'après un échantillon; **–arbeitsvertrag** *m* contrat-type de travail; **–bedingung** *f* condition-type *f*; **–beispiel** *n* exemple typique; **–betrieb** *m* entreprise-modèle *f*, entreprise-type; **–buchhaltung** *f* comptabilité-type *f*; **–fall** *m* cas *m* type; **–formular** *n* formulaire *m* modèle, formule *f* type; **–klausel** *f* clause-type *f*, clause stéréotypée; **–kollektion** *f* échantillonnage, collection d'échantillons; **–markt** *m* marché *m* d'échantillons; **–messe** *f* foire d'échantillons; **–mietvertrag** *m* contrat de location type *ou* sous forme de modèle; **–nomenklatur** *f* nomenclature-type *f*; **–paß** *m* (S) liste *f* descriptive; **-prozeß** *m* procédure engagée en vue d'éclaircir un point de droit; **-recht** *n* droit des modèles; **-regelung** *f* règlement-type *m*, réglementation-type *f*; **-register** *n* registre *m* des dessins et modèles; **-rolle** *f* (1) registre des dessins et modèles, (2) *(SeeHR)* rôle de l'équipage; **-satzung** *f* statuts *mpl* modèle.

Musterschutz *m* protection des dessins et modèles; **-recht** *n* droit de la protection des dessins et modèles.

Mustertarif *m* tarif-type *m*, tarif *m* de référence, tarif modèle.

Musterung *f* (1) *(Seeschiffahrt)* enrôlement *m*, (2) *(Wehrpflichtige)* sélection-orientation; passage *m* au conseil de révision, révision *f*, examen médical (en vue de la sélection), épreuves *fpl* psychotechniques (en vue de l'affectation).

Musterungs|ausschuß *m* conseil *m* de révision; **-behörde** *f* (1) *(MilR)* bureau de recensement (du service national), centre *m* de sélection; (2)*(SeeHR)* inspecteur aux revues; **-bescheid** *m* décision de la commission d'aptitude; **-kommission** *f* conseil de révision; **-verfahren** *n* opération de sélection (des jeunes gens recencés).

Muster|vereinbarung *f* accord-type *m*, convention-type; **-vertrag** *m* contrat-type *m*; **-werkstätte** atelier-pilote; **-wesen** système de la protection des dessins et modèles; **-zulassung** homologation.

Mutation *f* (S) mutation *f*.

Muter *m* *(Bergbau)* demandeur *m* d'une concession minière.

mutmaßen (vermuten) supposer, présumer, donner comme probable.

mutmaßlicher Täter auteur *m* présumé d'une infraction.

Mutter *f* mère *f*; **alleinerziehende –** mère élevant seule son (*ou* ses) enfant(s); **erwerbstätige –** mère exerçant une activité professionnelle; **ledige –** mère célibataire, parent isolé; **nicht berufstätige –** mère au foyer; **-gesellschaft** *f* *(GesR)* société-mère *f*; **-land** *n* métropole *f*, territoire *m* métropolitain; **-recht** *n* matriarcat *m*, droit matriarcal.

Mutterschaft *f* maternité *f*.

Mutterschafts|anerkennung *f* reconnaissance *f* de maternité; **-beihilfe** *f* prestation *f* maternité; **-geld** *n* allocation *f* pré- et postnatale, indemnité du congé de maternité; **-geldzuschuß** *m* supplément *m* d'allocation maternité; **-hilfe** *f* aide *f* aux femmes en couches; **-klage** *f* action en recherche de maternité; **-urlaub** *m* congé maternité; congé parental d'éducation; **-vorsorge** *f* assistance *f* médicale aux femmes enceintes.

Mutterschutz *m* protection maternelle (et infantile) *ou* de la maternité; **-gesetz** *n* loi *f* relative à la protection de la mère.

Mutung *f* *(Bergbau)* demande de concession (d'une mine).

Mutwillens|kosten *pl* *(PrzR)* amende *f* pour emploi de procédés dilatoires; **-strafe** *f* (Aut) amende de fol appel.

mutwillig *adj* à dessein, de propos délibéré.

Mutwilligkeit *f* (der Rechtsverfolgung) le fait d'intenter un procès par pur esprit chicanier, chicane *f* en connaissance de cause.

N

nach *präp* (1) *(räumlich)* à (destination de), vers, en, (2) *(zeitlich)* après, (3) *(zufolge, gemäß)* conformément à, d'après, selon, suivant; **– Artikel ...** en vertu de ..., conformément à ..., selon ..., aux termes de l'article ...; **– Empfang** au reçu; **– einem Jahr** à l'expiration d'une année; **– Stellungnahme** après avis; **– Vorschrift** selon les dispositions *ou* prescriptions légales (en vigueur), d'après le règlement; **– bestem Wissen** en toute conscience, autant que l'on sache.

nachahmen (1) *(nachmachen)* imiter, copier, (2) *(fälschen)* contrefaire, falsifier.

Nachahmen *n od.* **Nachahmung** *f* (1) imitation *f*, copie *f*, reproduction, imitation, (2) contrefaçon *f*, falsification *f*, plagiat *m*; **schlechte –** contrefaçon maladroite; **sklavische –** copie servile; **vor –en wird gewarnt** se méfier des contrefaçons!; **–en werden verfolgt** toute contrefaçon sera pénalement poursuivie.

Nachahmer *m* contrefacteur *m*, falsificateur *m*, reproducteur, plagiaire, imitateur, copieur.

Nachanmeldung *f (PatR)* demande postérieure *ou* subséquente.

Nach|arbeit *f* (1) travail de finition, retouche *f*, parachèvement *m*, (2) travail *m* de rattrapage; **–banderolierung** *f (SteuerR)* augmentation de l'impôt par apposition d'une marque fiscale supplémentaire.

Nachbar|abwehrrecht *n* droit du voisin de demander la cessation des inconvénients anormaux de voisinage; **–anwesen** *n* fonds *m* voisin, propriété limitrophe *ou* voisine; **–gefahr** *f* risque *m* de voisinage; **–gemeinde** *f* commune *f* limitrophe; **–grundstück** *n* immeuble *m* limitrophe; **–klage** *f* action engagée par le voisin (pour trouble de voisinage); **–land** *n* pays *m* limitrophe; **–recht** *n* (1) législation relative aux obligations d'un propriétaire foncier envers ses voisins, droit des rapports de voisinage; servitude de voisinage, (2) *(UrhR)* droits voisins, droits riverains *ou* apparentés; **–rechtsschutz** *m* protection juridique des voisins contre les troubles de voisinage *ou* les abus de droit *ou* les nuisances; **–schaft** *f* voisinage *m*; **–schaftsbefragung** *(Polizei)* enquête *f* de voisinage; **–schaftshilfe** *f* aide *f* de bon voisinage; **–schutz** *m* protection contre les troubles de voisinage.

Nachbau *m* reproduction (illicite) d'un modèle, imitation.

Nachbehandlung *f* traitement *m* consécutif, traitement post-opératoire, cure *f* thérapeutique, postcure *f*.

Nach|benutzung *f* jouissance *f* ultérieure; **–berufene(r)** *m (ErbR)* héritier subséquent; **–besserung** *f* réparation *f* des défectuosités *ou* des vices; rectification, amélioration, correction; **–besserungsverpflichtung** obligation de réparer les vices (de la chose livrée); **–bestellung** *f* commande *f* supplémentaire; **–besteuerung** *f* imposition *f* supplémentaire; **–bezugsaktie** *f* action *f* différée.

Nachbezugsrecht *n* droit éventuel des porteurs d'actions privilégiées de recevoir une compensation sur les bénéfices ultérieurs au cas où ils n'ont pu toucher leur part de bénéfice au cours des années précédentes.

Nachbildung *f (UrhR)* contrefaçon *f*, imitation *f*; **widerrechtliche –** œuvre *f* contrefaite.

Nachbörse *f* marché *m* libre (après la cotation officielle).

Nach|bürge *m* sous-caution *f*, certificateur de caution; **–bürgschaft** *f* sous-caution *f*.

nachdatieren postdater.

Nachdatowechsel *m od.* **Datowechsel** effet à un certain délai de date.

Nachdruck *m*, réimpression *f ou* reproduction *f* après l'écoulement du délai de protection; **unerlaubter –** reproduction illicite.

Nach|eichstempel *m* marque *f* de vérification périodique, poinçon *m* de vérification; **–eichung** *f* vérification *f* des poids et mesures; **–eichungsstempel** *m* marque de vérification périodique; **–eid** *m* serment *m* prêté après la déposition; serment portant sur des faits antérieurs.

Nacheile *f* (1) *(ZPR)* droit de poursuite, (2) *(StR)* poursuite *f* d'un malfaiteur.

Nach|entrichtung *f* (1) paiement *m* ultérieur, (2) *(Sozialversicherungsbeiträge)* paiement *m ou* versement *m* a posteriori des cotisations; **–entschädigung** *f* indemnité *f* supplémentaire; **–erbe** *m* héritier subséquent, (héritier) appelé *m*; **–erbfolge** dévolution (de la succession) à un héritier subséquent, substitution fidéicommissaire; **–erbschaft** *f* substitution *f* fidéicommissaire, substitution d'héritier; **–erwerber** *m* acquéreur *m* ultérieur.

Nachfaßwerbung *f* publicité *f* de relance.

Nachfluchtgrund *m (AsylR)* raison invoquée en faveur de l'asile politique et reposant sur le fait des représailles prévisibles pour avoir demandé l'asile.

Nachfolge *f* succession *f*; **–gesellschaft** *f* société *f* successorale; **–klausel** *f* clause *f* instituant un héritier; **–lasten** *fpl (VwR)* charges *fpl* d'entretien; **–recht** *n* droit de suite; **–staat** *m* État *m* successeur; **–unternehmen** *n* entreprise *f* prenant la succession.

nachfolgen succéder à qqn, recueillir par succession le patrimoine de qqn.

nachfolgend suivant, subséquent, postérieur; **–e Ehe** mariage *m* consécutif.

Nachfolger *m* successeur *m*.

Nachforderung *f* (1) *(SteuerR)* redressement *m* et taxation d'office, (2) *(PrzR)* rappel *m* des dépens; (3) *(ZR)* demande en sus; **–sklage** *f* action *f* complémentaire en garantie de rente *ou* de pension alimentaire.

nachforschen rechercher.

Nachforschung *f* (1) recherche *f*, investigations *fpl*, (2) *(amtlich u. gerichtlich)* enquête *f*, instruction *f*.

Nachforschungs|pflicht *f* obligation d'entreprendre des recherches; **–recht** *n* droit *ou* pouvoir *m* d'investigation.

Nachfrage *f* (1) recherche *f*, information *f*, (2) *(Handel)* demande *f*; **lebhafte –** demande animée; **steigende –** demande croissante; **übermäßige –** demande excessive; **unbefriedigte** *od* **ungedeckte – nach Arbeitskräften** offres *fpl* d'emploi non satisfaites; **– auf dem Arbeitsmarkt** demandes *fpl* d'emploi; **– auf dem Binnenmarkt** demande intérieure; **– auf dem Markt** demande sur le marché; **–belebung** *f* demande animée; **–beruhigung** *f* accalmie des demandes; **–dämpfung** *f* tassement *m* de la demande; **–druck** *m* pression *f* de la demande; **–elastizität** *f* élasticité de la demande; **–entwicklung** *f* évolution de la demande; **–gebühr** *f* droit *ou* taxe de réclamation; **–inflation** *f* inflation par la demande; **–monopol** *n* monopole de la demande; **–überhang** *m* besoins *mpl* non couverts, excédent *m* de la demande; **–verlangsamung** *f* ralentissement de la demande.

nachfragen s'enquérir, s'informer.

Nachfrager *m* demandeur *m*.

Nachfrist *f* délai *m* supplémentaire; délai de grâce, moratoire *m*.

nachgeben (1) concéder, faire des concessions, (2) *(Preise, Kurse)* fléchir, reculer.

nachgeboren *adj* (1) *(nach dem Tod des Vaters)* posthume *adj*, (2) *(jünger)* puîné.

Nachgebühr *f* surtaxe *f*, supplément *m* de taxe.

nachgehen (1) *(einer Arbeit)* exercer un métier, occuper un emploi, (2) *(einer Person)* filer qqn.

Nachgenuß *m* jouissance *f* ultérieure.

nachgiebiges Recht dispositions juridiques supplétives, règles *ou* normes supplétives, ius dispositivum, droit non-obligatoire.

Nachgründung *f* acquisition d'installations ou de biens par une société commerciale lors de sa fondation et sous certaines conditions; **–sbericht** *m* rapport sur les acquisitions.

Nachhaftung *f* (1) *(Hapftpflicht)* responsabilité *f* décennale; (2) *(Kfz.-Vers.)* garantie *f* légale après l'expiration du contrat, (3) *(GesR)* responsabilité d'un associé après son départ.

Nachholbedarf *m* besoins de reconstitution des stocks; besoins de consommation (après une période de pénurie); demande accumulée.

nachholen (1) *(Versäumtes)* récupérer, rattraper, (2) *(Fehlendes)* réparer.

Nachholung von Arbeitsstunden récupération des heures de travail.

Nachholungsfrist *f* délai *m* de rectification; délai pour produire les pièces manquantes.

Nach|indossament *n* endossement d'un effet protesté; **–käufer** *m* acheteur subséquent.

Nachkomme *m* descendant *m*.

nachkommen, einem Befehl – se conformer à un ordre; **Verpflichtungen –** s'acquitter de ses obligations, satisfaire à des engagements.

Nachkommenschaft *f* descendance *f*, postérité *f*.

Nachkontrolle *f* contrôle a posteriori *ou* subséquent.

Nachlaß *m* (1) *(Erbschaft)* patrimoine *m* du de cujus, héritage *m*, succession *f*, (2) *(HR: Preisnachlaß)* remise *f*, abattement *m*, concession *f*, (3) *(Steuererlaß)* dégrèvement *m*, détaxe *f*, réduction *f*, (4) *(Literatur)* œuvres *fpl* posthumes; **dürftiger –** succession dans laquelle le passif dépasse l'actif; **erbenloser –** succession en déshérence, succession *f* vacante; **ruhender –** (Aut), **schwebender –** hérédité *f* jacente; **einen – gewähren** accorder *ou* consentir une remise; exonérer.

Nachlaß|anspruch *m* demande *f* relative à une succession; **–auseinandersetzung** *f* (1) partage de l'actif successoral, (2) *(gerichtlich)* partage judiciaire; **–behörde** *f* (S) autorité de concordat (S); **–dividende** *f* dividende *m* concordataire (S).

nachlassen (1) *(hinterlassen)* léguer, transmettre, (2) *(ermäßigen)* diminuer, réduire, consentir une remise, accorder une remise, concéder.

Nachlassen der Konjunktur ralentissement de l'activité économique, fléchissement de la conjoncture; **– der Nachfrage** fléchissement *m* de la demande; **– des Preisauftriebs** décélération de la hausse des prix, tassement du rythme de progression des prix.

Nachlaß|eröffnung *f* ouverture *f* de la succession; **–forderung** *f* créance successorale; **–gegenstand** *m* bien *m* faisant partie de la succession; effets *mpl* de la succession; **–gericht** *n* tribunal compétent en matière successorale; **–gläubiger** *m* créancier de la succession, créancier *m* du de cujus.

nachlässig *adj* négligent, inattentif, peu consciencieux.

nachlässigerweise *adv* par négligence.

Nachlässigkeit *f* négligence *f*, faute non intentionnelle, défaut dû au manque des soins.

Nachlaß|inventar *n* inventaire de la succession *ou* successoral; **–kauf** *m* vente *f* du patrimoine du de cujus; **–konkurs** *m* liquidation des biens portant sur le patrimoine d'une succession; **–kuratel** *f* curatelle de la succession; **–liquidation** *f* (S) liquidation *f* concordataire (S); **–masse** *f* masse *f* successorale, masse de la succession; **–pfleger** *m* administrateur *ou* gérant *ou* curateur de la succession; **–pflegschaft** *f* administration de l'indivision successorale, curatelle de la succession vacante; **–sache** *f* affaire *f* successorale, litige *m* en matière de succession; **–schulden** dettes de la succession, passif *m* héréditaire; **–schuldner** *m* débiteur de la succession.

Nachlaß|steuer *f* taxe *f* successorale; **–verbindlichkeiten** *fpl* dettes *fpl* et charges *fpl* de la succession, passif héréditaire; **–verfahren** *n* procédure *f* concordataire; **–vergleichsverfahren** *n* règlement *m* judiciaire portant sur le patrimoine du de cujus; **–verheimlichung** *f* recel *m* successoral; **–vermögen** *n* biens *mpl* successoraux *ou* héréditaires.

Nachlaß(ver)teilung *f* partage *m* de l'actif successoral (entre les cohéritiers); **– durch freie Vereinbarung** partage amiable; **– durch Gericht** partage judiciaire; **– durch Testament** partage testamentaire.

Nachlaßvertrag *m* (S) concordat *m*; **gerichtlicher –** (S) concordat judiciaire (S); **– durch Vermögensabtretung** (S) concordat par abandon d'actif.

Nachlaß|verwalter *m* curateur de la succession; **–verwaltung** *f* administration *f ou* curatelle de la succession; **–verzeichnis** *n* inventaire de la succession.

Nach|leistung *f* prestation *f* complémentaire; **–lieferung** *f* fourniture *f* postérieure (en remplacement d'une livraison défectueuse).

nachmachen (1) *(imitieren)* imiter, parodier, (2) *(fälschen)* contrefaire, falsifier, démarquer.

Nachmieter *m* locataire substitué *ou* subséquent.

Nachnahme *f* remboursement *m*; **mit – belastet** grevé de remboursement; **gegen –, per –** contre remboursement; **–betrag** *m* montant du remboursement; **–gebühr** *f* droit de remboursement; **–karte** *f* carte-remboursement.

Nachnahmepaket *n* colis contre remboursement; **–karte** *f* bulletin *m* d'expédition de colis-postal contre remboursement.

Nachpfändung *f* saisie sur saisie, seconde saisie.

Nachporto *n* surtaxe *f*.

Nach|prämie *f* prime *f* de régularisation; **–provision** *f* indemnité *f* de retrait (versée au représentant ou à l'agent sortant).

nachprüfen vérifier, contrôler, réviser.

Nachprüfung *f* vérification *f*, contrôle *m*, révision *f*; **gerichtliche –** contrôle judiciaire; **rechtliche –** contrôle de la stricte observation de la loi; appréciation quant au droit; **richterliche –** contrôle juridictionnel; **sachliche –** révision au fond; **steuerliche –** vérification fiscale, contrôle fiscal; **– der Gesetzmäßigkeit** contrôle de la légalité; **– der Rechtmäßigkeit** contrôle de la conformité au droit.

Nachprüfungs|ausschuß *m* commission de révision; **–befugnis** *f* pouvoir de contrôle; **–kommission** *f* commission *f* de révision; **–recht** *n* droit *m* de regard, pouvoir de contrôle.

Nachrang *m* rang inférieur; point *ou* problème non-prioritaire.

Nachrede *f*, **üble –** diffamation *f*.

nachreichen fournir plus tard, faire suivre ultérieurement.

Nachrichten *fpl* informations *fpl*, nouvelles *fpl*; **–agentur** *f* agence *f* de presse; **–blatt** *n* feuille d'avis.

Nachrichtendienst *m* service *m* de renseignements; **geheimer –** services *mpl* secrets.

nachrichtendienstliches Informationssystem (NADIS) système d'information des services de renseignements généraux allemands; **– Mittel** *n* mesure secrète de surveillance (d'un particulier).

Nachrichten|sendung *f* émission *f* d'informations; **–sperre** *f* silence gardé sur une décision officielle *ou* une nouvelle; **–übertragung** *f*, **–wesen** *n* télécommunications *fpl*.

Nachrücken *n (eines Ersatzmitgliedes)*

remplacement *m* par le membre suppléant.

Nachsaison *f* arrière-saison *f*.

Nachschau *f* (1) *(GewR)* contrôle administratif de locaux industriels *ou* commerciaux, (2) *(SteuerR)* vérification *f* de la situation fiscale par enquête sur place.

nachschicken faire suivre, réexpédier.

Nachschieben *n (HR)* fait de se procurer des marchandises pour les revendre en période de soldes; **– von Gründen** *(ZPR)* fait d'indiquer les moyens et arguments au cours de la procédure; **– von Kündigungsgründen** production a posteriori de motifs de licenciement.

Nachschlagewerk *m* répertoire *m*, recueil *m* méthodique, ouvrage *m* de référence.

Nachschlüssel *m* fausse clef *f*, clef imitée *ou* contrefaite, rossignol *m*, passe-partout *m*, crochet *m*; **–diebstahl** vol *m* commis avec de fausses clefs.

Nachschöpfung *f* imitation frauduleuse.

Nachschulung *f (StVR)* formation spécifique destinée à éviter la réitération des comportements dangereux.

Nachschuß *m* versement *m ou* contribution *f* supplémentaire; **–pflicht** *f* (1) *(GesR)* obligation de procéder à des versements supplémentaires, (2) *(ArbR)* rappel *m* de cotisation.

Nachsendegebühr *f* taxe *f* de réexpédition.

nachsenden réexpédier, faire suivre, F.S.

Nachsendung *f* réexpédition *f*.

Nachsicht *f* mansuétude *f*, clémence *f*, indulgence *f*.

Nachsicht|frist *f* délai *m* de vue; **–wechsel** *m od.* **Zeitsichtwechsel** *m* lettre de change à un certain délai de vue.

Nachsorgebehandlung *f (VersR)* surveillance *f* médicale, soins *mpl* post-cure.

Nachsteuer *f* supplément d'impôt, impôt *m* supplémentaire, rappel d'impôt; **–verfügung** *f* rappel *m* d'impôt.

Nachtarbeit *f* travail *m* de nuit.

Nachtat *f*, **straflose –** infraction connexe punie par la peine principale *ou* avec le fait principal.

Nachteil *m* inconvénient *m*, désavantage *m*, préjudice *m*, dommage *m*; **künftiger und unbestimmter –** préjudice incertain et éventuel; **materieller –** préjudice matériel; **nicht zu ersetzender –** préjudice *m* irréparable; **wirtschaftlicher –** désavantage économique.

nachteilig *adj* désavantageux, préjudiciable.

Nachteilsausgleich *m* péréquation des charges.

Nachtrag *m* (1) *(bei Vertrag)* avenant *m* (à un contrat), additif *m*, (2) *(bei Testament)* codicille *m*, (3) supplément *m*; **– zum Versicherungsvertrag** avenant au contrat d'assurance.

nachträglich *adj* (1) *(hinterher geschehend)* après, par la suite, ensuite, (2) *(später, danach)* plus tard, ultérieur, après coup, au cours de l'exécution du contrat, (3) *(verspätet)* à terme échu, (4) *(adv.)* subsidiairement, plus tard, ultérieurement.

Nachtrags|anklage *f* conclusions complémentaires du ministère public (au cours de l'audience); **–haushalt** *m* collectif *m*, budget complémentaire *ou* rectificatif (au cours de l'exercice); **–klage** *f* *(ZPR)* demande additionnelle; **–kredit** *m* crédit additionnel *ou* supplémentaire; **–liste** *f* liste *f* complémentaire *ou* supplémentaire, liste additionnelle; **–plan** *m od.* **–satzung** *f* budget *m* complémentaire; **–police** *f* avenant *m*; **–versicherung** *f* assurance *f* complémentaire *ou* de risques successifs; **–verteilung** *f* répartition complémentaire.

Nacht|ruhe *f* repos *m* de nuit; **–schicht** équipe *f* de nuit; **–schichtarbeit** *f* travail de nuit; **–stunden** heures *fpl* de nuit; **–tarif** *m* tarif *m* de nuit; **–tresor** *m* caisse automatique pour le dépôt du nuit des fonds *ou* objets de valeur, dépôt de nuit.

Nachtwächter *m* gardien de nuit; **–staat** *m* État libéral non-interventionniste.

Nacht|zeit *f (StR)* (infraction commise) de nuit; **–zulage** *f* indemnité *f* de travail de nuit, prime *f* de nuit.

Nach|unternehmer *m* sous-entrepreneur, sous-traitant *m*; **–untersuchung** *f* examen *m* médical de fin de traitement; contre-expertise *f* médicale; **–veranlagung** *f (SteuerR)* redressement *m* fiscal, rectification *f* de l'imposition; **–vergütung** *f* complément d'indemnité.

Nachvermächtnis *n* legs *m* grevé d'une substitution fidéicommissaire; **–nehmer** *m* légataire appelé (par voie de substitution fidéicommissaire).

Nach|verpfändung *f* mise en gage réitérée (et clandestine); **–versicherung** *f* assurance complémentaire *ou* additionnelle, extension de garantie, rétro-assurance, post-assurance.

nachversteuern effectuer un redressement fiscal.

Nach|versteuerung *f* redressement *m* fiscal; **–wahl** *f* élection *f* partielle *ou* complémentaire.

Nachweis *m* preuve *f*, pièce *f* justificative; **buchmäßiger –** preuve par pièce comptable; **den – erbringen** prouver, fournir la preuve de qch.

nachweisbar *adj* démontrable, pouvant être prouvé, pouvant être mis en évidence; indubitable.

Nachwirkung *f* effet *m* ultérieur *ou* tardif, répercussion *f*, retombée *f*.

Nach|wucher *m* usure *f* (exercée sur des créances); **–wuchskräfte** *fpl* génération *f* nouvelle, les jeunes, recrues *fpl* nouvelles; **–zahlung** *f* (1) paiement *m* ultérieur, rappel *m* (de paiement), versement *m* complémentaire; contribution supplémentaire, (2) *(Gehalt)* rappel *m* de traitement, arriéré *m*, (3) *(Steuern)* compléments *mpl* d'impôt; **–zensur** *f* censure *f* a posteriori.

Nachzügler *m* retardataire.

Nachzugsaktie *f* action *f* conférant un droit à un excédent de bénéfices, action différée.

Nacktkultur *f od.* **Freikörperkultur** *f* nudisme *m*, naturisme *m*.

Naherholungsgebiet *n* espace *m* de loisirs aux environs d'une agglomération.

Näherungswert *m* valeur d'approximation, valeur *f* approximative.

Nahfahrt *f (SeeHR)* navigation au bornage, navigation côtière.

Nahrungsmittel *n* substance *f* alimentaire, produit *m* alimentaire; denrées *f* alimentaires; **gefälschtes –** denrée alimentaire falsifiée; **verdorbenes –** denrée alimentaire avariée; **–index** *m* indice des produits alimentaires; **–industrie** *f* industrie *f* agro-alimentaire; **–mangel** *m* pénurie *f* alimentaire.

Nahverkehr *m* trafic *m* à courte distance; trafic suburbain *ou* régional.

Nahzone *f* zone *f* limitrophe, zone courte.

Name *m od.* **Namen** *m* (1) *(Benennung)* dénomination *f*, nom *m*, (2) *(Familienname)* nom *m*, nom de famille, nom patronymique, (3) *(guter Ruf)* renom *m*, réputation *f*, renommée *f*; **angenommener –** pseudonyme *m*, nom de guerre; **mit seinem –n** nommé; **dem –n nach** de nom, nominalement; **in seinem –n** en son nom; **im –n des Volkes** au nom du peuple.

Namensaktie *f* action *f* nominative; **vinkulierte –** action nominative dont le propriétaire est soumis à certaines obligations et qui bénéficie de certains avantages spéciaux.

Namens|anbringung *f (HR)* obligation d'indiquer au public son nom commercial; **–änderung** *f (ZR)* changement de nom; **–angabe** *f* mention *ou* indication du nom; **–anmaßung** *f* usurpation d'état-civil; **–aufruf** *m* appel *m* nominal; **–ehe** *f* mariage *m* contracté dans le seul but d'acquérir le nom du mari, mariage blanc; **–erwerb** *m* acquisition du nom (par la filiation); **–er-**

teilung *f* acquisition du nom (par décision administrative); relèvement et transmission du nom; **–firma** *f (HR)* raison sociale (empruntée au nom du commerçant); **–führung** *f* obligation de porter son nom.

namensgleich *adj* homonyme.

Namensgleichheit *f* homonymie *f*.

Namens|grundschuld *f* dette *f* foncière nominative; **–indossament** *n* endossement à une personne déterminée; **–liste** *f* liste *f* nominative; **–mißbrauch** *m* usage *m* abusif *ou* usurpation de nom; **–nennung** *f* indication du nom, décliner son identité; **–papier** *n (HR)* titre *m* nominatif; **–recht** *n* droit au nom; législation relative au nom patronymique; **–scheck** *m* chèque *m* nominatif; **–schild** *n (HR)* enseigne *f*; **–schutz** *m* (1) *(HR)* protection de la dénomination sociale *ou* du nom commercial, (2) *(ZR)* protection *f* (de l'usage) du nom; **–täuschung** usurpation de nom; emploi *m* d'un nom autre que son nom légal; **–unterschrift** *f* signature *f* (en son propre nom); **–verzeichnis** *n* liste *f* nominative, état nominatif; **–vetter** *m* homonyme *m*; **–zug** *m* parafe *m*, signature *f*, griffe *f*.

namentlich (1) *(adj)* nominal, nominatif; **–e Abstimmung** *f* scrutin *m* nominal, (2) *(adv)* en désignant le nom, *(besonders)* nommément, surtout, notamment, spécialement, *(nämlich)* à savoir.

namhaft *adj* (1) *(Person)* connu, qui a un nom, dénommé, (2) *(angesehen)* notable, (3) *(Sache)* notable.

Namhaftmachung von Zeugen constitution de témoins.

nämliche *adj* déjà nommé, susnommé; **der (die) –** le (la) même personnne; **das –** la même chose.

Nämlichkeit *f* identité *f* (de choses).

Nämlichkeits|bescheinigung *f* certificat *m* d'identification; **–feststellung** *f* constatation de l'identité; **–prüfung** *f* vérification d'identité; **–sicherung** *f* sûreté destinée à garantir l'identité; **–zeichen** *n* marque d'identification; **–zeugnis** *n* certificat d'identité.

Nansens|ausweis *m*, **–paß** *m* passeport *ou* certificat Nansen.

Nasciturus (= Leibesfrucht) enfant conçu (qui n'est pas encore né).

Nationalbank *f*, **schweizerische –** Banque *f* nationale suisse.

nationalbankfähig *adj* (S) escomptable par la Banque nationale.

National|budget *n* budget *m* national; **–einkommen** *n* revenu *m* national; **–feiertag** *m* (jour de) fête nationale; **–flagge** *f* pavillon national; **–hymne** *f* hymne *m* national.

Nationalisierung *f* (= Verstaatlichung) nationalisation *f*.

Nationalisierungs|abkommen *n* accord *m* sur les nationalisations; **–entschädigung** *f* indemnité de nationalisation.

Nationalität *f* nationalité *f*.

Nationalitätsprinzip *n (SteuerR)* principe *m* de la compétence (en matière d'imposition) basant sur la nationalité (du contribuable).

National|kongreß *m* congrès *m* national; **–ökonomie** *f* économie *f* nationale; **–park** *m* parc *m* (naturel) national; **–paß** *m* passeport *m* national; **–rat** *m* (Aut – S) (1) conseil *m* national, (2) conseiller *m* national; **–sozialismus** *m* national-socialisme *m*, nazisme *m*; **–versammlung** *f* assemblée nationale.

Natural|abgabe *f* impôt en nature; **–ausgleich** *m* compensation en nature; **–bezüge** *mpl* avantages en nature; **–entlohnung** *f* rémunération en nature; **–erfüllung** *f* exécution en nature; **–ersatz** *m*, **–herstellung** *f* réparation en nature.

Naturalien *pl* prestations en nature.

Naturalisation *f* (= Einbürgerung) naturalisation.

Natural|komputation *f* computation *ou* calcul des délais par heures *ou* minutes; **–leistung** *f* prestation en nature, avantages *mpl* en nature; **–lohn** *m* salaire *m* ou rémunération en nature; **–obligation** *f* obligation naturelle.

Naturalpacht *f* bail dont le prix est

fixé en produits naturels, bail en nature, fermage en nature; **–vertrag** *m* contrat de bail en nature.

Natural|rente *f* rente en nature; **–restitution** *f (SchuldR)* réparation en nature; **–steuer** *f* impôt *m* en nature; **–tausch** *m* troc *m*; **–vergütung** *f* salaire *m* en nature; **–vollstreckung** *f* saisie *f* brandon.

Natur|denkmal *n* site *m* classé; **–ereignis** *n* phénomène *m* naturel, cataclysme *m*; **–gesetz** *n* loi *f* naturelle; **–katastrophe** *f* catastrophe *f* naturelle, cataclysme; **–recht** *n* droit *m* naturel.

Naturschätze *mpl* ressources *fpl* naturelles.

Naturschutz *m* sauvegarde *f* des sites, protection de l'environnement *ou* de la nature; **–gebiet** *n* espace naturel protégé; réserve *f* naturelle; zone *f* de protection *ou* d'environnement protégé; secteur sauvegardé; **–gesetz** *n* loi sur la protection de la nature; **–recht** *n* réglementation relative à la protection de la nature et à la lutte contre les nuisances.

Nebel|scheinwerfer *m* feux *mpl* de brouillard; **–schlußleuchten** *fpl* feux de brouillard arrière.

Neben|abrede *f* convention *f* annexe, contrat accessoire, clause *ou* stipulation *f* annexe; **–amt** *n* (1) *(Dienststelle)* organisme *m* secondaire, organisme *m* annexe, service *m* secondaire, service annexe, (2) *(Tätigkeit)* fonction *f* secondaire, activité *f* annexe.

nebenamtlich *adj* à titre de fonction annexe.

Neben|anlage *f (BauR)* (bâtiment) annexe *f*; **–anspruch** *m* (1) *(PatentR)* revendication parallèle, (2) *(SchuldR)* prétention *f* accessoire; droit subsidiaire; **–ausschuß** *m* comité *m* auxiliaire; **–beruf** *m* profession *f* annexe, occupation auxiliaire; **–beschäftigung** *f* activité *f* annexe, occupation accessoire; **–bestimmung** *f* disposition *f* annexe *ou* accessoire; **–bezüge** *pl* revenu *m* accessoire *ou* annexe; **–börse** *f* marché *m* hors cote des valeurs mobilières; **–buch** *n (HR)* registre *m* auxiliaire; **–budget** *n* budget *m* annexe; **–einkommen** *n*, **–einkünfte** *pl* revenu annexe *ou* accessoire; **–erwerb** *m* emploi *m* d'appoint, activité *f* auxiliaire; **–erwerbsbetrieb** *m* exploitation agricole d'appoint; **–erwerbstätigkeit** *f* activité *f* auxiliaire, profession *f* parallèle; **–erzeugnis** *n* sous-produit *m*, produit dérivé.

Neben|folgen *fpl* (1) effets *mpl* secondaires, (2) *(StR)* peines accessoires, (3) *(VwPR)* décision unilatérale faisant grief; **–forderung** *f* (1) *(SchuldR)* créance *f* accessoire *ou* annexe, (2) *(ZPR)* demande additionnelle (s'ajoutant aux prétentions principales); **–frage** *f* question *f* subsidiaire; **–gebäude** *n* annexe *f*; **–gebühr** *f* taxe *f* annexe, *ou* accessoire, redevance *f* additionnelle; **–geschäft** *n* opération *f* accessoire; **–gewerbe** *n* profession *f* industrielle *ou* commerciale accessoire; **–intervenient** *m (ZPR)* (tiers) intervenant *m*, partie *f* intervenante, intervenant à titre accessoire; **–intervention** *f (ZPR)* intervention (volontaire) accessoire; **–kasse** *f* caisse *f* auxiliaire; **–klage** *f (StPR)* action privée intentée par la victime lorsque le parquet a décidé d'engager des poursuites, constitution de partie civile.

Nebenkläger *m (StPR)* partie *f* civile; **als – auftreten** se constituer partie civile.

Neben|kosten *pl* (1) *(allg)* frais divers *ou* accessoires, frais connexes, faux-frais *mpl*, (2) *(zu Prämien)* accessoires *mpl* de prime, (3) *(Wohnung)* charges *fpl* locatives; **–leistung** *f* prestation accessoire.

Nebenleistungs|aktiengesellschaft *f* société anonyme dans laquelle les actionnaires sont tenus de fournir des prestations périodiques; **–gesellschaft** société dont les membres sont tenus de fournir des prestations périodiques.

Neben|pflicht *f* obligation *f* accessoire *ou* complémentaire; **–produkt** *n* sous-produit *m*; **–recht** *n* (1) *(ZR)* droit *m* accessoire, droit annexe, (2) *(UrhR)* droit riverain; **–register** *n* registre *m* annexe, registre *m* auxiliaire; **–sache** (1) *(ZR: Zubehör)* bien meuble accessoire, meuble destiné économiquement à un objet principal, (2) *(AllgSpr)* élément d'importance mineure, affaire de peu d'importance; **–sicherheit** *f* garantie *f* subsidiaire; **–sicherheitsfonds** *m* fonds de garantie collatérale; **–sitz** *m* siège *m* annexe; **–stelle** *f* bureau *m* auxiliaire, organisme *m* annexe, organisme secondaire; **–strafe** *f* peine *f* accessoire, peine complémentaire, peine secondaire, pénalité accessoire; **–tätigkeit** *f* (1) activités *fpl* auxiliaires, (2) *(ArbR)* activité *f* accessoire, occupation *f* secondaire *ou* annexe; **–verbuchung** *f* comptabilisation *f* annexe; **–verdienst** *m* rémunération d'appoint; **–vereinbarung** *f* contrat *ou* clause accessoire; **–vergütung** *f* indemnité *f* accessoire; **–verpflichtung** *f* obligation *f* accessoire; **–vertrag** *m* contrat annexe *ou* accessoire, convention additionnelle; **–vormund** *m* subrogé-tuteur *m*; **–wirkung** *f* effet secondaire.

Negativ|attest *n* attestation *f* négative; **–bescheid** *m* (1) *(VwR)* décision administrative attestant qu'une autorisation n'est pas nécessaire; (2) *(PatR)* rapport négatif.

negativ *adj* négatif; **–e Feststellungsklage** action en constatation de l'inexistence d'un droit *ou* d'un contrat; **–es Vertragsinteresse** *(SchuldR: Vertrauensschaden)* dommages-intérêts portant sur les frais engagés (mais non pas sur le manque à gagner).

nehmen: Abstand – renoncer à, se désister; **in Augenschein –** examiner; **in Besitz –** prendre possession; **in Empfang –** réceptionner; **zur Kenntnis –** prendre note, prendre connaissance de; **zu Protokoll –** verbaliser, dresser un procès-verbal; **Stellung –** exprimer son point de vue; **jmdn in Schutz –** soutenir *ou* défendre qqn.

Nehmer *m (BörsenR)* preneur *m*.

Nein-Stimme *f* voix contre . . .

Nenn|betrag *m* montant *m* nominal; **–gehalt** *m* valeur *f* nominale, valeur faciale; **–kapital** *n* capital *m* nominal.

nennen nommer, désigner (par son nom), appeler, dénommer; citer, mentionner; énumérer.

Nennwert *m* valeur nominale.

netto *adj* net; **– Kasse** au comptant compté, sans déduction d'escompte de caisse.

Netto|betrag *m* montant *m* net; **–defizit** *n* déficit *m* net; **–dividende** *f* dividende *m* net; **–einkommen** *n* revenu *m* net; **–einnahmen** *pl* recettes *fpl* nettes; **–ertrag** *m* bénéfice *m* net; **–forderung** *f* créance *f* nette; **–gewicht** *n* poids *m* net; **–gewinn** *m* bénéfice *m* net; **–investition** *f* investissement *m* net; **–kostenberechnung** *f* estimation *f* du coût net; **–lohn** *m* rémunération *f* nette, salaire *m* net; **–prämie** *f* prime *f* nette *ou* pure, prime technique, prime nette de frais et impôts; **–preis** *m* prix *m* net; **–raumgehalt** *m* tonnage *m* net, jauge *f* nette; **–saldo** *m* solde *m* net; **–tonnengehalt** *m* jauge *f* nette; **–überschuß** *m* excédent *m* net; **–verdienst** *m* salaire *m ou* gain *m* net; **–wert** *m* valeur *f* nette.

Netz *n* réseau *m*; **soziales –** protection sociale; **–karte** *f* carte par zones, carte «orange»; **–werk** *n* réseau.

neu (tout) neuf, à l'état neuf; nouveau, récent; moderne; **–fassen** remanier, refondre (un texte); **–festlegen** redéfinir.

Neu|abschlüsse *mpl* affaires *fpl* nouvelles; **–anlegung des Katasters** rénovation du cadastre, réfection du cadastre; **–anmeldung** *f (PatR)* nouveau dépôt; **–auflage,** réédition, nouvelle édition; **–aufnahme** *f* admission *f* nouvelle; **–ausschreibung** *f* nouvel appel d'offres; **–bau** *m* construction *f* nouvelle, immeuble *m* neuf; **–bearbeitung** *f* refonte *f*, révision *f*, remaniement *m*.

Neubesetzung *f*, **allgemeine –** renouvellement *m* général; **einzelne –** renouvellement individuel; **teilweise –** renouvellement partiel.

Neu|bewertung *f* réévaluation *f*; revalorisation *f*; **–bildung** *f* reconstitution *f*; **–bürger** *m* (1) naturalisé *m*, (2) personne nouvellement installée, réfugié *m*; **–druck** *m* réimpression; **–eichstempel** *m* marque de vérification, poinçon *m* de vérification primitive; **–eingliederung** *f* réinsertion *f*, reconversion *f* (professionnelle); **–einstellung** *f* embauchage *m*, recrutement *m* (de personnel); **–einstufung** *f* reclassement *m*; **–eintragung** *f* inscription nouvelle.

Neuentwicklung *f* création *f* nouvelle, nouveauté *f*.

Neuerer *m (PatR)* demandeur d'un brevet de perfectionnement *ou* d'un certificat d'addition; **–recht** dispositions légales relatives aux brevets de perfectionnement.

Neuerung *f* novation *f*; innovation *f*, nouveauté *f*.

Neueröffnung *f (Geschäft)* changement de propriétaire.

Neu|fassung *f* refonte *f*, nouvelle version *f*, nouveau texte *m*; **Art 12 in der Neufassung** art. 12 nouveau; **–festsetzung** *f* réajustement *m*, révision *f*; **–gestaltung** *f* réorganisation *f*, remaniement *m*; **–gläubiger** *m* nouveau créancier *m*, cessionnaire *m*; **–gliederung** *f* restructuration *f*; **–gründung** *f (GesR)* nouvelle constitution (d'une société).

Neuheit *f* nouveauté *f*; innovation.

Neuheitsprüfung *f (PatR)* examen de nouveauté.

neuheitsschädlich *adj (PatR)* détruisant la nouveauté, pouvant se prévaloir d'une antériorité.

Neuheits|schädlichkeit antériorité mettant obstacle à la jouissance d'un brevet; **–schonfrist** *f* période d'immunité.

Neuinvestition *f* nouvel investissement.

Neujahrszuwendung *f* gratification de fin d'année *ou* de nouvel an.

Neuordnung *f* regroupement *m*; nouveau agencement; **–sgemeinde** *f* commune assujettie à un plan de remembrement.

Neuregelung *f* réforme *f*, refonte *f*, réorganisation *f*, nouvelle réglementation.

neutral *adj* neutre; neutraliste; impartial, objectif; **–er Beobachter** observateur tenu à la plus stricte neutralité; **–es Land** pays neutre *ou* non-engagé.

Neutralaufwand *m* dépense qui ne peut figurer dans le calcul des prix.

Neutralisierung *f* neutralisation *f*.

Neutralität *f* neutralité *f*, non-engagement *m*; **bewaffnete –** neutralité armée; **freiwillige –** neutralité volontaire; **garantierte –** neutralité garantie; **ständige –** neutralité perpétuelle *ou* permanente; **strikte** *od* **unbedingte – einhalten** observer la plus stricte neutralité; **wohlwollende –** neutralité bienveillante.

Neutralitäts|abkommen *n* accord de neutralité; **–bruch** *m* violation de la neutralité; **–erklärung** *f* déclaration de neutralité; **–verletzung** *f* violation de la neutralité; **–vertrag** *m* traité *m* de neutralité.

Neuübernahme *f* changement *m* de propriétaire.

Neuverteilung *f* redistribution *f*, nouvelle répartition; **– der Einkommen** redistribution des revenus.

Neu|wahl *f* réélection *f*, nouvelle élection; **–wert** *m* valeur à l'état neuf, valeur *f* à neuf.

Nicht|ablehnbarkeit *f* irrécusabilité *f*; **–abnahme** *f* refus *m* de réception; **–abzugsfähigkeit** *f* non-déductibilité; **–akt** *m (VwR)* décision (administrative) unilatérale inexistante, acte *m* inexistant.

Nichtachtung *f* manque *m* d'égards *ou* de respect envers quelqu'un.

nichtamtlich *adj* officieux, de source autorisée (mais sans garantie officielle).

Nicht|anerkennung *f* (1) *(VR)* non-reconnaissance, (2) *(SchuldR)* contestation d'une obligation; **–angriffspakt** *m* pacte *m* de non-agression.

Nicht-Anliegerstaat *m* État *m* non-riverain.

Nicht|annahme *f* refus *m*, non-acceptation; **–anwendbarkeit** *f* non-applicabilité *f*.

Nichtanwendung *f* non-application, inapplication *f*; **durch dauernde – außer Kraft treten** tomber en désuétude.

Nichtanzeige *f* **von Verbrechen** non-dénonciation de crime.

Nicht|beachtung *f*, **–befolgung** *f* inobservation *f*, non-observation, violation, manquement *m*; **–beitreibbarkeit** *f* irrécouvrabilité *f*.

Nichtberechnung *f* défaut *m* de droit, absence *f* d'autorisation.

Nichtbestehen *n* (von Vereinbarungen) inexistence *f* *ou* absence *f* (de convention); **– der Ehe** inexistence du mariage.

Nichtbesteuerung *f* exonération fiscale.

nicht diskriminierend non discriminatoire.

Nicht|diskriminierung *f* non-discrimination *f*; **–diskriminierungsklausel** *f* clause *f* de non-discrimination.

Nicht|ehe *f* mariage *m* inexistant, inexistence *f* du mariage; **–eignung** *f* absence *f* de qualification.

nichtehelich *adj* naturel; **–e Abstammung** filiation naturelle; **–es Kind** enfant naturel; **–e Lebensgemeinschaft** union libre; **–e Mutter** mère d'un enfant naturel; **–er Vater** père d'un enfant naturel.

Nichtehelichkeit *f* le fait de ne pas être un enfant légitime.

Nichteinbringungsfall *m* (Aut: Zahlungsunfähigkeit) (dans le) cas d'une insolvabilité.

Nichteinhaltung *f* inobservation *f*, violation *f*, non-respect *m*; **– der Betriebspflicht** défaut d'exploitation; **– der Entscheidungspflicht** déni de justice; **– der Frist** inobservation du délai, non-respect d'un délai; **– einer Verpflichtung** violation d'une obligation, rupture *f* d'un engagement; **– eines Vertrages** violation *ou* non-respect du contrat.

Nichteinklagbarkeit *f* fait de ne pouvoir être invoqué devant le tribunal.

nicht einlösbar irrécouvrable.

Nicht|einmischung *f* non-intervention, non-immixtion *f*, non-ingérence *f*; **–eintreten** *n* rejet pour raisons de forme, éconduction d'instance (S); **–erfüllung** *f (SchuldR)* non-exécution *f*, inexécution; carence *f*; **–erfüllungsschaden** *m* dommage résultant de l'inexécution; **–erhebung** *f* (von Kosten) non-perception (des droits); **–erklären** *n (im gerichtlichen Verfahren)* dissimulation de faits; **–erledigung** *(ZollR)* non-décharge *f*; **–erneuerung** *f* défaut de renouvellement, non-renouvellement *m*; **–erscheinen** *n (PrzR: vor Gericht)* non-comparution *f*, défaut de comparution, carence *f*, défaut *ou* faute de comparaîte; **–erweisbarkeit** *f od.* **Nichterweislichkeit** *f*, fait de ne pouvoir être prouvé; **–gebrauch** *m* non-utilisation, non-usage *m*; **–geschäftsfähigkeit** *f* incapacité *f* d'exercice.

Nichthaftung *f* exonération, non-responsabilité *f*.

nichtig *adj* (1) *(ungültig)* nul, sans effet, non avenu, (2) *(belanglos)* sans importance, sans aucune valeur; **–es Rechtsgeschäft** acte *m* entaché de nullité absolue; **für – erklären** annuler, déclarer de nul effet, rescinder, **null und –** nul et non avenu.

Nichtigerklärung *f* annulation *f*, déclaration de nullité, rescision *f*; **– der Ehe** annulation du mariage.

Nichtigkeit *f* nullité *f*; caducité *f*; invalidité *f*; inopposabilité; **absolute –** nullité absolue, nullité d'ordre public; **bei –** *od.* **bei sonstiger –** (Aut) sous peine de nullité, à peine de nullité; **heilbare –, relative –** nullité relative, nullité de protection; annulabilité *f*; **teilweise –** nullité partielle; **unheilbare –** nullité absolue; **zur Vermeidung der –** sous peine de nullité, à peine de nullité; **die – aussprechendes Urteil** jugement déclaratif de nullité; **– der Ehe** nullité du mariage; **die – feststellendes Urteil** jugement déclaratif de nullité; **die – heilen** couvrir la nullité.

Nichtigkeits|beschwerde *f* pourvoi *ou* recours *m* en nullité; **–gründe** *mpl* motifs *mpl* invoqués en faveur de la nullité; **–einrede** *f od.* **–einwand** *m* exception de nullité; **–erklärung** *f* annulation *f*, déclaration de nullité; **–grund** *m* cause de nullité, moyen *ou* motif de nullité, cas de nullité; **–klage** *f* demande *f ou* action en annulation, demande en déclaration de nullité; **–urteil** *n* arrêt *m* d'annulation; **–verfahren** *n* procédure en nullité.

Nicht|inanspruchnahme le fait de ne pas exercer un droit, le fait de renoncer à une prestation due; **–intervention** *f* non intervention *f*; **–kämpfer** *m* non-combattant *m*; **–kaufmann** *m* non-commerçant *m*; **–kenntnis** *f* ignorance *f*; **–konvertierbarkeit** *f* inconvertibilité *f*, non-convertibilité; **–kriegführende Partei** partie non belligérante; **–ladung** *f* défaut de citation; **–leistung** *f* défaut de prestation, carence *f*; **–lieferung** *f* non-livraison *f*; **–mitgliedstaat** *m* État *m* non-membre.

nichtöffentliche Sitzung audience non publique *ou* à huis-clos.

nichtrechtsfähig *adj*: **–e Person** incapable *adj u. m*; **–er Verein** association sans personnalité juridique.

Nicht|regierungsdelegierte(r) *m* *(VR)* délégué *m* non-gouvernemental; **–resident** *m* non-résident *m*; **–rückgabe** *f* défaut *ou* absence de restitution; **–rückwirkung** *f* non-rétroactivité *f*; **–schuld** *f* (1) non-dû *m*, indû, (2) (en Aut. aussi:) non-culpabilité *f*; **–seßhafte** *m* sans domicile fixe; **–streitig** *adj* avéré, incontesté; admis *ou* reconnu (comme vrai) par les plaideurs; **–teilnahme** *f* non-participation *f*; **–teilnehmerregierung** *f* gouvernement non participant; **–teilnehmerstaat** *m* État *m* non participant; **–übereinstimmung** *f* défaut de conformité, discordance *f*; **–uferstaat** *m* État non-riverain; **–unterzeichnerregierung** gouvernement non signataire; **–unterzeichnerstaat** État non signataire; **–vereidigung** *f* le fait de ne pas devoir prêter serment; **–vereinsgebiet** *n* territoire non compris dans l'Union; **–verfolgbarkeit** *f* immunité de juridiction, immunité de poursuites; **–verfolgen** *n* (von Straftaten) le fait de ne pas engager des poursuites; **–verhandeln** *n* *(ZPR)* le fait de ne pas participer aux débats.

Nichtverheiratung *f*: **Bedingung der –** condition *f* de viduité.

nichtvermögensrechtlich *adj* extrapatrimonial; **–e Ansprüche** droits *mpl* extrapatrimoniaux.

Nichtvermögensschaden *m* dommage *m* moral, préjudice *m* extrapatrimonial.

Nicht|versöhnung *f* non-conciliation *f*; **–vertragsstaat** *m* État noncontractant.

nichtvertretbare Sache *(ZR)* corps *m* certain, chose *f* non fongible.

Nicht|vollziehung *f* non-exécution *f*; **–wählbarkeit** *f* inélégibilité *f*.

Nichtwähler *m* abstentionniste *m*.

Nichtwissen *n* le fait d'ignorer qch; **mit – bestreiten** invoquer sa propre ignorance.

Nichtzahlung *f* défaut *m* de paiement, non-paiement *m*.

Nichtzulassung *f* (1) fait *m* de ne pas admettre un recours, (2) fait de refuser un candidat.

Nichtzulassungsbeschwerde *f* *(PrzR)* recours présenté devant un tribunal contre le refus d'une instance inférieure d'autoriser un pourvoi en cassation d'un jugement qu'elle a rendu.

Nichtzuständigkeit *f* incompétence *f*, défaut *m* de compétence.

Nichtzutreffendes streichen biffez les mentions inutiles.

Niedergelassene(r) *m* (S) citoyen *m* établi (S).

Niederkunft *f* (= Geburt) naissance *f*, accouchement.

Niederlage *f* (1) échec *m*, défaite *f*, (2) entrepôt *m*; **zollfreie –** entrepôt de douane, entrepôt douanier; **–abmeldung** *f* déclaration de sortie d'entrepôt; **–register** *n* registre d'entrepôt; **–schein** *m* certificat d'entrepôt en douane, récépissé d'entrepôt.

Niederlassung *f* (1) *(Zweigniederlassung)* succursale *f*, agence *f*, (2) *(Gewerbe)* établissement, le fait de s'établir, implantation; **gewerbliche –** établissement professionnel (industriel *ou* commercial); **– im Ausland** implantation à l'étranger, succursale extérieure.

Niederlassungs|abkommen *n* convention *f* d'établissement; **–bedingungen** *pl* conditions d'établissement; **–beschränkung** *f* restriction à l'établissement; **–bewilligung** *f* autorisation *ou* permis d'établissement; **–ermächtigung** *f* autorisation *f* d'établissement; **–freiheit** *f* liberté d'établissement; **–genehmigung** *f* autorisation d'établissement; **–ort** *m* lieu d'établissement; **–recht** *n* droit d'établissement; **–staat** *m* État d'établissement; **–vertrag** *m* traité *ou* convention d'établissement.

niederlegen (1) *(Amt)* se démettre (d'une fonction), résigner ses fonctions, démissionner, (2) *(Geld)* déposer, (3) *(Arbeit)* cesser, débrayer; **schriftlich –** consigner *ou* mettre par écrit.

Niederlegung des Amtes résignation des fonctions, démission *f*.

niederschlagen (1) *(Angelegenheit)* classer sans suite (une affaire), (2) *(Person)* terrasser, assommer, (3) *(Aufstand)* réprimer, (4) *(Kosten)* distraire, retrancher; **sich – auf** se répercuter sur.

Niederschlagung *f* (1) *(Verfahren)* classement sans suite, (2) *(PrzR: Gerichtskosten)* exonération du paiement (des frais proceduraux).

Niederschlagungs|recht *n* droit de procéder au classement; **–verfügung** *f* (1) décision de classement, (2) *(SteuerR)* décision d'annulation (pour cause d'irrécouvrabilité d'une cote d'impôt).

niederschreiben consigner par écrit, noter.

Niederschrift *f* procès-verbal *m*; **gemeinsame –** procès-verbal commun; **vereinbarte –** procès-verbal convenu; **– über die Beweisaufnahme** procès-verbal d'enquête.

Niederwild *n* menu *ou* petit gibier.

niedrig *adj* bas, inférieur; **–e Beweggründe** *(StR)* motifs *mpl* particulièrement répréhensibles.

Niedrig|lohnland *n* pays *m* à bas salaires, pays à main-d'œuvre bon marché; **–preis** *m* bas prix.

Niedrigstkurs *m* cours *m* plancher *ou* minimum, cours le plus bas.

Niemandsland *n* no man's land *m*.

Nießbrauch *m* *(SachR)* usufruit *m*, droit réel viager; **lebenslänglicher –** usufruit viager; **rechtsgeschäftlicher –** usufruit établi par contrat *ou* par la volonté de l'homme; **übermäßiger –** abus de jouissance; **uneigentlicher –** quasi-usufruit; **mit einem – belasten** établir un usufruit (sur un bien), grever d'usufruit; **dem – unterliegende Sache** chose *f* sur laquelle porte l'usufruit; **–anordnung** *f* établissement d'un usufruit.

Nießbraucher *m* usufruitier *m*, titulaire de l'usufruit.

Nießbrauchs|bestellung *f* constitution de l'usufruit; **–einräumung** *f* concession d'usufruit; **–recht** *n* droit réel découlant de l'usufruit, droit de jouissance; **–sache** *f* bien sur lequel l'usufruit est établi.

Nießbrauchvermächtnis *n* usufruit constitué par testament.

Niveau *n* niveau *m*; position *f*; grade *m*; hauteur *m*; degré *m*.

Nivellierung *f* nivellement *m*, diminution des écarts.

noch in Verkäufers Wahl opération de vente ferme combinée avec un marché de prime pour livrer.

Nochgeschäft *n* marché à option.
Nomade *m* nomade *m*, personne sans domicile fixe.
Nomadenpaß *m* carnet *m* anthropométrique d'identité.
Nomenklatur *f* nomenclature *f*.
Nominal|beteiligung *f* participation nominale; **–betrag** *m* montant *m* nominal; **–einkommen** *n* revenu *m* nominal.
Nominalitätsgrundsatz *m (WährungsR)* nominalisme *m* numéraire.
Nominal|kapital *n* capital *m* nominal; **–lohn** *m* salaire nominal; **–wert** *m* valeur nominale, valeur faciale; **–zinsfuß** *m* taux d'intérêt nominal.
Nominat|kontrakt *m*, **–vertrag** *m* contrat *m* nommé.
Nonprofit-Organisation organisation *f* sans but lucratif.
Nordatlantikpakt *m* **(NATO)** Organisation du Traité de l'Atlantique-Nord (OTAN).
Nordatlantikrat *m* Conseil de l'Atlantique nord.
Nord-Süd-Gefälle *n* déséquilibre *m ou* écart *m ou* clivage *m* Nord-Sud; l'échange inégal dont les termes se détériorent constamment à l'avantage de l'Occident.
Norm *f* (1) *(Regel)* norme *f*, règle *f*, standard *m*, modèle, (2) *(Rechtssatz)* règle de droit, règle juridique, norme, loi *f* (au point de vue du fond, au sens matériel); **dispositive** – règle facultative *ou* supplétive; **gemeinschaftliche** – norme communautaire; **überpositive** – règle fondamentale du droit, droit naturel; **zwingende** – règle impérative *ou* contraignante; **–adressat** *m* destinataire *m* d'une règle juridique.
Normalarbeitsvertrag *m* (S) contrat-type de travail, contrat collectif, contrat *m* collectif de travail.
Normalien *pl* (= Regeln, Vorschriften) normes *fpl* juridiques, règles *fpl* de droit; instructions générales.
Normativbestimmungen *fpl* (1) *(in Satzungen von juristischen Personen)* clauses *fpl* à caractère normatif, (2) *(in Tarifverträgen)* élément *m* réglementaire, convention *f* collective en tant que loi de la profession.
normative Wirkung *(ArbR: Tarifvertrag)* (convention collective du travail qui) s'impose aux employeurs et salariés.
Normenausschuß *m*, **deutscher** – (Abk. DNA) association *f* allemande de normalisation.
Normen|befolgung *f* respect *m* des règles du droit international public *ou* privé, application des normes de droit; **–gesetz** *n* loi *f* au sens matériel.
Normenkollision *f* conflit *m* de lois; **räumliche** – conflit de lois dans l'espace; **zeitliche** – conflit de lois dans le temps.
Normenkontrolle *f* contrôle *m* de la constitutionnalité des textes ayant valeur législative; **abstrakte** – contrôle de la constitutionnalité d'une loi (à la demande du gouvernement *ou* d'un tiers des membres de la diète fédérale) en vue d'éclaircir un point de droit; **konkrete** – contrôle de la constitutionnalité d'une loi à l'occasion d'un litige (par la cour constitutionnelle) sur renvoi juridictionnel.
Normen|kontrollklage *f* action en contrôle de la constitutionnalité des lois; **–prüfung** *f* contrôle de la constitutionnalité des lois.
Normierung *f od.* **Normung** *f* standardisation *f*, normalisation; **technische** – normalisation dans le domaine de la technique.
Normungsabsprache *f* accord *m* de normalisation.
Nostrifikation *f od.* **Nostrifizierung** *f* (1) *(Einbürgerung)* naturalisation *f*, (2) *(Anerkennung von Diplomen)* reconnaissance *f*.
Nostro|guthaben *n* avoirs *mpl* propres; **–konto** *n* compte *m* nostro; **–verpflichtung** *f* obligation *f* propre, engagement *m* nostro.
Not *f* détresse *f*, indigence *f*, misère *f*, dénuement *m*.
Nota *f* (1) *(Notiz)* mémoire *m*, bordereau *m*, note *f*, (2) *(Auftrag)* ordre *m*, commande *f*, (3) *(Rechnung)* facture *f*.

Not|adressat *m* besoin *m*, recommandataire *m*; **–adresse** *f* désignation d'un besoin *ou* recommandataire, adresse au besoin; **–anwalt** *m* avocat *m* commis d'office (au cas où la partie ne trouve pas elle-même un avocat pour défendre sa cause).

Notar *m* notaire *m*; **amtierender –, beurkundender –** notaire instrumentaire; **öffentlicher –** (Aut) notaire; **vor einem – aufgenommene Urkunde** acte authentique dressé par devant notaire, acte notarié; **–amt** *m* office public *ou* ministériel du notaire; fonctions *fpl* notariales; statut *m* des notaires; (organisation du) notariat *m*; **–anderkonto** *n* compte *m* à affectation spéciale du notaire (servant au dépôt de fonds de ses clients); **–anwalt** *m* notaire exerçant également la profession d'avocat; **–assessor** *m* personne suivant le stage préparatoire aux fonctions de notaire, aspirant *m* (aux fonctions de notaire), aspirant notaire; **–bestätigung** attestation notariée.

Notarenkollegium *n* (1) chambre *f* des notaires, (2) conseil (régional) des notaires.

Notar|gebühr *f* émoluments *mpl* (avec référence au tarif); **–gehilfe** *m* clerc *m* de notaire.

Notariat *n* (1) *(Amt)* notariat *m*, fonction notariale, (2) *(Kanzlei)* étude *f* de notaire.

Notariats|akt *m* acte *m* notarié *ou* notarial; **–angestellte(r)** *m* clerc de notaire; **–assistent** *m* auxiliaire notarial; **–bürovorsteher** *m* principal clerc de notaire, principal *m*, maître *m* clerc, premier clerc *m*; **–gebühr** *f* émoluments *mpl* (dus aux notaires); **–gehilfe** *m* auxiliaire *ou* secrétaire notarial; **–kammer** *f* chambre des notaires; **–kandidat** *m* (1) candidat *m* au conseil régional des notaires, (2) candidat à un office notarial créé *ou* vacant; aspirant *m* au notariat; **–kanzlei** *f* étude *f* de notaire; **–kosten** *pl* débours és *mpl*; émoluments dus aux notaires; **–ordnung** *f* règlement de l'office notarial; **–praxis** *f* pratique *f* notariale; **–recht** *n* droit *m* notarial; **–register** *n* registre des actes notariés; **–siegel** *n* sceau *m* du notaire; **–substitut** *m* (Aut) notaire désigné pour gérer provisoirement une étude en cas d'empêchement de son titulaire (maladie, congé, etc.); **–tarif** *m* émoluments *mpl* tarifés (fixes *ou* proportionnels); tarif *m* des notaires; **–urkunde** *f* acte *m* notarié, acte devant notaire, acte notarial; **–verwesenschaft** *f* administration provisoire d'une étude de notaire; **–verweser** *m* notaire désigné pour gérer provisoirement une étude en cas d'empêchement grave de son titulaire (suspension, destitution, etc.), suppléant *m* en cas de vacance d'office; **–zwang** *m* obligation de procéder par acte notarié.

notariell *adj* notarié, authentique; **–e Beurkundung** *f* (1) authentification *f* d'un acte, (2) établissement *m* d'un acte; **–es** *od.* **öffentliches Testament** testament authentique (reçu par devant notaire); **–e Urkunde** acte fait devant notaire, contrat notarié.

Notar|kammer *f* chambre des notaires; **–kanzlei** *f* étude *f ou* cabinet *m* de notaire; **–kasse** *f* caisse des notaires; **–kosten** *pl* frais d'actes notariés; frais et dépens notariaux; **–prüfung** *f* examen d'aptitude aux fonctions de notaire; **–sozietät** *f* société titulaire d'un office notarial; **–stelle** *f* étude de notaire, office *m* notarial; **–vertreter** *m* remplaçant d'un notaire en cas d'absence momentanée de ce dernier; **–verweser** *m* notaire suppléant désigné pour gérer provisoirement une étude; **–verwesung** *f* administration *f* provisoire d'une étude de notaire; **–zwang** *m* monopole notarial (pour certaines actes de la procédure gracieuse).

Notarzt *m* médecin du service d'aide médicale d'urgence.

Notbedarf *m* aliments *mpl* de première nécessité.

Notbehelf *m* expédient *m*, moyen *m* de fortune.

Notbestellung *f* désignation de certains organes d'une association par voie judiciaire.

Notdienst *m* service *m* des urgences.

Note *f* (1) *(Mitteilung)* note *f*, avis *m*, communication *f*, communiqué *m*, notice *f* (2) *(Anmerkung)* remarque *f*, annotation *f*, note, (3) *(Geld)* billet *m* de banque, coupure *f*, (4) *(Bewertung)* note *f*; **abgestempelte –** billet *m* estampillé; **diplomatische –** note *f* diplomatique; **falsche –** faux billet.

Noten *pl*, **umlaufende –** billets en circulation

Notenausgabe *f* émission *f* de billets de banque; **–recht** *n* droit d'émission des billets de banque.

Notenaustausch *m (VR)* échange de notes diplomatiques.

Notenbank *f* banque *f* d'émission; **–privileg** *n* privilège *m* d'émission; **–wesen** *n* système d'organisation de la banque centrale.

Noten|bündel *n* liasse *f* de billets; **–deckung** *f* couverture *f* monétaire; **–einlösung** *f* remboursement *m* des billets de banque, convertibilité *f* monétaire; **–einziehung** *f* confiscation des billets de banque (pour retrait de la circulation); **–gebung** *f* notation; **–presse** *f* planche *f* à billets; **–privileg** *n* privilège *m* d'émission; **–regal** *n* privilège d'émission; **–rückfluß** *m* diminution *f* de la circulation monétaire; **–schmuggel** *m* trafic *m* (clandestin) des devises; **–steuer** *f* impôt sur les émissions de billets de banque; **–umlauf** *m* circulation monétaire *ou* fiduciaire; **–umtausch** *m* échange des billets de banque; **–vermehrung** *f* accroissement de la circulation monétaire; **–wechsel** *m (VR)* échange de notes diplomatiques.

Noterbe *m* (Aut) héritier *m* réservataire.

Notetat *m* budget *m* provisoire.

Notfall *m* (1) cas *m* de nécessité *ou* de besoin, (2) urgence *f*; **im –** en cas d'urgence; **im – zahlen** payer au besoin.

notfalls *adv* au besoin, en cas de besoin, quand besoin est, en cas de nécessité, s'il le faut.

Notfrist *f (PrzR: Einlassungsfrist)* délai *m* préfix, délai de rigueur; **–attest** *n*, **–zeugnis** *n* certificat attestant qu'aucun appel n'a été fait pendant le délai requis.

Not|geld *n* monnaie de nécessité; **–gerichtsstand** *m* compétence *f* accessoire, for de nécessité (S); **–geschäftsführung** *f* administration (d'une société) en cas de vacance (par décès *ou* démission); **–gesetz** *n* loi promulguée en vertu d'un état d'urgence; **–hafen** *m* port de refuge; **–helfer** *m* secouriste *m*; **–hilfe** *f* (1) aide *f*, secours *m*, assistance *f*, (2) *(StR)* légitime défense d'autrui.

notieren (1) noter, marquer, prendre note de, (2) *(Börse)* coter.

Notierung *f* cote *f*, cotation *f*; **amtliche –** cotation officielle; **direkte –** incertain *m*; **erste –** cours d'ouverture; **indirekte –** certain *m*; **zur – zulassen** admettre à la cote.

Notifikation *f od.* **Notifizierung** *f* (1) *(Anzeige)* notification *f*, exploit *m*, signification *f*, (2) *(Benachrichtigung)* annonce *f*, avis *m*.

Notifikationsurkunde *f (VR)* instrument *m* de notification.

Nötigung *f (StR)* menace faite avec ordre (d'agir *ou* de s'abstenir), atteinte *f* à la sécurité morale par voie de fait *ou* menace; **– zur gewerbsmäßigen Unzucht** contrainte à la prostitution; **– zur Unterschriftsleistung** *f* extorsion de signature; **– zu einer unzüchtigen Handlung** attentat à la pudeur avec violence.

Nötigungs|notstand *m*, **–stand** *m* état de nécessité dû à la contrainte.

Notiz *m* (1) *(Vermerk)* note *f*, notice *f*, (2) *(Kenntnis)* connaissance; **– nehmen von** prendre note *ou* connaissance de; **–en machen** prendre des notes, noter.

Not|lage *f* situation désespérée, péril *m* imminent, cas *m* de péril imminent, cironstances exceptionnelles; **–maßnahme** *f* mesure *f* d'urgence.

notleidend *adj* (1) *(Person)* nécessiteux, (2) *(Kredit)* impayé, non-remboursé.

notorisch (= offenkundig) notoire,

avéré, évident, indéniable; **– sein** être notoire que, être de notoriété publique.

Notruf *m* (1) *(Telefon)* numéro d'appel de secours, (2) appel *m* au secours, (3) signal de détresse; **–säule** *f* borne *f* (d'appel) de détresse; **–situation** *f* péril *m* imminent.

Notstand *m* (1) *(ZR u. StR)* état *m* de nécessité, (2) *(ÖfR)* état d'urgence; **äußerer –** (= Verteidigungsfall) état de siège, état de guerre, cas de péril national; **entschuldigender –** *(StR)* état de nécessité; **innerer –** (= Angriff auf die demokratische Ordnung) état d'urgence résultant d'atteintes graves à l'ordre républicain, état d'urgence par suite de menace grave et immédiate pesant sur les institutions; **rechtfertigender –** *(StR)* état de nécessité en tant que fait justificatif; **ziviler –** (= Naturkatastrophe) état d'urgence par suite de calamité publique.

Notstands|befugnis *f* pouvoir en temps de crise; **–fall** *m* état d'urgence; **–gebiet** *n* zone de détresse, zone critique; **–gesetz** *n* loi *f* d'exception; **–gesetzgebung** *f* législation basant sur les pleins pouvoirs; **–hilfe** *f* aide apportée dans le cas de nécessité; **–maßnahme** *f* mesure de crise; **–verfassung** *f* code portant réglementation de l'état d'urgence.

Not|stundung *f* (S) sursis *m* extraordinaire; **–testament** *n* testament établi dans des circonstances exceptionnelles *ou* privilégié; **–trauung** *f* mariage célébré en cas d'urgence.

Not|veräußerung *f (ZPR)* vente forcée; **–verkauf** *m (ZPR)* vente effectuée en vue de pouvoir assurer les frais procéduraux.

Notverordnung *f* ordonnance *f* en application des pleins pouvoirs; **–srecht** *n* droit de prendre des ordonnances en vertu des pleins pouvoirs.

Notverwaltung *f (ZPR)* administration des biens en tant que mesure d'urgence.

Notweg *m* chemin établi *ou* utilisé en vertu d'une servitude de passage, chemin de nécessité (S); **–recht** *n* servitude de passage.

Notwehr *f (StR)* légitime défense *f*; **berechtigte –** (S), **gerechte –** (Aut) légitime défense comme fait justificatif; **–exzeß** *m*, **–überschreitung** *f* excès *m* de légitime défense, légitime défense non proportionnée à l'attaque; **–handlung** *f* défense (contre l'agression); **–lage** *f* agression, situation de légitime défense; **–recht** *n* droit de légitime défense.

notwendig *adj* (1) *(dringend erforderlich)* nécessaire, indispensable, (2) *(zwangsläufig)* inéluctable, inévitable; **–e Auslagen** débours *ou* déboursés; **–e Kosten** frais *pl* (de justices) indispensables; **–e Streitgenossenschaft** *(ZPR)* intervention forcée; **–e Verteidigung** *(StR)* défense proportionnée à l'attaque.

Notwendigkeit *f* nécessité *f*; impératif *m*; **unumgängliche –** nécessité absolue.

Notzucht *f (StR: Vergewaltigung)* viol *m*, acte de pénétration sexuelle.

Novation *f* (= Schuldumwandlung *od.* Schuldersetzung) novation *f*.

Novationsvertrag *m* contrat *m* novatoire, novation *f*.

Novelle *f* loi nouvelle, loi modificative *ou* rectificative, loi modifiée par amendement.

novellieren amender (une loi), modifier (un texte).

Novellierung *f* amendement *m*, modification d'un texte de loi; **–svorschlag** *m* proposition *f ou* projet *m* d'amendement.

Novum *n (ProzR)* nouveau motif, nouveau fait.

null und nichtig nul et non avenu, nul et de nul effet; **für ––– erklären** annuler, déclarer nul.

nulla poena sine lege *(StR) (nullum crimen –)* (ni infraction), ni peine sans texte légal.

nullifizieren annuller, infirmer.

Null|serie *f* présérie *f*, série de contrôle (d'un produit); **–tarif** *m* gratuité *f* (des transports en commun); **–wachstum** *n* croissance *f* zéro.

numerieren numéroter (les pages), coter (un registre); paginer.
numerisch (= zahlenmäßig) (données) numérique(s).
Numerus clausus *(HochschulR)* numerus clausus, nombre limité de places, limitation du nombre des personnes admises (à une faculté).
Nummer *f* numéro *m*, nombre *m*, n°; **laufende –** numéro *m* d'ordre, numéro de série.
Nummern|konto *n* compte numéroté *ou* à numéro; **–schild** *n* plaque *f* d'immatriculation *ou* minéralogique; plaque de police.
nunmehr *adv* désormais, (à partir de) maintenant; aujourd'hui, à ce jour.
Nuntiatur *f* nonciature *f*; **apostolische –** nonciature apostolique.
Nuntius *m* nonce *m*; **apostolischer –** nonce apostolique.
nur: nicht –, sondern auch non seulement . . . mais encore.
Nurhausfrau *f* femme au foyer (n'exerçant pas d'activité professionnelle).
nutzbar *adj* fructueux, qui rapporte; utilisable, exploitable.
Nutz|anwendung *f* application pratique; **–barmachung** *f* exploitation *f*, mise en valeur; **–effekt** *m* efficience *f*, rendement *m*.
nutzen exploiter; utiliser, tirer parti de qch.
Nutzen *m* (1) utilité *f*, (2) *(Gewinn)* profit *m*, gain *m*, bénéfice *m*, (3) *(Vorteil)* avantage *m*, intérêt *m*; **den – ziehen** exploiter à son profit, tirer profit de; **– –Kosten-Analyse** (1) analyse coûts-avantages, (2) analyse coûts-efficacité.
Nutzer *m (VwR)* utilisateur *m*, exploitant *m*.
Nutz|fahrzeug *n* véhicule *m* utilitaire; **–fläche** *f* (1) surface utile, (2) surface cultivée *ou* cultivable; **–ladung** *f*, **–last** *f* charge *f* utile.
nützlich *adj* utile; **sich – machen** se mettre au service d'autrui, (chercher à) se rendre utile.
Nutznießer *m* (1) *(Nießbraucher)* usufruitier *m*, (2) *(umg)* profiteur *m*.
Nutznießung *f* usufruit *m*, jouissance *f*; **gesetzmäßige –** jouissance paisible.
Nutznießungsrecht *n* usufruit *m*.
Nutzpfand *n* antichrèse *f*; **–gläubiger** *m* créancier *m* antichrésiste.
Nutz|pflanzen *pl* plantes *fpl* cultivées, plantes alimentaires; **–tier** *(ZR)* animal *m* attaché à la culture.
Nutzung *f* (1) *(Gebrauch)* utilisation *f*, exploitation *f*, mise *f* à profit, (2) *(Ertrag od. Früchte)* revenus *mpl*, rendement *m*, (3) *(Nutznießung)* jouissance *f*; **Entzug der –** privation de jouissance; **gemeinschaftliche –** jouissance commune; **unmittelbare –** exploitation *f* directe; **– des Gemeindevermögens** jouissance des biens communaux.
Nutzungs|änderung *f (BauR)* modification de la destination d'un immeuble *ou* de locaux; changement d'affectation, **–art** *f (BauR)* destination (de l'immeuble); **–ausfall** *m* privation de jouissance; **–berechtigung** *f* droit de jouissance; **–eigentum** *n* (Aut) propriété utile; **–entgelt** *n od.* **–entschädigung** *f* indemnité pour privation de jouissance; **–gemeinschaft** *f* communauté *f* de jouissance; **–grad** *m* efficience *f*, rendement *m* utile; taux d'utilisation; **–lizenz an Patenten** licence d'exploitation de brevets; **–maß** *n* destination conventionnellement prévue; **–monopol** *n* monopole de jouissance.
Nutzungspfand|gläubiger *m* créancier *m* antichrésiste, antichrésiste *m*; **–recht** *n* antichrèse *f*.
Nutzungs|recht *n* (1) *(ZR)* droit de jouissance *ou* d'usufruit, droit d'utilisation, (2) *(UrhR, Lizenz)* droit d'exploitation; licence *f*; **–überlassung** *f* le fait d'accorder l'usage d'un bien (à qqn); **–untersagung** *f od.* **–verbot** *n* interdiction d'user (d'une chose) *ou* d'en jouir; **–vergütung** *f* (1) *(ZR)* indemnité *f* pour privation de jouissance, (2) *(UrhR)* redevance *f*; **–wert** *m* valeur *f* d'usage.
Nutz|verwaltung *f* jouissance *f* des biens (par le détenteur de la puissance paternelle); **–wert** *m* valeur *f* d'usage.

O

Obdachlose *mpl* personnes *fpl* sans domicile fixe, ‹SDF›, sans-logis *mpl;* **–nheim** *n* centre d'hébergement (pour les sans-logis), foyer-logement.

Obdachlosigkeit *f* le fait (pour une personne) d'être sans-abri *ou* d'être sans domicile fixe.

Obduktion *f (StR: Leichenöffnung)* autopsie *f.*

oben|erwähnt, –genannt *adj* susmentionné.

Ober|amtmann *m* secrétaire administratif, fonctionnaire de la catégorie B; **–amtsgehilfe** *m* agent *m* de service, huissier; **–amtsmeister** *m* chef *m* surveillant; **–amtsrat** *m* chef *m* de section, secrétaire *m* administratif; **–aufsicht** *f (VwR)* tutelle (exercée par l'autorité supérieure); inspection générale; haute surveillance *f*; **–aufsichtsbehörde** *f* autorité *f* supérieure de tutelle; **–aufsichtsrecht** *n* droit de surveillance; **–befehlshaber** *m* commandant en chef; **–begriff** *m (PatR)* partie générique *ou* préambule d'une revendication; **–bergamt** *n* service des mines (instance supérieure); **–buchhalter** *m* chef *m* comptable; **–bundesanwalt** *m* premier avocat général près de la Cour fédérale allemande; **–bürgermeister** *m* maire *m*, bourgmestre (grandes villes); **–eigentum** *n (SachR)* nue-propriété *f*; **–einigungsamt** *n* bureau paritaire supérieur d'arbitrage; **–expertise** *f* (S) contre-expertise *f*; **–finanzdirektion** *f* direction *f* régionale des finances (impôts, douanes et domaines); **–finanzkasse** *f* perception centrale; **–fläche** *f* superficie *f*, aire *f*; surface *f*; **–flächenwasser** *n* eaux superficielles; **–gericht** *n (S: Kantonsgericht)* tribunal cantonal suisse; **–gesellschaft** *f* société dominante (dans un consortium), société-mère; **–grenze** *f* limite *f* supérieure, plafond *m*; **–gutachten** *n* surexpertise *f*, contre-expertise *f*; **–gutachter** *m* surexpert *m*, tiers expert; **–haupt** *n* (1) *(StaatsR)* chef d'État, (2) *(FamR)* chef de famille; **–haus** *n* chambre *f* haute, Chambre des lords; **–hoheit** *f* suzeraineté *f*, souveraineté *f*; **–kommando** *n* commandement *m*, haut commandement.

Oberlandesgericht *n* (= OLG) Tribunal *m* régional supérieur (allemand), tribunal allemand correspondant à la Cour d'Appel française; **–spräsident** *m* Premier président auprès du Tribunal régional supérieur.

Ober|postdirektion *f* direction *f* régionale des Postes et Télécommunications; **–präsident** chef des administrations d'une province; **–prisenhof** *m* Cour *f* des prises; **–regierungsrat** *m* (= ORR) administrateur *m* civil de cat. A, attaché *m* principal, inspecteur, attaché d'administration centrale [grade de la hiérarchie administrative allemande supérieur à Regierungsrat, inférieur à Regierungsdirektor]; **–richter** *m* (S) juge *m* cantonal.

Oberschieds|richter *m* surarbitre *m*, tiers arbitre; **–spruch** *m* surarbitrage *m*.

Oberstadtdirektor *m* chef des services de l'administration municipale (équivaut approximativement au secrétaire général dans la commune).

oberst|e Bundesbehörden ministères *mpl* de l'État féderal; **–e Gerichtshöfe** les cinq juridictions suprêmes allemandes (Cour fédérale de justice, du travail, du contentieux administratif, social et financier); **–es Bundesgericht** Cour suprême (fédérale) allemande; **Baye-**

risches **–es Landesgericht** (= BayOLG) Cour suprême bavaroise.

Oberverwaltungsgericht *n* (= OVwG) Tribunal *m* administratif supérieur (allemand), tribunal allemand correspondant à la Cour administrative d'Appel française.

Oberzollrat *m* contrôleur *m* principal des douanes.

Obhut *f* (1) *(Fürsorge)* soins *mpl,* (2) *(Schutz)* protection *f,* (3) *(Aufsicht u. Verwahrung)* garde, surveillance *f;* usage, direction et contrôle de la chose; **–spflicht** *f* obligation de veiller sur la chose que l'on a sous sa garde (en bon père de famille), obligation *f* de surveillance *ou* de diligence; **Verletzung der –** faute *f* de surveillance, faute dans la surveillance.

objektiv *adj* objectif, positif; matériel; **–es Recht** droit objectif; **–es Tatbestandsmerkmal** *(StR)* élément matériel (de l'infraction); **–e Unmöglichkeit der Leistung** impossibilité *f* objective d'exécuter le contrat (par suite de la perte de la chose due); **–es Verfahren** *(StPR)* procédure pénale contre un individu auquel aucune faute ne peut être reprochée.

Objektivität *f* objectivité *f,* impartialité *f,* neutralité *f.*

Objekt|schutz *m (StR)* protection des immeubles *ou* bâtiments *ou* installations particulièrement sensibles (à un attentat terroriste); **–steuer** *f (SteuerR: Sach- od. Realsteuer),* impôt réel (frappant les biens et les revenus).

obliegen (1) *(Person)* incomber à quelqu'un, (2) *(Sache)* s'appliquer à quelque chose.

Obliegenheit *f* (1) *(Amt)* office *m,* charge *f,* fonction *f,* attributions *fpl,* (2) *(Pflicht)* obligation *f,* devoir *m;* **–sverletzung** *f* non-respect *m* d'une obligation, violation *f* des obligations; inobservation d'une obligation découlant du contrat d'assurance, avec, comme conséquence, la déchéance.

Obligation *f* (1) *(Verpflichtung)* obligation *f,* (2) *(Schuldverschreibung)* obligation *f.*

Obligationär *m* (S) obligataire *m.*

Obligationen|ausgabe *f* émission d'obligations; **–inhaber** *m* porteur *m;* **–recht** *n* droit des obligations, Code des obligations (S); **–schuld** *f* (S) dette *f* obligataire.

Obligations|anleihe *f* emprunt obligataire; **–einlösung** *f* remboursement *m* d'obligations; **–markt** *m* marché *m* obligataire; **–schuld** *f* dette *f* obligataire; **–schuldner** *m* débiteur *m* obligataire.

obligatorisch *adj* (= durch Gesetz vorgeschrieben, verbindlich) obligatoire, exigé, indispensable; de rigueur.

Obligatorium *n (S: Verpflichtung, Pflichtfach)* obligation; matière obligatoire.

Obligo *n (= Verpflichtung; Gewähr)* engagement *m;* **ohne –** sans engagement, sans garantie; sous toutes les réserves; **– -Blatt** *n* état général des effets remis par le client; **–buch** *n* registre des risques.

Obmann *m* (1) *(Vorsitzender)* responsable *m,* membre du bureau, (2) tiers arbitre *m,* surarbitre *m;* **– der Geschworenen** (S) chef du jury (S).

Obrigkeit *f* autorité *f* civile, pouvoirs *mpl* publics.

obrigkeitliche Verwaltung *f* administration *f* exerçant ses prérogatives de puissance publique.

Obrigkeitsstaat *m* État absolu.

Observanz *f* (= örtliches Gewohnheitsrecht) droit *m* coutumier local.

Observation *f (Polizei)* surveillance systématique, observation (d'un suspect).

obsiegen gagner (un procès).

Obsiegen *n* **im Prozeß** gain de cause.

obsolet *adj (= veraltet)* caduc, désuet.

Obsorge *f* **über die Kinder** (Aut) garde *f* des enfants.

Obstruktion *f* **im Parlament** obstruction *f* parlementaire; **–staktik** *f* faire de l'obstruction.

obwalten exister, être appliqué; **unter den –den Umständen** étant donné les circonstances, dans les circonstances présentes.

ob|wohl, –zwar bien que.

Oderkonto *n* compte *m* joint (dont les titulaires peuvent disposer individuellement).

Ödland *n* friche *f*, terre inculte.

offen *adj* (1) ouvert, (2) *(Posten)* vacant; **–e Handelsgesellschaft** *f* (= OHG) société *f* en nom collectif; **–e Police** police *f* flottante; **–e Rechnung** *f* facture *f* impayée; **–e Tatsache** fait notoire; **–e Vorbenutzung** *(PatR)* utilisation antérieure manifeste; **–er Dissens** dissentiment *m ou* divergence *f* manifeste.

offenbar *adj* manifeste, évident, notoire; **–er Schreibfehler** erreur *f* matérielle *ou* d'écriture.

offenbaren dévoiler, découvrir, révéler, divulguer.

Offenbarung *f (PatR)* divulgation; **durch die – gedeckt** couvert par la divulgation.

Offenbarungs|eid *m (ZwangsVR)* serment *m* prêté par le débiteur insolvable, serment de manifestation de l'insolvabilité, serment révélatoire (du débiteur); **–pflicht** *(StPR: bei Verurteilungen)* obligation de révéler les condamnations antérieures.

Offenheit *f* sincérité, franchise *f*; esprit d'ouverture.

offenkundig *adj* manifeste, évident, notoire, patent, public; notoirement *adv*; **– machen** divulguer, publier; **– sein** être de notoriété publique.

Offenkundigkeit *f* notoriété *f* (publique), publicité *f*.

offenlassen *(Frage)* rester dans l'expectative.

Offenlegung *f* publication *f*, divulgation, mise à la disposition du public; **– der Eigentumsverhältnisse** *(ÖfR)* publication de la situation patrimoniale *ou* de fortune; **–sschrift** *f (PatR)* publication relative à la demande de brevet.

offenliegen *(BauR)* être à la disposition du public.

Offenmarktpolitik *f (BankR)* politique *f* d'open-market.

offensichtlich *adj* indubitable, incontestable, évident, manifeste, indéniable; **– unbegründete Revision** recours en cassation manifestement dénué de fondement; **–er Mangel** défaut évident.

öffentlich *adj* officiel *adj*, public *adj*; officiellement *adv*, publiquement *adv*; **–e Anstalt** établissement public; **–e Aufforderung** sommation *f*, commandement *m*, injonction *f*; **–e Aufgabe** fonction de service public; **–er Auftrag** marché public; **–e Auslegung** *f (ÖfR)* publicité par voie de présentation du dossier; **–er Bauleistungsauftrag** marché de travaux publics; **–e Beglaubigung** (1) *(Unterschrift)* légalisation, (2) *(Urkunde)* authentification, certification; **–e Bekanntmachung** communiqué *m* officiel, avis *m*, annonce *f*; **–e Beurkundung** authentification *f*; **–er Dienst** fonction publique, administration (publique), ‹les fonctionnaires›; **–er Dienstleistungsauftrag** marché public de services; **–e Einrichtung** service public; service d'intérêt public; **–e Erregung von Ärgernis** *(StR)* outrage *m* public à la pudeur; **–er Frieden** paix *f* publique; **–e Fürsorge** aide sociale; **–e Gelder** deniers *mpl* publics; **–e Gewalt** puissance *ou* force publique; **–er Glaube (des Grundbuchs)** *(SachR)* opposabilité aux tiers des inscriptions au Livre foncier; publicité *f* foncière en tant preuve quant à l'existence d'un droit immobilier; **–e Hand** État *m*, secteur *m* public, pouvoir *m* public; **–es Interesse** intérêt général, utilité publique; **–e Klage** *(StPR)* action publique; **–e Körperschaft** personne morale de droit public, collectivité territoriale; **–e Lasten** *fpl* charges *fpl* publiques; **–er Lieferauftrag** marché *m* public de fournitures; **–e Meinung** opinion publique; **–e Ordnung** ordre public; **–es Rechnungswesen** comptabilité *f* publique; **–es Recht** droit public; **–e Sache** domaine *m* public, bien appartenant à l'État; **–e Sitzung** séance publique; **–es Unternehmen** *od.* **–e Unternehmung** entreprise publique; **–e Urkunde** acte authentique; **–e Verhandlung** *(PrzR)* audience publique, débats publics; **–e Verkehrsmittel** *pl* transports en commun; **–e Versteigerung** enchères publiques; **–e Wege** voies *fpl* ouvertes au public; **–es Wirtschaftsunternehmen** service public à caractère industriel *et/ou* commercial; **–es Wohl** salut public, bien public; **–e Zustellung** signification (par huissier); **–e Zweckbestimmung** affectation à l'usage public.

Öffentlichkeit *f* (1) *(Publikum)* public *m*, assistance *f*, auditoire *m*, audience *f*; (2) *(Bekanntmachung)* publicité *f*; notoriété *f*; **Ausschluß der –** huis-clos *m*; **unter Ausschluß der –** à huis clos, en chambre de conseil; **in der –** dans un lieu public; **die – ausschließen** prononcer le huis-clos; **an die – bringen** *od.* **der – übergeben** rendre public, porter à la connaissance du public; **der – zugänglich machen** rendre accessible au public; **das Prinzip der –** *(PrzR)* le principe de la publicité des débats *ou* audiences.

Öffentlichkeits|arbeit *f* relations *fpl* publiques, public relations; **–grundsatz** *(PrzR)* principe de la publicité des débats.

öffentlich-rechtlich *adj* de droit public; **– –e Anstalt** établissement public; **– –e Entschädigung** indemnité d'expropriation; **– –e Körperschaft** personne morale de droit public, collectivité publique; **– –e Streitigkeit** (1) contentieux administratif, (2) contentieux constitutionnel; **– –er Vertrag** contrat administratif, contrat de droit public; **– –e Verwahrung** dépôt public; **– –e Wirtschaftsanstalt** établissement public à caractère industriel *et/ou* commercial.

Offerent *m (HR: Anbieter)* personne *f* soumettant une offre, pollicitant *m*.

offerieren offrir, proposer.

Offerte *f* offre *f* (de contrat), pollicitation.

Offizial|delikt *n (StPR)* infraction poursuivie d'office par le parquet (indépendamment de la volonté de la victime); **–maxime** *f od.* **–prinzip** *n* principe de la procédure inquisitoire; **–verteidiger** *m* avocat commis d'office, défenseur d'office.

offiziell *adj* (1) *(amtlich)* officiel, administratif, (2) *(feierlich)* solennel, (3) *(öffentlich)* public, notoire, connu de tous.

Offiziers|laufbahn *f* carrière *f* d'officier; **–rang** *m* grade *m* d'officier.

offiziös *adj* (= halbamtlich) officieux *adj*, sans garantie officielle; officieusement *adv*; **aus –er Quelle** de source autorisée (sans caractère officiel).

Öffnen *n* **von Briefen** violation du secret des correspondances, ouverture de lettres.

Öffnungszeiten *fpl* heures d'ouverture (au public).

Off-shore-Auftrag *m* commande *f* off-shore.

oftmalig *adj* souvent, de façon réitérée.

Ohmgeld *n* (S) droit d'entrée et de consommation perçu par les cantons et communes sur les boissons spiritueuses.

Ohrenzeuge *m* témoin *m* auriculaire.

Okkupation *f* (1) *(ZR: widerrechtliche Aneignung)* usurpation d'un droit, accaparement, (2) *(VR: Besetzung)* occupation de territoire (pacifique *ou* militaire).

Ökologie *f* écologie *f*.

Ökonomie *f* économie *f* politique.

Ökonomik *f* (1) système *m* économique, (2) système *m* de production.

Ökosystem *n* écosystème *m*, équilibres *mpl* écologiques.

Öl|bohrung *f* forage *m*; **–firma** *f*, **–gesellschaft** *f*, **–unternehmen** *n* compagnie *f* pétrolière; **–pest** *f* marée noire.

Oligopol *m (Vwirt: Beherrschung des Marktes durch Großunternehmen)* oligopole *m* (d'entente *ou* de combat).
Ombudsman *m (VerfR)* médiateur *m*.
Omissivdelikt *n (StR: Unterlassungsdelikt)* infraction d'omission.
Omnibus-Police *f* police *f* omnibus.
Omnium|police *f* police *f* universelle; **–versicherung** *f* assurance tous risques.
Operationsgebiet *n* théâtre *m ou* zone *f* d'opérations militaires.
Opfer *n* (1) *(Mensch)* victime *f*, (2) *(Verzicht)* sacrifice *m*; **–ausweis** *m* certificat attestant la qualité de victime (du national-socialisme); **–entschädigung** *f* indemnisation des victimes (d'attentats).
Opium|gesetz *n* loi relative aux opiacés; **–sucht** *f* opiomanie *f*.
Opponent *m* adversaire *m*, contradicteur.
opportun *adj* (= zweckmäßig) opportun, propice, favorable.
Opportunitätsprinzip *n* principe de l'opportunité (de l'action administrative), principe selon lequel une autorité est libre d'agir (sans y être obligée).
Opposition *f* opposition; antinomie *f*, désaccord *m*, divergence *f*.
Oppositions|führer *m* chef de l'opposition; **–partei** *f* parti de l'opposition.
Optant *m* optant *m*.
optieren opter, choisir.
Optierende(r) *m* optant *m*.
Option *f* option *f*, choix *m*; **– für eine Staatsangehörigkeit** option *f* de nationalité.
Options-Anleihe *f* obligation *f* convertible en action; **–erklärung** *f* déclaration d'option; **–frist** *f* période *ou* délai *m* d'option; **–geschäft** *n* marché à option; **–handel** *m* marché *m* à option; **–klausel** *f* clause d'option.
Optionsrecht *n* (1) droit *ou* faculté d'option, (2) *GesR)* option de souscription *ou* d'achat d'actions; **ein – ausüben** exercer un droit d'option, lever une option.
Options|urkunde *f* acte d'option; **–vertrag** *m* traité d'option.
Ordal *n (KirchR: Gottesurteil)* ordalie *f*, jugement de Dieu (par l'eau, le feu).
Orden *m* (1) *(Auszeichnung)* décoration *f*, (2) *(Religion)* ordre *m* (religieux).
Ordens|band *n* ruban *m* (servant d'insigne à une décoration); **–geistlichkeit** *f* clergé *m* régulier; **–gemeinschaft** *f*, **–genossenschaft** *f* ordre *m* religieux; **–gesellschaft** *f* établissement congréganiste, congrégation *f*; **–kanzlei** *f* (Aut) grande chancellerie; **–kanzler** *m* chancelier de l'ordre; **–mitglied** *n* membre de l'ordre; **–verleihung** *f* remise *f* d'une décoration.
ordentlich *adj* régulier *adj*, ordinaire *adj*, titulaire *adj*, régulièrement *adv*, ordinairement *adv*; **–e Gerichte** juridictions de droit commun; **–e Kündigung** résiliation du contrat de travail dans le délai conventionnel; **–es Mitglied** membre à part entière; **–es Rechtsmittel** pourvoi à effet suspensif et dévolutif.
Order *f* ordre *m*; **an –** à ordre; **–buch** *n* carnet *m ou* livre *m* de commandes; **–klausel** *f* clause *ou* mention à ordre; **–konnossement** *n* connaissement à ordre; **–lagerschein** *m* warrant *m* à ordre.
ordern passer une commande.
Orderpapier *n (BankR)* titre *ou* papier à ordre; **geborenes –** titre qui est à ordre en vertu des dispositions légales; **gekorenes –** titre qui est à ordre en vertu de la volonté de sons titulaire.
Order|scheck *m* chèque *m* à ordre; **–schuldverschreibung** *f* obligation *f* à ordre; **–verpflichtungsschein** *m* billet *f* de prime.
Ordinarius *m* professeur *m* d'université titulaire d'une chaire.
ordnen mettre en ordre, arranger, ranger, régler, régulariser, disposer, classer.
Ordner *m* (1) *(Versammlung)* organisateur *m*, préposé *m* au service d'ordre, (2) *(Akte)* classeur *m*; **–dienst** *m* service *m* d'ordre.

Ordnung *f* (1) *(Zustand)* ordre *m*, ordre social, organisation *f* sociale, (2) *(Verfassung)* régime *m*, règlement *m*, statut *m*, (3) *(Stand, Klasse)* rang *m*, suite *f*, classement *m*, règle *f*, (4) *(Ordnen)* arrangement *m*, classement *m*, disposition *f*; **öffentliche –** ordre public, tranquillité *f* publique; **die öffentliche – erhalten** maintenir l'ordre public; **die öffentliche – wiederherstellen** rétablir *ou* restaurer l'ordre public; **verfassungsmäßige –** ordre constitutionnel, ordre républicain; **Aufrechterhaltung der verfassungsmäßigen –** maintien *m* der l'ordre constitutionnel; **in – bringen** régulariser; **zur – rufen** rappeler à l'ordre.

Ordnungs|amt *n* service communal administratif (compétent en matière de cartes d'identité et de passeports); **–behörden** *fpl* (1) *(i. w. S.)* services *mpl* administratifs responsables pour le maintien de l'ordre, services *mpl* de police administrative générale *et* spéciale, (2) *(i. e. S.)* polices administratives spéciales: Direction des affaires sanitaires et sociales; préfecture; mairie; inspection du Travail; Direction de l'équipement; **–buße** *f* amende administrative, amende *f* d'ordre (S), amende disciplinaire (S); **–dienst** *m* service d'ordre; **–geld** *n* astreinte *f*, sanction pécuniaire; **–gewalt** *f* pouvoir de police (en particulier du juge).

ordnungsgemäß *adj* réglementaire *adj*, régulier *adj*; dûment *adv*, selon les formes prescrites, en bonne et due forme; réglementairement *adv*, régulièrement *adv*; **– ausgefüllt** dûment rempli; **–e Buchführung** tenue régulière des livres de compte, comptabilité conforme au droit (comptable), comptabilité régulière et sincère.

Ordnungshaft *f (StPR)* peine de prison pour trouble de l'audience.

ordnungshalber *adv* pour la forme, par simple respect des usages.

Ordnungshüter *m* gendarme *m*, agent de la force publique.

Ordnungs|mäßigkeit einer Wahl régularité d'une élection; **–maßnahme** *f* sanction administrative; peine prononcée par le juge en cas de trouble de l'audience; avertissement *ou* blâme; **–mittel** *(PrzR)* mesure(s) en vue d'assurer le maintien de l'ordre (à l'audience), amende *f*, détention; **–nummer** *f* numéro d'ordre; numéro de série; **–polizei** *f* (1) *(VwR)* police administrative, police urbaine, (2) service d'ordre; **–recht** *n (ÖfR)* partie du droit public relative au maintien de l'ordre et de la sécurité; **–ruf** *m* rappel à l'ordre, rappel au règlement (en S); **–strafbescheid** *m* décision de sanction administrative; **–strafe** *f* sanction *f* pécuniaire, amende *f* disciplinaire, amende *ou* sanction d'ordre (L); **–strafrecht** *n* droit d'infliger des sanctions administratives; **–vorschrift** *f* disposition réglementaire.

ordnungswidrig *adj* contraire à la loi *ou* au règlement, non réglementaire.

Ordnungswidrigkeit *f (StR)* violation de la loi *ou* illégalité réprimée par une sanction *ou* amende administrative, infraction assortie d'une sanction administrative (correspondant à une peine de police en France).

Ordnungswidrigkeiten|gesetz (= OWiG) Loi allemande relative aux sanctions administratives; **–recht** droit relatif aux violations de dispositions légales, ne constituant plus (depuis 1975) d'infractions pénales.

Ordre *m* **public** *(IPR = Vorbehaltsklausel)* éviction de la loi étrangère normalement applicable, ordre public dit international.

Organ *n* organe *m*, organisme *m*, institution *f*; **ausführendes –** organe exécutif, organisme exécutif; **beratendes –** organe consultatif; **leitendes –** organe *ou* organisme directeur *ou* de direction; **ständiges –** organe permanent; **vertretendes –** organe représentatif; **völkerrechtliche –e** organes de l'État compétents en matière diplomatique; **– der Rechtsprechung** organe juridictionnel.

Organ|bank *f* banque d'organes; **–empfänger** *m* donataire *ou* bénéficiaire d'un organe; **–entnahme** *f* prélèvement d'organe; **–gemeinschaft** *f (GesR)* communauté organisationnelle réalisée entre sociétés liées par un contrat de domination interentreprises; **–gesellschaft** *f* société de groupe dominant d'autres entreprises affiliées; **–haftung** *f* responsabilité *f* civile de la société pour les fautes commises par ses préposés *ou* représentants, obligations *fpl* délictuelles de la société.

Organisation *f* (1) *(Aufbau, Ordnung, Gliederung)* organisation *f*, structure *f*, agencement *m*, aménagement *m*; (2) *(Zusammenschluß)* groupement *m*, organisme *m*, organisation *f*; **gemeinsame –** organisation commune; **gewerkschaftliche –** organisation syndicale; **internationale –** organisme international, organisation internationale; **internationale kriminalpolizeiliche –** Organisation internationale de police criminelle (Interpol); **internationale meteorologische –** Organisation internationale météorologique; **ständische –** (Aut) organisation corporative; **zwischenstaatliche –** organisation interétatique.

Organisation für europäische wirtschaftliche Zusammenarbeit (OEEC) Organisation européenne de coopération économique (OECE).

Organisation der Vereinten Nationen für Ernährung und Landwirtschaft (FAO) Organisation des Nations-Unies pour l'alimentation et l'agriculture.

Organisation der Vereinten Nationen für Erziehung, Wissenschaft und Kultur Organisation des Nations-Unies pour l'éducation, la science et la culture (UNESCO).

Organisation für wirtschaftliche Zusammenarbeit und Entwicklung (OECD) Organisation de coopération et de développement économiques (OCED).

Organisations- und Stellenplan *m* organigramme *m*, tableau *m* schématique des services.

Organisations|akt *f (VwR)* acte portant création et organisation d'un service public, d'une collectivité locale *ou* d'un établissement public; **–berater** *m (BW)* organisateur-conseil; **–delikt** *n* délit *m* consistant dans la création (*ou* l'activité) de groupements illégaux *ou* anticonstitutionnels; **–fehler** *m* défaut *m* d'organisation; **–form** *f* structure *f*, plan *m* d'organisation; **–gabe** *f* esprit d'organisation; **–gewalt** *f (ÖfR)* pouvoir *m* d'organisation de l'administration; **–hoheit** *f* autonomie communale (en matière de services municipaux); **–lehre** *f* technique de gestion, science *f* du management; **–mangel** *m (Verein)* organisation défectueuse du conseil de direction; **–modell** *n* modèle *m* d'organisation; **–ordnung** *f* règlement d'organisation; **–plan** *m* organigramme *m*, tableau d'emplois; **–referat** *n* bureau *m* organisation et méthodes; **–reglement** *n* (S) règlement d'organisation; **–technik** *f* technique *f* de l'organisation; **–verschulden** *n* responsabilité du chef d'entreprise pour organisation défectueuse.

Organismus *m* organisme social *ou* politique; **beratender –** (Aut) organisme *m* consultatif.

Organ|klage *f (VerfR)* action intentée par un organe constitutionnel auprès de la Cour constitutionnelle; **–leihe** *f (ÖfR)* transfert de fonctions de l'État à un organisme de droit public non-étatique.

Organmandat *n* (Aut) amende *f* infligée en cas de flagrant délit pour des infractions aux règlements administratifs.

Organschaft *f (GesR u. SteuerR)* dépendance *f* de fait d'une entreprise dont l'autonomie juridique (par rapport au konzern *ou* groupe) est de pure forme.

Organschaftsvertrag *m*, **Organvertrag** *m* contrat par lequel une société (société-mère, société dominante) assume la gestion des affaires d'une ou plusieurs sociétés (sociétés dépendantes), contrat dit organique.

Organ|spende *f* don *m* d'organes et de tissus; don multitransplantaire; don unitransplantaire; don corporel total; **–spender** *m* donneur (bénévole) *m* d'organe(s).

Organstreitigkeit *f* (1) *(VerfR)* litige constitutionnel relatif aux droits et obligations des organes de l'État fédéral; (2) *(VwR)* litige administratif *ou* constitutionnel opposant deux collectivités locales.

Organ|transplantation *od.* **–verpflanzung** *f* transplantation *f*, greffe *f* d'organe.

Original *n* original *m*, titre original *ou* originaire, écrit *m* établi par les parties; **–aufnahme** *f* enregistrement original (sur support magnétique *ou* optique); **–ausfertigung** *f* exemplaire *m* original; **–ausgabe** *f* première édition, édition originale; **–beleg** *m* pièce *f* originale justificative, original *m*; **–dokument** *n* pièce originale, document original; **–fassung** *f* version initiale; version originale; **–getreu** *adj* conforme à l'original; **–rechnung** *f* facture originale; **–text** *m* texte *m* original; **–urkunde** *f* document *m* original *ou* primitif, minute *f*; **–werk** *n* ouvrage *m* original, œuvre *f* originale.

original *adj* (1) *(echt, unverfälscht)* original, émanant de l'auteur, (2) *(eigenständig, schöpferisch)* inédit, nouveau, personnel.

originär *adj* (= ursprünglich) originaire, premier; **–er Erwerb** *(SachR)* acquisition d'un bien par appropriation directe, par transformation *ou* aux enchères.

Ort *m* (1) agglomération *f*, lieu *m*, endroit *m*, hameau *m*, (2) *(HR)* place *f*; **an – und Stelle** sur les lieux; **öffentlicher –** lieu public; **– der Ausstellung** lieu d'émission; **– der Leitung** siège de direction; **– der Niederlassung** lieu de la succursale; **– des Vertragsabschlusses, – des Vertragsschlusses** lieu de formation du contrat, lieu de passation du contrat, lieu de conclusion du contrat.

örtlich *adj* local; **–e Zuständigkeit** compétence territoriale.

Orts|angabe *f* indication du lieu; **–ansässigkeit** *f* le fait d'avoir son domicile auprès du tribunal du lieu; **–ausschuß** *m* commission locale, commission *f* syndicale (d'une section de commune); **–behörde** *f* administration locale; **–beirat** *m* commission municipale; **–besichtigung** *f* visite *f* des lieux, descente *f* sur les lieux; **–bezirk** *m* arrondissement *m*, secteur *m ou* fraction *f* de commune; **–bild** *n (BauR)* site *m* communal architectural.

Ortschaft *f* (petite) commune; **geschlossene –** *(StVR)* agglomération *f*.

Orts|durchfahrt *f (StVR)* traversée *f* d'une agglomération; **–einteilung** *f* classement des localités; **–form** *f (IPR)* forme *f* des actes juridiques obéissant à la loi du lieu de rédaction; **–fremd** *adj* n'habitant pas la commune; **–gebrauch** *m* usage local; **–gebühr** *f* taxe *f* locale; **–gemeinde** *f* (Aut) commune *f*, commune locale (S); **–gespräch** *n (Telefon)* communication urbaine *ou* locale; **–gericht** *n* service auxiliaire de la justice; **–gewohnheit** *f* coutume *f* locale; **–kasse** *f* caisse *f* locale; **–kennzahl** *f (Telefon)* indicatif *m*; **–kern** *m* cité *f*, centre-ville *m*; **–klasse** *f* zone de résidence; **–klassenverzeichnis** *n* tableau de classement des localités (pour la détermination du taux de l'indemnité de résidence); **–krankenkasse** *f* caisse *f* primaire d'assurance maladie; **–lohn** *m* salaire *m* local; **–netz** *n* réseau urbain; **–obrigkeit** *f* (Aut) autorités *fpl* locales.

Ortspolizei *f* police *f* municipale *ou* rurale; **–behörde** *f* autorité *f* chargée de la police municipale; **–verordnung** *f* arrêté *m* de la police municipale.

Orts|recht *n* droit *m* communal *ou* local, législation *f* locale édicté par les autorités municipales; **–satzung** *f*, **–statut** *n* statut *m* local.

Orts|stufe *f* zone *f* de résidence; **–teil** *m* arrondissement municipal; **–termin** *m (ZPR)* transport de justice, transport sur les lieux.

ortsüblich *adj* concernant une coutume locale, relatif à l'usage local.

Orts|üblichkeit *f* usage *m* local; **–verkehr** *m* trafic *m* local; **–vertreter** *m (HR)* agent *m* local, placier *m*; **–verweisung** *f* interdiction de séjour dans un lieu donné; **–vorstand** *m* (Aut), **–vorsteher** *m* maire *m*, bourgmestre *m*; **–währung** *f* monnaie *f* locale; **–wechsel** *m* changement de domicile; **–zeit** *f* heure *f* locale; **–zulage** *f od.* **–zuschlag** *m* indemnité de résidence *ou* locale.

Ortung *f* localisation, repérage.

Ost|deutschland Allemagne de l'est; **–politik** *f* l'Ostpolitik *f*; **–verträge** *(VR)* (1) traité *m* conclu le 12 août 1970 entre l'URSS et la RFA sur la normalisation des rapports et la renonciation à la violence, (2) traité conclu le 7 décembre 1970 entre la Pologne et la RFA sur la normalisation des rapports et la reconnaissance de la frontière Oder-Neisse.

Outlaw *m* hors-la-loi *m*.

Output *m*: **Input –** Entrée-Sortie, Intrant-Extrant, Facteur-Produit.

Overflow *m (DV)* débordement *m*.

Ozon|alarm *m (UmweltR)* alerte *f* pour concentration trop élevée d'ozone; **–loch** *n* trou *m* d'ozone, déchirure de la couche d'ozone.

P

P. (abréviation pour „Papier") terme de bourse indiquant une offre excédentaire de titres.

Pacht *f* bail *m* à ferme, affermage *m*; **– einer Weide** bail à pâturage.

Pacht|betrieb *m* entreprise *f* louée; fonds *m* rural en affermage; **–dauer** *f* durée du bail.

pachten prendre à bail, prendre à ferme, affermer, louer.

Pächter *m* preneur à bail, fermier *m*; **– einer Herde** cheptelier *m*.

Pacht|felder *pl* champs *mpl* amodiés; **–gebiet** *n* territoire à bail; **–gebot** *n* offre pour le prix du bail; **–gegenstand** *m* bien pris à bail, chose affermée; **–geld** *n* fermage *m*; **–gesellschaft** *f* société *f ou* compagnie *f* fermière; **–grundstück** *n* terre *f* affermée *ou* louée, champs *ou* biens loués; **–jahr** *n* année de bail; **–kredit** *m* crédit *m* consenti par une banque avec prise en gage (sans dépossession) des biens affermés; **–land** *n* champ loué, bien pris à bail, terre affermée; **–nachlaß** *m* réduction du bail; **–preis** *m* fermage *m*; **–rate** *f* prix du bail, terme *m*; **–recht** *n* droit des baux ruraux; **–revier** *n* district *m* affermé; **–schilling** *m* (Aut) prix du bail, fermage *m*; **–schutz** *od.* **–schutzrecht** *n* droit de protection du preneur à bail, statut *m* du fermage.

Pachtung *f* prise à bail, prise à ferme.

Pachtverlängerung *f* prorogation *ou* renouvellement *m* du bail.

Pacht|vertrag *m* contrat de bail *ou* de louage *ou* d'affermage, bail à ferme, bail *m*, contrat d'amodiation; **frei abgeschlossener –** bail de gré à gré; **langfristiger –** bail à long terme.

Pacht|zins *m* prix du bail, fermage, terme, redevance d'amodiation.

Päckchen *n* colis *m* postal, petit paquet *m*.

packen emballer, empaqueter, conditionner; faire ses bagages.

Paket *n* paquet *m*, colis *m*; **dringendes –** colis urgent; **–dienst** *m* service privé d'acheminement des colis; **–handel** *m (BörR)* négociation de paquets de titres; **–karte** *f* bulletin d'expédition (de colis postal); **–zustellgebühr** *f* redevance de distribution *ou* remise des colis.

Pakt *m (VR: Bündnis)* pacte *m*, convention *f*, accord *m* international.

paktieren pactiser, composer, transiger.

Palette *f* (1) palette *f*, support plat, (2) gamme *f* de produits.

palettisieren palettiser, mettre sur palettes (une marchandise).

Panaschieren *n* panachage *m*.

Pannenhilfe *f* service de dépannage.

Panzerschrank *m* coffre-fort *m*, coffre *m*.

Papier *n* (1) *(Schriftstück)* papier *m*, écrit *m*, (2) *(Wertpapier)* titre *m*, valeur *f*, (3) *(Börse)* offre *f*; **bankfähiges** – effet *m* bancable; **diskontfähiges** – effet *m ou* traite *f* escomptable; **kurzfristiges** – papier à courte échéance; **Recht am** – droit au titre; **Recht aus dem** – droit né du titre; **übertragbares** – titre *m* transmissible; **ungestempeltes** – papier libre; **verlosbares** – valeur à lot.

Papiere *npl* (1) *(Schriftstücke)* documents *mpl*, papiers *mpl*, actes *mpl*, pièces *fpl* d'archives, (2) *(Ausweispapiere)* carte *f ou* pièce *f* d'identité, papiers d'identité, (3) *(Aktien)* valeurs *fpl*, actions *fpl*.

Papiergeld *n* monnaie-papier *f*; **–inflation** *f* inflation de monnaie-papier; **–umlauf** *m* circulation monétaire (billets de banque).

Papierwährung *f* monnaie-papier.

Parafiskalität *f* parafiscalité *f*.

Paragraph *m* signe typographique (§) placé en Allemagne devant chaque prescription légale, correspond à l'article (art.) en France.

Parallel|einfuhr *f* importation parallèle; **–genehmigung** *f* double autorisation; **–gesetzgebung** *f* législation *f* parallèle; **–kurs** *m* cours *m* parallèle; **–markt** *m* marché *m* parallèle; **–patent** *n* invention brevetée dans deux *ou* plusieurs pays différents; **–prozeß** *m od.* **–verfahren** *n* *(ZPR)* litispendance *f*, procédure *f* parallèle.

Paraphe *f* paraphe *m*, parafe *m*.

Paraphernalgut *n (FamR)* bien *m* paraphernal, paraphernal *m* (à côté de la dot).

paraphieren parapher, parafer.

Paraphierung *f* paraphage *m*.

Parentel *f (ErbR)* parentèle *f*; **–system** *n* système des parentèles.

Parere *n (HR)* expertise *f* commerciale; **ärztliches** – (Aut) expertise d'un médecin agréé relative à l'internement dans un hôpital psychiatrique.

Pari *n* pair *m*; **al** – au pair; **über** – au-dessus du pair; **unter** – au-dessous du pair; **–ausgabe** *f* émission au pair; **–begebung** *f*, **–emission** *f* émission au pair; **–grenze** *f* pair.

Parikurs *m* pair *m*; **zum – ausgeben** émettre au pair.

Pari|platz *m* place où l'encaissement est gratuit; **–rückzahlung** *f* remboursement au pair; **–stand** *m* pair.

Pariser Verbandsübereinkunft (= PVÜ vom 20. 3. 1883) Convention d'Union pour la protection de la propriété industrielle.

Parität *f* parité *f*; **amtliche** – parité officielle.

paritätisch *adj* paritaire, à parité, à égalité, à nombre égal.

Paritäts|anpassung *f (Währung)* alignement *m* des parités; **–gebot** *n* *(ArbR)* obligation de l'État de respecter une neutralité bienveillante en cas de conflit du travail; **–preis** *m* prix *m* équivalent; **–punkt** *m* point *m* de parité.

Paritionsfrist *f* (Aut) délai *m* d'exécution.

Parken *n* stationnement *m*.

Parkett *n (Börse)* parquet *m*.

Park|anlage *f* jardin public, parc *m*; **–bank** *f* banc public; **–fläche** *f* aire de stationnement; **–gebühr** *f* taxe *ou* droit de stationnement; **–leuchte** *f* feux *mpl* de position; **–lücke** *f* créneau *m*; **–platz** *m* parking *m*, parc *m ou* place *f* de stationnement, parc à voitures, parc-auto *m*, parcage *m*; **–scheibe** *f* disque *mpl* de st.; **–studium** *n (HochschulR)* études d'attente (jusqu'à ce qu'une place soit libre dans la discipline *ou* l'unité d'enseignement recherchée); **–sünder** *m* personne en stationnement abusif *ou* gênant; **–uhr** *f* parc(o)mètre *m*; **–verbot** *n* interdiction de stationner.

Parlament *n* parlement *m*; **Europäisches –** Parlement européen; **Mitglied des –s** député *m*, membre du parlement.

Parlamentär *m (VR)* parlementaire *m*.

Parlamentarier *m* député *m*.

parlamentarisch|e Anfrage question orale; question écrite; **–es System** régime *m* parlementaire; **–er Untersuchungsausschuß** commission d'enquête *ou* de contrôle.

Parlamentarismus *m* parlementarisme *m*, régime *m* parlementaire.

Parlamentärsflagge *f (VR)* pavillon *m* parlementaire, drapeau *m* blanc.

Parlaments|ausschuß *m* commission (permanente) parlementaire; **–bericht** *m* compte-rendu des débats parlementaires; **–beschluß** *m* décision *f ou* vote *m* du parlement; **–debatte** *f* débats *mpl;* **–drucksachen** *pl* documents parlementaires; **–ferien** *pl* vacances parlementaires; **–fraktion** *f* groupe *m*; **–geschäftsordnung** *f* règlement *m*; **–kontrolle** *f* contrôle *m* parlementaire; **–mehrheit** *f* majorité *f* parlementaire; **–minderheit** *f* minorité *f* parlementaire; **–mitglied** *n* membre du parlement, député *m*; **–nötigung** *f (StR)* atteinte *f* au libre fonctionnement des assemblées parlementaires par voies de fait, violences ou menaces; **–organ** *n* organe *m* du pouvoir législatif; **–recht** *n* droit parlementaire; **–sitz** *m* siège *m* parlementaire; **–sitzung** *f* séance *f* p.; **–sitzungsperiode** *f* session; **–verfahren** *n* procédure *f* législative; **–wahl** *f* élection *f* législative.

Partei *f* (1) *(Politik)* parti *m*, parti politique, formation *f ou* mouvement *m* politique, (2) *(Recht)* partie *f* (au contrat), cocontractant, (3) *(Zivilprozeß)* partie *f* demanderesse *ou* défenderesse, demandeur *m*, plaideur *m*, défendeur *m*; **abgewiesene –** partie déboutée; **abwesende –** partie défaillante; **antragstellende –** partie demanderesse *ou* requérante; **arme –** partie indigente, bénéficiaire de l'aide judiciaire; **zum Armenrecht zugelassene –** partie admise au bénéfice de l'aide judiciaire; **beklagte –** défendeur *m*, partie défenderesse; **beteiligte –** partie intéressée, partie en cause; **betreibende –** demandeur *m*, partie diligente, poursuivant *m*; **erschienene –** partie présente *ou* comparante; **geladene –** partie citée *ou* assignée, assigné *m*; **Hohe Vertragschließende –** *(VR)* Haute partie contractante; **klagende –** partie demanderesse, demandeur *m*; **kriegführende –** partie belligérante, belligérant *m*; **nicht erschienene –** partie défaillante; **obsiegende –** partie gagnante *ou* obtenant gain de cause; **säumige –** partie défaillante; **streitende –** partie au litige *ou* au différend, partie en cause, partie; **unterlegene –** *od.* **unterliegende –** partie perdante *ou* succombante; **verfassungswidrige –** parti *m* anti-constitutionnel; **verletzte –** partie lésée; **vertragschließende –** partie contractante, contractant *m*; **widersprechende –** partie opposante.

Partei kraft Amtes personne désignée par ses fonctions pour représenter les intérêts d'autrui et ayant la qualité de partie au procès; **– im Armenrecht** (Aut-S) partie admise au bénéfice de l'aide judiciaire, partie admise à l'aide judiciaire; **– sein** être de parti pris, partial; **für jmdn. – ergreifen** *od.* **– nehmen** prendre parti pour qqn; **über den –en stehen** être impartial.

Partei|amt *n* fonctions *fpl* de direction au sein d'un parti politique; **–anbringen** *n* (S) conclusion d'une partie; **–änderung** *f* (1) *(ZPR)* substitution *f* d'une partie (à une autre), (2) *(ZPR: Parteibeitritt)* intervention *f*; **–anhörung** *f* le fait d'entendre les parties dans leurs explications; **–antrag** *m* demande *f*, conclusion *f*; **–anwesenheit** *f* comparution personnelle (des parties); **–autonomie** *f* autonomie *f* des parties; **–ausschluß** *m* exclusion *f* du parti; expulsion *f*; radiation *f*; **–beitritt** *m* (als Streitgenosse) intervention *f* (agressive *ou* conservatoire); **–betrieb** *m (PrzR)* direction *f* du procès confiée aux parties; principe *m* dispositif, procédure *f* accusatoire; **–bezeichnung** *f* nom, prénoms, profession, domicile de la partie; **–buch** *n* carte *f* de membre; **–disziplin** *f* discipline *f* du parti; **–eid** *m* serment *m* déféré par le juge à l'une des parties; **–einvernahme** *f* interrogatoire *f* sur faits et articles; **–entschädigung** *f* (S) dépens *mpl*.

Parteien|finanzierung *f (StR, Pol)* financement *m* occulte des partis politiques, financement par voie frauduleuse; **–gesetz** *n* Loi allemande relative aux partis politiques et à leur financement; **–privileg** *n (StaatsR)* immunité *f* d'un parti politique et de ses adhérents (tant qu'ils n'ont pas été déclarés inconstitutionnels); **–vereinbarung** *f* (Aut) accord *m ou* convention entre les parties; **–verkehr** *m* admission du public, heures d'ouverture pour le public; **–vernehmung** *f* audition des parties, interrogatoire sur faits et articles; **–verrat** *m* (Aut) prévarication; **–vorbringen** *n* dires *mpl* d'une partie, requête d'une partie.

Parteifähigkeit *f (ZPR)* capacité d'être partie (en justice), capacité d'ester en justice.

Partei|handlung *f* acte *m* procédural (d'une partie au procès); **–häufung** *f* intervention; **–herrschaft** (= Parteibetrieb) procédure *f* selon le principe du dispositif; **–kosten** *pl* frais procéduraux d'un plaideur.

parteiisch *adj od.* **parteilich** *adj* partial *adj*; partialement *adv*.

Parteilichkeit *f* partialité *f*, parti pris.

parteilos *adj* (1) neutre, indépendant, sans parti, (2) *(unparteiisch)* impartial, équitable.

Parteilose(r) *m (Parlament)* non inscrit *m*.

Partei|losigkeit *f* indépendance *f*, neutralité *f*, impartialité *f*; **–mitglied** *n* membre du parti, adhérent *m*; **–nahme** *f* le fait de prendre parti (en faveur de qn.); **–öffentlichkeit** *f* (1) *(Zivilprozeß)* participation *f* des parties lors du constat, reconstitution *f* des faits en présence des parties, (2) *(StPR)* participation *f* de l'avocat du prévenu lors de la procédure d'instruction (en particulier lors de l'interrogatoire de ce dernier et de la reconstitution des faits); **–ordnung** *f* règlement intérieur d'un parti politique; **–präsidium** *n* secrétariat général, présidence *f*; **–prozeß** *m* procédure *f* se déroulant sans l'intervention d'un avocat; **–satzung** *od.* **–statut** statuts *mpl;* **–spende** *f* don *m ou* chèque pour le financement d'un parti politique; **–stellung** *f* qualité d'une partie au procès; **–tag** *m* assises *fpl ou* congrès du parti; **–unfähigkeit** *f (ZPR)* incapacité d'ester en justice; **–verbot** *n* interdiction d'un parti politique inconstitutionnel; **–vereinbarung** *f (ZPR)* convention *ou* accord entre les parties; amiable composition; **–verhandlung** *f* (S) débat oral; **–vernehmung** *f* audition des parties, explications de fait fournies par les parties; **–verrat** *m (StR, ZPR)* trahison des intérêts d'une partie par son avocat *ou* un conseiller juridique, prévarication *f*; **–vertreter** *m* (1) représentant légal de la partie au procès, (2) mandataire de procédure; **–vorbringen** *n* allégations d'une partie propre à fonder ses prétentions; **–vorstand** *m (Pol)* bureau exécutif, comité directeur; **–vortrag** *m* exposé *m* des prétentions, des faits et des arguments, présentation orale explicative; **–wechsel** *m* (1) *(PrzR: Parteiänderung)* substitution *f* d'une partie (à une autre), (2) *(Pol)* abandon d'un parti et ralliement au parti adverse, dissidence *f*; **–werbung** *f* propagande *f* politique.

Parteiwille *m* volonté *f ou* intention des parties; **mutmaßlicher –** volonté présumée des parties.

Partei|zentrale *f* comité central du parti; **–zugehörigkeit** *f* appartenance *f* au parti, affiliation *f* à un parti; **–zustellung** *f* (1) *(ZPR: Amtszustellung)* assignation par huissier, signification, (2) *(ZPR: Parteizustellung)* notification.

Parten|brief *m (SeeHR)* quirat *m*, part *f* constatant la participation à un armement collectif; **–reederei** *f* compagnie *f* maritime en copropriété.

Partialrevision *f (PrzR)* recours *m* en cassation pour certains chefs de la demande.

Partie *f (HR: Posten)* lot *m* (de marchandises); **–preis** *m* prix du lot.

partielle Geschäftsunfähigkeit limitation de la capacité d'exercice.

Partikular|haverei *f* avarie *f* particulière; **–recht** *n* (1) *(ÖfR)* particularisme juridique, (2) *(ZR)* privilège *m*.

Partikulier *m (SeeHR)* propriétaire indépendant d'une embarcation.

Partisan *m* partisan *m*, irrégulier *m*, franc-tireur *m*, guérillero *m*, maquisard *m*; **–enkampf, –enkrieg** guérilla *f*, guerre de coups de mains.

Partizipationsgeschäft *n (WirtR)* consortium *m*.

Partner *m (HR: Teilhaber)* partenaire *m*, associé *m*; **–land** *n* pays *m* cocontractant.

Partnerschaft *f* (1) *(Gesellschaftsrecht)* association *f* en participation, (2) *(Städte)* jumelage *m*; **–sabkommen** *n* accord *m* de participation.

Partnerstadt *f* ville jumelée.

Partverpfändung *f* mise *f* en gage d'un quirat.

Parzellarvermessung *f* détermination de la superficie d'une parcelle.

Parzelle *f* parcelle *f*, unité *f* cadastrale; **eingeschlossene –** parcelle enclavée.

Parzellenkataster *n* cadastre *m*, fichier immobilier.

parzellieren morceler, lotir.

Parzellierung *f* lotissement *m*, parcellement *m*.

Parzellierungsplan *m* plan de lotissement.

Paß *m* passeport *m*; laissez-passer *m*, passeport à l'étranger (L); **einen – ausstellen** établir *ou* délivrer un passeport; **abgelaufener –** passeport expiré; **gültiger –** passeport en cours de validité; **ungültiger –** passeport invalide *ou* sans validité; **–abfertigung** *f* contrôle *ou* vérification des passeports.

Passagier *m* passager *m*, voyageur *m*; **blinder –** passager clandestin; **–abgabe** *f* taxe sur les passagers; **–beförderung** *f* transport *m* de voyageurs; **–frachtschiff** *n* paquebot *m* mixte; **–gut** *n* bagages *mpl* enregistrés; **–liste** *f* liste *f* des passagers; **–schiff** *n* paquebot; **–vertrag** *m* contrat *m* de transport maritime.

Paß|amt *n* bureau de délivrance *ou* d'établissement des passeports; **–ausfertigung** *f* délivrance *f* d'un passeport; **–behörde** *f* service chargé de la délivrance des passeports; **–bewerber** *m* demandeur d'un passeport; **–bild** *n* photo *f* d'identité; **–buch** *n* carnet de dépôt; **–büro** *n* office *m* des passeports; **–entziehung** *f od.* **–entzug** *m* (1) *(kurzfristig)* rétention, (2) retrait du passeport; **–erleichterungen** *pl* facilités *fpl* de passage.

Passant *m* (S) voyageur *m* en transit.

Paßersatz *m*, **–papier** *n* titre *m* tenant lieu de passeport.

Paß|freiheit *f* dispense de passeport; **–gebühr** *f* taxe *f ou* droit de timbre sur les passeports.

Passier|gewicht *n* poids au-dessous duquel une pièce de monnaie n'est plus admise dans la circulation en raison de son usure, tolérance *f*, limite de poids; **–schein** *m* laissez-passer *m*, coupe-file *m*, permis *m* de circulation, passavant *m*.

Paßinhaber *m* titulaire *m* du passeport.

passiv *adj* passif, déficitaire; **–e Bestechung** *(StR: Bestechlichkeit)* corruption passive de fonctionnaire public *ou* d'employé d'une entreprise privée; **–e Handelsbilanz** déficit du commerce extérieur, solde passif de la balance commerciale; **–es Rauchen** tabagisme passif chez les non-fumeurs; **–er Raucher** fumeur passif; **–e Stellvertretung** représentation en vue de recevoir un acte; **–es Wahlrecht** éligibilité *f*; **–er Widerstand** résistance passive.

Passiva *pl od.* **Passiven** passif *m*, dettes *fpl;* **unter den –** au passif; **–übergang** *m* transmission *f* du passif *ou* des dettes.

Passivbilanz *f* bilan passif, bilan en déficit, bilan *m* déficitaire.

Passiv|handel *m* commerce *m* d'importation; **–legitimation** *f (ZPR)* qualité pour défendre en justice; **–masse** *f (KonkursR)* passif *m* de l'entreprise (en cessation de paiements); **–posten** *m (Buchf)* poste *m* passif, article *m* du passif; **–saldo** *m* solde *m* débiteur *ou* passif; **–seite** *f* passif *m*.

Passiv|vollmacht *f (ZPR)* mandat *m ou* procuration pour défendre en justice; **–zinsen** *pl* intérêts *mpl* débiteurs.

Paß|kontrolle *f* contrôle *ou* vérification des passeports; **–pflicht** *f* obligation *f* d'être en possession d'un passeport; **–stelle** *f* bureau d'établissement *ou* de délivrance des passeports; **–werber** *m* (Aut) demandeur d'un passeport; **–wesen** *n* Service administratif des passeports; **–zwang** *m* obligation d'avoir un passeport.

Passus *m* partie *f* (d'un texte), passage *m* (d'un contrat), extrait *m*, fragment *m*.

Patent *n* (1) brevet *m*, brevet d'invention, titre de propriété industrielle, (2) *(SeeHR)* patente *f*; **abgelaufenes –, erloschenes –** brevet expiré *ou* mort; **abgelehntes –** demande de brevet rejetée; **entgegengehaltenes –** brevet opposé; **erteiltes –** brevet délivré; **Gegenstand des Patents** objet du brevet; **gewerbliches –, industrielles –** brevet industriel; **verfallenes –** brevet tombé en déchéance; **vorläufiges –** brevet de précaution; **ein – anmelden** déposer un brevet; **ein – aufgeben** abandonner un brevet; **ein – erteilen** délivrer un brevet; **durch – schützen** breveter qch.; **ein – übertragen** transférer un brevet; **ein – verfallen lassen** laisser tomber un brevet en déchéance; **ein – verwerten** exploiter un brevet.

Patent|ablauf *m* extinction du brevet; **–abteilung** service administratif (au sein de l'office des brevets); **–abtretung** *f* (contrat de) cession de brevet.

Patentamt *n* office *m* des brevets; **deutsches –** Office allemand des brevets; **Europäisches –** Office européen des brevets (= OEB); **französisches –** Institut *m* national de la propriété industrielle; **internationales –** Institut international des brevets.

Patent|anmaßung *f* (Aut) usurpation *f* de brevet, usurpation de la qualité de breveté; **–anmelder** *m* déposant *m*, demandeur de brevet; **–anmeldung** *f* (dépôt de la) demande de brevet; **–anspruch** *m* revendication d'un brevet; spécification du brevet; **–antrag** *m* demande de brevet; **–anwalt** *m* agent en brevets, ingénieur-conseil en matière de brevets; **–anwaltschaft** *f* chambre des agents en brevets; **–anwaltsgesetz** Loi portant réglementation de la profession des avocats et agents en brevets; **–begehren** *n* protection demandée par brevet; **–berühmung** *f* (1) *(berechtigt)* le fait pour le breveté de se prévaloir des prérogatives rattachées à un brevet, mention du brevet, indication de l'existence d'un brevet, (2) *(unberechtigt)* acte d'exploitation d'un contrefaisant, usurpation de brevet; **–beschreibung** *f* description de l'invention; **–blatt** bulletin *m* officiel de la propriété industrielle *ou* des brevets; **–brief**

m lettre patente; **–dauer** *f* durée du brevet; **–eingriff** *m* (Aut) violation *f* de brevet; **–erteilung** *f* délivrance *f* du brevet.

Patenterteilungs|antrag *m* demande en délivrance d'un brevet; **–beschluß** décision de délivrance (d'un brevet *ou* d'un titre de propriété industrielle); **–verfahren** *n* procédure de délivrance (d'un brevet).

patentfähig *adj* brevetable.

Patent|fähigkeit *f* brevetabilité *f*; **–familie** *f* groupe *m* d'inventions brevetées; **–gebühr** *f* annuité(s), montant (progressif) des annuités (dues pour le brevet); droit *ou* taxe de patente (S); **–geheimnis** *n* interdiction de divulguer un brevet; **–gericht** Cour (allemande) des brevets, tribunal compétent pour les actions en contrefaçon de brevet; **–gerichtshof** *m* (Aut) haute juridiction compétente en matière de brevets; **–gesetz** *n* (= PatG) Loi allemande relative aux brevets d'invention; **–gesetzgebung** *f* législation sur les brevets; **–gesuch** *n* demande en délivrance d'un brevet; **–hindernis** *n* irrecevabilité de la demande; vice motivant le rejet de la demande, obstacle à la délivrance du brevet.

patentierbar *adj* brevetable; **nicht –e Erfindung** invention non brevetable.

patentieren breveter, délivrer un brevet; **– lassen** demander la délivrance d'un brevet, faire breveter (une invention).

Patentierung *f* fait de faire breveter, mesures constitutives de la délivrance.

Patent|inhaber *m* (1) breveté *m*, titulaire *m* d'un brevet, propriétaire *m* du brevet, (2) *(SeeHR)* titulaire de la patente; **–jahr** *n* année de brevet, année de validité du brevet; **–jahresgebühr** *f* annuité *f*; **–kosten** *pl* taxe *f* de dépôt et d'avis documentaire; **–lizenz** *f* (contrat de) licence de brevet; **–nichtigkeit** *f* nullité *f* du brevet; **–nichtigkeitsklage** *f* demande *f ou* action en annulation de brevet; **–recht** *n* droit relatif au régime des brevets d'invention; droit attaché à un brevet; **–register** *n* registre des brevets; **–rolle** *f* registre des brevets; **–sache** *f* contentieux *m* en matière de brevets; **–schrift** *f* fascicule *m* de brevet, brevet; exposé *m* de l'invention, description de l'invention; **–schutz** *m* protection du brevet; **–streitsache** contentieux relatif à un brevet; **–sucher** *m* déposant *m*; **–taxe** *f* (S) taxe de patente; **–teilung** *f* délivrance d'un brevet partiel *ou* portant sur une partie de l'invention; **–übertragung** *f* cession *ou* transmission d'un brevet; **–überwachung** *f* contrôle (à l'étranger) du respect des prérogatives du breveté; **–urkunde** *f* brevet, acte *m* de brevet; **–verletzung** *f* violation de brevet, contrefaçon *f ou* imitation du brevet; **–versagung** *f* rejet *m* de la demande de brevet; **–verwertung** *f* exploitation *f* d'un brevet; **–verzicht** *m* (1) retrait de la demande de brevet, (2) renonciation au brevet; **–wesen** *n* propriété industrielle; **–zweck** *m* finalité *f* de la protection des brevets.

Patient *m (SozVers)* malade *m* (d'un médecin traitant), malade faisant l'objet d'un traitement *ou* examen médical.

Patienten|akte *f* dossier médical; **–daten** *pl* informations relatives au malade et aux actes médicaux; **–datei** *f* fichier informatique des malades *ou* patients (d'un praticien).

Patronat *n* (= Schirmherrschaft) patronage *m*; **unter dem – von** sous l'égide de.

Patronats|ausschuß *m* comité *m* de patronage; **–erklärung** *f (GesR)* déclaration de garantie (de solvabilité) de la société-mère (d'un groupe) en faveur d'une de ses filiales.

im Pausch und Bogen (Aut) forfaitairement *adv*, à forfait, globalement *adv*.

Pauschabkommen *n* accord *m* forfaitaire, règlement *m* forfaitaire, traité *m* à forfait.

Pauschal|abfindung *f* indemnité *f* forfaitaire; **–abgabe** *f* taxe *f* forfaitaire; **–abkommen** *n* accord *m* forfaitaire, règlement *m* forfaitaire, traité à forfait; **–abnehmer** *m* consommateur à forfait; **–abschlag** *m* abattement *m* forfaitaire; **–abzug** *m* déduction forfaitaire; **–auftrag** *m* *(BauR)* ouvrage *m* à forfait; **–beitrag** *m* cotisation *f* forfaitaire, contribution volontaire; **–besteuerung** *f* imposition *ou* taxation *f* forfaitaire, forfait d'impôt; **–betrag** *m* montant *m* forfaitaire, forfait *m*, somme *f* forfaitaire; **–bewertung** *f* estimation forfaitaire; **–deckung** *f* garantie *f* forfaitaire; **–einlage** *f*, **–einzahlung** *f* versement *m* forfaitaire; **–entlohnung** *f* rémunération *f* forfaitaire; **–entschädigung** *f* *od.* **–erstattung** *f* indemnisation *f* *ou* indemnité forfaitaire; **–garantie** *f* garantie globale; **–gebühr** *f* taxe *f* forfaitaire, droit *m* forfaitaire.

Pauschale *f* forfait *m*.

pauschalieren *od.* **pauschalisieren** évaluer forfaitairement, faire un forfait.

Pauschalierung *f* forfaitarisation *f*, règlement *m* forfaitaire.

Pauschal|kauf *m* vente *f* en bloc; **–kredit** *m* crédit *m* forfaitaire; **–lohn** *m* rémunération *f* forfaitaire; **–police** *f* police *f* d'abonnement à prime unique, police à forfait; **–prämie** *f* prime forfaitaire; **–preis** *m* prix *m* forfaitaire *ou* global; **–preisvertrag** *m* marché *m* à prix global forfaitaire; **–reise** *f* voyage *m* à prix forfaitaire, voyage organisé; **–satz** *m* tarif *m* forfaitaire, taux *m* forfaitaire; **–schätzung** *f* évaluation forfaitaire; **–steuer** *f* impôt forfaitaire, forfait; **–summe** *f* montant forfaitaire; **–tarif** *m* tarif *m* *ou* barême *m* forfaitaire; **–tourismus** *m* tourisme *m* à prix forfaitaire, voyages *mpl* organisés à prix calculé de façon forfaitaire; **–vergütung** *f* rétribution *f* forfaitaire, forfait *m*, prix *m* fait; indemnité *f* forfaitaire; **–verpflichtung** *f* obligation *ou* dette forfaitaire; **–versicherung** *f* assurance *f* forfaitaire *ou* à forfait; **–wert** *m* valeur *f* forfaitaire; **–zahlung** *f* paiement *m* *ou* versement *m* forfaitaire; **–zuschlag** *m* supplément *m* forfaitaire, majoration *f* forfaitaire.

Pausch|besteuerung *f* imposition *f* forfaitaire; forfait d'impôt; **–betrag** *m* montant *m* forfaitaire, forfait *m*; **–gebühr** *f* taxe *f* *ou* droit *m* forfaitaire; **–satz** *m* tarif *m* *ou* taux *m* forfaitaire; **–summe** *f* forfait *m*; **–vergütung** *f* indemnité *f* forfaitaire; **–versteuerung** *f* imposition *f* forfaitaire.

Pause *f* (1) pause *f*, (2) *(Sitzungen)* suspension *f* de séance.

Pendelverkehr *m* navette *f*, migration quotidienne.

Pendler *m* travailleur *m* migrant, banlieusard *m*.

Pension *f* (1) *(Ruhegehalt)* retraite *f*, pension de retraite, pension *f*, rente *f*; (2) *(Ruhestand)* retraite; **angeglichene –** pension révisée; **lebenslängliche –** pension viagère.

Pensionär *m* retraité *m*, titulaire *m* d'une pension de retraite.

pensionieren mettre à la retraite, **sich – lassen** se faire admettre à la retraite, prendre sa retraite.

Pensionierung *f* mise à la retraite; **vorzeitige –** mise en retraite anticipée, admission anticipée à la retraite.

Pensionist *m* (S-Aut) retraité *m*.

Pensions|alter *n* âge de la retraite, âge *m* d'admission à la retraite; **–ansatz** *m* taux de pension; **–anspruch** *m* droit à une pension de retraite, droit à pension; **–anwartschaft** *f* droit à pension en cours de formation; **–berechnung** *f* calcul *m* de la pension; **–berechtigung** *f* droit à la retraite *ou* à une pension de retraite; **–empfänger** *m* titulaire *m* d'une pension, retraité *m*; **–entziehung** *f* déchéance de la pension; **–erhöhung** *f* majoration de pension.

pensionsfähig *adj* qui donne *ou* ouvre droit à pension.

Pensions|fonds *m* fonds *m* de retraite; **–geschäft** *n* *(BankR)* avance *f* sur titres; **–grenze** *f* âge d'admission à la retraite; **–kasse** *f* caisse de retraite *ou* des pensions; **–leistung** *f* prestation de pension; **–rücklage** *f* réserve pour pensions; **–rückstellungen** *fpl* provisions *fpl* pour fonds de retraite du personnel; **–satz** *m* taux *ou* barème des pensions; **–versicherung** *f* **(s. Rentenversicherung)** assurance-retraite *f*, assurance-pension; **–versicherungsvertrag** *m* contrat *m* d'assurance-retraite; **–wechsel** *m (BankR)* effet en pension; **–zusage** *f* promesse *f* de pension.

Pensum *n* (1) travail *m*, (2) *(SchulR)* matières *fpl* d'enseignement (pour une année scolaire).

per *Präp.* par (la voie de); **sich – Abkommen verpflichten** s'engager par contrat; **– Bahn** par la voie ferrée; **– Einschreiben** (envoi) en recommandé; **– 1. Juni lieferbar** livrable le 1er juin; **– Prokura** par procuration, en vertu d'un mandat commercial.

Perem(p)tion *f* (= Verjährung) prescription, péremption.

perem(p)torisch *adj* péremptoire, décisif; **–e Einrede** exception péremptoire.

Periode *f* (= Zeitabschnitt) période *f*, durée *f*.

Perlustrierung *f* (Aut) fouille *f* minutieuse, fouille à corps.

Person *f* (1) *(Mensch)* personne *f*, individu *m*, (2) *(hochgestellt)* personnalité *f*, notable *m*; **ablehnbare –** personne reprochable *ou* récusable; **bedachte –** gratifié *m*, bénéficiaire *m* d'une libéralité; **bestimmte –** personne dénommée; **eingebürgerte –** (étranger) naturalisé *m*; **erschienene –** comparant *m* (devant un tribunal); **erwerbstätige –** personne active; **exterritoriale –** personne exterritoriale; **fingierte –** (Aut) personne morale; personnalité fictive; **juristische –** personne morale, sujet *m* de droit fictif; **juristische – des öffentlichen Rechts** personne morale de droit public, personne publique; personne administrative; **juristische – des Privatrechts** personne morale de droit privé, personne privée; **natürliche –** personne physique, individu *m*, particulier *m*; **nicht bestimmte –** personne indéterminée, personne incertaine; **nicht erschienene –** *(PrzR)* (plaideur) défaillant *m*; **nicht seßhafte –** personne sans domicile fixe; **physische –** (Aut) personne physique; **unbestimmte –** personne indéterminée; un certain individu, quidam *m*; **unterstützungsbedürftige –** personnne nécessiteuse, économiquement faible *m*; **verschleppte –** déporté *m*; **vorgeschobene –** homme de paille, personne interposée, prête-nom *m*; **zukünftige –** personne future.

Personal *n* main-d'œuvre *f*, employés *mpl*, salariés *mpl*, personnel *m*; **ausführendes –** personnel d'exécution; **diplomatisches –** personnel diplomatique; **geschultes –** personnel qualifié; **leitendes –** personnel de direction, cadres *mpl* supérieurs; **subalternes –, untergeordnetes –** personnel subalterne; **technisches –** agents techniques; **vorübergehend eingestelltes –** intérimaires *pl*; vacataires *pl*; personnel temporaire *ou* précaire; **– der Verwaltung** personnel administratif.

Personal|abbau *m* réduction *ou* licenciement de personnel, compression des effectifs, dégraissage *m*; **–abteilung** *f* bureau *f ou* service *m* du personnel, département de gestion des ressources humaines; **–akte** *f* dossier personnel *ou* individuel; **–angaben** *pl* signalement *m*, indications relatives à la personne; **–angelegenheit** *f* question intéressant la gestion *ou* l'emploi du personnel; **–arrest** *m* contrainte par corps; **–aufwand** *m* dépense *f* de personnel, charges *fpl* de personnel, coûts *mpl* salariaux; **–ausgaben** *pl* charges de personnel; **–ausschuß** *m* comité du personnel; **–ausweis** *m* carte d'identité, papier *ou* pièce d'identité; **–berater** *m* conseil *m* en recrutement; conseiller *m* du personnel; **–bestand** *m* effectifs *mpl*;

–blatt *n* fiche individuelle; **–bogen** *m* fiche individuelle; **–chef** *m* directeur *m ou* chef *m* du personnel; **–daten** *pl* mentions concernant une personne, indications sur la personne (informatisées); **–gesellschaft** *f* société de personnes, société par intérêt; **–haft** *f* contrainte *f* par corps.

Personalien *pl* qualités *fpl,* coordonnées *fpl,* renseignements *mpl* concernant l'identité, état signalétique, signalement *m*, identité *f*; **seine – angeben** décliner son identité.

Personal|information *f* information du personnel; **–kosten** *pl* frais de personnel, coûts *mpl* salariaux; **–kostenzuschuß** *m* aide *f* à la création d'emplois; **–kredit** *m* crédit *m* personnel; **–leiter** *m* chef *m ou* responsable *m* du personnel; **–mangel** *m* pénurie *f* de main-d'œuvre; **–maßnahme** *f* mesure *f* de la direction relative à l'engagement *ou* au licenciement de personnel *ou* au travail du personnel; **–ordnung** *f* statut du personnel, règlement du personnel; **–planung** *f* gestion du personnel; **–politik** *f* politique des relations humaines (au sein de l'entreprise); **–rat** *m (ÖfR)* conseil *m* de défense des intérêts des agents publics (au sein d'une admininistration); **–recht** *n* statut *m* du personnel; **–referent** *m* fonctionnaire responsable *ou* directeur du personnel; **–senat** *m* (Aut) collège *m* de magistrats exerçant certaines attributions en matière de personnel (propositions de nominations, répartition des affaires etc. . .); **–servitut** *f* servitude *f* personnelle; **–sicherheit** *f* sûreté personnelle; **–stand** *m od.* **–stärke** *f* personnel employé *ou* occupé, effectifs; **–statut** *n* (1) statut personnel, (2) statut *m* du personnel; **–steuer** *f* impôt *m* personnel; **–union** union *f* personnelle; **–vertretung** *f* représentation *ou* délégation du personnel, comité du personnel; **–verwaltung** *f* gestion et administration du personnel.

personenbedingte Kündigung *(ArbR)* licenciement pour faute (du salarié).

Personen|beförderung *f* transport *m* des personnes *ou* des voyageurs; **–beförderungsvertrag** *m* contrat de transport des voyageurs; **–beschreibung** *f (StR)* fiche *f* signalétique, signalement *m*; **–durchsuchung** *f* fouille à corps; palpation de sécurité (en tant qu'acte de police administrative); **–firma** *f* raison sociale empruntée au nom du commerçant; **–gefährdung** *f* risque créé pour la victime (par l'auteur d'un dommage); **–gemeinschaft** *f* société de personnes, communauté de personnes; **–gesamtheit** *f* collectivité *f*; **–gesellschaft** *f* société de personnes; **–gesellschaftsanteil** *m* part *f* sociale; **–hehlerei** *f* recel de malfaiteurs; **–kennziffer** *f* numéro *m* matricule; **–kraftwagen** (= Pkw) voiture particulière *ou* de tourisme, véhicule automobile; **–kreis** *m* groupe *m* de personnes; **–mehrheit** *f* pluralité *f* de personnes, majorité *f*; **–name(n)** *m* nom et prénom; **–recht** *n* statut d'une personne, condition des personnes; **–schaden** *m* dommage aux personnes, préjudice *m ou* dommage *m* corporel.

Personensorge *f (FamR)* exercice *m* de l'autorité parentale; **–berechtigte(r)** *m* personne à qui l'enfant a été confié *ou* assurant la garde (d'un enfant); **–recht** *n* modalités *fpl* d'exercice de l'autorité parentale.

Personenstand *m* état-civil *m*, état des personnes.

Personenstands|angelegenheit *f* question d'état; **–buch** *n* registre d'état-civil; **–fälschung** *f* falsification d'état-civil; **–gesetz** Loi relative à l'état civil des personnes; **–register** *n* registre d'état-civil; **–urkunde** *f* acte de l'état-civil, pièce d'état-civil; **–wesen** l'état civil.

Personensteuer *f* impôt *m* sur les personnes physiques.

Personentransport *m*, **gewerblicher –** transport *m* de personnes *ou* de voyageurs par des entreprises commerciales.

Personen|vereinigung *f (ZR)* groupement de personnes; **–verkehr** *m* (1) *(Nahverkehr)* transports de banlieue *ou* régionaux, (2) transports *ou* trafic *m* voyageurs; **–versicherung** *f* assurance de personnes; **–verwechslung** *f* confusion de personnes, méprise *f*; **–wahl** *f* suffrage *m ou* vote *m* nominal.

persönlich (1) *(adj)* personnel, individuel, (2) *(adv)* personnellement, en personne, en main propre; **–es Erscheinen** comparution en personne; **–e Unterredung** *f* entretien particulier, aparté *m*.

Persönlichkeit *f* personnalité *f*, individualité *f* (d'une personne); **hochgestellte –** personnalité *f* de marque, notable *m*, personnage *m* haut placé; **völkerrechtliche –** personnalité morale du droit des gens *ou* du droit public.

Persönlichkeits|entfaltung *f* développement *m* harmonieux de la personnalité; **–recht** *n* ensemble des droits destinés à protéger la personnalité humaine, droit général de la personnalité, droit à l'intégrité physique et morale; **–schutz** *m* protection de la personnalité humaine; **–wahl** *f* scrutin *m* uninominal; **–verletzung** *f* violation des droits de la personnalité.

Petent *m* citoyen présentant une pétition; individu présentant une requête.

Petition *f* pétition (individuelle); **gemeinsame –** pétition collective; **öffentliche –** pétition publique.

Petitions|ausschuß *m* commission parlementaire compétente en matière de pétitions; **–recht** *n* droit de pétition.

petitorisch *adj* pétitoire; **–er Anspruch** droit réel immobilier sanctionné par une action pétitoire.

Petitum *n (VwR: Gesuch)* requête *f*.

Petrodollar *m* pétrodollars *mpl*.

Pfand *n* (1) *(ZR)* gage *m*, nantissement *m* (d'une chose mobilière), (2) chose engagée *ou* remise en gage, (3) *(Handel)* consignation *f*, consigne *f*, (4) *(AllgSpr: Sicherheit)* sûreté *f*, garantie *f*; **als – behalten** retenir une chose en tant que gage; **ein – bestellen** constituer un gage; **ein – einlösen** retirer un gage; **als – geben, zum – geben** donner en gage; **durch – gesichertes Darlehen** prêt sur gage; **auf – leihen** prêter sur gage; **in – nehmen, zum – nehmen** prendre en gage.

Pfand- und Zurückbehaltungsrecht des Bestandgebers (Aut) droit de gage du bailleur, privilège du bailleur.

Pfandanzeige *f* inventaire des biens saisis (établi par huissier).

Pfandausfall *m* découvert *m*; **–schein** *m* (S) certificat *m* d'insuffisance de gage.

pfändbar *adj* saisissable; **–er Teil des Lohns** portion *f* saisissable du salaire, fraction *f* saisissable (de la rémunération).

Pfändbarkeit *f* saisissabilité *f*.

Pfand|besitzer *m* détenteur du gage, détenteur *m* gagiste; **–besteller** *m* constituant du gage, bailleur du gage; **–bestellung** *f* constitution de gage, mise en gage, constitution de nantissement; **–bestellungsurkunde** *f* acte constitutif de gage.

Pfandbrief *m* lettre *ou* titre de gage représenté(e) par une cédule hypothécaire transmissible; **–anleihe** *f* emprunt *m* gagé; **–geschäft** *n* opération sur cédules hypothécaires, mobilisation du crédit hypothécaire; **–zentrale** *f* (S) centrale d'émission de lettres de gage.

Pfand|bruch *m (StR: Verstrickungsbruch)* bris *m* de scellés; **–darlehen** *n* prêt *m ou* avance sur gage; **–defraudation** *f* (S) détournement *m* d'objets saisis; **–depot** *n* dépôt *m* en gage; **–effekten** *pl* valeurs mobilières gagées.

pfänden saisir (un bien meuble), opérer une saisie, procéder à une saisie, pratiquer une saisie.

Pfand|entstrickung *f (StR)* bris *m* de scellés; détournement des objets saisis; **–forderung** *f* créance garantie par un gage; **–freigabe** *f* mainlevée *f* de la saisie; **–geber** *m* constituant *m* du gage; **–geld** *n* somme remise à titre de gage; **–gläubiger** *m* créancier *m* gagiste, gagiste *m*; **–halter** *m* détenteur *ou* gardien du gage; **–haus** *n* établissement de prêt sur gage, mont-de-piété *m*; **–indossament** *n* endossement *m* pignoratif *ou* à titre de garantie; **–inhaber** *m* détenteur *m* gagiste, détenteur du gage; **–kammer** *f* lieu *m* de garde des biens frappés de saisie.

Pfand|kehr *od.* **–kehrung** *f (StR)* détournement de gage.

Pfandleihanstalt *f* établissement de prêt sur gage, mont-de-piété, maison de prêt sur gage; **– einer Gemeinde** caisse de crédit municipal.

Pfandleihe *f* prêt sur gage.

Pfandleiher *m* prêteur sur gage; **öffentlicher –** prêteur public sur gage.

Pfand|lokal *n* établissement *m* de prêt sur gage; **–mißbrauch** *m* utilisation illicite d'un gage.

Pfandnahme *f* prise *f* de gage.

Pfandrecht *n* droit de gage; **besitzloses –** gage sans dépossession *ou* sans déplacement; **gesetzliches –** gage commun, droit de gage général, droit des créanciers sur l'ensemble des biens de leur débiteur; **verbüchertes –** (Aut) hypothèque *f*; **vertragliches –** *(= Faustpfandrecht)* gage conventionnel, nantissement d'une chose mobilière; **Erlöschen des –** extinction du gage; **– an Aktien** gage sur actions; **– an beweglichen Sachen** *od.* **– an Fahrnis** gage mobilier; **– an Geld** gage portant sur une somme d'argent, cautionnement; **– an Rechten** gage incorporel; **– des Vermieters** privilège du bailleur.

Pfandrechts|besitzer *m* (Aut) détenteur *m* gagiste; **–bestellung** *f* constitution de gage; **–erwerb** *m* acquisition du droit de gage; **–gläubiger** *m* créancier gagiste.

Pfand|register *n* (S) registre des gages (S); **–reife** *f* défaut *m* de paiement permettant de saisir le gage; **–sache** *f* chose remise en nantissement *ou* donnée en gage, objet engagé; **–schein** *m* reconnaissance *f* de prêt (sur gage); **–schuldner** *m* débiteur *m* gagiste, constituant du gage; **–siegel** *n* scellés *mpl* (en cas de saisie); **–siegelmarke** *f* scellé *m* sous forme de cachet sur papier (au sceau de l'État); **–stück** *n* objet en gage; **–titel** *m* (S) titre de gage.

Pfändung *f* saisie *f* (mobilière exécutoire de droit commun); saisie-exécution; mise (d'un bien) sous main de justice; **Aufhebung der –** mainlevée de la saisie; **fruchtlose –** constatation (par procès-verbal) de la carence; **– von Arbeitseinkommen** saisie-arrêt des salaires et traitements; **– von Forderungen** saisies(-arrêts) de créances; **– der Ernte auf dem Halm** saisie-brandon *f*; **– von Sozialleistungen** saisie de prestations de la sécurité sociale; **– von Unterhaltsansprüchen** recouvrement direct des pensions alimentaires.

Pfändungs- und Überweisungsbeschluß *m* ordonnance *f* de saisie-arrêt, saisie-arrêt (opérée en vertu d'une décision de justice).

Pfändungs|ankündigung *f* ordre *m* de payer sous menace de saisie, commandement; **–anzeige** *f* acte d'huissier énumérant les biens saisis; **–befehl** *m* commandement *m* (de saisie), ordre de saisie; **–benachrichtigung** *f* (1) (au saisi) dénonciation de la saisie, (2) (au tiers saisi) contre-dénonciation au tiers saisi; **–beschluß** *m* décision *f ou* ordonnance *f* de saisie; **–beschränkung** *f* cantonnement *ou* limitation de la saisie.

pfändungsfrei *adj* insaisissable, (portion) non saisissable.

Pfändungs|freigrenze *f* portion (du salaire) non saisissable, tranche *f* insaisissable; **–gebühr** *f* taxe de saisie; **–gläubiger** *m* créancier *m* saisissant; **–grenze** *f* (1) quotité saisissable, étendue de la saisie, (2) proportions *fpl* dans lesquelles une rémunération peut être saisie.

Pfändungspfand|recht *n* droit de gage résultant de la saisie; **–schuldner** *m* débiteur *m* saisi.

Pfändungs|protokoll *n* procès-verbal de saisie; **–schuldner** *m* débiteur saisi; **–schutz** *m* protection contre les saisies abusives; **–urkunde** *f* acte *m* de saisie; **–verbot** *n* interdiction de saisir (un bien); **–verfahren** *n* procédure de saisie.

Pfand|veräußerung réalisation *ou* vente du bien saisi; **unberechtigte – –** détournement de gage; **–veräußerungsrecht** *n* droit de faire vendre l'objet engagé; **–verkauf** *m* vente *ou* réalisation du gage, saisie-exécution, vente sur saisie; **–verleiher** *m* prêteur sur gage; **–vermittler** *m* intermédiaire (s'occupant de prêts sur gages); **–verschleppung** *f* détournement de gage; **–verschreibung** *f* obligation hypothécaire; **–versteigerung** *f* vente *f* aux enchères du bien saisi.

Pfandvertrag *m* contrat de gage, nantissement *m*; **– mit Verfallsklausel** pacte *m* commissoire.

Pfand|verwahrung *f* conservation de la chose remise en gage; **–verwertung** *f* réalisation du bien saisi *ou* du gage; **–verwertungsbegehren** *n* (S) réquisition de vente du gage (S); **–zettel** *m* reconnaissance *f* de prêt sur gage, acte écrit constatant le privilège du créancier gagiste.

Pfarrer *m* ministre *m* du culte (d'une communauté religieuse); pasteur *m* protestant.

Pfeiler *m fig* pilier *m*, soutien *m*.

Pferde|stärke *f* (PS) cheval-vapeur *m* (CV); **–toto** *od.* **–wette** pari *m* sur les courses de chevaux.

Pflanzen *fpl* végétaux *mpl*, plantes *fpl;* aliments *mpl* végétaux.

Pflanzengesundheits|zeugnis *n* certificat *m* phytosanitaire; **sanitäre –kontrolle** *f* contrôle *m* phytosanitaire.

Pflanzen|heilkunde *f* phytothérapie *f*; **–reich** *n* règne *m* végétal.

Pflanzenschutz|abkommen *m*, **internationales –** Convention internationale pour la protection des végétaux; **–recht** *n* législation phytosanitaire; **–vorschriften** *pl* réglementation *f* phytosanitaire.

Pflanzen|seuche *f* épiphytie *f*; **–sorten** *fpl* catégories *fpl* de végétaux; **–züchtung** *f* création *f* de nouvelles espèces végétales, amélioration et sélection des plantes.

Pflege *f* (1) *(Obhut)* garde *f*, surveillance *f*, protection *f*, charge *f*, (2) *(Krankheit)* soins *mpl* de santé, traitement *m*, action curative, (3) *(Sachen)* entretien *m*, maintien *m* en bon état, maintenance *f*.

Pflege|anstalt *f* centre *m* de traitement, établissement *m* médical; **–bedürftigkeit** *f* (personne) nécessitant des soins de santé *ou* une action curative; **–befohlene(r)** *m* pupille *m*, personne *f* confiée à la garde de quelqu'un; **–beistand** *m* cotuteur *m*; **–eltern** *pl* parents *mpl* nourriciers; **–fall** *m* (personne) infirme (ayant besoin de soins particuliers); **–geld** *n* (1) *(ZR)* frais *ou* allocation d'entretien, (2) *(VersR)* allocation *f* pour assistance à une tierce personne, indemnité *f* de soins; **–heim** *n (Alten–)* asile *m*, établissement d'assistance publique *ou* privée; **–kind** *n* enfant *m* en nourrice *ou* en garde, enfant sous curatelle; **–kosten** frais *mpl* d'entretien; **–krankengeld** *n* allocation pour soins de santé; **–person** *f* personne dispensant des soins de santé, aidesoignante, auxiliaire médical.

Pfleger *m* (1) *(ZR)* curateur *m*, conseil *m* judiciaire, gardien *m* judiciaire, tuteur *m* ad hoc, (2) infirmier *m*, garde-malade *m*; **gerichtlich bestellter –** mandataire *m* judiciaire.

Pflege|satz *m* tarif *m* d'hospitalisation, prestation en nature tarifée (pour soins médicaux et traitements hospitaliers); **–tag** *m* journée *f* d'hospitalisation; **–versicherung** *f* ass. dépendance *ou* pour soins de santé en cas d'infirmité; **–vertrag** *m* contrat de soins de santé; **–zulage** *f* allocation pour soins de santé.

Pflegling *m* personne *f* assistée.

Pflegschaft *f* curatelle *f*; **– für eine Leibesfrucht** curatelle d'un enfant conçu (avant sa naissance); **– für nichteheliche Kinder** curatelle des enfants naturels.

Pflegschafts|bestellung *f* procédure *f* de désignation d'un curateur; **–gericht** *n* (Aut) tribunal des curatelles.

Pflicht *f* obligation *f*, devoir *m*, engagement *m*; **eine – auferlegen** dicter un devoir; **eine – erfüllen** s'acquitter d'une obligation; **seine – vernachlässigen** manquer *ou* se soustraire à ses obligations; **– zum Erscheinen** *(PrzR)* obligation de comparaître en personne *ou* personnellement; **– zur Wahrung des Amts- oder Dienstgeheimnisses** obligation au secret professionnel.

Pflicht|abführung *f (SteuerR)* contribution obligatoire; **–ablieferung** *f* livraison *f* obligatoire; **–angaben** *pl (Medikamente)* mentions *ou* indications prescrites (par la loi) *ou* obligatoires; **–arbeit** *f* travail *m* obligatoire; **–aufgabe** *f (GemR)* attributions *ou* compétences prévues par la loi; dépenses obligatoires; **–ausgabe** *f* dépense *f* obligatoire; **–beitrag** *n* cotisation *f* légalement due; **–bewußtsein** *n* conscience professionnelle; **–einlage** *f* (1) *(GesR)* réserve légale, (2) dépôt *m* obligatoire; **–einstellung** embauchage *m* obligatoire.

Pflichten|angelobung *f* (Aut) serment *m* de fonctions; **–kollision** *f (StR)* état de nécessité avec contrariété *f* d'obligations (le bien sacrifié ne devant pas être supérieur au bien sauvegardé); **–kreis** *m* domaine d'attributions.

Pflichterbe *m* réservataire *m*, héritier *m* réservataire.

Pflichterfüllung *f* accomplissement du devoir.

Pflichtexemplar *n (Presse- u. VerlagsR)* exemplaire remis à titre de dépôt légal.

Pflichtfach *n (SchulR)* matière *f* obligatoire.

pflichtgemäß *adv* loyalement, dûment, conformément à l'obligation contractée.

Pflicht|grenze *f* plafond *m* des revenus (soumis à cotisation à l'assurance sociale); **–haftpflichtversicherung** *f* assurance *f* responsabilité civile obligatoire; **–innung** *f* groupement *m* professionnel obligatoire, corporation à adhésion obligatoire; **–leistungen** *fpl* prestations *fpl* obligatoires *ou* réglementaires; **–mitglied** *n* assuré obligatoire; **–prüfung** *f* examen obligatoire; **–reserve** *f (GesR)* réserve légale (obligatoire); **–schenkung** *f* donation *f* obligatoire; **–stück** *n* exemplaire remis à titre de dépôt légal; **–teil** *m* part *f* réservataire, réserve légale *ou* héréditaire.

Pflichtteils|ansprüche *pl (ErbR)* droits *mpl* du bénéficiaire de la réserve; **–berechtigte(r)** *m* héritier *m* réservataire, réservataire *m*; **–entziehung** *f* exhérédation du réservataire; **–ergänzungsanspruch** *m* demande en vue de compléter le montant de la réserve; **–recht** *n* droit à part réservataire; **–unwürdigkeit** *f* indignité *f* de l'héritier réservataire.

Pflicht|umtausch *m (BankR)* obligation de convertir (la monnaie étrangère en monnaie nationale); **–verletzung** *f* manquement *m* aux devoirs, violation des obligations; violation de consigne; **–versicherte(r)** *m* assuré *m* obligatoire; **–versicherung** *f* assurance *f* obligatoire, affiliation obligatoire à l'assurance; **–verteidiger** *m* avocat *m* commis *ou* désigné d'office.

pflichtwidrig *adj* contraire aux obligations (de sa charge *ou* de ses fonctions).

Pfründe *f* (1) *(KirchR)* prébende *f*, (2) profit *m* tiré d'une charge, *pej.* sinécure *f*.

Pfusch *m* (1) *pej.* travail bâclé *ou* sans soins, (2) (Aut) travail au noir *ou* clandestin.

Phantombild *n* portrait-robot *m*, photo-robot *f*.

Pharma|industrie *f* industrie pharmaceutique; **–ka** *pl* substances thérapeutiques, médicaments; **–kopöe** *f (= amtliches Arzneibuch)* pharmacopée *f*.

Pillenknick *m* dénatalité *f* résultant de la contraception chimique.

Pilotenschein *m* brevet *m* de pilote.

Pilotstudie *f* étude *f* d'impact.

PIOS-Dateien *(PolizeiR: Dateien mit Hinweisen über Personen, Institutionen, Objekten u. Sachen)* Fichier informatisé de la police allemande.

Piratensender *m* radio *f* pirate.

Piraterie *f* piraterie *f*.

plädieren plaider, défendre en justice; faire une plaidoirie.

Plädoyer *n (StPR)* plaidoyer *m*, plaidoirie *f*, défense *f* (par l'avocat); **ein – halten** plaider; postuler.

Plafond *m (= oberer Grenzbetrag)* plafond *m*, limite *f* supérieure, maximum *m*.

plafonieren plafonner.

Plagiat *n* plagiat *m*; **ein – begehen, ein – herstellen** plagier.

Plagiator *m (a. Plagiar)* plagiaire *m*; contrefacteur, auteur d'un plagiat.

plagiieren plagier, imiter, piller, pirater.

Plakat *n* affiche *f*; **–werbung** *f* affichage *m* publicitaire.

Plan *m* (1) *(Wirtschaft)* plan *m* économique, (2) *(Karte)* carte *m*, dessin *m*, plan, (3) *(Vorhaben)* projet *m*, dessein *m*, visée *f*, (4) *(Studium)* programme *m* (d'études), (5) *(Stunden-)* horaire *m*.

planen planifier, projeter, envisager, faire des plans, établir un plan.

Plan|änderung *f (BauR)* révision *ou* modification du plan d'occupation des sols; **–ansatz** *m* programme *m* chiffré; **–aufstellungsbeschluß** *m* décision relative à un plan d'occupation des sols; **–beauftragte(r)** *m* commissaire *m* au plan; **–defizit** *n* retard *m* dans l'exécution du plan; **–durchführung** *f* application *ou* mise à exécution du plan; **–erfüllung** *f* réalisation *ou* accomplissement du plan.

Planfeststellung *f* (1) *(VwR: Verfahren allg.)* procédure *f* préalable à la déclaration d'utilité publique (pour des travaux ou des constructions: chantiers nucléaires, autoroutes etc.), (2) *(Anhörungsverfahren)* enquête publique et étude d'impact.

Planfeststellungs|behörde *f* service public chargé de la procédure de déclaration d'utilité publique; **–verfahren** procédure préalable, étude d'impact, enquête publique.

Planke *f (StVR)* glissière *f* de sécurité.

planmäßig *adj* (1) conforme au plan, (2) *(VwR)* titulaire; **–e Ausgaben** *(HaushR)* crédits *mpl* ordinaires; **–er Flug** vol *m* régulier; **–e Zerstörung** destruction systématique.

Plan|reife *f (BauR)* état de constructibilité limitée; **–soll** *n* objectif *m* prévu par le plan; **–spiel** *n* étude *f* de cas, simulation; jeu d'entreprise.

Planstelle *f (BeamR)* poste *m ou* emploi *m* budgétaire; **freie –** poste *m* vacant.

Planüberschreitung *f (HaushR)* dépassement budgétaire.

Planung *f* planification *f*, programmation *f*; **betriebliche –** planning *m*, plan de travail, programme détaillé et chiffré; **gemeinsame –** conception commune.

Planungs|abteilung *f* bureau *m* d'études prévisionnelles; **–arbeiten** travaux *mpl* préparatoires; **–atlas** *m* atlas *m* régional; **–behörde** *f* autorité *f* compétente en matière d'aménagement et de programmation des équipements; **–büro** *n* bureau d'études, ingénierie *f*; **–gebiet** *n od.* **–raum** *m* territoire *m* concerné par un schéma directeur d'aménagement; **–gemeinschaft** *f* communauté *f* (régionale) de programmation; **–hoheit** *f (BauR)* compétence en matière d'urbanisme; **–kommission** *f* commission du Plan; **–maßnahme** *f* mesure de dirigisme; **–politik** *f* planisme *m*; **–recht** *n* (= Raumordnungsrecht) législation *f* en matière d'aménagement du territoire et de plans d'occupation des sols; **–region** *f* zone *f*; **–stadium** *n*: **im –** à l'état de projet;

–stelle *f* bureau *m* d'études; **–träger** *m (BauR)* organisme habilité à établir des plans d'utilisation du sol (urbain); **–verband** *m* communauté (régionale) de programmation *ou* d'aménagement; **–ziel** *n* objectif *m* indicatif.

Planwirtschaft *f* économie planifiée, économie collectiviste à plan central, régime *m* socialiste à planification centrale.

Plan|zahlen *fpl* prévisions du plan; **–ziel** *n od* **–soll** *n* objectif *m* assigné par la planification à la production.

Plaste *f* (= Kunststoffe) matière *f* plastique; produits *mpl* synthétiques.

Plastikgeld *n* carte *f* de crédit plastifiée, carte à piste *ou* informatique bancaire; monnaie électronique.

Platz *m* place *f*, emplacement *m*, endroit *m*, espace *m*; **–anweisung** *f* (1) affectation d'une place, (2) collocation *f*; **–karte** *f* billet *m* de réservation, place réservée; **–miete** *f* prix de l'emplacement *ou* du stand; **–reisende(r)** *m* voyageur de commerce n'exerçant son activité que sur une place donnée, placier *m*; **–reservierung** *f* réservation *f*; **–vertreter** *m* placier *m*, agent sur place, représentant local; **–verweis** *m (PolizeiR)* obligation de déguerpir; **–wechsel** *m (WechselR)* effet *m* sur place.

Plazet *n* (= Einwilligung) avis *m* conforme, approbation *f*.

Plebiszit *n* (= Volksabstimmung) plébiscite *m*, référendum *m*.

Pleite *f (GesR, umg)* déconfiture *f*, défaillance *f* d'entreprise, faillite *f*, dépôt de bilan; **–geier** *m (pej: Kuckuck)* scellés de saisie.

Plenar|beratung *f* délibération en assemblée plénière; **–beschluß** *m* décision prise en assemblée plénière; **–entscheidung** *f* délibération prise en assemblée plénière; **–saal** *m* salle *f* de l'assemblée plénière *ou* du plenum; **–senat** *m* (Aut) chambre à effectif renforcé; **–sitzung** *f* assemblée *ou* réunion plénière, plenum *m*; **–tagung** *f* session plénière; **–versammlung** *f* assemblée générale *ou* plénière.

Plenum *n* (= Vollversammlung) assemblée *f* plénière; **zivilrechtliches** – assemblée plénière des chambres civiles.

Plombe *f (ZollR)* disque *m* de plomb, plomb *m*.

Plombierung *f* plombage *m*.

plötzlich *adj* soudain, brusque, imprévu, subit.

Plünderer *m* pillard *m*, maraudeur.

plündern piller, saccager, dévaster.

Plünderung *f* pillage *m*, déprédations *fpl;* – **unter Beteiligung mehrerer** pillage en bande.

Pluralismus *m* pluralisme, libre jeu des idées politiques, sociales et religieuses.

Plutokratie *f (Pol: Herrschaft der Reichen)* ploutocratie *f*.

Pockenschutzimpfung *f* vaccination contre la variole.

Police *f (VersR)* police *f*, conditions *fpl* particulières; **abgelaufene** – police expirée; **beitragsfreie** – police libérée; **durchstehende** – police de bout en bout; **eingelöste** – police régularisée; **laufende** – police flottante *ou* d'abonnement; **offene** – police ouverte *ou* police non évaluée; **taxierte** – police à valeur agréée.

Policen|ausfertigung *f* rédaction *f ou* établissement *m* de la police; **–ausfertigungsgebühr** *f* coût *m* de police, complément *m* de prime; **–bedingungen** *fpl* conditions *fpl* particulières; **–beleihung** *f* prêt *m* sur police; **–darlehen** *n* prêt sur police; **–gebühr** *f* frais d'établissement de la police.

Politbüro *n* bureau *m* politique.

Politesse *f (VwR: polizeiliche Hilfsperson)* auxiliaire féminine de la police.

Politik *f* (= Staatskunst) politique *f*; **äußere** – politique étrangère, relations extérieures; **innere** – politique intérieure; **friedliche** – politique de paix; **Bestimmung der Richtlinien der** – déterminer et conduire la politique de la Nation.

Politiker *m* homme d'État, homme politique, politicien.

Politikum *n* évènement *m* à répercussions politiques.

Politikwissenschaft *f (a. Politologie)* sciences politiques, politologie *f*.

politisch *adj* (1) politique, (2) (en Aut. aussi:) administratif; **– Verfolgte** personnes poursuivies pour leurs opinions politiques; **–e Beamte** fonctionnaires *mpl* politiques; **–e Erziehung** instruction civique; **–e Gesinnung** opinions *fpl* politiques; **–e Justiz** justice *f* de caractère politique; **–e Ökonomie** économie politique; **–e Partei** parti *m* politique; **–e Straftat** infraction politique; **–e Verdächtigung** dénonciation à caractère politique.

Politisierung *f* politisation *f*.

Polizei *f* (1) police *f*, police administrative *ou* publique, forces *fpl* de l'ordre, (2) fonctionnaire de police; agent *m* de police (administrative); **gerichtliche –** police judiciaire; **kantonale –** (S) police cantonale; **politische –** police politique; **sich der – stellen** se constituer prisonnier.

Polizei|aktion *f* descente *f* de police, transport sur les lieux, opération policière; **–apparat** *m* organisation de la police; **–aufgaben** tâches *fpl* confiées à la police administrative, attributions des agents de police; **–aufgabengesetz** *n* loi relative aux pouvoirs *ou* attributions de la police.

Polizeiaufsicht *f* (1) *(StPR)* contrôle judiciaire, (2) *(PolizeiR)* surveillance de la police; inspection générale de la police; **unter – stellen** placer sous contrôle judiciaire.

Polizei|beamte(r) *m* agent de police, gardien de la paix; **–befugnisse** *fpl* pouvoirs *mpl* de police; **–behörde** *f* autorité de police, services *mpl* de police; **–buße** *f* (S) amende de police (S); **–dienststelle** *f* commissariat *m* de police; brigade territoriale; **–direktion** *f* direction de la police (administrative); **–einheiten** services *ou* forces de police; **–einsatz** *m* mesure policière, intervention de la police; **–erlaubnis** *f* autorisation de police.

polizeifähig *adj* qui est susceptible d'être le destinataire d'un arrêté de police.

Polizei|gericht *n* (Aut) tribunal de police; **–gesetz** *n* loi de police.

Polizeigewahrsam *m* garde à vue; **in – halten** garder à vue.

Polizei|gewalt *f* pouvoirs *mpl* de police; **–inspektion** *f* inspection générale de la police; **–kommissar** *m*, **–kommissär** (Aut) commissaire *m* de police; **–kommissariat** *n* commissariat de police; **–kontrolle** contrôle *m* de police; **–kordon** *m* barrage de police; **–knüppel** *m* matraque *f*, bidule *m*; **–kräfte** *pl* forces de police, force *f* publique.

polizeilich *adj* de la police, de police; **–e Gefahr** atteinte à la paix publique, trouble de l'ordre; **–e Identitätsfeststellung** *od.* **Personenkontrolle** contrôle d'identité; **–er Rettungsschuß** (= finaler Todesschuß) emploi *m* des armes à feu (par la police) avec l'intention de donner la mort; **–e Untersuchung** enquête *ou* investigation policière.

Polizei|maßnahme *f* mesure *f* de police, disposition policière; **–offizier** *m* officier *m* de police; **–organ** *n* agent *m* de police, inspecteur.

polizeipflichtig *adj* qui est tenu de remédier à ses frais à une situation irrégulière du point de vue des arrêtés de police.

Polizei|präsident *m* directeur (général) de la police; **–präsidium** *n* direction de police; **–recht** *n* législation relative à la police; **–revier** *n* poste *ou* commissariat de police; **–schutz** *m* protection policière; **–spitzel** *m* indicateur *m*; **–staat** *m* régime policier, dictature policière; **–stelle** *f* poste de police; **–strafe** *f* peine de police, peine de simple police; **–streife** *f* patrouille *f* de police; **–streifengang** *m* ronde *f* d'agents (de police); **–stunde** *f* (= Sperrzeit) heure réglementaire de fermeture des débits de boisson, restaurants, etc.; **–übertretung** *f* (S) contravention *ou* infraction de simple police; **–überwachung** *f* surveillance *f* par la police; **–verfügung** *f* mesure *f* individuelle de police; **–vermerk** *m* mention de la police; **–verordnung** *f* arrêté de police, règlement *ou* ordonnance de police; **–vollzug** *m* exécution par la police; **–vorschrift** *f* règlement de police; **–vorsteher** *m* chef *m* de service; **–wache** *f* poste *m* de police, commissariat *m*; **–wagen** *m* fourgon *m ou* voiture *f* cellulaire, *(umg)* ‹panier à salade›; **–widrigkeit** *f* état *m ou* comportement *m* contraire à la sûreté publique.

Polizist *m* policier *m*, agent *m* de police, gardien *m* de la paix, sergent *m* de ville.

Polygamie *f (StR: Mehrehe)* polygamie *f*.

Polizze *f* (Aut) police *f* (d'assurance).

Pool *m* (= Konsortium) pool *m*, groupement temporaire d'entreprises, consortium *m*, groupe *m*; **–abkommen** *n od.* **–vertrag** *m* accord de pool, contrat de consortium.

Popularklage *f (VerfR)* recours *m* pour violation des droits fondamentaux.

Pornographie *f* pornographie *f*, obscénité *f*.

Portefeuille *n* portefeuille *m*; **–übertragung** *f* cession de portefeuille.

Porto *n* (= Postgebühr) port *m*, prix *m* du transport (d'une lettre, d'un colis).

Porto|buch *n* livre d'enregistrement des affranchissements; **–erlaß** *m* franchise postale; **–ermäßigung** *f* tarif réduit.

portofrei *adj* franc *ou* franco de port, port payé.

Porto|freiheit *f* (1) franchise de port, (2) franchise *f* postale, dispense d'affranchissement; **–gebühr** *f* tarif *m* d'affranchissement (d'une lettre, d'un colis); **–hinterziehung** *f* fraude en matière d'affranchissement postal; **–kasse** argent disponible pour les affranchissements postaux; **–marke** *f* (= Briefmarke) timbre-poste *m*; **–pflichtig** *adj* port dû; affranchissement obligatoire; **–zuschlag** *m* surtaxe *f*.

Position *f* (1) *(berufliche Stellung)* position *f*, situation *f*, (2) *(Standpunkt)* point *m* de vue, (3) *(HR: Einzelposten)* article *m*, (4) *(HaushR)* poste *m* budgétaire, (5) *(BeamR)* charge *f*, fonction.

positi|ve Antwort réponse affirmative; **–ve Aufnahme** assentiment *m*, acquiescement; **–ver Befund** *(Medizin)* test de dépistage positif; **–ve Forderungsverletzung** *(ZR)* inexécution *ou* retard dans l'exécution résultant d'une faute du débiteur; **–ves Recht** droit positif, normes en vigueur.

Post *f* (1) *(Sendung)* poste *f*, courrier *m*, (2) *(Postamt)* bureau *m* de poste; **– und Fernmeldewesen** postes *fpl* et télécommunications; **bei der – aufgeben** poster, mettre à la poste; **–abholer** *m* abonné à une boîte postale; **–abkommen** *n* accord *m* postal; **–adresse** *f* adresse postale; **–agentur** *f* agence postale.

postalisch: auf –em Wege par voie postale.

Postamt *n* bureau *m* de poste, poste *f*, recette des postes; **nachsendendes –** bureau réexpéditeur.

Postanschrift *f* adresse *f* postale.

Postanweisung *f* mandat-poste *m*, mandat postal, mandat-carte; **Ausstellung einer –** émission d'un mandat; **verfallene –** mandat prescrit.

Post|aufgabeschein *m* (Aut) récépissé *m* postal; **–auftrag** *m* mandat *m* de recouvrement postal.

Post|barscheck *m* chèque *m* postal non-barré; **–beamte(r)** *m* agent des postes, préposé des P. & T., fonctionnaire des postes, postier *m*; **–begleitadresse** *f* feuille de route d'un colis postal; **–begleiter** *m* convoyeur *m* postal; **–beschlagnahme** *(StR) f* saisie de lettres *ou* de la correspondance; **–bevollmächtigte(r)** *m* titulaire d'une procuration postale; **–bezirk** *m* district postal; **–bezug** *m* abonnement-poste *m*; **–bote** *m* facteur *m*, préposé *m*; **–bus** *m* service postal d'autobus.

postdatieren (1) *(veraltet: zurückdatieren)* postdater, (2) *(vorausdatieren)* antidater (un contrat, une lettre).

Post|diebstahl *m* vol *m ou* suppression *f* de lettre; **–dienst** *m* services *m* postaux; **–direktion** administration postale centrale; **–eingang** *m* arrivée *f* du courrier; **–einlieferungsschein** *m* récépissé *m* postal, reçu *m* postal (B); **–einzugsauftragsabkommen** *n* (S) arrangement concernant les recouvrements; **–empfangsschein** *m* récépissé postal.

Posten *m* (1) *(Stellung, Amt)* charge *f*, fonction *f*, poste *m*, emploi *m* (2) *(Rechnung)* poste *m*, somme *f*, montant *m*, (3) *(HaushR)* division *f* du budget, poste *m* budgétaire, (4) *(Waren)* stock *m* de marchandises, lot *m* de marchandises; **ausgeschriebener –** poste mis au concours; **leitender –** poste de direction, poste de commande.

Post|fach *n* boîte *f* postale (= B. P.), case *f* postale (S); **–formblatt** *n* formule postale; **–frankiermaschine** *f* machine *f* à affranchir; **–frisch** *adj* (timbres) non-oblitéré(s); **–gebiet** *n* territoire *m* postal; **–gebühr** *f* (1) taxe *f* postale, (2) *(Plural)* tarif *m* postal; **–gebührenfreiheit** *f* franchise *f* postale; **–geheimnis** *n* secret *m* des correspondances; **–geheimnisschutz** *m* garantie *f* du secret des correspondances; **–gesetz** *n* code des postes et télécommunications; **–giro** *n* virement *m* postal; **–giroamt** *n* centre de chèques postaux; **–girokonto** *n* compte de chèques postaux; **–giroverkehr** virements effectués par l'intermédiaire des comptes de chèques postaux; **–gut** *n* paquet-poste; petit paquet; **–halter** *m* gérant d'agence postale; **–hilfsstelle** *f* recette auxiliaire des postes; **–karte mit Rückantwort** carte-réponse *f*; **–konzession** *f* concession postale; **–kreditbrief** *m* mandat-lettre de crédit; **–kreis** *m* (S) arrondissement *m* postal (S); **–lagergebühr** *f* taxe *ou* droit de poste restante.

postlagernd poste restante.

Post|leitzahl *f* (numéro de) code postal; **–marke** *f* (S) timbre poste *m*; **–monopol** *n* monopole *m* postal.

Postnachnahme *f* remboursement *m* postal; **–sendung** *f* envoi *m ou* objet *m* contre remboursement.

Postnebenstelle *f* recette *f* auxiliaire des postes, bureau *m* de poste auxiliaire.

postnumerando bezahlen payer ultérieurement.

Post|ordnung *f* règlement *m* postal, Code des postes et télécommunications.

Postpaket *n* colis *m* postal; **–abkommen** *n* arrangement concernant les colis postaux.

Post|quittung *f* quittance *f* postale; **–quittungsbuch** *n* livret de récépissés postaux (S); **–recht** *n* législation relative aux Postes et Télécommunications; **–regal** *n* monopole *m* postal, régale des postes (S).

Postreise|gutschein *m* bon *m* postal de voyage; **–scheck** *m* chèque postal de voyage.

Postschalter *m* guichet *m* (de la poste).

Postscheck *m od.* **Postcheck** (S) chèque *m* postal; **–amt** *n* centre *m* de chèques postaux, service *ou* office des chèques postaux; **–gelder** *pl* fonds *mpl* en compte de chèques postaux; **–konto** *n* compte *m* de chèques postaux, compte-courant *m* postal (= C. C. P.), compte chèque postal; **–kontoinhaber** *m* titulaire *m* d'un compte courant postal *ou* d'un compte de chèques postaux; **–teilnehmer** *m* titulaire d'un compte de chèques postaux; **–überweisung** *f* virement *m* postal, virement à un C. C. P.

Post|schließfach *n* boîte *f* postale; **–sendung** *f* envoi *m* postal, envoi par la poste; objet *m* postal.

Postspar|buch *n* livret *m* de caisse d'épargne postale; **–einlage, –guthaben** *n* avoir auprès de la caisse d'épargne postale; **–en** *n* épargne *f* postale; **–kasse** *f* caisse *f* d'épargne postale.

Postsparkassen|abkommen *n* arrangement concernant le service international de l'épargne; **–amt** *n* (1) Bureau central de comptabilité et de contrôle des caisses d'épargne, (2) (Aut) caisse d'épargne postale; **internationaler –dienst** *m* service international de l'épargne postale; **–einlage** *f* avoir *m* auprès de la Caisse d'épargne postale.

Post|sperre *f* blocage *m* postal, interdiction de remettre le courrier (par exemple à un failli); **–stelle** *f* recette des postes, agence *f* postale; **–stempel** *m* cachet *m* de la poste.

Poststück *n* (S) colis *m* postal.

Post|tarif *m* tarif *m* postal; **–taxe** *f* (S) taxe *f* postale; **–übertretung** *f* infraction à la réglementation postale; **–überwachung** *f* contrôle *m* postal.

Postüberweisung *f* virement *m* postal; **telegraphische –** télégramme-virement *m*.

Postulant *m* (= Bewerber) postulant *m*, candidat *m*.

Postulat *n* (1) *(S: Auftrag an den Bundesrat)* postulat *m*, motion *f*, (2) *(Forderung)* prétention *f*, revendication *f*.

Postulationsfähigkeit *f (PrzR)* qualité pour agir en justice et accomplir valablement tous les actes de procédure, qualité pour ester en justice.

postulieren (1) *(fordern)* revendiquer, (2) *(als wahr hinstellen)* considérer comme vrai (sans pouvoir apporter la preuve décisive).

postum *adj* (= nachgeboren) posthume.

Postverein *m* union postale.

Postverkehr *m* trafic *m* postal; **inländischer –** trafic postal intérieur; **innergemeinschaftlicher –** trafic postal intracommunautaire.

Post|verwaltung *f* administration des postes, administration *f* postale; **–vollmacht** *f* procuration postale; **–weg** *m* voie *f* postale.

postwendend par retour du courrier.

Post|wertzeichen *n* timbre-poste *m*, figurine *f* postale, valeur *f* postale; **–wesen** *n* Postes *fpl* (et Télécommunications); **–wurfsendung** *f* distribution par la poste de porte à porte, envoi *m* postal collectif, courrier *m* hors-sac; **–zeitungsdienst** *m* service d'acheminement des journaux; **–zensur** *f* censure *f* postale; **–zuschlag** *m* surtaxe *f* postale; **–zustellung** *f* acheminement *m* du courrier; notification *f* par voie postale; **–zustellungsurkunde** *f* acte *m* de notification par voie postale; **–zwang** *m* monopole *m* postal.

Potential *n* potentiel *m*, capacité *f* de production, puissance *f*; **wirtschaftliches –** potentiel *m* économique.

potentiell *adj* potentiel, virtuel.

Potenz *f* (1) aptitude à la génération, virilité *f*, (2) force *f*, puissance; **–verlust** *m* impuissance *f*.

Potestativ|bedingung *f* condition *f* potestative; **–bestimmung** *f* disposition potestative.

Pourparler *n* (= diplomatischer Meinungsaustausch) pourparler *m*, tractation *f*.

pp *od.* **ppa** (= per procura) par procuration.

PR *pl* (= Public Relations) relations *fpl* publiques.

Präambel *m* préambule *m*.

Prädikat *n* (1) *(Titel)* titre *m* nobiliaire, (2) *(SchulR)* mention *f*, (3) *(Waren)* excellente qualité.

Prädikatisierung *f* attestation de la valeur *ou* de la qualité.

Präfekt *m* préfet *m*.

Präfektur *f* préfecture *f*.

Präferenz *f* (= Vorrang, Vorzug) préférence *f*, avantage *m*, privilège *m*, prérogative *f*.

Präferenz|abkommen *n* accord *m* préférentiel; **–rate** *f*, **–satz** *m* taux *m* préférentiel; **–system** *n* régime *m* préférentiel; **–tarif** *m* tarif *m* préférentiel; **–zölle** *pl*, **–zollsatz** *m* taux *m* préférentiel.

Präge|anstalt *f* (Hôtel de) la Monnaie; **–freiheit** *f* liberté de la frappe; **–gebühr** *f* redevance *f ou* frais de monnayage, taxe de frappe (S).

prägen frapper; **Geld –** frapper monnaie, battre monnaie.

Präge|recht *n* droit de battre monnaie, droit de frappe; **–siegel** *m* sceau *m* (par empreinte); cachet (officiel) gravé en creux; **–stempel** *m* timbre *m* sec, poinçon *m*.

Pragmatik *f (Aut: Beamtendienstrecht)* droit *m* de la fonction publique.

pragmatisieren (Aut) titulariser.

Pragmatisierung *f* (Aut) titularisation *f*.

Prägung *f* frappe *f*.

Präjudikat *n* précédent *m*.

Präjudiz *n (PrzR: Vorentscheidung)* précédent *m*, droit *m* jurisprudentiel, règles *fpl* jurisprudentielles.

präjudiziell *adj* préjudiciel.

präjudizieren préjuger, prendre une décision provisoire.

präkludieren forclore, priver d'un droit *ou* d'une faculté.

präkludiert forclos.

Präklusion *f* (= Ausschließung, Rechtsverwirkung) forclusion *f*, déchéance d'un droit (non exercé dans les délais prescrits).

Präklusions|recht *n* droit de déchéance, droit de péremption; **–wirkung** *f* effet de forclusion, sanction entraînant la forclusion.

Präklusivfrist *f* délai de forclusion.

Praktikant *m* stagiaire *m*; **–tenverhältnis** *n* contrat *m* de stage.

Praktiken *pl (pej: Kunstgriffe, Kniffe)* agissements *mpl* frauduleux, conduite *f* malhonnête; **diskriminierende –** pratiques *fpl* discriminatoires; **übliche –** pratique courante; **verabredete –** pratiques concertées.

Praktikum *n* stage *m*, période d'études pratiques, période *f* de perfectionnement.

praktizieren (1) *(anwenden, ausführen)* pratiquer, appliquer, (2) *(Arztberuf ausüben)* exercer le métier de médecin.

Präliminarien *pl (VR)* préliminaires de (la) paix.

Präliminar|frieden *m* préliminaires de paix; **–konvention** *f* convention préliminaire; **–vereinbarung** *f* accord *m* préliminaire.

Prämie *f* prime *f*; **anteilige –** portion de prime; **ausstehende –** prime arriérée *ou* à recouvrer; **bezogene –** prime perçue; **einheitliche –** prime uniforme; **fällige –** prime échue; **feste –** prime fixe; **gleichbleibende –** prime constante *ou* nivelée; **rückständige –** prime arriérée; **eine – aufgeben** abandonner une prime; **– für das erste Kind** prime à la première naissance; **– zur Förderung** prime d'encouragement; **– für prompte Lieferung** prime de prompte livraison; **– für Vorratshaltung** prime de stockage.

Prämien|abschlag *m* remise *f* de prime; **–angleichungsklausel** *f* clause *f* de réajustement des primes; **–anhebung** *f* redressement *m* du niveau des primes; **–anleihe** *f* emprunt à primes *ou* à lots; **–anpassungsklausel** *f* clause d'indexation (des primes); **–aufgabe** *f* abandon de la prime; **–befreiung** *f* exonération du paiement des primes; **–begünstigt** assorti d'une prime; **–bemessung** *f* calcul du montant de la prime; **–entlohnung** *f* rémunération avec prime; **–erhöhung** *f* augmentation *ou* majoration de prime; **–erklärung** *f* réponse *f* des primes; **–fälligkeit** *f* échéance *f* de la prime; **–festsetzung** *f* fixation de la prime.

prämienfrei *adj* libéré (de prime); **–e Police** police *f* libérée.

Prämienfreiheit *f* exonération *f* du paiement des primes.

Prämien|geschäft *n* opération *ou* marché à prime; **–gutschrift** *f* avoir *m* de prime, bonification sur les primes; **–käufer** *m* acheteur à prime; **–klage** *f* action en paiement de la prime; **–kurs** *m* cours des primes; **–lohn** *m* salaire avec prime (comme complément de rémunération); **–nacherhebung** *f* rappel *m* de prime; **–papier** *n* titre à prime; **–pfandbrief** *m* (Aut) obligation hypothécaire à lots; **–reserve** *f* (= Deckungsrückstellung) réserve mathématique; **–rückgewährvertrag** *m* (S) contrat d'assurance à primes restituables; **–rückstand** *m* primes arriérées; **–rückvergütung** *f* bonification de prime; **–satz** *m* taux des primes; **–schatzanweisung** *f* bon du Trésor à prime; **–schuldverschreibung** *f* obligation à prime; **–storno** *n* annulation *ou* ristourne de prime; **–stundung** *f* suspension du paiement des primes; **–tabelle** *f* tableau *m* de tarification; **–verkauf** *m* vente à prime; **–verkäufer** *m* vendeur à prime; **–verlosung** *f* tirage *m* au sort des primes; **–verzug** *m* arriéré *m* de prime, prime échue et impayée; **–zahler** *m* acquéreur *m* (marché à primes); **–zahlung** *f* versement de prime; **–zahlungstermin** *m* date *f* d'échéance de la prime; **–zulage** *f*, **–zuschlag** *m* surprime *f* d'assurance.

Pränotation *f* (Aut) transcription *f* provisoire *ou* conditionnelle.

pränumerando zahlen payer par anticipation *ou* d'avance; payer à l'avance; **(P)–zahlung** *f* paiement *m* par anticipation *ou* anticipé.

Pränumerationskauf *m* vente *f* par souscription.

Präparat *n* produit *m* pharmaceutique.

Prärogative *f* (= Vorrecht) privilège *m*, prérogative *f*.

Präsentation *f* *(WechselR)* présentation *f* à l'échéance; **–srecht** *n* droit de présentation.

Präsenz|liste *f* registre *m* *ou* liste *f* de présence; **–pflicht** *f* obligation de faire acte de présence.

Präsident *m* président *m*; **amtierender –** président en exercice; **nicht abstimmender –** président ne participant pas au vote; **stellvertretender –** *od.* **vorläufiger –** président par intérim.

Präsidentenwahl *f* élection *f* présidentielle.

Präsidentschaft *f* présidence *f*; mandat présidentiel.

Präsidentschafts|kandidat *m* candidat *m* aux fonctions de président; **–system** *n* régime *m* présidentiel; **–wahl** *f* élection présidentielle.

Präsidial|amt *n* présidence *f*; **–ausschuß** *m* bureau *m*; **–demokratie** *f* régime *m* présidentiel; **–erlaß** *m* arrêté *m* présidentiel, décret *m* du président de la République; **–gewalt** *f* autorité présidentielle, pouvoir présidentiel; **–kabinett** *n* gouvernement dont les membres sont nommés par le président (de la République); **–kanzlei** *f* chancellerie présidentielle; **–rat** conseil consultatif de la magistrature; **–regierung** *f* gouvernement *m* présidentiel; **–stelle** *f* présidence; **–system, –verfassung** régime présidentiel.

präsidieren présider, assurer la présidence, avoir la direction.

Präsidium *n* (1) *(Vorsitz, Gremium)* direction, présidence; organisme directeur, (2) *(Polizei)* préfecture de police, direction de la police, (3) *(GVR)* organe judiciaire autonome (chargé d'affecter les magistrats aux fonctions de jugement au sein d'un tribunal), (4) *(Partei)* bureau *m*.

Präsumtion *f* (= Vermutung) présomption *f*.

Prätendentenstreit *m* *(PrzR)* litige *m* entre deux créanciers (sur le droit de créance concernant une somme consignée en justice par le débiteur).

Prävention *f* *(StR: Vorbeugung, Abschreckung)* prévention, mesures *fpl* préventives.

Präventiv|haft *f* emprisonnement préventif, détention préventive; **–maßnahme** *f* mesure préventive *ou* prophylactique; **–zensur** *f* censure *f* préalable *ou* préventive.

Praxis *f* (1) *(Berufsausübung)* pratique *f*, (2) *(Raum der Berufsausübung: Ärzte, Anwälte, Notare)* cabinet *m*, étude *f*, (3) *(Kunden)* clientèle; **diplomatische –** pratique *f* diplomatique; **–änderung** *f* renversement de jurisprudence, revirement *m* de jurisprudence; **–schild** *n* enseigne *f*, écriteau *m*; **–veräußerung** *f* *od.* **–verkauf** vente *f* d'un cabinet (d'avocat).

Präzedenzfall *m* précédent *m*; **einen – schaffen** créer un précédent.

Präzisierung *f* apporter une précision.

Präziswechsel *m* (= Tagwechsel) effet payable à une date déterminée.

Preis *m* (1) *(Geldwert)* prix *m*, (2) *(Belohnung)* récompense *f*; **amtlicher –** prix officiel; prix taxé *ou* de taxation; **angemessener –** juste prix, prix convenable *ou* raisonnable; **anpassungsfähiger –** prix ajustable; **ausbedungener –** prix fait, prix convenu; **diskriminierender –** prix discriminatoire; **einheitlicher –** prix uniforme; **empfohlener –** prix indicatif, prix d'orientation *ou* pilote; **erschwinglicher –** prix abordable; **fallender –** prix en baisse; **fester –** prix fixe, prix ferme; **gebundener –** prix administré; prix réglementé *ou* imposé; **genehmigter –** prix homologué; **gerechter –** juste prix; **gesetzlicher –** prix légal; **gleitender –** prix mobile; **herabgesetzter –** prix réduit, prix démarqué *ou* barré; **heraufgesetzter –** prix majoré; **konkurrenzfähiger –** prix compétitif; **lohnender –** prix rémunérateur; **mißbräuchlicher –** prix abusif; **nachgebender –** prix en baisse; **niedrigster –** le plus juste *ou* le plus bas prix; **prohibitiver –** prix prohibitif; **reduzierter –** prix réduit; **saisonbedingter –** prix saisonnier; **sinkender –** prix en baisse; **stabiler –** prix stable; **steigender –** prix en hausse; **überhöhter –** prix excessif; **übermäßiger –** prix exorbitant; **unerlaubter –** prix illicite; **unerschwinglicher –** prix exorbitant; **vereinbarter –** prix convenu *ou* stipulé; **voller –** prix entier *ou* intégral, prix fort; **vorgeschriebener –** prix imposé; **wettbewerbsfähiger –** prix compétitif; **wucherischer –** prix exorbitant *ou* usuraire; **– der besonderen Vorliebe** (Aut) prix d'amateur; **– frei Grenze** prix franco frontière; **– frei Grube** prix sur le carreau de la mine; **– frei Haus** prix franco domicile; **– ohne Steuer** prix hors taxe; **– ab Werk** prix départ usine; **– frei Werk** prix rendu usine; **– ab Zeche** prix départ carreau de la mine; **einen – vereinbaren** convenir d'un prix.

Preis|abbau *m* réduction *f* des prix; **–abkommen** *n* convention sur les prix; **–abrede** *f* convention sur les prix, accord sur les prix; **–abschlag** *m* rabais *m*, remise *f*; **–absprache** *f* accord de prix, accord *ou* convention sur les prix; **–abstand** *m* décalage *ou* disparité des prix; **–abstufung** *f* échelonnement des prix; **–abweichung** *f* décalage des prix, disparité des prix, écarts *mpl* de prix; **–abzug** *m* réfaction *f*, réduction *f*, escompte *m*; **–amt** *n* office *m* des prix; **–änderung** *f* changement de prix, modification de prix; **–änderungsklausel** *f* clause de réajustement des prix; **–angabe** *f* marquage *m ou* indication des prix.

Preisangebot *n* prix (de vente) proposé; prix d'offre *ou* de soumission; **ein – vorlegen** *(VwR)* soumissionner.

Preis|angleichung *f* ajustement *ou* rajustement des prix, alignement des prix; **–anhebung** *f* hausse *f* des prix; **–anpassungsklausel** *f* clause *f* de réajustement des prix; **–anschreibung** *f od.* **–anschrift** (Aut) affichage des prix, indication *ou* marquage des prix; **–anspannung** *f* tension sur les prix, tension des prix; **–anstieg** *m* hausse des prix; **–arbitrage** *f* arbitrage sur les prix; **–argument** *n* prix *m* en tant qu'argumentaire; **–aufschlag** *m* majoration de prix, supplément de prix; **–auftrieb** *m* poussée *ou* flambée *f* des prix; **–ausgleich** *m* péréquation des prix; **–ausgleichung** *f* compensation *ou* péréquation des prix; **–aushang** *m* affichage des prix; **–ausschreiben** *n* *(ÖfR)* avis de concours, mise en concours; mise en adjudication; **–ausschreibung** *f* avis de concours; **–auszeichnung** affichage *m ou* indication des prix, marquage *m* des prix; prix affiché; **–bedingungen** *pl* conditions de prix; **–beeinflussung** *f* action *f* sur les prix; **–begünstigung** *f* avantage en matière de prix; **–behörde** *f* service du contrôle des prix, service chargé de la réglementation des prix; **–berechnung** *f* calcul *m ou* établissement du prix; **–bestimmung** *f* détermination des prix, fixation du prix; **–bestimmungsbefugnis** *f* pouvoir de déterminer les prix; **–bewegung** *f* évolution des prix; **–bildung** *f* formation des prix.

Preisbindung *f* pratique *f* des prix minimums imposés, administration des prix; **– der zweiten Hand** prix imposé, imposition *f* d'un prix minimum au revendeur, fixation *f* directe des prix de vente par le producteur.

Preis|brecher *m* revendeur *m* qui casse les prix, société *f* pratiquant le dumping; **–differenz** *f* disparité *ou* différence entre les prix; **–differenzierung** *f* différenciation des prix; **–differenzversicherung** *f* assurance *f* de la différence de prix; **–druck** *m* pression *f* sur les prix; **–einbruch** *m* effondrement des prix; **–elastizität** *f* élasticité des prix.

Preisempfehlung *f* prix *m* d'orientation, prix indicatif; **unverbindliche –** prix (de vente) conseillé au public.

Preis|entscheidung *f* décision en matière de prix; **–entwicklung** *f* évolution des prix; **–erhöhung** *f* augmentation *ou* majoration *f* des prix, hausse *f* des prix; **–ermäßigung** *f* réduction *f* de prix, baisse *f* des prix; **–ermittlung** *f* détermination *f* du prix; **–erstattung** *f* restitution du prix; **–fächer** *m* éventail des prix; **–festsetzung** *f* taxation, fixation *ou* détermination du prix; **–findung** *f* calcul *m* du prix; **–forderung** *f* créance portant sur le paiement du prix; **–frage** *f* question de prix; **–freigabe** *f* libération des prix; **–freiheit** *f* liberté des prix.

Preisgabe *f* abandon *m*, renonciation (à qch.); **–recht** *n* droit d'abandon *ou* de délaissement.

Preis|garantie *f* garantie de prix; **–gebaren** *n* pratiques *fpl* de prix.

preisgeben abandonner, délaisser.

Preis|gebiet *n* zone *f* (de prix); **–gefahr** *f* risque *m* inhérent au paiement du prix; **–gefälle** *n* disparité *f* des prix; **–gefüge** *n* régime *m ou* structure *f* des prix; **–gericht** *n* jury *m*; **–gesetzgebung** *f* législation sur les prix; **–gestaltung** *f* formation *ou* établissement *m* des prix; **–gleitklausel** *f* clause *f* d'échelle mobile des prix, clause d'indexation, clause de barème mobile, clause d'indice variable.

Preisgrenze *f*, **obere –** plafond *m*, limite supérieure des prix; **untere –** plancher *m*, limite *f* inférieure des prix.

preisgünstig *adj* d'un prix favorable, d'un prix avantageux.

Preis|herabsetzung *f* réduction sur le prix; **–index** *m* indice *m* des prix; **–indexklausel** *f* clause *f* d'échelle mobile, clause d'indexation des prix; **–kalkulation** établissement *ou* calcul du (des) prix; **–kartell** *n* entente *f* sur les prix; **–klasse** *f* gamme *f ou* catégorie de prix; **–klausel** *f* clause de prix; **–knüller** *m* prix sacrifié; **–kontrolle** *f* contrôle des prix; **–lage** *f* prix *m*, niveau *m* des prix; **–lawine** *f* valse *f* des étiquettes, flambée *f* des prix; **–limit** *n* prix plafond; **–liste** *f* prix-courant, barème des prix, tarif *m*; **–Lohn-Spirale** spirale *f* des salaires et des prix; **–manipulierung** *f* manipulation des prix; **–mechanismus** *m* mécanisme *m* des prix; **–minderung** *f* réfaction *f*, diminution *ou* réduction de prix; **–minderungsklage** *f* action en réduction du prix, action estimatoire; **–mißbrauch** *m* abus d'une situation monopolistique sur le marché par pratique de prix surélevés.

Preis|nachlaß *m* (1) *(Oberbegriff)* réduction *f* sur le prix, (2) *(bei schadhafter Lieferung)* rabais *m*, (3) *(Mengenrabatt)* remise *f*, (4) *(Treuerabatt)* ristourne *f*; **–nebenabreden** *pl* stipulations annexes concernant le prix (de certains services); **–niveau** *n* niveau des prix; **–notierung** *f* (1) cotation des prix, (2) *(Währungen)* incertain *m*; **–obergrenze** *f* plafond *m*, prix plafond; **–politik** *f* politique des prix; **–recht** législation relative au contrôle des prix; **–reduzierung** *f* réduction *ou* diminution accordée sur le prix; **–regelung** *f* réglementation des prix; **–rückgang** *m* recul *ou* baisse des prix; **–sanierung** *f* assainissement des prix; **–satz** *m* tarif *m* des prix; **–schaukelei** *f* technique du prix barré (à répétion); **–schere** *f* écart *m* entre les prix; **–schild** *n* étiquette *f*; **–schlager** *m* prix promotionnel, prix-choc; **–schleuderei** *f* vente illégale à prix sacrifié, vente sauvage; **–schraube** *f* pratique *f* de la majoration constante des prix; **–schwankung** *f* mouvement des prix, variation *ou* fluctuation des prix; **–senkung** *f* baisse des prix, fléchissement des prix; **–skala** *f* éventail *m* des prix; **–spanne** *f* marge *f* sur les prix; décalage *m* des prix; **–stabilisierung** *f* stabilisation des prix; **–stabilität** *f* stabilité des prix; **–staffelung** échelonnement des prix; **–stand** *m* niveau des prix; **–steigerung** *f* hausse des prix, augmentation *ou* relèvement *m* des prix; **–stellung** *f* (1) fixation des prix, (2) soumission de prix.

Preisstopp *m* blocage des prix; **behördlicher –** blocage autoritaire des prix; **–gesetz** *n* loi relative au contrôle des prix.

Preis|struktur *f* structure des prix; **–sturz** *m* chute *ou* effondrement des prix; **–stützung** *f* soutien *m* des prix.

Preisstützungsabkommen *n*, **internationales –** accord international de régularisation des cours.

Preis|stützungsaktion *f* action de soutien des prix; **–tafel** *f* barème des prix; **–tarif** *m* tarif des prix; **–taxe** *f* taxe *f*; **–tendenz** *f* tendance *f* des prix; **–tiefstand** *m* bas niveau des prix; **–träger** *m* lauréat *m*; **–treiber** *m* personne *f* pratiquant des prix discriminatoires; **–treiberei** *f* hausse *f* illicite des prix, pratique *f* de prix discriminatoires; **–überhöhung** *f* prix excessif, montée excessive des prix; **–überschreitung** dépassement *m* de prix; **–überwachung** *f* surveillance *ou* contrôle des prix; **–überwachungsstelle** *f* commission de contrôle des prix; **–überwälzung** *f* répercussion de la charge (résultant du prix payé); **–umschwung** *f* renversement *m* de la tendance des prix; **–unterbietung** *f* offre au-dessous du prix réel, dumping *m*; **–untergrenze** *f* prix plancher, prix minimum; **–unterschied** *m* écart *ou* différence entre les prix, décalage des prix, différence de prix, disparité des prix, différence *f* de cote *ou* de cours; **–unterstützung** *f* soutien des prix; **–vereinbarung** *f* accord sur le prix; **–verfall** *m* chute *f* des prix; **–vergehen** *n* infraction relative aux dispositions législatives *ou* réglementaires sur les prix; **–vergleich** *m* comparaison des prix; pratique de la publicité comparative en matière de prix; **–vergünstigung** *f* avantage en matière de prix; **–verhältnisse** *pl* situation des prix; **–veröffentlichung** *f* publication des prix, publicité des prix; **–verstoß** (= –vergehen); **–verteilung** *f* distribution *f* des prix; **–verzeichnis** *n* prix courant; **–verzerrung** *f* distorsion *f* (dans la structure) des prix; prix discriminatoire; **–vorschrift** *f* prescription légale concernant la réglemention des prix; **–vorstellung** *f* prix envisagé; **–vorteil** *m* avantage *m* relatif au prix; prix bas dont profite le consommateur; **–wert** bon marché; **–wucher** *m* pratique *f* de prix illicites; **–zuschlag** *m* supplément de prix.

Prellerei *f* (1) tromperie *f*, escroquerie *f*, arnaque *m*, (2) *(StR: Aut)* fait d'assister frauduleusement à un spectacle ou de se servir d'un moyen de transport public sans payer.

Premierminister *m* premier ministre.

Presse *f* presse *f*, publications périodiques *ou* de presse, journaux *mpl;*

organe *m ou* organisme de presse (écrite); **–agentur** *f* agence *f* de presse; **–amt** *n* service *m* d'information du gouvernement, porte-parole *m* gouvernemental; **–attaché** *m* attaché de presse; **–ausweis** *m* carte *f* de journaliste;**–bericht** *m* reportage *m*, article *m*; **–büro** *n* agence de presse; **–chef** *m* porte-parole *m*; **–delikt** *n* délit de presse; **–dienst** *m* service *m* de presse; **–erklärung** *f* déclaration à la presse; **–erzeugnis** *n* publication *f* périodique *ou* de presse, journal; **–freiheit** *f* liberté de la presse; **–geheimnis** *n* droit des journalistes de garder secrètes leurs sources d'information; **–gesetz** *n* loi *f* concernant la presse; **–inhaltsdelikt** *n* infraction commise par voie de publication; **–kampagne** campagne *f* de presse; **–konferenz** conférence *f* de presse; **–mitteilung** *f* communication à la presse; *ou* par la presse; **–organ** *n* publication *f* de presse; entreprise éditrice; **–recht** *n* législation sur la presse écrite; régime juridique de la presse; **–sprecher** *m* porte-parole *m* du gouvernement; **–stelle** *f* service *m* d'information; **–stimme** *f* opinion *f* exprimée dans la presse; **–straftat** *f* crime *ou* délit commis par publication de presse; **–tarif** *m* tarif de presse; **–unternehmen** *n* entreprise éditrice; **–vergehen** *n* délit *ou* infraction de presse; **–verlag** *m* entreprise de presse écrite; **–verlautbarung** *f* déclaration à la presse; **–veröffentlichung** *f* publication, journal, écrit périodique, écrit publié.

prima-facie-Beweis *m* (= Anscheinsbeweis) présomption *f* du fait de l'homme, preuve *f* préconstituée.

Prima|diskonten *pl* effets sur lesquels figure la signature des grandes banques; **–papier** *n* effet commercial de premier ordre.

Primär|energie *f* source *f* d'énergie (comme le charbon et le pétrole); **–wahlen** *pl* élections *fpl* primaires.

Primat *n* (= Vorrang) primauté *f*, suprématie *f*, prééminence *f*, supériorité *f*, priorité *f*.

Primawechsel *m (WechselR)* première *f* de change.

Prime rate taux de base bancaire pratiqué aux Etats-Unis (meilleur taux appliqué aux clients privilégiés).

Primgeld *n (SeeHR)* primage *m*.

Primogenitur *f (ErbR: Erbfolge des Erstgeborenen)* primogéniture *f*.

Prinzipal *m* (1) *(Geschäftsinhaber)* propriétaire *m* de l'entreprise, employeur *m*, patron *m*, (2) *(Lehrherr)* maître *m* d'apprentissage; **–gläubiger** créancier privilégié.

Prinzip *n* (1) *(Grundsatz, Regel)* principe *m*, fondement *m*, (2) *(Richtschnur)* règle *f*, loi *f* norme *f*.

Prinzipienerklärung *f* déclaration *f* de principes.

Priorität *f* (= Vorrang) priorité *f*, préférence *f*; **die – beanspruchen** revendiquer la priorité.

Prioritäts|aktie *f* action de priorité, action de préférence *ou* privilégiée; **–anleihe** *f* emprunt privilégié; **–anspruch** *m (PatR)* revendication de priorité; **–beleg** *m* document attestant la priorité d'un brevet; **–bescheinigung** *f* certificat *m* de priorité; **–betrieb** *m* entreprise *f* prioritaire; **–datum** *n* date de la priorité; **–dividende** *f* dividende *m* prioritaire; **–erklärung** *f* déclaration de priorité; **–frist** *f* délai de priorité; **–gläubiger** *m* (S) créancier *m* jouissant d'un droit de priorité; **–inanspruchnahme** *f* revendication de la priorité; **–lieferung** *f* livraison *f* prioritaire; **–obligation** *f* obligation privilégiée; **–ordnung** *f* ordre *m* de priorité *ou* de préférence; **–prinzip** *n* principe *m* de la priorité (d'un droit); **–recht** *n* droit de priorité; **–übertragungserklärung** *f (PatR)* déclaration de cession de priorité; **–vorrecht** *n* bénéfice de la priorité; **–zession** *f* cession de priorité.

Prise *f (SeeHR, VR)* prise *f* de navire, capture *f*; **für gute – erklären** déclarer de bonne prise.

Prisen|anteil *m* part de prise; **–ge-**

richt *n* conseil des prises; **–hof** *m* Cour *f* des prises; **–recht** *n* droit des prises; **–richter** *m* juge à la Cour des prises.

privat *adj* (1) privé, particulier, (2) personnel, individuel; **–e Haushalte** ménages *mpl*.

Privat|angelegenheit *f* affaire privée; **–angestellte(r)** *m* (Aut) employé *m*; **–anklage** *f* (Aut) accusation qui ne peut être soutenue que par la victime, à l'exclusion du ministère public; **–anleihe** *f* emprunt *m* privé; **–anschrift** *f* adresse privée; **–ärztlich** concernant un médecin non-conventionné; **–autonomie** *f* autonomie *f* de la volonté, liberté *f* contractuelle; **–bank** *f* banque *f* privée; **–besitz** *m* propriété *f* privée; **–beteiligte(r)** *m* (Aut) partie *f* civile; **–brief** *m* lettre personnelle; **–detektiv** *m* détective privé; **–diskont** *m* escompte hors banque; **–diskonten** *pl* effets *mpl* de première qualité; **–dozent** *m (HochschulR)* maître de conférences; chargé *m* de cours; **–druck** *m* impression à compte d'auteur; **–eigentum** *n* propriété privée; **–einkommen** *n* revenus *mpl* privés; **–einlagen** *pl* dépôts des particuliers; **–fahrzeug** *n* voiture particulière; **–fernsehen** *n* télévision privée; **–gebrauch** *m* usage *m* privé; **–geheimnis** *n* secret *m* privé; **–gelder** *pl* deniers *mpl ou* fonds *mpl* privés; **–gespräch** *n* entretien personnel; **–gläubiger** *m* créancier *m* personnel, créancier privé; **–gutachten** *n* expertise établie à titre privé; **–haftpflichtversicherung** *f* assurance *f* responsabilité civile du chef de famille, assurance R. C. du simple particulier; **–hand** *f*: **aus** – de particulier (à particulier) provenant d'un propriétaire privé; **–hörfunk** *m* radio (diffusion) privée; **–initiative** initiative privée; **–interesse** *n* intérêt *m* privé, intérêt particulier.

Privatisierung *f* privatisation *f*, le fait de transférer au secteur privé des activités confiées jusqu'alors au secteur public, dénationalisation.

Privat|kapital *n* capitaux *mpl* privés; **–kauf** *m* vente civile; **–klage** *f (StPR)* action pénale que le parquet n'est pas tenu d'engager et qui peut être exercée par la victime elle-même; **–klagedelikt** *n* infraction poursuivie uniquement par constitution de partie civile; **–kläger** *m* plaignant exerçant la „Privatklage"; **–konkurs** *m* faillite personnelle (d'un associé); **–konto** *n* compte privé; **–klinik** *f*, **–krankenanstalt** *f* clinique privée; **–krankenkasse** *f* caisse privée de maladie; **–kredit** *m* crédit privé; **–kundschaft** *f* clientèle *f* privée.

Privatlager *n* (1) entrepôt *m* particulier, (2) entrepôt fictif; **–verkehr** *m* trafic d'entrepôt privé (S).

Privat|leben *n* vie privée; **–lehrer** *m* précepteur *m*; **–luftfahrzeug** *n* aéronef *m* civil; **–patient** *m* client privé (dans un hôpital public); **–person** *f* personne privée, particulier *m*; **–pfändung** *f* saisie *f* privée; **–polizei** *f* milice *f*, service *m* de gardiennage *ou* de sécurité; **–quittung** *f* quittance *f* sous seing privé.

Privatrecht *n* droit *m* privé; **internationales** – droit international privé; **interzonales** – droit privé interzonal.

Privatrechtler *m* spécialiste du droit privé.

privatrechtlich *adj* de droit privé.

Privatrechtsfähigkeit *f* capacité *f* de droit privé.

Privat|sache *f* affaire personnelle; **–scheidung** *f* divorce *m* conventionnel *ou* par voie extra-judiciaire.

privatschriftlich *adj* (acte) sous seing privé, sous signature privée.

Privat|schuld *f* dette *f* privée; **–schuldner** *m* débiteur *f* privé; **–schule** *f* école privée, école libre; **–schulförderung** *f* subventions (étatiques) à l'enseignement privé; **–schulwesen** *n* enseignement libre, enseignement *m* privé; **–sektor** *m* secteur *m* privé; **–sphäre** *f* vie privée, intimité *f*, zone *ou* sphère irréductible d'intimité; **–stiftung** *f* fondation privée; **–strafe** *f* peine privée; **–strafkläger** *m* (S) accusateur *m* privé (S); **–straße** *f* voie *ou* chemin privée; **–testament** *n* testament *m* olographe; **–unternehmen** *n* entreprise privée; **–urkunde** *f* acte *m* sous seing privé, acte privé, écrit *m* privé, écriture *f* privée; **–veranstaltung** *f* spectacle privé; **–verbrauch** *m* consommation privée; **–vermögen** *n* biens *mpl ou* capitaux *mpl* privés; **–versicherung** *f* assurance privée; **–weg** *m* voie privée, chemin *m* privé; **–wirtschaft** *f* économie privée, entreprises privées; **–wirtschaftsbetrieb einer Gemeinde** (Aut) établissement public communal à caractère industriel ou commercial; **–wohnung** *f* domicile *m* (d'une personne).

Privileg *n*, **Privilegium** *n* (= Sonderrecht, Vorrecht) privilège *m*.

privilegiert *adj* privilégié.

Privilegierung *f* doter d'un privilège.

Probe *f* (1) *(Muster)* spécimen *m*, échantillon *m*, (2) *(Versuch)* épreuve *f*, essai *m*; **–abstimmung** *f* scrutin blanc; **–anstellung** *f od.* **–arbeitsverhältnis** *n* engagement à l'essai, stage *m* probatoire; **–beamte** *m* stagiaire *m* (de droit commun), agent nommé mais non-titularisé; fonctionnaire en période de probation; **–dienst** *m* stage, stage probatoire; **–exemplar** *n* spécimen *n*; **–fahrt** *f* essai *m* sur route; **–frist** *f* délai *m* d'épreuve, temps *m* d'essai; **–führerschein** *m* permis de conduire accordé à titre provisoire; **–kauf** *m* (1) *(Kauf auf Probe)* vente à l'essai, (2) *(Kauf zur Probe)* vente *f* ferme à titre d'essai; **–sendung** *f* envoi *m* d'échantillons; **–stück** *n* spécimen *m*, échantillon *m*; **–zeit** *f* période *f* probatoire, temps d'essai.

probeweise à l'essai; aux fins d'essai; à titre probatoire.

Problem *n* question (à résoudre).

Problem|gebiet *n* région *f* en difficulté; **–kreis** *m* thématique *f*.

procurator: falsus – *(ZR: Nichtexistenz des Vertretenen)* prétendu mandataire (n'ayant pas de pouvoirs *ou* dépassant ses pouvoirs).

Prodekan *m* vice-doyen *m*.

Produkt *n* (1) *(Erzeugnis)* produit *m*, marchandise *f*, (2) *(Ergebnis)* résultat *m*; **landwirtschaftliche –e** produits agricoles; **pflanzliche –e** productions végétales; **tierische –e** viande *f* produite.

Produktenbörse *f* bourse *f* de commerce *ou* de marchandises.

Produkt|gestaltung *f* design *m*, stylique *f*, conception (d'un produit); **–haftpflicht** *f od.* **–haftung** *f (ZR)* responsabilité du producteur pour vice de la marchandise (face à l'acheteur), responsabilité du fabricant (et distributeur *ou* revendeur) d'un produit, responsabilité (du fait des) produit(s); **–vergleich** *m* publicité comparative; **–warnung** *f* avertissement concernant la dangerosité *ou* la mauvaise qualité d'un produit; **–werbung** *f* publicité-produits.

Produktenhandel *m* commerce de produits agricoles.

Produktion *f* (= Erzeugung, Herstellung) production *f*.

Produktions|ablauf *m* processus de production; **–anlage** *f* installation industrielle; **–apparat** *m* appareil de production; **–ausfall** *m* perte de production; **–bereich** *m* secteur *m* de production; **–betrieb** *m* entreprise industrielle; **–einheit** *f* unité de production; **–einrichtungen** *fpl* biens *mpl* d'équipement, moyens *mpl* de production; **–einschränkung** *f* réduction *ou* restriction de la production; **–einstellung** *f* arrêt de la production; **–ergebnis** *n* produit *m*, résultat *m* de la production; **–faktor** *m* facteur de la production; **–gebiet** *n* région de production *ou* productrice, zone *f ou* aire *f* de production; **–genossenschaft** *f* coopérative de production; **–güter** *npl* biens *mpl* de production, biens intermédiaires *ou* indirects, biens instrumentaux; biens d'équipements; **–index** *m* indice de la production; **–kapazität** *f* capacité *f* de production; **–kartell** *n* cartel *m* de production; **–kataster** *n* (S) cadastre agricole (S); **–kosten** *pl* coût de (la) production; **–kraft** *f* capacité de production, rendement; **–kredit** *m* crédit à la production; **–kreislauf** *m* cycle de production; **–land** *n* pays producteur; **–leistung** *f* quantité produite, débit *m*; **–leiter** *m* chef *ou* directeur *m* de la production; **–lenkung** *f* orientation de la production; **–menge** *f* quantité de biens produite; **–methode** *f* procédé *m* de fabrication; **–mittel** *pl* moyens de production; **–piraterie** *f* piratage *m*, espionnage industriel; **–plan** *m* plan d'avancement de la production; **–potential** *n* potentiel de production; **–prämie** *f* prime à la production *ou* de productivité *ou* de rendement; **–quote** *f* quote-part de production; **–rückgang** *m* recul *ou* baisse de la production; **–serie** *f* produits standardisés; **–stand** *m* niveau *m* de production; **–stätte** *f* établissement *m ou* lieu *m* de production; **–steigerung** *f* accroissement de la production; **–stillstand** *m* arrêt de la production; **–struktur** *f* structure de la production, stade de la production; **–tätigkeit** *f* activité *f* industrielle; **–technik** *f* technologie *f*, méthode de fabrication.

Produktionssteuer *f* taxe à la production.

Produktions|umstellung *f* reconversion *f*; **–verfahren** *n* procédé *m* de fabrication; **–verhältnisse** *npl* conditions *fpl ou* rapports *mpl* de production; **–verlagerung** *f* deplacement de la production (à l'étranger); **–volumen** *m* quantités produites, production totale; **–vorgang** *m* acte de fabrication; **–wert** *m* valeur *f* des productions; **–wirtschaft** *f* production industrielle; **–ziffer** *f* chiffre *m ou* valeur *f* de la production; **–zweig** *m* secteur de production, branche *f* d'activité; **–zyklus** *m* cycle de production.

produktiv *adj* productif, lucratif, rentable.

Produktiv|fläche *f* superficie *f* des labours *ou* des productions végétales; **–güter** *pl* biens de production *ou* d'équipement.

Produktivität *f* productivité *f*, rendement *m*; **landwirtschaftliche –** productivité agricole.

Produktivitäts|faktor *m* facteur de productivité; **–prämie** *f* prime de productivité *ou* au rendement; **–rente** *f* rente *f* de productivité; **–spanne** *f* marge de productivité; **–zuwachs** *m* accroissement de la productivité.

Produktiv|kräfte *pl* forces *fpl* productives; **–kredit** *f* crédit *m* à la production; **–vermögen** *n* capital *m* productif, capital technique.

Produzent *m* (= Hersteller, Erzeuger) producteur *m*.

Produzenten|haftung *f (ZR: Produkthaftung)* responsabilité du producteur *ou* fabricant (pour les vices de la chose vendue); **–preis** *m* prix à la production.

produzieren produire, fabriquer.

Professor *m* professeur *m* d'université; **außerordentlicher –** professeur sans chaire; **ordentlicher –** professeur *m* titulaire.

Profiltiefe *f (StVR)* profondeur *f* du profil (de la chape) d'un pneu.

Profit *m* (= Kapitalertrag) profit *m*, rendement; gain *m*, bénéfice *m*; **–maximierung** *f* recherche *f* des profits maxima; **–rate** *f* taux *m* de profit.

Proforma|faktura *f*, **–rechnung** *f* facture *f* simulée, facture pro forma.

Prognose *f* pronostic *m*, prévision *f*.

Programm *n* programme *m*; **–gesetz** *n* loi de programme, loi-programme *f*; **–satz** *m (VerfR)* norme *ou* règle constitutionnelle sans application directe.

Programmiersprache *f (DV)* langage *m* de programmation.

Progressivsteuer *f* impôt *m* progressif.

Prohibition *f* (= Verbot) prohibition, interdiction.

Prohibitionismus *m od* **Prohibitivsystem** *n* prohibitionnisme *m*.

Prohibitivzölle *pl* droits *mpl* prohibitifs, tarif *m* douanier prohibitif.
Projektierung *f* planification, programmation.
Projektleiter *m* chef *m* de projet.
Proklamation *f* (= Aufruf) proclamation *f*.
proklamieren proclamer.
Pro-Kopf-Einkommen *n* revenu *m* individuel, revenu par tête d'habitant.
Prokura *f (HR)* procuration *f* commerciale très large, (autorisant son titulaire à procéder à toutes les opérations et actes judiciaires et extrajudiciaires qu'entraîne l'exercice d'un commerce), mandat *m* commercial; **– erteilen** accorder une procuration générale; **–indossament** *n* endos de procuration.
Prokurist *f (HR)* fondé *m* de pouvoir, mandataire *m* commercial, (en S:) fondé de procuration.
Prolongation *f* **(s. Verlängerung)** report *m*, prolongation *f*; **glatte –** report au pair.
Prolongations|geschäft *n* opération *f* de report; **–wechsel** *m* effet *m* de renouvellement; **–zinssatz** *m* taux *m* des reports.
prolongieren reporter, prolonger; **glatt –** reporter au pair.
Prolongierung *f*: **glatte –** report au pair.
Promesse *f* (= schriftl. Zusage) promesse *f ou* engagement *m* par écrit.
Promillegrenze *f* taux *m* légal d'alcoolémie.
Promotion *f* (1) *(HochschulR)* promotion *f* au grade de docteur d'université, (2) *(Absatzförderung)* promotion des ventes; **–sarbeit** *f* thèse *f* de doctorat; **–srecht** *n* règlementation relative à l'obtention du doctorat d'université.
promovieren soutenir une thèse de doctorat, passer son doctorat.
prompt *adj* (= sofort, rasch) prompt, rapide, diligent; *adv* sans délai, immédiatement.
Promptgeschäft *n* opération *f* au comptant.
Promulgation *f* (= Verkündung von Rechtsvorschriften) promulgation *f* (de la loi).
Propaganda *f* (1) *(Pol, StR)* propagande *f*, (2) publicité *f*; **subversive** *od.* **zersetzende –** propagande subversive; **verfassungsfeindliche –** propagande anticonstitutionnelle; **–fonds** *m* fonds *m* de propagande; **–lüge** *f* fausse nouvelle, intoxication; **–material** *n od.* **–mittel** *pl* tract *m*; instruments *ou* moyens *mpl* de propagande.
Propergeschäft *n* opération passée en nom personnel.
Proportionalwahl *f* (S-Aut) la proportionnelle, scrutin *m* proportionnel.
Proporz *m (Pol)* partage *m* des postes à proportion de l'influence politique *ou* en fonction de la confession; **–wahlsystem** *n* représentation *f* proportionnelle, proportionnelle *f*; **–system** *(VerfR)* système dans lequel les postes étatiques et paraétatiques sont répartis entre les partis au pouvoir en tenant compte de leur représentativité.
Propremakler *m* agent *m* de change qui exécute les ordres en son nom personnel.
Prorektor *m* vice-recteur *m*.
Prorogation *f* (= Zuständigkeitsvereinbarung) élection *f* de domicile; clause attributive de juridiction.
Proskription *f* (= Ächtung) proscription *f*, mise hors la loi.
Prospekt *m* prospectus *m*, annonce *f*, brochure *f*, imprimé *m* publicitaire.
Prospekt|angaben *pl*, **–beschreibung** *f* indications fournies par un prospectus *ou* contenues dans une brochure publicitaire.
Prospekthaftung *f (BankR)* responsabilité pour les indications figurant sur un prospectus d'émission.
Prostituierte *f* prostituée *f*, fille *f* publique.
Prostitution *f* prostitution *f*.
Protektion *f (Pol)* favoritisme *m*, clientélisme.
Protektionismus *m* (= Schutzzollpolitik) protectionnisme *m*.
Protektor *m* (1) *(Schutzherr)* protec-

teur *m*, défenseur *m*, (2) *(Förderer, Gönner)* mécène *m*, patron *m*, bienfaiteur *m*.

Protektorat *n* (1) *(VR)* protectorat *m*, (2) présidence d'honneur; **völkerrechtliches** – protectorat de droit international public.

Protest *m* (1) *(Einspruch, Widerspruch)* protestation, témoignage *m* de désapprobation *ou* de refus, (2) *(Wechsel)* protêt *m*; **ohne** – sans protêt, sans frais; – **aufnehmen** dresser protêt; – **erheben** dresser protêt; – **mangels Annahme** protêt faute d'acceptation; – **mangels Zahlung** protêt faute de paiement; **–aktion** *f* contestation, action contestataire, protestation; **–aufnahme** *f* dresser protêt; **–beamte(r)** *m* (S) agent *m* de protêts (S); **–bewegung** *f* mouvement contestataire; **–demonstration** manifestation d'opposition; **–erhebung** *f* protêt, établissement d'un protêt; **–förmlichkeiten** *pl* formalités de protêt; **–frist** *f* délai du protêt; **–gebühr** *f* taxe de protêt.

protestieren protester, contester.

Protest|note *f (VR)* note de protestation; **–schreiben** *n* lettre de protestation *ou* de contestation; **–streik** *m* grève de protestation; **–urkunde** *f (WechselR)* protêt, acte de protêt; **–zeugnis** *n* certificat de protêt.

Protokoll *n* (1) *(Niederschrift)* procès-verbal *m*; compte-rendu *m*, (2) *(Etikette)* protocole *m*, (3) *(Verwarnung)* procès-verbal de contravention; **Annahme** *od.* **Genehmigung des –s** adoption du procès-verbal; **amtliches** – constat *m* dressé par un officier ministériel; **gerichtliches** – procès-verbal *m* judiciaire, plumitif *m*; **polizeiliches** – constat de police, procès-verbal de contravention; **ungekürztes** – procès-verbal intégral; **dem – anschließen** joindre au procès-verbal; **ein – aufnehmen** dresser *ou* établir un procès-verbal, *(Polizei)* verbaliser; – **über die Auswertung der Angebote** procès-verbal de dépouillement des soumissions; **dem – beifügen** joindre au procès-verbal; – **über die erfolgte Versöhnung** procès-verbal de conciliation; – **über den ergebnislosen Sühneversuch,** – **über den ergebnislosen Versöhnungsversuch** procès-verbal de non-conciliation; **zum – gehörig** protocolaire *adj*; **zu – nehmen** (1) *(Gericht)* dresser procès-verbal, (2) *(Polizei)* verbaliser; – **über die vorläufige Anwendung** protocole d'application provisoire; – **über zusätzliche Zugeständnisse** (GATT) protocole de concessions additionnelles.

Protokollant *m* (1) officier ministériel ou agent habilité dressant un procès-verbal, (2) personne chargée d'un compte-rendu.

protokollarisch *adj* en forme de procès-verbal; relatif au procès-verbal; protocolaire.

Protokollarklage *f* (Aut) action engagée sous forme d'un procès-verbal dressé par le tribunal.

Protokoll|aufnahme *f* établissement du procès-verbal; **–bestimmung** *f* clause *f* protocolaire; **–buch** *n* registre des procès-verbaux; **–chef** *m* chef *m* du protocole; **–erklärung** *f* déclaration à consigner *ou* relater dans un procès-verbal; **–führer** *m* (1) personne qui dresse le procès-verbal, rédacteur de procès-verbal, (2) greffier *m* audiencier; **–führung** *f* rédaction du procès-verbal.

protokollieren dresser procès-verbal, verbaliser, consigner au procès-verbal.

Protokollierung *f* fait de dresser procès-verbal, établissement *ou* rédaction du procès-verbal; **gerichtliche** – jugement de donné acte.

Protokoll|notizen *pl* observations protocolaires, contenu du protocole; **–rüge** *f* contestation du contenu du procès-verbal.

Protokollsgebühr *f* droit de timbre applicable aux procès-verbaux.

Protokollvermerk *m* énonciation du procès-verbal.

Provenienz *f* provenance *f*.

Provinz *f* province *f*.

Provinzial|regierung *f* gouvernement *m* provincial; **–verband** *m* (ancienne) subdivision administrative territoriale.

Provision *f (HR)* commission *f*, pourcentage *m*; **eine – erhalten** recevoir *ou* toucher une commission.

Provisionsabrede *f (HR)* accord relatif à la commission *ou* la rémunération d'un commissionnaire *ou* agent commercial.

Provisionsbasis *f*, **auf –** recevoir une commission en rémunération.

Provisionseinnahme *f* recette *f* à titre de commission, commissions *fpl* perçues.

provisions|frei *adj* sans commission, net de toute commission; **–pflichtig** *adj* soumis au versement d'une commission.

Provisionsreisende(r) *m* voyageur *m* de commerce rémunéré uniquement par une commission.

provisorisch *adj* provisoire, pour une période transitoire, temporaire, intérimaire.

Provokateur *m (StR)* provocateur *m*, agresseur *m*, meneur *m*.

Provokation *f* provocation *f*, excitation *f*, incitation *f*.

provozieren provoquer, inciter, pousser, entraîner.

Provozierte(r) *(StR)* victime d'une provocation.

Prozent *n* pourcentage *m*, point *m*, (proportion) pour cent.

Prozent|angabe *f* indication du taux; **–notierung** *f* cotation *f* par pourcentage; **–satz** *m* pourcentage *m*, taux *m*; prorata *m*; **–spanne** *f* pourcentage de bénéfice (dans le prix de vente); **–vergleich** *m* concordat comportant le paiement d'un dividende, concordat-dividende *m* (S); **–wert** *m* valeur exprimée en pourcentage.

Prozeß *m* (1) *(Rechtsstreit)* procès *m*, cause *f*, instance *f*, litige *m*, (2) *(Vorgang)* processus *m*, (3) *(Verfahrensart)* procédé *m*, manière *f* de procéder; **anhängiger –** procès en instance, procédure engagée; **einen – anhängig machen, anstrengen, einen – einleiten** intenter un procès *ou* une action, engager une procédure; **einen – führen** mener un procès, ester en justice; **einen – gewinnen** gagner un procès, obtenir gain de cause; **einen – verlieren** perdre un procès; **einen – verschleppen** se servir de moyens dilatoires; **einen – wiederaufnehmen** engager un recours en révision.

Prozeß|abweisung *f* rejet pour raisons de forme *ou* de procédure; **–agent** *m* conseil *m* juridique; **–akte** *f* dossier du procès, pièce de procédure; **–antrag** *m* demande *f* concernant une question de procédure *ou* requête *f*; **–auftrag** (Aut) mandat ad litem; **–aufrechnung** *f* compensation judiciaire; **–aufwand** *m* frais procéduraux; **–arten** *fpl* différentes catégories *fpl* d'actions; **–ausgang** *m* issue *f* du procès; **–beteiligte(r)** *m* partie *f* au procès, plaideur *m*; **–betrieb** *m* marche *f ou* déroulement *m* d'un procès; **–betrug** *m* détournement *m* de procédure, dissimulation *f* de la vérité au procès; **–bevollmächtigte(r)** *m* mandataire de procédure *ou* ad litem; **–bevollmächtigung** *f* mandat de procédure *ou* ad litem; **–bürgschaft** *f* cautionnement procédural; **aufschiebende –einrede** *f* exception *f* dilatoire; **–erfolg** *m* gain *m* de cause.

prozeßfähig *adj* apte pour agir *ou* ester en justice.

Prozeßfähigkeit *f (ZPR: Verfahrensfähigkeit)* capacité d'ester en justice, qualité pour agir en justice, qualité pour défendre en justice; **mangelnde –** incapacité *f* d'ester en justice.

prozeßführend *adj* agissant en justice.

Prozeß|förderung *f* obligation de participer activement à la bonne marche de la procédure (en fournissant toutes les preuves utiles); **–frage** *f* question concernant la procédure; **–führung** *f* conduite du procès, le fait de conduire l'instance.

Prozeßführungs|befugnis *f* droit *m* d'engager une action en son propre nom et capacité de disposer du droit litigieux; **–klausel** *f* clause *f* de direction du procès; **–macht** *f* (= -führungsbefugnis); **–recht** *n* *(VersR)* droit *m* de l'assureur de diriger le procès *ou* l'action.

Prozeß|gebühr *f* frais *pl* de procédure *ou* de justice; **–gegner** *m* partie *f* adverse, adversaire *m*, défendeur *m*; **–gericht** *n* tribunal *n* saisi *ou* chargé de l'instance; **–gesetz** *n* loi relative à la procédure; **–grundsätze** *mpl* principes *mpl* généraux gouvernant la procédure.

Prozeßhandlung *f* acte *m* de procédure; **nachgeholte –** acte de procédure fait tardivement (mais régulièrement).

Prozeßhindernisse *npl od.* **prozeßhindernde Einreden** *fpl* exceptions *fpl* invoqués par le défendeur (faisant obstacle à l'action), fin de non-recevoir.

Prozeßkosten *pl* (1) *(i.e.S.)* dépens de l'instance, dépens *mpl*, (2) *(i.w.S.)* frais *pl* de justice, frais de (la) procédure *ou* juridictionnels, frais de procès (S); **–hilfe** *f* aide *f* juridictionnelle; **–hilfeantrag** *od.* **–gesuch** demande d'aide juridictionnelle; **–hilfeverfahren** *n* procédure devant le bureau d'aide juridictionnelle; **–kaution** *f* (Aut), **–sicherheit** *f* caution judicatum solvi; **–vorschuß** *m* versement *m* anticipé d'une partie des frais de procédure, provision *f* ad litem, avance *f* sur frais de procédure.

Prozeß|leitung *f* direction des débats; pouvoir de commandement du juge; **–ordnung** *f* code de procédure; **–partei** *f* partie *f* au procès, *ou* au litige; **–pfleger** *m* curateur *m* de procédure, personne chargée de défendre les intérêts d'une partie n'ayant pas la qualité pour agir en justice; **–recht** *n* droit *m* processuel *ou* juridictionnel; droit commun procédural; **–rechtsverhältnis** *n* relations *fpl* juridiques procédurales entre les parties; **–register** *n* registre *m* des actes de procédure; **–schrift** *f* (= Klageschrift) requête *f*, placet *m*, demande (en justice).

Prozeßstandschaft *f (PrzR)* fait de faire valoir en justice en son propre nom le droit de tiers.

Prozeß|stoff *m* éléments des débats, matière du procès, faits *mpl* invoqués (au soutien des prétentions); **–trennung** *f* disjonction *f* d'instance; **–überweisungsbeschluß** *m* ordonnance *f* de renvoi; **–unfähigkeit** *f* incapacité d'ester en justice, défaut de qualité; **–urteil** *n* jugement sur la recevabilité de l'action; **–verbindung** *f* jonction d'instances *ou* de causes *ou* des demandes; **–verfahren** *n* procédure *f* judiciaire; **–vergleich** *m* transaction judiciaire; **–verlauf** *m* déroulement de la procédure, organisation *ou* marche d'un procès; **–verschleppung** *f* manœuvres *fpl* dilatoires (visant à retarder le déroulement normal de la procédure); **–vertretung** *f* représentation en justice; **–vollmacht** *f* mandat *m* de procédure, mandat at litem, autorisation de plaider (S); **–voraussetzung** *f* condition *f* à l'action *ou* de recevabilité de l'action en justice; **– vorbereitung** *f* (1) préliminaires du procès, (2) procédure de mise en état; **–vorschrift** *f* disposition légale en matière de droit judiciaire; **–vortrag** *m* conclusions *fpl*, énoncé des prétentions; **–zinsen** *pl* intérêts sur le montant du litige.

Prüf- und Gewährzeichen *n* marque *f* de garantie.

Prüf|bericht *m* compte-rendu *m* d'un contrôle, analyse *f*, expertise *f*; **–bescheinigung** *f* certificat d'examen.

prüfen (1) *(auf Richtigkeit)* examiner, vérifier, (2) *(amtlich, Rechnungsprüfung)* apurer, (3) *(erproben)* éprouver, mettre à l'épreuve, essayer.

Prüfer *m* (1) *(Schule)* examinateur *m*, (2) *(GesR)* expert-comptable *m*, expert *m*, contrôleur *m*, réviseur *m* (B–S), (3) *(GesR: Jahresabschluß)* commissaire *m* aux comptes.

Prüfling *m* candidat (à un examen).

Prüf|nachweis *m* certificat *m* de contrôle; **–plakette** *f* vignette de contrôle; **–stand** *m* banc *m* d'essai;

–stelle *f* office *m* d'examen; bureau *m* de vérification.

Prüfung *f* examen *m*, expertise *f*, enquête *f*, épreuve *f*, vérification *f*, apurement *m*, test *m*, contrôle *m*; **aufgeschobene –** examen reporté à une date ultérieure *ou* différé; **meritorische –** (Aut) examen au fond; **nachträgliche –** contrôle a posteriori; **steuerliche –** contrôle fiscal; **eine – ablegen** *od.* **machen** passer un examen; **eine – bestehen** satisfaire à un examen, passer un examen (avec succès), être reçu à un examen; **eine – nicht bestehen** échouer à un examen, être refusé à un examen; **– der Mandate** vérification des pouvoirs; **zu einer – nicht zulassen** ne pas admettre à un examen; **– auf Vertragsverletzung** *(VR)* recherche d'une violation du traité.

Prüfungs|akten *pl* dossier *m* relatif à un examen; **–amt** *n* service des examens; **–anerkennung** *f (HochschulR)* (fait d'accorder) une équivalence; **–anforderungen** *fpl* connaissances *fpl ou* qualifications *fpl* requises pour l'examen; **–arbeit unter Aufsicht** composition *ou* épreuve *f* écrite; **–aufgabe** *f* épreuve écrite *ou* orale; **–ausschuß** *m* jury d'examen *ou* d'admission, commission d'examen; **–befugnis** *f* (1) pouvoir de contrôle, (2) aptitude de faire partie d'un jury *ou* de faire passer un examen à qn.; **–beginn** *m* date *f* de l'examen; **–bericht** *m* (1) *(GesR)* rapport *m* de contrôle de la gestion et des finances (d'une entreprise), (2) rapport d'expertise *ou* d'expert, état d'inspection, (3) *(PatR)* rapport d'examen; **–bescheinigung** *f* (1) certificat *m*, diplôme *m*, (2) certificat de vérification; **–entscheidung** *f* décision relative à l'échec *ou* au succès (à un examen); **–ergebnis** *n* résultats *mpl* (de l'examen); **–fach** *n* matière *f* (à l'examen), sujet *m* (de l'épreuve); **–frage** *f* question posée à l'examen; **–gebiet** *n* matières *fpl* d'un examen; **–gebühr** *f* droit d'expertise, droit d'examen, droit d'essai; **–gegenstand** *m* sujet de l'examen; **–gelder** *pl* droit d'examen; **–gesellschaft** *f* société d'expertise; **–komission** *f* jury *m ou* commission d'examen; **–nachweis** *m* titre *m*, diplôme *m*, certificat *m*; **–ordnung** *f* règlementation des examens; **–pflicht** *f* obligation de vérifier; **–recht** *n* droit de contrôle; **–stelle** *f* (1) service des examens, (2) *(PatR)* section *ou* bureau d'examen des demandes en brevet; **–stempel** *m* cachet *m* attestant la vérification; **–tagsatzung** *f* (Aut) séance *f* d'examen judiciaire, séance de vérification; **–taxe** *f* droit d'examen; **–termin** *m* (1) session d'examen, date *f* de l'examen, (2) *(KonkursR)* audience relative à la vérification du bien-fondé des créances; **–umfang** *m* étendue du contrôle; **–unterlagen** dossier à constituer en vue de l'examen; **–verband** *m* association *f* d'experts-comptables; **–verfahren** *n* procédure de verification, procédure *f* d'examen; **–vermerk** *m* attestation de la vérification; **–zeugnis** *n* diplôme d'études; **–zulassung** *f* admissibilité *f*.

Prüfzeichen *n* marque *f* de contrôle, poinçon *m* de contrôle.

Prügelei *f (StR)* rixe *f*.

Prügelstrafe *f* fustigation *f*.

Pseudonym *n* pseudonyme *m*, nom de guerre.

psychiatrisches Krankenhaus hôpital *m* psychiatrique.

Psycho|pharmaka *pl* médicaments *mpl* psychotropes; **–therapie** *f* psychothérapeutique *f*.

Publikation *f* (= Verkündung) publication *f* (par insertion au Journal officiel p. ex.).

Publikums|gesellschaft *f* société anonyme faisant appel public à l'épargne; **–information** *f* notice *f* (destinée aux éventuels souscripteurs), publication d'information.

Publizistik *f* journalisme *m*.

publizistischer Landesverrat *m* atteinte *f* à la défense nationale par la publication de secrets d'Etat.

Publizität *f* (= Offenkundigkeit) mesure *f* de publicité (par inscription au registre du commerce par ex.); **–sgesetz** *n* Loi relative à la publicité des résultats et du bilan (de la société anonyme); **–spflicht** *f* obligation d'informer (le public).

Pufferstaat *m* Etat-tampon *m*.

Punktation *f* avant-contrat provisoire (non-obligatoire), contrat préparatoire, accord sur certains points d'un contrat définitif.

pünktlich *adj* à l'heure *ou* à la date précise; ponctuel.

Pünktlichkeitsprämie *f* prime *f* de régularité, prime d'assiduité.

Punktscheck *m* chèque *m* de points.

Punze *f* poinçon *m* de garantie.

Punzierungs|gebühr *f* (Aut-S) taxe *ou* droit de poinçonnement.

putativ *adj* (= vermeintlich; auf einem Rechtsirrtum beruhend) putatif, supposé; présomptif.

Putativ|delikt *n* délit *m* putatif; **–ehe** *f* mariage *m* putatif; **–erbe** *m* héritier *m* présomptif; **–notstand** *m* fait pour l'auteur de se croire à tort en état de nécessité; **–notwehr** *f* fait pour l'auteur de se croire à tort en état de légitime défense.

Putsch *m* putsch *m*, coup *m* d'Etat.

Putschist *m* putschiste *m*.

Putzfrau *f* (1) femme de ménage, (2) *(Büros)* technicienne de surface.

Q

qm-Preis (= Quadratmeterpreis) prix au mètre carré (d'un appartement).

Quälen *n (StR)* le fait de maltraiter qn; **– von Jugendlichen** violences *fpl ou* voies de fait sur un mineur; **– von Tieren** cruauté *f* envers les animaux.

Quälerei *f* torture *f*.

Qualifikation *f* (1) *(IPR)* qualification *f*, détermination de la nature juridique d'un fait, (2) *(ArbR)* aptitudes et connaissances acquises, qualification professionnelle.

Qualifikations|konflikt *m (IPR)* conflit de qualifications; **–norm** *f* règle *f ou* loi *f* de qualification.

qualifizieren (1) *(IPR)* déterminer la loi de qualification, qualifier, (2) *(ArbR: sich –)* acquérir la qualification professionnelle exigée, obtenir sa qualification.

qualifiziert *adj* qualifié; **–er Diebstahl** vol *m* qualifié; **–es Geständnis** *(ZPR)* aveu *m* au sens de la loi; **–e Kraft** employé *m* qualifié; **–e Mehrheit** majorité *f* qualifiée *ou* convenue; **–e Mitbestimmung** *f* cogestion *f* paritaire.

Qualität *f* (1) *(Sache: Güte)* qualité *f*; aloi *m*, (2) *(Personen)* caractère *m*, mérite *m*; **ausgesuchte –** premier choix; **beste –** de qualité supérieure; **durchschnittliche –** qualité loyale et marchande; **genormte –** qualité *f* normalisée.

Qualitäts|abschlag *m* réduction pour qualité défectueuse; **–abweichung** *f* différence de qualité; **–arbeit** *f* finition excellente, main-d'œuvre de qualité; **–bezeichnung** *f* indication de la qualité; **–erzeugnis** *n* produit *m* de qualité; **–mangel** *m* vice affectant la qualité d'une marchandise, défaut de qualité; **–marke** *f* label *m* de qualité; **–norm** *f* norme de qualité; **–ware** *f* marchandise *f* de qualité, article *m* de premier choix; **–zeichen** *n* label *m* de qualité; **–zeugnis** *n* certificat de qualité; **–zuschlag** *m* supplément pour qualité supérieure.

Quantität *f* (= Menge, Anzahl) quantité *f*, nombre *m*.

Quantum *n* quantum *m*, montant *m*.

Quarantäne *f* quarantaine *f*; **Verhängung der –** mise en quarantaine; **unter – stellen** mettre en quarantaine; **–flagge** *f* pavillon *m* de quarantaine; **–maßnahme** *f* mesure *f* quarantenaire.

quarantänepflichtig *adj* obligation de se soumettre à la quarantaine.

Quarantäne|risiko *n* risque résultant de maladies contagieuses; **–station** *f* station *f* quarantenaire, lazaret *m*; **–verwaltung** *f* administration quarantenaire; **–vorschriften** *pl* prescriptions quarantenaires.

Quartal *n* (= Vierteljahr) trimestre.

Quartals|abrechnung *f* décompte *m* trimestriel; **–abschluß** *m (HR)* bilan trimestriel; **–dividende** *f* dividende *m* trimestriel; **–kündigung** *f (ArbR)* dénonciation d'un contrat de travail pour la fin d'un trimestre; **–miete** *f* loyer *m* trimestriel, terme *m*; **–termin** *m* échéance *f* trimestrielle; **–zahlung** *f* paiement *m* trimestriel.

Quartier|arrest *m (MilR)* arrêts forcés *ou* de rigueur; **–entschädigung** *f* indemnité de cantonnement; **–geber** *m* logeur *m*; **–gelder** *pl* indemnité de cantonnement; **–leistung** *f* prestation de logement; **–verpflichtung** *f* obligation de fournir un logement; **–wirt** *m* personne chez laquelle un militaire est cantonné.

Quasi|delikt *n (ZR: nichtvorsätzliche unerlaubte Handlung)* quasi-délit *m*; **–enteignung** *f* atteinte à la propriété assimilable à une expropriation; **–monopol** *n* quasi-monopole *m*; **–verbindlichkeit** *f* quasi-obligation *f*; **–vertrag** *m* quasi-contrat *m*.

Quästur *f* Recette des droits universitaires, secrétariat de l'Université.

Quellen|angabe *f (UrhR)* indication des sources, mention des références; **–besteuerung** *f* imposition *ou* taxation à la source; **–nachweis** *m* référence *f* bibliographique; **–steuer** *f* impôt *m* retenu à la source.

Querschnittslähmung *f* paraplégie *f*; tétraplégie.

Querulant *m* procédurier *m*, chicaneur *m*.

quittieren (1) *(Rechnung)* acquitter, quittancer, (2) *(Dienst)* quitter, abandonner (un emploi).

Quittung *f* (= Empfangsbestätigung) quittance *f*, reçu *m*, acquit *m* de paiement; **gegen** – contre quittance; **löschungsfähige** – quittance constatant le remboursement d'une dette garantie par une hypothèque et permettant d'en obtenir la radiation; – **erteilen** donner *ou* délivrer quittance; – **über Garantiehinterlegung** reconnaissance *f* de consignation.

Quittungs|abschnitt *m* quittance à souche; **–block** carnet de quittances; **–erteilung** *f* délivrance *f* d'une quittance; **–formular** *n* formule de quittance; **–heft** *n* carnet de quittances; **–stempel** *m* timbre-quittance *m*.

Quorum *n* quorum *m*.

Quotation *f (BörR)* cotation *f* (des titres en bourse).

Quote *f* (1) *(Bruchteil)* pourcentage *m*, quota *m*, quote-part *f*, (2) *(Anteil)* quotité *f*, contingent *m*; **nach –en verteilen** partager par quote-part.

Quotelung *f* partage *m* au prorata *ou* proportionnellement à.

Quoten|aktie *f* action dont la valeur est exprimée par un pourcentage du capital, action de quotité; **–ausgleich** *m* égalisation des parts; **–exzedentenvertrag** *m* contrat selon lequel le premier assureur doit faire réassurer un pourcentage déterminé des sommes qui dépassent le maximum fixé; **–festsetzung** *f* détermination *ou* fixation des quotas; **–gesetz** *n* loi fixant des quotas; **–jahr** *n* année contingentaire; **–kartell** *n* cartel *m* de contingentement.

quotenmäßig *adj* au marc le franc, au prorata.

Quoten|regelung *f (Pol: Frauenquote)* quote-part de mandats *ou* de postes réservés aux femmes; **–-Rückversicherung** *f* réassurance en participation, réassurance en quote-part; **–überschreitung** *f* dépassement de la quote-part; **–vergleich** *m* péréquation des pourcentages de charges, accord sur une répartition au marc le franc.

Quotenvermächtnis *n* legs *m* à titre

universel; **–nehmer** *m* légataire *m* à titre universel.

Quotenvertrag *m* contrat selon lequel le réassureur participe à l'assurance pour une proportion donnée.

Quotient *m* quotient *m*, rapport *m*.

Quotitätssteuer *f* impôt de quotité.

R

Rabatt *m* (1) *(Mengen-)* remise *f*, (2) *(Treue-)* ristourne *f*, (3) *(schadhafte Lieferung)* rabais *m*, (4) *(Preisnachlaß)* réduction *f* sur le prix, (5) *(Barzahlungsnachlaß)* escompte *m* (de caisse); **unzulässiger –** rabais illicite; **einen – gewähren** consentir une réduction sur le prix; **–abzug** *m*, **–gewährung** *f* octroi de rabais; **–kartell** *n* entente relative aux réductions à accorder sur les prix; **–marke** *f* timbre- *ou* ticket- *ou* coupon-prime *m*; **–spanne** *f* marge de la ristourne *ou* de la remise.

Racheakt *m* acte *f* de vengeance.

Radar|foto *n* *(StVR)* photo *f* de contrôle-radar (de la vitesse des véhicules); **–warngerät** *n* appareil de détection des contrôles-radar (de la police).

Rädelsführer *m* meneur *m*, agitateur *m*, chef *m* d'un complot.

Radfahren *n* cyclisme *m*, pratique *f* de la bicyclette.

Radfahrer *m* cycliste *m*.

Radierung *f* (in einer Urkunde) gommage *m*.

Radikale(r) *m* (1) extrémiste *m*, (2) radical *m*.

Radikalen|beschluß *m*, **–erlaß** *m* décret ‹anti-extrémistes› (interdiction pour les extrémistes d'entrer dans la fonction publique).

Radikalismus *m* extrémisme *m*.

radioaktive Stoffe matières *fpl* radio-actives.

Radiogeräusche *npl* (bruit de) friture *f*, parasite *m*.

Radweg *m* piste *f* cyclable.

Ragionenbuch *n*, **schweizerisches –** (S) annuaire suisse du registre du commerce.

Rahmen|abkommen *n* accord-cadre *m*; **–bedingung** *f* condition générale préalable; **–bestimmung** *f* disposition de principe *ou* générale; **–frist** *f* délai normal, délai *m* cadre (pour l'indemnité de maladie); **–gebühr** *f* taxe dont la loi fixe le minimum et le maximum; **–gebühren** *pl* *(Anwälte)* honoraires *mpl* tarifés; **–gesetz** *n* loi-cadre *f*, loi de programme; **–gesetzgebung** *f* *(VerfR)* compétence légale du Bund pour fixer les principes généraux de la législation en certaines matières intéressant les Länder; **–plan** *m* plan *m* type; **–planung** *f* fixation des grandes orientations de la planification; **–regelung** *f* règlement-type *m*, cadre de réglementation; **–richtlinie** *f* directive-cadre *f*; **–tarifvertrag** *m* convention *f* collective type; **–strafe** *f* peine d'emprisonnement dont seuls le minimum et le maximum sont indiqués, peine à durée indéterminée; **–vereinbarung** *f* accord-cadre *m*; **–vertrag** *m* contrat-cadre *m*.

Raiffeisenbank *f* caisse coopérative de crédit agricole ‹Raiffeisen›.

Rain *m* (zwischen Äckern) bordure *f*, bande *f* de démarcation.

Randalierer *m* tapageur *m*.

Rand|bemerkung *f* mention *f* marginale, mention en marge; **–gebiet** *n* zone *f* limitrophe; **–gemeinde** *f* commune *f* suburbaine *ou* limitrophe; **–spur** *f* *(Autobahn)* voie *f* d'évitement; **–vermerk** *m* mention marginale *ou* en marge.

Rang *m* (1) *(Stellung)* rang *m*, place *f*, position *f*, titre *m*, (2) *(Stufe)* échelon *m*, classe *f*, fonction *f*, hiérarchie *f*, (3) *(Militär)* grade *m*; **im – herabsetzen** rétrograder; **–abzeichen** *n* insigne de grade; **–älteste(r)** *m* doyen *m*, doyen d'âge; **–änderung** *f (GB)* modification du rang; **–einräumung** *f* le fait d'accorder un rang; **–folge** *f* (1) ordre de préséance, (2) hiérarchie *f*; **–gliederung** *f* hiérarchisation *f*; **–liste** *f* tableau d'ancienneté; **–ordnung** *f* (1) *(SachR)* rang *m*, (2) *(HR)* catégorie *f*, classe *f*, (3) *(ArbR)* hiérarchie professionnelle; **–ordnungsverfahren** *n (SchuldR, Konkurs)* procédure de collocation; **–verhältnis** *n* classement *m* (des privilèges), priorité *f* (d'un privilège par rapport à un autre); **–verlust** *m (BeamR)* perte du grade, cassation (du grade); **auf –verlust erkennen** casser; **–vorbehalt** *m* réserve *f* de rang.

Rasse *f* race *f*.

Rassen|diskriminierung *f* discrimination *f* raciale; **–haß** *m* haine raciale; **–ideologie** *f (Pol: Rassismus)* racisme *m*; **–trennung** *f* ségrégation *f* raciale.

rassisch Verfolgte(r) personne persécutée pour des raisons raciales.

Rasterfahndung *f* méthode de recherche ou d'investigation policière par recoupements.

Rat *m* (1) conseil *m*, avis *m*, délibération *f* (2) conseiller *m*; **engerer –** conseil restreint; **hoher –** grand conseil; **parlamentarischer –** conseil parlementaire; **– der Europäischen Gemeinschaften** Conseil (européen) des ministres.

Rate *f* (1) *(Abzahlung)* fraction *f* *ou* tranche (à payer), quote-part *f*, mensualité *f*, terme *m*, (2) *(Größe, Prozentzahl)* taux *m*, (3) *(HR: Fracht)* fret *m*, prix *m* du transport; **überfällige –** échéance en retard, terme échu.

Raten, in – zahlen payer à tempérament; **–betrag** *m* montant *m* de la mensualité; **–bewilligung** *f* autorisation de payer par échéances successives, octroi d'un crédit remboursable par mensualités; **–brief** *m* (Aut) contrat relatif à une vente à tempérament; **–geschäft** *n* vente à tempérament; **–handel** *m* commerce à crédit, commerce à tempérament; **–kauf** *m* (= Teilzahlungsgeschäft) vente à tempérament; **–kredit** *m* crédit *m* remboursable par fractions, opération de crédit dans la cadre d'une vente à tempérament; prêt à la consommation; **–kreditvertrag** *m* contrat de prêt concernant une vente à tempérament; **–sparvertrag** *m* contrat *m* d'épargne par versements échelonnés (sur un compte); **–vergleich** *m* accord sur le décalage du règlement des mensualités; **–weise** *adj* par fractions, par mensualités; **–wechsel** *m* billet de fonds; **–zahlung** *f* paiement *m* par échéances successives, paiement *m* fractionné *ou* échelonné *ou* à tempérament; **–zahlungskredit** *m* crédit pour financer un achat à tempérament; **–zuschlag** *m* surprime *f* de fractionnement.

Raterteilung *f* le fait de fournir *ou* donner des conseils (en matière juridique).

Ratgeber *m* (1) *(Person)* conseiller *m*, conseilleur *m*, conseil *m*, (2) *(Buch)* guide *m* pratique.

Rathaus *n* hôtel *m* de ville.

Ratifikation *f (VR: Bestätigung)* ratification *f*; **bedingte –** ratification conditionnelle; **förmliche –** ratification formelle.

Ratifikations|gesetz *n* loi de ratification; **–urkunde** *f* instrument *ou* acte de ratification; **–verfahren** *n* procédure de ratification.

ratifizieren ratifier, entériner.

Ratifizierung *f* ratification *f*.

Ratio *f* raison *f*, entendement *m*; **ultima –** dernier argument.

rationalisieren rationaliser.

Rationalisierung *f* rationalisation *f*.

Rationalisierungs|investition *f* investissement de rationalisation; **–kartell** *n* cartel de rationalisation; **–maßnahme** *f* mesure *f* de rationalisation.

rationieren rationner.

Rationierung *f* rationnement *m*.
Ratsbeschluß *m* délibération *f*.
Ratschlag *m* conseil *m*.
Rats|fraktion *f* groupe (politique) au sein du conseil municipal; **–gebühr** *f* rémunération (d'un avocat) pour son activité de conseil; **–herr** *m* conseiller *m* municipal (d'une ville); **–kammer** *f* (Aut) chambre *f* du conseil; **–körperschaft** *f* assemblée *f* délibérante; **–mitglied** *n* membre du conseil municipal; **–sitzung** *f* séance du conseil municipal; **–verfassung** *f* système d'organisation municipale dans lequel le conseil municipal prédomine; **–vorsitzender** *m* président *m* du conseil municipal.
Raub *m (StR)* extorsion par la force, violence *ou* contrainte, vol *m* commis avec violence.
räuberisch *adj* (commis) avec violence, par force, par violence, par contrainte; **–er Diebstahl** vol aggravé par des violences; **–e Erpressung** chantage à l'aide de menaces et contraintes.
Raub|bau *m* surexploitation; **–druck** *m* édition pirate.
Räuber *m* brigand *m*, bandit *m*; **–unwesen** *n* banditisme *m*.
Raub|genosse *m* (Aut) complice d'un brigandage; **–gut** *n* bien *m* volé, bien pillé; **–kopie** *f* piratage *m*; reproduction *ou* copie illégale; **–mord** *m* vol aggravé par un assassinat.
Raubüberfall *m* vol avec agression; **bewaffneter –** attaque à main armée dans un lieu public (pour effectuer un cambriolage), hold-up *m*, *umg* braquage *m*.
Rauchverbot *m* défense *f* de fumer.
Rauferei *f*, **Raufhandel** *m* rixe *f*.
Raum *m* (1) espace *m*, territoire *m*, (2) *(Ort)* place *f*, local *m*, (3) *(Zimmer)* pièce *f*, (4) *(Inhalt)* capacité *f*, volume *m* (5) *(Schiff)* tonnage *m*; **gewerblicher –** local *m* professionnel; **rechtsfreier –** lacune *f* du droit, vide *m* juridique; **unmöblierter –** local nu.
Raum|charter *m (SeeHR)* contrat d'affrètement sous forme de cession de tonnage; **–eigentum** *n (SachR)* propriété *f* d'un appartement *ou* d'un local dans un immeuble.
räumen évacuer, déguerpir, vider les lieux.
Raumfahrt *f* astronautique *f*, navigation spatiale; **–behörde** *f* agence spatiale; **–technik** *f* génie *m* spatial.
Raumfahrzeug *n* engin *m* spatial *ou* cosmique, astronef *m*, vaisseau *m* interplanétaire.
Räumlichkeiten *fpl* locaux *mpl*, place *f*, localité *f*.
Raumordnung *f* (1) aménagement *m* du territoire, (2) aménagement régional; **–sbehörde** *f* service *m* chargé de l'aménagement du territoire; **–splan** schéma *m* d'aménagement du territoire; **–sprogramm** *n* programme *m* d'aménagement; **–srecht** réglementation relative à l'aménagement du territoire.
raumsparend *adj* peu encombrant.
Räumung *f* évacuation *f*, déguerpissement *m*; **zwangsweise –** expulsion *f*.
Räumungs|anordnung *f* ordonnance *f* d'expulsion; **–aufschub** *m* maintien dans les lieux; **–befehl** *m* ordre d'expulsion; **–exekution** *f* (Aut) expulsion *f*; **–frist** *f* délai d'évacuation, délai d'expulsion; **–klage** *f* action en évacuation, demande d'expulsion; **–schutz** *m* protection du locataire en cas de résolution du bail, maintien *m* dans les lieux; **–urteil** *n* jugement d'expulsion; **–verfahren** *n* procédure d'expulsion; **–verkauf** *m* vente-liquidation *f*; **–vollstreckung** *f* expulsion.
Rausch *m* ébriété *f*, ivresse *f*.
Rauschgift *n* stupéfiants *mpl*, produit *m* stupéfiant, drogue *f*; **–delikt** *n* délit résultant du trafic et de l'usage des stupéfiants; **–dezernat** *n* brigade *f* des stupéfiants; **–erlös** *m* argent sale résultant de la vente de stupéfiants; **–handel** *m* trafic de stupéfiants; **–händler** *m* trafiquant *m* de drogue; **–sucht** *f* toxicomanie *f*; **–süchtige(r)** *m* toxicomane *m*, personne *f* ayant fait un usage illicite de stupéfiants.

Rauschmittel *n* produit enivrant *ou* provoquant une intoxication alcoolique; stupéfiant.

Rauschtat *f* acte *m ou* infraction *f* commis(e) sous l'empire d'un état alcoolique.

Rayon *m* (= Schutzbereich) zone *f* de protection militaire.

Rayonierung *f* (Aut) inscription *f.*

Razzia *f* rafle *f*, descente de police.

Reaktivierung *f* rappel à l'activité.

Reaktivierungsbescheid *m* (Aut) décision de rappel à l'activité.

Reaktor *m* réacteur *m* nucléaire, pile *f* atomique; **-behälter** *m* caisson *m* du réacteur; **-kern** *m* cœur *m*; **-technik** *f* technique *f* des réacteurs; **-unfall** *m* accident d'un réacteur nucléaire.

Realakt *m* (= Rechtshandlung) acte *m* matériel, fait *m* volontaire (auquel se rattachent des conséquences juridiques).

Real|angebot *n* offre *f* réelle; **-besitz** *m* propriété *f* foncière; **-einkommen** *n* revenu *m* réel; **-exekution** *f* (Aut) saisie *f* immobilière; **-firma** *f* raison sociale (empruntée à l'objet du commerce); **-folium** *n* (= Grundbuchblatt) feuille *f* du livre foncier (prévue pour chaque immeuble); **-gerechtigkeit** *f* (Aut) servitude *f* réelle.

Realisation *f* (Aut) réalisation *f.*

Realisations|ankauf *m* achat en vue d'une réalisation; **-geschäft** *n* réalisation; **-kauf** *m* achat en vue d'une réalisation.

realisierbar *adj* réalisable.

Realisierbarkeit *f* réalisabilité *f.*

Realität *f* (1) réalité *f*, matérialité (d'un fait), (2) (Aut) immeuble *m.*

Realitäten|agent *m* (Aut) agent *m* immobilier; **-büro** *n* (Aut) agence *f* immobilière; **-händler** *m* (Aut) agent immobilier, marchand de biens; **-verwalter** *m* (Aut) gérant *m* d'immeubles.

Real|kapital *n (GesR: Sachkapital)* immobilisations corporelles; **-katalog** *m* catalogue-matières *m*; **-kaufkraft** *f* pouvoir *m* d'achat réel; **-kaution** *f* caution *f* réelle; **-konkurrenz** *f (StR)* concours matériel *ou* réel d'infractions, cumul *m* réel; **-kontrakt** *m* contrat réel; **-kredit** *m* crédit sur garanties, crédit *m* immobilier, crédit réel; **-last** *f* charge *f* foncière, prestation *ou* redevance foncière, charge réelle; **-lohn** *m* salaire *m ou* pouvoir d'achat effectif *ou* réel; **-obligation** *f* obligation garantie par des biens-fonds; **-recht** *n* droit *m* réel; **-schule** *f* collège *m* d'enseignement secondaire; **-servitut** *f* servitude *f* réelle; **-sicherheit** *f* sûreté d'ordre réel, garantie; **-steuer** *f* impôt *m* réel; **-union** *f (VR)* union *f* réelle; **-vertrag** *m* contrat *m* reél; **-wert** *m* valeur *f* réelle.

Rebell *m* rebelle *m*, mutin *m.*

Rebellion *f* rébellion *f*, mutinerie *f*, sédition *f.*

Rechen|anlage *f* ordinateur *m*; **-fehler** *m* erreur *f* de calcul.

Rechenschaft *f* rapport *m*, compte *m* rendu; **- ablegen, - geben** rendre compte; **über** *od.* **von etw. - verlangen** *od.* **fordern, zur - ziehen** demander des comptes à qn.

Rechenschafts|bericht *m od.* **-legung** *f* rapport sur les comptes, reddition *f* de comptes, rapport *m* d'activité; **-pflicht** *f* obligation *f* de rendre compte.

Recherche *f* (= Nachforschung) enquête *f*, investigation.

Rechnung *f* (1) *(Berechnung)* compte *m*, calcul *m*, (2) *(Schriftstück)* facture *f*, note *f*, mémoire *m*, (3) (S) compte-rendu sur l'emploi de fonds; **anerkannte -** facture acceptée; **ausstehende -** facture *f* à recouvrer; **auf** *od.* **für eigene -** pour son propre compte, pour son compte personnel; **für fremde -** pour compte d'autrui, pour compte d'un tiers; **auf gemeinsame -** à compte commun; **auf seine - nehmen** assumer la responsabilité; **fingierte -** fausse facture; **laufende -** compte-courant *m*; **provisionsfreie -** compte pour lequel la banque ne prélève pas de commission; **provisionspflichtige -** compte pour lequel la banque prélève une commission; **quittierte –** facture acquittée, note acquittée, note payée, compte acquitté; **in Rückstand befindliche –** compte en retard; **– ablegen** rendre les comptes, rendre compte; **eine – abschließen** arrêter un compte; **eine – aufstellen** dresser un compte; **eine – ausstellen** établir une facture; **eine – begleichen** *od.* **bezahlen** régler une facture; **eine – bereinigen** apurer un compte; **eine – berichtigen** rectifier un compte; **in – bringen** porter en compte; **– legen** rendre compte; **eine – nachprüfen** vérifier un compte; **eine – quittieren** acquitter une facture, porter la mention ‹pour acquit› sur une facture; **auf die – setzen** facturer; **in – stellen** facturer, dresser la facture de; passer en compte; **die – vorlegen** rendre les comptes, rendre compte; **etw. in – ziehen** tenir compte de qch.

Rechnungs|abgrenzung *f* délimitation de compte; **–abgrenzungsposten** *m* compte *m* de régularisation; **–abschluß** *m* arrêté de compte, clôture des comptes, règlement de compte; **–amt** *n* cour régionale des comptes; **–aufstellung** *f* état *m* comptable; **–ausstellung** *f* facturation *f*; **–auszug** *m* extrait de compte, relevé de compte, bordereau de compte; **–basis** *f* base *f* comptable; **–beamte(r)** *m* agent *m* comptable, comptable *m* public; **–beleg** *m* pièce *f* comptable, document *m* comptable, pièce de comptabilité; **–bestätigung** *f* confirmation des comptes; **–betrag** *f* montant de la facture, somme *f* (comptable); **–buch** *n* livre de comptabilité, registre de comptabilité, registre *m* comptable.

Rechnungsdefizit *n* déficit *m* comptable; **kumulatives –** déficit *m* comptable cumulatif.

Rechnungs|einheit *f* unité *f* comptable; **–erhalt** *m* réception de la facture; **–führer** *m* (= Buchhalter) comptable *m*; **–führung** *f* comptabilité *f*, tenue de la comptabilité, gestion de comptes, gestion *f* comptable; **–gebühren** *pl* frais *pl* (de la facture); **–geld** *n* monnaie de compte.

Rechnungshof *m* Cour des comptes.

Rechnungsjahr *n* exercice *m* budgétaire, année *f* budgétaire; exercice comptable, année financière; **abgeschlossenes –** exercice *m* clos; **–system** *n* budget *m* d'exercice.

Rechnungs|kommissar *m* commissaire aux comptes; **–leger** *m* rendant *m* compte; **–legung** *f* reddition de comptes, établissement du bilan et des comptes de gestion; **–nummer** *f* numéro *m* de la facture; **–periode** période *f* comptable *ou* financière; **–posten** *m* (1) détail *m* des marchandises vendues, fourniture *f*, produit *m* envoyé, (2) article de compte, poste de comptabilité; **–preis** *m* prix de vente, prix facturé; **–prüfer** *m* (1) *(Haushaltsrecht)* vérificateur *ou* contrôleur *m* des comptes, (2) *(Gesellschaftsrecht)* expert *m* comptable, comptable agréé, commissaire aux comptes; vérificateur *m* comptable; **–prüferkommission** *f* commission *f* de vérification des comptes; **–prüfung** *f* vérification des comptes, contrôle *m* de l'emploi des fonds; **–saldo** *m* solde de compte; **–schluß** *m* (S) clôture des comptes, arrêté de compte; **–tafel** *f* barême *m* de compte.

Rechnungsüberschuß *m* excédent *m* comptable; **kumulativer –** excédent comptable cumulatif.

Rechnungs|unterlage *f* document *m* comptable; **–wert** *m* valeur facturée, montant *m* net de la facture.

Rechnungswesen *n* comptabilité *f*; **öffentliches –** comptabilité publique; **privates –** comptabilité privée.

recht *adj* (1) exact, correct, régulier, (2) (être) sûr.

1. Recht *n* (1) *(Rechtsnorm)* droit *m* (objectif), règle *f* juridique, norme *f*, loi *f*, (2) *(Befugnis)* droit (subjectif), faculté *f*, prétention *f*, demande *f*, autorisation *f*, (3) *(Gerechtigkeit)* justice *f*, équité *f*, (4) *(Gesamtheit der*

Gesetze) législation *f*, codification *f*, (5) *(Rechtstitel)* titre *m*; **abdingbares –** droit supplétif, règle supplétive; **absolutes –** droit absolu, règle impérative, droit efficace à l'égard de tous; **abtretbares –** droit cessible *ou* négociable; **ähnliches –** droit voisin; **altes –** droit ancien; **angeborenes –, angestammtes –** droit inné; **anwendbares –, anzuwendendes –** droit applicable; **aufhebendes –** droit négatif, droit négatoire (S); **ausschließliches –** droit privatif *ou* exclusif; **beschränktes –** droit accessoire; **bürgerliches –** droit civil; **dingliches –** droit réel; **dispositives –** règle supplétive; droit non impératif; **eingetragenes –** droit transcrit; **einheitliches –** droit uniforme; **erworbenes –** droit acquis; **formelles –** droit formel, prescription de forme, disposition formelle; **geltendes –** droit en vigueur, législation applicable; **gemeines –** droit commun; **geschriebenes –** droit écrit; **gesetztes –** droit positif; **gutgläubig erworbenes –** droit acquis de bonne foi; **höchstpersönliches –** droit attaché à la personne; **ideelles –** droit non évaluable en argent, droit moral, droit extra-patrimonial; **inländisches –** loi nationale, droit national *ou* interne; **innerstaatliches –** droit interne, loi interne; **internationales –** droit international; **kanonisches –** droit canon *ou* canonique; **kantonales –** (S) droit cantonal; **kodifiziertes –** droit codifié; **künftiges –** droit futur, expectative; **materielles –** règle de fond, droit matériel; **mit –** à juste titre, à bon titre, à bon droit; **nachgewiesenes –** droit prouvé; **nachgiebiges –** droit non impératif, règle supplétive *ou* interprétative; **objektives –** droit objectif, norme *f*, règle de droit; **öffentliches –** droit public; **örtliches –** droit local, loi *ou* législation locale; **persönliches –** droit appartenant à l'individu; **positives –** droit positif, légalité *f*; **prekaristisches –** (Aut) droit précaire; **relatives –** droit relatif, droit produisant un effet entre certaines personnes déterminées; **revisibles –** droit susceptible d'être invoqué lors d'un pourvoi en cassation, droit révisable; **römisches –** droit romain; **streitbefangenes –, streitiges –, strittiges –, streitverfangenes –** (Aut) droit litigieux; **subjektives –** droit subjectif; **subsidiäres –** droit supplétif *ou* subsidiaire; **übertragenes –** droit cessible; **unabdingbares –** règle impérative; droit inaliénable *ou* imprescriptible; **unbedingtes –** droit inconditionnel; **uneingeschränktes –** droit souverain, droit absolu; **unersitzbares –** droit imprescriptible; **ungeschriebenes –** droit non écrit, droit coutumier oral; **unmittelbares –** droit directement applicable; **unveräußerliches –** droit inaliénable, droit imprescriptible; **unverjährbares –, unverlierbares –** droit imprescriptible; **ursprüngliches –** droit originaire; **veräußerliches –** droit aliénable; **verbundenes –** (mit dem Hauptrecht) droit riverain; **verliehenes –** droit concédé; **vorbestandenes –** (S), **vorher bestehendes –** droit préexistant; **wohlerworbenes –** droit acquis; **zu –** à juste titre, à bon titre, à bon droit; **zwingendes –** (1) droit strict, (2) règle d'ordre public, loi d'ordre public, droit impératif, prescription impérative, prescription obligatoire.

Recht: j-m ein – aberkennen priver qn. d'un droit; **j-m ein – absprechen** dénier un droit à quelqu'un, contester le droit de qn.; **ein – abtreten** céder un droit; **sich ein – anmaßen** s'arroger un droit; **das – anwenden** appliquer une loi; **ein – ausüben** exercer un droit; **sich auf ein – berufen** invoquer un droit; **zu – bestehen** être fondé en droit; **das – beugen** contourner la loi; **jemandem ein – einräumen** conférer un droit à quelqu'un; **für – erkennen** reconnaître comme (étant) de droit; **sein – fordern** réclamer son droit, demander que justice soit faite; **ein – geltend machen** faire valoir un droit, invoquer un droit; **ein – genießen** jouir d'un droit; **ein – gewähren** conférer un droit; **–haben** être dans son bon droit; **wider das – handeln** ne pas respecter une loi, contrevenir à la loi; **ein – mißbrauchen** abuser d'un droit; **– zu parken** *(StVR)* droit de stationnement; **– schaffen** créer du droit; **im – sein** avoir raison, être dans son bon droit; **– sprechen** rendre la justice, dire le droit; **– studieren** étudier le droit, faire son droit; **ein – übertragen** céder *ou* aliéner un droit; **das – verdrehen** tourner la loi; **ein – verleihen** conférer un droit; **das – verletzen** violer une loi, enfreindre *ou* transgresser une règle de droit; **ein – verwirken** déchoir d'un droit; **sich das – vorbehalten** se réserver le droit (de faire qch); **ein – wahrnehmen** se prévaloir d'un droit; **jmdm. ein – zugestehen** accorder un droit à qn.

Recht zum Ankern droit de mouillage; **– auf Arbeit** droit au travail; **– zur Auflösung** droit de dissolution; **– auf Eingehung der Ehe** droit de contracter mariage; **– zum Einschreiten** droit d'intervention; **– auf Einsicht, – auf Einsichtnahme, – zur Einsichtnahme** droit de communication *ou* de regard; **– zur Einziehung** droit de confisquer; **– der Flagge** loi du pavillon; **– zur freien Fahrt** droit à la gratuité du transport, droit au transport gratuit; **– zur freien Würdigung** pouvoir d'appréciation autonome, **– der friedlichen Durchfahrt** droit de passage inoffensif; **– der Gegenäußerung** droit de réponse *ou* réplique; **– vor Gericht zu stehen** droit d'ester en justice; **– des gewerblichen Eigentums** droit de la propriété industrielle; **– des gleichen Zugangs** droit d'égal accès; **– auf Immunität, – der Immunität** droit d'immunité; **– auf Inventarerrichtung** bénéfice d'inventaire; **– der Nacheile** droit de poursuite (maritime); **– des öffentlichen Dienstes** droit de la fonction publique; **– der öffentlichen Finanzen** droit des finances publiques; **– auf Räumungsaufschub** droit au maintien dans les lieux; **– auf rechtliches Gehör** droit d'être entendu (par un juge); **– der Schuldverhältnisse** droit des obligations; **– des Stärkeren** droit du plus fort; **– auf Urlaub** droit aux congés-payés; **– zur Verbreitung** droit de diffusion; **– auf Vergeltung** loi du talion; **– auf vorzugsweise Befriedigung** droit de préférence; **– auf Wiedergabe** droit de reproduction; **– des Wohnsitzes** loi du domicile.

2. **Rechte** *pl*, **abgeleitete –** droits *mpl* dérivés; **politische –** droits politiques; **– beeinträchtigen** porter atteinte à des droits, léser les droits; **in die – eintreten** être subrogé; **in die – eintreten lassen** subroger; **– des geistigen Eigentums** droits intellectuels; **– verletzen** léser les droits; **auf seine – verzichten** renoncer à ses droits; **alle – vorbehalten** tous droits réservés; **seine – wahren** préserver ses droits; **in seine – wiedereinsetzen** réintégrer dans ses droits; **sich das – zusprechen** s'arroger le droit.

rechtens *adv*. à bon droit, de façon juste et légitime.

rechtfertigen (1) *(jemanden od. sich rechtfertigen)* justifier, couvrir, décharger, défendre, disculper, excuser, (2) *(Rechtmäßigkeit nachweisen)* légitimer, autoriser, prouver (le bien-fondé), justifier de, apporter la preuve de.

Rechtfertigung *f* justification *f*, décharge *f*, défense *f*, excuse *f*, explication *f*, preuve *f*.

Rechtfertigungselement *n* fait justificatif; **subjektives –** cause *f* subjective de justification.

Rechtfertigungsgrund *m* fait *m* justificatif, cause de justification.

rechtlich *adj* juridique, légitime, légal; **– begründet sein** être fondé en droit; **– selbständig** *(GesR)* juridiquement autonome *ou* indépendant;

Anspruch auf –es Gehör le droit d'être entendu par le juge.
rechtlos *adj* sans droit, privé de ses droits, mis hors-la-loi.
Rechtlose(r) *m* hors-la-loi *m.*
Rechtlosigkeit *f* fait d'être hors-la-loi.
rechtmäßig *adj* légitime, conforme à la loi, légal.
Rechtmäßigkeit *f* légitimité *f*, légalité *f*; **förmliche –** régularité *f* formelle.
Rechtmäßigkeitsvermutung *f* présomption *f* de légalité.
rechts à droite, de droite; **von Rechts wegen** de plein droit, juridiquement, légalement.
Rechtsabbiegen *n* (im Straßenverkehr) le fait de tourner à droite.
Rechtsabteilung *f* service *m* juridique, département des affaires juridiques; bureau *m* du contentieux; **Leiter der –** chef du service juridique, chef du contentieux.
Rechts|agent *m* (S) agent *m* de droit (S); **–akt** *m* acte *m* juridique; **–akte** *f (EU)* acte *m* unique européen; **–amt** *n* service juridique (d'une commune); **–analogie** *f* analogie *f* juridique; **–änderung** *f* modification du droit; **–angelegenheit** *f* litige *m*, contentieux *m*; **–angleichung** *f* adaptation *ou* harmonisation du droit, rapprochement *m* des législations.
rechtsanhängig *adj* pendant, en instance.
Rechts|anmaßung *f* usurpation d'un droit; **–anordnung** disposition légale, arrêté; **–anschauung** *f*, **–ansicht** *f* opinion *f ou* doctrine *f ou* conception *f* juridique.
Rechtsanspruch *m* droit *m* (subjectif), titre *m*; **einen – ableiten** alléguer les faits propres à fonder un droit; **einen – geben, einen – gewähren** ouvrir un droit.
Rechtsanwalt *m* avocat *m*, défenseur *m*; **– der eigenen Wahl** avocat de son choix, avocat librement choisi; **–liste** *f* tableau des avocats.
Rechtsanwaltanwärter *m* (Aut) avocat *m* stagiaire, avocat admis au stage; **Ausbildungszeit der –** (Aut) stage *m* des avocats.
Rechtsanwaltsbüro *n* cabinet *m* d'avocat, étude *f*.
Rechtsanwaltschaft *f* barreau *m*; **Ausschließung aus der –** radiation *f* du barreau.
Rechtsanwaltsgebühren *fpl* honoraire d'avocat, rémunération *f*; **–ordnung** *f* barème *m* des honoraires d'avocat.
Rechtsanwalts|haftung *f* responsabilité de l'avocat; **–honorar** *n* honoraires *mpl* d'un avocat.
Rechtsanwaltskammer *f* barreau *m*, ordre des avocats; **Präsident der –** bâtonnier *m*.
Rechtsanwalts|kanzlei *f* cabinet *m* d'avocat; **–kosten** *pl* frais *mpl* d'avocat; **–ordnung** (= R. A. O.) Loi (allemande) portant sur le statut des avocats; **–sozietät** *f* société civile professionnelle d'avocats; **–vergütung** *f* rétribution de l'avocat, honoraires *mpl*; **–vertrag** *m* mandat *m*; **–zulassung** *f* admission d'un avocat (auprès d'un tribunal) pour l'exercice de sa profession.
Rechts|anwendung *f* application du droit; **–assessor** *m* titulaire du second examen d'État (en droit); **–auffassung** *f* conception *f ou* thèse *f ou* opinion *f* juridique, interprétation du droit; **–aufsicht** *f (ÖfR)* tutelle *f* (administrative); **–ausbildung** *f* formation juridique; **–ausführungen** *pl* exposé de droit, argument *m* juridique; **–auskunft** *f* consultation, avis *m* juridique; **–auskunftsstelle** *f* bureau *m* de consultation juridique; **–ausschluß** *m* forclusion *f*; **–ausschuß** *m* comité *m ou* commission *f* juridique; **–ausübung** *f* exercice d'un droit; **–ausübungsfrist** *f* délai *m* d'exercice du droit; **–beeinträchtigung** *f* atteinte *f* au droit, lésion *f* d'un droit; **–begehren** *n* demande *f* en justice; **–begriff** *m* concept *m* juridique, notion *f* de droit.
rechtsbegründend constitutif de droits.
Rechts|begründung *f* fondement *m*

juridique, le fait de fonder une prétention; **–behelf** *m* voie *f ou* moyen *m* de recours (dans un sens très général), voie *f* de droit; **–behelfsbelehrung** *f* instruction *f* concernant les voies de recours; **–behelfsverfahren** *n* procédure lors d'un recours *ou* de l'exercice d'une voie de recours; **–beistand** *m* conseil *m* juridique, personne agréée comme défenseur *ou* conseil par un tribunal, mais ne remplissant pas les conditions d'admission au barreau; **–belehrung** *f* information (d'une personne sur les droits dont elle dispose), avertissement sur les droits d'une partie; **–berater** *m* conseil *m* juridique, consultant *m*; **–beratung** *f* consultation (juridique); avis *m* donné par l'avocat (au cours de la consultation); **–beratungsstelle** *f* bureau de consultations juridiques; **–bereinigung** *f* constatation formelle du droit en vigueur; **–beschränkung** *f* limitation des droits de qn.; **–beschwerde** *f* recours (fondé sur des questions de fond); **–besitz** *m* possession d'un droit; **–bestand** *m* stabilité *ou* continuité du droit; validité *ou* valeur *f* juridique, légalité *f*; **–bestimmung** *f* disposition légale, norme *f*; **–beugung** *f* application volontairement incorrecte du droit par un magistrat, prévarication *f*; **–bewußtsein** *n* sens *m* du droit, conscience juridique (réfléchie); **–beziehungen** *pl* relations *fpl* juridiques; **–bildung** *f* formation *f* du droit; **–bindung** *f* obligation de respecter le droit; **–blindheit** *f* ignorance *f* du droit.

Rechtsbrecher *m* malfaiteur *m*, délinquant *m*; **erstmaliger –** délinquant primaire.

Rechtsbruch *m* violation *f* du droit.

Rechtscharakter *m* caractère *m* juridique.

Rechts|darlegung *f* exposé du droit, exposé *m* juridique; **–dogmatik** *f* doctrine *f* juridique concernant le droit en vigueur; **–domizil** *n* (S) domicile de droit (S); **–eigenschaft** *f* qualité *f* juridique; **–einheit** *f* unité du droit; **–einräumung** *f (UrhR)* cession de droits (relatifs à une œuvre); **–einrichtung** *f* institution *f* juridique; **–empfinden** *n* sentiment du droit; **–entscheid** *m* décision du tribunal supérieur sur une question de droit; **–entwicklung** *f* évolution *ou* genèse *f* du droit.

rechtserheblich *adj* pertinent, permettant de fonder un droit.

Rechtserwerb *m* acquisition *f* d'un droit.

rechtserzeugend créateur de droit.

Rechts|erzeugung *f* (Aut) création du droit; **–erzeugungsverfahren** *n* processus *m* de création du droit.

Rechtsetzung *f* législation *f*, création *f* de droit.

Rechtsetzungs|akt *m* acte-règle *m*, acte *m* législatif; **–befugnis** *f* pouvoir *m* législatif, pouvoir de légiférer, compétence *f* législative; **–gewalt** *f* pouvoir législatif, pouvoir de légiférer; **–technik** *f* technique *f* législative; **–verfahren** *n* processus de création du droit.

rechtsfähig *adj* (1) *(natürliche Person)* capable juridiquement, possédant la capacité de jouissance (d'un droit), (2) *(Gesellschaft, Verein)* doté de la personnalité morale.

Rechtsfähigkeit *f* capacité *f* juridique, capacité de jouissance; **bürgerliche –** capacité civile.

Rechts|fahrgebot *n (StVR)* obligation de maintenir le véhicule près du bord droit de la chaussée; **–fakultät** *f* faculté de droit; **–fall** *m* faits *mpl* juridiquement qualifiés, cause *f*, cas *m*; **–fiktion** *f* fiction juridique; **–findung** *f* le fait de trancher un litige conformément aux règles en vigueur; **–folge** *f* effet *m* de droit, conséquence *f ou* effet *m* juridique; **–folgen nach sich ziehen** entraîner des conséquences juridiques; **–folgenbelehrung** *f* avertissement au sujet des conséquences juridiques; **–form** *f* forme *f* légale; **–fortbildung** formation juridique post-universitaire; **–frage** *f* point de droit, question *f* de droit, question *ou* problème *m* juridique;

–früchte *fpl* fruits *mpl* civils; **–gang** *m* déroulement de la procédure; **–garantie** *f* garantie *f* juridique; **–gebiet** *n* domaine *m* juridique, branche *f* du droit; **–gebilde** *n* entité *f* juridique; **–gefährdung** *f* fait de constituer une menace pour un droit particulier; **–gefühl** *n* le sens du droit *ou* de l'équité; conscience juridique spontanée; **–gelehrte(r)** *m* jurisconsulte *m*, légiste *m*; **–gemeinschaft** *f (ZPR)* communauté *f* d'intérêts.

Rechtsgesamtheit *f* entité *f* juridique, ensemble *m* des éléments corporels et incorporels (constituant un fonds de commerce p. ex.).

Rechtsgeschäft *n* acte *m* juridique; **erstes –** acte primordial; **formbedürftiges –** acte solennel; **formfreies –** acte consensuel; **ein – abschließen** passer un acte.

rechtsgeschäftlich *adj* contractuel; **–es Veräußerungsverbot** interdiction contractuelle d'aliéner un bien; **–e Verfügung** aliénation par contrat; **–er Verkehr** transactions *fpl* contractuelles.

Rechtsgeschichte *f* histoire du droit.

rechtsgestaltend *adj* créateur d'une situation juridique.

Rechtsgestaltung *f* élaboration d'un acte juridique *ou* d'une solution à un problème *ou* litige juridique.

Rechtsgestaltungsurteil *n* (Aut) jugement *m* constitutif de droit(s).

Rechtsgewährung *f* le fait d'accorder un droit; **Einschränkung der –** déni de justice.

Rechtsgrund *m* motif *m ou* intention juridique; juste cause; titre *m*; **fehlender –** absence de fondement juridique.

Rechtsgrundlage *f* base *f* juridique, fondement *m* d'un droit; soubassement de l'ordre juridique.

Rechts|grundsatz *m* principe juridique, principe fondamental du droit; **allgemeine –grundsätze** *pl* principes généraux du droit.

rechtsgültig *adj* valide, juridiquement valable; **in –er Form** en bonne et due forme.

Rechts|gültigkeit *f* validité *f* juridique, légalité *f*; **–gut** *n* bien protégé par une disposition légale (en matière de responsabilité délictuelle); **–gutachten** *n* consultation *f* juridique, avis *m* juridique, expertise *f* juridique; **–handlung** *f* (1) *(allg)* fait juridique, (2) *(rechtmäßig)* fait volontaire licite, (3) *(unrechtmäßig)* délit civil, fait délictuel.

rechtshängig *adj* litispendant, pendant, en instance.

Rechtshängigkeit *f* litispendance *f*; **die – begründen** lier l'instance.

Rechtshängigkeitsvermerk *m* inscription dans un registre pour mentionner l'introduction d'une instance judiciaire.

Rechtshilfe *f* assistance *f* juridique (entre autorités judiciaires), aide *f ou* entraide *f* judiciaire, entraide juridique (S); **gegenseitige –** aide judiciaire mutuelle; **–abkommen** *n* convention d'aide judiciaire; **–ersuchen** *n* commission *f* rogatoire; **–übereinkommen** *n* convention d'aide judiciaire; **–vereinbarung** *f* convention *f* d'aide judiciaire; **–vertrag** *m* traité *ou* convention d'aide judiciaire.

rechtshindernde Einwendung exception de nullité.

Rechtshoheit *f* souveraineté *f*.

Rechtsinformatik *f* informatique juridique documentaire *ou* de gestion; documentation juridique automatisée; informatique judiciaire.

Rechts|inhaber *m* titulaire d'un droit; **–institut** *n* institution *f* juridique; **–irrtum** *m* erreur *m* de droit; **–kenntnis** *f* connaissance du droit *ou* de la loi; **–kenntnisse** *fpl* connaissances juridiques.

rechtsklärend *adj* qui précise le droit.

Rechts|kollision *f* conflit de lois (en droit international privé); **–konsulent** *m* conseil *m* juridique; **–kontinuität** *f* continuité *f* juridique, continuité de droit; **–kontrolle** *f* contrôle *m* juridique.

Rechtskraft *f* force *f* de chose jugée; irrévocabilité *f*.

rechtskräftig *adj* ayant force de

chose jugée, passé en force de chose jugée, définitif *adj*, coulé en force de chose jugée (B).

Rechtskraftdurchbrechung opposition à l'exécution d'un jugement ayant force de chose jugée.

Rechtskraftwirkung *f* effet *m* de chose jugée, force *f* de la chose jugée; **auf die Prozeßparteien beschränkte –** relativité *f* de la chose jugée.

Rechtskraftzeugnis *n* certificat attestant qu'un jugement est passé en force de chose jugée, certificat de chose jugée.

Rechtskunde *f* (1) enseignement *m* du droit, (2) science juridique, (3) *(Lehrbuch)* introduction générale au droit; **vergleichende –** droit *m* comparé.

rechtskundig connaissant le droit *ou* la loi.

Rechts|kundiger *m* juriste *m*, homme *m* de loi, légiste *m*; **–lage** *f* situation *f* juridique; **–lehre** *f* doctrine *f*; **–lehrer** *m* professeur *m* de droit; **–lücke** *f* lacune *f* juridique, hiatus *m* juridique.

Rechts|mangel *m (SchuldR)* vice *m* de droit (conduisant à l'éviction), trouble de droit *ou* de fait (permettant d'agir en garantie d'éviction; **–mängelhaftung** *f (SchuldR: Gewährleistungspflicht)* garantie *f* d'éviction; **–medizin** *f* médecine *f* légale; **–meinung** *f* opinion *f* juridique.

Rechtsmißbrauch *m* abus *m* de droit, abus d'un droit, abus du droit, exercice d'un droit dans le dessein de nuire à autrui.

rechtsmißbräuchlich *adj* abusif; *adv* abusivement.

Rechtsmittel *n* voie *f* de recours, voie de droit, moyen de recours; **– mit Devolutiveffekt** voies *fpl* de réformation ayant un effet dévolutif; **ein – einlegen** *od.* **einreichen** former *ou* présenter un recours, se pourvoir (en justice); **über – entscheiden** statuer en appel; **– ergreifen** se pourvoir, faire appel, interjeter appel; **–ausführung** *f* (Aut) mémoire *m* ampliatif; **–ausschluß** *m* exclusion *f* des voies de recours; **–begründung** *f* motifs *mpl ou* motivation de la voie de recours; **–belehrung** *f* indication des voies de recours; **–beschränkung** *f* limitation des moyens de recours; **–eingabe** *f* (S), **–einlegung** *f* introduction du recours, exercer une voie de recours; **–entscheid** *m* (S), **–entscheidung** *f* décision rendue sur recours; **–frist** *f* délai applicable à une voie de recours, délai d'appel; **–gericht** *n* tribunal statuant en appel, Cour d'appel.

Rechtsmittelinstanz *f* instance *f* de recours, juridiction d'appel; **als – entscheiden** statuer en appel.

Rechtsmittel|kläger *m* appelant *m*, demandeur en appel; **–kosten** *pl* frais judiciaires de la voie de recours; **–rücknahme** *f* renonciation à l'appel au cours de l'instance; **–schrift** *f* mémoire *m* du pourvoi; **–verfahren** *n* procédure de recours; procédure *f* d'appel; **–verzicht** *m* renonciation aux voies de recours; **–werber** *m* (Aut) demandeur *m* en appel; **–zulassung** *f* ouverture du pourvoi; déclarer recevable le pourvoi.

Rechts|nachfolge *f* (1) *(ErbR: Sukzession)* succession *f* juridique, transmission du patrimoine, (2) *(Rechtserwerb)* acquisition d'un droit, fait de devenir propriétaire; **–nachfolger** *m* ayant droit, ayant cause *m*; **–nachteil** *m* désavantage *m* juridique; **–natur** *f* nature *f* juridique; **–nießbrauch** *m* usage *m* d'un droit; **–norm** *f* norme *f* juridique; règle *f* de droit, loi *f*; **–objekt** *n* objet *m* du droit; **–öffnung** *f* (S) main-levée *f*; **–ordnung** *f* (1) droit objectif, système *ou* ordre juridique, (2) (en S:) ordonnance *f* juridique, règlement *m*, décret *m*.

Rechtsperson *f* personne *f* juridique; personne morale.

Rechtspersönlichkeit *f* personnalité *f* morale, personnalité juridique, personnalité civile, personnification civile (B); **Erlöschen** *n* **der –** extinction *f ou* disparition *f* de la personnalité morale; **– im Völkerrecht** personnalité morale du droit international public.

Rechts|pfändung *f* saisie de biens incorporels; **–pflege** *f* justice *f*, organisation judiciaire, administration de la justice; **–pfleger** *m* fonctionnaire de l'administration de la justice chargé de certaines fonctions juridictionnelles (notamment en matière de juridiction gracieuse), auxiliaire *m* de justice; **–pflicht** *f* obligation *f ou* engagement *m* juridique; **–philosophie** *f* philosophie *f* du droit; **–politik** *f* politique législative, politique de réforme de la législation.

rechtspolitisch *adj* politico-juridique, politique et juridique.

Rechts|positivismus *m* positivisme *m* juridique; **–praxis** *f* pratique *f* juridique.

rechtsprechende Gewalt *f* pouvoir *m ou* autorité *f* judiciaire.

Rechtsprechung *f* jurisprudence *f*; **Änderung in der –** revirement *m ou* renversement *m* de jurisprudence, tournant *m ou* changement de jurisprudence; **direkte –** pleine juridiction; **einheitliche –** jurisprudence uniforme; **feststehende –** jurisprudence bien établie; **ständige –** jurisprudence constante; **übertragene –** justice *f* déléguée; **vorbehaltene –** justice retenue; **völkerrechtliche –** jurisprudence internationale.

Rechtsprechungs|befugnis *f* pouvoir *m* de juridiction *ou* juridictionnel; **–gewalt** *f* compétence *f* juridictionnelle; **–grundsatz** *m* principe de jurisprudence; **–organ** *n* organe *m* juridictionnel; **–praxis** *f* pratique *f* jurisprudentielle; **–übersicht** *f* sommaire *m* de la jurisprudence, décisions résumées, informations rapides sur les décisions de justice; **–verfahren** *n* procédure *f* juridictionnelle.

Rechts|problem *n* question (d'ordre) juridique; **–qualität** *f* valeur juridique.

Rechtsquelle *f* source *f* du droit; **Rangordnung der –n** hiérarchie *f* des règles de droit.

Rechtsreferendar *m* titulaire du 1er examen d'État (en droit).

Rechtsreform *f* réforme de la législation *ou* d'une loi, amélioration *ou* amendement d'un texte législatif.

Rechtssache *f* cause *f*, affaire *f*, litige *m*, contentieux *m*; **anhängige –** affaire pendante; **bürgerliche –** matière *f ou* affaire civile; **eine – streichen** radier une affaire.

Rechtssachen *pl*, **verbundene –** affaires *fpl* jointes.

Rechts|satz *m* règle juridique, règle de droit, norme *f*, loi *f*; **–schaffung** création du droit; **–schein** *m* apparence *f* du droit; signe extérieur par lequel se manifeste un droit.

Rechtsschöpfung *f* activité génératrice de droit, ‹génétique› du droit.

Rechtsschrift *f* (S) mémoire *m*; **– des Beklagten** (S) mémoire de défense (S).

Rechtsschrifttum *n* littérature *f* juridique.

Rechtsschutz *m* (1) *(i.w.S.)* protection *f* juridique *ou* légale, protection par les tribunaux, (2) *(VersR)* garantie *f* défense-recours; **gewerblicher –** protection de la propriété commerciale *ou* industrielle, propriété industrielle; **–anspruch** *m* droit à la protection juridique, droit *m*; **–bedürfnis** *n*, **–interesse** *n* intérêt *m* légitime; nécessité de la protection par la loi; **–versicherung** *f* assurance protection juridique, assurance défense et recours, assurance contentieux.

Rechts|sicherheit *f* sécurité *f* découlant de la certitude de la stabilité du droit, sécurité du droit, sécurité juridique; **–sprache** *f* langue *f* juridique, langage du droit; vocabulaire *m* juridique; discours *m* juridique; **–spruch** *m* décision judiciaire *ou* de justice, sentence *f*, jugement *m*, arrêt *m*.

Rechts|staat *m* État de droit, État *m* fondé sur le droit; **–staatlich** *adj* concernant l'État de droit *ou* l'ordre juridique; assurant le respect du Droit; **–staatlichkeit** *f* légalité *f*, constitutionnalité *f*; **–staatsgefährdung** *f (StR)* atteinte *f* à l'ordre constitutionnel; **–staatsprinzip** *n* principe *m* de légalité; **–standpunkt** *m* point de vue juridique; **–status** *m* statut *m* juridique.

Rechtsstellung *f* situation *f* juridique, statut *m* juridique; **– der Ausländer** condition *f* des étrangers; **in seine – wiedereinsetzen** réintégrer dans ses droits.

Rechtsstreit *m* litige *m*, contentieux *m* juridique, procès *m*, instance *f*; **anhängiger –** litige en instance; **in jeder Lage des –s** en tout état de cause; **der – ist in der Hauptsache erledigt** il n'y plus lieu à statuer.

Rechts|streitigkeit *f* litige *m*, procès *m*, instance *f*; **–struktur** *f* structure juridique; **–subjekt** *n* sujet *m* de droit; **–system** *n* régime *m ou* ordre *m* juridique; **–tag** *m* (S) jour *m* d'audience; **–tatsachen** *fpl* réalité *f* juridique; **–titel** *m* titre *m* juridique; **–träger** *m* sujet de droit; **–treue** *f* respect *m* de la loi; **–übergang** *m* transfert *m* d'un droit, translation *ou* passage d'un droit (sur un tiers); **–überleitungsgesetz** *n* (Aut) loi *f* transitoire; **–übernahme** *f* réception du droit; **–übertragung** *f* transfert de droits; **–übung** *f* exercice d'un droit.

rechtsungültig *adj* invalide, non valable juridiquement, nul.

Rechts|ungültigkeit *f* défaut de validité, invalidité; **–unkenntnis** *f* ignorance *f* du droit.

rechtsunkundig *adj* qui ne connaît pas le droit, qui est mal informé des questions de droit.

Rechts|unsicherheit *f* insécurité *f* du droit, insécurité juridique; **–unterworfene(r)** *m* sujet de droit, justiciable *m*, administré *m*.

rechtsunwirksam *adj* dépourvu d'effets juridiques, nul (et non avenu).

Rechts|unwirksamkeit *f* inefficacité *f* juridique, nullité *f* juridique; **–unwissenheit** *f* ignorance *f* du droit; **–vakuum** *n* hiatus *m* juridique, lacune *f* juridique, lacune du droit, vide *m* juridique.

rechtsverbindlich *adj* obligatoire, juridiquement valable *ou* valide.

Rechts|verbindlichkeit *f* obligation *f* juridique, lien *m* de droit; **–vereinheitlichung** *f* (1) unification *f* du droit, harmonisation juridique, (2) *(EU)* création d'un espace juridique européen; **–verfahren** *n* procédure *f* légale; **–verfolgung** *f* exercice *m* d'un droit; **–vergleicher** *m* spécialiste du droit comparé, comparatiste *m*.

rechtsvergleichend *adj* de droit comparé.

Rechts|vergleichung *f* droit *m* comparé, étude comparative (de deux Droits); **–verhältnis** *n* rapport de droit, rapport *m* juridique, situation *f* juridique, lien *m* juridique; **–verjährung** *f* prescription *f* du droit.

Rechtsverkehr *m* vie *f* juridique; **internationaler –** rapports *mpl* juridiques internationaux, relations *fpl* juridiques sur le plan international; **Täuschung im –** manœuvres *fpl* dolosives.

Rechts|verkennung *f* méconnaissance du droit; **–verletzung** *f* violation du droit; violation de la loi, lésion *f*; **–verlust** *m* déchéance *f* d'un droit, perte du droit; **–vermutung** *f* présomption *f* légale.

Rechtsverordnung *f* (= RVO) règlement *m* subordonné à la loi, décret d'application de la loi.

Rechts|vertreter *m* représentant légal; mandataire *m*; **–vertretung** *f* représentation *f* juridique; **–verweigerung** *f* déni de justice, abstention de juge; **–verwirkung** *f* déchéance *f* d'un droit; **–verzögerung** *f* (S) retard dans la marche de la justice; **–vorgang** *m* acte *m* juridique; **–vorgänger** *m* (1) personne *f* ayant cédé un droit, prédécesseur *m* dans les droits, (2) *(GesR)* société cédante, (3) auteur *m*; **–vorschlag** *m* (S) opposition *f*; **–vorschrift** *f* prescription *f* juridique, règle *f* de droit, règle légale; **–vorstellung** *f* conception du droit.

Rechtswahl *f (IPR)* choix *m* du droit applicable; **–klausel** *f*, **–vereinbarung** *f* clause *ou* convention de détermination du droit applicable (à une convention).

Rechtsweg *m* voie *f* de droit, voie judiciaire; **auf dem –e** par voie de droit, par la voie judiciaire; **unter Ausschluß des –es** sans possibilité d'un recours aux tribunaux, ‹de recours aux tribunaux étant exclu›; **den – beschreiten** se pourvoir en justice, avoir recours aux tribunaux, intenter une action en justice, introduire une instance; **ordentlicher** – action engagée devant une juridiction judiciaire, procédure devant une juridiction de droit commun; **–erschöpfung** *f* épuisement des voies de recours.

Rechtswesen *n* le Droit.

rechtswidrig *adj* illégal, contraire au droit, illicite; **–e Handlung** acte *m* illicite; **–e Tat** *(StR)* fait *m* contraire à la loi, infraction par détermination de la loi.

Rechts|widrigkeit *f* illégalité *f*, illicéité *f*; **–wiederherstellung** *f*, restauration *f* du droit; restitution des droits; **–wirklichkeit** *f* réalité *f* juridique.

rechtswirksam *adj* valide.

Rechts|wirksamkeit *f* validité *f* juridique; **–wirkung** *f* effet *m* juridique; **–wissenschaft** *f* science *f* du droit; **–wohltat** *f* bénéfice *m*; **–zug** *m* instance *f*, degré de juridiction; **–zustand** *m* situation *f* juridique.

rechtzeitig *adj* à bonne date, en temps utile, en temps voulu.

Recycling *n (UmweltR)* recyclage *m*, retraitement *m*.

Redakteur *m* rédacteur, journaliste.

Redaktion *f* rédaction *f*.

Redaktions|ausschuß *m* commission de rédaction, comité de rédaction; **–geheimnis** *n* secret *m* rédactionnel.

Rede *f* discours *m*; **eine – halten** prononcer un discours; **–freiheit** *f* liberté de parole; **–kunst** *f* rhétorique *f* (juridique).

reden parler, s'exprimer, prendre la parole, avoir une conversation avec quelqu'un.

Rede|ordnung *f* tour *m* de parole; **–recht** *n* droit de prendre la parole *ou* d'exprimer son point de vue; **–wendung** *f* locution *f*, tournure *f* de style; **–zeit** *f* temps de parole.

redigieren rédiger (un contrat), dresser (un acte).

Redintegration *f (VR)* remise en vigueur d'une convention internationale.

Rediskont *m* réescompte *m*, escompte auprès de la banque centrale; **–bank** *f* banque *f* de réescompte; **–geschäft** *n* opération de réescompte.

rediskontierbar *adj* réescomptable.

rediskontieren réescompter, opérer le réescompte.

Rediskontierung *f* réescompte *m*.

Rediskont|kredit *m* crédit *m* de réescompte; **–satz** *m* taux *m* de réescompte, taux d'escompte (auprès de la banque centrale).

redlich *adj* de bonne foi, probe, loyal, sincère, intègre, honnête.

Redlichkeit *f* bonne foi *f*, probité *f*, loyauté *f*, sincérité *f*, intégrité *f*, honnêteté *f*.

Redner *m* orateur *m*; **–bühne** *f* tribune.

Reeder *m (SeeHR: Schiffseigner)* armateur *m*, fréteur *m*; **–brief** *m* contrat *m* d'armement.

Reederei *f od.* **–gesellschaft** *f* société d'armement; **–statut** *n*, **–vertrag** *m* contrat d'armement; **–vertreter** *m* agent *m* maritime.

Reeder-Verfrachter *m* armateur-chargeur *m*.

reell *adj* (1) *(wirklich)* réel, effectif, certain, tangible, (2) *(ehrlich, ordentlich)* honnête, régulier.

REFA *f* (= Reichsausschuß für Arbeitszeitermittlung, heute: Verband für Arbeitsstudien e. V.) Association allemande pour l'étude de l'organisation et de la rationalisation du travail.

Refaktie *f (HR)* réfaction *f*, réduction sur le prix *ou* le poids (pour qualité défectueuse).

Referat *n* (1) *(Abteilung)* service *m*, département *m*, section *f*, *(im Ministerium:)* bureau *m*, (2) *(Bericht)* rapport *m*, compte *m* rendu, exposé *m*; **ein – halten** faire un rapport *ou* un exposé.

Referatsleiter *m* chef *m* de division (dans un ministère).

Referendar *m (BeamR)* fonctionnaire stagiaire, titre conféré au titulaire du premier examen d'État, lorsqu'il entre au service de l'État.

Referendum *n (S: Volksentscheid)* référendum *m*; **obligatorisches –** référendum obligatoire.

Referendums|begehren *n* (S) demande de référendum; **–frist** *f* (S) délai *m* référendaire (S).

Referent *m* (1) rapporteur *m*, (2) *(Ministerium)* chef adjoint de division, chef de bureau; **persönlicher –** secrétaire particulier; chef de cabinet (d'un ministre).

Referentenentwurf *m (StaatsR)* projet *m* de loi élaboré par des hauts fonctionnaires.

Referenz *f* (1) *(Auskunft)* renseignement *m*, référence *f*, (2) *(Empfehlung)* recommandation *f*.

Referenz|jahr *n* année de référence; **–kurs** *m* cours de référence; **–menge** *f (EU)* quantité de référence; **–preis** *m* prix *m* de référence.

referieren faire un rapport oral (sur une question), faire un compte-rendu; se référer à (un texte).

Refinanzierung *f* refinancement *m*.

Refinanzierungskredit *m* crédit *m* de refinancement.

Reflation *f (Vwirt)* réflation, politique d'expansion monétaire contrôlée.

Reform *f* réforme *f*, amélioration *f*, réorganisation *f*; **institutionelle –** réforme institutionnelle.

Reformatio in peius *(StPR)* reformatio in peius (aggravation du sort de l'appelant).

Reformationsrecht *n* droit de réformation.

reformbedürftig *adj* nécessitant une réforme.

Regal *n (ÖfR: wirtschaftlich nutzbares Hoheitsrecht)* office public *ou* ministériel, charge d'officier public.

Regal|gebühr *f* (S) droit *m* régalien, émolument *m* régalien (S); **–pflicht** *f* (S) droit régalien *m*, assujettissement à la régale (S).

Regel *f* (1) *(allg.)* règlement *m*, norme *f*, règle *f*, (2) *(Einzelfall)* consigne *f*, ordre *m*; **in der –, in aller –** en règle générale, normalement.

Regel|anfrage *f (ÖfR)* demande adressée par les services publics à l'Office de protection de la constitution lors de l'admission d'une personne à un emploi public en vue de vérifier sa fidélité à la constitution; **–anknüpfung** *f (IPR)* rattachement *m* selon un procédé de localisation fondé sur le sujet *ou* l'objet du rapport de droit; **–bedarf** *m (ZR: des nichtehelichen Kindes)* subsides dus à l'enfant naturel et se réglant d'après les besoins élémentaires de ce dernier; **–fall** *m* cas *m* type; **–entgelt** *n*, **–leistung** *f (SozVers)* prestation minimum prévue par la loi, prestation réglementaire *ou* obligatoire.

regelmäßig *adj* régulier, normal.

Regelmäßigkeit *f* régularité *f*.

regeln réglementer, régler, régir; assujetir à une loi.

Regel|satz *m* taux *m* normal (d'une rente); **–strafe** *f* peine *f* normale; **–studienzeit** *f (HochschulR)* durée des études prescrite; **–tarif** *m* tarif *m* normal; **–überwachung** *f (ÖfR)* surveillance régulière par les services de protection de la constitution.

Regelung *f* (1) *(Vorschrift)* règlement *m*, réglementation *f*, (2) *(Angelegenheit)* arrangement *m*, mise *f* en ordre, accord *m*; **abweichende –** prescription *f* dérogatoire; **gesetzliche –** réglementation législative *ou* légale; **gütliche –** arrangement *m* amiable *ou* à l'amiable *ou* de gré à gré; **steuerliche –** réglementation fiscale; **vertragliche –** régime *m* conventionnel, réglementation contractuelle; **eine – treffen** prendre une réglementation, convenir de qch.

Regelungs|abrede *f* règlement *m* de conciliation; **–angebot** *n* offre de règlement; **–bedarf** *m* état *m* de choses requérant une (nouvelle) réglementation; **–bedingung** *f* condition de règlement; **–befugnis** *f*, **–zuständigkeit** *f* compétence *f* réglementaire.

Regelunterhalt *m (ZR)* subsides *mpl* en forme de pension dus à l'enfant naturel et se réglant d'après les besoins élémentaires de ce dernier.

Regelwidrigkeit *f* irrégularité *f*, illégalité *f*, passe-droit *m*.

Regie *f* (1) *(Leitung, Verwaltung)* direction, administration, régie *f*, (2) *(Aut: Verwaltungskosten)* frais administratifs; **eigene –** régie directe.

Regiebetrieb *m* régie *f*; **reiner –** régie directe, service en régie directe; **verselbständigter –** régie individualisée.

regieren gouverner, diriger.

Regierung *f* (1) *(Ausübung der Staatsgewalt)* gouvernement *m*, (2); *(Herrschaft)* régime *m*, règne *m*, autorité *f*, pouvoir *m*; **ersuchende –** gouvernement requérant; **ersuchte –** gouvernement requis; **de facto –** gouvernement „de facto" *ou* de fait; **de jure –** gouvernement légal; **legitime –** gouvernement légitime; **provisorische –** gouvernement provisoire; **rechtmäßige –** gouvernement légal; **verfassungsmäßige –** gouvernement constitutionnel; **vertragschließende –** gouvernement contractant; **– der Aufständischen** gouvernement insurrectionnel; **die – bilden** former *ou* constituer le gouvernement; **in die – eintreten** entrer dans le gouvernement; **die – zu Fall bringen** renverser le gouvernement; **– der nationalen Einigung** gouvernement d'union nationale; **– des nationalen Notstandes** gouvernement de salut public; **die – stürzen** renverser le gouvernement.

Regierungs|abkommen *n* accord *m* gouvernemental *ou* intergouvernemental; **–akt** *m* acte de gouvernement; **–amtmann** *m (BeamR)* secrétaire *m* administratif (catégorie B); **–antritt** *m* (1) entrée en fonction du gouvernement, (2) prise de pouvoir, accès au pouvoir; **– apparat** *m* appareil *m* gouvernemental; **–assessor** *m (BeamR)* grade inférieur de la hiérarchie administrative allemande (catégorie A); **–assistent** *m* agent *m* de bureau; **–aufsicht** contrôle *m* gouvernemental; **–ausschuß** *m* commission *f* gouvernementale, comité intergouvernemental; **–bank** *f* banc *m* des ministres (au Parlement); **–beamte(r)** *m* fonctionnaire *m* gouvernemental; **–beauftragte(r)** *m* commissaire *m* du gouvernement; **–beschluß** *m* décision *f* gouvernementale; **–beteiligung** *f* participation au gouvernement; **–bevollmächtigte(r)** *m* plénipotentiaire *m*; **–bezirk** *m (VwR)* circonscription administrative allemande (dans un Land, équivalente à un ou plusieurs départements français); **–bildung** *f* formation du gouvernement; **–bündnis** *n* coalition gouvernementale; **–chef** *m* chef du gouvernement, premier ministre; **–delegation** *f* délégation gouvernementale; **–dienststelle** *f* chancellerie *f*, office gouvernemental; **–direktor** *m (BeamR)* administrateur *m* civil (de 1ère classe), attaché *m* d'administration centrale, attaché principal, grade *m* de la hiérarchie administrative allemande (supérieur à Oberregierungsrat, inférieur à Ministerialrat); **–entwurf** *m* projet *m* de loi gouvernemental; **–erklärung** *f* déclaration *f* gouvernementale.

regierungsfeindlich *adj* antigouvernemental.

Regierungsform *f* système gouvernemental, régime *m* de gouvernement.

regierungsfreundlich *adj* pro-gouvernemental.

Regierungsgebäude *n* siège *m* du gouvernement.

Regierungsgewalt *f* pouvoir *m* gouvernemental, fonction gouvernementale; **Übernahme der –** prise de pouvoir; **die – übernehmen** prendre le pouvoir.

Regierungs|handlung *f* acte *m* de gouvernement; **–hauptsekretär** *m* chef *m* de groupe; **–inspektor** *m* *(BeamR)* secrétaire *m* administratif (de 2è classe); contrôleur (de 2è classe); **–koalition** *f* gouvernement de coalition; **–kommission** *f* commission *f* gouvernementale; **–konferenz** *f* conférence *f* intergouvernementale; **–kreise** *pl* milieux *mpl* gouvernementaux; **–krise** *f* crise *f* ministérielle *ou* gouvernementale; **–mannschaft** *f* cabinet gouvernemental; **–maßnahme** *f* acte de gouvernement, mesure gouvernementale; **–mehrheit** *f* majorité *f* gouvernementale; **–mitglied** *n* membre *m* du gouvernement; **–oberamtmann** *m* *(BeamR)* secrétaire *m* administratif, chef *m* de section, contrôleur *m*; **–oberinspektor** *m* secrétaire administratif (de 1ère classe), contrôleur *m* (de 1ère classe); **–obersekretär** *m* adjoint *m* administratif; **–organ** *f* organe *m* gouvernemental; **–partei** *f* parti gouvernemental; **–präsident** *m* *(VwR)* chef des administrations d'un Regierungsbezirk (équivaut à un préfet), représentant *m* du gouvernement du Land dans sa circonscription; **–präsidium** *n* subdivision *f* administrative allemande (correspond à la préfecture); **–programm** *n* programme *m* gouvernemental.

Regierungs|rat *m* *(BeamR)* attaché *m*, inspecteur *m*, attaché d'administration centrale de 2ème classe, grade de la hiérarchie administrative allemande (supérieur à Regierungsassessor, inférieur à Oberregierungsrat); **–rücktritt** *m* démission du gouvernement; **–sekretär** *m* adjoint *m* administratif; **–sitz** *m* siège *m* du gouvernement; **–sprecher** *m* porte-parole *m* du gouvernement; **–stelle** *f* organisme *m* gouvernemental, service *m* gouvernemental; **–system** *n* forme de gouvernement; **–tätigkeit** *f* activité gouvernementale; **–treue** *f* loyalisme; **–übereinkommen** *n* accord *m* gouvernemental; **–umbildung** *f* remaniement *m* ministériel; **–vereinbarung** *f* accord *m* gouvernemental; **–verhandlungen** *pl* négociations *fpl* intergouvernementales; **–vertrag** *m* accord *m* gouvernemental; **–vertreter** *m* délégué du gouvernement, représentant *ou* délégué *m* gouvernemental; **–vizepräsident** *m* secrétaire *m* général (représentant permanent du Regierungspräsident); **–vorlage** *f* projet *m* (de loi) gouvernemental; **–wechsel** *m* changement de gouvernement; **–zusammensetzung** *f* composition du gouvernement; **–zuständigkeit** *f* compétence *f* gouvernementale.

Regime *n* *(Pol, meist pej)* forme de gouvernement, régime *m*, système gouvernemental; **autoritäres –** régime autoritaire; **totalitäres –** régime totalitaire, totalitarisme *m*; **–kritiker** *m* opposant *m* au régime en place, contestataire *m*.

Regiment *n* (1) *(Pol)* direction (d'un pays), gouvernement, (2) *(MilR)* régiment, corps de troupe.

Region *f* région *f*, territoire *m*, province *f*; zone *f*; circonscription territoriale.

Regional|bank *f* banque *f* régionale; **–kartell** *n* cartel *m* régional; **–plan** *m* plan d'aménagement du territoire à l'échelon régional.

Register *n* (1) registre *m*, livre *m*, rôle *m*, (2) *(Inhaltsverzeichnis)* table *f* des matières, index *m*; **öffentliches –** registre public, livre public; **ein – abschließen** arrêter un registre; **ein – eröffnen** ouvrir un registre; **internationales – der Muster oder Modelle** registre international des dessins *ou* modèles.

Register|abschrift *f* copie *f* du registre; **–anmeldung** *f* demande d'inscription au registre; **–auskunft** *f* communication du contenu de l'enregistrement; **–auszug** *m* extrait *m* du registre; **–behörde** *f* office *m* de l'enregistrement; **–einsicht** *f* consultation *f* du registre; **–eintragung** *f* inscription sur *ou* dans un registre; **–führer** *m* teneur du registre, dépositaire *m* du registre; **–führung** *f* tenue du registre; **–gebühr** *f* taxe *ou* droit d'enregistrement; **–gericht** *n* tribunal chargé de la tenue du registre; **–guthaben** *n* avoir *m* bloqué en marks; **–hafen** *m* *(SeeHR)* port *m* d'attache, port d'immatriculation *ou* d'enregistrement; **–konto** *n* compte *m* bloqué; **–nummer** *f* numéro *m* d'enregistrement, numéro d'inscription au registre; **–ort** *m* lieu d'immatriculation; lieu *m* d'inscription *ou* d'enregistrement; **–pfandrecht** *n* gage transcrit sur un registre; **–pflicht** *f* obligation de faire enregistrer; **–richter** *m* juge chargé de tenir un registre; **–sache** *f* litige concernant une inscription au registre (foncier); **–tonne** *f* *(SeeHR)* tonneau de jauge; **–vermerk** *m* mention au registre.

Registratur *f* (1) *(Eintragung)* enregistrement, inscription, (2) *(Raum)* archives *fpl*, dépôt *m*, greffe *m*.

registrieren enregistrer, inscrire.

Registrier|gebühr *f* (S) droit d'enregistrement, taxe *f* d'enregistrement; **–kasse** *f* caisse *f* enregistreuse; **–ort** *m* lieu *m* d'immatriculation, lieu d'inscription, lieu d'enregistrement.

Registrierung *f* (1) *(Eintragung)* enregistrement *m*, (2) *(Datenbank)* fichage *m*.

Registrierungs|abgabe *f* (S), **–gebühr** *f* (S) droit d'enregistrement, taxe d'enregistrement; **–ort** *m* lieu d'enregistrement, lieu d'inscription; **–pflicht** *f* obligation de faire enregistrer; **–stelle** *f* bureau d'enregistrement; **–zwang** *m* obligation de faire enregistrer.

Reglement *n* (S) (= Dienstvorschrift) règlement *m*.

reglementieren réglementer sévèrement et minutieusement.

Regreß *m* (= Rückgriff) recours *m* (contre un tiers responsable); recours subrogatoire; **–anspruch** *m* droit de recours; **–ausschluß** *m* exclusion du recours subrogatoire; **–forderung** *f* créance en recours; **–klage** *f* action *f* récursoire; **–pflichtige(r)** *m* débiteur (dans l'action récursoire); **–verzichtabkommen** *n* accord *m* de renonciation au recours; **–vorbehalt** *m* sous réserve de l'action à titre subrogatoire.

Regressat *m* tiers responsable (contre lequel le recours est exercé).

regulär *adj* réglementaire; régulier.

Regulativ *m* mécanisme régulateur.

regulieren réglementer, régler.

Regulierung *f* (1) régularisation *f*, (2) règlement *m*, paiement *m*.

Regulierungs|abkommen *n* accord *m* *ou* convention *f* de règlement; **–kosten** *pl* frais *mpl* de règlement; **–nachtrag** *m* avenant *m* de régularisation; **–plan** *m* plan d'urbanisme.

Rehabilitation *f* (1) *(Wiederherstellung der Ehre)* réhabilitation *f* (en matière d'outrage), (2) *(Aufhebung der Ehrenfolgen des Strafurteils)* réhabilitation judiciaire *ou* légale, relèvement *m* d'interdiction, effacement *m* de la condamnation, (3) *(Heilung)* rétablissement de la santé.

Rehabilitations|gesuch *n* (S) requête *f* en réhabilitation; **–maßnahme** *f* mesure de réhabilitation; **–zentrum** *n* clinique de réhabilitation.

rehabilitieren réhabiliter.

Rehabilitierung *f od.* **Rehabilitation** (= Wiederherstellung der Erwerbsfähigkeit) réadaptation *f* professionelle (des handicapés physiques), rééducation *f*.

reibungslos *adj* sans difficulté.

reich *adj* riche, fortuné, nanti.

Reich *n* empire *m*; **Erstes deutsches –** Premier empire allemand (911–1806); **Zweites deutsches –** Second empire allemand (1871–1919); **Drittes –** Troisième Reich (1933–1945).

Reichsanwalt *m hist* procureur général auprès du Reichsgericht.

Reichsarbeitsgericht *n hist* tribunal

du travail du Reich, actuellement: Bundesarbeitsgericht.

Reichsdeutsche(r) *m* allemand de nationalité (par opposition à l'allemand de naissance *ou* Volksdeutscher).

Reichsfinanzhof *m hist* Cour suprême des Finances du Reich, actuellement: Bundesfinanzhof.

Reichsgericht *n hist* Cour suprême en Allemagne de 1879 jusqu'en 1945, correspondant approximativement à la Cour de Cassation, actuellement: Bundesgerichtshof.

Reichstag *m hist* diète impériale.

Reichsverfassung *f hist* (1) constitution impériale allemande du 16 avril 1871, (2) constitution de la République de Weimar du 11 sept. 1919.

Reichsversicherungs|amt *n hist* Office des assurances du Reich, actuellement: Bundesversicherungsamt; **–ordnung** (= RVO) code d'assurance sociale du Reich (en partie encore en vigueur).

Reichsverwaltungsgericht *n hist* tribunal administratif suprême du Reich; actuellement: Bundesverwaltungsgericht.

Reichweite *f* rayon *m* d'action, portée *f*; impact *m*.

Reife *f* maturité; **mittlere –** brevet *m* d'études du premier cycle; **–prüfung** *f* baccalauréat, examen *m* de fin d'études secondaires; **–zeugnis** *n* diplôme *m* de fin d'études secondaires, certificat de maturité (S).

Reifenschaden *m (StVR)* pneu défectueux.

Reihe *f* (1) série *f*, succession *f*, (2) rang *m*, ordre *m*.

Reihen|folge *f* (1) ordre *m* de préséance, (2) rang *m*; **–haus** *n* maison (individuelle) en rangée; maison jumelée; **–regreß** *m*, **–rückgriff** *m* recours *m* dans l'ordre (par ex. des endossements).

Reimport *m* réimportation.

Rein|einkommen *n* revenu *m* net; **–erlös** *m*, **–ertrag** *m* produit *m* net; **–gewicht** *n* poids *m* net; **–gewinn** *m* bénéfice *n* net.

Re|integration *f* (= Wiederherstellung) rétablissement (de qn.) dans ses droits; **–investition** *f* réinvestissement *m*.

Reise *f* voyage *m*; **eine – buchen** s'inscrire pour un voyage; **fortgesetzte –** voyage continu; **gemischte –** voyage mixte; **–abkommen** *n* accord sur le tourisme; **–AGB** conditions générales régissant les rapports entre les agences de voyage et leur clientèle; **–agentur** *f* agence *f* de voyages, organisateur de voyages et de séjours, voyagiste *m*; **–agenturvertrag** *m* conditions particulières; **–akkreditiv** *n* accréditif de voyage; **–ausweis** *m* titre *m ou* document de voyage; **–beginn** *m* départ *m*; **–bestätigung** *f* confirmation; **–büro** *n* agence *f* de voyage(s), agent *m* de voyages; **–charter** *f* affrètement au voyage; **–entschädigung** *f* (S) indemnité de déplacement; **–fracht** *f* fret au voyage; **–gelder** *pl* argent pour le tourisme; **–gepäckversicherung** *f* assurance bagages; **–gewerbe** *n (HR)* commerce ambulant, marchands *mpl* ambulants et forains, profession commerciale non sédentaire; **–gewerbekarte** *f* titre *m* sur l'exercice d'une profession ambulante, autorisation *f* (accordée) aux marchands ambulants; **–gut** *n* bagage *m*; **–gutschein** *m* bon *m* de voyage.

Reisekosten *pl* (1) prix *m* du voyage, (2) frais de déplacement, frais de route (B–L); **–entschädigung** *f*, **–vergütung** *f* indemnité de déplacement, frais de déplacement, indemnité de frais de route, indemnité de frais de déplacement, indemnité de route (L); **–vorschuß** *m* acompte *m* sur le prix du voyage.

Reise|krankenversicherung assurance maladie (pendant le voyage); **–kreditbrief** *m* lettre de crédit touristique *ou* de voyage; **–leistung** *f* prestations de l'agence de voyages; **–leitung** *f* organisateur *m*; responsable (local); accompagnateur *m*, guide *m*; **–mängel** *pl* prestation non conforme au contrat de voyage, prestation non fournie, irrégularités et négligences.

Reisende(r) *m* (1) voyageur *m*, passager *m*, touriste *m*, (2) *(HR)* voyageur de commerce, représentant de commerce, commis-voyageur.

Reise|paß *m* passeport *m*; **–police** *f*, **–polizze** *f* (Aut) police de voyage; **–preis** *m* prix du voyage; **–prospekt** *n* catalogue *m*; **–recht** *n* droit du tourisme et des voyages; **–route** *f* itinéraire *m*; **–rücktrittskosten** *pl* frais d'annulation d'une inscription (à un voyage ou un séjour); **–rücktrittsversicherung** *f* assurance frais d'annulation; **–scheck** *m* chèque *m* de voyage, travellers-chèque *m*; **–sichtvermerk** *m* visa de voyage; **–route** *f* itinéraire *m*; **–spesen** *pl* frais *m pl* du déplacement *ou* de voyage; **–unfallversicherung** *f* assurance individuelle accidents en cours de voyage; **–urkunde** *f* document de voyage.

Reise|veranstalter *m* prestataire de services touristiques: transporteur, hôtelier, agence *f* organisatrice (sur place), voyagiste *m* à l'étranger *ou* sur place; **–veranstaltungsvertrag** *m* (= Reisevertrag) contrat de voyage et de séjour (individuel *ou* collectif); **–verfrachtung** *f* affrètement au voyage, convention au voyage; **–vergünstigungen** *pl* avantages exceptionnels, réductions spéciales; **–vergütung** *f* indemnité de voyage; **–verkehr** *m* tourisme *m*; **–vermittler** *m* intermédiaire (dans les rapports prestataires-voyageur); **–versicherung** *f* (1) *(SeeHR)* assurance au voyage, (2) *(Personen)* assurance individuelle contre les accidents en cours de voyage; **–vertrag** *m* contrat de voyage et de séjour; **–wetterversicherung** *f* assurance pluie-vacances; **–zeitvergütung** *f* indemnité pour la durée du trajet *ou* du voyage; **–ziel** *n* destination *f*; **–zuschuß** *m* indemnité de déplacement.

Reitwechsel *m* cavalerie *f*, effet *m* de cavalerie, traite *f* de cavalerie.

Reklamation *f* (= Beanstandung) réclamation, contestation.

Reklame *f* (= Werbung) publicité *f*, réclame *f*; **–artikel** *m* cadeau *m* publicitaire *ou* promotionnel; **–fachmann** *m* publicitaire *m*, expert *m* en publicité; **–fläche** *f* panneau *m* publicitaire; **–kosten** *pl* (1) frais de publicité, (2) *(SeeHR)* frais de réclamation; **–preis** *m* (Aut) prix *m* publicitaire; **–prozeß** *m (SeeHR)* action en invalidité d'une prise maritime.

reklamieren faire une réclamation, réclamer; élever une objection.

Rekognition *f* (= Anerkennung der Echtheit) reconnaissance *f* de la véridicité, acte *m* récognitif, titre *m* nouvel.

Rekognoszierung *f* (S) reconnaissance *f* de la véridicité.

Rekonstruktion *f* (= Wiederherstellen) reconstruction *f*, restitution *f*; **– eines Verbrechens** reconstitution *f* du crime.

Rekrut *m (MilR)* appelé *m*, recrue *f*, conscrit *m*.

Rekrutierung *f (MilR)* incorporation, appel sous les drapeaux.

Rekrutierungsstammrolle *f* (Aut) rôle *m* de recrutement.

Rekta|indossament *n* non-endossabilité *f*; **–klausel** *f* mention ‹non endossable›, clause *f* d'incessibilité; **–konnossement** *n* connaissement *m* intransmissible; **–lagerschein** *m* warrant *m* intransmissible; **–papier** *n* titre nominatif; **–scheck** *m* chèque à personne dénommée; **–wechsel** *m* lettre *f* de change ‹non à ordre› *ou* ‹non endossable›.

Rektifikation *f* (= Richtigstellung) rectification, correction rectificative (d'un acte).

Rekto *n* (= Vorderseite) recto *m*, premiere page d'un feuillet.

Rektor *m (HochschulR)* recteur *m* d'université.

Rektorat *n* rectorat *m*.

Rekurrent *m* (S) demandeur en pourvoi, recourant *m* (S).

rekurrieren *(PrzR)* agir en vue de faire réformer une décision judiciaire *ou* un acte administratif.

Rekurs *m* (1) *(VwPR: = Einspruch,*

Beschwerde) recours *m* administratif, (2) *(en Aut:)* recours judiciaire; **– einlegen** exercer un recours, se pourvoir; **–entscheid** *m* (S) décision rendue sur recours; **–frist** *f* (Aut) délai de recours; **–instanz** *f* instance de recours, instance d'appel; **–verfahren** *n* (Aut) procédure de recours; **–werber** *m* (Aut) appelant *m*.

Rekusation *f (PrzR)* récusation (d'un juge).

relativ *adj* relatif; **–e Mehrheit** majorité relative; **–e Ungültigkeit** nullité relative.

Relation *f* (= amtlicher Bericht) rapport officiel.

Relegation *f* exclusion d'un établissement d'enseignement supérieur.

relevant *adj* (= erheblich, wichtig) pertinent, important, significatif.

Relevanz *f* (= Bedeutsamkeit) intérêt *m*, importance *f*, portée *f*, gravité *f*.

Religion *f* (= Glaubensbekenntnis) religion *f*, confession *f*, croyance *f*, culte *m*, profession de foi.

Religions|ausübung *f* exercice *m* du culte, pratique *f* de la religion; **–bekenntnis** *n* foi *f* religieuse, religion *f*, confession *f*; **–diener** *m* ministre *m* du culte; **–freiheit** *f* liberté *f* des cultes; **–gemeinschaft** *f* (1) association *f* cultuelle, (2) secte *f* religieuse; **–gesellschaft** *f* établissement *m* public du culte, communauté *f* religieuse, association cultuelle; **–hoheit** *f* souveraineté *f* spirituelle; **–lehrer** *m* professeur d'instruction religieuse; **–los** *adj* sans appartenance déclarée à une Église; **–stunde** *f* cours *m* de catéchisme; **–unterricht** *m* instruction religieuse, catéchisme *m*; **–vergehen** *npl* délits *mpl* réprimant en particulier les outrages et voies de fait contre des ministres du culte et les entraves au libre exercice des cultes; **–zugehörigkeit** *f* appartenance *f* à une église *ou* à une confession.

Rembours *m (Außh)* paiement *m* d'une vente *ou* d'un achat à l'étranger par l'intermédiaire des banques.

Rembours|geschäft *n* opération *f* de crédit documentaire (sur marchandises transportées par voie maritime); **–kredit** *m* crédit *m* documentaire; **–regreß** *m*, **–rückgriff** *m* recours *m* de l'endosseur qui a remboursé; **–schuld** *f* dette *f* provenant de crédits documentaires; **–tratte** *f* traite *f* documentaire; **–verbindlichkeit** *f*, **–verpflichtung** *f* obligation résultant de crédits documentaires.

Remilitarisierung *f* remilitarisation.

Remisier *m (WechselR)* remisier *m*.

Remittent *m* (= Wechselnehmer) preneur *m*, bénéficiaire *m*, premier endossataire *m* (de la lettre de change).

Rendite *f* (= Jahresertrag) rendement *m* financier, taux *m*, rapport *m*; **–haus** *n* (S = Mietshaus) immeuble de rapport; **–niveau** *n* taux de rendement; **–objekt** *n* immeuble de rapport; **–papier** *n* titre qui se caractérise par son revenu élevé, mais qui ne présente pas de grandes perspectives de hausse.

renitent *adj* qui oppose une certaine résistence, qui fait obstacle, qui contredit.

Renner *m* (= Verkaufsschlager) succès commercial, article *m* à succès.

Renovierung *f* remise *f* à neuf, rénovation, réhabilitation (d'un immeuble ancien).

rentabel *adj* (= ertragreich) rentable, de bon rapport, lucratif, profitable.

Rentabilität *f* rentabilité *f*, productivité *f* financière, bon rendement *m*.

Rentabilitäts|grenze *f* limite *ou* seuil de rentabilité; **–prämie** *f* prime *f* de rentabilité; **–schwelle** *f* seuil *m* de rentabilité.

Rente *f* (1) *(WirtR: Einkommen aus Vermögen)* rente *f*, annuité *f*, rapport *m*, revenu *m*, (2) *(SozR: Ruhegehalt)* pension de retraite, pension *f* (de) vieillesse, retraite *f*; **aufgeschobene –** pension à jouissance différée; **aufgewertete –** rente revalorisée; **dynamische –** rente indexée; **eingetragene –** rente inscrite, inscription de rente; **ewige –**

rente perpétuelle *ou* constituée en perpétuel *ou* établie à perpétuité; **kündbare –** rente à terme; **kurzfristige –** rente à courte échéance; **laufende –** rente en cours; **lebenslange –** (Aut), **lebenslängliche –** rente viagère; **steigende –** rente progressive; **unkündbare –** rente perpétuelle; **verbundene –** rente sur deux têtes; **vererbliche –** rente réversible; **vorschüssige –** rente payable d'avance; **eine – auszahlen** servir une rente; servir une pension; **eine – bestellen** constituer une rente; **eine – beziehen** être titulaire d'une pension; bénéficier d'une rente; **eine – gewähren** accorder *ou* allouer une pension; **eine – zuerkennen** octroyer une pension; **– auf Lebenszeit** rente viagère *ou* constituée en viager; **– aus Versicherung** pension d'assurance.

Renten|abfindung *f* indemnité *f* sous forme de rente; **–ablehnungsbescheid** *m* décision *f* de rejet d'une demande de pension; **–ablösung** *f* rachat d'une rente; **–alter** *n* âge de la retraite; **–angleichung** *f* rajustement *m* des rentes; **–anhebung** *f od.* **–anpassung** rajustement *m* des pensions de retraite, revalorisation *f* des pensions; **–anleihe** *f* emprunt *m* perpétuel; **–anspruch** *m* droit *m* à pension; **–anspruchsberechtigter** *m* ayant-droit *m ou* bénéficiaire *m* d'une pension; **–anstalt** *f* caisse de retraite, caisse de rentes (S); **–antragsteller** *m* demandeur *m* de pension; **–antragsverfahren** *n* procédure visant la liquidation de la pension vieillesse, demande en liquidation de la pension; **–anwartschaft** *f* expectative *f* d'une pension de retraite, droit de pension vieillesse en formation; **–auskunft** *f* information sur la pension de vieillesse escomptée *ou* sur les droits futurs pour la retraite; **–barwert** *m* valeur *f* actuelle d'une rente; **–beginn** *m* âge *m* de la retraite; **–bemessung** *f* détermination *f ou* fixation *f* du montant de la pension, calcul *m* de la pension; **–bemessungsgrundlage** *f* assiette *f* de la pension; **–berechnung** *f* calcul *m* des annuités; **–bewilligung** *f* décision d'attribution; **–bescheid** *m* décision d'attribution d'une rente, avis *m* de pension; **–bezieher** *m* titulaire *m* d'une pension, rentier *m*.

Rentenbezug *m* perception *f* de la rente; **vorzeitiger –** jouissance *f* anticipée de la pension.

Renten|bezüger *m* (S) rentier *m*; **–brief** *m* titre de rente; **–dynamik** *f* progression *f* régulière des rentes; **–empfang** *m* obtention *ou* bénéfice d'une pension; **–empfänger** *m* bénéficiaire *m ou* titulaire *m* d'une pension vieillesse; **–erhöhung** *f* majoration *f* de pension, majoration de rente; **–gewährung** *f* attribution d'une rente; **–gläubiger** *m* crédirentier *m*, créancier de rente; **–fall** *m* entrée *f* en jouissance (d'une pension); **–fonds** *m* fonds *m* d'investissement; **–formel** *f* formule *f* pour le calcul des pensions; **–höhe** *f* (1) montant *m* de la pension retraite de base, (2) niveau *m* de la rente; **–leistung** *f* prestation de pension, paiement *m* de la pension; **–mark** *f* monnaie créée au lendemain de l'inflation de 1923; **–markt** *m* marché des obligations *ou* des valeurs à revenu fixe; **–nachzahlung** *f* versement *m* complémentaire de pension, versement rétroactif (de rente); **–neurose** *f (VersR)* névrose des accidentés obsédés par leur garantie de ressources; **–papier** *n* titre *m* à revenu fixe; **–pfand** *n* (S) assiette de la rente (S); **–raten** *fpl* arrérages *mpl* de rente; **–recht** *n* droit de la sécurité sociale, branche assurance vieillesse; **–reform** *f* réforme *f* du régime de l'assurance-vieillesse, **–rückzahlung** *f* restitution du trop-perçu de pension (de retraite).

Renten|schein *m* titre de rente, coupon *m ou* certificat *m* de rente; **–schuld** *f* dette foncière sous forme de rente; **–schuldner** *m* débiteur de rente, débirentier *m*; **–schuldverschreibung** *f* titre de rente; **–split-**

ting *n (ZR: Ehescheidung)* compensation (entre les époux) en matière de pension vieillesse; **–titel** *m* titre de rente; **–überleitung** *f* régime de transition de la retraite de sécurité sociale; **–verfügung** *f* (S) décision d'attribution d'une rente; **–vermächtnis** *n* legs d'une rente; **–verminderung** *f* réduction de la retraite de base; **–versicherung** *f* assurance vieillesse, ass.-retraite *f*, ass. invalidité-vieillesse; **–versicherungsbeiträge** *pl* cotisations ass. retraite; **–versicherungsträger** *m* organisme *m* d'ass. vieillesse; **–vertrag** *m* contrat de constitution de rente; **–vorschuß** *m* avance *f* sur rente; **–wert** *m* titre à revenu fixe; **–zahlung** *f* paiement *m* de la pension.

Rentier *m* (veraltet für: Rentner) rentier *m*.

rentieren, sich – être rentable, rapporter.

Rentner *m* (1) rentier *m*, crédirentier *m*, titulaire *m* d'une rente, (2) *(SozVers)* titulaire d'une pension de retraite, retraité *m*, pensionné *m*.

Reparationen *pl* (= Kriegsentschädigung) réparations *fpl*.

Reparations|abkommen *n* accord sur les réparations; **–einhebung** *f* (Aut), **–entnahme** *f*, **–erhebung** *f* prélèvement *m* au titre des réparations; **–gläubiger** *m* créancier au titre des réparations; **interalliierte –kommission** *f* Agence interalliée des réparations; **–leistung** *f* réparations.

Reparatur *f* réparation, réfection, restauration; **–arbeiten** *pl* travaux de réfection *ou* de réparation; **–aufwendungen** *pl od.* **–kosten** *pl* frais des travaux de réparation; **–werkstatt** *f (Kfz)* garagiste *m*, entreprise *f* de dépannage, dépanneur *m*.

repartieren *(BörR: verteilen)* répartir.

Repatriierung *f* rapatriement *m*.

Repetitor *m* répétiteur pour la préparation de l'examen d'État en droit.

Replik *f* (= Entgegnung) réplique *f*.

replizieren répliquer.

Report *m (BörR: Kursaufschlag)* report *m* (d'échéance).

Reporteur *m* reporteur *m*.

Report|geld *n* placement en report; **–geschäft** *n* report *m*, opération *f* de report *ou* de prorogation.

Reportierung *f* report *m*.

Report|kredit *m* crédit de report; **–satz** *m* taux *m* des reports.

Repräsentant *m* (1) *(VerfR)* député *m*, parlementaire *m*, (2) *(Verein)* direction *f*, bureau *m*, (3) *(VR)* représentant *m* d'un Etat.

Repräsentantenhaftung *f* responsabilité du bureau d'une association.

Repräsentantenhaus *n* Chambre des députés.

Repräsentanz *f od.* **Repräsentation** *f* représentation *f*, délégation.

Repräsentations|gelder *pl*, **–spesen** *pl* frais *ou* indemnité de représentation, indemnité pour frais de représentation; **–kosten** *od.* **–aufwendungen** *pl* frais *mpl* de représentation; **–pflicht** *f* obligation de représenter.

repräsentativ *adj* représentatif.

Repräsentativ|befragung *f*, **–erhebung** *f* sondage *m*; **–gewalt** *f* droit de représenter l'État (à l'étranger); **–system** *n* système *m* représentatif.

Repressalien *fpl (VR: Vergeltungsmaßnahme)* représailles *fpl*.

Repression *f* (= staatliche Gewaltanwendung) répression *f*, étouffement d'une révolte.

Reprint *m* (= Nach-, Neudruck) réimpression, réédition.

Reprise *f (BörR: Kurserholung)* reprise des cours.

Reprivatisierung *f* remise dans le secteur privé, dénationalisation *f*.

Reprobation *f* (= Mißbilligung) réprobation, désapprobation, blâme *m*.

Reproduktion *f* (1) *(UrhR: Nachbildung)* reproduction *f*, (2) *(Vwirt)* reconstitution, accroissement *m*.

Reproduktionsrecht *n* droit de reproduction.

Reptilienfonds *pl (umg)* fonds *mpl* secrets, caisse noire.

Republik *f* république *f*; **die – ausrufen** proclamer la république; **–flucht** *f hist* le fait de quitter illégalement la RDA.

Repudiation *f* (1) *(ErbR)* répudiation, renonciation (à un legs particulier), (2) *(Annahmeverweigerung)* refus *m* d'acceptation.

Reputation *f* (= guter Ruf) fait d'être honorablement connu, renom *m*, considération.

requirieren (1) *(beschlagnahmen)* réquisitionner, (2) *(ersuchen)* requérir, (3) *(untersuchen)* examiner, contrôler.

Requisition *f* (1) *(Sach- u. Dienstleistungen)* réquisition *f*, (2) *(Ersuchen)* requête *f*, (3) *(Untersuchung)* investigation *f*.

Requisitions|anordnung *f* arrêté de réquisition; **–aufhebung** *f* levée de la réquisition; **–entschädigung** *f* indemnité de réquisition; **–objekt** *n* (S) objet *m* réquisitionné; **–recht** *n* droit de réquisition; **–schein** *m* certificat *m* de réquisition; **–vergütung** *f* indemnité *f* de réquisition.

Reservat *n* réserve *f*.

Reservatio mentalis *(lat = geheimer Vorbehalt)* réserve *f* mentale, restriction (non exprimée) faite par avance à l'accord donné.

Reserve *f* (1) *(Vorrat)* réserve *f*, provision *f*, stock *m*, (2) *(MilR: Ersatzreserve)* disponibilité *f*, (3) *(gediente Wehrpflichtige)* réserve *f*.

Reserve|bestände *mpl* stocks *mpl*; **–bildung** *f* constitution *f* de réserves; **–fonds** *m* fonds de réserve; **–konto** *n* compte *m* de réserve.

Reserven *pl* (1) *(Rücklagen, Vorrat)* réserves *fpl*, (2) *(Rückstellung)* provision *f*, (3) *(Außh)* réserves de change; **ausgewiesene –** réserves déclarées, réserves visibles; **eiserne –** réserves minimales obligatoires; **freie –** réserves facultatives, statutaires *ou* contractuelles; **gebundene –** réserves affectées *ou* engagées; **gesetzliche –** réserves légales *ou* obligatoires; **mathematische –** réserves mathématiques; **offene –** réserves déclarées *ou* visibles; **satzungsmäßige –** réserves statutaires; **stille –** réserves occultes.

Reserve|stellung *f* (S) constitution de réserves; **–übung** *f* période de réserve, période *f* de rappel (B); **–währung** *f* monnaie *f* de référence *ou* de réserve.

Reservierung *f* réservation *f*.

Reservist *m* *(MilR)* réserviste *m*, militaire de réserve *ou* de la disponibilité.

Resident *m* *(VR: Geschäftsträger)* résident *m*, chargé *m* d'affaires.

Residenzpflicht *f* *(BeamR)* obligation *f* de résidence.

Resignation *f* *(VwR: freiwillige Amtsniederlegung)* démission, le fait de résigner ses fonctions.

res judica (= rechtskräftig entschiedene Sache) chose jugée, jugement ayant la force de la chose jugée.

Reskript *n* (= amtlicher Erlaß) arrêté *m*.

Reskription *f* (S) rescription (S).

Resolution *f* *(VR: Entschließung)* résolution *f*.

Resolutivbedingung *f* condition résolutoire, condition extinctive.

Resozialisierung *f* *(StR)* réinsertion *f* dans la société.

respektieren respecter, tenir compte de, suivre.

Respekt(s)person *f* notable *m*.

Respekttag *m* *(WechselR: Frist)* jour de grâce; **gesetzlicher –** jour de grâce légal; **richterlicher –** jour de grâce judiciaire.

Ressort *m* (= Zuständigkeitsbereich) ressort *m*, domaine *m*, compétence *f*, département *m* ministériel; **–besprechung** *f* conférence *f* interministérielle; **–chef** *m* directeur d'un département ministériel; **–minister** *m* ministre *m* compétent.

Ressourcen *pl* ressources *fpl*, richesses *fpl*, moyens *mpl*, facultés *fpl*, capital *m*, potentiel.

Rest *m* reste *m*, reliquat *m*.

Restant *m* *(BankR)* débiteur *m* défaillant.

Restanz *f* (S) montant restant échu.

Restaurateur *m* **(s. Gastwirt)** hôtelier *m*, restaurateur *m*.

Rest|betrag *m od.* **–bestand** *m* reliquat *m*, solde *m*, surplus *m*, reste *m*; **–dividende** *f* solde du dividende, complément du dividende, second dividende; **–forderung** *f* reliquat de la créance, restant de la créance.

restituieren restituer, réparer.

Restitution *f* (1) *(ZR: Rückerstattung)* restitution *f*, (2) *(VR: Wiedergutmachung)* réparation *f*.

Restitutions|kammer *f* chambre de restitution; **–klage** *f* action en révision d'un jugement, requête *f* civile; **–werber** *m* (Aut) demandeur en restitution.

Restkaufwert *m* valeur vénale résiduelle.

restlich *adj* restant.

Rest|mandat *n (VerfR)* siège attribué par utilisation des restes; **–posten** *m* invendus *mpl*, marchandises invendues; **–risiko** *n* risque *m* ne pouvant être couvert; **–saldo** *m* solde résiduel, reliquat *m*, solde final; **–schuld** *f* solde (à régler), montant *m* restant dû; **–stimme** *f* voix restant après attribution des mandats au quotient; **–strafe** *f (StVZ: bei Strafaussetzung)* peine d'emprisonnement qui n'a pas encore été purgée et dont l'exécution a été suspendue; **–subvention** *f* subvention *f* résiduelle; **–summe** *f* montant restant à payer; **–urlaub** *m* jours de congé restant dus; **–vermögen** *n* biens *mpl* résiduels; **–wert** *m* valeur résiduelle; **–zahlung** *f* paiement *m* du solde.

restrictio mentalis (= Mentalreservation) réserve mentale.

Restriktion *f* (1) *(Einschränkung)* restriction, limitation, rationnement, (2) *(enge Auslegung)* interprétation restrictive *ou* étroite; **–smaßnahme** *f* mesure restrictive.

Résuméprotokoll *n* (Aut) procès-verbal *m* résumé.

Retentionsgegenstand *m* (S) objet *m* frappé d'un droit de rétention.

Retentionsrecht *n* (= Zurückbehaltungsrecht) droit de rétention; **– des Vermieters** (S) droit de gage du bailleur.

Retentions|urkunde *f* (S) procès-verbal d'inventaire d'objets soumis au droit de rétention; **–verzeichnis** *n* (S) inventaire des objets soumis au droit de rétention.

Retorsion *f (VR: Vergeltung)* (mesures de) rétorsion *f*; **–szölle** *pl* droits de rétorsion.

Retortenbaby *n* bébé-éprouvette *m*.

Retouren *pl* (1) *(HR)* marchandises retournées *ou* renvoyées, (2) effets de commerce retournés.

Retour|scheck *n* chèque *m* retourné; **–ware** *f* marchandise *f* en retour.

Retrozession *f* (= Wiederabtretung *od.* Rückversicherung) rétrocession *f*; réassurance *f*; **–svertrag** *m* traité *m* de rétrocession.

Rettungs|aufwand *m* frais de sauvetage; **–dienst** *m* service de secours *ou* d'aide médicale d'urgence; **–kosten** *pl* frais *pl* de secours d'urgence *ou* de sauvetage; **–lohn** *m* salaire de sauvetage; **–mannschaft** *f* équipe *m* de secours; **–maßnahmen** *fpl* mesures *fpl* de sauvetage; **–pflicht** obligation *f* de procéder à des mesures conservatoires; **–schuß** *m*: **finaler –** *(PolizeiR: Todesschuß)* tir *m* (mortel) de neutralisation (en vue de sauver d'autres vies).

Reue *f* repentir *m*; **tätige –** repentir actif.

Reugeld *n (HR)* dédit *m*, arrhes *fpl* (perdues).

Revalierung *f (HR: Deckung einer Schuld)* couverture *f ou* paiement *m* de la dette.

Revalierungs|geschäft *n* opération de couverture; **–klage** *f* action en couverture; **–klausel** *f* (= Dekkungsklausel) clause de couverture.

Revalorisierung *f od.* **Revalvation** (= Aufwertung) revalorisation *f*.

Revers *m* (= Verpflichtungsschein) obligation *f* écrite *ou* certificat *m* révoquant *ou* modifiant le contenu d'un autre acte écrit *ou* libérant quelqu'un d'une obligation dans certaines conditions, lettre *f* de garantie.

Revident *m (PrzR = Revisionsführer)* demandeur *ou* requérant *m* en cassation, auteur d'un recours en cassation.

revidieren (1) *(prüfen)* vérifier, examiner, expertiser, (2) réviser.

Revier *n* (1) *(kurz: Polizeirevier)* commissariat *m* de police, (2) *(Jagdrevier)* réserve *f* de chasse, (3) *(Bergbau)* bassin minier (en particulier de la Ruhr).

Revirement *n* (1) *(Umbesetzung)* mouvement *m* diplomatique, (2) *(Abrechnungsart)* virement *m* de crédits.

revisibel *adj* susceptible d'être invoqué lors d'un pourvoi en cassation.

Revisibilität *f* décision *f* susceptible d'un pourvoi en cassation, recevabilité *f* d'un pourvoi en cassation, ouverture *f* à cassation.

Revision *f* (1) *(Nachprüfung, Durchsicht)* vérification *f*, examen *m*, expertise *f*, (2) *(Prozeßrecht)* cassation *f*, pourvoi en cassation, (3) *(HR, GesR)* vérification des comptes; **zollamtliche –** contrôle de la douane, visite en douane *ou* douanière, révision *f* douanière (S); **– einlegen** former un pourvoi en cassation, se pourvoir en cassation; **– zurückweisen** rejeter le pourvoi en cassation.

Revisions|anschließung *f* pourvoi incident en cassation, intervention à titre accessoire; **–antrag** *m* former un pourvoi en cassation, demande *f* au pourvoi, mémoire *m* ampliatif; **–begehren** *n* (S) demande en révision; **–begründung** *f* mémoire *m* indiquant les moyens de cassation; **–beklagte(r)** *m* défendeur *m* au pourvoi en cassation; **–bericht** *m* rapport *m* d'expertise *ou* d'expert; rapport de révision (S); **–beschwerde, –einlegung** *f* pourvoi *m* en cassation; **–fähigkeit** *f* cas *m* d'ouverture à cassation, condition *f* requise pour le pourvoi (en cassation); **–frist** *f* délai de pourvoi en cassation; **–führer** *m* demandeur *ou* requérant *m* en cassation, auteur d'un recours en cassation; **–gegner** *m* défendeur au pourvoi en cassation; **–gericht** *n* juridiction statuant en cassation; **–gesellschaft** *f* société d'expertise; **–gesuch** *n* (S) demande en révision; **–grund** *m* cas *m* d'ouverture à cassation *ou* du pourvoi; moyen *m* de cassation; **–instanz** *f* instance de cassation; **–kläger** *m* demandeur au pourvoi; **–klausel** *f* clause de révision *ou* de vérification.

Revisionskonferenz *f* conférence *f* de révision; **diplomatische –** conférence diplomatique de révision.

Revisions|rekurs *m* (Aut) recours en cassation; **–schrift** *f* acte de pourvoi en cassation; **–stelle** *f* (S) bureau de contrôle, institution *ou* office de révision (S); **–summe** *f* montant *m ou* valeur-limite d'un litige pour pouvoir exercer un recours; **–verband** *m* association d'expertise, syndicat de révision (S); **–verfahren** *n* procédure devant l'instance de cassation; **–zulassung** *f* recevabilité *f* du pourvoi en cassation.

Revisor *m* (= Wirtschaftsprüfer) commissaire *m* aux comptes, expert-comptable *m*, réviseur *m* (B–S).

Revisorenkommission *f* (S) commission de révision.

Revolte *f* (= Aufruhr, Aufstand) émeute *f*, insurrection *f*, rébellion *f*, soulèvement *m*, sédition *f*; **eine – niederschlagen** mater une révolte.

revoltieren se révolter, s'insurger, se mutiner, se rébeller, se soulever.

Revolution *f* révolution *f*, bouleversement *m*, renversement *m*; **eine – bricht aus** une révolution éclate; **industrielle –** révolution industrielle.

Revolutions|ausschuß *m* comité *m*

révolutionnaire; **–gericht** *n* tribunal *m* révolutionnaire; **–rat** *m* conseil de la révolution; **–regierung** *f* gouvernement *m* révolutionnaire.

Revolving|geschäft *n*, **–kredit** *m* crédit *m* revolving, crédit à renouvellement automatique.

revozieren (= eine Erklärung zurücknehmen) démentir.

Rezensent *m* arrêtiste *m*, annotateur *m*, critique *m*.

Rezension *f* (= kritische Besprechung) note *f* critique, commentaire *m*, compte-rendu *m*.

Rezept *n* (= Arzneiverordnung) ordonnance *f* médicale; **–block** *m* ordonnancier *m*; **–pflicht** *f* médicament uniquement délivré sur ordannance.

rezeptpflichtig *adj* qui ne peut être délivré que sur ordonnance.

Rezeption *f* **des Rechts** réception *f* du droit.

Rezession *f* récession *f*, recul *m*, régression *f*, crise *f*; **konjunkturelle** – récession conjoncturelle.

reziprok *adj* réciproque, mutuel, bilatéral; réciproquement *adv*, mutuellement *adv*.

Reziprozität *f* (= Wechselseitigkeit) réciprocité *f*; **–sgeschäft** *n* opération fondée sur la réciprocité.

R-Gespräch *n (Telefon)* communication en P. C. V. (= à percevoir).

Rheinschiffahrts|akte *f* acte *m* de navigation rhénane; **–gericht** *n* tribunal pour la navigation du Rhin.

Rheinschifferpatent *n* patente de batelier du Rhin.

Ricambiospesen *pl (BankR)* frais de rechange.

richten (1) *(ein Urteil fällen)* juger, statuer, prononcer un jugement, décider, (2) *(in eine Richtung bringen)* diriger vers, pointer, braquer (une arme) sur qqn, (3) *(Brief, Mahnung)* envoyer, faire parvenir, (4) *(reparieren)* remettre en état, réparer, (5) *(hinrichten)* exécuter (un condamné).

Richter *m* (1) *(Oberbegriff)* magistrat *m* (du siège), (2) *(Gerichte 1. Instanz)* juge *m*, (3) *(Berufungs- u. Revisionsinstanz)* conseiller *m*, (4) *(Richterin)* Madame le juge; **abgelehnter** – juge récusé *ou* dessaisi; **beauftragter** – juge commis, juge délégué; juge-commissaire (faillite); **beisitzender** – juge *m* assesseur; **berichterstattender** – juge rapporteur; **ersuchter** – juge requis *ou* commis; **gesetzlicher** – juge naturel; **ordentlicher** – juge de droit commun; **verordneter** – juge commissaire; **– ad hoc** juge ad hoc; **– erster Instanz** juge en première instance; **– in Handelssachen** juge commercial *ou* consulaire, consul; **– im Nebenamt** (S) juge-assesseur; **– im Sühneverfahren** juge conciliateur; **– in Zivilsachen** juge civil.

Richter|ablehnung *f* demande de dessaisissement (d'un juge) *ou* de renvoi pour cause de suspicion légitime; **–amt** *n* judicature *f*, fonctions *fpl* judiciaires; **–amtsprüfung** *f* (Aut) examen de la magistrature; **–anklage** *f* accusation *f* portée contre un juge; **–ausschließung** *f od.* **–ausschluß** *m* récusation d'un juge (et son remplacement); **–bestechung** *f* corruption de magistrat; **–bund** *m* syndicat de la magistrature; **–gesetz** *n* loi sur le statut des magistrats; **–haftung** *f* responsabilité *f* du magistrat du siège.

richterlich *adj* judiciaire, concernant la fonction du juge; **–e Geschäfte** vacations judiciaires; **–e Gewalt** pouvoir judiciaire; **–es Prüfungsrecht** pouvoir de contrôle judiciaire de la légalité.

Richter|rat *m* conseil *m* des magistrats du siège; **–recht** *n* droit prétorien *ou* jurisprudentiel.

Richterschaft *f* magistrature *f* assise, magistrature du siège.

Richter|spruch *m* sentence *f* judiciaire, jugement *m*; **–stand** *m* magistrature assise, magistrature du siège; **–überprüfung** *f (BeamR)* contrôle *m* des magistrats de l'ex-RDA; **–verhältnis** *n* statut *m* général des magistrats; **–vertretung** *f* suppléance *f* d'un magistrat du siège; **–vorbehalt** *m (StPR)* compétences reconnues au seul juge d'instruction; **–vorlage** *f* recours *m* introduit par un magistrat pour contrôle de la constitutionnalité; **–wahl** *f* choix *m* des magistrats; **–wahlausschuß** *m* commission de désignation des magistrats; **–wechsel** *m* changement de juge.

Richtgeschwindigkeit *f (StVR)* vitesse maximale conseillée *ou* recommandée.

richtig *adj* juste, exact.

Richtigkeit *f* (1) justesse *f*, exactitude *f*, (2) *(Aussage)* véracité *f*, vérité *f*, (3) *(Übersetzung)* fidélité *f*, correction *f*; **für die – der Abschrift** (1) copie *f* certifiée conforme, (2) *(Notar)* pour ampliation; **–svermutung** *f* présomption de l'exactitude *ou* de la véracité (d'une déclaration) *ou* de l'authenticité (d'un acte).

Richtigstellung *f* rectification *f*, mise *f* au point.

Richtli|nie *f* directive *f*; **amtliche –** directives officielles; **– zur Durchführung von Gesetzen** règlement(s) d'application de la loi, décret nécessaire à l'application de la loi; **Bestimmung der –nien der Politik** détermination *f* et conduite *f* de la politique (de la Nation); **–nienkompetenz** *f* compétence en vue de déterminer et de conduire (la politique de la Nation).

Richtlohn *m* salaire *m* de base *ou* de référence.

Richtpreis *m* (1) *(HR)* prix *m* recommandé, prix conseillé, prix indicatif, (2) prix-objectif; **abgeleiteter –** prix indicatif dérivé; **– der Gemeinschaft** prix indicatif communautaire.

Richtsatz *m* barème *m*, taux de référence; **–miete** *f* loyer fixé en fonction de certains coefficients.

Richtung *f* direction, orientation, ligne *f*; **–sanzeiger** *m (StVR)* indicateur *m* de changement de direction.

Richt|schnur *f fig* règle *f* de conduite, gouverne *f*; **–wert** *m* valeur *f* indicative, valeur standard *ou* pilote, valeur de référence; **–zahl** *f* chiffre-indice, indice *m*; **–zeichen** *n (StVR)* panneau *m* de signalisation.

Rimesse *f (WechselR)* remise *f* en paiement (d'une traite).

Rinnverlust *m (SeeHR)* coulage *m*.

Risiko *n* (= Gefahr) risque *m*; **anomales –, außergewöhnliches –** risque extraordinaire; **ausgeschlossenes –** risque non couvert; **belastetes –** risque exposé; **eigenes –** propre risque; **einfaches –** risque simple; **erschwertes –** risque aggravé; **gedecktes –** risque couvert; **nukleares –** risque nucléaire; **ruhendes –** risque en chômage; **schweres –** risque important; **unversicherbares –** risque inassurable; **ein – eingehen** courir un risque; **ein – übernehmen** (1) assumer un risque, (2) garantir un risque; **–abgrenzung** *f* délimitation des risques; **–abschätzung** *f* évaluation *ou* appréciation *f* du risque; **–ausgleich** *m* compensation *f* des risques; **–ausschlußklausel** *f* clause d'exclusion des risques; **–begrenzung** *f* limitation *f* des risques; **–beschränkungsklausel** clause de limitation des risques; **–beurteilung** *f* appréciation des risques; **–dekkung** *f* couverture du risque, garantie des risques; **–erhöhung** *f od.* **–erschwerung** *f* aggravation des risques; **–erklärung** *f* déclaration des risques (accrus); **–garantie** *f* garantie des risques; **–gemeinschaft** *f* communauté *f* de risques; **–geschäft** *n* opération *f ou* affaire *f* risquée; contrat *m* aléatoire; **–häufung** *f* cumul *m* des risques; **–lage** *f* situation *f* du risque; **–mischung** *f* gestion *f* des risques; **–prämie** *f* prime de risque; **–prüfung** *f* inspection *f* des risques; **–streuung** *f* répartition *ou* dispersion des risques; **–summe** *f* somme *f* sous risque; **–teilung** *f* partage *m* des risques; **–übernahme** *f* prise en charge du risque; **–umfang** *m* étendue du risque encouru *ou* couvert; **–verminderung** *f* réduction des risques; **–versicherung** *f* assurance

f de risques; **–verteilung** *f* répartition des risques; **–wegfall** *m* disparition *ou* élimination du risque; **–zuschlag** *m* surprime *f* de risque.
riskant *adj* risqué, hasardé, aléatoire.
Ristorno *n* ristourne *f*; **ein – gewähren** ristourner, accorder une ristourne.
Robe *f* robe *f* de magistrat *ou* d'avocat.
Roboterindustrie *f* robotique *f*.
Rodung *f* défrichement *m* (des forêts), déforestation, déboisement.
Roh|bau *m* gros œuvre *m*; **–betrag** *m* montant *m* brut; **–bilanz** *f* bilan *m* de contrôle (des comptes); **–einkommen** *n* revenu *m* brut; **–entwurf** *m* projet *m* primitif; **–ertrag** *m* produit *m* brut; **–ertragsveranschlagung** *f* évaluation *f* du produit brut; **–gewicht** *n* poids *m* brut; **–gewinn** *m* bénéfice *m* brut; **–ölpreis** *m* prix *m* du (pétrole) brut.
Rohrleitung *f* conduite *f* (d'eau, de gaz, d'électricité).
Rohstoff *m* matière *f* première, produit de base; **–angabe** *f* indication des matières premières utilisées; **–einkaufsgenossenschaft** *f* coopérative d'achat de matières premières; **–erzeugung** *f* production de matières premières; **–konto** *n* compte de matières premières; **–kredit** *m* crédit d'approvisionnement en matières premières; **–verein** *m* coopérative *f* d'achat de matières premières; **–versorgung** *f* approvisionnement en matières premières.
Rohvermögen *n* fortune *f* brute.
Rolle *f* (1) *(Register)* rôle *m*, registre *m*. (2) *(Schriftstück)* feuille *f*.
Rollenauszug *m* extrait de registre.
Rollfuhr|dienst *m* entreprise *f* de camionnage, camionneur *m*; **–unternehmer** *m* entrepreneur *m* de camionnage.
Rollgeld *n* frais de camionnage.
Römische Verträge *(EU)* traité *m* de Rome.
Röntgenaufnahme *f* épreuve *f* radiographique, radiographie.
Rostschäden *pl* dommages résultant de la corrosion, rouille *f*.
Rotation *f (Pol)* exercice *m* d'un mandat politique par roulement (des députés).
rote Zahlen *(HR)* déficit *m*, perte *f*.
Rotes Kreuz croix *f* rouge.
Rotlicht *n* feu *m* rouge; **–mißachtung** *f od.* **–verstoß** *m* non-respect du passage interdit au feu rouge, fait de brûler un feu rouge.
Rubrum *n* (1) *(Aktenaufschrift)* entête *m*, intitulé *m*, (2) *(Urteilskopf)* intitulé du jugement, en-tête du jugement.
Rück|abtretung *f* rétrocession *f*; **–abtretungskurs** *m* cours *m* de rétrocession.
Rückantwort *f*, **bezahlte –** réponse *f* payée.
Rückbeförderung *f* (von Personen) rapatriement, **freie –** *(SeeHR)* conduite de retour; **–skosten** *pl* frais de retour.
Rück|behaltungsrecht *n* (Aut) droit de rétention; **–buchung** *f* contrepassation *f*, rectification d'une écriture, annulation *ou* redressement *m* (d'une écriture); **–bürge** *m* arrière-caution *f*; **–bürgschaft** *f* arrière-caution *f*, certification *f* de caution, contre-caution *f*.
Rückblick *m* rétrospective *f*.
rückdatieren antidater.
Rück|datierung *f* antidate *f*.
Rückdeckung *f* réassurance *f*.
rückerstatten rembourser, restituer.
Rückerstattung *f* remboursement *m*, restitution *f*; **– des ohne rechtlichen Grund Geleisteten** restitution *ou* répétition de l'indû; **die – vornehmen** procéder au remboursement.
Rückerstattungs|antrag *m* (1) demande en restitution, (2) demande de remboursement; **–recht** *n* droit à restitution.
Rück|erwerb *m* rachat *m*, réacquisition *f*; **–erwerbsrecht** *n* droit de rachat; **–fahrkarte** *f* billet *m* aller-retour.
Rückfahrt *f* voyage *m* de retour.
Rückfall *m* (1) *(Straftat)* récidive *f*,

réitération *f*, (2) *(Rechte)* réversion; **erster** – première récidive; **genereller** – récidive générique; **spezieller** – récidive spécifique; –diebstahl *m* vol *m* avec récidive.

rückfällig *adj* récidiviste.

Rück|fällige(r) *m* récidiviste *m*; **–fälligkeit** récidive *f*.

Rückfälligkeit *f* récidive *f*.

Rückfall|recht *n (ErbR)* droit de retour; **–quote** *f* taux *m ou* pourcentage de récidivistes.

Rückfalls|schärfung *f* aggravation *f* des peines en cas de récidive; **–strafe** *f* peine en cas de récidive; **–verbrecher** *m* récidiviste *m*; **–verjährung** *f* prescription de la récidive.

Rückfall|täter *m* récidiviste *m*, multi-récidiviste; **–verschärfung** *f* aggravation des peines en cas de récidive.

Rückfluß *m* (von Geldern) le fait de rapatrier (des capitaux exportés).

rückfordern demander la restitution.

Rück|forderung *f* répétition *f*; demande *f* de remboursement, demande en restitution; **–fracht** *f* fret *m* de retour.

Rück|frage *f* demande *f* de plus amples informations *ou* renseignements; **–gespräch** (= R-Gespräch) communication téléphonique en P. C. V. (= paiement contre vérification).

Rückführung *f (VR: Gefangene)* rapatriement *m*; **zollfreie** – réexpédition en franchise.

Rückgabe *f* restitution *f*, retour *m*; **–anspruch** *m* droit à la restitution; **–frist** *f* délai *m* de retour; **–kommission** *f* commission de restitution.

Rückgang *m* recul *m*, fléchissement *m*, baisse *f*, déclin *m*, repli *m*, régression *f*; **saisonaler –, saisonbedingter** – baisse saisonnière.

Rückgängigmachung *f* annulation, infirmation, invalidation.

Rückgangsquote *f* pourcentage *m* de réduction de biens d'exploitation.

Rückgewähr *f* restitution *f*; **–verbot** *n* interdiction de la restitution.

rückgewähren restituer, rendre, redonner.

Rückgewinnung *f* récupération, recouvrement.

Rückgliederung *f* (verlorener Gebiete) rattachement, réintégration.

Rückgriff *m* **(s. Regreß)** recours *m*; **– auf Reserven** mobilisation *f* de réserves, prélèvement sur les réserves; **– mangels Annahme** recours faute d'acceptation; **– mangels Zahlung** recours faute de paiement; **– nehmen** exercer un recours.

Rückgriffs|anspruch *m* droit de recours; **–forderung** *f* créance en recours, droit de recours; **–haftung** *f* responsabilité du garant; **–klage** *f* action *f* récursoire; **–recht** *n* droit de recours.

Rückgründung *f (GesR)* reconstitution d'une société par annulation des mesures de dissolution adoptées antérieurement.

Rückgruppierung *f (BeamR)* rétrogradation.

Rückhalt *m*: **finanzieller** – réserves *fpl* financières.

Rückholkosten *pl* frais *mpl* de rapatriement.

Rückindossament *n* endossement au profit d'un des endossataires précédents.

Rückkauf *m* rachat *m*, (vente à) réméré *m*; **börsenmäßiger** – rachat en bourse, réméré sur valeurs boursières.

rückkaufen racheter.

Rückkaufs|kurs *m* cours de rachat; **–möglichkeit** *f* option *f* de rachat (en fin de contrat); **–recht** *n* droit de rachat, faculté de rachat; **–vereinbarung** *f* clause *f* de réméré; **–wert** *m* valeur *f* de rachat.

Rückkehr *f* rapatriement *m*, retour *m*; **–hilfe** *f* aide *f* au retour.

Rückkehrer *m* rapatrié *m*.

Rückladung *f* chargement de retour.

Rücklage *f (GesR: Kapital in Reserve)* réserves *fpl* (d'argent, de capitaux); **ausgewiesene** – réserve figurant au bilan; **freie –** réserve libre, réserve facultative *ou* contractuelle; **gesetzliche –** réserve légale *ou* obligatoire (de société); **offene –** réserve comptabilisée au bilan; **satzungsmäßige –** réserves *fpl* statutaires; **stille –** réserve occulte (non comptabilisée ouvertement au bilan); **versicherungstechnische –** réserves techniques; **– für Kursverluste** réserve pour pertes sur les cours; **–fonds** *m* fonds de réserve.

Rücklagen| schaffen créer des réserves; **– in Stammkapital umwandeln** incorporer des réserves.

rückläufig *adj* en recul, en régression.

Rücklicht *n (StVR)* feux rouges arrière.

Rücklieferung *f (WertpR)* fait de rendre (des effets) à l'ayant-droit.

Rückmeldung *f* rapport *m* de retour.

Rücknahme *f* (1) *(Willenserklärung)* retrait *m*, (2) *(Gegenstand)* reprise *f*, rachat *m*; **– des Antrags** retrait de la demande; **– einer Bewerbung** retrait de candidature; **– von Verwaltungsakten** retrait d'un acte administratif; **–garantie** *f* garantie de reprise (des biens défectueux); **–recht** *(ZR)* droit de demander la restitution (de la chose déposée).

Rück|optant *m* optant qui revient sur son choix primitif; **–porto** *n* port de retour; **–prämiengeschäft** *n* marché *m* à prime pour livrer; **–rufaktion** *f* rappel des marchandises (voitures) présentant un défaut; **–schaffung** *f* rapatriement *m*; **–scheck** *m* chèque *m* retourné.

Rückschein *m* accusé *ou* avis de réception, récépissé *m*; **–brief** *m* lettre avec accusé de réception; **–gebühr** *f*, **–taxe** *f* (S) taxe d'avis de réception.

Rückschluß *m* (= logische Folgerung) déduction, conclusion; recoupement (des témoignages).

Rück|seite *f* verso *m*; **–sendung** *f* renvoi *m*, envoi en retour, renvoi à l'origine; **–sendungsgebühr** *f* taxe de réexpédition.

Rücksicht *f* considération *f*, égards *mpl*, attention *f*, estime *f*, respect *m*; **dienstliche –** motif *m* de service; **– nehmen (auf)** avoir égard à, prendre en considération, tenir compte de, faire état de.

Rücksichtnahme *f* soins *mpl*, ménagements *mpl*; **unter – auf** eu égard à, en tenant compte de, en prenant en considération; **–gebot** *n* obligation de faire preuve de précaution *ou* de ménagement.

Rücksichtslosigkeit *f* imprudence *f*, insouciance *f*, légèreté *f* blâmable, manque *m* de prévoyance *ou* de précaution.

Rückspiegel *m* rétroviseur *m*.

Rücksprache *f* entretien *m*, conversation, consultation, conciliabule *m*; **mit j–m – nehmen** consulter qqn au sujet de qqch.

Rückstand *m (meist pl)* (1) *(Gelder)* arriéré *m*, (2) *(Produktion)* retard *m*, (3) *(Abfall)* résidu *m*, déchet *m*; **– eintreiben** faire rentrer les arriérés.

rückständig *adj* en retard, arriéré *adj*, échu, dû, impayé; **–e Zinsen** arrérages *mpl*.

Rückstandsausweis *m* (Aut) avis *m* de rappel des impôts en retard.

Rückstellung *f* (1) *(Bilanz)* provision *f* pour exigibilités *ou* pour pertes et charges *ou* pour risques, (2) *(Zurückstellen)* désistement *m*, le fait de remettre qch à plus tard, (3) (Aut) restitution *f*.

Rückstellungs|anspruch *m* (Aut) droit à restitution; **–antrag** *m* (Aut) demande *f* de restitution; **–kommission** *f* (Aut) commission *f* de restitution; **–senat** *m* (Aut) chambre *f* des restitutions; **–verpflichtung** *f (GesR)* obligation d'affecter des provisions à la couverture de pertes éventuelles.

Rückstrahler *m* dispositif *m* réfléchissant, catadioptre *m*, caraphote *m*.

Rückstufung *f (BeamR)* rétrogradation *f*, déclassement *m*.

Rücktritt *m* (1) *(Vertrag)* résiliation *f*, dénonciation du contrat; (2) *(Straftat)* désistement *m*, retrait volontaire, (3) *(Amt)* démission *f*, retrait *m*; **freiwilliger –** désistement volontaire, retrait volontaire; **seinen – erklären** donner sa démission; **– vom Versuch** *(StR)* désistement lors du commencement d'exécution; **– eines Wahlkandidaten** désistement d'un candidat.

Rücktritts|erklärung *f* (1) *(Vertrag)* déclaration de résolution (du contrat), résiliation, (2) *(Amt)* présenter *ou* remettre sa démission; **–klausel** *f* clause de retrait; **–recht** *n* droit de dénoncer un contrat, droit de résiliation, droit de retrait *ou* de désistement; **–schreiben** *n* lettre de démission; **–verzichtsklausel** *f* clause *f* d'incontestabilité; **–vorbehalt** *m* (sous) réserve du droit de résilier (le contrat).

Rückübereignung *f* rétrocession *f*.

Rückübernehmer *m* rétrocessionnaire *m*.

Rücküberstellung *f* extradition *f*.

rückübertragen rétrocéder.

Rück|übertragende(r) *m* rétrocédant *m*; **–übertragung** *f* rétrocession *f*; **–überweisungsauftrag** *m* ordre *m* de reversement.

rückvergüten rembourser, ristourner.

Rückvergütung *f* remboursement *m*, ristourne *f*; **– von Zöllen** ristourne de droits de douane.

Rückverkaufsrecht *n* (Aut) droit de réméré, droit de rachat.

Rückvermächtnis *n (ErbR)* legs *m* grevé de rétrocession *ou* restitution.

Rückversicherer *m* réassureur *m*.

rückversichern réassurer.

Rückversicherte(r) *m* réassuré *m*.

Rückversicherung *f* réassurance *f*; **fakultative** – réassurance facultative; **laufende** *od.* **obligatorische** – réassurance obligatoire *ou* automatique; **vertragliche** – réassurance par contrat *ou* traité.

Rückversicherungs|anstalt *f* caisse *f* de réassurance; **–gesellschaft** *f* compagnie *f* de réassurance; **–prämie** *f* prime de réassurance; **–verband** *m* groupement de réassureurs; **–vertrag** *m* contrat *ou* traité de réassurance.

Rückverweisung *f (IPR)* renvoi *m*, renvoi au premier degré; **versteckte –** renvoi implicite.

Rück|wanderung *f* retour des immigrants au pays natal; **–ware** *f* marchandise en retour.

Rückwärtsfahren *n (StVR)* le fait de faire marche arrière.

Rückwärtsversicherung *f* assurance *f* rétroactive.

Rückwechsel *m* (1) retour d'effets, (2) retraite *f*, rechange *m*; **einen – ziehen** tirer une retraite.

Rückweisung *f* (S) refoulement *m* à la frontière.

rückwirkend *adj* rétroactif *adj*, à effet rétroactif.

Rückwirkung *f* rétroactivité *f*, effet rétroactif, force rétroactive; **–sverbot** *n (StR)* principe de la légalité du droit pénal.

rückzahlbar *adj* remboursable.

rückzahlen rembourser; **auf Sicht –** rembourser à vue.

Rückzahlung *f* remboursement *m*; **volle –** remboursement intégral; **vorzeitige –** remboursement anticipé *ou* anticipatif (B); **– auf Sicht** remboursement à vue.

Rückzahlungs|anspruch *m* droit au remboursement; **–antrag** *m* demande de remboursement; **–anweisung** *f* autorisation *f* de remboursement (caisse d'épargne); **vollstreckbarer –bescheid** *m* état de reversement; **–bedingungen** *pl* conditions de remboursement; **–ermächtigung** *f* autorisation de remboursement; **–klausel** *f* clause de remboursement du trop perçu; **–prämie** *f* prime de remboursement; **–provision** *f* commission pour le remboursement; **–recht** *n* droit à remboursement; **–schein** *m* formulaire de remboursement à vue (caisse d'épargne); **–termin** *m* date *ou* échéance de remboursement; **–verbot** *n* interdiction du remboursement du prix; **–wert** *m* valeur de remboursement.

Rück|zession *f* rétrocession *f*; **–ziehung einer Wahlkandidatur** retrait de candidature; **–zoll** *m* drawback *m*.

Ruf *m* (1) *(Ansehen)* réputation *f*, renommée *f*, commune renommée *f*, crédit *m*, (2) *(Berufung)* nomination *f*; **– zur Ordnung** rappel à l'ordre; **– zur Sache** rappel à la question, rappel au fait.

Rufausbeutung *(Wz)* atteinte illicite à la marque.

Rufbuchhaltung *f* comptabilité (système ruf).

Ruf|mord *m* campagne diffamatoire, imputations calomnieuses; **–name** *m* prénom *m* usuel; **–nummer** *f* numéro *m* d'appel *ou* de téléphone; **–preis** *m* mise à prix; **–schädigung** *f* dénigrement systématique, détraction (d'une personne); **–zeichen** *n* indicatif *m* d'appel.

Rüge *f* (1) *(PrzR)* pourvoi *m*, recours *m*; grief *m*, (2) *(HR: Mängelrüge)* réclamation *f*, (3) *(VwR u. DiszR)* avertissement *m*, blâme *m*, (4) *(StPR: Sachrüge)* recours invoquant l'application inexacte de la loi *ou* se fondant sur une erreur de qualification des faits; **– von Verfahrensmängeln** recours invoquant l'inobservation des règles de procédure.

Rügerecht *n (ZPR)* droit de soulever des griefs *ou* de se prévaloir d'un vice de procédure.

Ruhegehalt *n (BeamR)* pension *f* de retraite, solde de retraite, retraite *f*.

Ruhegehalts|anspruch *m* droit à une pension de retraite; **–berechtigung** *f* droit à une pension de retraite, admission à la retraite; **–bezüger** *m* (S) retraité *m*; **–empfänger** *m* retraité *m*, pensionné *m*, titulaire *m* d'une pension de retraite.

ruhegehaltsfähig *adj* soumis à retenue pour la retraite; qui donne droit à retraite.

Ruhegeld *n (ArbR, SozR)* retraite *f*, pension de retraite; **–anspruch** *m* droit à une pension de retraite; **–empfänger** *m* retraité *m*; **–kasse** *f* caisse de retraite.

Ruhegenuß *m* (Aut) pension de retraite; **–empfänger** *m* retraité *m*.

Ruhen *n* **der elterlichen Sorge** le fait d'être privé provisoirement de l'autorité parentale; **– der Strafverfolgung** suspension des poursuites; **– des Verfahrens** arrêt *m* de la procédure, suspension *f* de la procédure; **– der Verjährung** suspension de prescription; **– des Vertrages** suspension du contrat.

Ruhepause *f* temps *m ou* période *f* de repos; **bezahlte –** pause *f* payée.

Ruherecht *n*, **dauerndes –** concession *f* à perpétuité.

Ruhestand *m* retraite *f*; **einstweiliger** *od.* **vorläufiger –** disponibilité *f*; **vorzeitiger –** préretraite *f*, retraite anticipée; **in den – treten** prendre sa retraite; **in – versetzen** mettre à la retraite.

Ruheständler *m* fonctionnaire *m* à la retraite; retraité *m*.

Ruhestands|beamte(r) *m* fonctionnaire à la retraite; **–tätigkeit** *f* activité professionnelle d'un fonctionnaire bénéficiant d'une pension de retraite; **–versetzung** *f* mise à la retraite; **–versorgung** *f* prestations de retraite.

Ruhestörung *f* trouble *m*, tapage *m*; **nächtliche –** tapage nocturne.

Ruhetag *m* jour de repos; **wöchentlicher –** repos *m* hebdomadaire.

Ruhe|versicherung *f* assurance *f* véhicules immobilisés, assurance voitures au garage; **–zeit** *f* période *ou* temps de repos.

Ruhigstellung *f* administration de psycholeptiques *ou* tranquillisants en vue de déprimer l'activité mentale.

Ruin *m* ruine *f*, déconfiture *f*, faillite *f*.

Rumpf|betriebsjahr *n*, **– geschäftsjahr** *n*, **–wirtschaftsjahr** *n* exercice *m* partiel.

Runderlaß *m (VwR)* circulaire *f*.

Rundfunk *m* (1) radiodiffusion *f*, (2) *(Gerät)* poste *m* (de radio), appareil *m* récepteur; **–anstalt** *f* office *m* de radio-diffusion; **–freiheit** liberté *f* de la radiophonie; **–gebühr** *f* redevance *f* radio-(télévision); **–intendant** *m* directeur d'un office de radiodiffusion; **–rat** *m* conseil supérieur d'un office de radiodiffusion; **– und Fernsehrecht** droit de l'audiovisuel; **–sendung** *f* émission radiodiffusée; **–werbung** *f* publicité à la radio.

Rundreise *f* circuit *m*.

Rundschreiben *n* circulaire *f*, note *f* circulaire; **innerdienstliches –** avis de service.

Rundverfügung *f* circulaire *f*.

Rüstung *f* armement *m*, armes *fpl*.

Rüstungs|abbau *m* réduction des forces et des armements; **–ausgaben** *fpl* dépenses militaires; **–begrenzung, –beschränkung** *f* limitation des armements; **–budget** *n*, **–haushalt** *m* budget *m* relatif à la défense nationale; **–export** *pl* vente *f* d'armes à l'étranger; **–güter** *pl* matériels de guerre, équipements de l'armée, armements; **–industrie** *f* industrie *f* d'armement; **–kontrollamt** *n* agence *f* pour le contrôle des armements; **–wettlauf** *m* course *f* aux armements.

S

Saalordner *m* membre *m* du service d'ordre (d'une réunion politique).

Saatgut *n* semis *m*.

Sabotage *f* sabotage *m*, destruction *ou* détérioration de matériel; **–agent** *m* personne commettant des sabotages à l'instigation d'une puissance étrangère; **–akt** *m*, **–handlungen** *fpl* actes *mpl* de sabotage; **– mittel** *n* moyen facilitant un sabotage.

Saboteur *m* saboteur *m*, auteur *m ou* responsable *m* d'un sabotage.

sabotieren saboter, exécuter un sabotage, détruire par acte de sabotage.

Sach|abweisung *f (ZPR)* rejet *m* de la demande comme étant mal fondée *ou* non justifiée en droit *ou* non établie en fait; **–anlage** *f (GesR)* bien corporel utilisé de manière durable, moyen d'exploitation, matériel, outillage, construction; **–anlagevermögen** *n* immobilisations corporelles *ou* non financières; **–antrag** *m (ZPR)* demande *f* au fond, requête concernant le fond de l'affaire; **–aufklärung** *f* instruction *f* de l'affaire; information en vue d'élucider (une infraction); **–aufwand** *m* dépenses de matériel; **–auslieferung** *f* (S) remise des objets saisis; **–bearbeiter** *m* (1) *(Arbeitnehmer)* agent *m* commercial *ou* technique, aide *m* administratif et financier, assistant *m*, responsable *m* (des achats, des ventes etc.), adjoint *m*, chargé *m* de fonctions, attaché *m* (commercial etc.), (2) *(Beamter)* fonctionnaire *m* d'encadrement, (3) rédacteur *m*; **–befugnis** *f od.* **–legitimation** *f* faculté *f* d'exercice d'une action en justice; **–behandlung** *f (PrzR)* manière de procéder *ou* d'agir (adéquate *ou* inadéquate); **–bereich** *m* domaine *m* d'activité, matière *f*, spécialité *f*, ressort *m*; **–bericht** *m* exposé des faits (dans une expertise); **–beschädigung** *f* (1) *(ZR)* dommage *m* matériel, dommage aux biens, (2) *(StR)* destruction, dégradation *ou* dommage concernant un objet mobilier *ou* un bien immobilier (appartenant à autrui); attentat contre la propriété (S); **–beweis** *(StPR)* preuve de la matérialité des faits; **–bezug** *m* (Aut) *od.* **–bezüge** *mpl* salaire *m ou* rémunération en nature, avantage en nature, avantage *m* matériel, allocation en nature; **–buch** *n* ouvrage *m* scientifique; **–darstellung** *f* exposé des faits; **– depotbuch** *n* livre *m* de dépôt matière.

sachdienlich *adj* utile, nécessaire; approprié; pertinent; **–e Hinweise** (fournir) tous renseignements utiles.

Sachdienlichkeit *f* utilité *f*, opportunité *f*.

Sache *f* (1) *(Gegenstand)* chose *f*, bien *m*, (2) *(Angelegenheit, Fall)* cas *m*, affaire *f*, cause *f*, (3) *(Aufgabe, Pflicht)* devoir *m*; **anhängige –** cause *f* pendante *ou* en instance; **ausgeschiedene –** (Aut) affaire disjointe; **außerstreitige –** (Aut) affaire *ou* matière gracieuse; **belastete –** bien *m* grevé; **beschädigte –** bien endommagé, objet du dommage; **beschlagnahmte –** objet *m* réquisitionné; **bestimmte –** corps *m* certain; **bewegliche –** bien meuble *ou* mobilier, chose mobilière, meuble *m*, objet mobilier corporel; **bewegliche körperliche –** meuble corporel; **bewegliche unkörperliche –** meuble incorporel; **entscheidungsreife –** affaire *ou* cause en état; **freistehende –** (Aut) bien sans maître *ou* vacant, res nullius; **fremde –** chose d'autrui; **früchtetragende –** chose frugifère; **gepfändete –** objet saisi; **gestohlene –** chose volée; **herrenlose –** bien sans maître *ou* vacant, res nullius; **inventarisierte –** objet d'inventaire, objet *ou* bien inventorié; **körperliche –** bien corporel, chose matérielle; **künftige –** chose future, bien futur; **offen hinterlegte –** *(Muster)* dépôt *m* ouvert; **öffentliche –** bien *m* (du domaine) public; **rechtshängige –** affaire *f* en instance, cause *f* pendante; **rechtskräftig entschiedene –** chose jugée, chose ayant la force de la chose jugée; **spruchreife –** affaire en état, cause en état; **streitbefangene –, streitgegenständliche –** (Aut) objet du litige, objet en litige, objet litigieux; **streitige –** matière contentieuse; **teilbare –** chose partageable, chose divisible; **unbewegliche –** bien immeuble, immeuble, bien immobilier; **unkörperliche –** bien incorporel, droit; **unpfändbare –** bien insaisissable; **unteilbare –** chose indivisible; **urteilsreife –** affaire *f* en état, cause en état; **verbrauchbare –** chose consomptible; **verkehrsfähige –** chose dont on peut disposer, bien dans le commerce; **versicherte –** chose assurée; **vertretbare –** chose fongible, chose de genre; **nicht vertretbare –** chose non fongible, corps certain, objet déterminé individuellement; **zugeschlagene –** chose adjugée; **zukünftige –** chose future, bien futur, bien à venir; **zusammenhängende –** affaire connexe.

Sache: bewegliche – kraft Gesetzes, bewegliche – kraft gesetzlicher Bestimmung meuble par détermination de la loi; **eine – totschweigen** étouffer une affaire; **in der – urteilen** juger au fonds; **eine – vertuschen** étouffer une affaire; **eine – vortragen** exposer les faits.

Sacheigentum *n* propriété portant sur un bien corporel.

Sacheinlage *f* mise *f* de fonds en nature, apport en nature; **–vertrag** *m* contrat d'apport en nature.

Sacheinleger *m* apporteur en nature.

Sachen *pl* effets *mpl* personnels; **identifizierbare –** biens *mpl* identifiables; **–mehrheit** *f* pluralité *f* de biens.

Sachenrecht *n* régime *m* des biens meubles et immeubles, les droits réels, le droit de la propriété et de ses démembrements; ‹les Biens›.

Sach|entscheidung *f (ZPR)* décision *f* au fond, jugement sur le fond; **–firma** *(HR) f* raison sociale (empruntée à l'objet de l'entreprise); **–folgeschäden** *m pl* dommages *mpl* matériels indirects; **–frage** *f* question *f* de fond; **–fremd** *adj* ne concernant pas l'objet du litige, n'ayant pas de relation avec l'affaire concernée; **–gebiet** *n* domaine *m*, matière *f*; **–gefährdung** *f* exposer un bien au danger d'être détruit *ou* endommagé; **–gesamtheit** *f* ensemble *m* de biens constituant une entité juridique; **–gründung** *f (GesR)* fondation d'une société dans laquelle les apports sont faits en nature; **–haftung** *f* responsabilité *f* matérielle; **–hehlerei** *f* recel *m* de choses *ou* de biens; **–inbegriff** *m* ensemble *m* de biens, patrimoine *m*; **–kenntnis** *f* connaissance *f* des faits; compétence *f*; **–konto** *n* compte *m* matières *ou* matériel *ou* principal; **–kosten** *pl* frais *mpl* matériels; **–kredit** *m* crédit *m* réel, crédit en nature.

Sachkunde *f* (= Sachverstand) compétence *f*, connaissances approfondies, capacité *f*.

sachkundig *adj* expert, compétent, versé dans.

Sach|kundige(r) *m* expert *m*, personne compétente; **–lage** *f* état *m* des faits, les faits; **–legitimation** *f* faculté *f* d'exercice d'une action en justice; **–leistung** *f* prestation *f ou* avantage *m* en nature; **–leistungsprinzip** *n* principe *ou* procédé du tiers payant; **–leistungsvertrag** *m* contrat de prestations en nature.

sachlich *adj* (1) *(unparteiisch)* objectif, impartial, (2) *(zutreffend)* conforme aux faits, réaliste, pratique; **–er Mangel** défaut matériel; **–e Prüfung** examen quant au fond; **–er Zusammenhang** corrélation *ou* interférence quant au fond de l'affaire; **–e Zuständigkeit** compétence d'attribution *ou* ratione materiae.

Sachlichkeit *f* objectivité *f*, impartialité *f*.

sachlich-rechtlich *adj (PrzR)* relatif au fond.

Sach|lieferung *f* livraison *f* en nature; **–mangel** *m* vice *m* de la chose, défectuosité *f*; **–mängelgewähr** *f od.* **–haftung** *f* garantie *f* des vices (cachés *ou* rédhibitoires), obligation de garantie; **–miete** *f* louage *m* de choses; **–nießbrauch** *m* usufruit de choses; **–normverweisung** *f* renvoi *m* au droit d'un pays étranger (à l'exclusion de son droit international privé); **–patent** *n* brevet *m* de produit; **–pfändung** *f* saisie mobilière *ou* d'un bien meuble; **–prüfung** *f* examen au fond; **–register** *n* table *f* des matières; **–rüge** *(StPR)* recours tendant à faire reconnaître une erreur dans la qualification des faits; **–schaden** *m* dommage aux biens, dommage *ou* préjudice *m* matériel; **–sicherheit** *f* sûreté *f* réelle; **–spende** *f* don *m* sous forme de biens meubles; **–stand** *m* état des faits, situation actuelle; **–steuer** *f* impôt réel, impôt sur les biens; **–übernahme** *f* reprise *f* de biens, reprise d'apports en nature; **–urteil** *n* jugement au fond; **–verhalt** *m* (1) *(Tatbestand)* état *m* des faits *ou* des choses, faits *mpl* matériels, circonstances *fpl*, (2) *(im Rechtsfall)* faits *mpl*; **–verhaltsdarstellung** *f* énoncé des faits, exposé des faits; **–versicherung** *f* assurance de choses; garantie des dommages causés aux biens.

Sachverstand *m* compétence *f*, capacité *f*.

Sachverständige(r) expert *m*, technicien *m*, homme de l'art, spécialiste; **gerichtlich beeideter –** *od.* **gerichtlich bestellter –** expert près les tribunaux; **öffentlich bestellter –** expert agréé et assermenté; **vereidigter –** expert-juré *m*, juré-expert *m*; **einen –n bestellen** commettre *ou* désigner un expert.

Sachverständigen|ausschuß *m* comité *ou* commission d'experts; **–bescheinigung** *f* certificat d'expertise; **–beweis** *m* preuve *f* par technicien *ou* par expert; **–eid** *m* serment promissoire (des experts); **–gebühr** *f* honoraires d'expert, frais *ou* indemnité d'expertise; **–gremium** *n* commission *f ou* comité *m* d'experts.

Sachverständigengutachen *n* rapport d'expertise, dires *mpl* d'experts, expertise *f*; **ärztliches –** expertise médicale.

Sachverständigen|honorar *n* honoraires *mpl* d'expert; **–kosten** *pl* frais d'expertise; **–vergütung** *f* indemnité *f* d'expertise.

Sach|verzeichnis *n* (1) inventaire *m*, nomenclature *f*, listing *m ou* listage *m*, (2) *(Buch)* table des matières; **–vorlage** *f*, **–vortrag** *m* exposé *m* des faits; **–walter** *m* (1) *(Vergleich)* syndic au règlement judiciaire, (2) curateur *m*, administrateur *m* de biens; **–wert** *n* valeur *f* matérielle *ou* réelle; **–wertdeckung** *f* assurance *f* des biens; **–wissen** connaissances *fpl* en la matière; **–zusammenhang** *m* corrélation des faits; **–zwang** *m* contrainte inéluctable.

Safe *m* coffre-fort *m*, compartiment *m* en chambre forte, coffre *f* de déposant.

sagen dire, s'exprimer; proclamer, déclarer; **ich würde –** je pense.

Saison *f* saison *f*; **– morte** morte-saison *f*; **–abschlag** *m* réduction *f* saisonnière; **–arbeit** *f* travail *m* saisonnier; **–arbeiter** *m* travailleur *m* *ou* ouvrier *m* saisonnier; **–arbeitslosigkeit** *f* chômage *m* saisonnier; **–aufschlag** *m* majoration *f* saisonnière; **–aufschwung** *m* reprise *f* saisonnière; **–ausverkauf** *m* soldes de fin de saison; **–bedürfnisse** *pl* besoins *mpl* saisonniers.

saisonal *adj* saisonnier; **–e Arbeitslosigkeit** chômage saisonnier.

saisonbereinigt *adj* corrigé des variations saisonnières, désaisonnalisé.

Saison|bereinigung *f* correction des variations saisonnières, désaisonnalisation *f*; **–beruf** *m* profession *f* saisonnière; **–betrieb** *m* entreprise *f* saisonnière; **–bewegung** *f* mouvement *m* saisonnier; **–geschäft** *n* établissement à caractère saisonnier; **–gewerbe** *n* profession *f* *ou* activité *f* saisonnière; **–handel** *m* commerce *m* saisonnier; **–kredit** *m* crédit *m* de campagne *ou* saisonnier; **–kundschaft** *f* clientèle saisonnière; **–schlußverkauf** *m* soldes *mpl* de fin de saison, vente *f* de fin de saison; **–schwankung** *f* variation *f* *ou* fluctuation *f* saisonnière; **–wanderung** *f* migration *f* saisonnière.

Salden|ausgleich *m* règlement *m* du solde, pour solde de tout compte; **–bilanz** *f* tableau des soldes créditeurs et débiteurs.

saldieren (1) *(Buchf)* établir le solde, (2) payer une facture, régler une dette, (3) (Aut) confirmer la réception d'un paiement.

saldiert *adj* payé *adj*, pour acquit.

Saldierung *f* arrêté *m* de compte.

Saldo *m* solde *m*; **buchmäßiger –** solde comptable; **verfügbarer –** solde disponible; **–anerkenntnis** *n* reconnaissance *f* d'un solde débiteur; **–ausgleichszahlung** *f* paiement *m* pour solde de tout compte; **–auszug** *m* relevé *m* de solde; **–kontokorrent** *n* compte courant tenu selon la méthode des soldes; **–schuld** solde débiteur, reliquat *m* à payer; **–übertrag** *m od.* **–vortrag** *m* report du solde, solde à nouveau; **–ziehung** *f* arrêté *m* de compte.

Salzsteuer *f* impôt *m* sur le sel.

Samen *m* (1) *(SachR)* semence *f*, graines *fpl*, (2) *(Sperma)* sperme *f*, liquide *m* séminal; **–bank** *f* banque *f* du sperme; **–übertragung** (künstlich) insémination artificielle.

Sammel|anleihe *f* emprunt collectif; **–anzeige** *f* notification *f* collective; **–aufgebot** *n* opposition *f* collective; **–auftrag** *m* commande groupée; **–bandstück** *n* titre en dépôt irrégulier (sans l'indication de son numéro); **–bestellung** *f* commande *f* groupée; **–bezeichnung** *f* désignation *f* générique; **–bogen** *m* tableau *m* *ou* bordereau *m* récapitulatif.

Sammelbuch *n* livre *m* récapitulatif, registre *m* récapitulatif; **–haltung** *f* comptabilité *f* récapitulative.

Sammel|depot *n* dépôt *m* collectif de titres; **–einbürgerung** *f* naturalisation *f* collective; **–fahrausweis** *m*, **–fahrschein** *m* billet *m* collectif; **–genehmigung** *f* autorisation collective; **–gut** *n* marchandises *fpl* en transport groupé; **–gutverkehr** *m* transport *m* par groupage; **–heizung** *f* chauffage *m* collectif *ou* d'immeuble.

Sammelhinterlegung *f* dépôt *m* multiple; **besondere –** dépôt multiple spécial; **gewöhnliche –** dépôt multiple ordinaire.

Sammel|kasse *f* caisse *f* commune; **–klage** *f* action engagée par plusieurs personnes ayant un intérêt commun; **–konto** *n* compte *m* collectif, compte global (S); **–ladung** *f* *(HR)* groupage de marchandises; **–ladungsspedition** *f* transport par groupage; **–lagerung** *f* entrepôt *m* collectif; **–liste** *f* liste tenant lieu de passeport collectif; **–marschbefehl** *m* ordre de mission collectif.

sammeln (1) *(Geld)* collecter, quêter, (2) *(Truppen)* rallier, (3) *(Personen)* assembler, rassembler, réunir, (4) *(Sachen)* amasser, ramasser, collectionner.

Sammel|paß *m* passeport *m* collectif; **–pfand** *n* gage *m* collectif; **–police** *f* police *f* globale, police collective; **–prämie** *f* (S) prime de ramassage; **–retrozession** *f* rétrocession *f* globale; **–rufzeichen** *n* indicatif d'appel collectif; **–scheck** *m* chèque *m* multiple; **–schein** *m* feuille *f* de gros; **–sendung** *f* envoi *m* collectif; **–sichtvermerk** *m* visa *m* collectif; **–spediteur** *m* commissionnaire de transport se chargant d'un groupage; **–stelle** *f* bureau *m* centralisateur *ou* collecteur; centre *m* de ramassage *ou* de collecte; **–straftat** *f* délit *m* collectif; **–transport** transport *m* collectif *ou* groupé; **–transportdienst** *m* service *m* de groupage; **–überweisung** *f* virement collectif; **–verkehr** *m* transport par groupage; **–vermögen** *n* patrimoine affecté à un usage particulier; **–versicherungsvertrag** *m* contrat d'assurance collective; **–verwahrung** *f* dépôt collectif; **–verzeichnis** *n* bordereau *m* récapitulatif; **–visum** *n* visa *m* collectif; **–wagen** *m* voiture *f* cellulaire; **–werk** *n* (1) *(UrhR)* œuvre *f* collective, (2) répertoire *m*, recueil *m*.

Sammlung *f* (1) *(Geld)* quête *f*, souscription *f* publique, collecte *f*, (2) *(Sachen)* collection *f*; **bereinigte – der Bundesgesetze und Verordnungen** (S) recueil systématique des lois et ordonnances (S); **– des Bundesrechts** recueil der lois fédérales en vigueur; **– der eidgenössischen Gesetze** (S) Recueil des lois fédérales (S); **– der Entscheid des schweizerischen Bundesgerichts** (S) recueil officiel des arrêts du Tribunal fédéral; **– der Rechtsprechung** recueil *m* de jurisprudence; **– völkerrechtlicher Verträge** recueil de traités.

Samtgemeinde *f (VwR)* groupement *m* administratif de plusieurs petites communes.

sanieren assainir, réorganiser, aménager, améliorer, rénover.

Sanierung *f* assainissement *m*, redressement *m* financier, réorganisation *f* financière; **finanzielle –** assainissement *m* financier; **– von Handelsgesellschaften** assainissement des sociétés commerciales (par une augmentation de capital); **– von Gebäuden** réhabilitation des immeubles anciens; **– von Städten** rénovation *f* urbaine.

Sanierungs|bilanz *f (GesR)* bilan *m* d'assainissement *ou* de redressement (d'une entreprise); **–darlehen** *n* prêt *m* d'assainissement; **–gebiet** *n* zone *f* de rénovation; **–gewinn** *m* bénéfice *m* résultant d'un assainissement (du bilan); **–maßnahme** *f* mesure d'assainissement; **–plan** *m*; (1) *(KonkursR)* plan *m* de redressement, (2) *(GesR)* plan d'assainissement; **–programm** *n* programme d'assainissement.

Sanierungsverfahren *n* (S) procédure d'assainissement; **amtliches –** (S) procédure officielle d'assainissement (S); **freiwilliges –** (S) procédure *f* volontaire d'assainissement.

Sanierungsvergleich *m* règlement *m* (extra-judiciaire) en redressement d'une entreprise.

Sanitär|anlagen *od.* **–einrichtungen** installations sanitaires.

Sanitätsabkommen *n*, **internationales –** Convention sanitaire internationale.

Sanitäts|agentur *f* agence *f* sanitaire; **–beamte(r)** *m* officier *m ou* agent sanitaire; **–behörde** *f* (= Gesundheitsdienst) service *m* de la santé; **–dienst** *m* service *m* sanitaire; **–einrichtung** *f* bloc *m* sanitaire; **–flugzeug** *n* avion *m* sanitaire; **–gebühr** *f* taxe *f ou* droit *m* sanitaire; **–polizei** *f (Aut)* police *f* sanitaire; **– transport** *m* transport *m* sanitaire; **–vorschrift** *f* règlement *m* sanitaire; **–wesen** *n* service *m* d'hygiène (publique).

Sanktion *f* (1) *(Bestätigung)* approbation, consécration, ratification, (2) *(VR: Bestrafung)* rétorsion, sanction; **finanzielle –** sanction pécuniaire, sanction financière; **wirtschaftliche –** sanction économique; **eine – verhängen** sanctionner, prendre *ou* appliquer une sanction.

sanktionieren sanctionner, confirmer, approuver.

Sanktions|befugnis *f* pouvoir *m* de sanction; **–gebiet** *n* territoire *m* qui fait l'objet de sanctions; **–rahmen** *m* détermination des sanctions applicables; **–recht** *n* droit de rétorsion.

Sarg *m* cercueil *m*; **–verschluß** *m* fermeture *f* (hermétique) du cercueil.

Satellit *m* satellite; **–enfernsehen** *n* télévision directe par satellite; **–enstaat** *m* État *m* satellite.

Satire *f*, satire *f*, ouvrage satirique, pamphlet *m*.

Sattelkraftfahrzeug *n* tracteur *m* de semi-remorque, véhicule articulé.

Sättigung *f* saturation *f*; **– des Marktes** saturation du marché.

Satz *m* (1) *(Tarif)* taux *m*, barème *m*, tarif *m*, (2) *(Rechtssatz)* norme *f*, (3) *(Druckgewerbe)* composition, (4) *(Gegenstände)* série *f*, assortiment *m*; **erhöhter –** taux majoré; **fester –** taux fixe; **veränderlicher –** taux variable, droit variable.

Satzung *f* (1) *(Verein)* contrat d'association, (2) *(GesR)* statuts *mpl*, contrat de société, pacte social; **– der Vereinten Nationen** Charte des Nations-Unies.

Satzungs|änderung *f* modification *f* des statuts; **–bestimmung** *f od.* **–klausel** *f* disposition *f ou* clause *f* statutaire, stipulation *f* statutaire.

satzungs|gemäß, -mäßig *adj* statutaire *adj*, conformément aux statuts, comme défini dans les statuts.

Satzungs|muster *n* statut-type *m*; **–verletzung** *f* violation *f* des statuts; **–verpflichtung** *f* obligation *f* statutaire.

Säuberung *f* épuration *f*, purge *f*.

Säuberungs|aktion *f* purge *f*; **–ausschuß** *m* commission d'épuration; **–behörde** *f* administration chargée des mesures d'épuration; **–kommission** *f* commission d'épuration.

Säugling *m* nourrisson *m*, enfant en bas âge.

säumig *adj* retardataire, en retard, négligent, défaillant.

Säumnis *n* (1) *(PrzR)* défaillance *f*, (2) négligence *f*, tardiveté *f*; **–beschwerde** *f* (Aut) recours engagé contre le silence gardé par l'administration; **–folgen** *pl* conséquences juridiques du défaut de comparution; **–urteil** *n* (Aut) jugement par défaut; **–zuschlag** *m* pénalité *ou* indemnité de retard, majoration *ou* surtaxe de retard.

SB-Einkaufsmarkt *m* libre-service *m*, grande surface.

S-Bahn *f* réseau express régional.

Schachtel|beteiligung *f* participation *f*; **–gesellschaft** *f* société en participation, participations *fpl* croisées, participation par cascades; **–privileg** *n*, **–vergünstigung** *f* privilège fiscal accordé aux sociétés qui possèdent au moins un quart du capital social d'une autre société.

Schaden *m* (1) *(Nachteil)* dommage *m*, préjudice *m*, (2) *(Vermögensschaden)* dommage *ou* préjudice matériel, dégât *m* causé aux choses, (3) *(Nichtvermögensschaden)* dommage *ou* préjudice moral, (4) *(Schadensfall)* sinistre *m*, (5) *(Verlust)* perte *f*, (6) *(Transportschaden)* avarie *f*, dommage survenu au cours du transport; **absichtlich herbeigeführter –** dommage intentionnel, préjudice causé par un acte de malveillance *ou* avec intention de nuire; **eigener –** dommage personnel; **eingetretener –** dommage causé *ou* survenu; **erlittener –** dommage subi *ou* souffert; **ersatzpflichtiger –** dommage couvert; **erstattungsfähiger –** dommage réparable;

finanzieller – dommage financier; **gegenwärtiger und konkreter –** préjudice actuel et certain; **ideeller –, immaterieller –** dommage *ou* préjudice moral; **körperlicher –** dommage corporel; **materieller –** dommage *ou* préjudice matériel; **mittelbarer –** dommage indirect; **nachträglich eingetretener –** dommage consécutif; **seelischer –** (S) dommage moral; **tatsächlicher –** dommage effectif *ou* réel; **unbedeutender –** petit sinistre; **unmittelbarer –** dommage direct; **zufälliger –** dommage fortuit; **zukünftiger –** dommage futur; **einen – erleiden** subir un dommage, éprouver un préjudice; **einen – verursachen** causer un dommage; **einen – zufügen** préjudicier, causer un dommage, porter préjudice à qqn.

Schaden|abrechnung *f* décompte *m* du sinistre; **–abschätzung** *f* évaluation *f* du dommage; **–abwendungskosten** *pl (SeeHR)* avaries-frais *fpl;* **–anmeldung** *f* déclaration *f* de sinistre; **–anzeige** *f* avis *m* de sinistre; **–aufstellung** *f* relevé *m* de sinistre; **–aufwand** *m* coût *m* du sinistre; **–begrenzung** *f* limitation du préjudice; **–begutachtung** *f* évaluation des dommages, expertise *f* du dommage; **–berechnung** évaluation (chiffrée) du dommage, calcul du préjudice; **–bescheinigung** *f* certificat *m* d'avarie; **–betrag** *m* montant *m* du sinistre *ou* du dommage; **–deckung** *f* couverture *f ou* garantie *f* des dommages; **–eintritt** *m* survenance *f* du sinistre, sinistre; **–ereignis** *n* fait *m* dommageable; **–ermittlung** *f* évaluation *f* du sinistre, instruction *f* du dossier sinistre; **–ersatz** *m* **(s. Schadensersatz); –ersatzanspruch** *m* demande *f* en indemnisation, droit *m* à réparation du dommage; **–ersatzklage** *f* action *f* en dommages-intérêts, action en réparation du préjudice (causé); **–ersatzleistung** *f* réparation du dommage, indemnisation *f*, dédommagement *m*; **–ersatzpflicht** *f od.* **–ersatzverpflichtung** *f* obligation à réparer le dommage, obligation de réparer le préjudice causé; **–exzedenten-Rückversicherung** *f* réassurance en excédent de sinistres; **–exzedentenvertrag** *m* contrat de réassurance en excédent de sinistres; **–fall** *m* sinistre, survenance *f* du sinistre; **–festsetzung** *f* détermination *f* du dommage; **–feststellung** *f* constatation *f* du dommage *ou* des dégâts, constatation d'avarie; **–feststellungskosten** *pl* frais *mpl* de constatation du dommage, frais de règlement; **–freiheitsrabatt** *m* bonus *m* (pour non-sinistre); **–haftung** *f* responsabilité pour les dommages; **–meldung** *f* avis *m* de sinistre; **–minderungspflicht** *f* obligation *f* de procéder à des mesures conservatoires; **–nachweis** *m* preuve du sinistre; **–ort** *m* lieu *m* de survenance du sinistre; **–regulierung** *f* règlement *m* du sinistre; **–reserve** *f* réserve pour sinistres en suspens; **–rückversicherung** *f* réassurance de dommages; **–sachverständige(r)** *m* expert *m* en matière de sinistres, commissaire *m* d'avaries.

Schadens|anlage *f* prédisposition à la détérioration *ou* destruction; **–anmeldung** *f od.* **–anzeige** *f* déclaration de sinistre; **–ausgleich** *m* réparation du dommage; **–bericht** *m* relation d'un sinistre.

Schadenschätzung *f* évaluation du dommage, estimation du préjudice.

Schadens|eintritt *m* survenance d'un dommage, survenance du sinistre; **–ereignis** *n* fait *m ou* événement *m* dommageable, sinistre *m*.

Schadensersatz *m od.* **Schadenersatz** *m* indemnité *f*, dommages-intérêts *mpl,* dommages et intérêts, indemnisation *f*, dédommagement *m*, réparation *f* civile; **zugesprochener –** indemnité allouée; **– für Beeinträchtigung der Benutzung** indemnité pour privation de jouissance; **– in Geld** réparation *f* pécuniaire; **– für entgangenen Gewinn** indemnité pour manque à gagner; **– wegen Nichterfüllung** dommages-intérêts *mpl* compensatoires pour non-exécution (du contrat); **– für verspätete Erfüllung** dommages-intérêts pour non-exécution dans le délai prévu; **– für Vertragsbruch** indemnité de rupture de contrat; **– erhalten** obtenir des dommages-intérêts; **– fordern** réclamer la réparation du préjudice subi; **auf – klagen** intenter une action en dommages-intérêts; **zum – verpflichtet sein** être tenu à réparer un dommage.

Schadensersatz|anspruch *m*, **–antrag** *m* demande *f* de dommages-intérêts; **–forderung** *f* créance en indemnisation; **–klage** *f* action en dommages-intérêts, action *f* en indemnité *ou* en indemnisation, demande en réparation du dommage subi; **–leistung** *f* indemnité *f*; **–pauschale** *f* indemnisation forfaitaire; **–pflicht** *f* obligation à dommages-intérêts; **–rente** *f* indemnité *f* sous forme de rente.

Schadens|fall *m* fait *m* dommageable, réalisation *f* du risque; **–feststellung** *f* constatation du dommage subi; constat *m* d'avarie(s); **–forderung** *f* créance résultant d'un dommage; **–freiheitsrabatt** *m* bonus *m*, réduction sur le montant de la prime d'assurance automobile; **–gegenstand** *m* chef de préjudice, objet du dommage; **–gutmachung** *f* (Aut) indemnisation *f*; **–haftung** *f* responsabilité du dommage; **-leistung** *f* prestation octroyée à l'occasion d'un dommage; **–liquidation** *f od.* **–liquidierung** *f* liquidation des dommages; **–meldung** *f* avis de sinistre, avis *ou* déclaration de dommage, déclaration d'avarie(s); **–minderungspflicht** *f* obligation (pour la victime) de limiter le dommage subi; **–quote** *f* taux *m* de sinistres, rapport *m* des sinistres aux primes, pourcentage des dommages (par rapport à la fortune totale); **–regulierung** *f* indemnisation de la victime d'un dommage; règlement *m* des sinistres *ou* des dommages; **–reserve** *f* réserve de dommage; **–rücklage** *f* réserve pour sinistres; **–schätzung** *f* évaluation *f* du dommage; fixation du montant du préjudice subi (par un expert).

schadensstiftend *adj* dommageable *adj*, fait *m* générateur d'un dommage.

Schaden(s)|stifter *m* auteur *m* du dommage; **–teilung** *f* répartition de l'indemnité à payer (entre plusieurs personnes); **–umfang** *m* importance *f* du dommage; **–urheber** *m* auteur du dommage; **–ursache** *f* cause *f* du dommage; **–verhütung** *f* prévention des sinistres; **–versicherung** *f* assurance (de) dommages; **–verteilung** *f* contribution *f* à la perte; **–wert** *m* valeur *f* à l'état d'avarie; **–zahlung** *f* règlement *m* *ou* paiement *m* du sinistre, indemnisation de la victime (d'un dommage).

schadhaft *adj* défectueux, qui présente des vices *ou* des défauts.

Schadhaftigkeit *f* défectuosité *f*, défaut *m*, vice *m*, imperfection *f*.

schädigen léser (une personne), faire du tort à quelqu'un, causer un dommage à, porter préjudice à.

Schädiger *m* auteur *m* d'un dommage.

Schädigung *f* endommagement *m*, préjudice *m*, lésion *f*; **wirtschaftliche –** préjudice pécuniaire; **– Dritter** dommage aux tiers, **–sabsicht** *f* intention *f* de nuire, intention de causer un dommage.

schädlich *adj* dommageable, nuisible, préjudiciable; **–e Einflüsse** influences *fpl* néfastes.

schadlos halten dédommager, indemniser.

Schadlos|bürge *m* garant *m* du dédommagement, caution *f* (pour le déficit); **–bürgschaft** *f* caution pour le déficit.

Schadloshaltung *f* dédommagement *m*, indemnisation *f*, indemnité *f*.

Schad|stoff *m* polluant *m*, produit nocif; **–wirkung** *f* action nocive, nocuité *f*.

Schall|aufnahme *f (UrhR)* enregistrement *m* magnétique; **–schutz** *m* protection contre la pollution sonore; insonorisation; **–zeichen** *n (StVR)* signal *m* sonore.

Schalter *m* guichet *m*.

Schalter|geschäft *n* opération *f* au comptant; **–schluß** *m* fermeture *f* des guichets; **–stunden** *pl* heures *fpl* d'ouverture *ou* de service; **–verkauf** *m* vente *f* au guichet.

Schändung *f* (1) *(Frau)* viol *m*, (2) *(Grab)* violation *f* de sépulture.

Schank|erlaubnis *f* licence *f* de débit de boissons, licence de cabaretage (L); **–polizei** *f* police *f* des débits de boisson; **–steuer** *f* impôt sur les débits de boisson, droit de licence, taxe de cabaretage (L); **–verordnung** *f* réglementation concernant les débits de boissons; **–wirt** *m* tenancier *m*, propriétaire *ou* gérant d'un débit de boissons; **–wirtschaft** *f* débit *m* de boissons.

Schärfe *f* (1) *(Maßnahme)* sévérité *f*, rigueur *f*, (2) *(Genauigkeit)* précision *f*.

Scharf|richter exécuteur *m* des hautes œuvres, bourreau *m*; **–schütze** *m* tireur *m* d'élite.

Schärfung *f (StR)* aggravation (de la peine).

Schatten|kabinett *n* gouvernement *m* fantôme; **–wirtschaft** *f* économie souterraine.

Schatz *m (a. Fundsache)* trésor *m*; **–amt** *n* Trésor *m*; **–anweisung** *f* obligation du Trésor (à moyen *ou* à long terme); bon *m* du Trésor, certificat de trésorerie (B); **–fund** *m (ZR)* découverte *f* d'un trésor; **–kanzler** *m* chancelier de l'Echiquier; **–meister** *m (Verein)* trésorier *m*; **–minister** *m* ministre du Trésor; **–note** *f* billet du Trésor; **–schein** *m* bon du Trésor, obligation *f* du Trésor, bon *m*, valeurs *fpl* du Trésor, **–ministerium** *n* ministère du Trésor; certificat *m* de trésorerie (B).

schätzbar *adj* évaluable, estimable.

Schätzbarkeit *f* évaluabilité *f*.

schätzen évaluer, apprécier, estimer.

Schätzfehler *m* erreur *f* d'évaluation.

Schätz|meister *m* expert *m*, *(SeeHR)* sapiteur *m*; **–preis** *m* prix d'estimation, prix *m* estimatif

Schätzung *f* évaluation *f* estimation, taxation *f*; **amtliche –** évaluation officielle; **annähernde –** évaluation approximative; **bevölkerungsstatistische –** évaluation démographique; **gerichtliche –** évaluation *ou* estimation judiciaire; **nach gutachtlicher –** à dire d'experts; **statistische –** évaluation statistique; **versicherungsmathematische –** évaluation actuarielle; **– von Amts wegen** évaluation d'office; **– des Schadens** évaluation du dommage; **– durch die Steuerbehörde** évaluation fiscale.

Schätzungs|amt *n* service *m* de taxation; **–kredit** *m* crédit *m* évaluatif; **–preis** *m* prix *m* estimatif; **– protokoll** *n* procès-verbal d'estimation, procès-verbal d'évaluation, protocole d'estimation; **–summe** *f* (S) valeur *f* d'estimation; **–verbal** *n* (S) procès-verbal *m* d'estimation; **–wert** *m* valeur *f* d'estimation *ou* estimative, prix *m* d'estimation, évaluation.

Schatzverheimlichung *f* (Aut) dissimulation *f* d'un trésor.

Schatzwechsel *m* bon *m* du Trésor (à court terme); **–bestand** *m* portefeuille *m* d'effets du Trésor.

Schätzwert *m* valeur *f* d'estimation, valeur estimative, prix taxé.

Schau *f* (= Ausstellung) exposition *f*; **–bild** *n* représentation *f* graphique; **–fenster** *n* vitrine *f*, étalage *m*; **–fensterauslagen** *fpl* contenu *m* d'une vitrine, vitrine.

Schaumwein *m* vin mousseux.

Schauprozeß *m* procès *m* spectaculaire *ou* sensationnel.

Schauseite *f (Münze)* avers *m*.

Schaustellung *f* représentation théâtrale.

Scheck *m* chèque *m*, chèque ordinaire *ou* bancaire; formule *f* de chèque (en blanc); **allgemein gekreuzter –** *od.* **Verrechnungs-** chèque barré (ordinaire), chèque à barrement général; **Aussteller des –s** tireur *m*

du chèque; **avisierter –** chèque avisé; **bestätigter –** chèque certifié *ou* visé; **gefälschter –** chèque falsifié, chèque irrégulier; **gekreuzter –** chèque à barrement *m* spécial; **durch Indossament übertragbarer –** chèque endossable; **offener –** chèque ouvert; **protestierter –** chèque protesté; **rückdatierter –** chèque antidaté; **unausgefüllter –** chèque en blanc; **ungedeckter –** chèque sans provision *ou* non provisionné, chèque à provision insuffisante; **unzureichend gedeckter –** chèque à provision insuffisante; **verjährter –** chèque périmé; **vordatierter –** chèque postdaté; **einen – ausstellen** tirer un chèque (sur qn.),émettre un chèque; **einen – bestätigen** viser un chèque; **einen – einkassieren, einen – einziehen** encaisser un chèque; **– auf Guthaben** chèque provisionné; **einen – sperren** faire opposition sur un chèque; **– nur zur Verrechnung** chèque barré, chèque à porter en compte; **einen – visieren** apposer un visa sur un chèque, viser un chèque; **einen – widerrufen** faire opposition au paiement d'un chèque.

Scheck|abrechnung *f* compensation des chèques; **–aussteller** *m* tireur du chèque; **–ausstellung** *f* émission *ou* tirage du chèque; **–bedingungen** *pl* conditions générales du paiement par chèque; **–betrug** *m* escroquerie *f* par émission d'un chèque sans provision, **–bezogener** *m* tiré *m*; **–buch** *n* chéquier *m*, carnet de chèques; **–bürge** *m* donneur *m* d'aval, avaliste *m*, avaliseur *m*; **–bürgschaft** *f* aval d'un chèque; **–deckung** *f* provision *f* du chèque; **–duplikat** *n* second exemplaire du chèque; **–einlösung** *f* paiement du chèque; **–einreichung** présentation *f* du chèque (à la banque) pour encaissement; **–einziehung** *f od.* **–einzug** *m* paiement *m* du chèque; transmission *f* de la provision; **–empfänger** *m* bénéficiaire *m* du chèque; **–fälschung** *f* falsification d'un chèque; **–forderung** *f* créance résultant du chèque; **–formular** *n* formulaire *m ou* formule *f* de chèque; **–gesetz** *n* Loi uniforme concernant le chèque; **–gutschrift** *f* inscription du montant d'un chèque au crédit du bénéficiaire; **–heft** *n* chéquier *m*, carnet de chèques; **–hingabe** *f* transmission d'un chèque; **–inhaber** *m* porteur du chèque; **–inkasso** *n* encaissement de chèque; **–karte** *f* carte *f* (de) chèque, carte de garantie de chèque, carte de banque *ou* de garantie, carte accréditive; **–kartenmißbrauch** *m* usage délictueux des cartes de crédit; **–klage** *f* action en paiement du chèque; **–konto** *n* compte-chèques; **–leiste** *f* talon du chèque; **–nehmer** *m* bénéficiaire *m* du chèque; **–protest** *n* protêt *m* d'un chèque; **–prozeß** *m* litige *m* en matière de chèque; **–regreß** *m*, **– rückgriff** *m* recours *m* faute de paiement; **–sperre** *f* opposition *f*; **–stempel** *m* timbre *m* de chèque; **–summe** *f* montant *m* du chèque, somme *f*; **–umlauf** *m* chèques en circulation, circulation des chèques; **–verbindlichkeit** *f* obligation *f* au paiement (du chèque); **–verlust** *m* perte *f* du chèque; **–vertrag** *m* contrat de chèque; **–vollmacht** *f* procuration pour tirer des chèques; **–vorlegung** *f* présentation du chèque; **–zahlung** *f* paiement par chèque.

Scheibenwischer *m* essuie-glace *m*.

Scheide|mauer *f* mur *m* de séparation; **–münze** *f* pièce de monnaie divisionnaire, monnaie d'appoint.

scheiden (1) *(Ehe)* divorcer, (2) *(Urteil fällen)* prononcer le divorce, (3) *(aus dem Amt)* cesser ses fonctions, se démettre.

Scheidung *f* divorce *m*; **einverständliche –** divorce par consentement mutuel; **– aus beiderseitigem Verschulden** divorce aux torts réciproques; **auf – der Ehe erkennen** prononcer le divorce; **auf – klagen** agir en divorce, demander le divorce, assigner en divorce; **an der – Schuld sein** être responsable du divorce; **– wegen**

Aufhebung der häuslichen Gemeinschaft divorce pour cessation de la vie commune; – **wegen Verschuldens** divorce par la faute d'un conjoint.

Scheidungs|abfindung indemnité *f* en cas de divorce; **–antrag** *m* demande *f* en divorce, requête *f* à fin de divorce; **–anwalt** *m* avocat *m* spécialisé en matière de divorces; **–folgesache** *f* litige *m ou* procédure *f* en vue de régler les conséquences du divorce; **–grund** *m* cause *f* du divorce, motif de divorce; **–klage** *f* demande en divorce, action en divorce, instance *ou* procès en divorce; **–prozeß** *m* instance *f* en divorce; **–recht** *n* droit relatif au divorce et à ses conséquences; **–sache** *f* cause *f* relative à un divorce; **–statut** *n (IPR)* détermination de la loi compétente en matière de dissolution du lien conjugal sur la base du statut familial; **–urteil** *n* jugement *m* de divorce, arrêt *m* qui prononce le divorce; **–verbund** *m* procédure commune en vue de prononcer le divorce et régler les conséquences du divorce; **–verbot** *n* interdiction de divorcer; **–vereinbarung** *f* divorce conventionnel *ou* d'accord; **–verfahren** *n* procédure en divorce; **–vergleich** *m* transaction *f* en vue de régler certaines conséquences du divorce; **–vertrag** *m* convention de divorce; **–widerklage** *f* demande reconventionnelle en divorce.

Schein *m* (1) *(Bescheinigung)* attestation *f*, certificat *m*, (2) *(Quittung)* récépissé *m*, (3) *(Anschein)* apparence *f*, aspect *m*, caractère fictif.

Schein– fictif, apparent, simulé; déguisé; dont l'apparence ne correspond pas à la réalité.

Schein|adressat *m* destinataire *m* apparent; **–akt** *m* acte apparent; **–bar** *adj* en apparence; **–bedingung** *f* condition fictive; **–bilanz** *f* bilan *m* fictif; **–dienstbarkeit** *f* (Aut) servitude *f* apparente; **–dividende** dividende *m* fictif; **–ehe** *f* mariage *m* inexistant; **–entgelt** *n* rémunération fictive; **–erbe** *m* héritier *m* apparent; **–erklärung** *f* déclaration de volonté simulée; **–faktura** *f* facture *f* simulée; **–firma** *f* société inscrite au registre de commerce, mais n'exerçant aucune activité réelle; **–forderung** *f* créance *f* fictive; **–gebot** *n* offre, licitation *ou* enchère fictive; **–geschäft** *n* transaction *f ou* opération *f* fictive, acte *m* simulé, acte *m* apparent (sans valeur réelle); **–gesellschaft** *f* société *f* fictive; **–gesellschafter** *m* associé apparent; **–gewinn** *m* bénéfice *m* fictif; **–grund** *m* cause *f* simulée; **–gründung** *f* création d'une société fictive; **–handlung** *f* acte *m* simulé, acte apparent *ou* fictif; **–kauf** *m* vente fictive, achat *m* simulé, donation déguisée; **–kaufmann** *m* commerçant *m* apparent, faux commerçant; **–lösung** *f* solution fallacieuse; **–mehrheit** *f* majorité factice; **–quittung** *f* quittance fictive; **–rechnung** *f* fausse facture; **–regierung** *f* pseudo-gouvernement *m*, gouvernement fantoche; **–servitut** *f* (Aut) servitude apparente; **–sitz** *m* siège *m* fictif; **–tod** *m* mort apparente; **–ursache** *f* cause simulée; **–urteil** *n* décision qui n'a pas encore été prononcée en audience publique *ou* signifiée; **–verkauf** *m* vente *f* simulée *ou* fictive, donation *f* déguisée; **–vertrag** *m* contrat *m* fictif, convention de complaisance; **–wechsel** *m* effet *m* fictif; **–werfer** *m (StVR)* feux *mpl* avant; feux de route et de croisement; **–zahlung** *f* paiement *m* fictif.

scheitern échouer, péricliter, (projet) avorter, ne pas réussir.

Scheitern *n* échec *m*, insuccès *m*, faillite *f* (d'un projet), déconvenue *f*, déboire *m*; **– des Güteversuchs, – des Sühneversuchs, – des Versöhnungsversuchs** (Aut) non-conciliation *f*.

Schelte *f* blâme *f*, réprimande *f*.

Schema *n* schéma *m*, plan *m*, esquisse *f*; **–brief** *m* lettre (commerciale) type.

Schematismus *m* (= Rangliste für

Amtspersonen) (Aut) hiérarchie *f*, catégories statutaires dans la fonction publique.

Schenkende(r) *m*, **Schenker** *m* donateur *m*, disposant *m* à titre gratuit (par donation).

Schenkung *f* donation *f*, don *m*, libéralité *f* (entre vifs); **belastende –** donation *ou* libéralité avec charges *ou* onéreuse; **belohnende –** (Aut) donation *ou* libéralité rémunératoire; **gegenseitige –** donation réciproque *ou* mutuelle; **indirekte –** donation par personne interposée; **letztwillige –** libéralité testamentaire, donation par testament; **mittelbare –** donation par personne interposée; **nicht anrechenbare –** donation préciputaire; **remuneratorische –** donation rémunératoire; **verschleierte –** donation déguisée; **wechselseitige –** (Aut) donation mutuelle; **widerrufene –** donation révoquée; **– unter einer Auflage, – mit einer Belastung** donation avec charge, donation onéreuse; **– zur Belohnung** donation rémunératoire; **– unter Ehegatten** donation entre époux; **– von Hand zu Hand** (S) donation manuelle; **– unter Lebenden** donation entre vifs; **– von Todes wegen, – auf den Todesfall** libéralité *f ou* donation testamentaire *ou* par testament; **eine – widerrufen** révoquer une donation; **– von zukünftigem Vermögen** donation de biens à venir.

Schenkungs|anfechtung *f (KonkursR)* action en révocation de la donation (faite pendant la période suspecte); **–annahme** *f* acceptation *f* de la donation; **–rückforderung** *f* demande en restitution de la libéralité; **–steuer** *f* impôt *m* sur les donations (entre vifs); **–urkunde** *f* acte de donation; **–versprechen** *n* promesse de donation; **–vertrag** *m* contrat de donation; **–widerruf** *m* révocation de la donation.

Scherzgeschäft acte juridique reposant sur des déclarations de volonté faites par plaisanterie.

Schicht *f* (1) *(Arbeitszeit)* poste *m*, journée *f* (de travail), jour *m*, tournée *f*, (2) *(Arbeitsgruppe)* équipe *f*, (3) *(Personengruppe)* couche *f* sociale.

Schicht|arbeit *f* travail en équipe, travail posté *ou* par roulement, trois-fois-huit *mpl;* **–arbeiter** *m* ouvrier *m* travaillant par postes, travailleur *m* posté; **–belegschaft** *f* personnel *m* d'équipe *ou* posté; **–betrieb** *m* travail posté; **–lohn** *m* salaire *m* en régie *ou* de poste; **–prämie** *f* prime *f* de poste; **–verkürzung** *f* réduction *f* de la durée du travail; **–wechsel** *m* rotation des postes, relève *f* des équipes.

schicken (1) *(Güter)* envoyer, expédier, adresser, faire parvenir, (2) *(Person)* dépêcher, détacher.

Schickschuld *f* dette *f* portable.

schieben (1) *(BörR)* reporter (2) *(Waren)* trafiquer; **glatt –** reporter au pair.

Schieber *m* trafiquant *m*.

Schiebung *f* (1) *(BörR)* report *m*, (2) trafic *m* clandestin.

Schiebungs|anfechtung *f (KonkursR)* action en nullité d'un acte du failli (accompli en vue de nuire aux créanciers); **–geld** *n* prix du report; **–geschäft** *n* opération *f* de report.

Schieds|abkommen *n*, **–abrede** *f* convention *f* d'arbitrage; clause *f* compromissoire; **–amt** *n* office *m* arbitral, section d'arbitrage; **–ausschuß** *m* commission *f* arbitrale *ou* d'arbitrage, comité d'arbitrage; **–einrede** *f* opposition à la procédure judiciaire en arguant la clause compromissoire.

Schiedsgericht *n* tribunal *m* arbitral, cour *f* d'arbitrage, juridiction *f* arbitrale, organisme *m* arbitral; **gemischtes –** tribunal arbitral mixte; **gewerbliches –** (S) conseil *m* de prud'hommes; **paritätisches –** tribunal arbitral paritaire; **– der Sozialversicherung** (Aut) tribunal arbitral des assurances sociales.

schiedsgerichtlich *adj* arbitral.

Schiedsgerichtsabrede *f (HR)* clause compromissoire *ou* arbitrale.

Schiedsgerichtsbarkeit *f* juridiction

f arbitrale; **internationale** – arbitrage *m* international; **obligatorische** – arbitrage obligatoire.

Schiedsgerichtshof *m* cour d'arbitrage, cour *f* arbitrale; **gemischter** – tribunal arbitral mixte; **Ständiger Internationaler** – Cour permanente d'arbitrage.

Schiedsgerichtsklausel *f* clause d'arbitrage, clause compromissoire; **obligatorische** – clause d'arbitrage obligatoire.

Schiedsgerichts|ordnung *f* règlement d'arbitrage; **–praxis** *f* pratique *f* arbitrale; **–sitzung** *f* audience d'arbitrage, audience *f* arbitrale (L); **–vereinbarung** *f* convention *f* d'arbitrage; **–verfahren** *n* procédure *f* arbitrale; **–vertrag** *m* traité *m* d'arbitrage.

Schiedsgerichtswesen *n* arbitrage *m*; **internationales** – arbitrage international.

Schiedsgutachten *n* expertise arbitrale.

Schiedsgutachter *m* expert-arbitre *m*, tiers arbitre; **–stelle** *f* bureau *m* d'arbitrage, **–vertrag** *m* contrat *m* d'arbitrage.

Schieds|hof *m* Cour d'arbitrage, cour arbitrale; **–instanz** *f* instance d'arbitrage, instance *f* arbitrale.

Schiedsklausel *f* clause *f* d'arbitrage *ou* arbitrale, clause compromissoire; **obligatorische** – clause d'arbitrage obligatoire.

Schieds|kommission *f* commission *f* d'arbitrage; **–mann** *m* arbitre *m*.

Schiedsrichter *m* arbitre *m*, juge-arbitre *m*; **als – entscheiden** arbitrer; **–kollegium** *n* collège *m* arbitral; **–vertrag** compromis *m* d'arbitrage.

schiedsrichterliches Verfahren procédure arbitrale.

Schieds|sache *f* contentieux réglé par voie arbitrale; **–spruch** *m* sentence *f* arbitrale, sentence d'arbitrage, décision *f* arbitrale, décision d'arbitrage, arbitrage *m*, jugement *m* arbitral; **internationaler** – arbitrage international; **– einer Oberinstanz** sentence surarbitrale.

Schieds|stelle *f* bureau d'arbitrage, organe *m* arbitral, office *m* d'arbitrage *ou* arbitral; **–urteil** *n* sentence arbitrale; **–vereinbarung** convention d'arbitrage, compromis *m* arbitral; **–verfahren** *n* procédure d'arbitrage, procédure *f* arbitrale, procédure de règlement arbitral, procédure de médiation; **–vergleich** *m* transaction arbitrale; **–vertrag** *m* compromis *m* d'arbitrage, traité *m* d'arbitrage; **–weg** *m* voie *f* arbitrale.

Schienen|bahn *f*, **–fahrzeug** *n* véhicule *m* sur rails, tramway *m*; **–netz** *n* réseau *m* ferroviaire; **–Straßenbeförderung** *f*, **kombinierte** – ferroutage *m*, transport combiné rail-route; **–verkehr** *m* trafic *m* ferroviaire.

Schieß|anlage *f* stand *m* de tir; **–befehl** *m* ordre *m* de tirer sur qqn.

Schiff *n* (1) *(Seeschiff)* navire *m* marchand, bâtiment *m*, (2) *(Frachtschiff)* cargo *m*, (3) *(Personen)* paquebot *m*, (4) *(Binnenschiff)* bateau *m*, embarcation *f*; **per** – par voie maritime; **registriertes** – navire immatriculé, navire de l'armement national.

Schiffahrt *f* navigation *f*, transports *mpl* maritimes; **– auf großer Fahrt** navigation au long cours; **nationale** – (= Küstenschiffahrt) cabotage *m*; bornage *m*; **vorbehaltene** – navigation réservée (à un pavillon).

Schiffahrtmonopol *n* monopole *m* de la navigation.

Schiffahrts|abgabe *f* taxe *f* de navigation; **–abkommen** *n* convention de navigation; **–akte** *f* acte *m* de navigation; **–amt** *n* office *m* de la navigation; **–erlaubnisschein** *m* permis *m* de navigation; **–freiheit** *f* liberté de navigation; **–gebühr** *f* droit *ou* taxe *f* de navigation; **–gericht** *n* tribunal de la navigation; **–gesellschaft** *f* compagnie de navigation, compagnie maritime; **–grenzgewässer** *pl* eaux *fpl* frontières navigables, **–hindernis** *n* entrave à la navigation; **–linie** *f* ligne *f* maritime; **–ordnung** *f* règlement de navigation; **–polizei** *f* police de la navigation; **–prämie** *f* prime à la navigation; **–recht** *n* droit de la navigation; **–register** *n* registre *m* des navires marchands; **internationale –straße** voie d'eau internationale; **–unternehmen** *n* entreprise *f* de transports maritimes, messageries *fpl* maritimes, compagnie *f* de messageries; **–vertrag** *m* traité de navigation.

Schiffer *m* (= Schiffsführer) capitaine *m* de bateau, capitaine de cabotage, patron *m* borneur; **–paß** *m* carte d'identité de marinier; **–patent** *n* patente de navigation, patente de batelier; **–reeder** *m* capitaine-armateur *m*.

Schiffs|abgabe *f* taxe *f* sur les navires; **–agent** *m* courtier *m* maritime; **–arrest** *n* arrêts *mpl* à bord; **–arzt** *m* médecin *m* de bord; **–ausrüster** *m* **(s. Reeder)** armateur *m*, fréteur *m*; **–bau** *m* construction navale; **–bedarf** *n* avitaillement *m* de bord; **–befrachter** *m* affréteur *m*; **–beleihungsbank** *f* banque *f* de prêts maritimes; **–besatzung** *f* équipage *m*; **–buch** *n* livre *m* de bord; **–disponent** *n*, **–direktor** *m* gérant *m* de navire, administrateur-gérant *m*; **–eichung** *f* jaugeage *m*; **–eigentümer** *m* propriétaire *m* du navire *ou* du bâtiment; **–eigner** *m* propriétaire *m* du bateau *ou* de l'embarcation; **–fracht** *f* fret *m*; **–führer** (= Kapitän) capitaine; **–gläubiger** *m* créancier *m* du navire; **–hypothek** *f* hypothèque *f* maritime; hypothèque fluviale, hypothèque sur bateau; **–journal** *n* journal de bord, livre de bord; **–kapitän** *m* capitaine *m*; **–kaskoversicherung** *f* assurance *f* corps de navire; **–klarierer** *m* courtier *m* maritime; **–ladeschein** *m* connaissement *m*; **–ladung** *f* cargaison *f*, chargement *m*, fret *m*; **–ladungsversicherung** *f* assurance maritime sur facultés; **–liegegebühr** *f* redevance *f* pour jours de planche *ou* (e)staries;**–makler** *m* courtier maritime; **–mannschaft** *f* équipage *m*; **–meister** *m* patron d'un bateau; **–meßbrief** *m* certificat de jaugeage, certificat de jauge; **–miete** *f* affrètement *m* d'un navire *ou* bateau, location *f* de navire, location en coque nue; **–mietvertrag** *m* (= Chartervertrag) contrat d'affrètement, charte-partie *f*; **–ordnung** *f* règlement de bord; **–papiere** *pl* papiers *ou* documents de bord; **–part** *f* quirat *m*; **–partner** *m* quirataire *m*; **–passagier** *m* passager *m* à bord d'un paquebot *ou* navire; **–patent** *n* patente d'un navire *ou* d'un bateau; **–pfand** *n* gage sur navire; **–pfandbrief** *m* lettre de gage maritime, obligation *f* maritime; **–pfandrecht** *n* droit de saisie *f* du navire; **–prokureur** *m* courtier maritime; **–proviant** *m* provisions de bord; **–raum** *m* cale; jauge *m* nette; **–register** *n* (1) registre *m* des navires, registre maritime, (2) *(en France)* registre des soumissions de francisation; **–reise** *f* voyage *m* à bord d'un paquebot; croisière *f*; **–rolle** *f* rôle de l'équipage; **–sicherheitsausschuß** *m* Comité de la sécurité maritime; **–tagebuch** *n* journal *m* de bord, livre *m* de bord; **–unfall** *m* avarie *f*; **–verkehr** *m* trafic *m* maritime; **–vermessung** *f* jaugeage *m*; **–vermessungszeugnis** *n* certificat de jaugeage; **–vermögen** *n* fortune *f* de mer; **–werft** *f* chantier *m* naval; **–versicherung** *f* assurance corps de navire; **–zertifikat** *n* permis de navigation, (en France:) acte de francisation, certificat *m* d'immatriculation; **–zusammenstoß** *m* abordage *m* maritime *ou* en mer.

Schikane *f* chicane *f*, avocasserie *f*, objection *f* captieuse, contestation *f* de mauvaise foi; **–verbot** *n* obligation *f* de ne pas abuser d'un droit.

Schild *n* (1) *(= Ladenschild)* enseigne *f*; écriteau *m*, pancarte *f*, (2) *(Kfz)* plaque d'immatriculation, numéro minéralogique, (3) *(Straßenverkehr)* panneau *m* de signalisation, poteau *m* indicateur.

Schimpfwort *n* injure *f*, terme *m* de mépris, expression *f* outrageante, invective *f*.

Schirmherr *m* protecteur *m*, patron

m; **–schaft** (1) (haut) patronage *m*, protection, (2) *(VR)* protectorat *m*; **unter der – von** sous les auspices de, sous le patronage de, sous l'égide de.

Schlachten *n* abattage *m*.

Schlacht|gebühr *f* taxe *f* d'abattage; **–hof** *m* abattoir *m*; **–prämie** *f* prime *f* d'abattage; **–steuer** *f* taxe d'abattage; **–tiere** *pl*, **–vieh** *n* animaux *mpl* de boucherie; **–verbot** *n* interdiction (administrative) d'abattage.

Schlaganfall *m* attaque d'apoplexie.

Schlägerei *f (StR)* rixe *f*.

Schlag|ring *m* coup-de-poing *m* (américain); **–wort** *n* slogan *m*, devise *f* commerciale; **–zeile** *f* gros titre, manchette *f*

Schlechterfüllung *f (ZR)* mauvaise exécution *f* (d'un contrat), exécution incorrecte; exécution défectueuse (d'un travail).

Schlechterstellung *f* aggravation *f*, reformatio in pejus, mettre dans une position (plus) défavorable, désavantage *m*, déclassement *m*, discrimination *f*.

schlechtgläubig *adj* de mauvaise foi.

Schlechtleistung *f (SchuldR)* exécution non-conforme, prestation ne correspondant pas à ce qui a été stipulé (dans le contrat).

Schlechtwetter|geld *n* indemnité *f* de mauvais temps (versé aux ouvriers du bâtiment); **–versicherung** *f* assurance *f* contre le mauvais temps, assurance-pluie.

Schleich|bezug *m (WirtR)* acquisition de marchandises par des voies détournées *ou* par personne interposée; **–handel** *m* marché *m* noir, contrebande *f*, commerce *m* interlope, trafic *m* clandestin; **–händler** *m* trafiquant *m* de marché noir; **–ware** *f* marchandise *f* interlope *ou* de contrebande; **–werbung** *f* publicité *f* clandestine.

Schlepp|erlaubnis *f* permis *m* de remorquage; **–gebühr** *f* taxe de remorquage; **–ladung** *f* cargaison en vrac; **–lohn** *m* frais de remorquage; **–netzfahndung** *f (StPR)* recherche *f* d'un délinquant par exploitation des fichiers informatisés de la police aux frontières; **–schiffahrt** *f* remorquage *m*; **–vertrag** *m* contrat de remorquage.

Schleuder|angebot *n* offre à bas prix; **–ausverkauf** *m* liquidation à vil prix.

Schleuderpreis *m* prix sacrifié *ou* écrasé; **zum – verkaufen** vendre à bas prix, brader, liquider, sacrifier.

schlichten régler de manière pacifique, accommoder, aplanir, arbitrer.

Schlichter *m* conciliateur *m*, médiateur *m*, amiable compositeur.

Schlichtung *f (ArbR)* médiation *f* aux fins de favoriser le règlement amiable d'un conflit collectif; conciliation (prévue par une convention collective de travail).

Schlichtungs|abkommen *n od.* **–abrede** *f* accord *m* de conciliation; **–amt** *n* office *m* de conciliation; **–ausschuß** *m* commission *f* de conciliation; **–einrichtung** *f* organisme *m* de conciliation; **–kammer** *f* chambre de conciliation; **–klausel** *f* clause d'un accord collectif soumettant les conflits collectifs du travail à une procédure conventionnelle de conciliation; **–stelle** *f* bureau *ou* office de conciliation; **–verfahren** *m* procédure de conciliation *ou* de médiation, procédure de règlement amiable; **–versuch** *n* tentative *f* de conciliation.

schließen (1) *(Vertrag)* conclure, passer, (2) *(beenden)* finir, terminer, (3) *(Sitzung)* clore, lever, (4) *(folgern)* déduire, conclure, inférer, (5) *(Tür)* fermer (à clé).

Schließfach *n* (1) *(Post)* boîte postale, (2) *(Bank)* coffre-fort *m*, compartiment *m* de coffre(-fort); **–gebühr** *f* taxe d'abonnement à une boîte postale, droit de boîte *ou* de casier (L).

schließlich *adv* finalement, pour finir, en dernière analyse.

Schließung *f* (1) *(Vertrag, Ehe)* conclusion *f*, (2) *(Sitzung)* clôture *f*, (3) *(Geschäft)* fermeture *f*; **vorzeitige –** fermeture prématurée; **zwangsweise –** fermeture d'office.

Schließungszeiten *pl* heures *fpl* de fermeture (d'un magasin).

schlimmstenfalls *adv* au pis, dans l'hypothèse la plus défavorable.

Schlinge *f* nœud coulant.

Schloß *n* serrure *f*; **hinter – und Riegel sein** être sous les verrous.

Schluß *m* (1) *(Ende)* fin *f*, clôture *f*, (2) *(Schließung)* fermeture *f*, (3) *(Börse)* quotité *f* de négociation, quotité négociable, multiple de négociation, unité de négociation; **– der Debatte** clôture des débats; **– der Tagung** clôture de la session; **– der Verhandlung** clôture des débats.

Schluß|abfertigung *f* dédouanement à la sortie; **–abnahme** *f* réception à l'achèvement d'un immeuble; **–abrechnung** *f* règlement *m ou* décompte *m* final; **–abstimmung** *f* scrutin *m* final; **–akt** *m* acte *m* final; **–anhörung** *f od.* **–gehör** *n (im Strafverfahren)* dernière parole (de l'accusé); **–anträge** *pl* conclusions (finales à l'audience); **–artikel** *m* article *m* final; **–bericht** *m* rapport *m* final; **–bestimmungen** *pl* dispositions *fpl* finales; **–bilanz** *f* bilan de clôture; **–brief** *m* (Aut) contrat commercial (plus particulièrement en matière de titres et valeurs); **–dividende** *f* dividende *m* final.

Schlüssel *m* (1) clé *f*, (2) code *m*; **–dienst** *m* service *m* de serrurerie.

schlüsselfertig *adj* clés en main.

Schlüssel|gewalt *f (FamR)* mandat *m* domestique; **–industrie** *f* industrie-clé; **–sektor** *m* secteur-clé *m*; **–stellung** *f* position-clé *f*, levier de commande; **–zuweisung** *f (ÖfR)* dotation des communes sur la base de crédits étatiques.

Schluß|folgerung *f* déduction *f*, conclusion finale; **–formel** *f* phrase finale, conclusion; formule de politesse.

schlüssig *adj* convaincant, probant, décisif, pertinent; **–e Beweisführung** administration concluante de la preuve.

Schlüssigkeit *f* pertinence *f* (de la demande en justice), validité *f*, recevabilité *f*; **–sprüfung** examen *m* de la recevabilité (de l'action).

Schluß|kurs *m (BörR)* cours de clôture; **–licht** *n (StVR)* feux *pl* rouges arrière; **–niederschrift** *f* protocole *m* final; **–note** *f (BörR)* avis d'exécution *ou* d'opéré, bordereau d'agent de change *ou* de courtier; **–notensteuer** *f* impôt sur les bordereaux d'agent de change; **–notierung** *f* cotation de clôture; **–protokoll** *n* protocole final *ou* de clôture; **–rechnung** *f* (1) *(Buchf)* solde *m* (d'un compte *ou* d'une facture), solde en caisse, (2) *(KonkursR)* bilan économique de l'entreprise faillie; compte *m* final; **–resolution** *f (Pol, VR)* résolution *f* finale; **–sitzung** *f* séance de clôture; **–urteil** *n (ZPR)* jugement final (faisant suite à un jugement partiel); **–verfahren** *n* (S) procédure principale; **–verhandlung** *f* audience *f* de clôture, clôture *f* des débats; **–verkauf** *m (HR)* soldes *mpl;* **–verteilung** *f (KonkursR)* distribution des deniers dégagés par la liquidation totale de l'actif; **–vortrag** *m* (1) *(in der Hauptverhandlung)* conclusions *fpl*; (2) résumé des résultats de l'instruction, des conclusions et des plaidoiries; **–wert** *m* valeur *f* terminale *ou* finale; **–zahlung** *f* paiement du solde *ou* de la dernière fraction (d'une somme due); **–zettel** *m* avis d'exécution *ou* d'opéré, bordereau d'agent de change *ou* de courtier.

Schmälerung *f* (1) *(Einkommen)* réduction *f*, (2) *(Rechte)* atteinte à.

Schmerzensgeld *n* indemnité *f ou* dommages-intérêts *mpl* pour préjudice moral, compensation *f ou* réparation *f* du dommage moral, indemnité compensatrice d'un préjudice moral, prix *m* de la douleur, pretium doloris, réparation du préjudice de désagrément, indemnité allouée en conséquence des dommages causés au corps humain, réparation du préjudice esthétique; **–anspruch** *m* demande en réparation d'un dommage moral, droit au pretium doloris, droit à compensation de la douleur morale; **–bemessung** *f* évaluation du préjudice esthétique *ou* du dommage moral; **–höhe** *f* montant des dommages-intérêts pour préjudice moral.

Schmerzmittel *n* analgésique *m*, antalgique *m*.

Schmiergelder *pl* (1) *(StR: Bestechung)* somme *f* d'argent, don *m ou* avantage pécuniaire accordé en vue de corrompre qn, (2) *(umg)* dessous *m* de table, pot-de-vin *m*.

Schmuck|artikel *m* bijou *m*, joyau *m*; **–diebstahl** *m* vol de bijoux; **–warenindustrie** *f* industrie *f* de la joaillerie *ou* de la bijouterie.

Schmuggel *m* contrebande *f*; **–gut** *n* marchandise de contrebande, marchandise de fraude, denrée de contrebande, objet de contrebande, contrebande; **–handel** *m* trafic de contrebande; **–ware** *f* marchandise de contrebande *ou* de fraude, denrée de contrebande, objet *ou* article de contrebande.

Schmuggler *m* contrebandier *m*.

Schmutz|arbeit *f* travail *m* pénible *ou* salissant; **–wasser** *n* eaux usées; eaux industrielles; **–zulage** *f*, **–zuschlag** *m* indemnité *f* pour travail salissant, prime *f* de salissure.

Schnee|ballsystem *n (HR)* système de vente dit de la boule de neige; **–ketten** *fpl* chaînes-neige *fpl*.

Schnell|ausbildung *n* formation professionnelle accélérée; **–gericht** *n (StPR)* tribunal *m* des flagrants délits; **–(gerichts)verfahren** *n (ZPR)* procédure *f* en référé; **–richter** *(ZPR)* juge *m* en référé; **–straße** *f* route *f* à grande circulation, autoroute, route à deux chaussées séparées par un terre-plein central; **–verfahren** *n (StPR)* procédure de flagrants délits *ou* de saisine directe, procédure accélérée *ou* sommaire.

Schöffe *m* (= ehrenamtlicher Richter) personne *f* appelée à siéger comme juge (sans être juge de profession), juge-assesseur *m* non-professionnel; échevin *m*.

Schöffen|amt *n* fonction de juge-assesseur non-professionnel; **–auslosung** *f* tirage au sort des juges-assesseurs non-professionnels.

Schöffengericht *n* tribunal répressif siégeant auprès du tribunal cantonal allemand et comprenant deux juges-assesseurs non-professionnels *ou* jurés en plus du juge de profession, tribunal d'échevins (S); **erweitertes –** tribunal répressif siégeant auprès du tribunal cantonal allemand et comprenant deux juges-assesseurs non-professionnels *ou* jurés plus deux magistrats de carrière.

Schöffen|liste *f* liste *f* des personnes pouvant siéger comme juge assesseur bénévole; **–wahl** *f* choix *m ou* nomination des juges-assesseur non-professionnels; **–senat** *m* (Aut) chambre criminelle (composée de 2 juges et de 2 échevins).

Schon|bezirk *m* réserve *f* (de chasse); **–frist** *f* (court) délai supplémentaire (avant l'expulsion *ou* la fermeture).

Schönheitsreparaturen *fpl* réparations locatives réputées d'agrément, travaux d'entretien et de réparation (effectués par le locataire).

Schonung *f* (1) *(Rücksichtnahme)* ménagement *m*, (2) *(sparsames Umgehen)* épargne *f*, économie *f*, (3) *(Nachsicht in Strafen)* indulgence *f*, modération *f*, (4) *(Forstwirtschaft)* réserve *f*, bois *m* en défens.

Schonzeit *f* période *f* de fermeture de la chasse, temps *m* prohibé; **Ende der –** ouverture *f* de la chasse.

Schöpfer *m (UrhR: eines Werkes)* auteur *m* d'une œuvre de l'esprit.

Schöpfung *f (UrhR)* œuvre *f* créée; **geistige –** création *f* intellectuelle.

Schranke *f* (1) *(an Bahnübergängen)* barrières *fpl* d'un passage à niveau, (2) *(fig)* limite *f* (à ne pas dépasser), (3) (Aut) barre *f*.

Schrankfach *m* compartiment *m*, coffre *m*; **–vertrag** *m* contrat de location de coffre.

Schrebergarten *m* jardin *m* ouvrier, jardin familial.

Schreckreaktion *f* fausse réaction due à la frayeur résultant d'un événement subit et imprévu.

Schreib|aufwendungen *pl,* **–auslagen** *fpl od.* **–kosten** *pl* frais relatifs à la rédaction de l'acte, frais de papeterie *ou* de bureau.

Schreiben *n* (1) *(Schriftstück)* écrit *m*, pièce *f*, note *f*, (2) *(Brief)* lettre *f*, lettre missive; **amtliches –** missive officielle; **erläuterndes –** lettre interprétative; **fingiertes –** écriture *f* fictive; **vertrauliches –** lettre confidentielle.

Schreiber *m* (1) *(Notar)* clerc *m*, (2) *(Gericht)* greffier *m*, (3) *(Angestellter)* secrétaire *m*, rédacteur *m*, commis-expéditionnaire *m*.

Schreibfehler *m* erreur *f* d'écriture; **offenbarer –** erreur d'écriture purement matérielle *ou* manifeste.

Schreib|gebühr *f* frais *mpl* d'écriture, droit de greffe, taxe *f* d'écritures, émolument *m ou* finance de chancellerie (S); **–kraft** *f* sténodactylo *f*; employée de secrétariat; **–maschine** *f* machine *f* à écrire; **–tischtäter** *m* auteur *m* moral d'une infraction; **–weise** *f* écriture *f*, graphisme *m*; **–unfähige(r)** *m* personne *f* ne sachant pas écrire.

Schrift *f* (1) *(Schriftstück)* écrit *m*, pièce *f*, acte *m*, (2) *(Handschrift)* écriture *f*, (3) *(Abhandlung)* traité *m*, brochure *f*; **pornographische –, unzüchtige –** publication *f* pornographique; **verleumderische –** écrit *m* diffamatoire.

Schriftenvergleich *m* vérification *f ou* comparaison *f* d'écritures.

Schrift|form *f* forme *f* écrite; **–formklausel** *f* clause imposant la forme écrite pour la validité d'un contrat *ou* d'une stipulation; **–führer** *m* (1) greffier *m*, (2) secrétaire *m*; **–gutachten** *n* expertise *f* graphologique; **–gutachter** *m* expert en écritures; **–leiter** *m* rédacteur responsable, rédacteur *m* en chef, directeur *m* (du journal); **–leitung** *f* rédaction *f*, rédacteur *m* en chef, directeur *m* (du journal).

schriftlich *adj* par écrit; **– bestätigen** confirmer par écrit; **– mitteilen** communiquer par écrit; **– niederlegen** rédiger, formuler par écrit.

Schriftlichkeit *f* forme *f* écrite.

Schriftsachverständige(r) *m* expert *m* en écritures, graphologue *m*.

Schriftsatz *m* acte *m* (écrit), mémoire *m*, pièce *f* de procédure; **ergänzender –** mémoire *m* ampliatif; **–abgabe** *f* transmission (au tribunal) des actes de procédure; **–frist** *f* délai pour remettre (au juge) un mémoire.

Schriftseite *f (Münze)* revers *m*.

Schriftstück *n* écrit *m*, acte *m*, pièce *f*, document *m*; **außergerichtliches –** acte extrajudiciaire; **gerichtliches –** acte judiciaire; **privates –** écriture *f* privée, écrit privé.

Schrifttum *n* sources *fpl ou* textes *mpl* concernant un domaine particulier, bibliographie *f*, littérature *f*.

Schrift|vergleich *m*, **–vergleichung** *f* vérification *ou* comparaison d'écriture.

Schrift|verkehr *m od.* **–wechsel** *m* échange de lettres, correspondance *f*; **amtlicher –** correspondance officielle; **–verbot** *n* interdiction *f* de la correspondance.

Schrift|werk *n (UrhR)* œuvre *f* écrite; **–zeichen** signe *m* graphique, lettre *f*; **–zug** *m* griffe *f*, signature *f*.

Schritt *m*, **diplomatischer –** intervention *f ou* démarche *f* diplomatique, action *f* diplomatique; **gemeinsamer –** démarche *f* collective *ou* commune; **gerichtliche –e** démarches *fpl* judiciaires; **–e einleiten** *od.* **unternehmen** faire des démarches (auprès de qqn), introduire un recours.

Schrumpfung *f (Vwirt)* recul *m*, régression, récession.

Schul|abgänger *m* jeune *m* sorti du système scolaire; **–abkommen** *n* pacte *m* scolaire; **–abschluß** *m* diplôme *m ou* certificat *m* sanctionnant une formation *ou* de fin d'études; **–amt** *n* inspection *f* d'académie; **–anfänger** *m* enfant *m* entrant à l'école primaire; **–arbeit** *f* composition, devoir *m*; **–aufbau** *m* organisation de l'enseignement; **–aufsicht** *f* inspection *f* et surveillance *f* des établissements scolaires; **–ausbil-**

dung *f* formation *f* scolaire initiale; **–behörde** *f* service *ou* administration responsable de l'enseignement; **–besuch** *m* fréquentation *f* scolaire; **–besuchszeugnis** *n* certificat *m* de scolarité; **–bildung** *f* formation scolaire; **–buch** *n* livre *m* d'enseignement; **–bus** *m* car *m* de ramassage scolaire.

Schuld *f* (1) *(Geld)* dette *f*, (2) *(ZR)* faute *f*, (3) *(StR)* culpabilité *f*, (4) *(Ehescheidung)* torts *mpl*, (5) *(Ursache)* cause *f*; **äußere –** dette extérieure; **aufgeschobene –** dette différée; **bilaterale –** dette bilatérale; **eingetragene –** (im Staatsschuldbuch) dette inscrite; **fällige –** créance exigible, dette échue; **fundierte –** dette consolidée; **gemeinschaftliche –** dette commune; **kollektive –** faute collective; **konsolidierte –** dette consolidée; **laufende –** dette courante; **öffentliche –** dette publique; **private –** dette privée *ou* civile; **schwebende –** dette flottante; **schwere –** faute grave; **sichergestellte –** dette gagée; **tote –** dette différée; **unfundierte –** dette flottante; **unteilbare –** dette indivisible; **verbriefte –** dette enregistrée au livre foncier, dette obligataire; **die – abwälzen** rejeter toute responsabilité, récuser toute faute; **eine – abzahlen** payer par mensualités *ou* par fractions; **für eine – aufkommen** répondre d'une dette; **eine – begleichen** payer une dette, acquitter une dette, régler une dette; **eine – bereinigen** apurer une dette; **eine – bezahlen** payer une dette, acquitter *ou* régler une dette; **– auf Ehrenwort** dette sur parole; **eine – eintreiben** recouvrer le paiement de la somme due; **eine – einklagen** agir en paiement (d'une dette); **eine – erlassen** remettre une dette; **– haben** être responsable; être coupable *ou* fautif; **die – auf sich nehmen** assumer la responsabilité; **eine – tilgen** amortir *ou* éteindre une dette; **die – tragen** être responsable; **eine – übernehmen** reprendre une dette, prendre une dette en charge; **die – zuschieben** rejeter la responsabilité sur qqn.

Schuld|abänderung *f* moratoire *m* conventionnel, rééchelonnement des paiements *ou* d'une dette; **–anerkenntnis** *n* reconnaissance *f* de dette; soumission *f* cautionnée; **–arrest** *m* (S) prison pour dettes, contrainte par corps; **–art** *f* catégorie de dettes; **–aufhebung** *f* remise *f* de dette, extinction *f* de l'obligation; **–aufhebungsvertrag** *m* contrat *m* de remise de dette; **–ausschließungsgrund** *m* *(StR)* élément excluant la culpabilité mais non le caractère illégal d'un fait, cause *f* de non-imputabilité; **–ausschluß** *m* exclusion de la faute; **–ausspruch** *m* (1) *(Strafrecht)* sentence *f* *ou* verdict *m* de culpabilité, (2) *(bei der Ehescheidung)* déclaration *f* des torts; **–befreiung** *f* libération, paiement, décharge *f* (de l'engagement du débiteur).

schuldbefreiend *adj* libératoire.

Schuld|beitreibung *f* (1) recouvrement *m* des dettes (à l'échéance), (2) (S) exécution forcée, saisie *f*, poursuite pour dettes; **–beitritt** *m* délégation *f* imparfaite; **–bekenntnis** *n* (1) *(StR)* aveu d'une faute, reconnaissance de culpabilité, (2) (S) reconnaissance de dette; **–bescheinigung** *f* certificat de reconnaissance de dette; **–betrag** *m* montant de la dette, débet *m*; **–beweis** *m* preuve de la culpabilité; **–bewußtsein** *n* conscience *f* de (sa) culpabilité; **–brief** *m* (S) lettre *f* de créance.

Schuldbuch *n* (1) *(ÖfR)* grand-livre de la dette publique, (2) *(HR)* livre des comptes débiteurs; **Eidgenössisches –, – der Eidgenossenschaft** (S) livre de la dette de la Confédération; **–blatt** *n* (S) feuillet de créance; **–forderung** *f* (1) *(ÖfR)* créance *f* inscrite au grand-livre de la dette publique, (2) *(HR)* créance *f* comptable; **–verwaltung** *f* administration du livre de la dette.

Schulddokument *n* titre de dette.

schulden devoir qqch à qqn, être en dette avec qqn, être redevable de.

Schulden *pl* dettes *fpl,* obligations *fpl,* passif *m*; **– aufnehmen** (Aut) s'endetter; **seine – bezahlen** honorer ses dettes, payer ses dettes, **– eingehen, – machen** contracter *ou* faire des dettes, s'endetter.

Schulden|abkommen *n* accord sur les dettes; **–ablösung** *f* rachat des dettes; **–abzug** *m* déduction des dettes, défalcation des dettes; **–art** *f* catégorie de dettes; **–aufstellung** *f* état *m* des dettes; **–bereinigung** *f* apurement des dettes; **–dienst** *m* service de la dette; **–erklärung** *f* reconnaissance *f* de dette; **–erlaß** *m* remise *f* de dette (extinctif de l'obligation), décharge conventionnelle.

schuldenfrei *adj* exempt de dettes, net de toute dette, quitte de toute dette, franc et quitte de toute dette.

Schulden|haftung *f* responsabilité des dettes; **–last** *f* charge des dettes; **–masse** *f* (= Gesamtheit der Konkursforderungen) créances *fpl* produites à la masse; **–massestreit** *m* recours *m ou* litige *m* au sujet d'une créance produite à la masse.

Schulden|regelung *f od.* **–regulierung** *f* acquittement *ou* règlement des dettes, libération, paiement d'une dette; **erleichterte –** aménagement de la dette, moratoire *m.*

Schulden|rückzahlung *f* remboursement des dettes; **–ruf** *m* (S) appel aux créanciers; **–stand** *m* niveau des dettes; **–tilgung** *f* extinction de dette, amortissement (de la dette).

Schulden|trennung *f* séparation *f* des dettes; **–verwaltung** *f* administration des dettes; **–verzeichnis** *n* état des dettes.

Schulderlaß *m* remise *f* de dettes; **teilweiser –** réduction *f ou* remise partielle de la dette.

Schuldersetzung *f* novation *f.*

schuldfähig *adj (StR: Person)* (personne) pénalement responsable (devant la loi).

Schuld|fähigkeit *f (StR)* imputabilité *f* morale, responsabilité pénale; **–forderung** *f* créance *f*; **–frage** *f* question *f* posée au jury au sujet de la culpabilité; **–geständnis** *n* aveux *mpl,* reconnaissance *f* de la culpabilité; **–grundsatz** *m* principe *m* de la responsabilité pour (la) faute pénale; **–haft** *f* prison *f* pour dette; **–häftling** *m* détenu pour dettes, débiteur *m* incarcéré.

schuldhaft *adj* fautif; **–es Verhalten** comportement délictueux *ou* constituant une faute (lourde), fait dommageable engageant la responsabilité (délictuelle).

Schuldienst *m* fonction d'enseignant.

schuldig *adj* (1) débiteur, redevable, (2) fautif, coupable; **sich – bekennen** plaider coupable, se reconnaître coupable, **für – erklären** déclarer coupable; **sich für – erklären** plaider coupable, se reconnaître coupable; **sich – machen** commettre une faute *ou* un délit; **jn. – sprechen** condamner qqn, reconnaître la culpabilité de qqn.

Schuldige(r) *m* coupable *m.*

Schuldigerklärung *f* déclaration *f* de culpabilité, sentence *f* de culpabilité, verdict *m* de culpabilité.

Schuldig|keit *f* obligation, dette *f*; **–sprechen** *n* condamnation.

schuldlos *adj* innocent *adj*, non coupable.

Schuldlosigkeit *f* absence *f* de faute, innocence *f.*

Schuldlosigkeitszeugnis *n* certificat *m* de non-culpabilité.

Schuldmitübernahme *f (ZR)* délégation imparfaite.

Schuldnachlaß *m* remise *f* (partielle) de dette.

Schuldner *m* débiteur *m*; **beklagter –** débiteur assigné; **säumiger –** débiteur en retard, débiteur défaillant; **verklagter –** débiteur assigné; **zahlungsunfähiger –** débiteur insolvable *ou* défaillant.

Schuldner|begünstigung *f (KonkursR)* fait de favoriser frauduleusement un débiteur; **–gesellschaft** *f* société *f* débitrice; **–haftung** *f* responsabilité du débiteur; **–kartei** *f* fichier *m* des débiteurs *ou* obligés; **–land** *n* pays débiteur; **–mehrheit** *f* pluralité *f* de débiteurs; **–position** *f* position *f* débitrice; **–schutz** *m* protection *f* du débiteur (en cas de saisie-arrêt); **–staat** *m* État débiteur; **–stellung** *f* position débitrice; **–verwaltung** *f* (UPU) administration *f* débitrice; **–verzeichnis** *n* registre *m* des débiteurs insolvables; **–verzug** *n* demeure *f* (du débiteur), inexécution *f* du débiteur.

Schuld|ort *m* lieu *m* où la prestation doit être effectuée; **–posten** *m* poste *m* débiteur; **–recht** *n* (1) *(i.w.S.)* régime *m* des obligations civiles, droit des obligations, (2) *(i.e.S.)* droit de créance, droit personnel; **–saldo** *m* solde *m* débiteur.

Schuldschein *m* reconnaissance *f* de dette, titre *m* de créance, certificat de dette;

Schuldspruch *m* sentence *f* de culpabilité, verdict *m* de culpabilité *ou* positif.

Schuldstatut *n (IPR)* statut *m* des obligations volontaires.

schuldtilgend *adj* libératoire.

Schuldtilgung *f* amortissement *m* de la dette.

Schuldtitel *m* titre *m* de dette; **nicht bezahlter –** valeur *f* impayée.

Schuldübernahme *f* (1) *(befreiende S.)* délégation parfaite, cession de dettes, prise en charge d'une dette, (2) *(kumulative S.)* délégation imparfaite; **–vertrag** *m* contrat relatif à une délégation parfaite *ou* imparfaite, délégation pour l'exécution d'une obligation.

Schuld|übernehmer *m* délégué *m* (se substituant au délégant), subrogé à la dette; **–umschaffungsvertrag** *m* contrat portant allègement de la dette; **–umschaffung** *f*, **–umwandlung** *f* novation; **–unfähigkeit** *f (StR)* irresponsabilité *f* pénale, non-imputabilité de l'infraction; **–urkunde** *f* titre de dette; **–verhaft** *m* (S) prison pour dettes, contrainte par corps; **–verhältnis** *n* lien de droit unissant le créancier au débiteur, rapport juridique (de droit commun) entre le créancier et le débiteur, rapport fondamental; **–vermächtnis** *n* legs d'une dette; **–vermutung** *f* présomption de faute; **–verpflichtung** *f* obligation.

Schuldverschreibung *f* (= Obligation) obligation *f*; **Ausgabe von –en** émission d'obligations; **Inhaber einer –** obligataire *m*; **öffentliche –** obligation publique; **sichergestellte –** obligation garantie; **tilgbare –** obligation amortissable; **– mit Prämie** obligation à prime.

Schuldverschreibungs|besitz *m* fait d'être porteur d'obligations; **–besitzer** *m*, **–gläubiger** *m*, **–inhaber** *m* créancier *m* obligataire.

Schuldversprechen *m* reconnaissance *f* de dette.

Schuld|versprechensvertrag *m* contrat relatif à une reconnaissance de dette; **–vertrag** *m* contrat civil; **–verzug** *m* retard dans le paiement; **–zinsen** *pl* intérêts *mpl* débiteurs.

Schule *f* établissement *m* scolaire, école *f*; **bekenntnisfreie –** école *f* laïque; **interkonfessionelle –** école interconfessionnelle; **koedukative –** école mixte; **konfessionelle –** établissement d'enseignement privé à caractère religieux, école confessionnelle; **öffentliche –** école publique; **private –** école privée, établissement d'enseignement privé.

Schuleignung *f* aptitude *f* à suivre les cours d'une école *ou* à poursuivre ses études (dans un collège *ou* lycée).

schulen former, instruire.

Schulentlassung *f*: **strafweise –** renvoi *m* d'une école, exclusion.

Schüler *m* écolier *m*, élève *m*.

Schüler|schaft *f* ensemble des élèves; **–streik** *m* grève *f* scolaire.

Schul|fahrt *f* excursion scolaire, voyage d'études (d'une classe); **–ferien** *f* vacances *fpl ou* congés scolaires; **–gebäude** *n* bâtiment *m* scolaire; **–gebrauch** *m (UrhR)* (prévu pour) l'utilisation dans l'enseignement; **–geld** *n* droit de scolarité, rétribution *f* scolaire, taxe *f* scolaire (B), minerval *m* (B), écolage *m* (S);

–gemeinde *f* communauté *f* scolaire (S); **–gesetz** *n* loi scolaire; **–jahr** *n* année *f* scolaire, exercice *m* scolaire (B); **–klasse** *f* classe *f* (d'une école); **–konferenz** *f* conseil *m* d'école; conseil des maîtres; **–leiter** *m* directeur d'un établissement scolaire; **–medizin** *f* médecine *f* allopathique *ou* classique; **–ordnung** *f* règlement *m* portant sur l'organisation de l'enseignement scolaire; **–pflicht** *f* obligation *f* scolaire, scolarité *f* obligatoire.

schulpflichtig *adj* d'âge scolaire, soumis aux obligations scolaires.

Schulpflichtversicherung *f* assurance *f* scolaire obligatoire.

Schul|rat *m* inspecteur *m* de l'enseignement primaire; **–recht** *n* régime juridique concernant l'enseignement primaire et secondaire; **–reform** *f* réforme *f* de l'enseignement; **–schluß** *m* sortie *f* des classes.

Schultheiß *m* (S) président du conseil de gouvernement.

Schulung *f* (1) *(Lehrgang, Kurs)* stage *m ou* cours *m* de formation (professionnelle), (2) *(Fortbildung)* formation continue *ou* permanente (des adultes), recyclage *m*.

Schul|unterricht *m* instruction *f* publique, enseignement *m* scolaire; **–vertrag** *m* contrat de formation (professionnelle) conclu avec un établissement *m* d'enseignement privé; **–verwaltung** *f* administration scolaire; **–wechsel** *m* changement d'établissement scolaire; **–weg** *m* trajet *m* de l'école; **–wesen** *n* éducation nationale, enseignement public et privé; **–wissen** *n* connaissances scolaires; **–zeit** *f* période de formation scolaire; **–zeugnis** *n* certificat *m* scolaire, certificat de scolarité; **–zugang** *m* admission à l'enseignement scolaire.

Schummel *m*, **Schummelei** *f* resquille *f*, resquillage, fraude *f* anodine.

Schund *m*, **–literatur** *f (StR)* écrits, imprimés, dessins et gravures contraires aux bonnes mœurs et présentant un danger pour la jeunesse; **–ware** *f* camelote *f*.

Schupo *m umg* gendarme *m*, *pej* pandore *m*.

Schurf *m* prospection *f*, prospection sans monopole; **–anlage** *f* installation servant à la prospection; **–bau** *m* travaux de prospection; **–bewilligung** *f* (Aut) permis de prospection, permis de recherche, autorisation de prospection; **–buch** *n* (Aut) registre de prospection; **–feld** *n* terrain de prospection, zone de prospection; **–gebiet** *n* périmètre de prospection; **–recht** *n* droit de prospection, permis de recherche.

schürfen prospecter.

Schürfer *m* prospecteur *m*.

Schürfermächtigung *f* permis *m ou* autorisation *f* de prospection.

Schuß *m* tir *m* (à l'aide d'une arme à feu); **gezielter** – tir de neutralisation.

Schuß|waffe *f* arme *f* à feu; **–waffenbesitz** *m* détention d'une arme à feu; **–waffeneinsatz** *m*, **–waffengebrauch** *m* usage *m* des armes à feu; **–zeit** *f* (Aut) période *f* d'ouverture de la chasse.

Schüttgut *n* marchandises *fpl* en vrac.

Schutz *m* (1) *(Sicherung u. Bewahrung)* protection *f*, sauvegarde *f*, défense *f*, (2) *(Aufsicht u. Bewachung)* garde *f*, aide *f*, secours *m*, (3) *(VersR: Abwehr von Schaden)* garantie *f*, couverture *f*; **diplomatischer** – protection diplomatique; **gerichtlicher** – protection judiciaire *ou* juridictionnelle; **konsularischer** – protection consulaire; **persönlicher** – sauvegarde de la personne, protection rapprochée; **polizeilicher** – protection policière; **sozialer** – protection sociale; **zeitweiliger** – protection temporaire; – **und Begleitdienst** Service de protection des hautes personnalités, service des voyages officiels; – **der Grundrechte** garantie des libertés.

Schutz|aktie *f* action *f* immobilisée entre les mains de son porteur; **–anlage** *f* installation de protection (contre le bruit etc.); **–aufsicht** *f (StR)* surveillance *f*, liberté *f* surveillée, (en S:) patronage *m*; **unter – stellen** mettre sous surveillance administrative.

schutzbedürftig *adj* (personne) requérant une protection particulière; supposant une défense et garantie particulière.

Schutzbedürftigkeit *f (StR)* nécessité d'accorder une protection appropriée à qn.

Schutzbefohlene(r) *m* enfant mineur dont qn assume la garde, élève *ou* apprenti que qn a sous sa surveillance.

Schutzbehauptung *f (StR)* allégation *f* mensongère (avec l'intention de se disculper), prétexte fallacieux.

Schutzbereich *m* (1) *(StVR)* aire protégée (pour entrée et sortie de véhicules), (2) *(MilR)* zone protégée, terrain militaire, (3) *(UmweltR)* site *m* protégé, parc régional, (4) *(PatR)* étendue *f* de la protection (d'un brevet), (5) *(ZR)* zone de servitudes; **–entschädigung** *f* indemnité de servitude; **–gesetz** *n* (1) loi sur l'établissement de zones de servitudes, (2) loi relative aux restrictions du droit de propriété dans l'intérêt de la défense nationale.

Schutz|bestimmung *f* disposition *f* protectrice, disposition de sauvegarde; **–bezirk** *m* périmètre de protection; **–brief** *m* (1) *(VR)* sauf-conduit *m*, (2) *(VersR)* carte verte (d'assurance automobile); **–bündnis** *n* alliance *f* défensive; **–dauer** *f* durée *f* de protection; **–defizit** *n* déficit *m* de protection; **–fähigkeit** *f* (1) *(PatR)* brevetabilité, (2) *(Wz)* marque enregistrable; **–flagge** *f (VR)* drapeau *m* distinctif; **–forst** *f* bois *m* en défens; **–frist** *f* délai de protection; période *f* conservatoire; **–gebiet** *n* (1) *(VR)* protectorat *m*, (2) périmètre de protection, (3) *(UmweltR)* réserve *f* naturelle; **–gebühr** *f (Prospekte usw.)* contribution (modérée) en argent lors de l'acquisition d'une brochure *ou* d'un opuscule; **–genosse** *m* protégé *m* consulaire; **–genossenschaft** *f* société *f* protectrice; **–gesetz** *n (ZR: unerlaubte Handlung)* loi protégeant les intérêts d'une personne (dans le cadre de la disposition du § 823 al. 2 du Code civil allemand); **–gesuch** *n* demande de protection; **–gewahrsam** *m (PolizeiR)* rétention *f* d'une personne (par la police) pour sa propre sauvegarde; **–haft** *f* détention *f* préventive; **–helm** *m* casque de moto, casque intégral; **–helmpflicht** *f (StVR)* port *m* du casque obligatoire; **–herr** *m* protecteur *m*; **–herrschaft** *f* protectorat *m*; **–impfung** *f* vaccination préventive; **–klausel** *f* clause protectrice; **–losigkeit** *f* absence de protection (appropriée).

Schutz|macht *f* puissance *f* protectrice, État *m* protecteur; **–mann** *m* agent de police, gardien de la paix; **–marke** *f* marque *f* protégée, marque de fabrique; **–maßnahme** *f* mesure *f* de protection *ou* de sauvegarde, mesure conservatoire; **–norm** *f* règle de droit public permettant de protéger les intérêts privés; **–periode** *f* période de protection; **–pflicht** *f* obligation de l'État de protéger les intérêts privés (sur la base de l'Art. 2 al. 2 de la constitution allemande); **–polizei** *f (VwR)* police administrative (générale), police municipale *ou* nationale.

Schutzrecht *n* droit de protection; **diplomatisches –** protection diplomatique; **verwandte –e** *(UrhR)* droits *mpl* voisins, droits apparentés.

Schutzschrift *f (PrzR)* mémoire *m* transmis par le défendeur au tribunal en vue de se prémunir contre une décision (à l'instigation du demandeur) sans discussion orale à l'audience; mémoire en défense de sauvegarde des droits.

Schutz|staat *m* État protecteur, puissance protectrice; **–umfang** *m (PatR)* étendue de la protection, droits conférés au titulaire (d'un brevet); prérogatives du breveté; **–verhältnis** *n (VR)* protectorat *m*.

Schutzvermerk *m* mention *f* de réserve; **internationaler –** *(Wz)* mention de réserve internationale.

Schutz|verordnung *(UmweltR)* règlement de protection (des sites); **–vertrag** *m (VR)* traité *m* de protectorat; **–verweisung** *f* refus *m* de protection; **–verweigerungserklärung** *f* déclaration de refus; **–vorkehrung** *f* mesure préventive de protection; **–vorschriften** *fpl (ArbR)* dispositions relatives au contrôle de l'application de la législation et de la réglementation du travail; **–wald** *m* bois *m* en défens; **–wirkung** *f* effet *m* protecteur (en faveur de tierces personnes); **–zeichen** *n* signe *m* distinctif, emblème *m* distinctif.

Schutzzoll *m* droit *m* protecteur, taxe prohibitive à l'importation; **–system** *n* protectionnisme *m*; **–tarif** *m* tarif *m* protecteur *ou* protectionniste.

Schutzzweck *m* but de la protection, finalité de protection découlant d'une disposition légale.

Schwager *m* beau-frère *m*.

Schwägerin *f* belle-sœur *f*.

Schwägerschaft *f* alliance *f*, parenté par alliance; **– in gerader Linie** alliance en ligne directe; **– in der Seitenlinie** alliance en ligne collatérale.

schwanger *adj* en état de grossesse, (femme) enceinte.

Schwangere *f* femme en état de grossesse, femme enceinte.

Schwangeren|beratung *f* consultation prénatale; **–fürsorge** *f* aide *f* aux futures mères; **–geld** *n* indemnité *ou* allocation prénatale; **–hilfe** *f* aide *f* aux femmes enceintes.

Schwangerschaft *f* grossesse *f*.

Schwangerschafts|abbruch *m* interruption volontaire de la grossesse (= IVG); **–beginn** *m* date présumée du début de la grossesse; **–beihilfe** *f* allocation *f* prénatale; **–geld** *n* indemnité de grossesse; **–unterbrechung** *f* (1) avortement *m* provoqué, avortement thérapeutique, (2) *(illegal)* avortement clandestin *ou* criminel; **–urlaub** *m* congé *m* de maternité.

Schwankung *f* fluctuation *f*, variation; flottement *m*, incertitude *f*.

Schwankungen *pl* **der Rechtsprechung** *f* flottement *m ou* indécision de la jurisprudence.

Schwankungs|breite *f* marge *f* de fluctuation; **–rückstellung** *f* réserve *f* spéciale pour variation des risques.

Schwarz|arbeit *f* travail noir *ou* clandestin; **–arbeiter** *m* travailleur clandestin; **–brennen** *n* distillation *f* clandestine; **–brenner** *m* bouilleur *m* de cru; **–fahren** (1) voyager (irrégulièrement) sans titre de transport, (2) *(mit Kfz)* utiliser un véhicule à l'insu du gardien (de l'automobile); **–fahrer** *m* (1) *(öff. Verkehrsmittel)* voyageur *m* en situation irrégulière, utilisateur *m* d'un moyen de transport sans titre régulier, (2) *(umg)* fraudeur *m*, resquilleur; **–fahrt** *f* (1) utilisation irrégulière d'un moyen de transport, (2) utilisation d'un véhicule à l'insu du gardien; **–händler** *m* trafiquant de marché noir; **–hörer** *m* possesseur d'un poste de radiodiffusion non déclaré; **–geld** *n* dessous-de-table *m*, enveloppe *f*; **–kauf** *m* achat *m* d'un immeuble en payant en sus un dessous-de-table; **–lohn** *m* salaire pour travail clandestin; **–marktkurs** *m* cours au marché noir; **–schlachtung** *f* abattage *m* clandestin; **–sender** *m* radio *f ou* station pirate, émetteur *m* clandestin.

Schwebe *f*: **in der –** en suspens, en souffrance, remis à plus tard.

schwebende Unwirksamkeit invalidité provisoire d'un contrat (jusqu'à l'approbation par le représentant légal).

Schwebezeit *f* (1) *(KonkursR)* période suspecte, (2) *(ZR)* période au cours de laquelle le contrat est provisoirement exécutoire.

Schweigegeld *m* dessous *m* de table, pot-de-vin *m*, enveloppe *f*.

Schweigen *n* silence *m*; **– als Annahme** silence équivalant à une acceptation (de l'offre).

Schweigepflicht *f* obligation de discrétion, obligation de conserver le secret; **ärztliche –** secret *m* médical; **berufliche –** secret professionnel.

Schwelle *f* seuil *m*, point *m* critique, limite *f*.

Schwellen|länder *npl* pays *mpl* ayant franchi le seuil du sous-dévelloppement; **–preis** *m* prix *m* de seuil; **–wert** *m* seuil *m*.

Schwerarbeit *f* travail *m* pénible.

Schwerarbeiter *m* travailleur *m* de force; **–zulage** *f* indemnité *f* de travail pénible.

Schwerbehinderte(r) *m* handicapé *m* grave; grand handicapé.

schwerbeschädigt *adj* grand invalide.

Schwerbeschädigte(r) *m* grand invalide (de guerre), pensionné *m* de guerre *ou* victime civile de la guerre au taux d'incapacité d'au moins 50%.

Schwerbeschädigten|gesetz *n* Loi sur les grands invalides; **–zulage** *f* supplément accordé aux grands invalides.

Schwere *f* (1) *(Strafe)* rigueur *f*, sévérité *f*, gravité *f*, (2) *(Verbrechen)* atrocité *f*, (3) *(Arbeit)* difficulté, (4) *(Verlust)* grandeur *f*, montant *m*.

Schwer|gewicht *n fig* accent principal, importance majeure; **–güter** *pl* marchandises pondéreuses, pondereux *mpl;* **–hörig** *adj* malentendant; **–hörigkeit** *f* acuité auditive diminuée; **–industrie** *f* industrie lourde; **–lastwagen** *m* poids lourd; **–maschinenbau** *m* industrie de mécanique lourde; **–punkt** *m* point essentiel *ou* capital; **–transport** *m* transport *m* exceptionnel (les dimensions *ou* le poids excédant les limites réglementaires).

Schwerstarbeiter *m* travailleur *m* de force (catégorie supérieure).

Schwerverbrecher *m* grand criminel *m*; **–tum** *n* (milieu *m* du) grand banditisme.

schwerwiegend *adj* grave *adj*, très sérieux.

Schwester *f* sœur *f*; **–unternehmen** *n* société *f* affiliée, entreprise *f* appartenant au même groupe.

Schwieger|eltern *pl* beaux-parents *mpl;* **–mutter** *f* belle-mère *f*; **–sohn** *m* beau-fils *m*, gendre *m*; **–tochter** *f* belle-fille *f*, bru *f*; **–vater** *m* beau-père *m*.

Schwierigkeit *f* difficulté *f*, complexité *f*.

Schwindelfirma *f* société fictive, société constitutée frauduleusement.

Schwinden *n (HR: des Frachtgutes)* freinte *f*, perte *f* de volume *ou* de poids (pendant le transport).

Schwindler *m* escroc *m*, chevalier d'industrie.

schwören jurer, prêter serment.

Schwund *m* perte *f*, freinte de route; **–geldwährung** *f* monnaie *f* fondante; **–vergütung** *f* indemnité pour les pertes par évaporation, coulage etc.

Schwur *m* serment *m*; **vorsätzlich falscher –** *(StR)* faux serment.

Schwurgericht *n* Cour d'Assises allemande auprès du tribunal régional (composée de trois juges professionnels et de six jurés).

Schwurgerichts|hof *m* (Aut) magistrats de carrière siégeant dans une Cour d'Assises (par opposition aux jurés); **–periode** *f* session d'assises; **–urteil** *n* arrêt *m* de Cour d'Assises; **–verfahren** *n* procédure *f* devant la Cour d'Assises.

Schwurpflicht *f* obligation de prêter serment.

Sechsmonatsfrist *f* délai semestriel.

See *f*, **hohe –, offene –** haute mer, pleine mer, mer libre.

See|amt *n* service maritime civil allemand (chargé des enquêtes en cas d'accidents maritimes); **–anteil** *m* quote-part *f* maritime; **–auswurf** *m* jet à la mer; **–beförderung** *f* transport *m* maritime, transport par mer; **–beförderungsgebühr** *f* taxe *f* maritime, fret *m*; **–beute** *f* prise *f* maritime; **–blockade** *f* blocus *m* maritime.

Seedarlehen *n* prêt *m* maritime; **– gegen Verbodmung** prêt à la grosse.

Seedurchgangs|gebühr *f* droit de transit maritime; **–kosten** *pl* frais *mpl* de transit maritime.

Seefahrtsbuch *n* livret du marin, livret professionnel maritime.

Seefischerei *f* pêche *f* maritime; **Hoch–** pêche hauturière; **Küsten–** pêche côtière.

Seefracht *f* fret *m* maritime; **–führer** *m* (S) fréteur *m*; **–geschäft** *n*, **–vertrag** *m* contrat d'affrètement maritime, contrat de transport maritime *ou* de transport de marchandises par mer.

Seefrei|hafen *n* port *m* franc maritime; **–zone** *f* zone franche maritime.

See|gebiet *n* zone *f* maritime; **–gebrauch** *m* usage *m* maritime; **–gebühr** *f* droit de transport maritime, droit maritime; **–gebührenanteil** *m* quote-part *f* maritime.

Seegefahr *f* risque *m* maritime, risque de mer, danger de mer, fortune de mer; **nur für –** (clause) ‹seulement pour risque de mer›.

See|gericht *n* tribunal maritime, juridiction *f* maritime; **–gerichtsbarkeit** *f* justice maritime; **–gesundheitserklärung** *f* déclaration maritime de santé; **–gewohnheitsgebrauch** *m* usage maritime; **–grenze** *f* frontière *f* maritime; **–güterversicherung** *f* assurance *f* maritime sur facultés; **–hafen** *m* port maritime, port de mer; **–hafengebühr** *f* droit de port; **–handel** *m* commerce maritime.

Seehandels|kredit *m* crédit *m* maritime; **–recht** *n* droit du commerce maritime.

See|kaskoversicherung *f* assurance *f* corps de navires *ou* corps maritimes; **–kasse** *f* caisse d'assurances sociales des marins, caisse maladie des gens de mer; **–konnossement** *n* connaissement *m* maritime; **–kreditgenossenschaft** *f* société de crédit maritime mutuel; **–krieg** *m* guerre sur mer, guerre *f* maritime; **–kriegsversicherung** *f* assurance contre la guerre maritime; **–leute** *pl* marins *mpl,* gens de mer; **–lotse** *m* pilote *m*, lamaneur *m*.

Seelsorge *f* tâches pastorales.

Seelsorger *m* prêtre *m*, pasteur *m*, ministre *m* des cultes.

Seemann *m* marin *m*, inscrit *m* marin, matelot.

Seemanns|amt *n* service *m* de l'inscription maritime, inspection *f* maritime (B); **–gesetz** *n* loi relative au travail des marins de la marine marchande.

See|marketenderei *f* vente de vivres ou d'objets usuels aux bateaux de pêche (mer du Nord); **–not** *f* détresse *f* maritime; **–passagevertrag** *m* contrat de transport maritime; **–post** *f* poste *f* maritime; **–protest** *m* rapport de mer; **–raub** *m* piraterie *f*; **–räuber** *m* pirate *m*; **–räuberei** *f* piraterie *f*.

Seerecht *n* droit de la mer, législation maritime; **öffentliches –** droit public maritime.

See|risiko *n* risque *m* maritime, risque de mer; **–rückversicherung** *f* réassurance *f* maritime; **–schaden** *m* avarie *f*; **–schiff** *n* bâtiment de mer, navire *m*; **–schiffahrt** *f* navigation *f* maritime, navigation au long cours; **–schiffahrtsamt** *n* Office de la navigation maritime; **zwischenstaatliche beratende –schiffahrtsorganisation** *f* Organisation intergouvernementale consultative de la navigation maritime; **–schiffahrtspapiere** *pl* titres *mpl* de navigations, pièces *fpl* de bord; **–schiffsregister** *n* registre *m* maritime; **–testament** *n* testament *m* maritime; **–transportversicherung** *f* ass. des transports maritimes.

Seetüchtigkeit *f* navigabilité *f*; en bon état de navigabilité.

Seeunfall *m* sinistre *m* maritime.

Seeuntüchtigkeit *f* innavigabilité *f*, (être) hors d'état de navigabilité; **– durch Seegefahr** innavigabilité par fortune de mer.

See|verkehr *m* trafic *m* maritime; **–verklarung** *f* (Aut) rapport de mer; **–verschollenheit** *f* disparition *f* en mer; **–versicherer** *m* assureur *m* maritime; **–versicherung** *f* assurance *f* maritime.

Seeversicherungs|makler *m* courtier d'assurances maritimes; **–police** *f* police d'assurance maritime; **–vertrag** *m* contrat d'assurances maritimes.

See|völkerrecht *n* droit maritime international; **–wache** *f* garde *f* maritime; **–weg** *m* voie maritime; **–wurf** *m* jet à la mer; **–wurf von Ladung** jet *m* de cargaison.

Seezoll|grenze *f* frontière *f* douanière maritime; **–hafen** *m* port *m* douanier maritime.

Seh|fähigkeit *f* acuité visuelle; **–test** *m* mesure de l'acuité visuelle.

Seite *f* (1) *(Buch)* page *f*, (2) côté *m*.

Seitenlinie *f* ligne *f* collatérale; **zur – gehörig** collatéral *adj*.

Seiten|numerierung *f* *(Register)* cote *f*, cotation, pagination; **–streifen** *(Fahrbahn)* bande *f* d'arrêt d'urgence, accotement *m*; **–verwandte(r)** *m* parent en ligne collatérale, collatéral *m*.

Sekretär *m* secrétaire *m* (d'administration).

Sekretariat *n* secrétariat *m*, bureau *m*, service *m*, secrétarerie *f*.

Sekretärin *f* secrétaire *f*, employée de bureau.

Sekretur *f* secret d'État (déclaré comme tel par les autorités).

Sektenzugehörigkeit *f* appartenance à une secte.

Sektion *f* (1) *(Behörde)* direction *f*, service *m*, (2) *(Sezieren)* autopsie *f*, dissection.

Sektionsbefund *m* résultat *m* de l'autopsie.

Sektionschef *m* (S) chef *m* de section.

Sektor *m* secteur *m*; **einbezogener –** secteur *m* intégré; **freier –** secteur libre; **öffentlicher –** secteur public; **privater –** secteur privé.

Sekundanten benennen, – namhaft machen *(Duell)* constituer des témoins; **–benennung** *f* constitution de témoins.

Sekundärliquidität *f* argent *m* rapidement réalisable.

Sekundawechsel *m* seconde *f* de change, deuxième de change.

Selbst|abhilfe *(ZR)* fait de remédier soi-même à un défaut; **–abholer** *m* acheteur *m* dans une vente à emporter *ou* à enlever.

Selbst|ablehnung *f* *(einer Gerichtsperson)* le fait de se récuser d'office; **–abtreibung** *f* avortement *m* sur soi-même.

selbständig *adj* établi à son propre compte, indépendant, non-salarié; **sich – machen** s'émanciper; s'établir à son propre compte, devenir travailleur indépendant.

Selbständi|ge(r) *m* travailleur *m* non-salarié, personne *f* exerçant une profession libérale, profession *f* libérale, non-salarié *m*, travailleur indépendant; **die –gen** *mpl* professions *fpl* libérales, catégorie *f* des travailleurs indépendants.

Selbständigenversicherung *f* assurance des travailleurs non salariés *ou* indépendants; **–skasse** *f* caisse d'assurance (maladie *ou* vieillesse) des professions libérales.

Selbständigkeit *f* indépendance *f*, autonomie *f*.

Selbst|anzeige *f* *(SteuerR)* autodénonciation *f* (en cas de fraude fiscale); **–aufbringungsbetrag** *m* somme à la charge personnelle de l'intéressé.

Selbst|bedienung *f* libre service *m*; **–bedienungsverkauf** *m* vente en libre service; **–befreiung** *f* évasion; **–befriedigung** *f* masturbation; **–begünstigung** *(StR)* aide apportée à un tiers en vue de se soustraire soi-même à une arrestation; **–behalt** *m* (1) *(VersR)* franchise *f* d'assurance, franchise d'avarie, (2) plein de conservation; **–behaltspolice** *f* police *f* avec franchise; **–behauptung** capacité de s'imposer, détermination et tenacité; combativité *f*; **–beherrschung** *f* maîtrise de soi, empire sur soi-même; **–beköstigung** *f* subsistance à ses propres frais, nourriture à ses propres frais;

–beschränkungsklausel *f* clause *f* d'autolimitation; **–bestimmung** *f* autodétermination *f*, autarcie *f*.

Selbstbestimmungsrecht *n* droit de disposer librement de soi-même, droit d'autodétermination; **– der Völker** droit des peuples à disposer d'eux-mêmes.

Selbst|beteiligung *f* (1) *(VersR, allg)* franchise *ou* découvert *m* d'assurance, franchise d'avarie, (2) *(SozVers)* ticket *m* modérateur; **–bewirtschaftung** *f* exploitation *f* directe, exploitation par l'intéressé; **–bewußtsein** *n* conscience *f* (de son mérite); fierté *f*; **–bezichtigung** *f* autocritique *f*, autoaccusation; **–bindung** *f* le fait d'être lié par sa propre décision; **–einschätzung** *f* évaluation par l'intéressé; **–einstufung** *f* classement dans une catégorie de revenus par l'intéressé lui-même, avant vérification; **–eintritt** *m (HR)* fait pour le commissionnaire d'entrer dans le contrat en qualité de contrepartie; **–eintrittsrecht** *n* droit d'agir comme contrepartiste; **–erprobung** *f* auto-expérimentation; **–fahrer-Vermietwagen** voiture louée *ou* location de voiture sans chauffeur; **–finanzierung** *f* autofinancement *m*, financement *m* propre; **–gefährdung** *f* le fait de s'exposer soi-même (inconsidérément) à un danger.

Selbsthilfe *m* autodéfense *f*; **zur – greifen** se faire justice; **–genossenschaft** *f* (S) société coopérative d'entraide; **–gruppe** *f* groupe *m* d'entraide; **–recht** *n* droit de se faire justice, légitime défense; **–verein** association d'auto-défense; **–verkauf** *m (HR)* vente d'office pour le compte de l'acheteur.

Selbstjustiz *f* autodéfense *f*.

Selbstkontrahent *m* personne *f* se portant contrepartie de son commettant, contrepartiste *m*.

Selbstkontrahieren *n* le fait de se porter contrepartie de son commettant.

Selbstkontrolle *f (MedienR)* autocensure *f*; **Freiwillige –** organisme *f* de l'industrie cinématographique allemande compétente en matière d'octroi du visa d'exploitation pour les films commerciaux.

Selbstkosten *pl* coût *m* d'une chose, prix de revient; **–index** *m* indice des prix de revient; **–preis** *m* prix de revient.

Selbstkritik *f* autocritique *f*.

Selbstmord *m* suicide *m*, mort *f* par suicide; **– begehen** se suicider.

Selbst|mörder *m* suicidé *m*; **–mordversuch** *m* tentative *f* de suicide; **–nutzung** *f* usage personnel (d'un appartement); **–organschaft** *f (GesR)* le fait de représenter en personne (une société); **–regierung** *f* gouvernement *m* autonome; **–schuldner** *m* caution qui s'engage à payer comme débiteur (sans avoir le bénéfice de discussion).

selbstschuldnerisch *adj* solidaire (sans avoir le bénéfice de discussion); **–e Bürgschaft** caution solidaire, cautionnement sans bénefice de discussion.

Selbst|schußanlage *f* dispositif *m* de tir automatique, arme *f* à déclenchement automatique; **–schutz** *m* autoprotection.

Selbst|taxe *f (HR)* fixation du prix par le commerçant, taxation établie par les intéressés; **–tötung** *f* suicide *m*; **–verantwortung** *f* responsabilité pour soi-même; **–verbrauch** *m* consommation personnelle, autoconsommation *f*; **–verköstigung** *f* nourriture à ses propres frais; **–verlag** *m* auto-édition, édition à compte d'auteur; **–verletzung** *f* automutilation; **–versammlungsrecht** *n* droit pour une assemblée de se réunir d'elle-même; **–verschulden** *n* responsabilité *ou* faute personnelle.

selbstverschuldet *adj* dont on est personnellement responsable.

Selbstversicherung *f* (1) propre assurance, franchise *f* d'assurance *ou* d'avarie, (2) *(SozVers)* assurance *f* volontaire; **vereinbarte –** franchise conventionnelle.

Selbst|versorger *m* producteur *m*

(qui produit son propre ravitaillement), producteur-consommateur *m*; **–versorgung** *f* autoconsommation, économie *f* d'autoconsommation; **–verstümmelung** *f* mutilation *f* volontaire; **–verteidigung** *f* autodéfense *f*.

Selbstverwaltung *f* (1) *(VwR)* décentralisation des autorités locales, autonomie administrative, (2) *(BW)* autogestion *f*; **– der Gemeinden** autonomie communale *ou* municipale.

Selbstverwaltungs|angelegenheit *f* affaire *f* de la compétence propre; **–behörde** *f* organisme *m ou* administration *f* autonome, institution *f* autonome; **–einrichtung** *f* institution *f* décentralisée; **–gesetz** *n* loi sur l'autogestion des caisses d'assurance sociale; **–körper** *m* (Aut) organisme *m ou* institution autonome, personne *f* morale décentralisée; **–körperschaft** *f* (1) collectivité *f* territoriale dotée de l'autonomie administrative, organisme *m ou* institution *f* décentralisée, (2) personne morale de droit public, personne *f* morale autonome; **–recht der Gemeinden** autonomie *f* communale *ou* municipale, droits et libertés des communes.

Selbstzensur *f* autocensure *f*.

Selektion *f* (= Auswahl) sélection, choix *m*.

Seminar *n (HochschulR)* travaux dirigés; **–schein** *m* attestation sur la participation aux T. D.

Senat *m* (1) *(Gericht)* chambre *f*, (2) *(Exekutivorgan in Stadtstaaten)* exécutif *m* collégial dans les villes-État, municipalité *f*; (3) *(Legislativorgan)* sénat *m*, deuxième chambre, (4) *(Hochschule)* conseil *m* de l'université; **arbeitsrechtlicher –** (Aut) chambre *f* sociale.

Senator *m* (1) *(Legislativorgan)* sénateur *m*, (2) *(Stadtstaaten)* membre *m* de l'exécutif collégial dans une ville-État allemande, ministre *m* (Berlin et villes hanséatiques).

Senats|beschluß *m* délibération du sénat; **–mitglied** *n* membre *m* du sénat; **–präsident** *m* (1) *(Gericht)* président de chambre; (2) *(Legislative)* président du sénat, **–sitz** *m* siège au sénat, siège de sénateur, mandat *m* sénatorial; **–sitzung** *f* séance du sénat; **–vorsitzende(r)** *m* (1) président de chambre; (2) président du sénat; **–wahl** *f* élections *fpl* sénatoriales.

Sende|anlage *f (MedienR)* émetteur radio *ou* de télévision; **–anstalt** *f* office (public) de radiodiffusion et/ou de télévision.

senden (1) *(Waren)* envoyer, expédier, (2) *(Radio)* diffuser, transmettre, émettre.

Sende|recht *n* (1) *(UrhR)* droit de diffusion des paroles, des sons *ou* des images, droit de transmission d'une œuvre radio- *ou* télédiffusée, (2) *(Rundfunkrecht)* droit de faire des émissions *fpl* radiotélégraphiques, droit d'émettre; **–staat** *m (VR)* État qui envoie un diplomate, État d'envoi, État accréditant; **–zeit** *f* heure *f* de diffusion *ou* de transmission.

Sendung *f (1) (Ware)* envoi *m*, expédition *f*, (2) *(Radio)* émission *f*, diffusion *f*, transmission *f*; **eingeschriebene –** objet *m* recommandé; **gewöhnliche –** (UPU) envoi ordinaire; **postgebührenfreie –** envoi en franchise postale; **postlagernde –** envoi poste restante; **unzustellbare –** envoi mis au rebut; **– mit Wertangabe** envoi avec *ou* à valeur déclarée.

Senior *m* (1) *(HR)* Père, (2) sénior; **–chef** *m* propriétaire d'un fonds de commerce (dans lequel travaille aussi le fils du commerçant).

Seniorat *m* séniorat *m*.

senken (= Preise herabsetzen) baisser diminuer (le prix).

Sensal *m* (Aut = Makler) courtier *m*; **–preis** *m* (Aut) courtage *m*.

Sensationsprozeß *m* procès *m* à sensation *ou* à scandale; cause *f* célèbre.

Sentenz *f* sentence *f*, jugement *m*.

Separatfrieden *m* paix séparée.

Separatismus *m* séparatisme *m*.

Sequester *m* (= Hinterlegung) séquestre *m*, dépôt *m* d'une chose litigieuse; **unter – stellen** mettre sous séquestre; **–amt** *n* Office de séquestres; **–liquidator** *m* liquidateur-séquestre *m*; **–vermögen** *m* biens placés sous séquestre judiciaire, biens *mpl* séquestrés; **–verwalter** *m* administrateur-séquestre *m*.

Sequestration *f* administration des biens placés sous séquestre.

sequestrieren mettre *ou* placer (un bien) sous séquestre.

Serien|anfertigung *f* fabrication en série; **–einbrecher** *m* cambrioleur *m* d'habitude *ou* récidiviste; **–einteilung** *f* règlement *m* par séries; **–erzeugnis** *n* produit *m* de série; **–fertigung** *f*, **–herstellung** *f*, **–produktion** *f* production *ou* fabrication en série; **–nummer** *f* numéro *m* de série; **–täter** *m* délinquant *m* d'habitude, récidiviste *m*; **–unfall** *m* accidents *mpl* en chaîne, en cascade *ou* en série; **–ziehung** *f* tirage de séries.

Servicenetz *n* réseau *m* de service après-vente.

Servitut *n (ZR: Dienstbarkeit)* servitude *f*; **völkerrechtliches –** servitude internationale; **– der Unteilbarkeit** servitude d'indivision forcée; **–ablösung** *f* rachat d'une servitude.

seßhaft *adj* (1) sédentaire, (2) (Aut) résidant, établi, domicilié.

Seßhaftigkeit *f* (1) sédentarité *f*, (2) (Aut) fait d'avoir une résidence, résidence *f*.

Session *f* (Aut = Sitzung) session *f*.

Setzungsrecht *n* droit pour les copropriétaires faisant partie d'une minorité de pouvoir fixer un prix moyennant lequel la majorité doit racheter les parts de la minorité ou vendre les siennes.

Seuchenamt *n*, **internationales –** Office international des épizooties.

Seuchen|bekämpfung *f* lutte *f* contre les épidémies, lutte contre les fléaux sociaux, hygiène *f* sociale; **–gefahr** *f* risque *m* d'épidémie; **–gesetz** *n* Loi relative à la lutte contre les fléaux sociaux; **–grenze** *f*, **–sperre** *f* cordon *m* sanitaire.

Sex|artikel *m* photos et objets pornographiques; **–shop** *m* sex-shop *m*.

Sexual|beleidigung *f* rabaissement *ou* dénigrement des femmes, dévalorisation du sexe féminin; **–delikt** *n*, **–straftat** *f (neue Bezeichnung für Sittlichkeitsdelikt)* infraction *f* contre les mœurs, attentat *m* aux mœurs.

sexuelle Handlung *f (neue Bezeichnung für unzüchtige Handlung)* acte *m* impudique *ou* obscène.

sexueller Mißbrauch|von Kindern attentat *m* à la pudeur commis sur la personne d'un mineur de quatorze ans; **– – von Schutzbefohlenen** attentat à la pudeur sur la personne d'un mineur de seize ans commis par une personne ayant autorité sur elle *ou* par une personne qui a abusé de l'autorité que lui confèrent ses fonctions.

Sezession *f (VR)* sécession *f*, dissidence *f*.

sicher *adj* sûr; assuré; certain; **–es Geleit** sauf-conduit.

Sicherheit *f* (1) *(Gefahrlosigkeit)* sécurité *f*, sûreté *f*, (2) *(Gewißheit)* certitude *f*, (3) *(BW)* garantie *f*, gage *m*, (4) *(ZR)* sûreté (personnelle *ou* réelle), privilège *m*; **dingliche –** sûreté réelle; **innere –** sécurité intérieure; **internationale –** sécurité internationale; **kollektive –** sécurité collective; **militärische –** sécurité militaire; **öffentliche –** sécurité publique; **persönliche –** garantie personnelle; **sachliche –** garantie réelle; **soziale –** sécurité sociale; **wirtschaftliche –** garantie de l'emploi; **zusätzliche –** garantie complémentaire; **– am Arbeitsplatz** sécurité sur le lieu de travail, **– des Arbeitsplatzes, – der Beschäftigung** garantie de l'emploi; **– der Grenze** sécurité des frontières; **– leisten** constituer une sûreté; **in – bringen** placer en lieu sûr; **als – hinterlegen** donner en gage.

Sicherheiten *pl*, **hinterlegte –** titres *mpl* remis en nantissement.

Sicherheits|abkommen *n* accord *m* de sécurité; **–abstand** *m (StVR)* distance *f* de sécurité; **–arrest** *m* arrestation par mesure de précaution; **–beauftragte(r)** *m* délégué *m* à la sécurité (au sein d'une entreprise); **–bereich** *m* zone *f* de sécurité (militaire); **–bestände** *pl* stocks de sécurité; **–bestellung** *f* constitution de sûreté; **–dienst** *m* (1) *(Privat)* service *m* de gardiennage, service privé de garde et de surveillance, (2) *(hist: NS-Zeit)* police de sécurité (dépendant de la Gestapo); **–direktion** *f* (Aut) direction *f* supérieure de la police dans un Bundesland; **–einbehalt** *m* retenue *f* à titre de sûreté *ou* en garantie d'un paiement; **–fonds** *m* fonds de sécurité; **–gurt** *m* ceinture *f* de sécurité; **–haft** *f* (S) détention *f* préventive.

sicherheitshalber *adv* pour plus de sécurité, par mesure de sécurité.

Sicherheits|hinterlegung *f* dépôt *m* en garantie; **–klausel** *f* clause de sauvegarde, clause *f* de sécurité; **–konto** *n* compte de garantie; **–kontrolle** *f* contrôle *m* de sécurité.

Sicherheitsleistung *f* (1) *(ZR, HR)* caution *f*; sûreté *f*; constitution de sûreté, (2) *(ZPR)* caution judiciaire, provision, (3) *(StPR)* consignation; **gegen –** sous caution, contre dépôt de garantie; **– für die Prozeßkosten** caution *f* judicatum solvi.

Sicherheits|maßnahme *f* mesure de sécurité *ou* de précaution; **–maßregeln** *fpl (StR)* mesures *fpl* de sûreté; **–norm** *f* norme de sécurité; **–obmann** *m* délégué à la sécurité; **–organ** *n* organe de sécurité; **–pakt** *m* pacte de sécurité; **–polizei** *f* (SIPO) Sûreté *f*; **–prüfung** *f* examen de contrôle de la sécurité; **–rat** *m* conseil de sécurité; **–rücklage** *f* réserve de garantie, volant de sécurité; **–schloß** *n* serrure *f* haute sûreté; **–spanne** *f* marge de garantie; **–überprüfung** *f* enquête relative à la sécurité, clearance *f*; **–vorrichtung** *f* dispositif *m* de sécurité **–vorschrift** *f* prescription *ou* consigne *f* de sécurité, règle de sécurité; **–vorschriften** *pl* règlement de sécurité; **–wachebeamte(r)** *m* (Aut), **–wachmann** *m* (Aut) agent de police, gardien de la paix, policier; **–zeugnis** *n* certificat de sécurité; **–zone** zone de sécurité.

sichern mettre en sûreté; assurer; garantir, consolider.

sicherstellen garantir, mettre à l'abri (de tout risque), mettre en sécurité.

Sicherstellung *f* (1) *(Schutz)* garantie *f*, sécurité *f*, protection *f*, constitution de sûreté, (2) *(Beschlagnahme)* mise *f* sous séquestre; saisie *f* d'objets; **– geben** (Aut), **– leisten** (Aut) constituer une sûreté; **– der Versorgung** sauvegarde *f* de l'approvisionnement.

Sicherstellungs|auftrag *m* ordre de constituer une sûreté; **–fonds** *m* dépôt de garantie, fonds de garantie; **–gesetz** *n (VerfR)* loi sur l'approvisionnement du pays dans un état d'urgence; **–verfügung** *f* ordonnance de mise sous séquestre.

Sicherung *f* (1) *(Schutz)* sauvegarde *f*, protection *f*, préservation *f*, (2) *(Sicherheit)* garantie *f*, sûreté *f*, gage *m*; **soziale** – sécurité *f* sociale; **– der Arbeitnehmer im Krankheitsfall** prise en charge des salariés en cas de maladie.

Sicherungs|abrede *f* convention relative à la fourniture de sûretés; **–abtretung** *f* cession *f* à titre de garantie *ou* de sûreté; **–beschlagnahme** *f* saisie *f* conservatoire; **–eigentum** *n* propriété fiduciaire sur un bien vendu sous réserve de propriété; **–fonds** *m* fonds de sécurité; **–geber** *m* cédant d'une chose remise à titre de garantie; **–geschäft** *n* contrat *m* permettant au créancier de garantir sa créance; **–grundschuld** *f* dette foncière en vue de garantir une créance; **–gut** *n* bien remis en qualité de sûreté; **–haftbefehl** *m (StPR)* mandat *m* de dépôt; **–hypothek** *f* hypothèque de garantie *ou* de sûreté (L); **–klausel** *f* clause de garantie; **–maßnahme** *f* mesure *f* conservatoire, disposition de sauvegarde; **–maßregel** *(StR)* mesure de sûreté; **–nehmer** *m* cessionnaire d'une chose remise à titre de garantie; **–pflicht** *f (StVR)* obligation de signalisation en cas d'accident de la route; **–recht** privilège *m*, garantie *f* de paiement; **–schein** *m (VersR)* attestation (provisoire) de couverture des risques; **–übereigner** *m* celui qui remet un bien en propriété à titre de caution; **–übereignung** *f* remise d'un bien en propriété à titre de garantie, cession à titre de sûreté; **–übertragung** *f* transfert en garantie, cession à titre de garantie; **–vereinbarung** *f* convention de garantie, nantissement; **–verfahren** *n (StR)* procédure *f* de placement sous les verrous (en cas de révocation du sursis); **–verwahrte(r)** *m* interné *m*; **–verwahrung** *f (StR)* détention à titre de mesure de sûreté; internement.

Sicherungsverwahrungs|anstalt *f* établissement *m* d'internement préventif; **–häftling** *m* détenu par mesure de sûreté.

Sicherungsvollstreckung *f* saisie-exécution sur un bien donné à titre de sûreté.

Sicht *f* (1) vue *f*, visibilité *f*, (2) *(HR)* présentation, terme *m*, échéance *f*; **auf –** à vue; **bei –** à vue.

sichtbar *adj* visible; **für jedermann –** au vu et au su de tout le monde.

Sicht|barkeit *f* visibilité *f*; **–behinderung** *f* mauvaises conditions de visibilité; **–einlage** *f* dépôt *ou* avoir à vue; **–frist** *f* délai de vue; **–guthaben** *n* avoir *ou* dépôt *m* à vue; **–tratte** *f* traite à vue; **–verbindlichkeit** *f* obligation à vue.

Sichtvermerk *m* (= Visum) visa *m*; **befristeter –** visa provisoire; **mit einem – versehen** viser un acte *ou* un passeport.

Sichtvermerkszwang *m* visa obligatoire, obligation *f* du visa.

Sicht|wechsel *m* lettre de change à vue; **–weite** *f (StVR)* champ *m* de vision; **–werbung** *f* publicité visuelle.

sieben trier, écarter, sélectionner.

Siechtum *n (StR: nach Körperverletzung)* infirmité permanente, mutilation *ou* amputation.

Siedlung *f* (1) colonie *f*, (2) lotissement *m*, (3) habitat *m*, cité *f*.

Siedlungs|genossenschaft *f* coopérative de construction et d'habitation; **–gesellschaft** *f* société de lotissement; **–raum** *m* zone *f* de peuplement; **–recht** *n* droit *m* d'acquisition de terrains pour la construction de maisons d'habitation; **–unternehmen** *n* entreprise de lotissement; **–verband** *m* communauté d'aménagement de l'habitat.

Siegel *n* (1) *(dienstlich)* cachet *m* officiel, sceau *m*, (2) *(Siegelmarke)* scellé(s) *m(pl)*, cachet sur bande de papier *ou* de cire; **ein – anbringen** (1) apposer un scellé, mettre les scellés, placer sous scellés, (2) apposer les sceaux; **ein – aufbrechen** briser des scellés; **–bewahrer** *m* Garde des Sceaux, ministre de la Justice; **–bruch** *m (StR)* bris de scellés, rupture de scellement; **–fälschung** *f* contrefaçon de sceaux; **–verfälschung** *f* falsification de sceaux.

siegeln (1) apposer un sceau, (2) sceller (un acte), cacheter, (3) *(Zoll)* sceller avec des cachets de plomb, plomber.

Siegelung *f* apposition *f* d'un sceau *ou* de scellés.

Siel|abgabe *f* taxe de déversement à l'égoût; **–benutzungsgebühr** *f* taxe de déversement à l'égoût.

Signal *n* (1) signal *m*, signe *m* convenu *ou* conventionnel, (2) *(StVR)* signal de route, panneau *m* de signalisation, feux *mpl*, poteau *m* indicateur.

Signalbuch *n*, **Internationales –** Code international de signaux.

Signalement *n* (= Personenbeschreibung) signalement *m*.

Signatar *(VR) m* (= Unterzeichner) signataire *m*; **–land** *n* (S) pays *m* signataire; **–macht** *f* puissance *f* signataire.

Signatur *f* (1) *(Unterschrift)* signature *f*, (2) référence *f*.

Silber *n* (1) argent *m*, (2) *(Tafelgeschirr)* argenterie *f*.

Silber|bergwerk *n* mine *f* d'argent;

–erz *n* minerai *m* argentifère; **–münze** *f* pièce de monnaie en argent; **–währung** *f* monnaie métallique argent.

Simulant *m* simulateur *m*.

simulieren simuler, feindre.

simuliertes Geschäft acte simulé *ou* fictif *ou* déguisé.

Simulierung *f od.* **Simulation** *f* simulation *f*, simulacre *m*, feinte *f*.

Simultan|anwalt *m* avocat dont le bureau ne se trouve pas au siège tribunal saisi; **–gründung** *f* fondation *f* immédiate, fondation simultanée (d'une société); **–haftung** *f* responsabilité *f* simultanée; **–hypothek** *f* hypothèque *f* simultanée; **–schule** *f* école *f* interconfessionnelle; **–zulassung** *f* inscription d'un avocat auprès de plusieurs tribunaux.

Singularsukzessor *m* (S) ayant-cause à titre particulier.

sinngemäß *adj**) (1) *(Anwendung)* par analogie, mutatis mutandis, (2) *(Wiedergabe)* en substance.

Sippenhaft *f hist* responsabilité collective (d'un clan, d'une famille).

sistieren (1) *(StR)* appréhender, arrêter, (2) *(vorläufig unterbrechen)* interrompre (l'exécution), suspendre.

Sistierung *f* (1) arrestation *f*, (2) suspension *f*; **– des Prozesses** (S), **– des Verfahrens** (S) suspension du procès.

Sitte *f* (1) *(Gewohnheit)* coutume *f*, (2) *(Brauch)* usage *m*; **die guten –n** les bonnes mœurs.

Sitten und Gebräuche us et coutumes.

Sitten|gesetz *n* loi *f* morale; **–lehre** morale *f*, éthique *f*; **–losigkeit** *f* immoralité *f*, mœurs *fpl* dissolues, dépravation *f*.

Sittenpolizei *f* police *f* des mœurs.

sittenwidrig *adj* immoral, contraire aux bonnes mœurs; **–es Rechtsgeschäft** *n* acte juridique immoral.

Sitten|verstoß *m* *(ZR, StR)* fait d'être contraire aux bonnes mœurs, immoralité *f*; **–widrigkeit** *f* immoralité *f*; **–zeugnis** *n* certificat de bonne vie et mœurs.

sittlich *adj* moral, conforme aux bonnes mœurs; **–e Pflicht** obligation morale *ou* naturelle.

Sittlichkeit *f* bonnes mœurs *fpl*, moralité *f*; **sich gegen die – vergehen** attenter aux mœurs; **die – verletzen** commettre un acte contraire aux bonnes mœurs.

Sittlichkeits|delikt *n*, **–verbrechen** *n* attentat *m* aux mœurs, outrage aux bonnes mœurs, attentat à la pudeur, délit contraire aux bonnes mœurs.

Situation *f* (1) *(Verhältnisse)* situation *f*, état *m*, position *f*, circonstances *fpl*, (2) *(Lage)* conjoncture *f*, situation économique *ou* politique.

Sitz *m* (1) *(Platz)* siège *m*, place *f*, emplacement *m*, (2) *(Wohnsitz)* domicile *m*; résidence *f*, (3) *(Gesellschaftssitz)* siège *m* social; **satzungsmäßiger –** siège *m* statutaire; **ständiger –** siège permanent; **statutarischer –** (S) siège statutaire; **tatsächlicher –** siège réel; **– des Betriebs** siège *ou* lieu de l'exploitation; **–blockade** *f* *(StR)* blocage *m* (d'une route, d'une entrée) par sit-in, occupation de lieux publics en s'asseyant par terre; **–gesellschaft** *f* *(GesR)* société commerciale qui a son siège (au Liechtenstein p. exp.), mais dont l'activité se déploie hors du territoire de ce pays; **–ordnung** placement; **–platz** *m* place assise; **–staat** *m* État du siège; **–streik** *m* grève des bras croisés, grève avec occupation d'usine, grève sur le tas, occupation des lieux de travail.

Sitzenbleiben *n* *(SchulR)* redoublement.

Sitzung *f* (1) séance *f*, réunion *f*, (2) *(Sitzungsperiode)* session *f*, (3) *(Gericht)* audience *f*; **außerordentliche –** séance extraordinaire; **in nicht öffentlicher –** en comité secret, à huis clos; **nichtöffentliche –** (1) réunion *f* à huis clos, (2) audience en chambre de conseil; **öffentliche**

*) Dans la plupart des cas, la traduction de ce mot est superflue en français; „Artikel 10 gilt sinngemäß“: „l'article 10 est applicable.“

– séance *ou* audience publique; **ordentliche –** séance ordinaire; **Unterbrechung der –** interruption de séance, suspension de séance; **eine – abhalten** tenir séance, être en séance; **eine – anberaumen** convoquer (une assemblée) pour telle date; **die – aufheben** lever la séance.

Sitzungs|ausschuß *m* comité *m* de séance; **–bericht** *m* compte-rendu *m* de séance; **–entschädigung** *f* indemnité de séance; **–eröffnung** ouverture de la séance **–gebühr** *f* droit perçu à l'occasion de la convocation d'une commission; **–geld** *n* jeton de présence; **–niederschrift** procès-verbal de séance; **–ort** *m* lieu *m* de réunion; **–pause** *f* pause *f* (entre deux séances).

Sitzungsperiode *f* session *f*; **ordentliche –** session ordinaire; **– des Parlaments** session parlementaire.

Sitzungs|polizei *f* police de l'audience; police de l'assemblée; **–präsident** *m* président de séance; **–protokoll** *n* (1) compte-rendu *m* de séance, (2) *(Gericht)* procès-verbal d'audience; **–saal** *m* salle *f*, auditoire *m*; **–tagegelder** *pl* indemnité de session; **–unterbrechung** *f* suspension *f* de la séance, interruption *f* de la réunion; **–vertreter** *m (StPR)* représentant (du ministère public) à l'audience (du tribunal); **–zimmer** *n* chambre de conseil.

Sitz|verlegung *f (GesR)* transfert du siège social; **–verteilung** *f* répartition des sièges; **–wahl** *f* choix *m* d'un siège social.

Skala *f* échelle *f*, barême *m*, grille *f*, gamme *m*; **gleitende –** échelle mobile.

Ski|fahrer *m* skieur *m*; **–lift** *m* remonte-pente *m*, téléski *m*; **–unfall** *m* accident de ski.

Skinhead *m* partisan *m* d'une idéologie d'agressivité et de violence, skinhead *m*.

Skizze *f* esquisse *f*, croquis *m*, ébauche *f*.

skontieren déduire l'escompte de caisse.

Skonto *n* escompte *m*, escompte de caisse, escompte sur les paiements au comptant; **–abzug** *m* déduction de l'escompte de caisse; **–aufwand** *m* dépenses au titre des escomptes accordés.

Skontration *f*, **Skontrieren** *n* *(Buchf: Bestandsermittlung)* relevé *m* de compte.

Skontro *n (Buchf: Bestandsliste)* relevé *m* des marchandises (en magasin).

Skontro|bogen *m* feuille de liquidation; **–buch** *n* comptabilité *f* matières, registre de comptabilité des marchandises.

Smogalarm *m* alarme *f* au smog.

Sockel|betrag *m (ArbR)* montant fixe d'une augmentation de salaire; **–rente** *f* pension *f* de base; **–zulage** *f* allocation *f* de base.

sofern *Konj* si, au cas où.

sofort *adv* immédiatement, séance tenante, sans retard, tout de suite, d'urgence, sur le champ; **– beziehbar** habitable immédiatement.

Soforthilfe *f* (1) *(VwR)* aide *f* immédiate, (2) *(SozR)* allocation de premier secours; **–gesetz** *n* loi d'aide immédiate; **–zahlung** *f* paiement au titre de l'aide immédiate.

sofortig *adj* (= unmittelbar) immédiat; **–e Beschwerde** opposition immédiate (à la poursuite de l'exécution forcée); **–e Vollziehung** exécution immédiate.

Sofort|maßnahme *f* (1) *(VerfR)* opération concertée d'intervention urgente, (2) *(StPR)* mesure *f* immédiate, mesure d'urgence; **–vollzug** *m* exécution immédiate.

Software *f (EDV)* logiciel *m*, software *m*; **–pflegevertrag** *m* contrat *m* d'entretien du logiciel; **–piraterie** *f* piratage *m* des logiciels, reproduction illicite.

Solawechsel *m* billet à ordre.

Soldat *m* soldat *m*, militaire *m*, homme *m* de troupe; **–engesetz** *n* loi *f* sur le service national; **–enlaufbahn** *f* carrière *f* des militaires, hiérarchie *f* et avancement *m* (des militaires).

Sold *m (MilR)* solde *f*, paye *f*; **–abzug**

m retenue de solde; **–berechtigung** *f* droit à la solde; **–buch** *n* livret militaire, livret *m* individuel; **–liste** *f* (S) feuille *f* de solde; **–verwaltung** *f* sanction *f* disciplinaire dans l'armée consistant dans la remise de sa solde à l'intéressé par petites fractions.

Söldner *m* mercenaire *m*.

Solidar|bürge *m* (Aut-S) caution *f* solidaire; **–bürgschaft** *f* (S) cautionnement *m* solidaire; **–forderung** *f* (Aut-S) solidarité *f* active; **–haft** *f*, **–haftung** *f* responsabilité *f* solidaire, solidarité *f*.

solidarisch *adj* solidaire; solidairement *adv*, cumulativement *adv*.

Solidarität *f* solidarité *f*; **finanzielle –** solidarité financière.

Solidaritäts|streik *m* grève *f* *ou* débrayage *m* de solidarité; **–zuschlag** *m* *(SteuerR)* contribution générale de solidarité (pour promouvoir l'économie de l'ex-RDA).

Solidar|schuld (S) *f* solidarité passive, dette *f* solidaire; **–schuldner** *(S für Gesamtschuldner) m* débiteur *m* solidaire, codébiteur *m* solidaire; **–verbindlichkeit** *f*, **–verpflichtung** *f* obligation *f* solidaire.

Soll *n* (1) *(Buchf)* doit *m*, débit *m*, (2) *(BW: geplante Menge)* objectif prévisionnel; **ins – eintragen** porter au débit, débiter; **– und Haben** doit et avoir; **im – stehen** être en dette; **ins – stellen** porter au débit, débiter; **–ausgabe** *f* dépense théorique *ou* prévue; **–bestand** *m* avoir *m* théorique, effectif *m* théorique; **–besteuerung** *f* imposition sur la base des créances contractuelles; **–buch** *n* registre des créances; **–budget** *n* budget théorique (tel qu'il est voté); **–einnahme** *f* recette théorique *ou* prévue; **–karte** *f* fiche de créance; **–kaufmann** *m* *(HGB § 2)* commerçant *m* (de par l'exercice d'une profession nécessitant d'après sa nature et son étendue l'inscription au registre de commerce); **–leistung** *f* rendement *m* exigé; **–posten** *m* poste débiteur; **–prämie** *f* prime *f* émise; **–saldo** *m* solde *m* débiteur; **–seite** *f* colonne *f* débit, doit *m*; **–stärke** *f* effectif *m* théorique *ou* prévu; **–vorschrift** *f* prescription *f* non impérative, disposition légale modifiable (par la volonté des parties); **–wert** *m* norme *f* fixée; **–zinsen** *pl* intérêts *mpl* débiteurs.

solvent *adj* solvable.

Solvenz *f* **(s. Zahlungsfähigkeit)** solvabilité *f*.

Sommer|abschlag *m*, **–preis** *m* prix *ou* rabais *m* d'été.

Sömmerungs|recht *n* droit d'alpage; **–zinsen** *pl* (S) droits d'estivage.

Sommerzeit *f* heure *f* d'été.

Sonder|abgabe *f (SteuerR)* taxe *f* spéciale (de peréquation des charges); **–abkommen** *n* accord *m* particulier *ou* spécial; **–abmachung** *f* convention *f* particulière, traité *m* particulier; **–abschreibung** *f* dégrèvement fiscal sous la forme d'un amortissement spécial; **–anfertigung** *f* fabrication hors-série; **–angebot** *n* offre spéciale; **–auftrag** *m* commande exceptionnelle; **–ausgabe** *f* tirage *m* à part; **–ausgaben** *(SteuerR)* dépenses exceptionnelles déductibles; **–ausschuß** *m* commission *f* spéciale, comité *m* spécial; **–bedarf** *m (EheR)* besoins accrus par suite de circonstances particulières; **–bedingungen** *pl* conditions particulières; **–begünstigung** *f* avantage *m* spécial; **–beschluß** *m* délibération particulière; **–bestimmung** *f* disposition *f* spéciale; **–bevollmächtigte(r)** *m od.* **–botschafter** *m* plénipotentiaire *m* spécial; **–darlehen** *n* prêt *m* spécial; **–druck** *m* tirage à part; **–eigentum** *n* propriété individuelle; **–einnahmen** *pl* recettes *fpl* extraordinaires; **–erbfolge** *f* succession à titre particulier; **–erlaubnis** *f* autorisation spéciale; **–fall** *m* cas spécial *ou* atypique *ou* particulier; **–freibetrag** *m* tranche exceptionnelle non imposable; **–frieden** *m* paix *f* séparée; **–gebiet** *n (BauR)* zone industrielle particulière *ou* réservée; **–genehmigung** *f* autorisation spéciale; **–gericht** *n* juridiction *f* *ou* tribunal *m* d'exception, tribunal extraordinaire (B); **–gerichtsbarkeit** *f* juridiction d'exception; **–gesetz** *n* loi dérogatoire *ou* spéciale; **–gesetzgebung** *f* législation dérogatoire du droit commun.

Sonder|gut *n* **(eines Ehegatten)** biens *mpl* propres d'un époux; bien exclu de la communauté parce qu'il ne peut être transféré par acte juridique; **–haushalt** *m*, **–haushaltsplan** *m* budget *m* annexe *ou* spécial; **–kommission** *f* commission spéciale; **–kontingent** *n* contingent spécial; **–konkurs** *m* liquidation des biens portant sur une partie du patrimoine; **–konto** *n* compte *m* spécial; **–kredit** *m* crédit *m* spécial; **–kurs** *m* cours *m* spécial; **–last** *f* charge *f* spéciale; **–leistungen** *fpl* avantages *mpl* spéciaux; **–nachlaß** *m* réduction exceptionnelle du prix; **–nutzung** *f*, **–nutzungsrecht** *n (SachR: Eigentum)* jouissance spéciale (empiétant sur le domaine public); **–opfer** *n (StaatsR, StaatshaftungsR)* sacrifice *m* excédant la mesure normale; **–organisation** *f* institution *f* spécialisée; **–polizei** *f* police *f* parallèle; **–preis** *m* prix *m* spécial; **–protokoll** *n* protocole *m* spécial; **–rechnung** *f* compte *m* spécial *ou* extraordinaire; **–recht** *n* privilège *m*, droit *m* spécial *ou* exorbitant; **–regelung** (1) disposition particulière, (2) réglementation *f* spéciale; **–rücklage** *f* réserve *f* spéciale; **–schau** *f* exposition spéciale; **–schule** *f* école *f* pour enfants retardés et handicapés; **–sitzung** *f* session spéciale *ou* extraordinaire; **–stellung** *f* position *f* spéciale, originalité *f* juridique; **–steuer** *f* impôt *m* special, contribution exceptionnelle *ou* extraordinaire; **–übereinkommen** *n* convention *f* particulière, traité *m* particulier, accord *m* spécial; **–urlaub** *m* congé *m* exceptionnel.

Sonder|veranstaltung *f (HR)* action promotionnelle commerciale, soldes *mpl*, mise en vente au rabais, braderie *f*; **–vereinbarung** *f* accord *m* spécial, arrangement *m* particulier *ou* spécial; **–verfahren** *n* procédure *f* spéciale, procédure particulière; **–vergütung** *f (ArbR)* rémunération *ou* indemnité spéciale; **–vermögen** *n* (1) *(ÖfR)* établissement *m* public (avec ou sans personnalité morale propre) ayant un budget spécial (dont l'équilibre est assuré par l'État), (2) *(ZR)* propre *m*, bien *m* spécial, patrimoine *m* distinct.

Sonder|verordnung *f (VwR)* mesure *f* d'ordre intérieur; **–versammlung** *f* assemblée *f* générale extraordinaire; **–vertreter** *m* délégué *m* spécial; **–vollmacht** *f* procuration spéciale, mandat spécial, pouvoirs spéciaux; **–vorrecht** *n* super-privilège *m*; **–vorteil** *m* avantage *m* spécial *ou* particulier; **–zahlung** *f (ArbR)* rémunération exceptionnelle; **–ziehungsrechte** *pl* droits de tirage spéciaux (D. T. S.); **–zulage** *f od.* **–zuwendung** *f* allocation exceptionnelle.

Sonntags|arbeit *f* travail dominical; **–ruhe** *f* repos dominical.

sonstig *adj* autre, outre, à part; **–e Einkünfte** autres revenus; **–e Pflichten** obligations accessoires; **–e Tätigkeit** activité professionnelle accessoire.

Sorge *f* (1) *(Bemühen um das Wohlergehen)* intérêt *m*, soin *m*, préoccupation, (2) *(Unruhe u. Angst)* souci *m*, alarme *f*, inquiétude *f*, peine *f*; **– für die Person der Kinder** *(FamR)* autorité parentale sur les enfants, garde des enfants; **–berechtigte(r)** *m* personne investie du droit de garde, personne à qui l'enfant a été confié; **–pflicht** *f* (der Eltern) obligation d'assurer la garde (des enfants), devoir de garde; **–recht über die Kinder** modalités de l'exercice de l'autorité parentale, droit de garde sur les enfants; **–rechtsverfahren** *n* procédure relative à l'attribution de l'autorité parentale; **–rechtsverletzung** *f* violation des règles relatives à l'autorité parentale (par celui à qui l'enfant a été confié).

sorgen: sich – um se soucier *ou* se préoccuper de qqn, prendre intérêt à qqn.

Sorgfalt (1) *(ZR, HR)* diligence *f*, soin *m* attentif *ou* appliqué, vigilance *f*, surveillance attentive, attention, (2) *(Genauigkeit)* exactitude *f*, minutie *f*; **die im (Rechts-)-Verkehr erforderliche –** conduite *f* d'une personne avisée, comportement *m* adéquat, se comporter en bon père de famille; **Außerachtlassung der im Verkehr erforderlichen –** manquement *m* à l'obligation de se comporter en bon père de famille, faute *f*, erreur *f*; **Handeln mit der – eines ordentlichen Kaufmanns** exercer son activité en commerçant prudent et avisé.

sorgfältig soigneusement, avec le plus grand soin, en bon père de famille, diligemment.

Sorgfaltsmaßstab *m* critères *mpl* de l'obligation de diligence.

Sorgfaltspflicht *f* obligation d'apporter (à qch) tous les soins d'un bon père de famille, obligation d'agir avec soin et diligence, obligation d'agir de façon correcte et normale; **–verletzung** *f* non-respect de l'obligation d'agir en bon père de famille, défaut *m* d'attention, défaut de vigilance.

Sorglosigkeit *f* absence *f* de soins, absence d'attention, négligence *f*, insouciance *f*.

Sorte *f* (1) genre *m*, catégorie *f*, (2) monnaie *f*, pièce *f* de monnaie.

Sorten|geschäft *n (BankR)* opération de change (sur monnaie étrangère), achat *m ou* vente *f* de billets de banque étrangers; **–markt** *m* marché des monnaies étrangères; **–schutz** *m (UmweltR)* protection des espèces végétales; **–schutzrolle** registre *m* des espèces végétales; **–zettel** *m* bordereau *m* de caisse des espèces.

Sortiment *n* assortiment *m*, choix *m*.

Souveränität *f (VR)* souveraineté *f*; **äußere –** souveraineté extérieure *ou* externe; **innere –** souveraineté intérieure *ou* interne; **nationale –, staatliche –** souveraineté nationale; **volle –** pleine souveraineté.

Souveränitäts|akt *m* acte de souveraineté; **–beschränkung** *f* limitation de souveraineté, abandon de souveraineté; **–recht** *n* droit de souveraineté; **–übergang** *m* transfert de souveraineté; **–verletzung** *f* violation de la souveraineté, atteinte à la souveraineté.

sozial *adj* social; **–e Fürsorge** assistance *ou* aide sociale; **–e Indikation** interruption volontaire de la grossesse pour des raisons sociales; **–es Jahr** année de service social volontaire (d'un jeune entre 17 et 25 ans); **–es Mietrecht** législation relative à l'habitat à loyer modéré; **–er Wohnungsbau** accession à la propriété de personnes physiques ayant des ressources modestes.

Sozial|abbau *m* réduction des prestations *ou* allocations de la sécurité sociale; **–abgaben** *fpl* charges *fpl* sociales, versements *mpl* aux assurances sociales; **–abteilung** *f* service *m* social; **–adäquanz** *f (ArbR)* justification *f* du point de vue social, adaptation des moyens aux buts poursuivis (par une grève); **–amt** *n* bureau *m* de l'assistance sociale; **–arbeit** *f* action sociale; **–arbeiter(in)** assistant(e) social(e); **–aufwendungen** *pfl* charges *fpl* sociales; **–ausgaben** *pl* dépenses *fpl* sociales; **–ausschuß** *m* commission sociale; **–beirat** *m* conseil *m* social; **–beitrag** *m* cotisation *f* à la sécurité sociale; **–belastung** *f* charges *fpl* sociales; **–bindung des Eigentums** exercice du droit de propriété dans le cadre des lois existantes et en tenant compte de sa fonction sociale.

Sozialcharta *f*, **europäische –** charte sociale européenne.

Sozialeinrichtung *f* institution *f* sociale, œuvres *fpl* sociales (d'une entreprise).

Sozialfonds *m*, **europäischer –** Fonds *m* social européen.

Sozial|fürsorge *f* assistance *f* sociale, aide *f* sociale, secours *m* social, prévoyance sociale; **–gericht** *n* tribunal *m* du contentieux social; **–gerichtsbarkeit** *f* juridiction *f* sociale;

–gerichtsverfahren *f* contentieux social *ou* de la sécurité; **–gesetzbuch** *n* (S. G. B.) code *n* (allemand) de la sécurité sociale; **–gesetzgebung** *f* législation *f* sociale; **–haushalt** *m* budget *m* social; **–helfer** *m* assistant *m* de service social, aide *m* social, travailleur *m* social.

Sozialhilfe *f* (1) *(Tätigkeit)* aide *f* sociale *ou* aux personnes en difficulté, assistance (aux indigents); travail social, (2) *(Behörde)* bureau d'aide sociale, service *m* social, (3) *(Unterstützung mit Geld)* allocation d'aide sociale; **–empfänger** *m* assisté *m*, personne bénéficiant de l'aide sociale; **–satz** *m* allocation de base (de l'aide sociale); **–träger** *m* organisme *n* social.

Sozialisierung *f* *(WirtR)* socialisation *f* des moyens de production, nationalisation.

Sozialismus *m* socialisme *m*; **genossenschaftlicher –** socialisme coopératif.

Sozial|klausel *f* clause *f* de protection sociale (en faveur du locataire); **–lasten** *fpl* charges *fpl* sociales; **–leistung** *f* prestation *f* de la sécurité sociale; **–leistungsträger** *m* organisme de l'aide sociale; **–lohn** *m* salaire *m* familial *ou* social; **–ordnung** système *m* social, organisation sociale; **–partner** *mpl* partenaires *mpl* sociaux; **–plan** *m* *(GesR, ArbR)* plan de protection sociale, plan social pour les ouvriers licenciés (en vue de la préretraite *ou* du reclassement professionnel); **–planabfindung** *f* allocation prévue dans le cadre du plan social; **–politik** *f* politique *f* sociale; **–produkt** *n* produit *m* national; **–prognose** *f* *(StVZ)* pronostic relatif à la réinsertion sociale (d'un délinquant); **–recht** *n* droit *m* social, régime *m* de la sécurité sociale.

sozialrechtlich *adj* de droit social, concernant la législation sociale.

Sozial|reform *f* réforme *f* sociale; **–rentner** *m* bénéficiaire *m* d'une pension au titre de l'assurance sociale, rentier *m* (au titre des assurances sociales); **–staat** *m* *(VerfR)* État démocratique libéral à tendance sociale; **–tarife** *pl* tarifs *mpl* sociaux; **–versicherte(r)** *m* assuré *m* social; **–versicherung** *f* assurance *f* sociale.

Sozialversicherungs|ausweis *m* carte *f* d'assuré social; **–beitrag** *m* cotisation *f* due au titre des assurances sociales; **–recht** *n* droit des assurances sociales; **–träger** *m* institution *f ou* organisme *m* de l'assurance sociale.

Sozial|verwaltungsrecht *n* droit administratif de la sécurité sociale; **–vorschriften** *pl* réglementation de la sécurité sociale; **–wahlen** *fpl* élections aux organismes de la sécurité sociale; **–widrigkeit** *f* *(Kündigung)* licenciement irrégulier pour violation des règles sociales; **–wohnung** *f* logement *m* social; **–zulagen** allocations *fpl* sociales.

Sozietät *f* (1) groupement d'intérêt économique, (2) (Anwalts-, Steuerberater- usw.) société civile professionnelle (d'avocats).

Sozius *m* partenaire *m*, associé *m*.

Spalte *f* *(Buch)* colonne *f*.

spalten, sich – se scinder, se diviser.

Spaltung *f* *(GesR)* scission *f*, partition, clivage *m*.

Spanne *f* marge *f*; différence *f*.

Spannung *f* tension *f*.

Spannungs|fall *m* *(VerfR)* menace *f* grave et immédiate pour les institutions; **–kurs** *m* cours *m* moyen, fixé par référence au cours demande réduite et au cours offre réduite.

Spar|anstalt *f* organisme d'épargne; **–bank** *f* banque *ou* caisse d'épargne; **–brief** *m* bon *m* d'épargne; **–buch** *n* livret de caisse d'épargne, livret d'épargne; **–buchinhaber** *m* titulaire *m* d'un livret de caisse d'épargne.

Spareinlage *f* dépôt d'épargne, versement d'épargne; **–buch** (Aut) livret de caisse d'épargne; **–schein** *m* certificat d'épargne.

Spareinleger *m* épargnant *m*, déposant *m* à teneur (S).

sparen (1) *(zurücklegen)* épargner,

conserver *ou* accumuler par l'épargne, (2) *(einsparen)* économiser, utiliser avec mesure, (3) *(horten)* thésauriser, accumuler, entasser, amasser de l'argent.

Sparen *n* (1) *(Rücklage)* épargne *f*, épargne-réserve *f*, épargne-prévoyance; (2) *(Einsparung)* économie *f*, (3) épargne-économie *f* créatrice de capitaux; **erzwungenes –** épargne forcée; **freiwilliges –** épargne libre; **liquides –** thésaurisation.

Sparer *m* épargnant *m*; **kleiner –** petit épargnant.

Spar|förderung *f* incitation à l'épargne; **–geld** *n* (1) somme *f* épargnée, épargne *f*, réserve *f*, somme mise en réserve, somme employée à créer du capital, économie *f* (déposée à une caisse d'épargne); *au pl*: fonds d'épargne, (2) somme économisée, économie; **–giro** *n* virement sur la caisse d'épargne; **–groschen** *n* petites économies; **–guthaben** *n* dépôt *m* sur livret; **–heft** *n* (S) livret *ou* carnet de caisse d'épargne (S).

Sparkasse *f* caisse d'épargne (et de prévoyance).

Sparkassenbuch *n* (= Sparbuch) livret *m* de caisse d'épargne, livret d'épargne; **gesperrtes –** livret de caisse d'épargne bloqué.

Spar|kasseneinlage *f* dépôt *m* à la caisse d'épargne; **–konto** *n* compte sur livret; **–maßnahmen** *fpl* plan *m* de rigueur *ou* d'austérité, mesures d'économie; **–neigung** *f* propension à l'épargne; **–politik** *f* politique *f* d'austérité; **–prämie** *f* prime *f* d'épargne; **–programm** *n (VWirt)* plan de rigueur *ou* d'austérité; **–quote** *f (VWirt)* rapport entre l'épargne et le revenu national; **–rate** *f* taux *m* d'épargne; **–rücklage** *f* réserve *f* d'épargne.

sparsam *adj* (1) *(Person)* économe, parcimonieux, (2) *(wirtschaftlich)* économique; avantageux.

Sparsamkeit *f* économie *f*.

Spar|schwein *n* tirelire *f*, cagnotte *f*; **–sinn** *m* sens *m* de l'économie; **–strumpf** *m* bas-de-laine *m*; **–urkunde** *f* titre d'épargne; **–verein** *m* société *f ou* association d'épargne; **–vertrag** *m* (1) contrat d'épargne, (2) contrat de capitalisation; **öffentliches –wesen** *n* épargne publique; **–zulage** *f* prime *f* d'épargne.

Spät|folgen *fpl* conséquences éloignées (d'un préjudice); **–schaden** *m* dommage *m* tardif.

Spediteur *m (HR)* commissionnaire *m* de transport; agent de transport (S); **–Bedingungen** conditions générales de transport.

Spedition *f* (1) *(Versendung)* expédition *f*, envoi *m*, (2) *(Speditionsfirma)* entreprise *f* de transport, (3) *(Versandabteilung)* service *f* d'expédition (dans une entreprise).

Speditions|abteilung *f* service *m* d'expédition; **–firma** *f* entreprise *f* de commission de transport; **–geschäft** *n* commission de transport; **–versicherung** *f* assurance *f* des marchandises transportées; **–vertrag** *m* contrat de commission de transport.

Speicherung *f (DV)* mémorisation, stockage (des informations *ou* données).

Speisewirt *m* restaurateur *m*.

Spekulant *m* spéculateur *m*, affairiste *m*, joueur *m* (bourse), boursicotier *m ou* boursicoteur, agioteur *m*.

Spekulation *f* spéculation *f*, boursicotage *m*, agiotage *m*; **berufsmäßige –** spéculation professionnelle.

Spekulations|bewegung *f* mouvement *m* spéculatif; **–druck** *m* pression spéculative; **–fieber** *n* fièvre spéculative; **–geld** *n* argent *m* chaud; **–geschäft** *n* opération de spéculation; **–gewinn** *m* bénéfice *m ou* gain *m* spéculatif; **–händler** *m* spéculateur *m*; **–kauf** *m* (1) achat spéculatif, (2) vente *f* spéculative; **–krise** *f* crise *f* spéculative; **–markt** *m* marché *m* spéculatif; **–papier** *n* titre *m* spéculatif, valeur spéculative, valeur *f* de spéculation; **–verkauf** *m* vente *f* spéculative.

spekulieren spéculer, jouer (à la bourse).

Spende *f* (1) *(Gabe)* don *m*, libéralité *f*, présent *m*, cadeau *m*, (2) *(Schenkung)* donation *f*, aliénation *f* à titre gratuit, disposition *f*, (3) *(kleiner Beitrag)* obole *f*, petite contribution en argent, modeste offrande *f*, aumône *f*, charité *f*; **–n sammeln** collecter des fonds *ou* des dons.

Spenden|abzug *m (SteuerR)* libéralité *f* donnant lieu a réduction d'impôt; **–aktion** organisation d'une quête publique (pour une œuvre charitable); **–bescheinigung** *f (SteuerR)* attestation relative à un don en argent.

Spender *m* donateur *m*, disposant *m*; bienfaiteur *m*.

Spermadepot *n* banque *f* du sperme.

Sperrbezirk *m* (1) lieux *mpl* réservés à la prostitution, (2) zone *f* interdite.

Sperre *f* (1) *(Konto)* blocage *m* (d'un compte), (2) *(Straße)* barrage *m*, (3) *(Verbot)* défense *f*, interdiction *f*; **die – aufheben** débloquer, libérer le passage.

sperren (1) *(Konto)* bloquer, geler (un compte), faire opposition, (2) *(Gebiet)* interdire, défendre, faire un barrage, (3) *(Scheck)* barrer, (4) *(Ausfuhr)* prohiber, (5) *(Zufuhr)* couper, intercepter, (6) *(Urlaub)* supprimer.

Sperr|frist *f (Vergleichsverfahren: Rückschlagsperre)* période suspecte de 30 jours (avant l'ouverture du règlement judiciaire), délai *m* de blocage *ou* d'interdiction; **–gebiet** *n* territoire *m* interdit, zone *f* interdite *ou* d'interdiction; **–geld** *n* (1) argent *m* bloqué, (2) (Aut) somme due à un concierge pour l'ouverture tardive d'une porte; **–gut** *n* marchandise encombrante, colis *m* encombrant; **–guthaben** *n* avoir *m* bloqué; **–jahr** *n (GesR)* année au cours de laquelle certains actes de disposition sont interdits; **–klausel** *f (Wahlrecht)* clause de style – obtention de 5% des voix au minimum; **–konto** *n* compte *m* bloqué *ou* gelé; **–maßnahmen** *f* (1) *(WirtR)* mesure de blocage *ou* de gel (du crédit), (2) *(VR)* blocus *m*, boycott *m* (d'un État); **–minderheit** *f od.* **–minorität** *f (VerfR u. GesR)* minorité dont l'importance permet de paralyser les décisions de la majorité, minorité de blocage; **–müll** *m* déchets encombrants; **–patent** *n* brevet *m* de barrage; **–stunde** *f* (= Polizeistunde) heure *f* de clôture, couvre-feu *m*; **–stück** *n (GesR)* action non négociable pendant un certain temps.

Sperrung *f* (1) *(Schließung)* fermeture *f*, (2) *(Straße)* barrage *m*, (3) *(Außenhandel)* embargo *m*, (4) *(Konto)* blocage *m*; **– der Aktien** interdiction temporaire d'aliénation des actions.

Sperr|verfügung *f* décision de blocage; **–vermerk** *m (WertpR)* clause ‹à partir d'ici, l'endossement ne vaut que sur la copie›; **–zoll** *m* droit de douane prohibitif; **–zone** *f* zone *f* interdite.

Spesen *pl* frais *mpl* exposés, débours *mpl*, sommes dépensées pour le compte d'autrui, dépenses *fpl;* **nach Abzug der –** tous frais déduits; **–abrechnung** *f* liquidation *f* *ou* décompte *m* des frais, compte de frais et débours; **–aufstellung** *f* état des frais; **die – erstatten** couvrir *ou* rembourser les frais, défrayer.

spesenfrei *adj* net de tous frais, sans frais; tous frais payés.

Spesen|rechnung *f* note de frais; **–vergütung** *f* remboursement des frais; **–vorschuß** *m* avance *f* sur frais.

Spezial|ausbildung *f* (formation pour acquérir une) spécialisation; **–bedingung** *f* condition *f* spéciale; **–bestimmung** *f* disposition *f* spéciale; **–fach(gebiet)** *n* domaine *m* de la connaissance; **–fonds** *m* fonds *m* spécial; **–gericht** *n* tribunal *m* d'exception; **–gesetz** *n* loi spéciale *ou* particulière.

Spezialisierungskartell *n* cartel *m* de spécialisation.

Spezialist *m* spécialiste *m*, expert *m*, homme de l'art.

Spezialität *f* spécialité *f*.

Spezialitätenregister *n* registre *m* des spécialités pharmaceutiques.

Spezialitätsprinzip *n (SachR)* principe *m* de la spécialité.

Spezial|organisation *f* organisation spécialisée; **–prävention** *f (StR)* prévention *f* individuelle; **–rückversicherungsvertrag** *m* contrat de réassurance particulière; **–vollmacht** *f* procuration *f* spéciale, mandat *m* spécial.

Spezies|kauf *m (SchuldR)* achat *m ou* vente *f* portant sur une chose non fongible *ou* un corps certain, achat d'un objet déterminé individuellement; **–sache** *f* corps *m* certain, chose *f* non fongible, objet *m* déterminé individuellement; **–schuld** *f* (= Stückschuld) dette *f* portant sur un corps certain, obligation *f* de livrer une chose non fongible, dette d'espèce.

Spezifikation *f* (1) *(Verarbeitung)* transformation *f* (d'un matériel brut), façonnage *m*, traitement *m*, usinage *m*, formation *f* d'une chose nouvelle par le travail, spécification *f*, (2) *(Auflistung)* spécification *f*, définition *f*, détermination *f* des caractéristiques; **zollrechtliche –** spécification douanière.

Spezifikationskauf *m* vente à spécification.

Spezifikum *n* particularité *m*, caractéristique *f*, spécificité *f*.

spezifisch *adj* particulier, distinctif, spécifique, propre à (une chose).

Spezimen *n* (= Muster) spécimen *m*, échantillon *m*, modèle *m*.

Sphäre *f* zone *f* d'influence, sphère *f* (d'attribution *ou* de compétence).

Spiel *n* jeu *m* (de hasard), (contrat de) jeu, contrat aléatoire; **–automat** appareil *m ou* machine *f* à sous; **–bank** *f* casino *m*, établissement *ou* maison de jeu; **–einwand** *m* exception de jeu; **–film** *m* œuvre *f* cinématographique, film *m*; **–geräte** *pl* appareils (distributeurs) fonctionnant moyennant un enjeu, appareils *mpl ou* machines *fpl* à sous; **–gewinn** *m* gain *m*; **–halle** *f*, **–kasino** *n* maison de jeu, casino *m*.

Spieler *m* joueur *m* (du casino).

Spiel|leidenschaft *f* passion *f* du jeu; **–platz** *m* terrain de jeu; **–recht** *n* législation relative aux jeux de hasard; **–salon** *m* établissement, salle *ou* cercle de jeu; **–schuld** *f* dette de jeu; **–steuer** *f* taxe *f* sur les jeux de hasard; **–theorie** *f (WirtR)* théorie des jeux, jeu d'entreprise; **–waren** *pl* jouets; **–warenindustrie** *f* industrie du jouet.

Spion *m* espion *m*.

Spionage *f* espionnage *m*; **–abwehr** *f* contre-espionnage *m*.

Spirituosen *fpl* boissons spiritueuses *ou* fortes (avec une proportion d'alcool de 20% au moins).

Spital *n* (Aut-S = Krankenhaus) hôpital *m*.

Spitze *f* pointe *f*, maximum *m*, premier rang, (2) *(Überschuß)* excédent *m*, solde *m*, (3) *(leitende Stellen)* dirigeants *mpl* suprêmes, (au) sommet *m*, tête *f*, (4) *(Aktien)* rompu *m*.

Spitzel *m* indicateur *m*, informateur (de la police).

Spitzen|bedarf *m* besoins *mpl* (aux heures) de pointe; **–betrieb** *m* entreprise ayant une productivité maximum; **–erzeugnis** *n* produit *m* haut de gamme; **–geschwindigkeit** *f* vitesse *f* de pointe; **–kandidat** *m* tête de liste; **–klausel** *f* clause *f* sommes en excédent; **–last** *f (Strom)* période de consommation maximale, pointe; **–leistung** (1) rendement *ou* productivité maximum, (2) travail remarquable; **–lohn** *m* salaire *m* maximum.

Spitzenorganisation *f* organisme *m* supérieur, centrale *f*; **gewerkschaftliche –** centrale *f* syndicale, confédération.

Spitzen|papier *n (BörR)* valeur *f* vedette; **–preis** *m* prix *m* maximum; **–qualität** *f* qualité supérieure; **–regulierung** *f* marché des rompus; **–reiter** *m* palmarès *m* des meilleures ventes, premier au hit-parade; **–risiko** *n* risque *m* particulièrement grave; **–technologie** *f* technologie *ou* recherche de pointe; **–verband** *m* association *f* à l'échelon national, organisation *f* centrale, centrale *f* (syndicale), confédération (patronale); **–verbrauch** *m* consommation de pointe; **–verkehr** *m* trafic *m* de pointe, pointe de trafic; **–vertretung** *f* représentation au sommet; **–wert** *m* valeur *f* vedette; **–zeit** *f* heures *fpl* d'affluence maximale, heures de pointe.

spitzfindig *adj (Auslegung, Begründung)* (raisonnement) spécieux, captieux, fallacieux.

Spitzname *m* surnom, sobriquet *m*.

Splitting *n (SteuerR)* division du revenu (des époux) en deux parts (en vue de déterminer l'impôt sur le revenu).

Sponsoring *n*, **Sponsorschaft** *f* (= Förderung) sponsorisation, parrainage, mécénat *m*, aide financière.

spontan *adv* spontanément, sans être contraint, sans y être invité.

Spontandemonstration *f* manifestation non organisée.

Sport *m* sport; *(Schule)* éducation physique; **–anlage** *f* installation sportive; terrain *m ou* salle de sport; **–artikel** *pl* articles *mpl* de sport; **–arzt** *m* médecin des sportifs de haut niveau; **–bund** *m* association sportive, club *m*; **–ler** *m* sportif *m*; **–platz** *m* terrain de jeu; **–recht** droit relatif aux associations sportives; **–unfall** *m* accident d'un sportif; **–verein** *m* association sportive; **–verletzungen** *pl* blessures *fpl* résultant de compétitions sportives.

Spot *m* (1) *(Werbung)* court film publicitaire, (2) *(HR: Geschäft)* marché spot, marché au coup par coup; **–preis** *(Rohöl)* prix sur le marché spot.

Spottpreis *m* prix *m* dérisoire.

Sprache *f* langue *f*; langage *m*; **chiffrierte –** langage codé; message chiffré; **offene –** langage clair; message ouvert.

Sprachen|gebühr *f* droit prélevé pour les actes dressés en langue étrangère; **–regelung** *f* convention relative à l'emploi d'une ou de plusieurs langues; formules *fpl* consacrées.

Sprach|gebrauch *m* langage consacré, usage linguistique (à un moment donné); **–grenze** *f* frontière *f* linguistique; **–kurs** *m* cours *m* de langue étrangère; **–reise** *f* vacances *ou* séjour linguistique à l'étranger; **–werke** *pl (UrhR)* écrits *mpl* littéraires, artistiques et scientifiques, livers *mpl*, brochures *fpl*; **–zugehörigkeit** *f* appartenance *f* linguistique.

Sprechbewilligung *f* permis *m* de communiquer.

Sprecher *m* porte-parole *m*; **– der Bundesregierung** porte-parole du gouvernement fédéral allemand.

Sprecherausschuß *m (ArbR: leitende Angestellte)* comité des délégués des cadres supérieurs (au sein d'une entreprise).

Sprech|erlaubnis *f* permis de communiquer; **–funkgerät** *n* (1) radiotéléphone, (2) talkie-walkie, émetteur-récepteur portatif de radio (à faible portée); **–stunden** *fpl* heure(s) de consultation; **–tag** *m* jour de consultation; **–zimmer** *n* parloir *m*.

Sprengel *m* ressort *m*, compétence *f* (territoriale) d'une juridiction.

Sprengstoff *m* substance *f ou* matière explosive, explosif *m*; **–delikt** *n* infraction à la législation sur les explosifs; **–erlaubnisschein** *m* permis de détention d'explosifs; **–gesetz** *n* Loi fixant le régime des poudres et substances explosives; **–verbrechen** *n* (1) attentat commis à l'aide d'explosifs, (2) infraction en matière de détention et d'usage d'explosifs.

Spruch *m* (1) jugement *m*, sentence *f*, (2) dispositif du jugement, dispositif *m*; **–band** *n* banderole *f*; **–gebühr** *f* (S) émolument de justice (S), émolument d'arrêt (S), émolument de décision (S), émolument de prononcé (S); **–kammer** *f* chambre (d'un tribunal); **–praxis** *f* jurisprudence.

spruchreif *adj* en état.

Spruch|reife *f* fait pour un litige *ou* une affaire d'être en état (d'être jugé); **–richter** *m* juge statuant dans un procès (par opposition au juge chargé de tâches administratives); **–sammlung** *f* (Aut) recueil de jurisprudence; **–senat** *m* chambre d'une cour; **–stelle** *f* juridiction d'arbitrage; **–termin** *m* audience *f* de jugement.

Sprühparole *f* mot *m* d'ordre *ou* parole tagué ou bombé (sur un mur).

Sprung|klage *f (SteuerR)* action en annulation en matière d'impôt (sans réclamation préalable auprès du percepteur); **–regreß** *m (WechselR)* recours *m* contre l'un quelconque des endossataires (sans suivre leur ordre dans le temps); **–revision** *f* recours direct en cassation devant la Cour fédérale de Justice (sans passer par l'instance intermédiaire); **–rückgriff** *m* recours *m* direct (sans passer par les instances intermédiaires).

Spur *f (StR)* trace(s) *fpl* (de freinage, de sang), indice *m*, marque *f*; **–enbeseitigung** *f* effacement des traces, destruction des indices; **–ensicherung** *f* constatations d'une affaire, examen et description des indices recueillis, saisie *f* des instruments d'un crime, découverte, description et photographie des traces.

Spurwechsel *(StVR)* changement de file.

Staat *m* (1) *(pol. Organisationsform)* État *m*, communauté nationale, (2) *(Staatsgewalt)* autorité souveraine *ou* suprême, (3) *(Staatsgebiet)* territoire national; **abhängiger –** État non-souverain *ou* dépendant; **absoluter –** État absolu; **ausländischer –** État étranger; **beigetretener –** État adhérent; **blockfreier –** pays *m* non aligné, pays non engagé; **ersuchender –** État *ou* gouvernement requérant, puissance requérante; **ersuchter –** État *ou* gouvernement requis, puissance requise; **garantierender –** État garant; **geschützter –** État protégé; **halbsouveräner –** État mi-souverain; **kriegführender –** État belligérant; **mitkriegführender –** État cobelligérant; **neutraler –** État neutre; **souveräner –** État souverain; **totalitärer –** État totalitaire; **vertragschließender –** État contractant.

Staatenbund *m* confédération d'États.

staatenbündisch *adj* confédéral.

Staaten|bündnis *n* alliance *f*; **–gemeinschaft** *f* communauté d'États, concert des nations; **–immunität** *f* immunité étatique.

staatenlos *adj* apatride, sans nationalité, sans-patrie, heimatlos.

Staaten|lose(r) *m* apatride *m*, personne *f* sans nationalité, heimatlos *m*; **–losigkeit** *f* apatridie *f*, absence de nationalité, heimatlosat *m*; **–nachfolge** *f* succession des États; **–praxis** *f* pratique *f* internationale, pratique des États; **–streitigkeit** *f* litige *m* international; **–verbindung** *f* union *f* d'États.

staatlich *adj* de l'État, étatique, public, national, politique, (auf die Bundesrepublik bezogen) fédéral; **–e Aufsicht** *(VwR)* tutelle étatique; **–e Förderung** subvention de l'État; **–e Genehmigung** autorisation étatique; **–es Handeln** agissements *mpl* (criminels) de l'État; **–e Regulierung** réglementation par l'État; **–es Unternehmen** entreprise nationalisée.

Staatsabkommen *n* accord *m* gouvernemental.

Staats|affäre *f* affaire de la plus haute importance; **–akt** *m* (1) *(Hoheitsakt)* acte *m* de gouvernement, acte de la puissance publique, (2) *(feierliche Handlung)* cérémonie *f* officielle; **–aktion** *f* action gouvernementale engageant l'avenir de l'État; **–amt** *m* office *m* public.

Staatsangehörige(r) *m* national *m*, citoyen *m* (d'un État), sujet *m*, ressortissant *m*; **ausländischer –** ressortissant *m* étranger; **deutscher –** citoyen allemand, citoyen de nationalité allemande.

Staatsangehörigkeit *f* nationalité *f*,

citoyenneté *f*; **Beanspruchung der –** réclamation de la nationalité; **Entlassung aus der –** perte *f ou* déchéance de la nationalité; **Erwerb der –** acquisition de la nationalité; **erworbene –** nationalité acquise par naturalisation; **durch Geburt erworbene –** nationalité acquise en raison de la naissance (dans un État); **Verleihung** *f* **der –** naturalisation; **Verzicht auf die –** répudiation de la nationalité, renonciation de nationalité (B); **die – aberkennen** déchoir qqn de la nationalité; **die – aufgeben** répudier la nationalité; **die – beanspruchen** réclamer la nationalité; **die – erwerben** acquérir la nationalité; **die – verleihen** conférer la nationalité, naturaliser; **auf die – verzichten** répudier *ou* décliner la nationalité; **die – wieder erlangen** recouvrer la nationalité.

Staatsangehörigkeits|ausweis *m*, **–bescheinigung** *f* certificat de nationalité; **–gesetz** *n* code *m* de la nationalité (allemande); **–recht** *n* droit de la nationalité; **–vertrag** *m* traité sur la nationalité; **–wechsel** *m* changement de nationalité; **–zeugnis** *n* certificat de nationalité.

Staats|angestellte(r) *m* agent public non-fonctionnarisé; **–anleihe** *f* emprunt d'État.

Staats|anwalt *m* (1) *(als Laufbahngruppe)* magistrat *m* du parquet, magistrat debout, (2) *(vor Gerichten I. Instanz)* procureur de la République, substitut *m*, (3) *(Berufungs- u. Revisionsgericht)* procureur général, avocat général, (4) procureur du Roi (B), procureur d'État (L), commissaire du gouvernement; **–anwaltschaft** *f* (1) *(als gerichtliche Behörde)* Parquet *m*, (2) *(bei der Strafverfolgung)* ministère *m* public, (3) *(Laufbahn)* magistrature *f* debout; **–anzeiger** *m* journal *m* officiel; **–apparat** *m* appareil *m* étatique; **–ärar** *n* (Aut) fisc *m*; **–archiv** *n* archives *fpl* nationales; **–aufbau** *m* organisation étatique; **–aufgaben** *pl (StaatsR)* activités exercées par la collectivité publique en vue de donner satisfaction à des besoins d'intérêt général; **–aufsicht** *f* tutelle *f* (étatique), contrôle *m* exercé par l'État, surveillance *f* gouvernementale; **–auftragsangelegenheiten** *pl (VwR)* activités exercées par une collectivité locale au nom de l'État central; **–ausgaben** *pl* dépenses *fpl* publiques; **–bank** *f* banque *f* d'État, banque nationale; **–bankrott** *m* État en faillite *ou* en cessation de paiements; **–beamte(r)** *m* fonctionnaire *m* public, agent *n* de l'État, fonctionnaire fédéral *ou* d'un Land (par opposition aux fonctionnaires des collectivités locales); **–bedienstete(r)** *m* agent de l'État; **–begräbnis** *n* obsèques *fpl ou* funérailles *fpl* nationales; **–beihilfe** subvention *f* budgétaire, allocation *f* budgétaire; **–besuch** *m* visite officielle d'un chef d'État *ou* de son représentant dans un pays étranger*); **–betrieb** *m* entreprise publique, entreprise *f* d'État *ou* nationale; **–bibliothek** *f* bibliothèque nationale; **–bürger** *m* citoyen *m*, national *m*, ressortissant *m*; **–bürgerkunde** *f* instruction *f* civique.

staatsbürgerlich *adj* du citoyen, de citoyenneté, civique.

Staatsbürger|pflicht *f* sujétion imposée par l'État; **–recht** *n* (1) *(Singular)* citoyenneté *f*, (2) *(Plural)* droits *mpl* civiques.

Staatsbürgerschaft *f* nationalité *f*, citoyenneté *f*; **angeborene –** (Aut) nationalité d'origine.

Staatsbürgerschafts|nachweis *m* (Aut) certificat *m* de nationalité; **–recht** *n* (Aut) droit de la nationalité; **–wechsel** *m* (Aut) changement *m* de nationalité.

Staats|bürgschaft *f* garantie accordée par l'État; **–chef** *m* chef d'État, chef de l'État; **–diener** *m* fonctionnaire *m*, serviteur *m* de l'État; **–dienerschaft** *f* (Aut) fonctionnariat *m*; **–dienst** *m* service *m* de l'État, administration *f* étatique *ou* publique;

---

*) Et non pas „visite d'État"!

–eigentum *n* propriété *f* nationale, domaine *m* (national), domaine de l'État; **–eingriff** *m* intervention de l'État; **–einnahmen** *pl od.* **–einkünfte** *fpl* recettes *fpl* budgétaires; **–empfang** *m* réception officielle; **–examen** *n* (1) diplôme de fin d'études universitaires, (2) certificat *m* d'aptitude au professorat; **–feiertag** *m* fête nationale; **–feind** *m* ennemi *m* de l'État, ennemi public.

staatsfeindlich *adj* antinational; **–e Bestrebungen** *(StR)* activités en vue de nuire à l'État.

Staats|finanzen *pl* finances *fpl* publiques; **–flagge** *f* drapeau *m* d'une nation; **–forderung** *f* créance d'État; **–form** *f* forme de l'État, régime *m* (étatique); **–forst** *m* forêt *f* domaniale; **–freiheit** *f* autonomie par rapport à l'État; **–führung** *f* direction de l'État; dirigeants étatiques; **–garantie** *f* garantie *f* de l'État; **–gast** *m* hôte *m* de marque, personne en visite officielle; **–gebiet** *n* territoire *m* national; **–gebühr** *f* (S) émolument *m* (S); **–gefährdung** *f* atteinte au crédit et à la sûreté de l'État; **–gefängnis** *n* prison *f* étatique; **–geheimnis** *n* secret d'État; **–gelder** *pl* fonds *mpl* publics, deniers *mpl* publics; **–genehmigung** *f* approbation *f* gouvernementale; **–gerichtshof** *m* *(hist)* Haute Cour constitutionnelle; **–geschäft** acte *m* politique (étatique), acte gouvernemental.

Staatsgesetz *n* loi nationale *ou* étatique; **–blatt** *n* journal *m* officiel.

Staats|gewalt *f* (1) *(i. w. S.)* puissance *f* étatique, pouvoirs *mpl* publics, autorité *f* publique, (2) *(i. e. S.)* pouvoir exécutif; **–grenze** *f* frontière de l'État, frontière *f* internationale, limite *f* d'État; **–gruben** *pl* mines *fpl* domaniales; **–grundgesetz** *n* loi fondamentale de l'État; **–gründung** *f* création d'un État comme institution; **–gut** *n* bien *m* public, bien appartenant à l'État, bien *m* domanial; **–haftung** *f* responsabilité *f* de l'État *ou* étatique, obligations à la charge de l'État; **–handel** *m* commerce étatisé; **–handlung** *f* acte *m* étatique matériel; **–hauptkasse** *f* trésorerie *f* générale, caisse générale de l'État; **–haushalt** *m*, **–haushaltsplan** *m* budget *m* de l'État, compte général de l'État (B), ménage *m* de l'État (S); **–hoheit** *f* souveraineté *f*, souveraineté de l'État; **–hoheitsakt** *m* acte de souveraineté; **–hymne** *f* hymne *m* national; **–identität** *f* identité de l'État; **–interesse** *n* intérêt national; **–kanzlei** *f* chancellerie *f*, Chancellerie d'État; **–kanzler** *m* Chancelier *m* (d'État); **–kapitalismus** *m* capitalisme d'État; **–kasse** *f* Trésor *m* public, Trésor; **–kirche** *f* religion *f* d'État, Église *f* nationale; **–kommissar** *m* commissaire *m* de la République; **–kontinuität** *f* continuité de l'État; **–kunst** *f* politique *f*, art *m* de gouverner; **–kredit** *m* crédit de l'État; **–lasten** *fpl* charges *fpl* publiques; **–lehre** *f* théorie de l'État, sciences *fpl* politiques; **–leistungen** *pl* prestations *ou* subventions étatiques; **–lotterie** *f* loterie *f* nationale.

Staats|macht *f* pouvoir *m* politique (dans un État); **–mann** *m* homme d'État, homme *m* politique; **–minister** *m* (1) ministre d'État, (2) ministre sans portefeuille; **–ministerium** *n* ministère d'État; **–monopol** *n* monopole *m* d'État; **–neutralität** *f* impartialité *ou* neutralité de l'État (dans les conflits collectifs de travail); **–notstand** *m* état d'exception, état *m* d'urgence national; **–oberhaupt** *n* chef d'État, Président de la République; **–ordnung** *f* organisation de l'État, système juridique étatique, ordre public; **–organ** *n* organe *m* de l'État; **–papiere** *pl* titre d'État, fonds d'État, effets *mpl* publics, valeurs de l'État; **–pension** *f* pension sur l'État, pension de l'État; **–planung** *f* dirigisme *m* étatique; **–politik** *f* art et pratique de gouvernement; politique nationale; **–polizei** *f* police nationale *ou* étatisée; **–präsident** *m* président *m* de la République, Chef de l'État;

–prüfung *f* diplôme *m* de fin d'études universitaires; **–räson** *f* raison *f* d'État; **–rat** *m* (S) gouvernement cantonal, conseil; **–rechnung** *f* (S) compte d'État (S); **–recht** *n* droit *m* public; **–rechtler** *m* spécialiste du droit public, publiciste *m*; **–religion** *f* religion d'État; **–rente** *f* rente sur l'État; **–schatz** *m* réserves *fpl* de l'État sous forme d'or, de devises etc.

Staatsschuld *f* dette *f* publique; **allgemeine –** dette publique générale; **fundierte –** dette consolidée; **–buch** *n* Grand livre de la dette publique; **–verschreibung** *f* bon *m* du Trésor.

Staatsschutz *m* sûreté *f* de l'État; **–delikt** *n* infraction contre la sûreté de l'État; **–kammer** *f* chambre *f* du Tribunal régional (allemand) compétente en matière de crimes et délits contre la sûreté de l'État.

Staatsschützer *m (umg)* fonctionnaire *m* de l'Office fédéral de protection de la constitution, agent *m* des renseignements généraux allemands.

Staats|sekretär *m* (1) secrétaire *m* d'État, (2) *(parlamentarischer –)* secrétaire d'État parlementaire (obligatoirement député du Parlement fédéral); **–servitut** *f* servitude *f* internationale; **–sicherheit** *f* sécurité de l'État, sûreté de l'État; **–sicherheitsdienst** *m* services *mpl* de contre-espionnage; **–siegel** *n* sceaux de l'État; **–sozialismus** *m* socialisme d'État; **–sprache** *f* langue *f* officielle; **–steuer** *f* contribution étatique, impôt de l'État; **–straße** *f* route nationale; **–streich** *m* coup *m* d'État; **–theorie** *f* théorie *ou* doctrine relative au fondement du pouvoir étatique; **–tragend** soutenant l'ordre établi; formant l'establishment; **–trauer** *f* deuil *m* national; **–treue** *f* loyalisme *m* républicain, fidélité *f* aux institutions établies; **–umwälzung** *f* changement de régime; **–unternehmen** *n* entreprise nationalisée, régie *f*; **–verbrechen** *pl* crimes et délits contre la chose publique; **–verdrossenheit** *f* mécontentement général avec l'ordre établi, ras-le-bol général; **–verfassung** *f* constitution *f*, règles constitutionnelles, Loi fondamentale; **–verleumdung** *f* atteinte au crédit de l'État *ou* de la nation; **–vermögen** *n* patrimoine *m* de l'État, bien *m* national, biens *mpl* publics; **–verschuldung** *f* endettement public; dettes publiques.

Staatsvertrag *m (VR)* traité *m*, traité international; **mehrseitiger –** traité multilatéral; **zweiseitiger –** traité bilatéral; **einen – aufkündigen, einen – kündigen** dénoncer un traité.

Staatsverwaltung *f* administration *f* publique, action *f* administrative de l'État, Administration *f*; **mittelbare –** administration décentralisée *ou* autonome; **unmittelbare –** administration directe *ou* centralisée.

Staats|volk *n* communauté *f* d'hommes (au sein de l'État), citoyens *mpl*, nationaux *mpl*; **–wald** *m* forêt *f* domaniale; **–wappen** *pl* armoiries de l'État; **–wesen** *n* État, chose *f* publique; **–wille** *m* volonté *f* étatique; **–wirtschaft** *f* (1) *(i.e.S.)* finances publiques, (2) *(i.w.S.)* économie *f* politique; **–wirtschaftslehre** *f* économie politique; **–wissenschaften** *pl* sciences *fpl* politiques; **–wohl** *n* bien *m* public, salut *m* public; **–ziel** *n* objectif poursuivi par l'État; **–zugehörigkeitszeichen** *n* marque de nationalité; **–zuschuß** *m* subvention gouvernementale, subvention *f* de l'État; **–zweck** *m* fonction de l'État.

stabil *adj* stable, ferme, durable.

Stabilisierung *f* stabilisation *f*; **– der Währung** stabilisation monétaire.

Stabilisierungs|fonds *m* fonds de stabilisation; **–klausel** *f* clause *f* d'indexation *ou* de stabilité; **–plan** *m* plan *m* de stabilisation.

Stabilität *f* stabilité *f*, fermeté *f*; **wirtschaftliche –** stabilité *f* économique; **–sgesetz** *n* Loi portant sur la stabilité et la croissance économique; **–szuschlag** *m* surtaxe *f* déflationniste.

Stadium *n* stade *m*, phase *f*, période *f*.

Stadt *f* (1) *(größere Gemeinde)* commune urbaine, ville *f*, (2) *(Innen-)* cité *f*, (3) *(Stadtverwaltung)* municipalité *f*; **freie –** ville libre; **kreisangehörige –** ville intégrée dans un district communal; **kreisfreie –** ville ne faisant pas partie d'un district communal, communauté urbaine autonome; **Kreis–** chef-lieu *m* de cercle; **– mit eigenem Statut** (Aut) ville dont l'administration a les mêmes pouvoirs et attributions que celle d'un district; **–anleihe** *f* emprunt municipal *ou* communal; **–ausschuß** *m* commission *f* municipale; **–bauamt** *n* service municipal d'urbanisme; **–baurat** *m* conseiller municipal préposé à l'urbanisme; **–behörde** administration municipale; **–bevölkerung** *f* population *f* urbaine; **–bezirk** *m* district *m* municipal, arrondissement (urbain); **–bibliothek** *f* bibliothèque municipale; **–bild** *n* aperçu général de la ville, tableau synoptique; **–direktor** *m* directeur *m* de l'exécutif municipal, chef des services municipaux (correspond approximativement au secrétaire général des grandes villes en France).

Städtebau *m* urbanisme *m*; **–plan** plan *m* urbanistique.

Stadt|entwicklung *f* développement municipal *ou* communal *ou* urbain; **–erhebung** *f* (Aut) accession d'une commune au statut de ville; **–erneuerung** *f* assainissement urbain; **–gebiet** *n* territoire de la commune urbaine; **–gemeinde** *f* commune *f* urbaine, ville *f*; **–kämmerer** *m* trésorier *m* municipal; **–kasse** *f* caisse *f* municipale; **–kern** *m* centre-ville *m*; **–kreis** *m* (1) *(= kreisfreie Stadt)* ville n'étant pas intégrée dans un district communal, (2) chef-lieu *m* d'un district communal; **–mitte** *f* cité *f*, centre-ville *m*; **–plan** *m* plan de la ville; **–planer** *n* urbaniste *m*; **–planung** *f* urbanisme *m*, aménagement de l'habitat urbain; **–randsiedlung** *f* banlieue *f* urbaine; **–rat** *m* (1) *(Gemeindevertretung)* conseil *m* municipal, (2) *(-ratsmitglied)* conseiller municipal (d'une ville); **–reinigung** *f* voirie *f* urbaine; **–reisende(r)** *m* placier *m*, voyageur de commerce n'exerçant son activité que dans une ville donnée; **–schulrat** *m* (Aut) organisme de surveillance de l'enseignement (Vienne); **–sekretär** *m* fonctionnaire municipal (carrière moyenne); **–senat** *m* (Aut) (Vienne) conseil *m* municipal; **–staat** *m* ville-État *f*, ville ayant le statut d'un Land (Berlin, Hambourg, Brème); **–streicher** *m* personne *f* sans domicile fixe, ‹un S. D. F.›, vagabond *m*; **–väter** *pl* conseillers *mpl* municipaux; **–verordnetenversammlung** *f* conseil *m* municipal; **–verordneter** *m* conseiller *m* municipal; **–vertreter** *m* conseiller *m* municipal; **–vertretung** *f* conseil municipal; **–verwaltung** administration municipale; **–viertel** *n* quartier *m*, arrondissement; **–werke** *mpl* entreprise communale, régie municipale; **–zentrum** *n* centre-ville *m*.

Staffel|anleihe *f* emprunt à taux progressif *ou* dégressif; **–besteuerung** *f* imposition progressive; **–kontokorrent** *n* compte-courant *m* tenu selon la méthode par échelles; **–konversion** *f* conversion différée; **–miete** *f* augmentation progressive du loyer sur une durée de 10 ans, convenue dans le bail; **–preis** *m* prix *m* variable selon la quantité, la qualité, le conditionnement, prix avec réduction à taux progressif; **–provision** *f* commission *f* échelonnée; **–rechnung** *f (Buchf)* méthode par échelles, méthode hambourgeoise, méthode des soldes; **–regreß** *m* recours (selon l'ordre des instances); **–spanne** *f* marge bénéficiaire variable; **–steuer** *f* surtaxe *f* progressive; **–tarif** *m* tarif échelonné, tarif *m* progressif *ou* par paliers.

Staffelung *f* classement *m*, échelonnement *m*, hiérarchisation *f*; gradation, progression; **– der Löhne**

und Gehälter hiérarchie *f* des rémunérations; **– der Ferien** *od.* **der Urlaubszeit** étalement *m* des vacances *ou* congés; **– der Zahlungen** échelonnement des paiements.

Stagflation *f* stagflation, stagnation de la production + inflation des prix.

Stagnation *f* stagnation, marasme *m*; **wirtschaftliche –** stagnation des affaires.

Stahl *m* acier *m*; **–arbeiter** *m* métallurgiste *m*, *umg* métallo *m*; **–werk** *n* aciérie *f*.

Stamm *m* (1) *(Geschlecht, Familie)* lignée *f*, souche *f*, famille *f*, maison *f*, race *f*, (2) *(Abschnitt)* talon *m*.

Stammabschnitt *m* souche *f*, talon *m*; **– für den Abflug** souche de départ; **– für die Rückkehr** souche de retour.

Stamm|aktie *f* action *f* ordinaire *ou* de capital; **–aktiendividende** *f* dividende des actions ordinaires; **–anmeldung** *f* demande initiale; **–anteil** *m* (S) part *f* sociale; **–arbeitnehmer** *m* travailleur *m* permanent (dans une entreprise); **–baum** *m* arbre *m* généalogique; **–belegschaft** *f* effectifs *mpl* permanents; **–betrieb** *m* entreprise-mère *f*, entreprise d'origine; **–blatt** *n* (1) fiche individuelle, (2) souche *f*; **–buch** *n* livret *m* de famille; **–dividende** *f* dividende des actions ordinaires; **–einlage** *f* mise de fonds initiale, apport *m* initial, part sociale dans une société à responsabilité limitée; **–entschädigung** *f* indemnité de base; **–haus** *n* maison mère *f*, siège *m ou* établissement *m* principal, entreprise *f* d'origine.

Stammkapital *n* capital *m* social, capital initial, fonds *m* social; **–anteil** *m* part *f* du capital social.

Stamm|kunde *m* client *m* fidèle; **–kundschaft** *f* clientèle habituelle *ou* attitrée; **–land** *n* pays *m* d'origine (des travailleurs immigrés); **–lieferant** *m* fournisseur habituel *ou* attitré; **–mitglied** *n* (1) membre *m* originaire, (2) membre permanent; **–patent** *n* brevet *m* d'origine, brevet principal; **–personal** *n* personnel *m* permanent, personnel fixe *ou* stable; **–register** *n (Scheckbuch)* souche *f*, registre à souche; **–rolle** *f (MilR)* registre *m* matricule, matricule *f*, tableau *m* de recensement; **–sitz** *m* siège social principal; **–vermögen** *n* capital *m* social; **–wähler** *pl* électorat *m* fidèle (d'un parti).

Stand *m* (1) *(Beruf)* situation *f*, profession *f*, (2) *(Personenstand)* état-civil *m*, (3) *(Standort)* place *f*, emplacement *m*, situation *f*, (4) *(gesellschaftliche Stellung)* situation *f*, condition *f*, classe *f*, rang *m*, état *m*, (5) *(Höhe)* niveau *m*, degré *m*, (6) *(Preise)* cote *f*, cours *m*, (7) *(Messe)* stand *m*, emplacement réservé à un exposant; **– der Belastungen** état des charges; **– der Technik** *(PatR)* état de la technique, art antérieur; **– des Verfahrens** état de la procédure; **in – setzen** mettre en état; **in den vorigen – wiedereinsetzen** relever de la forclusion.

Stände *mpl* corps *mpl* constitués; **–kammer** *f* assemblée corporatiste; **–ordnung** *f* corporatisme; **–rat** *m* (1) conseil des corporations, (2) (S) Conseil des États, (3) (S) conseiller aux États; **–recht** *n* droit corporatif.

Standard *m* (1) *(Währung)* étalon *m*, (2) *(Norm)* standard *m*, norme *f* de fabrication en série, type *m*; **–abweichung** *f* écart-type *m*; **–ausführung** *f* modèle *m* standard; **–brief** *m* disposition normalisée de la lettre commerciale; **–element** *n* élément *m* standard; **–klausel** *f* clause-standard, clause *f* type; **–kosten** *pl* coût standard; **–muster** *n* échantillon-type *m*; **–preis** *m* prix *m* standard; **–qualität** *f* qualité *f* standard; **–werk** *n* ouvrage *m* de référence; **–zeit** *f* temps *m* de fabrication fixé à l'avance, rythme standard des opérations manuelles.

Standardisierung *f* standardisation, normalisation.

Standesamt *n* état-civil *m*, service de l'état-civil, Registres *mpl* de l'état-civil.

standesamtlich *adj* concernant les registres de l'état civil; **–e Trauung** mariage civil; **–e Urkunden** actes de l'état civil.

Standes|amtsbezirk *m* registres de l'état civil de la commune du domicile, ressort *m* d'un registre de l'état-civil; **–ausweis** *m* pièce *f* d'état-civil; **–beamte(r)** *m* fonctionnaire préposé à l'état-civil; **–bewußtsein** *n* esprit *m* corporatiste; **–buch** *n* registre de l'état-civil; **–dünkel** *m* élitisme *m*; **–gericht** *n* tribunal *m* corporatif, juridiction *f* professionnelle; **–gerichtsbarkeit** *f* juridiction corporative *ou* professionnelle; **–interessen** *pl* intérêts *mpl* corporatifs; **–kommission** *f* (S) Conseil du gouvernement; **–organisation** *f* organisme corporatif; **–pflichten** *fpl* obligations *fpl* professionnelles, déontologie *f*; **–recht** *n* droit professionnel *ou* corporatif; **–register** *n* registre de l'état-civil.

Ständestaat *m* État corporatif.

Standes|vereinigung *f* association *f* professionnelle; **–vertretung** *f* représentation *f* corporative; **–wahl** *f* choix *m* de la profession.

standeswidrig *adj* contraire à la déontologie *ou* aux règles de la profession.

Stand|geld *n* droit de place, taxe d'étalage (L); **–gericht** *n (MilR)* cour *f* martiale, conseil *m* de guerre.

ständisch *adj* corporatif, concernant une profession *ou* un corps de métiers.

Standlicht *n (Kfz)* feux *mpl* de position.

Stand|miete *f* loyer *m* pour un stand (d'exposition); **–ort** *m* (1) *(WirtR)* point d'attache, lieu d'implantation, emplacement *m*, situation *f* géographique, (2) *(MilR)* garnison *f*; **–ortverwaltung** *f* garnison *f*; **–punkt** *m* point *m* de vue, opinion *f*, conviction; **–recht** *n* loi martiale; **–spur** *f (StVR)* bande *f* d'arrêt d'urgence.

Stärke *f* force *f*, puissance *f*, pouvoir *m*.

Start *m* démarrage *m*, lancement (d'une campagne publicitaire); **–hilfe** *f* aide *f* au premier établissement.

Stasi *f* (= Staatssicherheitsdienst) Service de sécurité (dans l'ex-RDA); **–Akten** *pl* dossiers *mpl* de la Stasi; **–Mitarbeiter** *m* coopérateur (bénévole) de la Stasi.

Statement *n* déclaration officielle.

Stationierungs|kosten *pl (MilR)* frais de stationnement; **–streitkräfte** *pl* forces armées d'occupation; **–recht** *n* droit de stationnement (armée).

Statistik *f* statistique *f*, données numériques.

Statistiker *m* statisticien *m*.

statistisch *adj* statistique; **–es Bundesamt** *n* Office fédéral (allemand) des statistiques et études économiques.

Stätte *f* emplacement *m*, lieu *m*.

stattfinden avoir lieu; **abwechselnd –** avoir lieu en alternance.

stattgeben *(Antrag usw.)* acquiescer (à une demande), consentir (à), donner son consentement; **einem Anspruch –** faire droit à une demande.

statthaft *adj* permis, autorisé, admissible, recevable; légal.

Statthaftigkeit *f* (1) faculté *f*, permission, autorisation, (2) *(PrzR)* admissibilité *f*.

Statthalter *m* (S) administrateur *m* d'une circonscription, maire *m*.

Statthalterei *f* (S) circonscription administrative.

Status (= Rechtsstellung) *m* statut *m* *ou* état *m* juridique; **diplomatischer –** statut *m* diplomatique; **–anerkennung** *f* reconnaissance *f* du statut (familial); **–klage** *f* action d'état, action en recherche de paternité; **–prozeß** *m*, **–verfahren** *n* procédure en constatation d'état; **–quo** *m* statu quo *m*.

Statut *n* (1) (Aut) constitution communale, (2) *(Gesellschaftssatzung)* les status *mpl*; règlement *m*, charte.

Statuten *pl (GesR: Satzung)* statuts *fpl;* **–änderung, –wechsel** *m* changement *m* des statuts.

statutarisch *adj* statutaire.
Statutarrecht *n* (Aut) droit *m* écrit.
statuten|gemäß, –widrig *adj* conforme/contraire aux statuts.
Stau *m (StVR)* bouchon *m*, embouteillage *m*, retenue *f*; **–werk** *n* barrage *m*.
Stechuhr *f* horodateur *m*, horloge pointeuse, pointeuse *f*; **Karte für die –** carton *m* de pointage.
Steckbrief *m* (1) avis *m* de recherche d'un criminel, mandat *m* d'arrêt, (2) *(Personenbeschreibung)* signalement, fiche *f* signalétique *ou* anthropométrique.
stehlen voler, dérober.
Stehlgutliste *f (StR)* liste des biens dérobés *ou* des marchandises volées (dans un magasin).
Steh|tag *m* (Aut) jour *m* chômé; **–zeit** *f (SeeHR)* staries *fpl*.
Steigen *n* hausse *f*, élévation *f*, augmentation; **– der Preise** montée *f* des prix, renchérissement *m*; **im – begriffen sein** être en hausse.
steigern augmenter, hausser, élever.
Steigerung *f* (1) augmentation *f*, élévation *f*, hausse *f*, (2) enchère *f*.
Steigerungs|betrag *m* majoration *f*; **–gebühr** *f* taxe *f* proportionnelle; **–koeffizient** *m* coefficient d'augmentation; **–protokoll** *n* (S) procès-verbal d'enchères; **–rate** *f* taux de progression; **–satz** *m* coefficient *m* d'augmentation.
Steigung *f* dénivelé *m*, dénivellation.
Stein|bruch *m* carrière *f* (à ciel ouvert); **–kohle** *f* anthracite *f*, houille grasse.
Stellage *f od.* **Stellagegeschäft** *n* *(BörR: Prämiengeschäft)* stellage *m*; **–nehmer** *m* acheteur (stellage); **–verkäufer** *m* vendeur (stellage).
Stellbrief *m* acte *m* constatant l'opération de stellage.
Stelle *f* (1) *(VwR: Amt)* service *m*, organisme *m* public, instance *f*, charge *f*, office *m*, (2) *(ArbR: Beschäftigung)* emploi *m*, poste *m*, situation, (3) *(Ort)* place *f*, lieu *m*, endroit *m*, (4) *(VwR: Planstelle)* emploi *m* budgétaire; **amtliche –** autorité *f* (publique); **anerkannte –** organisme *m* agréé; **anweisende –** (Aut) service *m* ordonnateur; **besetzte –** poste *m* occupé; **freie –** poste vacant, vacance *f* d'un poste; **höchste –** organe *m* suprême, service au plus haut niveau; **nachgeordnete –** organisme *m* subsidiaire, organe subordonné; **offene –** emploi vacant, vacance *f*; **private –** organisme *m* privé; **zuständige –** service compétent en la matière; **an die – treten** venir en représentation; **auf der –** sur-le-champ, aussitôt, tout de suite; **eine – innehaben** occuper un emploi; **eine – schaffen** créer un nouveau emploi; **eine – für unbesetzt erklären** déclarer une vacance.
stellen (1) *(Antrag)* déposer, faire une demande, (2) *(Frage)* poser (une question), (3) *(Verbrecher)* interpeller, (4) *(Kaution)* fournir (une caution); **sich krank –** simuler une maladie.
Stellen|abbau *m* suppression *f* d'emploi, compression *f* des effectifs, dégraissage *m*; **–angebot** *n*, **–anzeige** *f* offre d'emploi; **–antritt** *m* entrée *f* dans un emploi; **–ausschreibung** *f* avis *m* de recrutement, avis de vacance d'un poste, avis de concours; **–besetzung** *f* occupation d'un emploi, le fait de pourvoir à un poste; **–bewerber** *m* postulant *m*, candidat *m*; **–bewilligung** *f* autorisation de création d'emploi; **–gesuch** *n* demande *f* d'emploi; **–inhaber** *m* titulaire d'un poste; **–lose(r)** *m* sans emploi; **–markt** *m* marché *m* du travail; **–nachweis** *m* agence *f* pour l'emploi; **–plan** *m* tableau des effectifs, plan *m* d'emplois, organigramme *m*; **–suchende(r)** *m* demandeur d'emploi, travailleur *m* en quête d'emploi; **–vermittlung** *f* (1) service *m* de placement, (2) placement *m* (de la main-d'œuvre); **–vorbehalt** *m* *(VwR)* emploi réservé; **–wechsel** *m* changement *m* d'emploi; **–wegfall** *m* suppression d'emploi; **–wert** *m* importance *f*, valeur *m*; **–zulage** *f* indemnité *ou* allocation de fonctions.
Stell|geld *n (BörR)* prix de la prime

(stellage); **–geschäft** *n* stellage *m*; **–platz** *m (Auto)* box *m*, compartiment d'un garage.

Stellung *f* (1) *(Anstellung)* place *f*, position *f*, fonction *f*, situation *f*, poste *m*, (2) *(Amt)* charge *f*, emploi *m*, (3) *(Antrag)* dépôt d'une demande, (4) *(Beschaffung)* mise à disposition, fourniture *f*; **beherrschende –** position dominante; **bevorzugte –** position privilégiée; **entgeltliche –** emploi rémunéré; **führende –** position dominante; **leitende –** poste de commande *ou* de direction, fonction de cadre (de direction); **marktbeherrschende –** situation de monopole, position dominante sur le marché; **rechtliche –** condition *f ou* statut *m* juridique; **untergeordnete –** position subalterne; **– eines Antrages** dépôt *m* d'une requête; **– unter Polizeiaufsicht** mise sous surveillance de la police; **– unter Schutzaufsicht** mise sous surveillance administrative; **– nehmen zu** se prononcer sur qch.

Stellungnahme *f* prise *f* de position, commentaire *m*, critique *f*; **ablehnende –** avis *m* défavorable, avis négatif; **gleichlautende –** avis conforme; **mit Gründen versehene –** avis motivé; **günstige –** avis favorable; **mündliche –** observations *fpl* orales; **positive –** avis favorable; **schriftliche –** observations écrites; **zur – vorlegen** soumettre pour avis.

Stellungs|befehl *m (MilR)* appel *m* du contingent, ordre *m* d'incorporation; **–frist** *f* délai pour se constituer prisonnier; **–kommission** *f* conseil *m* de révision; **–los** *adj* sans emploi; **–suche** *f* recherche d'un emploi.

stellvertreten représenter, suppléer, remplacer.

stellvertretend *adj* vice- . . ., suppléant, remplaçant, comme représentant; **–es Mitglied** *(EG)* suppléant *m*; **–er Vorsitzender** vice-président.

Stellvertreter *m* (1) *(auf der Grundlage einer Vollmacht)* mandataire *m*, fondé *m* de pouvoir, délégué *m*, représentant *m*, (2) *(amtlich bestellt)* adjoint *m*, substitut *m*, remplaçant *m*, suppléant *m*, (3) *(durch Wahl)* représentant, délégué; **– des Bürgermeisters** adjoint, adjoint au maire; **– sein** représenter quelqu'un.

Stellvertretung *f* (1) *(ZR, HR)* représentation *f*, (2) *(ÖfR)* suppléance *f*, remplacement *m*.

Stempel *m* (1) *(Abdruck)* timbre *m* humide (marqué à l'encre), tampon *m*, cachet *m*, (2) *(Gerät)* timbre de caoutchouc; timbre de cuivre, (3) *(Post)* cachet (sur une lettre), cachet d'oblitération de la poste, (4) *(Handel, Technik)* poinçon *m*, estampille *f*, marque *f* distinctive; **–abgabe** *f* droit de timbre; **–blankett** *n* formule *f* timbrée; **–bogen** *m* feuille de papier timbré; **–feld** *n* case *f* d'estampille.

stempelfrei *adj* exempt de timbre.

Stempel|freiheit *f* franchise *ou* dispense *ou* exemption de timbre; **–gebühr** *f* droit de timbre, contribution du timbre; **–geld** *n (ArbR)* allocation chômage; **–marke** *f* timbre fiscal, timbre de dimension, vignette *f*; **–papier** *n* papier *m* timbré.

stempeln estampiller (avec un cachet), timbrer, oblitérer, apposer un tampon.

Stempelsteuer *f* droit de timbre; **Vorlegung zur –** visa pour timbre.

Stempelung *f* timbrage *m*.

Steno|graphie *f* (= Kurzschrift) sténographie; **–typistin** *f* sténodactylo *f*, *umg* sténo *f*.

Sterbe|anzeige *f* déclaration de décès; **–bett** *n* lit *m* de mort; **–buch** *n* registre des décès; **–datum** *n* jour *m* du décès; **–fall** *m* décès *m*; **–fallsanzeige** *f* déclaration de décès; **–fallüberschuß** *m* excédent de décès; **–falldatum** *n* date *f* du décès; **–gehalt** *n* partie du traitement qui continue à être versée pendant un certain délai après le décès.

Sterbegeld *n* allocation *ou* indemnité de décès, indemnité pour frais funéraires, indemnité funéraire (L–S); **–summe** *f* indemnité pour frais funéraires, indemnité funéraire (L–S); **–versicherung** *f* assurance *f* frais funéraires; assurance capital-décès.

Sterbe|hilfe *f* euthanasie *f*; **–kasse** *f* caisse de décès, mutuelle *f* de capital-décès.

sterben décéder, mourir, périr.

Sterbe|ort *m* lieu *m* du décès; **–rate** *f* taux de mortalité; **–register** *n* registre *m* des décès; **–tafel** *f* table *f* de survie, table de mortalité; **–überschuß** *m* excédent de décès; **–urkunde** *f* acte *m* de décès.

Sterblichkeit *m*, **–srate, –ziffer** *f* mortalité *f*, taux *m* de mortalité, létalité *f*.

Sterblichkeitstafel *f* table de survie, table *f* de mortalité.

Sterilisation, Sterilisierung stérilisation.

Sterilität *f* stérilité *f*, infécondité *f*.

stets *adv* toujours, continuellement.

Steuer *f* (1) *(Abgaben i. w. S.)* contributions *fpl*, (2) *(Abgabe i. e. S.)* impôt *m*, (3) *(Umsatzsteuer)* taxe *f*, (4) *(Sonderabgabe)* prélèvement *m*, versement *m*; droit *m*; **direkte –** impôt direct, contribution directe; **indirekte –, mittelbare –** impôt indirect, contribution indirecte; **örtliche –** impôt local; **persönliche –** impôt personnel; **proportionale –** droit proportionnel; **staatliche –** impôt d'État; **tarifierte –** impôt indirect, contribution indirecte; **veranlagte –** impôt direct, contribution directe; **zweckgebundene –** impôt affecté à une dépense déterminée.

Steuer- und Abgabeneinhebung *f* (Aut) recouvrement *m* d'impôts.

Steuer: eine – abführen acquitter un impôt; **von der – absetzen** *od.* **abziehen** déduire de l'impôt, défalquer, décompter; **eine – auferlegen** frapper *ou* grever d'un impôt; **mit einer – belasten** *od.* **belegen** imposer, grever d'un impôt; **eine – einheben** (Aut); **eine – eintreiben** recouvrer un impôt; **eine – erheben** percevoir *ou* lever un impôt; **zur – heranziehen** taxer, imposer; **–n hinterziehen** commettre une fraude fiscale, éluder l'impôt, se soustraire frauduleusement au paiement de l'impôt; **der – unterliegen** être soumis à l'impôt, être imposable, être assujetti à l'impôt.

Steuer- fiscal *adj*.

Steuer|- und Gebührenrecht *n* droit *m* fiscal; **– und Zollfahndung** Direction *ou* Service des vérifications fiscales et des enquêtes douanières; **– und Zollfreiheit der Diplomaten** franchise *f* diplomatique.

Steuer|abfindung *f* impôt forfaitaire, forfait d'impôt; **–abkommen** *n* arrangement *m* fiscal, convention *f* fiscale, accord *m* fiscal; **–abmeldung** *f* (Aut) déclaration *f* au fisc d'un changement de domicile ou de qualité juridique; **–abrechnung** *f* (S) décompte *m* fiscal; **–abschnitt** *m* exercice *m* fiscal, période imposable, période *f* d'imposition; **–abteilung** *f* service fiscal; **–abwälzung** *f* répercussion de l'impôt, incidence fiscale; **–abzug** *m* retenue *f* d'impôt, déduction *f* fiscale.

steuerähnlich *adj* parafiscal.

Steuer|amnestie *f* amnistie *f* fiscale; **–änderungsgesetz** *n* loi *f* modifiant la législation fiscale; **–anfall** *m* produit de l'impôt; **–anmeldung** *f* (1) déclaration de l'impôt à payer, (2) (Aut) déclaration d'un contribuable au fisc lors de son premier établissements; **–anpassungsgesetz** *n* loi modifiant le régime fiscal institué en 1934 en Allemagne; **–ansatz** *m* taux *m* d'imposition; **–anspruch** *m* (1) sacrifice imposé par l'État en vue de couvrir les charges publiques, droit de l'État de percevoir des impôt, (2) impôt à recouvrer; **–anteil** *m* part *f* contributive; **–anzeige** *f* (S) déclaration fiscale; **–aufkommen** *n* recettes *fpl* fiscales, produit *m* de l'impôt; **–aufschlag** *m* taxe complémentaire, surtaxe; **–aufsicht** *f* contrôle *m* fiscal; **–ausfall** *m* déficit *m* des recouvrements fiscaux; **–ausgleich** *m* péréquation *f* des impôts, compensation *f* fiscale; **–ausländer** *m* étranger n'ayant pas son domicile en RFA et imposable sur certains de ses revenus; **–ausschuß** *m* commission *f* d'évaluation fiscale; **–ausweichung** *f* le fait d'éviter un impôt sans cependant commettre une fraude, fuite *f* devant l'impôt; **internationaler –ausweis** *m* carnet fiscal international; **–aval** *m* cautionnement d'impôts; **–banderole** *f* marque fiscale apposée sur certains objets pour constater la perception de l'impôt, bandelette *f* fiscale.

steuerbar *adj* imposable.

Steuer|barkeit *f* imposabilité *f*; **–beamte(r)** fonctionnaire *ou* agent des contributions, percepteur *m*.

Steuerbefreiung *f* exemption d'impôts *ou* fiscale, franchise de droits, exonération fiscale *ou* de l'impôts, dégrèvement d'impôts, détaxation *f*, décote *f*, dispense *f*; **– gewähren** exonérer, détaxer.

Steuer|begleitschein *m* acquit-à-caution; **–begünstigt** *adj* bénéficiant d'un allègement fiscal; **–begünstigung** *f* avantage *m* fiscal; faveur fiscale; **–behörde** *f* (1) Service *m* des impôts, administration fiscale, (2) Perception *f*, hôtel des finances; **–beitreibung** *f* recouvrement *m* d'impôts.

Steuerbelastung *f* charge fiscale; **jährliche –** charge fiscale annuelle.

Steuer|bemessungsgrundlage *f* base *f* d'imposition, assiette *f* de l'impôt; **–berater** *m* conseil *m ou* conseiller *m* fiscal, fiscaliste *m*; **–beratung** *f* consultation en matière fiscale; **–beratungsbetrieb** cabinet d'audit spécialisé en matière fiscale; **–beratungskosten** frais résultant de la consultation d'un fiscaliste; **–berechnung** *f* calcul *m* de l'impôt; **–bereinigung** *f* harmonisation de la législation fiscale; **–bescheid** *m* (1) avis *m* d'imposition *ou* communication de la mise en recouvrement (du rôle), feuille *f* d'impôt, (2) copie *f ou* extrait *m* du rôle, (3) avertissement-extrait du rôle (B); **–bestimmung** *f* disposition *f* fiscale; **–betrag** *m* montant de l'impôt; **–betrug** *m* fraude *f* fiscale; **–bevollmächtigte(r)** *m* mandataire en matière fiscale; **–bewilligung** *f* consentement de l'impôt, vote *m* (par le Parlement) d'un impôt (nouveau); **–bilanz** *f (GesR)* bilan sous une forme déterminée pour les besoins du contrôle fiscal; **–bogen** *m* feuille fournie par le fisc pour être jointe à un acte et constater le paiement de l'impôt afférent; **–buchführung** *f* comptabilité *f* fiscale; **–bußgeldverfahren** procédure relative aux amendes fiscales; **–delikt** *n* infraction fiscale; **–diskriminierung** *f* discrimination *f* fiscale; **–druck** *m* pression *f* fiscale; **–einbehalt** *m* retenue *f* à la source (de l'impôt sur le revenu des salariés); **–eingänge** *pl* rentrées d'impôts, rentrées *fpl* fiscales; **–einheber** *m* (Aut) receveur des finances, percepteur *m*; **–einhebung** *f* (Aut) perception, recouvrement *m*; **–einnahmen** *pl od.* **–eingänge** *mpl* recettes fiscales, recettes d'impôt, produits *mpl* fiscaux; **–einnehmer** *m* percepteur, receveur des finances; **–einschätzung** *f* taxation fiscale, évaluation de la matière imposable; **–einteilung** *f* division des impôts; **–eintreibung** *f* recouvrement d'impôts; **–einzug** *m* perception (de l'impôt); **–entlastungsgesetz** *n* loi relative aux allègements fiscaux; **–entrichtung** *f* paiement *ou* versement des impôts; **–erheber** *m* percepteur *m*, receveur des finances; **–erhebung** *f* perception d'un impôt, recouvrement *m*; **–erhöhung** *f* augmentation de la charge fiscale *ou* des impôts; **–erklärung** *f* déclaration fiscale *ou* (d'ensemble) des revenus, feuille *f* d'impôt; **–erklärungsvordruck** *m* imprimé pour la déclaration des revenus; **–erlaß** *m*, **–erlassung** *f* (Aut) remise d'impôt, détaxe *f*; **–erleichterung** *f* allègement *m* fiscal; **–ermäßigung** *f* réduction *ou* abattement *ou* modération d'impôt, décote *f*, détaxe *f*, dégrèvement *m* (d'impôt); **–ermittlungsverfahren** *n* procédure d'instruction en matière fiscale; **–ersparnis** *f* économie d'impôts; **–erstattung** *f* remboursement d'impôts trop-perçus; **–exekution** *f* saisie *f* fiscale; **–fachmann** *m* fiscaliste.

steuerfähig *adj* imposable.

Steuer|fähigkeit *f* imposabilité *f*, faculté contributive; **–fahnder** *m* inspecteur des impôts, contrôleur *m*, vérificateur; **–fahndung** *f od.* **–fahndungsdienst** *m* direction des vérifications, service *m* de répression des fraudes fiscales; **–festsetzung** *f* détermination du montant de l'impôt, taxation, imposition; liquidation *f* de l'impôt; **–flucht** *f* évasion *f* fiscale, fuite devant l'impôt; **–forderung** *f* créance *f* du fisc, créance d'impôt, créance fiscale (de l'État); **–formular** *n* feuille d'impôt imprimée à remplir.

steuerfrei *adj* exempt d'impôts, net d'impôts, net de tout impôt, franc d'impôts, non imposable; **–e Einnahmen** revenu non imposable; **–e Zinsen** intérêts exonérés d'impôts.

Steuer|freibetrag *m* seuil *m* d'imposition, seuil d'exonération générale de l'impôt, abattement *m* à la base; **–freigrenze** *f* limite d'imposition; **–freiheit** *f* exonération *ou* exemption d'impôts, exonération *ou* exemption fiscale, immunité fiscale; **–freilager** *n* (Aut) entrepôt *m* réel; **–fuß** *m* (Aut) tarif *ou* taux d'imposition, taux de l'impôt; **–gefährdung** *f* fait de mettre en péril le recouvrement de l'impôt; **–gefährdung** *f* risque *m* de fraude fiscale; **–gefälle** *n* disparité *f* de la charge fiscale; **–gegenstand** *m* objet *m* imposable, matière *f* imposable; **–geheimnis** *n* secret professionnel en matière de fiscalité; **–geld** *n* argent provenant de l'impôt prelevé; **–gerechtigkeit** *f* égalité devant l'impôt, justice *f* fiscale, équité des contribuables devant l'impôt; **–gesetz** *n* loi fiscale, loi d'impôt (L); **–gesetzgebung** *f* législation *f* fiscale; **–grenze** *f* (1) limite *f* d'imposition, seuil *m* d'exonération de l'impôt; (2) frontière *f* fiscale; **–gutschein** *m* bon d'impôt; **–haftung** responsabilité en matière fiscale; **–hehler** *m* receleur de marchandises qui n'ont pas acquitté les taxes fiscales; **–hehlerei** *m* recel *m* de marchandises qui n'ont pas acquitté les taxes fiscales; **–herabsetzung** *f* réduction d'imposition, dégrèvement *m*; **–hinterzieher** *m* fraudeur *m* fiscal, fraudeur d'impôts.

Steuer|hinterziehung *f* fraude *f* fiscale, dissimulation de la matière imposable; omission volontaire de déclaration; fuite devant l'impôt; soustraction *f* fiscale (S); **–hoheit** *f* souveraineté en matière fiscale; **–inspektor** *m* inspecteur *m* des contributions; **–inventar** *n* (S) inventaire *m* fiscal; **–jahr** *n* année *f* fiscale, exercice *m* fiscal; **–karte** *f* (= Lohnsteuerkarte) carte fiscale préidentifiée (à remettre par le salarié à son employeur) pour le calcul des prélèvements forfaitaires libératoires de l'impôt sur le revenu; **–klasse** *f* catégorie d'imposition, classe d'imposition (S), groupe d'impôt (L); **–konvention** *f* convention *f* fiscale; **–kraft** *f* capacité fiscale, possibilités *fpl* fiscales, faculté *f* contributive, capacité *f* contributive; **–kriminalität** *f* infractions fiscales; **–kurs** *m* cours *m* d'évaluation fiscale; **–last** *f* charge *f* fiscale; **–lehre** *f* finances publiques, théorie de l'impôt; traité de politique fiscale.

steuerlich *adj* fiscal; **–e Auswirkung** *f* répercussion des impositions; **–e Behandlung** regime fiscal; **–e Belastung** charge fiscale; **–e Erfassung** recherche et évaluation de la matière imposable; **–er Sitz** domicile fiscal; **–e Überprüfung** vérification approfondie de la situation fiscale d'ensemble; **–e Vergünstigung** allègement fiscal; **–e Veranlagung** imposition, détermination de l'assiette et liquidation d'un impôt.

Steuer|liste *f* rôle *m* d'imposition;

–mahnung *f* sommation *f* fiscale; **–marke** *f* timbre *m* fiscal, vignette *f* (auto); marque *f* fiscale, timbre adhésif (B).

Steuermeß|bescheid *m* décision de fixation de la dette d'impôt; **–betrag** *m* quotité de base pour l'assiette des impôts communaux, indice *m* de l'impôt; **–zahl** *f* coefficient *m* applicable aux sommes imposables (impôts communaux).

Steuer|milderung *f* allègement fiscal, modération d'impôt; **–monopol** *n* monopole *m* fiscal; **–moral** *f* conscience *ou* morale fiscale, sens du devoir fiscal, honnêté scrupuleuse en matière fiscale; **–nachforderung** *f* rappel *m* d'impôt *ou* de droits.

Steuernachlaß *m* dégrèvement *m*, remise *f* de l'impôt; **einen – gewähren** dégrever.

Steuer|neutralität *f* neutralité fiscale; **–oase** *f* paradis *m* fiscal; **–objekt** *n* objet *m* imposable, matière *f* imposable; **–ordnungswidrigkeit** *f* contravention *f* fiscale, irrégularité frauduleuse; **–pacht** *f* affermage *m* des impôts; **–paradies** *m* paradis fiscal; **–pauschalierung** *f* impôt forfaitaire, forfait *m* d'impôt; **–periode** *f* (S) période *f* fiscale; **–pflicht** *f* sujétion *ou* obligation *f* fiscale, assujettissement *m* à l'impôt.

steuerpflichtig *adj* (1) *(Person)* contraignable, assujetti à l'impôt, (2) *(Ware)* imposable.

Steuer|pflichtige(r) *m* contribuable *m*; **–politik** *f* politique *f* fiscale; **–privilegien** *pl* privilèges *mpl* fiscaux; **–progression** *f* progressivité de l'impôt, majoration progressive de l'impôt; **–prüfer** *f* vérificateur *m* *ou* contrôleur *m* (de la direction des enquêtes fiscales); **–quelle** *f* source d'impôt; **–rechnung** *f* bordereau d'impôt (S); **–recht** *n* droit fiscal; **–reform** *f* réforme fiscale; **–register** *n* (S) registre *m* fiscal (S); **–rolle** *f* rôle des contributions, rôle d'imposition; **–rückerstattung** *f* remboursement d'impôts, restitution *f* fiscale; **–rücklage** *f* réserve *f* pour les impôts; **–rückstände** *pl* arriéré d'impôts, impôts arriérés, arrérage *m ou* reliquat *m* d'impôts; **–rückvergütung** *f* remboursement d'impôts; **–sachen** *pl* contentieux *m* relatif à la fiscalité et à l'imposition, litiges *mpl* concernant l'assiette et la liquidation de l'impôt; **–satz** *m* taux d'imposition, barème *m* de l'impôt, tarif d'imposition; **–schiebung** *f* fraude *f* fiscale; **–schuld** *f* dette d'impôt; **–schuldner** *m* débiteur *m* d'impôt.

Steuer|senkung *f* réduction d'impôt; **–soll** *n* ressources *fpl* fiscales théoriques; **–staffelung** *f* progressivité de l'impôt; **–strafe** *f* peine *ou* sanction *ou* amende fiscale.

Steuerstraf|recht *n* droit *m* pénal fiscal; **–tat** *f* infraction *f* fiscale, délit *m* fiscal; **–verfahren** *n* contentieux fiscal *ou* de l'imposition, procédure devant le tribunal des finances.

Steuer|streik *m* grève de l'impôt, refus *m* collectif de l'impôt; **–stufe** *f* tranche d'imposition; **–subjekt** *n* personne *f* imposable; **–sünder** *m* fraudeur *m* fiscal, fraudeur d'impôts; **–system** *n* régime *m ou* système *m* fiscal, fiscalité *f*; **–tabelle** *f* barème *m* de l'impôt; **–tarif** *m* taux de l'impôt, tarif d'imposition, tarif fiscal (S); **–träger** *m* contribuable *m*; **–überwachung** *f* contrôle *m* fiscal; **–überwälzung** *f* (1) répercussion de l'impôt, (2) incidence *f* fiscale; **–umgehung** *f* fuite devant l'impôt; **–unterlagen** *pl* pièces justificatives fiscales; **–veranlagung** *f* établissement de l'assiette de l'impôt, calcul *m* de l'impôt à payer; **–verfügung** *f* (S) décision rectificative; **–vergehen** *n* infraction *f* fiscale, délit *m* fiscal; **–vergünstigung** *f* avantage *m ou* privilège *m* fiscal, allègement *m* fiscal; **–verheimlichung** *f* dissimulation volontaire de la matière imposable; **–verkürzung** *f* minoration des revenus imposables, dissimulation comptable; fausse qualification; **–verpachtung** *f* affermage *m* des impôts.

steuerverpflichtet *adj* assujetti à l'impôt.

Steuer|verpflichtung *f* assujettissement *m* à l'impôt; **–verschluß** *m* scellé *m* (à but fiscal); **–verwaltung** *f* administration *f* fiscale; **–voranschlag** *m* évaluation *f* des impôts (à payer); **–vorauszahlung** *f* acompte provisionnel; **–vorrechte** *pl* privilèges *mpl* fiscaux; **–vorschrift** *f* disposition *f* fiscale; **–vorteil** *m* privilège fiscal; **–wert** *m* valeur *f* fiscale *ou* imposable; **–wesen** *n* système *m* fiscal, fiscalité *f*, régime *m* des impôts et taxes; **–wohnsitz** *m* domicile *m* fiscal; **–zahler** *m* contribuale *m*; **–zahlung** *f* versement *ou* paiement des impôts; **–zeichen** *n* timbre *m* fiscal, marque *f* fiscale, vignette *f* fiscale; **–zuschlag** *m* majoration d'impôt; **–zuwiderhandlung** *f* contravention *f* fiscale.

Stich|entscheid *m* *(VerfR)* second tour (après un ballottage); **–frage** *f* question (supplémentaire) pour départager deux candidats; **–haltig** *adj (Argument)* irréfutable, incontestable, indéniable, irrécusable, indiscutable; **–haltigkeit** *f* pertinence *f*, bien-fondé *m*; **–jahr** *n* année de référence; **–kurs** *m* pied de la prime; **–probe** *f* sondage *m*, échantillon *m* (prélevé au hasard); **–tag** *m* jour *ou* date de référence, jour *m ou* date d'échéance, limite *f* (fixe); **–waffe** arme blanche; **–wahl** *f* scrutin *m* de ballottage; **–wortverzeichnis** *n* table *f* des matières; **–wunde** *f* plaie *f* par instrument piquant.

Stief|bruder *m* (= Halbbruder) frère utérin *(bei gemeinsamer Mutter);* frère consanguin *(bei gemeinsamen Vater);* **–eltern** *pl* beaux-parents *mpl*; **–geschwister** *pl* frères et sœurs de lits différents; **–kind** *n* enfant d'un autre lit; **–mutter** *f* belle-mère *f*; **–schwester** *f* demi-sœur *f*; **–sohn** *m* beau-fils *m*; **–tochter** *f* belle-fille *f*; **–vater** *m* beau-père *m*.

stiften (1) *(gründen)* fonder, établir, (2) *(schenken)* faire don de, donner, fournir.

Stifter *m* (1) *(Stiftung)* disposant *m*, fondateur *m*, (2) *(Schenkung)* donateur *m*, auteur *m* d'une donation.

Stiftung *f* fondation *f*; **fromme –, milde –** fondation pieuse; **öffentliche –** fondation publique; **– des öffentlichen Rechts** fondation publique; **– des Privatrechts** fondation dotée de la personnalité morale privée.

Stiftungs|geschäft *n* acte de fondation; **–rat** *m* conseil de fondation; **–satzung** *f*; **–statuten** *pl* (S) statuts de la fondation; **–urkunde** *f* acte *m* de fondation; **–vermögen** *n* capital *m* de la fondation; **–versammlung** *f* assemblée de la fondation.

Stil *m* style *m* (administratif, juridique); **im großen –** à grande échelle; **–art** *f* genre *m*, manière *f*, facture *f*; **–blüte** *f* galimatias *m*, charabia *m*.

stille Gesellschaft société *f* en participation, société qui ne se revèle pas aux tiers.

stillegen fermer (une usine), désaffecter (une ligne de chemin de fer).

Stillegung *f* fermeture *f*, arrêt *m*, désaffectation *f*.

Stillgeld *n* prime *f ou* allocation *f* d'allaitement.

Stillhalte|abkommen *n* *(BankR)* moratoire *m*, accord de stand still, accord de prorogation (des dettes); **–gläubiger** *m* créancier dont les biens sont immobilisés par un accord, créancier de stand still; **–guthaben** *n* avoir *m* moratorié; **–kommissar** *m* séquestre *m*; **–kredit** *m* crédit *m* immobilisé; **–r** *m (BörR)* reporteur *m*; **–schulden** *pl* dettes ayant fait l'objet d'un accord de stand still; **–schuldner** *m* débiteur dont la dette a fait l'objet d'un accord de blocage; **–übereinkommen** *n* accord d'immobilisation de crédits; **–vereinbarung** *f* accord de blocage de créances.

Stillschweigen *n* discrétion (absolue), silence *m* (sur une chose), secret *m*, réserve *f*.

stillschweigend *adj* implicite *adj*, tacite *adj*; implicitement *adv*, tacitement *adv;* **–e Annahme** acceptation tacite; **–e Bestellung** (eines Anwalts) constitution implicite (d'un avocat); **–e Vereinbarung** accord *m* tacite; **–e Verlängerung** prorogation tacite.

Stillstand *m* **der Rechtspflege** arrêt *m* du fonctionnement de la justice; **– des Verfahrens** interruption du déroulement de la procédure.

Stimmabgabe *f* vote *m*, (S) votation; **betrügerische –** vote frauduleux; **schriftliche –** vote par correspondance; **– durch Vertreter** vote par procuration.

Stimmberechtigte(r) *m* personne qui dispose du droit de vote, qui a voix délibérative; inscrit *m* (sur la liste électorale).

Stimm|berechtigung *f* droit de suffrage, droit de vote; **–beteiligung** *f* participation *f* électorale; **–bezirk** *m* circonscription *f* électorale; **–bindungsabkommen** *n (GesR)* pacte *m* dit de votation, contrat par lequel des actionnaires s'engagent à voter dans un sens donné.

Stimme *f* voix *f*, vote *m*, suffrage *m*; **abgegebene –** suffrage exprimé, voix exprimée, voix émise (B–S); **ausschlaggebende –** voix prépondérante; **beratende –** voix consultative; **beschließende –** (avec) voix délibérative; **entscheidende –** voix prépondérante; **erhaltene –** voix obtenue; **gültige –** suffrage valable, vote valable (B); **leere –** (S) suffrage blanc (S); **ungültige –** suffrage nul, bulletin *m* nul; **sich der – enthalten** s'abstenir.

Stimmen: die – zählen dépouiller le scrutin, recenser les votes; **–abgabe** *f* vote *m*; **–anteil** *m* nombre *m* de voix *ou* de suffrages obtenus; **–auszählung** *f* dépouillement des votes *ou* du scrutin, décompte *m* des suffrages exprimés.

Stimmen|einhelligkeit *f* (Aut) unanimité *f*; **–gewicht** *n* (Aut) pondération des voix; **–gewinne** *pl* gain *m* de suffrage; **–gleichheit** *f* (1) égalité *ou* partage des voix, parité *ou* égalité de suffrages, parité de voix, (2) partage d'opinions; **–kauf** *m* fraude consistant dans l'achat de suffrages; **–mehrheit** *f* majorité *f* des suffrages exprimés; **–prüfung** *f* vérification *f* du scrutin.

Stimmenthaltung *f* abstention *f*.

Stimmen|verhältnis *n* nombre des voix (de chaque candidat); **–verlust** *m* perte *f* de voix; **–zahl** *f*, **die – erreichen** réunir le quorum; **–zähler** *m* scrutateur *m*; **–zählung** *f* dépouillement du scrutin, décompte des voix, recensement des votes *ou* des voix.

stimmfähig *adj* (= stimmberechtigt) en droit de voter, qui a le droit de voter, ayant le droit de vote.

Stimmrecht *n* droit de vote; **allgemeines –** suffrage *m* universel; **doppeltes –** vote double.

Stimm|rechtsaktie *f* action à vote plural, (en S:) action à droit de vote privilégié; **–rechtsbindung** *f (GesR)* convention limitant la liberté de délibération d'un associé; **–register** *n* (S) registre *m* électoral; **–schein** *m* certificat permettant de voter dans une commune autre que celle où l'électeur est inscrit.

Stimmung *f (Börse)* tendance *f*.

Stimmzählung *f* décompte *m* des voix, dépouillement *m* du scrutin.

Stimmzettel *m* bulletin *m* de vote, bulletin électoral (B); **unbeschriebener –** bulletin blanc; **ungültiger –** bulletin nul.

Stipendiat *m* boursier *m*, titulaire *m* d'une bourse.

Stipendium *n* bourse *f* d'études.

stipulieren stipuler.

Stipulierung *f od.* **Stipulation** *f* **(s. Vereinbarung)** stipulation *f*.

Stockwerk(s)|eigentum *n* propriété par étages; **–eigentümer** *m* propriétaire d'un étage.

Stoff *m* (1) *(Gewebe)* étoffe *f*, tissu *m*, (2) *(Substanz)* substance *f*, matière *f*, (3) *(UrhR)* matériel *m*, matériaux *pl*, (4) *(Rauschgift)* stupéfiant *m*, drogue *f*; **–anspruch** *n (PatR)* revendication de produit; **–patent** *n* brevet *m* de produit; **–zusammensetzung** *f* composition d'une substance.

Stolgebühr *f (KirchR)* casuel *m*.

Stoppel|recht *n* droit de vaine pâture; **–weide** *f* vaine pâture *f*.

Stör|aktion *f* action de subversion; **–angriff** *m* harcèlement.

stören (1) *(Ruhe)* déranger, pertuber, (2) *(Sender)* brouiller.

Störer *m (StR)* personne troublant le bon ordre, la sûreté *ou* la sécurité publique.

Stör|fall *m (AtomR)* incident *m* nucléaire; **–geräusch** *n* brouillage *m*; **–propaganda** *f (MilR: gegen die Bundeswehr)* propagande *f* tendant à nuire aux forces armées allemandes *ou* à les discréditer.

stornieren annuler, contre-passer.

Stornierung *f* annulation *f*.

Storno *n* (1) *(Berichtigung)* rectification *f*, redressement *m*, contre-passation, (2) *(Abgang)* annulation *f*, sortie *f*, (3) *(Rückvergütung)* ristourne *f*.

Storno|buchung *f* redressement *m* (d'une écriture), contre-passation *f*; **–gebühr** *f* frais *pl* d'annulation; **–prämie** *f* ristourne *f* de prime; **–vergütung** *f* indemnité *f* de résiliation; **–wert** *m* valeur *f* de rachat.

Störung *f* (1) perturbation *f*, trouble *m*, dérangement *m*, désordre, (2) *(Betrieb)* arrêt *m* interruption *f*, panne *f*, incident *m*, (3) *(Sendung)* brouillage *m*; **– des Arbeitsfriedens** entrave à la liberté du travail; trouble de la paix sociale; **– des eingerichteten und ausgeübten Gewerbebetriebes** atteinte directe portée aux droits découlant de l'exploitation d'un commerce *ou* d'une industrie; **– des freien Ablaufs einer Versteigerung** entrave à la liberté des enchères; **– der freien Wahl** violation du scrutin *ou* de la liberté du vote; **– der öffentlichen Sicherheit und Ordnung** troubles *mpl* apportés à l'ordre public; **– des Totenfriedens** (S) atteinte à la paix des morts (S).

Stoßzeit *f* heure de pointe.

Straf|abgabe *f* (S) contribution *f* supplémentaire; **–abrede** *f* clause *f* pénale; **–akte** *f* dossier *m* concernant une infraction; **–aktion** *f* expédition punitive.

Strafandrohung *f* avis *m* comminatoire; **unter –** sous peine de . . .

Straf|anstalt *f* établissement *m* pénitentiaire, maison d'arrêt et de correction, centre *m* pénitentaire; **–anstaltsordnung** *f* règlement *m* pénitentiaire.

Strafantrag *m* (1) plainte avec constitution de partie civile, (2) citation directe; **einen – stellen** porter plainte en se constituant partie civile; **einen – zurücknehmen, einen – zurückziehen** retirer une plainte.

Straf|antritt *m* commencement d'exécution d'une peine; **–anwendung** *f* application de la peine.

Strafanzeige *f* (1) *(des Opfers)* plainte *f*, plainte pénale (S), (2) *(eines Dritten)* dénonciation *f* (d'un tiers); **eine – erstatten** porter plainte, déposer une plainte, dénoncer qqn.

Straf|arrest *m (MilR)* arrêts *mpl* (forcés); **–aufhebungsgrund** excuse *f* absolutoire; **–aufschub** *m* sursis *m* à l'exécution de la peine; **–ausmaß** *n* (Aut) montant de la peine, quantum de la peine; **–ausschließungsgrund** *m* excuse *f* absolutoire.

Strafaussetzung *f* sursis *m*, dispense de l'exécution (de la peine); **– zur Bewährung** (1) sursis *m* avec mise à l'épreuve, (2) *(nach teilweiser Strafverbüßung)* libération conditionnelle.

Strafausstand *m* sursis à l'exécution de la peine.

strafbar *adj* punissable, passible d'une peine, répréhensible, pénalisable; **–e Handlung** infraction, acte *m* punissable; **–e Werbung** publicité déloyale assimilée à une infraction pénale.

Strafbarkeit *f* caractère *m* répréhensible, le fait d'être punissable.

Strafbarkeits|bedingung *f* circonstance qui, sans être un élément constitutif de l'infraction, conditionne la possibilité d'infliger une peine; **–irrtum** *m* erreur *f* portant sur la croyance qu'un acte déterminé est punissable.

Straf|befehl *m* ordonnance pénale (prononcée sans débats par le juge cantonal pour des contraventions et délits mineurs); **–befreiung** *f* exemption de peine, impunité *f*; **–befugnis** *f* compétence *f* pénale, pouvoir *m* de répression; **–behörde** *f* autorité *f* répressive; **–bemessung** *f* calcul *m* de la peine, fixation *f* de la peine; **–bescheid** *m (VwR)* décision administrative comportant une sanction pénale; sanction prononcée par un tribunal administratif; **–beschluß** *m* pénalité (infligée par une autorité administrative); **–bestimmung** *f* disposition *f* pénale; **–betrag** *m* (Aut) amende *f*; **–bewehrt** *adj* qui renferme la menace d'une peine légale; **–buch** *n (SeeHR)* livre *m* de punitions; **–dauer** *f* durée *f* de la peine; **–drohung** *f* peine prévue.

Strafe *f* (1) *(im Strafrecht)* peine *f*, (2) *(Strafmaßnahme)* sanction *f*, pénalité *f*, (3) *(Geldstrafe)* amende *f*, (4) *(Züchtigung)* punition *f*, châtiment *m*, correction *f*, (5) *(Verurteilung)* condamnation *f*; **ausgestandene –** (Aut) peine exécutée, peine subie; **bedingte –** peine conditionnelle; **bei –** sous peine de . . .; **entehrende –** peine infamante; **erkannte –** peine prononcée *ou* infligée; **gerichtliche –** peine prononcée par un tribunal; **gesetzliche –** peine de droit; **harte –** peine sévère, draconienne; **körperliche –** peine afflictive *ou* corporelle; **lebenslange –** (Aut), **lebenslängliche –** peine perpétuelle; **verbüßte –** peine purgée; **verhängte –** peine infligée *ou* prononcée; **verwirkte –** peine encourue; **vollzogene –** peine purgée; **eine – androhen** être passible d'une peine; prévoir une sanction; **eine – anwenden** appliquer une peine; **eine – auferlegen** infliger une peine; **die – aufschieben** surseoir à l'exécution de la peine; **eine – aussprechen** infliger une peine; **eine – erlassen** remettre une peine; **eine – mildern** mitiger une peine; **eine – umwandeln** commuer une peine; **bei – verboten** sous peine de; **eine – verbüßen** subir *ou* purger une peine, exécuter une peine; **eine – verhängen** infliger *ou* prononcer une peine, prononcer une condamnation; **zu einer – verurteilt werden** être condamné à une peine (de prison); **eine – verwirken** encourir une peine; **eine – vollstrecken, eine – vollziehen** faire exécuter *ou* appliquer une peine.

strafen punir, pénaliser, châtier.

Strafenhäufung *f* (Aut) cumul *m* des peines.

Straf|entlassene(r) *m* libéré *m*, personne (re)mise en liberté; **–entscheid** *m* (S) décision administrative à caractère pénal; **–erkenntnis** *n* jugement *m* pénal, décision *f* pénale.

Straferlaß *m* remise *f* de peine, remise gracieuse de peine, réduction *f* de peine, amnistie *f*; **gnadenweiser –** (S) remise gracieuse de peine.

Straf|ermäßigung *f* remise *f ou* réduction de peine; **–fall** *m* (S) infraction.

straffällig *adj* criminel, passible d'une peine, punissable.

Straf|fällige(r) *m* criminel *m*; **–fälligkeit** *f* criminalité *f*; **–festsetzung** *f* fixation de la peine, détermination de la peine; **–frage** *f* question relative à la mesure de la peine.

straffrei *adj* qui est impuni.

Straffreierklärung *f* amnistie *f*.

Straf|freiheit *f* impunité *f*; **–freiheitsgesetz** *n* loi d'amnistie; **–gefangenenarbeit** *f* main-d'œuvre *f* pénitentiaire, main-d'œuvre pénale.

Strafgedinge *n* clause pénale, fait de s'obliger à payer une pénalité (obligation de faire *ou* de ne pas faire).

Strafgefangene(r) *m* détenu *m* (de droit commun), prisonnier *m*; **entlassener –** libéré *m*.

Strafgericht *n* tribunal *m* répressif, juridiction *f* pénale *ou* répressive, tribunal de répression (S).

strafgerichtlich *adj* cornant une juridiction pénale; **–e Verfolgung** répression pénale, poursuite judiciaire (contre qn).

Strafgerichtsbarkeit *f* juridiction pénale *ou* répressive, justice *f* répressive, justice criminelle, juridiction criminelle, justice pénale.

Strafgesetz *n* loi *f* pénale, loi répressive; **–buch** *n* code *m* pénal, code criminel.

Straf|gesetzgebung *f* législation *f* pénale; **–gewalt** *f* pouvoir *m* répressif; **–haft** *f* emprisonnement *m*, détention *f*; **–häufung** *f* (Aut) cumul des peines; **–herabsetzung** *f* réduction de peine, mitigation d'une peine; **–justiz** *f* justice pénale; **–kammer** *f* chambre *f* correctionnelle; chambre criminelle; **–kolonie** *f* colonie *f* pénitentiaire; **–kompanie** *f (MilR)* section *f* disciplinaire; **–kosten** *pl* dépens *mpl* criminels; **–lager** *n* camp *m* pénitentiaire.

sträflich *adj* blâmable, répréhensible, irresponsable; **–e Nachlässigkeit** négligence grave.

Sträfling *m* condamné *m*, détenu *m*.

Sträflings|anzug *m*, **–kleidung** *f* tenue *f* de prison.

straflos *adj* impuni.

Straflöschung *f* radiation *f* d'une condamnation du casier judiciaire.

Straflosigkeit *f* impunité *f*.

Strafloswerden *n* (Aut) exemption *f* de peine.

Straf|makel *(JugendStR)* condamnation portée au casier judiciaire (et pouvant être radiée); **–mandat** *n* (*StVR:* gebührenpflichtige Verwarnung) contravention (pour infraction au code de la route).

Strafmaß *n* peine *f* (édictée), quantum de la peine, montant de la peine; **das – festsetzen** fixer une peine; **das – verringern** atténuer la peine.

Strafmaßnahme *f* mesure *f* punitive, sanction *f*; **wirtschaftliche –** sanction économique.

strafmildernd *adj* atténuant; **–e Umstände** circonstances atténuantes.

Straf|milderung *f* atténuation *f* de peine, commutation *f ou* adoucissement de peine, mitigation *f*; **–milderungsgrund** *m* excuse *f ou* circonstance *f* atténuante; **–mündigkeit** *f* majorité *f* pénale.

Strafnachlaß *m* remise de peine, remise gracieuse de peine; **gnadenweiser –** (Aut) remise gracieuse de peine.

Straf|nachricht *f* avis *ou* bulletin de condamnation; **–norm** *f* règle *f* pénale; **–ortsänderung** *f* (Aut) changement du lieu où le condamné subit sa peine; **–porto** *n* (= Nachgebühr) surtaxe postale; **–protokoll** *n* procès-verbal *m* de contravention.

Strafprozeß *m* procès *m* pénal, procès criminel; **–ordnung** *f* code de procédure pénale, code d'instruction criminelle; **–recht** *n* droit de la procédure pénale.

Straf|punkt *m* point de pénalisation; **–rahmen** *m* limites *fpl* de la peine, peine de . . . à . . .

Strafrecht *n* droit pénal; **– allgemeiner Teil** droit pénal général; **– besonderer Teil** droit pénal spécial, étude des différentes infractions.

Strafrechtler *m* criminaliste *m*, juriste spécialisé dans le droit pénal.

strafrechtlich *adj* répressif, pénal, criminel.

Strafrechts|dogmatik *f*, **–lehre** *f* doctrine *f* pénale; **–pflege** *f* justice *f* répressive, justice pénale; **–reform** *f* réforme *f* du Code pénal; **–schutz** *m* défense *f* en justice pénale; **–schutzversicherung** *f* assurance défense et recours.

Strafregister *n* casier *m* judiciaire, sommier *m* judiciaire; **– ohne Eintragung, – ohne Vermerk** casier judiciaire vierge; **–auszug** *m* extrait *m* du casier judiciaire.

Strafrestaussetzung *f* sursis *m* relatif à la partie de la peine encore à purger.

Straf|richter *m* juge *m* pénal, juge répressif; **–sache** *f* affaire *m* pénale, cause *f*, matière pénale, cause *f* criminelle; **–sanktion** *f* sanction *f* pénale; **–satz** *m* montant de la peine.

strafschärfend *adj* aggravant.

Straf|schärfung *f* aggravation *f* de peine; **–schärfungsgründe** circonstances aggravantes; **– senat** *m* chambre *f* criminelle auprès de la Cour régionale *ou* auprès de la Cour fédérale de Justice (à Karlsruhe); **–sitzung** *f* audience *f* correctionnelle, audience pénale.

Straftat *f* (1) *(strafbare Handlung)* infraction *f*, (2) *(Verbrechen)* crime *m*, (3) *(Vergehen)* délit *m*; **Ausführung der –** perpétration de l'infraction; **eine – begehen** commettre un délit *ou* un crime, perpétrer une infraction; **fortgesetzte –** délit continué; **nichtpolitische –** délit *m* de droit commun; **politische –** infraction politique; **versuchte –** délit tenté, tentative (punissable); **zusammenhängende –** délit connexe; **Zusammenhang mehrerer –en** connexité d'infractions.

Straftatbestand *m* éléments *mpl* constitutifs de l'infraction.

Straftatbestands|merkmal *n* élément constitutif de l'infraction; **–verwirklichung** *f* réunion de tous les éléments de l'infraction.

Straftäter *m* auteur *m* d'un crime *ou* d'un délit, criminel *m*, délinquant *m*, agent *m* (d'une infraction); **jugendlicher –** délinquant juvénile, mineur *m* délinquant, délinquant mineur.

Straf|termin *m* audience pénale; **–tilgung** *f* extinction de la peine, retrait *m* des fiches du casier (des contraventions de la circulation); **–umwandlung** *f* commutation de peine; **–unmündige(r)** *m* mineur de moins de 14 ans (au pénal); **–unmündigkeit** *f* minorité *f* pénale; **–unterbrechung** *f* interruption de l'exécution de la peine; **–untersuchung** *f* instruction pénale, enquête pénale (S); **–urteil** *n* jugement *m* pénal, condamnation *f* pénale, jugement répressif, sentence *f* pénale.

Strafverbüßung *f* exécution *f ou* expiation *f* de la peine; **Ablauf der –** expiration de la peine.

Strafvereitelung *f* (1) connivence *f* à évasion, (2) *(persönliche Begünstigung)* le fait de soustraire qn. aux poursuites ordonnées par la loi.

Straf|verfahren *n* procédure *f* pénale *ou* criminelle, procédure répressive, instance *f* pénale; **–verfahrensrecht** *n* droit de la procédure pénale, procédure pénale.

Strafverfolgung *f* poursuite pénale, action répressive, action pénale, répression pénale; **disziplinäre –** (Aut) poursuite disciplinaire; **ungerechtfertigte –** poursuites *fpl* injustifiées *ou* illégales.

Strafverfolgungs|behörde *f* (1) police *f* judiciaire (de l'instruction), police criminelle, (2) service *m* de répression; **–maßnahme** *f* mesure ordonnée en vue de poursuivre (un délinquant); **–verjährung** *f* prescription *f* en matière d'infractions *ou* criminelle.

Strafverfügung *f* (1) ordonnance *f* pénale, (2) (S) prononcé *m* pénal.

Straf|verhandlung *f* audience *f* pénale; audience correctionnelle; **–verlangen** demande de poursuite pénale (exprimée par un État étranger); **–vermerk** *m* inscription *f* d'une condamnation au casier judiciaire.

strafverschärfend *adj* aggravant.

Strafverschärfung *f* aggravation *f ou* majoration *f* de peine.

strafversetzen *(BeamR)* déplacer d'office *ou* par mesure disciplinaire, muter par mesure disciplinaire.

Strafversetzung *f* déplacement d'office, déplacement *m ou* mutation *f* par mesure disciplinaire, mutation d'office.

Straf|verteidiger *m* (1) *(Wahl-)* avocat *m* (plaidant au pénal), (2) *(Offizial-)* défenseur *m* désigné d'office; **–verteidigung** *f* défense devant les tribunaux répressifs; **–verzeigung** (S) plainte *f*; **–vollstreckung** *f* exécution de la peine; **–vollstreckungskammer** *f* chambre du tribunal régional compétente en matière d'exécution des peines; **–vollstreckungsverjährung** *f* prescription *f* de l'exécution de la peine.

Strafvollzug *m* (1) *(Behörde)* administration pénitentiaire, (2) exécution des peines; **bedingter –** sursis à l'exécution de la peine; **offener –** régime *m* de semi-liberté.

Strafvollzugs|anstalt *f* (= J.V.A. = Justizvollzugsanstalt) établissement *m* pénitentiaire, centre *m* de détention (fermé); **–ordnung** *f* régime *m* pénitentiaire; **–personal** *n* personnel *m* pénitentiaire; **–recht** *n* droit *m* pénitentiaire.

Straf|vorbehalt *m (Verwarnung mit -vorbehalt)* sursis *m* à l'exécution de la peine prononcée; **–vorschrift** *f* disposition *f ou* prescription *f* pénale; **–würdigkeit** *f* appréciation sur l'opportunité de réprimer certains faits.

strafweise *adj* par mesure disciplinaire.

Strafzeit *f* durée de la peine; **Ablauf der –** (Aut) expiration de la peine.

Straf|zelle *f* cellule *f* de punition; **–zettel** *m* procès-verbal *m* de contravention.

Strafzumessung *f* calcul de la peine, fixation *ou* mesure de la peine; **Verbot der kumulativen –** non-cumul *m* des peines.

Straf|zuschlag *m* supplément imposé à titre de pénalité; **–zuständigkeit** *f* compétence *f* pénale; **–zweck** *m* objet *m* de la peine.

Strahlenschutz *m* protection *f* contre les radiations; **–recht** législation relative à la protection contre les irradiations.

Strahlenverseuchung *f* contamination par une substance radioactive, irradiation.

Strahlung *f (AtomR)* rayonnement ionisant; **–sverbrechen** crime commis à l'aide de combustibles nucléaires.

Stranden *n* (von Schiffen) échouement *m*.

Strandgut *n* épave *f* maritime; **–räuber** *m* personne ayant détourné une épave maritime; **–recht** *n* législation relative à la police des épaves maritimes.

Strandung mit Schiffbruch échouement *m* avec bris; **freiwillige –** échouement volontaire.

Straße *f* (1) voie *f* routière, route *m*, (2) *(in der Stadt)* voie urbaine, rue *f*; **öffentliche –** voie publique; **private –** voie privée; **–n und Wegerecht** *n* droit *m* de la voirie terrestre.

Straßenanlieger *m* riverain (de la voie publique), bordier *m* (S); **–beitrag** *m* taxe *f* de voirie.

Straßen|anrainer *m* riverain (de la voie publique), bordier *m* (S); **–arbeiten** *pl* travaux *mpl* de réfection (d'une route); **–bahn** *f* tramway *m*; **–bauamt** *n*, **–baubehörde** *f* Service de construction des routes; service *m* des ponts et chaussés, voirie *f*; **–baulast** *f* charges *fpl* résultant de l'ouverture, de l'aménagement et de l'entretien des voies routières; **–beleuchtung** *f* éclairage *m* des rues; éclairage public; **–benutzungsgebühr** *f* péage *m*; **–bettelei** *f* mendicité sur la voie publique; **–decke** *f* couche *f* de surface; **–dienst** *m* service de la voirie; **–entwässerung** *f* caniveau *m* (et égout collecteur); **–fahrzeug** véhicule routier; **–frachtführer** *m* transporteur *m* routier; **–gabelung** *f* bifurcation *f*; **–glätte** *f* verglas *m*, route verglacée; **–graben** *m* fossé *m*; **–güterverkehr** *m* transport routier de marchandises; **–handel** *m* commerce sur la voie publique; **–händler** *m* marchand *m* ambulant, marchand des quatre saisons; **polizeiliche –kontrolle** *f* barrage *m* et contrôle de police; **–kreuzung** *f* intersection, croisement, carrefour *m*; **–kundgebung** *f* manifestation *f* sur la voie publique; **–lärm** *m* bruits *mpl ou* pollution sonore de la rue; **–laterne** *f*, **–leuchte** *f* lampadaire *m*; **–name** *m* nom de rue; **–netz** *n* réseau *m* routier.

Straßenpersonenverkehr *m*, **grenzüberschreitender –** transport international de voyageurs par route.

Straßen|polizei *f* police de la route; **–recht** *n* droit de la voirie; **–reini-**

gung *f* entretien de la voirie, ébouage *m*, nettoyage *m* des rues; **–sammlung** *f* collecte *f* sur la voie publique; **–schäden** *pl* mauvais état (de la route); **–schild** *n* panneau *m* routier; **–sperrung** *f* barrage *m*, rue barrée; barrière *f* de dégel.

Straßentransportunion *f*, **internationale –** Union internationale des transports routiers.

Straßen|übergang *m* passage protégé (pour piétons); **–umlegung** *f* redressement *m* d'un chemin; **–unterhaltungsbeitrag** *m* taxe *f* de voirie.

Straßenverkehr *m* circulation *m* routière, trafic *m* routier; **freier –** liberté *f* de la circulation routière.

Straßenverkehrs|behörde *f* Direction (générale) des routes et de la circulation routière, autorité *f* compétente pour la réglementation de la circulation routière, service *m* administratif de la voirie; **–gefährdung** *f* le fait de compromettre la sécurité de la circulation routière; **–gefahren** *pl* dangers *mpl* de la circulation; **–genossenschaft** *f* coopérative de transports routiers; **–gesetz** (StVG) Code de la route (allemand), partie législative; **–lärm** *m* pollution sonore routière; **–haftung** *f* responsabilité du conducteur et du gardien du véhicule; **–ordnung** *f* (StVO) Code de la route allemand, (partie décrets gouvermentaux); **–recht** *n* droit de la circulation routière; **–sicherheit** *f* sécurité *f* routière; **–unfall** *m* accident *m* de la circulation *ou* de voiture *ou* de la route, carambolage *m*, collision *f*; **–wacht** *f* prévention routière; **–zulassung** *f* (1) conditions de la circulation routière, (2) homologation et réception (des véhicules); **–zulassungsordnung** *f* réglementation *f* relative à la réception des véhicules automobiles (par le service des visites techniques) avant la mise en circulation.

Straußwirtschaft *f* vente de vin au détail par le viticulteur, sans licence de débitant.

Strecke *f* (1) *(Weg)* itinéraire *m*, route *f*, (2) *(Entfernung)* distance *f*, trajet *m*, (3) *(Eisenbahn)* ligne *f*.

Strecken|fracht *f* taxe *f* de parcours (CECA); **–karte** *f* carte *f* de circulation.

streichen (1) *(ausstreichen und durchstreichen)* rayer, biffer, barrer, (2) *(löschen)* radier, annuler; **Nichtzutreffendes bitte –** prière de rayer la/les mention(s) inutile(s).

Streichung *f* radiation *f*, annulation *f*, suppression *f*, biffage *m*; **– aus der Liste der Rechtsanwälte** (Aut) radiation du barreau; **– der Rechtssache** radiation de l'affaire; **– der Zinsen** suppression des intérêts.

Streifband *n* bande *f*, banderole *f*; **–depot** *n* dépôt *m* certain de titres; **–stück** *n* titre en dépôt régulier (avec l'indication de son numéro).

Streik *m* grève *f*, conflit *m* du travail, mouvement *m* revendicatif, cessation *f* collective et concertée du travail; **den – abbrechen, beenden** mettre fin à la grève; **zum – aufrufen, einen – ausrufen** lancer un mot d'ordre de grève; **einen – auslösen** déclencher une grève; **im – stehen** être en grève, faire grève; **in den – treten** se mettre en grève; **allgemeiner –** grève généralisée *ou* nationale; **aufrührerischer –** grève insurrectionnelle; **politischer –** grève politique; **rechtmäßiger –** grève légale; **rechtswidriger –** grève illégitime *ou* illégale *ou* illicite; **rollender –** grève tournante; **sozialadäquater –** grève socialement justifiée; **unbefristeter –** grève illimitée; **unzulässiger –** grève abusive *ou* illicite; **wilder –** grève sauvage; **wirtschaftlicher –** grève professionnelle.

Streik|aktion *f* mouvement revendicatif; **–ankündigung** *f* préavis *f* de grève; **–anordnung** *f* ordre *m* de grève; **–aufforderung** *f od.* **–aufruf** *m* appel à la grève; **–ausschuß** *m* comité de grève; **–befehl** *m* ordre de grève; **–bewegung** *f* mouvement de grève; **–brecher** *m* briseur de grève; *pej* jaune *m*; **–bruch** *m* le fait de casser la grève; **–drohung** *f* menace *f* de grève; **–einstellung** *f* arrêt *m* de la grève.

streiken faire grève, être en grève, débrayer, se mettre en grève.

Streikende(r) *m* gréviste *m*.

Streik|fonds *m* caisse de soutien *ou* de solidarité (pour les grévistes); **–freiheit** *f* droit *m* de (faire) grève; **–führer** *m* meneur *m* de grève; **–geld** *n* indemnité *f ou* allocation *f* de grève; **–kasse** *f* fonds *m* de soutien (des grévistes); **–komittee** *n*, **–leitung** *f* comité *m* de grève; **–posten** *m* piquet de grève; **–recht** *n* droit de grève; **–unterstützung** *f* soutien *m* des grévistes; **–wache** *f* piquet de grève; **–welle** *f* mouvement gréviste.

Streit *m* différend *m*, litige *m*, conflit *m*, affaire *f* (litigieuse), démêlé *m*; **gerichtlicher –** contestation judiciaire, litige judiciaire; **im – befindliche Mächte** puissances en conflit; **im – befindliche Partei** partie en cause, partie au différend; **einen – beilegen** régler un différend, vider une affaire *ou* un différend; **einen – entscheiden** trancher un différend; **den – verkünden** mettre en cause qqn, dénoncer l'instance.

streitanhängig *adj* (Aut) litispendant, en instance.

Streit|anhängigkeit *f* (Aut) litispendance *f*; **–anmerkung** *f* (Aut) inscription dans un registre pour mentionner l'existence d'une instance judiciaire; **–befangenheit** (der Sache) *(ZPR)* (bien) faisant l'objet d'un litige; **–beilegung** *f* règlement d'un litige par la voie de la négociation; **–betrag** *m* somme *f* litigieuse, montant du litige; **–entscheidung** *f* décision en matière contentieuse; **friedliche –erledigung** *f* règlement pacifique des conflits; **–fall** *m* litige *m*, affaire contentieuse, contentieux *m*, contestation *f*, différend *m*, cas *m* litigieux; **–frage** *f* question *f* controversée, controverse *f*, point *m* en litige, question litigieuse; **–gebiet** *n* territoire *m* où se déroule un conflit armé; **–gegenstand** *m* objet de la demande, objet du litige; **–gehilfe** *m* intervenant *m*.

Streitgenossen *pl* litisconsorts *mpl*, consorts *mpl;* **aktive –** codemandeurs; **passive –** codéfendeurs.

Streitgenossenschaft *(ZPR)* requête conjointe, parties exposant leurs prétentions par requête conjointe.

Streithelfer *m* intervenant *m*.

Streithilfe *f* (= Nebenintervention) intervention *f*; **–antrag** *m* demande *f* d'intervention.

streitig *adj* (1) *(strittig)* litigieux *adj*, contentieux *adj*, (2) contradictoire *adj*, contradictoirement *adv*; **–e Gerichtsbarkeit** juridiction compétente en matière contentieuse; **–es Verfahren** procédure contentieuse; **–es Urteil** jugement contradictoire.

Streitigkeit *f* différend *m*, litige *m*; **völkerrechtliche –** différend *ou* litige *m* international, conflit *m* international; **eine – beilegen** régler un différend, vider un différend, vider un litige *ou* une affaire.

Streitkräfte *pl* forces *fpl* armés; **ausländische –** forces armées étrangères; **internationale –** force internationale; **reguläre –** forces *fpl* armées régulières.

Streit|macht *f* force armée; **–partei** *f* (Aut) partie *f*, partie en cause, partie au différend; **–patent** *n* brevet litigieux; **–punkt** *m* point *m* litigieux; **–richter** *m* juge *m* du conflit.

Streitsache *f* affaire *f* litigieuse, objet *m* litigieux, objet en litige, objet du litige, affaire contentieuse, matière *f* litigieuse *ou* contentieuse, question litigieuse; **justiziable –** différend *m* justiciable.

Streit|schlichtung *f* conciliation *f*; **–schrift** *f* pamphlet *m*, écrit *m* polémique; **–stoff** *m* matière *f* litigieuse; **–teil** *m* partie *f* au litige; **–urteil** *n* jugement *m* contentieux.

Streitverfahren *n* procédure *f* contentieuse, voie *f* contentieuse, contentieux *m*; **im – entscheiden** statuer au contentieux.

Streit|verhältnis *n* affaire contentieuse, litige; **–verhandlung** *f* (Aut) audience *f*; **–verkünder** *m* partie qui agit en intervention; **–verkündigung** *f* (Aut), **–verkündung** *f* intervention *f* forcée, mise en cause, action en déclaration de jugement commun; **–wert** *m* montant de la demande, valeur *f* en litige, valeur litigieuse; **–wertfestsetzung** *f* détermination du montant des prétentions.

streng *adj* sévère, strict, rigide, rigoureux, dur, catégorique, impérieux, exact; **– behandeln** traiter sévèrement; **– überwachen** surveiller étroitement; **– vertraulich** strictement confidentiel.

Strengbeweis *m* preuve *f* formelle.

Strenge *f* (1) *(Härte)* sévérité *f*, rigueur *m*, rigidité *f*, austérité *f*, (2) *(Genauigkeit)* exactitude.

strengstens verboten formellement interdit.

Streu|besitz *m* propriété *f* disséminée entre de nombreuses mains, possessions éparpillées; **–gebiet** *n* territoire *m* de diffusion; **–pflicht** *f* obligation pour les riverains de répandre du gravier (*ou* du sel) en cas de gel; **–siedlung** *f* habitat *m* épars.

Striptease *m* effeuillage *m*; **–tänzerin** effeuilleuse.

strittig *adj* litigieux, contentieux, contesté; douteux; **–er Punkt** point litigieux.

Stroh|firma *f* société *f* écran; **–mann** *m* homme de paille, prête-nom *m*, personne *f* interposée.

Strom *m* (1) courant *m* électrique, (2) *fig* flux *m*, (3) *(großer Fluß)* fleuve *m*; **elektrischer –** électricité *f*, courant *m* électrique; **internationaler –** fleuve *m* international; **–anschluß** *m* prise *f* de courant, branchement *m*; **–ausfall** *m* panne *f* d'électricité *ou* de courant; **–bedarf** *m* besoins *mpl* en électricité; **–entnahme** *f* consommation de courant; **–entwendung** *f* soustraction *f* frauduleuse d'électricité; **–leitung** *f* (1) conducteur *m ou* fil *m* électrique, (2) ligne *f* électrique; **–lieferungsvertrag** *f* contrat d'abonnement (d'électricité); **–netz** *n* réseau *m* électrique; **–rechnung** *f* facture *f* (d'électricité); **–schlag** *m* électrocution *f*; **–sperre** *f* coupure *f* du courant, suspension de l'alimentation; **–verbrauch** *m* consommation de courant; **–versorgung** *f* alimentation *f* en courant électrique; **–zähler** *m* compteur *m* électrique.

Struktur *f* (1) *(Aufbau)* structure *f*, disposition *f*, agencement *m*, composition, (2) *(Gefüge)* constitution, armature *f*; **räumliche –** structure géographique; **–analyse** *f* analyse de l'organisation (d'une profession); **–fonds** *(EU)* fonds d'aide aux régions défavorisées; **–krise** *f* crise structurelle; **–politik** *f* politique *f* d'aménagement régional, politique d'amélioration des structures économiques; **–programm** *n* programme *m* d'action structurelle; **–umstellung** *f* reconversion *f* structurelle; **–verbesserung** *f* amélioration *f* des structures; **–wandel** *m* changement *m* de structure.

Stubenarrest *m (MilR)* arrêts *mpl* simples, arrêts au quartier; **geschärfter –, verschärfter –** arrêts de rigueur.

Stück *n* pièce *f*, unité *f*, partie *f*; **–arbeit** *f* travail aux pièces.

Stücke|konto *n* compte *m* de titres; **–lung** *f* (1) *(Aktien)* division du capital en actions, coupure *f*, (2) morcellement, fractionnement *m*; **–verzeichnis** *n* bordereau *m* de titres.

Stück|gewicht *n* poids *m* par unité; **–gewinn** *m* bénéfice *m* unitaire.

Stückgüter *pl* petites marchandises *fpl*, marchandises en colis distincts; **–frachtvertrag** *m (SeeHR)* contrat de transport maritime.

Stück|kauf *m (SchuldR: Spezieskauf)* achat *ou* vente d'une chose non fongible *ou* d'un corps certain; **–kosten** *pl* coût *m* unitaire.

Stücklohn *m* salaire *m* aux pièces; **–satz** *m* taux *f* de salaire aux pièces.

Stück|preis *m* prix *m* unitaire; **–preisnotierung** *f* cotation à l'unité; **–schuld** *f* dette portant sur un corps certain *ou* une chose non fongible; **-vergütung** *f* rémunération aux pièces; **-zölle** *pl* droits *mpl* de douane au nombre.

Studenten|schaft *f* corporation des étudiants de l'enseignement supérieur; **-vereinigung** *f* association estudiantine; **-werk** *n* œuvres sociales (restaurant universitaire, orientation, bibliothèque) des étudiants.

Studien|aufenthalt *m* séjour *m* d'études; **-ausschuß** *m* comité *m* d'études, commission *f* d'études; **-beihilfe** *f* allocation d'études; **-gang** *m* formation, organisation générale des études; **-gebühr** *f* droit de scolarité; **-geld** *n* droit de scolarité, écolage *m* (S); **-gesellschaft** *f* société *f* d'études; **-gruppe** *f* syndicat d'études; **-kreis** *m* cercle d'études; **-ordnung** *f* réglementation des études (supérieures); **-plan** plan *m* d'études; **-platz** *m* place *f* d'études à l'université; **-platzbewerber** *m* candidat à une place d'études; **-platztausch** *m* échange d'une place d'études contre une autre; **-platzvergabe** *f* fait pour le service universitaire central d'accorder une place d'études; **-rat** *m* professeur *m* de l'enseignement secondaire; **-reise** *f* voyage *m* d'études; **-stipendium** *n* bourse d'études; **-tagung** *f* session d'études; **-vertrag** *m* contrat *ou* convention d'étude; **-zeit** *f* durée des études.

Studium *n* (1) *(HochschulR)* études universitaires, (2) étude *f* d'une question.

Stufe *f* échelon *m*, palier *m*, degré *m*.

Stufen|gründung *f* constitution *f* (de société) au moyen de souscription, fondation par étapes; **-klage** *f* *(ZPR)* demandes en justice portant sur des litiges ayant un lien entre eux, actions *fpl* successives; **-plan** *m* plan échelonné; **-zuschlag** *m* supplément *m* hiérarchisé.

Stumme(r) *m* muet *m*.

stunden (1) *(verschieben)* différer, remettre, ajourner, accorder un délai, (2) *(Zahlung)* atermoyer, renvoyer (un paiement) à un terme plus éloigné.

Stundenlohn *m* salaire *m* horaire, rémunération *f* à l'heure; **durchschnittlicher –** salaire horaire moyen.

Stunden|löhner *m* travailleur payé à l'heure; **-plan** *m* emploi *m* du temps; **-satz** *m* salaire horaire, honoraires *mpl* ou appointements (conventionnels) pour une heure de travail; **-verdienst** *m* gain *m* horaire; **-zettel** *m* relevé des heures de travail; **-zulage** *f* majoration *f* horaire, prime *f* horaire, indemnité *f* horaire.

Stundung *f* prorogation du délai (de paiement), ajournement *m*, sursis de paiement, terme de grâce, paiement *m* différé.

Stundungs|gericht *n* (S) autorité de sursis (S); **-gesuch** *n* demande de moratoire; **-vereinbarung** *f* contrat portant sur un échelonnement des paiements, moratoire; **-vergleich** *m* accord sur l'ajournement (d'une dette), concordat-sursis *m* (S); **-zinsen** *pl* intérêts *mpl* moratoires.

Sturmschäden *pl* dommages résultant d'une tempête, d'un cyclone, d'un cataclysme.

Sturz *m* (1) baisse *f*, chute *f*, effondrement *m*, (2) renversement *m*; **– der Regierung** chute *ou* renversement du gouvernement.

Sturzgüter *pl* marchandises en vrac.

stützen consolider, soutenir; **sich – auf** se reporter à, se fonder *ou* s'appuyer sur.

Stützpreis *m* prix *m* de soutien.

Stützung *f* confortation *f*, consolidation *f*, soutien *m*.

Stützungs|aktion *f* action de soutien, intervention (en bourse); **-arbeit** *f* travaux *mpl* confortatifs; **-kauf** *m* achat de soutien; **-politik** *f* politique *f* de soutien.

subaltern *adj* subalterne.

Subalternbeamte(r) *m* agent *m* subalterne, agent d'exécution.

Subdelegation *f* sous-délégation *f*.

Subhastation *f* (= Zwangsversteigerung) vente aux enchères par autorité de justice.

Subjektfähigkeit *f (SteuerR)* assujetissement à l'impôt, fait d'être assujetti à l'impôt sur les sociétés.

subjektiv *adj* subjectif, personnel, individuel; **–es Recht** *(ZR)* droit subjectif, pouvoir *m*, prérogative *f*; **–e Unmöglichkeit** impossibilité personnelle (de fournir une prestation).

Subkonto *n* sous-compte *m*.

Sublegat *n* (Aut) legs que doit faire un légataire sur ordre du défunt.

Sublegatar *m* (Aut) sous-légataire *m*.

Submission *f (VwR)* soumission *f*, procédure de passation de marché avec appel à la concurrence; **–sabsprache** *f* entente illicite relative à la passation d'un marché sur adjudication; **–svertrag** *m* marché *m* sur adjudication.

Submittent *m* soumissionnaire *m*.

Subordinationsverletzung *f* (Aut) insubordination *f*.

subsidiär *adj* (= hilfsweise, unterstützend) subsidiaire *adj*, subsidiairement *adv*.

Subsidiärhaftung *f* responsabilité *f* subsidiaire.

Subsidiarität *f (VerfR: Föderalismus)* caractère *m* subsidiaire (d'un recours).

Subsidiaritätsgrundsatz *m* (1) *(EU)* principe de la subsidiarité, (2) principe de la garantie *ou* responsabilité subsidiaire.

Subsistenz|mittel *pl* moyens *mpl* de subsistance; **–wirtschaft** *f* économie de subsistance.

Subskribent *m* souscripteur *m*.

subskribieren souscrire.

Subskription *f* souscription *f*.

Subskriptions|frist *f* délai de souscription; **–preis** *m* prix de souscription.

Substantiierung *f (PrzR)* présentation de tous les faits susceptibles de fonder les prétentions d'une partie au procès; **–spflicht** *f* obligation pour le demandeur *ou* le défendeur de présenter devant le juge tous les faits nécessaires à la solution du litige.

Substanz|wert *m* valeur *f* intrinsèque; **–verlust** *m* perte *f* de substance.

Substitut *m* (1) *(Stellvertreter)* représentant *m*, mandataire *m*, (2) *(Erfüllungsgehilfe)* préposé *m*, aide *m*.

Substitution *f* (1) *(Austausch)* substitution, (2) *(Stellvertretung)* sous-délégation; **fideikommissarische –** substitution fidéicommissaire; **gemeine –** substitution vulgaire.

Substitutions|berechtigung *f* pouvoir de substitution; **–recht** *n* (= Eintrittsrecht) droit de substitution; **–wert** *m* valeur *f* de substitution.

Subsumtion *f* (1) *(StR)* qualification *f*, (2) application de la règle de droit; **–sirrtum** *m* application erronée d'une règle de droit.

Subunternehmer *m* (= Zulieferer) sous-traitant *m*, sous-entrepreneur.

Subunternehmung *f* entreprise *f* de sous-traitance, sous-entreprise.

Subvention *f* **(s. Beihilfe, Zuschuß)** subvention *f*, soutien financier.

Subventionierung *f* octroi *m* d'une subvention.

Subventions|betrug, –schwindel *m* escroquerie *f* aux subventions.

subversiv *adj* subversif *adj*; subversivement *adv*.

Suche *f* recherche *f*, enquête *f*.

Suchgebühr *f* droit de recherche.

Sucht *f* (1) *(i.w.S.)* manie *f*, (2) *(Rauschgift)* toxicomanie *f*, (3) *(Alkohol)* alcoolisme *m*, éthylisme, (4) *(Tabak)* tabagisme, nicotinisme; **–behandlung** traitement des intoxications par l'alcool *ou* le tabac *ou* de la toxicomanie.

Suchvermerk *m* inscription (au casier judiciaire) du bulletin de recherche d'un criminel.

Südfrüchte *pl* fruits *mpl* tropicaux.

Sühne *f* expiation *f*; **–abgabe** *f* impôt *m* expiatoire, taxe *f* expiatoire; **–attest** *n* procès-verbal de (non-)conciliation; **–geld** *n* indemnité *f*; **–maßnahme** *f* sanction *f*; **–rich-**

ter *m* juge-conciliateur *m*; **–termin** *m* audience de conciliation; **–verfahren** *n* procédure de conciliation; **–verhandlung** *f* séance de conciliation, conciliation; **–versuch** *m* procédure *ou* tentative de conciliation; **–zeugnis** *n* procès-verbal de non-conciliation.

sui generis *lat* propre à une espèce *ou* à une chose, spécifique, sui generis.

Suizid *m/n* suicide *m*; **–gefährdet** *adj* (tendance) suicidaire.

Sukzession *f* **(s. Rechtsnachfolge)** subrogation *f* (dans les droits), succession *f*.

Sukzessiv|gründung *f* fondation par étapes, fondation *f* successive (S); **–lieferungsvertrag** *m* contrat *m* de vente par livraisons successives, contrat à exécution successive, contrat successif.

summarisch *adj* (1) sommaire, global, (2) *(kurz)* succinct; **–es Verfahren** procédure de référé.

Summe *f* (1) *(Betrag)* somme *f*, total *m*, (2) *(Rechnung)* montant *m*.

Summen|aktie *f* action dont le montant est exprimé en un chiffre déterminé; **–depot** *n* dépôt collectif avec fongibilité, dépôt avec transfert de propriété au dépositaire sur les titres déposés; **–leistung** *f* (= Barleistung) prestation *f* en espèces; **–pfand** *n* gage *m* collectif; **–rückversicherung** *f* réassurance *f* proportionnelle; **–versicherung** *f* assurance de sommes (pour garantir le montant stipulé au contrat); **–verwahrung** *f* dépôt collectif avec fongibilité; **–zuschlag** *m* surprime *f* pour capitaux (élevés).

Superädifikat *n* (Aut) construction temporaire sur le terrain d'autrui.

Super|cargo *m (SeeHR)* subrécargue *m*; **–dividende** *f* superdividende *m*; **–gewinn** *m* superbénéfice *m*; **–gewinnbeteiligung** *f* surparticipation *f* au bénéfice; **–kontrolle** *f* supercontrôle *m*; **–markt** *m* supermarché *m*; **–numerar** *m* surnuméraire *m*; **–numerariat** *n* surnumérariat *m*; **–pfändung** *f* (Aut) nouvelle saisie opérée sur un même objet à raison d'une nouvelle créance exécutoire; **–provision** *f* surcommission *f*, supercommission *f*; **–sparpreis** *m* prix sacrifié.

Supplik *f* (Aut) supplique *f*, requête (gracieuse) *f*, placet *m*.

supranational *adj* supranational.

Surrogat *n* (= Ersatz, Ersatzstück) objet de remplacement; **–wert** *m* valeur d'un objet de remplacement.

Surrogation *f* subrogation *f*; **dingliche –** subrogation réelle; **vertragsmäßige –** subrogation conventionnelle; **– kraft Gesetzes** subrogation légale.

suspendieren suspendre, relever des fonctions.

Suspendierung *f*, **Suspension** *f* *(BeamR: vorläufige Dienstenthebung)* suspension, relèvement de fonctions.

suspensivbedingt *adj* sous condition suspensive.

Suspensiv|bedingung *f* condition *f* suspensive; **–effekt** *m* effet *m* suspensif.

Swap|geschäft *n* (= Reportgeschäft in Devisen) swap *m*, crédit *m* croisé, opération de report; **–satz** *m* taux *m* de report.

Swing *m (Außh)* crédit *m* réciproque (entre deux pays) en vue de régulariser les achats et les ventes.

Symbol *n* (des Staates) symbole *m ou* attribut *m* (de l'État).

Sympathiestreik *m* grève *f* de sympathie, grève de solidarité.

Sympathisant *m (StR)* personne partageant les idées terroristes (de la fraction de l'Armée rouge p. ex.) sans commettre elle-même des actes terroristes.

synallagmatisch *adj* (= gegenseitig) synallagmatique *adj*; **–er Vertrag** *m* contrat *m* bilatéral, contrat synallagmatique.

Syndikalismus *m*, **revolutionärer –** syndicalisme *m* révolutionnaire.

Syndikat *n* (1) *(Arbeitgebervereinigung)* syndicat (d'entrepreneurs), confédération patronale, (2) *(Kartell)* entente *f ou* cartel *m* pour l'achat *ou* la vente en commun, (3)

(Bankenkonsortium) pool *m* bancaire, consortium *m* de banque, (4) *(StR)* organisation criminelle, maffia *f*.

Syndikats|beteiligung *f* (S) participation *f* syndicale; **–haftung** *f* (Aut) responsabilité de la puissance publique pour les violations du droit commises par un magistrat dans l'exercice de ses fonctions; **–klage** *f* (Aut) action en responsabilité dirigée contre l'Etat *ou* contre un magistrat en raison des violations du droit commises par ce dernier dans l'exercice de ses fonctions.

Syndikus *m* (1) *(Geschäftsführer von Verbänden)* président *m*, (2) *(Justitiar)* conseil *m* juridique (au sein d'une entreprise), juriste-consulte; **–anwalt** *m* avocat *m* lié à une entreprise par un contrat de louage de services.

System *n* (1) *(VerfR)* régime *m*, système *m*, (2) *(DV)* système d'exploitation *ou* de gestion de bases de données; **parlamentarisches –** régime *ou* système parlementaire; **totalitäres –** régime totalitaire; **–beratung** *f* activité de conseil en matière de logiciels.

T

Tabak|erzeugnisse *pl* tabacs *mpl;* **–industrie** *f* exploitation industrielle des tabacs; **–monopol** *n* monopole *m* des tabacs; **–raucher** *m* fumeur *m*; **–steuer** *f* taxe *f* sur les tabacs; **–trafik** *f* (Aut) bureau de tabac; **–waren** *pl* produits *mpl* du tabac.

tabellarisch *adj* sous forme de tableau *ou* de liste *ou* d'une grille.

Tabelle *f* barème *m*, table *f*, tableau *m*, classement *m*, groupement *m*.

Tabular|besitz *m* possessions *f* d'un immeuble en vertu d'un droit (présumé) transcrit au registre foncier; **–ersitzung** *f* prescription *f* acquisitive (d'un immeuble); **–urkunde** *f* acte relatif à un contrat immobilier.

Tadel *m* (= Mißbilligung) blâme *m*, reproche *m*, réprimande *f*; **ihn trifft kein –** il n'a pas commis de faute; **an ihm war kein –** il était sans reproche(s).

tadeln blâmer, réprimander, censurer.

Tadelsantrag *m* motion *f* de blâme; motion de censure.

Tafelgeschäft *n (BankR)* opération au comptant.

Tag *m* jour *m*, journée *f*; **Angabe des –es** indication du jour; **Frist nach –en** computation des délais au jour le jour; **– der Protesterhebung** jour *m* du protêt; **– der Zustellung** date *f* de la signification.

Tage|buch *n* livre-journal *m*; **–buchaufzeichnungen** *pl* relations *fpl* contenues dans un journal; **–geld** *n* (1) indemnité de déplacement, (2) allocation *f ou* indemnité *f* journalière; **–lohn** *m* salaire *m* journalier; **–löhner** *m* journalier *m*.

tagen siéger, s'assembler.

Tages|auszug *m* extrait *m* journalier; **–befehl** *m* ordre du jour; **–bericht** *m* rapport *m* quotidien d'information; **volle –beschäftigung** *f* occupation *f* à temps complet, travail *m* à plein temps; **–entschädigung** *f* indemnité *f* journalière; **–geld** *n* argent *m* au jour le jour; **–geschäft** *n* marché *m* au comptant; **–kauf** *m* vente *f* au comptant; **–kladde** *f* feuille de comptabilité quotidienne; **–kurs** *m* cours du jour; **–lohn** *m* salaire journalier; **–notierung** *f* cours du jour, cours *m* journalier.

Tagesordnung *f* ordre du jour; **Antrag zur –** motion d'ordre; **Übergang zur –** passage à l'ordre du jour; **die – aufstellen, die – festsetzen** arrêter l'ordre du jour; **auf die – setzen** inscrire à l'ordre du jour.

Tages|preis *m* prix du jour; **–register** *n* registre-journal *m*; **–satz** *m (StR)* amende pénale au taux journalier (compris entre 2 et 10000 DM); **–schein** *m* permis *m* journalier; **–spesen** *pl* indemnité *f* journalière, frais *mpl* journaliers; **–stempel** *m* tampon *m ou* timbre *m* dateur; **–umsatz** *m* ventes journalières; **–vergütung** *f* indemnité journalière; **–wechsel** *m* effet *m* à échéance fixe.

Tageswert *m* (1) valeur actuelle, (2) *(BörR)* cours du jour, cours journalier; **– des Wechsels** valeur au comptant.

Tageszeitung *f* journal *m*, quotidien.

Tag|fahrt *f* (Aut) audience *f*; **–geld** *n* (Aut-S) indemnité de déplacement, indemnité journalière; **–lohn** *m* (Aut-S) salaire journalier; **–lohner** *m* journalier *m*; **–maß** *n* (Aut) concession minière pour l'exploitation des couches superficielles.

Tagsatzung *f* (Aut-S) séance *f*, audience *f*; **erste –** (Aut) première audience dans un procès civil, avec un programme limité en vertu de la loi; **– in Ferialsachen** (Aut) audience de vacations.

Tagsatzungsprotokoll *n* (Aut) procès-verbal *m* d'audience.

Tagschicht *f* équipe *f* de jour.

Tagung *f* réunion *f*; séance *f*; congrès *m*, assises *fpl*; session *f*, conférence *f*; **konstituierende –** session constitutive; **– des Geschworenengerichts** session d'assises.

Tagungs|ort *m* lieu *m* de réunion; **–teilnehmer** *m* congressiste *m*.

Tagwechsel *m* lettre de change à jour fixe, traite payable à une date déterminée.

Takt *m* cadence *f*; rythme *m*; **–fertigung** *f* travail *m* à la chaîne.

Taktik *f* stratégie *f*, plan *m*, tactique *f*.

Talfahrt *f* période *f* de récession économique; creux *m* de la vague.

Talionsgrundsatz *m* loi du talion.

Talon *m* (= Erneuerungsschein) talon *m*, souche *f*.

Tankfahrzeug *n* camion-citerne *m*.

Tankstelle *f* poste *m* de distribution d'essence, station-service *f*; **–npächter** *m* gérant *m* de station-service, *umg* pompiste *m*.

Tantieme *f (GesR)* tantième *m*.

Tara *f* (1) tare *f*, poids de l'emballage, (2) emballage *m*; **verkehrsübliche –** tare d'usage; **–gewicht** *n* tare *f*; **–tarif** *m* tarif des tares; **–zuschlag** *m* tare additionelle.

Tarif *m* (1) *(Preise, Zölle, Steuern)* tarif *m*, barème *m*, (2) *(Löhne, Lohnabkommen)* barème des salaires, convention *f* collective; **allgemeiner –** tarif général, tarif normal; **degressiver –** tarif dégressif; **direkter –** tarif direct; **einheitlicher –** tarif uniforme; **ermäßigter –** tarif réduit; **fester –** tarif fixe; **gemischter –** tarif mixte; **– von örtlicher Bedeutung** tarif d'intérêt local.

Tarif|abkommen *n* (1) *(ZollR)* convention tarifaire, (2) *(ArbR)* accord *m* collectif, convention *f* collective de travail (= C. C. T.); **–abmachung** *f* convention tarifaire, accord tarifaire; **–abnehmer** *m* (Aut) consommateur sur la base des tarifs; **–abschluß** *m* signature *f ou* conclusion *f* d'une convention collective; **–angelegenheit** *f* contentieux relatif à une C. C. T.; **–angestellte(r)** *m* employé conventionnel; **–ausschuß** *m* comité *m* tarifaire; **–autonomie** *f (ArbR)* autonomie *f* des partenaires sociaux, liberté des syndicats pour conclure des conventions collectives de travail; **–begünstigung** *f* avantage *m ou* préférence *f* tarifaire; **–bereich** *m* champ *m ou* territoire *m* d'application d'une convention collective.

tarifbestimmend *adj* tarificateur.

Tarif|bestimmung *f* (1) *(Zölle)* disposition *f* tarifaire, règle *f* tarifaire, (2) *(ArbR)* stipulation *f* conventionnelle, clause *f* d'une convention collective; **–bindung** *f* assujetissement *m* à une convention collective, obligation *f* de respecter une convention collective de travail; **–diskriminierung** *f* discrimination *f* tarifaire; **–einheit** *f (ArbR)* application d'une seule convention au sein d'une entreprise; **–einreihung** *f* classification *f* tarifaire; **–einstufung** *f* position *f* tarifaire, position du tarif; **–entfernung** *f* distance *f* tarifaire, distance de taxation; **–erhöhung** *f* (1) *(Preise, Zölle)* augmentation *ou* hausse du tarif, relèvement tarifaire, majoration de tarif, (2) *(ArbR)* relèvement *m* des salaires conventionnels; **–ermäßigung** *f* réduction de tarif *ou* tarifaire; **–fähigkeit** *f* capacité de conclure des conventions collectives; **–freiheit** *f* liberté *f* tarifaire; **–gebundenheit** obligation de respecter une convention collective de travail; **–gehalt** *n* salaire *m* conventionnel; **–gemeinschaft** *f* (1) *(ArbR)* Fédération des collectivités territoriales allemandes pour la conclusion de conventions collectives, (2) *(Zölle)* groupement appliquant un tarif uniforme, communauté *f* tarifaire; **–gesetz** *n* loi *f* tarifaire; **–gesetzgebung** *f* législation *f* tarifaire; **–gestaltung** *f* (1) structure des tarifs, (2) modulation des tarifs; **–gruppe** *f* échelon *m* professionnel, catégorie *f* professionnelle; **–hoheit** *f* souveraineté en matière tarifaire; **–hoheitsrecht** *n* droit de fixer librement les tarifs (douaniers).

tarifieren tarifer, soumettre à un tarif; fixer le montant des droits à acquitter.

Tarifierung *f* tarification *f* (du prix des marchandises).

Tarif|kampf *m (ZollR)* guerre *f* de tarifs; **–klasse** *f* classe de tarif; **–klassifizierung** *f* classification *f* tarifaire; **–klausel** *f* clause *f* tarifaire; **–kommission** *f (ArbR)* commission *f* syndicale des conventions collectives; **–konflikt** *m* conflit *m* collectif du travail; **–konkurrenz** *f* applicabilité *f* de plusieurs conventions à un contrat de travail; **–kündigung** *f* dénonciation *f* d'une convention collective.

tariflich *adj* (1) tarifaire, prévu par le tarif, (2) conventionnel, prévu *ou* stipulé par la convention collective.

Tarif|lohn *m* salaire *m* conventionnel; **–lohnerhöhung** *f* augmentation des salaires prévus par la C. C. T.; **–maßnahme** *f* mesure *f* tarifaire; **–nummer** *f* position du tarif *ou* tarifaire, numéro *m* tarifaire (S); **–ordnung** *f* règlement *m* tarifaire; **–partei** *f*, **–partner** *m* partie à une C. C. T.; partenaires *mpl* sociaux; **–politik** *f* politique salariale; **–prämie** *f (VersR)* prime commerciale; **–recht** législation applicable aux conventions collectives; **–register** *n* registre des conventions collectives (tenu par le Ministère fédéral du travail); **–runde** *f* négociation *f* portant sur la conclusion d'une nouvelle C. C. T.; rentrée sociale; **–satz** *m* (1) taux de la taxation douanière, (2) taux salarial prévu par la C. C. T.; **–schiedsgericht** *n* arbitrage *m* prévu par une convention collective; **–streitigkeit** *f* conflit collectif du travail; **–struktur** *f* structure *f* tarifaire; **–übereinkommen** *n* accord *m* tarifaire; convention *f* tarifaire; **–üblich** conforme au tarif; **–unterbietung** *f* fait d'offrir un prix inférieur au tarif; **–verband** *m* union *f ou* groupement *m* tarifaire; **–vereinbarung** *f* (1) *(ZollR)* arrangement *m* tarifaire, (2) *(ArbR)* convention collective (de travail); **–vereinigung** *f* union tarifaire; **–verhandlungen** *f pl (ArbR)* négociations *fpl* collectives *ou* entre les partenaires sociaux; **–verstoß** *m* infraction *f* tarifaire; **–vertrag** *m (ArbR)* convention *f* collective (de travail) (= C. C. T.); accord collectif d'entreprise; accord *m* catégoriel; accord salarial; accord interprofessionnel; **–vertragsbestimmung** *f* stipulation *ou* clause de la convention collective de travail; **–vertragsfreiheit** *f* liberté des partenaires sociaux de conclure des conventions collectives; **–vertragsgesetz** *n* loi *f* portant sur les conventions collectives; **–vertragspartei** *f* partie *f* signataire d'une convention collective; **–vertragsverletzung** *f* violation d'une

C. C. T.; **–vorschrift** *f* (1) *(ZollR)* prescription *f* tarifaire, (2) *(ArbR)* règle *f ou* disposition d'une C. C. T.

tarifwidrig *adj* (1) contraire au tarif, non conforme au tarif, (2) contraire à la convention collective de travail.

Tarif|zeitraum *m (Telefon)* période *f* de taxation; **–zuständigkeit** *f* compétence *f* pour signer une convention collective, compétence en matière de C. C. T.; **–zwang** *m* obligation d'appliquer les tarifs.

Tarn|bezeichnung *f* appellation conventionnelle; **–name** *m* nom *m* d'emprunt; **–organisation** *f (VerfR)* organisation *f* politique camouflée, ligue dissoute reconstituée sous le couvert d'une association culturelle *ou* société civile.

Tarnung *f* camouflage *m*.

Taschenbuchlizenz *f* licence *f* pour édition en livre de poche.

Taschen|dieb *m* voleur *m* à la tire; **–diebstahl** *m* vol à la tire; **–geld** *n* argent de poche; **–geldparagraph** *m* disposition du Code civil allemand accordant une capacité de contracter limitée aux mineurs (lorsqu'ils emploient les fonds mis à leur disposition); **–pfändung** *f* saisie pratiquée sur les sommes portées par un individu.

Tat *f* (1) *(Handlung)* acte *m*, action *f*, (2) *(Ergebnis der Handlung)* fait *m*, délit *m*, crime *m*; **begangene –** fait incriminé; **einmalige –** délit instantané; **fehlgegangene –** délit manqué; **inkriminierte –** (Aut) fait incriminé; **zur Last gelegte –** fait imputé à charge, fait incriminé; **strafbare –** (S) infraction *f*; **Verübung der –** fait de commettre l'infraction, perpétration *f* de l'infraction; **auf frischer – betreffen** (Aut), **auf frischer – ergreifen** *od.* **ertappen** prendre en flagrant délit, prendre sur le fait, surprendre en flagrant délit; **seine – gestehen** reconnaître les faits *ou* ses torts, avouer; **zu seiner – stehen** reconnaître sa responsabilité (pour un acte); **in der –** en effet, effectivement); **–begehung** *f* perpétration de l'infraction; **–begriff** *m* notion légale de faits incriminés; **–bericht** *m* exposé *m* des faits.

Tatbestand *m* (1) *(allg. u. Zivilrecht)* état *m* de choses, situation *f* d'une affaire, faits *mpl*, énoncé des faits, (2) *(Strafrecht)* éléments constitutifs de l'infraction; **eine – aufnehmen** procéder aux constatations d'usage; **– des unlauteren Wettbewerbs** acte de concurrence déloyale; **– des Urteils** faits *mpl*, relation des faits, exposé *m* du litige, prétentions et moyens des parties.

Tatbestands|aufnahme *f* constat *m*, procès-verbal *m* de constatation, constatations *fpl*; **–bericht** *m* exposé des faits; **–irrtum** *m* erreur *f* portant sur un élément constitutif de l'infraction.

tatbestandsmäßig *adj* qui réunit tous les éléments constitutifs de l'infraction.

Tatbestandsmäßigkeit *f (StR)* réunion de tous les éléments constitutifs de l'infraction.

Tatbestandsmerkmal *n (StR)* élément *m* constitutif, fait constitutif d'une infraction; **– der strafbaren Handlung** élément constitutif de l'infraction.

Tatbestands|protokoll *n* (S) procès-verbal *m* des faits (S); **–wirkung** *f (VwR)* force obligatoire (pour l'Administration) des faits relatés dans un jugement.

Tat|beteiligte(r) *m* personne *f* participant à une infraction; co-auteur *m*; complice *m*; **–beteiligung** *f* participation criminelle, complicité *f*; **–bezeichnung** *f* qualification des faits.

Tateinheit *f (StR)* concours *m ou* cumul *m* formel d'infractions, concours idéal d'infractions, concours *ou* conflit de qualifications légales; **in – mit** *(StR)* en réunion *ou* en cumul avec.

Täter *m* (1) *(allgemein)* auteur *m*, (2) *(Strafrecht)* coupable *m*, malfaiteur *m*, auteur (du crime); **–strafrecht** *n* droit criminel axé sur la personnalité du délinquant plus que sur l'infraction elle-même.

Täterschaft *f* fait d'être l'auteur d'une infraction; **mittelbare –** fait d'être indirectement l'auteur d'un délit (en ayant fait agir quelqu'un d'autre à sa place).

Tat|erschwerung *f* aggravation des faits; **–folgen** *pl* conséquences résultant des faits incriminés; **–frage** *f* question de fond, point de fait, question de fait; **–handlung** *(ZR: Realakt)* fait juridique, fait délictueux.

tätig *adj* actif; **–e Reue** *(StR)* repentir actif, désistement volontaire (de l'exécution).

Tätigkeit *f* (1) activité *f*, (2) *(Beruf)* profession *f*, fonction *f*, emploi *m*, métier *m*, (3) *(Beschäftigung)* occupation *f*, travail *m*, tâche *f*, (4) *(Maschinen)* fonctionnement, marche *f*; **abhängige –** activité dépendante, salariat *m*; **ausführende –** fonction d'exécution; **berufliche –** activité professionelle; **entgeltliche –** occupation *f* lucrative *ou* rémunérée; **finanzielle –** activité financière; **freiberufliche –** exercice *m* d'une profession libérale; **gefahrgeneigte –** activité dangereuse; **geistige –** activité intellectuelle; **gesetzgebende –, gesetzgeberische –** fonction *f ou* activité législative; **gewerbliche –** activité industrielle *ou* commerciale; **handwerkliche –** activité artisanale; **leitende –** fonction de direction; **rechtsprechende –** fonction juridictionnelle; **selbständige –** exercice d'une profession non-salariée; **umstürzlerische –** activité révolutionnaire; **unerlaubte –** activité illicite; **unselbständige –** profession *f* salariée; **verwaltende –** fonction *f* administrative.

Tätigkeits|bereich *m* sphère *f* d'activité, domaine *m* d'activité, champ *m* d'action; **in den –bereich fallen** entrer dans le cadre des activités de qn; **–bericht** *m* rapport d'activité *ou* de gestion, bilan *m* des activités; **–beschreibung** *f* spécification *f* du travail, description *f* des fonctions; **schlichtes –delikt** *n* délit *m* formel; **–feld** *n* champ *m* d'activités; **–merkmal** *n* caractéristique *f*, spécification de l'activité; **–vergütung** *f* rémunération (d'un service).

Tatirrtum *m* erreur *f* de fait.

tätlicher Angriff *(StR)* voie de fait.

Tätlichkeit *f* voie de fait, excès *m*, violence *f*.

Tat|mehrheit *f (StR)* pluralité *f* d'infractions, concours réel d'infractions; **–modalität** *f* circonstance particulière d'un fait (incriminé); **–opfer** *n* victime *f* d'une infraction; **–ort** *m* lieux *mpl*, lieu du crime, lieu de l'infraction; **–plan** *m* préméditation, dessein réfléchi (de commettre un crime *ou* une infraction).

tatprovozierendes Verhalten *(StR)* comportement incitant à la commission d'une infraction.

Tatrichter *m* juge du fond.

Tatsache *f* fait *m*, réalité *f*; **behauptete –** fait allégué; **belastende –** fait à charge; **entlastende –** fait à décharge; **feststehende –** fait acquis; **neue –** fait nouveau; **nicht erhebliche –** fait sans conséquence; **offenkundige –** fait notoire; **rechtfertigende –** fait justificatif; **rechtserzeugende –** fait créateur d'un droit; **streitige –** fait litigieux; **unbestrittene –** fait constant, fait non contesté, fait incontesté; **vollendete –** fait accompli; **eine – vorbringen** soulever un fait.

Tatsachen|behauptung *f* allégation (d'un fait), affirmation; **–feststellung** *f* constatations *fpl* (d'une enquête); **–geständnis** *n* aveu *m* portant sur des faits; **–irrtum** *m* erreur de fait; **–manipulation** *f* manipulation des faits; *pej* magouille *f*, tripotage *m*; **–material** *n* renseignements recueillis sur des faits établis; **–überprüfung** *f* vérification *f* des faits; **–vermutung** *f* présomption *f* de fait.

tatsächlich (1) *adj* fondé sur les faits, effectif; *(wirklich)* positif, réel, (2) *adv* de fait, en fait.

Tat|schwere *f* gravité *f* des faits (reprochés); **–spuren** *pl* indices *mpl*, traces *fpl;* **–umstände** *pl* circonstances *fpl* de l'infraction, éléments *mpl* (constitutifs) du délit.

Tat|verdacht *m* présomptions *fpl* pesant sur qqn; **–verdächtige(r)** *m* auteur présumé d'une infraction; **–vorwurf** *m* fait imputé *ou* reproché; **–werkzeug** *n* arme *f* du crime; instrument ayant servi à perpétrer une infraction; **–zeit** *f* heure *f* du crime, heure de perpétration de l'infraction; **–zeuge** *m* témoin oculaire, témoin des faits.

Taubstumme(r) *m* sourd-muet.

Tauf|register *n* registre des baptêmes; **–schein** *m* certificat de baptême.

tauglich *adj* (1) *(geeignet)* bon, apte à, propre à, (2) *(Person)* capable; **– für eine Arbeit** apte à un travail; **– zum Dienst mit der Waffe** apte au service armé; **– zum Dienst ohne Waffe** apte au service auxiliaire.

Tauglichkeit *f* (1) *(Eignung)* aptitude *f*, qualification *f*, (2) *(Fähigkeit)* capacité *f*.

Tauglichkeits|grad *m (MilR)* catégorie médicale; **–überprüfung** *f* examen médical constatant l'aptitude au service (national); **–zeugnis** *n* certificat *m* d'aptitude physique.

Tausch *m* (1) échange *m*, troc *m*, (2) *(Wechselgeschäft)* change *m*; **– mit Zahlung des Wertunterschiedes** échange avec soulte; **–abkommen** *n* accord de troc; **–aktion** *f* vente promotionnelle avec reprise des appareils usagés; **–angebot** *n* offre *f* d'échange.

tauschen échanger, troquer, faire du troc; *(Geld)* changer.

täuschen induire (volontairement) en erreur, tromper; abuser, berner, duper.

Tauschende(r) *m* échangiste *m*, coéchangiste, copermutant *m*.

Tausch|geschäft échange *m*; **–handel** *m* troc *m*; **einen –handel betreiben** faire du troc, troquer.

Tauschhandelsabkommen *n* accord *m* de troc.

Tausch|partner *m* (1) échangiste *m*, coéchangiste, (2) *(Arbeit)* permutant *m*; **–stelle** *f* bureau d'échange.

Täuschung *f* (1) *(Betrug)* manœuvre *f* frauduleuse, tromperie *f*, duperie *f*, (2) *(Irrtum)* erreur *f*, mécompte *m*, (3) *(Einbildung)* illusion; **absichtliche –** (S) dol *m*; **arglistige –** dol *m* (en tant que vice du consentement); **– im Lebensmittelhandel** fraude *f* sur les denrées alimentaires; **– über einen Nebenumstand** dol incident; **– über einen wesentlichen Umstand** dol principal.

Täuschungs|absicht *f* intention *f* dolosive, manœuvre frauduleuse ayant pour objet de tromper; **–handlung** *f (StR)* acte *m* frauduleux; **–manöver** *n* manœuvre dolosive *ou* déloyale, artifice *m*; **–versuch** *m* tentative *f* de fraude.

Tausch|vertrag *m* contrat d'échange; **–verwahrung** *f* dépôt de choses interchangeables; **–wert** *m* valeur *f* d'échange; **–wirtschaft** économie reposant sur le troc.

Tauziehen *n (Pol)* surenchère *f*.

taxativ *adj* (Aut) limitatif.

Taxator *m* (= Schätzer) taxateur *m*.

Taxe *f* (1) *(Gebühr)* taxe *f*, impôt *m*, (2) *(festgesetzter Preis)* tarif *m*, barème *m*, droit *m*, (3) *(Schätzung)* évaluation *f* (4) *(StVR)* taxi *m*; **– für Ankunftsmeldung** (S) taxe d'avis d'arrivée; **– für gebührenfreie Aushändigung** (S) taxe pour franchise à la livraison.

Taxen|genehmigung *f*, **–konzession** *f* concession *f* d'exercice du métier de chauffeur de taxi; **–stand** *m* station de taxis.

Taxerhöhung *f* relèvement de taxe.

taxfrei *adj* gratuit *adj*; gratuitement *adv*.

Tax|freiheit *f* franchise de taxe, détaxation; **–gewicht** *n* poids *m* taxé.

taxieren évaluer, estimer, taxer.

Taxierung *f* évaluation, taxation.

Tax|kurs *m* cours *m* imposé; **–marke** *f* (S) coupon-taxe *m*; **–preis** *m* prix *m* taxé; **–wert** *m* valeur d'évaluation, valeur *f* d'estimation, valeur agréée; **–zuschlag** *m* supplément de taxe.

Taylorsystem *n* taylorisme *m*.

Teamarbeit *f* travail d'équipe.

Technik *f* technique *f*, méthode *f*, procédé *m*; science appliquée; **Stand der –** *(PatR)* état actuel de la technique, art antérieur (à la nouvelle invention); **letzter Stand der –** technique de pointe.

Techniker *m* homme de l'art, professionnel, spécialiste, technicien.

Technikum *n* collège d'enseignement technique.

technisch *adj* technique; **–e Überwachung** contrôle *m* technique; **–e Vorschrift** prescription technique; **–e Zuverlässigkeit** fiabilité *f*.

Technokratie *f* technocratie *f*, pouvoir prédominant des experts.

Technologie *f* technologie *f*; **–transfer** *m* transfert *m* de technologie.

Teil *m* (1) *(Stück)* partie *f*, portion *f*, (2) *(Anteil)* part *f*, quote-part *f*, (3) *(Einzelteil)* pièce *f* détachée, (4) *(Bestandteil)* élément *m*, (5) *(Prozeßpartei)* partie *f*; **frei verfügbarer –** quotité *ou* portion disponible; **klagender –** partie demanderesse, demandeur *m*; **pfändbarer –** portion saisissable; **verfügender – des Urteils** dispositif du jugement; **vertragschließender –** contractant *m*, partie contractante; **–abkommen** *n* accord *m* partiel; **–abschnitt** *m* section, partie; **–abstimmung** *f* vote par division; **–abtretung** *f* cession partielle (de créances); **–abweisung** *f (PrzR)* rejet partiel (de la demande); **–akzept** *n* acceptation partielle; **–anfechtung** *f* demande d'annullation partielle; **–anmeldung** *f (PatR)* demande *f* divisionnaire; **–antwort** *f* élément *m* de réponse; **–arbeitslose(r)** *m* (S) chômeur *m* partiel; **–arbeitsunfähigkeit** *f* incapacité de travail partielle (permanente *ou* temporaire); **–aufhebung** *f* annullation partielle.

teilbar *adj* partageable, divisible.

Teilbarkeit *f* divisibilité *f*.

Teil|bereich *m* domaine spécial, secteur partiel; **–beschäftigung** *f* emploi à temps partiel; chômage *m* partiel; **–bestimmung** *f* disposition *f* partielle; **–bewilligung** *f* concession partielle; **–betrag** *m* montant *m* partiel; acompte *m*; **–charter** *f*, **–charterung** *f* affrètement *m* partiel.

Teilchenbeschleuniger *m (AtomR)* accélérateur *m* de porteurs électrisés.

Teil|deckung *f* couverture partielle; **–eigentum** *n* quote-part *f* (de propriété) en ce qui concerne les parties communes d'un immeuble bâti (avec un statut de copropriété); **–einspruch** opposition contre une partie de la décision; **–einziehung** *f* confiscation partielle; **–enteignung** *f* expropriation partielle; **–entschädigung** *f* indemnité *f* partielle, dédommagement *m* partiel, fraction *f* d'indemnité; **–entscheidung** *f* jugement tranchant une partie du principal; **–erfolg** *m* succès partiel; **–erwerb** *m* acquisition d'une quote-part; **–fabrikat** *n* semi-produit; **–fracht** *f* fret *m* de distance; **–gemeinde** *f* commune faisant partie de communes fusionnées; **–gemeinschaft** *f* communauté *f* par quote-part; **–geständnis** *n* aveu *m* partiel.

Teilhaber *m* associé *m*; partenaire *m*; **geschäftsführender –** associé-gérant *m*; **stiller –** (1) associé *f* d'une société en participation, (2) croupier *m*; **–effekten** *pl* titres de participation (à une société).

Teil|haberschaft *f* association en participation; qualité d'associé; **–hafter** *m (GesR: KG)* associé *m* commanditaire; **–haftung** *f* partage *m* de responsabilité, responsabilité partielle; **–indossament** *n* endossement *m* partiel; **–integration** *f* intégration partielle; **–invalidität** *f* invalidité partielle, infirmité permanente partielle; **–kaskoversicherung** *f* assurance multirisque limitée (vol, incendie, bris de glace); **–konnossement** *n* delivery order *m*; **–kündigung** *f* résiliation partielle; **–leistung** *f* (1) prestation *ou* exécution partielle, (2) paiement d'une partie du prix convenu; **–lieferung** livraison partielle *ou* incomplète; **–mobilmachung** *f* mobilisation *f* partielle.

Teilnahme *f* (1) participation *f*; collaboration, concours *m*, (2) *(StR)* complicité *f*; connivence *f*; **–bedingungen** *pl* conditions *fpl* de participation; **–berechtigung** *f* droit de participation; **–form** *f (StR)* cas *m* de complicité; **–gebühr** *f* frais de participation; **–recht** *n* droit de participation.

teilnehmen participer, prendre part à, assister à, collaborer.

Teilnehmer *m* (1) participant *m*, (2) *(Telefon)* abonné *m*, (3) *(Verkehr)* usager *m*; **–land** *n* État *m* participant, pays *m* participant; **–regierung** *f* gouvernement *m* participant; **–staat** *m* État participant.

Teilnehmung *f* (Aut) participation *f*.

Teilnehmungsrecht *n* (Aut) droit de participation.

Teilnichtigkeit *f* nullité *f* partielle, partie *f* nulle (d'un contrat).

Teil|pacht *f* métayage *m*, colonage *m* partiaire; **–pächter** *m* colon *m* partiaire; **–prämie** *f* prime *f* partielle; **–programm** *n* sous-programme *m*; **–quittung** *f* reçu *m* partiel, quittance *f* partielle, récépissé fractionnaire (B); **–rechtskraft** *f (PrzR)* autorité de la chose jugée concernant une partie de la décision; **–rente** *f* pension *f* partielle; **–schaden** *m* dommage *m* partiel; **–schuldverschreibung** *f* obligation fractionnée, fraction d'obligation; **–sendung** *f* envoi partiel; **–stillegung** *f* fermeture partielle.

Teilung *f* partage *m*, répartion *f*, fractionnement *m*; **gerichtliche –** partage judiciaire; **gütliche –** partage amiable; **vollzogene –** partage consommé; **– mit Ausgleichszahlung** partage avec soulte; **– zur Hälfte** partage par moitié; **– nach Haushaltungen** partage par feu; **– unter Lebenden** partage entre vifs; **– nach Stämmen** partage par souches.

Teilungs|abkommen *n* accord de partage; **–anordnung** *f* ordonnance de partage; **–erklärung** *f* déclaration de partage (d'un appartement en copropriété); **–genehmigung** *f (BauR)* autorisation de partage (d'un immeuble); **–klage** *f* action *f* en partage; **–klausel** *f* clause *f* de partage; **–masse** *f* masse *f* à partager; **–niederschrift** *f* procès-verbal de partage; **–urkunde** *f* acte de partage; **–verlust** *m* perte partielle; **–versicherung** *f* assurance partielle; **–versteigerung** *f* vente *f* aux enchères publiques en vue du partage du bien entre les créanciers; **–zwang** *m* obligation de procéder au partage.

Teil|unwirksamkeit *f* nullité partielle; **–urteil** *n* jugement qui tranche dans son dispositif une partie du principal, jugement *m* (sur le fond) partiel; **–verlust** *m* perte *f* partielle.

Teilvermächtnis *n* legs à titre universel; **–nehmer** *m* légataire à titre universel.

Teil|verzicht *m* renonciation partielle; **–wahl** *f* élection partielle; **–weise** *adv* en partie, partiellement; **–wert** *m* valeur partielle; **–zahlung** *f* paiement partiel *ou* échelonné; **–zahlungsbank** *f* banque *f* de financement des achats à tempérament, banque de crédit spécialisée dans les crédits à la consommation; **–zahlungskauf** *m* vente *f ou* achat *m* à tempérament; **–zahlungskredit** *m* crédit *m* bancaire pour l'achat de biens meubles remboursable par mensualités, crédit remboursable par fractions à intervalles réguliers; **–zahlungspreis** *m* prix stipulé dans la vente à tempérament; **–zahlungsrate** *f* temperament *m*, fraction à payer, mensualité *f*; **–zeitarbeit** *f* emploi *m ou* travail à temps partiel; **–zeitarbeiter, –zeitbeschäftigte(r)** *m* travailleur à temps partiel; intérimaire *m*, travailleur *m* temporaire, salarié à temps réduit; **–zeitbeschäftigung** *f* travail *m ou* emploi *m* à temps partiel; **–zession** *f* cession *f* partielle.

Tele|arbeit *m (ArbR: Fernarbeit am Computer)* travail *m* à distance, télétravail; **–arbeiter** *m* télétravailleur; **–auskunft** *f* information télévisuelle (système allemand Btx); **–brief** *m* (= Telefax, Telekopie).

Telefax *n* (= Fernkopie) télécopie *f* (par téléphone), fax *m*, téléfax *m*.

telefaxen (= fernkopieren) faxer, envoyer un fax.

Telefon|abhöranlage *f* table *f* d'écoute; **–abhörung** *f* écoute téléphonique, mise sur table d'écoute; **–anruf** *m* appel *m* téléphonique; **–anschluß** *m* ligne *f* téléphonique, branchement du téléphone; abonnement; poste *m* d'abonné; **–apparat** *m* poste téléphonique (à clavier, à cadran); **–at** *n* appel *m* téléphonique, communication; **–beantworter** *m* répondeur *m* automatique; **–buch** *n* annuaire *m* téléphonique; **–gebühr** *f* taxe *f* (de base); **–gebührenrechnung** *f* facture *f* téléphonique; **–geheimnis** *n* secret des communications; **–handel** *m* transactions *fpl* par téléphone; **–hörer** *m* combiné *m*; **–karte** *f* télécarte *f*; **–leitung** *f* ligne *f* téléphonique; **–netz** *n* réseau *m* téléphonique; **–nummer** *f* numéro *m* de téléphone; **–überwachung** *f* mise sur écoute *ou* écoute *f* des conversations téléphoniques; télésurveillance *f*; **–verbindung** *f* communication téléphonique; **–verkehr** *m* *(BörR)* marché *m* en banque; **–verzeichnis** *n* annuaire *m*; **–werbung** *f* publicité *f* téléphonique; **–zensur** *f* censure *f* téléphonique; **–zentrale** *f* central *m* téléphonique.

Telegramm *n* télégramme *m*; **–adresse** *f* adresse *f* télégraphique; **–dienst** *m* service télégraphique; **–formblatt** *n* formule *f* de télégramme.

Telekommunikation *f* télécommunication.

Telekopie *f* télécopie *f*.

Telekopierer *m* fax *m*.

Telex *n* (1) *(Fernschreiben)* télex *m*, message *m* transmis par télex, (2) *(Fernschreiber)* téléscripteur *m*.

telexen télexer, transmettre par télex.

Tempo *n (= Geschwindigkeit)* allure *f*, vitesse *f*; **–sünder** *m* adepte *m* des excès de vitesse.

Tendenz *f* tendance *f*; **lebhafte –** *(BörR)* tendance animée, tendance à l'achat; **rückläufige –** tendance à la baisse; **uneinheitliche –** tendance irrégulière.

Tendenz|betrieb *m*, **–unternehmen** *n (ArbR)* entreprise de droit public *ou* privé poursuivant des buts religieux, caritatifs, politiques, artistiques *ou* éducatifs.

Tenor *n (PrzR: Urteils-)* dispositif *m* du jugement.

Termin *m* (1) *(Zeitpunkt)* terme *m*, échéance *f*, (date de) l'expiration *f* du délai, (2) *(Zeitraum)* délai *m*, (3) *(Verhandlung)* audience *f*; **fester –** terme fixe; **letzter –** dernier délai; date *f* limite; **einen – anberaumen** fixer une date d'audience; **einen – auferlegen** impartir un délai; **einen – einhalten** respecter un délai; **einen – festsetzen** *od.* **vereinbaren** convenir d'une date *ou* d'un délai; **den – versäumen** (1) ne pas respecter un délai, (2) *(ZPR)* faire défaut à l'audience; **einen – wahrnehmen** être présent *ou* représenté à une audience.

Terminal *m/n (DV)* station de travail, périphérique d'entrée et de sortie, console *f*, terminal *m*.

Termin|anberaumung *f* mise au rôle; fixation du jour de l'audience; **–angebot** *n* offre à terme; **–bestimmung** *f* fixation d'audience; **–börse** *f* marché à terme.

Termindevisen *pl* devises à terme; **–vertrag** *m* contrat *m* de change à terme.

Termindruck *m*: **unter – stehen** être obligé de faire preuve de célérité pour respecter un délai convenu.

Termin|effekten *pl* titres négociés à terme; **–einlagen** *f* dépôt à terme, dépôt à échéance fixe, avoir à terme; **–festsetzung** *f* fixation d'audience.

termin|gebunden *adj* assujetti à un terme *ou* un délai; **–gemäß, –gerecht** *adj* dans les délais, conformément au délai convenu.

Termin|geschäft *n (BörR)* opération à terme, marché à terme; négociation à terme; **–handel** *m* commerce *m* à terme; **–kalender** *m* échéancier *m*, agenda *m* (des rendez-vous); **–kauf** *m* achat à terme; **–käufer** *m* acheteur à terme; **–konto** *n* compte à terme; **–kurs** *m* cours à terme; **–liste** *f* (Aut) rôle d'audience, rôle du tribunal; **–markt** *m* marché à terme; **–notierung** *f* cotation à terme; **–offerte** *f* offre à terme; **–plan** *m* échéancier *m*; **–planung** *f* ordonnancement *m*; **–preis** *m* prix à terme.

Termin|überschneidung *f* chevauchement des délais; **–überschreitung** *f* dépassement d'un délai; **–verkauf** *m* vente à terme; **–verkäufer** *m* vendeur à terme; **–verlust** *m* déchéance du terme; **–verlängerung** *f* prorogation du délai; **–verpflichtung** *f* engagement à terme, obligation à terme; **–vertrag** *m* contrat à terme, contrat de terme; **–vorverlegung** *f* avancement de la date (de paiement).

territorial *adj* territorial; **–e Integrität** *(VR)* intégrité *f* territoriale; **–e Streitkräfte** armée territoriale.

Territorialautonomie *f* autonomie *f* territoriale.

Territorialgewässer *pl* eaux *fpl* territoriales; **angrenzende –** eaux territoriales contiguës.

Territorial|gericht *n* (S) tribunal *m* territorial (S); **–gewalt** *f od.* **–hoheit** *f* souveraineté territoriale; **–gewässer** *pl* eaux territoriales; **–heer** *n* armée territoriale.

Territorialität *f* territorialité *f*.

Territorialitätsprinzip *n* principe *m* de la territorialité.

Territorial|staat *m* État territorial; **–statut** *n* statut *m* territorial; **–zulage** *f* indemnité *f* de séjour à l'étranger.

Territorium *n (VR: Hoheitsgebiet)* territoire *m*; **– unter Treuhänderschaft** territoire sous tutelle.

Terror *m* terreur *f*; **–akt** *m* acte *m* de terrorisme *ou* de violence, attentat *m* terroriste; **–anschlag** *m* attentat *m ou* agression terroriste; **–herrschaft** *f* terrorisme *m*, terreur *f*.

terrorisieren terroriser, intimider, terrifier.

Terrorisierung *f* intimidation *f* par des actes terroristes.

Terrorismus *m* (= Gewaltherrschaft) terrorisme *m*.

Terrorist *m* terroriste *m*.

Terroristen|bande *f* groupe *m* terroriste, commando *m* de terroristes; **–bekämpfung** *f* lutte antiterroriste; **–fahndung** *f* recherche *f* antiterroriste; **–vereinigung** *f* association criminelle de terroristes; **–verfahren** *n* procédure pénale engagée contre des terroristes.

terroristisch *adj* terroriste; **–er Anschlag** attentat *m* terroriste; **–e Vereinigung** *f* organisation *ou* groupe terroriste.

Terror|justiz *f* justice arbitraire et intimidante; **–methode** *f* emploi systématique de la violence; **–welle** *f* vague d'attentats et d'actes de violence, activités *fpl* terroristes.

Tertiawechsel *m* troisième de change, triplicata de change.

Test *m* test *m*, épreuve *f*, mesure *f*, vérification; **–bericht** procès-verbal *m* d'essai.

Testament *n* testament *m*, disposition par testament; libéralité *f*; dernières volontés; **eigenhändig geschriebenes –, eigenhändiges –** testament olographe *ou* écrit, daté et signé de la main du testateur; **gemeinschaftliches –** testament conjoint, testament conjonctif; **holographisches –** testament olographe; **mündliches –** testament verbal, testament nuncupatif; **notarielles –** testament authentique *ou* notarié; **öffentliches –** testament par acte public *ou* par acte public; **wechselseitiges –** testament conjonctif *ou* conjoint, testament donnant lieu à la rédaction d'un écrit unique; **widerrufenes –** testament révoqué; **ein – anfechten** demander l'annulation d'un testament; **in seinem – bedenken** mettre *ou* coucher qqn sur son testament; **ein – entgegennehmen, ein – erhalten** recevoir un testament; **ein – errichten** établir *ou* rédiger un testament; **durch – erwerben** recevoir par testament; **ein – machen** faire un testament, tester; **ohne – sterben** mourir *ou* décéder intestat; **in seinem – verfügen** léguer par testament; **ein – widerrufen** révoquer un testament.

testamentarisch *adj* testamentaire *adj*; testamentairement *adv*, par testament; **–e Verfügung** disposition testamentaire; legs *m*, clause contenue dans un testament.

Testaments|anfechtung *f* action *f* en révocation (judiciaire) du testament, action *f* en révocation d'un legs testamentaire; inscription de faux; **–auslegung** *f* interprétation du testament; **–bestimmung** *f* disposition *f* testamentaire; **–erbe** *m* héritier *m* testamentaire; **–eröffnung** *f* ouverture du testament; **–errichtung** rédaction du testament; **–erschleichung** *f* (Aut) fait d'obtenir *ou* de faire modifier un testament par contrainte *ou* par dol; **–exekutor** *m* (Aut) exécuteur *m* testamentaire; **–form** *f* forme *f* testamentaire; **–nachtrag** *m* codicille *m*; **–recht** *n* droit *m* testamentaire; **–unterschlagung** *f* (Aut) fait de faire disparaître un testament; **–verwahrung** *f* conservation de l'acte; **–vollstrecker** *m*, **–vollzieher** *m* (Aut) exécuteur *m* testamentaire; **–vollstreckung** *f* exécution des dernières volontés de qqn *ou* du testament; **–zeuge** *m* témoin *m* testamentaire; **–zusatz** *m* codicille *m*.

Testat *m* attestation *f*, certificat *m*.

Testator *m* (= Erblasser) testateur *m*.

testen tester, soumettre à un test.

Test|fahrer *m (Kfz)* essayeur *m*; **–gerät** *n* testeur *m*; **–gruppe** *f* échantillon représentatif.

testieren (1) *(bescheinigen)* attester, certifier, (2) *(Testament machen)* tester, faire un testament, disposer par testament.

testierfähig *adj* capable de tester, habile à tester.

Testier|fähigkeit *f* capacité de tester *ou* de disposer par testament; **–freiheit** *f* liberté *f* de disposer par testament; **–mündigkeit** *f* (S) majorité en matière de témoignage (S); **–recht** *n* droit de tester.

testierunfähig *adj* incapable de tester.

Testierunfähigkeit *f* incapacité *f* de tester.

Testkauf *m* achat *m* en vue de procéder à des test *ou* de soumettre le produit à un test.

teuer *adj* cher, onéreux, coûteux.

Teuerung *f* renchérissement *m*, hausse *f ou* augmentation des prix.

Teuerungs|rate *f* taux de renchérissement; **–welle** *f* flambée *f* des prix, valse *f* des étiquettes; **–zulage** *f* indemnité *f* de vie chère *ou* de cherté de vie, indemnité *ou* allocation *f* de renchérissement; **–zuschlag** *m* majoration *f* de vie chère.

Text *m* texte *m*; manuscrit *m*; document *m*; contenu *m* de la loi; **maßgeblicher –** version *f* authentique; **nachgelassener –** œuvre *f* littéraire posthume; **offizieller –** (= amtlicher) texte officiel.

Texter *m (Werbung)* concepteur-rédacteur publicitaire.

Text|fassung *f* teneur *m*, substance *f*, texte *m*, libellé *m*; **–gestaltung** conception *f*, rédaction; **–verarbeitung** *f* traitement de texte.

Thematik *f* thématique *f*, sujet *m*, thème *m*.

Theorie *f* théorie *f*, doctrine *f*, système *m*, thèse *f*, conception.

Therapie *f* thérapie *f*, thérapeutique; **–anstalt, –einrichtung** établissement de cure.

Thesaurierung *f* (1) *(Horten)* thésaurisation, (2) *(von Kapitalerträgen)* accumulation de capitaux.

Tief *n (Vwirt)* dépression *f*, creux *m* de la vague.

Tief|bau *m* travaux publics; **Hoch- und –bau** Bâtiment et travaux publics (= B. T. P.); **–garage** *f* garage *m* souterrain; **–kühlkost** produits *mpl* congelés; **–unternehmen** *n* entreprise de travaux publics.

Tiefst|kurs *m* cours *m* le plus bas; **–preis** *m* prix *m* le plus bas; **–stand** *m* niveau *m* plancher.

Tier|arzt *m* (médecin) vétérinaire *m*; **–biß** *m* morsure *f*; **–frachtbrief** *m* lettre de voiture pour animaux; **–gefahr** *f* risque *m* inhérant à un animal; **–haftpflicht, –haftung** *f* responsabilité *f* du fait d'un animal.

Tierhalter *m* gardien *m* d'un animal; **–haftpflichtversicherung** *f* assurance *f* responsabilité civile propriétaire *ou* gardien d'animaux; **–haftung** *f* responsabilité du fait des animaux, responsabilité du gardien d'un animal.

Tierquälerei *f (StR)* cruautés *fpl* envers les animaux.

Tierschaden *m* dommage causé par des animaux; **–haftung** *f* responsabilité du fait des dommages causés par des animaux.

Tier|schutzgesetz *n* Loi sur la protection des animaux; **–schutzverein** *m* Société *f* protectrice des animaux (= S. P. A.); **–seuche** *f* épizootie *f*; **–seuchenpolizei** *f* police *f* sanitaire vétérinaire; **–versicherung** *f* assurance contre la mortalité des animaux, assurance des animaux, assurance mortalité du bétail; **–versuche** *pl* expériences *fpl* sur des animaux; **–zucht** *f* élevage *m*.

tilgbar *adj* (1) amortissable, (2) réhabilitable.

tilgen (1) *(Schuld)* rembourser, amortir, (2) *(Hypothek)* purger.

Tilgung *f* (1) *(Rückzahlung)* amortissement *m* (financier), remboursement *m* (d'un crédit), extinction *f* d'une dette, (2) *(Vernichtung)* extermination *f*, anéantissement *m*, (3) *(Löschung)* suppression *f*, radiation, extinction; **vertragliche –** amortissement contractuel; **– von Strafvermerken** radiation de peines *ou* de mesures disciplinaires.

Tilgungs|anleihe *f* emprunt *m* amortissable; **–beihilfe** *f* subvention d'amortissement; **–bestimmung** *f* disposition relative au remboursement; **jährlicher –betrag** *m* annuité d'amortissement; **–darlehen** *n* prêt *m ou* emprunt *m* amortissable; **–dienst** *m* service de l'amortissement; **–fonds** *m* fonds d'amortissement.

tilgungsfrei *adj* non amortissable, perpétuel.

Tilgungs|frist *f* délai *m* de remboursement; **–hypothek** *f* hypothèque *f* amortissable; **–kapital** *n* capital *m* amortissable; **–klausel** *f* clause d'amortissement (d'une hypothèque); **–lasten** *pl* charge d'amortissement.

tilgungspflichtig *adj* qui doit être amorti, amortissable.

Tilgungs|plan *m* plan d'amortissement; **–quote** *f* taux *ou* pourcentage *m* d'amortissement; **jährliche –rate** *f* amortissement *m* annuel, annuité d'amortissement, quote *f ou* tranche *f* d'amortissement (S); **–rente** *f* rente *f* amortissable; **–reihenfolge** *f* priorité *f ou* ordre de remboursement; répartition des paiements; **–satz** *m* taux d'amortissement; **–schuld** *f* dette *f* amortissable; **–stück** *n* titre *m* amorti; **–summe** *f* montant *m* amortissable; **–tabelle** *f* tableau *m* d'amortissement; **–verrechnung** *f* imputation comptable des mensualités remboursées; **–zahlung** *f* versement d'amortissement; **–zuschuß** *m* subvention *f* d'amortissement.

Time-Sharing *n (ArbR angl)* travail *m* en temps partagé, partage *m* de temps.

Timing *n* calendrier *m*, échéancier *m*; emploi *m* du temps; programme *m*.

Tippfehler *m* faute *f* de frappe.

Tischrede *f* toast *m*.

Titel *m* (1) *(Bezeichnung)* titre *m*, désignation *f* honorifique, (2) *(Abschnitt)* tête *f*, en-tête *m*, titre (d'un livre), (3) *(Zeitung)* manchette *f*, (gros) titre, titre (sur plusieurs colonnes), (4) *(Rechtstitel)* titre *m* (de propriété), acte *m* juridique (qui constate un droit), titre (de créance); **vollstreckbarer –** titre exécutoire; **einen – verleihen** conférer un titre.

Titelführung *f* port *m* du titre; **unbefugte –** usurpation *f* de titre.

Titel|mißbrauch *m (PrzR)* usage abusif d'un titre exécutoire *ou* d'un titre universitaire; **–schutz** *m (UrhR, WettbR)* protection des désignations et dénominations *ou* des titres (d'une œuvre); **–umschreibung** *f* inscription sur un titre (exécutoire) du nom d'une autre personne.

Tochter|gesellschaft *f (GesR)* filiale, société *f* filiale; **–rechte** *pl* droits *mpl* dérivés.

Tod *m* mort *f*, décès *m*; **bürgerlicher –** mort civile; **gewaltsamer –** mort violente; **vorzeitiger –** décès prématuré.

Todes|anzeige *f* avis *m* de décès, lettre *f* de faire part; **–art** *f* cause *f* de la mort; **–begriff** *m* définition légale de la mort; **–bescheinigung** *f* certificat *m* de décès.

Todes|beweis *m* preuve *f* du décès; **–datum** *n* jour *m* du décès.

Todeserklärung *f* jugement déclaratif de décès, déclaration judiciaire de décès; **Antrag auf –** requête de déclaration de décès.

Todesfall *m* décès *m*; **vorher eingetretener –** prédécès *m*; **Versicherung auf den –** assurance *f* décès; **–entschädigung** *f* indemnité *f* en cas de décès; **–kapital** *n* capital-décès; **–risiko** *n* risque *m* de décès.

Todesfallversicherung *f* assurance sur la vie, assurance vie entière, assurance-décès, assurance en cas de décès; **– auf verbundene Leben** assurance-vie *f* réversible.

Todes|feststellung *f* constatation *f* du décès, constatation de la réalité de la mort; **–folge** *f* ayant entraîné la mort de qqn; **–gefahr** *f* danger *m* de mort; **–kampf** *m* agonie *f*; **–lager** *n* camp *m* de concentration; **–opfer** *n* victime *f*; **–risiko** *n* risque *m* décès; **–schein** *m* (= Totenschein) certificat de décès, acte *m* de décès; **–schuß** *m (Polizei)* tir *m* mortel; **gezielter –schuß** tir en vue de donner la mort; **–schütze** *m* tireur *m* (ayant provoqué la mort de qn); **–strafe** *f* peine de mort, peine capitale, condamnation à mort; **–streifen** *(Grenze)* bande morte; **–ursache** *f* cause *f* du décès; **–urteil** *n* condamnation à mort, condamnation *f* capitale, arrêt de mort, sentence *f* capitale; **–vermutung** *f* présomption *f* de décès; **–zeit** *f* date *f* du décès; **–zelle** *f* cellule *f* d'un condamné à mort.

Todfalls|anzeige *f* (Aut) déclaration de décès; **–aufnahme** *f* (Aut) enquête faite par un fonctionnaire judiciaire ou un notaire lors d'un décès et portant sur les faits nécessaires à la dévolution de la succession; **–beitrag** *m* (Aut) secours *m* en cas de décès; **–versicherung** *f* (Aut) assurance *f* sur la vie.

tödlich *adj* mortel; létal; fatal; **–e Dosis** dose mortelle; **–e Körperverletzung** blessure mortelle.

Toleranzbewilligung *f* tolérance *f*.

Ton|aufnahme *f*, **–aufzeichnung** *f* enregistrement *m* (du son); **–band** *n* bande *f* magnétique; **–bandaufzeichnung** enregistrement sur bande magnétique; **–bandgerät** *n* magnétophone *m*; **–bandprotokoll** *n* procès-verbal enregistré sur bande; **–film** *m* film *m* parlant; **–kunst** *f (UrhR)* art *m* musical.

Tonnage *f* tonnage *m*; **–vertrag** *m* contrat *m* de tonnage.

Tonne *f (Gewicht)* tonne *f*, tonneau *m* métrique.

Tonnen|gehalt *m* tonnage *m*; **–gelder** *pl* taxe de jauge; **–kilometer** *n* tonne kilométrique.

Tontine *f (VersR)* tontine *f*.

Tonträger *m (UrhR)* support *m* pour l'enregistrement des sons.

Tortur *f* torture *f*, question *f*.

tot *adj* mort, décédé; **–e Hand** mainmorte *f*; **–es Inventar** matériel *m* d'exploitation; **–es Kapital** capital improductif; **–es Konto** compte *m* matières.

total *adj* total, complet.

Total|ausverkauf *m* liquidation du stock; **–franchise** *f* franchise totale.

totalitär *adj* totalitaire.

Total|ansicht *f* vue générale; **–ausverkauf** *m* vente de soldes; **–inva-**

lidität (= Ganzinvalidität) infirmité *f* permanente totale, invalidité *f* totale; **–reserve** *f* réserve *f* globale; **–schaden** *m* dommage *m* intégral, perte *f* totale.

Totalverlust *m* perte *f* totale; **konstruktiver –** perte réputée totale.

Totalverweiger *m (MilR)* insoumis *m*.

töten donner la mort à qn, tuer.

Totenbeschauschein *m* (Aut) permis d'inhumer.

Totenbestattung *f* inhumation *f*.

Totenruhe *f*: **Störung der –** violation *f* de tombeaux *ou* de sépultures.

Totenschein *m* certificat *m* de décès.

Tot|geborene(r) *m* mort-né *m*; **–geburt** *f* naissance *f* de mort-né.

Tot|schlag *m* (1) *(StR: BRD)* meurtre *m*, homicide *m* intentionnel *ou* volontaire, (2) *(StR: Aut)* homicide involontaire *ou* par imprudence; **–schläger** *m* (1) meurtrier *m*, (2) (Aut) auteur *m* d'un homicide involontaire.

Tötung *f* homicide *m*; **fahrlässige –** homicide par imprudence *ou* involontaire; **vorbedachte –, vorsätzliche –, – mit Überlegung** homicide intentionnel *ou* volontaire, meurtre *m*; **– auf Verlangen** homicide par pitié avec le consentement de la victime, euthanasie *f*.

Tötungs|absicht *f* intention de donner la mort; **–recht** *n* droit de mise à mort; **–versuch** *m* tentative *f* d'homicide.

Tour-de-rôle-Verfahren *n* procédure *f* du tour de rôle.

Traditions|papier *n* titre *m* endossable, titre transmissible par endossement; **–prinzip** *(ZR)* principe selon lequel la remise matérielle de la chose mobilière est nécessaire en vue d'en transférer la propriété.

Trafik *f (Aut: Tabaktrafik)* bureau *m* de tabac.

tragen (1) porter, (2) *(Kosten)* supporter, (3) *(Verantwortung)* assumer.

Tragen *n* port *m*; **unbefugtes – von Auszeichnungen** port illégal de décorations; **unbefugtes – von Uniform** port illégal d'uniforme; **– der Uniform** port *m* de l'uniforme.

Träger *m* (1) *(Inhaber)* porteur *m*, détenteur *m*, titulaire *m*, (2) *(Institution)* organisme *m*, institution *f*, autorité *f ou* organe *m* doué d'une certaine autonomie financière avec affectation de ressources propres et chargé de gérer celles-ci (sous le contrôle des pouvoirs publics); **– der Krankenversicherung** organisme d'assurance-maladie; **– der öffentlichen Gewalt** détenteur de la puissance publique.

Tragfähigkeit *f* (1) charge *f*, limite *f* de charge, (2) capacité de transport, (3) *(Schiffe)* portée utile *ou* en lourd, tonnage *m* limite.

Tragweite *f* étendue *f*, ampleur *f*, importance *f*, portée *f*.

Traktandenliste *f* (S) ordre du jour.

Traktat|länderei *f* terrains faisant l'objet d'un traité de frontière entre l'Allemagne et les Pays-Bas; **–recht** *n* droit découlant d'un traité de frontière entre l'Allemagne et les Pays-Bas.

Trampschiffahrt *f* système de navigation dit tramping *ou* ‹à la cueillette›.

Tranche (= Teilbetrag) tranche *f*.

Transaktion *f* (= Übereinkunft) marché *m*; opération *f* financière; **unsichtbare –** transaction *f* invisible.

Transfer *m (Außh)* transfert *m* (de capitaux à l'étranger).

Transfer|abkommen *n* accord de transfert; **–aufschub** *m* suspension des transferts; **–ausweis** *m* permis de transfert; **–fähigkeit** *f* transférabilité *f*, capacité *f* de transfert; **–garantie** *f* garantie *f* de transfert.

transferierbar *adj* transférable *adj*; **nicht –** intransférable.

transferieren transférer.

Transfer|leistungen *pl (SozR)* transfert *m*, changement *m* d'affectation de ressources; **–moratorium** *n* moratoire de transfert; **–risiko** *n (BankR)* risque de perte au change lors d'une opération de transfert (de devises); **–risikoversicherung** *f* assurance *f* perte au change; **–verbot** *n* interdiction de transfert; **–verpflichtung** *f* obligation de transfert; **–zahlung** *f* paiement *m* (à l'étranger), virement *m* de devises.

Transit *m* transit *m*, passage en franchise; **–abfertigung** *f* formalités douanières en vue de faire transiter des marchandises (par un pays donné); **–erklärung** *f* déclaration de transit; **–flug** *m* survol en transit; **–gepäck** *n* bagage en transit; **–gut** *n* envoi en transit; **–hafen** *m* port *m* autonome; **–handel** *m* commerce de transit; **–händler** *m* transitaire *m*; **–lager** *n* dépôt de transit, entrepôt *m* de marchandises en transit; **–Landtaxanteil** *m* (S) (UPU) quote-part territoriale de transit; **–schein** *m* passavant *m*, passe-debout *m*, acquit-à-caution *m*; **–tarif** *m* tarif de transit; **–verkehr** *m* trafic de transit, circulation en franchise de douane; **–versand** *m* expédition en transit; **–ware** *f* marchandise *f* en transit; **–zölle** *pl* droit de transit.

Transkription *f* transcription *f*.

transnationales Recht droit transnational.

Trans|parent *n* banderole *f*; **–parenzgebot** *n (HR, BankR)* obligation d'indiquer clairement toutes les clauses (y compris les frais, les agios); **–plantat** *n (Medizin)* transplant *m*, organe *m ou* tissu *m* transplanté; **–plantation** *f* greffe *f ou* transplantation (d'un organe provenant d'un donneur).

Transport *m* transport *m*; **–anstalt** (S) entreprise de transport; **–art** *f* mode *m* de transport; **–bedingungen** *pl* conditions générales de transport; **–begleiter** *m* personne qui escorte un détenu; **–behörde** *f* service responsable du transfert des prisonniers; **–betrieb** *m* entreprise *f* de transports; **–bezettelung** *f* titre de mouvement.

Transportersuchen *n* réquisition *f* de transfert (d'un détenu).

Transporteur *m* transporteur *m*.

Transport|flugzeug *n* cargo *m*; **–gefährdung** *f (StR)* entrave *f ou* gêne *f* de la circulation (sur les voies de transport); **–genehmigung im internationalen Verkehr** autorisation de transport en trafic international; **–gesellschaft** *f* société *f ou* entreprise de transports; **–gewerbe** *n* les Transports; **–gutschein** *m* bon de transport.

transportieren transporter.

Transport|kapazität *f* capacité *f* de transport, chargement *m*; **–kosten** *pl* frais *mpl* de transport, coût du camionnage; **–mittel** *n* moyen *m* de transport; **–netz** *n* réseau *m* de communications; **–reglement** *n* (S) règlement *m* de transport; **–risiko** *n* risque *m* de transport; **–schaden** *m (HR)* avarie *f*, dommage subi pendant le transport, sinistre *m* en cours de transport; **–schein** *m* feuille *f* de route; **–schiff** *n* cargo *m*; **–schwund** *m* freinte *f*, creux *m* de route; **–steuer** *f* droit de circulation; **–tarif** *m* tarif de transport; **–unternehmen** *n* entreprise de transport.

Transportunternehmer *m* entrepreneur de transport, transporteur *m*; **öffentlicher –** transporteur public; **privater –** transporteur privé.

Transportunternehmung *f* entreprise *f* de transports.

Transport|verlust *m* coulage *m* de route, freinte *f*; **–versicherung** *f* assurance transport; **–vertrag** *m* contrat de transport(s); **–wesen** *n* les Transports; **–zettel** *m* (1) bon de transport, (2) réquisition de transport (d'un détenu).

Trans|sexualität *f* transsexualité *f*; **–sexuelle(r)** *m* transsexuel *m*.

Trassant *m* (= Aussteller) tireur *m*.

Trassat *m* (= Bezogener) tiré *m*.

trassieren tirer (un effet sur qqn).

Trassierungskredit *m* crédit *m* documentaire.

Tratte *f (WechselR)* traite *f*, lettre *f* de change acceptée.

trauen (1) avoir confiance en qqn, faire confiance, (2) oser, risquer, (3) marier, unir; **sich – lassen** se marier (à l'église *ou* devant l'officier de l'état civil).

Trauer *f* deuil *m*; **–kleidung** *f* vêtements de deuil; **–zug** *m* cortège *m* funèbre.

Trauschein *m* acte *m* de mariage; **kirchlicher –** certificat *m* de mariage religieux.

Trauung *f* célébration *f* du mariage; **kirchliche –** mariage *m* religieux; **standesamtliche –, zivilstandesamtliche –** (S) mariage civil.

Trauungs|buch *n*, **–matrik** *f* (Aut) registre *m* des mariages.

Trauungsschein *m*, **kirchlicher –** certificat de mariage religieux.

Trauzeuge *m* témoin *m* du mariage.

Travellerscheck *m* travellers-cheque *m*, chèque *m* de voyage.

Treffer *m* (1) billet *m* gagnant, (2) lot *m*; **–anleihe** *f* emprunt à lot.

Treib|gut *n* corps flottants; **–jagd** *f* chasse *f* à courre.

Treibstoff *f m* carburant *m*, essence *f*; **–steuer** *f* impôt *m* sur les carburants.

Treidelrecht *n* servitude de hâlage et de marchepied.

Trend *m* tendance *f*, orientation *f*; **–wende** *f* changement *m* de tendance.

trennbar *adj* séparable, dissociable.

trennen (1) séparer, disjoindre, désunir, rompre, dissoudre, (2) couper, débrancher.

Trennung *f* (1) *(auch Eheleute)* séparation, (2) *(Entzweiung)* désunion *f*, division *f*, disjonction *f*; **– der Gewalten** séparation des pouvoirs; **– von Kirche und Staat** séparation de l'Église et de l'État; **– von Tisch und Bett** séparation *f* de corps.

Trennungs|entschädigung *f* indemnité de séparation *ou* de travail à l'étranger *ou* loin du domicile familial; **–geld** *n* prime *f* de séparation; **–grund** *m* cause *f* de séparation; **–unterhalt** *m* aliments *mpl* payable en cas de vie séparée (d'un couple en instance de divorce); **–zeit** *f* durée de la séparation; **–zulage** *f* prime de séparation, indemnité *f* d'absence; **–zuschlag** *m* majoration de séparation.

Treppenhaus *n* cage *f* d'escalier.

Tresor *m* (1) coffre-fort *m*, (2) *(Bank)* chambre *f* forte, pièce blindée.

Tresorschein *m* bon *m* du Trésor.

treu *adj* (1) dévoué, ferme, inébranlable, (2) *(Übersetzung)* fidèle, (3) *(zuverlässig)* sûr, loyal; **zu –en Händen** aux bons soins (de quelqu'un), en mains sûres.

Treu und Glauben les bonnes mœurs, loyauté *f* et confiance *f* réciproque.

Treue *f* fidélité *f*, loyauté *f*; **eheliche –** fidélité conjugale.

Treueid *m* serment de fidélité; **politischer –** serment *m* politique.

Treue|klausel *f* clause *f* de fidélité; **–pflicht** *f* (1) *(ArbR: Arbeitnehmer)* devoir *m* de loyauté *ou* de fidélité de l'employé, (2) *(GesR)* devoir de loyalisme et de dévouement des associés, (3) *(BeamR)* devoir de loyalisme à l'égard de la nation; **–prämie** *f* prime de fidélité; **–rabatt** *m* ristourne *f*, bonification accordée aux clients de longue date.

Treueverhältnis *n (VwR: Beamte)* obligation *f* de servir fidèlement l'État de droit.

Treugeber *m* fiduciant *m*, personne *f* chargant un tiers de l'administration de ses biens *ou* de certains de ses biens, disposant *m* (du droit).

Treuhand *f* (1) *(ZR)* contrat *m* d'administration des biens, fiducie *f*, (2) *(ÖfR: Treuhandanstalt)* établissement fiduciaire de gestion du patrimoine industriel de l'ex-RDA, organisme public allemand d'administration fiduciaire du patrimoine de l'ex-RDA (en vue de la privatisation), la ‹Treuhand›.

Treuhandauftrag *m* mandat fiduciaire.

Treuhandeigentum *n (ZR)* propriété fiduciaire; forme de propriété dans laquelle le fiduciaire (en tant qu'administrateur des biens en fiducie) est tenu à restitution envers le fiduciant (en tant que propriétaire originaire et réel).

Treuhänder *m od.* **Treuhandverwalter** *m* fiducié *m*, fiduciaire *m*, administrateur *m* de biens.

treuhänderisch *adj* fiduciaire; **–e Übertragung** aliénation fiduciaire (à charge de rétrocession).

Treuhänderschaft *f (VR)* mandat *m*, tutelle *f*.

Treuhänderschafts|rat *m* Conseil *m* de tutelle; **–übereinkommen** *n* accord *m* de tutelle.

Treuhand|gebiet *(VR) n* territoire sous tutelle; **–Genossenschaft** *f* (S) société *f* coopérative fiduciaire (S); **–geschäft** *n* acte juridique accompli par le fiduciaire, acte fiduciaire; **–gesellschaft** *f* société *f* fiduciaire; **–gesetz** *n* Loi relative à la privatisation des entreprises publiques de la ex-RDA; **–körperschaft** *f* personne morale représentant les intérêts d'un groupe de personnes *ou* d'une association, trust *m*, corporation *f*; **–rat** *m (VR)* Conseil de tutelle; **–recht** *n* réglementation juridique de l'administration des biens; **–schaft** *f* fiducie *f*.

Treuhandschafts|abkommen *n (VR)* accord de tutelle; **–gebiet** *n* (Aut) territoire sous tutelle; **–rat** *m* Conseil de tutelle.

Treuhand|stelle *f* (S) bureau *m* fiduciaire; **–unternehmen** *n* entreprise sous mandat de la ‹Treuhand›; **–verhältnis** lien juridique entre fiduciant et fiducié *ou* fiduciaire, rapports de fiducie; **–vertrag** *m* contrat fiduciaire.

Treunehmer *m* (= Treuhänder) fiduciaire *m*, fiducié *m*; administrateur *m* de biens.

Treuwidrigkeit *f* abus *m* de confiance.

Trichotomie *f* division des infractions en crimes, délits et contraventions.

Triebvieh *n* bétail *m* transhumant.

triftig *adj* (1) *(wohlbegründet)* bien fondé, plausible, valable, (2) *(nicht widerlegbar)* probant, ayant la force *ou* valeur probante.

Trinkgeld *n* pourboire *m*; **ein – geben** donner un pourboire.

Trinkwasser *n* eau *f* potable; **–aufbereitung** *f* traitement des eaux; **–verschmutzung** pollution *f* des eaux potables.

Triplik *f* triplique *f*.

Triptyk *n* (= Grenzpassierschein für Kfz) triptyque *m*.

Trockenstempel *m* timbre *m* sec.

Trödel|handel *m* brocantage *m*; **–markt** *m* foire *f* à la brocante, chine *f*; **–vertrag** *m* contrat de consignation de marchandises (en particulier de vêtements usagés).

Trödler *m* brocanteur *m*, chineur *m*, fripier *m*.

Trunkenheit *f* ébriété *f*, ivresse *f* manifeste; **– im Verkehr** ivresse *f* sur la voie publique; **– am Steuer** conduite *f* en état d'ivresse, conduite sous l'empire d'un état alcoolique caractérisé.

Trunksucht *f* alcoolisme *m*, éthylisme *m*.

Truppe *f* corps *m* de troupe, formation militaire, unité *f*.

Truppen|aufgebot *n (MilR)* levée de troupes; **–ausweis** *m* pièce d'identité militaire; **–dienstgericht** *n* tribunal militaire (statuant en matière disciplinaire); **–führung** *f* commandement interarmes; **–gericht** *n* tribunal *m* militaire; **–haushalt** *m* ordinaire *m*; **–stationierung** *f* stationnement de troupes; **–statut** *n* statut des forces (de l'OTAN); **–übungsgelände** *n* terrain d'exercices militaires, champ de manœuvres; **–verpflegung** *f* ordinaire *m*; **–vertrag** *m* Convention relative aux droits et obligations des forces étrangères et de leurs membres sur le territoire de la République fédérale d'Allemagne, traité sur le stationnement des troupes étrangères, convention du 26 mai 1952.

Trust *m (GesR: Konzern)* groupe *m*, trust *m*, coalition *f* d'intérêts (économiques et financiers); **–bildung** *f* formation de trust.

Tumult *m* attroupement sur la voie publique (troublant la tranquillité publique).

Tumultschaden *m* dommage causé par des attroupements; **–gesetz** *n*

Loi portant sur l'indemnisation des dommages causés par un attroupement sur la voie publique ou un lieu public.

Turnus *m* alternance régulière; (par) roulement *m*.

turnusmäßig *adj* à tour de rôle, en alternance.

TÜV (*StVR* = Technischer Überwachungsverein) Service *m* (allemand) des visites techniques des véhicules.

Typen|betriebserlaubnis *f*, **–schein** *m* (1) *(Betriebserlaubnis)* réception *ou* agréation par type, (2) (Aut) carte *f* grise; **–bezeichnung** *f* (Kfz) dénomination du véhicule; **–vertrag** *m* (= Formularvertrag) contrat *m* type *ou* standardisé *ou* d'adhésion.

typisieren standardiser.

Typisierung *f* standardisation *f*.

Tyrannei *f* tyrannie *f*, dictature *f*, régime *m* tyrannique *ou* oppressif.

U

Übel *n* mal *m*, préjudice *m*, dommage *m*; affliction, malheur *m*, peine *f*, douleur *m*; **–sandrohung** *f* menaces *fpl* de mort *ou* d'autres violences et voies de fait.

Übel|tat *f* infraction *f*, forfait *m*, méfait *m*, crime *m*; **–täter** *m* malfaiteur *m*, criminel *m*, délinquant *m*.

Über|alterung *f* (1) *(Menschen)* vieillissement *m*, (2) *(Maschinen)* vétusté *f*; **–angebot** *n* (1) excès *m* d'offres, suroffre *f*, (2) surenchère *f*, mise *f* supérieure; **–anlage** *f* surinvestissement *m*.

überantworten remettre, livrer.

Über|antwortung *f* remise *f*, livraison *f*; **–arbeit** *f* travail *m* supplémentaire non rémunéré; **–bau** *m* empiètement *m*, construction faite de bonne foi sur le terrain d'autrui; **–beglaubigung** *f* (Aut) authentification *f*; **–belastung** *f* surcharge *f*, excédent de poids; **–belegung** *f* *(Schulen, Gefängnisse)* surpopulation *f*; **–beschäftigung** *f* suremploi *m*; **–besetzung** *f* (siéger) en surnombre.

überbesteuern surimposer.

Überbesteuerung *f* superfiscalité *f*, surimposition *f*.

überbetrieblich *adj* interentreprises; **–e Mitbestimmung** cogestion paritaire (concernant plusieurs entreprises d'un groupe).

Überbevölkerung *f* surpeuplement, surpopulation *f*.

überbewerten (1) surévaluer, surestimer, (2) *(Aktien)* surcoter.

Überbewertung *f* (1) surévaluation, surestimation *f*, (2) surcote.

überbezahlen surpayer.

überbieten surenchérir.

Überbieter *m* surenchérisseur *m*.

Überblick *m* sommaire *m*, vue d'ensemble, abrégé *m*.

Überbot *n* (Aut) surenchère *f*, mise *f* supérieure.

überbringen remettre.

Überbringer *m* porteur *m*, présentateur *m*; **–klausel** *f* clause au porteur; **–police** *f*, **–polizze** *f* (Aut) police *f* au porteur; **–scheck** *m* chèque *m* au porteur.

überbrücken surmonter, venir à bout.

Überbrückungs|abkommen *n* accord *m* transitoire, arrangement *m* transitoire; **–beihilfe** *f*, **–geld** *n* allocation *f* de reclassement, indemnité *f* de réemploi; **–hilfe** *f* aide *f* intérimaire; **–kredit** *m* crédit *m* de soudure, crédit-relais, termaillage *m*.

Überbuchung *f* surlocation, surbooking.

Überdividende *f* superdividende *m*.

Überdosis *f* surdose *f*.

übereignen transférer la propriété.

Übereigner *m* celui qui opère un transfert de propriété.

Übereignung *f* transfert *m* de propriété.

Übereignungsvertrag *m* contrat *m* de transfert de propriété.

übereinkommen convenir, s'accorder, se mettre d'accord.

Übereinkommen *n* accord *m*, convention *f*; **neugefaßtes –** convention portant révision; **stillschweigendes –** accord tacite; **Internationales – zur Bekämpfung des Mädchenhandels** Convention internationale relative à la répression de la traite des femmes; **– betreffend die Nachtarbeit der Frauen** Convention concernant le travail de nuit des femmes; **Internationales – über den Eisenbahnfrachtverkehr (CIM)** Convention internationale concernant le transport des marchandises par chemin de fer (CIM); **Internationales – über den Eisenbahn-Personen- und Gepäckverkehr (CIV)** Convention internationale concernant le transport des voyageurs et des bagages par chemin de fer (CIV); **Europäisches – zur friedlichen Beilegung von Streitigkeiten** Convention européenne pour le règlement pacifique des différends; **– über die Haftung gegenüber Dritten auf dem Gebiet der Kernenergie** Convention sur la responsabilité civile dans le domaine de l'énergie nucléaire; **– über das Küstenmeer und die Anschlußzone** Convention sur la mer territoriale et la zone contiguë; **Internationales – zum Schutz des menschlichen Lebens auf See** Convention internationale pour la sauvegarde de la vie humaine en mer; **– und Statut über die Internationale Rechtsordnung der Seehäfen** Convention et statut sur le régime international des ports maritimes; **– über Zwangs- oder Pflichtarbeit** Convention concernant le travail forcé ou obligatoire.

Übereinkunft *f* (= Übereinkommen) convention *f*, arrangement *m*, composition *f*, entente *f*, accord *m*; **Internationale – für die Abschaffung der Ein- und Ausfuhrbeschränkungen** Convention internationale pour l'abolition des prohibitions et des restrictions à l'importation et à l'exportation; **Europäische – über die internationale Patentklassifikation** Convention européenne pour la classification internationale des brevets d'invention; **Internationale – zum Schutze des gewerblichen Eigentums** Union *f* internationale pour la protection de la propriété industrielle; **Internationale – zum Schutze von Werken der Literatur und Kunst** Convention internationale pour la protection des œuvres littéraires et artistiques.

übereinstimmen être d'accord, s'accorder, s'entendre (sur).

Übereinstimmung *f* accord *m*, conformité, entente *f*.

Übereinstimmungsbescheinigung *f* certificat *m* de conformité.

übererfüllen (1) *(Norm, Plan)* dépasser, (2) *(Soll)* excéder ce que l'on devait livrer.

Übererfüllung *f* surérogation *f*, paiement surérogatoire *ou* supplémentaire (au delà de ce qui est dû).

Übererzeugung *f* surproduction *f*.

überfahren (1) *(Person)* écraser, (2) *(Verkehrszeichen)* ne pas respecter, ignorer.

Überfahrt *f* passage *m*, traversée *f*.

Überfahrts|gelder *pl* prix de passage, prix du voyage; **–preis** *m* prix du passage; **–recht** *n* droit de passage, droit de transit; **–vertrag** *m* contrat de passage, contrat de transport (de personnes).

Überfall *m* (1) attaque *f* (imprévue *ou* par surprise), (2) *(Handstreich)* coup *m* de main, (3) *(Militär)* invasion *f*, incursion *f*; **bewaffneter –** attaque à main armée; **hinterlistiger –** guet-apens *m* avec actes de violence; **nächtlicher –** attaque nocturne.

überfallen attaquer à l'improviste, assaillir, envahir.

überfällig *adj* (1) *(Leistung)* en souffrance, en retard, (2) *(Schiff)* disparu, porté manquant; **–e Leistung** créance échue et impayée.

Überfall(s)kommando *n* groupe *m* d'intervention de la police.

Überfallsrecht *n (ZR)* droit concernant la cueillette et le ramassage des fruits de l'arbre qui pousse au-dessus du terrain d'autrui.

Überflugsrecht *n (VR)* droit de survol.

Überfluß *m* surabondance *f*.

überflüssig *adj* inutile, superflu.

Überfracht *f* surcharge *f*.

Überfremdung *f* (1) surpopulation *f* étrangère, (2) mise en minorité par un groupe étranger.

überführen (1) conduire, transporter, (2) *(StR: Täter)* confondre qn.

Überführung *f* (1) transport *m*, transfert *m*, (2) *(Täter)* conviction *f*, pièce à conviction; **– eines Toten** transfert *m* de corps.

Überführungsersuchen *n* demande de transfert (pour un détenu).

Überfüllung *f* saturation *f*, encombrement.

Übergabe *f* (1) *(Waren)* remise *f* matérielle, délivrance *f*, livraison *f*, (2) *(Rechte)* transfert *m*, transmission *f*, ‹traditio› *f*, tradition *f*, (3) *(Militär)* reddition *f*, capitulation *f*; **bedingungslose –** reddition sans conditions; **körperliche –** tradition corporelle; **schlüsselfertige –** remise *f* clés en main; **tatsächliche –** tradition réelle; **– an den Feind** reddition à l'ennemi; **– zum Pfand** (Aut), **– als Sicherheit** affectation en nantissement; **–kosten** *pl* frais pour le transfert de propriété (à l'acquéreur); **–nachweisung** *f* bordereau de livraison; **–protokoll** *n* procès-verbal de remise; **–stelle** *f* point *m* de transfert; **–vertrag** *m* contrat de bail à nourriture; **–verweigerung** *f* refus de délivrance; **–verzeichnis** *n* inventaire de remise, bordereau de livraison.

Übergabs|protokoll *n* (Aut) procès-verbal de remise; **–vertrag** *m* (Aut) contrat de bail à nourriture; **–verzeichnis** *n* (Aut) inventaire de remise, bordereau de livraison.

Überhaft *f (StPR)* dépassement de la durée légale de la détention provisoire.

Übergang *m* (1) *(Rechte)* passage *m*, transfert *m*, transition *f*, dévolution *f*, (2) *(Abstufung)* gradation *f*, nuances *fpl*, (3) *(Wechsel)* transition, (4) *(Verbindung)* jonction *f*, raccordement *m*; **– einer Forderung** cession *f* de créance; **– der Zuständigkeit** transfert *m* de compétence.

Übergangs- transitoire, provisoire.

Übergangs|abgabe *f* (1) taxe transitoire, taxe *f* temporaire, (2) droit de mutation; **–bahnhof** *m* gare de transit; **–beihilfe** *f* allocation temporaire *ou* de raccordement; **–bestimmung** *f* disposition *f* transitoire; **–budget** *n* budget *m* transitoire; **–entschädigung** *f* indemnité *f* de changement d'emploi; **–erscheinung** *f* phénomène *m* passager *ou* transitoire; **–gehalt** *n* solde *f* d'attente; **–geld** *n* (1) *(ArbR)* indemnité de licenciement, indemnité de congédiement *ou* de renvoi, (2) *(MilR)* solde d'attente *ou* civile, (3) *(SozVers)* indemnité *f* transitoire; **–gesetz** *n* loi de transition; **–haushalt** *m* budget *m* transitoire; **–hilfe** aide *f* transitoire; **–kabinett** *n* cabinet de transition, ministère de transition; **–klausel** *f* clause transitoire; **–konto** *n* compte transitoire; **–lager** *n* centre *m* provisoire d'hébergement; **–lösung** *f* solution provisoire; **–maßnahme** *f* mesure *f* transitoire; **–periode** *f* période de transition; **–posten** *m* poste *m* transitoire, poste provisoire; **–prüfung** *f* examen de passage; **–recht** *n* droit *m* transitoire, droit intermédiaire; **–regelung** *f* réglementation *f* transitoire, régime *m* transitoire, mesures *fpl* transitoires; **–regierung** *f* gouvernement de transition; **–rente** *f* (S) rente *f* transitoire; **–stadium** *n* état *m* transitoire; **–stempel** *m* poinçon *m* de transition; **–vorschriften** *pl* dispositions légales transitoires; **–wirtschaft** *f* économie de transition; **–zeit** *f* période *f* transitoire.

übergeben transférer, remettre, délivrer.

Übergeber *m* (S) cédant *m* (contrat de bail à nourriture).

Über|gebot *n* surenchère *f*, mise *f* supérieure *f*; **–gewicht** *n* (1) surpoids *m*, excédent *m* (de poids), (2) *(fig.)* supériorité *f*, prépondérance *f*; **–gewinn** *m* superbénéfice *m*.

übergeordnet *adj* prioritaire.

Übergriff *m* empiètement *m*, abus *m* de pouvoir; **polizeilicher –** violence policière, bavure *f* policière; **einen – vornehmen** empiéter, commettre un acte de violence (contraire aux lois).

Überhangmandat *n (VerfR)* mandat parlementaire supplémentaire.

Überhangsrecht *n* droit relatif aux branches et racines d'un arbre poussant au-delà des limites d'un champ.

Überhitzung *f* **der Wirtschaft** surchauffe *f* de l'économie.

überhöht *adj* surélevé, trop élevé.

Überholen *n (im Straßenverkehr)* dépassement *m*.

Überholungsarbeit *f* travail de remise en état, révision générale.

Überholverbot *n* interdiction *f* d'effectuer un dépassement, interdiction de dépasser, défense *f* de doubler.

Über|investition *f* surinvestissement *m*; **–kapazität** *f* capacité *f* excessive, surcapacité *f*.

Über|kapitalisierung *f* surcapitalisation *f*; **–konsumtion** *f* surconsommation *f*; **–ladung** *f* surcharge *f*; **–lappen** *n* chevauchement (de deux délais).

überlassen (1) *(geben)* laisser, remettre, abandonner, (2) *(abtreten)* céder.

Überlassung *f* remise *f*, abandon *m*; cession *f*; **leihweise –** mise à disposition de matériel locatif.

Überlassungsvertrag *m* contrat de mise à disposition.

Überlast *f* excédent *m* de charge, excédent de poids.

Überlastung *f* (1) *(Überladung)* surcharge *f*, excédent de charge, excédent de poids, (2) *(Personen)* surmenage *m*.

Überlaufen *n* **zum Feinde** désertion à l'ennemi.

Überläufer *m* déserteur *m*, transfuge *m*, *(Politik)* rénégat *m*.

überleben survivre, échapper à la mort (violente).

Überleben *n* survie *f*.

Überlebende(r) *m* (1) survivant *m*, (2) *(Katastrophe)* rescapé *m*.

Überlebens|fall *m* survie *f*; **–klausel** *f* clause de survie; **–rente** *f* rente *f* de survie; **–versicherung** *f* assurance *f* de survie.

Überlegung *f* (1) réflexion *f*, délibération *f*, raisonnement *m*, (2) *(StR)* préméditation; **mit – begehen** agir avec préméditation.

Überlegungsfrist *f* délai de réflexion.

Überleitungs|bestimmungen *fpl* mesures *ou* dispositions *fpl* transitoires, **–gesetz** *n* loi *f* de transfert des charges financières résultant de la seconde guerre mondiale au Bund; **–recht** *n* droit *m* intermédiaire, droit transitoire; **–vertrag** *m (Abkürzung von: Vertrag zur Regelung aus Krieg und Besatzung entstandener Fragen)* Convention sur le règlement de questions issues de la guerre et de l'occupation; **–vorschrift** *f* disposition *f* transitoire.

überliefern livrer, remettre.

Überlieferung *f* tradition *f*, usage établi.

Überliege|geld *n*, taxe *f* de surplanche, surestarie *f*; **–tage** *pl*, **–zeit** *f* surestarie *f*.

Überliquidität *f* excès de liquidité, liquidité *f* excessive.

Übermacht *f* supériorité *f*, prépondérance *f*.

übermäßig *adj* exorbitant, excessif, démesuré.

Übermaßverbot *n (VwR)* interdiction *f* (pour l'administration) de prendre des mesures excessives.

übermitteln remettre, transmettre, faire parvenir, communiquer.

Übermittlung *f* remise *f*, transmission *f*.

Übermittlungs|irrtum *m* erreur *f*

faite au cours de la transmission d'une déclaration de volonté *ou* d'une commande; **–schreiben** *n* bordereau *m* de transmission.

Übernachfrage *f* demande excessive.

Übernachtungsgeld *n* indemnité de déplacement *ou* de nuité.

Übernahme *f* (1) *(Rechte)* prise *f* en charge, acceptation *f*, (2) *(Besitz)* prise de possession, (3) *(Erbschaft)* acceptation *f*; **– eines Amtes** entrée *f* en fonctions; **– einer Arbeit** entreprise *ou* exécution d'un ouvrage; **– in das Beamtenverhältnis** titularisation *f*; **– einer Gesellschaft** absorption *f* d'une société, reprise d'une société; **– einer Hypothek** constitution d'une hypothèque; **– in Regiebetrieb** mise en régie; **– der Regierungsgewalt** prise de pouvoir; **– einer Schuld** cession de dette, reprise de dette.

Übernahme|bescheinigung *f (Transporte)* attestation de prise en charge; **–bestätigung** *f* confirmation (par le preneur) de la mise à disposition (d'un matériel); **–gericht** *n* tribunal de renvoi; **–grenze** *f (VersR)* limite *f ou* plein *m* d'acceptation; **–konnossement** *n* connaissement reçu pour embarquement; **–kurs** *m* cours auquel un consortium d'émission souscrit un emprunt; **–preis** *m* prix d'achat (par un organisme collectif); **–protokoll** *n* (1) procès-verbal de réception, (2) *(Maschinen usw.)* certificat *m* de prise en charge; **–recht** *n* droit de reprise; **–register** *n* registre de prise en charge; **–syndikat** *n* syndicat de placement; **–vertrag** *m* (1) traité de cession, (2) traité international ayant pour but le réétablissement des expulsés et apatrides, (3) contrat de reprise; **–wert** *m* valeur *f* de reprise.

übernational *adj* supranational.

übernehmen prendre (en charge), prendre possession de, assumer, recevoir, réceptionner.

Übernehmer *m* cessionnaire *m*, preneur *m*, reprenant *m* (B).

Übernennwertausgabe *f* émission *f* au-dessus de la valeur nominale.

Überpari|-Ausgabe *f*, **--Emission** *f* émission au-dessus du pair, émission avec prime.

Über|pfändung *f* saisie *f* excessive; **–preis** *m* prix *m* excessif; **–produktion** *f* surproduction *f*.

überprüfen vérifier, réviser, examiner, contrôler.

Überprüfer *m* réviseur *m*.

Überprüfung *f* vérification *f*, contrôle *m*, révision *f*; examen *m*, enquête *f*; **nach – der Lage** après examen de la situation; **– der Legalität** contrôle de la légalité; **– der Personalien** vérification d'indentité.

Überprüfungs|befugnis *f* droit *m* de contrôle *ou* de vérification; **–verfahren** examen de situation, procédure de filtrage *ou* de criblage.

überqueren (Straße) traverser.

Überraschungsklausel *f (AGB)* clause prenant le non-commerçant au dépourvu, clause à laquelle un non-professionnel n'est pas censé devoir penser.

Überredung *f* persuasion.

überreichen présenter, remettre, transmettre, passer.

Über|sättigung *f* sursaturation *f*; **–schaden** *m* dommage excédant le montant de l'assurance.

überschätzen surestimer, surévaluer.

Überschätzung *f* surestimation *f*, surévaluation *f*.

überschlägiger Kostenvoranschlag devis *m* préliminaire.

überschneiden: sich – se chevaucher, se recouper.

überschreiben transférer.

Überschreibung *f (Buchf)* transfert *m* (comptable).

überschreiten excéder, dépasser, franchir, transgresser; **eine Frist –** ne pas respecter le délai imparti.

Überschreitung *f* (1) *(Grenze)* franchissement *m*, (2) *(Geschwindigkeit)* excès *m* (de vitesse), dépassement *m*, (3) *(Vorschriften)* transgression *f*; **– der Amtsbefugnisse** empiètement de fonctions; **– der Ge-**

schwindigkeit excès de vitesse; – **der Haushaltsansätze** dépassement des prévisions budgétaires; – **der Lieferfrist** retard à la livraison; – **des Personalbestandes** dépassement d'effectifs; – **der veranschlagten Mittel** dépassement de crédit.

Überschrift *f* titre *m*, intitulé *m*, entête *m*.

Überschuldung *f* excès *m* d'endettement *ou* de dettes, surendettement, *(eines Nichtkaufmannes:)* déconfiture *f*; – **des Nachlasses** passif de la succession supérieur à l'actif, dettes de la succession bien supérieures aux éléments de l'actif.

Überschuß *m* excédent *m*, surplus *m*, boni *m*; **bilateraler** – excédent bilatéral; **kassenmäßiger** – excédent de caisse; – **an Arbeitskräften** excédent de main d'œuvre; **–bilanz** *f* balance *f* excédentaire; **–bildung** *f* constitution *f* d'excédents; **–geld** *n* argent *m* excédentaire; **–gut** *n* surplus *m*.

Überschüsse *pl*, **landwirtschaftliche** – surplus *mpl* agricoles.

überschüssig *adj* excédentaire.

Überschußprovision *f* commission *f* excédentaire.

Überschwemmung *f* inondation *f*; **Herbeiführen einer** – provoquer une inondation.

Übersee|gebiet *n* territoire *m* d'outre-mer; **–handel** *m* commerce *m* d'outre-mer; **–kaufrecht** *n* droit du commerce d'outre-mer; **–markt** *m* marché *m* d'outre-mer.

übersenden transmettre, envoyer, faire parvenir, expédier.

Übersendung *f* transmission *f*, envoi *m*, expédition.

übersetzen traduire.

Übersetzer *m*, **beeideter** –, **vereidigter** – traducteur *m* assermenté, traducteur-juré *m*.

Übersetzung *f* traduction *f*, *(in die Muttersprache)* version *f*, *(aus der Muttersprache)* thème *m*; **beglaubigte** – traduction certifiée conforme; **Für die Richtigkeit der** – pour traduction conforme.

Übersetzungs|arbeit *f* traduction; **–büro** *n* bureau *m* de traduction; **–dienst** *m* service de traduction; **–fehler** *m* faute *f* de traduction; **–kosten** *pl* frais *pl* de traduction; **–recht** *n* droit de traduction.

Übersicht *f* (1) *(Zusammenfassung)* résumé *m*, vue *f* générale, état récapitulatif, (2) *(Abriß)* aperçu *m*, état *m*, tableau *m*, (3) *(Auszug)* abrégé *m*; **statistische** – état *m* statistique; – **über die Einnahmen** situation des recettes.

Übersichtlichkeit *f* clarté *f*, netteté *f*; transparence *f* (du marché).

Übersiedler *m* rapatrié; réfugié *m*, immigrant *m*; nouveau venu.

Übersiedlung *f* rapatriement; immigration *f*; installation du foyer en un nouveau lieu.

Übersiedlungsgut *n* objets personnels d'un immigrant; effets *mpl* lors d'un déménagement.

Übersiedlungskosten *pl* frais de déménagement.

Übersiedlungszuschuß *m* prime *ou* indemnité *f* de déménagement.

Über|spekulation *f* excès *m* de spéculation; **–staat** *m* super-État *m*.

überstaatlich *adj* superétatique, supranational; **–e Organisation** organisation supranationale.

übersteigen dépasser, excéder.

Übersteigerungsbetrag *m* surenchère *f*.

überstellen *(StR: Strafgefangene)* transférer, diriger (sur); **der Justiz** – remettre (un criminel) entre les mains des autorités judiciaires.

Überstellung *f* transfert *m*; – **von Gefangenen** transfert de détenus, transfert de prisonniers, transfèrement pénitentiaire.

überstimmen mettre en minorité.

Überstunde *f* heure *f* supplémentaire.

Überstundengeld *n*, **–vergütung** *f*, **–zulage** *f*, **–zuschlag** *m* indemnité *f* pour heures supplémentaires.

übertarifliche Zulagen *fpl* *(ArbR)* prestations et avantages qui dépassent ce qui a été prévu dans les conventions collectives de travail.

Überteuerung *f* enchérissement *m*.
Überteuerungszuschuß *m* indemnité *f* de vie chère.
Übertrag *m* report à nouveau.
übertragbar *adj* cessible, transférable, transmissible, endossable, négociable; **nicht –** incessible, intransférable, intransmissible.
übertragbare Krankheiten maladies contagieuses.
Übertragbarkeit *f* cessibilité *f*, transmissibilité *f*, négociabilité *f*.
übertragen (1) *(ZR: Vermögenswerte)* transférer, transmettre, conférer, muter, (2) *(übersetzen)* traduire, (3) *(Buchführung)* reporter (des crédits), (4) *(Wechsel)* endosser.
Übertragung *f* (1) *(Rechte, Eigentum, Besitz)* transfert *m*, transmission *f*, dévolution *f*, mutation *f*, translation *f*, (2) *(Übersetzung)* traduction *f*, (3) *(Buchführung)* report *m* (à nouveau), solde *m* reporté, (4) *(Wechsel)* endossement *m*, endos *m*, (5) *(Sendung)* reportage *m*, retransmission *f*, (6) *(Geldmittel)* report *m* de crédits, virement *m*; **– von Ansprüchen** cession *f* de droits; **– von Befugnissen** délégation de compétence, délégation de pouvoirs; **– eines Bestandvertrages** (Aut) report de bail; **– des Eigentums** acquisition et transmission de la propriété; **– durch Erbschaft** dévolution successorale; **– des Erlöses** virement du prix; **– der Forderung** cession *ou* transfert de créance; **– durch Gerichtsurteil** transport *m* judiciaire; **– eines Haushaltskredits** transfert *ou* virement de crédits budgétaires; **– einer Hypothek** translation d'hypothèque; **– einer Marke** transmission *ou* cession de marque; **– von Mitteln** virement *m* de crédits; **– eines Pachtvertrages** report de bail; **– einer Police** transfert *m* de police; **– eines Rechts** délégation *ou* transfert d'un droit; **– eines Vorrangs** translation de privilège; **– der Zuständigkeit** dévolution de compétence.
Übertragungs|abrede *f* convention de cession; **–anspruch** *m* droit à cession; **–anweisung** *f* mandat de virement; **–bilanz** *(Außh)* balance des prestation gratuites, balance des transactions à titre gratuit; **–erklärung** *f* déclaration de transfert; **–gebühr** *f* taxe de transmission; **–genauigkeit** *f* univocité *f*; **–genehmigung** autorisation *ou* licence de transfert; **–haushalt** *m* budget *m* de report; **–modus** *m* mode *m* de transmission; **–steuer** *f* droit de transmission; **–verbot** *n (Urlaub)* interdiction de report; **–verordnung** *f* décret portant délégation de pouvoirs; **–vertrag** *m* contrat *m* de transfert.
Übertreibung *f* exagération, amplification.
übertreten enfreindre, transgresser, violer (la loi).
Übertretung *f* contravention *f*, contravention de simple police, transgression *f*, infraction *f*, violation *f*; **– der Polizeivorschriften** infraction de simple police; **– der Postvorschriften** infraction au règlement postal.
Übertretungs|buße *f* (S) amende *f* contraventionnelle (S); **–strafe** *f* peine *f* de simple police.
übertrieben *adj* exorbitant, exagéré, excessif.
Übertritt *m* passage *m*, admission *f*, accès *m*.
Über- u. Unterordnung subalternité *f*, rapport *m* de subordinaton, pouvoir *m* de direction.
Über|verbrauch *m* dépassement *m*, surconsommation; **–versicherung** *f* surassurance *f*.
übervölkern surpeupler.
Übervölkerung *f* surpopulation *f*, surpeuplement *m*.
übervorteilen désavantager à son profit, léser.
Übervorteilung *f* désavantage *m*, tromperie *f*, lésion *f*.
überwachen surveiller, contrôler.
Überwachung *f* (1) surveillance *f*, contrôle *m*, inspection, (2) *(Telefon)* écoute *f*; **devisenwirtschaftliche –** contrôle des changes; **fachliche –** contrôle technique; **statistische –**

contrôle statistique; **zollamtliche –** contrôle de la douane; **– am Arbeitsplatz** surveillance des salariés à leur poste de travail; **– des Fernmeldeverkehrs** écoutes *fpl* téléphoniques; **– von Kraftfahrzeugen** visite technique des véhicules; **– von Personen** observation, surveillance systématique des activités d'un suspect.

Überwachungs|ausschuß *m* commission de contrôle *ou* de surveillance, comité de surveillance; **–befugnis** *f* pouvoir de surveillance; **–gebühr** *f* (S) taxe de surveillance; **–gesetz** *n (StR)* loi sur le contrôle du matériel de propagande antiétatique importé de l'étranger; **–dienst** *m* entreprise *f* de gardiennage, service *m* de surveillance; **–kommission** *f* commission de contrôle *ou* de surveillance, comité de surveillance; **–pflicht** *f* obligation de surveillance; **–recht** *n* droit de surveillance, droit de contrôle, pouvoir de surveillance; **–schein** *m* certificat de mise sous surveillance; **–stelle** *f* organe de surveillance; **–zone** *f* zone de contrôle, zone de surveillance.

Überwälzung *f (SteuerR)* répercussion.

überweisen (1) *(Geld)* virer, transférer, (2) *(Patient)* charger un autre médecin du traitement d'un malade, (3) *(zuleiten)* transmettre, communiquer (pour information, etc.).

Überweisung *f* virement *m* (bancaire), transfert *m* (de fonds); **elektronische –** virement électronique; **telegraphische –** virement télégraphique; **vorhergehende –** transfert préalable; **zwischenstaatliche –** (Aut-S) virement international; **– an den Ausschuß** renvoi à la *ou* renvoi en commission; **– zur Einziehung** décision accordant au créancier un droit à recouvrement contre le tiers débiteur, sans que sa propre créance soit considérée comme éteinte avant le recouvrement; **– von Geldern** virement de fonds; **– auf ein Konto** virement sur un compte.

Überweisungs|auftrag *m* mandat *m ou* ordre de virement; **–beschluß** *m (ZwangsVR)* ordonnance de saisie et de remise (au créancier saisissant); **–betrag** *m* somme transférée, somme *f* virée; **–bewilligung** *f* autorisation *f* de transfert; **–empfänger** *m* délégataire *m*; **–erklärung** *f* arrêté administratif transférant les droits de propriété à la suite d'un remembrement; **–formularheft** *n* carnet de chèques de virement; **–gebühr** *f* taxe de virement; **–gut** *n* marchandise renvoyée pour contrôle douanier; **–heft** *n* carnet de chèques de virements; **–prämie** *f* prime de transfert; **–scheck** *m* chèque de virement; **–schein** *m* certificat de transfert; **–steuer** *f* impôt perçu par une collectivité territoriale et dont le produit est versé en totalité *ou* en partie à une autre collectivité; **–zettel** *m* avis *m* de virement.

überwiegend *adj* prépondérant, prédominant.

überzahlen payer en trop, surpayer.

überzählig *adj* excédentaire, en surnombre.

Überzahlung *f* paiement *m* en trop, excédent de versement *m*, trop versé *m*, trop payé *m*.

Überzeichnung *f* souscription trop élevée *ou* surpassée.

Überzeit|arbeit *f* travail *m* supplémentaire, heures *fpl* supplémentaires; **–zuschlag** *m* indemnité *f* pour heures supplémentaires.

Überzeugung *f* (1) conviction *f*, certitude *f* intime, (2) persuasion *f*, opinion *f*, idée *f*; **der – sein, daß** ... avoir l'intime conviction que ..., être sûr de qch.

Überzeugungs|bildung *f* le fait d'acquérir (par réflexion) une (intime) conviction; **–täter** *m (StR)* délinquant par conviction *ou* par idéologie, criminel motivé par des idées généreuses *ou* esprit de sacrifice.

überziehen tirer au-delà de la provision d'un compte, tirer à découvert.

Überziehung *f* découvert *m*.

Überziehungs|klausel *f (BankR)* clause *f* d'ouverture d'un crédit à découvert; **-kredit** *m* (convention d'ouverture d'un) crédit à découvert; **-provision** *f* commission d'engagement *ou* de découvert.

Überzoll *m* (S) droit majoré.

üble Nachrede *(StR)* imputations diffamatoires à l'encontre d'un tiers, s'appuyant sur des faits matériels.

üblich *adj* usuel *adj*, d'usage, *(Ausdrücke)* usité; **allgemein –** généralement admis; **nicht mehr –** hors d'usage, désuet, tombé en désuétude, obsolète; **-e Bauart** méthode *f* de construction réglementaire.

Übung *f* (1) usage *m*, pratique *f*, coutume *f*, (2) exercice *m*; **diplomatische –** usage diplomatique; **ununterbrochene –** usage ininterrompu; **zwischenstaatliche –** usages *mpl* internationaux.

Übungs|alarm *m* alerte *f* d'exercice; **-gerät** *n* simulateur *m*.

Ufer *n* (1) *(Fluß)* rive *f*, (2) *(See, Meer)* rivage *m*; **-anlieger** *m*, **-bewohner** *m* riverain *m*; **-eigentümer** *m* propriétaire *m* riverain, riverain; **-recht** *n* droit *m* de riveraineté; **-staat** *m* État *m* riverain.

U.-Haft abréviation fréquente dans la pratique judiciaire pour „Untersuchungshaft": détention *f* provisoire.

Ultima Ratio *(ÖfR; StR) lat* dernier moyen; le moyen le plus empiétant sur les droits de qqn.

Ultimatum *n* (1) *(VR)* ultimatum *m*, (2) *(VwR)* exigence impérative, sommation; **ein – stellen** envoyer *ou* adresser un ultimatum.

Ultimo *m (HR)* dernier jour ouvrable du mois; fin de mois; **per –** pour le dernier jour du mois; **-abrechnung** *f* liquidation de fin de mois; **-abwicklung** *f* liquidation de fin de mois; **-bedarf** *m* besoins de fin de mois; **-fälligkeit** *f* échéance de fin de mois; **-geld** *n* argent prêté jusqu'à la fin du mois; **-geschäft** *n* opération à liquider en fin de mois; **-kurs** *m* dernier cours du mois; **-liquidierung** *f*, **-regulierung** *f* liquidation *f* en fin de mois; **-wechsel** *m* traite payable en fin de mois.

umändern modifier, changer.

Umänderung *f* modification *f*, changement *m*, novation *f*.

Umarbeitung *f* remaniement *m*; refonte *f* (d'un ouvrage).

Umbauarbeiten *pl* travaux *mpl* de transformation, reconstruction *f*.

umbauter Raum volume *m* hors tout.

Umbenennung *f (GesR)* changement *m* de la dénomination *ou* raison sociale.

Umbesetzung *f* changement *m* de poste *ou* d'affectation, mutation *f*.

umbilden remanier, modifier, transformer, changer, réformer.

Umbildung *f* remaniement *m*, modification *f*.

Umbruch *m* (1) effondrement *m*, révolution *f*, (2) *(Buchwesen)* mise *f* en page.

umbuchen faire un jeu d'écritures (comptables), transférer, passer d'un compte à un autre, *(berichtigen)* rectifier, contre-passer.

Umbuchung *f* (1) *(Buchf)* jeu d'écritures, (2) *(Haushalt)* changement *m* d'imputation, réimputation *f* dans le budget, (3) *(Reise)* modification de réservation.

Umdeutung *f* (1) *(eines Rechtsgeschäfts)* conversion d'un acte nul (en un acte valide), (2) réinterprétation (d'une loi).

umdisponieren (en) disposer autrement, prendre de nouvelles dispositions, prévoir une solution de rechange.

Umerziehung *f* (1) rééducation, (2) lavage *m* de cerveau, endoctrinement.

Umfang *m* étendue *f*, volume *m*, dimension *f*; **– der Ausfuhr** volume des exportations; **– eines Rechts** étendue *f* d'un droit, domaine *m* d'application d'un droit; **– des Schadens** ampleur *f ou* importance *f* du dommage; **– des Verschuldens** degré de culpabilité.

Umfeld *n* contexte *m*, milieu *m*; **soziales –** environnement social, entourage *m*.

Umfinanzierung *f* refinancement *m*, changement *m* du mode de financement.

Umfrage *f* enquête *f*, sondage *m*; **eine – anstellen** pratiquer un sondage.

Umgang *m* fréquentation, rapport, relation, commerce; **–sbefugnis** *(FamR)* droit reconnu par les parents à leur enfant de fréquenter qn.; **–sformen** *pl* civilité *f*, convenances *fpl*, formes de politesse; **–srecht** *(FamR)* droit de visite; **–sverbot** *n* interdiction de fréquenter qn.

Umgebung *f* environnement *m*, milieu *m*.

umgehen *(Gesetz)* tourner (la loi), frauder.

Umgehungsgeschäft *n* contrat *m* fictif (pour tourner la loi).

Umgemeindung *f* remaniement *m* territorial d'une commune.

umgestalten refondre, réorganiser.

Umgestaltung *f* refonte *f*, réorganisation *f*, remaniement *m*, transformation *f*.

umgliedern remanier.

Umgliederung *f* remaniement *m*.

Umgründung *f (GesR)* transformation *f* d'une société, choix *m* d'une autre forme juridique.

Umherlaufen des Viehs divagation *f* du bétail.

Umherziehende(r) *m* nomade *m*.

Umkehrschluß *m* raisonnement *m* a contrario.

Umkehrung *f* **der Beweislast** *(ZR)* renversement de la charge de la preuve.

Umlade|bahnhof *m* gare *f* de transbordement; **–flughafen** *m* aéroport de transbordement; **–gebühr** *f* taxe *f ou* frais *pl* de transbordement.

umladen transborder.

Umlader *m* transbordeur *m*.

Umladung *f* transbordement *m*; rupture *f* de charge.

Umlage *f* (1) *(Kostenverteilung)* répartion *ou* ventilation (des frais), (2) *(Sonderbeitrag)* cotisation *f*, contribution *f*, paiement *m* spécial, prélèvement *m*; impôt de répartition; répartition *f*, prélèvement; **–beschluß** *m* décision *f* de répartition.

umlage|frei *adj* exempt de contribution, exempt de prélèvement; **–pflichtig** *adj* soumis à contribution, soumis à prélèvement.

Umlage|betrag *m* montant *m* des prélèvements; **–fähigkeit** *f (MietR)* possibilité de répercuter (certains frais) sur les locataires; **–kosten** *pl* frais *ou* charges financières répercutables; **–prämie** *f* prime *f* contributive *ou* de répartition; **–recht** *n* droit de répartition (des charges); **–satz** *m* taux de répartition; **–verfahren** *n* (1) *(VersR)* système *m* de répartition, (2) *(VwR)* procédure de répartition (des taxes), (3) répartition proportionnelle des charges entre participants.

Umlauf *m* (1) *(Geld)* circulation *f* (2) *(Rundschreiben)* circulaire *f*; **in – setzen** mettre en circulation; **–bahn** *f* orbite *f*; **–belastung** *f* charges *fpl* de roulement.

umlaufend *(Geld)* en circulation.

umlauffähig *adj* admis à circuler.

Umlaufmittel *pl* (1) *(GesR, Buchf)* valeurs *fpl* réalisables et disponibles, fonds de roulement, (2) *(Vwirt)* valeurs *fpl* ayant cours, monnaie *f*.

Umlaufs|geschwindigkeit *f* vitesse *f* de circulation *ou* de rotation; **–schreiben** *n* circulaire *f*.

Umlaufsteuer *f* droit de circulation.

Umlaufvermögen *n* fonds *ou* capital de roulement, actif circulant.

umlegen (1) *(Kosten)* répartir, (2) *(Straße)* dévier, (3) *(Grund u. Boden)* remembrer.

Umlegung *f* (1) *(Kosten)* répartition *f*, ventilation *f*, imputation *f*, affectation *f*, (2) *(Straße)* déviation *f*, (3) *(Grund u. Boden)* remembrement *m* (urbain).

Umlegungs|ausschuß *m* commission de remembrement; **–bezirk** *m*, **–gebiet** *n* périmètre *ou* zone de remembrement; **–verfahren** *n* procédure *f* de remembrement, réorganisation foncière.

umleiten *(Verkehr)* détourner.

Umleitepostamt *n* (Aut), **Umleitstelle** *f* (S) (UPU) bureau *m* intermédiaire *m*.

Umleitung *f* (1) *(StVR)* déviation *f*, (2) *(Schiff)* déroutement *m*.

Ummeldung *f* déclaration de changement de domicile *ou* d'adresse; **–skosten** *pl* (= Ummeldekosten) frais de modification d'un abonnement (téléphonique).

umrechenbar *adj* convertible.

umrechnen convertir, rapporter.

Umrechnung *f* conversion *f*.

Umrechnungsbilanz *f* bilan *m* de conversion.

umrechnungsfähig *adj* convertible.

Umrechnungs|faktor *m* facteur *m* de restitution; **–kurs** *m* cours de conversion, taux de change; **–quote** *f* taux de conversion; **–tabelle** *f* tableau *m* de correspondance; **–verhältnis** *n* taux de conversion.

Umsatz *m* (1) *(Absatz)* débit *m*, transaction *f*, (2) *(Wertbewegungen)* chiffre d'affaires, (3) *(Einnahmen)* recettes *fpl*, (4) *(Energie)* rendement *m* (énergétique); **–abgabe** *f* taxe sur les transactions, droit de négociation (S); **–analyse** *f* analyse financière; **–anstieg** *m* augmentation du chiffre d'affaires; **–ausgleichssteuer** *f* taxe représentative du chiffre d'affaires à l'importation, taxe de péréquation sur le chiffre d'affaires; **–belebung** *f* incitation des ventes; **–besteuerung** *f* taxation du chiffre d'affaires; **–beteiligung** *f* participation au chiffre d'affaires; **–erhöhung** *f* augmentation *ou* accroissement du chiffre d'affaires; **–erlös** *m* recette *f*, rentrées d'argent; **–erweiterung** *f* extension du chiffre d'affaires; **–grundlage** *f od.* **–basis** *f* base *f* du chiffre d'affaires; **–index** *m* indice *m* du chiffre d'affaires; **–mehrwertsteuer** *f* taxe *f* à la valeur ajoutée; **–miete** *f* loyer *m* calculé sur le taux du chiffre d'affaires; **–pacht** *f* bail *m* calculé sur le montant du chiffre d'affaires; **–provision** *f* commission de mouvement, commission de compte, commission sur le chiffre d'affaires; **–rückgang** *m* baisse *f* du chiffre d'affaires; **–rückvergütung** *f* ristourne *f*; **–statistik** *f* analyse *f* de ventes; **–steigerung** *f* progression *f* du chiffre d'affaires; **–steuer** *f* taxe sur le chiffre d'affaires *ou* sur les transactions; **–vergütung** *f* bonus *m*, prime sur le chiffre d'affaires; **–volumen** *n* volume *m* du chiffre d'affaires.

Umschlag *m* (1) *(Güter)* transbordement *m*, manipulation *f*, manutention *f*, (2) *(Buch)* couverture *f*, (3) *(Brief)* enveloppe *m*, (4) *(Absatz)* débit *m* (des ventes); **–geschwindigkeit** vitesse de rotation (des stocks); **–hafen** *m* port *m* de transbordement.

umschließen clôturer.

umschreiben (1) transférer (un titre nominatif), (2) faire un jeu d'écritures, transcrire.

Umschreibegebühr *f* droit de mutation, droit de transfert.

Umschreibung *f* jeu *m* d'écritures (comptables), transfert *m*, transcription *f*; **stückelose –** virement de titre sans délivrance matérielle; **– auf den Namen** mise au nominatif; **– einer Namensaktie** transfert d'une action nominative; **– des Vollstreckungstitels** transfert du titre exécutoire.

umschulden convertir une dette.

Umschuldung *f* conversion *f* de dettes, allègement *m* de dette.

Umschuldungskredit *m* crédit *m* pour la conversion des dettes.

umschulen: sich – lassen se reconvertir, acquérir une nouvelle qualification.

Umschulung *f* (1) *(nach Verlust des Arbeitsplatzes)* reconversion professionnelle, formation de conversion, (2) *(nach Krankheit, Unfall usw.)* rééducation professionnelle, (3) *(für* *den beruflichen Aufstieg)* formation professionnelle (accélérée), cours *m* de promotion sociale pour améliorer la qualification professionnelle; **berufliche –** conversion *ou* reconversion *f* professionnelle; **– für Körperbehinderte** réadaptation professionnelle des handicapés physiques.

Umschulungs|kosten *pl* frais de rééducation professionnelle; **–rente** *f* indemnité *f* de reconversion.

Umschwung *m* retournement *m*, revirement *m*; **– der Konjunktur** retournement conjoncturel; **– in der Rechtsprechung** revirement *m ou* renversement *m* de la jurisprudence.

umseitig *adj* au verso.

umsetzen vendre, écouler, placer, débiter, négocier, faire des transactions.

Umsetzung *f* (1) *(Gesetz)* traduction dans les faits, application, (2) *(Waren)* vente *f*, écoulement, débit *m*, (3) transformation.

Umsicht *f* (1) circonspection *f*, (2) *(Vorsicht)* précaution *f*, prudence *f*.

umsiedeln (1) *(anderswo ansiedeln)* expulser, rapatrier, assigner une résidence dans une autre région *ou* un autre pays, (2) *(umziehen)* changer de domicile *ou* de pays, se fixer dans un autre pays, déménager.

Umsiedlung *f* transfert *m ou* déplacement de population, changement *m* (forcé) de résidence.

Umsiedlungsbeihilfe *f* indemnité *f* de réinstallation.

Umstand *m* circonstance *f*, particularité *f*; **diffamierender –** *(StR)* fait *m* diffamatoire; **erschwerender –** circonstance *f* aggravante; **gefahrerhöhender –** circonstance aggravant le risque; **mildernder –** circonstance atténuante; **strafschärfender –** circonstance aggravante.

Umstände *mpl* (1) *(Einzelheiten)* détails *mpl* particuliers, (2) *(Lage)* situation *f*, position *f*; **bei Abwägung aller –** en tenant compte de toutes les circonstances; **infolge unbeeinflußbarer –** pour des raisons indépendantes de la volonté; **mildernde – geltend machen** soulever l'existence de circonstances atténuantes; **neue –** fait *m* nouveau.

umstellen reconvertir.

Umstellung *f* reconversion *f*, réforme *f*.

Umstellungs|beihilfe *f* aide *f* à la reconversion; **–bilanz** *f* bilan de réouverture (après la réforme monétaire allemande); **–darlehen** *n* prêt de reconversion; **–gesetz** *n* loi de 1948 sur la réforme monétaire en Allemagne de l'ouest; **–gewinn** *m* bénéfice résultant de la conversion, gain à la conversion monétaire (L); **–konto** *n* compte de réévaluation; **–maßnahme** *f* mesure *f* de reconversion; **–quote** *f*, **–satz** *m* taux *m* de conversion; **–schaden** *m* dommage résultant de la modification d'un état de choses; **–schlüssel** *m* taux de conversion.

umstritten *adj* discuté, contesté, controversé.

umstrukturieren reconvertir, procéder à une restructuration.

Umstrukturierung *f* restructuration, reconversion *f* des activités.

Umsturz *m* renversement *m*, subversion *f*, bouleversement *m*.

umstürzlerisch *adj* subversif.

Umtausch *m* (1) *(Waren)* échange *m*, troc *m*, (2) *(Wertpapiere)* arbitrage *m*, (3) *(Währungen)* change *m*; **– zum Nennwert** conversion au pair; **–angebot** *n* offre d'échange; **–kurs** *m* taux *m* de change; **–recht** *n* droit d'échange; **–vorbehalt** *m* *(HR)* vente à l'agréage *ou* à l'essai.

umtauschen échanger; convertir, changer.

Umtriebe *pl* manœuvres *fpl*, menées *fpl*, agissements *mpl*; **geheime –** agissements *mpl* clandestins; **staatsfeindliche –** menées antinationales, activités subversives; **verbrecherische –** manœuvres criminelles.

Umverteilung *f* redistribution *f*, nouvelle répartition.

Umwälzung *f* bouleversement *m*,

changement *m* profond, renversement *m*.

umwandeln (1) transformer, convertir, (2) *(StR)* commuer (une peine).

Umwandlung *f* (1) *(Gesellschaft)* transformation *f*, (2) *(Wertpapiere)* conversion *f*, (3) *(Strafe)* commutation *f* (de peine); **errichtende –** transformation de société par voie de création; **verschmelzende –** transformation de société par voie de fusion; **– einer Gesellschaft** transformation de société.

Umwelt *f* environnement *m*, biosphère *f*, écosphère; **–abgaben** *pl* taxes *fpl* pour la sauvegarde de l'environnement; **–beeinträchtigung** *f*, **–belastung** *f* nuisance *f*, dégradation de l'environnement; **–bericht** *m* rapport sur les problèmes écologiques; **–bundesamt** *n* (U. B. A.) Office fédéral de protection de l'environnement; **–chemikalien** *pl* produits *mpl* chimiques polluants; **–delikt** *n* infraction à la réglementation de protection de l'environnement; **–einfluß** *m*, **–einwirkung** *f* action *ou* effet dommageable sur l'environnement; **–forschung** *f* recherche *f* écologique; **–freundlich** biodégradable; sans effet nocif sur l'environnement; **–gefährdung** *f* (tout) fait susceptible d'altérer la qualité de l'environnement; **–gesetz** *n* loi relative à la protection de l'environnement; **–gesetzbuch** *n* (= UGB) Code de l'environnement; **–haftung** *f* responsabilité civile pour les dommages résultant de la pollution *ou* de la dégradation de l'environnement; **–kriminalität** *f* infractions écologiques; **–norm** *f* disposition légale relative à la protection de l'environnement; **–politik** *f* politique écologique; **–schützer** *m* écologiste, environnementaliste; vert *m*, *pej* écolo; **–recht** *n* droit relatif à la protection de la nature et la lutte contre les nuisances, droit de l'environnement; **–schaden** atteinte *f* à l'environnement, destruction de l'environnement, nuisance *f*; **–schutz** *m* protection de l'environnement; **–schutzmaßnahmen** *pl* mesures relatives à la protection de l'environnement; **–strafrecht** *n* droit pénal de l'environnement; **–verhältnisse** *npl* conditions *fpl* ambiantes, milieu *m*; **–verschmutzung** *f* pollution *f*; **–verträglichkeitsprüfung** *f* examen *m* de tolérance écologique; **–zerstörung** *f* destruction *ou* dégradation de l'environnement.

Umwertung *f* changement de valeur.

Umwidmung *f (VwR)* modification de l'affectation.

umzäunen enclore, clôturer.

Umzäunung *f* clôture *f*.

Umzug *m* (1) *(Aufzug)* cortège sur la voie publique, défilé *m*, (2) *(Wohnungswechsel)* changement *m* de domicile *ou* de résidence, transfert *m* de domicile, déménagement *m*.

Umzugs|beihilfe *f* indemnité *f* de déménagement; **–entschädigung** *f* indemnité de transfert de domicile, prime de déménagement; **–gut** *n* mobilier *m* déménagé.

Umzugskosten *pl* frais de déménagement; **–beihilfe** *f*, **–vergütung** *f* indemnité *f* de déménagement.

Umzugsvergütung *f* indemnité *ou* prime *f* de déménagement.

UN (= United Nations) (Organisation des) Nations Unies (= ONU); **–Charta** *f* Charte des Nations Unies; **–Friedenstruppen** *pl* Casques *mpl* bleus, soldats *mpl* onusiens.

unabänderlich *adj* immuable, non modifiable, irrévocable, irréformable.

Unabänderlichkeit *f* immutabilité *f*, irrévocabilité *f*, immuabilité *f*, invariabilité *f*.

unabdingbar *adj* impératif, inaliénable, indispensable; **–es Recht** droit intangible; **–e Vorschrift** règle *f ou* disposition impérative.

Unabdingbarkeit *f* caractère *m* impératif, inaliénabilité *f*, caractère indispensable.

unabhängig *adj* indépendant, souverain.

Unabhängigkeit *f* indépendance *f*, autonomie *f*; **richterliche –** indépendance de la magistrature; **wirtschaftliche –** indépendance économique.

Unabhängigkeits|erklärung *f* déclaration *ou* proclamation d'indépendance; **–front** *m* front de l'indépendance; **–krieg** *m* guerre *f* d'indépendance.

unabkömmlich *adj* (1) *(unentbehrlich)* indispensable, (2) *(nicht verfügbar)* indisponible, (3) *(Wehrdienst)* en sursis d'appel.

Unabkömmlich(keits)stellung *f* *(MilR)* disponibilité *f* dans l'intérêt public.

unabsehbar *adj*: **–e Folgen** conséquences incalculables; **–e Zeit** indéfiniment.

unabsetzbar *adj* inamovible.

Unabsetzbarkeit *f* inamovibilité *f*.

unabtretbar *adj* incessible.

Unabtretbarkeit *f* incessibilité *f*.

unabweisbar *adj* indispensable, fondamental, absolu.

unabwendbar *adj* inévitable, inéluctable, fatal, certain; **–es Ereignis** *(SchuldR)* événement irrésistible.

Unachtsamkeit *f* inattention *f*, négligence *f*.

unanfechtbar *adj* inattaquable, incontestable, qui ne peut être remis en cause.

Unanfechtbarkeit *f* inattaquabilité *f*.

unangebracht *adj* inadmissible, inacceptable.

unangefochten *adj* incontesté.

unangemeldet *adj* sans déclaration préalable.

unangemessen *adj* inadéquat, sans commune mesure.

unannehmbar *adj* inacceptable, irrecevable.

unantastbar *adj* inviolable.

Unantastbarkeit *f* inviolabilité *f*, intangibilité *f*.

unanwendbar *adj* non applicable, inapplicable.

Unanwendbarerklärung *f* déclaration *f* d'inapplicabilité.

Unanwendbarkeit *f* non applicabilité, inapplicabilité.

Unanwendbarkeitserklärung *f* déclaration d'inapplicabilité.

unaufgeklärt *adj* *(Verbrechen)* non élucidé.

unauflösbar *adj* indissoluble *adj*; indissolublement *adv*.

Unauflösbarkeit *f* indissolubilité *f*.

unauflöslich *adj* indissoluble *adj*; indissolublement *adv*.

Unauflöslichkeit *f* indissolubilité *f*.

Unaufmerksamkeit *f* inattention *f*, distraction *f*.

Unaufrichtigkeit *f* manque *m* de sincérité, insincérité *f*.

unaufschiebbar *adj* qu'on ne peut différer, *(dringend)* urgent, pressant.

Unausgeglichenheit des Haushalts déficit *m ou* impasse *f* budgétaire.

unbeabsichtigt *adj* non voulu, non projeté, par inadvertance.

unbeachtlich *adj* négligeable, insignifiant.

unbeanstandet *adj* incontesté, sans réclamation.

unbeantwortet *adj* sans réponse.

unbearbeitet *adj* non usiné, non préparé, brut.

unbebaut *adj* (1) non bâti, (2) inculte.

unbedacht *adj* inconsidéré, irréfléchi.

unbedenklich ne soulevant aucune objection *ou* difficulté.

Unbedenklichkeits|bescheinigung *f* (1) *(Außh)* certificat de non-opposition, certificat de bonne provenance (B), (2) *(SteuerR)* certificat délivré par le fisc et attestant le paiement de l'impôt sur les mutations immobilières; – **–bestätigung** *f*, **–nachweis** *m* certificat de non-opposition, certificat *m* de bonne provenance (B).

unbedingt (1) *adj* absolu, sans restriction, sans réserve, (2) *adv* absolument, purement et simplement.

Unbefangenheit *f* impartialité *f*.

unbefristet *adj* sans délai, immédiat *adj*; à durée indéterminée.

unbefugt *adj* sans droit, non autorisé, incompétent; **–e Titelführung** usage *m* irrégulier d'un titre (honorifique *ou* professionnel), usurpation de titre.

Unbefugte(r) *m* personne *f* non autorisée.

unbeglichener Posten *(Buchf)* solde *m* à régler, poste *m* échu.

unbegründet *adj* mal fondé, non fondé, dénué de fondement; injustifié.

Unbegründetheit *f* fait d'être mal fondé *ou* sans fondement.

unbehebbar *adj* irrémédiable, qui ne peut être réparé.

unbehelligt *adj* sans être importuné, sans être molesté.

unbekannt *adj* inconnu, ignoré.

unbemittelt *adj* sans fortune, pauvre.

unbenommen *adj* licite, permis; **es ist dem Kläger –** le demandeur est libre de . . .

unbenutzbar *adj* inutilisable.

unberechtigt *adj* non autorisé, *(Vorwurf)* injustifié, injuste.

unberücksichtigt *adj* non considéré, pas pris en considération, dont on n'a pas tenu compte.

unberührt *adj* (1) *(unversehrt)* intact, (2) *(jungfräulich)* vierge.

unbescholten *adj* (1) non condamné, (2) inattaquable (du point de vue moral), intègre, irréprochable.

Unbescholtenheit *f (ZR: Braut)* réputation (d'une femme), honneur.

Unbescholtenheitszeugnis *n* certificat *m* de bonne vie et mœurs.

unbeschränkt *adj* illimité, indéfini; **–haften** *(GesR)* répondre indéfiniment des dettes (sociales); **–e Haftung** responsabilité sur tous les biens (pour le passif social).

unbesoldet *adj* non rémunéré, impayé *adj*, (à titre) honorifique.

Unbeständigkeit *f* **der Währung** instabilité *f* monétaire.

unbestechlich *adj* intègre *adj*, incorruptible *adj*.

Unbestechlichkeit *f* intégrité *f*, incorruptibilité *f*.

unbestellbar *adj* (1) *(Ware)* non délivrable, (2) *(Post)* qui n'a pas pu être distribué, ne pouvant être remis au destinataire *ou* à son représentant.

Unbestellbarkeitsmeldung *f* avis *m* de non distribution.

unbestimmt *adj* indéterminé; **–er Gesetzesbegriff** *od.* **Rechtsbegriff** *m* concept *m* juridique indéterminé du droit allemand (dont le contenu n'est pas précisé par la loi), clause légale générale; **auf –e Zeit** à durée indéterminée.

unbestreitbar *adj* incontestable, indéniable, indiscutable.

Unbestreitbarkeit *f* incontestabilité *f*, caractère indiscutable.

unbestrittene Tatsache fait constant, fait incontesté.

unbeweglich *adj (SachR)* immobilier.

unbeweisbar *adj* improuvable, qu'on ne peut pas prouver.

Unbewertbarkeit *f* ne pouvant être évalué.

unbezahlbar *adj* hors de prix.

unbezahlt *adj* impayé.

unbeziffert *adj* sans indication de chiffre; **–ter Antrag** *(ZPR)* demande introduite sans indication du montant du litige.

unbillig *adj* injuste, inéquitable.

Unbilligkeit *f* injustice *f*, iniquité *f*; **grobe –** particulièrement inique, qui manque gravement à l'équité, très injuste.

Unbotmäßigkeit *f* désobéissance *f*.

Unbrauchbar|keit *f* fait d'être inutilisable, ne pouvant plus être utilisé; **–machung** *f* rendre inutilisable.

Undank *m* ingratitude *f*; **grober –** ingratitude grave.

Undankbarkeit *f* ingratitude *f*.

undemokratisch *n* antidémocratique, opposé à l'esprit démocratique.

Undkonto *n* compte joint (dont les titulaires ne peuvent disposer que conjointement).

Unduldsamkeit *f* intolérance *f*.

Undurchführbarkeit *f* inexécutabilité *f*.

undurchsetzbar *adj* inexécutable.

Undurchsetzbarkeit *f* inexécutabilité *f*.

unecht *adj* (1) faux, (2) *(nachgemacht)* contrefait, imité.

unehelich *adj* (= nichtehelich) illégitime, naturel.

Unehelichkeit le fait d'être un enfant naturel, illégitimité *f*.

Unehrlichkeit *f* malhonnêteté *f*, déloyauté *f*, improbité *f*.

uneidliche Aussage déposition *ou* déclaration (faite) sans prêter serment.

Uneigennützigkeit *f* désintéressement *m*.

uneinbringlich *adj* irrécouvrable.

Uneinbringlichkeit *f* irrécouvrabilité *f*.

uneinheitlich *adj* (1) non uniforme, (2) *(Kurse)* irrégulier.

Uneinheitlichkeit *f* non uniformité *f*, absence *f* d'uniformité.

uneinlösbar *adj* inconvertible.

uneinlöslich *adj* inconvertible.

Uneinlöslichkeit *f* inconvertibilité *f*.

unentgeltlich *adj* gratuit *adj*, gracieux *adj*, à titre gratuit, à titre gracieux, gratis *adv*, gratuitement *adv*.

Unentgeltlichkeit *f* gratuité *f*.

unentschuldigt *adj* inexcusable, injustifiable; **–tes Fernbleiben** *(ArbR)* absence dénuée de tout fondement valable.

unentziehbar *adj* qui ne peut être retiré.

Unerfahrenheit *f* inexpérience *f*.

unerfüllbar *adj* inexécutable.

Unerfüllbarkeit *f* inexécutabilité *f*.

unerheblich *adj* sans importance, sans conséquence, de peu d'importance.

unerläßlich *adj* absolument nécessaire, primordial.

unerlaubt *adj* interdit, illicite, défendu; **–e Handlung** *f* délit *m* civil, quasi-délit *m*, fait *m* juridique illicite; **–e Werbung** publicité *f* déloyale.

unerledigt sein être en souffrance *ou* en suspens.

unerreichbar injoignable, que l'on ne peut contacter.

unerschwinglich *adj* inabordable, hors de prix.

unersitzbar *adj* imprescriptible.

Unersitzbarkeit *f* imprescriptibilité *f*.

unerträglich *adj* intolérable.

unerwünscht *adj* indésirable *adj*, importun *adj*, mal à propos *adv*.

Unfähigkeit *f* incompétence *f*, incapacité *f*, inhabilité *f*.

Unfall *m* accident *m*; **– auf dem Weg zur Arbeitsstätte** accident *m* de trajet; **außerbetrieblicher –** accident non professionnel; **dienstlicher –** accident de service; **tödlicher –** accident mortel.

Unfall|anzeige *f* déclaration *f* d'accident, avis *m* d'accident; **–anzeige-Formular** *n* feuille d'accident; **–arzt** *m* médecin *m* du service d'aide médicale d'urgence; **–aufnahme** *f* constat *m* d'accident; **–begriff** *m* définition *ou* notion de sinistre *ou* d'accident; **–bericht** *m* (1) *(Kfz)* constat *m* amiable, constat contradictoire lors d'un accident de voitures, (2) relation *f* d'accident; **–beteiligte(r)** *m* personne *f* impliquée dans un accident; **–entschädigung** *f* indemnité en cas d'accident; **–fahrzeug** *n* véhicule accidenté *ou* impliqué dans un accident de la circulation; **–flucht** *f (StR)* délit *m* de fuite; non-assistance à personne en péril; **–folgen** *pl* conséquences d'un accident; **–frei** *adj* sans avoir causé un accident; **–gefahr** *f* risque *m* d'accident; **–gegner** *m* demandeur *m ou* défendeur dans un litige relatif à un accident; **–geschädigte(r)** *m* victime *f* d'un accident, accidenté *m*; **–helfer** *m* secouriste *m*; **–hergang** *m* circonstances *fpl* de l'accident; **–meldung** *f* avis d'accident, déclaration d'accident; **–neurose** *f* sinistrose *f*; **–opfer** *n* victime *f* d'accident, victime d'un accident mortel; **–ort** *m* lieu *m* de l'accident; **–regulierung** *f* règlement (d'un sinistre); **–rente** *f* rente d'accident, rente en cas d'accident du travail.

Unfallsanzeige *f* (Aut) avis d'accident, déclaration d'accident.

Unfall|schaden *m* dommage résultant d'un accident, dommage dû à un accident; **–schock** *m* choc *m* traumatique; **–schutz** *m* prévention des accidents.

Unfalls|meldung *f* (Aut) avis d'accident, déclaration d'accident; **–rente** *f* rente en cas d'accident, rente d'accident, pension d'accident (L); **–versicherung** *f* (Aut) assurance-accidents, assurance contre les accidents.

Unfall|stelle *f* (1) poste *m* de secours, (2) lieu *m* de l'accident; **–tod** *m* mort *f* accidentelle; **–ursache** *f* cause *f* de l'accident.

Unfallverhütung *f* (1) prévention *f* des accidents, (2) *(ArbR)* lutte contre les accidents (du travail), sécurité *f* du travail.

Unfallverhütungs|versicherung *f* assurance contre les accidents, assurance-accidents; **–vorschrift** *f* prescription *f* sur la prévention des accidents.

Unfallverletzung *f* lésion *ou* blessure résultant d'un accident.

Unfallversicherung *f* assurance contre les accidents corporels, assurance individuelle accidents; **gesetzliche –** assurance légale contre les accidents du travail.

Unfallzeuge *m* témoin *m* d'un accident.

Unfall-Zusatzversicherung *f* assurance complémentaire du risque de décès par accident.

unfrankiert *adj* non affranchi, en port dû.

unfrei *adj* non affranchi, en port dû.

unfreiwillig *adj* contre son gré, à son corps défendant.

unfreundlicher Akt *(VR)* acte *m* peu amical.

Unfruchtbarmachung *f* stérilisation; castration.

Unfug *m*: **grober –** *(StR)* tapage *m* troublant la tranquillité des habitants.

ungeachtet *adj* nonobstant.

Ungeborene(r) *m* enfant *m* conçu, enfant non encore né.

Ungebühr *f (vor Gericht)* outrage *m* (à l'audience) envers un magistrat de l'ordre judiciaire.

ungebührlich *adj* irrévérencieux *adj*, inconvenant *adj;* indûment *adv*.

Ungebührstrafe *f* pénalité *f* pour manque de respect.

ungedeckt sein être à découvert, (chèque) sans provision.

ungeeignet *adj* inapproprié, inadéquat.

ungefähr *adv* approximativement, à peu près.

ungehörig *adj* déplacé, malvenu, inopportun.

Ungehorsam *m* désobéissance *f*, insubordination *f*.

Ungehorsamsstrafe *f* (S) astreinte *f*.

ungekürzt *adj* (1) *(Text)* intégral, non abrégé, (2) *(Bezüge)* complet, sans réduction.

ungelernter Arbeiter manœuvre *m*, ouvrier *m* sans qualification professionnelle.

Ungenauigkeit *f* manque *m* de précision, le fait d'être entaché d'erreurs, imprésion, inexactitude *f*; **– der Auslegung** interprétation légèrement erronée des faits; **– der Übersetzung** infidélité de la traduction.

ungenehmigt *adj* sans autorisation.

ungerecht *adj* injuste, inéquitable; *(unbillig)* inique.

Ungerechtigkeit *f* injustice *f*, iniquité *f*.

ungerechtfertigt *adj* injustifié, non justifié, sans cause; **–e Bereicherung** enrichissement sans cause.

ungeschriebenes Recht droit coutumier (qui n'a pas fait l'objet d'une rédaction), tradition orale.

ungesetzlich *adj* illégal, *(unrechtmäßig)* illégitime.

ungestraft impuni *adj*; impunément *adv*, en toute impunité.

ungesund *adj* malsain, insalubre.

ungeteilt *adj* indivis *adj*; indivisément *adv*, sans partage.

ungewollt *adj* involontaire; **–es Kind** enfant indésirable.

ungültig *adj* (Aut) non valable, nul.

ungleich *adj* (1) inégal, (2) *(unähnlich)* dissemblable, disparate, différent.

Ungleichbehandlung *f* inégalité *f* de traitement, discrimination.

Ungleichgewicht *n*: **strukturelles –** déséquilibre *m* structurel; **wirtschaftliches –** déséquilibre économique.

Ungleichheit *f* inégalité *f*, disparité *f*,

disproportion *f*; **soziale** – inégalité sociale; – **der Löhne** disparité *f* des salaires.

Unglücksfall *m* sinistre *m*, accident *m*; **besonders schwerer** – catastrophe *f*, accident très grave; **Hilfeverweigerung beim** – non assistance à personne en danger.

ungültig *adj* nul, invalide, qui n'est pas valable; **für – erklären** annuler, déclarer nul et non avenu, invalider.

Ungültigerklärung *f* (1) annulation, invalidation *f*, (2) *(Wahl)* déclaration de la nullité.

Ungültigkeit *f* défaut *m* de validité, invalidité *f*, nullité *f*; **bei sonstiger** – à peine de nullité, sous peine de nullité; – **der Eintragung** invalidation de l'enregistrement; – **wegen Formgebrechens** (Aut), – **wegen Formmangels** nullité de forme.

Ungültigkeitserklärung *f* annulation *f*, déclaration de nullité; – **der Wahl** annulation des élections, invalidation *f*, annulation d'élection (B).

unhandlich *adj* non-maniable, non-manipulable.

unheilbar *adj* (1) (vice) qui ne peut être couvert, (acte) qui ne peut pas être validé, (2) *(Krankheit)* incurable, inguérissable.

Uniformtragen *n*, **unbefugtes** – port *m* illégal d'uniforme.

Unikat *n* acte rédigé en un seul exemplaire, acte en brevet.

Union *f* union *f*; **interparlamentarische** – Union interparlementaire; **Panamerikanische** – Union panaméricaine; **Westeuropäische** – Union de l'Europe occidentale (UEO).

Unions|beitritt *m* accession à l'union; **–partei** *f* parti *m* chrétien démocrate (en RFA); **–priorität** *f* délai de priorité (accordé par la Convention d'Union de Paris); **–vertrag** *m* traité d'union.

Universalbank *f* banque *f* polyvalente, banque exerçant toutes les catégories d'opérations bancaires, banque ‹à tout faire›.

Universal|erbe *m* héritier *m ou* légataire *m* universel; **–sukzession** *f* (= Gesamtrechtsnachfolge) fait d'être ayant cause *ou* ayant droit *m* à titre universel; **–sukzessor** *m* ayant-cause *m* à titre universel.

Universal|versammlung *f* (S) assemblée *f* générale; **–versicherung** *f* assurance *f* universelle.

Universität *f* établissement public d'enseignement supérieur, université *f*.

Universitäts|ausbildung *f* formation universitaire; **–diplom** *n* diplôme *m* universitaire; **–recht** *n* droit concernant le service public de l'enseignement supérieur; **–zeugnis** *n* diplôme universitaire *ou* académique (B).

Unkenntlichmachung *f* (fait de) rendre méconnaissable.

Unkenntnis *f* ignorance *f*, méconnaissance *f* (de ses droits).

unklagbar *adj* qui ne peut faire l'objet d'une action en justice; **–er Anspruch** *m* obligation *f* naturelle.

Unklagbarkeit *f* fait de ne pouvoir faire l'objet d'une action en justice.

unklar *adj* imprécis, confus, vague.

Unklarheitenregel *f* principe selon lequel les clauses de conditions générales doivent être claires et précises (pour être valides).

unkonvertierbar *adj* inconvertible.

unkörperlich *adj* incorporel.

Unkosten *pl* (1) *(allg.)* frais *mpl* (ordinaires), dépenses *fpl*, (2) *(unvorhergesehen)* faux frais *mpl*; **allgemeine** – frais généraux; **–beitrag** *m* contribution aux frais; **–pauschale** *f* indemnité *f* forfaitaire; **–vergütung** *f* indemnité pour les frais exposés.

unkündbar *adj* non dénonçable, non résiliable.

unlauter *adj* déloyal; **–e Werbung** pratiques déloyales en matière de publicité; **–er Wettbewerb** *m* concurrence *f* déloyale.

unleserlich *adj* illisible.

unmittelbar *adj* direct, immédiat; **–e Stellvertretung** *f* représentation directe; **–er Besitz** possession *f* di-

recte; **–er Zwang** *(VwR)* exécution d'office; exécution forcée.
Unmöglichkeit der Leistung impossibilité d'exécution *ou* de s'exécuter.
unmündig *adj* mineur.
Unmündigkeit *f* minorité *f.*
unnotiert *adj* non coté, incoté.
unparteiisch *adj*, **unparteilich** *adj* impartial *adj*; impartialement *adv*.
Unparteilichkeit *f* impartialité *f.*
unpfändbar *adj* insaisissable.
Unpfändbarkeit *f* insaisissabilité *f.*
unproduktiv *adj* improductif.
Unpünktlichkeit *f* absence de ponctualité; non-respect *m* de l'horaire prévu.
Unrecht *n* injustice *f*, tort *m*, iniquité *f*; partialité.
unrecht *adj* injuste, inique, arbitraire; inéquitable; **eine –te Tat** un acte contraire à la justice.
unrechtmäßig *adj* illégitime, illicite, illégal; **–e Kündigung** congé abusif, résiliation (du contrat) sans motif légitime et sérieux.
Unrechtmäßigkeit *f* illégalité *f*, illégitimité *f*, illicéité *f.*
Unrechts|bewußtsein *n* *(StR)* connaissance du caractère illicite des faits commis; **–gewalt** *m* pouvoir *m* illégal, non-conformité du pouvoir aux principes généraux du droit et de la morale; **–staat** *m* État arbitraire, attentatoire au droit.
unredlich *adj* de mauvaise foi, malhonnête, déloyal.
Unredlichkeit *f* mauvaise foi *f*, malhonnêteté *f*, déloyauté *f.*
unreell *adj* malhonnête, déloyal.
Unregelmäßigkeit *f* irrégularité *f*; indélicatesse *f.*
unregierbar *adj* ingouvernable.
unreif *adj* n'ayant pas la maturité mentale requise, immature.
Unreife *f* immaturité *f.*
unrentabel *adj* non rentable.
Unrentabilität *f* non rentabilité *f.*
unrichtig *adj* faux, inexact; **–e Angabe** fausse déclaration.
Unrichtigkeit *f* inexactitude *f*, erreur (matérielle); **– eines Verwaltungsaktes** (1) décision administrative matériellement inexacte, (2) décision impliquant une erreur de droit.
Unruhe *f* désordre *m*, troubles *mpl*, agitation *f*; **–herd** *m* foyer *m* de l'effervescence; **–schäden** *mpl* dommages *mpl* résultant de troubles sur la voie publique; **–stifter** *m* fauteur de troubles, perturbateur *m.*
unsachgemäß *adj* incorrect, impropre, fautif, irrégulier.
unsachlich *adj* (1) partial, subjectif, (2) étranger aux faits.
Unsachlichkeit *f* partialité *f*, parti pris *m*, le fait d'avoir deux poids et deux mesures.
unschädlich *adj* inoffensif, non-nocif, pas nuisible.
unschätzbar *adj* non évaluable, inestimable, inappréciable.
Unschätzbarkeit *f* non évaluabilité.
unschlüssig *adj* (1) *(Antrag)* non recevable, non fondé, (2) *(Person)* irrésolu, indécis, (3) *(zögernd)* hésitant.
Unschuld *f* innocence *f*, absence *f* de faute, non-culpabilité *f.*
unschuldig *adj* innocent, non coupable.
Unschuldsvermutung *f* *(StR)* présomption d'innocence.
unselbständig *adj* dépendant, salarié.
Unselbständigkeit *f* dépendance *f*, subordination *f.*
unsicher (1) peu sûr, incertain, douteux, (2) précaire.
Unsicherheit *f* (1) *(Person)* insécurité *f*, (2) *(Recht)* précarité *f.*
unsittlich *adj* immoral *adj*; **sich – verhalten** attenter aux mœurs.
Unsittlichkeit *f* immoralité *f.*
unstatthaft *adj* irrégulier, illicite.
Unstimmigkeit *f* (1) divergence *f* d'idées *ou* d'opinions, (2) irrégularités *fpl*.
unstreitig *adj* incontesté, avéré, certain, indubitable.
Untat *f* crime *m*, méfait *m.*
Untätigkeits|beschwerde *f*, **–klage** *f* *(VwPR)* recours *m* en cas d'inaction de l'administration, recours contre le silence gardé par l'administration, recours en carence.
untauglicher Versuch *m* *(StR)* infraction *f* impossible.

Untauglichkeit *f* incapacité *f*, inaptitude *f*; **körperliche –** inaptitude *f* physique.
unteilbar *adj* non partageable, impartageable, indivisible.
Unteilbarkeit *f* fait d'être impartageable, indivisibilité *f*, indivision *f*.
Unterausschuß *m* sous-commission.
Unterbeschäftigung *f* sous-emploi.
Unterbestand *m* (Aut) sous-location.
Unterbestand|geber *m* (Aut) logeur *m*; **–nehmer** *m* (Aut) sous-locataire.
Unterbeteiligung *f (GesR)* participation indirecte à une société.
unterbewerten sous-évaluer, sous-estimer.
Unterbewertung *f* (1) sous-évaluation *f*, sous-estimation *f*, insuffisance *f* d'évaluation, (2) décote *f*.
Unterbezahlung *f* rémunération insuffisante.
unterbieten offrir au-dessous du prix réel, pratiquer le dumping.
Unterbietung *f* dumping *m*.
Unterbilanz *f* bilan *m* passif *ou* déficitaire; **mit – arbeiten** travailler à perte; **–haftung** *f* responsabilité pour le passif.
unterbinden arrêter, interdire.
Unterbindungsgewahrsam *m (StR)* arrestation préventive (par la police) en vue d'empêcher une infraction.
unterbrechen interrompre, suspendre, couper (la parole).
Unterbrechung *f* interruption *f*, suspension *f*, arrêt *m*, coupure *f*; **rechtliche –** interruption civile; **– der Arbeit** arrêt *m* du travail; **– der Deckung** suspension de la garantie; **– der Hauptverhandlung** interruption de l'audience; **– der Sitzung** suspension *ou* interruption de séance; **– der Strafvollstreckung** suspension de l'exécution; **– des Verfahrens** suspension de la procédure; **– der Verjährung** interruption de la prescription.
unterbreiten (1) *(Angebot)* soumettre, (2) *(Gesuch)* présenter.
unterbringen placer, héberger, loger; implanter.
Unterbringung *f* (1) *(Person)* internement, (2) *(Geld)* placement; **– in einer Anstalt** internement *m ou* placement dans un établissement (psychiatrique); **– zur Beobachtung** mise en observation; **– in einer Heil- oder Pflegeanstalt** internement dans un asile (d'aliénés).
Unterbringungs|befehl *m (StPR)* ordre *m* d'internement, internement *ou* placement d'office; arrêté de collocation (B); **–bonifikation** *f* commission *f* de placement; **–möglichkeiten** *pl* places *fpl* disponibles; **–verfahren** *n* procédure en vue de l'internement (d'un aliéné mental).
Unterdeckung *f (HR)* couverture *f* insuffisante.
unterdrücken (1) *(Personen)* opprimer, (2) *(Aufstand)* réprimer, (3) *(Papiere, Tatsachen)* supprimer, retenir.
Unterdrückung *f* (1) oppression *f*, (2) répression *f*, (3) suppression *f*; **– des Personenstandes** suppression d'état, suppression d'état-civil (S); **– einer Urkunde** suppression d'un document *ou* d'une pièce.
Unterdrückungsmaßnahme *f* mesure *f* répressive.
unterentwickelt *adj* insuffisamment développé, sous-développé, en voie de développement; **–e Länder** pays sous-développés, pays les moins avancés; **–es Gebiet** région arriérée.
Unterentwicklung *f* sous-développement *m*.
Unterernährung *f* sous-alimentation, malnutrition.
Unterfangen *n* entreprise *f*; **gefährliches –** affaire risquée.
unterfertigen (= unterschreiben) signer.
Unterfertigte(r) *m* signataire *m*, soussigné *m*.
Unterfrachtvertrag *m* contrat *m* de sous-affrètement.
Untergang *m* (1) *(Sache)* perte *f*, (2) *(Schiff)* naufrage *m*, (3) *(Kultur)* déclin *m*.
Untergebene(r) *m* subordonné *m*, inférieur *m*, subalterne *m*.
untergehen se perdre, *(Schiff)* couler, *(Sache)* périr, péricliter.

Untergeordnete(r) *m* subordonné *m*, subalterne *m*, inférieur *m*.

Untergesellschaft *f* société *f* membre d'un holding.

Untergliederung *f* sous-groupement, subdivision; **– von Tarifnummern** sous-position *f* tarifaire.

Untergrenze *f* limite *f* inférieure, plancher *m*.

Untergrundbewegung *f* mouvement *m* clandestin *ou* subversif.

Unterhalt *m* (1) *(FamR: i. w. S.)* pension *f* alimentaire, aliments *mpl*, entretien *m*, (2) *(FamR: nichteheliche Kinder)* subsides *mpl;* **gesetzlicher –** pension *f* alimentaire légale; **– gewähren** entretenir; **notdürftiger –** entretien *m* réduit au minimum vital; **zum – verpflichtet sein** être obligé de subvenir à l'entretien de qn.

unterhalten (1) *(Person)* subvenir aux besoins de qn., (2) *(Sachen)* entretenir, maintenir en bon état.

Unterhalts|änderungsverfahren *n* procédure *f* en vue de la révision *ou* réévaluation de la pension alimentaire; **–anspruch** *m* créance *f* alimentaire, droit à aliments, demande *f* de pension alimentaire; **–aufwand** *m* dépense *f* d'aliments; **–bedarf** *m* besoins *mpl* du créancier d'aliments; **–beihilfe** *f* allocation de subsistance; **–beitrag** *m* contribution *f* à l'obligation d'entretien, aliments *mpl*, secours *m* alimentaire, contribution *f* alimentaire (S); **–beklagte(r)** *m* défendeur dans une action en versement d'une pension alimentaire; **–berechtigte(r)** *m* personne qui a droit à une pension alimentaire, créancier *m* alimentaire, créancier d'aliments; personne *f* à charge; **–betrag** *m* pension *f*; **–forderung** *f* créance alimentaire; **–geld** *n* allocation de formation professionnelle; **–gläubiger** *m* créancier d'aliments; **–klage** *f* (1) action en prestation d'aliments *ou* en versement d'une pension alimentaire, (2) *(nichteheliches Kind)* action à fins de subsides; **–kläger** *m* demandeur d'une pension alimentaire *ou* de subsides; **–kosten** *pl* frais *mpl* d'entretien; **–leistung** *f* pension *ou* prestation alimentaire, prestation d'aliments, rente alimentaire (B); **–mittel** *pl* moyens de subsistance; **–pflicht** *f* (1) *(allgemein)* obligation *f* alimentaire, dette d'aliments *ou* alimentaire, (2) *(der Eltern)* obligation d'entretien (et d'éducation), (3) *(der Ehegatten untereinander)* obligation *f* réciproque d'entretien des époux.

unterhaltspflichtig *adj* débiteur d'aliments; **–e Person** *f* débiteur *m* d'aliments.

Unterhalts|pflichtige(r) *m* débiteur d'aliments; **–prozeß** *m* action en paiement d'une pension alimentaire; **–rente** *f* pension *f* alimentaire; **–rückstände** *pl* arriéré *m* d'une pension alimentaire; **–schuld** *f* montant de la pension due; **–schuldner** débiteur d'aliments; **–sicherung** *(MilR)* prestations sociales servies pour le soutien de la famille d'une personne appelée sous les drapeaux; **–titel** *m* titre exécutoire; **–vereinbarung** *f* convention sur la pension alimentaire (à payer); **–vergleich** *m* accord sur la pension alimentaire; **–vernachlässigung** *f* (délit d') abandon de famille; **–verpflichtung** *f* dette *f* alimentaire, dette d'aliments; **–vertrag** *m* convention *f* relative à l'obligation d'entretien, contrat relatif aux prestations alimentaires; **–verzicht** *m* renonciation aux aliments; **–zahlung** paiement d'une pension alimentaire; **–zuschuß** *m* indemnité *f* de subsistance.

Unterhaltung *f* (1) *(Erhaltung)* maintien *m* en bon état, entretien *m*, maintenance *f*, (2) *(Gespräch)* conversation, entrevue *f*, (3) *(Vergnügen)* divertissement; **–sarbeiten** *pl* travaux d'entretien; **–sdienst** *m* service *m* de maintenance.

Unterhaltungs|kosten *pl* frais d'entretien *ou* de maintenance; **–pflicht** *(Gebäude)* obligation d'entretien.

unterhandeln négocier, engager des pourparlers, rechercher un accord.

Unterhändler *m* (1) intermédiaire *m*, courtier *m*, (2) *(VR)* négociateur *m*, parlementaire *m*.

Unterhandlung *f* transaction *f*, opération *f*, pourparlers *mpl*, négociations *fpl*; **diplomatische –en** *fpl* négociations diplomatiques.

Unterhaus *n* chambre *f* basse, Chambre des Communes.

Unterinstanz *f* instance *f* inférieure.

Unterkonto *n* sous-compte *m*.

Unterkostenpreis *m* prix *m* qui ne couvre pas les frais.

Unterkunft *f* logement *m*, hébergement *m*; **–geber** *m* logeur *m*.

Unterkunfts|entschädigung *f* indemnité *f* de logement; **–vermittlung** *f* service *m* de logement.

Unterlagen *pl* dossier *m*, pièces *fpl* justificatives, documents *mpl*; **statistische –** données *fpl* statistiques.

unterlassen (1) *(sich enthalten)* s'abstenir, omettre, (2) *(nicht durchführen)* négliger de faire qch.

Unterlassung *f* (1) *(ZR)* négligence *f*, manquement *m*, omission *f*, (2) *(StR)* infraction *f* d'omission; **– einer Anmeldung** défaut *m* de déclaration.

Unterlassungsanspruch *m* demande *ou* droit tendant à sanctionner le trouble actuel (d'un droit *ou* de la possession).

Unterlassungs|delikt *n* délit d'omission; **echtes –delikt** omission proprement dite; **unechtes –delikt** infraction *f* de commission par omission; **–klage** *f* (1) *(Besitzschutzklage)* complainte *f*, (2) *(bei Rechtsverletzungen)* action *f* personnelle en rétablissement dans les droits; **–pflicht** *f*, **–verpflichtung** *f* obligation de ne pas faire, obligation *f* de s'abstenir, devoir *m* d'abstention; **–urteil** *n* jugement relatif à une obligation de s'abstenir.

Unterlieferant *m* sous-traitant *m*.

unterliegen (1) *(Prozeß)* perdre (un procès), (2) *(der Zuständigkeit)* relever (d'une administration ou d'une instance).

Unterlizenz *f* sous-licence *f*.

Untermiete *f* sous-location *f*, sous-bail *m*; **in – geben, in – nehmen** sous-louer.

Untermieter *m* sous-locataire *m*.

unternehmen entreprendre.

Unternehmen *n od.* **Unternehmung** *f* (1) *(Wirtschaftsbetrieb)* entreprise *f*, exploitation *f*, affaire *f*, (2) *(Tat, Handlung)* action *f*, affaire *f*, opération *f*, ouvrage *m*, travail *m*, (3) *(Straftat)* infraction *f* de commission; **abhängiges –** entreprise dépendante; **angegliedertes –** entreprise affiliée; **beherrschendes –** entreprise dominante; **beherrschtes –** entreprise dominée; **erwerbswirtschaftliches –** entreprise à caractère lucratif; **gemischtwirtschaftliches –** société d'économie mixte (= S. E. M.); **herrschendes –** entreprise dominante; **integriertes –** entreprise intégrée; **kaufmännisches –** entreprise commerciale; **kriegerisches –** expédition militaire; **landwirtschaftliches –** exploitation agricole *ou* rurale; **mittelständische –** *pl* petites et moyennes entreprises (= P. M. E.); **staatliches –** entreprise étatisée, régie *f* d'État; **subventioniertes –** entreprise subventionnée; **verbrecherisches –** organisation de malfaiteurs; **verbundenes –** entreprise dépendante; **verstaatlichtes –** entreprise nationalisée; **wechselseitig beteiligte –** entreprises à participations croisées *ou* réciproques; **wirtschaftliches –** entreprise économique; **wirtschaftliches – der öffentlichen Hand** service public à caractère industriel et commercial; **– der öffentlichen Hand** entreprise publique.

Unternehmens|berater *m* conseil *m* d'entreprise; **–beratung** *f* le fait de conseiller une entreprise; **–beteiligung** *f* participation; **–delikt** *n* infraction économique (commise par une entreprise); **–eintragung** *f* enregistrement (d'une société); **–finanzierung** financement de l'entreprise; **–form** *f* forme *f* (juridique) d'entreprise; **–führung** direction *ou* dirigeants d'une entreprise;

–gegenstand *m* objet *m* (de la société); **–gründung** (1) *(BW)* création d'une entreprise, (2) *(GesR)* constitution d'une société; **–gruppe** *f* groupe *m*, regroupement *m* (de sociétés); **–haftung** *f* responsabilité de l'entreprise; **–kauf** *m* vente d'une entreprise; **–kooperation** coopération inter-entreprises, entente légale entre deux ou plusieurs petites et moyennes entreprises; **–leitung** *f* direction *f* de l'entreprise, management *m*, conduite *f* et organisation *f* de l'entreprise, gestion *f* prévisionnelle de l'entreprise, technique *f* de gestion et de direction; **–leiter** *m* chef *m* d'entreprise; **–organisation** *f* organisation au sein de l'entreprise; **–planung** *f* planning, programmation; **–recht** *n* droit des entreprises; **–sanierung** *f* redressement d'une entreprise; **–tarifabkommen** *n* accord *m* collectif d'entreprise; **–verband** *m* groupement d'entreprises, association d'entreprises; **–verbindung** regroupement d'entreprises; **–vereinigung** *f* association d'entreprises; **–vertrag** contrat de société, pacte *m* social; **–zusammenschluß** *m* concentration d'entreprises, entente *f* industrielle.

Unternehmer *m* (1) chef *m* d'entreprise, (2) *umg* entrepreneur *m*, (3) exploitant *m*; **beliehener –** concessionnaire *m* d'un service public; **landwirtschaftlicher –** exploitant *m* agricole; **– zweiter Hand** sous-traitant *m*; **–freiheit** *f* liberté *f* d'entreprise; **–geist** *m* esprit *m* d'initiative; **–haftung** *f* responsabilité *f* de l'entrepreneur; **–kreise** *pl* milieux *mpl* d'affaires; **–lohn** *m* rémunération *f* de l'entrepreneur, profit *m*; **–risiko** *n* risque *m* attaché à l'entreprise *ou* à l'activité d'un entrepreneur privé.

Unternehmertum *n od.* **Unternehmerschaft** *f* patronat *m*, les dirigeants *mpl* d'entreprise, les patrons *mpl;* **freies –** libre entreprise *f*.

Unternehmer|verband *m* syndicat *m* patronal, organisation patronale; **–zusammenschluß** *m* entente *f* industrielle.

Unternehmung *f* entreprise *f*; **erwerbswirtschaftliche –** entreprise à but lucratif; **gemischtwirtschaftliche –** entreprise d'économie mixte; **verbrecherische –** organisation de malfaiteurs.

unterordnen subordonner.

Unterordnung *f* subordination.

Unterordnungsverhältnis *n* rapport *m ou* lien *m* de subordination.

Unter|pacht *f* sous-location *f*; sous-affermage *m*; **–pächter** *m* sous-locataire *m*; sous-fermier *m*.

Unterpari|-Begebung *f*, **– -Emission** *f* émission au-dessous du pair.

Unterpfand *n* gage *m*, sous-gage *m*.

Unterredung *f* entretien *m*, conférence *f*, pourparlers *mpl*.

Unterricht *m* enseignement *m*, instruction *f*, éducation *f*.

Unterrichts|anstalt *f* établissement *m* d'enseignement; **private –anstalt** *f* école privée, établissement privé, institution libre; **–freiheit** *f* liberté *f* de l'enseignement; **–geld** *n* droit de scolarité; **–material** *n* matériel pédagogique; **–minister** *m* ministre de l'éducation nationale *ou* de l'instruction publique; **–ministerium** *n* ministère de l'éducation nationale *ou* de l'instruction publique; **–wesen** *n* enseignement public; **–zeiten** *pl* heures *fpl* de cours.

Unterrichtung *f* information, communication des résultats d'une enquête (à une instance supérieure).

untersagen interdire, défendre, prohiber, proscrire.

Untersagung *f* interdiction, défense *f*; **– des Führens von Fahrzeugen** (1) refus *m* du permis de conduire, (2) retrait du permis de conduire.

Untersagungsrecht *n* droit de prononcer une interdiction.

unterschätzen sous-évaluer, sous-estimer.

unterscheiden différencier, distinguer, discerner.

Unterscheidungs|kraft *f* *(Bezeichnungen)* caractère distinctif; **–merkmal** *n* critère de distinction, caractéristique *f*, marque *f* distinctive; **–vermögen** *n* discernement *m*, jugement *m*, bonsens *m*.

Unterschiebung *f* (eines Kindes) substitution *f* d'enfant.

Unterschied *m* différence *f*, distinction *f*; particularité *f*, dissemblance *f*, divergence *f*.

unterschiedlich *adj* (1) *(verschieden)* différent, (2) *(vielartig)* divers; **–e Behandlung** *f* traitement *m* discriminatoire, discrimination *f*.

Unterschiedsbetrag *m* (1) montant *m* de la différence, (2) taxe *f* différentielle.

unterschlagen (1) *(Geld)* détourner, divertir, soustraire, distraire, (2) *(Schriftstücke)* intercepter.

Unterschlagung *f* (1) *(StR)* abus *m* de confiance, détournement *ou* dissipation d'une chose remise par autrui; (2) *(Arbeitnehmer im Betrieb)* vol *m* par salarié, coulage *m*, fraude *f*, indélicatesse *f*; **– von Aktiven** détournement d'actifs; **– beschlagnahmter Gegenstände** détournement d'objets saisis; **– von Geldern** détournement de fonds; **– öffentlicher Gelder** détournement de fonds publics, malversation *f* de deniers publics.

Unterschleif *m* *(SchulR)* fraude *m* (dans un examen).

Unterschlupf gewähren *(StR)* fournir un lieu de retraite, cacher, soustraire qqn aux recherches.

unterschreiben signer.

Unterschrift *f* signature *f*; **Bianco –** (Aut) blanc-seing *m*; **eigenhändige –** signature autographe; **seine – setzen unter** apposer sa signature (au bas de); **mit seiner – versehen** revêtir de sa signature.

Unterschriften|aktion action politique par signature d'un manifeste *ou* d'un appel; **–mappe** *f* classeur à lettres pour signature.

Unterschrifts|beglaubigung *f* légalisation, certification de l'authenticité d'une signature (apposée sur un acte); **–berechtigung** *f* droit *ou* pouvoir de signer; **–bestätigung** *f* certification de signature; **–leistung** *f* apposition de la signature, apposer sa signature; **–probe** *f* signature *f* type (du titulaire d'un compte).

Unterstaatssekretär *m* sous-secrétaire d'Etat.

unterstellen (1) *(unterordnen)* subordonner, (2) *(annehmen)* supposer, présumer, croire.

unterstellt *adj* subordonné.

unterstreichen souligner, insister sur.

unterstützen soutenir, secourir, assister, aider, subventionner.

Unterstützer *m* (S) soutien *m* de famille.

Unterstützung *f* (1) *(i. w. S.)* secours *m*, soutien *m*, appui *m*, (2) *(Beihilfe)* aide *f*, assistance *f*, (3) *(Subvention)* subvention *f* (de l'État), (4) *(FamR)* aliments *mpl*; **diplomatische –** soutien *m* *ou* appui diplomatique; **finanzielle –** soutien *m* financier, subvention; **gegenseitige –** assistance *f* mutuelle, aide *f* réciproque; **– auf Lebenszeit** secours *m* viager, allocation *f* viagère.

unterstützungsbedürftig *adj* ayant besoin d'une aide sociale, économiquement faible, (personne) sans ressources.

Unterstützungsbedürftiger *m* personne *f* nécessiteuse, indigent *m*, économiquement faible *m*.

Unterstützungs|beihilfe *f* allocation de secours, aide sociale; **–bescheid** *m* décision *f* d'admission aux secours; **–dauer** *f* période *f* d'allocation; **–einheit** *f* unité *f* d'assistance (S); **–empfänger** *m* allocataire *m*, personne *f* assistée, assisté *m*; **–erklärung** *f* déclaration *f* de soutien; **–fonds** *m* fonds d'assistance *ou* d'entr'aide; **–gelder** *pl* subside *m*, secours *m*; **–gesuch** *n* demande de subside, demande *f* d'aide sociale; **–kasse** *f* caisse *f* de secours, fonds *m* de prévoyance; **–pflicht** *f* obligation *ou* devoir d'assistance; **–satz** *m* tarif de secours; **–streik** *m* grève *f* de soutien; **–tarif** *m* tarif de soutien.

Unterstützungsverein *m* société de secours; **– auf Gegenseitigkeit** mutuelle *f*, mutualité *f*.

untersuchen enquêter, instruire (une affaire), examiner, étudier.

Untersuchung *f* (1) *(polizeilich)* enquête *f* (préliminaire *ou* sur commission rogatoire), (2) *(richterlich)* instruction *f*, (3) *(Analyse)* examen *m*, (4) *(Arzt)* visite *f* médicale; **disziplinarische –** instruction en matière disciplinaire; **körperliche –** (1) examen médical, (2) fouille *f* à corps, (3) *(Blutprobe)* le fait de soumettre qn à une épreuve de dépistage de l'imprégnation alcoolique; **strafrechtliche –** instruction *ou* information criminelle; **tierärztliche –** visite sanitaire.

Untersuchungs|ausschuß *m* commission d'enquête; **–befugnis** *f* pouvoir d'enquête; **–bericht** *m* rapport *m* d'enquête; **–ergebnis** *n* résultat *m* de l'enquête; **–führer** *m* (1) *(DiszR)* enquêteur *m*, (2) *(MilR)* juge d'instruction militaire; **–gebühr** *f* taxe de visite; **–gefangene(r)** *m* personne en détention provisoire, *umg* préventionnaire *m*; **–gefängnis** *n* prison *f*, maison d'arrêt; **–geheimnis** *n* secret *m* de l'instruction; **–gewalt** *f* pouvoir d'enquête; **–grundsatz** *m (StPR)* principe *m* de la procédure inquisitoriale; **–haft** *f (StPR: U-Haft)* détention *f* provisoire, (bis 1970: détention préventive), emprisonnement *m* préventif (B); **–haftanstalt** *f* centre de détention provisoire; **–häftling** *m* personne *f ou* inculpé *m* en détention provisoire; **–handlung** *f* acte d'instruction; opération d'enquête (S); **–maßnahme** *f* mesure d'instruction; **–maxime** *f* (= **–grundsatz); –pflicht** *f (Käufer)* obligation de vérifier le bon état (de la marchandise achetée); **–recht** *n* droit *ou* pouvoir d'investigation; droit de perquisition.

Untersuchungsrichter *m* juge d'instruction, magistrat *m* instructeur.

Untersuchungsunterlage *f* pièce *f* d'instruction.

Untertage|arbeiter *m* mineur *m* de fond; **–zuschlag** *m* prime de fond (des mineurs).

untertariflich *adj (ArbR)* (salaire) inférieur à celui prévu par la convention collective de travail.

Unter|teilung *f* subdivision *f*; **–verband** *m* sous-groupement *m*.

Unterverfrachter *m* sous-affréteur *m*.

Unterverfrachtung *f* sous-affrètement *m*.

Untervermächtnis *n* legs *m* avec charge.

untervermieten sous-louer, relouer.

Untervermietung *f* sous-location *f*.

Unter|verpachtung *f* cession du bail à ferme (par le preneur à un tiers); **–versicherung** *f* assurance *f* insuffisante, insuffisance d'assurance, sous-assurance *f*; **–versorgung** *f* approvisionnement *m* insuffisant, sous-approvisionnement; **–verteiler** *m* sous-répartiteur *m*; **–verteilung** *f* sous-répartition *f*; **–vertrag** *m* sous-contrat *m*; **–vertreter** *m* sous-agent *m*; **–vollmacht** *f* sous-délégation *f*.

unterweisen donner des instructions à qqn.

Unterweisung *f* instruction *f*, prescription; **–sgemäß** conformément aux instructions.

unterwerfen assujettir; **sich –** se soumettre.

Unterwerfung *f* assujettissement *m*, soumission *f*.

Unterwerfungs|bescheid *m* avis de transaction; **–erklärung** *f* déclaration de renonciation (à certains droits); **–klausel** clause exécutoire (prévue par contrat); **–verfahren** *n (SteuerR)* procédure de règlement amiable pour certaines infractions fiscales; **–vertrag** *m* (1) *(ZR)* contrat d'adhésion, (2) *(VR)* traité d'assujettissement.

unterzeichnen signer, revêtir de sa signature, apposer sa signature.

Unterzeichner *m* (1) *(Schriftstücke allg.)* signataire *m*, partie *f* signataire, (2) *(Briefe)* soussigné *m*, (3) *(Vertrag)* contractant *m*, partie *f* contractante; **–land** *n* pays *m* signataire; **–regierung** *f* gouvernement *m* signataire; **–staat** *m* État *m* signataire, pays cosignataire.

Unterzeichnete(r) *m* soussigné *m*.
Unterzeichnung *f* signature *f*; paraphe *f*, émargement.
Unterzeichnungs|protokoll *n* protocole de signature; **–urkunde** *f* instrument *m* de signature.
untilgbar *adj* non amortissable.
untragbar *adj* intolérable.
untreu *adj* infidèle.
Untreue *f* (1) *(Untreusein)* infidélité *f*, (2) *(WirtR)* gestion infidèle, (3) *(StR)* malversation, détournement *m* de fonds commis dans l'exercice d'un mandat.
unüberprüfbar *adj* incontrôlable, qui échappe au contrôle.
unübersichtlich *adj (StVR: Kreuzung)* visibilité réduite (à un carrefour).
unübertragbar *adj* incessible, intransférable, intransmissible.
Unübertragbarkeit *f* incessibilité *f*, intransférabilité *f*, intransmissibilité *f*, inaliénabilité.
Unübertragbarkeitsklausel *f* clause *f* d'inaliénabilité.
unveränderlich *adj* immuable, permanent, invariable.
Unveränderlichkeit *f* immutabilité *f*.
unverantwortlich *adj* irresponsable, qui n'a pas à répondre de ses actes.
Unverantwortlichkeit *f* irresponsabilité *f*.
unveräußerlich *adj* inaliénable.
Unveräußerlichkeit *f* inaliénabilité *f*.
Unveräußerlichkeitsklausel *f* clause *f* d'inaliénabilité.
unverbindlich *adj* (1) sans engagement, (2) non obligatoire.
unverbrauchbar *adj* inconsomptible.
unverdächtig *adj* fait de ne pas être suspect.
unvereinbar *adj* incompatible, inconciliable, contradictoire, discordant.
Unvereinbarkeit *f* incompatibilité *f*, non conciliabilité *f*; **– der Charaktere** incompatibilité d'humeur.
unvererblich *adj* intransmissible par voie de sucession.
Unvererblichkeit *f* intransmissibilité *f* par voie d'héritage.
Unverfallbarkeit *f* pérennité *f*.
Unverfolgbarkeit *f* immunité *f* de poursuites, immunité de juridiction.
Unverfügbarkeit *f* (Aut) indisponibilité *f*.
unverhältnismäßig *adv* sans commune mesure; mesure (de police) excessive *ou* disproportionnée.
Unverhältnismäßigkeit *f (VwR)* disproportion entre les mesures prises et le cas d'espèce *ou* entre la sanction et la faute; inadaptation de la mesure à la gravité des faits.
unverheiratet *adj* célibataire.
unverjährbar *adj* imprescriptible.
Unverjährbarkeit *f* imprescriptibilité *f*.
unverkäuflich *adj* invendable.
unverletzbar *adj* inviolable.
Unverletzbarkeit *f (VR)* exterritorialité *f*, immunité *f*, inviolabilité; **– des Gesandtschaftsgebäudes** *(VR)* franchise d'hôtel.
unverletzlich *adj* inviolable, intangible.
Unverletzlichkeit *f* inviolabilité *f*; **persönliche –** intégrité *f* de la personne; **– des Brief- u. Postgeheimnisses** secret *m* de la correspondance; **– eines Gebietes** intégrité *f* territoriale; **– des Hausrechts** (Aut), **– der Wohnung** inviolabilité du domicile.
unvermeidbar *adj* inéluctable, inévitable, irrésistible.
Unvermeidbarkeit *f* irrésistibilité *f*, caractère irrésistible *ou* inéluctable (d'un fait).
Unvermögen *n* **zur Leistung** impossibilité *f* d'exécution, impossibilité d'exécuter.
unverpfändbar *adj* (Aut) insaisissable (conventionnellement).
Unversehrtheit *f* intégrité *f*; **körperliche** intégrité corporelle; **– eines Gebietes** intégrité territoriale.
unversetzbar *adj* inamovible.
Unversetzbarkeit *f* inamovibilité *f*.
unvertretbar *adj (Sache)* non fongible; **–e Handlung** acte inqualifiable *ou* inadmissible.
Unverwirkbarkeit *f* imprescriptibilité *f*.

unverzinsbar *adj*, **unverzinslich** *adj* sans intérêt, improductif d'intérêts, non productif d'intérêts.
unverzollt *adj* non dédouané; **–e Ware** marchandises d'entrepôt, marchandises (aux droits) non acquitté(e)s.
unverzüglich *adj* sans délai, dans les plus brefs délais, avec toute la diligence requise.
unvollkommen *adj* imparfait, incomplet; **–es Recht** droit en formation.
unvollständig *adj* incomplet, fragmentaire, lacunaire.
Unvollstreckbarkeit *f*, **Unvollziehbarkeit** *f* inexécutabilité.
unvordenklich *adj* (de temps) immémorial.
unvorhergesehen *adj* imprévu, inattendu, fortuit, inopiné; **–e Kosten** faux frais, frais occasionnels.
unvorhersehbar *adj* imprévisible.
Unvorhersehbarkeit *f* imprévisibilité *f*, imprévision *f*.
unvorschriftsmäßig *adj* non conforme, en contravention, en infraction, contraire aux prescriptions.
unvorsichtig *adj* imprudent, négligent, de façon inconsidérée.
unwählbar *adj* inéligible.
Unwählbarkeit *f* inéligibilité *f*.
unwahr *adj* faux, erroné, qui ne correspond pas à la vérité.
unwiderlegbar *adj* incontestable, indubitable, indéniable, sûr, irréfutable.
unwiderruflich *adj* irrévocable.
Unwiderruflichkeit irrévocabilité *f*.
unwirksam *adj* nul, inexistant, invalide, caduc, sans effet légal.
unwirksam erklären rendre nul, annuler; **für – –** invalider, infirmer, considérer comme nul et non avenu.
Unwirksamerklärung *f* déclaration *f* de nullité, annulation, infirmation, invalidation; **– der Wahl** invalidation d'une élection.
Unwirksamkeit *f* nullité *f*, défaut *m* de validité; **bei sonstiger –** à peine de nullité, sous peine de nullité.
Unwirksamkeitserklärung *f* annulation *f*, invalidation *f*, déclaration de nullité.
Unwirtschaftlichkeit *f* non-rentabilité *f*, rentabilité insuffisante.
Unwissenheit *f* ignorance *f*.
unwürdig *adj* indigne.
Unwürdige(r) *m* indigne *m*.
Unwürdigkeit *f* indignité *f*.
Unzucht *f (StR: sexuelle Handlung)* attentat *m* à la pudeur (avec *ou* sans violence, contrainte *ou* surprise), violence *f* impudique; **gewerbsmäßige –** prostitution *f*, débauche professionnelle; **widernatürliche –** acte *m* contre nature, débauche contre nature; **– mit Abhängigen** attentat à la pudeur commis par des personnes ayant autorité sur la victime; **– mit Kindern** attentat à la pudeur sur la personne d'un mineur; **– zwischen Männern** homosexualité *f*, actes *mpl* impudiques entre hommes.
Unzulänglichkeit der Einnahmen insuffisance de recettes; **– der Entscheidungsgründe** *(PrzR)* insuffisance des motifs.
Unzulänglichkeitseinrede *f (ErbR)* exception tirée de l'insuffisance de la masse successorale.
unzulässig *adj* (1) irrégulier, non admis, non autorisé, (2) non recevable, irrecevable; **–e Rechtsausübung** abus *m* de droit.
Unzulässigkeit *f* (1) non-admission, (2) irrecevabilité *f*, non-recevabilité; **– von Anträgen** irrecevabilité d'une demande.
Unzulässigkeits|einrede *f* exception d'irrecevabilité; **–grund** *m* motif d'irrecevabilité.
unzumutbar *adj* qui n'est pas exigible (selon les normes en vigueur dans la vie sociale et économique); **es ist –** il est inadmissible d'exiger qqch de qqn.
Unzumutbarkeit *(ZR)* le fait de ne pouvoir être exigé de qn.; **– der Leistung** non-exigibilité d'une prestation d'après les normes en vigueur.
unzurechnungsfähig *adj* irresponsable, incapable de discernement.

Unzurechnungsfähige(r) *m (StR)* personne à laquelle un acte n'est pas imputable, délinquant *m* irresponsable.

Unzurechnungsfähigkeit *f (StR)* le fait de ne pouvoir être imputé à qqn, absence d'imputabilité (par suite de l'état des facultés intellectuelles).

unzuständig *adj* incompétent.

Unzuständigkeit *f* incompétence *f*; **funktionelle –** incompétence à raison des fonctions exercées; **örtliche –** incompétence à raison du lieu *ou* ratione loci; **sachliche –** incompétence à raison de la matière *ou* ratione materiae.

Unzuständigkeitserklärung *f* déclaration *f* d'incompétence.

Unzustellbarkeitsmeldung *f* avis de non-remise, avis de non-livraison.

Unzuverlässigkeit *f* (1) *(Mensch)* le fait de ne pas avoir la conscience professionnelle requise, (2) *(Maschine)* fiabilité *f* insuffisante.

unzweckmäßig *adj* inopportun *adj*, non indiqué.

Unzweckmäßigkeit *f* inopportunité *f* (d'une mesure).

Up-date *n (DV)* mise à jour, nouvelle version; **–Geschäft** *n* opération de vente de la nouvelle version (d'un logiciel) avec reprise de l'ancienne.

Urabstimmung *f* (1) élection *f* primaire, (2) *(ArbR: Streik)* consultation *f* de la base *ou* à la base, référendum *m* sur la grève; **eine – herbeiführen** consulter la base.

urbar machen mettre en culture, défricher.

Urentwurf *m* projet *m* original, projet primitif.

Urheber *m* (1) *(UrhR)* auteur *m* (d' une œuvre de l'esprit), (2) *(UrhR: Mit-)* coauteur *m*, (3) (Verursacher) auteur, responsable *m*, initiateur *m*; **– eines Unfalls** auteur d'un accident.

Urheber|benennung *f*, **–bezeichnung** *f* désignation de l'auteur; **–gebühren** *pl* (Aut) droits d'auteur; **–persönlichkeitsrecht** *n* droit moral de l'auteur.

Urheber|recht *n* (1) *(i.w.S.)* législation relative à la propriété littéraire et artistique, (2) *(i.e.S.)* droit d'auteur (moral et pécuniaire); droits d'ordre intellectuel, moral et patrimoniaux de l'auteur; **–rechtsgesetz** Loi *f* sur la propriété littéraire et artistique; **–rechtsschutz** *m* protection *f* du droit des auteurs; **–rechtsstreitsache** *f* contentieux portant sur la propriété littéraire *ou* artistique *ou* relative aux droits d'auteur; **–rechtsübertragung** *f* transmission des droits patrimoniaux sur l'œuvre; **–rechtsverletzung** *f* atteinte *f* au droit d'auteur; **–rechtsvertrag** *m* contrat d'exploitation d'une œuvre, contrat d'édition.

Urheberschaft *f* (1) *(StR)* fait d'être l'auteur d'un crime *ou* d'un délit, (2) *(UrhR)* la qualité d'auteur, paternité de l'œuvre (littéraire ou artistique); **– am Werk** paternité *f* de l'œuvre, droit exclusif d'exploiter une œuvre.

Urhebervergütung *f* rémunération de l'auteur.

Urin|kontrolle, –probe *f (Doping)* analyse *f* d'urines.

Urkund: zu – dessen en foi de quoi.

Urkunde *f* acte *m* (écrit), document *m*, pièce *f*, titre *m*; **amtliche –** acte officiel, document officiel; **beglaubigte –** acte certifié conforme, acte authentique; **berichtigte –** acte rectifié *ou* réformé; **diplomatische –** instrument *m* diplomatique; **gefälschte –** pièce contrefaite, acte falsifié, faux document; **gerichtliche –** acte judiciaire; **legalisierte –** acte légalisé; **notarielle –, notarische –** acte notarié, acte devant notaire, acte notarial (B); **öffentliche –** acte officiel, acte authentique, acte public, document officiel; **privatschriftliche –** acte sous seing privé; **standesamtliche –** acte d'état-civil, **unechte –** faux document, faux titre; **vollstreckbare –** titre exécutoire.

Urkunde: eine – aufsetzen, eine – ausstellen dresser un acte, instrumenter; **eine – fälschen** commettre un faux (en écritures); **eine – vorlegen** produire une pièce.

Urkunden|beamte(r) *m* fonctionnaire préposé au greffe, secrétaire greffier; **–beweis** *m* preuve *f* par titres, preuve littérale, preuve par écrit, preuve documentaire; **–einsicht** *f* communication et consultation d'un document; **–erneuerung** *f* reconstitution de documents; **–fälscher** auteur *m* d'un faux, faussaire *m*, contrefacteur; **–fälschung** *f** *(StR)* faux *m* en écriture (privée *ou* publique), falsification *f* d'écritures, contrefaçon *f* d'écritures, faux documentaire, faux et usage de faux; **–gestaltung** *f* disposition de l'acte, arrangement du document; **–hinterlegung** *f* dépôt d'actes; **–lehre** *f* diplomatique *f*; **–prozeß** *m* procès relatif au paiement d'une somme d'argent, à une prestation de choses fongibles *ou* à des valeurs mobilières, procédure sur titres; **–renovation** *f* (Aut) établissement d'une copie officielle d'un document menacé de perte; **–unterdrückung** *f*, **–unterschlagung** *f* détournement de pièces *ou* de document; **–verbrechen** *n* falsification de documents, faux et usage de faux; **–verlesung** *f* lecture *f* de l'acte; **–verfälschung** *f**) altération d'écritures, faux et usage de faux; **–vernichtung** *f* suppression *ou* soustraction d'acte, **–vorlage** *f*, **–vorlegung** *f* production de documents *ou* d'actes *ou* de pièces.

urkundlich *adj* documentaire; **–e Bestätigung** confirmation par acte authentique.

Urkundsbeamte(r) der Geschäftsstelle secrétaire greffier (auprès d'un tribunal).

Urkunds|person *f* personne préposée à la rédaction d'un acte; **–zeuge** *m* témoin *m* instrumentaire.

Urlaub *m* (1) *(ArbR)* congé *m*, vacances *fpl*, (2) *(MilR)* permission *f*; **bezahlter –** congés payés; **– aus persönlichen Gründen** congé pour convenances personnelles; **unbezahlter –** congés non rémunérés.

Urlaubs|abgeltung *f* indemnité (en argent) pour les journées de vacances qui n'ont pas été prises au cours de l'année; **–anspruch** *m* droit au congé; **–antrag** *m* demande de congé; **–dauer** *f* durée *f* du congé; **–entgelt** *n od.* **–geld** *n* indemnités *fpl* de congé, pécule de vacances (B); **–kasse** *f* caisse de congés; **–lohn** *m* indemnités *fpl* de congé, solde de congé; **–ordnung** *f* modalités d'octroi des congés; **–paß** *m* (S) feuille de congé; **–recht** *n* (1) droit au congé, (2) réglementation légale congés; **–regelung** *f* étalement des vacances; **–schein** *m* titre de permission, titre *ou* feuille de congé.

Urlaubszeit *f* période *f* des congés; **bezahlte –** congé *m* payé.

Urliste *f* liste *f* d'origine.

Urne *f* urne *f* électorale.

Urproduktion *f* production *f* de matières premières.

Urproduzent *m* producteur *m* de matières premières.

Urrecht *n* droit *m* originaire.

Ursache *f* cause *f*, point de départ; motif *m*; **seine – haben in** relever de, trouver sa cause dans; **ausschlaggebende –** cause impulsive et déterminante; **– des Schadens** cause génératrice du préjudice.

Ursachenzusammenhang *m* rapport de causalité, lien de causalité, relation de cause à effet.

ursächlich *adj* causé par, trouvant son origine dans; **den –en Zusammenhang nachweisen** établir la relation de cause à effet.

Ursächlichkeit *f* causalité *f*.

---

*) „Urkundenfälschung" désigne le faux intégral, „Urkundenverfälschung" l'altération d'une partie du document, par exemple de la signature.

Urschrift *f* (1) original *m*, (2) *(PrzR)* minute *f*; **doppelte –** double original; **– des Urteils** minute du jugement.

Ursprung *m* (1) origine *f*, provenance *f*, (2) *(Abstammung)* ascendence *f*, lignée *f*, filiation *f*, (3) *(Beginn)* point *m* de départ, commencement *m*, source *f*, cause *f*.

ursprünglich *adj* à l'origine (de).

Ursprungs|angabe *f* (1) indication d'origine, (2) indication de provenance; **–bescheinigung** *f* certificat d'origine; **–bezeichnung** *f* appellation d'origine, désignation d'origine; **–gebiet** *n*, **–land** *n* pays *m* d'origine; **–nachweis** *m* justification *f* d'origine; **–staat** *m* État *m* d'origine; **–vertrag** *m* contrat *m* primitif; **–wert** *m* valeur *f* d'origine, valeur originaire; **–zeichen** *n* marque *m* d'origine; **–zeugnis** *n* certificat d'origine.

Urteil *n* (1) *(Oberbegriff)* décision *f* de justice, (2) *(Einzelrichter u. Schiedsrichter)* sentence *f*, (3) *(Richterkollegium)* jugement *f*, (4) *(bei Berufung u. Revision)* arrêt *m*, (5) *(Geschworene)* verdict *m*; **abänderndes –** jugement réformatoire; **angefochtenes –** jugement attaqué; **auslegendes –** jugement interprétatif; **bestätigendes –** jugement d'homologation *ou* confirmatif; **disziplinargerichtliches –** décision disciplinaire; **erkennender Teil des –s** dispositif *m*; **erstinstanzliches –** jugement en première instance; **freisprechendes –** jugement de relaxe *ou* d'acquittement; **kantonales –** (S) jugement cantonal (S); **konfirmatorisches –** jugement confirmatif; **kontradiktorisches –** jugement contradictoire; **letztinstanzliches –** jugement en dernier ressort *ou* définitif; **rechtsgestaltendes –** jugement constitutif de droit; **rechtskräftiges –** jugement passé en force de chose jugée, jugement définitif, jugement irrévocable, jugement passé en force (S); **reformatorisches –** jugement réformatoire; **auf Strafe lautendes –** jugement *ou* sentence de condamnation; **verwaltungsgerichtliches –** jugement administratif; **vollstreckbares –** jugement exécutoire; **vorhergehendes –** jugement préalable; **vorläufig vollstreckbares –** jugement exécutoire par provision, exécution provisoire (d'un jugement); **willkürliches –** jugement arbitraire.

Urteil *n*: **ein – abändern** réformer un jugement; **– in Abwesenheit** *(ZPR)* jugement par défaut; **– in Abwesenheit des Angeklagten** *(StPR)* jugement par contumace; **ein – abgeben über** porter un jugement sur; **ein – anfechten** faire appel d'un jugement, attaquer un jugement; **ein – annehmen** donner son acquiescement à un jugement; **ein – aufheben** annuler *ou* infirmer un jugement, casser un arrêt; **ein – bestätigen** confirmer un jugement; rejeter le pourvoi; **ein – erlassen** prononcer *ou* rendre un jugement; **– erster Instanz** jugement en première instance; **ein – erwirken** obtenir un jugement; **ein – fällen** rendre *ou* prononcer un jugement; **– nach Lage der Akten** jugement sur pièces; **ein – verkünden** prononcer *ou* rendre un jugement; **ein – vollstrecken** exécuter un jugement; **ein – zustellen** signifier *ou* notifier un jugement.

urteilen juger, rendre *ou* prononcer un jugement, statuer; apprécier; **auf Grund der Akten –, auf Grund der Aktenlage –** juger sur pièces.

Urteils|abfassung *f*, **–absetzung** *f* rédaction du jugement; **–ausfertigung** *f* levée *f ou* expédition *f* du jugement; **–ausspruch** *m* dispositif du jugement; **–begründung** les attendus *mpl*; **–bekanntmachung** *f* publicité du jugement; **–ergänzung** *f* jugement complétif; **–eröffnung** *f* (S) prononcé *m* du jugement.

Urteilsfähigkeit *f* faculté de jugement, discernement *m*; **mangelnde –** manque *ou* défaut de discernement.

Urteils|fällung *f* prononcé du jugement; **–forderung** *f* créance *f* exécutoire en vertu du jugement; **–formel** *f* (= Tenor) dispositif du jugement; **–gebühr** *f* droit de jugement, émolument *m* judiciaire (S); **–gründe** *pl* motifs du jugement, attendus *mpl*, considérants *mpl*; **–inhalt** *m* teneur *f* du jugement; **–kopf** *m* (= Rubrum) en-tête *m* du jugement, intitulé *m*.

urteilsreif *adj* en état, prêt à être jugé.

Urteils|spruch *m od.* **–tenor** *m* dispositif du jugement; **–tatbestand** *m* les faits *mpl*, énoncé des faits; **–urkunde** *f* minute *f* de la décision de justice; **–verfahren** *n* procédure de jugement; **–verfasser** *m* rédacteur *m* du jugement; **–verkündung** *f* prononcé *m* du jugement; **–vermerk** *m* note résumant les termes d'un jugement; **–vollstreckung** *f* exécution du jugement; **–wirkung** *f* effet du jugement; **–zustellung** *f* signification *ou* notification *f* du jugement.

Urwahl *f* vote *m ou* consultation *f* à la base.

Urwähler *m* électeur *m* primaire, électeur du premier degré.

Usance *f* usage *m* commercial, coutume *f*, usances *fpl*.

Usancenhandel *m (Außh: Devisen-)* commerce *m* de change.

V

V-Mann *m (Polizei: Verbindungs-, Vertrauens-)* informateur de police, indicateur *m*.

Vadium *n* (Aut) provision *f ou* garantie déposé par les enchérisseurs avant une vente immobilière aux enchères.

Vagabund *m* vagabond *m*.

Vakanz *f* vacance *f*; poste vacant.

Validation *f*, **Validierung** *f* validation, entérinement *n*.

Valor *f (S: Wertpapier)* valeur *f*, titre *m*, effet *m*.

Valoren *mpl* (= Wertgegenstände) valeurs *fpl*, objets *mpl* de valeur.

Valorisierung *f* valorisation *f*.

Valuta *f* (1) *(ausländische Währung)* monnaie étrangère, devises *fpl*; eurodevises, xénodevises, (2) *(Wertstellung)* jour *m* de l'ouverture *ou* de l'inscription du crédit, jour de l'inscription au débit; **deckungsfähige –** devise appréciée *ou* forte; **feste –** *(BörsenR)* certain *m*; **hochwertige –** devise appréciée *ou* forte; **veränderliche –** *(BörsenR)* incertain *m*.

Valuta|anleihe *f*, **–bond** *m* emprunt libellé en monnaie étrangère; **–disparität** *f* disparité des changes; **–dumping** *n* dumping résultant de la dépréciation monétaire, dumping par dépréciation de change; **–geschäft** opération de change; **–gewinn** *m* bénéfice de change; **–guthaben** *n* avoirs *mpl* en devises; **–hypothek** *f* hypothèque libellée en monnaie étrangère; **–klausel** *f* (1) *(HR)* clause de remboursement en devises, (2) *(WechselR)* mention de la valeur fournie, valeur fournie; **–kredit** *m* crédit en devises étrangères; **–kurs** *m* cours *m* des monnaies étrangères; **–notierung** *f* cote des changes; **–papiere** *pl* valeurs *fpl* étrangères; **–regulierung** *f* stabilisation *f* monétaire; **–risiko** *n* risque *m* de change, risque monétaire; **–schuld** *f* obligation *f ou* prix *m* stipulé en monnaie étrangère.

Valuta|spekulation *f* spéculation sur les changes; **–stand** *m* cours des changes; **–trennung** *f* séparation *f* monétaire; **–verhältnis** *n* taux de change, rapport entre les devises; **–versicherung** *f* assurance *f* contre les risques de change.

Valutenarbitrage *f* arbitrage *m* sur devises.

valutieren (1) effectuer une opération de crédit *ou* de débit, (2) évaluer, déterminer *ou* estimer le prix.

Vandalismus *m (StR)* vandalisme *m*.

variabel *adj* (1) *(veränderlich)* variable, sujet à varier, (2) *(schwankend)* irrégulier, indécis; **–ble Kosten** coûts *mpl* variables *ou* imprévisibles.
Vater *m* père *m* de famille, auteur *m* d'un enfant, ascendant mâle du 1er degré; **gesetzlicher –** père légal; **nichtehelicher –** père naturel.
Vaterland *n* patrie *f*.
Vater|mord *m* parricide *m*, meurtre *m* du père; **–mörder** *m* parricide *m*.
Vaterschaft *f* paternité *f*; **außereheliche –** paternité naturelle *ou* hors mariage; **eheliche –** paternité légitime; **nichteheliche –, uneheliche –** paternité naturelle *ou* hors mariage.
Vaterschafts|anerkenntnis *f*, **–anerkennung** *f* reconnaissance de paternité, reconnaissance d'un enfant naturel par le père; **–anfechtungsklage** *f* action en désaveu de paternité; **–bestreitung** *f* (Aut) désaveu de paternité; **–bestreitungsklage** *f* (Aut) action en désaveu de paternité.
Vaterschaftsfeststellung *f* preuve *f* de la filiation paternelle; établissement de la filiation naturelle; **–sverfahren** *n* procédure *f ou* action en recherche de paternité, *ou* en déclaration judiciaire de la paternité hors mariage.
Vaterschaftsgutachten *n* expertise hérédo-biologique (par examen comparatif des sangs et des chromosomes du père prétendu et de l'enfant).
Vaterschaftsklage *f* action en recherche de la paternité naturelle; **negative –** (Aut) action en désaveu de paternité (naturelle).
Vaterschafts|prozeß *m* procédure *f* en recherche de paternité; **–vermutung** *f* présomption *f* de paternité.
verabreden convenir, stipuler.
Verabredung *f* (1) *(Zusammenarbeit)* concertation *f*, action *f* concertée, (2) *(StR)* collusion *f*, connivence *f*; (3) *(Vereinbarung)* entente *f*, accord *m*, arrangement *m*, convention *f*.
Verabredungsgefahr *f (StR)* risque *m* de collusion.
verabsäumen oublier, omettre.
Verabschiedung *f* (1) congé *m*, (2) *(Entlassung)* renvoi *m*, (3) *(Gesetz)* vote *m*; **– eines Gesetzes** adoption *f* d'une loi; **jährliche – des Haushalts** annualité *f* budgétaire.
verabsolutieren généraliser.
verachten mépriser, dédaigner.
Verächtlichmachung eines Staatsoberhauptes offense à chef d'État.
verallgemeinern étendre, généraliser.
veraltet *adj* (1) *(Gesetz)* désuet, tombé en désuétude, (2) *(Sache)* vétuste.
veränderbar *adj* modifiable.
verändern (1) changer, (2) *(umgestalten)* transformer, modifier, (3) *(nachteilig)* altérer.
Veränderung *f* changement *m*; modification *f*, transformation *f*; altération *f*; **– der geliehenen Sache** transformation de la chose louée; **– der Hauptschuld** modification de la dette principale; **– der Rechtsgrundlage** (1) changement du fondement juridique, (2) substitution de moyens; **– des Testaments** révocation faite dans un testament postérieur; modification d'une disposition testamentaire.
verankern consacrer, fixer (par une loi), confirmer, entériner.
veranlagen (1) établir l'assiette, (2) imposer.
Veranlagung *f* (1) *(Wesensart)* hérédité *f*, prédisposition *f*, (2) *(Besteuerungsgrundlage)* assiette *f* d'un impôt, (3) *(Steuerfestsetzung)* imposition *f*.
Veranlagungs|jahr *n* année d'imposition; **–kreis** *m* (S) arrondissement *m* fiscal (S); **–periode** *f* période d'imposition, période de taxation; **–steuer** *f* impôt *m* perçu par voie de rôle; **–verfahren** *n* procédure *f* d'établissement de l'assiette de l'impôt; **–verfügung** *f* décision de taxation; **–zeitraum** *m* période d'imposition, période *f* imposable, période de taxation.
veranlassen (1) engager qqn à faire qqch, (2) transmettre pour donner

suite; **die Zahlung –** donner un ordre de paiement.

Veranlassung *f* (1) incitation, impulsion, (2) cause *f*, motif *m*, raison *f*, (3) prétexte *m*; **auf – von** à la demande de, sur requête de; **zur weiteren –** pour donner suite.

veranschaulichen clarifier, éclaircir; illustrer (à l'aide de figures).

veranschlagen estimer, évaluer, taxer, fixer.

Veranschlagung *f* devis *m*, estimation *f*, évaluation *f*.

veranstalten organiser, préparer (une action), mettre sur pied.

Veranstalter *m* organisateur *m*, responsable *m*.

Veranstaltung *f* manifestation *f*, fête *f*, céremonie *f*; **–sausschuß** *m* comité *m* d'organisation; **–sfreiheit** *f* liberté *f* d'organiser des fêtes *ou* des manifestations; **–skalender** *m* calendrier *m* des foires *ou* manifestations; **–sort** *m* lieu *m* de la manifestation.

verantworten répondre de, *(die Folgen tragen)* accepter les conséquences, prendre sur soi; **sich –** se justifier, se défendre (contre une accusation).

verantwortlich *adj* responsable.

Verantwortliche(r) *m* (1) *(Pol)* responsable *m*, dirigeant *m*, (2) *(StR)* auteur *m*, coupable *m*.

Verantwortlichkeit *f* responsabilité *f*; **politische –** responsabilité politique; **strafrechtliche –** responsabilité pénale; **völkerrechtliche –** responsabilité internationale; **von der – entbinden** dégager de la responsabilité; **die – übernehmen** assumer la responsabilité.

Verantwortlichkeitsklage *f* (S) action *f* en responsabilité.

Verantwortung *f* (1) *(i.w.S.)* responsabilité *f*, faute *f*, (2) *(ZR)* obligation de réparer (le dommage), (3) *(StR)* obligation de subir la peine prévue, élément moral de l'infraction; **auf eigene –** sous sa propre responsabilité, à ses risques et périls; **finanzielle –** responsabilité financière; **politische –** responsabilité politique; **strafrechtliche –** responsabilité pénale; **zivilrechtliche –** responsabilité civile; **die – ablehnen** décliner toute responsabilité; **die – übernehmen** assumer la responsabilité; **keine – übernehmen** n'assumer aucune responsabilité.

Verantwortungs|bewußtsein *n* sens *m ou* conscience *f* des responsabilités; **–freiheit** *f* non-responsabilité *f*; **–gefühl** *n* sens moral.

verantwortungslos *adj* irresponsable, (attitude) irréfléchi(e).

Verantwortungslosigkeit *f* irresponsabilité *f*, légèreté *f*, inconscience.

verarbeiten (1) *(bearbeiten)* façonner, effectuer un travail de transformation, (2) *(Rohstoff)* employer, travailler, consommer, transformer.

verarbeitende Industrie industrie de transformation; **zu –s Material** matériel à ouvrer.

Verarbeitung *f* (1) travail de transformation, usinage *m*, façonnage *m*, traitement *m*, (2) *(Spezifikation)* spécification *f*.

Verarbeitungs|betrieb *m* entreprise *f* de transformation; **–genossenschaft** *f* coopérative *f* de transformation; **–industrie** *f* industrie *f* de transformation; **–preis** *m* prix de façon; **–spanne** *f* marge *f* de fabrication; **–stufe** *f* degré *m* d'élaboration; **–vertrag** *m* contrat *m* de façonnage.

Verarmung *f* appauvrissement *m*, paupérisation (du tiers-monde); **– des Schenkers** (révocation de la donation pour cause d')indigence *f* du donateur.

Verarrestierung *f* (S) fait de procéder au séquestre.

verauktionieren vendre aux enchères publiques.

verausgaben dépenser (sans compter).

verauslagen avancer de l'argent à qn.

Veräußerer *m* aliénateur *m*, vendeur *m*, cédant *m*.

veräußerlich *(WertpR)* négociable.

Veräußerlichkeit *f* aliénabilité *f*.

veräußern aliéner, vendre, disposer (d'un bien), céder.

Veräußerung *f* aliénation *f*, vente *f*, cession *f*; réalisation *f*; **freihändige –** vente de gré à gré; **– unter Lebenden** aliénation entre vifs.

Veräußerungs|beschränkung *f* limitation du droit de disposer d'un bien *ou* d'un droit; **–gewinn** *m* bénéfice de cession; **–preis** *m* prix d'aliénation; **–verbot** *n* interdiction d'aliéner.

verbal *adj* verbal, oral, de vive voix.

Verbal|angebot *n* offre *f* verbale; **–injurie** *f* outrage par paroles.

Verbalisierung *f* (S) fait de dresser procès-verbal.

Verbal|kontrakt *m* contrat *m* oral *ou* verbal; **–kopie** *f* (S) copie du procès-verbal; **–note** *f (VR)* note *f* verbale.

Verband *m* (1) *(i.w.S.)* groupement *m*, union *f*, (2) *(ZR)* association *f*, (3) *(ArbR)* chambre *f* syndicale, syndicat *m*, fédération *f*, (4) *(MilR)* unité *f*, formation *f*; **angeschlossener –** groupement rattaché; **berufsständischer –** chambre professionnelle, corporation *f*, corps de métiers; **bürgender –** association garante; **ermächtigter –** association autorisée; **haftender –** association garante; **internationaler –** union internationale; **karitativer –** association *f* de bienfaisance; **landwirtschaftlicher –** syndicat agricole; **marktregelnder –** association pour le contrôle d'un marché; **militärähnlicher –** formation paramilitaire; **politischer –** association politique; **tarifschließender –** syndicat *m* signataire d'une convention collective; **zugelassener –** association agréée; **Internationaler – zum Schutze des gewerblichen Eigentums** Union internationale pour la protection de la propriété industrielle; **Internationaler – zum Schutze von Werken der Literatur und Kunst** Union internationale pour la protection des œuvres littéraires et artistiques.

Verbandkasten *m* trousse *f* de premiers secours.

Verbands|abzeichen *n* insigne *f* de formation; **–ausgleichskasse** *f (ArbR)* caisse de compensation syndicale; **–beitrag** *m* cotisation à la chambre syndicale; **–klage** *f (PrzR)* action exercée par un groupement et tendant à la défence d'un intérêt collectif; action de groupe *ou* collective; **–körperschaft** *f* personne morale de droit public; **–land** *n* (État) membre *ou* pays de l'Union, pays *m* unioniste (adhérent de la Convention de Paris); **–marke** *f* marque syndicale, marque collective; **–mitglied** *n* associé *m*, adhérent *m*, affilié *m*, membre *m* d'une association; **–organ** *n* organe *m* social; **–persönlichkeit** *f* personnalité morale d'une association; **–präsidium** *n* bureau *m ou* direction *f* d'une association; **–priorität** *f* délai *m* de priorité; **–recht** *n* régime *m* juridique des associations; **–staat** *m* (État) membre *m* d'une union; **–strafe** *f* pénalité infligée par une association à un de ses membres; **–tarif** *m* tarif *m* syndical; **–übereinkunft zum Schutze des gewerblichen Eigentums** Convention pour la protection de la propriété industrielle; Convention de Paris; **–vorsitzende(r)** *m* président *m* d'une association.

Verbandswahl|behörde *f* (Aut) commission électorale (compétente pour un groupe de circonscriptions électorales); **–vorschlag** *m* (Aut) liste de candidats (dans un groupe de circonscriptions électorales).

Verbands|zeichen *n (Wz)* marque collective; **–zeichenrolle** *f* registre *m* des marques collectives; **–zwang** *m* obligation *f* d'adhérer à une association syndicale.

verbannen bannir, proscrire, exiler.

Verbannte(r) *m* banni *m*, proscrit *m*.

Verbannung *f* bannissement *m*, proscription; *(Zustand, Ort)* exil *m*.

verbauen: die Aussicht – obstruer la vue.

verbeamten titulariser (un agent public).

Verbeamtung *f (BeamR)* titularisation, nomination comme agent public titulaire.

Verbeiständung *f* (S) (1) prestation d'assistance, (2) (en S): mise sous curatelle.

verbergen couvrir, cacher, dissimuler, recéler.

Verbergen *n* **einer Leiche** recel *m* de cadavre; **– des Täters** recel de malfaiteur.

Verbescheidung *f* (1) *(VwR)* délivrance d'un acte administratif (en particulier d'un permis de construire), (2) communication administrative, avis *m*.

verbessern améliorer, perfectionner, corriger, amender; **einen Schreibfehler –** corriger une faute typographique *ou* une faute de frappe.

Verbesserung *f* amélioration *f*, correction, amendement *m*, réforme *f*, perfectionnement *m*.

Verbesserungs|erfindung *f* perfectionnement d'invention; **–fähigkeit** *f* perfectibilité; **–frist** *f* délai de rectification; **–patent** *n* brevet de perfectionnement; **–vorschlag** *m* suggestion *f* technique, proposition d'améliorations techniques.

verbieten interdire, défendre, prohiber, proscrire.

verbilligen réduire *ou* baisser le prix.

Verbilligungsschein *m* bon *m* de réduction.

verbinden associer, combiner, relier, assembler, lier, joindre.

verbindlich *adj* obligatoire, valable; ferme; **allgemein –** de portée générale; **– sein** faire foi; **–es Angebot** *n* offre *f* ferme; **–e Fassung** texte *m* qui fait foi; **–er Tarif** *m* tarif *m* obligatoire.

Verbindlicherklärung *f* (1) le fait d'accorder la force de la chose jugée, (2) *(ArbR)* extension *ou* élargissement d'une convention collective.

Verbindlichkeit *f* (1) *(SchuldR)* obligation *f*, engagement *m*, (2) *(fpl)* dettes *fpl*, obligations *fpl*, exigibilités *fpl*, (3) *(Verbindlichsein)* force obligatoire; **bedingte –** obligation conditionnelle; **fällige –** obligation échue, dette venue à échéance; **ohne –** sans engagement; **sofort fällige –** obligation *ou* engagement à vue; **täglich fällige –** engagement à vue, obligation au jour le jour; **teilbare –** obligation divisible; **unteilbare –** obligation indivisible; **vertragsmäßige –** obligation conventionnelle; **für eine – bürgen** cautionner une obligation; **eine – eingehen** contracter une obligation; **eine – erfüllen** exécuter une obligation, tenir un engagement; **–en haben** avoir des dettes, être endetté; **eine – verbürgen** garantir *ou* cautionner une obligation.

Verbindlichkeitserklärung *f (VwR)* homologation *f*.

Verbindung *f* (1) *(Verbundensein)* connexité *f*, relation *f*, rapport *m*, association *f*, (2) *(Verbinden)* réunion *f*, liaison *f*, jonction *f*, interconnexion du réseau, (3) *(Ferngespräch)* communication *f*; **langjährige –** relations *fpl* de longue date; **verbotene –** ligue *f* dissoute; **– von Klagen** jonction de demandes.

Verbindungs|ausschuß *m* comité de liaison; **–bahnhof** *m* gare *f* de correspondance; **–büro** *n* bureau *m* de liaison; **–mann** *m*, **–person** *f* (1) *(Polizei)* informateur, indicateur, (2) *(Geheimdienst)* agent de liaison, (3) *(HR, ArbR)* intermédiaire *m*, médiateur *m*; **–referent** *m* agent de liaison, chargé de mission; **–stelle** *f* bureau de contact, organisme de liaison.

verbitten demander instamment de cesser (de faire qqch).

Verbitterung *f* aigreur *m*, acrimonie *f*.

Verbleib *m* (1) *(einer Sendung)* endroit *m ou* lieu *m* où se trouve une marchandise restée en souffrance, (2) *(Person)* endroit *m* où une personne est restée.

verbleiben (1) *(sich einigen)* s'accorder sur, (2) *(bleiben)* rester; **im Amt –** rester en fonction.

Verbleibskontrollbescheinigung *f* certificat de contrôle de destination.

verbluten mourir sur place d'une hémorragie (après un accident).

Verbodmung *f (SeeHR)* nantissement du fret du voyage (sur un navire).

verborgen (1) *(adj) (geheim)* caché, secret, occulte, clandestin, (2) *(vt.) (verleihen)* prêter, donner à crédit; **–er Mangel** vice caché *ou* non-apparent; **–es Merkmal** caractérisque non-dévoilée.

Verborgenheit *f* clandestinité *f*.

Verbot *n* interdiction *f*, défense *f*, prohibition *f*, proscription *f*; **gesetzliches –** prohibition légale; **polizeiliches –** interdiction de la police administrative; **– der Berufsausübung** *f* interdiction *f* de l'exercice de la profession.

verboten *adj* interdit, illicite, défendu, prohibé; **Nachdruck –** reproduction interdite *ou* réservée (pour tous pays); **strengstens –** formellement *ou* strictement interdit; **–e Eigenmacht** *(ZR)* trouble *m*.

Verbots|bestimmung *f* disposition *f* prohibitive; **–gesetz** *n* loi d'interdiction (plus particulièrement du parti national-socialiste), loi portant interdiction de ...; **–grund** *m* motif d'interdiction; **–irrtum** *m (StR)* ignorance du fait qu'un acte constitue une infraction; **–kenntnis** *f* connaissance du caractère illicite des faits commis, connaissance de l'interdiction; **–recht** *n* droit d'interdire; **–schild** *n*, **–tafel** *f* panneau d'interdiction; **–unkenntnis** *f* ignorance d'une interdiction; **–urteil** *n* jugement d'interdiction; **–vorschrift** *f* disposition *f ou* règle *f* prohibitive.

Verbrauch *m* consommation *f*; **gewerbsmäßiger –** consommation industrielle; **öffentlicher –** consommation publique; **sofortiger –** consommation instantanée.

verbrauchbar *adj* consomptible, **–e Sache** bien *m* consomptible.

verbrauchen (1) *(Waren)* consommer, (2) *(Geld)* dépenser, (3) *(vollständig verwenden)* épuiser.

Verbraucher *m* consommateur *m*, utilisateur *m*; **–bedarf** *m* besoins des consommateurs; **–beratung** *f* information du consommateur; **–genossenschaft** *f* coopérative *f* de consommation; **–kredit** *m* crédit *m* à la consommation; **–land** *n* pays *m* consommateur; **–markt** *m* (1) marché de consommation, (2) *(Laden)* grande surface; **–nachfrage** *f* demande *f*; **–organisation** organisme *m* de défense du consommateur, association de consommateurs; **–preis** *m* prix de vente au consommateur, prix à la consommation; **–schutz** *m* protection des consommateurs, consumérisme *m*; **–verband** *m*, **–zentrale** *f* association de consommateurs.

Verbrauchsabgabe *f* impôt de consommation, taxe sur la consommation, (en B. aussi:) droit d'accise, accise *f*.

Verbrauchs|ausgaben *pl* dépenses de consommation; **–bilanz** *f* bilan de la consommation; **–einschränkung** *f* restriction *f ou* encadrement *m* de la consommation; **–gebiet** *n* zone de consommation; **–genehmigung** *f* autorisation *ou* licence d'usage; **–güter** *pl* biens de consommation; **–güterindustrie** *f* industrie des biens de consommation.

Verbrauchsteuer *f* impôt *m* de consommation, taxe de consommation, accise *f*; **–verwaltung** *f* administration des impôts de consommation.

Verbrechen *n* crime *m*, forfait *m*; **Aufforderung zum –** provocation au crime; **gemeines –** crime crapuleux; **nichtpolitisches –** délit de droit commun; **politisches –** crime politique; **versuchtes –** infraction tentée, tentative *f* d'un crime; **vollbrachtes –** (Aut), **vollendetes –** crime consommé; **widernatürliches –** crime contre nature; **– im Amt** infraction commise dans l'exercice des fonctions; **– gegen den Frieden** crime contre la paix; **– aus Leidenschaft** crime passionnel; **– gegen die Menschlichkeit**

crime contre l'humanité; **– mit untauglichen Mitteln** infraction impossible par suite de l'emploi de moyens inoffensifs; **– am untauglichen Objekt** infraction impossible.

Verbrechens|aufbau *m* éléments *mpl* d'une infraction; **–bekämpfung** *f* lutte *f* contre la criminalité; **–häufung** *f* cumul *m* d'infractions; **–opfer** *n* victime *f* d'une infraction; **–statistik** *f* statistique *f* de la criminalité et de la délinquance, chiffres relatifs aux infractions.

Verbrecher *m* criminel *m*, malfaiteur *m*, délinquant *m*; **jugendlicher –** mineur *m* délinquant; **politischer –** délinquant politique; **rückfälliger –** repris de justice; **unbescholtener –** (Aut) délinquant primaire; **vorbestrafter –** repris *m* de justice.

Verbrecherbande *f* organisation criminelle.

verbrecherisch *adj* (1) criminel, délictueux, (2) *(strafbar)* coupable, punissable.

Verbrecher|kartei *f* sommier *m* de la police technique; **–syndikat** *n* syndicat *m* du crime, maffia *f*.

Verbrechertum *n* criminalité *f*; **berufsmäßiges –, gewerbsmäßiges –** criminalité professionnelle.

Verbrecher|vereinigung *f* association *f* de malfaiteurs; **–welt** *f* pègre *f*, milieu *m* du (grand) banditisme.

verbreiten (1) *(auch Radio)* diffuser, (2) *(Nachrichten)* propager, colporter (des nouvelles), (3) *(Gerücht)* faire circuler, divulguer.

Verbreitung *f* diffusion *f*, propagation; **– beleidigender Tatsachen** propagation de faits injurieux; **– von Falschgeld** mise *f* en circulation de monnaies contrefaites ou altérées; **– jugendgefährdender oder unzüchtiger Schriften** communication d'écrits destinés à la jeunesse, contraires aux bonnes mœurs; **– unwahrer Gerüchte** propagation *f* de faux bruits.

Verbreitungs|art *f* mode *m* de diffusion; **–gebiet** *n* territoire de diffusion; **–recht** *n (UrhR)* droit de diffusion.

verbriefen (1) *(ZR)* garantir *ou* confirmer par écrit, (2) *(WertpR)* délivrer *ou* émettre un titre.

verbringen (1) transporter (en un lieu), (2) passer (des vacances).

Verbringung *f* transport *m* (d'un détenu); **–sgewahrsam** *m* détention en vue du transfert (dans une autre prison *ou* renvoi dans le pays d'origine); **–sverbot** *n (StR)* interdiction *f* de l'importation, de la distribution et circulation des tracts de provenance étrangère.

verbuchen (= buchen) comptabiliser, porter en compte, passer en écritures, passer en comptabilité, enregistrer.

Verbücherung *f* (Aut) transcription *f*, enregistrement *m*.

Verbuchung *f* (1) *(Buchf)* comptabilisation *f*, passation *f* en écritures, (2) *(GB)* enregistrement *m* (au livre foncier); **– der Ausgaben** imputation.

Verbuchungs|nummer *f* numéro *m* d'enregistrement *ou* du registre; **–zeitraum** *m* période *f* de comptabilisation.

Verbund *m* (1) *(GesR)* regroupement *ou* concentration d'entreprises, (2) *(VwR)* organisation intercommunale, syndicat de communes.

verbunden *adj* lié; **–e Unternehmen** *(GesR)* entreprises liées (ayant conservé leur autonomie sur le plan juridique).

Verbund|gesellschaft *f* société assurant la liaison sur le plan économique entre plusieurs autres sociétés, **–unternehmen** *n* entreprise *f* intégrée; **–wirtschaft** *f* économie *f* intégrée.

verbürgen cautionner, garantir; **sich –** se porter garant de qqn.

Verbürgung *f* cautionnement *m*, engagement à titre de garantie *f*.

verbüßen purger (une peine), subir (sa peine), expier.

Verbüßung exécution de la sentence pénale, expiation *f*.

Vercharterer *m (SeeHR)* fréteur *m*.

Vercharterung *f* affrètement *m*.

Verdacht *m* soupçon *m*, suspicion *f*; **außer –** hors de cause; **begründeter –** soupçon justifié; **einen – äußern** exprimer des soupçons, soupçonner qn; **einen – hegen** avoir des soupçons, soupçonner; **– schöpfen** soupçonner, concevoir des soupçons.

verdächtig *adj* suspect, soupçonnable; douteux, sujet à caution; **dringend –** (personne sur laquelle) pèsent de fortes présomptions.

verdächtigen suspecter qqn, mettre qqn en cause *ou* en accusation, signaler comme coupable.

Verdächtige(r) *m* suspect *m*, personne soupçonnée, auteur présumé d'une infraction; **Haupt-** suspect numéro un.

Verdächtigung *f* mise *f* en accusation, incrimination, suspicion *f*; **falsche –** dénonciation calomnieuse; **politische –** dénonciation *f* en raison des opinions politiques

Verdachts|grund *m* présomption d'imputabilité (d'une infraction); **–kündigung** *f (ArbR)* congédiement *m* sur la base de la suspicion, renvoi *m* pour cause de suspicion; **–moment** *n* indice *m*; **übereinstimmende –momente** faisceau *m* de suspicions

verda|ten mettre en fiche, informatiser; **der –tete Mensch** homme *m* informatifié.

Verdatung *f* mise *f* en fiche, informatisation.

verdecken (= verbergen) cacher, masquer, camoufler.

verdeckt *adj (Gewinnausschüttung)* dissimulé, caché, déguisé, en fraude.

Verdeckung *f* dissimulation *f*; **–sabsicht** *f* intention de dissimulation (de bénéfices).

Verderb *m* altération, dégradation, décomposition, pourriture *f*; **– des Frachtgutes** détérioration du bien transporté, altération des marchandises; **– der Pfandsache** décomposition *ou* altération du bien gagé.

verderblich *adj* (1) *(Waren)* périssable, (2) *(schädlich)* ruineux, pernicieux, funeste.

verdienen gagner (de l'argent); mériter (une punition).

Verdienst *n* mérite *m*, valeur *f*; **erfinderisches –** intelligence inventive, esprit inventif.

Verdienst *m* (1) *(Einkommen)* rémunération *f*, gain *m*, salaire *m*, (2) *(Rein-)* profit *m*, bénéfice *m*, (3) *(von Hausangestellten)* gages *mpl*; **–ausfall** *m* (1) manque à gagner, (2) perte de salaire, perte de gain (S); **–ausfallsentschädigung** *f* (S) allocation pour perte de gain; **–bescheinigung** *f* attestation de salaire; **–einbuße** *f* perte de salaire; **–ersatz** *m* (S) allocation pour perte de gain; **–klasse** *f* échelon de solde; **–möglichkeit** *f* possibilité de gain

Verdienstspanne *f* marge *f* bénéficiaire, marge de bénéfice; **– des Einzelhändlers** marge de distribution, marge du distributeur.

verdingen *(VwR)* passer un marché public, adjuger; **sich –** entrer aux services de qn, accepter un travail.

Verdingung *f (VwR)* adjudication *f* publique, conclusion d'un marché public; **freihändige –** adjudication restreinte.

Verdingungsordnung *f* **für Bauleistungen** (VOB) cahier de prescriptions pour les marchés de construction; **– für Leistungen** (VOL) cahier de prescriptions pour les marchés publics (autres que de construction).

Verdingungs|preis *m* prix d'adjudication; **–unterlagen** *fpl* cahier *m* des charges; **–vertrag** *m* marché sur adjudication, contrat d'adjudication.

Verdrängung *f (SeeHR)* déplacement *m* (d'un navire), volume *m* de la carène.

Verdrängungswettbewerb *m* concurrence déprédatrice.

Verdunkelungsgefahr *f (StPR)* danger *m* de disparition des indices *f ou* de corruption des témoins; détention *f* provisoire comme unique moyen de conserver les preuves, risque *m* de destruction des preuves (existantes).

Veredelung *f* finition, parachèvement *m*, finissage *m*.

Veredelungs|erlös *m* bénéfice *f* de finition; **–genossenschaft** *f* coopérative de transformation; **–geschäft** *n* contrat *m* de finissage (de produits semi-finis); **–gut** *n* marchandise *f* en admission *f* temporaire pour sa transformation *ou* son finissage; **–industrie** *f* industrie de transformation et de finissage; **–police** *f* police *f* universelle, assurance *f* transport type.

Veredlungsverkehr *m* (1) *(ZollR)* admission temporaire de biens (destinés à la réexportation après finissage), (2) (S) commerce de finition, trafic de perfectionnement.

verehelichen: sich – se marier.

Verehelichung *f* mariage *m*.

Verehelichungszeugnis *n* (Aut) certificat *m* de mariage.

vereidigen (= beeidigen) assermenter, faire prêter serment à, déférer le serment d'office à qqn.

vereidigt assermenté.

Vereidigung *f (= Beeidigung von Personen)* prestation de serment.

Vereidigungs|protokoll *n* procès-verbal *m* de prestation de serment; **–verbot** *n* interdiction de la prestation de serment.

Verein *m* (1) *(rechtlich)* association *f*, (2) *(politisch)* amicale *f*, ligue *f*, cercle *m*, club *m*, (3) *(wirtschaftlich)* association syndicale, syndicat professionnel, mutualité *f*; **angemeldeter** – association déclarée; **eingetragener** – (= e. V.) association enregistrée (auprès du tribunal cantonal allemand); **als gemeinnützig anerkannter –, gemeinnütziger** – association reconnue d'utilité publique; **genehmigter** – association reconnue d'utilité publique; **ideeller** – association sans but lucratif; **karitativer** – œuvre *f* charitable; **nicht angemeldeter** – association non déclarée; **nicht rechtsfähiger** – association de fait sans personnalité civile; **politischer** – association à caractère politique; **rechtsfähiger** – association ayant acquis la personnalité civile; **unerlaubter** – association non déclarée et illicite; **verbotener** – association interdite *ou* illicite; **wirtschaftlicher** – association à but lucratif; **nicht wirtschaftlicher** – (= Idealverein) association sans but lucratif; – **auf Gegenseitigkeit** mutuelle *f*; – **zum gemeinschaftlichen Einkauf** groupement d'achats.

vereinbar *adj* compatible, conciliable; **nicht** – incompatible, inconciliable.

vereinbaren convenir de, tomber d'accord sur, stipuler

vereinbart *adj* convenu; **falls nichts anderes** – sauf convention contraire; **wie** – comme convenu; **–er Preis** prix convenu.

Vereinbarkeit *f* compatibilité *f*; – **mit dem Grundgesetz** conformité *f* avec la loi fondamentale, constitutionnalité (d'une prescription légale).

Vereinbarung *f* convention *f*, stipulation *f*, accord *m*, contrat *m*, entente *f*; **ausdrückliche** – convention expresse *ou* formelle, accord exprès *ou* explicite; **finanzielle** – arrangement *m* financier; **gegenseitige** – convention synallagmatique; **güterrechtliche** – convention matrimoniale; **gütliche** – accord à l'amiable, transaction; **mündliche** – accord verbal, convention verbale; **schriftliche** – convention écrite; **stillschweigende** – convention *ou* accord tacite; **technische** – accord technique; **vertragliche** – accord *m*, convention, arrangement *m* contractuel; **wechselseitige –, zweiseitig verbindliche** – (Aut) convention synallagmatique; – **des Ausschlusses der Auseinandersetzung, – des Ausschlusses der Teilung** convention d'indivision.

vereinbarungsgemäß *adv* conformément à ce qui a été convenu.

Vereinbarungsprotokoll *n* mémorandum *m ou* protocole *m* d'accord.

vereinen unir, assembler, fusionner,

lier, joindre, allier, fédérer; **sich –** s'unir, se coaliser, s'associer, se solidariser.

vereinfacht *adj* simplifié; **–e Ladung** notification en la forme simplifiée; **–es Verfahren** procédure simplifiée *ou* sommaire.

Vereinfachung *f* simplification, schématisation; **–sgesetz** *n* Loi sur la simplification de la procédure devant les tribunaux.

vereinheitlichen unifier, uniformiser, standardiser.

Vereinheitlichung *f* unification *f*, uniformisation *f*, standardisation *f*; **– von Gesetzen** harmonisation légale.

vereinigen unir, réunir, associer, assembler, fédérer; **sich –** fusionner.

Vereinigte *od* **Vereinte Nationen** Nations-Unies *fpl* (s. **UN**).

Vereinigung *f* (1) *(Verein)* association *f*, amicale *f*, groupement *m*, (2) *(Versammlung)* réunion *f*, rassemblement *m*, (3) *(Verschmelzung)* fusion *f*; **gemeinnützige –** association sans but lucratif; **kriminelle –** association de malfaiteurs; **politische –** groupement *ou* parti politique; **rechtswidrige –** groupement contraire aux lois; **unzulässige –** groupement illicite; **verbotene –** association interdite *ou* dissoute.

Vereinigungs|freiheit *f* liberté d'association; liberté syndicale, liberté de coalition; **–recht** *n* droit d'association.

vereinnahmen encaisser, percevoir.

Vereinnahmung *f* encaissement *m*.

Vereins|auflösung *f (ZR)* dissolution d'une association; **–austritt** *m* le fait de se retirer d'une association; **–beitritt** *m* adhésion; **–freiheit** *f* liberté d'association; **–gesetz** *n* Loi portant sur l'organisation des associations; **–gründung** *f* constitution d'une association; **–gründungsvertrag** *m* contrat *m* d'association, acte *m* d'association; **–haftung** *f* responsabilité des associations; **–mitglied** *n* membre *m* (d'une association); **–name** *m* dénomination; **–recht** *n* régime *m* juridique des associations; **–register** *n* registre des associations; **–satzung** *f* statuts *mpl;* **–verbot** *n* interdiction de créer une association; **–vermögen** *n* actif *m* d'une association; **–versammlung** *f* assemblée générale d'une association; **–vormundschaft** *f* tutelle d'un établissement, tutelle d'une association; **–vorstand** *m* directeur(s) *m (pl)* d'une association, conseil de l'association, président (du conseil).

vereiteln faire échouer, déjouer.

Vereitelung *f* fait de faire échouer, *umg* torpillage *m*; **– einer Bestrafung** fait de soustraire un malfaiteur à l'arrestation *ou* aux recherches, fait d'aider un criminel à se cacher *ou* à prendre la fuite.

vererblich *adj (ErbR)* successible, transmissible par succession.

Vererblichkeit *f* transmissibilité *f* successorale, successibilité *f*.

Vererbung *f* (1) *(rechtlich)* transmission *f* par succession, (2) *(biologisch)* hérédité *f*, transmission héréditaire.

Verfahren *n* (1) *(Prozeßrecht)* procédure *f*, procès *m*, instance *f*, (2) *(Methode)* méthode *f*, façon *f* de procéder, procédé *m*; **abgekürztes –** procédure sommaire; **abgetrenntes –** affaire disjointe; **anhängiges –** procédure en instance *ou* pendante; **arbeitsgerichtliches –** procédure devant le tribunal du travail (allemand); **außerstreitiges –** (Aut) procédure gracieuse; **beschleunigtes –** procédure accélérée, procédure en référé; **diskriminierendes –** pratique *f* discriminatoire; **erleichtertes –** procédure simplifiée; **förmliches –** procédure formelle; **gerichtliches –** procédure judiciaire, instance en justice; **gesetzlich festgelegtes –** procédure légale; **getrenntes –** procédure disjointe; **handelsrechtliches –** procédure commerciale; **inquisitorisches –** procédure inquisitoriale; **kontradiktorisches –** procédure contradictoire; **mit einem Mangel behaftetes –, mangelhaftes –** procédure entachée d'un vice; **münd-**

liches – procédure orale; **ordentliches** – procédure régulière; **parlamentarisches** – procédure parlementaire; **patentiertes** – procédé breveté; **schiedsgerichtliches** – procédure d'arbitrage *ou* arbitrale; **schriftliches** – procédure écrite; **schwebendes** – procédure en cours; **strafgerichtliches** – procédure pénale; **vorläufiges** – procédure en référé relative à des mesures conservatoires.

Verfahren: das – abbrechen mettre fin à la procédure (avant le prononcé du jugement); **– in Abwesenheit des Angeklagten** *(StPR)* procédure par contumace; **– zur Anerkennung eines ausländischen Urteils** instance en exequatur; **ein – anhängig machen** engager une procédure; **das – aufheben** annuler la procédure; **das – aussetzen** suspendre la procédure; **– außer Streitsachen** (Aut) procédure gracieuse; **ein – einleiten** engager une procédure, introduire l'instance, entamer *ou* ouvrir une procédure; **ein – einstellen** *(StPR)* prononcer un non-lieu; **im streitigen – entscheiden** statuer au contentieux; **das – eröffnen** *(StPR)* ouvrir une information, engager une action contre qn, citer qn en justice; **– der freiwilligen Gerichtsbarkeit** procédure gracieuse; **– zur friedlichen Beilegung** procédure de règlement pacifique; **– gegen Abwesende** procédure par défaut; **– in Handelssachen** procédure commerciale; **– zur Hauptsache** procédure sur le fond; **das – für nichtig erklären** annuler la procédure; **ein – niederschlagen** *(StPR)* classer une affaire sans suite; **das – sistieren** (S) suspendre la procédure; **gerichtliches – zur Todeserklärung** instance en déclaration judiciaire de décès; **das – unterbrechen** suspendre (la poursuite *ou* le cours de) la procédure; **Wiederaufnahme des –s** recours *m* en révision.

Verfahrens|ablauf *m* déroulement de la procédure; **–abschluß** *m* clôture *f* des débats; **–abschnitt** *m* stade *ou* phase de la procédure; **–antrag** *m* demande *f*, requête *f*; **– arten** *fpl* classification des actions en justice; **–aussetzung** *f* (1) suspension de l'instance par un sursis à statuer, (2) interruption de l'instance; **–bestimmung** *f* règle *f* de procédure; **–beteiligte** *mpl* parties *fpl* au procès; **–bevollmächtigte(r)** *m* mandataire *m* (de procédure); **–dauer** *f* durée *f* de la procédure; **–einheit** *f* unicité *f* de la procédure; **–einstellung** *f* (1) *(StPR)* non-lieu *m*, (2) *(ZPR)* radiation de l'affaire; **–fähigkeit** *f* capacité *f* d'ester en justice; **–fehler** *m* vice *m* de procédure; **–fortführung** *f* continuation de la procédure, affaire en continuation; **–frage** *f* question de procédure; **–freiheit** *f* absence de formalisme de la procédure; **–frist** *f* délai de procédure; **–gebühr** *f* droit de procédure; **–gegenstand** *m* objet *m* du litige; **–grundsätze** *mpl* principes directeurs du procès, principes généraux de la procédure (civile *ou* pénale); **–handlung** *f* acte de procédure; **–hindernis** *m* obstacle *m* à la procédure, empêchement; **–kosten** *pl* dépens *mpl*, frais *mpl* de procédure; **–mangel** *m* vice *m* de procédure; **–norm** *f* règle de procédure; **–ordnung** *f* règles de procédure; **–patent** *n* brevet *m* de procédé; **–recht** *n* procédure, droit *m* procédural *ou* processuel; **–rechtlich** *adj* procédural; **–rüge** *f* recours fondé sur une violation des règles de procédure; **–sprache** *f* langue de procédure; **–stadium** *n* stade de la procédure; **–standschaft** *f* capacité de représenter qn. dans une procédure; **–trennung** *f* disjonction d'instance; **–unterbrechung** *f* interruption de l'instance; **–verbindung** *f* jonction d'instance; **–verschleppung** *f* manœuvres dilatoires tendant à retarder la procédure; **–verstoß** *m* violation *f* d'une règle du droit procédural; **–verzögerung** *f* procédure prenant du retard *ou* qui s'éternise; **–voraussetzungen** *fpl* conditions *fpl* d'ouverture de la procédure; **–vorschrift** *f* règle *f* de procédure; **–weise** *f* manière *f ou* façon *f* de procéder.

Verfall *m* (1) *(Rechte)* déchéance *f*, (2) *(Wegnahme)* confiscation *f*, saisie *f*, (3) *(Sitten)* dépravation, corruption, (4) *(–Tag)* jour *m* de l'échéance, terme *m*, (5) *(ZPR)* péremption, anéantissement *m* des actes de procédure; **bei –** à terme échu, à l'échéance; **– des Patents** déchéance du brevet; **–buch** *n* échéancier *m*; **–frist** *f* date *f* de péremption; délai de forclusion; prescription extinctive; **–klausel** *f* clause de déchéance.

verfallen (1) échoir, (2) tomber en déchéance, (3) déchoir, se périmer.

Verfalls|datum *n* date *f* limite, date de péremption; **–erklärung** *f* (1) *(VwR)* ordonnance *f ou* décision de confiscation, (2) *(ZPR)* déclaration de saisie; **–tag** *m* (1) date *f* de péremption *ou* d'expiration, date *ou* jour d'échéance, échéance, (2) *(BankR)* date de valeur.

Verfall(s)zeit *f* terme *m*, date *f* de l'échéance; **mittlere –** échéance *f* moyenne, échéance commune.

verfälschen (1) *(Tatsachen)* fausser, altérer, (2) *(Urkunden)* falsifier, contrefaire, altérer, (3) *(Wein)* frelater.

Verfälschung *f* **(s. Fälschung)** falsification *f*, altération, contrefaçon *f*, faux *m* matériel.

verfangen: sich in Widersprüchen – s'emmêler *ou* s'embrouiller dans ses propres contradictions, *pej* cafouiller.

verfänglich *adj*: **eine –e Frage** question-piège *f*.

verfassen rédiger, écrire.

Verfasser *m (UrhR)* auteur *m* (d'une œuvre de l'esprit).

Verfassung *f* (1) *(Zustand)* état *m*, (2) *(eines Staates)* constitution, charte *f*, loi *f* fondamentale, (3) *(einer Gesellschaft)* pacte social, statuts *pl*; **geschriebene –** constitution écrite; **monarchistische –** constitution monarchique; **ständische –** constitution *ou* organisation corporative; **starre –** constitution rigide; **ungeschriebene –** constitution coutumière; **die – ändern** réviser *ou* réformer la constitution.

Verfassungs|änderung *f* amendement à la constitution, révision *f* constitutionelle; **–artikel** *m* article de la constitution; **–auftrag** *m* fonctions dévolues par la constitution à un organe constitutionnel; **–beschwerde** *f* recours en matière constitutionnelle, recours *m* constitutionnel; **–bestimmung** *f* disposition *f* constitutionnelle, clause *f* de la constitution; **–bruch** *m* violation *ou* transgression de la constitution; **–entwicklung** *f* évolution constitutionnelle; **–entwurf** *m* projet de constitution; **–feind** *m* ennemi *m* de la constitution, extrémiste *m*; **–feindlich** *adj* anticonstitutionnel; **–fragen** *pl* problèmes constitutionnels; **–garantie** *f* garantie constitutionnelle; **–gebung** *f* élaboration de la constitution, activité constituante; **–gericht** *n* Cour constitutionnelle; **–gerichtsbarkeit** *f* juridiction constitutionnelle; **–gerichtshof** *m* Cour *f* constitutionnelle, Cour (constitutionnelle) suprême; **–gesetz** *n* loi constitutionnelle; **–gewohnheitsrecht** *n* droit constitutionnel coutumier; **–grundsatz** *m* principe constitutionnel; **–hochverrat** *m* attentat *m* commis dans le but de détruire *ou* de changer le régime constitutionnel; **–hüter** *m* agent *m* du service de protection de la constitution; **–konflikt** *m* conflit constitutionnel; **–krise** *f* crise *f* constitutionnelle.

verfassungsmäßig *adj* constitutionnel *adj*; constitutionnellement *adv*; **–e Ordnung** régime constitutionnel; ordre *m* républicain; **–er Vertreter** *(Verein)* représentant *m* statutaire.

Verfassungs|mäßigkeit *f* conformité à la constitution, constitutionnalité *f*; **–ordnung** *f* ordre *m* constitutionnel; **–organ** *n* organe prévu par la constitution; **-rat** *m* conseil constitutionnel; **-recht** *n* droit constitutionnel; **-rechtsstreit** *m* contentieux constitutionnel; **-reform** *f* réforme constitutionnelle; **-revision** *f* révision *f* constitutionnelle; **-richter** *m* juge *m* auprès de la Cour constitutionnelle fédérale; **-schutz** *m* (1) *(Bundesamt)* Service allemand de protection de la constitution, (2) normes légales visant à protéger le régime constitutionnel en place, (3) sauvegarde *f* du régime constitutionnel; **-staat** *m* État reposant sur une constitution démocratique et libérale; **-system** *n* système *m* constitutionnel; **-treue** *f* fidélité *f* à la constitution; **-urkunde** *f* acte *m* constitutionnel; **-verletzung** *f* violation *f* de la constitution, attentat *m* contre le régime constitutionnel; **-vorschrift** *f* règle *f* constitutionnelle.

verfassungswidrig *adj* inconstitutionnel *adj*, anticonstitutionnel *adj*, contraire à la constitution, inconstitutionellement *adv*, anticonstitutionnellement *adv;* **-es Gesetz** loi inconstitutionnelle.

Verfassungswidrigkeit *f* inconstitutionnalité *f*, anticonstitutionnalité *f*.

Verfehlung *f* faute *f* (morale), manquement *m*, déloyauté *f*; **eheliche** – infidélité *f*; – **gegen den Schenker** ingratitude *f*.

Verfilmung (eines Werkes) *(UrhR)* exploitation *ou* reproduction d'une œuvre par enregistrement cinématographique.

Verflechtung *f* (1) *(GesR)* formation de trust, concentration *f*, participations *fpl* croisées, (2) interdépendance *f*, interpénétration *f*.

verfolgen (1) poursuivre (en justice), (2) persécuter, (3) *(beschatten)* filer qqn, prendre qqn en filature.

Verfolger *m* persécuteur *m*.

Verfolgte(r) *m* (1) personne persécutée, (2) personne prise en filature; **politisch** – réfugié *m* politique.

Verfolgung *f* (1) *(gerichtlich)* poursuites *fpl*, (2) *(ungerecht und grausam)* persécution *f*, (3) *(durch die Polizei)* filature *f*; **disziplinarische** – poursuite disciplinaire; **gerichtliche** – poursuite judiciaire; **polizeiliche** – recherche *ou* enquête policière; **rassische** – persécution raciale; **strafrechtliche** – poursuite judiciaire; – **Flüchtiger** poursuite *f* d'un individu en fuite; – **auf frischer Tat** engager une procédure de flagrance, appréhension de l'auteur d'une infraction flagrante, intervention (de la police) selon la procédure du flagrant délit; – **aus politischen Gründen** perséction du seul fait de ses opinions politiques; – **aus rassischen Gründen** persécution du seul fait de l'appartenance ethnique; – **rassischer Minderheiten** persécution de minorités ethniques; **außer – setzen** renvoyer des fins de la poursuite; – **Unschuldiger** poursuites *fpl* engagés contre un innocent; – **einer Urkundenfälschung** inscription de faux; – **eines Verbrechens** recherche d'un malfaiteur; – **von Zuwiderhandlungen** poursuite des contraventions.

Verfolgungs|fahrt *f* filature en voiture; **-grundsatz** *m (StPR)* principe du déclenchement obligatoire de l'action publique; **-handlung** *f* acte *m* de poursuite; **-immunität** *f* (Aut) immunité *f* de poursuites; **-recht** *n (ZR)* droit de suite, droit de poursuite; **-schutz** *m (Asylverfahren)* protection contre des poursuites arbitraires; **-verjährung** *f* prescription des poursuites, prescription de l'action pénale; **-wahn** *f* manie de la persécution.

verfrachten (1) *(Waren)* expédier, transporter, (2) *(Schiff)* fréter, affréter (un navire).

Verfrachter *m* armateur *m*, fréteur *m*, chargeur *m*.

Verfrachtung *f* (1) *(SeeHR)* affrètement *m*, frétement *m*, (2) expédition, chargement; – **auf Stückgüter** affrètement à la cueillette.

Verfrachtungs|bedingungen *fpl* conditions d'affrètement; **-büro** *n* bureau d'affrètement; **–vertrag** *m* (contrat d')affrètement *m ou* nolisement *m*; charte-partie *f*.

verfügbar *adj* disponible; **–e Mittel** *npl* disponibilités *fpl*, fonds *m* de roulement.

Verfügbarkeit *f* disponibilité *f*.

verfügen (1) *(die Verfügung haben)* disposer, (2) *(anordnen)* décider, ordonner, décréter.

Verfügende(r) *m* disposant *m*.

Verfügung *f* (1) *(rechtsgeschäftlich)* disposition *f*, acte *m* de disposition, (2) *(behördliche Anordnung)* arrêté *m*, ordonnance *f*, décret *m*, décision *f*, (3) *(Befehl)* (S) ordonnance *f*; **amtliche –** décision administrative; **belohnende –** disposition rémunératoire; **beschwerende –** décision faisant grief; **einstweilige –** ordonnance *f* de *ou* sur référé, référé *m*, décision *ou* disposition provisoire, décision provisionnelle (S); **letztwillige –** dernières volontés *fpl*, disposition testamentaire; **polizeiliche –** mesure de police; **prozeßleitende –** jugement avant dire droit, décision avant faire droit; **rechtsgeschäftliche –** acte de disposition, cession, aliénation par contrat; **richterliche –** ordonnance judiciaire; **testamentarische –** disposition testamentaire; **unentgeltliche –** disposition à titre gratuit; **zurückweisende –** décision de rejet; **zur – stellen** mettre à la disposition; **– unter Lebenden** disposition entre vifs; **– eines Nichtberechtigten** aliénation d'un bien par une personne n'ayant pas le droit d'en disposer; **– auf den Todesfall** disposition en cas de décès; **– von Todes wegen** disposition testamentaire *ou* par testament, disposition à cause de mort.

Verfügungsbefugnis *f* pouvoir *m* de disposition.

verfügungsberechtigt *adj* habilité *ou* autorisé à disposer, en droit de disposer; **allein – sein** être seul habilité à disposer.

Verfügungsberechtigte(r) *m* personne habilitée à disposer (d'un bien *ou* d'un droit); **–berechtigung** *f* capacité *f* de disposer; **–beschränkung** *f* limitation du pouvoir de disposition, restriction du droit d'aliéner (S); **–fähigkeit** *f* capacité de disposer; **–freiheit** *f* pouvoir de disposer (d'un bien, par contrat); **–geschäft** *n* *(SchuldR, SachR)* contrat translatif de propriété *ou* de transport (de la chose) en la puissance de l'acheteur (selon le principe de droit allemand de l'ensaisinement), contrat sur la délivrance du bien vendu*); **–gewalt** *f* pouvoir de disposition; **–grund** *m* fondement, motif *ou* raison de l'acte de disposition; **–grundsatz** *m* *(ZPR)* principe *m* selon lequel les parties conduisent l'instance; **–macht** *f* pouvoir de disposition; **–recht** *n* droit de disposer; **–verbot** *n* interdiction d'aliéner *ou* de céder (un bien *ou* un droit); **–vertrag** *m* (= V.geschäft) contrat de transfert de propriété, tradition.

verführen séduire.

Verführer *m* séducteur *m*.

Verführung *f* *(StR: Verleitung eines Mädchens unter 16 Jahren zum Beischlaf)* séduction dolosive d'une personne mineure.

Vergabe *f* (1) *(im Leistungswettbewerb)* appel *m* d'offres, (2) *(öffentlicher Auftrag)* adjudication, passation *f* d'un marché public, (3) *(PatR, UrhR)* cession, accord de cession, (4) *(Stipendium, Preis)* attribution *f*, allocation *f*, distribution *f*; **freihändige –** marché de gré à gré; **– von Aufträgen** *(VerwR)* adjudication, passation d'un marché public; **– im Leistungswettbewerb** marché sur appel d'offres; **– nach Losen** attribution *f* par lots; **– durch Losentscheid** attribution *f* par voie de tirage au sort; **– im Preiswettbewerb** marché par adjudication; **–art** *f* mode *m* de passation (d'un marché public); **–ausschuß** *m* com-

---

*) le droit allemand ne connait pas le principe du transfert immédiat de la propriété par le seul effet du contrat.

mission des marchés; **–verfahren** *n* procédure *f* de passation.

vergaben (S) faire une donation; léguer.

Vergangenheit *f* passé *m*, période antérieure (aux faits); **die unbewältigte –** héritage *ou* passé nazi que les allemands sout incapables d'assumer; **Unterhalt für die –** *(FamR)* prestation alimentaire rétroactive.

Vergantung *f* (S) vente *f* aux enchères (publiques).

vergeben *(VwR)* adjuger, passer un marché, attribuer une livraison *ou* l'exécution de travaux; **ein Aktenzeichen –** attribuer un numéro de dossier; **einen Auftrag –** passer une commande.

vergeblich *adj* vain, infructueux, inutile; **–e Nachforschungen** enquête menée en vain.

Vergebührung *f* (Aut) imposition *f*.

Vergebung *f* (1) rémission *f*, pardon *m*, (2) *(VwR)* adjudication *f*; **freihändige –** marché par entente directe, marché *ou* convention de gré à gré; **– eines Amtes** nomination à une fonction; **– eines Auftrages** passation d'une commande; **– (eines Auftrages) an den Höchstrabattgewährenden** adjudication au rabais; **– nach Einheitspreisen** adjudication sur prix unitaires; **– zu Pauschalpreisen** adjudication à forfait, marché forfaitaire.

Vergebungsbedingungen *pl (VwR, ZR)* cahier *m* des charges, conditions imposées pour l'exécution d'un contrat.

vergegenwärtigen se pencher sur son passé, évoquer le passé.

Vergehen *n (StR)* délit *m*, délit correctionnel, délit de police correctionnelle; **auslieferungsfähiges –** (Aut) délit extraditionnel; **einfaches –** délit simple; **vorsätzliches –** délit intentionnel; **zusammengesetztes –** délit *m ou* infraction *f* complexe; **– im Amte** forfaiture *f*, délit *m* commis par un fonctionnaire public (dans l'exercice de ses fonctions).

Vergehensstrafe *f* peine correctionnelle.

Vergeltung *f (VR)* représailles *fpl*; **– üben** user de représailles.

Vergeltungs|maßnahme *f* mesure *f* de représailles; **–schlag** représailles *fpl*, riposte *f*; **–recht** *n* droit de représailles; **–waffen** *pl* moyens *mpl* de représailles; **–zölle** *pl* droits de rétorsion.

Vergemeinschaftung *f* mise *f* en commun, collectivisation.

vergesellschaften transférer dans le secteur public, nationaliser.

Vergesellschaftung *f* transfert *m* au secteur public, nationalisation, collectivisation.

vergeuden *(Vermögen)* dilapider, dissiper, gaspiller.

vergewaltigen commettre un viol, violer.

Vergewaltigung *f (StR: Notzucht)* viol *m*, acte de pénétration sexuelle.

vergewissern: sich – s'assurer, contrôler, vérifier, voir.

vergiften empoisonner.

Vergiftung *f* (1) *(StR)* empoisonnement *m*, (2) *(UmweltR)* contamination, pollution.

Vergleich *m* (1) *(schuldrechtlicher Vertrag)* transaction *f*, règlement *m* transactionnel, acte *m* transactionnel; arrangement *m*, accomodement *m*, composition; compromis *m*, (2) *(Verfahren zur Abwendung des Konkurses)* règlement *m* judiciaire, concordat *m*, (3) *(Vergleichen)* comparaison *f*; examen *m* comparatif; **außergerichtlicher –** compromis *m* extrajudiciaire; **gerichtlicher –** compromis *ou* transaction judiciaire; **gütlicher –** amiable composition; **einen – schließen** transiger.

vergleichbar *adj* comparable, assimilable, analogue; approchant.

vergleichen comparer, contrôler, **sich –** transiger, régler un différend par voie de transaction.

vergleichende Werbung publicité comparative.

Vergleichs|abschluß *m* transaction, compromis; **–angebot** *n (KonkursR)* offre *f* de concordat, offre de règlement judiciaire; **–antrag** *m* demande *f* de règlement judiciaire, requête *f* en concordat; **–ausschuß** *f* comité de conciliation; **–behörde** *f* autorité *f* de conciliation; **–betrieb** *m* entreprise *f* type; **–eröffnung** *f* ouverture *f* de la procédure de règlement judiciaire; **–fähigkeit** *f* conditions requises pour qu'un concordat judiciaire sérieux puisse voir le jour; **–gebühr** *f* droit de transaction, droit perçu à l'occasion d'un compromis judiciaire; **–gericht** *n* tribunal compétent en matière de règlement(s) judiciaire(s); **–gläubiger** *m* créancier concordataire; **–jahr** *n* année de référence *ou* de comparaison; **–klausel** clause *f* transactionnelle; **ständige –kommission** *f* commission permanente de conciliation; **–lohn** *m* salaire *m* de référence; **–maßstab** *m* échelle *f* de comparaison, référence *f*; **–miete** *f* loyer *m* de référence; **–mitteilung** *f (MilR)* certificat de cessation de paiement; **–ordnung** *f* (= VerglO) loi allemande relative au règlement judiciaire; **–periode** *f* période *f* de référence; **–protokoll** *n* procès-verbal *m* de conciliation; **–quote** *f* dividende touché par les créanciers concordataires; **–recht** *n* droit de transaction; **–schuldner** *m* débiteur *m* en état de règlement judiciaire; **–termin** *m* audience *f* de règlement (judiciaire).

Vergleichs- und Schiedsvertrag *m* traité *m* de conciliation et d'arbitrage.

Vergleichs|verfahren *n* (1) *(Verfahren zur Abwendung des Konkurses)* procédure de règlement judiciaire, règlement judiciaire, procédure de concordat *ou* concordataire (S), (2) *(Prozeßvergleich)* procédure *f* de conciliation, compromis *m* judiciaire; **–vertrag** *m* (1) *(ZR)* transaction *f*, (2) *(VwR)* contrat administratif de règlement amiable; **–verwalter** *m* commissaire *m* du concordat; **–vorschlag** *m* offre concordataire; **–wert** *m* valeur de référence; **–wohnung** *f* appartement de référence (pour la majoration du loyer); **–zeitraum** *m* période *f* de référence.

Vergnügungs|betrieb *m* établissement de spectacles *ou* de distractions; **–fahrt** *f*, **–reise** *f* voyage *m* d'agrément; **–stätte** *f* salle *f* de spectacle(s); **–steuer** *f* (1) impôt sur les spectacles, (2) (S) droit des pauvres.

vergriffen *(Buch)* épuisé.

Vergünstigung *f* (1) *(Vorteil)* (régime de) faveur *f*, avantage *m*, (2) *(Vorrecht)* privilège *m*; **soziale –en** avantages *mpl* sociaux.

vergütbar *adj* qui donne lieu à paiement *ou* à dédommagement.

vergüten (1) *(Arbeit)* rémunérer, (2) *(Auslagen)* rembourser, (3) *(Schaden)* dédommager, indemniser.

Vergütung *f* (1) *(ArbR, UrhR)* rémunération *f*; (2) *(HR)* remboursement *m*; (3) *(VersR)* dédommagement *m*, indemnité, (4) *(der Sozialversicherung)* prestations *fpl*; **angemessene –** juste indemnisation, indemnisation *f* équitable; **– für das Übernachten** indemnité *f* de nuitée *ou* de découcher (S).

Vergütungs|anspruch *m*, **–forderung** *f* créance *f* en indemnisation; **–fortzahlung** *f* maintien *m* du salaire; **–freiheit** *f (UrhR)* exonération du paiement d'une rémunération; **–gruppe** *f* catégorie *f* (de rémunération); **–klage** *f* (Aut) action *f* en indemnisation; **–ordnung** *f* accord salarial, barème des salaires; **–satz** *m* tarif *m ou* barème *m* d'indemnisation.

Verhaftbefehl *m* (S), **Verhaftsbefehl** (Aut) mandat *m* d'arrêt.

verhaften arrêter, appréhender.

Verhaftung *f (StR: Festnahme)* arrestation *f*, appréhension *f* (d'un individu), prise *f* de corps; **vorsorgliche –** (S) arrestation préventive; **– wegen Fluchtverdachts, – wegen Fluchtgefahr** (Aut, S) appréhension coercitive d'une personne risquant de prendre la fuite.

Verhaftungsauftrag *m (ZwangsVR)* mandat de saisir la personne du débiteur.

Verhalten *n* manière *f* d'agir, conduite *f*, comportement *m*; **arglistiges –** agissement *m* dolosif; **betrügerisches –** agissements *mpl* frauduleux; **diskriminierendes –** pratiques *fpl* discriminatoires; **geschäftsschädigendes –** pratique préjudiciable; **gesetzwidriges –** agissements *mpl* illicites; **strafbares –** agissements délictueux, délit pénal; **verbotenes –** pratique interdite; **vertragswidriges –** faute *f* contractuelle.

verhaltensbedingte Kündigung *(ArbR)* licenciement pour faute grave résultant d'un comportement répréhensible du salarié.

Verhaltens|forschung sciences des comportements, éthologie *f*; **–störung** *f* trouble *m* du comportement; **–weise** *f* comportement *m*, ligne *f* de conduite.

Verhältnis *n* (1) *(persönliche Beziehung)* relations *fpl*, rapports *mpl*, (2) *(Liebelei)* liaison *f* amoureuse, (3) *(Größenv.)* porportion *f*; **im – zu** proportionnellement à, au prorata de; **–se** *npl* circonstances *fpl*, état *m* de choses, conditions *fpl;* **die persönlichen –se des Angeklagten** situation personnelle (et familiale) du prévenu; **unter diesen –sen** dans ces conditions.

Verhältnisanteil *m* part *f* proportionnelle, quote-part *f*.

verhältnismäßig (1) *adj* relatif, proportionnel, (2) *adv* relativement, proportionellement; **· sein** être proportionné (à l'importance et aux caractères de qch).

Verhältnismäßigkeit *f (VwR)* proportionnalité *f* et adéquation *ou* absence de disproportion *ou* adaptation (d'une mesure administrative) à la gravité des faits; le fait d'être proportionné, proportionnalité entre une mesure (de police administrative) et les circonstances de fait; **fehlende –** mesure *f* (de police) excessive *ou* disproportionnée *ou* inadéquate; disproportion entre la sanction et la faute commise.

Verhältnismäßigkeitsgrundsatz *m* *(VwR: Übermaßverbot)* principe *m* de la proportionnalité *ou* du contrôle de l'excès de pouvoir, principe (de l'action administrative) des moyens *mpl* proportionnés (au but).

Verhältnisse *npl:* **persönliche –** état *ou* condition d'une personne; **veränderte –** conjoncture différente; situation de fait différente; **wirtschaftliche –** situation économique.

Verhältnis|wahl *f* proportionnelle *f*; **–wahlsystem** *n* représentation *f* proportionnelle, scrutin à la proportionnelle; **–zahl** *f* quotient *m*.

verhandeln négocier, débattre, délibérer, traiter avec qn.

1. **Verhandlung** *f* (1) *(gerichtlich)* débats *mpl*, audience *f*, (2) *(Erörterung)* discussion *f*, (3) *(Unterredung)* pourparlers *mpl*, (4) *(Verhandeln)* négociations *fpl*, tractation, (5) *(Beratung)* délibération *f*; **die – führen** (1) négocier, (2) *(ZPR)* présider l'audience; **GATT–** négociations commerciales multilatérales (= NCM); **mündliche –** procédure *f* orale; **öffentliche –** audience publique; **– auf höchster Ebene** pourparlers *mpl* au niveau le plus élevé; **– in Ferialsachen** (Aut) audience de vacation; **die – für geschlossen erklären** prononcer la clôture des débats; **– in Handelssachen** audience commerciale; **– in Strafsachen** audience pénale; audience correctionnelle.
2. **Verhandlungen** *pl* négociations, tractations *fpl*; pourparlers; **diplomatische –** négociations diplomatiques; **parlamentarische –** débats *mpl* parlementaires; **in – treten** engager *ou* entamer des négociations.

Verhandlungs|anspruch *m (ArbR)* droit à la révision d'une convention collective par la négociation; **–aussetzung** *f* suspension des négociations; **–befugnis** *f* pouvoir *m* de négocier; **–bereitschaft** *f* être partisan de la négociation; **–fähig** *adj* (1) pouvant faire l'objet de négociations, (2) être en mesure d'assurer sa défense lors des débats; **–fähig-**

keit *f (StPR)* aptitude *f* de l'accusé de prendre part aux débats; **-frieden** *m* paix négociée; **-gebühr** *f* droit de plaidoirie, droit de représentation (en justice); **-gegenstand** *m* objet *m* du litige; **-gehilfe** *m* personne interposée dans une négociation *ou* un démarchage; **-grundlage** *f* base *f* des négociations; **-grundsatz** *m* principe dispositif, (principe de la) procédure accusatoire; **-kalender** *n* rôle *m*; **-leiter** *m* président *m*; **-leitung** *f* direction *f* des débats; **-maxime** *f* principe *m* dispositif; **-niederschrift** *f* procès-verbal *m* des délibérations, procès-verbal des débats; **-partner** *m* négociateur *m*; **-pause** *f* suspension d'audience; **-protokoll** *n* procès-verbal des débats, procès-verbal d'audience, procès-verbal des délibérations; **-punkt** *m* (1) proposition (au cours d'une négociation), (2) point *m ou* question *f* évoqué(e) à l'audience.

verhandlungsreif *adj* en état.

Verhandlungs|saal *m* salle des audiences *ou* des séances; **-schluß** *m* clôture *f* des débats; **-schrift** *f* procès-verbal des délibérations; **-sprache** *f* langue employée au cours des négociations; **-tag** *m* jour d'audience; **-tisch** *m* table ronde; **-unfähigkeit** *f (StPR)* empêchement (du prévenu) de comparaître à l'audience (par suite de son état de santé précaire); **-vollmacht** *f* pouvoir *m* de négociation.

Verhandlungsweg: auf dem – par voie de négociations.

verhängen (1) *(StR)* infliger (une peine), (2) *(VerfR: Ausznahmezustand)* déclarer l'état d'urgence.

Verhängnis *n* fatalité *f*, destin *m*; malédiction.

Verhängung *f* **des Konkurses** (Aut) ouverture *f* de la faillite; **– der Quarantäne** mise en quarantaine; **– einer Strafe** application d'une peine, condamnation à une peine; **– einer Vertragsstrafe** application d'une pénalité contractuelle.

verhehlen dissimuler.

verheimlichen tenir secret, dissimuler, cacher.

Verheimlichung *f* dissimulation *f*, recelé *m*, recèlement *m*; **– einer Geburt** recel de naissance; **– eines Kindes** suppression d'enfant *ou* de part, recelé d'enfant.

verheiratet marié.

Verheiratete *mpl* personnes *fpl* mariées.

Verheiratung *f* (= Eheschließung) mariage *m*.

verhelfen: zur Flucht – procurer *ou* faciliter l'évasion (d'un détenu).

Verherrlichung von Gewalt apologie *f* de la violence; **– eines Verbrechens** apologie du crime.

verhindern empêcher, prévenir (un crime).

verhindert: dienstlich – sein être retenu par ses obligations professionnelles, être empêché par les devoirs de sa charge.

Verhinderung *f* empêchement *m*; **– an der Ausübung der elterlichen Gewalt** perte *f ou* privation de l'exercice de l'autorité parentale; **– des Bundespräsidenten** empêchement *m* du président fédéral; **– von Verbrechen** prévention de crimes; **– von Wahlen** entrave *f* aux élections; **– des Zeugen** non-comparution du témoin; **im Falle der –** en cas d'empêchement.

Verhinderungsgrund *m (VwR)* motif d'empêchement.

Verhör *n* (1) *(Tatverdächtiger)* audition de l'inculpé, audition-interrogatoire, interrogatoire *m*, (2) *(Zeugen)* déposition *f*, audition-témoignage.

verhören interroger, faire subir un interrogatoire, entendre qqn.

Verhör|richter *f* (S) juge d'instruction; **-sperson** *f* personne interrogée *ou* entendue.

Verhütung *f* prévention *f*; **– von Betriebsunfällen** prévention des accidents du travail; **– der Falschmünzerei** prévention du faux monnayage; **– von Straftaten** prévention criminelle; **– von Straßenverkehrsunfällen** prévention routière; **–smaßnahmen** *fpl* mesures *fpl* préventives; **–smittel** *pl* contraceptifs *mpl*.

verjährbar *adj* prescriptible; **nicht –** imprescriptible.

Verjährbarkeit *f* prescriptibilité *f*.

verjähren éteindre, se prescrire, périmer, tomber en péremption.

verjährt *adj* périmé, prescrit, frappé de prescription.

Verjährung *f* prescription extinctive *ou* libératoire; péremption; **anspruchsvernichtende –** prescription extinctive; **dreißigjährige –** prescription ordinaire *ou* trentenaire; **einjährige –** prescription annale; **schuldbefreiende –** prescription libératoire; **vollendete –** prescription acquise; **zehnjährige –** prescription décennale; **zweijährige –** prescription biennale; **die – hemmen** suspendre la prescription; **die – unterbrechen** interrompre la prescription.

Verjährungs|ablauf *m* expiration de la prescription, accomplissement du jour du terme, **–beginn** *m* commencement de la prescription, le délai court à partir de; **–einrede** *f* opposition se fondant sur la prescription; **–eintritt** *m* jour ou la prescription est acquise; **–frist** *f* délai de prescription; délai de péremption; **verkürzte –frist** prescription abrégée; **–hemmung** *f* suspension de la prescription; **–unterbrechung** *f* interruption de la prescription.

Verkauf *m* (1) vente *f*, débit *m*, cession *f*, écoulement *m*, (2) service *m* des ventes; **bedingter –** vente conditionnelle; **betrügerischer –** vente abusive *ou* frauduleuse; **fingierter –** vente simulée; **freihändiger –** vente de gré à gré; **freiwilliger –** vente volontaire; **garantierter –** vente garantie; **gemeinsamer –** vente en commun; **gerichtlicher –** vente par autorité de justice, vente judiciaire *ou* en justice; **unzulässiger –** vente irrégulière; **– auf Abladung** vente sur embarquement; **zum – anbieten** soumettre une offre, mettre en vente; **– unter aufschiebender Bedingung** vente conditionnelle; **zum – ausstellen** exposer en vente; **zum – ausgestellte Ware** marchandise exposée en vente; **– gegen bar** vente au comptant (compté); **– gegen Bestangebot** vente par soumission au rabais; **zum – bringen** mettre en vente; **– mit** *od.* **unter Eigentumsvorbehalt** vente avec réserve de propriété; location-vente *f*; **–fob** vente FOB, vente franco à bord; **– aus freier Hand** vente à l'amiable, vente amiable, vente de gré à gré; **– einer fremden Sache** vente de la chose d'autrui; **– gegen bar** vente au comptant; **– auf Grund gerichtlicher Anordnung** vente par autorité de justice; **– unter der Hand** vente clandestine, vente à la sauvette; **– zu herabgesetzten Preisen** vente au rabais *ou* à prix réduit; **– gegen Kasse** vente au comptant; **– auf Kredit** vente à crédit *ou* à tempérament; **– mit Lieferfrist** vente à livrer; **– zum Mitnehmen** vente à emporter; **– auf Probe** vente à l'essai; **– nach Probe** (od. **– nach Muster)** vente sur échantillon; **– zur Probe** vente ferme à titre d'essai; **– mit Rückkaufsrecht** vente à réméré; **– nach Schätzung** vente sur estimation; **– zu Schleuderpreisen** vente à prix écrasé; **– über die Straße** vente à emporter; **– unter Vorbehalt** vente à condition; **– von schwimmender Ware** vente maritime; **zum – stellen** mettre en vente; **– unter Vorbehalt des Wiederkaufs** vente à réméré; **– zu wohltätigen Zwecken** vente de bienfaisance *ou* de charité; **– unter Zahlungsaufschub** vente avec paiement différé; **– auf Ziel** vente à crédit; **– durch Zusendung** vente par envoi forcé.

verkaufen vendre, débiter, écouler, céder; **blanko –** vendre à découvert; **einzeln –** détailler, vendre au détail; **ungedeckt –** vendre à découvert; **gegen bar** – *od.* **gegen Kasse** – vendre au comptant compté; **mit Verlust** *od.* **unter Wert** – vendre à perte, solder.

Verkäufer *m* (1) vendeur *m*, commercial *m*, (2) *(im Laden)* employé *m* de magasin; **–ausweis** *m* carte de vendeur; **–markt** *m* marché *m* des vendeurs.

verkäuflich *adj* (1) à vendre, vendable, négociable, (2) vénal.

Verkäuflichkeit *f* négociabilité *f*.

Verkaufs|abgabe *f* taxe à la vente; **–abrechnung** *f* facture *f* de vente; **–absichten** *pl* intentions de vente; **–abteilung** *f* service *m* des ventes; **–agent** *m (HR)* agent *m* de vente; **–agentur** *f* agence *f* de vente; **–anbot** *n* (Aut), **–angebot** *n* offre *f* (de vente); **–auftrag** *m* ordre *m* de vente, commission de vente; **–auslage** *f* vitrine *f*, devanture *f*, étalage *m*; **–aussichten** *pl* perspectives de vente; **–ausstellung** *f* vente-exposition; **–automat** *m* distributeur automatique; **–bedingungen** *pl* conditions de vente; **–bestätigung** *f* (1) confirmation d'achat, (2) confirmation de vente; **–bordereau** *n* (S) bordereau de vente; **–büro** *n* bureau de vente; **–erlös** *m* produit de la vente; **–fahrer** *m* livreur *m*; **–fahrt** *f* excursion avec vente forcée; **–fläche** *f* surface *f* de vente; **–förderer** promoteur *m* des ventes; **–förderung** *f* promotion *f* des ventes; **–gebiet** *n* secteur *m ou* territoire *m* de vente; champ d'activité d'un vendeur; **–gemeinschaft** *f* groupement de vente; **–genossenschaft** *f* coopérative de vente; **–geschäft** *n* opération de vente, vente; **–gesellschaft** *f* soiété de vente, comptoir de vente; **–gespräch** *n* entretien promotionnel; **–kartell** *n* cartel de vente; **–kommission** *f* ordre de vente, commission de vente; **–kontingent** *n* contingent de vente; **–konto** *n* compte de vente; **–kurs** *m* cours de vente *ou* vendeur; **–leiter** *m* chef de vente; **–limit** *n* prix-limite de vente; **–liste** *f* bordereau de vente; **–lizenz** *f* licence de vente; – **monopol** *n* monopole de vente; **–netz** *n* réseau *m* de ventes; **gemeinschaftliche –organisation** *f* organisation de vente en commun; **–politik** *f* politique de vente; **–praktiken** *pl* techniques *fpl ou* pratiques de vente; **–preis** *m* prix de vente; **–prospekt** *n* prospectus *m*, dépliant *m*, imprimé publicitaire; **–provision** *f* commission sur la vente; **–raum** *m* salle *f* des ventes; **–rechnung** *f* facture *f* de vente; **–recht** *n* concession de vente (exclusive); **–schlager** *m* (grand) succès *m* de vente; **–stand** *m* stand *m*; **–stelle** *f* bureau *ou* comptoir de vente, point de vente, magasin *m*; **–syndikat** *n* syndicat de vente; **–tafel** *f* barème de vente; **–urkunde** *f* acte *m* de vente; **–veranstaltung** *f* vente à la chine (pratiquée par des commerçants non sédentaires); action promotionnelle de vente; **–verbot** *n* interdiction de vendre; **–vereinbarung** *f* convention de vente; **–versprechen** *n* promesse de vente; **–vertrag** *m* (S) contrat de vente; **–vertreter** *m* distributeur *m*; **–vollmacht** *f* procuration pour la vente; **–vorvertrag** *m* compromis de vente; **–weigerung** *f* refus *m* de vente; **–werbung** promotion des ventes; **–wert** *m* valeur vénale, valeur à la vente; valeur de réalisation; **–zentrum** *n* centre commercial, grande surface; **–zone** *f* zone de vente; **–zusage** *f* promesse *f* de vente; **–zwang** *m* obligation de vendre.

Verkehr *m* (1) *(Straße)* trafic *m*, circulation *f*, (2) *(Handel)* commerce *m*, (3) *(Geld)* circulation *f*, (4) *(Verbindung)* communication *f*, (5) *(gesellschaftlich u. geschlechtlich)* relations *fpl;* **außer** – hors commerce; **ehebrecherischer** – commerce *m* adultérin, relations *fpl* adultérines; **freier** – (1) libre trafic, libre circulation, (2) *(SeeHR)* libre pratique *f*; **gewerblicher** – transport *m* professionnel; **grenzüberschreitender** – trafic international; **innergemeinschaftlicher** – échanges *mpl* intracommunautaires; **innerstädtischer** – trafic *m* urbain; **internationaler** – trafic international; **variabler** – *(HR)* marché fonctionnant selon le principe des cours variables; **in – bringen** mettre en circulation; **außer – setzen** mettre hors commerce; **zum freien – zugelassen werden** *(SeeHR)* recevoir la libre pratique.

verkehren (1) *(StVR)* circuler, marcher, (2) *(Personen)* avoir commerce avec, (3) inverser, retourner, invertir, changer.

Verkehrs|abgabe *f* taxe *f* de circulation; **–abkommen** *n* accord sur les communications; **–ampel** *f* feux *mpl;* **–amt** *n* syndicat *m* d'initiative; **–anschauung** *f* usage *m* courant, pratiques *fpl;* **–anwalt** *m* avocat établi au domicile du mandant (et assurant la correspondance avec celui établi au siège du tribunal et chargé de défendre les intérêts du représenté); **–auffassung** *f (HR)* pratique *f* commerciale, coutumes *fpl* commerciales, usages *mpl;* **–ausschuß** *m* commission *f* des transports; **–beeinträchtigung, –behinderung** gêne *f* pour la circulation, entrave *f* à la libre circulation; **–behörde** *f* administration de voirie; **–beruhigter Bereich** ‹Zone 30›, périmètre des ‹zones 30›; **–bescheinigung** *f* certificat de transport; **–beschränkung** *f* limitation *ou* restriction de la circulation; **–betrieb** *m* entreprise *f* de transport *ou* de transports en commun; **–bewilligung** *f* (S) autorisation de circuler; **–blockade** *f* barrage *m* routier; **–delikt** *n* infraction au code de la route; **–dichte** *f* densité *ou* intensité du trafic; **–einheit** *f* unité de trafic; **–einrichtungen** *pl* installations servant à la circulation routière (feux, barrières, panneaux etc.); **–einschränkung** *f* (Aut) limitation du trafic; **–erleichterungen** *pl* facilités *fpl* de circulation; **–erziehung** *f* apprentissage *m* des règles de la circulation routière (aux enfants, dans les écoles).

verkehrsfähig *adj* qui est dans le commerce, négociable.

Verkehrs|fähigkeit *f (ZR)* le fait d'être dans le commerce; **–fläche** *f* périmètre *m* réservé à la voirie; **–fluß** *m* fluidité *f* de la circulaton; **–frei** *adj* interdit à la circulation routière; **–freiheit** *f* liberté du trafic; **–gebiet** *n* zone de transport; **–gefährdung** *f* mise *f* en danger, le fait de compromettre la sécurité des usagers de la route; **–geltung** *(Wz)* marque nominale constituant une dénomination nécessaire et vulgaire (d'un produit).

Verkehrsgepflogenheiten *pl*: **redliche und ständige –** habitudes loyales et constantes du commerce.

Verkehrs|haftpflicht *f*, **–haftung** *f* responsabilité civile; **–hindernis** *n* entrave *f* à la circulation; **–hypothek** *f* hypothèque *f* conventionnelle (de droit allemand); **–karte** *f* permis de circulation; **–kontrolle** *f* contrôle *m* routier; **–lärm** *m* pollution sonore; **–leistung** *f* prestation *f* de transport; **–meldung** *f* bulletin *m* de la circulation; **–ministerium** *n* ministère des transports; **–mittel** *n* moyen *m* de transport; **–monopol** *n* monopole des transports; **–netz** *n* réseau de communications; **–opfer** *n* victime *f* d'un accident de la route; **–ordnung** *f* code de la route; **–ordnungswidrigkeit** *f* contravention au code de la route; **–planung** planification des réseaux de transport; **–politik** *f* politique des transports; **–polizei** *f* police *f* de la circulation; **–polizist** *m* agent *m* de la circulation.

verkehrspolizeilich *adj* relatif à la police de la circulation.

Verkehrs|recht *n* (1) droit de la circulation (routière, ferroviaire, aérienne, navale), (2) *(FamR)* droit d'entretenir des relations personnelles (avec l'enfant); **–regel** *f* règle de circulation routière; **–schild** *n* panneau de signalisation; **–sicherheit** *f* sécurité *f* de la circulation; **–sitte** *f (HR)* coutume commerciale, usage *m*; **–sprache** *f* langue véhiculaire;

–stau *m* embouteillage *m*, bouchon *m*; **–steuer** *f* impôt *m* (indirect) sur la circulation (et la consommation); **–straftat** *f* infraction au code de la route; **–streife** *f* voiture de police de surveillance de la circulation routière; **–streik** *m* grève des transports; **–sünder** *m* contrevenant *m* au code de la route.

Verkehrssünderkartei *f* (= Verkehrszentralregister) fichier *m* central des contraventions de la circulation routière.

Verkehrs|tarif *m* tarif de transport; **–teilnehmer** *m* usager *m* (des voies ouvertes à la circulation publique); **–träger** *m* transporteur *m*; **–übung** *f* coutume *f* commerciale; **–unfall** accident de la route *ou* de la circulation; **–unfallflucht** *f* délit de fuite; **–unfallschaden** *m* dommage *m* résultant de l'accident; **–unterbrechung** *f* interruption de trafic; **–unternehmen** *n* entreprise *f* de transports; **–verbindung** *f* communication, réseau *m* (des lignes), ligne *f*; **–verbot** *n* interdiction de circulation; **–verbund** *m* réseau régional et métropolitain associés; **–verein** *m* syndicat d'initiative; **–verlagerung** *f* détournement de trafic; **–verstoß** *m* infraction au code de la route; **–vorschrift** *f* règle de circulation routière; **–wacht** *f* prévention routière; **–weg** *m* voie ouverte à la circulation (publique); **–wert** *(HR)* valeur vénale *ou* commerciale, valeur du jour; **–wesen** *n* transports *mpl*, trafic *m*, service *m* des voies et communications; **–wirtschaft** *(Vwirt)* économie de marché, économie régie par le principe de la libre circulation des biens et des services; **–zählung** *f* comptage des véhicules routiers; **–zeichen** *n* panneau *m* de circulation *ou* de signalisation (routière); **–zentralregister** *n* fichier *m* central des contraventions de circulation; **–zentrum** *n* nœud de communication, centre *m* de convergence du réseau; **–zulassung** *f* conditions imposées à la réception (d'un véhicule); **–zunahme** augmentation *f* de trafic.

verkehrt *adj* faux, erroné.

verkennen méconnaître.

Verkennung *f* méconnaissance *f*; **offensichtliche –** méconnaissance patente *ou* flagrante.

verklagen attaquer en justice (au civil), poursuivre, assigner (devant un tribunal); **auf Schadensersatz –** demander *ou* réclamer des dommages-intérêts.

Verklappung *f (UmweltR)* dégazage *m* (en mer).

verklaren *(SeeHR)* dresser un procès-verbal des avaries.

Verklarung *f (SeeHR)* rapport *m* de mer (avec le procès-verbal de l'avarie).

verklausulieren (1) formuler (un acte), (2) *pej* rédiger de façon incompréhensible et compliquée.

verknappen raréfier, diminuer.

Verknappung *f* raréfaction *f*, diminution *f*, appauvrissement *m*.

Verkoppelung *f* jonction *f*.

Verköstigung *f* le fait de servir des repas.

verkünden (1) *(bekanntgeben)* annoncer, publier, proclamer, (2) *(Gesetze)* promulguer, (3) *(Urteile)* prononcer (un jugement).

Verkündung *f* (1) annonce *f*, publication *f*, proclamation *f*, (2) *(Gesetz)* promulgation *f* (d'une loi), (3) *(Urteil)* prononcé *m ou* prononciation *f* (d'un jugement).

Verkündigungs|blatt *n* (Aut) bulletin *m* d'annonces; **–datum** *n*, **–termin** *m (ZPR)* date *f* du prononcé du jugement *ou* de l'arrêt.

verkürzen (1) raccourcir, abréger, écourter, réduire, diminuer, (2) *(Rechte schmälern)* léser.

Verkürzung *f* (1) diminution *f*, (2) lésion; **– über die Hälfte** (Aut) lésion de plus de la moitié.

Verlade|bahnhof *m* gare *f* de chargement; **–hafen** *m* port d'embarquement.

verladen charger, embarquer.

Verladung *f* chargement *m*, embarquement *m*.

Verladungs|anzeige *f* avis *m* d'expédition *ou* d'embarquement; **–dokument** *n* titre d'embarquement *ou* d'expédition; **–konnossement** *n* connaissement *m* embarqué; **–kosten** *pl* frais *mpl* de chargement; **–note** *f* bordereau de chargement; **–schein** *m* reçu *m* provisoire (d'embarquement).

Verlag *m* maison d'édition.

verlagern transférer, déplacer.

Verlagerung der Kaufkraft transfert de pouvoir d'achat.

Verlaggeber *m* représentant *m* de l'auteur dans le contrat d'édition.

Verlags|anstalt *f* maison *f* d'édition; **–buchhandel** *m* librairie *f* d'édition, commerce *m* de libraire-éditeur, édition; **–erzeugnisse** *pl* publications, ouvrages *mpl;* **–geschäft** *n* opération d'édition; **–haus** *n* maison *f* d'édition; **–recht** *n* (1) régime *m* juridique du contrat d'édition, (2) droit d'exploitation exclusif de l'auteur d'une œuvre de l'esprit; **–vertrag** *m* contrat *m* d'édition; **–vertreter** *m* courtier en librairie; **–wesen** *n* les Éditeurs.

verlangen *(= fordern)* exiger, revendiquer, demander, réclamer.

Verlangen *n* (1) *(Forderung)* demande *f*, revendication *f*, exigence *f*, (2) *(Wunsch)* désir *m*, souhait *m*; **Tötung auf –** meurtre *m* par pitié.

verlängerbar *adj* prolongeable.

verlängern (1) *(Frist)* prolonger, proroger, (2) *(Vertrag)* reconduire.

Verlängerung *f* (1) prolongation *f*, prorogation, (2) reconduction, renouvellement *m*; **ausdrückliche –** reconduction expresse; **stillschweigende –** renouvellement par tacite reconduction; **– der Aufenthaltserlaubnis** renouvellement *m* du permis de séjour; **– einer Frist** prolongation d'un délai; **– der Geltungsdauer** prorogation de la validité.

Verlängerungsabkommen *n* accord *m* de renouvellement.

verlängerungsfähig *adj* prolongeable.

Verlängerungs|gebühr *f* taxe *f* de prolongation; **–klausel** *f* clause de reconduction; **–protokoll** *n* protocole *m* de prorogation.

Verlangsamung *f*: **saisonbedingte –** ralentissement *m* saisonnier.

Verlaß *m*: **auf jnd. ist kein –** on ne peut pas compter sur qqn.

verlassen abandonner, quitter.

Verlassen *n* abandon; **– der ehelichen Wohnung** abandon *m* du domicile conjugal; **– eines Fahrzeuges** abandon d'un véhicule; **böswilliges – der Familie** abandon de foyer *ou* de famille; **böswilliges – des ehelichen Haushaltes** (Aut) abandon du domicile conjugal; **– der Heimat** expatriation *f*, expatriement *m*; **– in hilfloser Lage** exposition *ou* délaissement d'une personne incapable *ou* hors d'état de se protéger elle-même (à raison de son état physique ou mental).

Verlassenschaft *f* (Aut) succession *f*, héritage *m*, masse *f* successorale; **erblose –** (Aut), **ruhende –** (Aut) succession vacante.

Verlassenschafts|abhandlung *f* (Aut) procédure de règlement de la succession; **–absonderung** *f* (Aut) séparation des patrimoines; **–gläubiger** *m* (Aut) créancier de la succession; **–kuratel** *f* (Aut) curatelle de la succession.

verläßlich *adj* qui mérite une entière confiance, digne de confiance.

Verläßlichkeit *f* (1) (personne) méritant toute confiance, (2) *(Maschinen)* fiabilité *f*.

Verlauf *m* (1) *(Fortgang)* cours *m*, marche *f*, (2) *(Wendung)* tournure *f*, suite *f*, évolution *f*, (3) *(gedachter V.)* scénario *m*; **– eines Prozesses** déroulement d'un procès.

verlautbaren (1) *(veröffentlichen)* publier, (2) *(bekanntmachen)* communiquer.

Verlautbarung *f* (1) publication *f*, (2) communication.

verlauten (1) *(bekanntgeben)* communiquer, dire, révéler, (2) *(bekanntwerden)* s'ébruiter, transpirer; **es verlautet, daß** on dit, le bruit court que . . .; **etwas – lassen** dire *ou* faire connaître quelque chose.

verlegbar *adj* transférable.

verlegen (1) *(Geschäftssitz)* déplacer, transférer, (2) *(Termin)* ajourner, différer, reporter à une date ultérieure, remettre à une autre date, (3) *(Buch)* publier, éditer.

Verlegenheitslösung *f* solution de facilité.

Verleger *m* éditeur *m* (responsable), maison d'édition; directeur de la publication.

Verlegung *f* (1) *(des Sitzes)* déplacement *m*, transfert *m*, remise *f*, (2) *(von Terminen)* report *m*, remise *f* (à une date ultérieure).

Verleih *m* (1) prêt *m*, (2) entreprise de location *ou* de louage.

verleihen (1) *(Subvention)* octroyer, (2) *(Recht)* accorder, concéder, (3) *(unentgeltlich)* prêter, (4) *(gegen Entgelt)* louer, (5) *(Amt, Titel)* conférer, (6) *(Auszeichnung)* décerner.

Verleiher *m* prêteur *m*, commodant *m*; **– der Konzession** concédant *m*.

Verleihung *f* (1) *(VwR)* octroi *m*, concession *f*, (2) *(ZR)* prêt *m*, location *f*, (3) *(Auszeichnung)* remise *f* *ou* attribution *f* (d'une décoration); **Zurücknahme der –** *(VwR)* retrait de la concession.

Verleihungs|behörde *f* administration *f* concédante, pouvoir concédant *m* (B); **–gesuch** *n* (Aut) demande de concession; **–unternehmen** *n* entreprise *f* de prêt de main-d'œuvre, entreprise de travail intérimaire; **–urkunde** *f* décret de concession, acte *m* de concession.

Verleiten *n*, **Verleitung** *f* (1) *(zu Straftaten)* incitation *f* (à une infraction), (2) *(eines Minderjährigen)* excitation *f* (à la débauche), détournement (de mineur); **– zur Falschaussage, – zur falschen Zeugenaussage, – zu falschem Zeugnis** (Aut) incitation *f* au faux témoignage; **– zum Meineid** incitation au faux serment.

Verlesung *f* lecture *f*, récolement *m*.

Velesungsprotokoll *n* procès-verbal *m* de récolement, récolement *m*.

verletzen (1) *(verwunden)* blesser, (2) *(Recht)* léser, (3) *(Vorschrift)* enfreindre, transgresser, violer (la loi), (4) *(Patent)* contrefaire (un brevet).

Verletzer *m* (1) *(Vorschrift)* contrevenant *m*, (2) *(Patent)* contrefacteur.

Verletztenrente *f* *(VersR)* rente *f* compensatrice (pour incapacité permanente).

Verletzte(r) *m* (1) *(StR)* personne blessée (par coups, violences *ou* voies de fait), (2) *(ZR: Geschädigter)* personne lésée, victime *f*.

Verletzung *f* (1) *(Körper)* blessure *f*, lésion corporelle, (2) *(Recht)* violation *f*, infraction *f*, (3) *(Pflicht)* manquement *m*, faute *f*, (4) *(Patent)* contrefaçon *f*; **– des Amtsgeheimnisses, – der Amtsverschwiegenheit, – der beruflichen Schweigepflicht, – der beruflichen Verschwiegenheitspflicht** violation du secret professionnel, le fait de révéler un secret professionnel, le fait de ne pas respecter une obligation de discrétion professionnelle; **– der Berufspflicht** violation du devoir professionnel; **– des Briefgeheimnisses** violation du secret de la correspondance; **– des Dienstgeheimnisses** violation (par un fonctionnaire public) du secret professionnel; **– der Disziplinarvorschriften** infraction *f* disciplinaire, infraction à la discipline; **– über die Hälfte** (Aut) lésion de plus de la moitié; **– des Hausrechts** violation de domicile; **– des Luftraums** violation de l'espace aérien; **– des öffentlichen Anstandes** offense *ou* outrage à la morale publique; **– der öffentlichen Sittlichkeit** (S) outrage à la morale publique; **– der Rechte** violation des droits, lésion dans les droits; **– des Schriftgeheimnisses** (S) violation de secrets privés; **– der Unterhaltspflicht, – der Unterhaltsverpflichtung** *(FamR)* abandon de famille, le fait de se soustraire à ses obligations d'ordre matériel résultant de l'autorité parentale; **– einer Verpflichtung** non-respect *m* d'une obligation; **– der Verschwiegenheits-**

pflicht révélation *f* de secret, violation de l'obligation de discrétion; **– einer Vorschrift** violation *f* d'une règle de droit, infraction à un règlement; **– des Waffenstillstands** violation *f* de l'armistice; **– des Warenzeichens** contrefaçon *f* de marque; **– wesentlicher Formvorschriften** violation de formes substantielles.

Verletzungs|folgen *pl* lésions à la suite d'une blessure; **–form** *f* manifestation lésionnelle; **–handlung** *f* violence *f* provoquant une blessure.

verleumden diffamer, calomnier.

Verleumder *m* diffamateur *m*, calomniateur *m*.

verleumderisch *adj* diffamatoire.

Verleumdung *f (StR)* calomnie *f*, imputation mensongère en vue d'attaquer la réputation de qn, fait *m* diffamatoire; **– der Bundeswehr** entreprise *f* de dénigrement de l'armée allemande.

verlieren perdre.

Verlierer *m (auch Prozeß)* perdant *m*.

Verlöbnis *n* fiançailles *fpl*, promesse de mariage et la situation juridique qui en résulte; **–bruch** *m* rupture *f* de fiançailles.

Verlobte *m ou f* fiancé *m*, fiancée *f*.

Verlobung *f* fiançailles *fpl*, échange de promesses de mariage.

Verlobungsgeschenk *n* cadeau *m* de fiançailles.

verlorener Zuschuß aide *f* à fonds perdu.

verlorengehen s'égarer, se perdre.

verlosbar *adj* remboursable par tirage au sort, amortissable.

verlosen tirer au sort.

Verlosung tirage *m* au sort.

Verlust *m* (1) *(Verlorengehen)* perte *f*, (2) *(Geld)* déficit *m*, (3) *(Schaden)* dommage *m*, préjudice *m*, (4) *(Recht)* déchéance *f*; **bei –** à peine de déchéance; **bei sonstigem –** (Aut) à peine de déchéance; **indirekter –** perte indirecte; **möglicher –** perte éventuelle; **mit – abschließen** clôturer à perte; **mit – arbeiten** travailler à perte; **für einen – aufkommen** prendre en charge un dommage, prendre une perte à sa charge; **– der bürgerlichen Ehrenrechte** déchéance des droits civiques; **einen – erleiden** subir une perte; **– der Geschäftsfähigkeit** *f* déchéance *f* de la capacité d'exercice *ou* de contracter; **– des Pensionsanspruchs** déchéance du droit à pension; **– eines Rechtes** perte du droit; **– von Schiff u. Ladung** navire *m* perdu corps et biens; **– der Staatsangehörigkeit** perte de la nationalité, dénaturalisation *f*; **– des Versicherungsschutzes** déchéance *f* de la garantie; **mit – verkaufen** vendre à perte.

Verlust|abschluß *m* bilan *m* passif, bilan déficitaire; **–abschreibung** *f (SteuerR)* report *m* déficitaire; **–abzug** *m* déduction des pertes; **–anmeldung** *f*, **–anzeige** *f* déclaration *ou* avis de perte; **–ausgleich** *m* compensation des pertes; **–beteiligung** *f* participation aux pertes; **–betrieb** *m* entreprise travaillant à perte, entreprise déficitaire, exploitation déficitaire; **–bilanz** *f* bilan passif *ou* déficitaire; **–deckung** *f* couverture des pertes; **–erklärung** *f* déclaration des pertes; **–geschäft** *n* (1) opération à perte, (2) affaire *f* déficitaire.

verlustig *adj* déchu (de son droit); **für – erklären, – werden** déchoir, être dépossédé *ou* privé de.

Verlustigerklärung *f* (S) déclaration de déchéance; **– der Staatsbürgerschaft** (Aut) déclaration de déchéance de la nationalité, dénaturalisation.

Verlust|jahr *n* année *f ou* exercice *m* déficitaire; **–lage** *f* situation *f* déficitaire; **–liste** *f* état *m* des pertes.

Verlustpreis *m* prix *m* sacrifié; **zum – verkaufen** vendre à perte.

verlustreich *adj* représentant une perte sèche, constituant une perte considérable.

Verlust|rechnung *n* bilan *m ou* calcul *m* des pertes; **–risiko** *n* risque *m* de perte; **–rückstellung** *f* réserve pour pertes, réserve *f* pour risques *ou* de garantie, fonds de réserve pour pertes; **–saldo** *m* solde *m* déficitaire; **–schein** *m* (S) acte de défaut de biens; **–tragung** *f od.* **–übernahme** *f* prise *f* en charge des pertes; **–verkauf** *m* vente à perte; **–verteilung** *f* répartition *f* des pertes; **–vortrag** *m* report *m* des pertes à nouveau *ou* sur l'exercice suivant.

vermachen léguer.

Vermächtnis *n (ErbR)* legs *m* particulier *ou* à titre particulier, disposition à titre gratuit par testament (portant sur un bien *ou* droit particulier), libéralité *f* testamentaire; – **mit** *od.* **unter einer Auflage** legs avec charge; **ein – aussetzen** léguer, disposer par testament; **–anordnung** *f* disposition testamentaire (ayant un legs particulier pour objet); **–kürzung** *f* révocation d'une partie du legs; **–nehmer** *m* légataire *m*.

Vermählung *f* mariage *m*.

vermarken borner, aborner.

vermarkten commercialiser, introduire dans le circuit commercial.

Vermarktung *f* commercialisation *f*.

Vermarktungs|kosten *pl* frais de commercialisation, coûts de la distribution; **–periode** *f* campagne de commercialisation; **–weg** *m* circuit *m* de commercialisation.

Vermarkung *f* bornage *m*, abornement *m*.

Vermarkungsregister *n* registre *m* d'abornement.

Vermehrung *f* augmentation *f*; **– des Geldumlaufes** accroissement *m* de la circulation monétaire.

vermeidbar *adj* évitable.

Vermeidbarkeit *f* (1) *(Unfall)* possibilité d'éviter un accident, (2) *(StR: Verbotsirrtum)* présomption *f* de mauvaise foi.

Vermeidung *f*: **bei – des Ausschlusses, bei – des Verlustes** à peine de déchéance.

vermengen mélanger, réunir.

Vermengung *f* mélange *m*, réunion, **– von Sachen** *(ZR)* acquisition d'un bien par réunion *ou* confusion.

Vermerk *m* remarque *m*, note *f*, mention *f*; **– „nicht an Order"** clause „non à ordre"; **– „ohne Kosten"** clause „sans frais"; **– „von hier ab gelten Indossamente nur noch auf der Abschrift"** clause „à partir d'ici, l'endossement ne vaut que sur la copie"; **– im Strafregister** inscription *ou* mention au casier judiciaire.

vermessen mesurer, arpenter.

Vermesser *m* arpenteur-géomètre *m*.

Vermessung *f* arpentage *m*.

Vermessungs|amt *n* Service du cadastre; **–arbeiten** *pl* travaux *mpl* d'arpentage, exécution des travaux cadastraux; **–beamte(r)** *m* contrôleur du cadastre; **–behörde** *f* Service du cadastre; **–bescheinigung** *f* certificat de mesurage; **–ingenieur** arpenteur-géomètre diplômé; **–kosten** *pl* frais d'arpentage; **–marke** *f* signe d'abornement; **–protokoll** *n* procès-verbal *m* d'arpentage; **–urkunde** *f* document *ou* plan cadastral; **–wesen** *n* cadastre *m*.

vermieten louer, donner à bail, donner en location.

Vermieter *m* bailleur *m*, loueur *m*, logeur *m*, propriétaire (d'un immeuble locatif); **–pfandrecht** *n* droit de gage *ou* privilège du bailleur.

Vermietung *f* location *f*, louage *m* de choses; bail *m* à loyer.

vermindern amoindrir, diminuer, réduire, *(einschränken)* restreindre.

verminderte Schuldfähigkeit *(StR)* responsabilité pénale restreinte, présomption d'irresponsabilité pénale simple.

Verminderung *f* diminution *f*, réduction *f*, amoindrissement *m*, restriction *f*; **– des Geldumlaufes** diminution du volume monétaire.

vermischen mélanger, réunir.

Vermischung *f* mélange *m*, réunion *f*; **– von Sachen** *(ZR)* acquisition d'un bien par réunion *ou* confusion, confusion de biens.

vermißt werden être porté disparu *ou* manquant, avoir disparu.

Vermißtenanzeige *f* avis *m* de disparition.

Vermißte(r) *m* disparu *m*.

vermitteln (1) *(Geschäfte)* servir d'intermédiaire, s'entremettre, (2) *(Streit)* servir de médiateur, concilier, négocier.

Vermittler *m* (1) *(HR)* intermédiaire *m*, (2) *(ArbR)* médiateur *m*; **zugelassener –** intermédiaire agréé; **–provision** *f* courtage *m*.

Vermittlung *f* entremise *f*, médiation *f*; **durch – von** par l'intermédiaire *ou* par l'entremise de, grâce aux bons offices de; **– von Arbeitskräften** placement *m* de la main d'œuvre; **– eines Interessenten** mise en relation avec un client *ou* acheteur éventuel.

Vermittlungs|agent *m (HR)* agent *m* négociateur, intermédiaire *m*; **–amt** *n (UPU)* bureau d'échange; **–angebot** *n* offre *f* de médiation; **–ausschuß** *m (VerfR)* commission mixte paritaire; commission de conciliation; **–büro** *n* (1) cabinet d'affaires, (2) bureau de placement; **–gebühr** *f* (1) *(HR)* commission *f*, courtage *m*; **–kommission** *f* (1) *(VerfR)* commission paritaire, (2) *(ArbR)* commission de médiation; **–organ** *n* organisme de conciliation; **–provision** *f* commission *f* (d'apport), rémunération (du commissionnaire); **–stelle** *f (ArbR)* office *m* de placement, bureau de placement, office de placement de la main-d'œuvre; **–verfahren** *n* (procédure de) médiation; **–versuch** *m* tentative *f* de médiation; **–vorschlag** *m* proposition *f* d'arrangement.

vermögen pouvoir, avoir la facuté de, être en état *ou* en mesure de.

Vermögen *n* (1) *(Fähigkeit)* pouvoir *m*, faculté *f*, (2) *(Gesamtheit der Aktiva)* patrimoine *m* (sans les dettes et obligations), somme *f* des droits (d'une personne), fortune *f*, biens *m pl;* **bewegliches –** bien mobilier, bien meuble; capital *m* mobilier, fortune *f ou* richesse *f* mobilière; **erworbenes –** biens *mpl* acquis, acquêt *m*; **gegenwärtiges –** biens *mpl* présents; **gemeinsames –** biens communs, communauté *f*; **künftiges –** bien à venir *ou* futur; **persönliches –** *(EheR)* propres *mpl;* **sequestriertes –** biens sous séquestre, biens séquestrés; **steuerbares –** (Aut) fortune *f* imposable; **steuerpflichtiges –** fortune imposable, biens imposables; **unbewegliches –** fortune immobilière, avoirs *mpl* immobiliers; **zweckgebundenes –** patrimoine *m* d'affectation, biens réservés; **sein – flüssig machen** réaliser ses biens *ou* sa fortune; mobiliser ses créances; **ein – verwalten** gérer un patrimoine.

vermögend *adj* riche, aisé, fortuné.

Vermögens- und Erwerbssteuer *f* impôt sur la fortune, impôt sur la fortune et le produit du travail (S).

Vermögens|abgabe *f* impôt sur les grandes fortunes; **–absonderung** *f* séparation des biens *ou* patrimoines.

Vermögensabtretung *f* abandon *m* d'actif; **gerichtliche –** cession judiciaire.

Vermögens|angabe *f* déclaration des biens, déclaration *f* de fortune; **–anlage** *f* investissement *m*; **–aufgabe** *f* abandon d'actif, abandon de biens; **–aufstellung** *f* inventaire de la fortune; **–auseinandersetzung** *f* *(FamR)* liquidation et partage des intérêts patrimoniaux; **–auskunft** *f* informations sur la situation économique *ou* financière d'une personne *ou* d'une société; **–beirat** *m* conseil de gestion d'un patrimoine; **–berater** *m* conseiller *m ou* expert *m* immobilier; **–beschlagnahme** *f (StR)* confiscation des biens; **–bestandteil** *m* bien *m* faisant partie du patrimoine; **–besteuerung** *f* imposition *f* de la fortune; **–beteiligung** *f* participation au capital; **–bildung** *f* constitution d'un capital; **–bildung** *f* **der Arbeitnehmer** accession des salariés à la propriété, formation *f* de patrimoine par le salarié; **–bildungsgesetz** *n* Loi tendant à promouvoir la formation de patrimoine entre les mains des salariés; **–blockierung** *f* (Aut) blocage des biens; **–delikt** *n (StR)* (crimes et) délits contre les biens, appropriation frauduleuse; **–einbuße** *f* perte *f* pécuniaire, revers de fortune, atteinte portée au patrimoine; **–einlage** *f* mise de fonds; **–einziehung** *f* confiscation des biens; **–entwertung** *f* (S) dépréciation de la fortune; **–entziehung** *f* spoliation *f* des biens; **–erklärung** *f* déclaration des biens et des revenus; **–ertrag** *m* revenu *m* du capital, rendement *m* de la fortune; **–erwerb** *m* acquisition (de la propriété); accès à la propriété; **feststellbare –gegenstände** *pl* biens identifiables; **–gesetz** *n* Loi sur la restitution et le dédommagement des patrimoines expropriés par l'ex-RDA; **–haftpflichtversicherung** *f* assurance responsabilité pour les biens faisant partie d'un patrimoine; **–haftung** *f* responsabilité *f* (indéfinie) sur tous les biens; **–lage** *f* situation *f* pécuniaire *ou* de fortune, état de la fortune; **–losigkeit** *f* absence *f* d'actif, perte de l'actif; **–masse** *f* masse *f* de biens; **–mehrung** *f* accroissement de fortune; **–nachteil** *m* préjudice *m* pécuniaire, dommage patrimonial; **–opfer** *n* perte de biens; **–pflegschaft** *f* administration (légale) du patrimoine d'une personne sous tutelle; **–recht** dispositions légales relatives au patrimoine; **–rechte** *pl* droits *mpl* patrimoniaux, actifs *mpl*, avoir *m*; **–rechtlich** *adj* relatif aux droits patrimoniaux, concernant le patrimoine; **–schaden** *m* dommage *m* patrimonial, lésion *f* aux biens (d'un individu), atteinte *f* aux intérêts pécuniaires, dommage *ou* préjudice *m* pécuniaire; **–sorge** *f* administration *f* (légale) du patrimoine (du mineur); **–sperre** *f* blocage des biens; **–stand** *m* bilan *m*, état *m* de la fortune; **–steuer** *f* impôt *m* sur la fortune; **–strafe** *f* peine *f* pécuniaire, amende *f* pénale.

Vermögens|teilung *f* partage des intérêts patrimoniaux; **–übergang** *m* transfert *m* d'un patrimoine; **–übernahme** *f* cession *f* des intérêts patrimoniaux (d'une personne physique ou morale); **–übernehmer** *m* cessionnaire (d'un patrimoine); **–übersicht** *f* état *m* récapitulatif d'un patrimoine; **–übertragung** *f* cession *ou* transfert de biens; **–übertragungsvertrag** *m* contrat de cession de biens; **–überwachung** *f* contrôle *m* des biens; **–veräußerung** cession de biens; **–verfall** *m* (1) *(ZR)* déconfiture *f*, (2) *(VwR)* confiscation des biens; **–verfügung** (eines Ehegatten) disposition relative à des biens, aliénation; **–verhältnisse** *pl* état de la fortune, situation pécuniaire *ou* matérielle, situation de fortune; **–verheimlichung** *f* dissimulation de biens; **–verlust** *m* perte *f* pécuniaire, perte de fortune; **–verschiebung** *f* (1) séparation *f* d'un bien d'une communauté, (2) *(Außh)* transfert *m* illicite de capitaux; **–verschlechterung** *f* dépérissement du patrimoine, dissipation du revenu; **–verschleierung** *f* dissimulation de biens; **–versicherung** *f* assurance patrimoniale; **–verteilung** *f* répartition des revenus *ou* fortunes; **–verwalter** *m* administrateur de biens, gérant *m* de fortune (S); **–verwaltung** *f* administration des biens, gestion des biens, gérance de fortune (S); **–verzeichnis** *n* inventaire des biens; **–vorteil** *m* avantage *m* patrimonial *ou* pécuniaire; **rechtswidriger –vorteil** avantage patrimonial illicite; **–wert** *m* valeur *f* patrimoniale; **–werte** *pl* avoirs *mpl*, biens *mpl*, éléments *mpl* de l'actif.

vermögenswirksam *adj* permettant la formation d'un patrimoine; **–e Leistung** aide (étatique) à l'accession à la propriété, prêt aidé.

Vermögenszuwachs *m* plus-value *f* patrimoniale, accroissement *ou* gain de fortune; **–abgabe** *f* (Aut), **–steuer** impôt sur l'accroissement de fortune, impôt sur les accroissements du capital.

vermummt *adj* masqué.

Vermummung *f (StR)* port *m* d'une cagoule *ou* d'un masque; **–sverbot** *n* interdiction (aux manifestants) de porter des masques et des casques, des capuchons *ou* foulards.

vermuten (1) *(annehmen)* supposer, présumer, (2) *(befürchten)* craindre, soupçonner, (3) *(ahnen)* se douter de qqch.

vermutlich (1) *adj* présumable, vraisemblable, (2) *adv* selon toute apparence, probablement.

Vermutung *f* présomption *f*, supposition *f*; soupçon *m*, crainte *f*; **gesetzliche –** présomption légale; **tatsächliche –** présomption du fait de l'homme, indice *m*; **unwiderlegbare –, unwiderlegliche –** présomption irréfragable, présomption absolue *ou* ne souffrant pas la preuve contraire; **widerlegbare –, widerlegliche –** présomption simple *ou* souffrant la preuve contraire; **eine – begründen** créer *ou* fonder une présomption; **– des Überlebens** présomption de survie; **– für den Verlust** présomption de perte; **eine – widerlegen** *od.* **entkräften** détruire une présomption.

vernachlässigen négliger, prendre peu de soin de.

Vernachlässigung *f* négligence *f*, *(Verwahrlosung)* abandon *m*; **– des Kindes** délaissement d'un enfant; **– der Sorgfalt** négligence *f*; **– der Unterstützungspflichten** (S) abandon pécuniaire.

vernehmen interroger, entendre, procéder à l'audition d'un témoin *ou* l'interrogatoire du prévenu.

Vernehmlassung *f* (S) prise *f* de position, communiqué *m*.

Vernehmung *f* (1) *(Beschuldigter, Angeklagter)* interrogatoire *m* (du prévenu), (2) *(Zeuge)* audition (du témoin); **beeidete –** (Aut), **eidliche –** audition sous serment; **öffentliche –** interrogatoire public *ou* au cours de l'audience publique; **richterliche –** interrogatoire *m* par un magistrat (du siège) *ou* par le juge; **– zur Person** interrogatoire d'identité; **– zur Sache** audition *ou* interrogatoire au fond *ou* sur le fond *ou* sur les faits.

Vernehmungs|beamte(r) *m* fonctionnaire autre qu'un juge qui interroge un prévenu *ou* auditionne un témoin au cours de la procédure préparatoire; **–ersuchen** *n* commission rogatoire pour procéder à l'interrogatoire d'un suspect *ou* d'un témoin.

vernehmungsfähig *adj* en état de déposer *ou* d'être interrogé, apte à subir un interrogatoire.

Vernehmungs|niederschrift *f*, **–protokoll** *n (StPR)* procès-verbal d'audition, procès-verbal d'interrogatoire; **–richter** *m* juge qui interroge un inculpé *ou* un témoin hors de la procédure d'audience, juge d'instruction procédant à l'interrogatoire, magistrat *m* interrogeant l'inculpé.

vernehmungsunfähig *adj* (personne) dont l'état de santé *ou* mental l'empêche d'être entendue par le juge ou la Cour.

verneinen (1) *(Frage)* dire non, (2) *(Staatsform)* refuser (un régime politique), (3) *(bestreiten, leugnen)* nier, contester, démentir.

vernichtbar *adj (Vertrag)* rescindable, annulable, résiliable.

vernichten anéantir, annihiler, détruire, exterminer.

Vernichtung *f* anéantissement *m*, extermination *f*; **– von Urkunden** destruction d'actes *ou* de pièces.

Vernichtungs|haft *f* détention conduisant à la destruction physique et psychique du détenu; **–lager** camp *m* de mort, camp de concentration.

Vernunft *f* raison *f*, discernement *m*, jugement *m*.

vernünftig *adj* (1) *(überlegt, besonnen)* raisonnable, sensé, fondé, judicieux, (2) *(einleuchtend)* clair, acceptable; **–er Preis** prix raisonnable *ou* modéré.

veröffentlichen (1) publier, rendre public, (2) *(Geheimnisse)* divulguer.

Veröffentlichung *f* (1) publication *f*, publicité *f*, (2) *(von Geheimnissen)* divulgation *f*; **amtliche –** publication officielle; **gleichzeitige –** publication simultanée; **unzüchtige –** publication pornographique; **– des Aufgebots** publication des bans.

Veröffentlichungsbefugnis *f* pouvoir de faire publier un jugement.

Veröffentlichungsblatt, amtliches – journal d'annonces légales; **– für gerichtliche Bekanntmachungen** feuille d'avis judiciaires.

Veröffentlichungs|datum *n* date *f* de la parution; **–programm** *n* programme de publication; **–recht** *(UrhR)* droit de reproduction (en vue de communiquer une œuvre au public); **–verbot** *n* interdiction de publication.

verordnen ordonner, prescrire, décréter.

Verordnung *f* (1) *(Rechtsverordnung)* règlement *m*, décret *m* d'application de la loi, (2) *(Verwaltungsverordnung)* règlement administratif; **gesetzesvertretende –** ordonnance *f* ayant force de loi; **eine – erlassen** prendre une ordonnance; **– der Europäischen Gemeinschaften** règlement des Communautés européennes; **– mit Gesetzeskraft** décret-loi, arrêté-loi *m* (B).

Verordnungs|bestimmung *f* disposition *ou* prescription *m* réglementaire; **–blatt** *n* bulletin *m* officiel; **–entwurf** *m* projet de décret; **–gewalt** *f* pouvoir *m* réglementaire; **–recht** *n* pouvoir réglementaire.

verpachten donner à bail, mettre en fermage, affermer.

Verpächter *m* bailleur *m* à ferme.

Verpachtung *f* bail *m* (à ferme), affermage *m*, mise *f* en fermage; **– eines Gewerbebetriebes** bail *m* à usage commercial, industriel *ou* artisanal.

Verpackung *f* emballage *m*, conditionnement *m*; **Mängel der –** défectuosité *f* de l'emballage, emballage *m* défectueux.

Verpackungs|bandeisen feuillard *m* (d'emballage); **–gebühr** *f*, **–taxe** *f* (S) taxe *f* de remballage; **–gewicht** tare *f*, poids *m* de l'emballage; **–kosten** *pl* frais d'emballage; **–schaden** détérioration de l'emballage; **–verordnung** *f (UmweltR)* décret relatif à la reprise et au recyclage des conditionnements et emballages.

verpfänden donner *ou* mettre en gage, engager (ses bijoux etc.).

Verpfänder *m* débiteur *m*, metteur *m* en gage.

Verpfändung *f* mise *f* en gage, dation *f* en gage, nantissement *m* d'une chose mobilière, dation en nantissement (B); **– gegen Lagerschein** warrantage *m*.

Verpfändungsvertrag *m* contrat *m* de gage, nantissement.

verpflegen nourrir, alimenter, faire subsister, entretenir, soigner.

Verpflegs|geld *n* (Aut) prime *f* d'alimentation, aliments; **–kosten** *pl* (Aut) aliments *mpl*, frais *mpl* de nourriture.

Verpflegung *f* ravitaillement *m*, ration *f*, nourriture *f*, subsistance *f*, entretien *m*.

Verpflegungs|berechtigung *f* droit à l'existence matérielle *ou* à la subsistance; **–geld** *n* prime d'alimentation, aliments *mpl*; **–mehraufwand** *m* dépenses supplémentaires pour assurer la subsistance (du ménage); **–kosten** frais *mpl* d'entretien *ou* de nourriture; **–zulage** *f* (1) indemnité de subsistance, (2) prime *f* de cantine *ou* de restaurant.

verpflichten (1) obliger, lier, engager, (2) astreindre, contraindre, forcer; **eidlich –** assermenter; **sich –** s'engager à (faire), s'obliger à (fournir), promettre de (faire), prendre l'engagement de; **sich vertraglich –** s'obliger *ou* s'engager par contrat.

verpflichtend *adj* obligatoire, qui a force obligatoire, qui constitue un engagement; **gegenseitig –der Vertrag** contrat synallagmatique *ou* bilatéral.

verpflichtet *adj* **sein zu** être tenu à, être obligé à (une action); **–sein gegenüber jm.** être obligé envers (un créancier).

Verpflichtete(r) *m* obligé *m*, débiteur *m*, engagé *m*, celui qui est tenu d'une dette; **gesamtschuldnerisch**

–, solidarisch – co-obligé *m* solidaire.

Verpflichtung *f* (1) *(SchuldR: Verbindlichkeit)* obligation *f*, engagement *m*, (2) *(ÖfR)* sujétion *f*, (3) *(MilR: zum Wehrdienst)* obligation au service national; incorporation; affectation; **befristete** – obligation à terme; **durch Kaution gesicherte** – engagement cautionné; **finanzielle** – obligation financière, engagement *m* financier; **gesamtschuldnerische** – engagement *ou* obligation solidaire; **gesetzliche** – obligation légale; **höchstpersönliche** – obligation strictement personnelle; **internationale** – engagement international, **langfristige** – engagement à long terme; **natürliche** – *(= Naturalobligation)* obligation naturelle; **rechtliche** – engagement juridique; **satzungsgemäße** – obligation statutaire; **ursprüngliche** – obligation primitive; **vertragliche** – engagement conventionnel *ou* contractuel; **– zur Duldung** obligation de tolérer; **eine – eingehen** contracter une obligation, prendre un engagement; **eine – einhalten** respecter un engagement; **sich seinen –n entziehen** se soustraire *ou* manquer à ses obligations; **eine – erfüllen** s'acquitter d'une obligation, s'exécuter; **seinen –n nachkommen** honorer ses engagements, satisfaire à ses obligations; **– zum aktiven Militärdienst** obligation d'activité; **– der Ehefrau zugunsten des Ehemannes** intercession *f*; **– zur Eidesleistung** obligation de prêter serment; **– zur Einhaltung der Baulinie** servitude d'alignement; **– zu einem Tun** obligation de faire; **– zur Übernahme von Schulden** obligation aux dettes; **– zu einer Unterlassung** obligation de ne pas faire; **– zur Vornahme einer Handlung** obligation de faire.

Verpflichtungsbescheid *m* (1) *(VwR)* avis d'assujettissement à certaines prestations, (2) ordre *m* de réquisition (de personnes).

Verpflichtungserklärung *f* (1) *(ZollR)* soumission *f*, (2) déclaration d'engagement; **– zur Devisenablieferung** engagement de change.

Verpflichtungs|ermächtigung *f* *(HaushR)* crédit d'engagement; **–geschäft** *(SchuldR)* acte *ou* contrat aboutissant à une obligation personnelle (de donner *ou* de faire); **–klage** *f* *(VwPR)* action tendant à obtenir un acte *ou* une omission; **–schein** *m* *(HR)* promesse *f* de payer, engagement unilatéral d'un commerçant; **–verhältnis** *n* rapport *m ou* lien juridique (entre créancier et débiteur); **–vertrag** contrat créant une obligation (de faire, de donner *ou* de ne pas faire).

Verpfründung *f* (S) contrat d'entretien viager.

Verproviantierung *f* approvisionnement *m*, ravitaillement *m*, avitaillement *m*, avictuaillement *m*.

verramschen brader, liquider; procéder à une vente en solde, solder.

Verramschung *f* vente *f* en solde; liquidation *f* d'un stock à bas prix.

Verrat *m* trahison *f*; déloyauté *f*; manquement au devoir de fidélité.

verraten trahir, *(Geheimnis)* révéler, déceler.

verrechnen compenser, porter au compte de; **sich** – se tromper dans son calcul; **zu – sein (mit)** être imputable sur qqch.

Verrechnung *f* (1) *(auf ein Konto)* passation en compte, virement *m*, (2) compensation, règlement *m* par voie de compensation, imputation; **nur zur** – à porter en compte.

Verrechnungs|abgabe *f* (S) impôt *m* anticipé; **–abkommen** *n* accord de compensation *ou* de clearing, arrangement *m* de clearing; **–ansatz** *m* ligne budgétaire (pour mémoire); **–anspruch** *m* (S) droit de compensation; **–anzeige** *f* avis *m* définitif; **–einheit** *f* unité *f* de compte (en matière de compensation); **–geschäft** *n* opération de clearing; **–kasse** *f* caisse de compensation; **–klausel** *f* clause *f* de compensation; **–konto** *n* compte d'ordre *ou* de compensation *ou* de clearing; **–kurs** *m* cours *m* de compensation; **–preis** *m* prix de compensation; **–scheck** *m* chèque *m* barré, chèque à barrement général, chèque de virement, chèque à porter en compte; **–verfahren** *n* clearing *m*, procédé de (la) compensation.

Verrechnungsstelle *f* caisse *f ou* chambre de compensation, office de compensation, (en S. aussi:) institution de compensation; **Deutsch-Französische –** Bureau financier franco-allemand; **Schweizerische –** Office *m* suisse de compensation.

Verrechnungs|steuer *f* (S) impôt *m* anticipé (S); **–verfahren** procédure de compensation; **–verkehr** *m* *(Banken)* opération de clearing *ou* de compensation; **im –weg** par voie de compensation; **–währung** *f* monnaie de compte.

Verrechtlichung *f* juridisation.

Verrentung *f* mise à la retraite.

verrichten *(Arbeit)* accomplir *ou* faire (un travail), entreprendre (un travail).

Verrichtung *f* (1) *(Erfüllung)* exécution *f*, accomplissement *m*, exercice d'un travail, (2) *(Obliegenheit)* fonctions *fpl*.

Verrichtungsgehilfe *m (SchuldR: Hilfsperson)* préposé *m* (se trouvant dans un rapport de subordination *ou* de préposition et agissant pour un commettant); **Haftung für das Verhalten des –en** responsabilité du commettant.

verringern réduire, diminuer.

Verringerung *f* réduction *f*, diminution *f*.

Verruf *m* discrédit *m*, mauvaise réputation, *(üble Nachrede)* diffamation *f*; **in – bringen** discréditer, décrier; **in – geraten, in – kommen** tomber en discrédit, être discrédité; **–erklärung** *f* boycottage *m*.

versagen (1) *(abschlagen)* refuser, dénier, (2) *(nicht das Erwartete leisten)* défaillir, être défaillant; ne pas fonctionner.

Versagung *f* refus *m*; **– der Erlaubnis** refus d'un permis; **– des Zutritts** interdiction d'accès.

Versagungsverfügung *f* décision *f* de refus.

Versammlung *f* (1) *(Vorgang)* réunion *f*, rassemblement, manifestation (sur la voie publique), (2) *(Einberufung)* convocation; assignation, (3) *(Versammeltsein)* assemblée *f*, (4) *(spontan)* groupement *m*; **aufrührerische –** *(StR)* réunion séditieuse; **außerordentliche –** assemblée extraordinaire; **beratende –** assemblée consultative; **beschließende –** assemblée délibérante; **bewaffnete –** réunion armée; **Einberufung einer –** convocation d'une assemblée; **gesetzgebende –** assemblée législative; **gesetzwidrige –** réunion illicite; **gewählte –** assemblée élue; **konstituierende –** assemblée constitutive *ou* constituante; **öffentliche –** *(unter freien Himmel)* réunion publique, manifestation sur la voie publique; **ordentliche –** assemblée ordinaire; **verfassunggebende –, verfassungsberatende –** constituante *f*; **– der Europäischen Gemeinschaften** Parlement européen.

Versammlungs|freiheit *f* liberté de réunion; **–gesetz** *n* loi relative à la réglementation des réunions et manifestations publiques; **–ort** *m* lieu *m* de réunion; **–raum** *m* salle *f* de réunion; **–recht** *n* (1) droit de réunion, (2) droit des assemblées.

Versand *m* (1) livraison *f*, envoi *m*, expédition *f*, *(ins Ausland)* exportation, (2) *(Abteilung)* service de livraison.

Versand|abteilung *f* service de livraison *ou* des ventes, service d'expédition *ou* d'exportation; **–adresse** *f* adresse *f* du destinataire; **–anmeldung** *f* déclaration d'enlèvement; **–anweisung** instruction relative à l'expédition; **–anzeige** *f* avis d'expédition; **–art** *f* modalité *ou* mode *m* d'expédition; **–auftrag** *m* ordre d'expédition; **–bahnhof** *m* gare *f* expéditrice; **–datum** *n* date *f* de l'envoi; **–erklärung** *f* (1) déclaration d'envoi, (2) *(ZollR)* déclaration de soumission d'enlèvement, **–fertig** *adj* prêt pour être livré *ou* expédié; **–firma** *f* expéditeur *m*; **–gebühr** *f* taxe d'expédition; **–geschäft** *n* maison *f* de vente par correspondance; **–gut** *n* marchandise livrée, livraison; bien transporté, fret *m*; **–handel** *m* vente par correspondance (= V. P. C.); **–haus** *n* (1) maison *f* de vente par correspondance, (2) maison d'exportation; **–hauskatalog** *m* catalogue *m*; **–kauf** *m* vente *f* par correspondance; **–kosten** *pl* frais d'expédition, frais d'envoi *ou* de transport; **–liste** bordereau *m* de livraison *ou* d'expédition; **–papiere** *pl* papiers *ou* documents *mpl* d'expédition; **–schein** *m* bulletin *ou* bordereau d'expédition, souche d'expédition; **–spesen** *pl* frais d'envoi; **–staat** *m* État de départ *ou* d'expédition; **–verkauf** *m* vente par correspondance; **–weg** *m* itinéraire *m*, route à suivre.

Versatz|amt *n* (Aut) mont-de-piété *m*, caisse de crédit municipal; **–geschäft** *n* (Aut) opération de prêt sur gage; **–schein** *m* (Aut), **–zettel** *m* (Aut) reconnaissance de gage, reconnaissance de mont-de-piété.

versäumen (1) *(Pflicht)* manquer à (une obligation), (2) *(unterlassen)* négliger, omettre (de faire), faire défaut à, (3) *(Termin)* ne pas respecter un délai, (4) *(Treffen)* manquer un rendez-vous.

Versäumnis *n* (1) *(Unterlassung)* manquement *m*, négligence *f*, omission *f*, tardiveté *f*, (2) *(ZPR)* défaut *m* de comparution; **–entscheidung** *f* jugement rendu par défaut, décision par défaut; **–kosten** frais *mpl* résultant du défaut de comparution; **–urteil** *n* jugement *m* (rendu) par défaut; **–verfahren** *n* procédure *f* par défaut.

Versäumung *f* (= das Versäumen) défaut *m*, le fait de s'abstenir (d'accomplir un acte), inobservation *f*; **verschuldete –** défaut sans motif légitime; **– der Frist** non-respect du délai; **– der Lieferzeit** inobservation du délai de livraison, inexécution; **– des Termins** défaut de comparution à l'audience; **– der Zahlung** défaut de paiement, non-paiement.

Versäumungs|antrag *m* (Aut) conclusion tendant à ce que le jugement soit rendu par défaut; **–urteil** *n* (Aut) jugement par défaut.

Verschachtelung *f* *(GesR)* participation de sociétés au capital d'autres sociétés, participations *fpl* croisées, concentration *f* par prise de participations, société de participation, holding *m*.

verschaffen procurer, fournir, donner, pourvoir; **sich Gehör –** se faire entendre, obtenir audience; **sich Geld –** trouver des fonds.

Verschaffungsvermächtnis *n* legs *m* de la chose d'autrui.

verschärfen (1) *(Strafe)* aggraver, (2) *(Tempo)* accélérer, (3) *(Spannungen)* exacerber.

Verschärfung *f* (1) *(Strafe)* aggravation *f*, (2) recrudescence *f*, redoublement *m*.

verscheiden (= sterben) décéder.

verschenken offrir, donner (des cadeaux).

verschicken envoyer, adresser, expédier.

Verschickung *f* envoi *m*; **strafweise –** déportation *f*.

Verschiebebahnhof *f* gare *f* de triage.

verschieben (1) *(Termin)* différer, décaler, ajourner, (2) *(Waren)* accaparer, faire un trafic clandestin de; **auf später –** remettre à une date ultérieure.

verschieden *adj* différent, dissemblable, autre, distinct; **–e Altersstufen** classes d'âge; **–e Meinungen haben** avoir des opinions divergentes.

Verschiedenartigkeit *f*, **Verschiedenheit** *f* dissemblance *f*, dissimilitude *f*, différence *f*.

verschiffen embarquer sur un navire, transporter par voie maritime.

Verschiffung *f* embarquement *m* sur un navire.

Verschiffungs|bescheinigung *f* avis

d'embarquement; **–dokument** *n* titre de transport maritime, document d'embarquement; **–hafen** *m* port d'embarquement; **–klausel** *f* clause *f* d'embarquement; **–ort** *m* lieu d'embarquement.

verschlechtern détériorer, altérer.

Verschlechterung *f* détérioration *f*, altération *f*, empirement *m*; **–sverbot** *(PrzR)* interdiction de réformer un jugement au détriment de celui qui exerce le recours.

verschleiern dissimuler.

Verschleierung *f* dissimulation *f*, camouflage *m*; **– der wirklichen Vermögenslage** dissimulation de la situation patrimoniale réelle.

Verschleiß *m* (1) *(Material)* usure *f*, (2) *(Absatz, Verbrauch)* vente *f*, débit *m*, (3) *(Buchf)* défalcation (pour dépréciation); **–besteuerung** *f* (Aut) impôt *m* sur le commerce de détail.

Verschleißer *m* (Aut) détaillant *m*.

Verschleiß|spanne *f* (Aut) marge de distribution; **–stelle** *f* (Aut) bureau *m* de vente (au détail).

verschleppen (1) *(entführen)* enlever, (2) *(verzögern)* traîner en longueur, retarder, (3) *(mit Gewalt wegbringen)* déporter, exiler.

Verschleppungs|absicht *f* *(ZPR)* volonté de retarder (le cours de la justice); **–handlung** *f* manœuvre *f* dilatoire.

verschleudern (1) *(Ware)* vendre à vil prix, brader, liquider, (2) *(Vermögen)* gaspiller, dilapider.

Verschleuderung *f* (1) liquidation, braderie *f*, (2) dilapidation, gaspillage.

verschließen fermer (à clé), vérouiller, clore.

verschlimmern empirer, se dégrader, se détériorer; aggraver.

Verschlimmerungsverbot *n* (Aut) (= Verschlechterungsverbot).

Verschluß *m* fermeture *f*; **unter –** (1) *(Sache)* sous clé, (2) *(Person)* sous les verrous.

Verschluß|anerkenntnis *n* certificat d'agrément; **–buch** *n* (S) livre des fermetures douanières; **–sache** *f* (= VS) document ayant un caractère secret *ou* confidentiel; **–sachenanweisung** *f* instruction sur la conservation des documents secrets; **–sachen-Verordnung** *f* règlement *m* de sécurité; **–verletzung** *f* rupture *f* de scellement, bris *m* de scellés.

verschlüsseln coder, crypter.

verschmelzen fusionner.

Verschmelzung *f* *(GesR)* fusion *f*, regroupement d'entreprises; **– durch Aufnahme** fusion par absorption *ou* par annexion, absorption *f*; **– durch Neubildung** fusion par création d'une nouvelle entité (juridique).

Verschmelzungs|beschluß *m* décision *ou* résolution de fusion; **–vertrag** *m* contrat de fusion.

Verschmutzung *f* *(UmweltR)* pollution; contamination.

Verschnitt *m* *(Alkohol)* frelatage *m*, fraude *f* (sur les alcools).

verschollen *adj* absent, disparu.

Verschollene(r) *m* personne présumée absente, absent *m*.

Verschollenerklärung *f* (S) déclaration *f* d'absence.

Verschollenheit *f* *(ZR)* absence *f*, disparition *f*; **nachrichtenlose –** défaut de nouvelles.

Verschollenheitserklärung *f* déclaration *f* d'absence.

Verschonung *f* *(StPR: Haft)* dispense de l'incarcération (dans le cadre de la détention provisoire).

verschreiben (1) fixer par écrit, prescrire, (2) *(übereignen)* transmettre, léguer; **sich –** faire une faute d'écriture.

Verschreibung *(Arzt)* ordonnance médicale.

Verschrottung *f* *(Kfz)* casse *f*.

verschulden (1) *(verursachen)* causer, être cause de, causer par sa faute, (2) *(schuld sein)* être responsable de, se rendre coupable de, (3) *(Schulden machen)* endetter, obérer, grever de dettes; **hoch –dete Firma** société *ou* entreprise obérée *ou* accablée de dettes.

Verschulden *n* (1) *(Vertragsrecht)* faute *f* (contractuelle), inexécution *f* fautive, (2) *(unerlaubte Handlung)* faute (civile *ou* délictuelle *ou* quasi-délictuelle), fait *m* (juridique) illicite, imprudence *f*, négligence *f*, (3) *(StR)* faute pénale, faute intentionnelle, culpabilité *f*; **beiderseitiges –** *(EheR)* torts *mpl* réciproques; **deliktisches –** faute délictuelle; **eigenes –** faute personnelle, faute propre; **fremdes –** fait d'un tiers *ou* d'autrui; **grobes –** faute lourde; **mitwirkendes –** fait concomittant; **nicht vorsätzliches –** faute quasi-délictuelle; **persönliches –** faute *ou* fait personnel; **sittliches –** faute morale; **vertragliches –** faute contractuelle; **– Dritter** fait *m* d'autrui; **– beim Vertragsschluß** faute lors de la conclusion du contrat.

Verschuldens|grad *m (StR)* degré de culpabilité; **–haftung** *f (SchuldR)* responsabilité pour faute causée, responsabilité dérivant de la faute *ou* subjective; **–prinzip** *n* théorie *f* de la responsabilité subjective et personnelle; **–quote** *f* part *f* de responsabilité.

verschuldet (1) *(verschuldet sein)* être chargé de dettes, être obéré, être endetté, être criblé *ou* accablé de dettes, (2) *(verursacht)* causé fautivement.

Verschuldung *f* endettement *m*; **kurzfristige –** endettement à court terme; **in – geraten** s'endetter.

Verschuldungsgrenze *f* limite *f* d'endettement.

verschwägert *adj* parent par alliance, allié (par mariage).

Verschwägerung *f* alliance *f*.

verschweigen taire, passer sous silence, *(verheimlichen)* dissimuler.

Verschweigen *n* silence *m*, non-déclaration *f*; **arglistiges –** silence dolosif; **– wichtiger Umstände** défaut de déclaration portant sur des faits essentiels.

Verschweigung *f* fait de garder le silence; **– der Schwangerschaft** recèlement *m* de grossesse.

verschwenden dilapider, prodiguer.

Verschwender *m* prodigue *m*, dilapidateur *m*, dissipateur.

verschwenderisch *adj* prodigue.

Verschwendung *f* dilapidation (des biens), dissipation *f*, prodigalités *fpl*, dépenses *fpl* excessives.

Verschwendungssucht *f* prodigalité.

Verschwiegenheit *f* discrétion (absolue), réserve *f*.

Verschwiegenheitspflicht *f* devoir *m* de discrétion, obligation au secret professionel, obligation de conserver le secret; **ärztliche –** secret *m* médical.

verschwinden disparaître.

verschwören: sich – comploter, conspirer, se conjurer.

Verschwörer *m* conjuré *m*, conspirateur *m*.

Verschwörung *f* complot *m*, conspiration *f*, conjuration *f*; **– gegen die öffentliche Sicherheit** complot tendant à troubler la sécurité *ou* l'ordre public; **– gegen die Sicherheit des Staates** complot *ou* attentat contre la sûreté de l'État.

versehen (1) *(versorgen, ausrüsten)* pourvoir, munir, (2) **sich –** *(falsch machen)* se tromper, se méprendre.

Versehen *n (Fehler)* faute (très légère), méprise *f*, erreur *f*; **aus –** *od.* **versehentlich** par mégarde, par inadvertance.

Versehrten|geld *n* indemnité versée aux handicapés; **–stufe** *f* degré *ou* taux d'invalidité.

Versehrte(r) *m* handicapé *m* physique, mutilé *m*, invalide *m*, infirme.

Versehrtheit *f* invalidité, infirmité *f*.

Versendung *f* envoi *m*, expédition *f*.

Versendungs|blatt *n* feuille d'expédition; **–kauf** *m* vente dans laquelle il est stipulé que la marchandise sera envoyée en un lieu autre que le lieu d'exécution; **–kosten** *pl* frais d'envoi *ou* de livraison.

versetzbar *adj* amovible.

Versetzbarkeit *f* amovibilité *f*.

versetzen (1) *(insbes. Beamte)* muter, déplacer, (2) *(Pfandbestellung)* mettre en gage, (3) *(im Leihhaus)* porter au mont-de-piété.

Versetzen von Grenzsteinen déplacement de bornes.

Versetzung *f* (1) *(Gegenstände)* déplacement *m*, (2) *(ArbR, VwR)* mutation *f* (professionnelle), nouvelle affectation, (3) *(Schüler)* passage *m* (dans la classe supérieure); **dienstliche** – mutation de service; **strafweise** – mutation *ou* déplacement d'office, déplacement *ou* mutation par mesure disciplinaire; **– in den Anklagezustand** mise en accusation; **– in Einzelhaft** enfermement cellulaire; **– im Interesse des Dienstes** mutation dans l'intérêt du service; **– in das provisorische Dienstverhältnis** (S) mise au provisoire (S); **– in den Ruhestand** (1) mise à la retraite, admission à la retraite, (2) *(zwangsweise)* mise à la retraite d'office; **– in den Wartestand** mise *f* en disponibilité.

Verseuchung *f* (1) *(UmweltR)* pollution, contamination, (2) *(mit radioaktiven Strahlen)* irradiation.

versicherbar *adj* assurable; **–es Risiko** risque *m* assurable.

Versicherer *m* assureur *m*, compagnie d'assurance.

versichern assurer, couvrir, garantir; **in sich** – être son propre assureur.

Versicherte(r) *m* assuré *m*; **freiwillig** – assuré facultatif *ou* volontaire.

Versicherung *f* (1) *(VersR)* compagnie d'assurance; contrat d'assurance, assurance *f*; prime *f* (d'assurance), (2) *(PrzR: Beteuerung)* affirmation, déclaration (sous la foi du serment); **Dauer der** – durée *f* d'assurance; **abgelaufene** – assurance échue *ou* expirée; **aufgeschobene** – ass. différée; **bedingte** – ass. conditionnelle; **beitragsfreie** – ass. libérée de prime; **berufliche** – ass. des risques professionnels; **durchgehende –, durchstehende** – police *f* de bout en bout; **ehrenwörtliche** – *(PrzR)* attestation sur l'honneur; **eidesstattliche** – assurance sous la foi du serment, (en S. aussi:) affidavit *m*; **eidliche** – déclaration sous la foi du serment, caution juratoire; **freiwillige** – assurance facultative *ou* volontaire; **gebündelte** – ass. combinée; **gegenseitige** – ass. mutuelle; **gemischte** – ass. mixte; **herabgesetzte** – ass. réduite; **knappschaftliche** – ass. des mineurs *ou* des travailleurs des mines; **kombinierte** – ass. combinée *ou* multirisque; **laufende** – police flottante *ou* d'abonnement; **mehrfache** – ass. multiple, pluralité *f* d'assureurs (pour le même risque); **obligatorische** – ass. obligatoire; **prämienfreie** – ass. libérée; **private** – ass. des particuliers; **staatliche** – ass. d'État; **summarische** – ass. à prime globale; **verbundene** – ass. multirisque *ou* combinée; **zeitlich begrenzte** – ass. temporaire; **zusätzliche** – ass. complémentaire.

Versicherung: eine – abschließen *od.* **aufnehmen** contracter *ou* souscrire une assurance; **die – besorgen** *(SeeHR)* soigner l'ass.; **die – erneuern** reconduire le contrat d'ass.; **eine – kündigen** résilier un contrat d'ass.; **eine – unterbringen** placer une assurance.

Versicherung | mit Abandonklausel *(SeeHR)* ass. avec clause de délaissement; **– mit festem Auszahlungstermin** ass. à terme fixe; **– auf Bausch und Bogen** ass. à forfait *ou* forfaitaire; **– für behaltene Ankunft** *(SeeHR)* ass. sur bonne arrivée; **– gegen Betrug und Untreue** ass. contre les escroqueries; **– zugunsten eines Dritten** ass. en faveur d'un tiers; **– an Eides Statt** *(PrzR)* déclaration sous la foi du serment (supplétoire); **– gegen Einbruchsdiebstahl** ass. contre le cambriolage; **– gegen Einspruch Dritter** ass. recours des tiers; **– auf den Erlebensfall** ass. en cas de vie, ass. de capital différé; **– des entgehenden Gewinns** ass. du manque à gagner; **– auf fremdes Leben** ass. sur la vie d'autrui; **– auf verbunde Leben** ass. sur plusieurs têtes; **– für fremde Rechnung** ass. pour compte d'autrui; **– auf Gegenseitigkeit** assurance mutuelle; **– mit Gewinnbeteiligung** ass. avec participation aux bénéfices; **– von lebendem Inventar** ass. du bétail; **– auf Prämie, – gegen Prämie** ass. à prime fixe; **– gegen lau-**

fende Prämie ass. à prime périodique; – **für Rechnung wen es angeht** ass. pour compte de qui il appartiendra; – **auf erstes Risiko** ass. au premier risque; – **auf den Todesfall** assurance-décès, ass. en cas de décès, ass. sur la vie; – **gegen Totalschaden** ass. contre perte totale; – **gegen Totalverlust** (1) ass. contre perte totale, (2) *(SeeHR)* ass. sur bonne arrivée; – **mit Umtauschrecht** ass. à option; – **gegen Unfälle** assurance-accidents, ass. contre les accidents; – **gegen Zahlungsunfähigkeit** ass. d'insolvabilité *ou* de bonne fin.

Versicherungs|ablauf *m* expiration *f* de l'ass.; **–abschluß** souscription *f* d'une ass.; **–agent** *m* agent d'ass.; **–agentur** *f* agence *f* d'ass.; **–amt** *n* (1) office de l'ass. sociale (maladie), (2) (S) bureau des ass. (S); **–anbieter** *m* proposant *m*; assureur *m*; **–anfänger** *m* nouveau venu à l'assurance; **–anspruch** *m* droit à une prestation de l'assurance; **–anstalt** *f* société *ou* compagnie d'assurances; **–antrag** *m* proposition d'assurance; **–art** *f* (1) régime *m* d'assurance, (2) genre *m ou* catégorie d'assurance, formule *f* (choisie).

Versicherungsaufsicht *f* contrôle *m ou* surveillance *f* des compagnies d'assurance; **–samt** *n* office *m* de contrôle des assurances, autorité *f* de contrôle des compagnies d'assurance; **–sgesetz** *n* Loi relative au contrôle des compagnies privées d'assurances.

Versicherungsausweis *m* attestation *f* d'assurance (automobile), *umg* carte jaune.

Versicherungsbedingungen *pl* clauses *ou* conditions d'assurance; **allgemeine –** conditions générales de la police; **besondere –** stipulations *fpl* spéciales (d'assurance).

Versicherungs|beginn *m* point de départ de la garantie, prise d'effet de l'ass.; **–begünstigte(r)** *m* bénéficiaire de l'ass.; **–beirat** *m* comité consultatif des ass.; **–beitrag** *m* (1) *(SozVers)* cotisation *f*, (2) prime *f* d'assurance; **–berater** *m* assureur-conseil *m*; **–bescheinigung** attestation *ou* certificat d'ass.; **–bestand** *m* portefeuille *m* d'assurances; **–bestätigung** *f* certificat *ou* attestation d'ass., carte *f* jaune; **–bestimmungen** *pl* clauses d'ass.; **–betrag** *m* somme *f* assurée, montant *m* assuré; **–betrug** *m* escroquerie à l'assurance, fraude *f*; **–dauer** durée *ou* période d'ass., durée du contrat d'ass.; **–deckung** *f* couverture de l'assurance; **–einrichtung** *f* institution d'ass.; **–entschädigung** *f* indemnité d'assurance; **–fachmann** *m* assureur-expert *m*, expert *m* en matière d'assurance.

versicherungsfähig *adj* assurable.

Versicherungs|fähigkeit *f* assurabilité *f*; **–fall** *m* réalisation *f* du risque, sinistre *m*; **–fonds** *m* fonds d'assurance; **–forderung** *f* créance en indemnité d'assurance; **–form** *f* formule *f ou* type *m* d'assurance.

versicherungsfrei *adj* non assujetti à l'assurance, dispensé de l'assurance, qui n'est pas obligé de s'assurer.

Versicherungs|freiheit *f (SozVers)* liberté *f* de s'assurer; **–gebühr** *f* droit *m ou* taxe *f* d'assurance; **–gebührenanteil** *m* (S) quote-part de droit d'assurance; **–gegenstand** *m* chose *f* assurée, objet *m* de l'assurance; **–genossenschaft** *f* société coopérative d'assurances; **Eidgenössisches –gericht** *n* (S) tribunal fédéral des assurances (S); **–geschäft** *n* opération *f* d'assurance; **–gesellschaft** *f* société *ou* compagnie d'assurances; **–gewerbe** *n* assurances *fpl*; **–grenze** *f* limite *f* de l'assurance, plafond *m* de la garantie; **–jahr** année d'affiliation *ou* d'assurance.

Versicherungskarte *f* carte d'assuré; **Internationale –** (= grüne Karte) carte internationale d'assurance.

Versicherungs|kasse *f* caisse d'assurance; **–klasse** *f* branche *f ou* catégorie *f* d'assurance; **–klausel** *f* clause d'assurance; **–kosten** *pl* (1) *(i. w. S.)* prime commerciale (due par l'assuré), (2) *(i. e. S.)* chargement commercial; charges *fpl* de production; frais d'assurance; **–kündigung** *f* résilation du contrat d'ass.; **–leistung** *f* prestation d'assurance; **–makler** *m* courtier d'assurances; **–mathematik** *f* science *f* actuarielle; **–mathematiker** *m* actuaire *m*.

versicherungsmathematisch *adj* actuariel; **–e Bewertung** évaluation actuarielle (du régime des pensions).

Versicherungs|medizin *f* science médico-actuarielle; **–mißbrauch** *m* fraude *f* à l'ass.; **–nachtrag** *m* avenant *m* d'ass.; **–nachweis** *m* attestation d'ass.; **–nachweisheft** *(SozVers)* carnet *m* d'ass. sociales; **–nehmer** *m* assuré *m*, preneur *m* d'ass., souscripteur de police *ou* d'assurance; **–nummer** *f (SozVers)* numéro d'affiliation; **–ort** *m* lieu *m* de conclusion du contrat d'ass.; **–papiere** *f pl* documents *mpl* d'assurance; **–periode** *f* période d'ass.; **–pflicht** *f* obligation légale de s'assurer, affiliation obligatoire (à la caisse d'assurance sociale); **–pflichtgrenze** *f* plafond *m* d'affiliation; **–pflichtige(r)** *m* assujetti *m* à l'assurance; **–police** *f*, **–polizze** *f* (Aut) police d'assurance; **–prämie** *f* prime *f* d'ass.; cotisation; coût *m* de l'ass.; **–prämienberechnung** *f* calcul *m ou* fixation de la prime; **–provision** *f* commission *f* d'assurance; **–recht** *n* Droit des Assurances, régime *m* juridique des assurances; **–rückkauf** *m* rachat *m* d'une police; **–satz** *m* taux *m ou* tarif *m* d'assurance; **–schaden** *m* dommage *m* assuré; préjudice *m* causé par le sinistre (et garanti par l'assureur); **–schein** *m* police d'assurance, police *f*; **–scheingebühr** *f* coût de police; **tariflicher –schutz** *m* couverture *f* d'assurance, garantie *f*; **–steuer** *f* taxe *f* sur le contrat d'assurance; **–summe** *f* somme assurée, montant assuré; **–system** *n* régime *m* d'assurance; **–tarif** *m* barème *m* d'assurance; **–taxe** *f* valeur agréée; **–technik** *f* technique actuarielle; **–träger** *m* organisme *m* assureur, institution *f* d'assurance; **–umfang** *m* étendue *f* de l'assurance; **–unterlagen** pièces *fpl* justificatives en matière d'ass.; **–unternehmen** *n* société d'assurances; **–verein** *m* **auf Gegenseitigkeit** société *f* d'assurances mutuelles, société mutuelle d'assurances, mutuelle *f*, caisse *f* mutualiste; **–verhältnis** *n* lien *m* juridique résultant d'un contrat d'ass.; **–verlust** *m* déchéance *f*, perte du droit à la garantie (de l'assureur); **–vermittler** *m* producteur *m*, intermédiaire *m* d'assurance, démarcheur *m* en matière d'ass.; **–vermittlergesetz** Loi relative au démarchage et au placement d'ass.; **–vertrag** *m* contrat *m* d'assurance; **–vertragsgesetz** *n* (VVG) Loi régissant les contrats d'ass.; **–vertreter** *m* agent *m* d'ass.; **–verzeichnis** *n* bordereau *m* d'assurance.

Versicherungswert *m* valeur *f* assurable, valeur d'assurance; **taxierter** – valeur agréée.

Versicherungs|wesen *n*, **–wirtschaft** *f* les Assurances; **–zeit** *f od.* **–zeitraum** *m* période d'assurance, durée de l'assurance; **–zertifikat** *n* certificat *m* d'assurance; **–zusatzprämie** *f* surprime *f* d'assurance; **–zwang** *m*, obligation de s'assurer, assurance obligatoire; **–zweig** *m* branche *f* d'assurance.

versiegeln apposer les scellés, mettre *ou* placer sous scellés.

versiegelt *adj* scellé, sous scellés.

Versiegelung *f* apposition des scellés, mise sous scellés; **Antrag auf –,** réquisition à fin de scellés.

Versiegelungsprotokoll *n* procès-verbal d'apposition des scellés, procès-verbal *m* de scellé.

Version *f* (= Fassung) version *f*.

Versitzung *f (ZR: Buchversitzung od. Tabularverschweigung)* prescription acquisitive (par suite de radiation illégitime d'un droit réel).

versöhnen réconcilier avec.

Versöhnung *f* réconciliation *f*, conciliation *f*.

Versöhnungs|verfahren *n* (Aut)

procédure *f* de conciliation; **–verhandlung** *f* (Aut) séance *f* de conciliation; **–versuch** *m* tentative *f ou* procédure *f* de conciliation.

versorgen (1) approvisionner, pourvoir, munir de, (2) *(ärztlich)* prodiguer des soins médicaux, (3) *(militärisch)* apporter un soutien logistique.

Versorgung *f* (1) *(Vorsorge)* prévoyance *f*, aide *f* sociale, prestation d'assistance, (2) *(Lieferung)* fourniture *f*, approvisionnement *m*, (3) *(Energie, Nahrung)* alimentation, ravitaillement; **– der Beamten** *(VwR)* (droit à la) pension normale d'ancienneté.

Versorgungs|agentur *f* agence d'approvisionnement; **–anpassung** *f* revalorisation *ou* rajustement des pensions (de retraite); **–anspruch** *m* droit à une pension; **–anstalt** *f* (1) caisse de retraites, (2) institution de prévoyance; **–anwartschaft** *f* droit *m* en cours de formation *ou* d'acquisition (d'une pension); **–ausgleich** *m (EheR)* répartition compensatoire des droits à la retraite (entre conjoints en cas de divorce); **–bedingungen** *pl* conditions d'ouverture (des droits à pension), conditions d'octroi; **–berechtigte(r)** *m* ayant droit d'une pension de retraite, bénéficiaire *m*; **–betrieb** *m (WirtR)* entreprise de production et de distribution d'énergie; **–bezüge** *pl* rente *f*, pension *f*; allocation; **–bilanz** *f* bilan d'approvisionnement; **–einrichtung** *f* institution de prévoyance et d'assistance; **–empfänger** *m* retraité *m* recevant une pension de retraite; **–fall** *m* situation donnant lieu à l'attribution d'une pension; **–genuß** *m* (Aut) pension, pension *f* de retraite; **–gesetz** *n* loi relative à la protection sociale; **–kasse** *f* caisse de retraite; **–kosten** *pl (WirtR)* frais *ou*, coût d'approvisionnement, **–leistung** *f* service *f* d'une pension de retraite; aide sociale; **–lücke** *f* pénurie *f*; **–monopol** *n (WirtR)* monopole d'approvisionnement; **–plan** *m* (1) plan d'approvisionnement *ou* de ravitaillement, (2) *(MilR)* programme *m* de maintenance; **–quelle** *f* source d'approvisionnement; **–recht** *m* régime *m* des retraites; **–staat** *m* État-providence *m*; **–träger** *m* organisme *m* chargé de verser la pension de retraite; **–werber** *m* (Aut) personne qui demande à bénéficier du régime d'assistance; **–werk** *n* caisse (privée) de sécurité sociale, mutuelle *f*; **–wirtschaft** *f* économie de satisfaction des besoins; **–zusage** *f* ouverture *f* des droits.

verspäten: sich – avoir du retard, être en retard.

verspätet *adj* en retard, retardé; **–e Annahme** acceptation tardive; **–e Klage** inobservation du délai pour agir; **–es Vorbringen** recours engagé hors délai.

Verspätung *f* retard *m*.

Verspätungs|einwand *m (PrzR)* forclusion; **–schaden** *m* dommage résultant du retard de livraison *ou* causé par le retard; **–zinsen** *pl* (S) intérêt *m* moratoire; **–zuschlag** *m* supplément *m* pour cause de retard.

versprechen promettre.

Versprechen *n* promesse *f*; **privatschriftliches –** promesse sous seing privé; **unbedingtes –** promesse pure et simple.

Versprechende(r) *m* promettant *m*.

Versprechensempfänger *m* bénéficiaire *f* d'une promesse.

verstaatlichen nationaliser, étatiser, socialiser; **zu –** nationalisable.

Verstaatlichung *f* nationalisation *f*, étatisation *f*, socialisation *f*, extension du secteur public, processus *m* de déprivatisation.

Verstaatlichungs|abkommen *n* accord sur les nationalisations; **–entschädigung** *f* indemnité de nationalisation, indemnisation dans le cadre des nationalisations; **–gesetz** *n* loi relative à l'extension du secteur public, loi de nationalisation.

Verstädterung *f* urbanisation.

verständigen aviser qqn.

Verständigung *f* (1) *(Benachrichtigung)* information *f*, communication *f*, (2) *(Übereinkunft)* accord *m*, entente *f*, (3) *(zwischen Völkern)* rapprochement *m*, compréhension *f* (réciproque), conciliation *f*; **gütliche –** accord *m* amiable; **vorhergehende –** accord *m* préalable.

Verständigungsversuch *m* tentative de conciliation.

Verständlichkeit *f* netteté *f*, clarté *f*.

Verständnis *n* compréhension, intelligence *f*.

verstärken renforcer, consolider, affermir.

Verstärkung *f* accroissement *m*, renfort *m*, gain *m*.

Verstauung *f (SeeHR)* arrimage *m*.

Versteck *n (Waffen, Drogen)* cache *f*.

versteckt *adj* dissimulé; **–er Dissens** manifestations de volontés non-concordantes (l'accord n'ayant pas été réalisé en tous les points *ou* étant ambigu); **–er Mangel** vice caché.

verstehen comprendre, déchiffrer.

Versteigerer *m* commissaire-priseur *m* (vendeur de meubles *ou* d'immeubles); **öffentlicher –** commissaire-priseur en tant qu'officier public.

versteigern vendre aux enchères, mettre aux enchères, procéder à une vente publique aux enchères.

Versteigerung *f (ZR)* vente *f* (privée) aux enchères, mise *f* aux enchères, vente à l'encan; **gerichtliche –** adjudication *f* judiciaire; **öffentliche –** (1) vente publique aux enchères, vente à cri public, (2) *(Mobilien)* prisée de(s) meubles, vente *f* publique de meubles, (3) *(Immobilien)* vente publique d'immeuble; **– einer ungeteilten Sache** licitation *f*.

Versteigerungs|anstalt *f* (Aut) salle des ventes; **–antrag** *m* réquisition de mise aux enchères; **–edikt** *n* (Aut) avis officiel de mise en vente aux enchères publiques; **–erlös** *m* produit *m* d'une vente publique aux enchères; **–gebühr** *f* frais d'adjudication; **–kosten** *pl* honoraires et frais d'une vente aux enchères publiques; **–lokal** *n* salle *ou* hôtel des ventes; **–preis** *m* prix d'adjudication; **–protokoll** *n* (1) procès-verbal d'un commissaire-priseur, (2) procès-verbal d'adjudication; **–termin** *m* audience des criées; **–verfahren** *n* procédure *f* des prisées.

Verstellung *f* disssimulation, artifice *m*, feinte *f*, déguisement.

versterben décéder, mourir.

versteuern (1) déclarer (ses revenus), (2) verser des impôts, payer des impôts, acquitter les droits sur.

Versteuerung *f* (1) imposition, taxation, (2) versement d'impôts, paiement *m* des droits.

Verstorbene(r) *m* défunt *m*, personne décédée.

Verstoß *m* contravention, infraction, faute *f*, manquement *m*; **geringfügiger –** infraction légère; **– gegen die guten Sitten** *(ZR)* dérogation (par une convention) aux lois qui intéressent les bonnes mœurs; **– gegen die Sittlichkeit** *(StR)* atteinte *f ou* outrage *m* aux bonnes mœurs.

verstreichen *(Frist, Zeit)* s'écouler, passer, expirer; **– lassen** ne pas respecter *ou* laisser expirer (un délai).

Verstrickung *f* mise sous main de justice.

Verstrickungsbruch *m (StR)* détournement *m* d'objets saisis.

Verstümmelung *f* (1) *(Gliedmaßen, Organe)* mutilation *f*, (2) *(Text)* fait de tronquer un texte, altération *f*.

Versuch *m* (1) *(StR)* tentative *f*, infraction tentée *ou* non consommée, (2) *(i. w. S.)* essai *m*, démarche *f*; **freiwilliger Rücktritt vom –** désistement *m* volontaire *ou* spontané; **strafbarer –** tentative punissable; **unfreiwilliger Rücktritt vom –** interruption involontaire de l'exécution, absence de désistement volontaire; **untauglicher –** délit *m ou* infraction *f* impossible.

versuchen tenter, essayer de.

Versuchs|beginn *m (StR)* première phase dans la matérialisation de l'infraction; pensée criminelle, résolution criminelle, acte préparatoire; **–handlung** *f* tentative *f*, commencement *m* d'exécution, exécution commencée, agissement *m* constituant un acte d'exécution; **–person** *f* individu *m ou* sujet *m*; *umg* cobaye *m*; **–reaktor** *m* réacteur expérimental; **–reihe** *f* série expérimentale; **–stopp** *m* arrêt des essais nucléaires.

vertagen ajourner, remettre (à plus tard), surseoir à statuer, surseoir à prononcer, reporter.

Vertagung *f* ajournement *m*, renvoi *m* à une date ultérieure; **– auf unbestimmte Zeit** ajournement sine die, renvoi à une date indéterminée.

verteidigen défendre (la cause de qn), plaider (pour qn).

Verteidiger *m* avocat *m*, défenseur *m* au pénal; **amtlicher –** (S für Pflichtverteidiger) défenseur commis d'office; **ex offo –** (Aut) défenseur d'office; **–bestellung** *f* choix *m ou* désignation d'un défenseur; **–besuch** *m* (droit de) visite de l'avocat; **–gespräch** *n* entretien avec le défenseur; **–post** *f* courrier *m ou* correspondance échangé(e) entre le défenseur et son mandant; **–schriftsatz** *m* mémoire *m*; **–unterlagen** *pl* dossier *m* de l'avocat.

Verteidigung *f* (1) *(PrzR)* défense *f*, assistance par un avocat; plaidoirie *f*, (2) *(MilR)* action défensive, défense *f* (de l'intégrité du territoire); **materiell-rechtliche –, sachliche –** défense au fond; **soziale –** défense sociale; **– vor Gericht** défense en justice.

Verteidigungs|ausschuß *m* commission de la défense nationale; **–beitrag** *m* contribution à la défense; **–bündnis** *n* alliance *f* défensive, pacte *m* défensif; **–fall** *m (VerfR)* état *m* de nécessité résultant d'une menace grave et immédiate pour l'intégrité du territoire; **–krieg** *m* guerre *f* défensive; **–minister** *m* ministre de la défense nationale; **–ministerium** *n* ministère *m* de la défense nationale; **–mittel** *n (PrzR)* moyen *m* de défense; **–notstand** *m (ZR, StR)* état de nécessité (pour éviter un péril imminent); **–rede** *f* (1) *(Vorbringen der Anträge u. Argumente)* plaidoirie *f*, défense; (2) *(insbesondere vor dem Strafrichter)* plaidoyer *m*; **–schrift** *f* mémoire en défense, mémoire de défense (S); **Europäischer –vertrag** *m* Traité instituant la Communauté européenne de défense; **–vortrag** *m* plaidoyer *m*.

verteilen (1) *(austeilen)* répartir, partager, (2) *(Nachrichten)* diffuser.

Verteiler *m* répartiteur *m*, distributeur *m*; **–kette** *f* chaîne de distribution; **–liste** *f* liste *f* de ventilation; **–netz** *n* réseau de distribution; **–ring** *m* réseau de trafiquants (de la drogue); **–schlüssel** *m (Kosten)* clé *f* de ventilation; **–spanne** *f* marge de distribution.

Verteilung *f* (1) répartition *f*, partage *m*, distribution *f*, (2) diffusion *f*, (3) *(EDV)* aiguillage *m*; **teilweise –** partage partiel; **– von Aufträgen** répartition des commandes; **– der Kosten** ventilation des frais; **– von Scheindividenden** distribution de dividendes fictifs.

Verteilungs|beschluß *m* décision de répartition; **–gang** *m* cycle de distribution; **–kampf** *m* luttes sociales; **–kartell** *n* cartel de répartition; **–kosten** *pl* coûts *mpl* de distribution; **–masse** *f* biens en partage; **–monopol** *n* monopole *m* de la distribution; **–plan** *m* plan *m* de répartition, état *m* de répartition, rôle *m* de répartition, tableau *m* de distribution, état de distribution; **–schein** *m* bon *m* de répartition; **–schlüssel** *m* clé *f* de répartition *ou* de ventilation; **–stelle** *f* organisme *m* répartiteur; **–streitigkeit** *f (ZwangsVR)* contestation en matière de distribution par contribution; **–tagsitzung** *f* (Aut) séance du tribunal au cours de laquelle un partage judiciaire est effectué; **–titel** *m* titre de répartition; **–verfahren** *n (ZwangsVR)* distribution par contribution, procédure de distribution.

Verteuerung *f* enchérissement *m*, augmentation *f ou* élévation *f* du prix.

Vertrag *m* (1) *(Übereinkunft)* convention *f*, (2) *(Rechtsgeschäft)* contrat *m*, (3) *(Abkommen)* accord *m*, (4) *(internationales Abkommen)* traité *m*, (5) *(Bündnis)* pacte *m*, (6) *(Handel u. Verwaltung)* marché *m*, (7) *(Vergleich)* transaction *f*, compromis *m*, (8) *(Abwendung des Konkurses u. Kirche)* concordat *m*, **abstrakter –** engagement sans référence à la cause de l'obligation; **aleatorischer –** contrat aléatoire; **atypischer –** contrat innommé; **befristeter –** contrat à durée déterminée *ou* à durée limitée; **bindender –** contrat comportant un engagement ferme et irrévocable; **durch Briefwechsel geschlossener –** contrat par correspondance; **derzeitiger –** contrat en cours; **diktierter –** (= Typen- *od.* Formularvertrag) contrat d'adhésion; **dinglicher –** contrat réel, contrat exigeant la remise d'une chose; **einseitig verbindlicher –** (Aut), **einseitig verpflichtender –, einseitiger –** contrat unilatéral; **entgeltlicher** contrat à titre onéreux; **fester –** contrat ferme; **formfreier –** contrat consensuel; **formgebundener –** *od.* **förmlicher –** contrat solennel *ou* formel; **formloser –** contrat consensuel; **frei ausgehandelter –** contrat de gré à gré; **gegenseitiger –** contrat synallagmatique, contrat bilatéral; **gemeinsamer –** convention comportant plusieurs débiteurs; **gemischter –** contrat mixte, contrat complexe; **genehmigungsbedürftiger –** contrat nécessitant une autorisation; **vor Gericht geschlossener –** contrat judiciaire; **gesetzlich geregelter –** contrat nommé; **handelsrechtlicher –** contrat commercial; **kaufähnlicher –** convention assimilée à un contrat de vente; **kausaler –** contrat faisant référence à la cause de l'obligation; **kurzfristiger –** contrat à court terme; **langfristiger –** contrat à long terme; **laufender –** contrat en cours; **laut –** conformément aux stipulations contractuelles; **leoninischer –** convention léonine; **mehrjähriger –** contrat pluriannuel; **mündlich geschlossener –** contrat oral *ou* verbal; **nicht typisierter –** contrat innommé; **notarieller –, notarischer –, in notarieller Form geschlossener –** contrat notarié, acte *m* par devant notaire; **öffentlichrechtlicher –** contrat de droit public; **privatrechtlicher –** contrat de droit privé; **sittenwidriger –** contrat contraire aux bonnes mœurs; **stillschweigend geschlossener –, stillschweigender –** contrat tacite; **synallagmatischer –** contrat synallagmatique, contrat bilatéral; **unbefristeter –** contrat à durée indéterminée; **unentgeltlicher –** contrat à titre gratuit, contrat de bienfaisance; **unkündbarer –** contrat non résiliable; **unsittlicher** *od.* **unmoralischer –** contrat immoral; **ursprünglicher –** contrat primitif; **völkerrechtlicher –** traité international; **wechselseitig verbindlicher –** (Aut) contrat synallagmatique *ou* bilatéral; **wucherischer –** contrat usuraire; **zweiseitiger –** *od.* **zweiseitig verbindlicher –** (Aut) contrat synallagmatique, contrat bilatéral.

Vertrag: einen – abschließen conclure *ou* passer un contrat, contracter; passer *ou* souscrire un marché; **von dem – Abstand nehmen** (1) se désister du contrat, (2) ne pas conclure le contrat; **einen – anfechten** demander l'annulation *ou* la résolution d'un contrat; **einen – annehmen** donner son consentement; **einen – aufheben** annuler un contrat; **einen – aufkündigen** dénoncer un contrat; **einen – auflösen** résilier un contrat; **einen – aufsetzen** rédiger *ou* dresser un contrat; **einen – ausfertigen** établir *ou* rédiger un contrat, **den – brechen** ne pas respecter les clauses d'un contrat, rompre le contrat; **einen – eingehen** s'engager par contrat; **einen – einhalten** respecter les clauses contractuelles; **an einen – gebunden sein** être lié par contrat; **einen – erfüllen** exécuter un contrat; effectuer le paiement, payer; **an einen – gebunden sein** être lié par contrat; **aus einem – klagen** engager une action en justice sur la base d'un contrat; **einen – kündigen** (1) résilier *ou* dénoncer un contrat, (2) dénoncer un traité; **einen – lösen** dénoncer un contrat; **unter – nehmen** engager un artiste *ou* acteur; **einen – schließen** (1) *(ZR, HR)* conclure un contrat, passer un contrat, contracter, souscrire un contrat, (2) *(VR)* conclure un traité; **einen – unterschreiben** *od.* **unterzeichnen** signer un contrat; **einen – verlängern** reconduire un contrat; **einen – verletzen** enfreindre une stipulation contractuelle, violer un contrat; **sich durch – verpflichten** s'obliger par contrat, s'engager par contrat; **von einem – zurücktreten** se désister du contrat.

Vertrag über die Einrichtung einer Zollunion traité d'union douanière; **– über die europäische wirtschaftliche Zusammenarbeit** Convention européenne de coopération économique; **– zur Gründung der europäischen Atomgemeinschaft (EURATOM)** Traité instituant la Communauté européenne de l'énergie atomique (Euratom); **– über die Gründung der europäischen Gemeinschaft für Kohle und Stahl** Traité instituant la Communauté européenne du charbon et de l'acier; **– zur Gründung der europäischen Wirtschaftsgemeinschaft** Traité instituant la Communauté économique européenne; **– über gegenseitige Hilfeleistung** traité d'assistance mutuelle; **– zugunsten Dritter** contrat en faveur de tiers, stipulation pour autrui; **– auf einmalige Leistung** contrat instantané; **– über öffentliche Arbeiten** marché de travaux publics; **– über technische Hilfe** contrat d'assistance technique; **– über den Verzicht auf den Krieg** traité de renonciation à la guerre.

vertraglich *adj* conventionnel, contractuel, du contrat; contractuellement *adv*, par contrat; **– niederlegen** convenir, stipuler par contrat; **–e Verpflichtung** obligation contractuelle.

vertraglos *adj (ArbR)* sans convention *ou* contrat valable; **–er Zustand** état *m* transitoire, à l'expiration d'une convention collective de travail.

Vertrags|abänderung *f* modification d'un contrat, remaniement, révision, refonte *f*; **–ablauf** *m* expiration *f* du contrat; **–abrede** *f* disposition contractuelle; **–abschluß** *m* (1) *(ZR, HR)* conclusion *ou* passation du contrat, consentement; formation d'un contrat; passation d'un marché, (2) *(VR)* conclusion d'un traité; **–abtretung** *f* cession *f* de contrat; **–abwicklung** *f* exécution du contrat.

vertragsähnlich *adj* quasi-contractuel.

Vertrags|anbot *n* (Aut) offre de contrat; **–änderung** *f* modification du contrat; **–angebot** *n* offre de contrat, proposition de contrat; **–angestellte(r)** *m (VwR)* agent *m* contractuel; **–annahme** *f* acceptation de l'offre (de contrat), consentement (de la partie qui s'oblige); **–anpassung** *f* révision des prestations contractuelles en cours d'exécution du contrat; **–antrag** *m* proposition *f* de contrat, offre *f*, pollicitation; **–arzt** *m* médecin *m* conventionné; **–aufhebungsklage** *f* action *f* en résolution d'un contrat; **gerichtliche –auflösung** *f od.* **–aufhebung** *f* résolution *f* judiciaire (d'un contrat); **–auslegung** interprétation d'une convention, recherche de la commune intention des parties contractantes; **–autonomie** *f* autonomie *f* contractuelle; **–beamte(r)** *m* (Aut) fonctionnaire *m* contractuel; **–bedienstete(r)** *m* (Aut) agent *m* contractuel, agent sous contrat, fonctionnaire contractuel, employé sur contrat; **–bedingung** *f* stipulation (contractuelle), clause du contrat; **allgemeine –bedingungen** *(VwR)* cahier *m* des charges, cahier des clauses et conditions générales; **–beendigung** *f* expiration *ou* fin du contrat; **–beitritt** *m* (= Schuldmitübernahme) délégation *f* imparfaite; **wesentliche –bestandteile** *pl* éléments essentiels du contrat.

Vertragsbestimmung *f* disposition *ou* stipulation contractuelle, stipulation conventionnelle, clause *f* contractuelle; **auflösende –** clause résolutoire.

Vertrags|bestimmungen *pl* modalités *ou* termes *ou* conditions du contrat, stipulations contractuelles; **–bevollmächtigte(r)** *m* mandataire *m* conventionnel; **–beziehungen** *pl* rapports contractuels, relations *fpl* contractuelles; **–bruch** *m* rupture du contrat, violation d'un engagement contractuel.

vertragsbrüchig *adj* qui rompt le contrat, qui ne respecte pas les stipulations contractuelles.

Vertragsbuße *f* pénalité *f* conventionnelle, clause pénale.

vertragschließende Partei partie *f* au contrat.

Vertrags|dauer *f* durée *f* du contrat, durée contractuelle; **–ende** *n* extinction des obligations contractuelles; **–entwurf** *m* projet *m* de contrat; **–erbe** *m* héritier institué dans un pacte sur succession future; **–erfüllung** *f* exécution du contrat, paiement *m*, exécution volontaire d'une obligation; **–erfüllungsbürgschaft** *f* garantie *f* de l'exécution du contrat; **–erneuerung** *f* renouvellement *m ou* reconduction *f* du contrat; **–fähigkeit** *f* capacité *f* de contracter, capacité contractuelle, pouvoir *m* de contracter; **–forschung** *f (VwR)* convention relative à un projet de recherche scientifique (avec participation financière de l'État); **–fracht** *f* fret *m* contractuel; **–freiheit** *f* liberté des conventions, liberté *f* contractuelle, liberté de contracter, (principe de l')autonomie *f* de la volonté; **–gebiet** *n* (1) champ *m* d'application *ou* territoire *m* du contrat, (2) *(HR: Vertreter)* secteur attribué (à qqn), champ d'activité, (3) *(VR)* territoire auquel s'applique un traité; **–gegenstand** *m* objet *m* du contrat; **–gegner** *m* cocontractant *m*.

vertrags|gemäß *adj*, **–gerecht** *adj* conformément aux stipulations contractuelles, conforme au contrat, contractuel, contractuellement.

Vertrags|gericht *n* juridiction compétente stipulée au contrat; **–gesetz** *n (StaatsR)* loi de ratification d'un traité international; **–gestaltung** *f* établissement *ou* rédaction du contrat, formulation des clauses contractuelles; **–grundlage** *f* base *f* conventionnelle; **–haftung** *f (ZR)* responsabilité *f* contractuelle; **–händler** *m (HR)* concessionnaire *m*; **–händlervertrag** *m* contrat *m* de concessionnaire (exclusif), concession *f* commerciale; **–hilfe** *f* révision des clauses du contrat par voie judiciaire; **–hypothek** *f* hypothèque *f* conventionnelle; **–instrument** *n* instrument *m* contractuel; **–jahr** *n* année *f* contractuelle; **–kanton** *m* (S) canton *m* concordataire (S); **–klausel** *f* clause contractuelle, clause du contrat; **–kontingent** *n* contingent prévu par un accord; **–korrektur** *f* rectification *ou* correction du contrat; **–kosten** *pl* frais résultant de la conclusion *ou* de la résolution du contrat; coût *m* du contrat; **–kündigung** *f* résiliation *f* du contrat; **–land** *n (PatR)* pays conventionné; **–lieferant** *m (VwR)* titulaire d'un marché; **–macht** *f (VR)* partie *ou* puissance contractante.

vertragsmäßig *adj* contractuel, conventionnel, conformément au contrat, contractuellement.

Vertrags|mäßigkeit *f* conformité *f* au contrat; **–menge** *f* quantité *f* prévue au contrat; **–miete** *f* loyer *m* prévu dans le bail; **–muster** *n* formule *f* de contrat, contrat-type *m*;

–nichtigkeit *f* nullité *f* absolue du contrat; **–niederschrift** *f* texte *m* du contrat; **–norm** *f* règle *f* contractuelle, règle *f* conventionnelle; **–obliegenheit** *f* obligation contractuelle; **–offerte** *f* (= -angebot) offre *f* (de contrat).

Vertragspartei *f* partie contractante, partie *f* au contrat, contractant *m*, cocontractant; **hohe –** *(VR)* Haute Partie Contractante.

Vertrags|partner *m* partie contractante, contractant, cocontractant; **–pflicht** *f* obligation contractuelle; **–preis** *m* prix contractuel, prix *m* convenu; **–punkt** *m* stipulation contractuelle, clause *f* (du contrat); **–recht** *n* droit conventionnel, droit *m* des contrats, droit régissant les contrats; **–regelung** *f* réglementation contractuelle; **–regierung** *f* *(VR)* gouvernement *m* partie à un accord international; **–revision** *f* *(VR)* révision *f* du traité; **völkerrechtliche –sammlung** *f* recueil de traités; **–satz** *m* *(ZollR)* tarif *m* conventionnel; **–schließende(r)** *m* partie contractante; **–schließung** *f* *od.* **–schluß** *m* conclusion du contrat; **–schluß** *m* **unter Abwesenden** contrat par correspondance *ou* entre absents; **–schuldner** *m* débiteur *m* (contractuel); **–schule** *f* (S) école *f* concordataire (S); **–staat** *m* État *m* contractant; **–strafe** *f* (= Konventionalstrafe) pénalité conventionnelle, clause *f* pénale, amende conventionnelle, dédit *m*, arrhes *fpl*; **–streitigkeit** *f* litige *m* relatif à un contrat, contentieux *m* (contractuel); **–summe** *f* prix stipulé (par contrat); **–tarif** *m* tarif *m* douanier conventionnel; **–teil** *m* partie contractante; **–text** *m* contenu *m* du contrat, libellé *m*, termes *mpl* d'un accord; **–treue** *f* respect *m* des stipulations contractuelles *ou* des clauses du contrat, moralité *f* du cocontractant; **–übernahme** *f* cession *f* de contrat; **–übertragung** *f* délégation conventionnelle.

vertragsunfähig *adj* incapable de contracter.

Vertrags|unfähigkeit *f* incapacité de contracter; **–unterlagen** *fpl* documents *mpl* relatifs au contrat; **–unternehmen** *(VwR)* établissement conventionné; **–untreue** *f* non-respect *m* des contrats; **–verhältnis** *n* lien *m* juridique résultant du contrat; **–verhandlungen** *pl* négociations préalables, pourparlers *mpl* en vue de la conclusion d'un contrat; marchandage *m*; **–verlängerung** *f* reconduction *f ou* prorogation *ou* prolongation d'un contrat.

Vertrags|verletzung *f* (1) violation du contrat, inexécution (du contrat), faute intentionnelle *ou* lourde, (2) *(VR)* violation d'un traité; **–verpflichtung** *f* obligation contractuelle; **–versicherung** *f* (= Individualversicherung) assurance privée; **–verstoß** *m* inexécution d'une clause contractuelle *ou* du contrat; **–völkerrecht** *n* droit *m* international conventionnel; **–vorschlag** *m* (Aut) proposition de contrat; **–währung** *f* monnaie convenue; **–ware** *f* article *m ou* produit sous contrat; **–werk** *n* (1) *(ZR)* ensemble des actes juridiques formant le contrat, document contractuel, (2) *(VR)* traité *m*; **–werkstatt** *f* *(Kfz)* garagiste-réparateur conventionné *ou* lié par contrat à un groupe industriel.

vertragswidrig *adj* (stipulation) ne respectant pas les clauses du contrat *ou* contraires au contrat; **–e Benutzung, –er Gebrauch, –e Verwendung** utilisation *ou* usage non conforme au contrat.

Vertrags|widrigkeit *f* violation *ou* rupture du contrat, non-respect d'une clause contractuelle; **–zeit** *f* durée *f* du contrat; **–ziel** *n* objectif *m* poursuivi par le contrat; **–zollsatz** *m* tarif *m* douanier conventionnel, droits conventionnels; **–zusatz** *m* avenant *m*; **–zustand** *m* situation contractuelle; **–zweck** *m* cause *f* du contrat.

Vertrauen *n* (1) *(Zuversicht)* confiance *f*, (2) *(Anvertrauen)* confidence *f*; **das – aussprechen** voter la confiance.

Vertrauens|antrag *m* motion *f* de confiance; **–anwalt** *m* avocat librement choisi et mandaté; **–arzt** *m* *(SozVers)* médecin-conseil *m*, médecin chargé du contrôle médical, médecin contrôleur; **–basis** *f* climat de confiance; **–beweis** *m* témoignage *m* de (sa) confiance; **–bruch** *m* abus *m* de confiance, indiscrétion *f*.

Vertrauensfrage *f* *(VerfR)* question de confiance; **die – stellen** poser la question de confiance.

Vertrauens|grundlage *f* climat *m* de confiance; **–grundsatz** *m* principe de la confiance réciproque; **–haftung** *f* responsabilité contractuelle pour les personnes participant aux négociations et à l'exécution du contrat; **–interesse** indemnité pour les frais engagés (en vue de la conclusion d'un contrat); **–leute** *pl* *(ArbR)* délégués du personnel; **–mann** *m od.* **–person** *f* (1) *(i.w.S.)* homme de confiance, (2) *(ArbR)* délégué *m* (du personnel), (3) *(Geheimdienst: V-Leute)* informateur *m*, honorable correspondant; **–mißbrauch** *m* abus de confiance (au sens moral), trahison *f*, tromperie *f*; **–rat** *m* conseil de confiance; **–schaden** *m* *(ZR)* dommage résultant dépenses faites en vue de conclure un contrat; **–schutz** *m* *(ZR)* protection garantie par la loi aux personnes de bonne foi; **–stellung** *f* poste *m* de confiance; **–verhältnis** *m* rapports *ou* liens de confiance réciproque, climat *m* de confiance; **–votum** *n* vote *m* de confiance; **–würdigkeit** *f* le fait d'être digne de confiance, fiabilité *f*.

vertraulich *adj* (1) intime, familier, (2) *(Mitteilung)* confidentiel; **–e Behandlung wird zugesichert** discrétion assurée.

vertraut: sich – machen mit se familiariser avec qqch.

Vertraulichkeit *f* discrétion *f*, caractère *m* confidentiel; **– des Wortes** *(UrhR)* protection de la parole contre la divulgation illicite.

vertreiben (1) *(aus dem Hause)* chasser, déloger, expulser, (2) *(aus dem Lande)* bannir, exiler, (3) *(verkaufen)* débiter, vendre, placer, écouler, mettre sur le marché.

Vertreibung *f* expulsion *f*, bannissement *m*, éviction *f*.

vertretbar *adj* (1) *(Gegenstände)* fongible, remplaçable, (2) *(berechtigt)* justifiable, soutenable, défendable; **–e Sache** chose fongible.

Vertretbarkeit *f* fongibilité *f*.

vertreten (1) *(Vertreter sein)* représenter, (2) *(an die Stelle treten)* suppléer, remplacer, faire fonction de, (3) *(befürworten)* défendre, soutenir, (4) *(verantworten)* répondre de; **sich durch einen Anwalt – lassen** se faire représenter par un avocat (dans les actes de procédure), confier sa cause à un avocat; **nach außen –** représenter face aux tiers; **zu – haben, – müssen** être responsable de qch; **eine Auffassung –** défendre une conception *ou* une idée.

Vertretenmüssen *n* *(ZR)* le fait d'être responsable de ses actes, l'obligation de devoir réparer le dommage causé fautivement.

Vertreter *m* (1) *(Stellvertreter)* représentant *m*, mandataire *m*, (2) *(der „große" Handelsvertreter, früher: Handlungsagent)* agent *m* commercial, (3) *(der „kleine" Handelsvertreter od. Handlungsreisende)* voyageur *m*, représentant *m*, placier *m* (= V.R.P.), représentant de commerce, (4) *(bei Haustürgeschäften)* démarcheur *m*, (5) *(für eine Tätigkeit)* remplaçant, suppléant *m*, intermédiaire *m*, (6) *(Verteidiger)* défenseur *m*, avocat *m*, (7) *(Abgesandter)* délégué *m*; **akkreditierter –** représentant accrédité; **diplomatischer –** représentant *ou* agent diplomatique, envoyé *m*; **gesetzlicher –** représentant légal; **parlamentarischer –** attaché *m* parlementaire; **ständiger –** représentant *m* permanent; **vertraglicher –** représentant contractuel; **– der Belegschaft** représentant du personnel; **– der Finanzprokuratur** *(Aut)* agent judiciaire du Trésor; – **kraft Gesetzes** représentant légal; – **der öffentlichen Gewalt** agent de la force publique; – **des öffentlichen Interesses** *(VwPR)* représentant officiel d'une personne morale de droit public auprès d'un tribunal administratif; – **ohne Vertretungsmacht** représentant sans pouvoirs; – **des Staatsanwalts** *(StPR)* substitut *m.*

Vertreter|besuch *m* démarchage *m*, porte-à-porte *m*, visite *f* d'un représentant *ou* d'un démarcheur; **–netz** *n* réseau *m* d'agents de commerce; **–provision** *f* commission des représentants; **–versammlung** *f* *(ArbR)* assemblée *f* des délégués du personnel; **–vertrag** *m* (1) *(ArbR: kleiner Handelsvertreter)* contrat *m* de représentant V.R.P., (2) *(HR: großer Handelsvertreter)* contrat d'agence, contrat de représentation commerciale.

Vertretung *f* (1) *(ZR, HR: Tätigkeit)* représentation (dans les actes juridiques); pouvoir de représentation; procuration, mandat *m* pour représenter un tiers*), (2) *(Niederlassung)* succursale *f*, comptoir *m*, agence *f*, (3) *(vorübergehende Stellvertretung)* intérim *m*, remplacement *m*, (4) *(VR)* mission diplomatique; **in –** (1) *(HR, ZR: i. V.)* par représentation, (2) *(ÖfR)* par délégation; par ordre, (3) par intérim; **in – meiner Firma** en qualité de représentant de ma firme *ou* maison; **die – für jemanden übernehmen** (1) assurer la représentation de qqn, (2) être chargé de remplacer (un collègue); **berufsständische –** représentation professionnelle, ordre *m* (professionnel); **diplomatische –** (1) représentation *ou* mission diplomatique, (2) poste *m* diplomatique; **gewerkschaftliche –** représentation syndicale; **gewichtete –** représentation pondérée; **gewillkürte –** mandat *m*, procuration; **konsularische –** (1) représentation consulaire, (2) consulat *m*, poste *m* consulaire; **ständige –** représentation *ou* délégation permanente; **verhältnismäßige –** représentation pondérée; **vertragliche –** mandat *m*, procuration; **völkerrechtliche –** représentation diplomatique; – **vor Gericht** représentation en justice; – **ohne Vertretungsmacht** *f* promesse *f* de porte-fort, représentation sans pouvoirs.

Vertretungsbefugnis *f (ZR, HR, GesR)* mandat *m*; qualité pour représenter qn.; pouvoir *m* de représentation.

vertretungs|befugt *adj* qui a le pouvoir de représenter qn.; **–berechtigt** en droit de représenter.

Vertretungs|geschäft *n* représentation (sur la base d'un mandat); **–körper** *m* (Aut) organe *m* représentatif; **–körperschaft** *f* organe représentatif; **–kosten** *pl* frais *mpl* de représentation; frais de remplacement; **–kräfte** *pl (ArbR: Aushilfskräfte)* intérimaires *mpl;* **–macht** *f* pouvoir de représentation, mandat *m*; **–monopol** *n* monopole de représentation; **–organ** *n* organe *m* représentatif; **–recht** *n* droit de représentation; **–verbot** *n* interdiction faite à un avocat de représenter un client en justice, interdiction professionnelle prononcée à l'encontre d'un avocat; **–vereinbarung** *f*, **–vertrag** *m (HR)* contrat *m* d'agence, contrat d'agent commercial *ou* de représentation commerciale; **–vollmacht** *f* pouvoir de représentation, procuration; **–zwang** *m* obligation *f* de se faire représenter (en justice par un avocat).

Vertrieb *m* vente *f*, écoulement *m*, débit *m*, placement *m*; *(Handel)* commerce *m*, distribution; **direkter –** vente directe; **gewerbsmäßiger –** commercialisation *f*, placement de marchandises (en qualité de commerçant), activité indépendante de placement.

Vertriebene(r) *m* personne *f* déplacée, réfugié *m*.

---

*) das frz. Recht scheidet Auftrag und Vollmacht (Vertretungsbefugnis) nicht. Sie bilden das ‹mandat›.

Vertriebs|abteilung *f* service commercial, Service Ventes; **–bindung** *f* contrat *m* de vente comportant des restrictions pour la revente; **–büro** *n* bureau de vente; **–gebiet** *n* champ *m* d'activités, secteur de placement (de marchandises); **–gemeinschaft** *f* syndicat de vente; **–genehmigung** *f* autorisation de mise en vente; **–kartell** *n* entente *f* pour la commercialisation; **–kosten** *pl* frais de vente *ou* de distribution; **–leiter** *m* chef des ventes; **–lizenz** *f* licence *f* d'écoulement; **–netz** *n* réseau de distribution; **–recht** *n* droit de diffusion *ou* de distribution; **–stelle** *f* point de vente; **–tätigkeit** *f* activité commerciale de placement *ou* de vente; **–unternehmen** *n* entreprise *f* de distribution; **–weg** *m* filière *f* (de vente), voie *f* de distribution.

Vertrustung *f* formation *f* de trust.

vertuschen éluder, passer l'éponge; falsifier, truquer, maquiller.

verüben *(Straftat)* commettre (une infraction); *(Attentat)* perpétrer un attentat.

verunfallen (S) avoir un accident de voiture, être accidenté.

verunglimpfen calomnier, diffamer.

Verunglimpfung *f* calomnie *f*, diffamation *f*.

verunglücken avoir un accident de la circulation; **tödlich** – avoir un accident mortel.

verunreinigen polluer.

Verunstaltung *f* disgrâce physique, défiguration *f*, déformation *f*, enlaidissement *m*; **–sschaden** *m* préjudice *m* esthétique.

veruntreuen commettre des malversations (en détournant des fonds).

Veruntreuung *f (StR)* abus de confiance; **im Amt** détournement de fonds par un dépositaire public.

verursachen (1) causer, provoquer, (2) *(veranlassen)* occasionner, (3) *(hervorbringen)* faire naître, produire.

Verursacher *m* (1) personne ayant causé un dommage *ou* ayant à répondre d'un dommage, (2) *(UmweltR)* pollueur *m*; **–prinzip** *n* *(UmweltR)* principe du pollueur-payeur.

Verursachung *f* le fait de causer, le fait d'être à l'origine de qch, causalité *f*, cause *f*.

Verursachungshaftung *f* responsabilité sans faute, responsabilité *f* objective.

verurteilen (1) *(StR)* condamner (un coupable à une peine), frapper d'une peine, (2) *(VwR)* sanctionner, (3) *(AllgSpr)* faire subir une punition; **in Abwesenheit** – condamner par défaut; **zu einer Geldstrafe** – condamner à payer une amende; **zu einer Haftstrafe** – condamner à une peine de prison; **zur Tragung der Kosten** *od.* **in die Kosten** – condamner (aux frais et) aux dépens.

Verurteilte(r) *m* condamné *m*; **lebenslang** – (Aut), **lebenslänglich** – condamné à perpétuité.

Verurteilung *f* jugement de condamnation, condamnation (de l'accusé par les juges); **strafrechtliche** – condamnation pénale; **zivilrechtliche** – condamnation civile; **– in Abwesenheit** *(ZPR)* condamnation par défaut; **– in Abwesenheit des Angeklagten** *(StPR)* condamnation par contumace; **– mit bedingtem Strafvollzug** (Aut) condamnation avec sursis; **– mit Bewährungsfrist** condamnation *m* avec sursis et mise à l'épreuve; condamnation conditionnelle (B); **– unter Gewährung des bedingten Strafvollzugs** (S) condamnation avec sursis; **– in die Kosten, – zu den Kosten, – zur Tragung der Kosten** condamnation aux dépens; **– zu Schadensersatz** condamner qqn. à réparer le dommage.

vervielfältigen (1) *(Fotographie)* reproduire, (2) *(Schriftstücke)* polycopier, multicopier, ronéotyper, hectographier.

Vervielfältigung *f* polycopiage, reproduction en polycopie (de documents).

Vervielfältigungs|apparat *m* machine *f* à polycopier; photocopieur *m*, photocopieuse *f*; **–recht** *n* *(UrhR)* droit de reproduction.

vervollkommnen améliorer, perfectionner.

vervollständigen compléter; parachever.

Verwahr|auftrag *m* (Aut) ordre *m* donné par un tribunal de prendre un objet en dépôt.

verwahren garder, conserver; **sich – gegen** protester contre.

Verwahrer *m* dépositaire *m*, gardien *m*, consignataire *m*; **gesetzlicher –** dépositaire légal.

verwahrlosen être négligé, être laissé à l'abandon.

Verwahrlosung *f* abandon (moral); **sittliche – der Kinder** abandon moral des enfants; **– Minderjähriger** corruption de mineurs.

Verwahrung *f* (1) *(ZR: Sachen)* dépôt *m* (volontaire), conservation *f*, garde (d'un objet), (2) *(ÖfR: Personen)* internement *m*, garde *f* (à vue); **gerichtliche –** (Aut) dépôt judiciaire, dépôt en justice; **öffentlichrechtliche –** service public des dépôts et consignation, dépôt régi par le droit public; **– einlegen** protester, faire opposition.

Verwahrungs|anstalt *f* (1) *(Personen)* maison *f* d'internement, (2) *(Sachen)* établissement de dépôt, (3) *(ÖfR)* caisse de dépôts et de consignations; **–bruch** *m* détournement d'objets en garde; **–gebühr** *f* droit de garde; **–geschäft** *m* *(Banken)* opération de dépôt de titres; **–gesetz** *n* *(ÖfR. Unterbringungsgesetz)* loi relative à l'internement des malades mentaux dangereux; **–kosten** *pl* frais de conservation (de la chose déposée); **–ort** *m* (1) *(Person)* lieu de détention, (2) *(Sachen)* lieu *m* du dépôt; **–register** *n* registre *m* de dépôt; **–vertrag** *m* contrat de dépôt, dépôt volontaire.

verwaisen devenir orphelin.

verwalten (1) *(Sache)* administrer, gérer, (2) *(Amt)* exercer *ou* remplir (une fonction).

Verwalter *m* (1) *(ÖfR)* administrateur *m*, (2) *(HR, ZR)* gestionnaire *m*, gérant *m*; **gerichtlich bestellter –** séquestre *m* judiciaire, administrateur *m* séquestre; **gesetzlicher –** administrateur légal; **öffentlicher –** (Aut) administrateur *m* public, commissaire-gérant; **treuhänderischer –** administrateur fiduciaire; **vorläufiger –** administrateur provisoire.

Verwaltung *f* (1) *(Behörden)* administration *f*, service *m* public, organisme *m* administratif, (2) *(Betriebe)* gestion *f*, direction *f*; régie *f*, (3) *(GesR: Vorstand u. Aufsichtsrat)* directoire et conseil de surveillance, conseil d'administration; **autonome –** *(VwR)* administration autonome *ou* décentralisée; **bundeseigene –** administration fédérale directe; **gesetzliche –** administration légale; **getrennte –** gestion distincte; **kommunale –** adm. communale *ou* locale; **laufende –** gestion courante; **öffentliche –** adm. publique; **örtliche –** adm. locale; **staatliche –** adm. publique; **treuhänderische –** adm. fiduciaire; **vorläufige –** adm. provisoire; **wirtschaftliche –** gestion économique; **– des Bestandes** gestion du portefeuille; **– für technische Hilfe** adm. de l'assistance technique; **– des Vermögens** gestion du patrimoine; **– von Wertpapieren** gestion de portefeuille; **Gebundenheit der –** compétence liée; **Gesetzmäßigkeit der –** légalité *f* de l'activité administrative; **Schweigen der –** silence *m* de l'administration.

Verwaltungs- und Gewinngemeinschaft *f* communauté de gestion et de bénéfices.

Verwaltungs|abgabe *f* taxe *f* administrative; redevance *f*; **–abkommen** *n* *(VR)* accord gouvernemental; **–abteilung** *f* section *f* administrative, service administratif.

Verwaltungsakt *m* acte *m* (administratif) individuel, décision *f* (administrative) (particulière) individuelle; **beeinträchtigender –** acte individuel faisant grief; **begünstigender –** acte *ou* décision créant un droit particulier individuel; **belastender –, beschwerender –** acte *ou* décision créant une obligation *ou* limitant un droit; **berechtigender –** décision individuelle créatrice de droit(s); **feststellender –** acte individuel *ou* décision particulière individuelle constatant l'existence de certains faits relatifs aux personnes *ou* aux choses; **gestaltender –** décision *f* exécutoire particulière individuelle; **nicht mitwirkungsbedürftiger –** acte unilatéral, acte-règle; **mitwirkungsbedürftiger –** acte individuel prévoyant la participation de l'intéressé; **rechtsgestaltender –** décision individuelle créant une situation juridique particulière, (acte de nomination, décision de naturalisation); **verpflichtender –** décision individuelle créatrice d'obligations; **Aufhebung eines –es** abrogation *f* (pour l'avenir) d'un acte individuel *ou* d'une décision particulière individuelle; **Rücknahme eines –es** retrait *m* (avec effet rétroactif) d'un acte individuel; **Rücknahme eines begünstigenden –es** retrait *m* d'un acte individuel conférant un droit particulier.

Verwaltungs|akten *pl* dossier *m* administratif; **–angelegenheit** *f* question administrative; **–angestellte(r)** *m* agent *m* public (non-fonctionnaire), personnel *m* de l'administration (régi par le droit privé); **–anordnung** *f* règlement intérieur d'une administration; **–anweisung** *f* instruction de service; **–apparat** *m* appareil administratif; **–aufbau** *m* organisation *ou* structure de l'Administration; **–aufgaben** *pl* tâches *fpl ou* activités *fpl* assumées par une collectivité publique, fonctions de l'État; **–ausgaben** *pl* dépenses *fpl* administratives; dépenses de fonctionnement; **–ausschuß** *m* commission administrative; **–beamte(r)** *m* fonctionnaire *m ou* agent public stricto sensu; **–befugnis** *f* compétence administrative; **–behörde** *f* service administratif, administration; **–beirat** *m* comité consultatif; conseil d'administration; **–bericht** *m (GesR)* rapport de gestion; **–beschwerde** *f* recours contre une décision d'un tribunal administratif allemand *ou* contre une décision du président dudit tribunal; **–bezirk** *m* subdivision *f* administrative (territoriale), circonscription administrative, district *ou* arrondissement *m* administratif (B); **–depot** *n* dépôt de gestion de titres; **–dezentralisation** *f* décentralisation *f* administrative; **–dienst** *m* activité dans la fonction publique; **–dienstanweisung** *f* instruction administrative; **–einnahmen** *pl* recettes *fpl* courantes encaissées par les administrations, recettes de fonctionnement; **–entscheidung** *f* décision administrative *ou* exécutoire; **–ermessen** *n* pouvoir discrétionnaire de l'administration; **–formalitäten** *pl* formalités administratives; **–führung** gestion administrative; **–funktion** *f* fonction administrative; **–gebäude** *n* bâtiment administratif; **–gebühr** *f* taxe administrative, redevance *f*; **–gemeinschaft** *f* groupement intercommunal; **–gericht** *n* tribunal administratif (allemand), juridiction administrative (de première instance); **–gerichtsbarkeit** *f* justice administrative, juridiction (en matière) administrative.

Verwaltungsgerichts|beschwerde *f* (S) recours de droit administratif; **–hof** *m* Tribunal administratif supérieur (en Bavière, Hesse et le Land de Bade-Wurtemberg); **–ordnung** *f* (= VwGO) Loi relative à l'organisation des tribunaux administratifs (allemands); **–prozeß** *m* procès *ou* contentieux devant un tribunal administratif; **–präsident** *m* président *m* du tribunal administratif; **–rat** *m* conseiller auprès du tribunal administratif; **–verfahren** *n* procédure *f* devant les tribunaux administratifs; **–verfassung** *f* organisation des juridictions administratives.

Verwaltungs|grenze *f* limite administrative; **–handeln** *n* opération *f* administrative, *(schlichtes – –)* acte de gestion; **–handlung** *f* acte matériel, agissement(s) *ou* opération(s) d'exécution de l'administration; **–haushalt** *m*, budget *m* administratif, budget de fonctionnement; **–haushaltsplan** *m (EuR)* budget *m* de fonctionnement; **–helfer** *m* concessionnaire *m*; **–hierarchie** *f* hiérarchie *f* administrative.

Verwaltungshilfe *f* assistance *f ou* aide *f* administrative; **gegenseitige –** assistance mutuelle administrative.

Verwaltungs|justiz *f* justice administrative; **–klage** *f* recours contentieux, action devant un tribunal administratif; **–kompetenz** *f* compétence *f* en matière administrative; **–konferenz** *f* conférence administrative; **–konto** *n* compte d'administration; **–kontrolle** contrôle par l'autorité supérieure, contrôle administratif (exercé par le supérieur hiérarchique), pouvoir de tutelle; **–kosten** *pl* (1) coût *m* de l'administration publique, (2) frais *mpl* administratifs; **–lehre** *f* doctrine relative à la fonction administrative.

verwaltungsmäßig *adj* administratif *adj*, administrativement *adv*.

Verwaltungs|maßnahme *f* acte (administratif) réglementaire, règlement *m* administratif; **–moral** *f* moralité administrative; **–organ** *n* organe administratif, corps *m* de l'administration; **–personal** *n* personnel administratif, administratif *m*; **–praxis** *f* pratique administrative; **–privatrecht** *n* droit privé applicable à l'administration; **–prozeß** *m* recours *m* devant un tribunal administratif, contentieux *m* administratif, litige *m* en matière administrative, demande portée devant un tribunal administratif; **–prozeßordnung** *f* (= VwPO) Code allemand relatif à la procédure devant les tribunaux administratifs; **–rat** *m* (1) *(EuR)* administrateur, (2) conseil d'administration; **–recht** *n* droit administratif; **–rechtler** *m* spécialiste du droit administratif; **–rechtspflege** *f* justice administrative; **–rechtsprechung** *f* jurisprudence administrative; **–rechtsweg** *m* voie *f* de droit de la procédure administrative contentieuse; **–reform** *f* réforme administrative; **–richter** *m* juge administratif; **–rundschreiben** *n* circulaire *f* (administrative); **–sachen** *pl* contentieux *m* administratif, litige *m* d'ordre administratif; **–schiedsverfahren** *n* arbitrage administratif; **–schuld** *f* dette administrative; **–sekretär** *m* secrétaire administratif; **–sekretariat** *n* secrétariat administratif; **–sitz** *m* siège administratif; **–sprache** *f* langage de l'administration, style et vocabulaire administratifs; **–stelle** *f* bureau administratif, organe *ou* organisme administratif; **–stil** *m* style *m* administratif, langage de l'administration.

Verwaltungsstraf|recht *n* droit pénal administratif; **–senat** *m* (Aut) tribunal *m* administratif répressif.

Verwaltungsstreik *m* grève des fonctionnaires de l'administration publique.

Verwaltungsstreit|sachen *pl* contentieux *m* administratif; **–verfahren** *n* procédure contentieuse administrative.

Verwaltungs|struktur *f* organisation administrative; **–stufe** *f* échelon administratif, rouage administratif, instance administrative; **–tagung** *f* conférence administrative; **–träger** *m* organe administratif.

verwaltungstechnisch *adj* technico-administratif.

Verwaltungs|treuhand *f (ZR)* administration de biens; **–übereinkommen** *n* accord administratif, accord d'exécution; **–übereinkunft** *f* accord d'exécution; **–übertretung** *f* contravention administrative; **–union** *f* union administrative; **–unrecht** *n* acte *m* répréhensible passible d'une peine administrative; **–untergliederung** *f*, **–unterteilung** *f* subdivision administrative; **–vereinbarung** *f (VR)* accord gouvernemental.

Verwaltungs|verfahren *n* recours *m* administratif; **–verfahrensgesetz** (= VwVfG) Loi allemande relative à la procédure devant les tribunaux administratifs; **–vermögen** *n* biens *mpl* affectés à une collectivité publique, domaine public; **–verordnung** *f* règlement administratif; **–vertrag** *m* contrat administratif, marché *m* (de travaux publics *ou* de fourniture); offre *f* de concours; **–vollstreckung** *f* exécution par voie administrative; **–vollstrekkungsgesetz** *n* (= VwVG) Loi allemande portant sur l'exécution par voie administrative; **–vollzugsordnung** *f* règlement d'exécution des actes administratifs unilatéraux; **–vorschrift** *f* mesure *f* d'ordre intérieur, mesure d'aménagement intérieur du service, prescription administrative, disposition administrative, règle administrative; **–vorverfahren** *n* recours administratif hiérarchique, recours gracieux; **–weg** *m* voie administrative; **–wissenschaft** *f* science *f* de l'organisation et de l'activité administratives; **–zentrum** *n* centre administratif; **–zustellung** *f* notification *ou* signification administrative; **–zustellungsgesetz** (= VwZG) Loi allemande sur la signification des actes administratifs; **–zwang** *m* exécution d'office administrative (d'une décision exécutoire), contrainte administrative; **–zwangsverfahren** *n* procédure d'exécution par voie administrative; **–zweig** *m* (1) branche *f* de l'administration, domaine public, (2) *(Geschäftsbereich)* domaine *m* de compétence.

Verwandlung *f* (1) *(Veränderung)* changement *m*, transformation *f*, (2) *(Strafe)* commutation *f*.

verwandt *adj* (1) parent de, (2) *(verschwägert)* allié, apparenté, (3) *(ähnlich)* analogue, semblable, proche, de même origine.

Verwandte(r) parent *m*; membre *m* de la famille; **angeheirateter –** allié *m*; **– in absteigender Linie** descendant *m*; **– in aufsteigender Linie** ascendant *m*, grand-père *ou* grand-mère, aïeul *m*; **die nächsten –** les parents en ligne directe; **vollbürtige –** parents germains; **halbbürtige –** parents utérins *ou* consanguins.

Verwandten|ehe *f* mariage *m* entre proches parents; **–kreis** *m* famille *f*; **–unterstützung** *f* (S) assistance *f* aux parents.

Verwandtschaft *f* parents *mpl*, parenté *f*; **eheliche –** parenté légitime; **– durch nichteheliche Geburt** parenté illégitime *ou* naturelle.

Verwandtschafts|grad *m* degré *m* de parenté; **–verhältnis** *n* lien *m* de parenté.

verwarnen (1) *(StVR)* verbaliser, (2) *(i. w. S.)* avertir, donner un avertissement, mettre en garde.

Verwarnende(r) *m (Verkehrspolizist)* agent *m* verbalisateur.

Verwarnung *f* (1) *(StVR)* contravention, avis *m* de contravention, (2) *(i. w. S.)* avertissement *m*, admonestation *f*, remontrance *f*; **gebührenpflichtige –** amende *f* forfaitaire, avertissement *m* taxé.

Verwarnungs|bescheinigung *f* avis *m* de contravention, procès-verbal *m* (= P. V.); **–geld** *n* pénalité *f*, amende administrative, timbre-amende *m*; **–schreiben** *n* lettre comminatoire *ou* de mise en garde; **–verfahren** *n* procédure relative aux amendes administratives.

verwechseln confondre.

Verwechslungsgefahr *f od.* **Verwechselbarkeit** *f (Wz)* risque *m ou* danger *m* de confusion.

verwehren interdire, proscire.

verweigern refuser, ne pas accepter, opposer un refus à qqn.

Verweigerung *f* refus *m*, fin *f* de non recevoir; répudiation *f*; **– des Agreements** refus d'agrément; **– der Annahme** refus d'acceptation; **– der Auslieferung** refus d'extradition; **– der ehelichen Lebensgemeinschaft** refus *n* de poursuivre la vie commune; **– der Eideslei-**

stung refus de prêter serment; – **der Erfüllung** refus d'exécution; – **der Hilfeleistung bei Gefahr** abstention de secours en cas de péril; – **der Leistung** refus *m* du paiement *ou* de l'exécution (du contrat); – **der Zeugenaussage, – des Zeugnisses** refus de témoigner.

Verweigerungs|erklärung *f* déclaration relative à un refus de témoigner; **–recht** *m* droit de refuser une prestation *ou* une information.

Verweis *m* (1) *(Tadel)* blâme *m*, réprimande *f*, avertissement *m*, (2) *(Hinweis)* renvoi *m*, référence *f*.

verweisen (1) *(ZPR)* renvoyer à mieux se pourvoir, se déclarer incompétent, (2) *(bezugnehmen auf)* se référer à, faire référence à, (3) *(Aufenthalt verbieten)* expulser, bannir, exiler qqn, (4) *(j-n tadeln)* blâmer, admonester, (5) *(verbieten)* interdire, prohiber.

Verweisung *f* (1) *(PrzR)* renvoi *m*, déclinatoire *m*, (2) référence *f*, renvoi à un autre endroit du texte, (3) *(VwR, StR)* exclusion, expulsion *f*; **– an den Ausschuß** renvoi à la *ou* en commission; **– auf den Bürgen** évocation en garantie; **– einer Rechtssache** (an ein anderes Gericht) renvoi *m* d'une affaire (à une autre juridiction).

Verweisungs|antrag *m* demande de renvoi; **–beschluß** *m* décision *ou* jugement de renvoi; **–bruch** *m* (S) rupture de ban; **–norm** *f* règle de renvoi; **–erklärung** *f (ZPR)* acceptation par le défendeur de la demande de renvoi (du demandeur); **–privileg** *n (VersR)* privilège accordé à l'assureur de refuser l'indemnité prévue; **–tätigkeit** *f (ArbR)* nouvelle activité professionnelle en cas d'incapacité d'exercer la profession originaire; **–verfügung** *f* ordonnance *f* de renvoi.

verwendbar *adj* utilisable, employable.

verwenden employer, utiliser; **sich –** s'employer à, intercéder pour.

Verwender *m* (= Benutzer) utilisateur *m*.

1. Verwendung *f* (1) *(Anwendung)* usage *m*, emploi *m*, utilisation, application, (2) *(Eintreten)* intercession *f*, entremise *f*, démarche *f*; **betrügerische –** emploi *m* frauduleux; **gewerbliche –** usage *m* commercial; **gewinnbringende –** emploi lucratif; **rechtsmißbräuchliche –** utilisation abusive.

2. Verwendungen *pl (ZR: Aufwendungen)* impenses *fpl*, moyens financiers employés en vue de réparer une chose; **Luxus–** impenses voluptuaires; **notwendige –** impenses nécessaires; **nützliche –** impenses utiles.

Verwendungs|beschränkung *f* restriction à l'utilisation; **–fähig** *adj* en état; **–fähigkeit** *f* applicabilité *f*, le fait d'être utilisable; le fait d'être en mesure d'assumer une fonction; **–kosten** *pl* frais *mpl* d'utilisation; **–möglichkeit** *f* possibilité *f* d'emploi *ou* d'utilisation; **–nachweis** *m* certificat d'utilisation, **–patent** *n* brevet d'application; **–priorität** *f* priorité d'utilisation; **–verpflichtung** *f* engagement *m* d'emploi; **–weise** *f* mode *m* d'utilisation; **–zeugnis** *n* certificat *m* d'utilisation; **–zweck** *m* destination, emploi *m* (prévu).

verwerfen (1) *(Plan, Argument)* écarter un argument, rejeter, repousser, (2) *(Urteil)* infirmer, rejeter une requête *ou* un pourvoi, (3) *(Zeugen)* récuser, (4) *(verurteilen)* condamner, réprouver.

verwerflich *adj* répréhensible.

Verwerflichkeit *f (StR)* fait pour un acte *ou* une conduite d'être répréhensible *ou* condamnable.

Verwerfung *f* rejet *m*, refus *m*; récusation *f*, réprobation *f*; **– des Einspruches** débouté *m* d'opposition.

Verwerfungs|urteil *n* arrêt *m* rejetant un pourvoi; **–zeichen** *n* marque *f* de refus, poinçon *m* de refus.

verwertbar *adj* utilisable, exploitable; utile.

Verwertbarkeit *f* fait d'être réutilisable *ou* utilisable, possibilité de réemploi *ou* d'exploitation; **ge-**

werbliche – fait d'être exploitable industriellement.
verwerten utiliser, mettre à profit, faire valoir, exploiter.
Verwertung *f* (1) *(Sache)* utilisation *f*, emploi *m*, (2) *(HR, PatR, UrhR)* exploitation *f*, (3) *(ZwangsVR: Pfand)* réalisation du gage; **gewerbliche –, gewerbsmäßige –** exploitation industrielle *ou* commerciale; commercialisation.
Verwertungs|begehren *n* (S) réquisition de vente; **–gebühr** *f* frais occasionnés par la vente des objets saisis; **landwirtschaftliche –genossenschaft** *f* coopérative d'exploitation agricole; **–gesellschaft** *f* société de mise en valeur, société *f* d'exploitation; **–recht** *n* droit *m* d'exploitation; **–verbot** *n (StPR)* interdiction d'utiliser qch (comme moyen de preuve).
verwickeln (1) *(in eine Angelegenheit)* impliquer (dans une affaire), compromettre qn, (2) *(verwirren)* embrouiller.
verwirken perdre; **ein Recht –** être déchu d'un droit.
verwirklichen réaliser, traduire dans les faits, concrétiser, accomplir.
Verwirkung *f* déchéance *f*, perte *f*; forclusion *f*; **– der elterlichen Sorge** déchéance de l'exercice de l'autorité parentale; **– von Grundrechten** déchéance de droits fondamentaux; **– eines Rechtes** péremption, déchéance d'un droit, extinction *ou* caducité *f* d'un droit, perte *ou* annulation du droit.
Verwirkungs|abrede *f* convention de déchéance du droit; **–frist** *f* délai *m* de péremption, délai péremptoire (S); **–klausel** *f* clause de déchéance.
Verwirrung *f* trouble *m*, confusion; complication, enchevêtrement.
Verwirtschaftung *f* gaspillage *m*, dilapidation, mauvaise exploitation.
verwitwet *adj* veuf, veuve.
verwüsten dévaster, ravager, désoler.
verzählen: sich – se tromper en calculant.
verzehnfachen décupler.
verzeichnen inventorier, dresser un inventaire, répertorier; **einen Erfolg –** obtenir *ou* remporter un succès.
Verzeichnis *n* répertoire *m*, inventaire *m*, état *m*, liste *f*; bordereau *m*; **amtliches –** registre *m*, rôle *m*; **namentliches –** état *m* nominatif; **zusammenfassendes –** état *m* récapitulatif; **in ein – aufnehmen, ein – aufstellen** inventorier, dresser un inventaire; **– der Änderungen** répertoire des mises à jour; **– aller Gegenstände mit Wertangabe** inventaire descriptif et estimatif; **– der Hypotheken** état hypothécaire.
verzeihen pardonner, excuser.
Verzeihung *f* pardon *m*, excuse *f*.
Verzerrung *f* disparité *f*, disproportion; **wirtschaftliche –** déséquilibre *m* économique; **– des Wettbewerbs** concurrence déloyale, distorsion de la concurrence.
Verzicht *m* (1) *(Aufgabe)* renonciation *f* (à un droit), (2) *(Abtretung)* désistement *m*, abandon *m* (d'un droit); **seinen – erklären, – leisten** renoncer à.
verzichtbar *adj* (droit) auquel on peut renoncer.
verzichten renoncer, déclarer forfait, se désister; **auf ein Amt –** se démettre *ou* renoncer à une fonction; **auf einen Anspruch –** se dessaisir d'un droit, abandonner un droit, renoncer à un droit.
Verzichtende(r) *m* renonçant *m*, auteur *m* d'une renonciation.
Verzichterklärung *f* (1) *(auf ein Recht)* déclaration de renonciation *ou* d'abandon, (2) *(auf ein Amt)* acte *m* de désistement.
Verzichtleistung *f* désistement *m*, renonciation *f*; **– auf alle Rechte** renonciation à tous droits.
Verzichts|klausel *f* clause de renonciation; **–urteil** *n* jugement constatant la renonciation du demandeur à son droit.
verzinsbar *adj* productif d'intérêts.
verzinsen payer *ou* servir des intérêts; **sich –** rapporter des intérêts.

verzinslich *adj* productif d'intérêts; **– anlegen** placer à intérêt; **– sein** porter *ou* produire des intérêts.

Verzinsung *f* (1) *(Zahlung)* paiement des intérêts, (2) *(Ertrag)* rapport *m*, (3) *(Zinsfuß)* intérêt *m*, taux d'intérêt; **feste –** intérêt fixe; **zur – ausleihen** prêter à intérêt.

verzögern retarder, différer.

verzögernd *adj (PrzR)* dilatoire.

Verzögerung *f* retard *m*; **entschuldbare –** retard excusable; **ohne weitere –** sans délai, sur le champ; **ungerechtfertigte –** retard *m* injustifié; **– des Rechtsstreits** manœuvre *f* dilatoire.

Verzögerungs|gebühr *f* surtaxe *f* pour cause de retard; **–manöver** *n*, **–taktik** *f* manœuvre *f* dilatoire; **–zinsen** *pl* intérêts *mpl* moratoires; **–zuschlag** *m* supplément *m* pour cause de retard.

verzollen dédouaner, payer les droits *mpl* (d'entrée), payer la douane.

Verzollung *f* dédouanement *m*, acquittement *m* des droits (d'entrée).

Verzollungs|ausweis *m* acquit *m* de douane; **–gebühr** *f* droit de dédouanement; **–verfahren** *n* procédure de dédouanement.

Verzug *m* (1) *(Verzögerung)* retard *m*, demeure *f*, (2) *(Rückstand)* état de carence, défaut, (3) *(Lieferung)* non-respect *m* du délai de livraison, (4) *(Zahlung)* non-respect du délai de paiement; **in – geraten** être en retard, manquer à ses engagements; **in – setzen** constituer en demeure, mettre en demeure; **sich in – befinden** être en demeure; **– der Annahme** fait de ne pas prendre livraison au terme convenu; **– der Leistung** retard dans la livraison (de la chose).

Verzugs|klausel *f* clause *f* de retard; **–lage** *f* état de carence; **–schaden** *m* dommage *m* résultant d'un retard; **–strafe** *f* pénalité pour cause de retard, pénalité *f* de retard; **–zinsen** *pl* intérêts moratoires, intérêts de retard; **–zuschlag** *m* pénalité pour cause de retard.

Verzweiflungstat acte commis dans un accès de désespoir.

Verzweigung *f* (1) *(EDV)* aiguillage *m*, branche *f*, (2) *(S: Kreuzung)* croisement *m*, intersection (de deux routes).

Veterinär *m* (= Tierarzt) médecin vétérinaire.

Veto *n* veto *m*; **absolutes –** veto absolu; **aufschiebendes –** veto suspensif; **das – einlegen** mettre *ou* opposer le veto; **das – widerrufen** lever le veto; **–recht** *n* droit de veto.

Vetter *m* cousin *m*.

Vetternwirtschaft *f* népotisme *m*, favoritisme *m*.

Video|band *n* bande vidéo; **–clip** *m* clip *m* vidéo; **–gerät** *n* caméra *f* vidéo; **–kassette** *f* vidéocassette *f*; **–konferenz** *f* vidéo- *ou* visioconférence *f*; **–platte** *f* vidéodisque *m*; **–spiel** *n* jeu *m* vidéo; **–text** *m* vidéotex *m*, videographie *f*; **–thek** *f* vidéoclub *m*; **–überwachung** *f (Polizei)* contrôle vidéo des lieux publics (par la police).

Vidimation *f* (= Beglaubigung) certification, attestation.

Vidimierung *f* (Aut) certificat constatant la conformité d'une copie avec un original.

Vieh *n* bestiaux *mpl*, bétail *m*; **–bestand** *m* effectifs *mpl* des troupeaux, nombre *m* de têtes de bétail, cheptel *m*; **–halter** *m* personne responsable des dommages causés par les animaux; **–handel** *m*, **–kauf** *m* vente *f* de bestiaux; **–mangel** *m* vice du bétail; **–mastvertrag** *m* contrat d'embouche.

Viehpacht *f* bail à cheptel; **einfache –** bail à cheptel simple.

Vieh|seuche *f* épizootie *f*; **–triebsrecht** *n* servitude *f* de passage du bétail; **–verpfändung** *f* (S) engagement de bétail (S); **–versicherung** *f* assurance contre la mortalité du bétail; **–wirtschaft** *f* production animale; **–zucht** *f* élevage industriel.

vieldeutig *adj* ambigu, équivoque; polysémique.

Vieldeutigkeit *f* ambiguïté *f*; polysémie *f*; obscurité *f*.

Vielehe *f* polygamie *f.*

Viererǀkonferenz *f* conférence à quatre; **–Übereinkommen** *n* accord *m* quadriparti; **–verhandlungen** *pl* négociations *fpl* à quatre.

Viermächteabkommen *n* traité *m* quadripartite.

Viertausfertigung *f* quatrième expédition *f.*

Vierteljahr *n* trimestre *m.*

Vierteljahresǀdividende *f* dividende *m* trimestriel; **–geld** *n* crédit *m* de trois mois; **–rate** *f* terme *m* trimestriel.

vierteljährlich *adj* trimestriel.

Viktimologie *f (StR)* victimologie *f.*

Vindikation *f* (= Eigentumsherausgabeanspruch) demande *f* en restitution d'un droit réel immobilier, revendication *f.*

Vindikationsǀklage *f* action *f* en revendication de propriété, action pétitoire; **–legat** *n* legs par lequel le légataire devient directement propriétaire de la chose léguée; **–zession** *f* cession *f* de l'action en revendication.

Vinkulation *f*, **Vinkulierung** *f (WertpR)* clause soumettant la négociation *ou* cession d'un titre à l'autorisation de la société émettrice.

Vinkulationsǀgeschäft *n* opération de crédit documentaire; **–kredit** *m* crédit *m* documentaire.

vinkulieren lier à l'approbation de qn.

vinkulierte Namensaktie *f* action *f* nominative pouvant seulement être cédée à des tiers avec l'accord de la société émettrice.

Visierung *f* fait de délivrer un visa.

Visitation *f* (1) *(Besichtigung)* visite *f*, inspection, (2) *(Durchsuchung)* perquisition *f*, investigation *f*, visite *f.*

Visitationsrecht *n* droit de visite.

vista: a – à vue.

Visum *n* (= Sichtvermerk) visa *m*; **befristetes –** visa provisoire; **einfaches –** visa simple; **kurzfristiges –** visa de courte durée; **unentgeltliches –** visa gratuit; **das – erteilen** délivrer le visa; **mit einem – versehen** viser.

Visumǀantrag *m* demande de visa; **–zwang** *m* obligation de visa, visa obligatoire; **Befreiung vom –** dispense du visa.

Vizekanzler *m* vice-chancelier *m.*

Vizekonsul *m* vice-consul *m.*

Vizepräsident *m* vice-président *m.*

V-Mann *n (StR: Verbindungs-)* informateur *m*, *pej* indicateur.

Volk *n* peuple *m.*

Völkerbund *m* Société des Nations.

Völkerǀgemeinschaft *f* communauté des peuples; **–gewohnheitsrecht** *n* droit coutumier international.

Völkermord *m* génocide *m*; **–handlung** *f* acte *m* de génocide.

Völkerǀrecht *n* droit des gens, droit international public; **–rechtler** *m* spécialiste *m* du droit international public.

völkerrechtlich *adj* de droit international public; **–e Vertretung** représentation d'un État face aux États étrangers; **–er Vertrag** traité *m*, convention internationale; **–es Delikt** délit contre le droit des gens.

Völkerrechtsǀfähigkeit *f* capacité de droit des gens; **–gemeinschaft** *f* communauté internationale; **–norm** *f* norme internationale; **–praxis** *f* pratique internationale, pratique du droit des gens; **–subjekt** *n* sujet de droit international public *ou* du droit des gens; **–verletzung** *f* violation du droit des gens; **–vertrag** *m* traité *m* international.

Völkerschaftsprinzip *n* principe *m* des nationalités.

Völkerǀverständigung *f* rapprochement *m* des peuples; **–vertragsrecht** *n* droit international écrit *ou* conventionnel; **–wanderung** *f* migration *f* des peuples.

Volksǀabstimmung *f* consultation *f* populaire, plébiscite *m*, référendum *m*, votation populaire (S); **–aktie** *f* action attribuée aux salariés (en vue de favoriser l'actionnariat des ouvriers); **–auflauf** *m* attroupement *m*; **–aufstand** *m* insurrection *f*, émeute *f* (populaire), troubles *mpl*; **–aufwiegler** *m* agitateur *m*, meneur *m*, factieux *m*; **–bank** *f* banque *f* populaire; **–beauftragte(r)** délégué *m* du peuple; **–befragung** *f* consultation populaire, référendum *m*, plébiscite; **–begehren** *n* pétition *f*, initiative populaire, demande *f* de référendum; **–bewegung** *f* mouvement *m* populaire; **–bildung** *f* éducation nationale, instruction publique; **–demokratie** *f* démocratie *f* populaire; **–deutsche(r)** *m* personne de race, mais non de nationalité allemande, personne d'origine ethnique allemande; **–eigentum** *n* propriété *f* du peuple, propriété nationalisée; **–einkommen** *n* revenu *m* national; **–empfinden** *n* voix *f* du peuple; **–entscheid** *m* référendum *m*, plébiscite; **–erhebung** *f* soulèvement du peuple; **–feind** *m* ennemi *m* du peuple; **–fest** *n* fête populaire; **–front** *f* front *m* populaire.

Volks|gemeinschaft *f* communauté nationale, la Nation; **–gericht** *n* tribunal du peuple; **–gerichtshof** *m* *(hist)* Haute Cour criminelle nazie; **–gesundheit** *f* santé publique; **–gruppe** *f* ethnie *f*; **–herrschaft** *f* démocratie *f* directe, gouvernement du peuple par le peuple; **–hochschule** *f* académie *f* du soir; **–initiative** *f* (S) initiative populaire, référendum *m*; **–kommissar** *m* commissaire du peuple; **–kommune** *f* commune du peuple; **–kongreß** *m* congrès *m* populaire; **–masse** *f*, **–menge** *f* les masses, les couches populaires, la foule; **–miliz** *f* milice *f* populaire; **–partei** *f* parti *m* populaire; **–republik** *f* république populaire *ou* démocratique; **–republikaner** *m* républicain *m* populaire; **–schädling** *m* ennemi du peuple; **–schulbildung** *f* connaissances du niveau de l'enseignement primaire.

Volksschule *f* école *f* primaire; **private –** école libre.

Volkssouveränität *f* souveraineté du peuple, souveraineté populaire.

Volks|sturm *m* milice *f* populaire; **–trauertag** *m* journée nationale de deuil; **–tümlich** *adj* populaire; **–tumsgrenze** *f* frontière *f* ethnique.

Volks|verhetzung *f (StR)* excitation à la haine (raciale etc.); **–vermögen** *n* patrimoine *m* national; biens *mpl* nationaux; **–versammlung** *f* assemblée du peuple; **–versicherung** *f* assurance *f* populaire; **–vertreter** *m* représentant du peuple, député *m*, élu *m*; **–vertretung** *f* représentation *f* populaire; **–veto** *n* veto *m* populaire; **–wahl** *f* élection directe; **–wille** *m* volonté *f* populaire; **–wirtschaft** *f* économie *f* politique; **–wirtschaftler** *m* économiste *m*, spécialiste d'économie politique; **–wirtschaftslehre** *f* science économique, cours d'économie politique; **–wohl** *n* salut *m* public; **–zählung** *f* recensement *m* démographique, dénombrement de la population; **–zugehörige(r)** *m* personne appartenant à un groupe ethnique; **–zugehörigkeit** *f* appartenance *f* ethnique *ou* raciale.

voll *adj* plein, entier, intégral; **sechs –e Tage** six jours francs; **in –em Umfange** intégralement, entièrement; **–e Beladung** chargement complet.

Voll|akademiker *m* universitaire *m* diplômé, personne ayant acquis un diplôme d'enseignement supérieur (correspondant à la licence *ou* la maîtrise); **–aktie** *f* action entièrement libérée; **–akzept** *n* acceptation *f* ordinaire; **–approbation** *f* autorisation d'exercer la médecine (accordée après le doctorat au vu de certains stages supplémentaires); **–arbeitslose(r)** *m* chômeur *m* (sans aucun emploi); **–arbeitslosigkeit** *f* chômage *m* total *ou* complet.

Voll|automat *m* robot *m*; **–automatisiert** *adj* entièrement automatisé.

vollberechtigt *adj* qui a la pleine capacité.

Vollberechtigung *f* (1) pleine capacité *f*, (2) droit *m* entier.

vollbeschäftigt *adj* (travailler) à temps complet, à plein temps.

Vollbeschäftigung *f* plein-emploi *m*.

Vollbeschäftigungspolitik *f* politique *f* de plein-emploi.

Vollbesitz *m*: **im – seiner Sinne** *od.* **seiner geistigen Kräfte** en pleine possession de ses facultés mentales.

Voll|besoldung *f* traitement *m* complet *ou* intégral; **–bremsung** coup *m* de frein brutal *ou* brusque.

Voll|charter *f*, **–charterung** *f* affrètement *m* total.

Vollchartervertrag *m* contrat *m* d'affrètement total.

volleingezahlt *adj* (actions) entièrement libérées.

Volleinzahlung *f* paiement *m* intégral, paiement total.

vollenden achever, finir, terminer; **eine Straftat –** consommer (une infraction).

Vollendung *f* achèvement (d'un ouvrage); **– einer Straftat** consommation *f* (d'une infraction).

Vollersatz *m* indemnisation *f* intégrale, remboursement *m* intégral.

Vollführung *f* accomplissement *m*.

Vollgenuß *m* jouissance *f* complète, jouissance intégrale *ou* entière.

Vollgiro *n* endossement *m* complet.

vollgültig *adj* valide sans restriction aucune; **–er Beweis** preuve formelle.

Vollhafter *m (GesR: Komplementär)* commandité *m*.

Vollindossament *n* endossement *m* complet, endossement à personne dénommée.

vollinhaltlich *adj* entier, intégral, sans restriction; **–e Übereinstimmung** accord total *ou* en tous les points.

Vollinvalidität *f* invalidité *f* totale *ou* complète, infirmité *f* permanente.

volljährig *adj* majeur; **für – erklären** émanciper; **– werden, – sein** avoir dix-huit ans accomplis *ou* révolus.

Volljährige(r) *m* majeur *m*.

Volljährigkeit *f* majorité *f*, majorité civile, majorité civique (S); **gesetzliche –** majorité légale.

Volljährigkeitserklärung *f* émancipation *f*.

Volljurist *m* juriste titulaire des deux examens d'État allemands (Referendarexamen u. Assessorexamen).

Vollkaskoversicherung *f* assurance automobile tous risques, assurance *f* omnium, ass. tierce complète, ass. dommages collision et ass. dommages tous accidents.

Vollkaufmann *m* commerçant tenu d'observer l'intégralité des règles du droit commercial.

Vollkonvertibilität *f* pleine convertibilité *f*.

Vollmacht *f* (1) *(Vertretungsmacht)* pouvoir *m*, procuration *f*, (2) *(Gesamtvollmacht, Stellvertretung)* mandat *m* général, pouvoir de gestion, plein(s)-pouvoir(s) *m(pl)*, pouvoir de représentation, (3) *(Einzelvollmacht)* mandat spécial, mandat pour l'accomplissement d'un (seul) acte juridique, (4) *(Bevollmächtigung)* habilitation *f*, donner procuration, mandater, (5) *(Vollmachtsurkunde)* (acte de) procuration, procuration écrite, (6) *(Auftrag, Vertrag)* mandat conventionnel, (contrat de) mandat, (7) *(Gericht)* mandat de procédure *ou* ad litem; **in –** (= i. V.) par procuration; **allgemeine –** pouvoir général; **Aufhebung** *f* **einer –** révocation d'une procuration *ou* d'un mandat; **– kraft Rechtsscheins** mandat apparent; **– ohne zugrundeliegendes Auftragsverhältnis** absence de pouvoirs; **ausdrückliche –** mandat exprès; **beschränkte –** pouvoir limité, procuration limitée; **erloschene –** mandat non renouvellé; **fehlende –** absence de pouvoirs; **gebührende –** pouvoir en bonne et due forme, pouvoir régulier; **mündliche –** mandat oral *ou* verbal; **notarielle –** procuration notariée; **ordnungsgemäße –** pouvoir en bonne et due forme, pouvoir régulier; **privatschriftliche –** procuration sur papier libre, procuration sous seing privé (L); **Prüfung der –** vérification des pouvoirs; **richterliche –** mandat judiciaire; **schriftliche –** pouvoir écrit; **stillschweigende –** mandat tacite; **ungültige –** mandat nul; **vertragliche –** mandat conventionnel.

Vollmacht: eine – aufheben révoquer un mandat; **mit weitreichenden –en ausstatten** donner pleins pouvoirs à qqn; **jm. – erteilen** *od.* **geben** mandater, conférer un pouvoir de représentation à qqn, donner *ou* délivrer une procuration; **seine – mißbrauchen** détourner ses pouvoir (au détriment des intérêts du mandant); **seine – überschreiten** dépasser *ou* outrepasser ses pouvoirs, excéder son mandat; **eine – widerrufen** révoquer une procuration *ou* un mandat.

Vollmachtenprüfungsausschuß *m* comité de vérification des pouvoirs.

Vollmacht(s)|erteilung *f* (= Bevollmächtigung) conférer un pouvoir de réprésentation; investir qqn d'un mandat, mandater qqn; **–geber** *m* mandant *m*, représenté *m* (S); **–indossament** *n* endossement *ou* endos de procuration.

Vollmachts|inhaber *m* mandataire *m*, titulaire *m* d'une procuration; **–mißbrauch** *m* détournement de pouvoirs; **–nehmer** *m* mandataire; **–urkunde** *f* procuration, acte de procuration, acte de mandat (B); **–widerruf** *m* révocation *f* d'une procuration.

Vollmachtüberschreitung *f* dépassement de pouvoir (par le mandataire), excéder ses pouvoirs.

Vollmitglied *n* membre à part entière, membre *m* titulaire.

Vollpension *f* pension *f* complète.

Vollrausch *m* ivresse *f* manifeste, intoxication alcoolique aiguë, état *m* d'ébriété.

Vollrente *f* pension *f* liquidée au taux plein.

Vollschaden *m* dommage *m* intégral *ou* à cent pour cent.

Vollsitzung *f* séance *f* plénière.

Vollsouveränität *f* pleine et entière souveraineté *f*.

vollständig *adj* entier, total, intégral; **–e Arbeitsunfähigkeit** incapacité totale de travail; **–e, dauernde Arbeitsunfähigkeit** infirmité permanente totale; **–es Verzeichnis** inventaire *m* intégral.

Vollständigkeit *f* intégralité *f*, complétude *f*, entièreté *f*.

vollstreckbar *adj* (1) *(Urteil)* exécutoire, (2) *(Vorhaben)* exécutable; **– sein** avoir force exécutoire; **nicht –** inexécutable; **vorläufig –** (jugement) exécutoire à titre provisoire *ou* par provision; **–e Ausfertigung** grosse *f*, expédition du jugement revêtue de la formule exécutoire; **–er Titel** acte *m ou* titre *m* en forme exécutoire; **–e Urkunde** acte (notarié) revêtu de la formule exécutoire.

Vollstreckbarerklärung *f* (1) déclaration d'exécution, (2) *(ZPR u. IPR)* ordonnance *f* d'exequatur.

Vollstreckbarkeit *f* force exécutoire; **mangelnde –** inexécutabilité *f*; **vorläufige –** (règle de l')exécution provisoire (d'une décision).

Vollstreckbarkeitserklärung *f* exequatur *m*, ordonnance d'exequatur.

vollstrecken exécuter, procéder à l'exécution forcée.

Vollstrecker *m* (1) *(ZR)* exécuteur *m* (testamentaire), (2) *(ZPR)* agent *m* d'exécution, huissier de justice.

Vollstreckung *f* saisie-exécution, saisie *f*, exécution forcée; **verjährte –** actes d'exécution prescrits; **vorläufige –** exécution provisoire *ou* par provision; **die – aufschieben, die – aussetzen, die – hemmen** surseoir à l'exécution; **– in das bewegliche Vermögen** saisie *f* mobilière; **– in das unbewegliche Vermögen** saisie immobilière; **– ausländischer Entscheidungen** exécution de décisions de tribunaux étrangers; **– der Schiedssprüche** exécution des sentences arbitrales.

Vollstreckungs|abkommen *n* *(IPR)* accord sur l'exécution, convention d'exécution (des jugements); **–abwehr** *f* moyens de défense contre l'exécution forcée; **–abwehrklage** *f* action par laquelle le défendeur s'oppose à une exécution forcée en invoquant des exceptions de fond; **–anspruch** *m* droit d'obtenir l'exécution (d'un jugement); **–antrag** *m* demande de l'apposition de la formule exécutoire;

–art *f* mode *m* d'exécution; **–aufschub** *m* sursis *m* à exécution; **–auftrag** *m* mandement d'exécution; **–ausschluß** *m* dispense *f* de l'exécution; **–beamte(r)** *m* huissier *m*; **–befehl** *m* ordre *m ou* mandat *m* d'exécution (forcée); **–behörde** *f* autorité *f* chargée de la saisie-exécution; **–bescheid** *m* commandement préparatoire à la saisie-exécution, titre *m* exécutoire; **–beschluß** *m* ordonnance relative à une saisie-exécution; **–erinnerung** *f* incident *m* soulevé par le débiteur saisi et portant sur un vice de forme; **–erkenntnis** *n* jugement d'exequatur, exequatur *m*; **–erlös** *m* produit *m* de l'exécution forcée; **–ersuchen** *n* demande d'exequatur; **–fähigkeit** *f* mentions exigées dans un titre exécutoire (pour être valable); **–gebühr** *f* droit proportionnel (sur les sommes encaissées *ou* recouvrées); **–gegenklage** *f* action par laquelle le défendeur s'oppose à une exécution forcée en invoquant des exceptions de fond, demande *f* en mainlevée de l'exécution; **–gericht** *n* tribunal compétent en matière d'exécution *ou* chargé de l'exécution; **–gläubiger** *m* créancier *m* requérant l'exécution forcée; **–haftbefehl** *m* mandat d'arrêt lancé contre le défendeur en vue d'assurer l'exécution forcée d'un jugement; **–handlung** *f* acte *m* d'exécution; **–hilfe** *f* exécution forcée par voie d'entraide judiciaire; **–klausel** *f* formule *f* exécutoire, mandement d'exécution; **–kosten** *pl* frais d'exécution; **–leiter** *m (StPR)* magistrat chargé de surveiller l'exécution d'une peine, juge de l'application des peines; **–maßnahme** *f (ZPR)* mesure d'exécution; **–organ** *n* organe *m* chargé de l'exécution forcée; **–protokoll** *n* procès-verbal d'exécution; **–recht** *n* droit *m* en matière de voies d'exécution; **–schuldner** *m* débiteur soumis à exécution, débiteur saisi; **–schutz** *m* protection *f* contre l'exécution forcée; **–strafe** *f* (S) astreinte *f*; **–titel** *m*, **–urkunde** *f* titre *m ou* acte *m* exécutoire; **–urteil** *n* jugement prononçant la saisie-exécution; décision d'exequatur; **–vereitelung** *f* mesures prises par un débiteur pour éluder la saisie; **–verfahren** *n* procédure d'exécution (d'un jugement); **–verjährung** *f (StPR)* prescription de l'exécution de la peine; **–weg** *m* voie *f* d'exécution.

Volltarif *m* plein tarif *m*.

Volltrunkenheit *f* ivresse *f* complète, état *m* d'ébriété avéré.

Vollurteil *n* décision *f* judiciaire statuant sur la demande entière.

Vollverlust *m* perte *f* totale.

Vollversammlung *f* (1) *(GesR)* assemblée *f* générale, (2) *(Pol)* assemblée plénière, réunion *f* plénière.

Vollwaise *f* orphelin *m* de père et de mère.

Vollwertversicherung *f* assurance *f* pour la pleine valeur, assurance en valeur totale, assurance avec déclaration de la valeur totale.

vollzählig *adj* complet.

Vollzahlung *f* paiement *m* intégral, paiement total.

vollziehen (1) *(Amtshandlung, Urteil)* exécuter, (2) *(in die Tat umsetzen)* accomplir, effectuer, (3) *(Unterschrift)* signer, apposer sa signature (sur un acte); **die Ehe –** célébrer le mariage; **–de Gewalt** pouvoir *m* exécutif.

Vollziehung *f* exécution *f* (plus particulièrement d'un acte administratif); **die – aussetzen** surseoir à l'exécution; **Anordnung der sofortigen –** ordonner l'exécution immédiate (d'une décision particulière individuelle); **Aussetzung der –** sursis à l'exécution (d'un acte individuel).

Vollziehungs|beamte(r) *m* fonctionnaire chargé de faire exécuter une décision; **–verordnung** *f* (S) règlement *m* d'exécution.

Vollzug *m* (1) *(StR: Strafe)* exécution *f*, (2) *(Handlung)* accomplissement *m*, consommation *f*, (3) *(Urkunde)* ratification *f*; **sofortiger –** action *f* d'office; **– von Freiheits-**

strafen exécution d'une peine de prison.

Vollzugs|anordnung *f (VwPR)* ordre *m* d'exécution; **–anstalt** *f (StPR: JVA)* établissement *m* pénitentiaire, prison *f*; **–anweisung** *f* instruction *f* (pour l'exécution); **–aufschub** *m (VwPR)* sursis *m* à exécution; **–aussetzung** *f* suspension de l'exécution; **–auftrag** *m* mandat d'exécution; **–ausschuß** *m* commission *f* exécutive; **–erlaß** *m* (S) ordonnance d'exécution; **–gebühr** *f* émoluments *mpl* pour l'accomplissement d'un acte; **–gewalt** *f* pouvoir d'exécution; **–klausel** *f* clause *f* d'exécution; **–kosten** *pl* frais d'exécution, frais *mpl* d'application (S); **–lockerung** *f (StVZ)* aménagement du régime pénitentaire (en vue de la réadaptation d'un détenu); **–meldung** *f* avis d'exécution.

Vollzugsordnung *f* règlement d'exécution; **– für den Funkdienst** règlement *m* des radiocommunications.

Vollzugs|organ *n* organe *m* exécutif *ou* d'exécution, organisme d'exécution *ou* exécutif; **–plan** *m (StVZ)* plan de traitement (d'un détenu); **–polizei** *f* police administrative; **–privileg** *n* privilège d'exécution; **–untauglichkeit** *f* inaptitude *f* (d'un détenu) à purger une peine; **–verordnung** *f* (S) ordonnance d'exécution; **–vertrag** *m* (S) arrangement *m* d'exécution; **–vorschriften** *fpl (StPR)* régime de l'exécution des peines.

Volontär *m* (1) *(Auszubildender)* stagiaire *m*, (2) *(Freiwilliger)* travailleur au pair, travailleur *m* bénévole, volontaire *m* (S); **–verhältnis** *(ArbR)* lien juridique entre un chef d'entreprise et un stagiaire (ce lien est assimilé à un contrat de formation professionnelle).

Vom|hundertsatz *m* pourcentage *m*; **–tausendsatz** *m* (taux *m*) pour mille.

Vorabentscheidung *f (ZPR)* décision préalable *ou* préjudicielle *ou* avant dire droit; jugement interlocutoire (qui préjuge le fond du litige); **im Wege der –** à titre préjudiciel; **– über den Grund** jugement sur le fond.

Vorabentscheidungsverfahren *n* procédure préjudicielle.

Vorabfertigung *f* dédouanement *m* à l'entrée.

Voranmeldung *f* (1) préavis *m*, (2) *(PatR)* antériorité *f*, demande antérieure; **Gespräch mit –** (= V-Gespräch) communication téléphonique avec préavis.

Voranschlag *m* prévision *f*, devis *m* (estimatif); **– der laufenden Einnahmen** *(HaushR)* budget des voies et moyens.

voranstellen mettre en exergue; commencer par.

vorantreiben forcer, pousser, accélérer.

Voranzeige *f* préavis *m*, avis *m* préalable, préindication.

Vorarbeiten *pl* travaux *mpl* préparatoires.

Vorarbeiter *m* chef d'équipe, agent *m* de maîtrise, contre-maître *m*, maître-ouvrier *m*.

Voraus *m (ErbR)* préciput *m*; **vertraglich eingeräumter –** préciput conventionnel; **–abtretung** *f* cession de créances futures; **–abzug** *m* précompte *m*, retenue *f* à la source; **–anteil** *m* préciput, part *f* préciputaire; **–bestellung** *f* (S) abonnement *m*; **–bezahlung** *f* paiement d'avance, paiement *m* par anticipation, paiement préalable *ou* anticipé, versement *m* provisionnel.

voraus: im – par anticipation.

vorausdatieren postdater, inscrire une date postérieure à la date réelle.

Voraus|datierung *f* postdate *f*; **–empfang auf den Erbteil** avancement d'hoirie; **–entrichtung** *f* versement *m* anticipé, paiement *m* préalable; **–entwertung** *f* préoblitération *f*; **–erhebung** *f* perception préalable; **–haftung** *f* responsabilité préalable; **–kasse** *f* versement *m* préalable, paiement *m* anticipé; **–klage** *f (Einrede)* bénéfice *m* de (la) discussion; **–leistung** *f* prestation *f* par anticipation *ou* d'avance *ou* pré-

visionnelle; **–planung** *f* gestion prévisionnelle.
Voraussage *f* pronostic *m*, prévision.
voraussagen pronostiquer, prédire.
Vorausschätzungen *pl*, **wirtschaftliche –** prévisions *fpl* économiques.
Vorausschätzungs|bilanz *f* bilan *m* prévisionnel; **–programm** *n* programme *m* prévisionnel.
voraussehbar *adj* prévisible.
Voraussehbarkeit *f* prévisibilité *f*.
Vorausserie *f* présérie *f*, série de contrôle.
voraus|setzen supposer, présumer, poser comme condition; **–gesetzt daß ...** à condition de ...
Voraussetzung *f* (1) *(Bedingung)* condition *f*, (2) *(Annahme, Vorstellung)* hypothèse *f*, supposition, prévision; **formelle –** condition de forme; **materielle –** condition de fond; **unabdingbare –** condition substantielle *ou* sine qua non.
Voraus|verfügung *f* cession par anticipation; **–vermächtnis** *n (ErbR)* legs fait par préciput et hors part, prélegs *m*.
Vorauswahl *f* (1) pré-sélection, (2) *(öffentliche Aufträge)* choix *m* préalable.
vorauszahlen prépayer, payer à l'avance, payer d'avance.
Vorauszahlung *f* paiement par anticipation, paiement préalable *ou* anticipé, versement provisionnel.
Vorauszahlungs|schuld *f* dette provisionnelle; **–zinsen** *pl* escompte *m* accordé pour des paiements anticipés.
Vorbedacht *m* préméditation *f*; **mit – handeln** préméditer, agir avec préméditation; **ohne –** spontanément, sans y réfléchir.
Vorbedingung *f* condition *f* préalable, préalable *m*.
Vorbehalt *m* réserve *f*, clause *f* restrictive; **innerer –, stiller –** réserve *ou* restriction mentale; **ohne –** sans restriction, sans condition; sans arrière-pensée; **unter dem –, daß** sous réserve de, à la réserve que; **– des Gesetzes** *(VwR)* principe de la légalité administrative; **unter – aller Rechte** sous toutes réserves, sans garantie, sans engagement; **– des Nießbrauchs** réserve d'usufruit; **– der Rechtswohltat des Inventars** bénéfice *m* d'inventaire.
vorbehalten réserver; **sich –** se réserver (le droit) de.
vorbehaltlich *präp* sous réserve de.
vorbehaltlos (1) *(adj)* sans restriction, sans réserve aucune; (2) *(adv)* purement et simplement.
Vorbehalts|befugnis *f* compétence *f* réservée; **–erbe** *m* (Aut) héritier *m* bénéficiaire; **–erklärung** *f* réserves *fpl;* **–festsetzung** *f (SteuerR)* fixation provisoire des impôts; **–gebiet** *n* domaine *m* réservé; **–gesetzgebung** *f* législation relative au domaine réservé des puissances d'occupation; **–gut** *n (EheR)* biens *mpl* réservés, biens dotaux, propres *mpl*; **–käufer** *m* acheteur sous réserve de propriété; **–klausel** *f* (1) clause de réserve, (2) *(IPR)* (clause de l') ordre public; **–menge** *f* quantité *f* réservée; **–rechte** *pl* droits *mpl* réservés; **–urteil** *n* jugement rendu dans une procédure de référé et réservant au défendeur la possibilité de soulever dans la procédure ultérieure des exceptions étrangères à ces matières; **–verkäufer** *m* vendeur sous réserve de propriété; **–zahlung** *f* paiement effectué avec les plus expresses réserves.
Vorbelastung *f (UmweltR)* pollution antérieure (que fait valoir un nouveau pollueur pour se disculper).
Vorbemerkung *f* remarque *f* préalable *ou* liminaire, préambule *m*.
Vorbenutzer *m* utilisateur *m* antérieur.
Vorbenutzung *f* utilisation *f* antérieure, antériorité d'utilisation; **offenkundige –** utilisation publique et antérieure.
Vorbenutzungsrecht *n*, **Vorbenützungsrecht** *n* (Aut) droit d'antériorité, droit antérieur d'utilisation.
vorbereiten (1) organiser, prévoir, (2) préparer.
vorbereitend *adj* préparatoire; **–e Arbeit** travail préparatoire; **–e**

Schriftsätze actes de procédure préparatoires; **–es Verfahren** procédure préparatoire, instruction (d'un procès).

Vorbereitung *f* préparatifs *mpl*, préparation *f*; **– eines Angriffkrieges** préparatifs en vue d'une guerre d'aggression; **– der öffentlichen Klage** instruction en vue de l'action publique.

Vorbereitungs|arbeiten *pl* travaux *mpl* préparatoires; **–ausschuß** *m* comité *m* préparatoire; **–dienst** *m* stage *m* préparatoire; **–handlung** *f* *(StR)* acte *m* préparatoire.

Vorbericht *m* rapport *m* préliminaire *ou* provisoire, avant-rapport.

Vorbescheid *m* (1) *(VwPR)* décision *f* par laquelle la requête est rejetée avant l'audience comme irrécevable *ou* comme manifestement mal fondée, jugement rejetant une action pour raisons de procédure, (2) *(vorläufige Nachricht)* information préliminaire *ou* provisoire; **verbindlicher –** *(ArbR)* lettre *f* d'engagement.

Vorbesitzer *m* propriétaire *m* *ou* possesseur *m* antérieur *ou* précédent.

Vorbesprechung *f* conférence *f* *ou* délibération *f* préparatoire, pourparlers *mpl* préliminaires.

vorbestellen réserver.

vorbestraft sein avoir des antécédents judiciaires.

Vorbestrafte(r) *m* repris *m* de justice, individu *m* déjà condamné; **mehrfach –** titulaire de plusieurs condamnations, multirécidiviste *m*.

Vorbeugehaft *f* *(StR)* arrestation préventive, emprisonnement par mesure de sûreté.

Vorbeugung *f* prévention *f*.

Vorbeugungsmaßnahme *f* mesure préventive, mesure de prévention.

Vorbilanz *f* bilan *m* prévisionnel.

Vorbildung *f* formation *f*.

Vorbörse *f* marché *m* avant-bourse.

Vorbringen *n* *(PrzR)* exposé *m* des moyens, conclusions, énoncé *m* des prétentions; **neues –** présentation de moyens nouveaux; **– des Beklagten** conclusions en réponse *ou* responsives.

vordatieren postdater.

Vordatierung *f* postdate *f*.

Vordermann *m* *(WechselR)* endosseur précédent.

Vorderrichter *m* juge *m* précédent.

Vorderseite *f* recto *m*; **auf der –** au recto; **– einer Münze** avers *m*.

Vordividende *f* acompte *m* sur dividende.

vordringlich *adj* (très) urgent, de première urgence.

Vordruck *m* (= Formular) formulaire *m*, formule *f* imprimée, imprimé *m*.

Voreid *m* serment *m* promissoire.

voreilig *adj* prématuré.

voreingenommen ayant des idées préconçues *ou* des préjugés contre qqn.

Voreintragung *f* enregistrement préalable provisoire.

Voreltern *pl* *(ErbR)* ascendants *mpl*.

Vorempfang auf den Erbteil avancement *m* d'hoirie.

Vorempfangsquittung *f* (S) reçu *m* d'avancement d'hoirie (S).

vorenthalten (1) *(ein Recht)* ne pas vouloir reconnaître, dénier, (2) *(ein Schriftstück)* intercepter, capter.

Vorenthaltung eines Kindes *(EheR)* non-représentation *f* d'un enfant; **– der Mietsache** non-délivrance de la chose louée.

Vorentscheid *m* arrêt *m* préjudiciel.

Vorentscheidung *f* (1) décision *f* préalable, jugement *m* préparatoire, (2) précédent *m*.

Vorentwurf *m* avant-projet *m*.

Vorerbe *m* héritier *m* grevé, grevé de restitution, **befreiter –** héritier grevé dont le pouvoir de disposer est plus large que celui de l'héritier grevé normal.

Vorerhebung *f* (1) enquête *f* préliminaire, (2) étude *f* préliminaire.

Vorerhebungen *fpl* **einleiten** (Aut) ouvrir une information.

Vorerkenntnis *n* (Aut) décision *f* antérieure.

Vorermittlung *f* *(StPR)* enquête *f* policière.

vorerst *adv* jusqu'à plus ample informé.
vorerwähnt *adj* susmentionné.
Vorerzeugnis *n* produit *m* non fini.
Vorfahre *m* ascendant *m*, aïeul *m*.
Vorfahrtsrecht *n od.* **Vorfahrt** *f* *(StVR)* priorité *f* de passage; **die – beachten** céder le passage.
Vorfahrtstraße *f* route *f* à grande circulation.
Vorfall *m* incident *m*, péripétie *f*.
vorfallen advenir, survenir, arriver.
Vorfeld *n*: **im –** à l'approche de.
Vorfertigung *f* prêt-à-monter *m*, kit *m*.
vorfinanzieren préfinancer.
Vorfinanzierung *f* préfinancement.
Vorfinanzierungskredit *m* crédit *m* de préfinancement.
Vorfrage *f* question *f* préalable, question préjudicielle.
Vorfrieden *m* préliminaires de paix.
Vorfriedensvertrag *m* traité *m* sur les préliminaires de paix.
vorfristig *adj* avant l'expiration du délai.
vorfühlen établir un premier contact.
vorführen (1) *(Zeugen)* désigner, produire, (2) *(dem Richter)* amener (devant le juge).
Vorführung *f* (1) *(Vorführen)* présentation *f*, démonstration *f*, (2) *(Beschuldigte)* conduire (de force) devant le juge (d'instruction), comparution *f*; **zwangsweise –** ordonnance *f* de contrainte.
Vorführungsbefehl *m (StPR)* mandat *m* d'amener; **–genehmigung** *f* visa *m* d'exploitation; **–recht** *n* *(UrhR)* droit de représentation.
Vorgang *m* (1) *(Hergang)* marche *f*, (2) *(Verfahren)* procédé *m*, (3) *(Zwischenfall)* incident *m*, (4) *(Akte)* dossier *m*, correspondance *f* antérieure.
Vorgänger *m* devancier *m*, prédécesseur *m*; **–staat** *m* État *m* prédécesseur.
Vorgangspfandrecht *n* (S) droit de gage privilégié.
vorgeben (1) *(behaupten)* prétendre, (2) *(anführen)* alléguer, (3) *(vorschützen)* prétendre, prétexter, feindre.
vorgehen (1) *(gegen jemanden)* procéder contre, (2) *(verfahren)* agir; **gegen jemanden gerichtlich –** agir en justice contre qqn; engager une action en justice contre qqn.
Vorgehen *n* (1) *(ZPR)* assignation *f*, (2) *(StPR)* poursuites *fpl*, (3) manière d'agir *ou* de procéder; **arglistiges –** manœuvre *f* dolosive; **betrügliches –** manœuvres *fpl* frauduleuses.
vorgelesen, genehmigt, unterschrieben (= v. g. u.) lu et approuvé (suit la signature).
Vorgenehmigung *f* autorisation *f* préalable.
vorgerichtliche Kosten frais (déboursés) avant l'engagement de la procédure.
Vorgeschichte *f* exposé *m* chronologique des faits, historique *m*; antécédents *mpl*.
Vorgesellschaft *f (GesR)* société *f* en formation.
Vorgesetzte(r) *m* supérieur *m* hiérarchique, supérieur *m* de qqn.
vorgesetzte Behörde autorité supérieure, autorité chargée du contrôle hiérarchique.
Vorgespräch *n* prise *f* de contact, premier entretien.
Vorgirant *m* endosseur *m* précédent.
vorgreifen (1) *(einem Urteil)* préjuger, porter un jugement prématuré sur qch., (2) *(einem Ereignis)* anticiper (sur les événements); **ich will nicht –** je ne veux point préjuger la question.
Vorgriff *m* (1) anticipation, (2) *(HaushR)* dépassement de crédits.
Vorgründungsvertrag *m* contrat *m* préliminaire à la fondation d'une société anonyme.
Vorhaben *n* (1) *(Plan)* plan *m*, programme *m*, projet *m*, (2) *(Absicht)* dessein *m*, intention *f*.
Vorhaltung *f* reproche *m*, remontrance *f*.
vorherig *adj* (= vorhergehend) précédent; antérieur; **–e Warnung** avertissement préalable; **–er Stand** état antérieur.
Vorherrschaft *f* suprématie *f*, hégé-

monie *f*, main-mise *f*; **– auf dem Markt** suprématie sur le marché; **– des Rechts** prééminence du droit.

vorherrschen prédominer, prévaloir.

vorherrschend *adj* qui prévaut, prédominant, prépondérant.

Vorindossant *m (WechselR)* endosseur *m* précédent.

Vorinstanz *f* instance *f* précédente, première instance.

Vorkauf *m* préemption *f*.

Vorkaufs|preis *m* prix de préemption; **–recht** *n* droit de préemption; **–vertrag** *m* pacte de préemption.

Vorkehrung *f* mesure *f*, disposition, préparatifs *mpl*; **–en treffen** prendre des dispositions, faire des préparatifs.

Vorkenntnis *f* connaissance *f* requise, expérience *f*.

Vorkommnis *n* événement *m*, fait *m*.

Vorkonferenz *f* conférence *f* liminaire, conférence préparatoire.

vorkonstitutionelles Recht droit préconstitutionnel allemand (c'est-à-dire en vigueur avant le 7 septembre 1949).

Vorkontrolle *f* contrôle *m* préalable.

Vorkonzession *f* concession *f* de travaux préliminaires.

vorladen convoquer, citer.

Vorladung *f* (1) citation *f*, convocation *f*, mandat de comparution, ordonnance de comparution, acte de convocation, (2) *(als Zeugen)* citer comme témoin, appeler en témoignage.

Vorlage *f* (1) *(Modell)* modèle *m*, (2) *(Akten)* soumission *f*, production *f*, présentation *f*, (3) *(Gesetz)* projet *m* (de loi), (4) *(vorgestreckte Geldsumme)* avance *f* de fonds; **– zur Annahme** présentation à l'acceptation; **– vor Gericht** production en justice; **– zur Vorabentscheidung** renvoi à titre préjudiciel; **–beschluß** *m*, **–entscheidung** *f* décision de renvoi; **–frist** *f* délai de présentation; **–gesuch** *n* demande de décision préjudicielle; **–muster** *n* échantillon-type *m*; **–pflicht** *f (EuR)* obligation de renvoi (devant la Cour européenne de justice); **–recht** *n* droit de saisir un tribunal d'une question; **–verfahren** *n* procédure de renvoi.

vorläufig (1) *(adj) (einstweilig)* provisoire, (2) *(adv)* au préalable, en attendant, *(einstweilen)* provisoirement, pour le moment; **–er Bericht** rapport provisoire; **–e Beurteilung** première impression; **–e Entscheidung** décision révocable; **–e Festnahme** *(StPR)* garde à vue; **–e Vollstreckbarkeit** exécution provisoire *ou* par provision.

Vorleben *n* antécédents *mpl*.

vorlegen (1) *(Paß, Ausweis)* présenter, (2) *(Dokumente, vor Gericht)* produire en justice, verser au dossier.

Vorlegung *f* présentation; **– zur Annahme** présentation à l'acceptation; **– von Sachen** présentation de choses (pour contrôle); **– zur Zahlung** présentation *f* au paiement.

Vorlegungs|anordnung *f* ordonnance *f* du tribunal prescrivant la production d'un document; **–anspruch** *m (PatR)* droit à présentation (pour examen); **–frist** *f* délai de présentation; **–pflicht** *f* obligation *ou* devoir de présentation.

Vorleistung *f* (1) prestation *f* préalable, (2) avance *f*, paiement *m* anticipé; **–spflicht** *(SchuldR)* obligation de s'exécuter par anticipation.

Vorlesung *f* (1) lecture *f*, (2) cours *m*; **vorgelesen, genehmigt u. unterschrieben** lu et approuvé (et signé).

Vorliegen *n*: **verspätetes –** *(PrzR)* présentation après l'écoulement du délai.

Vorlizenz *f* licence *f* provisoire.

Vormacht *f* puissance *f* prépondérante; **–stellung** *f* prééminence *f*, situation *f* prépondérante.

Vormann *m* (1) *(Arbeit)* chef *m* d'équipe, maître-ouvrier *m*, (2) *(Rechte)* détenteur *m* antérieur, prédécesseur *m*, auteur *m*.

vormerken noter, prendre note de; **sich – lassen** se faire inscrire (sur une liste d'attente).

Vormerkung *f* (1) *(im Grundbuch)* inscription préventive (pour sauvegarder un droit), prénotation, transcription conditionnelle, (2) *(Vermerk)* note *f*; **– eines Mietvertrages im Grundbuch** (S) annotation d'un bail au registre foncier.

Vormund *m* tuteur *m*; **eingesetzter –** tuteur datif; **gesetzlicher –** tuteur légal.

Vormundschaft *f* tutelle *f*; **eingesetzte –** tutelle dative; **gesetzliche –** tutelle légale; **testamentarische –** tutelle testamentaire; **unter – stellen** mettre sous tutelle.

Vormundschafts|behörde *f* autorité *f* de tutelle, autorité tutélaire (S); **–gericht** *n* tribunal de tutelle; **–rat** *m* conseil *m* de tutelle; **–richter** *m* juge *m* des tutelles; **–sache** *f* affaire *f* relevant du juge des tutelles.

Vornahme *f (Durchführung)* exécution, accomplissement *m*; **– eines Lokalaugenscheins** (Aut) transport de justice, transport *m* sur les lieux.

Vornahmeklage *f* action *f* tendant à obtenir que l'administration agisse dans un sens déterminé.

Vorname *m* prénom *m*.

vornehmlich *adv* en particulier, surtout.

Vorpfändung *f* avis *m* préalable de saisie (ayant l'effet d'une saisie).

Vorprämie *f* prime *f* précédente *ou* antérieure.

Vorprämiengeschäft *n* marché *m* à prime pour lever.

Vorprodukt *m* produit *m* semi-fini, produit demi-fabriqué *ou* semi-ouvré.

Vorprozeß *m* instance *f* antérieure, première instance; **–kosten** frais procéduraux de première instance.

Vorprüfung *f* examen *m* préalable *ou* préliminaire.

Vorprüfungsverfahren *n* procédure *f* d'examen préalable.

Vorrang *m* rang *m* privilégié, préséance *f*, priorité *f*; **– des Gesetzes** principe selon lequel le règlement est subordonné à la loi; **– des Völkerrechts** primauté *f* du droit international public.

Vorrangs|einräumung *f* cession *f* d'antériorité, cession de priorité, octroi d'un rang privilégié; **–recht** *n* droit *m* d'antériorité; **–straße** *f* route *f* nationale à grande circulation.

Vorrat *m* réserves *fpl*, stock *m*.

vorrätig *adj (verfügbar)* disponible, en magasin.

Vorrats|aktie *f* catégorie *f* d'actions souscrites par un consortium pour le compte de la société qui en conserve la disposition, action de provision *ou* de prévoyance; **–gründung** *f (GesR)* création d'une société par anticipation; **–halter** *m* stockeur *m*; **–haltung** *f* gestion des stocks; **–haltungsvertrag** *m* contrat de constitution de réserves; **–kauf** *m* achat *m* en vue d'un stockage de précaution *ou* de sécurité; **–menge** *f* volume *m* de produits en magasin *ou* dépôt; **–pfändung** *f* saisie *f* par provision (sur demande ultérieure de pension alimentaire); **–schuld** *f (ZR)* obligation de fournir une chose déterminée dans le genre (mais seulement jusqu'à l'épuisement du stock existant chez le fournisseur); **–titel** *m* dépôt d'une marque *ou* d'un signe distinctif à titre conservatoire; **–verlust** *m* perte *f* sur les réserves; **–zeichen** *(Wz)* marque de fabrique, de commerce *ou* de service déposée à titre de précaution (pour un usage ultérieur).

Vorrecht *n* (1) *(ZR, KonkursR)* privilège *m*, (2) *(ZR: Anspruch, VwR)* prérogative *f*, droit *m*, (3) *(Vorrang)* priorité *f*; **diplomatisches –** privilège diplomatique; **– der besonderen Gerichtsbarkeit** privilège de juridiction; **– der Flagge** privilège de pavillon.

Vorrechts|einräumung *f* cession *f* de priorité; **–erklärung** *f (PatR)* déclaration d'un droit antérieur; **–vertrag** *m* pacte *m* de préférence.

Vorrichtung *f* installation *f*, aménagement *m*, dispositif *m*, appareil *m*, machine *f*.

vorrücken avancer.

Vorrücken *n* avancement *m*.

Vorrückungsbetrag *m* montant *m* de l'avancement de solde.

Vorruhestand *m (ArbR)* préretraite *f*; **–sregelung** *f* plan social pour le départ en préretraite.

Vorsatz *m* (1) *(ZR: Verschulden)* faute *f* volontaire, manœuvre *f* frauduleuse, dol *m*; (2) *(StR)* intention criminelle, dol pénal; conscience éclairée et volonté libre (de transgresser une prescription de la loi pénale), faute intentionnelle; (3) *(feste Absicht)* dessein *m*, projet *f*; **alternativer –** dol indéterminé; **bedingter –** dol éventuel; **böser –** (Aut) intention dolosive; **direkter –, unbedingter –, unmittelbarer –** dol direct, dol déterminé *ou* simple; **qualifizierter –** dol aggravé.

vorsätzlich (1) *(adj)* volontaire, intentionnel; **– unwahre Angabe** indication sciemment mensongère; **–e Tat** délit *m* intentionnel; **–e Tötung** meurtre *m*; (2) *(adv)* de propos délibéré, volontairement.

Vorschäden *pl (VersR)* dommages préexistants.

Vorschaltverfahren *n (VwPR)* recours *m* administratif hiérarchique et gracieux.

Vorschieben *n* (von Gründen) le fait d'utiliser un argument comme prétexte (en vue de se disculper); **– eines Dritten, – eines Strohmannes** interposition *f* d'un prête-nom *ou* d'un homme de paille; **– von Waren** soldes *mpl* permanents, vente de produits achetés à prix réduit.

vorschießen *(Geld)* avancer.

Vorschlag *m* (1) *(Angebot)* offre *f*, proposition *f*, présentation *f*, (2) *(Rat)* suggestion *f*.

vorschlagen (1) proposer, présenter, soumettre, (2) suggérer.

Vorschlags|liste *f* liste *f* de postulants *ou* de candidats; **–recht** *n* droit de présentation (d'un successeur).

vorschreiben dicter, prescrire, fixer unilatéralement, ordonner expressément.

Vorschreibung *f* (Aut) avis *m* relatif à une obligation de payer (prime, impôt).

Vorschrift *f* (1) *(Anweisung)* instructions *fpl*, prescription *f*, (2) *(Befehl)* consigne *f*, ordre *m*, (3) *(Verordnung)* disposition *f* réglementaire, règlement *m*; **abdingbare –** disposition *ou* règle supplétive; **allgemeine –** acte-règle *m*, disposition générale; **buchungstechnische –** règle *f* comptable; **ergänzende –** disposition complémentaire; **gesetzliche –** disposition *ou* prescription légale; **grundlegende –** texte fondamental; **materiellrechtliche –** règle de fond; **strafrechtliche –** prescription *f* de la loi pénale; **unabdingbare** *od.* **zwingende –** règle impérative, prescription impérative *ou* obligatoire, disposition impérative; **eine – beachten, eine – befolgen** respecter une règle *ou* la consigne, obéir à une prescription; **eine – verletzen** enfreindre une disposition légale, violer une loi.

Vorschriften *pl* **erlassen** prescrire, édicter des mesures *ou* instructions.

vorschrifts|gemäß, –mäßig *adj* en bonne et due forme, dûment *adv*, selon les formes prescrites; **–widrig** contraire au règlement, en violation des prescriptions réglementaires.

Vorschub *m*: **j-m, einer Sache – leisten** aider, assister qqn, favoriser qqch.

Vorschubleistung *f (StR: Aut)* non-assistance *f* à personne menacée d'un crime ou d'un délit.

Vorschule *f* école maternelle, section maternelle de l'école élémentaire (classes enfantines).

Vorschuß *m* (1) *(Vorauszahlung)* avance *f*, provision *f*, acompte *m*, (2) *(Darlehen)* prêt *m*, avance (à découvert), (3) *(Staatshaushalt)* paiement *m* sans ordonnancement préalable; **rückzahlungspflichtiger –** avance recouvrable *ou* remboursable, avance récupérable; **unverzinslicher –, zinsloser –** avance sans intérêt; **– bei Bestellung** avance sur commande; **einen – gewähren** accorder une avance, avancer (des fonds); **– im Kontokorrent** avance en compte courant; **eine – leisten** verser un acompte; **– auf öffentliche Guthaben** avance sur fonds publics.

Vorschuß|abkommen *n* convention d'avance; **–berechnung** *f (KonkursR)* calcul du versement à effectuer sur le capital souscrit et non libéré; **–fonds** *m* fonds d'avance; **–gewährung** *f* octroi d'une avance; **–kasse** *f* caisse d'avances; **–konto** *n* compte d'avances.

Vorschußleistung *f* avance *f* sur règlement, règlement anticipé; **– an den Staat** avance à l'État.

Vorschuß|pflicht *f* (1) *(PrzR)* caution judicatum solvi, (2) *(ZR)* obligation de verser une avance *ou* un acompte; **–plafond** *m* plafond des avances; **–verein** *m* groupement accordant des prêts à ses membres; **–verwalter** *m* régisseur d'avances; **–zahlung** *f* versement d'un acompte.

vorschußweise *adj* par provision, à titre d'avance.

Vorschußzahlung *f* versement anticipé, paiement *m* provisionnel.

Vorsicht *f* (1) *(Umsicht)* précaution *f*, prudence *f*, (2) *(Behutsamkeit)* circonspection *f*, prévoyance *f*.

Vorsitz *m* présidence *f*; **den – führen** présider, assumer la présidence.

Vorsitzende(r) *m* président *m*; **ausscheidender –** président sortant; **geschäftsführender –** président en exercice; **stellvertretender –** vice-président, président adjoint; **– des Aufsichtsrates** président du conseil de surveillance.

Vorsorge *f* prévoyance *f*, prévision *f*; **– treffen** prendre des dispositions.

Vorsorge|aufwendungen *pl (SozR, SteuerR)* dépenses de prévoyance sociale; **–maßnahme** *f* mesure de prévoyance; **–pauschale** *f (SteuerR)* forfait concernant les dépenses de prévoyance sociale à défalquer du montant imposable; **–pflicht** *f (UmweltR)* obligation de se prémunir contre les risques écologiques; **–rücklage** *f* réserve *f* de prévoyance; **–rückstellung** provision *f* d'attente; **–unterhalt** *m (FamR)* prestation compensatoire (en cas de divorce) comprenant une pension alimentaire, une participation aux cotisations d'assurances sociales, une aide à la reconversion *ou* à la formation; **–verein** *m* société de prévoyance; **–versicherung** *f* assurance *f* pour éventualités, assurance éventuelle.

vorspiegeln simuler, feindre, faire semblant de, faire accroire.

Vorspiegeln *n od.* **Vorspiegelung** *f* fausse apparence *f*, tromperie *f*; **unter Vorspiegelung falscher Tatsachen** en allégant des faits mensongers.

Vorspruch *m* prologue *f*, préambule *m*, exposé *m* d'intentions.

Vorsprung *m* avance *f*.

Vorstand *m* (1) *(GesR: A. G.)* directoire *m*, (2) *(i. w. S.)* conseil *m* de direction, comité *m* directeur, bureau *m*.

Vorstands|mitglied *n* membre *m* du directoire, directeur *m*; **–sitzung** *f* réunion du directoire; **–vorsitzende(r)** *m* président du directoire, président directeur général (P. D. G.); **–wahl** *f* élection des membres du directoire.

vorstellen présenter; **sich –** se présenter (pour un emploi); consulter (un médecin).

vorstellig: bei jmdm. – werden en référer à qqn., faire des démarches auprès de qqn.

Vorstellung *f* (1) *(Vorführung)* représentation *f*, (2) *(Einwand, Vorhaltung)* observation, remontrance *f*, (3) *(Bekanntmachung)* présentation, (4) idée *f*, conception.

Vorstellungs|gespräch *n* entretien *m* (avec un employeur *ou* chef du personnel) après convocation (consécutif à une demande d'emploi);

–vermögen *n* intelligence conceptuelle.

Vorsteuer *m* taxe déductible *ou* récupérable.

Vorsteuer|abzug *m* déduction ‹taxe pour taxe›; **–erstattung** *f* remboursement du surplus; **–rückforderung** crédit *m* de taxe.

Vorstrafe *f* condamnation *f* antérieure, antécédents *mpl* judiciaires.

Vortagsnotierung *f* cote de la veille.

Vortat *(StR)* infraction initiale, première infraction, perpétration des faits antérieure; **mitbestrafte –, straflose –** application de la règle du non-cumul des peines.

Vortäuschung *f* simulation, simulacre *m*, feinte *f*; **– einer Forderung** supposition *f* de créance; **– einer Krankheit** simulation d'une affection; **– einer Straftat** simulacre d'une infraction.

Vorteil *m* (1) *(Gewinn)* bénéfice *m*, profit *m*, (2) *(Vorzug)* avantage *m*, atout *m*, avance *f*, supériorité *f*.

Vorteile *pl*: **finanzielle –** avantages pécuniaires; **materielle –** avantages en nature; **soziale –** avantages *mpl* sociaux.

vorteilhaft *adj* avantageux, lucratif, profitable.

Vorteils|annahme *f (StR)* réception *f* de dons *ou* présents; **–ausgleich** *m*, **–ausgleichung** *f (ZR)* déduction *f* des avantages allant au-delà de la réparation intégrale du dommage; **–gewährung** *(StPR)* le fait d'accorder des dons *ou* présents (tendant à la corruption d'un fonctionnaire public); **–zusicherung** *f (StPR)* promesses faites à un inculpé (par la police judiciaire).

Vortermin *m (PrzR)* audience *f* préliminaire.

Vortrag *m* (1) *(Berichterstattung)* rapport *m*, exposé *m*, conférence *f*, (2) *(auf neue Rechnung)* report *m*, report à nouveau; **– des Fehlbetrags** report du déficit.

vortragen (1) rapporter, exposer, (2) reporter.

Vortragsrecht *n (UrhR)* droit de reproduction orale d'un texte.

Vortritt *m* préséance *f*.

Vortrittsrecht *n* (1) droit de préséance, (2) priorité de passage, (3) *(S: StVR)* (droit de) priorité.

vorübergehend *adj* temporaire *adj*, passager *adj*, transitoire *adj*; passagèrement *adv*, temporairement *adv*; **–e Abwesenheit** absence temporaire; **–e Verhinderung** empêchement momentané.

Voruntersuchung *f* (1) *(StPR)* instruction *f* préalable *ou* préliminaire, enquête préliminaire, instruction préparatoire, (2) *(WirtR)* étude *f* préalable.

Vorurteil *n* préjugé *m*, opinion préconçue.

vorurteilslos *adj* (être) sans préjugés.

Vorvereinbarung *f* convention préliminaire.

Vorverfahren *n* (1) *(StPR)* procédure d'instruction, procédure *f* préliminaire *ou* préparatoire, (2) *(VwPR)* recours administratif hiérarchique *ou* gracieux.

Vorverhandlung *f* débats *mpl* préliminaires, négociation préliminaire.

Vorverkauf *m* (1) réservation *f*, (2) vente anticipée.

Vorversicherung *f* assurance antérieure; **–szeiten** *(SozVers)* périodes antérieures d'assurance (sociale).

Vorverstorbene(r) *m* prédécédé *m*.

Vorvertrag *m* avant-contrat, accord préliminaire; promesse de contracter (S).

Vorverurteilung *f (StPR)* jugement antérieur.

Vorwahl *f* (1) *(ArbR)* choix préalable *ou* préliminaire, (2) *(VerfR)* élection primaire, (3) *(Telefon)* préfixe *m* téléphonique, indicatif *m*.

Vorwand *m* prétexte *m*, raison alléguée; **unter dem – daß** sous le prétexte de.

vorwarnen prévenir, aviser.

Vorwarnung *f* premier avertissement (sans frais).

Vorweg|abzug *m* prélèvement à la source, précompte *m*; **–berechtigung** *f* paiement *m* préférentiel; **–bewilligung** *f* autorisation *f* préalable.

Vorwegnahme *f* (1) *(Vorausentnahme)* prélèvement *m*, (2) *(Vorwegnehmen)* anticipation *f*; – **der Kosten** distraction *f* des dépens.

Vorwegvollzug *m (StPR)* exécution d'une partie de la peine avant l'application des mesures de sûreté.

vorweisen (1) *(zeigen)* montrer, faire voir, (2) *(Beweise, Urkunden)* exhiber, produire.

vorwerfbar *adj* blâmable.

vorwerfen reprocher (quelque chose à quelqu'un).

Vorwurf *m* (1) *(Vorhaltung)* grief *m*, (2) *(Tadel)* reproche *m*, blâme *m*.

Vorzeichen *n* signe *m* précurseur *ou* avant-coureur, prélude *m*.

Vorzeigegebühr *f* taxe *f* de présentation, droit de présentation.

vorzeitig *adj* prématuré, avant terme.

Vorzensur *f* (1) *(SchulR)* moyenne *f* (des notes de l'année), (2) censure *f* préalable.

vorziehen préférer, donner la préférence à.

Vorzimmer *n* salle *f* d'attente, vestibule *m*, antichambre *f*; **–dame** *f* hôtesse d'accueil.

Vorzinsen *pl (BankR: Diskont)* escompte *m*.

Vorzug *m* (1) *(Vorteil)* préférence *f*, priorité, (2) *(Verdienst)* mérite *m*, qualité *f*, supériorité *f*.

Vorzugsaktie *f* action *f* privilégiée, action de priorité; **kumulative –** action de priorité jouissant d'une garantie spéciale de dividende pour les exercices futurs lorsqu'aucun dividende prioritaire n'a été distribué.

Vorzugs|aktionär *m* actionnaire *m* préférentiel; **–anleihe** *f* prêt de faveur; **–auftrag** *m* ordre *m* prioritaire; **–bedingung** *f* condition *f* préférentielle; **–behandlung** *f* traitement préférentiel *ou* de faveur, régime préférentiel; **–dividende** *f* dividende *m* prioritaire; **–gläubiger** *m* créancier *m* privilégié; **–klage** *f* *(ZPR: Klage auf vorzugsweise Befriedigung)* action pour faire valoir un droit de préférence; **–klausel** *f* clause *f* préférentielle; **–kredit** *m* crédit préférentiel, facilités de crédit; **–kurs** *m* cours *m* préférentiel; **–last** *f* contribution perçue sur les bénéficiaires d'une institution publique, à raison des avantages qu'ils en retirent; **–preis** *m* prix *m* préférentiel, prix de faveur; **–rabatt** *m* rabais *m* préférentiel, remise *f* de faveur; **–recht** *n* privilège *m*, droit de préférence, droit préférentiel; **–rente** *f* rente *f* privilégiée; **–sperrguthaben** *n* avoir en compte bloqué préférentiel; **–stellung** *f* statut *m* privilégié, position privilégiée; **–stimmrecht** *n* droit de vote préférentiel; **–zölle** *pl* droits *mpl* préférentiels.

vorzugsweise *adv* de préférence, en premier lieu.

Votation *f* (= Abstimmung) votation *f*, vote *m*.

Votum *n* (1) *(Stimmabgabe)* vote *m*, (2) *(Stimmenzahl)* voix *f*, suffrage *m*.

Voucher *n (Touristik)* bon *m* d'hébergement *ou* de location *ou* d'échange, chèque-hébergement.

W

Waage|gebühr *f*, **–geld** *n* taxe *f* de pesage, droit de balance.

Wach|beleidigung *f* (Aut) outrage à agent; **– und Schließgesellschaft** service de gardiennage et de surveillance.

Wachdienstzulage *f* indemnité pour le service de garde.

Wache *f* (1) *(Wächter, Posten)* garde *m*, faction *f*, (2) *(Polizeiwache)* commissariat *m* de police, (3) *(Wachdienst)* service de surveillance *ou* de gardiennage; **–beamte(r)** *m* (Aut) gardien de la paix, fonctionnaire de la police administrative, agent *m* de police.

wachen veiller, être de garde, surveiller.

wachhabend *adj* de garde, de surveillance.

Wach|hund *m* chien *m* de garde; **–mann** *m* (Aut) agent de police; **–posten** *m* factionnaire *m*, sentinelle *f*.

wachsen croître, se développer; augmenter, s'accroître.

Wachstum *n* croissance *f* (économique), développement *m*, augmentation, accroissement; **Grenzen des –s** limites *fpl* du développement *ou* de la croissance; **Null–** croissance zéro.

wachstums|fördernd *adj* favorisant la croissance; **–hemmend** réduisant *ou* empêchant la croissance.

Wachstumspapier *n* titre *m* qui se caractérise plus par les hausses de cours et ses augmentations de capital que par un rendement élevé.

Wachstumsrate *f* taux de croissance, rythme *m* d'expansion; **– der Bevölkerung** taux *m* d'accroissement de la population.

Wächter *m* gardien *m*; garde *m*; veilleur *m*; concierge *m*.

Wachtmeister *m* agent de police.

Wach|verfehlung *f (MilR)* délit commis par un militaire de garde; **–vertrag** *m* contrat de garde *ou* de surveillance; **–vorschrift** *f* consigne *f* de garde.

Waffe *f* (1) arme *f*, (2) *(Argument)* argument *m*, moyen *m*, ressource; **verbotene –** arme *f* prohibée; **von seiner – Gebrauch machen** faire usage de son arme.

Waffen|ausweis *m* permis de port d'arme; **–besitz** *m* détention d'armes; **–besitzer** *m* détenteur d'une arme; **–besitzkarte** *f* autorisation *f* individuelle de détention d'armes; **–embargo** *n* embargo *m* sur l'importation *ou* l'exportation d'armes et de munitions; **–erwerb** *m* acquisition d'armes; **–erwerbsschein** *m* autorisation d'acquisition (et de détention) d'armes (et de munitions); **–export** *m* exportation des matériels de guerre, armes et munitions; **–führen** *n* port *m* d'armes; **–gebrauch** *m* usage *m* d'une arme; **–gesetz** *n* Loi fixant le régime des armes (et des munitions); **–gleichheit** *(ArbR: Tarifpartner)* parité *f* des armes (des partenaires sociaux dans les conflits collectifs de travail); **–handel** *m* commerce *m* des armes et de matériel de guerre; **–händler** *m (StR)* trafiquant *m* d'armes, *pej* marchand *m* de canons; **–herstellung** *f* fabrication des matériels de guerre, des armes et munitions; **–lager** *n* dépôt d'armes; **–lieferung** *f* fourniture d'armes; **–paß** *m* (Aut) permis de port d'armes; **–polizei** *f* (Aut) branche de la police chargée du contrôle du commerce des armes à feu, de leur détention, etc.; **–recht** *n* droit *m* régissant la fabrication et le commerce, l'acquisition et la détention des armes (à feu); **–ruhe** *f (VR)* suspension d'armes, cessez-le-feu *m*, trêve *f*; **–schein** *m* permis de port d'armes; **–schmuggel** *m* trafic d'armes, contrebande *f* d'armes.

Waffenstillstand *m* armistice *m*.

Waffenstillstands|abkommen *n (VR)* convention d'armistice; **–angebot** *n* offre *f* d'armistice; **–bedingungen** *pl* conditions *fpl* d'armistice; **–kommission** *f* commission d'armistice; **–protokoll** *n* protocole d'armistice; **–verhandlungen** *pl* négociations d'armistice; **–vertrag** *m* convention *f* d'armistice.

Waffen|system *n* système *m* d'armes; **–tragen** *n* port *m* d'armes; **–vergehen** *n* infraction à la législation sur les armes et munitions.

Wagen *m* (1) voiture *f*, fourgon *m*, (2) *(Bahn)* wagon *m*; **–bestand** *m* parc *m* de voitures *ou* de wagons; **–gruppe** *f (Bahn)* rame *f*; **–gruppensendung** *f* envoi *m* par rame; **–ladung** *f* charge complète, wagonnée, voiturée; wagon complet; **–park** *m* matériel *m* roulant; parc *m* automobile.

Wagenstandgeld *n* droit de stationnement des wagons, frais de chômage de wagon (B).

Waggonladung *f* wagon *m* complet, chargement d'un wagon.

Wagnis *n* risque *m*, aléa *m*, péril *m*, danger *m*; **–wegfall** *m* cessation de l'éventualité d'un risque.

Wahl *f* (1) *(das Wählen)* élection *f*, consultation *f* électorale, (2) *(Abstimmung)* vote *m*, votation *f*, (3) *(Stimmabgabe)* suffrage *m*, (4) *(Wahlart)* scrutin *m*, (5) *(Auswahl)* choix *m*, option *f*, sélection *f*, (6) *(zwischen zwei Dingen)* alternative *f*, référendum *m*, (7) *(Berufung zu einem Amt)* désignation *f*, nomination *f*, cooptation *f*, (8) *(durch große Mehrheit)* plébiscite *m*, (9) *(Stichwahl)* ballottage *m*; **allgemeine –** (1) suffrage universel, (2) élections *fpl* générales; **direkte –** suffrage direct; **engere –** élection à laquelle ne participe qu'un nombre restreint de candidats; **Eröffnung der –** ouverture du scrutin; **geheime –** scrutin *ou* vote secret; **indirekte –** élection indirecte; **lokale –** élection locale; **mittelbare –** scrutin indirect, vote indirect; **öffentliche –** scrutin public; **Schluß der –** clôture *f* du scrutin; **Ungültigkeitserklärung der –** invalidation *f*, annulation d'élection (B); **unmittelbare –** scrutin *ou* suffrage direct.

Wahl– (1) facultatif, (2) électoral.

Wahl durch Akklamation vote par acclamation, élection par acclamation; **es bleibt mir keine andere –** je n'ai pas d'autre choix, je suis contraint d'accepter; **die – eröffnen** ouvrir le scrutin; **– durch Handaufheben** vote à main levée; **– mit Namensaufruf** vote par appel nominal; **– des Präsidiums** élection du bureau; **die – schließen** clore le scrutin; **zur – schreiten** aller aux urnes; **vor der – stehen** devoir faire son choix; **zur – stellen** mettre aux voix; **seine – treffen** faire son choix, opter pour; prendre parti pour; **– durch Wahlmänner** scrutin indirect; **– des Zahlungsortes** domiciliation, option de place; **in die engere – ziehen** fixer (en particulier) son choix sur; avoir une préférence pour; **– durch Zuruf** vote par acclamation.

Wahl|abkommen *n* accord *m* électoral; **–agitation** *f* propagande *f* électorale; **–akt** *m* vote *m*, opération de vote, votation; **–alter** *n* majorité *f* électorale; **–amt** *n* fonction *f* élective, fonction électorale; **–anfechtung** *f* demande *f* d'invalidation, contestation *f* électorale; **–anwalt** *m* avocat librement choisi par une partie; **–art** *f* mode de scrutin; **–aufruf** *m* appel aux électeurs, manifeste électoral, plate-forme *f* électorale; **–ausgang** *m* résultat du scrutin; **–ausschließung** *f* exclusion *f* du vote; **– ausschreibung** *f* convocation du corps électoral; **–ausschuß** *m* commission électorale; **–ausweis** *m* carte *f* électorale; **–auswertung** *f* dépouillement *m* du scrutin.

wählbar *adj* éligible *adj*; **nicht –** inéligible *adj*.

Wählbarkeit *f* éligibilité *f*, électorat *m* passif (B–L).

Wahl|beamte(r) *m* fonctionnaire *m* électif; **–beeinflussung** *f* pression *f* électorale; **–behinderung** *f* entrave *f* à l'exercice du droit de vote; **–behörde** *f* (1) commission *f* électorale, autorités électorales, (2) autorité qui nomme (S); **–benachrichtigung** *f* carte électorale (indiquant le jour et le local du scrutin); **–berechtigte(r)** *m* électeur *m* (inscrit); **–berechtigung** *f* capacité *f* électorale; **–beschwerde** *f* recours contre les opérations électorales; **–bestechung** *f* corruption électorale; **–beteiligung** *f* participation électorale; **–betrug** *m* fraude *f* électorale, vote *m* frauduleux.

Wahlbewerber *m* candidat *m* (aux élections); **als – zurücktreten** se désister.

Wahl|bezirk *m* circonscription *f* électorale, district électoral (B); **–boykott** *m* boycottage *m* des élections; **–brief** *m* lettre *f* contenant un bulletin de vote; **–bündnis** *n* alliance électorale, entente électorale; **–büro** *n* bureau *m* de vote; **–dauer** *f* durée de la campagne électorale; **–delikt** *n (StR)* fraude *f* électorale, délit relatif à l'exercice du droit de vote; **–domizil** *n (IPR)* domicile élu; **–eltern** *pl* parents adoptifs.

Wahlen *pl*, **satzungsmäßige –** élections statutaires; **vorzeitige –** élections anticipées.

wählen (1) choisir, faire un choix, (2) voter, prendre part à un scrutin.

Wahlenthaltung *f* abstention *f*.

Wähler *m* électeur *m*, votant *m*; **–anlageblatt** *n* formulaire pour les inscriptions sur les listes électorales; **–auftrag** *m* mandat accordé par les électeurs aux élus d'un parti déterminé de former le gouvernement; **–benachrichtigung** *f* avis d'inscription sur les listes électorales; **–bestechung** *f* influence du vote d'un électeur par des dons *ou* libéralités en argent ou en nature.

Wahl|erfolg *m* succès électoral; **–ergebnis** *n* résultat *m* des élections.

Wählerin *f* électrice *f*.

Wähler|karte *f* carte *f* d'électeur; **–liste** *f* fichier électoral, liste électorale; **–nötigung** *f* voies de fait, violences *ou* menaces contre un électeur.

Wählerschaft *f* corps électoral, électeurs *mpl*.

Wähler|stamm *m*, **–stock** *m* (Aut) clientèle *f* électorale; **–streik** *m* grève électorale; **–vereinigung** *f* groupement d'électeurs (ne formant pas un parti politique); **–verzeichnis** *n* liste électorale.

Wahlfach *n (SchulR)* enseignement optionnel, matière à option, discipline facultative.

wahlfähig *adj* (1) éligible *adj*, (2) en droit de voter.

Wahl|fähigkeit *f* (1) *(passiv)* éligibilité *f*, (2) *(aktiv)* droit *m* de vote, (3) capacité électorale; **–fälschung** fraude électorale, délit électoral, altération du scrutin; **–feldzug** *m* campagne *f* électorale; **–fonds** *m* fonds *mpl* électoraux; **–feststellung** *f (StR)* concours de qualifications; **–forum** *n* débats électoraux (à la télévision); **–freiheit** *f* liberté *m* de choix, libre choix *m*.

Wahlgang *m* tour de scrutin, scrutin; **zweiter –** second tour de scrutin, scrutin de ballottage.

Wahl|geheimnis *n* secret du vote; **–geometrie** *f* découpage électoral; **–gerichtsstand** *m* compétence en matière d'élections; **–geschenk** *n* mesure gouvernementale préélectorale pour s'attirer la sympathie des électeurs; **–gesetz** *n* loi électorale; **–gesetzgebung** *f* législation électorale; **–gleichheit** *f* égale pondération des voix (des électeurs); **–handlung** *f* opérations électorales, opérations de vote; **–heimat** *f* patrie d'adoption; **–helfer** *m* assesseur *ou* assistant *m* (pour un scrutin), scrutateur *m*; **–hilfe** *f* soutien *m* d'un candidat; **–jahr** *n* année du scrutin; **–kabine** *f* isoloir *m*; **–kalender** *m* calendrier *m* électoral.

Wahlkampf *m* campagne *f ou* bataille *f ou* lutte *f* électorale; **–kosten** *pl* frais de la campagne électorale.

Wahlkandidat *m* candidat aux élections; **sich als – aufstellen lassen, als – auftreten** se porter candidat aux élections, déclarer sa candidature.

Wahlkandidatur *f* candidature aux élections; **Zurückziehung einer –** désistement *m*.

Wahl|karte *f* (Aut) carte d'électeur (permettant de voter en dehors du bureau de vote normal); **–kartei** *f* fichier *m* électoral, registre électoral; **–kartenwähler** *m* (Aut) électeur titulaire d'une carte électorale lui permettant de voter dans une commune autre que celle de son inscription; **–kind** *n* (Aut) enfant adopté; **–koalition** *f* coalition *f* électorale.

Wahlkollegium *n* collège électoral; **einheitliches –** collège unique.

Wahl|kommission *f* commission *f* électorale; **–konsul** *m* consul *m* honoraire, consul commerçant, *ou* marchand; **–körper** *m* corps électoral; **–kosten** *pl* frais de la campagne électorale.

Wahlkreis *m* circonscription électorale, district électoral (B), arrondissement électoral (S); **–einteilung** *f* découpage des circonscriptions, découpage *m* électoral, sectionnement électoral; **–geometrie** *f* découpage électoral; **–verband** *m* (Aut) groupement de circonscriptions électorales.

Wahl|kundmachung *f* (Aut) avis relatif aux élections; **–leiter** *m* (1) président du bureau de vote, (2) président de la commission électorale; **–liste** *f* liste *f* électorale; **–lokal** *n* bureau de vote; **–mandat** *n* mandat électif; **–mann** *m* électeur du deuxième degré, grand électeur; **–männerkollegium** *n* collège *m* de grands électeurs; **–mathematik** *f* découpage *m* électoral; **–modus** *m* mode de scrutin; **–möglichkeit** *f* droit *m* d'option, option *f*; **–müdigkeit** *f* abstentionnisme *m*; **–niederlage** *f* défaite électorale, revers électoral; **–niederschrift** *f* procès-verbal d'élection; **–obligation** *f* (S) obligation facultative; **–ordnung** *f* régime électoral, code *m* électoral; **–parole** *f* slogan *m* électoral; **–periode** *f* législature *f*, durée *f* du mandat électif.

wahlpflichtig *adj* qui est dans l'obligation de voter.

Wahl|pflicht *f* vote *ou* suffrage obligatoire, obligation de voter; **–plakat** *n* affiche électorale; **–programm** *n* programme électoral, plate-forme électorale.

Wahlpropaganda *f* (1) propagande électorale, (2) *(abwertend)* manœuvres *fpl ou* menées *fpl* électorales; **–reise** *f* tournée électorale.

Wahl|protokoll *n* procès-verbal d'élection; **–prüfer** *m* scrutateur *m*; **–prüfung** *f* contrôle de la régularité du scrutin; **–quotient** *m* quotient électoral; **–raum** *m* bureau de vote.

Wahlrecht *n* (1) *(aktiv)* droit de vote, électorat, capacité électorale, droit d'électorat (L), (2) *(passiv)* éligibilité *f*; (3) *(ZR, HR)* droit d'option, faculté d'option; **aktives** – droit de vote, électorat actif (B–L); **allgemeines** – suffrage universel; **beschränktes** – suffrage restreint; **direktes** – suffrage direct; **indirektes** – suffrage indirect; **öffentliches** – régime électoral; **passives** – éligibilité *f*, électorat passif (B–L); **ein – ausüben** exercer un droit d'option.

Wahl|rede *f* discours électoral; **–reform** *f* réforme électorale; **–reise** *f* tournée électorale; **–schlacht** *f* bataille *f* électorale; **–schein** *m* (1) carte d'électeur, (2) carte permettant de voter en dehors de son bureau de vote normal, (3) (Aut) certificat remis à un élu pour justifier de son mandat; **–schlappe** *f* défaite *f* électorale; **–schluß** *m* clôture *f* du scrutin; **–schlüssel** *m* quotient électoral.

Wahl|schuld *(ZR)* obligation alternative; **–schwindel** *m* fraude électorale; **–sieg** *m* victoire électorale; **–sprengel** *m* circonscription électorale **–spruch** *m* (1) slogan *m* électoral, (2) devise *f*, maxime *f*; **–stimmberechtigung** *f* droit de vote; **–stimme** *f* voix *f*, suffrage *m*; **–stimmrecht** *n* droit de vote; **–system** *n* régime *m ou* système *m* électoral; **–möglichkeit** *f* option *f*; **–tag** *m* jour *m* du scrutin *ou* de l'élection.

wahlunfähig *adj* qui est incapable de voter, qui est atteint d'une incapacité électorale.

Wahl|unfähigkeit *f* incapacité électorale; **–urkunde** *f* (S) acte de nomination; **–urne** *f* urne *f*, urne électorale; **–vater** *m* (Aut) père adoptif; **–veranstaltung** *f* réunion électorale; **–verfahren** *n* procédure électorale, mode *m* de scrutin; **–verhinderung** *f* entrave *f* au libre exercice du droit de vote; **–verlauf** *m* déroulement *m* des opérations électorales; **–vermächtnis** *n (ErbR)* legs *m* alternatif; **–versammlung** *f* réunion *ou* assemblée électorale; **–versprechen** *n* promesse électorale, profession de foi; **–verteidiger** *m (StPR)* défenseur *m* (choisi librement par l'inculpé); **–vollmacht** *f* procuration électorale; **–vorgang** *m* opérations électorales.

Wahlvorschlag *m* liste de candidats, liste de candidature, proposition *f* (d'un candidat); **verbundener –liste** *f* fusionnée; **einen – einreichen, einen – unterbreiten** présenter un candidat.

Wahl|vorstand *m* (1) bureau *m* électoral, (2) président du bureau de vote; **–vorsteher** *m* président du bureau de vote; **–weise** *adv* au choix, en toute liberté de choix, librement, en option, optionnel; **–werber** *m* (Aut) (1) propagandiste *m*, (2) candidat aux élections; **–werbung** *f* propagande *f* électorale; **–zahl** *f* quotient *m* électoral; **–zeit** *f* (1) période *f* électorale, campagne électorale, (2) durée *f* du mandat; **–zelle** *f* isoloir *m*, compartimentisoloir *m* (B).

Wahlzettel *m* (1) tract *m* électoral, (2) bulletin de vote; **beanstandeter –** bulletin *m* contesté.

Wahndelikt *n (StR)* délit *m* putatif.

Wahnsinn *m* démence *f*, folie *f*.

wahr *adj* vrai, avéré, exact, juste, incontestable, certain; authentique.

wahren protéger, défendre, sauvegarder, maintenir; **die Frist –** respecter le délai imparti; **seine Rechte –** sauvegarder ses droits.

Wahrheit *f* vérité *f*, véracité *f*, véridicité *f*, exactitude *f*; authenticité *f*; sincérité *f*; **die ganze und volle –** toute la vérité, rien que la vérité; **Erforschung der –** recherche de la vérité; **– einer Behauptung** véracité d'une affirmation; **– der Firma** nom commercial *ou* appellation permettant d'éviter les confusions, méprises et tromperies; **der – entsprechen** être conforme à la vérité; **die – sagen** dire la vérité, toute la vérité, rien que la vérité; **die – verschweigen** cacher *ou* taire la vérité; **die – zugeben** reconnaître *ou* admettre la véracité des faits.

Wahrheits|beweis *m* preuve de la véracité des faits allégués; **–erinnerung** *f* (Aut), **–ermahnung** *f* (Aut) avertissement d'avoir à dire la vérité; **–findung** *f* manifestation *ou* recherche *f* de la vérité; **–gehalt** *m* véracité *f*, authenticité *f*; **–gemäß, –getreu** *adj* en respectant la vérité, en toute sincérité, véridique; **–liebe** *f* souci *m* de la vérité; **–pflicht** *f* obligation d'avoir à dire la vérité (toute la vérité, rien que la vérité); **–serum** *n* sérum de vérité; **–vermutung** *f* présomption de vérité; **–widrig** *adj* faux, contraire à la vérité, mensonger.

wahrnehmbar *adj* perceptible, discernable; visible; audible.

wahrnehmen (1) *(sehen)* voir, percevoir, observer, s'apercevoir de, (2) *(Gelegenheit)* saisir, profiter de, (3) *(Interessen)* prendre en mains, assumer, sauvegarder, (4) *(gerichtlicher Termin)* assister à l'audience.

Wahrnehmung *f* (1) *(von Aufgaben u. Interessen)* sauvegarde *f*, protection et garantie, (2) *(Termin)* observation, respect *m* (d'un délai); présence (à l'audience), (3) *(durch Sinnesorgane)* perception; examen sur place; **– der internationalen Beziehungen** conduite des relations internationales; **– der Rechte** poursuite *ou* sauvegarde des droits.

Wahrsager *m* diseur *m* de bonne aventure, augure *m*; voyant *m*, astrologue.

Wahrsagung *f* prédiction, divination.

Währschaft *f* (S: Bürgschaft) cautionnement.

wahrscheinlich (1) *adj* probable, possible, vraisemblable, (2) *adv* probablement, vraisemblablement; **der –e Täter** l'auteur présumé (du délit).

Wahrscheinlichkeit *f* vraisemblance *f*, probabilité; **aller – nach** selon toute probabilité, vraisemblablement; **–srechnung** *f* calcul *m* des probabilités.

Wahrspruch *m* (Aut) jugement *m*, sentence *f* (des jurés).

Wahrung *f* défense *f*, maintien *m*, protection *f*; **– des Rechts** respect du droit; sauvegarde *f* d'un droit.

Währung *f* (1) *(Geldeinheit eines Landes)* monnaie (nationale), (2) *(Ordnung des Geldsystems)* valeur *f* monétaire, étalon *m* monétaire; **frei konvertierbare –** monnaie librement convertible; **fremde** – devise *f*, monnaie étrangère; **gesetzliche** – monnaie légale; **harte** – devise forte, monnaie appréciée; **konvertierbare** – monnaie convertible; **stabile** – monnaie stable; **weiche** – monnaie faible.

Währungs- monétaire *adj*.

Währungsabkommen *n* accord *m* monétaire; **europäisches** – accord monétaire européen.

Währungs|abwertung *f* dévaluation *f* monétaire; **–angleichung** *f* alignement *m* monétaire; **–anleihe** *f* emprunt en devises étrangères; **–aufwertung** *f* réévaluation monétaire; **–ausgleichsfonds** *m* fonds d'égalisation des changes; **–ausschuß** *m* commission *ou* comité monétaire; **–bank** *f* banque d'émission; **–behörden** *pl* autorités monétaires; **–beistand** *m* assistance *f* monétaire; **–bereich** *m* zone monétaire; **–bereicherungssteuer** *f* impôt sur l'enrichissement résultant de la conversion monétaire; **–beschränkungen** *pl* restrictions *fpl* monétaires; **–bestimmungen** *pl* régime *m* monétaire; **–bilanz** *f* bilan *m* par catégories monétaires; **–block** *m* zone *f* monétaire; **–dekkung** *f* couverture monétaire.

Währungs|einheit *f* unité *f* monétaire; **Europäische –einheit** unité monétaire européenne (U.M.E. = ECU); **–entwertung** *f* dépréciation *f* monétaire; **–festigung** *f* consolidation monétaire; **internationaler –fonds** *m* Fonds monétaire international (FMI); **–garantie** *f* garantie de change; **–gebiet** *n* zone monétaire; **–gemeinschaft** *f* communauté *f* monétaire; **–gesetz** *n* loi monétaire; **–gewinn** *m* bénéfice de dévaluation, gain *m* sur les changes; **–gold** *n* or *m* monétaire; **–guthaben** *n* avoir en devises; **–hoheit** *f* souveraineté monétaire; **–inflation** *f* inflation monétaire; **–klausel** *f* clause *f* de garantie de change; **–konferenz** *f* conférence *f* monétaire; **–konto** *n* compte en devises étrangères; **–konvertierbarkeit** *f* convertibilité des monnaies; **–kredit** *m* crédit de change; **–krise** *f* crise *f* monétaire; **–kurs** *m* cours *m* de change; **–lage** *f* situation monétaire; **–manipulation** *f* manipulation monétaire; **–optionsklausel** *f* clause d'option de change; **–parität** *f* parité monétaire, parité des changes; **–politik** *f* politique monétaire; **–raum** *m* zone monétaire; **–recht** *n* droit monétaire; **–reform** *f* réforme monétaire; **–reserven** *pl* réserves monétaires, réserves en devises; **–risiko** *n* risque *m* de change, risque monétaire; **–sanierung** *f* assainissement monétaire; **–schaden** *m* dommage résultant de la réforme monétaire; **–schlange** *f* serpent *m* monétaire; **–schwankungen** *fpl* fluctuations monétaires; **–sicherungsklausel** *f* clause *f* de garantie de change; **–souveränität** *f* souveraineté monétaire; **–spekulation** *f* spéculation sur la monnaie; **–stabilität** *f* stabilité monétaire.

Währungs|system *n* système monétaire; **Europäisches –system** (EWS) Système monétaire européen (SME); **–umrechnung** *f* conversion *f* monétaire; **–umstellung** *f* réforme *ou* conversion monétaire; **–unbeständigkeit** *f* instabilité monétaire; **–union** *f* union monétaire; **–verfall** *m* dépréciation de la monnaie, dépréciation monétaire, chute de la monnaie; **–verhältnisse** *pl* situation monétaire; **–verlust** *m* perte résultant de la dévaluation; **–vertrag** *m* accord monétaire; **–wesen** *n* régime *m* monétaire; **–zerfall** *m* dépréciation *f* monétaire.

Wahrunterstellung *f (StPR)* présomption de véracité (d'un témoignage).

Waidgerechtigkeit *f* droit de la chasse.

Waise *f* orphelin *m*.

Waisen|beihilfe *f* allocation *f* aux orphelins; **–geld** *n* pension d'orphelin, rente *f* d'orphelin, allocation pour orphelin; **–haus** *n* orphelinat *m*; **–kind** *n* orphelin *m*; **–pension** *f*,

–rente *f* pension d'orphelin, rente d'orphelin.

Wald *m* forêt *f*; **–besitzer** *m* propriétaire *m* d'un bois; **–brand** *m* incendie *m* de forêt; **–gebiet** *m* espace *m* *ou* terrain *m* boisé; **–genossenschaft** *f* coopérative forestière; **–gesetz** *n* code forestier; **–hüter** *m* garde forestier; **–schäden** *pl* dommages *mpl* causés aux forêts; **–schutz** *m* protection des forêts; **–sterben** *n* dépérissement des forêts; **–sträucher** *pl* broussailles *fpl;* **–weg** *m* chemin forestier; **–wirtschaft** *f* économie *f* forestière.

Wandel *m* (1) *(Wandlung, Wende)* changement, modification, (2) *(Lebenswandel)* conduite *f*, comportement; **untadelhafter** – bonne réputation, le fait de ne pas avoir d'antécédents judiciaires.

Wandel|anleihe *f* emprunt *m* sous forme d'obligations convertibles (contre des parts sociales *ou* des actions); **–schuldverschreibung** *f* obligation convertible en action *ou* avec bons de souscription d'actions.

Wandelung *f od.* **Wandlung** *f* annulation *f* d'un contrat (pour vice de la marchandise), rédhibition *f*.

Wandelungsklage *f* action *f* en résolution, action rédhibitoire, action en rédhibition.

Wander|arbeiter *m* ouvrier *m* saisonnier, travailleur migrant; **–ausstellung** *f* exposition itinérante.

Wandergewerbe *n (HR)* commerce *m* ambulant, exercice d'une profession ambulante; **–schein** *m* titre *m* sur l'exercice non sédentaire d'une profession commerciale *ou* industrielle, carte de commerçant ambulant.

Wander|gewerbetreibende(r) *m* marchand *m* ambulant; **–handel** *m* colportage *m*; **–händler** *m* colporteur *m*, marchand ambulant.

Wanderung *f* migration *f*, mouvement *m* migratoire; **innere** – migration *f* intérieure.

Wanderversicherung *f (SozVers)* assurance des personnes cotisant à différents régimes de la sécurité sociale.

Wandprotest *m* protêt dressé en cas d'absence du débiteur.

Wanze *f (umg: Minispion)* micro *m ou* appareil d'écoute clandestine.

Wappen *n* armoiries *fpl*.

Ware *f* (1) *(Handelsgut)* bien *m* économique, marchandise *f*, denrée *f*, article *m*, produit *m*, (2) *(BörsenR)* prix *m* de vente; **bearbeitete** – article *m* manufacturé; **beschädigte** – marchandise endommagée *ou* avariée; **der Bestellung entsprechende** – marchandise conforme; **bewirtschaftete** – denrée rationnée, denrée *ou* marchandise contingentée; **bruchempfindliche** – marchandise fragile; **doppelt gefährliche** – *(VersR)* marchandise doublement hasardeuse; **eingehende** – marchandise à l'arrivage; **mit der Erklärung übereinstimmende** – marchandise conforme; **fehlerhafte** – marchandise défectueuse; **feuergefährliche** – marchandise inflammable; **in Herstellung befindliche** – marchandise en cours de fabrication; **kontingentierte** – marchandise contingentée; **leichtverderbliche** – denrée périssable; **liberalisierte** – produit libéré; **mangelhafte** – marchandise viciée *ou* défectueuse; **minderwertige** – pacotille *f*, objet *m* de mauvaise qualité, camelote *f*; **nicht bewirtschaftete** – marchandise non contingentée; **schwimmende** – marchandise flottante; **standardisierte** – marchandise standardisée, produit standardisé; **unverkaufte** – invendus *mpl;* **verderbliche** – denrée périssable, marchandise périssable.

Waren|abgabe *f* taxe *f* sur les marchandises; **–ablieferung** *f* livraison de marchandises; **–absatz** *m* débit *m*, écoulement *m*, vente *f* des marchandises; **–ähnlichkeit** *f* similitude *f* de produits; **–akkreditiv** *n* accréditif *m* documentaire; **–angebot** *n* offre *f* de marchandises; **–annahme** *f* réception des marchandises; **–ausfuhr** *f* sortie *f*, exportation de biens économiques; **–ausgabe** *f* délivrance *f*; **–ausgangsbuch** *n* registre de sortie des marchandises, facturier de sortie (B); **internationaler –austausch** *m* échanges *mpl* internationaux; **–automat** *m* distributeur *m* automatique (de marchandises); **–begleitschein** *m* document *m* de transport, bordereau *m* d'envoi, lettre de voiture; **–benennung** *f* désignation des marchandises; **–beleihung** *f* prêt *m* sur marchandises; **–beschreibung** *f* information sur la marchandise; description de l'appareil; **–bestand** *m* stock *m* (de marchandises); **–bestandsaufnahme** *f* inventaire *m* (du stock); **–bestellbuch** *n* carnet *m* de commandes; **–bestellung** *f* commande *f*; **–bezeichnung** *f* désignation *ou* appellation *f* des marchandises; **–bezugsgenossenschaft** *f* coopérative d'achats; **–bilanz** *f* balance *f* commerciale; **–börse** *f* bourse de commerce; **–buchführung** *f* comptabilité-matières *f*; **–buchhalter** *m* comptable-matières *m*; **–buchhaltung** *f* comptabilité-matières *f*; **–dokumente** *pl* titres de transport des marchandises, documents relatifs aux marchandises; **– einfuhr** *f* importation; **–eingang** *m* entrée *f* de marchandises, arrivages *mpl*; **–eingangsbuch** *n* registre d'entrée des marchandises, facturier d'entrée (B); **–einkaufsverein** *m* groupement d'achats; **–einteilung** *f* classification des produits; **–empfänger** *m* destinataire *m*, réceptionnaire *m*; **–erklärung** *f* déclaration de la marchandise; **–fälschung** *f* fraude sur la qualité des marchandises, falsification de marchandises; **–flußtransport** *m* facultés fluviales ordinaires; **–forderung** *f* créance sur marchandises; **–gattung** *f* catégorie *f* *ou* sorte *f* de marchandises; **–gleichartigkeit** *f* similitude *f* de produits; **–gruppe** *f* catégorie de produits; **–handel** *m* commerce de marchandises.

Warenhaus *n* grand magasin; **–detektiv** *m* détective *ou* contrôleur (dans un grand magasin); **–diebstahl** *m* vol à l'étalage; **–steuer** *f* impôt sur les entreprises dépassant un certain chiffre d'affaires.

Warenherstellerhaftung *f* responsabilité *f* (civile) du producteur.

Warenkatalog *m* catalogue *m* d'articles (à usage interne); catalogue (à l'usage de la clientèle).

Warenkonto *n* compte de marchandises, comptabilité-matières; **offenes –** compte ouvert de marchandises.

Waren|kontrolle *f* contrôle *m* des marchandises; **–korb** *m* (statistiques) budget-type *m*, panier de consommation; **–kredit** *m* crédit *m* commercial, avance *f* sur marchandises; **–kunde** *f* marchandisage *m*, technique *f* marchande; **–kurs** *m* *(Aut: BörR)* cours *m* offert; **–lager** *n* (1) entrepôt *m*, magasin *m*, (2) *(Vorrat)* stock de marchandises; **–landtransport** *m* facultés *fpl* terrestres ordinaires; **–landtransportversicherung** *f* assurance *f* sur facultés terrestres; **–lieferung** *f* livraison *ou* fourniture de marchandises; **–lombard** *m* prêt *ou* avance sur marchandises; **–lufttransportversicherung** *f* assurance *f* sur facultés aériennes; **–manifest** *n* manifeste *m* de marchandises; **–muster** *n* échantillon commercial *ou* de conformité; **–name** *m* dénomination du produit; **–notierung** *f* *(BörR)* certain *m*; **–papier** *n* titre représentatif de marchandises; **–partie** *f* lot de marchandises; **–posten** *m* lot *m* de marchandises; **–probe** *f* échantillon *m*, spécimen *m*; **–rabatt** *m* remise *f* sur marchandises; **–rechnung** *f* facture *f*; **–rückvergütung** *f* bonification *ou* ristourne sur marchandises; **–schaden** *m* *(SeeHR)* sinistre *m* facultés; **–scheck** *m* chèque-marchandises; **–schein** *m* warrant *m*; **–schuld** *f* dette; **–sendung** *f* (1) *(Versand)* expédition de marchandises, (2) *(Warenpartie)* lot *m* de marchandises;

–sortiment *n* assortiment de marchandises; **–termingeschäft** *n* opération à terme sur marchandises; **–terminoption** *f* (levée de) l'option; **–test** *m* test *m* de produit, contrôle *m* (de la qualité) des marchandises.

Warentransport *m* transport *m* de marchandises; **internationaler – mit Straßenfahrzeugen** transport international de marchandises par véhicule routiers.

Warentransportversicherung *f* (1) assurance *f* marchandises en cours de route (2) *(SeeHR)* assurance sur facultés maritimes.

Warenumsatz *m* chiffre *f* d'affaires (sur des marchandises), chiffre des ventes, mouvement *m* de marchandises; **–stempel** *m* droit de timbre sur les opérations commerciales; **–steuer** *f (S: SteuerR)* impôt sur le chiffre d'affaires.

Warenumschlag *m* rotation des stocks.

Warenverkehr *m* échanges *mpl* commerciaux; **freier –** libre circulation des marchandises; **internationaler –** échanges internationaux.

Warenverkehrs|bescheinigung *f* certificat de circulation des marchandises; **–büro** *n* (Aut) office commercial destiné à faciliter et à contrôler le commerce extérieur.

Waren|verpfändung *f* nantissement *m*; **–versicherung** *f* assurance-marchandises (en cours de route); **–verzeichnis** *n* (1) liste *f ou* inventaire de marchandises, catalogue d'articles, (2) *(ZollR)* répertoire *m* douanier; **–vorräte** *pl* stock de marchandises, stock *m* de denrées; **–wechsel** *m* effet *m* de commerce; **–wert** *m* valeur marchande.

Warenzeichen *n* (1) marque *f* de fabrique, de commerce et de service, (2) *(Wortzeichen)* marque nominale, (3) *(Bildzeichen)* marque emblématique; **Anbringung eines –s** apposition d'une marque; **eingetragenes –** marque déposée; **geschütztes –** marque protégée; **international eingetragenes –** marque internationale; **Löschung eines –s** radiation d'une marque.

Warenzeichen|anmeldung *f* dépôt *m* de la marque; **–blatt** *n* bulletin des marques *ou* de la propriété industrielle; **–eintragung** *f* enregistrement d'une marque; **–gesetz** *n* Loi sur les marques de fabrique, de commerce ou de service; **–löschungsklage** *f* action en radiation d'une marque; **–recht** *n* droit de la propriété industrielle; **–rolle** *f* répertoire *ou* registre des marques de fabrique; **–schutz** *m* protection de la propriété industrielle; **–streitsache** *f* litige *m* relatif à une marque; **–verletzung** *f* contrefaçon d'une marque, infraction relative à une marque, violation de la propriété industrielle; **–verwendung** *f* usage *m* d'une marque.

Waren|zurückhaltung *f* rétention de marchandises; **–zustellung** *f* factage *m*, transport *m* des marchandises au domicile du destinataire.

Wärme *f* énergie thermique *ou* calorifique; **–kostenabrechnung** *f* facture *f* de chauffage; **–kraftwerk** *n* centrale *f* thermique; **–versorgung** *f* approvisionnement en énergie.

Warmwasserheizung *f* chauffage central.

Warn|anlage *f* installation d'alarme; **–blinkanlage** *od.* **–licht** *n* feux clignotants d'avertissement; **–dienst** *m* service de prévoyance; **–dreieck** *n* triangle *m* de panne.

warnen avertir, mettre en garde, prévenir qqn.

Warnstreik *m* grève d'avertissement.

Warnung *f* avertissement *m*, mise en garde.

Warn|verpflichtung *f (GesR: Bankenprüfer)* obligation de renseigner (le conseil du crédit et des banques); **–zeichen** *n (StVR)* panneau *m* de signalisation d'un danger.

Warte|frist *f* délai d'attente; **–gebühr** redevance d'attente; **–geld** *n* solde de disponibilité, indemnité *ou* traitement d'attente (B); **–liste** *f* liste *f* d'attente; **–lohn** *m* salaire d'attente.

warten attendre.

Warte|pflicht *f (StVR)* obligation de ne pas quitter le lieu de l'accident; **–raum** *m* salle d'attente.

Wartestand *m* disponibilité *f*; **in den – versetzen** mettre en disponibilité.

Warte|standsbeamte(r) *m* fonctionnaire en disponibilité; **–zeit** *f* (1) *(ZR: der Witwe)* délai *m* de viduité, (2) délai d'attente.

Wartung *f* entretien *m* (courant *ou* préventif), maintien *m* en état, maintenance *f*, soins *fpl*, surveillance *f*; **–sarbeit** *f* travaux *mpl* d'entretien; **–sarm** *adj* ne nécessitant qu'un entretien minimum; **–sbericht** *m* état d'entretien; **–sdienst** *m* service *m* d'entretien (après-vente); **–sfreiheit** *f* matériel ne requérant aucune maintenance *ou* aucun entretien préventif; **–skosten** *pl* frais *mpl* d'entretien; **–spersonal** *n* équipe de servitude, personnel *m* d'entretien; technicien de maintenance; **–svertrag** *m* contrat de service technique *ou* d'entretien.

Wäsche *f* (1) linge *m*, (2) lavage *m*, nettoyage.

waschen *(Geld)* blanchir l'argent sale.

Waschmittel *n* détergent *m* (biodégradable).

Wasser *n*, **freies** – eaux *fpl* libres.

Wasser- und Bodenverband *m* Service d'aménagement hydraulique et d'amélioration foncière.

Wasser|ablauf *m* écoulement des eaux; **–anschluß** raccordement *m* au réseau public (du service de l'eau), branchement *ou* adduction; **–aufbereitung** *f* traitement des eaux (usées); **–bau** *m* travaux *mpl* hydrauliques; **–buch** *n* registre officiel du service des eaux.

Wasserentnahme *f* prise *f* d'eau, prélèvement d'eau; **–recht** *n* droit de prise d'eau.

Wasser|entziehung *f* captation d'eau; **–fahrzeuge** *pl* (1) *(Binnengewässer)* bateaux *mpl*, (2) *(Hochsee)* navires *mpl*; **–fracht** *f* fret *m* maritime; **–gebühr** *f* redevance d'eau, taxes pour l'eau; **–genossenschaft** *f* syndicat des usagers d'un cours d'eau, wateringue *f* (B); **–gerechtigkeit** *f* (1) servitude d'adduction et d'écoulement des eaux, (2) (en S:) concession *f* de prise d'eau; **–gerechtsame** *f* droit d'adduction d'eau, droit de prise d'eau; **öffentliches –gut** *n* (Aut) rivières et cours d'eau du domaine public; **–haushalt** *m* régime *m* des eaux; **–haushaltsordnung** *f* règlement sur l'approvisionnement en eau; **–kraft** *f* houille blanche, énergie hydraulique; **–kraftwerk** *n* usine hydroélectrique; **–lauf** *m* cours *m* d'eau; **–leitung** *f* conduite *f* d'eau; **–mangel** *m* pénurie *f* d'eau; **–menge** *f* – volume *m* d'eau; **–nutzungsrecht** *n* droit d'usage de l'eau; **–polizei** *f* police *f* fluviale, police des eaux; **–recht** *n* (1) régime *m* des eaux, (2) (en S:) concession *f* de prise d'eau; **–schadensversicherung** *f* assurance contre les dégâts des eaux; **–schutzgebiet** zone spéciale d'aménagement et de protection des eaux; **–schutzpolizei** *f* police des eaux; **–straße** *f* cours d'eau navigable, voie *f* fluviale; **–straßenamt** *n* service de la navigation; **–verband** *m* régie *f* directe *ou* intéressée de l'eau; **–verbrauch** *m* consommation d'eau; **–verdrängung** *f* déplacement *m*; **–verschmutzung** *f* pollution des eaux; **–versorgung** *f* (1) *(Amt)* service de l'eau, (2) raccordement au réseau public, (3) distribution *f* d'eau (potable), ravitaillement *m* en eau; **–verteilungsordnung** *f* règlement du service de distribution de l'eau; **–verunreinigung** *f* pollution de l'eau; **–verwaltung** *f* service public des eaux; **–wacht** *f* service de surveillance des plages; **–werfer** *m* *(Polizei)* canon *m* à eau; **–werk** *n* service *m* des eaux; usine *f* de distribution d'eau; **–wirtschaft** *f* gestion de l'eau; **–zähler** *m* compteur *m* (d'eau); **–zeichen** *n* filigrane *m*; **–zins** *m* redevance *f* *ou* prix de l'eau.

Wechsel *m* (1) *(Wertpapier)* lettre de change, traite *f*; effet *m* (de commerce), (2) *(Geld)* change *m*, (3) *(Veränderung)* changement *m*, mutation *f*, variation *f*; **akzeptierter –, angenommener –** traite acceptée; **bankfähiger –** traite bancable; **diskontfähiger –** effet escomptable *ou* négociable; **diskontierter –** lettre de change négociée *ou* escomptée; **domizilierter –** effet domicilié, traite domiciliée; **eigener –** billet à ordre; **eingelöster –** effet honoré; **erfolglos eingeklagter –** effet irrécouvrable; **fingierter –** effet simulé *ou* de complaisance; **geplatzter –** effet impayé; **gezogener –** effet tiré, lettre de change; **indossierter –** effet endossé; **kommerzieller –** effet de commerce, traite commerciale; **laufender –** traite en circulation, effet en cours; **nicht eingelöster –** effet impayé; **nichtbankfähiger –** effet non bancable; **notleidender –** effet en souffrance; **protestierter –** effet protesté; **rediskontierbarer –** effet réescomptable, papier négociable; **trockener –** billet à ordre; **turnusmäßiger –** rotation *f*, exercice d'une fonction à tour de rôle; **überfälliger –** effet en souffrance; **umlaufender –** lettre de change en circulation; **unbezahlt gebliebener –** effet impayé; **uneinbringlicher –** effet irrécouvrable; **ungedeckter –** effet sans couverture suffisante; **ungenügend versteuerter –** effet insuffisamment timbré; **verfallener –** effet échu; **verpfändeter –** effet affecté en gage; **zentralbankfähiger –** effet susceptible d'être escompté auprès de la banque centrale; **Zurücknahme eines –s** retrait *m* d'effet.

Wechsel– cambiaire *adj*.

Wechsel: einen – akzeptieren accepter une traite; **einen – ausstellen** créer un effet, tirer une traite sur qn; **– auf einen Nebenplatz** effet déplacé; **einen – protestieren** protester un effet; **einen – ziehen** tirer une lettre de change (sur qn); **einen – zurückrufen** retirer un effet.

Wechsel|abteilung *f* service du portefeuille; **–akzept** *n* acceptation d'une traite; **–anspruch** *m* droit *m* de se faire payer (résultant de la traite), demande *f* de paiement de la lettre de change; **–aussteller** *m* tireur d'une traite, émetteur d'un effet; **–ausstellung** *f* tirage *m*, création d'une traite; **–bank** *f* banque *f* d'escompte; **–besitz** *m*, **–bestand** *m* portefeuille d'effets; **–beziehung** *f* corrélation, interdépendance *f*; **–bezüglichkeit** *f* réciprocité *f*, corrélation, interdépendance *f*; **–börse** *f* bourse des changes; **–bürge** *m* donneur d'aval, avaliseur *m*, avaliste *m*; **–bürgschaft** *f* aval *m* d'une lettre de change.

Wechseldiskont *m* |, **–ierung** *f* escompte *m* (des traites); **–portefeuille** *n* portefeuille *m* d'effets escomptés; **–satz** *m* taux *m* escompte; **–spesen** *pl* agio *m*.

Wechsel|domizilierung *f* domiciliation d'un effet; **–einlösung** *f* paiement *m* de la lettre de change; **–einzug** *m* retrait *m* d'une lettre de change; **–erneuerung** *f* renouvellement *m* d'effet.

wechselfähig *adj* capable d'émettre un effet *ou* de tirer une traite.

Wechsel|fähigkeit *f* capacité *f* pour créer une lettre de change; **–fälligkeit** *f* échéance *f* de l'effet; **–fälschung** *f* falsification d'un effet; **–forderung** *f* créance *f* cambiaire; **–formular** *n* formule *f* d'une lettre de change; **–geber** *m* (= Aussteller) tireur *m*; **–geld** *n* petite monnaie, monnaie d'appoint *ou* divisionnaire; **–geschäft** *n* change *m*, opération *f* de change; **–gesetz** *n* Loi uniforme sur les lettres de change et les billets à ordre; **–giro** *n* endossement d'une traite; **–gläubiger** *m* porteur, créancier de change; **–handel** *m* change *m*; **–hingabe** *f* remise *f* d'une traite; **–inhaber** *m* porteur de l'effet, endossataire *m*; **–inkasso** *n* effet à l'encaissement.

Wechselklage *f* action en paiement d'un effet, action *f* cambiaire; **– wegen Nichtannahme** recours *m* faute d'acceptation; **– wegen Nichtzahlung** recours faute de paiement.

Wechsel|klausel *f* clause *f*: ‹veuillez payer contre cette lettre de change›; **–konto** *n* compte *m* d'effets; **–kredit** *m* crédit *m* d'escompte.

Wechselkurs *m* cours du change, taux de change, change; **amtlicher –** taux de change officiel; **einheitlicher –** taux de change unique; **fester –** cours fixe; **flexibler –** taux de change flottant *ou* flexible; **mehrfacher –** change *m* multiple; **unterschiedlicher –** taux *m* de change multiple.

Wechselkurs|angleichung *f* réalignement *m* des parités *ou* des taux de change; **–freigabe** *f* libération des cours, institution du système des taux de change flottants; **–garantie** *f* garantie de change; **–relationen** *pl* rapports de change; **–risiko** *n* risque du change; **–schwankung** *f* fluctuation *f* du taux de change; **–verlust** *m* perte *f* sur cours des changes.

Wechsel|lombard *m* avance *f* sur titres, prêt *m* garanti par le nantissement d'effets; **–mahnbescheid** *m* injonction de payer en matière de lettres de change; **–makler** *m* agent de change; **–moratorium** *n* moratoire *m* des effets de commerce.

wechseln (1) *(auch Geld)* changer, (2) *(austauschen)* échanger.

Wechsel|nehmer *m* preneur *m*, bénéficiaire *m*; endossataire *m*; **–obligo** *n* engagement *m* cambiaire, effets à payer; **–pari** *n* pair du change; **–parität** *f* parité de change; **–pension** *f* aval en pension; **–portefeuille** *n* portefeuille d'effets; **–prolongation** *f* renouvellement de l'effet; **–protest** *m* protêt *m* faute de paiement, protêt faute d'acceptation; **–prozeß** *m* procédure *f* en matière de lettres de change, contentieux *m* cambiaire; **–quittung** *f* quittance de l'effet; **–recht** *n* (1) droit *m* cambiaire, (2) législation sur les changes; **–rechtsverhältnis** *n* rapport *m* cambiaire; **–regreß** *m* recours *m* faute de paiement *ou* faute d'acceptation, recours cambiaire.

Wechselreiterei *f* cavalerie *f*; **– betreiben** tirer des traites de cavalerie, créer de la cavalerie.

Wechsel|rückgriff *m* (= Regreß) recours faute de paiement; **–schicht** *f* *(ArbR)* rotation de poste; **–schuld** *f* dette *f* cambiaire; **–schuldner** *m* débiteur *m* cambiaire, tiré *m* (après acceptation).

wechselseitig *adj* réciproque *adj*, mutuel *adj*, mutuellement *adv*; **–e Beteiligungen** *(GesR)* participations croisées *ou* réciproques; **–e Lizenz** licence croisée *ou* réciproque.

Wechsel|seitigkeit *f* réciprocité *f*; **–spesen** *pl* frais *mpl* de change; **–stempel** *m* timbre d'effets de commerce; **–steuer** *f* impôt sur les effets de commerce; **–steuermarke** *f* timbre *m* fiscal; **–stube** *f* bureau de change; **–summe** *f* somme *f* à payer, montant de la lettre de change; **–übertragung** *f* endossement *m*; **–umlauf** *m* effets en circulation, circulation d'effets *ou* des effets; **–verbindlichkeit** *f* obligation de change; dette *f* cambiaire; **–verkehr** *m* circulation de la lettre de change; circulation des effets; **–verlängerung** *f* prorogation d'un effet, retraite *f*, rechange *m*; **–verpflichtete(r)** *m* débiteur, personne obligée par une lettre de change; **–verpflichtung** *f* engagement cambiaire; **–vorlage** *f* présentation de la lettre de change; **–wähler** *ml* *(Pol)* électorat flottant, baladeur *ou* mobile, *pej* ‹de marais›; **–weise** *adv* alternativement.

Wechsel|wirkung interaction; **–wirkung von Angebot und Nachfrage** jeu de l'offre et de la demande; **–ziehung** *f* tirage d'effet; **–zinsen** *pl* intérêts moratoires payables à partir de l'échéance.

Weg *m* (1) voie *f*, chemin *m*, route *f*, (2) *(Richtung)* direction *f*, (3) *(Strekke)* distance *f*; **diplomatischer –** voie *f* diplomatique; **gesetzlich vorgeschriebener –** voies légales;

öffentlicher – chemin public; **einen – entwidmen** déclasser un chemin; **einen – widmen** classer un chemin.

Weg- und Zehrgeld *n* (Aut) frais *mpl* de déplacement.

Wege|bau *m* exécution de travaux de voirie; **–baulast** *f* obligation *f* de construire et d'entretenir les routes et chemins; **–benutzung** *f* emprunter une voie de passage (pour traverser le fonds d'autrui); **–berechtigung** *f* droit de passage; **–frist** *f* délai de route; **–gebühr** *f* taxe de déplacement, indemnité *f* kilométrique; **–geld** *n* (1) *(Abgabe)* droit de péage, péage *m*, (2) *(Prämie)* prime *f* de transport, (3) *(ArbR)* indemnités *fpl* de déplacement; frais de trajet; **–gerechtigkeit** *f* servitude *f* de passage.

wegen *präp* pour cause de, en raison de; **von Amts –** d'office; **von Rechts –** légalement, conformément au droit en vigueur; **– Vergehens gegen** par suite d'une infraction, pour ne pas avoir respecté.

Wege|recht *n* (1) *(VwR)* régime (juridique) de la voirie (nationale et locale), (2) *(ZR)* droit *ou* servitude de passage; **–regulierung** *f* alignement des voies; **–steuer** *f* taxe de voirie, taxe vicinale; **–unfall** *m* *(ArbR)* accident de trajet, accident *m* survenu sur le trajet du travail; **–zeit** *f* durée trajet.

Wegfall *m* (1) *(Abschaffung)* suppression, abolition, (2) *(Aufhören)* cessation, disparition; **– der Rente** suppression de la rente; **– des Risikos** disparition du risque.

wegfallen être supprimé *ou* abrogé.

Weglassen *n (ZPR)* omission volontaire (des faits et des motifs d'un jugement).

Wegkreuzung *f (StVR)* intersection *f*, croisement (de deux *ou* plusieurs chaussées).

Weglegung eines Kindes *(Aut: StR)* délaissement *ou* exposition *f* d'enfant.

Wegnahme *f (StR: Diebstahl)* soustraction frauduleuse.

Wegnahme|gebühr *f* frais *mpl* d'enlèvement d'une chose; **–recht** *n* droit de retrait, droit de reprise.

Weg|unfall *m* accident *m* de trajet; **–vorschrift** *f* prescription *f* d'itinéraire; **–weiser** *m* poteau *m* indicateur.

Wegweisung *f* (S) expulsion.

Wegzug *m* départ *m*, (S:) changement *m* de domicile.

Wehr|anleihe *f* (S) emprunt *m* de la défense nationale; **–beauftragte(r)** *m* (des Bundestages) délégué *m* parlementaire auprès de l'armée allemande; **–beitrag** *m* contribution *f* à la défense; **–bereich** *m* région *ou* circonscription militaire; **–bereichsverwaltung** *f* service *m ou* centre *m* administratif d'une région militaire; **–beschwerde** *f* réclamation (en matière de service national); contestation d'un ordre; **–beschwerdeordnung** *f* (= WBO) Loi sur les recours hiérarchiques en matière de service national; **–bezirk** *m* circonscription militaire.

Wehrdienst *m* service *m* national *ou* militaire; **aktiver –** service militaire actif; **den – ableisten** accomplir son service actif; **zum – einberufen** appeler au service actif; **aus dem – entlassen** réformer; **vom – freigestellt** exempté des obligations d'activité du service national; **sich vom – zurückstellen lassen** (demander à) bénéficier d'un report d'incorporation.

Wehrdienst|befreiung *f* dispense des obligations du service national actif; **–beschädigung** *f* dommage corporel subi lors du service national actif, accident de service; **–entziehung** *f* refus *m* de donner suite à l'incorporation, insoumission; **–gericht** *n* tribunal militaire (statuant en matière disciplinaire); **–leistende(r)** *m* personne *f* accomplissant son service national actif, appelé *m*; **–senat** *m* chambre de la Cour fédérale disciplinaire statuant en matière d'infractions militaires; **–unfähigkeit** *f* exemption du service national pour cause d'inaptitude.

wehrdienstuntauglich *adj* inapte *adj* au service armé.

Wehrdienst|verweigerer *m* (1) *(StR)* insoumis *m*, (2) objecteur *m* de conscience; **–verweigerung** *f* (1) *(StR)* insoumission, refus du service national, (2) *(aus Gewissensgründen)* objection de consience; **–zeit** *f* (1) durée du service actif, (2) *(geleistete –)* temps passé sous les drapeaux.

Wehr|disziplinaranwalt *m* représentant du ministère public auprès des tribunaux militaires disciplinaires; **–disziplinarordnung** *f* règlement de discipline générale (aux armées); **–ersatzamt** *n* bureau *m* du service national; centre *m* de sélection; **–ersatzdienst** *m* (= Zivildienst) service civil auprès d'un organisme social (en cas de reconnaissance du statut d'objecteur de conscience); **–fähigkeit** *f* aptitude *f* au service national; **–ersatzwesen** *n* recrutement de l'armée; **–etat** *m* budget *m* militaire *ou* de la défense nationale; **–gerechtigkeit** *f* répartition équitable des sujétions imposées par le service national; **–gesetz** *n* loi sur le service national et le recrutement aux armées; **–haushalt** *m* budget de la défense nationale; **–kraft** *f* armée *f*; **–kraftzersetzung** *f* démoralisation de l'armée; **–kunde** *f* art *m* militaire; **–hoheit** *f* souveraineté *f* militaire; **–leistung** *f* réquisition *f* militaire; **–leitstelle** *f* centre *m* de regroupement.

Wehrlosigkeit *f* incapacité d'assurer sa propre défense.

Wehrmachts|angehörige(r) *m (hist)* militaire *m* (de la Wehrmacht); **–gerichtsbarkeit** *f* juridiction militaire; **–strafeinheit** *f (hist: 1921–1945)* compagnie *ou* section disciplinaire.

Wehr|mann *m* (S) militaire *m*; **–material** *n* matériels et approvisionnements; **–mittelsabotage** *f* détérioration *f* de matériel appartenant à l'armée; **–opfer** *n* (S) sacrifice pour la défense nationale; **–paß** *m* livret *m* (militaire) individuel.

Wehrpflicht *f* assujétissement au service national, obligations *fpl* militaires; **allgemeine –** service national obligatoire, conscription *f*; **–ausnahme** exemption du service militaire; **–entziehung** *f* insoumission; **–gesetz** *n* Loi allemande du service national.

wehrpflichtig *adj* assujetti au service militaire *ou* national.

Wehr|pflichtige(r) *m* personne soumise aux obligations d'activité du service national; **–recht** *n* régime juridique du service national, législation relative à la défense nationale; **–sold** *m* solde *f* (de l'incorporé); **–stammblatt** *n* état *m* signalétique et des services; **–stammrolle** *f* registre matricule, rôle de recrutement; **–steuer** *f* (S) impôt pour la défense nationale; **–strafgericht** *n* tribunal militaire; **–strafgesetz** *n* Loi sur les manquements aux prescriptions et sur les punitions disciplinaires; **–strafrecht** régime juridique des punitions disciplinaires militaires; **–überwachung** *f* surveillance des personnes libérées du service actif en vue de garantir les obligations en cas de mobilisation; **–übung** *f* période *f* d'exercice et d'instruction complémentaire.

wehr|untauglich *adj* inapte au service armé; **–unwürdig** *adj* exclu de l'armée.

Wehr|unwürdigkeit *f (DiszR)* indignité *f* entraînant l'exclusion de l'armée; **–verfassung** *f* législation militaire; **–verhältnis** *n* situation militaire; **–wesen** *n* l'Armée *f*; **–wirtschaft** *f* économie *f* de guerre.

Weichkäse *m* fromage (doux) à pâte molle.

Weide|abkommen *n (LandwR)* convention de pacage; **–gelder** *pl* droits de pacage; **–gerechtigkeit** *f* servitude de pâture *ou* de pacage; **–kaution** *f* acquit-à-caution de pacage; **–pachtvertrag** *m* bail à pâturage; **–recht** *n* droit de pâture *ou* de pacage *m*; **–tiere** *pl* bétail *m* en pacage (d'été).

weigern: sich – refuser (de faire qqch); refuser d'obéir; ne pas consentir à.

Weigerung *f* refus *m*; rejet *m*; désapprobation *f*; **seine – zum Ausdruck bringen** opposer un refus *ou* une fin de non-recevoir à qn.; **– vor Gericht zu erscheinen** refus *m* de comparaître; **– Steuern zu entrichten** refus de l'impôt; **im –sfall** en cas de refus d'obtempérer.

Weigerungsgrund *m* cause *f ou* motif *m* de refus, motif de récusation.

Weihbischof *m* évêque *m* coadjuteur *ou* auxiliaire.

Weihnachts|freibetrag *m* abattement fiscal spécial accordé en décembre; **–geld** *n od.* **–gratifikation** *f* gratification de fin d'année; treizième mois; **–vergütung** *f* indemnité de fin d'année; **–zuwendung** *f* gratification de fin d'année.

Wein|bauer *m* viticulteur *m*; **–baugebiet** *n* région vinicole; **–berg** *m* vignoble *m* de coteaux; **–bezeichnung** *f* appellation d'origine; **–brand** *m* eau-de-vie de vin; **–etikettierung** *f* étiquetage (tendancieux) du vin; **–gesetz** *n* législation relative à la vinification et à la classification des vins; **–markt** *m* marché des vins; **–pantschen** *n* coupage *m* (illicite) de vins, frelatage *m*, *(umg)* mouillage du vin; **–prädikat** catégorie *f* (dans la classification des vins); **–recht** *n* réglementation relative à la production et à la commercialisation des vins; **–steuer** *f* impôt sur le vin; **–wirtschaftsgesetz** *n* loi relative au marché viticole.

Weise *f* manière *f*, façon *f*, sorte *f*; **Art und –** manière de faire, façon *f*; **in gesetzwidriger –** illégalement *adv*; **auf gütliche –** à l'amiable, amiablement *adv*.

Weißbuch *n* Livre blanc.

Weistum *n (hist)* coutumier *m*.

Weisung *f* (1) *(VwR)* instruction *f*, directive *f*, prescription, (2) *(StPR)* condition (dans le cadre de la libération conditionelle); injonction (du juge d'application des peines); **bindende –** instruction impérative.

Weisungs|befugnis *f* (1) *(VwR)* pouvoir de donner des instructions, (2) *(ArbR)* pouvoir *m* de direction (de l'employeur); **–gebunden** *adj* tenu de se conformer aux directives; **–gebundenheit** *f* (1) *(VwR)* obligation de s'en tenir aux instructions, (2) *(ArbR)* obligation de respecter les directives de l'employeur, subordination; **–gemäß** *adj* conformément aux instructions; **–recht** *n* droit de donner des instructions, pouvoir d'imposer des directives.

weiterbefördern réexpédier.

Weiter|beförderung *f* réexpédition *f*; **–benutzung** *f* continuation de l'utilisation; **–beschäftigung** *f* (1) *(ArbR)* maintien (du salarié) dans son emploi (pendant la procédure de licenciement), (2) prolongation de fonctions; **–bildung** *f* enseignement *m* post-scolaire, formation *f* continue; *(periodisch)* recyclage *m*; **–führung** *f* continuation; affaire en continuation; **–gabe** *f (SchuldR, SachR)* remise à un acquéreur subséquent; **–geltung** *f* prorogation de la validité; **–leitung** *f (Akten)* transmission (du dossier) à qui de droit.

Weiteres: bis auf – provisoirement, jusqu'à nouvel ordre; **ohne –** sans aucune difficulté; **des weiteren** en outre, en plus de cela, de plus.

weitergehende Ansprüche prétentions dépassant le cadre initial, demande additionnelle.

weiterliefern *(StPR: Straftäter)* réextrader (à un État tiers).

Weiterlieferung *f* réextradition *f* (à un État tiers).

Weiter|verarbeitung *f* transformation; **–veräußerung** *f od.* **–verkauf** *m* revente *f*.

weiter|verkaufen revendre; **–vermieten** relouer, sous-louer.

Weitervermietung *f* (1) cession de bail, (2) sous-location.

Weiterverpachtung *f* (1) cession d'un bail de biens ruraux, (2) sous-location *f*; **–versicherte(r)** *m* assuré obligatoire devenu assuré facultatif.

Weiterversicherung *f* reconduction *f* *ou* continuation *f* de l'assurance; **freiwillige –** prolongation volontaire d'une assurance obligatoire, continuation de l'assurance, assurance continuée (B–L).

Weiter|verteilung *f* sous-répartition *f*; **–verweisung** *f* renvoi au second degré; **–zahlung** *f* continuation du paiement.

Weitschweifigkeit *f* prolixité *f*.

Weizen|abkommen *n*, **internationales –** accord international sur le blé; **internationaler –rat** *m* conseil international du blé; **–denaturierung** *f* dénaturation du blé.

Weltagrarmarkt *m* marché mondial des produits agricoles.

Welt|all *n* espace *m*, univers *m*, cosmos *m*; **–anschauung** *f* opinions *fpl* philosophiques et religieuses; **–anschauungsschule** *f* école se rattachant à un système confessionnel *ou* philosophique d'enseignement; **–ausstellung** *f* exposition *f* universelle; **–bank** *f* banque mondiale; **–bild** *n* conception (philosophique) du monde; **–bürger** *m* citoyen *m* du monde; **–erzeugung** *f* production *f* mondiale; **–friedensrat** *m* conseil mondial de la paix; **–geistlichkeit** *f* clergé *m* séculier.

Weltgesundheits|organisation *f* organisation *f* mondiale de la santé (OMS); **–versammlung** *f* assemblée *f* mondiale de la santé.

Weltgewerkschaftsbund *m* fédération syndicale mondiale.

Welt|handel *m* commerce mondial, échanges *mpl* internationaux; **–handelskonferenz** *f* conférence du commerce international; **–handelspreis** *m* cours *m* mondial; **–herrschaft** *f* hégémonie, suprématie *ou* prépondérance (mondiale); **–kreditbrief** *m* lettre de crédit circulaire.

weltlich *adj* laïc, séculier.

Welt|macht *f* grande puissance; **–marke** *f* marque internationale; **–markt** *m* marché *m* mondial; **–maßstab** *m*: **im –maßstab** à l'échelle planétaire.

Welt|nachrichtenverein *m* Union internationale des télécommunications; **–ordnung** *f* ordre *m* modial; **–politik** *f* politique internationale.

Weltpost|verein *m* Union postale universelle (UPU); **–vertrag** *m* Convention postale universelle.

Welt|preisniveau *n* niveau *m* mondial des prix; **–produktion** *f* production mondiale.

Weltraum *m* espace *m* extra-atmosphérique; **–fahrzeug** *n* engin *m* spatial; **–flug** *m* vol *m* spatial; **–forschungsorganisation** *f*: **Europäische –** Organisation européenne de recherches spatiales; **–recht** *n* droit de l'espace; **–station** *f* plate-forme *f* orbitale.

Weltruf *m* renommée mondiale (d'une grande marque).

Welturheberrechtsabkommen *n* Convention universelle sur la propriété littéraire et artistique.

Weltwirtschafts|gipfel *m* conférence du groupe des pays les plus industrialisés ‹G 7›, ‹G 8›; **–konferenz** *f* Conférence économique mondiale; **–krise** *f* crise économique mondiale.

Weltzeit *f* temps universel (= t.u.)

Wende *f (a. Pol)* tournant *m* (dans la politique *ou* l'histoire).

wenden tourner; **sich – an** s'adresser à qui de droit; **sich gegen Vorwürfe –** s'élever contre, s'opposer à des récriminations *ou* reproches; **viel Zeit auf etwas –** consacrer beaucoup de temps à.

Werbe|abteilung *f* service *m* de publicité; **–agentur** *f* agence de publicité; **–aktion** *f* campagne *f* publicitaire; **–angabe** *f* indication à caractère publicitaire; **–anlage** *f* espace *m* *ou* installation servant à la publicité; **–anstrengung** *f* effort promotionnel; **–anzeige** *f* annonce *f* publicitaire; **–aufwand** *m*, **–aufwendungen** *pl* dépenses *fpl* publicitaires; **–beilage** *f* dépliant publicitaire (dans un support de presse); **–berater** *m* agent *m* en publicité, publicitaire *m*; **–besuch** *m* démarchage *m* publicitaire; **–besucher** *m* démarcheur *m*; **–brief** *m* lettre *f* publicitaire; **–broschüre** *f* prospectus *m* publicitaire; **–büro** *n* agence *f* publicitaire; **–drucksache** *f* imprimé publicitaire; **–fachmann** *m* agent en publicité, publicitaire *m*; **–fahrt** *f* tour *m* publicitaire; **–feldzug** *m* campagne *f* publicitaire; **–fernsehen** *n* (1) film *ou* spot *m* publicitaire, (2) télévision commerciale; **–fläche** *f* espace *ou* panneau *m* publicitaire; **–fonds** *m* fonds de propagande; **–funk** *m* (1) message publicitiare à la radio, (2) radiodiffusion commerciale; **–geschenk** *n* cadeau *m* publicitaire, article-prime; **–gesellschaft** *f* société de publicité; **–inserat** *n* (1) *(groß)* placard *m* publicitaire, (2) *(klein)* annonce *f* publicitaire, (3) *(ganzseitig)* annonce pleine page, plein papier; **–kampagne** *f* campagne publicitaire; **–kosten** *pl* frais de publicité, coût *m* de la publicité; **–material** *n* documents *mpl* promotionnels *ou* publicitaires; **–mittel** *pl* moyens *mpl* publicitaires; **–plakat** *n* affiche *f* publicitaire; **–planung** *f* conception d'une publicité; **–prämie** *f* prime *f* promotionnelle; **–preis** *m* prix *m* promotionnel; **–prospekt** *n* prospectus *m ou* dépliant *m* publicitaire

Werber *m* agent *m* de publicité, propagandiste *m*.

Werbe|schild *n* panneau publicitaire; **–schrift** *f* prospectus *m*; **–sendung** *f* (1) *(HR)* émission publicitaire, (2) *(Pol)* émission de propagande (électorale); **–slogan** *m* slogan *m* publicitaire; **–spot** *m* spot *m ou* message *m* publicitaire; **–tafel** *f* panneau d'affichage publicitaire; **–tätigkeit** *f* activité *f* promotionnelle; **–text** *m* texte publicitaire; **–träger** *m* support *m* publicitaire; **–unternehmen** *n* entreprise *f ou* agence *f* de publicité; **–veranstaltung** *f* manifestation promotionnelle; **–verbot** *n* interdiction de la *ou* d'une publicité; **–verkauf** *m* vente promotionnelle.

Werbung *f* (1) *(für Waren)* publicité *f*, réclame *f*, promotion *f* des ventes, activité *f* promotionnelle, (2) *(für Ideen)* propagande *f*; **emotionale –** publicité connotative; **gemeinschaftliche –** publicité collective; **irreführende –** publicité mensongère; **lautere –** publicité loyale; **mißbräuchliche –, unlautere –** publicité déloyale *ou* abusive; **unterschwellige –** publicité faisant appel aux motivations inconscientes; **vergleichende –** publicité comparative.

Werbungs– publicitaire.

Werbungs|kosten *pl* (1) *(SteuerR)* frais *mpl* professionnels, dépenses *fpl ou* charges *fpl* professionnelles (à défalquer), (2) frais de publicité; **–mittler** *m* agent *m* de publicité.

Werdegang *m* biographie *f*, notice biographique.

werfen jeter, lancer; **auf den Markt –** lancer (un produit).

Werft *f* chantier *m* naval.

Werk *n* (1) *(UrhR)* œuvre *f* (de l'esprit), création intellectuelle, (2) *(Arbeit)* travail *m*, (3) *(Leistung)* ouvrage *m*, production *f*, (4) *(Fabrik)* usine *f*, établissement *m* industriel, fabrique *f*, entreprise *f* (industrielle), (5) *(Erzeugnis)* ouvrage *m*, produit *m*, (6) *(Mechanismus)* mécanisme *m*, rouage *m*; **abhängiges –** (= Nachschöpfung) œuvre dérivée; **amtliches –** publication officielle; **anonymes –** œuvre anonyme; **gemeinsames –** œuvre de collaboration; **nachgeahmtes –** œuvre contrefaite, plagiat *m*; **nachgelassenes –** œuvre posthume; **nachgemachtes –** œuvre contrefaite, plagiat *m*; **nicht veröffentlichtes –** œuvre non publiée *ou* non divulguée; **pseudonymes –** œuvre pseudonyme; **veröffentlichtes –** œuvre publiée *ou* divulguée; **widerrechtlich hergestelltes –** œuvre contrefaite; **– der angewandten Kunst** œuvre des arts appliqués; **– der bildenden Kunst** œuvre d'art *ou* de peinture *ou* d'architecture *ou* de gravure; **– der Tanzkunst** œuvre chorégraphique.

Werk|anlage *f* usine *f*, installation industrielle; **–(s)arzt** *m* médecin *m* du travail; **–begriff** *m (UrhR)* notion *f* de l'œuvre protégée; **–besteller** *m (ZR)* maître *m* de l'ouvrage.

Werke der Literatur, Wissenschaft und Kunst œuvres *fpl* littéraires et artistiques et scientifiques; **verbundene –** œuvres composites.

Werk|halle *f* atelier *m*; **–lieferungsvertrag** *m* contrat mixte d'entreprise et de vente (comportant la fourniture de travail et de matières), marché *m ou* contrat *m* d'ouvrage; **–lohn** *m* salaire *m* pour un ouvrage; **–meister** *m* chef *m* d'atelier, chef de travaux.

Werk|schöpfer *m (= Urheber)* auteur *m*; **–schutz** *m* (1) *(UrhR)* respect de l'œuvre, (2) *(BW)* protection des installations industrielles; **–snorm** *f* norme *f* de fabrication.

Werk|spionage *f* espionnage *m* industriel; **–statt** *f* atelier *m*; **–stoff** *m* matériaux *mpl*, matières *fpl*; **–stoffprüfung** *f* essai *m* des matériaux; **–stück** *n* pièce ouvrée, pièce à usiner; **–svorschriften** *fpl* spécifications du constructeur.

Werk(s)wohnung *f* logement *m* d'entreprise, habitation ouvrière.

Werk|tag *m* jour *m* ouvrable, (en S. aussi:) jour utile; **–titel** *m (UrhR)* titre *m* d'une œuvre; **–unternehmer** *m (ZR)* fabricant *m* de l'ouvrage; **–urlaub** *m* congé collectif (d'une entreprise ou d'un atelier); **–verbindung** *(UrhR)* œuvre composite; **–verkehr** *m* transport pour compte propre.

Werkvertrag *m (SchuldR)* contrat d'entreprise, entreprise *f*, contrat d'industrie *ou* de louage d'ouvrage.

Werkzeug *n* outil *m*, outillage *m*, instrument *m*.

Werkzeug|bau *m* technologie *f* des outils; **–geld** *n* indemnité d'outillage; **–maschine** *f* machine-outil *f*; **–versicherung** *f* assurance-outillage; **–zulage** *f* prime d'outillage.

Wert *m* (1) *(Preis)* valeur *f*, prix *m*, (2) *(Verkehrswert)* valeur d'échange, valeur vénale *ou* marchande, (3) *(Bedeutung)* importance *f*, mérite *m*, qualité *f*; **angegebener –** valeur déclarée; **beitragspflichtiger –** valeur contributive; **berichtigter –** valeur corrigée; **beständiger –** valeur fixe, valeur stable; **buchmäßiger –** valeur comptable; **durchschnittlicher –** valeur moyenne; **effektiver –** valeur réelle; **fester –** valeur fixe *ou* stable; **fiktiver –** valeur fictive; **in Geld ausdrückbarer –** valeur appréciable en argent; **gemeiner –** valeur vénale *ou* usuelle; **geringfügiger –** valeur minime, faible valeur; **geschätzter –** valeur d'estimation; valeur approximative; **gewöhnlicher –** valeur ordinaire; **ideeller –** valeur morale, intérêt d'affection; **innerer –** valeur intrinsèque; **künftiger –** valeur future; **künstlerischer –** valeur artistique; **mündelsicherer –** valeur de bon père de famille, valeur sûre; **nomineller –** valeur nominale; **objektiver –** valeur objective; **subjektiver –** valeur subjective; **tatsächlicher –** valeur effective *ou* réelle; **taxierter –** valeur agréée; **ursprünglicher –** valeur originaire; **versicherbarer –** valeur assurable; **versicherter –** valeur assurée; **voller –** pleine valeur; **voraussichtlicher –** valeur escomptée; **wirklicher –** valeur effective *ou* réelle; **wirtschaftlicher –** valeur économique *ou* appréciable en argent; **zollpflichtiger –** valeur taxable en douane.

Wert: den – angeben déclarer la valeur; **– bei Ankunft** valeur à l'arrivée; **einen großen – beimessen** accorder une grande importance à; **– der besonderen Vorliebe** (Aut) valeur affective; **den – bestimmen** taxer, estimer la valeur (d'un bien), fixer le prix (d'un bien); **– zur Einziehung** valeur en recouvrement; **– erhalten** valeur reçue; **an – ge-**

winnen valoriser, être valorisé; **keinen – haben** être sans valeur; – **des Inhalts** valeur du contenu; – **auf etwas legen** attacher de l'importance à qch; – **bei Lieferung** valeur à la livraison; – **zum Pfand** valeur en gage; – **in Rechnung** valeur en compte; **weit unter – verkaufen** vendre à perte; **seinen – verlieren, an – verlieren** perdre sa valeur; – **zur Sicherheit** valeur en garantie *ou* en gage.

Werte *pl (BörR: Wertpapiere)* valeurs *fpl* mobilières, effets *mpl,* titres *mpl*; **ausländische** – valeurs étrangères; **festverzinsliche** – valeurs *fpl* à revenu fixe; **flüssige** – valeurs facilement réalisables; **markfähige** – valeurs négociables; **nicht notierte, unnotierte** – valeurs non cotées; **sichere** – valeurs refuge.

Wert|abschnitt *m* coupure *f*, coupon *m*; **–änderung** *f* modification de valeur; **–angabe** *f* indication de la valeur, déclaration de valeur, valeur déclarée; **–ansatz** *m* évaluation *f*; **–arbeit** *f* travail *m* (de grande) qualité; **–aufholung** *f (SteuerR)* adaptation de la valeur fiscale à la valeur réelle (d'un bien); **–ausgleich** *m* (1) *(EheR: Scheidung)* prestation compensatoire, (2) *(BW)* compensation *f* de valeur, soulte *f*; **–ausgleichsgebühr** *f* taxe de péréquation ad valorem; **–ausgleichung** *f* soulte *f*; **–bemessung** *f* détermination de la valeur; **–berechnung** *f* calcul de la valeur, évaluation; **–berichtigung** *f* réévaluation, rectification *ou* ajustement *m* de la valeur; **–berichtigungskonto** *n* compte de réévaluation; **–berichtigungsposten** *m* compte *m* de régularisation; **–bescheinigung** *f* certificat de valeur.

wertbeständig *adj* de valeur stable, de valeur fixe; **–e Anlage** placement *m* stable; **–e Anleihe** emprunt *m* à valeur fixe.

Wert|brief *m* lettre avec valeur déclarée, lettre *f* chargée, lettre-valeur (L); **–ermittlung** *f (ErbR)* évaluation *f ou* détermination de la valeur (d'un legs *ou* don); **–ersatz** *m* remboursement de la valeur; **–festsetzung** *f*, **–feststellung** *f* fixation *ou* détermination de la valeur; **–fortschreibung** *f* rectification *f* de valeur, réévaluation; **–fund** *m* trouvaille d'objets de valeur; **–gebühr** *f* taxe ad valorem, (en Aut. aussi:) droit d'assurance des colis-postaux; **–gegenstand** *m* objet de (grande) valeur; **–grenze** *f* (1) *(ZPR)* montant *m* minimum du litige (pour engager une procédure), (2) *(BW)* limite de valeur; **–gutachten** *n* expertise estimant la valeur d'un bien; **–herabsetzung** *f* diminution de la valeur, dépréciation *f*; **–irrtum** *m* erreur sur la valeur; **–liste** *f* (UPU) feuille *f* d'envoi.

wertlos *adj* sans valeur, dénué de valeur.

Wert|maßstab *m* échelle *f* de valeurs, étalon *m*; **–messer** *m* baromètre des valeurs; **–minderung** *f* diminution de valeur, dépréciation *f ou* détérioration *f* de la valeur, moins-value *f*; **–ordnung** *f (VerfR)* les valeurs morales et sociales en vigueur dans une société; **–paket** *n* colis avec valeur déclarée, colis postal avec valeur déclarée.

Wertpapier *n* titre *m*, valeur mobilière, valeur, valeur-papier *f* (UPU), papier-valeur *m* (S); **abgelaufenes** – titre *m* amorti; **abhanden gekommenes** – titre adiré *ou* perdu; **amtlich notiertes** – valeur inscrite à la cote; **ausgelostes** – valeur sortie au tirage; **börsenfähiges** – valeur cotée en bourse; **festverzinsliches** – valeur *ou* titre à revenu fixe; **gesperrtes** – titre frappé d'opposition; **gestückeltes** – titre *m* fractionné; **marktfähiges** – valeur mobilière négociable; **nicht einlösbares** – valeur irrécouvrable; **verlosbares** – valeur à lot; **verlostes** – titre sorti au tirage; **verpfändetes** – titre *m* affecté en gage; – **mit festem Ertrag** valeur à revenu fixe; – **mit zehnjähriger Laufzeit** titre décennal; – **mit schwankendem Ertrag** valeur à revenu variable.

Wertpapier|abrechnung *f* décompte *m* des valeurs achetées et vendues; **–ankauf** *m* achat *m* de titres; **–anlage** *f* placement en valeurs mobilières; **–arbitrage** *f* arbitrage sur titres; **–bereinigung** *f* validation de titres; **–besitz** *m* porte-feuille *m* de titres, avoir *m* en valeurs mobilières; **–bestand** *m* portefeuille de titres, avoir *m* en valeurs mobilières; **–börse** *f* bourse des valeurs; **–depot** *n* dépôt *m* de titres; conservation d'actions en portefeuille; **–geschäft** *n* transaction relative à une valeur mobilière; **–konto** *n* compte-titres *m* (d'un client); **–lombard** *m* avance *f* sur titres; **–makler** *m* courtier *m* en valeurs mobilières; **–markt** *m* marché des valeurs mobilières, marché des valeurs; **–rechnung** *f* compte de titres; **–recht** *n* régime juridique des valeurs mobilières; **–pensionsgeschäft** *n* prise *f* d'effets en pension; **–sammelbank** *f* banque de dépôt de valeurs mobilières; **–sparen** *n* épargne sous forme de valeurs mobilières; **–steuer** *f* impôt sur les valeurs mobilières; **–verkauf** *m* placement des valeurs mobilières; **–verkehr** *m* opérations *fpl* sur titres; **–verwahrung** *f* garde *f* des valeurs mobilières; dépôt de titres en banque; **–verwaltung** *f* gestion de portefeuille *ou* de titres..

Wert|sache *f* objet de valeur; **–satz** *m* taux d'équivalence; **–schachtel** *m* (Aut) boîte avec valeur déclarée; **–schätzung** *f* évaluation, estimation; **–schöpfung** *f* création de plus-values; **–schrift** *f* (S) valeur mobilière, titre; **–schwankung** *f* fluctuation de la valeur; **–sendung** *f* envoi avec valeur déclarée; **–sicherungsklausel** *f* (1) *(Außenwert)* clause de garantie de change, (2) *(Binnenwert)* clause *f* d'indexation; **–skala** *f* échelle *f* des valeurs; **–steigerung** *f* plus-value *f*, augmentation de la valeur; **–stellung** *f* *(BankR)* date *f* de valeur; **–stempel** *m* timbre *m* proportionnel; **–stück** *n* (S) colis postal avec valeur déclarée; **–tarif** *m* tarif *m* douanier ad valorem.

Wertung *f* classement *m*, appréciation de la valeur; notation.

Wertungs|irrtum *m (ZR)* erreur juridique portant sur le fait qu'un acte n'est pas couvert par une cause justificative; **–verfahren** *n* procédure de valorisation.

Wert|urteil *n* jugement *m* de valeur; **–verlust** *m* perte *f* de valeur, infortune; **–verminderung** *f* diminution de valeur, dépréciation *f*, moins-value *f*; **–verringerung** *f* dépréciation *f*; **–verschlechterung** *f* détérioration *f*; **–verzollung** *f* taxation ad valorem.

wertvoll *adj* précieux, de grand prix, d'une grande valeur.

Wertvorstellung *f* prix *m* que l'on envisage de payer, appréciation, évaluation du prix.

Wertzeichen *n (Post)* timbre-poste *m*; **amtliches –** (S) timbre officiel de valeur (S); **–fälschung** *f* contrefaçon *f* de timbre-poste; **–police** *f* assurance constatée par l'apposition de timbres.

Wert|zoll *m* droit ad valorem, taxe ad valorem; **–zuständigkeit** *f* (Aut) taux de compétence.

Wertzuwachs *m* accroissement *m ou* augmentation de valeur, valeur ajoutée; **–steuer** *f* impôt sur l'accroissement de valeur.

Wesen *n* nature *f*, essence *f*, entité *f*.

Wesensgehalt *m* substance *f*, teneur *m* principale.

wesentlich *adj* essentiel, principal; **–er Bestandteil** (1) *(einer Sache)* élément incorporé; adjonction d'une partie principale; accession artificielle (à un immeuble), (2) *(Scheck, Wechsel, Vertrag)* mention obligatoire; **–e Förmlichkeit** formalité spéciale, condition de forme (requise pour la validité d'un acte); forme obligatoire; **–er Mangel** vice *m* rédhibitoire; **–e Voraussetzung** condition essentielle.

Wettbewerb *m* (1) *(von Personen)* compétition *f*, concours *m*, (2) *(zwischen Firmen)* concurrence *f*;

freier – libre concurrence; **lauterer –** concurrence loyale; **unlauterer –** concurrence déloyale *ou* illicite; **den – beschränken** organiser *ou* limiter la concurrence; **in – stehen** concurrencer; **– zwischen Straße und Schiene** concurrence du rail et de la route.

Wettbewerber *m* concurrent *m*, compétiteur *m*.

Wettbewerbs|abkommen *n od* **–abrede** *f (HR, ArbR: Wettbewerbsverbot)* engagement *ou* clause *f* de non-concurrence; **–absicht** volonté *f* de concurrencer (illégalement) qqn; **normale –bedingungen** *pl* conditions normales de la concurrence; **–behinderung** *f* entrave *f* à la libre concurrence; **–beschränkung** *f* restriction à la concurrence.

wettbewerbsfähig *adj* compétitif, concurrentiel; performant.

Wettbewerbs|fähigkeit *f* compétitivité *f*, aptitude *f* à la concurrence, capacité de concurrence; **–freiheit** *f* liberté de la concurrence; **–gleichheit** *f* égalité *f* de chances sur le marché; **–handlung** *f* acte de concurrence; **unlautere –handlungen** *pl* agissements *mpl* déloyaux; **–klausel** *f* clause de non-concurrence; **–lage** *f* position *f* concurrentielle *ou* compétitive; **–markt** *f* marché de concurrence; **–ordnung** *f* réglementation en matière de concurrence; **–parität** *f* parité concurrentielle; **–politik** *f* politique de concurrence; **–recht** *n* régime légal de la concurrence; **–regeln** *pl* règles de la concurrence loyale; **–sektor** *m* secteur *m* concurrentiel; **–struktur** *f* structure *f* concurrentielle; **–tarif** *m* tarif de concurrence, tarif concurrentiel; **–teilnehmer** *m* concurrent *m*; **–verbot** *n* obligation de non-concurrence; prohibition *f ou* interdiction en matière de concurrence; **–verein** *m* association de promotion d'intérêts économiques; **–vereinbarung** *f* clause *f ou* engagement de non-concurrence; **–verfälschung** *f*, **–verzerrung** *f* distorsion *f* de la concurrence; **–verstoß** *m* concurrence déloyale; **–vorsprung** *m*, **–vorteil** *m* avantage *m* par rapport à la concurrence.

Wettbewerbswirtschaft *f* économie *f* de libre concurrence, économie de marché.

Wett|buch *n* registre des paris; **–büro** *n* bureau *m* (auxiliaire accrédité) des paris.

Wette *f* pari *m*, jeu *m* de hasard.

Wetteinsatz *m* enjeu (d'un pari).

wetten parier, faire un pari.

Wetter *m* parieur *m*.

Wetterdienst *m* service *m ou* station *f* météorologique.

Wettrüsten *n* course *f* aux armements.

Wett|schein *m* billet *m* de loterie, certificat de pari; **–schuld** *f* dette *f* de jeu; **–steuer** *f* impôt *m* sur les jeux et paris; **–unternehmer** *m* tenancier *m* d'une maison de jeux de hasard.

wichtig *adj* principal, capital, important, essentiel; **–er Grund** *(ArbR)* motif de licenciement résultant d'une faute grave.

Wichtigkeit *f* importance *f*, portée *f*, importance *f*.

wider: – jn Anklage erheben citer qqn en justice, prendre une ordonnance de renvoi *ou* un arrêt de mise en accusation; **– das Gesetz handeln** enfreindre la loi.

Widerhandlung *f* (S) contravention.

Widerklage *f* demande *f ou* action reconventionnelle, reconvention; **– erheben** former une demande reconventionnelle; **–antrag** *m* conclusion *f* reconventionnelle.

Widerkläger *m* demandeur *m* reconventionnel.

widerlegbar *adj (Argument)* réfutable.

widerlegen réfuter, prouver la fausseté (d'une thèse).

Widerlegung *f* réfutation.

widernatürlich *adj* contre nature.

Widerpart *m* partie *f* adverse; **jmdm. – bieten** *od.* **geben** s'opposer à qqn.

widerraten déconseiler qqch à qqn.

widerrechtlich (1) *(adj)* illicite, illégal, contraire aux lois (en vigueur),

(2) *(adv)* au mépris de la loi, arbitrairement.

Widerrechtlichkeit *f* caractère *m* illicite, illicéité *f*.

Widerrede *f* réplique *f*; **ohne –** sans contredit.

Widerruf *m* (1) *(Willenserklärung)* rétractation *f*, révocation *f*; désaveu *m*, (2) *(Vertrag)* dédit *m*; repentir *m*; **bis auf –** jusqu'à nouvel ordre; **rechtskräftiger –** révocation exécutoire (S); **– einer Behauptung** rétractation d'une affirmation; **– der Einbürgerung** retrait de naturalisation; **– einer Erlaubnis** retrait d'autorisation; **– einer Ernennung** retrait de nomination; **– des Geständnisses** rétractation *f* d'un aveu; **– der Schenkung** révocation de la donation; **–eines Testaments** révocation d'un testament; **– einer Vollmacht** révocation d'une procuration *ou* d'un mandat (de représentation).

widerrufen (1) *(Anordnung)* abroger, annuler, (2) *(Beamte)* révoquer, (3) *(Nachricht)* démentir, (4) *(Versprechen)* se dédire de, (5) *(Willenserklärung)* revenir sur son consentement, rétracter, *(umg)* se rétracter.

widerruflich *adj* révocable, à titre précaire.

Widerruflichkeit *f* révocabilité *f*.

Widerrufs|beamte(r) *m* fonctionnaire *m* stagiaire *ou* en début de carrière; **–klausel** *f* clause de révocation *ou* de révision; **–recht** *n* droit de révocation, droit de dédit; **–vorbehalt** *m* réserve *f* de révocation.

Widersacher *m* adversaire *m*, contradicteur *m*, partie *f* opposante.

widersetzen: sich – s'opposer, faire obstacle, empêcher, entraver (l'action de qn).

widersetzlich *adj* résistant, opposant.

Widersetzlichkeit *f* résistance *f* à l'autorité, rébellion *f*, insubordination *f*.

Widersinn *m* contradiction *f*, inconséquence *f*, antinomie *f*.

widersinnig *adj* absurde, inconséquent, contradictoire.

widerspenstig *adj* résistant, opposant, récalcitrant, rebelle.

Widerspenstigkeit *f* résistance *f*, opposition *f*, obstination *f*.

widersprechen contredire, critiquer, démentir, faire *ou* former opposition.

Widerspruch *m* (1) *(ZPR)* opposition *f*, (2) *(VwVerfR)* contredit *m*, protestation, (3) *(Allgspr)* contradiction; **– Dritter** (Aut) tierce opposition; **– erheben** (1) former *ou* faire opposition, s'opposer, protester, (2) porter le contrat devant (le tribunal); **– gegen den Mahnbescheid** (porter le) contredit contre l'ordonnance portant injonction de payer; **in – sein** être en opposition.

widersprüchlich *adj* contradictoire, incompatible.

Widerspruchs|bescheid *m* (1) *(ZPR)* décision rendue sur une opposition, (2) *(VwVerfR)* décision *f* de l'autorité administrative compétente statuant sur un contredit; **–klage** *f* *(ZPR: Drittwiderspruchsklage)* tierce opposition; **–kläger** *m* tiers opposant *m*; **–verfahren** *n* *(VwR)* recours *m* (administratif) gracieux *ou* hiérarchique.

Widerstand *m* *(StR)* (délit de) rébellion *f*, désobéissance *f*, résistance *f* (active), sédition *f*; **passiver –** résistance passive, non-violence *f*; **– gegen die Staatsgewalt** résistance envers l'autorité publique, rébellion contre les autorités; **– leisten** résister.

Widerstands|bewegung *f* mouvement *m* *ou* organisation de résistance; **–fähigkeit** *f* capacité de résister; **–handlung** *f* acte de résistance, rébellion; **–kämpfer** *m* résistant *m*; **–recht** *n* droit *m* de résistance à l'oppression, droit de s'opposer aux agissements illégaux et anticonstitutionnels des gouvernants et de leurs agents; **–tat** *f* acte *ou* fait de résistance.

widerstehen résister, s'opposer à, se défendre contre, faire front.

widerstreben (1) répugner, hésiter, (2) résister.

Widerstreit *m* conflit *m*, antagonisme *m*, divergence *f*.

widerstreitend *adj* opposé, divergent.

Widerwille(n) *m* répugnance *f*.

Widerwort *m* réplique *f*, repartie *f*.

widmen (1) affecter, destiner à un usage particulier, consacrer, (2) *(Buch)* dédicacer.

Widmung *f* (1) *(VwR)* affectation *f*, (2) *(Schenkung)* donation, (3) dédicace *f*; **der – entfremden** (Aut), **der – entziehen** (Aut) désaffecter.

Widmungs|entziehung *f* désaffectation *f*; **–verfügung** *f* décision d'affectation, déclaration *f* de domanialité.

widrigenfalls *adv* dans le cas contraire, sinon.

Widrigkeit *f* difficulté *f*, contretemps *m*.

Wiederangliederung *f* réannexion.

wiederanmelden renouveler la demande d'inscription *ou* d'adhésion.

Wieder|anstellung *f* reclassement *m*, réemploi *m*, réintégration *f*; **–antritt des Dienstes** reprise du service; **–anwendung** *f* remise en application.

Wiederaufbau *m* reconstruction *f*; **wirtschaftlicher –** relèvement *m* économique; **–fonds** *m* fonds de reconstruction; **–realkredit** *m* (Aut) crédit immobilier pour la reconstruction.

Wiederaufbereitung *f* *(UmweltR)* recyclage *m*, revalorisation (des déchets), retraitement, récupération; **–sanlage** *f* usine de retraitement (des déchets); **–sverfahren** *n* procédé de retraitement.

Wiederauf|forstung *f* reboisement, reforestation; **–greifen** *n* (des Verwaltungsverfahrens) recours *m* (administratif) en révision.

Wiederaufleben *n* *(Rechte)* réinstallation (dans ses droits); relevé *m* de forclusion; **– der Börsentätigkeit** reprise *f* de la bourse; **– der Versicherung** remise en vigueur de l'assurance.

Wiederaufnahme *f* (1) *(Gespräche, Beziehungen)* reprise *f*, (2) *(des Verfahrens)* révision *f*, réexamen *m*; **Antrag auf –** pourvoi *m* en révision; **– der Arbeit** reprise du travail (après la grève); **– des Betriebes** continuation de l'exploitation; **– der diplomatischen Beziehungen** reprise des relations diplomatiques; **– des Verfahrens** réouverture de la procédure, révision *f*; **– der Verhandlungen** reprise des négociations *ou* des débats.

Wiederaufnahme|antrag *m* demande *ou* requête en révision; **–gericht** *n* cour compétente en matière de révision; **–grund** *m* cause *f* du recours en révision; **–kläger** *m* demandeur en révision; **–klage** *f* demande *ou* citation en révision (basée sur la découverte d'un fait nouveau etc.); **–verfahren** *n* recours en révision *ou* en annulation.

Wiederaufnahms|antrag *m* (Aut), **–klage** *f* demande en révision.

Wieder|aufrüstung *f* réarmement *m*; **–aufschwung** *m* reprise d'activité, redressement *m* (économique).

Wiederausfuhr *f* réexportation *f*; **–beschränkung** *f* limitation *f* de réexportation; **–zeugnis** *n* certificat *m* de réexportation.

Wiederbeginn *m* recommencement, nouveau départ.

Wiederbelebung *f*, **wirtschaftliche –** reprise *f ou* relance *f* économique; **– der Börse** reprise de la bourse.

Wieder|berufung *f* *(VwR, MilR)* rappel à l'activité; **–beschaffung** *f* réapprovisionnement *m*, réassortiment.

Wiederbeschaffungs|kosten *pl* (1) *(Schadenersatz)* (indemnité en vue de couvrir les) frais de remplacement, (2) *(Waren)* coût *m* du réapprovisionnement; **–preis** *m* prix payé pour remplacer un bien (perdu *ou* détérioré); **–wert** *m* valeur de remplacement.

Wieder|beschäftigung *f*, **–besetzung** *f* *(ArbR)* réemploi *m*, réembauche *f*; **–bestellung** *f* (1) *(Person)* renouvellement de nomination, (2) *(Ware)* nouvelle commande; **–bevölkerung** *f* repeuplement *m*.

Wieder|bewaffnung *f* réarmement *m*; **–einberufung** *f* *(MilR)* rappel sous les drapeaux *ou* à l'activité.

wiedereinbürgern réintégrer dans la nationalité.

Wiedereinbürgerung *f* réintégration dans la nationalité.

Wiedereinfuhr *f* réimportation *f*; **abgabenfreie –** réimportation en franchise; **–blatt** *n* volet *m* *ou* souche *f* de réimportation.

wiedereinführen réimporter, réintroduire; rétablir.

Wiedereinführung *f* réintroduction; rétablissement *m*.

wiedereingliedern (1) *(VR)* réannexer, (2) *(ArbR)* réintégrer.

Wieder|eingliederung *f* (1) *(in das Berufsleben)* réadaptation *ou* réinsertion professionnelle, reclassement *m* professionnel, rééducation professionnelle, (2) *(in den Betrieb)* réintégration (dans l'entreprise); **–einreiseerlaubnis** *f* permis *m* de retour.

wiedereinsetzen (1) *(in ein Amt)* réintégrer, (2) *(Sachen)* restaurer.

Wiedereinsetzung *f* réintégration, rétablissement (dans ses droits); **– eines Patents** restauration de brevet; **– in die ursprüngliche Rechtsstellung** réintégration dans ses droits originels; **– in den vorigen Stand** (1) *(PrzR)* suppression des conséquences résultant d'une forclusion, relèvement de forclusion, réouverture des délais, levée de la forclusion, (2) *(PatR)* régularisation du dépôt, réintégration dans l'état antérieur.

wiedereinstellen réintégrer, réemployer, réembaucher.

Wiedereinstellung *f* réemploi *m*, réintégration *f*, réembauchage *m*, rengagement *m*; **–sbegehren** *n* demande *f* de réintégration; **–sklausel** *f* clause *f* de réintégration; **–sverbot** *n* clause de non-réembauchage.

Wiedereintragung *f* réenregistrement *m*, réinscription *f*.

Wiedereintritt *m* réadmission, nouvelle adhésion.

wiedererkennen reconnaître qqn, identifier.

wiedererlangen récupérer, recouvrer, rentrer en possession de qch.

Wiedererlangung *f* récupération *f*, recouvrement *m*; **– der Rechte** rétablissement dans les droits; **– der Staatsangehörigkeit** recouvrement de la nationalité.

Wiedereröffnung *f* **der Verhandlung** réouverture des débats après leur clôture (pour compléter ou préciser certains points).

Wiedererrichtung *f* reconstruction; **– des standesamtlichen Registers** reconstitution de l'état civil.

wiedererstatten restituer.

Wiedererwerb *m* réacquisition *f*.

Wiedergabe *f* (1) *(Zurückgeben)* restitution *f*, reddition *f*, (2) *(Darstellung)* reproduction *f*; **unerlaubte –** reproduction illicite; **wörtliche –** reproduction textuelle *ou* mot à mot.

Wiedergaberecht *n* *(UrhR)* droit de reproduction.

wiedergeben restituer, rendre; reproduire.

Wiedergestellung *f* représentation (des marchandises).

wiedergutmachen réparer, redresser, compenser.

Wiedergutmachung *f* (1) *(Schaden)* réparation *f*, (2) *(Entschädigung)* indemnisation *f*, (3) *(Wiedererstattung)* restitution *f*.

Wiedergutmachungs|anspruch *m* droit à réparation; **–behörde** *f* administration à laquelle incombent les réparations; **–leistung** *f* versement fait au titre de réparation; **–lieferung** *f* livraison au titre de réparation; **–senat** *m* chambre de réparation.

wiederherstellen (1) reconstruire, reconstituer, (2) réparer, restaurer.

Wiederherstellung *f* (1) *(Wiederaufbau)* reconstruction *f*, reconstitution *f*, (2) *(Instandsetzung)* réparation, réfection, remise *f* en état, restauration *f*, (3) *(Naturalherstellung)* remise *f* en l'état primitif; **– des Friedens** rétablissement de la paix; **– eines Patents** restauration de brevet; **– des Rechtes** réintégration dans un droit; **– des Standesregisters** reconstitution de l'état-civil.

Wiederherstellungs|arbeiten *pl* travaux de réfection; **–klausel** *f* clause *f* de reconstruction; **–kosten** *pl* frais de réfection, coût *m* de la remise en état; **–wert** *m* prix *m* de la remise en état.

wiederholen (1) reprendre, répéter, redire, (2) *(Handlung)* réitérer.

wiederholt *adv* réitéré, à plusieurs *ou* à maintes reprises, plusieurs fois.

Wiederholung *f* réitération.

Wiederholungs|fall *m* (1) cas *m* de renouvellement, (2) récidive *f*; **im –fall** en cas de récidive; **–gefahr** *f* risque *m ou* éventualité *f* d'une réitération des faits *ou* d'un abus; **–prüfung** *f* seconde tentative pour passer l'examen terminal; **–wahl** *f* élection *f* consécutive à l'annulation d'une élection précédente; **–zeichen** *n (Wz)* renouvellement d'un droit de marque (après sa date d'extinction).

Wiederinkraftsetzung *f* remise en vigueur.

Wiederinkrafttreten *n* rentrée en vigueur.

Wieder|instandsetzung *f* remise *f* en état; **–investierung** *f* réinvestissement *m*; **–kauf** *m* (1) rachat *m*, (2) vente *f* à réméré; **–käufer** *m* (1) personne qui rachète, (2) acheteur *ou* acquéreur à pacte de réméré; **–kaufpreis** *m* prix de rachat.

Wiederkaufs|recht *n* droit de réméré, droit *ou* faculté de rachat; **–vorbehalt** *m* clause de reprise.

wiederkehrend *adj* successif; **–e Bezüge** prestations mensuelles, annuelles, etc; **–e Einnahmen** revenu régulier *ou* répétitif; **–e Leistung** prestation régulière *ou* à intervalles réguliers.

Wiederkehrschuldverhältnis *n (ZR)* succession *f* de contrats particuliers qui se renouvellent, mais qui sont juridiquement indépendants.

wiedervereinigen réunir, réunifier.

Wieder|vereinigung *f* réunification; **–verflechtung** *f (GesR)* reconstitution d'un groupe démantelé; **–vergeltung** *f (StR, VR)* talion *m*, contre-représailles *fpl*.

Wieder|verheiratung *f* remariage *m*; **–verkauf** *m* revente *f*.

wiederverkaufen revendre.

Wiederverkäufer *m* revendeur *m*.

Wiederverlautbarung *f* (Aut) rétablissement et republication d'un texte de loi (long et confus).

Wiederverleihung eines aberkannten Rechtes relèvement *m* d'une déchéance; **– der Staatsangehörigkeit** réintégration dans la nationalité.

Wieder|vermietung *f* relocation *f*; **–veröffentlichung** *f* nouvelle publication *f*; **–verpachtung** *f* réaffermage *m*; **–verpackungsgebühr** *f* droit *ou* taxe de remballage; **–versteigerung** *f* remise en vente aux enchères; **–verwendung** *f* (1) *(Personen)* réintégration *f*, réaffectation *f*, réemploi *m*, (2) *(Sachen)* réutilisation *f*, recyclage *m*, remploi *m*; **–verwendungskreislauf** *m* circuit *m* de recyclage; **–verwertbar** *adj* recyclable; **–vorlage** *f* (pour) nouvel examen; **–vorlegungsfrist** *f* délai de représentation.

Wiederwahl *f* réélection *f*.

wiederwählbar *adj* rééligible.

Wiederwählbarkeit *f* rééligibilité *f*.

wiederzulassen réadmettre, relever qn. d'une déchéance professionelle.

Wieder|zulassung *f* réadmission *f*; **–zusammenlegung** *f* **von Aktien** regroupement *m* d'actions.

Wiegestempel *m* timbre de pesage.

Wild *n* gibier *m*, bête *f ou* animal *m* sauvage.

Wild|dieb *m* braconnier *m*; **–dieberei** *f* braconnage *m*; **–diebstahl** *m* vol de gibier, braconnage *m*.

wilde Ehe *f* concubinage *m* (notoire), union *f* libre.

wilder Streik *m* grève *f* sauvage.

Wilderei *f* braconnage *m*; **–gerät** *n* matériel de braconnage.

Wilderer *m* braconnier *m*.

wildern braconner.

Wildschaden *m* dommage *m ou* dégâts *mpl* causé(s) par le gibier (aux cultures).

Wille(n) *m* (1) *(Recht)* volonté *f* juridique, faculté *f ou* fait de vouloir, (2) *(Psychologie)* volonté psychologique, volonté interne; **ausdrücklicher –** volonté expresse *ou* déclarée; **letzter –** dernières volontés, testament *m*; **stillschweigender –** volonté *f* tacite; **tatsächlicher –** volonté réelle *ou* interne.

Willens|äußerung *f* manifestation *f* de la volonté; **–autonomie** *f* autonomie de la volonté; **–bildung** *f* volition *f*, formation de la volonté; **–einigung** *f* accord *m* de volonté.

Willenserklärung *f* (1) volonté déclarée, consentement, (2) déclaration de volonté, acte déclaratoire; **ausdrückliche –** volonté expresse *ou* déclarée; **empfangsbedürftige –** déclaration nécessitant (pour sa validité) la réception (par l'autre partie); **fehlende –, mangelnde –** défaut de consentement; **rechtsgestaltende –** déclaration de volonté génératrice de droits; **zustimmende –** consentement *m*.

Willens|freiheit *f* autonomie *f* de la volonté; **–kundgabe** *f*, **–kundgebung** *f* déclaration de volonté, manifestation de volonté; **–mangel** *m* vice *m* du consentement.

Willensübereinstimmung *f* accord de volonté; **fehlende –** absence *ou* défaut de consentement.

Willensvollstrecker *m* (S) exécuteur *m* testamentaire.

willentlich *adj* intentionnel, volontaire.

willigen déclarer son accord.

Willkür *f* arbitraire *f*; despotisme *m*; **–akt** *m* acte *m* arbitraire; **–beschwerde** *f* (S) recours en violation de l'article 4 de la Constitution fédérale; **–herrschaft** *f* despotisme *m*; **–maßnahme** *f* mesure *f* arbitraire, abus de droit; **–verbot** *n* obligation de respecter des règles de droit, interdiction de tout abus de droit.

willkürlich *adj* arbitraire, illégal; arbitrairement *adv*; **–e Maßnahme** acte arbitraire; **–e Verhaftung** arrestation illégale *ou* arbitraire.

Wind|energie *f* énergie éolienne; **–geschäft** *n (BörR)* marché *m* à découvert; **–kraftanlage** installation d'exploitation de l'énergie éolienne; **–protest** *m* protêt dressé en cas d'absence du débiteur.

Wink *m* indication *f*, signe *m*, renseignement *m*.

Winkel|advokat *m pej* avocat véreux *ou* utilisant des moyens illégaux; avocat marron; **–börse** *f* bourse *f* noire; **–konsulent** *m pej* avocat clandestin (donnant des consultations juridiques); **–konsulententum** *n* fait de donner des conseils juridiques en dehors des conditions réglementaires d'exercice de la profession; **–schreiber** *m* (Aut) celui qui agit au nom d'une personne sans y être autorisé; **–vertrag** *m* contrat passé frauduleusement.

Winter|bau *m* construction d'immeubles en période hivernale; **–dienst** *m (StVR)* service de salage des routes; **–liegegebühr** *f* taxe d'hivernage; **–sport** *m* sports *mpl* d'hiver.

Winzer *m* viticulteur *m*.

Wirbelsäulenstauchung *f (Verkehrsunfall)* traumatisme *m* du rachis (avec *ou* sans lésion de la moëlle épinière).

wirken (1) agir, exercer une action, (2) exercer une profession, travailler, (3) être en vigueur.

wirksam *adj* valide, efficace, valable, régulier; en règle; **Dritten gegenüber –** opposable aux tiers; **für – erklären** valider; **– werden** prendre effet, entrer en vigueur.

Wirksamkeit *f* efficacité *f*, validité *f*; régularité *f*, vigueur *f*.

Wirksamkeits|dauer *f* durée *f* de la validité; **–erklärung** *f* validation; régularisation; confirmation; **–voraussetzungen** *pl* conditions de validité.

Wirksamwerden *n* entrée *f* en vigueur.

Wirkstoffgehalt *m (Betäubungsmittel)* concentration du principe actif.

Wirkung *f* effet *m*, conséquence *f*, incidence *f*, efficacité *f*; **allgemein verbindliche –** effet à l'égard des tiers, effet erga omnes; **auflösende –** effet résolutoire; **aufschiebende –** effet suspensif; **befreiende –** effet libératoire; **bindende – haben** avoir force obligatoire; **deklaratorische –** effet déclaratif; **inflatorische –** effet inflationniste; **nachteilige –** effet désavantageux *ou* défavorable; **rechtliche –** conséquence *f ou* effet *m* juridique; **– gegenüber Dritten** effet à l'égard des tiers, effet erga omnes; **mit – vom** à partir de; **allgemeine – der Steuern** universalité de l'impôt; **– zwischen Prozeßparteien** effet inter partes, effet relatif.

Wirkungs|angabe *f (PatR)* indication des caractéristiques fonctionnelles; **–bereich** *m* champ *m* d'action, domaine *m*; **vorbehaltener –** domaine réservé.

Wirkungs|feld *n* champ *m* d'activité; **–grad** *m* rendement *m*, efficacité *f*; **–grenze** *f* limite *f* effective; **–haftung** *f* responsabilité objective *ou* du risque créé.

Wirkungskreis *m* champ d'action; **erweiterter –** attributions *fpl* élargies.

wirkungslos *adj* sans effet, inefficace; **–e Maßnahme** *f* mesure *f* inopérante.

Wirtschaft *f* (1) *(Tätigkeit)* économie *f*, situation économique, vie *f* économique, (2) *(Hauswesen)* ménage *m*, (3) *(unordentliches Arbeiten)* désordre *m*, (4) *(Gaststätte)* débit *m* de boissons, restaurant *m*; **expansive –** économie en expansion; **freie –** économie libérale; **gelenkte –** économie dirigée; **gewerbliche –** industrie et commerce, entreprises industrielles *ou* commerciales; **heimische –** économie locale; **integrierte –** économie intégrée; **kapitalistische –** économie capitaliste, économie de marché; **kollektivistische –** économie collectiviste *ou* planifiée; **öffentliche –** économie publique *ou* étatique; **soziale –** économie sociale (de marché); **sich weiter entwickelnde –** économie progressive; **– des freien Wettbewerbs** régime de libre concurrence.

wirtschaften gérer, administrer, exploiter; **in den Ruin –** ruiner, causer la ruine (d'une entreprise).

Wirtschafter *m* intendant *m*.

Wirtschaftler *m* économiste *m*.

wirtschaftlich *adj* économique, rentable; **–e Unternehmen** *mpl* **der öffentlichen Hand** entreprises *fpl* publiques; **–es Wachstum** *n* expansion *f* économique; **–e Zusammenarbeit** coopération économique; **–e Zwänge** *mpl* contraintes *fpl* que l'économie impose à la société, nécessités *fpl* économiques.

Wirtschaftlichkeit *f* rentabilité *f*, efficience *f*; **Grundsatz der –** principe *m* de rentabilité; **– der Haushaltsführung** bonne gestion financière; **–sgrenze** *f* seuil *m* de rentabilité.

Wirtschafts|- und Finanzausschuß *m* commission *f* économique et financière; **– und Sozialausschuß** *m* (1) Comité économique et social, (2) Commission des affaires économiques et sociales (du Bundestag); **– und Sozialrat** Conseil économique et social.

Wirtschafts|abkommen *n* accord *m* économique; **–akademie** *f* école *f* des hautes études économiques; **–aufbau** *m* (1) structure *f* économique, (2) développement *m* économique; **–aufstieg** *m od.* **–aufschwung** *m* relance *f* économique, essor conjoncturel; **–ausdehnung** *f* expansion économique; **–ausschuß** *m (ArbR, GesR)* comité *f* économique (au sein d'une entreprise); **–austausch** *m* échanges *mpl* économiques; **–ausweis** *m* laissez-passer économique (délivré aux exploitants agricoles dont les propriétés sont séparées par la frontière); **–barometer** *n* indicateur *m* économique, indice *m*, clignotant *m*; **–belebung** *f* reprise *f ou* relance économique; **–berater** *m* consultant *m*; audit *m*; **–bereich** *m* secteur *m* économique; **zweiter –bereich** *m* secteur secondaire; **–besprechungen** *pl* pourparlers *mpl* économiques; **–betrieb** entreprise *f* industrielle *ou* commerciale; société *f*, exploitation; **–bewegung** *f* cycle conjoncturel; **–beziehungen** *pl* relations *f pl* commerciales; **–bilanz** *f* (1) *(Außh)* balance des comptes, (2) *(BW)* comptabilité nationale, bilan *m* économique; **–block** *m* bloc économique; **–blockade** *f* blocus *m* économique; **–boykott** *m* boycottage *m* économique; **–budget** *n* budget *m* économique; **–bündnis** *n* alliance *f* économique; **–daten** *pl* paramètres *mpl* de l'économie; **–delegation** *f* délégation *f* économique; **–delikt** *n* infraction économique; **–depression** *f* dépression *f* économique; **–dynamik** *f* dynamisme *f* économique; **–einfluß** *m* influence *f* économique; **–einheit** *f* unité *f* économique, entreprise; **–enquete** *f* enquête *f* économique.

Wirtschaftsentwicklung *f* évolution économique, développement conjoncturel; **rückläufige –** récession.

Wirtschafts|erschwernis *f* difficulté d'exploitation; **–fachmann** *m* économiste; **–faktor** *m* facteur *m* économique; **–freiheit** *f* liberté de l'acitivité économique, liberté d'entreprise; **–förderung** *f* mesures *f pl* pour stimuler l'économie, promotion économique, aide *f ou* subvention économique; **–förderungsprogramm** *n* plan *m* d'expansion économique; **–forschung** *f* recherche dans le domaine économique; **–führer** *f* (1) chef d'entreprise *ou* d'industrie, *fam* grand patron, (2) personnalité du monde économique; **–führung** *f* gestion économique; **–gebäude** *n* bâtiment d'exploitation.

Wirtschaftsgebiet *n* (1) territoire *m* économique, zone *f ou* région économique (2) domaine *m* économique; **vereinigtes –** *(hist)* bizone *f*.

Wirtschafts|gebilde *n* entité économique; **–geld** *n (EheR)* argent remis par le mari à sa femme pour les dépenses courantes du ménage, argent pour l'entretien du ménage.

Wirtschaftsgemeinschaft *f* communauté économique; **Europäische –** (EWG) Communauté économique européenne (CEE).

Wirtschafts|genossenschaft *f* coopérative *f*; **–geographie** *f* géographie économique; **–geschichte** *f* histoire *f* économique; **–gesellschaft** *f* (= Industriegesellschaft) société *f* industrielle; **–gesetz** *n* loi économique; **–gesetzgebung** *f* législation économique; **–gipfel** *m* conférence *ou* sommet dans le domaine économique; **–gruppe** *f* groupe économique; **–gut** *n* bien *m* économique; **–güter** *pl* marchandises *fpl*, biens *mpl* d'équipement, services *mpl*; **–heimstätte** *f* bien fonds exploité par son propriétaire et jouissant d'un régime spécial; **–hilfe** *f* aide économique, aide *f* à l'économie; **–ingenieur** ingénieur-économiste (diplômé d'une université technique allemande); **–integration** *f* intégration économique; **–jahr** *n* exercice *m*, campagne *f*; **–jurist** *f* juriste *m* d'entreprise (industrielle *ou* commerciale); **–kammer** *f* chambre *f* économique.

Wirtschaftskommission *f* commission *f* économique; **– für Europa** Commission économique pour l'Europe.

Wirtschafts|komplex *m* ensemble *m* économique; **–konjunktur** *f* conjoncture économique, situation économique; **–konsortium** *n* consortium économique; **–konto** *n* compte économique; **–kontrolle** *f* contrôle économique; **–konzern** *m* groupe *m*, consortium économique; **–kosten** *pl* frais *mpl* d'administration; **–kredit** *m* crédit à l'économie; **–kreise** *pl* milieux économiques; **–kreislauf** *m* circuit *m* économique; **–krieg** *m* guerre *f* économique; **–kriminalität** *f* délinquance *f* économique, criminalité *f* financière *ou* en col blanc; infractions de la vie économique et sociale; **–krise** *f* crise économique;

–lage *f* situation économique; **–leben** *n* vie économique; **–lehre** *f* doctrine *f* économique; **–lenkung** *f* dirigisme économique; **–liberalismus** *m* libéralisme économique; **–macht** *f* puissance économique; **–minister** *m* ministre de l'économie; **–ministerium** *n* ministère de l'économie, ministère des affaires économiques; **–ordnung** *f* système *m* économique, régime *m ou* organisation *f* économique; **–plan** *m* (1) *(Vwirt)* plan économique, (2) *(BW)* plan *m* d'exploitation; **–planung** *f* (1) *(Vwirt)* planification économique, (2) *(BW)* planning *m* industriel; **–politik** *f* politique *f* économique; **–polizei** *f* police *f* économique, contrôle économique; **–potential** *n* potentiel *m* économique; **–presse** *f* presse *f* économique; **–prognose** *f* prévision *f* économique; **–programm** *n* programme économique.

Wirtschafts|prüfer *m* (1) expert-comptable *m*, audit *m*, (2) *(Rechnungsprüfer)* vérificateur *m* aux comptes, (3) *(bei der AG)* commissaire *m* aux comptes; **–prüfung** *f* contrôle *m* de la gestion financière, audit *f*; **–prüfungsbericht** *m* rapport du *ou* des commissaires aux comptes; **–prüfungsgesellschaft** *f* société d'experts-comptables, association *f* de vérificateurs aux comptes; **–rat** *m* conseil *m* économique; **–raum** *m* (1) *(Vwirt)* espace *m* constituant une unité économique, débouché *m*, (2) *(BW)* local *m* à usage commercial; **–recht** *n* droit des affaires, droit économique et financier; législation *f* industrielle; **–risiko** *n* risque *m* inhérent à l'entreprise (et à assumer par l'entrepreneur); **–sachverständige(r)** *m* expert économique; **–sanierung** *f* assainissement économique; **–sanktion** *f* sanction *f* économique; **–sektor** *m* secteur économique; **–sicherstellungsgesetz** *n* Loi sur le maintien de l'activité économique et de l'approvisionnement dans un état de siège; **–spionage** *f* espionnage économique; **–stabilität** *f* stabilité économique; **–steuerung** *f* direction *f* de l'activité économique; **–störung** *f* trouble économique; **–strafe** *f* peine prévue pour une infraction économique.

Wirtschaftsstraf|gesetz *n* loi pénale économique; **–kammer** chambre pénale du Tribunal régional compétent en matière d'infractions économiques; **–recht** *n* droit pénal économique et financier, droit pénal des affaires; **–sache** procédure en matière de criminalité économique; **–tat** *f* délit *m* économique, infraction *f* financière; **–verfahren** *n* procédure de répression des délits économiques et financiers.

Wirtschafts|struktur *f* structure économique; **–stufe** *f* stade de production; **–subjekt** *n* agent *m* économique; **–system** *n* système économique; **–tätigkeit** *f* activité économique; **–umstellung** *f* modification de l'exploitation; **–union** *f* union économique; **–unternehmen** *n* entreprise *f* commerciale; **–verband** *m* association professionnelle; **–vereinbarung** *f* entente économique; **–vereinigung** *f* association *f* professionnelle; **–verfassung** *f* ordre *m ou* régime *m* économique; **–vergehen** *n* infraction économique *ou* financière; **–verhandlungen** *pl* négociations *fpl* économiques; **–verkehr** *m* échanges *mpl* économiques; **–verwaltungsrecht** droit administratif économique; **–wachstum** *n* croissance *f* économique; **–weg** *m* chemin *m* d'exploitation, chemin rural; **–werbung** *f* publicité *f*, promotion des ventes; **–wissenschaft** *f* science économique; **–wissenschaftler** *m* économiste *m*; **–wunder** *n* miracle *m* économique; **–zweig** *m* branche *f* d'activité économique, secteur économique.

Wissen *n* savoir *m*, connaissances *fpl*.

Wissenschaft *f* science *f*, art *m*, pratique *f*.

Wissenschaftler *m* savant *m*, scientifique *m*.

wissenschaftlicher Mitarbeiter collaborateur scientifique.

Wissenschafts|freiheit *f* liberté *f* de la recherche scientifique; **–recht** *n* droit de la recherche scientifique.

Wissens|eid *m* serment *m* attestant qu'on sait ou qu'on ne sait pas quelque chose; **–erklärungsvertreter** *m* représentant dans la relation des faits (accident, dommage); **–gebiet** *n* discipline *f* scientifique.

wissentlich (1) *(adj)* en connaissance de cause, *(vorsätzlich)* de propos délibéré, sciemment, (2) *(adv)* sciemment, délibérément, *(vorsätzlich)* volontairement.

Witwe *f* veuve *f*.

Witwen|abfindung *f* indemnité forfaitaire à la veuve en cas de remariage; **–beihilfe** *f* allocation *f* de veuvage; **–betrieb** *m* (Aut) continuation d'une exploitation industrielle ou commerciale d'un défunt par sa veuve pendant la durée de son veuvage; **–gehalt** *m* douaire *m*; **–geld** *n* pension *f* de réversion (à la veuve); **–grundrente** *f* pension de base à la veuve; **–pension** *f*, **–rente** *f* pension de réversion (du conjoint); rente de veuve (L–S).

Witwen|schaft *f*, **–stand** *m od.* **–tum** *n* veuvage *m*; **–versorgung** prestations dues au conjoint survivant.

Witwer *m* veuf *m*; **–rente** *f* pension de veuf.

Wochen|arbeitszeit *f* durée *f* hebdomadaire du travail; **–ausweis** *m* bilan *m* hebdomadaire, situation hebdomadaire; **–bericht** *m* rapport *m* hebdomadaire; **–ecklohn** *m* salaire *m* hebdomadaire de référence; **–endarbeit** *f* travail dominical; **–endarrest** *m od.* **–endvollzug** *m* *(StVZ)* régime d'exécution des peines pendant les fins de semaine, régime de semi-liberté; **–endhaus** *n* résidence secondaire; **–endruhe** *f* repos *m* hebdomadaire *ou* dominical; **–frist** *f* délai de huit jours; **–geld** *n*, **–hilfe** *f* prime *m ou* indemnité d'accouchement, allocation aux femmes en couches; **–lohn** *m* salaire *m* hebdomadaire; **–lohnempfänger** *m* travailleur à la semaine; **–markt** *m* marché *m* hebdomadaire; **–ruhe** *f* repos *m* hebdomadaire; **–tag** *m* jour *m* ouvrable; **–zeitung** *f* hedomadaire *m*.

Wöchnerin *f* femme en couches.

Wöchnerinnenfürsorge *f* assistance aux femmes en couches.

Wohl *n* *(Wohlergehen)* bien-être *m*; santé *f*; confort *m*; **öffentliches –** (Aut), **– der Allgemeinheit** bien *m* public *ou* général.

wohl|begründet *adj* bien-fondé (en droit); **–behalten** *adj* sans accident, sans dommage, indemne; **–bekannt** *adj* connu.

wohlerworbene Rechte *pl* droits *mpl* acquis.

Wohlfahrt *f*: **öffentliche –** aide sociale, *hist* assistance publique.

Wohlfahrts|amt *n* bureau *ou* service d'aide sociale; **–ausschuß** *m* comité de salut public; **–einrichtung** *f* *(privat)* institution de bienfaisance *ou* charitable, œuvre de bienfaisance *ou* charitable, (2) *(öffentlich)* œuvre sociale, service d'aide sociale; **–empfänger** *m* assisté *m* (social); **–fonds** *m* fonds de prévoyance; **–marke** *f* timbre de bienfaisance (avec surtaxe); **–pflege** *f* aide *f* sociale, *(freie –)* œuvre *f* de bienfaisance; **–staat** *m* État-providence *m*; **–stelle** *f* bureau de bienfaisance.

Wohlfahrts|träger *m* institution charitable, œuvre *f* de bienfaisance; **–verband** *m* association de bienfaisance; **–vereinigung** *f* association de bienfaisance.

Wohlstand *m* prospérité *f*, richesse *f*.

Wohlstandsgesellschaft *f* société *f* de consommation *ou* de bien-être.

Wohltätigkeits|anstalt *f*, **–einrichtung** *f* établissement *m* de bienfaisance; **–gesellschaft** *f* société de bienfaisance; **–lotterie** *f* loterie de bienfaisance; **–veranstaltung** *f* soirée *f* de bienfaisance; **–verein** *m* association de bienfaisance; **–verkauf** *m* vente de bienfaisance *ou* de charité.

Wohn|anhänger *m* caravane *f*; **–anschrift** *f* adresse *f*.

Wohnbau|genossenschaft *f* coopérative de construction et d'habitation; **–steuer** *f* (Aut) impôt sur les locaux d'habitation.

Wohn|anlage *f* grand ensemble, quartier résidentiel; **–berechtigung** *f* autorisation de résidence; **–bevölkerung** *f* population *f* résidentielle; **–block** *m* bloc *m* d'habitation, pâté *m* de maisons; **–container** *m* conteneur *m* servant d'habitation (provisoire); **–dichte** *f* densité de population; **–eigentum** propriété d'un logement à usage (personnel) d'habitation; **–einheit** *f* unité d'habitat (urbain); **–erlaubnis** *f* permis d'habiter; **–fläche** *f* surface *f* habitable *ou* locative; **–gebäude** *n* locaux *mpl ou* immeuble *m* à usage d'habitation; immeuble de rapport; **–gebiet** *n*; **–gegend** *f* quartier *m* résidentiel; **–geld** *n* allocation *f* de logement; **–geldzuschuß** *m* prise en charge *f* d'une partie du loyer; **–gemeinde** *f* commune *f* du lieu d'habitation *ou* de résidence; *pej* cité-dortoir; **–gemeinschaft** *f* habitation communautaire, logement *m* loué en commun (par plusieurs locataires *m* individuels).

wohnhaft *adj* (in) domicilié à, habitant, demeurant.

Wohn|haus *n* maison d'habitation, immeuble à usage d'habitation; immeuble de rapport; **–heim** *n* foyer *m*; **–heimstätte** *f* habitation *f* soumise à un régime spécial en faveur du propriétaire; **–kanton** *m* (S) canton de domicile; **–mobil** *n* autocaravane *f*, motor-home *m*; camping-car *m*; **–ort** *m* domicile *m*, résidence *f*, habitation *f*, lieu *m* de séjour; **–ortangabe** *f* indication du domicile.

Wohnraum *m* local à usage d'habitation, local d'habitation, appartement *m*, logement *m*; **–bewirtschaftung** *f* réglementation *f* de l'espace habitable; **–kündigungsschutz** *m* maintien *m* dans les lieux, protection (du locataire) en cas de résolution du bail; **–makler** *m* agent immobilier; **–miete** *f* location d'appartement, bail portant sur un logement locatif; **–mietrecht** *n* droit des baux d'habitation, régime juridique des rapports entre locataires et bailleurs; **–mietvertrag** *m* bail *m* d'habitation; **–vergabe** *f* attribution *f* de logement.

Wohnrecht *n* droit d'habitation.

Wohnsiedlung *f* grand ensemble.

Wohnsitz *m* (1) *(als Rechtsbegriff)* domicile *m*, (2) *(Aufenthaltsort)* résidence *f*, lieux *mpl* d'habitation ordinaire; **ehelicher –** domicile conjugal; **erster –** domicile principal; **erwählter –** domicile d'élection, domicile élu; **fester –** domicile fixe; **fiktiver –** domicile fictif; **gesetzlicher –** domicile légal, domicile de droit *ou* imposé par la loi; **mehrfacher –** domicile multiple, pluralité *f* du domicile; **polizeilicher –** domicile de police (S); **ständiger –** domicile permanent, domicile régulier (S); **steuerlicher –** domicile fiscal; **zivilrechtlicher –** domicile civil; **zweiter –** résidence *f* secondaire; **seinen – begründen** établir *ou* choisir son domicile, fixer son domicile; **einen – erwählen** élire domicile; **den – verlegen** changer de domicile.

Wohnsitz|anmeldung *f* déclaration de domicile; **–anmeldungsbestätigung** *f* justificatif *m* de déclaration de domicile; **–bedingung** *f* condition de résidence; **–bescheinigung** *f* certificat *ou* attestation de domicile; **–gemeinde** *f* commune du lieu de résidence; **–gericht** *n* tribunal du domicile; **–kanton** *m* (S) canton du domicile; **–land** *n* pays de résidence; **–lose(r)** *m* sans domicile fixe, un ‹S.D.F.›; **–staat** *m* (1) Etat du domicile, (2) pays de résidence; **–verlegung** *f* changement de domicile, transfert *ou* translation de domicile; **–wahl** *f* (S) élection de domicile; **–wechsel** *m* changement *ou* transfert *ou* translation de domicile.

Wohn|stätte *f* foyer *m*; **–steuer** *f* (Aut) impôt sur les locaux d'habitation.

Wohnung *f* logement *m*, appartement *m*, demeure *f*, habitation; **be-**

setzte – logement *m* squatté, logement occupé illégalement; **möblierte –** habitation *f* meublée, meublé *m*, garni *m*; **ständige –** habitation permanente; **unterbelegte –** logement insuffisamment occupé; **Unverletzlichkeit der –** inviolabilité *f* du domicile; **eine – räumen** vider les lieux.

Wohnungs|amt *n* office *m ou* service municipal des habitations à louer; **–anforderung** *f* réquisition *f* de logement; **–bau** *m* construction de logements; **sozialer –bau** logements *mpl* sociaux; **–baudarlehen** *n* (1) prêt *m* à la construction (d'un logement), (2) *(staatlich)* prêt *m* aidé à l'accession de la propriété; **–baufinanzierung** *f* financement de la construction d'un logement; **–baugenossenschaft** *f* coopérative de construction de logements; **–bauprämie** *f* prime *f* accordée (par l'État) à la construction; **–bauunternehmen** *n* entreprise de construction de logements, constructeur *m* de bâtiments; **–bedarf** *m* besoins en logements; **–beihilfe** *f* (1) allocation de logement, (2) aide personnalisée au logement; **–berechtigte(r)** *m* titulaire d'un droit de logement; **–besetzung** *f* occupation illégale d'un immeuble, squat *m*, squattérisation; **–bestand** *m* parc *m* de logements; **–brand** *m* incendie *m* d'un local d'habitation; **–durchsuchung** *f* visite *ou* perquisition domiciliaire; **–eigentum** *n* copropriété *f* dans une maison divisée par étages *ou* appartements; **–eigentümer** *m* propriétaire (d'un immeuble d'habitation); **–eigentümergemeinschaft** *f* syndicat *m* des copropriétaires; **–eigentümerversammlung** *f* assemblée générale des copropriétaires; **–eigentumsrecht** *m* copropriété *f* d'un immeuble bâti; **–eigentumsverwalter** *m* syndic *m* de copropriété; **–einrichtung** *f* mobilier *m*, meubles *mpl* meublants; **–entschädigung** *f* indemnité de logement; **–fehlbestand** *m* déficit *m* en logement; **–förderung** *f (SteuerR)* déductions en matière d'impôt pour l'achat d'un appartement *ou* immeuble d'habitation; **–geber** *m* logeur *m*.

Wohnungsgeld *n* indemnité de logement *ou* de résidence; **–zulage** *f* complément d'indemnité de logement; **–zuschuß** *n* indemnité de logement.

Wohnungs|gemeinschaft *f* communauté d'habitation; **–grundbuch** *m* livre foncier des immeubles en copropriété; **–inhaber** *m* (1) propriétaire *m* de l'appartement, (2) *(Mieter)* locataire *m*; **–instandsetzungskosten** *pl* réparations *fpl* locatives; **–kauf** *m* achat *m* d'un appartement; **–krise** crise du logement; **–kündigung** *f* résiliation d'un bail locatif; **–makler** *m* agent immobilier; **–mangel** *m* pénurie de logements; **–markt** *m* marché de l'immobilier; **–miete** *f* loyer *m*; **–mietvertrag** *m* bail *m* d'appartement; **–miteigentümer** *m* copropriétaire d'un appartement; **–nachweis** *m* agence *f* de logements; **–not** *f* crise *f* du logement, pénurie *f* de logements; **–politik** *f* politique *f* de l'habitat; **–räumung** *f* expulsion du locataire; **–recht** *n* régime juridique des immeubles d'habitation; droits résultant de la propriété *ou* de la location d'un immeuble d'habitation.

Wohnungs|schlüssel *m* clé *f* d'un appartement; **–schutz** *m* protection de l'habitat; **–steuer** *f* taxe d'habitation.

Wohnungs|suchende(r) *m* demandeur *m* de logement, personne à la recherche d'un logement; **–verhältnisse** *pl* conditions de l'habitat; **–vermittlung** *f* (1) location par l'intermédiaire d'une agence immobilière, activité d'une agence immobilière, (2) agence immobilière, agent immobilier; **–verwalter** *m* administrateur de biens; **–verwaltung** *f* administration (fiduciaire) de biens; **–wechsel** *m* déménagement, changement de logement; **–zuweisung** *f* attribution d'un logement; **–zwangswirtschaft** *f*

(Wohnraum|bewirtschaftung) régime administratif prévu en période de pénurie de logements.

Wohn|verbot *n* interdiction de séjour; **–verhältnisse** *npl* conditions *fpl* du logement; **–viertel** *m* quartier *m* résidentiel; **–wagen** *m* motor-home *m*, autocaravane *f*; **–wert** *m* valeur *f* locative; **–zweck** *m* usage *m* d'habitation.

Wort *n* (1) *(Einzelwort)* mot *m*, (2) *(Ausdruck)* terme *m*, (3) *(Versprechen)* parole *f* d'honneur; **das letzte –** *(StPR)* droit (du prévenu) de parler le dernier; **in –en** *(Zahl auf Rechnungen usw.)* en toutes lettres; **um das – bitten** demander la parole; **Recht, das – zu ergreifen** droit de prendre la parole; **das – entziehen** retirer la parole (à qqn); **das – erhalten** avoir la parole; **das – erteilen** donner la parole; **das – haben** parler à son tour (dans une conférence); **sich zum – melden** demander la parole; **das – verbieten** interdire de parler.

Wort|bedeutung *f* sens *m ou* signification d'un mot; **–bruch** *m* rupture *f* de la parole donnée, parjure *m*.

wortbrüchig werden ne pas tenir parole, rompre sa parole.

Wort|führer *m* porte-parole *m*; **–gefecht** *n* altercation, joute *f* oratoire, dispute.

wortgetreue Abschrift copie conforme; **– Übersetzung** traduction fidèle et littérale.

Wortlaut *m* (1) texte *m*, libellé *m*, (2) *(eines Schriftstückes)* teneur *f*, (3) *(eines Vertrages)* termes *mpl*; **folgenden – haben** énoncer ce qui suit; **genauer –** termes exacts (d'un écrit); **voller –** texte *m* intégral.

wörtlich (1) *(adj) (buchstäblich)* littéral, *(textgetreu)* textuel, *(Wort für Wort)* mot à mot, (2) *(adv)* littéralement, mot à mot, à la lettre, textuellement; **– anführen** citer mot à mot; **– wiedergeben** reproduire textuellement.

Wortmarkenverzeichnis *n* répertoire *m* des marques de fabrique.

Wortmeldung *f* inscription *f* sur la liste des orateurs; **es liegt eine – vor** il y a un orateur inscrit.

Wortprotokoll *n* procès-verbal *m* intégral *ou* mot à mot.

Wort|zeichen *n (Wz)* marque nominale *ou* verbale, signe dénominatif, dénomination, terme *m*; **–Bildzeichen** *n* marque figurative et nominale, signe *m* emblématique associé à une dénomination.

Wrack *n* épave *f*.

Wucher *m* usure *f*; **– treiben** pratiquer l'usure, faire de l'usure; **–darlehen** *n* prêt *m* usuraire.

Wucherer *m* usurier *m*.

Wuchergewinn *m* bénéfice *m* usuraire.

wucherisch *adj* usuraire; **–es Rechtsgeschäft** lésion *f*, contrat vicié par une lésion.

wuchern pratiquer l'usure, faire de l'usure, se livrer à l'usure.

Wucher|preis *m* prix *m* exorbitant, prix usuraire; **–zins** *m*, **–zinsen** *pl* taux *m ou* intérêt *m* usuraire.

Würde *f* dignité *f* (de l'homme); **akademische –** grade *m ou* titre *m* universitaire; **die – des Menschen verletzen** ne pas respecter la dignité humaine; **eine – verleihen** conférer une dignité à qqn.

Würdenträger *m* dignitaire *m*.

würdigen (1) *(einschätzen)* estimer, apprécier, évaluer, (2) *(anerkennen)* juger digne, respecter, (3) *(ehren)* honorer.

Würdigung *f* (1) *(Sachverhalt)* appréciation *f*, (2) *(Person)* estimation *f*, hommage *m*; **freie –** pleine liberté d'appréciation; **rechtliche –** appréciation juridique.

Wurfsendung *f* publipostage *m*, envoi *m* postal publicitaire.

Z

Zahl *f* nombre *m*, chiffre *m*; **eine große –** un grand nombre; **rote –en** déficit *m*, dette *f*, perte *f*; **eine runde –** un chiffre rond; **– der Mitglieder** nombre d'adhérents; **– als Warenzeichen** chiffre en tant que signe dénominatif (d'une marque).

zahlbar *adj* payable; échu, arrivé à échéance; **bei Sicht –** payable à vue; **– binnen einer Woche** payable sous huitaine; **– in einem Monat** payable dans un mois; **– in drei Monatsraten** payable en trois mensualités; **– an Überbringer** payable au porteur; **– bei Vorlage, – bei Vorlegung** payable à présentation.

Zahlbarstellung *f* (1) *(WechselR)* domiciliation, (2) *(der Prämie)* exigibilité *f* de la prime.

zahlen payer, acquitter (une dette), verser (une somme), régler (une dépense), rémunérer (un salarié); **bar –** payer en espèces *ou* en numéraire; **im nachhinein –** (Aut) payer après coup; **im voraus –** payer par anticipation, payer d'avance *ou* à l'avance; **in Raten –** payer en plusieurs tranches *ou* en fractions successives; **per Überweisung –** effectuer un virement.

zählen recenser, dénombrer, compter; **– zu** compter parmi, être au nombre de, faire partie de.

Zahlen|angabe *f* indication *ou* donnée chiffrée; **–folge** *f* colonne *f* de chiffres; **–lotto** *n* loto *m* (à numéros); **–material** *n* données numériques, indications chiffrées.

Zahler *m* payeur *m*, débiteur *m* (réglant sa dette); **beauftragter –** payeur délégué; **säumiger –** payeur *ou* débiteur défaillant; **schlechter –** mauvais payeur.

Zähler *m* (1) *(Person)* recenseur *m*, agent *m* de recensement, (2) *(Maschine)* compteur *m*, totalisateur *m*, (3) *(Strom)* coffret *m* de comptage; **–gebühr** *f* redevance *f* de comptage.

Zahlkarte *f* (1) bulletin de versement, (2) *(Post)* mandat postal de versement (à un compte de chèques postaux).

Zählliste *f* (1) feuille *f* de pointage, feuille de dépouillement, (2) (S) liste *f* de recensement.

Zahl|meister *m* trésorier *m*; **–stelle** *f* (1) *(EuR)* régie *f* d'avances, (2) organisme *m* payeur, office *m* de paiement; (3) *(Bank)* domiciliation.

Zahlstellen|scheck *m* chèque *m* payable en plusieurs endroits; **–verwalter** *m* *(EuR)* régisseur *m* d'avances; **–wechsel** *m* effet *m* domicilié.

Zahltag *m* (1) *(Geldschulden)* échéance *f*, date *f* de paiement, (2) *(Löhne)* jour de paie.

Zahlung *f* (1) *(Bezahlung)* paiement *ou* payement *m*, acquittement d'une dette, exécution, (2) *(Einzahlung)* versement *m*, (3) *(gezahlter Betrag)* somme d'argent payée; **an –s Statt** (en tant que) dation en paiement, fournir une prestation différente de celle initialement prévue; **einmalige –** versement unique; **fällige –** paiement échu; **gestundete –** paiement différé; **rückständige –** arriéré *m*, dette échue (et qui reste due); **überfällige –** paiement en souffrance; **unterbliebene –** non-paiement; **zusätzliche –** paiement supplémentaire; **die – aufschieben** différer le paiement; **– im Ausland** règlement destiné à l'étranger; **– in ausländischer Währung** paiement en monnaie étrangère; **– mit befreiender Wirkung** paiement libératoire; **– nach Belieben** paiement selon convenances; **– zur Bereinigung sämtlicher Forderungen**

paiement pour solde de tout compte; **zur – einreichen** présenter au paiement; **– bei Fälligkeit** paiement à l'échéance; **etwas in – geben** remettre qch en paiement (pour se libérer); **– in Jahresraten** paiement par annuités; **– leisten** payer, faire *ou* effectuer un paiement; **– bei Lieferung** paiement à la livraison; **etwas in – nehmen** accepter (une chose) à titre de paiement (pour règlement partiel de la dette); **– einer Nichtschuld** paiement de l'indû; **– mit schuldbefreiender Wirkung** paiement libératoire; **an –s Statt** dation en paiement; paiement en nature; **die – stunden** différer le paiement; **– unter der Theke, – unter dem Tisch** *umg* dessous de table, pot *m* de vin; **zur – vorlegen** présenter au paiement; **zur – zwingen** contraindre au paiement.

Zählung *f* dénombrement *m*, recensement *m*, comptage *m*.

Zahlungen, laufende – paiements *mpl* courants; **die – einstellen** cesser *ou* suspendre les paiements, déposer son bilan.

Zahlungsabkommen *n* accord de paiement; **vorläufiges –** accord provisoire de paiement.

Zahlungs|abruf *m* appel *m* de fonds; **–agent** *m* agent *m* payeur; **–angebot** *n* offre *f* de paiement *ou* de règlement; **–ankündigung** *f* avis de paiement; **–anordnung** *f* injonction de payer; **–anspruch** *m* droit à paiement; créance *f* (d'argent); **–antrag** *m* demande de paiement (d'une créance); **–anweisung** *f* (1) *(Post)* mandat de paiement, ordonnance *f* (B) *ou* assignation de paiement (L), (2) délégation de paiement; **–art** *f* mode de paiement; **–aufforderung** *f* (1) *(durch den Gläubiger)* rappel *m* de paiement, lettre de rappel, (2) *(durch den Gerichtsvollzieher)* sommation (par exploit d'huissier), (3) *(Inverzugsetzung)* mise *f* en demeure; sommation-contrainte (B); **–aufschub** *m* prorogation du délai de paiement, paiement différé, moratoire *m*, sursis de paiement, délai de sursis; **–aufstellung** *f* état de paiement; **–auftrag** *m* ordre de paiement; **–ausgleich** *m* compensation des paiements; **–bedingung** *f* modalité de paiement, condition de paiement *ou* de règlement; **–befehl** *m* (1) *(ZR: Mahnbescheid)* commandement *m* (de payer), contrainte *f*, (2) *(HR)* injonction *f* de payer; **–befreiung** *f* exemption *ou* dispense *f* de paiement; **–bescheinigung** *f* certificat de paiement, attestation de paiement; **–bestätigung** *f* quittance *f*, attestation de paiement.

Zahlungsbilanz *f (Außh)* balance *f* des comptes; **laufende –** balance des comptes courants; **–defizit** *n* déficit de la balance des comptes; **–überschuß** *m* excédent de la balance des comptes.

Zahlungs|bürge *m* garant du paiement, caution *f*; **–dokument** *n* ordre *m* de paiement; **–eingang** *m* rentrée *f* des fonds, encaissement; **–einstellung** *f* suspension de paiement, cessation des paiements, dépôt *m* du bilan; **–empfänger** *m* (créancier) bénéficiaire; **–erinnerung** *f* lettre *f* de rappel, rappel *m* de paiement; **–erlaß** *m* remise *f* de dette; **–erleichterung** *f* facilités de paiement; **–ermächtigung** *f* autorisation de paiement, crédit de paiement; **–erstattung** *f* remboursement des débours.

zahlungsfähig *adj* solvable.

Zahlungs|fähigkeit *f* solvabilité *f*, capacité de paiement; **–frist** *f* délai de paiement; **–garantie** *f* garantie du paiement; **–genehmigung** *f* autorisation de paiement; **–instrument** *n* instrument *ou* moyen de paiement; **–klage** *f* action en paiement; **–klausel** *f* clause de paiement; **–kräftig** *adj* (société) solide du point de vue financier; **–kredit** *m* crédit *m* de paiement; **–liste** *f* bordereau *m* de paiement.

Zahlungsmittel *n* moyen *ou* instrument *m* de paiement; **ausländische –** moyen de paiement à l'étanger;

gesetzliches – moyen de paiement légal *ou* à cours forcé; **–bewegung** *f* déplacement *m* de numéraire; **–umlauf** *m* circulation fiduciaire, volume monétaire.

Zahlungs|modalität *f* modalité de paiement; **–moratorium** *n* moratoire *m*; **–nachricht** *f* avis de paiement; **–ort** *m* lieu de paiement; **–pflicht** *f* obligation de payer; **–pflichtige(r)** *m* débiteur *m* (d'un paiement); **–plan** *m* état de paiement, plan d'étalement de la dette; **–protokoll** *n* protocole de paiement; **–quittung** *f* quittance *f*; **–raum** *m* zone *f* monétaire; **–rückstand** *m* arrérages *mpl*, dette arriérée *ou* impayée; **–schuldner** *m* débiteur d'un paiement; **–schwierigkeiten** *pl* difficultés de trésorerie, difficultés *mpl* d'ordre financier; **–sperre** *f* opposition au paiement, blocage des paiements, immobilisation *f* d'un compte, interdiction de payer; **–stockung** *f* retard dans le paiement, interruption provisoire des paiements; **–stopp** *m* blocage des paiements; **–stundung** *f* paiement différé; **–system** *n* régime *m* des paiements; **–tag** *m* jour *ou* date du paiement, terme d'échéance; **–termin** *m* échéance *f*, date du paiement, terme *m* (d'échéance).

zahlungsunfähig *adj* insolvable.

Zahlungs|unfähigkeit *f* insolvabilité, déconfiture *f*; **–unterlage** *f* pièce justificative d'un paiement; **–unwilligkeit** *f* réticence *f ou* omission volontaire (d'un payement), mauvaise volonté à exécuter; **–verbindlichkeit** *f* engagement *m*, obligation de paiement; **–verbot** *n* interdiction de paiement, opposition au paiement, défense de payer; **–vereitlung** *f* fait de se soustraire au paiement.

Zahlungsverkehr *m* transactions *fpl* financières, opérations *fpl* de paiement, paiements *mpl*, règlements *mpl*; **bargeldloser –** *m* paiements *mpl* en monnaie scripturale; paiement par chèque *ou* carte de crédit; **freier –** liberté *f* des transferts monétaires (internationaux).

Zahlungs|verpflichtung *f* engagement de paiement, obligation (de payer); **eine –verpflichtung eingehen** engager une dépense; **–versprechen** *n* promesse de paiement; **–verweigerung** *f* refus de paiement; **–verzögerung** *f* retard *m* dans le règlement (d'une dette); **–verzug** *m* non-observation du délai de paiement, retard dans le paiement; **–weise** *f* mode *m* de paiement; **–zeit** *f* échéance *f*, terme *m*; **–ziel** *n* échéance *f*; **–zusage** *f* acceptation de payer.

Zahlvaterschaft *(FamR)* paternité sans filiation paternelle légalement établie (mais obligeant au paiement de subsides à l'enfant naturel *ou* adultérin).

Zahn|arzt *m* chirurgien *m ou* médecin *m* dentiste; **–behandlung** *f* soins *mpl* dentaires; **–ersatz** *m* prothèse *f* dentaire; **–füllstoff** *m* amalgame *m* dentaire; **–heilkunde** *f* stomatologie, dentisterie *f*.

Zapfenstreich *m* couvre-feu *m*.

Zebrastreifen *pl (StVR)* passage *m* clouté.

Zeche *f* (1) *(Bergbau)* houillère *f*, (2) *(Rechnung)* addition *f*; **ab –** sur le carreau de la mine, départ mine; prix *m* départ mine.

Zechen|buch *n* cahier d'ordres; **–gesellschaft** *f* société *f* minière; **–unternehmen** *n* entreprise *f* minière.

Zechprellerei *f* grivèlerie *f*, filouterie *f* d'aliments, filouterie de logement, filouterie d'auberge (S).

Zedent *m* cédant *m*; vendeur *m*.

zedierbar *adj* cessible.

zedieren (= abtreten) céder.

Zehent *m* (Aut) *m* dîme *f*.

Zehnjahresfrist *f* (délai de) prescription décennale.

Zehntelaktie *f* dixième (d'action).

Zehrgeld *n* (1) taxe de déplacement, (2) prime *f* de panier.

Zeichen *n* (1) signe *m*, signal *m*, (2) *(Wz)* marque *f* verbale, signe dénominatif, (3) *(Fernmeldewesen)* message *m* conventionnel; **ver-**

bundene – *(Wz)* marques associées.

Zeichen|erklärung *f* légende *f*; **–identität** *f (Wz)* reproduction servile de la marque; similitude des signes, ressemblance *f* d'ensemble; **–inhaber** titulaire *m* d'une marque; **–rolle** *f* registre (national) des marques.

zeichnen (1) *(Anleihe)* souscrire, (2) *(Brief)* signer; **bar** – souscrire en espèces.

Zeichner *m (WertpR)* souscripteur *m*.

Zeichnung *f* (1) *(WertpR)* souscription, (2) signature sociale, (3) dessin *m*, plan *m*, figure *f*; **öffentliche** – souscription publique; **unwiderrufliche** – souscription à titre irréductible.

Zeichnungs|anmeldung *f (WertpR)* déclaration *f* de souscription; **–aufforderung** *f* appel *m* public à l'épargne, prospectus de souscription, avis de souscription; **–aufnahme** *f* relevé *m*.

Zeichnungsbefugnis *f* droit de signer; **Übertragung der** – délégation de signature.

Zeichnungs|berechtigung *f* délégation de signature; droit de signature (S); **–bevollmächtigte(r)** *m* personne *f* ayant pleins pouvoirs pour signer *ou* ayant reçu délégation de signature; **–kurs** *m* cours à la souscription; **–preis** prix de souscription; **–protokoll** *n* protocole *m* de signature.

Zeichnungsrecht *n* (1) *(ZR, HR)* droit *ou* pouvoir de signer, (2) *(WertpR)* droit de souscription; **unwiderrufliches** – droit de souscription à titre irréductible.

Zeichnungs|schein *m* bulletin *m ou* bordereau *ou* certificat de souscription; **–stelle** *f* domicile de souscription (S); **–vertrag** *m* contrat de souscription; **–vollmacht** *f* procuration pour signer.

Zeile *f* ligne *f*.

Zeilen|abstand *m* interligne *m*; **–anfang** *m* alignement *m*; **–honorar** *m* honoraires *mpl ou* rétribution par ligne (de texte traduit).

Zeit *f* (1) temps *m*, (2) *(Zeitalter)* époque *f*, âge *m*, ère *f*, (3) *(Zeitraum)* période *f*, laps de temps, (4) *(Termin)* date *f*, délai *m*, terme *m*; **gesetzliche** – heure *f* légale; **unvordenkliche** – temps *m* immémorial.

Zeit|ablauf *m* expiration *f* du délai, arrivée du terme; **–abstand** *m* intervalle *m*, espace *m* de temps; **–angestellte(r)** *m* (1) *(ArbR)* employé *m* intérimaire, (2) *(VwR)* auxiliaire *m*; **–arbeit** *f* travail *n* intérimaire; **–aufwand** *m* (1) *(PrzR, VwR)* vacation *f*, (2) *(ArbR)* temps *m* consacré à un travail, dépense *f* de temps; **–ausgleich** *m (ArbR)* compensation pour heures de travail; **–beamte(r)** *m* fonctionnaire *f* pour une durée déterminée; **–berechnung** *f* calcul de la durée, calcul du temps; **–bestimmung** *f* détermination du délai (de paiement); **–bürgschaft** cautionnement limité dans le temps; **–charter** *f* affrètement à terme; **–charterung** *f* time-charter; **–dauer** *f* période *f*, durée *f*, laps *m* de temps; **–druck** *m* obligation de faire vite, course contre la montre; **–folge** *f* rythme *m*, cadence *f*; **–fracht** *f* fret à la durée *ou* à temps; **–gelder** *pl* argent à terme, dépôt *ou* capitaux à terme.

zeitgerecht *adj* dans les délais.

Zeitgeschäft *n* marché à terme; **bedingtes** – marché libre *ou* à prime; **einfaches** – marché *m* ferme.

Zeit|geschichte *f* histoire *f* (contemporaine); **Person der –geschichte** personnage historique; **–gesetz** *n* loi *f* valide pour un certain laps de temps; **–grenze** *f* (dernier) délai, date limite

Zeitkarte *f* carte *f* d'abonnement.

Zeitlohn *m* salaire au temps; **–satz** *m* taux de salaire au temps.

Zeit|mietvertrag *m* contrat de location à durée déterminée; **–plan** *m* calendrier *m*; **–planung** *f* minutage *m*, timing *m*; emploi du temps, calendrier *m*, échéancier; **–police** *f*, **–polizze** *f* (Aut) police à temps; **–prämie** *f* prime *f* temporaire.

Zeitpunkt *m* date *f*, terme *m*; **günsti-**

ger – moment propice; **richtiger** – moment adéquat; **unbestimmter** – terme incertain; **vereinbarter** – terme convenu.

Zeit|raum *m* laps *m* de temps; période *f*; **–rechnung** *f* computation *f* (des délais); **–rente** *f* rente *f* à terme, rente temporaire; **–richtwert** *m* valeur *f* de référence de temps; **–schalter** *m* minuterie *f*; **–schrift** *f* périodique *m*, écrit *m ou* publication *f* périodique; **unsittliche –schrift** publication contraire aux bonnes mœurs; **–sichtwechsel** *m* effet *ou* lettre de change à un certain délai de vue; **–soldat** *m (MilR)* engagé volontaire (à durée déterminée), personnel servant sous contrat; **–spanne** *f* laps *m* de temps, délai *m*, période *f*, temps *m* accordé.

Zeitung *f* journal *m*, quotidien *m*, publication quotidienne, organe *m* de presse, périodique *m*.

Zeitungs|anzeige *f* annonce *f*, insertion (publicitaire); **–artikel** *m* article de presse; **–auflage** *f* tirage *m*, diffusion; **–ausschnitt** *m* coupure *f* de presse; **–korrespondent** *m* correspondant (permanent); **–meldung** *f* nouvelle(s) *fpl*), information *f*; **–verleger** *m* éditeur *m* responsable, directeur de la publication; **–werbung** *f* publicité presse *ou* par support de presse.

Zeit|verfrachtung *f* affrètement à temps; **–verlust** *m* perte *f* de temps; **–versäumnis** *f* temps d'inactivité, temps mort, perte de temps; **–vertrag** *m (ZR, ArbR: befristeter Vertrag)* contrat *m* à durée déterminée, contrat limité dans le temps; **–vorgabe** *f* temps prévu; **–weilig** *adj* temporaire; **–weise** *adv* de temps en temps, par intervalles, de temps à autre; **–wert** *m* valeur du jour, valeur résiduelle; **–wertgarantie** *f* garantie de reprise (de la chose) à sa valeur résiduelle; **–zünder** *m* allumeur *m*, dispositif automatique de mise à feu.

Zellen|gefängnis *n* prison *f* cellulaire; **–haft** *f* emprisonnement *m* cellulaire.

Zelt(lager)platz *m* terrain de camping.

Zementwerk *n* cimenterie *f*.

zensieren (1) *(bewerten)* apprécier, juger, critiquer, noter, (2) *(Presse)* censurer, soumettre à la censure.

Zensor *m* censeur *m*.

Zensur *f* (1) censure *f*, (2) note *f*; **–behörde** *f* censure *f*; **–vermerk** *m* visa *m* de censure; **–verbot** *n* interdiction de la censure.

zensurieren (S u. Aut) censurer.

Zensus *m* (1) *(Volkszählung)* recensement démographique, (2) contribution, impôt; redevance; **–wahlrecht** *m* suffrage *m* censitaire.

Zentner *m* (1) 50 kg, (2) (S u. Aut) 100 kg.

Zentral|agentur *f* agence *f* centrale; **–amt** *n* (1) *(VwR)* service central *ou* national, (2) *(Telefon)* central *m* téléphonique.

Zentralauskunftsstelle *f* **für geschützte Personen** Agence centrale de renseignements sur les personnes protégées.

Zentral|ausschuß *m* commission *f* centrale; **–bank** *f* banque *f* centrale; **–behörde** *f* administration centrale; **–einheit** *f (DV)* processeur *m*, unité centrale; **–figur** *f* personnage central (d'une affaire); **–gewalt** *f* pouvoir *m* central.

zentralisieren centraliser.

Zentralisierung *f od.* **Zentralisation** *f* centralisation *f*.

Zentral|kasse *f* caisse *f* centrale; **–komitee** *n* comité *m* central; **–kommission für die Rheinschiffahrt** Commission centrale pour la navigation du Rhin; **–leitung** *f* direction générale; **–organ** *n* organisme *m* de direction; **–regierung** *f* gouvernement *m* central; **–register** *n* registre *m* national *ou* central; **–stelle** *f* service central; **–verwaltung** *f* administration centrale.

zerbrechlich *adj* fragile.

Zeremonienmeister *m* (S) chef *m* du protocole.

Zerrüttung altération, désunion, désorganisation; **– der Ehe, des ehelichen Verhältnisses** rupture *f* de la vie commune; **–sprinzip** *n* **als Scheidungsgrund** divorce *m* constat d'échec.

Zerschlagung *f* (einer Verbrecherbande) démantèlement *m* (d'un gang).

Zersetzung *f (StR)* subversion *f*; **– der Wehrkraft** atteinte *f* au moral de l'armée, entreprise *f* de démoralisation de l'armée.

Zersied(e)lung *f* rurbanisation.

Zerstörung *f* destruction, dégradation, détérioration; **– von Bauwerken** destruction d'un bien immobilier; **– fremder Sachen** déprédation, dommage *m* causé à la propriété d'autrui, détérioration d'un objet appartenant à autrui.

Zerstörungswut *f* vandalisme *m*.

Zertifikat *n* (1) *(amtliche Bescheinigung)* attestation, certificat *m*, (2) *(Zeugnis)* diplôme *m*, certificat de licence, (3) *(BankR)* certificat d'investissement), (4) *(für Schiffe)* acte *m* de nationalité.

Zerwürfnis *n* dissension, discorde *f*.

zessibel *adj* (= übertragbar) cessible, transférable, négociable.

Zession *f* (= Abtretung, Übertragung) cession *f*, transmission entre vifs.

Zessionar *m* cessionnaire *m*.

Zettel *m* fiche *f*, bulletin *m*, papier *m*; **–kartei** *f* fichier *m*; **–wahl** *f* vote par bulletin.

Zeuge *m* témoin *m* (judiciaire), personne citée comme témoin; déclarant; **abgelehnter –** témoin reproché; **ablehnbarer –** témoin reprochable; **ausbleibender –** témoin défaillant; **beglaubigender –** témoin certificateur; **falsch aussagender –** faux témoin; **geladener –** témoin cité; **glaubwürdiger –, vertrauenswürdiger –** témoin digne de foi; **als – aussagen** déposer; **als – anrufen, als – benennen** appeler en témoignage; **als – namhaft machen** citer comme témoin; **– der Anklage** témoin à charge; **– vom Hörensagen** témoin s'appuyant sur la commune renommée *ou* la rumeur publique; **– der Verteidigung** témoin à décharge (cité à la requête de la défense).

zeugen (1) déposer (en tant que témoin), (2) concevoir, engendrer (un enfant), féconder; **von etwas –** constituer une preuve, montrer.

Zeugen benennen constituer des témoins, citer comme témoin; **einen – vernehmen** recevoir une déposition, entendre *ou* auditionner un témoin; **–ablehnung** *f* reproche *m*; **–absprache** *f* collusion de témoins, entente secrète, concert frauduleux; **–aufruf** *m* appel *m* des témoins.

Zeugenaussage *f* déposition *f* (du témoin), témoignage *m*; **falsche –** faux témoignage.

Zeugenbank *f* banc *m* des témoins; **–beeinflussung** *f*, **verbotene –** subornation *f*; **–beistand** *m* avocat assistant un témoin (au cours de l'audition par le Parquet); **–befragung** *f* audition d'un témoin, interrogation du témoin, interpellation d'un témoin, le fait de poser des questions au témoin; **–behauptung** *f* dire *m* des témoins; **–belehrung** *f* information du témoin (sur ses droits); **–beweis** *m* preuve par témoins, preuve testimoniale; **–eid** *m* le fait de prêter serment, audition d'un témoin sous la foi du serment, déposition (du témoin) sous serment, serment du témoin; **–einvernahme** *f* audition des témoins; **–entschädigung** *f* indemnité allouée aux témoins *ou* de comparution; **–ermittlung** *f* recherche de témoins; **–gebühr** *f* indemnité de comparution; **–geld** *n* (S) indemnité des témoins; **–ladung** *f* convocation d'un témoin; **–pflicht** *f* (Aut) obligation *f* de témoigner; **–schaft** *f* le fait d'être témoin (dans un procès); **–stand** *m* barre du tribunal (où comparaissent les témoins); **–testament** *n* testament verbal fait devant témoins; **–verleitung** *f* subornation *f* de témoin; **–vernehmung** *f* audition d'un témoin; **–vorschuß** *m* avance des frais causés par la comparution des témoins.

Zeugin *f* femme témoin.

Zeugnis *n* (1) *(Bescheinigung)* attestation *f*, certificat *m*, (2) *(Zeugenaussage)* déposition *f*, témoignage *m*; **ärztliches –** certificat médical; **falsches –** faux témoignage; **mündliches –** témoignage verbal; **unrichtiges –** certificat mensonger; **– ablegen** porter témoignage; **ein – annehmen, ein – entgegennehmen** recevoir en témoignage.

Zeugnis|ablegung *f* témoignage; **–abschrift** *f* (beglaubigte –) copie *f* de diplôme (certifiée conforme); **–fähigkeit** *f* capacité *f* de témoigner; **–pflicht** *f* obligation de témoigner; **–stempel** *m* droit de timbre pour certificat; **–verweigerung** *f* refus de témoigner; **–verweigerungsrecht** *n* droit de refuser un témoignage, le fait d'être tenu au secret professionnel.

Zeugung *f* procréation.

Zeugungsunfähigkeit *f* impuissance *f*, impotentia generandi.

Ziehung *f* tirage *m*; **– eines Finanzwechsels** tirage financier; **– für fremde Rechnung** tirage pour compte.

Ziehungs|benachrichtigung *f* avis de tirage; **–liste** *f* liste de tirage; **–recht** *n* droit de tirage; **–tag** *m* jour de tirage, date de tirage.

Ziel *n* (1) *(Frist u. Termin)* délai *m*, terme *m*, échéance *f*, (2) *(Absicht)* objectif *m*, but *m* (à atteindre), visées *f pl*, desseins *mpl*, (3) cible *f*; **gemeinschaftliches –** commune intention *f*; **auf – verkaufen** vendre à terme.

Ziel|auswahl *f* choix *m* des objectifs; **–bahnhof** *m* gare *f* de destination *ou* destinataire; **–fahndung** *f* enquête *ou* recherche policière circonscrite à certaines personnes; **–fernrohr** *n* lunette *f* de visée; **–gebiet** *n* zone *f* d'action; **–gruppe** *f* groupe *m* cible; **–hafen** *m* port *m* de destination; **–kauf** *m* vente *f* à crédit; **–konflikt** *m* antagonisme *m*; **–präferenz** *f* objectif *m* primordial; **–setzung** *f* objectif *m*, orientation générale; **–sprache** *f* langue *f* cible.

Ziffer *f* chiffre *m*, nombre *m*.

Zigaretten|automat *m* distributeur automatique de cigarettes; **–werbung** *f* publicité pour les tabacs.

Zigeuner *m* gitan *m*, tsigane *m*.

1. Zins *m* (1) *(Abgabe, Steuern)* redevance *f*, (2) *(Miete, Pacht)* loyer *m*; **–abschnitt** *m* coupon *m* d'intérêts; **–abzug** *m* déduction d'intérêts, escompte *m*; **–anpassungsklausel** clause *f* d'indexation des intérêts; **–anspruch** *m* droit aux intérêts échus; **–arbitrage** *f* arbitrage sur le taux de l'intérêt; **–aufwendungen** *f* dépenses d'intérêts; **–beihilfe** *f* subvention d'intérêt; **–berechnung** *f* calcul des intérêts; **–berichtigung** *f* redressement d'intérêts; **–bestätigung** *f* (Aut) quittance de loyer; **–bogen** *m* feuille de coupons; **–einkünfte** *pl* revenus de l'argent; **–einziehung** *f* perception des intérêts.

2. Zinsen *pl* intérêt *m ou* intérêts *mpl* (du capital), fruits *mpl* civils, loyer de l'argent; **aufgelaufene –** intérêts échus, intérêts courus *ou* accumulés; **ausstehende –** intérêts dus; **einfache –** intérêts simples; **fällige –** intérêts échus, arrérages; **feste –** intérêt fixe; **fundierte –** intérêts consolidés; **gesetzliche –** intérêt légal; **gestundete –** intérêts différés; **laufende –** intérêts courants; **rückständige –** intérêts arriérés, arriéré *m* d'intérêts, arrérages *mpl*; **vereinbarte –** intérêt conventionnel *ou* convenu *ou* stipulé *ou* contractuel; **vertragliche –** intérêt contractuel *ou* conventionnel; **– abwerfen** produire des intérêts, porter intérêt, rapporter des intérêts; **auf – geben** prêter *ou* placer à intérêt; **die – kapitalisieren** capitaliser les intérêts; **gegen – leihen** prêter à intérêt; **– tragen** produire des intérêts, porter intérêt; **–zahlen** payer des intérêts.

Zinsen|abschnitt *m* coupon *m* d'intérêts; **–abzug** *m* déduction *f* d'intérêts; **–anhebung** relèvement du taux d'intérêt; **–ausfall** *m* perte *f* d'intérêts; **–berechnung** *f* calcul *m* des intérêts; **–dienst** *m* (1) service des intérêts, (2) service des coupons; **–einhebung** *f* (Aut) perception des intérêts; **–ermäßigung** *f* réduction du taux de l'intérêt; **–forderung** *f* (Aut) créance d'intérêts.

zinsenfrei *adj* (1) sans intérêt, exempt d'intérêt, (2) *(ohne Abgabe)* exempt de redevance.

Zinsengarantie *f* garantie d'intérêts; **–zuschuß** *m* (Aut) subvention *f* de garantie d'intérêts.

Zinsen|häufung *f* cumul *m* d'intérêts; intérêts composés; **–herabsetzung** *f* (Aut) réduction des intérêts; **–klausel** *f* clause d'intérêts fixes, stipulation d'intérêts; **–konto** *n* compte d'intérêts; **–kupon** *m* (Aut) coupon d'intérêt; **–last** *f* service de la dette; **–lauf** *m* cours des intérêts; **–moratorium** *n* moratoire des intérêts; **–nachlaß** *m* (Aut) remise d'intérêts; **–rückstände** *pl* (Aut) arriéré d'intérêts; **–schein** *m* coupon *m*; **–streichung** *f* suppression des intérêts.

zinsentragend *adj* productif *adj* d'intérêts.

Zinsen|vergütung *f* (Aut) bonification *f* d'intérêts; **–versprechen** *n* (Aut) promesse d'intérêt; **–zahlungstermin** *m* échéance d'intérêt; **–zusage** *m* (Aut) promesse d'intérêt; **–zuschuß** *m* (Aut) subvention d'intérêt, bonification d'intérêts.

Zins|erhöhung *f* augmentation *ou* hausse *f* des taux d'intérêts; **–ermäßigung** *f* réduction *f* du taux de l'intérêt; **–ertrag** *m* (1) produit des intérêts, (2) (en Aut. aussi:) revenus des loyers.

Zinseszins *m* capitalisation *f* des intérêts, intérêts composés, anatocisme *m*; **–rechnung** *f* calcul *m* des intérêts composés.

Zinsforderung *f* (1) créance d'intérêts, (2) (en Aut) créance de loyer.

zinsfrei *adj* sans intérêt, exempt d'intérêt.

Zinsfuß *m* (= Zinssatz) taux d'intérêt; **gesetzlicher –** intérêt légal.

Zinsgarantie *f* garantie *f* d'intérêts; **–zuschuß** *m* subvention *f* de garantie d'intérêt.

Zins|gefälle *n* disparité *f* des taux d'intérêt; **–gefüge** *n* structure des taux d'intérêt; **–genuß** *m* jouissance *f* d'intérêts; **–gewinn** *m* bénéfice *m* d'intérêt; **–gutschein** *m* bon à intérêts; **–gutschrift** *f* inscription *f* des intérêts à l'avoir d'un compte; **–haus** *n* (Aut) maison *ou* immeuble de rapport; **–herabsetzung** *f* réduction du taux de l'intérêt, conversion; **–klausel** *f* clause d'indexation de l'intérêt à payer (sur le taux d'escompte); **–konto** *n* compte *m* d'intérêts; **–konversion** *f* conversion par réduction du taux de l'intérêt; **–kupon** *m* coupon *m* d'intérêt; **–lauf** *m* cours des intérêts; **–leiste** *f* talon *m* (pour le recouponnement).

zinslos *adj* sans intérêt.

Zins|marge *f* différence *f* des taux d'intérêt; **–nachlaß** *m* (1) remise d'intérêts, (2) réduction du bail (Aut); **–politik** *f* politique d'escompte; **–rechnung** *f* calcul *m* des intérêts payables; **–rückstände** *pl* (1) intérêts arriérés, arriéré d'intérêts, (2) (en Aut) arriéré de loyer.

Zinssatz *m* taux *m* d'intérêt.

Zinsschein *m* coupon d'intérêts; **–bogen** *m* feuille de coupons; **–erneuerung** *f* recouponnement *m*.

Zins|schuld *f* intérêt *m* dû, prix *m* de l'usage du capital; **–spanne** *f* différence *f* des taux d'intérêt; **–stundung** *f* moratoire *m* pour le paiement des intérêts.

Zinstermin *m* (1) date d'échéance pour les intérêts postcomptés, (2) date *f* de jouissance, jouissance *f*.

zinstragend *adj* productif d'intérêts, qui porte intérêt.

Zins|umwandlung *f* conversion *ou* réduction *f* des intérêts; **–verbilligung** *f* baisse du taux d'intérêt; **–verbindlichkeit** *f* intérêts *pl* dus, montant *m* des intérêts échus; **–vereinbarung** *f* convention d'intérêts; **–vergütung** *f* bonification d'intérêt; **–vermerk** *m (WertpR)* stipulation *f* d'intérêts; **–versprechen** *n* promesse *f* d'intérêt; **–voraus** *m* privilège d'intérêt (possibilité pour certaines banques d'accorder un intérêt supérieur à celui des autres banques pour les dépôts); **–vorausberechnung** *f* intérêts précomptés; **–wucher** *m* intérêt usuraire; **–zahl** *f* nombre (système de calcul des intérêts d'un compte-courant); **–zahlungstermin** *m* échéance d'intérêt; **–zuschuß** *m* bonification *f* d'intérêts, subvention d'intérêts.

Zirka-Auftrag *(BörR)* ordre *m* de bourse à cours limité, mais permettant un dépassement de 0,25 à 0,50%; **–kurs** *m* cours *m* approximatif.

Zirkular|kreditbrief *m* lettre *f* de crédit circulaire; **–scheck** *m* chèque *m* circulaire.

Zitat *n* citation, passage cité; emprunt *m*; **–recht** *n* droit de reproduction sous forme de citation *ou* d'analyse signalétique.

Zitier|freiheit *f* exception à l'interdiction de reproduction (pour les revues de presse); **–gebot** *n* obligation de citer sa source (avec le nom de l'auteur).

zivil *adj* civil; **–e Verteidigung** défense civile; **–er Bevölkerungsschutz** service de protection civile; **–er Notstand** état *m* d'urgence (par suite d'un cataclysme).

Zivil|angelegenheiten *pl* affaires *fpl* civiles; **–behörde** *f* autorités *fpl* civiles; **–bevölkerung** *f* population civile; **–dienst** *m* (1) défense civile, (2) *(MilR)* service de l'objecteur de conscience dans un organisme social; **–dienstleistende(r)** objecteur de conscience faisant son service civil; **–dienstverpflichtete(r)** *m* requis civil; **–dienstverweigerer** *m* réfractaire au service civil, insoumis *m*; **–ehe** *f* mariage civil; **–fahndung** *f* recherches effectuées par des policiers en civil; **–früchte** *pl* fruits civils.

Zivil|gericht *n* tribunal civil, juridiction civile; **–gerichtsbarkeit** *f* juridiction civile, justice civile; **–gerichtsurteil** *n* jugement *m* civil, sentence *f* civile; **–gesetz** *n* loi *f* civile; **–gesetzbuch** *n* (S: ZGB) code civil suisse; **–gesetzgebung** *f* législation civile; **–haft** *f* astreinte *f* par corps; **–internierte(r)** *m* interné civil; **–internierung** *f* internement *m* civil; **–kammer** *f (ZPR)* chambre civile; **–klage** *f* action civile; **–komputation** *f* computation *ou* calcul des délais par jour; **–liste** *f* liste civile.

Zivilluftfahrt *f* aviation *f* civile; **Internationale –organisation** *f* Organisation de l'aviation civile internationale (OACI).

Zivilpartei *f*, **als – auftreten** (S) se constituer partie civile.

Zivil|pension *f* pension *f* civile; **–person** *f* civil *m*; **–personal** *n* personnel *m* civil.

Zivilprozeß *m* procès civil, contentieux *m* civil; procédure civile; **–ordnung** *f* (ZPO) Code allemand de procédure civile; **–recht** *n* droit judiciaire privé, procédure civile.

Zivilrecht *n* droit civil.

zivilrechtlich *adj* de droit civil; **–er Anspruch** droit subjectif; **–e Streitigkeit** litige de droit commun *ou* civil.

Zivil|rechtsvergleichung *f* droit civil comparé; **–richter** *m* juge au civil; **–sache** *f* matière *ou* affaire civile, cause civile; **–schutz** *m* protection civile; **–schutzkorps** *m* service *m* de protection civile; **–senat** *m* chambre civile; **–sitzung** *f* audience civile; **–stand** *m* (S) état-civil.

Zivilstands|akt *m* (S) acte de l'état-civil;**– amt** *n* État-civil *m*; **–beamte(r)** *m* (S) officier de l'état-civil; **–kreis** *m* (S) arrondissement d'état-civil (S); **–register** *n* (S) registre de l'état-civil.

Zivilstreife *f (Polizei)* véhicule banalisé, ronde *f* de police en civil.

Zivil|teilung *f* (Aut) partage du produit de la vente d'une chose indivise; **–termin** *m* audience civile; **–trauung** *f* mariage *m* civil; **–urteil** *n* jugement civil; sentence civile; **–verfahren** *n* procédure civile; **–vergehen** *n* délit *m* civil; **–verhandlung** *f* audience civile; **–versorgungsschein** *m* certificat délivré à certaines catégories d'anciens militaires et leur donnant droit à un emploi réservé; **–verteidigung** *f* protection civile; **–verwaltung** *f* administration civile.

Zölibatsklausel *f* clause de non-mariage (dans un contrat de travail).

Zoll *m* (1) *(Gebühr)* droit *m* de douane, douane *f*, (2) *(Zollamt)* bureau *m* de douane, douane *f*; **innergemeinschaftlicher –** droit de douane intracommunautaire; **spezifischer –** droit spécifique; **vorläufiger –** droit *m* provisoire.

Zoll- und Handelsabkommen *n*, **Allgemeines –** Accord général sur les tarifs douaniers et le commerce (GATT).

Zoll|abbau *m* suppression *f* (progressive) des droits de douane; **–abfertigung** *f* dédouanement *m*, contrôle douanier; **–abfertigungsantrag** *m* demande de dédouanement; **–abfertigungskosten** *pl* frais *mpl* de dédouanement.

zollabgabenpflichtig *adj* passible de droits de douane.

Zollabkommen *n* convention douanière; **– über Carnets E. C. S. für Warenmuster** Convention douanière sur les carnets E. C. S. pour échantillons commerciaux; **– über die vorübergehende Einfuhr privater Straßenfahrzeuge** Convention douanière relative à l'importation temporaire des véhicules privés routiers.

Zoll|abmachung *f* convention douanière; **–abteilung** *f* service des douanes; **–agent** *m* agent *ou* commissionnaire en douane; **–agentur** *f* agence *f* en douane.

Zollager *n* entrepôt douanier.

Zollamt *n* bureau de douane, bureau douanier, douane *f*.

zoll|amtlich | abfertigen accomplir les formalités douanières; **–e Überwachung** surveillance par les autorités douanières.

Zoll|amtnebenstelle *f* service *m* auxiliaire de la douane; **–angelegenheit** *f* affaire douanière; **–anmelder** *m* déclarant en douane; **–anmeldung** *f* déclaration en douane.

Zollansage|posten *m* avant-poste *m* douanier; **–zettel** *m* déclaration sommaire d'accompagnement (d'un poste de surveillance avancé à un bureau de douane).

Zollansatz *m* (S) taux du droit de douane.

Zollanschluß *m* (1) union *f* douanière, (2) enclave douanière; **–gebiet** *n* enclave douanière; **–vertrag** *m* traité *m* d'union douanière.

Zoll|antrag *m* demande de dédouanement; **–anweisung** *f* déclaration de transit.

Zollanweisungs|verfahren *n* procédure de transit douanier; **–gut** *n* marchandise en transit sous douane.

Zoll|aufgeld *n* supplément de droits de douane en fonction de la dépréciation monétaire; **–aufschub** *m* régime *m* douanier suspensif; **–aufschublager** *n* entrepôt douanier à paiement différé; **–aufsicht** *f* surveillance *f* douanière; **–ausfuhrerklärung** *f* déclaration de sortie; **–ausland** *n* zone franche, territoire réputé étranger du point de vue douanier; **–ausschluß** *m* exemption des droits de douane; **–ausschlußgebiet** *n* exclave douanière; **–aussetzung** *f* suspension des droits de douane; **–aval** *m* cautionnement de droits de douane; **–bahnhof** *m* gare douanière.

zollbar *adj* (= zollpflichtig) soumis au paiement de droits de douane.

Zollbarkeit *f* le fait d'être soumis au paiement des droits de douane.

Zoll|beamte(r) *m* agent *ou* fonctionnaire des douanes, douanier *m*, préposé des douanes, vérificateur des douanes; **–beförderung** *f* transport de marchandises à l'intérieur du territoire douanier; **–befreiung** *f* franchise *f ou* exemption douanière.

Zoll|befund *m* résultat *m* de la vérification douanière; **–begleiter** *m* convoyeur *m* douanier.

Zollbegleitschein *m* acquit de transit, acquit-à-caution *f*; **–heft** *n* (1) carnet de passage en douane, (2) carnet TIR (transport international de marchandises par la route).

Zoll|begleitung *f* escorte *f* douanière; **–begünstigung** *f* privilège douanier, avantage douanier, avantage tarifaire; **–behandlung** *f* régime douanier, traitement en douane; **–behörde** *f* administration *f* des douanes, autorités douanières; **–belastung** *f* charges *fpl* douanières; **–berechnung** *f* fixation des droits de douane; **–beschau** *m* vérification douanière, vérification *f* de la déclaration, *(aller Waren)* examen de toutes les marchandises, *(probeweise)* vérification par épreuves; **–bescheid** *m* liquidation des droits de douane; **–beschränkung** *f* restriction *f* douanière; **–beschwerde** *f* (S) recours *m* douanier (S); **–besichtigung** *f* visite douanière; **–bestimmung** *f* disposition douanière, clause douanière; **–beteiligte(r)** *m* déclarant *ou* représentant; **–betrag** *m* montant des droits de douane; **–bewachung** *f* surveillance *f* douanière; **–bezeichnung** *f* désignation douanière; **–bindung** *f* droit consolidé, consolidation *f* tarifaire *ou* des droits.

Zollbinnen|land *n* territoire *m* douanier national; **–linie** *f* cordon *m* douanier intérieur.

Zoll|bürgschaft *f* cautionnement de droits de douane; **–büro** *n* bureau *m* de douane; **–darlegung** *f* présentation en douane de la marchandise; **–defraudation** *f* fraude douanière; **–deklarant** *m* agent *m* en douane, transitaire mandataire, déclarant en douane; **–deklaration** *f* déclaration en douane; **–deklarierungsschein** *m* congé de douane; **–depot** *n* entrepôt douanier; **–dienst** *m* administration douanière; **–diskriminierung** *f* discrimination douanière; **–disparität** *f* disparité *f* tarifaire; **–eigenlager** *n* entrepôt fictif (de douane); **–einfuhrerklärung** déclaration *f* à l'importation; **–einfuhrschein** *m* acquit *m* d'entrée; **–eingangsschein** *m* acquit d'entrée; **–einnahmen** *pl* recettes douanières; **–einnehmer** *m* receveur des douanes; **–einschlußgebiet** *n* enclave *f* douanière; **–erhebung** *f* perception de droits de douane; **–erhöhung** *f* relèvement *m* des droits de douane, relèvement tarifaire.

Zollerklärung *f* déclaration en douane; **internationale –** déclaration-soumission internationale de douane.

Zoll|erlaß *m* remise *f* de droits de douane; **–erleichterungen** *pl* facilités douanières, allègements douaniers; **–ermäßigung** *f* avantage tarifaire; **–erstattung** *f* remboursement des droits de douane; **–fahndung** *f* (service de) répression des fraudes douanières; **–fahndungsstelle** *f* service *m* des enquêtes douanières; **–flughafen** *m* aéroport douanier, aérodrome douanier; **–formalitäten** *pl*, **–förmlichkeiten** *pl* formalités douanières, formalités de douane; **–frage** *f* question douanière.

zollfrei *adj* en franchise de douane; **– zulassen** admettre en franchise.

Zollfrei|bezirk *m* (S) district franc (S); **–flughafen** *m* aéroport *m* franc; **–gebiet** *n* zone *f* franche; **–hafen** *m* port *m* autonome.

Zollfreiheit *f* taux nul, immunité *f* douanière, franchise douanière.

Zollfrei|schein *m* passavant *m*, certificat *m* de franchise douanière, carte de libre circulation; **–schreibung** *f* admission en franchise douanière, dédouanement de marchandises libres; **–verkehr** *m* libre circulation; **–zone** *f* zone *f* franche; **–zulassung** *f* admission en franchise.

Zoll|gebiet *n* zone *f* de surveillance douanière; **–gebiet** *n* **der Gemeinschaft** (EG) territoire douanier de la communauté; **–gebühren** *pl* droits *mpl* de douane, taxes douanières; **–geleitschein** *m* (S) acquit-à-caution; **–gemeinschaft** *f* union douanière; **–gesetz** *n* code *m* des douanes, loi douanière; **–gesetzgebung** *f* législation douanière; **–gestellung** *f* présentation à la douane;

–gewahrsam *m* surveillance douanière; **–gewicht** *n* poids imposable (poids reconnu par la douane); **–grenzbezirk** *m* zone *f* de surveillance douanière, rayon douanier (B), zone frontière-douanière (L); **–grenze** *f* ligne frontière, frontière douanière; **–grenzstelle** *f* poste *m* de douane à la frontière, bureau *m* d'entrée; **–gürtel** *m* (S) cordon douanier; **–gut** *n* marchandise sous (régime de) douane; **–gutlager** *n* entrepôt *m* douanier; **–gutverkehr** *m* (= Transitverkehr) opérations *fpl* de transit, marchandises en transit; **–gutversand** *m* transit douanier; **–herabsetzung** *f* réduction tarifaire; **–hilfeabkommen** *n* traité d'assistance douanière; **–hinterziehung** *f* fraude douanière; **–hoheit** *f* souveraineté douanière; **–inland** *n* territoire réputé intérieur du point de vue douanier; **–inhaltserklärung** *f* déclaration en douane; **–inspektion** *f* visite *f* en douane; **–kartell** *n* traité d'assistance douanière; **–klarierungsschein** *m* (1) congé *m* (navires français), (2) passeport *m* (navires étrangers); **–kodex** *m* (der Gemeinschaft) code des douanes communautaires; **–kommissionär** *m* commissionnaire en douane; **–kontingent** *n* contingent tarifaire *ou* douanier; **–kontrolle** *f* contrôle douanier; **–krieg** *m* guerre de tarifs; **–ladungsverzeichnis** *n* manifeste *m*.

Zoll(l)ager *n* entrepôt *m* de douane *ou* douanier, entrepôt réel; **–konto** *n* compte *m* d'entrepôt.

Zoll|lagerung *f* entrepôt de douane; **–landungsplatz** *m* port douanier (maritime ou aérien); **–linie** *f* cordon douanier; **–makler** *m* transitaire *m* mandataire, agent *ou* commissionnaire en douane; **–manipulationsgebühr** *f* droit de manipulation douanière; **–meldepflichtige(r)** *m* personne assujettie à faire la déclaration en douane; **–nachforderung** *f* réclamation de droits de douane supplémentaires; **–nebenstelle** *f* bureau annexe de douanes.

Zöllner *m* douanier *m*.

Zoll|niederlage *f* entrepôt *m* réel; **–nomenklatur** *f* nomenclature *f* douanière *ou* tarifaire.

Zoll|papiere *mpl* documents de douane, documents douaniers; **–schein** *m* laissez-passer *m* de douane, laissez-passer en douane.

Zoll|partei *f* déclarant *ou* représentant; **–passierscheinheft** *n* carnet de passage en douane.

Zollpfand *n* (S) gage *m* douanier (S); **–recht** *n* (S) droit de gage douanier.

zollpflichtig *adj* passible de droits de douane, soumis aux droits de douane.

Zoll|plafond *m* (EG) plafond tarifaire; **–plombe** *f* plomb *m* de la douane; **–politik** *f* politique douanière, politique tarifaire; **–polizei** *f* (S) police *f* douanière; **–position** *f* position douanière; **–präferenzbehandlung** *f* (EG) traitement tarifaire préférentiel; **–privatlager** *n* (1) *(ohne amtlichen Mitverschluß)* entrepôt *m* fictif, (2) *(unter amtlichem Mitverschluß)* entrepôt spécial; **–protektionismus** *m* protectionnisme douanier; **–prüfung** *f* (Aut) contrôle douanier; **–quittung** *f* acquit de paiement, quittance de douane; **–rechnungsgut** *n* marchandise sous régime suspensif des droits; **–recht** *n* réglementation douanière; **–rechtlicher Status** (EG) statut douanier; **–revision** *f* contrôle de la douane, visite douanière, visite en douane, révision douanière (S); **–rückvergütung** *f* remboursement *m* des droits de douane, draw-back *m*; système du rembours; **–sachverständige(r)** *m* expert *m* en matière de douane.

Zollsatz *m* tarif *m* douanier, taux *m* des droits de douane; **ermäßigter –** taux réduit; **konsolidierter –** droit consolidé; **vertragsmäßiger –** droit contractuel.

Zollsätze, *pl* **vertragliche –** droits *mpl* conventionnels.

Zoll|schein *m* certificat *m* de douane, acquit – à – caution; **–schranken** *fpl* barrière *f*; douanière **–schuld** *f* somme due à titre de droits de douane; **–schuldner** *m* débiteur *m* de droits de douane; **–schuldüberweisung** *f* transfert de la dette des droits de douane à une autre caisse; **–schutz** *m* protection douanière; **–senkung** *f* baisse des droits de douane; **–sicherheit** *f* sûreté douanière, garantie douanière; **–spediteur** *m* commissionnaire en douane, transitaire *m*; **–spezifikation** *f* spécification douanière; **–statistik** *f* statistique douanière.

Zollstelle *f* bureau de douane *ou* douanier, poste de douane; **vorgeschobene –** avant-poste *m* douanier.

Zoll|stempelgebühr *f* droit de timbre douanier; **–strafe** *f* pénalité *ou* amende douanière; **–strafrecht** *n* droit pénal douanier; **–straftat** *f* infraction douanière; **–straße** *f* route douanière, voie douanière (B); **–stunde** *f* heure d'ouverture des bureaux de douane; **–system** *n* régime douanier.

Zolltarif *m* (1) tarif douanier, (2) (EG) tarif douanier des communautés européennes; **gemeinsamer –** tarif douanier commun; **–abrede** *f* convention tarifaire; **–auskunft: verbindliche –** (EG) renseignement tarifaire contraignant; **–politik** *f* politique douanière; **–schema** *n* nomenclature douanière *ou* tarifaire; **–verhandlung** *f* négociation tarifaire; **–zugeständnisse** *pl* concessions tarifaires.

Zoll|transit *n* transit en douane; **–transitär** *m* transitaire en douane; **–übertretung** *f* contravention *f* douanière; **–überwachungsstelle** *f* centre de contrôle douanier; **–union** *f* union douanière; **–unionsvertrag** *m* traité d'union douanière; **–untersuchung** *f* visite douanière, examen douanier; **–veredelung** *f* admission temporaire pour la réexportation; **–verein** *m* union douanière; **–vereinsvertrag** *m* traité d'union douanière; **–verfahren** *n* procédure de dédouanement, formalités *fpl* en douane; régime douanier; **–vergehen** *n* infraction douanière, fraude douanière; **–vergleich** *m* transaction douanière; **–vergünstigung** *f* avantage douanier, tolérance douanière; **–verhandlungen** *pl* négociations *fpl* tarifaires; **–verkehr** *m* régime *m* douanier; **–verrichtungen** *pl* opérations douanières; **–verschlag** *m* (S) magasin douanier.

Zollverschluß *m* scellé douanier, scellement douanier, plombs *mpl* douaniers, fermeture douanière; **unter –** sous plomb de douane; **unverletzter –** scellement intact; **–buch** *n* livret de clôture.

Zoll|verwahrung *f* dépôt de douane; **–verwaltung** *f* administration des douanes.

Zollvormerk|lager *n* magasin sous admission temporaire; **–rechnung** *f* décompte des droits (pour une marchandise en admission temporaire); **–schein** *m* passavant *m* de retour, acquit d'admission en douane; **–verfahren** *n* régime de l'admission temporaire, régime douanier de transit international; **–verkehr** *m* admission temporaire.

Zoll|vorschriften *pl* règlement *m* douanier, prescriptions douanières; **–vorteil** *m* avantage douanier; **–wachabteilung** *f* unité territoriale de surveillance douanière; **–wert** *m* valeur en douane (des marchandises), valeur douanière; **–wesen** *n* les Douanes; **–zahler** *m* personne qui acquitte les droits de douane; **–zahlung** *f* paiement des droits de douane; **–zugeständnisse** *pl* concessions tarifaires; **–zuschlag** *m* surtaxe douanière; surtaxe d'entrepôt; **–zweigstelle** *f* poste annexe de douane.

Zone *f* zone *f*, région *f*, secteur *m*; **entmilitarisierte –** zone démilitarisée; **internationale –** zone internationale; **neutrale –** zone neutre; **neutralisierte –** zone neutralisée.

Zubehör *n* (1) *(SachR)* adjonction, chose unie à la partie principale pour l'usage, l'ornement *ou* le complément (de la première), (2) *(WirtR)* accessoire *m*, dépendance *f*.

Zubehör|industrie *f* sous-traitance *f*, industrie des accessoires; **–teil** *n* accessoire *m*, pièce *f*.

zubilligen accorder, attribuer, allouer; **eine Entschädigung –** allouer une indemnité; **mildernde Umstände –** accorder le bénéfice de circonstances atténuantes.

Zubringer *m (StVR)* bretelle *f*, voie de raccordement, desserte *f*; **–dienst** *m* navette *f*.

Zubuße *f* (1) supplément *m*, (2) cotisation versée par les membres d'un syndicat d'exploitation minière.

Zucht *f* (1) *(Tier)* élevage *m*, (2) *(Pflanze)* culture *f*; **–buch** *n* livre généalogique des races, herd-book.

Zuchthaus *n* (1) *(Strafe bis 1969)* réclusion *f*, travaux *mpl* forcés, (2) *(Strafanstalt bis 1969)* maison *f* centrale *ou* de réclusion; **–insasse** *m* réclusionnaire *m*.

Zucht|häusler *m* forçat *m*, réclusionnaire *m*; **–polizeigericht** *n* (S) tribunal *m* correctionnel.

Zuchthausstrafe *f (seit 1969 nur noch Freiheitsstrafe)* réclusion criminelle, peine *f* privative de liberté; **befristete –** réclusion à temps; **lebenslängliche –** travaux forcés à perpétuité, réclusion à perpétuité; **– auf Zeit** réclusion à temps.

züchtigen corriger, punir, châtier.

Züchtigung *f* correction *f*, châtiment *m*; **körperliche –** châtiment corporel.

Züchtigungsrecht *n (SchulR)* droit de correction.

Züchtung *f* (1) reproduction, produit de l'élevage, (2) biotechnologie *f*.

zueignen (1) *(widmen)* dédier, (2) faire une donation, (3) *(sich –)* s'approprier; **sich rechtswidrig –** s'approprier sans titre.

Zueignung *f* appropriation *f*.

Zueignungs|absicht *f (StR)* volonté *f ou* désir *m* d'appropriation; **–delikt** *n* infraction contre les biens.

zuerkennen octroyer, attribuer, reconnaître; **eine Entschädigung –** accorder une indemnité.

Zuerkennung *f* octroi *m*, attribution *f*, reconnaissance *f*; **– einer Rente** attribution d'une rente.

Zuerkennungsbescheid *m* décision *f* de reconnaissance d'un droit.

Zufahrtsrecht *n* droit d'accès.

Zufall *m* cas *m* fortuit, aléa *m*; coïncidence *f*; **durch –** par hasard; **Haftung für –** responsabilité pour le cas fortuit.

zufallen (1) *(ErbR)* échoir, être dévolu (en héritage), (2) *(ArbR, VwR: zugewiesen werden)* incomber, revenir (à qqn).

zufällig *adj* fortuit, inopiné, imprévu, inattendu.

zufälligerweise *adv* fortuitement, par hasard, à l'improviste.

Zufalls|auswahl *f* sélection aléatoire; **–bekanntschaft** *f* rencontre *f*; **–ereignis** *n* événement *m ou* cas *m* fortuit, aléa *m*; **–gewinn** *m* bénéfice *m* accidentel *ou* occasionnel; **–haftung** *f* responsabilité sans faute; **–verlust** *m* perte *f* accidentelle.

Zuflucht *f* asile *m*, refuge *m*.

Zufluchts|hafen *m* port de refuge; **–staat** *m* État de refuge, pays d'asile; **–stätte** *f* lieu de refuge.

zufolge *präp:* **einem Gerücht –** d'après une rumeur, selon un bruit qui court.

zufriedenstellen (Ansprüche) satisfaire, contenter.

zufügen (Schaden) endommager, détériorer.

Zufuhr *f* (1) *(Heranschaffen von Waren)* arrivages *mpl*, livraison *f*, approvisionnement *m*, ravitaillement *m*, apport *m*, (2) importation *f*.

Zuführungsbefehl *m* (S) mandat *m* d'amener.

Zug um Zug donnant donnant; **Erfüllung – – –** livraison contre paiement (au comptant compté); **Leistung – – –** de la main à la main; **– – – Verurteilung** *f* jugement civil ordonnant que les prestations d'une partie résultant d'un contrat ne soient fournies qu'au fur et à mesure que l'autre partie exécutera les siennes.

Zugabe *f* supplément *m*; prime *f* (de produits en plus); avantage *m* (accordé ou client), extra *m*; **–gesetz** *n* (Aut), **–verordnung** *f* ordonnance interdisant aux commerçants de donner des primes et autres avantages aux acheteurs.

Zugang *m* (1) *(Eingang)* accès *m*, entrée *f*, (2) *(Lager)* entrée *f* au magasin, mise *f* en stock; **freier –** liberté d'accès; **– und Abgang** entrée et sortie; **freier – zum Meer** libre accès à la mer; **– zu den Gerichten** accès auprès des tribunaux; **– zum Markt** accès au marché; **– der Willenserklärung** réception de la déclaration de volonté.

Zugangs|beschränkung *f* accès *m* limité (à une profession); **–recht** *n* droit d'accès; **–theorie** *f (ZR: Willenserklärung)* système de la réception; **–verhinderung** *f* interdiction de l'accès.

Zuganschluß *m* correspondance *f*.

zugeben (1) *(eingestehen)* avouer, admettre, concéder, (2) *(Waren)* donner en sus.

Zugehör *n* (Aut-S) accessoire *m*.

zugehören relever, dépendre de, appartenir à.

zugehörig *adj* dépendant, associé; **einer Sache –** faisant partie, appartenant à . . .

Zugehörigkeit *f* appartenance *f*; **politische –** allégeance *f* politique; **– zu einer Masse** *(KonkursR)* appartenance à une masse.

zugesicherte Eigenschaft *(SchuldR)* qualité *f* garantie (par convention), garantie conventionelle.

Zugeständnis *n* concession *f*.

zugestehen (1) *(zugeben)* avouer, convenir de, reconnaître, concéder, (2) *(bewilligen)* concéder, (3) *(gewähren)* accorder.

Zugewinn *m* (1) acquêt *m*, (2) *(EheR)* accroissement *m*, différence entre la valeur finale et la valeur initiale des biens d'un époux; **–ausgleich** *m* prestation compensatoire, compensation effective de la disparité que la rupture du mariage crée dans les conditions de vie respective; **–gemeinschaft** *f* régime légal (allemand) de la participation aux acquêts.

Zugriff *m* (1) emprise *f*, main-mise *f*, (2) *(DV)* accès *m*; **– Dritter auf eine Sache** soustraction d'un bien (du patrimoine du débiteur); **– der Polizei** prise de corps.

zugrunde |gehen périr, péricliter; **–legen** prendre pour base, fonder sur; **– liegen** être le fondement, reposer sur; **– richten** ruiner, saper les bases.

Zugrundelegung *f*: **unter – von** en prenant pour fondement *ou* pour base, en se fondant sur.

zugunsten von *adv* au profit de, au bénéfice de, en faveur de, dans l'intérêt de.

zugute *adv:* **j-m etwas – halten** tenir compte de qqch (comme excuse); **– kommen** profiter à qqn.

Zuhälter *m* souteneur *m*, proxénète *m*, *(pej)* maquereau *m*.

Zuhälterei *f* proxénétisme *m*.

Zuhilfenahme *f*: **unter – von** en utilisant, en se servant de.

Zuhörer *m* auditeur *m*; auditoire *m*, public *m*; **–bank** *f* banc *m* réservé au public.

Zukauf *m* achat *m* supplémentaire.

zukommen lassen *(ErbR)* léguer.

Zukunft *f* avenir *m*, devenir *m*, futur *m*; **Unterhalt für die –** subsides *mpl* pour l'avenir.

zukünftiger Erbe héritier présomptif.

Zukunfts|aussichten *pl* perspectives (d'avenir); **–forschung** *f* futurologie *f*, prospective *f*; **–schaden** *m* dommage *m* futur; **–sicherung** *f* le fait de préserver le futur; **–trächtig** *adj*, **–weisend** *adj* prometteur.

Zulage *f* (1) *(Entschädigung)* indemnité *f*, supplément *m*, (2) *(Unterstützung)* prime *f*, allocation *f* complémentaire; **– für stillende Mütter** prime d'allaitement; **–punkt** *m* point *m* de majoration, point de supplément.

Zulänglichkeit *f* (des Nachlasses)

montant *m* suffisant de l'actif héréditaire.

zulassen (1) *(dulden)* admettre, agréer, (2) *(erlauben)* permettre, autoriser; **Berufung –** déclarer l'appel recevable.

zulässig *adj* (1) *(annehmbar)* recevable, admissible, (2) *(erlaubt)* licite, permis, autorisé, admis.

Zulässigkeit *f* (1) *(PrzR)* recevabilité *f*, (2) admissibilité *f*, licéité *f*.

Zulässigkeits|prüfung *f* contrôle *m* *ou* examen de la recevabilité (de la demande); **–rüge** *f* exception d'irrecevabilité; **–voraussetzungen** *pl* conditions *fpl* de recevabilité.

Zulassung *f* (1) *(Erlaubnis)* permission *f*, permis *m*, agréation *f*, agrément *m*, admission *f*, autorisation, (2) *(von Kraftfahrzeugen)* réception et homologation, (3) *(StVR: Fahrzeugschein)* carte grise; **freie –** libre admission; **kaufmännische –** agrément *m* commercial; **zeitweilige –** admission temporaire; **zollfreie –** admission en franchise; **– zu öffentlichen Ämtern** admissibilité *f* à la fonction publique; **– als Anwalt** admission au barreau; **– zu einem Beruf** admission à une profession; **– zum Beweis** admission à la preuve, admissibilité de la preuve; **– zum Börsenhandel** admission à la cote; **– der Klage** déclarer une demande recevable; **– zur Prüfung** admission à un examen; **– als Rechtsanwalt** admission au barreau; **– zum freien Verkehr** admission en libre pratique; **– zum Verkehr** admission au transport, homologation d'un véhicule.

Zulassungs|alter *n* âge d'admission; **–antrag** *m* demande d'admission; **–ausschuß** *m* commission d'admission; **–bedingungen** *pl* conditions d'agrément, conditions d'admission; **–bedürftig** *adj* soumis à autorisation; **–behörde** *f* *(StVR)* administration compétente en matière d'homologation et d'immatriculation des véhicules; **–bescheid** *m* arrêté *m* d'agrément; **–bescheinigung** *f* (1) *(VwR)* agréation, (2) *(ArbR)* permis *m* d'entrée (pour un travailleur étranger); **–bestätigung** *f* confirmation de l'admission; **–frist** *f* délai d'admission; **–gebühr** *f* droit d'admission; **–gesuch** *n* demande *f* d'agrément *ou* d'admission; **–nummer** *f* numéro *m* d'immatriculation; **–prüfung** *f* examen *m* d'admission; **–regelung** *f* conditions relatives à l'immatriculation.

zulassungspflichtig *adj* sous à l'autorisation préalable.

Zulassungs|schein *m* carte *f* grise, permis de circulation, certificat d'immatriculation, licence *f*; **–stelle** *f* service d'immatriculation *ou* de délivrance de la carte grise; **–verfahren** *n* procédure *f* d'agrément; **–verfügung** *f* autorisation *f*, décision d'admission.

Zulauf *m* affluence *f* (des clients).

Zuleitung *f* transmission (d'un dossier).

zuletzt *adv* finalement, en fin de compte, en définitive.

Zulieferant *m*, **Zulieferbetrieb** *m*, **Zulieferer** *m* *(BW: Subunternehmer)* sous-traitant, entreprise sous-traitante.

Zuliefer|industrie *f* industrie sous-traitante; **–teile** *pl* accessoires *mpl* fabriqués à l'extérieur.

zuliefern (1) *(Waren)* sous-traiter, (2) *(StR: Person)* extrader.

Zulieferung *f* sous-traitance *f*.

Zumessung *f* mesure *f*, détermination *f*, évaluation *f*; **– der Geldbuße** détermination du montant de l'amende; **– der Strafe** mesure *f* de la peine, calcul *m* de la peine.

zumutbar *adj* (1) acceptable, raisonnable, (2) *(ArbR, SozR)* exigible dans la vie sociale selon les lois en vigueur; **–e Belastung** charge *f* pouvant être imposée à qn.

Zumutbarkeit *f* (1) *(UmweltR)* (bruit, pollution) n'excédant les normes prescrites, (2) *(Verhaltensweise)* fait qu'un comportement donné puisse être équitablement exigé de quelqu'un; **– einer Arbeit** *(ArbR)* acceptabilité *f* d'un poste de travail.

zumuten exiger qqch de qqn; **– können** pouvoir raisonnablement demander qqch à qqn.

zunächst *adv* en premier lieu, d'abord; au préalable.

Zunahme *f* augmentation; intensification; hausse *f*, montée.

Zuname *m* nom *m* patronymique.

Zündwarenmonopol *n* monopole *m* de fabrication des allumettes.

Zunft *f (Handwerker)* corps *m* de métier, corporation *f*; **–recht** *n* droit *m* corporatif; **–verfassung** *f* organisation *f* corporative; **–wesen** *n* corporatisme *m*; **–zwang** *m* obligation d'adhérer à une corporation.

zurechenbar *adj* imputable.

Zurechenbarkeit *f* imputabilité *f*.

zurechnen imputer (qch. à qn.).

Zurechnung *f* imputation *f*.

zurechnungsfähig *adj* responsable (de ses actes).

Zurechnungsfähigkeit *f (StR)* imputabilité *f*, responsabilité *f* (de ses actes); **verminderte –** responsabilité atténuée.

zurechnungsunfähig *adj* irresponsable.

Zurechnungsunfähigkeit *f (StR)* irresponsabilité *f* (pénale), non-imputabilité *f*.

Zurechnungsvorschrift *f (GesR)* disposition relative à l'imputation des parts.

Zurechnungszeit *f (SozR)* période *f* assimilée, période complémentaire de validation.

zurechtweisen infliger un avertissement, réprimander.

Zurechtweisung *f* admonestation *f*, remontrance *f*, avertissement *m*.

Zurruhesetzung *f* mise à la retraite; **– auf Antrag** mise à la retraite sur demande.

Zurückbeförderung *f*, **freie –** conduite *f* de retour.

zurückbehalten retenir; **als Pfand –** retenir en gage.

Zurückbehaltung *f* rétention *f*; **– der Urkunden** rétention des actes; **– von Waren** rétention de marchandises.

Zurückbehaltungsrecht *n (SchuldR)* droit de rétention (de la chose *ou* du prix).

zurück|bekommen recouvrer, récupérer, rentrer en possession; **–berufen** rappeler.

Zurückberufung *f* rappel *m*.

zurückbringen rapporter, rendre.

zurückdatieren antidater.

zurückerstatten rembourser, restituer.

zurückfordern demander *ou* revendiquer la restitution.

zurückgeben restituer, rendre.

Zurückgestellte(r) *m (MilR)* sursitaire *m*, personne bénéficiant d'un sursis d'incorporation.

zurück|gewinnen recouvrer; **–halten** retenir; **sich –halten** garder une attitude réservée, se tenir sur la réserve.

Zurückhaltung (1) retenue *f*, modération, mesure *f*, (2) *(Information)* rétention d'informations.

zurück|kaufen racheter; **–kommen** revenir; **–legen** *(SozR: Versicherungszeit)* accomplir.

Zurücknahme *f* (1) *(Waren)* reprise *f*, (2) *(Widerruf)* révocation *f*, rétractation *f*, (3) *(Vertrag)* dédit *m*, (4) *(Antrag)* retrait *m*; **– der Einbürgerung** retrait de naturalisation; **– einer Erlaubnis** retrait d'autorisation; **– der Hinterlegung** retrait du dépôt; **– eines Patents** évocation *f* d'un brevet.

zurück|nehmen (1) *(Ware)* reprendre, accepter la restitution, (2) *(Erklärung)* se rétracter, se repentir, (3) *(Antrag)* retirer; **–rufen** rappeler.

zurückschicken renvoyer, retourner.

Zurückschiebung *f (VR)* refoulement *m*; **– des Eides** *(ZPR)* fait de déférer le serment.

zurück|senden retourner, renvoyer; **–stellen** ajourner, remettre (à plus tard), différer; **–gestellter Auftrag** commande *f* en attente.

Zurückstellung *f* ajournement *m*, sursis *m*; **– vom Wehrdienst** sursis d'incorporation.

zurückstufen déclasser, rétrograder.

Zurückstufung *f* déclassement *m*, rétrogradation *f* d'échelon.

zurücktreten (1) *(Amt)* se désister de ses fonctions, donner sa démission, se démettre, se retirer, démissionner, (2) *(Vertrag)* dénoncer un contrat, renoncer au contrat, résilier le contrat; se rétracter.
zurückverlangen demander la restitution.
Zurückversetzung *f* déclassement *m*, rétrogradation *f*.
zurückverweisen renvoyer en commission, renvoyer à un autre tribunal.
Zurückverweisung *f (PrzR)* renvoi (après annulation de la décision attaquée); **– an den Ausschuß** renvoi *m* en commission.
Zurückverweisungsbeschluß *m* décision *f* de renvoi.
zurückweisen (1) *(Antrag)* débouter, rejeter, refuser, (2) *(Forderung)* ne pas reconnaître *ou* admettre, (3) *(Vorschlag)* repousser, réfuter, (4) *(Person)* refouler.
Zurückweisung *f* (1) rejet *m*, débouté *m*, refus *m*, (2) réfutation *f* (d'un argument), (3) refoulement *m*; **– eines Antrags** rejet *m* d'une requête; **– der Klage** décision de rejet, jugement de débouté; **– von Rechtsgeschäften** refus de l'acceptation (d'actes juridiques).
zurückwirken rétroagir.
zurückwirkend *adj* rétroactif *adj*, rétroactivement *adv*.
Zurückwirkung *f* rétroactivité *f*.
zurückzahlbar *adj* remboursable.
zurückzahlen rembourser, reverser.
Zurückzahlung *f* remboursement *m*, reversement *m*, acquittement d'une dette, désendettement.
zurückziehen (1) *(Kandidatur)* se désister, (2) *(Auftrag)* passer un contre-ordre, dénoncer, (3) *(Antrag)* retirer.
Zurückziehen *n* retrait *m*.
Zurückziehung *f* **des Antrags** retrait de la demande; **– der Bewerbung** retrait *m* de candidature; **– aus dem Verkehr** retrait du marché.
Zuruf *m* acclamation, appel *m*; **Wahl durch –** vote par acclamation.
Zurverfügungstellung *f* mise *f* à la disposition.
Zusage *f* (1) *(zustimmender Bescheid)* acceptation, assentiment, (2) *(Versprechen)* promesse *f*.
zusagen (1) accepter donner son accord, (2) promettre.
Zusammenarbeit *f* coopération *f*, *(Mitwirkung)* collaboration *f*; **finanzielle –** coopération financière; **internationale –** coopération internationale; **kulturelle –** coopération culturelle; **wirtschaftliche –** coopération économique; **– mit dem Feind** *(StR)* intelligence avec l'ennemi, collaboration (avec l'ennemi).
zusammenarbeiten coopérer, collaborer, agir conjointement.
Zusammenballung *f*, **industrielle –** concentration *f* industrielle.
Zusammenbau *m* assemblage *m*, montage *m*.
Zusammenbruch *m* (1) effondrement *m*, écroulement *m*, débâcle *f*, (2) *(Unternehmen)* faillite *f*, déconfiture *f*.
zusammenfassen résumer, concentrer, réunir, grouper.
Zusammen|fassung *f* réunion *f*, concentration; résumé *m*, sommaire *m*; **–führung** *f (Familien usw.)* regroupement.
zusammengehörig *adj* formant un tout.
Zusammenhalt *m* cohésion, union.
Zusammenhang *m* connexion *f*, connexité *f*, liaison *f*, union *f*, affinité *f*; **ursächlicher –** rapport *m* de causalité, lien *m* de cause à effet, lien de connexité; **– mehrerer Straftaten** connexité d'infractions; **in – stehend** connexe.
Zusammenkunft *f* conférence *f*, réunion *f*, rencontre *f*.
Zusammenleben *n (FamR)* vie commune, cohabitation; **friedliches –** *(VR)* coexistence *f* pacifique.
zusammenlegen remembrer, regrouper, réunir, fusionner.
Zusammenlegung *f* remembrement *m* foncier, regroupement *m*,

fusion *f*; – **von Aktien** regroupement d'actions; – **von Grundstükken** regroupement *m* de biens-fonds.

Zusammenlegungs|gebiet *n* zone de remembrement; **–recht** *n* droit de remembrement.

Zusammenprall *m* collision, télescopage *m*.

Zusammenrechnung *f (von Versicherungszeiten)* totaliser des périodes d'assurance.

Zusammenrottung *f (StR)* attroupement *m* sur la voie publique, rassemblement *m*; – **von Staatsbeamten** coalition *f* de fontionnaires.

Zusammenschluß *m* (1) *(Unternehmen)* fusion *f*, concentration *f*, (2) *(Parteien)* union *f*, coalition *f*; **horizontaler** – concentration horizontale; **regionaler** – union régionale; **vertikaler** – concentration verticale, intégration *f*.

Zusammensetzung *f* (1) composition, (2) constitution; – **des Gerichtes** composition du tribunal.

Zusammenspiel *n* cohésion, cohérence *f*, unité *f*.

Zusammenstellung *f* état *m*, tableau *m*; – **der Unterlagen** constitution du dossier.

Zusammenstoß *m* (1) *(Autos)* accrochage *m*, collision *f*, (2) *(Schiffe)* abordage *m*, (3) *(Streit)* conflit *m*, incident *m*; **schuldhafter** – *(SeeHR)* abordage fautif; – **durch gemeinsames Verschulden** abordage par faute commune; – **durch Zufall** abordage fortuit.

Zusammentreffen *n* (1) rencontre *f*, (2) concours *m* de circonstances, (3) coïncidence *f*; – **strafbarer Handlungen** *od* – **von Straftaten** concours *m* d'infractions, pluralité *f* d'infractions.

Zusammenveranlagung *f (SteuerR)* imposition *f* commune (des deux conjoints).

zusammen|wirken agir en commun, collaborer; **–zählen** additionner, totaliser.

Zusatz *m* (1) *(Ergänzung)* supplément *m*, additif *m*, (2) *(Brief)* postscriptum *m*, (3) *(Vertrag)* avenant *m*; **–abkommen** *n* avenant, accord *m* additionnel *ou* complémentaire; **–akt** *m* acte *m* additionnel; **–aktie** *f* action nouvelle; **–antrag** *m* amendement *m*, proposition *f* additionnelle; **–artikel** *m* article additionnel; **–bedingung** *f* condition *f* supplémentaire; **–bescheinigung** *f* certificat *m* d'addition; **–bestimmung** *f* disposition *f* complémentaire *ou* annexe, disposition *ou* stipulation additionnelle; **–betrag** *m* montant additionnel; **–darlehen** prêt *m* supplémentaire; **–deckung** *f* garantie *f* supplémentaire; **–entschädigung** *f* indemnité complémentaire; **–erklärung** *f* déclaration additionnelle *ou* complémentaire; **–erlös** *m* produit *m* supplémentaire; **–finanzierung** *f* financement *m* complémentaire; **–gebühr** *f* supplément de droit, redevance additionnelle; complément d'émolument; **–gehalt** *n* salaire d'appoint; **–geräte** *pl* équipement périphérique; **–gesetz** *n* loi complémentaire; **–haftung** *f* responsabilité *f* supplémentaire; **–klage** *(ZPR)* demande additionnelle; **–kasse** *f* caisse *f* complémentaire; **–klausel** *f* clause *f* accessoire *ou* additionnelle; **–kontingent** *n* contingent *m* supplémentaire; **–kredit** *m* crédit *m* supplémentaire, supplément de crédit; **–leistungen** *f pl* avantages *mpl* complémentaires.

zusätzlich *adj* additionnel, supplémentaire; – **berechnen** compter en sus; **–e Kosten** charges exceptionnelles; **–e Vertragsbedingungen** avenant *m* (à un contrat), acte additionnel *ou* additif.

Zusatz|lohn *m* salaire *m* d'appoint; **–patent** *n* certificat *m* d'addition; **–prämie** *f* surprime d'assurance; **–protokoll** *n* protocole *m* additionnel, avenant *m* au protocole; **–prüfung** *f* (1) *(Person)* examen complémentaire, (2) *(Sache)* essai *m* subsidiaire; **–rente** *f* avantages complémentaires vieillesse; retraite *f* complémentaire; **–risiken** *npl* risques *mpl* supplémentaires; **–steuer** *f* surtaxe *f*, taxe additionnelle; **–stimme** *f* voix *f* supplémentaire, suffrage *m* complémentaire; **–stoff** *m* adjuvant *m*, additif *m*; **–strafe** *f* peine *f* accessoire; **–übereinkommen** *n* convention *f* additionnelle, accord *m* additionnel; **–urlaub** *mpl* congé *m* supplémentaire; **–vereinbarung** *f* convention *f* annexe *ou* additionnelle, accord complémentaire *ou* accessoire, arrangement additionnel; **–vergütung** *f* indemnité complémentaire; **–versicherung** *f* assurance *f* complémentaire; **–versorgung** *f* avantages complémentaires vieillesse; **–versorgungskasse** *f* caisse de prévoyance *ou* de retraite complémentaire; **–vertrag** *m* avenant, contrat *m* annexe *ou* accessoire, contrat additionnel, convention additionnelle; **–werbung** *f* publicité *f* de soutien; **–zahl** *f* numéro *m* complémentaire.

Zuschauer *m* spectateur *m*; public *m*.

Zuschiebung *f* **des Eides** délation *f* du serment.

zuschießen *(Gelder)* subventionner, accorder une subvention.

Zuschlag *m* (1) *(Aufschlag)* surtaxe *f*, supplément *m*, majoration *f*, pénalité *f*, (2) *(bei Versteigerung)* adjudication *f*; **gestaffelter –** supplément progressif; prime hiérarchisée; **– zur Durchgangsgebühr** surtaxe de transit; **den – erteilen** (1) adjuger, (2) accorder un marché.

Zuschlags|beschluß *m* ordonnance *f* d'adjudication; **–erteilung** *f* adjudication; **gerichtliche –** jugement *m* d'adjudication.

Zuschlagsgebühr *f* surtaxe *f*, taxe additionnelle; **eine – erheben** surtaxer.

Zuschlags|kalkulation *f* détermination du prix unitaire par inclusion des frais généraux correspondants; **–pflichtig** *adj* soumis à un barème majoré; **–prämie** *f* surprime d'assurance; **–protokoll** *n* procès-verbal d'adjudication; **–satz** *m* barème *m* majoré; **–steuer** *f* impôt *m* supplémentaire; **–verfahren** *n* procédure d'adjudication; **–zoll** *m* droit de douane supplémentaire.

zuschreiben (1) *(Buchf)* créditer (un compte), (2) rendre qn responsable de qch.

Zuschreibung *f* (1) *(Buchf)* addition *f* (en comptabilité), (2) *(GB)* inscription de l'accession (à un immeuble).

Zuschrift *f* (1) *(Zeitung)* lettre *f* (d'un lecteur), courrier *m*, (2) *(Werbeanzeige)* réponse à une annonce publicitaire.

zuschulden *adv:* **sich etwas – kommen lassen** commettre une faute, accomplir un acte délictueux.

Zuschuß *m* (1) *(staatlich)* subvention, dotation, contribution financière, (2) *(Beitrag)* versement *m* supplémentaire, supplément *m*, appoint *m*; **nicht rückzahlungspflichtiger –** subvention à fonds perdu; **verlorener –** aide à fonds perdu; **zweckgebundener –** subvention avec affectation; **– zur Deckung des Fehlbetrags** subvention d'équilibre; **einen – gewähren** accorder une subvention, subventionner.

Zuschuß|betrieb *m* entreprise *f* déficitaire, entreprise essuyant des pertes sèches; **–empfänger** *m* bénéficiaire *m* d'une subvention, personne subventionnée; **–kasse** *f* caisse *f* de secours; **–wirtschaft** *f* économie ne survivant que grâce à des subventions réitérées.

zusenden faire parvenir, transmettre.

Zusendung *f* envoi *m*.

zusetzen *(Geld)* perdre son argent, en être de sa poche, payer de sa poche.

Zusicherung *f* (1) *(Versprechen)* assurance *f*, (2) *(Gewähr)* garantie; **– von Eigenschaften** garantie de qualités spécifiques, certificat de qualification; **– der Freiheit von Mängeln** garantie d'absence de tout vice.

Zuspitzung *f* *(der Krise)* culmination de la crise, (la crise) approche du moment critique.

zusprechen adjuger, attribuer.

Zustand *m* condition *f*, état *m*, situation *f*; **in gutem baulichen –** en bon état d'habitabilité; **in ordnungsmäßigem – übergeben** (1) remettre dans l'état conventionnel, (2) *(Mietvertrag)* rendre *ou* prendre en bon état de réparations locatives; **in unverändertem – wiederausführen** réexporter à l'identique.

zustande: etwas – bringen réaliser, effectuer *ou* concrétiser qqch; **– kommen** atteindre, réussir.

zuständig *adj* compétent; **für – erklären** attribuer compétence; **– sein für etwas** avoir compétence pour, connaître de quelque chose.

Zuständigerklärung *f* (S) déclaration *f* de compétence.

Zuständigkeit *f* compétence *f*, attributions *fpl*; **Abgrenzung der –** délimitation de compétence; **ausschließliche –** compétence exclusive; **außergerichtliche –** attributions extra-judiciaires; **konkurrierende –** compétence concurrente; **mangelnde –** défaut de compétence; **örtliche –** compétence *f* territoriale, compétence ratione loci *ou* à raison du lieu, ressort *m* territorial; **persönliche –** compétence personnelle, compétence rationae personae *ou* à raison de la personne; **sachliche –** compétence d'attribution, compétence à raison de la matière *ou* ratione materiae; **spezielle –** compétence d'attribution; **subsidiäre –** compétence subsidiaire; **umfassende –** plénitude de compétence; **verwaltungsbehördliche –** compétence administrative; **– der ordentlichen Gerichte** compétence judiciaire; **in der – liegen** relever de la compétence, être du ressort de; **seine – überschreiten** sortir du cadre de ses attributions; **der – unterstehen** relever de la compétence de qqn.

Zuständigkeitsbegrenzung *f* délimitation *f* de compétence.

Zuständigkeitsbereich *m* (limites de la) compétence, domaine de compétence, ressort *m*, sphère *ou* rayon de compétence (L); **eigener –** compétence propre; **innerstaatliche –** domaine de la compétence nationale.

Zuständigkeits|bereinigung *f* règlement de compétence; **–beschränkung** *f* limitation *f* de compétence; **–erfordernis** *n* condition de compétence; **–erklärung** *f* *(PrzR)* le fait de se déclarer compétant; **–erweiterung** *f* extension *f* de compétence; **–gebiet** *n* domaine de compétence; **–grenze** *f* limite de compétence; **–halber** *adv* pour raison(s) de compétence; à qui de droit; **–mangel** *m* incompétence *f*, être en dehors de la compétence de; **–prorogation** *f* (Aut), **–prorogierung** *f* (Aut) prorogation de compétence, prorogation de juridiction; **–rüge** *f* exception d'incompétence (du tribunal); **–streit** *m* conflit de compétence; **–überschreitung** *f* fait d'excéder sa compétence, excès de pouvoir; **–übertragung** *f* (1) *(VwR)* transfert *m* d'attributions, (2) *(ZR, ArbR)* délégation *f* de responsabilités, (3) *(ZPR)* prorogation volontaire de compétence; **–vereinbarung** clause *f* d'attribution de compétence (en cas de litige), clause attributive de juridiction; **–verteilung** *f* partage de compétence, répartition de compétence, délimitation des compétences; **–voraussetzung** *f* condition de compétence; **–vorschrift** *f* règle de compétence.

Zustands|bericht *m* *(Wohnräume)* état des lieux; **–haftung** *f* (1) *(Kfz)* responsabilité pour le bon état du véhicule, (2) *(Gebäude)* responsabilité pour le bon entretien et l'absence de vice de construction d'un immeuble; **–störer** *m* personne troublant l'ordre public (du fait d'une chose lui appartenant); **–wert** *m* valeur *f* réelle.

zustehen avoir droit à qqch.

Zustell|amt *n* (UPU) bureau *m* de distribution; **–anschrift** adresse pour la notification; élection de domicile; **–ausweis** *m* (Aut) certificat de signification; **–bereich** *m*, **–bezirk** *m* circonscription postale, secteur *m* de distribution; **–datum** date *f* de la signification; **–dienst** *m* service *m* de distribution.

zustellen (1) *(gerichtlich)* signifier, (2) *(bekanntgeben)* notifier, (3) *(übergeben)* délivrer, remettre.

Zustellgebühr *f* (1) taxe *f* de livraison *ou* de remise (à domicile), droit de factage, (2) frais d'envoi *ou* de transport; **besondere –** taxe complémentaire d'exprès.

Zustell|kosten *pl* frais de la signification; **–post** *f* courrier *m* à distribuer à domicile; **–postamt** *n* (UPU) bureau de distribution; **–schein** *m* accusé de réception; certificat de signification; **–taxe** *f* (S) taxe de livraison.

Zustellung *f* (1) *(PrzR: Oberbegriff)* notification, (2) *(durch Gerichtsvollzieher)* signification, (3) *(Aushändigung)* remise *f*, délivrance *f*, livraison *f*, distribution; **eigenhändige –** signification en mains propres; remise en mains propres; **nicht eigenhändige –** notification à domicile; **öffentliche –** signification publique; **persönliche –** notification en mains propres *ou* à personne; signification à personne; **unterbliebene –** défaut de notification; **vereinfachte –** signification simplifiée; **– von Amts wegen** signification d'office *ou* faite d'office; **– von Anwalt zu Anwalt** remise d'avocat à avocat; **– durch Aufgabe zur Post** notification simple (par la poste) *ou* en la forme ordinaire; **– im Ausland** signification à un destinataire à l'étranger; **– auf Betreiben der Parteien** notification à la diligence des parties; **– an den Bevollmächtigten** signification à mandataire *ou* à avocat; **– zu eigenen Händen** signification en mains propres *ou* ‹parlant à sa personne›, notification à personne; **– des Güteantrags** citation en conciliation; **– in Person** notification à mains propres *ou* à personne; **– am Wohnsitz** signification à domicile ‹parlant à telle personne ainsi déclarée›.

Zustellungs|abkommen *n* convention relative à la signification des actes de procédure; **–adressat** *m* destinataire de la signification; **–anschrift** *f* domicile *m* élu; **–antrag** *m* (eines ausländischen Gerichts) demande *f* aux fins de signification (d'un acte judiciaire); **–auslagen** *pl* frais de signification; **–beamte(r)** huissier *m* assurant la signification des actes; **–bescheid** *m* acte *m* de signification; **–bescheinigung** *f* (S) accusé de réception; **einen –bevollmächtigten benennen** élire domicile; **–bevollmächtigte(r)** *m* personne habilitée à recevoir une signification; **–datum** *n* date *f ou* jour *m* de la signification; **–empfänger** *m* destinataire *m* de l'acte; **–gebühr** *f* (1) *(Urkunde)* émolument *m* de délivrance des expéditions, (2) *(Ware)* droit de factage; **–kosten** *pl* frais relatifs à la signification; **–kurator** *m* (Aut) curateur judiciaire chargé de recevoir les significations; **–mangel** *m* inobservation des formes de la signification; **–nachweis** *m* attestation relative à la signification; preuve de la notification; **–organ** *n* personne qui procède à la signification; **–ort** *m* lieu *m* de la signification; **–urkunde** *f* exploit de signification; acte de signification; **–verfahren** *n* procédure *f* de notification; **–vertreter** *m* représentant légal *ou* fondé de pouvoir pour les significations; **–vollmacht** *f* mandat (accordé à l'avocat) pour réceptionner les significations; **–zeit** *f* délai prévu pour la notification.

Zustell|verfügung *f* (Aut) ordonnance de signification; **–verwaltung** *f* (UPU) administration *f* distributrice; **–zeit** *f* délai *m* d'acheminement.

zustimmen consentir, acquiescer, approuver; sanctionner.

Zustimmung *f* (1) *(Übereinstimmung)* accord *m*, consentement *m*, acceptation *f*, assentiment *m*, (2) *(Genehmigung)* approbation, ratification, adhésion, acquiescement *m*, (3) *(Einwilligung)* accord *m* préalable, concertation, autorisation (préalable), permission; **allgemeine –, einhellige –** accord unanime *ou* général; **mangelnde –** défaut de consentement; **stillschweigende –** approbation tacite *ou* implicite; **vorherige –** accord préalable, approbation préalable, entente préalable; **– des Ehegatten** autorisation maritale; **– zur Scheidung** acceptation du divorce; **– zur Veräußerung** autorisation de la cession; **seine – geben** donner son agrément; **seine – verweigern** refuser son accord.

Zustimmungs|angelegenheit *f* affaire soumise à approbation préalable; **–bedürftig** *adj* requérant le consentement, nécessitant l'autorisation de; **–erfordernis** *n* acte soumis à l'autorisation de qn.; **–erklärung** *f* déclaration d'accord, déclaration de consentement, agréage *m*; **–gesetz** *n* (1) loi d'approbation, (2) *(VerfR)* loi pour laquelle l'approbation expresse du Bundesrat est requise; **–verweigerung** *f* refus de donner son accord.

Zustrom *m* affluence *f*, afflux *m* (de capitaux etc).

zutage *adv:* **– treten** apparaître clairement; **klar – liegen** être indubitable, indiscutable, évident.

Zutaten *fpl (Werkvertrag)* fournitures *fpl*.

zuteilen (1) *(verteilen)* distribuer, répartir, (2) *(zusprechen)* attribuer, allouer, (3) *(zuweisen)* assigner, affecter.

Zuteilung *f* (1) distribution *f*, répartition *f*, (2) attribution *f*, (3) affectation; **bevorzugte –** attribution préférentielle; **– von Gratisaktien** attribution d'actions gratuites; **– nach Quoten** distribution par contribution.

Zuteilungs|bescheid *m* décision *f* d'attribution; **–bescheinigung** *f* attestation de droit à répartition; **–recht** *n* droit d'attribution; **–reif** *adj (Bausparvertrag)* avoir acquis le droit au prêt épargne-logement; **–verfügung** *f* décision d'attribution.

Zutritt *m* accès *m*, entrée *f*; **freier –** libre accès *m*; **– verboten** défense d'entrée, entrée interdite.

Zutrittsrecht *n* droit d'accès.

zuungunsten *adv* au préjudice de.

Zuverlässigkeit *f* (1) *(Person)* fidélité *f*, sériosité *f*, (2) *(Maschine)* fiabilité *f*, sûreté *f*; **– des Betriebs** régularité *f* et sécurité de fonctionnement.

Zuverlässigkeitszeugnis *n* preuve *f* d'honorabilité.

Zuvielleistung *f* (1) trop-perçu *m*, (2) prestation indue.

Zuwachs *m* accroissement *m*, accession *f*, augment *m*, croît *m*.

Zuwachs|rate *f* taux d'accroissement, taux d'expansion; **–recht** *n* droit d'accroissement *ou* d'accession.

Zuwahl *f* cooptation *f*.

Zuwanderer *m* immigrant.

Zuwanderung *f* immigration *f*, apport de population, afflux *m* de main-d'œuvre (étrangère).

Zuwanderungsgebiet *n* zone d'immigration.

zuweisen (1) *(Arbeit)* assigner, (2) *(Zuständigkeit)* attribuer, (3) *(Geld)* allouer.

Zuweisung *f* affectation *f*, attribution *f*; **– eines Grundstücks** attribution d'un bien-fond (rural); **– an die Rücklagen** affectation aux réserves; **– eines Zwangsaufenthalts** assignation à résidence.

Zuweisungs|karte *f* carte de présentation; **–verfügung** *f* décision d'affectation.

zuwenden (1) affecter, (2) donner.

Zuwendung *f* (1) *(Zuweisung)* affectation *f*, (2) *(Schenkung)* donation *f*, (3) *(Beihilfe)* allocation *f*, aide *f*, subvention *f*; **einmalige –, unentgeltliche –** aliénation à titre gratuit, libéralité *f*; **– an den Erbteil** (S) avancement d'hoirie.

zuwiderhandeln contrevenir, ne pas tenir compte (d'une règle de droit), enfreindre, violer (une loi).

Zuwiderhandelnde(r) *m* contrevenant *m*.

Zuwiderhandlung *f* infraction, contravention; **bei – gegen** en cas d'infraction.

Zuzahlung *f* paiement supplémentaire, versement *m* d'un supplément.
zuziehen: einen Sachverständigen – faire appel à un expert, consulter un expert.
Zuzug *m* immigration, afflux *m*.
zuzüglich *präp* en sus, en plus; – **Porto** port *m* en sus.
Zuzugs|genehmigung *f* autorisation *f* d'entrée; **–recht** *n* droit à l'immigration.
Zwang *m* contrainte *f*, coercition *f*, violence *f*; **körperlicher** – contrainte physique; **moralischer** – contrainte morale; **sofortiger** – action d'office; **unmittelbarer** – exécution d'office *ou* forcée; – **zum Vertragsabschluß** obligation de contracter.
Zwangs|ablieferung *f* livraison *f* obligatoire; **–abtretung** *f* (1) expropriation *f*, (2) cession forcée, cession sous contrainte; **–aktion** *f* action coercitive; **–angebot** *n* offre forcée; **–anleihe** *f* emprunt *m* forcé *ou* obligatoire; **–arbeit** *f* travaux *mpl* forcés *ou* obligatoires; **–arbeiter** *m* personne condamnée aux travaux forcés; **–aufenthalt** *m* résidence assignée, séjour forcé; **–ausgleich** *m* concordat forcé; **–auszeichnung** *f* marquage *m* obligatoire; **–befrachtung** *f* affrètement obligatoire; **–befugnis** *f* pouvoir de contrainte, pouvoir *m* de coercition; **–behandlung** *f (StR)* placement *m* d'office dans un établissement médical (pour être soumis à une cure de désintoxication); **–beitrag** *m* contribution forcée *ou* obligatoire, cotisation obligatoire; **–beitreibung** *f* recouvrement *m* forcé; **–beitreibungsverfahren** *n* procédure de recouvrement forcé; **–benutzungsrecht** *(PatR)* droit d'obtention d'une licence obligatoire; **–beschluß** *m* décision à caractère obligatoire; **–beurlaubung** *f* mise en congé d'office; **–bewirtschaftung** *f* contingentement obligatoire, rationnement obligatoire; **–eingemeindung** *f* incorporation forcée dans une commune; **–einquartierung** *f* cantonnement forcé; **–einschreibung** *f* inscription d'office d'une dépense au budget; **–eintreibungsverfahren** *n* procédure de recouvrement forcé; **–einweisung** *f (StR)* internement *m* d'office; **–einziehung** *f* retrait *m* forcé; **–enteignung** *f* expropriation, expropriation forcée; **–ernährung** *f (StR)* alimentation forcée et artificielle; **–etatisierung** *f (VwR, HaushR)* inscription d'office au budget; **–exekution** *f* exécution forcée; **–exmatrikulation** *f (SchulR)* radition d'office de l'inscription; **–fusionierung** *f* fusion forcée.
Zwangs|geld *n* amende *f ou* astreinte administrative; **–geldandrohung** *f* injonction comminatoire; astreinte *f* sous peine d'une amende pénale; **–gerichtsstand** *m* (Aut) compétence obligatoire du tribunal; **–gewalt** *m* pouvoir de contrainte *ou* de coercition; **–haft** *f* astreinte *f* par corps, prison (à titre de contrainte pour le recouvrement d'une amende); **–handlung** *f* acte irraisonné et impulsif; **–herrschaft** *f* totalitarisme *m*, dictature *f*; **–hypothek** *f* hypothèque *f* judiciaire; **–innung** *f* corporation à adhésion obligatoire; **–jacke** *f* camisole *f* de force; **–kartell** *n* cartel *m* obligatoire; **–kasse** *f* caisse à laquelle l'adhésion est obligatoire; **–kollektivierung** *f* collectivisation forcée; **–konversion** *f*, **–konvertierung** *f* conversion forcée; **–kredit** *m* crédit forcé.
Zwangskurs *m* cours forcé; **den** – **einführen** décréter le cours forcé.
Zwangslage *f* état *m* de contrainte, cas *m* de force majeure, état de nécessité, force *f* irrésistible.
zwangsläufig (1) *(adj)* obligatoire, forcé, nécessaire, (2) *(adv)* forcément, par la force des choses, nécessairement.
Zwangs|liquidation *f* liquidation judiciaire; **–lizenz** *f (PatR)* licence obligatoire; **–lotse** *m* pilote obliga-

toire; **–maßnahme** *f* mesure de contrainte *ou* coercitive, mesure de coercition *ou* de rigueur; **–mietvertrag** *m* bail *m* conclu par voie d'autorité; **–mitgliedschaft** *f* adhésion *ou* affiliation obligatoire; **–mittel** *n* *(VwR)* moyen *m ou* mesure *f ou* procédé de contrainte, procédé coercitif, moyen de coercition; **–mittelanwendung** *f* emploi de mesures de contrainte; **–notenumlauf** *m* circulation forcée; **–ordnung** *f* système de contrainte; **–pachtung** *f* (S) affermage par voie de contrainte; **–pensionierung** *f (BeamR)* mise à la retraite d'office; **–provisor** *m* (Aut) administrateur séquestre d'une pharmacie; **–räumung** *f* expulsion (par mesure judiciaire); **–recht** *n* droit de coercition, droit de contrainte; **–regulierung** *f* (1) régularisation forcée, (2) *(BörR)* exécution en bourse; **–rekrutierung** *f* enrôlement forcé; **–reservekonto** *n* compte de réserve obligatoire; **–rückkauf** *m* rachat *m* forcé; **–schlichtung** *f* conciliation obligatoire; **–situation** *f* état *m* de nécessité; **–sparen** *n* épargne forcée; **–sterilisierung** *f* stérilisation forcée; **–strafe** *f* astreinte administrative; **–syndikat** *n* syndicat à adhésion obligatoire; **–tarif** *m* tarif obligatoire, tarif d'autorité; **–umlage** *f* taxe obligatoire; **–umlauf** *m* cours forcé; **–umsiedlung** *f* transfert forcé, déportation *f*; **–umtausch** *m* change *m* obligatoire; **–urlaub** *m* *(ArbR)* mise en congé d'office.

Zwangs|veranlagung *f (SteuerR)* taxation *ou* imposition d'office; **–verfahren** *n* procédure forcée, procédure de contrainte; **–vergleich** *m (KonkursR)* concordat forcé; **–verkauf** *m* vente forcée, vente sous contrainte *ou* sur poursuite; **–verpachtung** *f* affermage d'office; **–verpflichtung** *f (ÖfR)* réquisition des personnes; **–verschickung** *f* déportation *f*, transfert forcé; **–verschleppung** *f* déportation *f*; **–versetzung in den Ruhestand** mise à la retraite d'office; **–versicherte(r)** *m* assuré obligatoire; **–versicherung** *f* assurance obligatoire; **–versteigerung** *f* vente *f* aux enchères; **–versteigerungsgesetz** *n* loi relative aux voies d'exécution; **–versteigerungsverfahren** *n* procédure *f* en matière d'exécution forcée et de réalisation des biens saisis; **–versteigerungsvermerk** *m* inscription (au livre foncier) de la saisie immobilière; **–verteidiger** *m* avocat *m* commis d'office; **–vertrag** *m* contrat d'adhésion; **–verwalter** *m* administrateur-séquestre *m*, séquestre *m*, administrateur provisoire *ou* judiciaire.

Zwangsverwaltung *f* administration-séquestre *f*, séquestre *m*, administration provisoire; **Aufhebung der –** mainlevée du séquestre; **gerichtlich angeordnete –** séquestre judiciaire; **unter – stellen** mettre *ou* placer sous séquestre; **unter gerichtliche – stellen** placer sous main de justice.

Zwangsverwertung *f* réalisation forcée, enchères forcées (S).

Zwangsvollstreckung *f* exécution forcée, saisie-exécution; **Antrag auf –** demande en exécution (d'un jugement), requête *f* en délivrance d'un titre exécutoire; **Einstellung der –** clôture de la procédure en matière de saisies; **fruchtlose –** saisie infructueuse; **Vereitelung der –** détournement de l'objet saisi; **– in das bewegliche Vermögen** saisie mobilière; **– zur Erwirkung der Herausgabe einer Sache** saisie d'un bien *ou* d'un meuble corporel; **– wegen Geldforderungen** saisie-arrêt d'une somme d'argent; **– in das unbewegliche Vermögen** saisie immobilière.

Zwangsvollstreckungs|titel *m* titre *m* exécutoire; **–verfahren** *n* voies *fpl* d'exécution, procédure *f* visant l'exécution.

Zwangsvorschrift *f* (S) disposition *f* impérative.

Zwangswege: im – par voie de contrainte.

zwangsweise (1) *(adj)* coercitif, de

contrainte, obligatoire, (2) *(adv)* par contrainte, de force, obligatoirement; **– Räumung** expulsion *ou* évacuation forcée.

Zwangswirtschaft *f* économie *f* collectiviste planifiée.

Zwangswohnsitz *m (StR)* résidence forcée.

Zweck *m* (1) *(Ziel)* but *m*, fin *f*, dessein *m*, intention *f*, (2) *(Sinn)* sens *m*; **mit dem – zu** en vue de; **zu diesem –** à cet effet, à cette fin.

Zweck|bestimmung *f*, **–bindung** *f* affectation à un but, destination à un usage déterminé.

zweckdienlich *adj* approprié, utile, convenable, conforme au but; **– nicht** sans effet, inutile, vain.

Zweckentfremdung *f (SachR)* détournement *m* de l'usage habituel, utilisation à des fins autres que prévues (d'après la nature de la chose).

zweckentsprechend *adj* conforme à l'affectation prévue.

Zweckerreichung *f* réalisation de l'objectif prévu.

zweckgebunden|e Einnahme recette *f* affectée; **–es Vermögen** patrimoine individualisé *ou* affecté.

Zweckkauf *m* achat *m* en vue d'un événement particulier.

zwecklos *adj* inutile, vain, de nul effet, sans valeur, en pure perte.

zweckmäßig *adj* opportun, utile, efficace, convenable, approprié à; **für – halten** juger utile.

Zweck|mäßigkeit *f* opportunité *f*, utilité *f*, efficacité *f*; **–mäßigkeitserwägungen** *pl* appréciation de l'utilité et de l'intérêt (d'une intervention), considérations d'opportunité; **–mäßigkeitsgrundsatz** *(VwR)* principe de l'opportunité (de l'action administrative); **–reserven** *pl* réserves constituées dans un but spécial; **–sparen** *n* épargne faite dans un but déterminé; **–steuer** *f* impôt affecté à une dépense déterminée; **–verband** *m (ÖfR)* association de personnes morales de droit public poursuivant un but déterminé, syndicat *m* de communes, syndicat mixte; **–verein auf Gegenseitigkeit** groupement *m* mutualiste; **–vermögen** *n* bien grevé d'une charge; patrimoine d'affectation; patrimoine *m* individualisé; **–widmung** *f* affectation; **–widrig** *adj* contraire au but recherché; incompatible avec l'objet (de la société); **–zuschuß** *m*, **–zuweisung** *f* subvention *f* avec affectation; **–zuwendung** *f (ErbR)* donation avec affectation à un but déterminé, donation indirecte.

zweideutig *adj* ambigu.

Zweidrittelmehrheit *f* majorité *f* des deux tiers.

Zweifel *m* doute *m*, incertitude *f*; **im –** (1) en cas de doute, dans le doute, (2) *(Strafrecht)* avec le bénéfice du doute; **außer (allem) – stehen** ne pas faire l'ombre d'un doute, être certain; **in – ziehen** mettre en doute, avoir des doutes sur qch.

zweifelhaft *adj* douteux, incertain, hypothétique, improbable.

zweifellos *adv* indubitablement, certainement, sans nul doute.

Zweifelsfall: im – en cas de doute.

zweifelsfrei *adj* indubitable, incontestable, (être) hors de doute.

Zweig *m* branche *f*, secteur *m*.

Zweig|betrieb *m*, **–geschäft** *n*, **–niederlassung** *f* succursale *f*; **–stelle** *f* (1) *(HR)* dépôt *m*, comptoir *m*, établissement *m* (secondaire), (2) *(BankR, VersR)* agence *f*.

Zweigstellen|netz *n* réseau de succursales; **–steuer** *f* impôt sur les succursales.

Zweijahresplan *m* plan biennal.

zweijährig *adj* bisannuel, biennal.

Zweikammersystem *n* bicaméralisme *m*, bicamérisme *m*.

Zweikampf *m* duel *m*.

Zweiparteiensystem *n* bipartisme.

Zweiräder *npl (StVR)* les deux roues, motocyclettes *fpl*.

zweiseitig *adj* bilatéral; **–er Handelskauf** *m* vente commerciale.

Zweit|abtretung *f* transmission à un tiers, rétrocession; **–ausfertigung** *f* (1) *(Zweitschrift)* double *m*, duplicata *m*, deuxième expédition, ampliation *f*, (2) *(Wechsel)* seconde de change; **–bescheid** *m (VwR)* nouvelle décision administrative (prise après un recours devant un tribunal administratif).

Zweiteilung *f (StR: der Straftaten)* distinction bipartite.

zweitrangig *adj* subsidiaire, secondaire.

Zweit|schrift *f* duplicata *m*, double *m*; **–schuldner** *m* débiteur *m* de deuxième rang, débiteur secondaire; **–stimme** *f* deuxième voix; **–wohnung** *f* résidence *f* secondaire.

Zwilling|sbruder *m* frère jumeau; **–sschwester** sœur jumelle; **–stein** *m* borne *f* jumelle.

zwingen contraindre, forcer, obliger; **zu einem Geständnis –** arracher un aveu; **zum Rücktritt –** acculer à la démission.

zwingend *adj* impératif, obligatoire; **–es Recht** normes *fpl* impératives; **–e Schlußfolgerung** déduction qui s'impose; **–e Vorschrift** disposition impérative, règle d'ordre public.

Zwischen|abfertigung *f (ZollR)* dédouanement *m* intérimaire; **–abschluß** *m* bilan intérimaire, situation intercalaire; **–aufenthalt** *m* séjour *m* de courte durée; **–auslandsverkehr** *m* transit *m*; **–ausschuß** *m* commission *f* intérimaire; **–ausweis** *m* carte *f* d'identité provisoire; **–bankverkehr** *m* transactions *fpl* interbancaires; **–beauftragte(r)** *m* intermédiaire *m*; **–beglaubigung** *f* authentification par un échelon intermédiaire (préalable à l'authentification faite par l'organisme supérieur); **–bericht** *m* compte-rendu provisoire, rapport intérimaire; **–bescheid** *m* réponse d'attente, information *f* provisoire; **–besitzer** *m* possesseur intermédiaire; **–bilanz** *f* bilan *m* intérimaire, bilan intermédiaire (S), bilan occasionnel, situation intercalaire; **–blatt** *n* (feuille *f*) intercalaire, encart *m*; **–dividende** *f* dividende *m* intérimaire; **–entscheidung** *f* décision intérimaire; **–ergebnis** *n (Wahlen)* résultat provisoire; résultat partiel; **–erledigung** *f* règlement *m* provisoire; **–erwerb** *m* acquisition intermédiaire; **–erzeugnis** *n* semi-produit *m*, produit *m* semi-fini *ou* semi-ouvré.

Zwischenfall *m* incident *m*; **diplomatischer –** incident diplomatique.

Zwischen|feststellungsklage *f (ZPR)* action en constatation portant sur un point devenu litigieux au cours de l'instance; **–finanzierung** *f* financement *m* transitoire; **–geschäftsjahr** *n* exercice *m* partiel; **–grenzstein** *m* borne *f* intermédiaire; **–grenzzeichen** *n* (S) borne intermédiaire, entre-bornes (S); **–güter** *pl* produits *mpl* intermédiaires; **–hafen** *m* port de relâche *ou* d'escale; **–handel** *m* commerce de demi-gros *ou* de gros; **–händler** *m* intermédiaire *m* (du commerce), négociant *m* distributeur; **–herrschaft** *f* interrègne *m*; **–klage** *f* demande incidente; **–konto** *n* compte d'attente; **–kredit** *m* crédit provisoire *ou* transitoire; **–vertrag** *m* (S) contrat de crédit transitoire; **–lager** *n* entrepôt *m* provisoire; **–lagerung** *f* entreposage *m* provisoire; **–lagerungszuschlag** *m* (Aut) surtaxe d'entrepôt.

Zwischenlandung *f*, **unvorhergesehene –** escale *f* imprévue.

Zwischenlösung *f* solution provisoire.

Zwischen|raum *m* distance *f*, intervalle *m*, espace *m* intercalaire; **–recht** *n* droit *m* intérimaire; **–ruf** *m* interpellation; **–schein** *m* certificat provisoire; **–spediteur** *m* sous-commissionnaire *m* de transport; **–sperrkonto** *n* compte bloqué intérimaire.

zwischenstaatlich *adj* international, interétatique, intergouvernemental.

Zwischen|status *m* bilan *m* intermédiaire, situation intercalaire; **–streit** *m* incident de procédure, incident de l'instance; **–urteil** *n* jugement *m* avant dire droit, jugement interlocutoire, interlocutoire *m*; **–ver-**

dienst *m* salaire *m* perçu pour une période déterminée; **–verfahren** *n* procédure *f* relative à une mesure provisoire; **–verfügung** *f* décision provisoire; **–verwaltung** *f* (UPU) administration intermédiaire.

Zwischenzeit *f* (1) intervalle *m* de temps, (2) *(Übergangszeit)* intérim *m*; **in der –** en attendant, provisoirement, pendant l'intérim.

zwischenzeitlich *adv* dans l'intervalle, entre-temps; sur ces entrefaites.

Zwischen|zeugnis *n* certificat *m* provisoire; **–zinsen** *pl* intérêts *mpl* intérimaires *ou* intercalaires; **–zollinie** *f* (Aut) cordon *m* douanier intérieur.

Zwölftel *n*, **provisorisches –** douzième *m* provisoire.

zyklisch *adj* cyclique, périodique, conjoncturel.

Zyklus *m* cycle *m*, série *f*.

Abkürzungen der deutschen Rechts- und Wirtschaftssprache

Abréviations allemandes avec leur traduction française
Deutsche Abkürzungen mit französischen Übersetzungen

aA	auf Antrag	à la demande de qqn
aA	anderer Ansicht	conception différente
aA	auf Anordnung	par ordre
AA	Auswärtiges Amt	Ministère des affaires étrangères allemand
aaO	am angeführten Ort	dans l'ouvrage cité (op. cit.)
Abdr.	Abdruck	reproduction
AbfG	Abfallgesetz (Gesetz über die Vermeidung u. Entsorgung von Abfällen)	Loi relative à l'élimination des déchets et à la récupération des matériaux
ABGB	Österr. Allgemeines Bürgerliches Gesetzbuch	Code civil autrichien
Abk.	Abkürzung	abréviation
Abk.	Abkommen	convention
abl.	ablehnend	infirmant, rejetant
ABl.	Amtsblatt	journal officiel
Abs.	Absatz	alinéa (al.)
AbzG	Abzahlungsgesetz	Loi sur les paiements échelonnés (dans le cadre des achats à tempérament)
a. D.	außer Dienst	ancien haut fonctionnaire (en retraite)
ADSp	Allgemeine Deutsche Spediteurbedingungen	Conditions générales des commissionnnaires de transport allemands
A. d. Ü.	Anmerkung des Übersetzers	note du traducteur
a. E.	am Ende	à la fin, in fine
a. F.	alte Fassung	ancien texte
AfA	Absetzung für Abnutzung	déduction (fiscale) pour dépréciation
AFG	Arbeitsförderungsgesetz	Loi relative aux incitations à l'emploi
AG	Amtsgericht	Tribunal cantonal allemand
AG	Aktiengesellschaft	Société anonyme
AG	Ausführungsgesetz	Loi d'application
AGB	Allgemeine Geschäftsbedingungen	Conditions générales (de vente, de livraison etc.)
AGBG	Gesetz zur Regelung des Rechts der Allgemeinen Geschäftsbedingungen	Loi relative aux conditions générales

AHB	Allgemeine Haftpflicht-versicherungs-Bedingungen	Conditions générales relatives à l'assurance responsabilité civile
Aids	erworbenes Immunschwäche-Syndrom	Syndrome d'immuno-déficience acquise (SIDA)
AK	Aktienkapital	capital sous forme d'actions
AktG	Aktiengesetz	Loi sur les sociétés anonymes
ALEA	Allgemeine Lieferbedingungen für den Export von Anlagegütern	conditions générales de livraison pour l'exportation des biens d'investissement
allg.	allgemein	en général
allg. M.	allgemeine Meinung	doctrine acceptée par la quasi-unanimité des juristes
a. M.	andere Meinung	opinion divergente
AMG	Arzneimittelgesetz	Loi relative aux produits pharmaceutiques
amtl.	amtlich	officiel
AN.	Arbeitnehmer	salarié
AnfG	Anfechtungsgesetz	Loi portant sur l'annulation par le créancier des actes et opérations d'un débiteur insolvable
Angkl.	Angeklagte(r)	inculpé, accusé
Anh.	Anhang	annexe
Anl.	Anlage	pièce jointe
Anm.	Anmerkung	note, remarque
AO	Abgabeordnung	Code allemand des impôts
AO	Anordnung	directive; instruction
AOK	Allgemeine Ortskrankenkasse	Caisse primaire d'assurance maladie
AP	Abschlußprovision	commission (allouée à la conclusion d'un marché)
AP	Amtsperiode	durée du mandat
AR	Aufsichtsrat	conseil de surveillance
AR	Amtsrichter	juge cantonal allemand
ArbG	Arbeitsgericht	Tribunal du travail (1ère instance)
ArbGG	Arbeitsgerichtsgesetz	Loi portant sur l'organisation des tribunaux du travail
ARD	Arbeitsgemeinschaft der öffentlich-rechtlichen Rundfunkanstalten der BRD	Organisme de gestion des radios et télévisions de droit public de la RFA (première chaîne)
Arge	Arbeitsgemeinschaft	Communauté de travail; groupement d'intérêt économique
Art.	Artikel	article
AS	Amtl. Sammlung	Recueil officiel
Ast.(in)	Antragsteller(in)	requérant(e)
AStG	Außensteuergesetz	Loi sur l'imposition des revenus et bénéfices des allemands s'établissant à l'étranger
AT	Allgemeiner Teil	partie générale
AtomG	Atomgesetz	Loi sur l'utilisation pacifique de l'énergie atomique

AufenthG (EWG)	Gesetz über Einreise und Aufenthalt von Staatsangehörigen der Mitgliedstaaten der Europäischen Wirtschaftsgemeinschaft	Loi relative au séjour (en R. F. A.) de ressortissants de la Communauté européenne
Aufl.	Auflage	édition
AÜG	Arbeitnehmerüberlassungsgesetz	Loi sur le louage de main-d'œuvre intérimaire
AusfVO	Ausführungsverordnung	Décret d'application
AuslG	Ausländergesetz	Loi portant sur le séjour des étrangers en R. F. A.
AuslG	Auslieferungsgesetz	Loi allemande sur l'extradition
AVAVG	Gesetz über Arbeitsvermittlung und Arbeitslosenversicherung	Loi sur le placement des salariés et l'assurance-chômage
AVB	Allgemeine Versicherungsbedingungen	Conditions générales d'assurance
AVG	Angestelltenversicherungsgesetz	Loi relative à l'assurance des employés
AVO	Ausführungsverordnung	décret d'application
a. W.	auf Widerruf	(fonctionnaire) non-titularisé
AWG	Außenwirtschaftsgesetz	Loi sur le commerce extérieur
Az.	Aktenzeichen	numéro du dossier, référence
AZO	Arbeitszeitordnung	Loi sur la durée du travail
B	Bundes-	fédéral
B	Brief	offre, vendeur
BA	Bundesanstalt für Arbeit	Office national allemand pour l'emploi
BA	Bundsanzeiger	Bulletin fédéral d'annonces
BA	Beweisaufnahme	administration des preuves
BAFöG	Bundesausbildungsförderungsgesetz	Loi fédérale relative aux bourses d'études (du second degré et d'enseignement supérieur)
BAG	Bundesarbeitsgericht	Cour fédérale du travail (à Kassel)
BAGE	Amtl. Sammlung der Entscheidungen des BAG	Recueil officiel des arrêts de la Cour fédérale du travail
BAK	Blutalkoholkonzentration	taux d'alcoolémie
BAK	Bundesaufsichtsamt für das Kreditwesen	Conseil fédéral du crédit
BAnz.	Bundesanzeiger	Journal d'annonces légales
BAT	Bundesangestelltentarifordnung	Convention collective générale concernant les employés du secteur public
BauGB	Baugesetzbuch	Code fédéral de la construction
BauO	Bauordnung (der Länder)	Code de l'urbanisme (pour chaque Land une réglementation différente)
BauR	Baurecht	Droit de la construction

BausparkG	Gesetz über Bausparkassen	Loi relative aux caisses d'épargne-logement
BaWü	Baden-Württemberg	Bade-Wurtemberg
Bay., bay.	Bayern, bayerisch	Bavière, bavarois
BayObLG	Bayerisches Oberstes Landesgericht	Cour bavaroise suprême
BayVerfGH	Bayerischer Verfassungsgerichtshof	Cour constitutionnelle bavaroise
BBankG	Gesetz über die Deutsche Bundesbank	Loi réglementant la Banque centrale allemande
BBesG	Bundesbesoldungsgesetz	Loi fédérale relative à la rémunération des fonctionnaires
BBG	Bundesbeamtengesetz	Loi fédérale sur les fonctionnaires fédéraux
BBiG	Berufsbildungsgesetz	Loi sur la formation professionnelle
Bd.	Band	volume (vol.)
BDA	Bundesvereinigung der Arbeitgeberverbände	Conseil national du Patronat allemand
BDatenschutzG	Bundesdatenschutzgesetz	Loi allemande relative à l'informatique, aux fichiers et aux libertés
BDH	Bundesdisziplinarhof	Cour fédérale disciplinaire
BDI	Bundesverband der Deutschen Industrie	Conseil national du Patronat allemand de l'industrie
BDO	Bundesdisziplinarordnung	Code fédéral disciplinaire
BDSG	Bundesdatenschutzgesetz	Loi fédérale ‹informatique et libertés›
bearb.	bearbeitet	revu et corrigé
BEG	Bundesentschädigungsgesetz	Loi fédérale relative aux indemnisations
Begr.	Begründung	motifs
Beil.	Beilage	annexe *f*
Bek.	Bekanntmachung	avis *m*
Bekl.	Beklagte(r)	défendeur, partie défenderesse
ber.	berichtigt	corrigé
BerGer.	Berufungsgericht	juridiction d'appel
Berl., berl.	Berlin, berlinisch	Berlin, berlinois
BErzGG	Bundeserziehungsgeldgesetz	Loi fédérale sur les allocations parentales d'éducation
bes.	besonders	en particulier
Beschl.	Beschluß	arrêt, délibération
Beschw.	Beschwerde	pourvoi, réclamation
bestr.	bestritten	contesté
Bet.	Beteiligte(r)	intervenant, participant
BetäubMG	Gesetz über den Verkehr mit Betäubungsmitteln (Opiumgesetz)	Loi relative à l'achat, la vente et la distribution des stupéfiants
betr.	betreffend	concerne
BetrAVG	Gesetz zur Verbesserung der betrieblichen Altersversorgung	Loi sur les avantages complémentaires vieillesse versés par les entreprises

BetrO	Betriebsordnung	Règlement intérieur
BetrVG	Betriebsverfassungsgesetz	Loi portant sur les conseils d'entreprise allemands
bez.	bezahlt	payé, (Börse) comptant
BezG	Bezirksgericht	Tribunal de district
Bf.	Beschwerdeführer(in)	personne exerçant un pourvoi, requérant
BfA	Bundesversicherungsanstalt für Angestellte	Caisse fédérale de retraite pour employés et cadres
BFH	Bundesfinanzhof	Cour fédérale des finances
BfV	Bundesamt für Verfassungsschutz	Office fédéral de protection de la constitution
BGA	Bundesgesundheitsamt	Office fédéral de la Santé
BGB	Bürgerliches Gesetzbuch	Code civil allemand
BGBl.	Bundesgesetzblatt	Journal officiel de la R. F. A.
BGH	Bundesgerichtshof	Cour fédérale de justice (cour de cassation allemande) (à Karlsruhe)
BGHSt(Z)	Amtl. Sammlung der Entscheidungen des BGH in Strafsachen (Zivilsachen)	Recueil officiel des arrêts de la Cour fédérale de justice en matière pénale (en matière civile)
bgl.	beglaubigt	certifié conforme
BGSG	Bundesgrenzschutzgesetz	Loi portant sur le Service fédéral de protection des frontières
BHO	Bundeshaushaltsordnung	Loi sur la comptabilité publique
BImSchG	Bundesimmissionsschutzgesetz	Loi relative à la protection contre les pollutions et les effluents dommangeables
BJagdG	Bundesjagdgesetz	Loi fédérale sur la chasse
BJM	Bundesjustizministerium	Minstère fédéral de la justice
BK	Bundeskanzler	chancelier fédéral
BKA	Bundeskriminalamt	Office fédéral de la police judiciaire
BKartA	Bundeskartellamt	Office fédéral du contrôle des ententes
BKGG	Bundeskindergeldgesetz	Loi fédérale sur les prestations familiales
BLZ	Bankleitzahl	numéro de code bancaire
BMF	Bundesminister der Finanzen	Ministre fédéral des finances
BMI	Bundesminister des Innern	Ministre fédéral de l'intérieur
BMJ	Bundesminister der Justiz	Ministre fédéral de la justice
BMVg	Bundesminister der Verteidigung	Ministre fédéral de la défense
BMWi	Bundesminister für Wirtschaft	Ministre fédéral de l'économie
BNatSchG	Bundesnaturschutzgesetz	Loi fédérale sur la protection de la nature

BND	Bundesnachrichtendienst	Service de contre-espionnage allemand
BNotO	Bundesnotarordnung	Loi fédérale relative aux notaires
BPA	Bundespatentamt	Office fédéral des brevets
BPatG	Bundespatentgericht	Cour fédérale des brevets
BR	Bundesrat	Conseil fédéral, 2e chambre fédérale
BRAGO	Bundesrechtsanwalts-gebührenordnung	Loi fédérale portant sur les honoraires tarifés des avocats
BRAO	Bundesrechtsanwaltord-nung	Loi fédérale réglementant la profession des avocats
BRD	Bundesrepublik Deutschland	République fédérale d'Allemagne (R. F. A.)
BReg.	Bundesregierung	Gouvernement fédéral allemand
BRH	Bundesrechnungshof	Cour des comptes fédérale
Brem.	Bremen	Brême
BR-Prot.	Bundesratsprotokolle	Procès-verbaux du Conseil fédéral
BRRG	Beamtenrechtsrahmen-gesetz	Loi cadre relative aux fonction-naires fédéraux
BSG	Bundessozialgericht	Cour fédérale du contentieux social (à Kassel)
BSGE	Amtl. Slg. der Entschei-dungen des BSG	Recueil officiel de la Cour fédé-rale du contentieux social
BSHG	Bundessozialhilfegesetz	Loi fédérale sur l'aide sociale
Bsp.	Beispiel	exemple
BT	Besonderer Teil	partie spéciale
BT	Bundestag	diète fédérale
BT-Drucks.	Bundestagsdrucksache	propositions et projets de loi sou-mis à la diète fédérale
BtMG	Betäubungsmittelgesetz	Loi sur les stupéfiants
BT-Prot.	Bundestagsprotokolle	procès-verbaux de la diète fédérale
Btx	Bildschirmtext	service d'annoces télévisuelles
BU	Berufsunfähigkeit	incapacité professionnelle
BuBa	Bundesbank	Banque centrale allemande
BUSt	Börsenumsatzsteuer	Impôt sur les transactions bour-sières
BVerfG	Bundesverfassungsgericht	Cour constitutionnelle fédérale (à Karlsruhe)
BVerfGE	Amtl. Slg. der Entschei-dungen des BVerfG	Recueil officiel des arrêts de la Cour constitutionnelle fédérale
BVerfGG	Bundesverfassungs-gerichtsgesetz	Loi fédérale sur l'organisation de la Cour constitutionnelle fédérale
BVerwG	Bundesverwaltungsgericht	Tribunal administratif supérieur (à Berlin)
BVerwGE	Amtl. Sammlung der Ent-scheidungen des BVerwG	Recueil officiel des arrêts du Tribunal administratif supérieur
BVG	Bundesversorgungsgesetz	Loi fédérale sur l'approvisionne-ment (en cas de crise)
b. w.	bitte wenden	tournez, s'il vous plaît (t. s. v. p.)

BWM	Bundeswirtschaftsministerium	Ministère fédéral de l'économie
bzgl.	bezüglich	concernant, en ce qui concerne
BZRG	Bundeszentralregistergesetz	Loi fédérale sur le casier judiciaire central
(c)	Copyright	copyright *m*
ca.	circa, etwa, ungefähr	environ
c/a	contra, gegen	contre, partie adverse
CB	Citizen-Band	canaux banalisés
c. b.	casus belli	casus belli
CDU	Christlich-Demokratische Union	Parti chrétien démocrate (allemand)
c. i. c.	culpa in contrahendo	faute au cours des négociations contractuelles
CIJ	Internationaler Gerichtshof in Den Haag	Cour internationale de Justice à La Haye
CSU	Christlich-Soziale Union	Parti chrétien social allemand (Bavière)
DA	Dienstanweisung	Instruction de service
DAG	Deutsche Angestelltengewerkschaft	Confédération allemande des employés et cadres
DAG	Deutsches Auslieferungsgesetz	Loi allemande sur les extraditions
ders.	derselbe	ledit
DGB	Deutscher Gewerkschaftsbund	Confédération nationale des syndicats unifiés allemands
dgl.	dergleichen	pareil, tel, semblable
DGO	Deutsche Gemeindeordnung	Code allemand des communes
d. h.	das heißt	c'est-à-dire
DIHT	Deutscher Industrie- und Handelstag	Confédération des Chambres de commerce et d'industrie allemandes
DIN	Deutsches Institut für Normung	Institut allemand de normalisation
Diss.	Dissertation	thèse de doctorat
DiszH	Disziplinarhof	Cour disciplinaire
DO	Dienstordnung	règlement administratif d'ordre intérieur
DPA	Deutsches Patentamt	Office fédéral des brevets
DRiG	Deutsches Richtergesetz	Loi allemande sur les magistrats du siège
dt.	deutsch	allemand
Dtschld.	Deutschland	Allemagne
D. u. D.	Dienstsiegel und Dienststempel	sceau et cachet officiels
DVO	Durchführungsverordnung	décret d'application
E	Amtl. Sammlung der Entscheidungen des jeweiligen Gerichts	Recueil officiel des arrêts (d'une cour supérieure)

E	Entwurf	projet, proposition
ebda.	ebenda	ouvrage cité
ECU	European Currency Unit Europäische Währungseinheit	unité monétaire européenne (ECU)
EDV	Elektronische Datenverarbeitung	traitement (automatique) des données
EG	Einführungsgesetz	loi introductive
EG	Europäische Gemeinschaft	Communauté européenne (C. E.)
EGKS	Europäische Gemeinschaft für Kohle und Stahl	Communauté européenne du charbon et de l'acier (C. E. C. A.)
eGmbH	eingetragene Genossenschaft mit beschränkter Haftung	coopérative enregistrée à responsabilité limitée
EheG	Ehegesetz 1946	Loi sur les mariages du 20 février 1946
ehel.	ehelich	légitime, issu du mariage
EheRG	1. Gesetz zur Reform des Ehe- und Familienrechts	1ère Loi relative à la réforme du droit des mariages et de la famille
Einf.	Einführung	introduction
Einl.	Einleitung	introduction
einschl.	einschließlich	inclusivement
einschr.	einschränkend	restrictif
EnergWiG	Energiewirtschaftsgesetz	Loi relative aux économies d'énergie
Entsch.	Entscheidung	décision
Entsch.	Entschädigung	indemnisation, réparation du dommage
entspr.	entsprechend	correspondant à
Erbl.	Erblasser	défunt
ErbSt.	Erbschaftsteuer	Impôt sur les successions
Erg.	Ergebnis	résultat
Erl.	Erläuterung	explication
ESt	Einkommensteuer	Impôt sur le revenu (des personnes physiques)
EStG	Einkommensteuergesetz	Loi relative à l'impôt sur le revenu
EU	Europäische Union	Union europééne
EuGH	Gerichtshof der Europäischen Gemeinschaften	Cour européenne de Justice (C. E. J.)
EuR	Europarecht	droit européen *ou* communautaire
EURATOM	Europäische Atomgemeinschaft	Communauté européenne de l'énergie atomique (C. E. E. A.)
EUA	Europäisches Umweltamt	Agence européenne de l'environnement
Europol	Europäisches Polizeiamt	Office européen des polices
EVertr	Einigungsvertrag vom 31. 8. 1990	Convention relative à l'unification allemande
EWE	Europäische Währungseinheit	unité monétaire européenne (ECU)

EWG	Europäische Wirtschaftsgemeinschaft	Communauté économique européenne (C. E. E.) *ou* marché commun (M. C.)
EWGV	Vertrag zur Gründung einer Europäischen Wirtschaftsgemeinschaft	Traité de Rome du 25 mars 1957
EWI	Europäisches Währungsinstitut	Institut monétaire européen (=IME)
EWS	Europäisches Währungssystem	Système monétaire européen
f.	folgende Seite	page suivante
f.	für	pour
FA	Finanzamt	Perception, Centre des impôts
Fa.	Firma	dénomination sociale (= Ets.)
Faks.	Faksimile	fac-similé
FamR	Familienrecht	droit familial
F. D. P	Freie Demokratische Partei	Parti démocratique libéral allemand
F. d. R. d. A.	Für die Richtigkeit der Abschrift	pour copie conforme
F. d. R. d. U.	Für die Richtigkeit der Unterschrift	certifie l'authenticité de la signature (légalisation)
F. d. R. d. Ü.	Für die Richtigkeit der Übersetzung	pour traduction conforme
FernmG	Gesetz über Fernmeldeanlagen	Loi relative aux installations de télécommunications
Festg.	Festgabe	Mélanges
FH	Fachhochschule	École supérieure
FKK	Freikörperkultur	nudisme, naturisme
FS	Festschrift	Mélanges
ff.	folgende Seiten	pages suivantes (et suiv.)
FFG	Filmförderungsgesetz	Loi sur la promotion de l'art cinématographique
FG	Finanzgericht	Tribunal des finances
FGG	Gesetz über Angelegenheiten der freiwilligen Gerichtsbarkeit	Loi sur les affaires de la juridiction gracieuse
FGO	Finanzgerichtsordnung	Loi relative à l'organisation des Tribunaux de finances
Fol.	Folio	folio, feuillet
folg.	folgend(e)	(et) suivant(e)
Forts.	Fortsetzung	suite
f. v.	folio verso	au verso
G	Gesetz	Loi (L.)
GAL	Gesetz über eine Altershilfe für Landwirte	Loi sur l'assurance sociale des non-salariés agricoles
GastG	Gaststättengesetz	Loi relative à l'exploitation des débits de boissons et restaurants
GBA	Grundbuchamt	Service chargé de la tenue du registre foncier
GBl.	Gesetzblatt	Journal d'annonces légales

GBO	Grundbuchordnung	Code régissant la publicité foncière
GbR	Gesellschaft des bürgerlichen Rechts	société civile
Gbt.	Gebiet	district; territoire
Gbt.	Geburt	naissance
Gbz.	Gerichtsbezirk	ressort (d'un tribunal)
GebO	Gebührenordnung	Code des tarifs des officiers ministériels
GebrMG	Gebrauchsmustergesetz	Loi sur les dessins et modèles utilitaires
gem.	gemäß	suivant, selon
GEMA	Gesellschaft für musikalische Aufführungs- und mechanische Vervielfältigungsrechte	Société allemande pour la protection des droits de représentation musicale et de reproduction mécanique
Gemeinsamer Senat	Gemeinsamer Senat der Obersten Gerichtshöfe des Bundes	Chambre commune des Cours suprêmes de l'État fédéral
GemT	Gemeindetag	Congrès des communes allemandes
GenG	Genossenschaftsgesetz	Loi sur les coopératives
GenStA	Generalstaatsanwalt	Procureur général
gepr. u. gen.	geprüft und genehmigt	contrôlé et approové
Ger. K.	Gerichtskosten	frais judiciaires
Ger.-Med.	Gerichtsmediziner	médecin légiste
ger. Med.	gerichtliche Medizin	médecine légale
GerSchr.	Gerichtsschreiber	greffier
Ger-. Verf.	Gerichtsverfahren	procédure judiciaire
Ger.-Vollz.	Gerichtsvollzieher	huissier
Ges.	Gesetz	Loi
Ges.-Ausg.	Gesamtausgabe	édition complète
Ges.-Bl.	Gesetzblatt	bulletin officiel
Gesch.	Geschädigter	personne lésée
Gesch.-Ber.	Geschäftsbericht	rapport d'exercice
GeschlKrG	Gesetz zur Bekämpfung der Geschlechtskrankheiten	Loi relative à la lutte contre les maladies sexuellement transmissibles
GeschmMG	Geschmacksmustergesetz	Loi sur les dessins et modèles artistiques
GeschO	Geschäftsordnung	règlement (intérieur)
GewO	Gewerbeordnung	Code portant réglementation des professions industrielles, commerciales et artisanales
GewSt.	Gewerbesteuer	taxe professionnelle
GewStG	Gewerbesteuergesetz	Loi réglementant la taxe professionnelle
gez.	gezeichnet	signé, signature
GG	Grundgesetz	Loi fondamentale (Constitution de la R. F. A.)
ggf.	gegebenenfalls	le cas échéant, s'il y a lieu
g. g. u.	gelesen, genehmigt, unterschrieben	lu et approuvé (signé)

GjS	Gesetz über jugendgefährdende Schriften	Loi sur les publications destinées à la jeunesse
GKG	Gerichtskostengesetz	Loi sur les frais de justice
GleichberG	Gleichberechtigungsgesetz	Loi tendant à promouvoir l'égalité de l'homme et de la femme
gltg.	gültig	en vigueur
GM	Gebrauchsmuster	modèle d'utilité
GmbH	Gesellschaft mit beschränkter Haftung	Société à responsabilité limitée (de droit allemand)
GmbHG	GmbH-Gesetz	Loi sur les sociétés à responsabilité limitée
GO	Gemeindeordnung (der Länder)	Code des communes (différent pour chaque État fédéré en R. F. A.)
GOA	Gebührenordnung für Architekten	Loi sur les honoraires tarifés des architectes
grdl.	grundlegend	fondamental, de très grande importance
grds.	grundsätzlich	en principe
GrdstVG	Grundstücksverkehrsgesetz	Loi relative aux opérations concernant les biens immobiliers
GrErwSt.	Grunderwerbsteuer	taxe sur les transactions immobilières
GRG	Gesundheitsreformgesetz	Loi sur la maîtrise des dépenses de santé
GrSt	Grundsteuer	taxe foncière
GRUR	Gewerblicher Rechtsschutz und Urheberrecht	Protection de la propriété industrielle et des droits de l'auteur
GS	Großer Senat	Formation plénière
GSG-9	Grenzschutzgruppe-9 (Terroristenbekämpfungseinheit)	Unité de recherche et d'intervention antiterroriste
GSSt(Z)	Großer Senat in Strafsachen (Zivilsachen)	Formation plénière statuant en matière pénale (en matière civile)
GüKG	Güterkraftverkehrsgesetz	Loi relative au transport des marchandises par route
GV	Generalvertreter	agent commercial général
GV	Gerichtsvollzieher	huissier
GVBl.	Gesetz- und Verordnungsblatt	Bulletin d'annonces légales et réglementaires
GVG	Gerichtsverfassungsgesetz	Code allemand de l'organisation judiciaire
GWahlG	Gemeindewahlgesetz (der Länder)	Loi relative aux élections communales (d'un Etat fédéré)
GWB	Gesetz gegen Wettbewerbsbeschränkungen (Kartellgesetz)	Loi sur le maintien de la libre concurrence (Loi sur les ententes et positions dominantes)
GZT	Gemeinsamer Zolltarif	Tarif douanier commun

H	Haben	avoir, crédit
H.	Haft	détention
H.	Heft	fascicule
H.	hundert	cent
h. A.	herrschende Ansicht	conception dominante (parmi les juristes spécialisés en la matière)
HAG	Heimarbeitsgesetz	Loi sur la protections des travailleurs à domicile
Halbj.	Halbjahr	semestre
HandwO	Handwerksordnung	Code de l'artisanat
Hbg., hbg.	Hamburg, hamburgisch	Hambourg, hambourgeois
Hdb.	Handbuch	manuel
Hess., hess.	Hessen, hessisch	Hesse, provenant de la Hesse
HESt(Z)	Höchstrichterliche Entscheidungen in Strafsachen (Zivilsachen)	Arrêts des Cours suprêmes en matière pénale (en matière civile)
HGB	Handelsgesetzbuch	Code de commerce (allemand)
HGrG	Haushaltsgrundsätzegesetz	Loi relative aux principes du droit budgétaire
histor.	historisch	historique
h. L.	herrschende Lehre	doctrine dominante (parmi les juristes)
h. M.	herrschende Meinung	opinion prévalant parmi les juristes (spécialistes en la matière)
HPflG	Haftpflichtgesetz	Loi relative à la responsabilité civile des chemins de fer allemands
HReg.	Handelsregister	registre de commerce (R. C.)
HRG	Hochschulrahmengesetz	Loi cadre relative à l'enseignement supérieur
HRR	Höchstrichterliche Rechtsprechung	Jurisprudence des Cours suprêmes
Hrsg., hrsg.	Herausgeber, herausgegeben	éditeur, édité par
HSchG	Hochschulgesetz (der Länder)	Loi (des États fédérés) sur l'enseignement supérieur
HV	Hauptversammlung	assemblée générale
HVertr.	Handelsvertreter	représentant commercial
HWiG	Gesetz über den Widerruf von Haustürgeschäften	Loi concernant la rétractation des transactions de démarchage à domicile
HWO	Handwerksordnung	Code de l'artisanat
i. A.	im Auftrag	par ordre
i. A.	in Abwicklung	en liquidation
i. A. u. f. R.	im Auftrag und für Rechnung	par ordre et pour le compte (d'un tiers)
i. allg.	im allgemeinen	en général
i. bes. A.	im besonderen Auftrag	par procuration spéciale
i. d. F.	in der Fassung	dans la version
i. d. R.	in der Regel	en règle générale
i. e.	id est, das heißt	c'est-à-dire

i. e.	im einzelnen	en détail
i. e. S.	im engeren Sinne	au sens strict (du terme)
IG	Interessengemeinschaft	entente, cartel
IG	Industriegewerkschaft	syndicat industriel
IGH	Internationaler Gerichtshof	Cour internationale (de la Haye)
IHK	Industrie- und Handelskammer	Chambre de commerce et d'industrie
IHKG	Gesetz über die Industrie- und Handelskammern	Loi sur les chambres de commerce et d'industrie
i. K.	im Konkurs	en liquidation des biens, en faillite
i. L.	in Liquidation	en liquidation (des actifs)
i. M.	im Mittel	en moyenne
Inh.	Inhaber	propriétaire
insb.	insbesondere	en particulier
int.	international	international
Inv.	Inventar	inventaire
IPR	Internationales Privatrecht	droit international privé
IPRspr	Die dt. Rspr. auf dem Gebiete des IPR	jurisprudence allemande en matière de droit international privé
i. S. des (von)	im Sinne des (von)	au sens de
IStR	Internationales Steuerrecht	droit fiscal international
I. u. A. v.	Irrtum und Auslassungen vorbehalten	sous toutes réserves (d'erreurs ou d'omissions)
i. V.	in Vertretung	par délégation
i. Verb. mit	in Verbindung mit	en relation avec
IWF	Internationaler Währungsfonds	Fonds monétaire international (F. M. I.)
i. w. S.	im weiteren Sinne	au sens large (du terme)
J.	Jahr(e)	année(s)
JA	Jahresabschluß	arrêté de compte annuel
Jahrg.	Jahrgang	année (journal périodique)
Jahrh.	Jahrhundert	siècle
JAO	Juristenausbildungsordnung	Loi (des Etats fédérés allemands) sur la formation des juristes
JArbSchG	Jugendarbeitsschutzgesetz	Loi relative à la protection des jeunes travailleurs
JBeitrO	Justizbeitreibungsordnung	Loi sur les recouvrements en matière judiciaire
JGG	Jugendgerichtsgesetz	Loi relative aux juridictions pour mineurs
Jh(dt).	Jahrhundert	siècle
jmd.	jemand	quelqu'un
JME	Justizministererlaß	arrêté du ministre de la justice
JöR	Jahrbuch für öffentliches Recht	Annuaire du droit public
JR	Juristische Rundschau	Revue périodique juridique
Jur.	Jurisprudenz	science juridique
JurBl.	Juristische Blätter (öst.)	Bulletin juridique (autrichien)

jur. P.	juristische Person	personne morale
Justiz	Die Justiz	Gazette du palais
JV	Jahresversammlung	assemblée annuelle
JVA	Justizvollzugsanstalt	établissement pénitentiaire, maison d'arrêt
JW	Juristische Wochenschrift	Revue hebdomadaire juridique
JZ	Juristenzeitung	Journal des juristes
KAG	Kapitalanlagegesellschaft	société de placements
KAG	Kommunalabgabegesetz	Loi relative aux taxes communales
KartVO	Kartellverordnung	Décret relatif aux ententes illicites
K. d. ö. R.	Körperschaft des öffentlichen Rechts	personne morale de droit public (collectivité territoriale)
Kfz	Kraftfahrzeug	véhicule (automobile)
KG	Kammergericht	Tribunal régional supérieur (à Berlin)
KG	Kommanditgesellschaft	société en commandite simple
KGaA	Kommanditgesellschaft auf Aktien	société en commandite par actions
Ki.-St.	Kirchensteuer	impôt cultuel
Kj.	Kalenderjahr	année civile
KJHG	Kinder-, und Jugendhilfegesetz	Loi sur l'aide sociale à l'enfance
Kl.	Kläger(in)	demandeur (partie demanderesse)
kl.	klagend	ayant engagé une action en justice
KO	Konkursordnung	Loi sur la liquidation des biens
Komm.	Kommentar	commentaire
KostO	Kostenordnung	décret portant fixation des tarifs
KreditG	Gesetz über das Kreditwesen	Loi portant réglementation des banques et du crédit
KSchG	Kündigungsschutzgesetz	Loi sur la protection contre les licenciements abusifs
KSt.	Körperschaftsteuer	Impôt sur les sociétés
KSVG	Künstlersozialversicherungsgesetz	Loi sur le régime général de sécurité sociale pour les artistes
Kto.-Nr.	Kontonummer	numéro du compte
KV	Krankenversicherung	assurance maladie
KVKG	Krankenversicherungskostendämpfungsgesetz	Loi sur la réduction des frais en matière d'assurance-maladie
KVStG	Kapitalverkehrsteuergesetz	Loi relative à l'impôt sur les transferts de capitaux
KWG	Kreditwesengesetz	Loi portant réglementation du crédit
Kzl.	Kanzlei	étude (d'un notaire etc.)
L.	Ladung	citation, ajournement, assignation à comparaître
l. a.	lege artis	selon les règles de l'art
l. A.	laut Akte	comme il ressort du dossier
LadschlG	Ladenschlußgesetz	Loi sur les heures d'ouverture des magasins
LAG	Landesarbeitsgericht	Tribunal supérieur du travail

LAG	Lastenausgleichsgesetz	Loi sur la péréquation des charges
LBG	Landesbeamtengesetz	Loi sur les fonctionnaires d'un État fédéré allemand
Lehrb.	Lehrbuch	Traité, Précis
leit. Ang.	leitende(r) Angestellte(r)	cadre supérieur
Lfg.	Lieferung	livraison
LFG	Lohnfortzahlungsgesetz	Loi sur la continuation du paiement du salaire (en cas de maladie)
LG	Landgericht	Tribunal régional allemand (correspondant à un tribunal de grande instance)
Lit.	Literatur	Bibliographie
LitUrhG	Literaturhebergesetz	Loi sur la propriété littéraire
LKA	Landeskriminalamt	Service de police judiciaire d'un État fédéré
LohnfortzG	Lohnfortzahlungsgesetz	Loi relative au paiement du salaire en cas de maladie
LReg.	Landesregierung	Gouvernement d'un Land (État fédéré)
LRiG	Landesrichtergesetz	Loi relative aux magistrats dans un État fédéré allemand
Ls.	Leitsatz	Point particulier du dispositif (constituant une directive)
L. S.	loco sigilli	pour cachet (du notaire)
LSchlG	Ladenschlußgesetz	Loi relative aux heures de fermeture des magasins
LSG	Landessozialgericht	Tribunal supérieur du contentieux social
lt.	laut	d'après, selon
LTV	Lohntarifvertrag	convention collective salariale
LuftVG	Luftverkehrsgesetz	Code allemand de l'aviation civile
L. v. D.	Leiter vom Dienst	chef de service
LVerf.	Landesverfassung	Loi constitutionnelle d'un État fédéré (Land)
LZB	Landeszentralbank	Banque centrale d'un Land
m. A.	mangels Annahme	faute d'acceptation
MAD	Militärischer Abschirmdienst	Service de documentation extérieure et de contre-espionnage
Mat.	Materialien	matériaux
Mbl.	Merkblatt	notice *f*
MdB	Mitglied des Bundestages	député de la diète fédérale
m. d. B. u. Ktn.	mit der Bitte um Kenntnisnahme	pour information
m. d. F. d. G. b.	mit der Führung des Geschäfts beauftragt	(gérant) chargé de l'administration de l'entreprise
mdj.	minderjährig	mineur
mdl.	mündlich	verbalement
mdls.	mündelsicher	placement de bon père de famille
M. d. M.	Mitte des Monats	le 15 du (de chaque) mois

MDR	Monatsschrift für Deutsches Recht	Revue mensuelle du droit allemand
m. E.	meines Erachtens	d'après moi, à mon sens
MHG	Gesetz zur Regelung der Miethöhe	Loi relative au montant (de l'augmentation) des loyers
MitbestG	Mitbestimmungsgesetz	Loi relative à la cogestion paritaire
MRK	Menschenrechtskonvention	Convention des droits de l'Homme
MSchG	Mieterschutzgesetz	Loi relative à la protection des locataires
mschr.	maschinenschriftlich	dactylographié
MuSchG	Mutterschutzgesetz	Loi relative à la protection des mères salariées
MuW	Markenschutz und Wettbewerb	protection des marques de fabrique contre la concurrence déloyale
m. w. N.	mit weiteren Nachweisen	avec d'autres références
N	Nachnahme (Post)	contre remboursement
n. A.	neue Auflage	nouvelle édition
Nachdr.	Nachdruck	réimpression
Nachw.	Nachweis(e, en)	référence(s)
NATO	Nordatlantikpaktorganisation	Organisation du Traité de l'Atlantique-Nord (O. T. A. N.)
ND	Nachrichtendienst	service de renseignements
Nds., nds.	Niedersachsen, niedersächsisch	Basse-Saxe, concernant la Basse-Saxe
NeKG	Gesetz über die rechtliche Stellung der nichtehelichen Kinder	Loi relative à la situation juridique des enfants naturels
n. F.	neue Fassung, neue Folge	nouveau, modifié, amendé; suite
NJW	Neue Juristische Wochenschrift	Nouvelle revue hebdomadaire juridique
not.	notariell	notarié
NRW	Nordrhein-Westfalen, nordrhein-westfälisch	Rhénanie-Westphalie, concernant la Rhénanie-Westphalie
n. V.	nach Verlängerung	après prorogation
n. zul.	nicht zulässig	interdit
o.	oben	ci-dessus, précité, supra
-O	Ordnung	Code, Loi
ö. b.	öffentlich bestellt	(traducteur) assermenté *ou* juré
OBG	Ordnungsbehördengesetz (NRW)	Loi sur les Services de police administrative
od.	oder	ou
o. D.	ohne Datum	sans indication de date
OECD	Organization for Economic Cooperation and Development	Organisation de coopération et de développement économique (O. C. D. E.)
OEEC	Organization for European Economic Cooperation	Organisation européenne de coopération économique (O. E. C. E.)

OEG	Opferentschädigungsgesetz	Loi sur l'indemnisation de victimes
OFD	Oberfinanzdirektion	Perception centrale des impôts (au niveau du Land)
OFH	Oberfinanzhof	Tribunal supérieur du contentieux fiscal
OHG	offene Handelsgesellschaft	Société en nom collectif
OLG	Oberlandesgericht	Tribunal régional supérieur (Cour d'Appel allemande)
OLGE	Rechtsprechung der Oberlandesgerichte	Décisions des Tribunaux régionaux supérieurs
OLGZ	Entscheidungen der OLGe in Zivilsachen	Arrêts des Tribunaux régionaux supérieurs en matière civile
o. n. A.	ohne nähere Angabe(n)	sans précisions
o. O.	ohne Obligo	sans engagement
OStA	Oberstaatsanwalt	Procureur général
O. u. O.	ohne unser Obligo	sans engagement (de notre part)
OVG	Oberverwaltungsgericht	Tribunal administratif supérieur
OVGE	Amtl. Sammlung der Entscheidungen der OVGe Lüneburg und Münster	Recueil officiel des arrêts des Tribunaux administratifs supérieurs de Lunebourg et Munster
OWiG	Ordnungswidrigkeitengesetz	Loi sur les sanctions administratives allemandes
P	Papier	offre de titres
p. a.	per annum	par an
PartG	Parteiengesetz	Loi sur les partis politiques
PaßG	Gesetz über das Paßwesen	Loi relative aux passeports
PatG	Patentgesetz	Loi portant réglementation des brevets d'invention
PBefG	Personenbeförderungsgesetz	Loi relative au transport des personnes
PersAuswG	Gesetz über Personalausweise	Loi sur la carte nationale d'identité
PersVG	Personalvertretungsgesetz	Loi sur les délégués du personnel
PflVG	Pflichtversicherungsgesetz	Loi sur l'assurance civile obligatoire des gardiens d'un véhicule
POG	Polizeigesetz (der Länder)	Loi régissant la police administrative (des États fédérés allemands)
PostG	Postgesetz	Loi sur les services des postes
ProdHaftG	Produkthaftungsgesetz – Gesetz über die Haftung fehlerhafter Produkte	Loi relative à la responsabilité du fait des produits
PStG	Personenstandsgesetz	Loi relative aux actes de l'état civil
PZU	Postzustellungsurkunde	acte notifié par voie postale

q. e. d.	quod erat demonstrandum	ce qu'il fallait démontrer (C. Q. F. D.)
quitt.	quittiert	pour quittance
r. (Sp)	rechte (Spalte)	(colonne de) droite
RA	Rechtsanwalt	avocat, Maître, M^e
RAG	Rentenanpassungsgesetz	Loi sur l'indexation des pensions de retraite
RaumOrdG	Raumordnungsgesetz	Loi relative à l'aménagement du territoire
RBerG	Rechtsberatungsgesetz	Loi sur les conseils juridiques
rd.	rund	environ
RdErl.	Runderlaß	circulaire
Rdnr(n)	Randnummer(n)	numéro en marge
rechtskr.	rechtskräftig	ayant force de la chose jugée
RefE	Referentenentwurf	projet de loi émanant de hauts fonctionnaires (d'un ministère)
Reg.	Regierung	Gouvernement
RegE	Regierungsentwurf	projet gouvernemental
RelKErzG	Gesetz über die religiöse Kindererziehung	Loi relative à l'instruction religieuse des mineurs
RevGer.	Revisionsgericht	juridiction compétente en matière de cassation
RG	Rahmengesetz	Loi cadre
Rg.	Rang	rang
Rg.	Register	registre
RG	Reichsgericht	Cour suprême de l'Empire allemand
RGBl.	Reichsgesetzblatt	Journal officiel du Reich
RGSt(Z)	Amtl. Slg. der Entscheidungen des RG in Strafsachen (Zivilsachen)	Recueil officiel des arrêts de la Cour suprême de l'Empire allemand en matière pénale (en matière civile)
RHG	Reichshaftpflichtgesetz	Loi impériale sur la responsabilité civile
RhPf., rhpf.	Rheinland-Pfalz, rheinland-pfälzisch	Rhénanie-Palatinat, concernant le Rhénanie-Palatinat
ROG	Raumordnungsgesetz	Loi sur l'aménagement du territoire
RPflG, RPflegerG	Rechtspflegergesetz	Loi relative aux auxiliaires de justice
RRG	Rentenreformgesetz	Loi portant réforme des pensions de retraite
Rspr.	Rechtsprechung	jurisprudence
RsprEinhG	Gesetz zur Wahrung der Einheitlichkeit der Rechtsprechung der obersten Gerichtshöfe des Bundes	Loi relative à la sauvegarde de l'unité de la jurisprudence des Cours fédérales allemandes
RV	Rundverfügung	circulaire
RVO	Reichsversicherungsordnung; Rechtsverordnung	Code allemand d'assurance sociale; règlement

s.	siehe	voir
S.	Seite	page
S.	Satz (bei Rechtsnormen)	phrase (dans les textes de loi)
s. A.	samt Anhang	avec les annexes (du dossier)
Saarl.	Saarland	Sarre
saarl.	saarländisch	sarrois
SAE	Sammlung arbeitsrechtlicher Entscheidungen	Recueil de décisions relatives au contentieux du travail
ScheckG	Scheckgesetz	Loi uniforme concernant le chèque
SchlH	Schleswig-Holstein	Schleswig-Holstein
Schr.	Schrifttum	références bibliographiques
SCHUFA	Schutzgemeinschaft für allgemeine Kreditsicherung	Service central de renseignements en vue d'assurer la protection des organismes prêteurs de fonds
SchwbG	Schwerbehindertengesetz	Loi sur les grands handicapés physiques, mentaux et sociaux
Sg.	Sachgebiet	matière, domaine
Sg.	Sammlung	recueil
s. g.	sogenannt	ainsi dénommé
SG	Sozialgericht	Tribunal du contentieux social
SGB	Sozialgesetzbuch	Code allemand de la sécurité sociale
SGG	Sozialgerichtsgesetz	Loi concernant l'organisation des tribunaux du contentieux social
SH	Sozialhilfe	aide sociale
sog.	sogenannte(r)	ledit, ladite, lesdites
SOG	Gesetz über die öffentliche Sicherheit und Ordnung	Loi sur l'ordre et la sécurité publiques
SoldG	Soldatengesetz	Loi sur le service national
SozR	Sozialrecht	droit social
SozVers.	Sozialversicherung	assurances sociales
SozVersR	Sozialversicherungsrecht	droit relatif aux assurances sociales
Sp.	Spalte	colonne
SPD	Sozialdemokratische Partei Deutschlands	Parti socialiste allemand
Sped.	Spediteur	commissionnaire de transports
St.	Steuer	impôt
st.	ständig	constant
StA	Staatsanwalt, Staatsanwaltschaft	Ministère public, Procureur de la République, Parquet
StA	Stammaktie	action (normale)
StaatsGH	Staatsgerichtshof	Cour constitutionnelle (de la République de Weimar)
StabG	Stabilitätsgesetz	Loi relative au rétablissement de la stabilité économique
StAnpG	Steueranpassungsgesetz	Loi sur la réforme des principes généraux du droit fiscal
StBerG	Steuerberatungsgesetz	Loi réglementant la profession de conseiller fiscal

StBFöG	Städtebauförderungsgesetz	Loi relative à l'assainissement des villes et à l'urbanisation
StGB	Strafgesetzbuch	Code pénal allemand
Stpfl.	Steuerpflichtiger	contribuable
StPO	Strafprozeßordnung	Code de la procédure pénale
st. Rspr.	ständige Rechtsprechung	jurisprudence avérée
str.	streitig	contesté, controversé
StrK	Strafkammer	chambre pénale (d'une juridiction)
StrRG	Strafrechtsreformgesetz	Loi relative à la réforme du droit pénal
s. u.	siehe unten	voir ci-dessous
StVG	Straßenverkehrsgesetz	Code de la route (partie législative)
StVO	Straßenverkehrsordnung	Code de la route (partie Règlements d'administration publique)
StVollzG	Strafvollzugsgesetz	Loi sur l'exécution des peines et le régime pénitentiaire
StVZO	Straßenverkehrszulassungsordnung	Loi sur la réception et l'homologation des véhicules automobiles
SV	Sachverhalt	les faits
SV	Sachverständiger	expert
SVG	Soldatenversorgungsgesetz	Loi sur les pensions des anciens militaires et de leurs ayants droit
SVT	Sozialversicherungsträger	organisme de sécurité sociale
SZ	Säumniszuschlag	pénalité pour retard
SZR	Sonderziehungsrechte	droits de tirage spéciaux (D. T. S.)
tar.	tarifisch	tarifaire
Tats.	Tatsachen	faits
TB	Tätigkeitsbericht	rapport d'activité
Teilh.	Teilhaber	porteur de parts
teilw.	teilweise	en partie
TierSchG	Tierschutzgesetz	Loi relative à la protection des animaux
TIR	Internationaler Transport von unverzollten Waren ohne Zollkontrolle	Transport international de marchandises par la route
TO	Tagesordnung	ordre du jour
TÜV	Technischer Überwachungsverein	service allemand des visites techniques des véhicules
TV	Tarifvertrag	convention collective de travail
TVG	Tarifvertragsgesetz	Loi réglementant les conventions collectives de travail
Tx	Telex	télex
u.	unten	ci-dessous, infra
u.	und	et
U	Urschrift	original, minute
UA	Untersuchungsausschuß	commission d'enquête

u. a.	unter anderen(m)	entre autres
u. a.	und andere	et autres, et consorts
u. A. w. g.	um Antwort wird gebeten	veuillez répondre s'il vous plaît
Übers.	Übersetzer, Übersetzung	traducteur, traduction
ÜD	Übersetzungsdienst	service de traduction
UGB	Umweltgesetzbuch	Code de l'environnement
U-Haft	Untersuchungshaft	détention provisoire
UmwG	Gesetz über die Umwandlung von Kapitalgesellschaften	Loi relative à la transformation des sociétés de capitaux
umstr.	umstritten	controversé
UmweltHG	Umwelthaftungsgesetz	Loi relative à la responsabilité pour les dommages causés à l'environnement
UNCTAD	Welthandelskonferenz (= United Nations Conference on Trade and Development)	Conférence des Nations unies sur le commerce et le développement (C. N. U. C. E. D.)
UniG	Universitätsgesetz	Loi sur les établissements d'enseignement supérieur
UNO	United Nations Organization	Organisation des Nations Unies (O. N. U.)
unstr.	unstreitig	non controversé
unt.	unten	ci-dessous
UrhRG	Urheberrechtsgesetz	Loi sur la propriété littéraire et artistique
Urt.	Urteil	jugement, décision judiciaire
UStG	Umsatzsteuergesetz	Loi concernant la taxe à la valeur ajoutée
u. U.	unter Umständen	le cas échéant
u. V.	unter Vorbehalt	sous toutes réserves
UVollzO	Untersuchungshaftvollzugsordnung	Loi relative au régime pénitentiaire de la détention provisoire
UWG	Gesetz gegen den unlauteren Wettbewerb	Loi sur la répression de la concurrence déloyale ou illicite
v.	vom, von	de
VA(e)	Verwaltungsangestellte(r)	personnel hors statut (contractuel)
VA(e)	Verwaltungsakt(e)	décision unilatérale administrative
VA	Vorzugsaktie	action prioritaire
VAG	Versicherungsaufsichtsgesetz	Loi relative au contrôle des opérations et compagnies d'assurance
V. a. G.	Verein auf Gegenseitigkeit	Mutuelle
Var.	Variante	variante
v. A. w.	von Amts wegen	d'office
VBL	Versorgungsanstalt des Bundes und der Länder	Caisse nationale de prévoyance du personnel du Bund et des Länder
VE	Verrechnungseinheit	unité de compte

VerbrKrG	Verbraucherkreditgesetz	Loi sur les crédits à la consommation
VereinsG	Vereinsgesetz	Loi concernant les associations
Verf.	Verfasser	auteur
Verf.	Verfassung	constitution
VerfGH	Verfassungsgerichtshof	cour constitutionnelle
VerfR	Verfassungsrecht	droit constitutionnel
VerfSchG	Verfassungsschutzgesetz	Loi relative à la protection des institutions démocratiques
VerglO	Vergleichsordnung	Loi relative au règlement judiciaire
Verh.	Verhandlungen	débats, délibérations
verj.	verjährt	périmé, prescrit
verk.	verkaufen, verkauft	vendre, vendu
VerlG	Gesetz über das Verlagsrecht	Loi sur les contrats d'édition
Verm.	Vermerk	mention
Verm.	Vermächtnis	legs
VermStG	Vermögensteuergesetz	Loi relative aux impôts sur le patrimoine
Veröff.	Veröffentlichungen	publications
Vers.	Versicherung	assurance
VersammlG	Versammlungsgesetz	Loi sur les réunions et les manifestations sur la voie publique
VerschG	Verschollenheitsgesetz	Loi sur l'absence
VerwR	Verwaltungsrecht	droit administratif
VerwRspr	Verwaltungsrechtsprechung	jurisprudence en matière de droit administratif
Vf(g)	Verfügung	ordonnance
VG	Verwaltungsgericht	tribunal administratif
VGG	Verwaltungsgerichtsgesetz	Loi sur les juridictions administratives
v. g. g.	verlesen, genehmigt, gefertigt	lu et approuvé (après rédaction)
VGH	Verwaltungsgerichtshof	tribunal administratif supérieur
vgl.	vergleiche	comparez (comp.)
VglO	Vergleichsordnung	Loi relative au règlement judiciaire
VGS	Vereinigte Große Senate	Assemblée plénière (de la Cour fédérale de justice)
v. g. u.	vorgelesen, genehmigt, unterschrieben	lu, approuvé et signé
vh.	verheiratet	marié
v. H.	vom Hundert	pour cent
VO	Verordnung	règlement, décret, arrêté
VOB	Verdingungsordnung für Bauleistungen	cahier des clauses administratives générales applicables aux marchés publics de travaux de construction
vollstr.	vollstreckbar	exécutoire
Vollm.	Vollmacht	mandat, procuration
Vorb.	Vorbemerkung	remarque liminaire
Vordr.	Vordruck(e)	formule(s), formulaire

vorl.	vorliegend	présent, en l'occurence, en l'espèce
Vorl.	Vorladung	citation à personne
Vors.	Vorsitzender	Président
VS	Verfassungsschutz	(Service de) protection de la constitution
VS	Verschlußsache	secret-défense; confidentiel
v. u. g.	vorgelesen und genehmigt	lu et approuvé
v. v.	vice versa, umgekehrt	vice-versa, inversement, réciproquement
VVaG	Versicherungsverein auf Gegenseitigkeit	société mutuelle d'assurance, mutuelle
VVG	Versicherungsvertragsgesetz	Loi sur le contrat d'assurance
VwGO	Verwaltungsgerichtsordnung	Loi relative à l'organisation des tribunaux administratifs
VWD	Vereinigte Wirtschaftsdienste	Service central d'informations économiques
VwVfG	Verwaltungsverfahrensgesetz	Loi relative aux procédures devant les tribunaux administratifs
VwVG	Verwaltungsvollstreckungsgesetz	Loi relative à l'exécution forcée administrative
VwZG	Verwaltungszustellungsgesetz	Loi relative à la signification des décisions administratives
Vzg.	Verzögerung	retard
VZR	Verkehrszentralregister (Flensburg)	Registre central des infractions au code de la route
w.	weitere	(et) autres
WA	Wandelanleihe	obligations convertibles (en actions)
WaffG	Waffengesetz	Loi fixant le régime des armes et des munitions
WahlG	Wahlgesetz	Code électoral
WährG	Währungsgesetz	Loi relative au système monétaire allemand
WassHG	Wasserhaushaltsgesetz	Loi concernant l'utilisation et la protection des eaux
WBO	Wehrbeschwerdeordnung	Loi sur les recours en matière d'exactions militaires
Wdkl.	Widerklage	demande reconventionnelle
WDO	Wehrdisziplinarordnung	Loi fixant le régime disciplinaire en matière militaire
WEG	Wohnungseigentumsgesetz	Loi relative à la propriété par appartements (ou étages)
WG	Wechselgesetz	Loi uniforme sur les lettres de change
WHG	Wasserhaushaltsgesetz	Loi relative au régime des eaux
WHO	Weltgesundheitsorganisation	Organisation mondiale de la santé
WikG	Gesetz zur Bekämpfung der Wirtschaftskriminalität	Loi relative à la prévention et à la répression des infractions en matière économique

WirtschR	Wirtschaftsrecht	droit économique
wiss.	wissenschaftlich	scientifique
WiStG	Wirtschaftsstrafgesetz	Loi relative aux infractions économique
Wj.	Wirtschaftjahr	exercice
WkSchG	Wohnraumkündigungs-schutzgesetz	Loi portant sur la protection des locataires en cas de résiliation du bail de locaux d'habitations
WoBauG	Wohnungsbaugesetz	Loi relative à la construction et l'habitation
WoGG	Wohngeldgesetz	Loi relative aux allocations de loyer
WoModG	Wohnungsmoderni-sierungsgesetz	Loi sur le ravalement et la réhabilitation des immeubles anciens
WP	Wirtschaftsprüfer	commissaire aux comptes, audit
WPflG	Wehrpflichtgesetz	Code allemand du service national
WPSB	Wertpapiersammelbank	société bancaire pour la compen-sation des valeurs mobilières
WRV	Verfassung des Deutschen Reiches v. 11. 8. 1919	Constitution de l'Empire allemand (du 11 août 1919)
WStG	Wehrstrafgesetz	Loi sur les infractions en matière de service national
WWU	Wirtschafts- und Währungsunion	Union économique et monétaire
Wz	Warenzeichen	marque de fabrique
WZG	Warenzeichengesetz	Loi relative aux marques de fabrique, de commerce ou de service
Z	Zeitschrift	Revue
za.	zirka	environ
ZA	Zahlungsabkommen	accord monétaire
ZA	Zahlungsanweisung	mandat de paiement
z. B.	zum Beispiel	par exemple
ZBR	Zentralbankrat	Conseil de direction de la Banque centrale allemande
z. d. A.	zu den Akten	à joindre au dossier
ZDG	Zivildienstgesetz	Loi relative au service civil des objecteurs de conscience
ZE	Zahlungseinstellung	cessation des paiements
z. Hd. v.	zu Händen von	aux bons soins de
Ziff.	Ziffer	chiffre
ZfA	Zeitschrift für Arbeitsrecht	Revue (allemande) du droit de travail
ZfP	Zeitschrift für Politik	Revue (allemande) de science politique
ZGB	Zivilgesetzbuch (Schweiz)	Code civil (de la Confédération helvétique)
ZHR	Zeitschrift für das gesamte Handels- und Konkursrecht	Revue du droit commercial et des faillites
zit.	zitiert	précité

ZK	Zivilkammer	chambre civile
ZollA	Zollamt	Bureau de douane
ZöR	Zeitschrift für öffentliches Recht	Revue (allemande) de droit public
ZPO	Zivilprozeßordnung	Code allemand de procédure civile
ZPR	Zivilprozeßrecht	droit judiciaire privé
ZRS	Zivilrechtssache	litige en matière civile
ZS	Zivilsenat	Chambre civile de la Cour fédérale (à Karlsruhe)
ZS	Zivilschutz	protection civile
ZT	Zahlungstermin	échéance
z. T.	zum Teil	en partie
Ztschr.	Zeitschrift	Revue
z. U.	zur Unterschrift	pour signature
Z(u)SEG	Gesetz über die Entschädigung von Zeugen und Sachverständigen	Loi fixant le tarif des frais et honoraires des témoins et des experts
zust.	zustimmend	approbatif, favorable
zutr.	zutreffend	exact, conforme, juste
ZVG	Gesetz über die Zwangsversteigerung und Zwangsverwaltung	Loi relative à l'administration et à la réalisation des biens saisis
Zw	Zahlungsweise	mode de paiement
zw.	zweifelhaft	contestable
z. Wv.	zur Wiedervorlage	en communication, avec prière de retour
z. w. V.	zur weiteren Veranlassung	pour suite à donner
ZwVollstr.	Zwangsvollstreckung	saisie-exécution
z. Z.	zur Zeit	actuellement
zzgl.	zuzüglich	en sus
ZZP	Zeitschrift für Zivilprozeß	Revue (allemande) de la procédure civile